MAR CANTÁBRICO
FRANCIA
Oviedo
CANTABRIA
Santander
PAÍS VASCO
Bilbao
San Sebastián
Vitoria
NAVARRA
Pamplona
ANDORRA
Burgos
Logroño
LA RIOJA
Huesca
Gerona
Palencia
CATALUÑA
Lérida
Valladolid
Soria
Zaragoza
Barcelona
MAR MEDITERRÁNEO
ARAGÓN
Segovia
Tarragona
Ávila
MADRID
Madrid
Guadalajara
Teruel
Toledo
Cuenca
Castellón de la Plana
CASTILLA-LA MANCHA
Valencia
Palma de Mallorca
COMUNIDAD VALENCIANA
BALEARES
Ciudad Real
Albacete
Alicante
MURCIA
Murcia
Córdoba
Jaén
ANDALUCÍA
Granada
Málaga
Almería
CANARIAS
Santa Cruz de Tenerife
28°
Las Palmas de Gran Canaria
Ceuta
OCÉANO ATLÁNTICO
ARGELIA
100 km
15°
MARRUECOS
Melilla

PRÉFACE

Comment dit-on cela en espagnol ?
Qu'est-ce que cela veut dire en espagnol ?

Voilà les deux questions que se pose légitimement tout apprenant.

- Le COLLÈGE ESPAGNOL y répond clairement, en accord avec les objectifs fixés par les **programmes scolaires de la 6e à la 3e** (cadre européen A1, A2, B1) : pouvoir communiquer sur des sujets familiers, parler de son quotidien et comprendre des textes simples.

- Le DICTIONNAIRE présente tout le **vocabulaire fondamental** pour raconter, décrire, s'expliquer, échanger des informations.

Des **exemples** courts, **faciles à retenir et à réutiliser,** illustrent l'usage des mots et les **tournures grammaticales de base.**

Dans les articles, des **remarques** alertent **sur les petits pièges** tendus par l'espagnol au jeune francophone : **genre et construction** qui diffèrent du français, **orthographe** inattendue **et accent tonique,** ou encore **faux amis.**

La **conjugaison** des **verbes modèles** et des **verbes irréguliers** est clairement indiquée et commentée pour éviter les erreurs.

- Un SUPPLÉMENT aborde des points de **grammaire** et de **vocabulaire.** Cette nouvelle édition fait aussi la place à la **culture** et à la **civilisation** du monde **hispanophone :** capitales et monnaies, système éducatif et vacances scolaires, fêtes les plus populaires, etc. Car pouvoir échanger avec ses pairs suppose de comprendre leurs activités, leurs loisirs et leurs cultures.

- Avec sa **présentation en couleurs claire et aérée,** le COLLÈGE ESPAGNOL est le **complément** naturel du **manuel scolaire.** Il permet au collégien de **consolider** ce qui est appris en classe, et d'**approfondir** ses connaissances.

SYMBOLES EMPLOYÉS DANS CE DICTIONNAIRE

▷	exemple
▶	structure ou locution figée
	information importante
	prononciation
	attention ! faux ami ou piège

français
espagnol

Aa

à

1 ▷ Ces chewing-gums sont à moi.
Estos chicles son míos.
▷ Il est à toi, ce stylo ?
¿Es tuyo este boli?
▷ Je ne sais pas si les lunettes sont à elles.
No sé si las gafas son suyas.
▷ Je crois que cette montre est à Karim.
Creo que este reloj es de Karim.
▷ À qui sont ces gants ? – Ils sont à Pedro.
¿De quién son estos guantes? – Son de Pedro.

> 1 *Pour dire que quelque chose appartient à quelqu'un avec le pronom personnel :* à moi = ***mío, mía, míos, mías****;* à toi = ***tuyo, tuya, tuyos, tuyas****;* à lui, à elle, à vous *(vouvoiement)*, à eux = ***suyo, suya, suyos, suyas****;* à nous = ***nuestro, nuestra, nuestros, nuestras****;* à vous *(tutoiement de plusieurs personnes)* = ***vuestro, vuestra, vuestros, vuestras****.*
>
> ℹ *La possession peut aussi se traduire par* ***de*** *avant un prénom, un nom ou dans une interrogation.*

2 ▷ Nous avons passé une semaine à Salamanque.
Pasamos una semana en Salamanca.
▷ Pilar est malade, elle est à l'hôpital.
Pilar está enferma, está en el hospital.

> 2 (pour parler de l'endroit où on est) **en**

3 ▷ Nous irons à Paris la semaine prochaine.
Iremos a París la semana que viene.
▷ Tu vas à la fête de Lucas ?
¿Vas a ir a la fiesta de Lucas?
▷ Cet après-midi, on va aller au centre commercial.
Esta tarde vamos a ir al centro comercial.

> 3 (pour parler de l'endroit où on va) **a**
>
> *A et* ***el*** *se contractent en* ***al****. On ne dit jamais* ***a el****.*

4 ▷ Nous sommes rentrés à une heure du matin.
Volvimos a la una de la madrugada.
▷ Je serai devant le cinéma à cinq heures.
Estaré delante del cine a las cinco.

> 4 (pour parler de l'heure) **a la** *ou* **las...**
>
> ℹ *On dit* ***a la una*** (à une heure), *mais* ***a las dos*** (à deux heures), ***a las tres*** (à trois heures), *etc.*

5 ▷ J'ai espagnol de trois à cinq.
Tengo clase de español de tres a cinco.

5 ► **de... à... : de... a...**

6 ▷ Il a été inventé au vingtième siècle.
Fue inventado en el siglo XX.

6 (pour parler d'une époque) **en**

7 ▷ Lisa a un bleu au bras.
Lisa tiene un cardenal en el brazo.

7 (pour parler d'une partie du corps) **en**

abandonner

▷ Notre voisin a abandonné son chien.
Nuestro vecino ha abandonado a su perro.

abandonar
Si le complément est une personne, un groupe de personnes ou un animal domestique, n'oubliez pas de le faire précéder de ***a***.

abattre

1 ▷ Les ouvriers vont abattre le chêne.
Los obreros van a talar el roble.

1 (un arbre) **talar**

2 ▷ Nous avons abattu le mur.
Hemos derribado la pared.

2 (un mur, un avion) **derribar**
Attention à bien prononcer les deux ***r***.

3 ▷ Les terroristes ont abattu le ministre.
Los terroristas mataron al ministro.

3 (= tuer) **matar**
Si le complément est une personne, un groupe de personnes ou un animal domestique, n'oubliez pas de le faire précéder de ***a***.

abeille

▷ Une abeille a piqué Élise au bras.
Una abeja picó a Élise en el brazo.

la **abeja**

abîmer

▷ N'abîme pas mon cahier !
¡No me estropees el cuaderno!

estropear

abolir

▷ La peine de mort a été abolie en 1981.
La pena de muerte fue abolida en 1981.

abolir

abolition

▷ Ils réclamaient l'abolition de l'esclavage.
Reclamaban la abolición de la esclavitud.

la **abolición**

abominable

▷ Il a fait un temps abominable.
Hizo un tiempo espantoso.

espantoso, espantosa

abonné, abonnée

1 ▷ Je suis abonnée à trois magazines.
Estoy suscrita a tres revistas.

1 ► **être abonné à** (un magazine) : **estar suscrito** *ou* **suscrita a**

2 ▷ Les abonnés ont droit à des réductions.
Los suscriptores tienen derecho a reducciones.

2 ► un **abonné**, une **abonnée** : un **suscriptor**, una **suscriptora**

ℹ *Pour un abonné au téléphone ou à un théâtre, on emploie le mot **abonado, abonada**.*

abonnement

1 ▷ Je dois renouveler mon abonnement.
Tengo que renovar mi suscripción.

1 (en parlant d'un magazine, d'un journal) la **suscripción** (pluriel las **suscripciones**)

ℹ *Il n'y a pas d'accent écrit au pluriel. L'accent tonique porte sur le **o**, comme au singulier.*

2 ▷ Mon abonnement me coûte 20 euros par mois.
Mi abono me cuesta 20 euros al mes.

2 (pour le téléphone, le théâtre, la télévision) el **abono**

s'abonner

▷ Je vais m'abonner à *OK Magazine*.
Me voy a suscribir a *OK Magazine*.

► **s'abonner à** (un magazine) : **suscribirse a**

ℹ *Le pronom réfléchi fonctionne de la façon suivante en espagnol : **me suscribo, te suscribes, se suscribe, nos suscribimos, os suscribís, se suscriben**.*

ℹ *Pour le téléphone ou le théâtre, on dit **abonarse**.*

d'abord

▷ D'abord nous allons sauvegarder le document.
Primero vamos a guardar el documento.

primero

aborigène

▷ Le didgeridoo a été inventé par les aborigènes.
El didgeridoo fue inventado por los aborígenes.

(= autochtone d'Australie) el **aborigen** (pluriel los **aborigenes**)

aboyer

▷ Les chiens ont aboyé toute la nuit.
Los perros ladraron toda la noche.

ladrar

abréviation

▷ « AB » est l'abréviation de « assez bien ».
"AB" es la abreviatura de "assez bien".

la **abreviatura**

abri

1 ▷ Ils ont construit un abri dans la forêt.
Construyeron un refugio en el bosque.

1 (= refuge) el **refugio**

2 ▻ L'abri à vélos est derrière le gymnase.
El local para bicicletas está detrás del gimnasio.

2 ► **abri à vélos :** local para bicicletas

3 ▻ Vite, mettez-vous à l'abri !
¡Deprisa, poneos a cubierto!

3 ► **se mettre à l'abri :** ponerse a cubierto

Le pronom réfléchi fonctionne de la façon suivante en espagnol : me pongo, te pones, se pone, nos ponemos, os ponéis, se ponen.

4 ▻ Nous étions à l'abri de la pluie.
Estábamos protegidos contra la lluvia.

4 ► **être à l'abri de** quelque chose **:** estar protegido *ou* protegida contra algo

abribus

▻ Je t'attendrai à l'abribus.
Te esperaré en la parada del autobús.

la parada del autobús (pluriel las paradas del autobús)

Remarquez que autobús porte un accent écrit qui reflète l'accent tonique.

abricot

▻ J'adore les abricots.
Me encantan los albaricoques.

el albaricoque

s'abriter

▻ Nous ne savions pas où nous abriter de la pluie.
No sabíamos dónde resguardarnos de la lluvia.

resguardarse

La deuxième syllabe du mot espagnol se prononce /gwar/ et non /gar/.

Le pronom réfléchi fonctionne de la façon suivante en espagnol : me resguardo, te resguardas, se resguarda, nos resguardamos, os resguardáis, se resguardan.

abrupt, abrupte

▻ La pente est très abrupte.
La pendiente es muy abrupta.

(= escarpé) abrupto, abrupta

abruti, abrutie

▻ Charles est un vrai abruti !
¡Charles es un auténtico imbécil!

el imbécil, la imbécil (pluriel los imbéciles, las imbéciles)

Remarquez que le mot espagnol porte sur le e un accent écrit qui reflète l'accent tonique.

absent, absente

▻ Olivia est absente aujourd'hui.
Hoy Olivia está ausente.

ausente

Attention : le verbe qui traduit être dans être absent est estar et non ser.

absolument

1 ▷ Tu es d'accord ? – Absolument !
¿Estás de acuerdo? – ¡Por supuesto!

2 ▷ C'est absolument incroyable.
Es completamente *ou* absolutamente increíble.

1 (= oui) **por supuesto**

2 (= vraiment, totalement) **completamente** *ou* **absolutamente**

absurde

▷ Tes arguments sont absurdes !
¡Tus argumentos son absurdos!

absurdo, absurda

abuser

1 ▷ N'abuse pas du café.
No abuses del café.

2 ▷ Vraiment, il abuse !
¡Francamente, exagera!

1 ► **abuser de** quelque chose : **abusar de** algo

2 (= exagérer) **exagerar**

accélérateur

▷ Où se trouve l'accélérateur ?
¿Dónde está el acelerador?

el **acelerador** (pluriel **los aceleradores**)

Attention : à la différence du français, le mot espagnol ne prend qu'un ***c****.*

accélérer

1 ▷ La route est droite, tu peux accélérer.
La carretera es recta, puedes acelerar.

2 ▷ Accélère, c'est l'heure de rendre les copies !
¡Date prisa, ya es hora de entregar los exámenes!

1 (avec un véhicule) **acelerar**

Attention : à la différence du français, le mot espagnol ne prend qu'un ***c****.*

2 (= se dépêcher) **darse prisa**

Le pronom réfléchi fonctionne de la façon suivante en espagnol : ***me doy prisa, te das prisa, se da prisa, nos damos prisa, os dais prisa, se dan prisa.***

accent

▷ Stéphane a un très bon accent en espagnol.
Stéphane tiene un acento muy bueno en español.
▷ Elle a l'accent espagnol.
Tiene acento español.
▷ Est-ce qu'il y a un accent sur le e ?
¿La e lleva acento?

el **acento**

Attention : à la différence du français, le mot espagnol ne prend qu'un ***c****.*

Remarquez que l'article français ne se traduit pas : ***tiene muy buen acento; tiene acento español.***

accepter

▷ Ils ont accepté notre offre.
Aceptaron nuestra oferta.

▷ Marc n'acceptera jamais de m'aider.
Marc nunca aceptará ayudarme.

aceptar

Attention : à la différence du français, le mot espagnol ne prend qu'un ***c****.*

► **accepter de** faire quelque chose : **aceptar** hacer algo

accessoire

▻ Ils vendent des accessoires de mode.
Venden accesorios de moda.

el **accesorio**

accident

▻ Il y a eu un accident.
Hubo un accidente.

▻ La sœur de Yann a eu un accident de voiture.
La hermana de Yann ha tenido un accidente de coche.

▻ Le nombre d'accidents de la route a augmenté.
El número de accidentes de tráfico ha aumentado.

el **accidente**

► **accident de voiture : accidente de coche**

► **accident de la route : accidente de tráfico**

accompagner

▻ Tu m'accompagnes jusqu'au village ?
¿Me acompañas hasta el pueblo?

▻ Il accompagne la chanteuse au piano.
Acompaña a la cantante al piano.

acompañar

Si le complément est une personne, un groupe de personnes ou un animal domestique, n'oubliez pas de le faire précéder de ***a****.*

Attention : à la différence du français, le mot espagnol ne prend qu'un ***c****.*

accomplir

▻ Mission accomplie !
¡Misión cumplida!

cumplir

accord

▻ Les deux pays ont signé un accord.
Los dos países han firmado un acuerdo.

▻ D'accord, je viens avec toi !
¡De acuerdo, voy contigo!

▻ D'accord, je te crois !
¡Vale, te creo!

▻ Je suis d'accord.
Estoy de acuerdo.

▻ Ana n'est pas d'accord avec son frère.
Ana no está de acuerdo con su hermano.

▻ Nous nous sommes mis d'accord.
Nos pusimos de acuerdo.

el **acuerdo**

► **d'accord ! : ¡de acuerdo!** *ou* **¡vale!**

► **être d'accord : estar de acuerdo**

Attention : le verbe qui traduit **être** *dans* **être d'accord** *est* ***estar*** *et non* ***ser****.*

► **se mettre d'accord : ponerse de acuerdo**

Le pronom réfléchi fonctionne de la façon suivante en espagnol : ***me pongo, te pones, se pone, nos ponemos, os ponéis, se ponen****.*

accordéon

▷ L'accordéon est un instrument typiquement français.
El acordeón es un instrumento típicamente francés.

el **acordeón** (pluriel **los acordeones**)

*Attention : à la différence du français, le mot espagnol ne prend qu'un **c**.*

*Il n'y a pas d'accent écrit au pluriel. L'accent tonique porte sur le deuxième **o**, comme au singulier.*

▷ Pedro apprend à jouer de l'accordéon.
Pedro aprende a tocar el acordeón.

► **jouer de l'accordéon : tocar el acordeón**

accorder

▷ Le professeur nous a accordé deux heures de liberté.
El profesor nos dio dos horas libres.

(= donner) **dar**

accoucher

▷ Elle a accouché hier soir.
Dio a luz anoche.

dar a luz

▷ Sandra a accouché d'un petit garçon.
Sandra dio a luz un niño.

► **accoucher de : dar a luz**

accro

▷ Elle est accro à l'héroïne.
Está enganchada a la heroína.

► **accro à** (une drogue) : **enganchado, enganchada a**

▷ Ils sont accros au deltaplane.
Son fanáticos de ala delta.

► **accro à** (= fanatique de) : **fanático, fanática de**

accrocher

▷ Où vas-tu accrocher le tableau ?
¿Dónde vas a colgar el cuadro?

(= suspendre) **colgar**

▷ Accroche-le au mur.
Cuélgalo en la pared.

► **accrocher** quelque chose **à** quelque chose : **colgar** algo **en** algo

accueil

1 ▷ Merci de votre accueil.
Gracias por su acogida.

1 (= manière d'accueillir quelqu'un) **la acogida**

2 ▷ Demandez à l'accueil si vous voulez des renseignements.
Pregunte en la recepción si quiere información.

2 (= endroit où on peut se renseigner) la **recepción** (pluriel **las recepciones**)

*Il n'y a pas d'accent écrit au pluriel. L'accent tonique porte sur le **o**, comme au singulier.*

accueillir

▷ La famille de mon ami m'a très bien accueilli.
La familia de mi amigo me acogió muy bien.

acoger

accusation

▻ Ce sont de fausses accusations.
Son falsas acusaciones.

la **acusación** (pluriel **las acusaciones**)

*Attention à l'orthographe de **acusación**. Il n'y a pas d'accent écrit au pluriel. L'accent tonique porte sur le **o**, comme au singulier.*

accuser

▻ Le prof a accusé Louis d'avoir triché.
El profe acusó a Louis de haber hecho trampas.

► **accuser** quelqu'un **de** + infinitif : **acusar a** alguien **de** + infinitif

*Attention : à la différence du français, le mot espagnol ne prend qu'un **c**.*

achats

▻ Nous avons mis nos achats dans la voiture.
Pusimos las compras en el coche.

▻ Nous irons faire des achats en ville.
Iremos de compras al centro.

las **compras**

► **faire des achats** : **ir de compras**

acheter

▻ Où est-ce que tu as acheté ton lecteur de DVD ?
¿Dónde has comprado tu lector de DVD?

▻ Je vais lui acheter un livre pour son anniversaire.
Le voy a comprar un libro para su cumpleaños.

▻ Ange s'est acheté un nouveau tee-shirt.
Ange se ha comprado una nueva camiseta.

comprar

► **acheter** quelque chose **à** quelqu'un (en parlant d'un cadeau) : **comprarle** algo **a** alguien

► **s'acheter** quelque chose : **comprarse** algo

*Le pronom réfléchi fonctionne de la façon suivante en espagnol : **me compro, te compras, se compra, nos compramos, os compráis, se compran.***

acide

▻ Cette orange est très acide.
Esta naranja es muy ácida.

ácido, ácida

*Remarquez que le mot espagnol porte sur le **a** un accent écrit qui reflète l'accent tonique.*

acier

▻ Le professeur a expliqué comment l'acier est fabriqué.
El profesor explicó cómo se fabrica el acero.

▻ Cette montre est en acier.
Este reloj es de acero.

el **acero**

► **en acier** : **de acero**

acné

▻ Il a de l'acné.
Tiene acné.

el **acné**

acte

1 ▷ C'est un acte de bravoure.
Es un acto de valentía.

2 ▷ C'est une tragédie en cinq actes.
Es una tragedia en cinco actos.

1 (= action) el **acto**

2 (de pièce de théâtre) el **acto**

acteur

▷ C'est mon acteur préféré.
Es mi actor favorito.

el **actor** (pluriel **los actores**)

actif, active

▷ Il n'est pas très actif pour son âge.
No es muy activo para su edad.

activo, activa

action

▷ Tu dois être responsable de tes actions.
Debes ser responsable de tus acciones.
▷ Allez, fais une bonne action, aide-les !
¡Venga, haz una buena acción, ayúdalos!
▷ Mon père a acheté des actions.
Mi padre ha comprado acciones.

la **acción** (pluriel **las acciones**)

ℹ *Il n'y a pas d'accent écrit au pluriel. L'accent tonique porte sur le* ***o****, comme au singulier.*

activité

▷ Il y aura beaucoup d'activités pendant notre séjour.
Habrá muchas actividades durante nuestra estancia.

la **actividad** (pluriel **las actividades**)

actrice

▷ C'est une très bonne actrice.
Es muy buena actriz.

la **actriz** (pluriel **las actrices**)

ℹ *N'oubliez pas que le* ***z*** *devient* ***c*** *au pluriel.*

actualités

▷ Je l'ai entendu aux actualités.
Lo oí en el telediario.

(télévisées) el **telediario**

actuel, actuelle

▷ C'est un problème très actuel.
Es un problema muy actual.
▷ À l'époque actuelle, il est important de connaître l'informatique.
En la época actual, es importante saber informática.

actual (pluriel **actuales**)

actuellement

▷ Actuellement j'habite à Courbevoie.
Actualmente vivo en Courbevoie.

actualmente

addition

1 ▷ Mon petit frère apprend à faire des additions.
Mi hermanito está aprendiendo a hacer sumas *ou* **a sumar.**

2 ▷ L'addition, s'il vous plaît !
¡La cuenta, por favor!

1 ► **faire des additions** (= calcul) : **hacer sumas** *ou* **sumar**

2 (au restaurant) la **cuenta**

admettre

▷ J'admets que j'ai fait une erreur.
Admito que he cometido un error.
▷ Jean-Paul a été admis au club de sports.
Han admitido a Jean-Paul al club de deportes.

admitir

Pour traduire **être admis à**, *on utilise en espagnol une tournure impersonnelle avec la troisième personne du pluriel.*

admirer

▷ Tout le monde admire le prof de physique.
Todo el mundo admira al profesor de física.

admirar

Si le complément est une personne, un groupe de personnes ou un animal domestique, n'oubliez pas de le faire précéder de **a**.

adolescent, adolescente

▷ Il n'y a pas beaucoup d'activités pour adolescents.
No hay muchas actividades para adolescentes.

el **adolescente**, la **adolescente**

Attention à bien prononcer séparément le **s** *et le* **c**.

adopter

▷ Caro et Bruno ont adopté un petit Péruvien.
Caro y Bruno han adoptado a un niño peruano.

adoptar

Si le complément est une personne, un groupe de personnes ou un animal domestique, n'oubliez pas de le faire précéder de **a**.

adorable

▷ La petite sœur de Mónica est adorable.
La hermanita de Mónica es encantadora.

encantador (pluriel **encantadores**), **encantadora**

adorer

▷ J'adore les bandes dessinées !
¡A mí me encantan los cómics!
▷ Pilar adore nager.
A Pilar le encanta nadar.

Adorer quelque chose *se traduit en espagnol par une tournure avec le verbe* **encantar**. *Le sujet de* **encantar** *est la chose ou les choses que l'on adore, c'est pourquoi le verbe peut être au pluriel. Par exemple:* ***me encanta el chocolate /me encantan los cómics; le encanta el té /le encantan las películas de miedo***.

adresse

▷ J'ai oublié l'adresse de Valérie.
He olvidado la dirección de Valérie.

la **dirección** (pluriel **las direcciones**)

ℹ *Il n'y a pas d'accent écrit au pluriel. L'accent tonique porte sur le **o**, comme au singulier.*

▷ Quelle est ton adresse électronique ?
¿Cuál es tu dirección de correo electrónico?

► **adresse électronique : dirección de correo electrónico**

adresser

1 ▷ La lettre était adressée à mon père.
La carta iba dirigida a mi padre.

1 ► **être adressé à** quelqu'un (en parlant du courrier) : **ir dirigido** *ou* **ir dirigida a** alguien

2 ▷ Il ne nous a pas adressé la parole.
No nos dirigió la palabra.

2 ► **adresser la parole à** quelqu'un : **dirigir la palabra a** alguien

3 ▷ Adressez-vous au gardien.
Diríjase al portero.

3 ► **s'adresser à** quelqu'un (= demander des informations) : **dirigirse a** alguien

ℹ *Le pronom réfléchi fonctionne de la façon suivante en espagnol : **me dirijo, te diriges, se dirige, nos dirigimos, os dirigís, se dirigen**.*

adroit, adroite

▷ Pilar est très adroite.
Pilar es muy diestra.

(= habile de ses mains) **diestro, diestra**

adulte

▷ Les adultes ne nous comprennent pas toujours.
Los adultos no siempre nos entienden.
▷ Notre chat n'est pas encore adulte.
Nuestro gato todavía no es adulto.

adulto, adulta

adversaire

▷ Il ne faut pas sous-estimer l'adversaire.
Nunca se debe subestimar al adversario.

el **adversario**, la **adversaria**

aéroport

▷ Nous avons pris un taxi pour aller à l'aéroport.
Cogimos un taxi para ir al aeropuerto.

el **aeropuerto**

affaire

1 ▷ Six euros le pull ? Tu as fait une bonne affaire !
¿Seis euros por un jersey? ¡Has hecho un buen negocio!

1 ► **faire une bonne affaire : hacer un buen negocio**

2 ▷ Range tes affaires tout de suite !
¡Ordena tus cosas enseguida!

2 ► **les affaires** (= objets personnels) : las cosas

3 ▷ Qu'est-ce qu'il fait comme métier ? – Il est dans les affaires.
¿En qué trabaja? – Se dedica a los negocios.

3 ► **les affaires** (= le commerce) : los negocios

4 ▷ L'affaire du sang contaminé.
El caso de la sangre contaminada.

4 (= scandale) el caso

affamé, affamée

▷ Les enfants étaient vraiment affamés.
Los niños se morían de hambre.

► **être affamé** (= avoir très faim) : morirse de hambre

ℹ *Le pronom réfléchi fonctionne de la façon suivante en espagnol : me muero, te mueres, se muere, nos morimos, os morís, se mueren de hambre.*

affection

▷ Il ne sait pas exprimer son affection.
No sabe expresar su afecto.

el afecto

Attention : à la différence du français, le mot espagnol ne prend qu'un f.

▷ Emmanuelle a beaucoup d'affection pour sa grand-mère.
Emmanuelle le tiene mucho afecto a su abuela.

► **avoir de l'affection pour quelqu'un** : tenerle afecto a alguien

ℹ *Le pronom complément fonctionne de la manière suivante en espagnol : me tiene afecto, te tengo afecto, le tengo afecto, nos tienen afecto, os tengo afecto, les tengo afecto.*

affectueux , affectueuse

▷ Les chats ne sont pas des animaux très affectueux.
Los gatos no son unos animales muy afectuosos.

afectuoso, afectuosa

Attention : à la différence du français, le mot espagnol ne prend qu'un f.

affiche

1 ▷ Les partis politiques ont recouvert d'affiches les murs de la ville.
Los partidos políticos han recubierto de carteles los muros de la ciudad.

1 (publicitaire) el cartel (pluriel los carteles)

2 ▷ Philippe a beaucoup d'affiches dans sa chambre.
Philippe tiene muchos pósteres en su habitación.

2 (décoratif) el póster (pluriel los pósteres)

afficher

▷ Ana a affiché une photo de l'acteur au mur.
Ana ha colgado una foto del actor en la pared.

(en parlant d'un poster, d'une liste) colgar

s'affoler

▷ Ne vous affolez pas, ce n'est pas grave !
¡No perdáis la calma, que no es grave!

perder la calma

affreux, affreuse

▷ Ce bâtiment est affreux.
Este edificio es horrible.
▷ Il fait un temps affreux.
Hace un tiempo horrible.

horrible

Attention à bien prononcer les deux **r**.

affronter

▷ La France affrontera l'Espagne en demi-finale.
Francia se enfrentará a España en la semifinal.

► **affronter** quelqu'un : enfrentarse a alguien

Le pronom réfléchi fonctionne de la façon suivante en espagnol : ***me enfrento, te enfrentas, se enfrenta, nos enfrentamos, os enfrentáis, se enfrentan.***

afin de, afin que

▷ Je vous interrogerai afin de contrôler votre travail.
Os haré preguntas para comprobar vuestro trabajo.
▷ Il y aura une heure de pause afin que vous puissiez vous reposer.
Habrá una pausa de una hora para que podáis descansar.

► **afin de :** para

► **afin que :** para que

De même qu'en français, ***para que*** *est suivi du subjonctif.*

africain, africaine

▷ J'aime bien la musique africaine.
Me gusta mucho la música africana.
▷ Il y a deux Africains dans ma classe.
Hay dos africanos en mi clase.

africano, africana

S'écrit toujours avec une minuscule en espagnol, qu'il s'agisse de l'adjectif ou du nom.

Afrique

▷ Je m'intéresse beaucoup à l'Afrique.
Me interesa mucho África.
▷ Ils ont toujours vécu en Afrique.
Siempre han vivido en África.
▷ Il va souvent en Afrique pour son travail.
Va a menudo a África para el trabajo.
▷ Plusieurs élèves viennent d'Afrique du Nord.
Varios alumnos vienen de África del Norte.

África

Ne prend généralement pas d'article.

Remarquez que le mot espagnol porte sur le **A** *un accent écrit qui reflète l'accent tonique.*

► **en Afrique** (= dans le continent) : en África

► **en Afrique** (= vers le continent) : a África

► **l'Afrique du Nord :** África del Norte

agaçant, agaçante

▷ Tu es agaçant avec toutes ces questions !
¡Qué pesado eres con todas estas preguntas!

(en parlant d'une personne, de l'attitude de quelqu'un) **pesado, pesada**

agacer

▷ Cette émission m'agace, éteins la télé.
Este programa me está irritando, apaga la tele.

irritar

Si le complément est une personne ou un groupe de personnes, n'oubliez pas de le faire précéder de ***a (le irrita mucho a Marta).***

Attention à bien prononcer les deux ***r****.*

âge

▷ L'âge n'est pas important.
La edad no importa.
▷ Quel âge as-tu ?
¿Qué edad tienes?

la **edad**

On dit aussi ***¿Cuántos años tienes?***

âgé, âgée

1 ▷ Ma grand-mère est très âgée.
Mi abuela es muy mayor.

2 ▷ Les jumeaux sont âgés de dix-huit ans.
Los gemelos tienen dieciocho años.

1 (= vieux) **mayor** (pluriel **mayores**)

2 *Pour dire l'âge de quelqu'un, on utilise le verbe* ***tener*** *suivi du nombre d'années.*

agenda

▷ Je vais noter ton adresse dans mon agenda.
Voy a apuntar tu dirección en la agenda.

la **agenda**

À la différence du français, le mot espagnol ***agenda*** *est féminin.*

agent (de police)

▷ Il y a un agent (de police) devant la mairie.
Hay un guardia delante del ayuntamiento.

el **guardia**

s'aggraver

▷ Nos problèmes s'aggravent.
Nuestros problemas se están agravando.

agravarse

Attention : à la différence du français, le mot espagnol ne prend qu'un ***g****.*

Le pronom réfléchi fonctionne de la façon suivante en espagnol : ***se agrava, se agravan****.*

agile

▷ Les écureuils sont des animaux très agiles.
Las ardillas son unos animales muy ágiles.

ágil (pluriel **ágiles**)

Remarquez que le mot espagnol porte sur le ***a*** *un accent écrit qui reflète l'accent tonique.*

agir

▷ Arrêtons de parler et agissons !
¡Dejemos de hablar y actuemos!

(= faire quelque chose) **actuar**

agité, agitée

agitado, agitada

▷ C'est un élève très agité.
Es un alumno muy agitado.

agiter

1 (= remuer) **agitar**

1 ▷ Vous devez agiter le flacon avant de l'ouvrir.
Tiene que agitar el frasco antes de abrirlo.
▷ Samia agitait les bras pour attirer notre attention.
Samia agitaba los brazos para llamarnos la atención.

2 ► **s'agiter : moverse**

*Le pronom réfléchi fonctionne de la façon suivante en espagnol : **me muevo, te mueves, se mueve, nos movemos, os movéis, se mueven**.*

2 ▷ Arrête de t'agiter, Ludovic !
¡Deja de moverte, Ludovic!

agneau

el **cordero**

▷ Regarde les agneaux dans le champ.
Mira los corderos en el campo.
▷ Hier soir nous avons mangé de l'agneau.
Anoche comimos cordero.

agrafe

la **grapa**

▷ Je n'ai pas d'agrafes, tu peux m'en donner ?
No tengo grapas, ¿me puedes dar algunas?

agrafer

1 (des papiers) **grapar**

1 ▷ Sophie a agrafé les deux feuilles de papier.
Sophie grapó las dos hojas de papel.

2 (un vêtement) **abrochar**

*Remarquez la traduction du possessif (agrafer ma jupe) : c'est le verbe qui prend la marque du possesseur **(abrocharme)**, tandis que le complément est simplement précédé de l'article **(la)**.*

2 ▷ Je n'arrive pas à agrafer ma jupe.
No consigo abrocharme la falda.

agrafeuse

la **grapadora**

▷ Mon agrafeuse est cassée.
Mi grapadora está rota.

agrandir

1 (une ouverture) **agrandar**

1 ▷ Il faut agrandir la porte.
Hay que agrandar la puerta.

2 (une photo) **ampliar**

2 ▷ Pouvez-vous agrandir cette photo ?
¿Puede ampliar esta foto?

3 ▷ Le trou s'est agrandi.
El agujero se ha hecho más grande.

3 ► **s'agrandir** (en parlant d'une ouverture qui s'agrandit) : **hacerse más grande**

agréable

▷ J'ai passé des vacances très agréables en Espagne.
Pasé unas vacaciones muy agradables en España.

agradable

agresser

▷ Un homme a agressé mon père.
Un hombre agredió a mi padre.
▷ Lin s'est fait agresser dans la rue.
Agredieron a Lin en la calle.

agredir

ℹ *Pour traduire* se faire agresser, *on emploie en espagnol une tournure à la troisième personne du pluriel :* Lin s'est fait agresser = ***agredieron a Lin***; ils se sont fait agresser = ***los agredieron***.

agressif, agressive

▷ Ne sois pas si agressif !
¡No seas tan agresivo!

agresivo, agresiva

Attention : à la différence du français, le mot espagnol ne prend qu'un ***s***.

agricole

▷ Ils exportent surtout des produits agricoles.
Exportan sobre todo productos agrícolas.

agricola

ℹ *Le mot espagnol se termine par un* ***a*** *au masculin* ***(un producto agrícola)*** *comme au féminin* ***(una máquina agrícola)***.

ℹ *Remarquez que le mot espagnol porte sur le* ***i*** *un accent écrit qui reflète l'accent tonique.*

agriculteur, agricultrice

▷ Les agriculteurs ont manifesté dans Paris.
Los agricultores se manifestaron en París.
▷ Mon oncle est agriculteur.
Mi tío es agricultor.

el **agricultor** (pluriel los **agricultores**), la **agricultora**

agriculture

▷ L'agriculture est la principale activité de ce pays.
La agricultura es la principal actividad de este país.

la **agricultura**

agrume

▷ Les agrumes contiennent de la vitamine C.
Los cítricos contienen vitamina C.

el **cítrico**

aide

▷ Est-ce que tu as besoin d'aide ?
¿Necesitas ayuda?
▷ Tirez un trait à l'aide d'une règle.
Tracen una línea con una regla.

la **ayuda**

► **à l'aide de** quelque chose (= en se servant de quelque chose) : **con algo**

aider

▷ Paula a refusé de m'aider.
Paula se negó a ayudarme.

▷ Tu peux m'aider à faire la vaisselle ?
¿Me puedes ayudar a fregar los platos?

ayudar
*Si le complément est une personne ou un groupe de personnes, n'oubliez pas de le faire précéder de **a** (**ayuda a tu madre** = aide ta mère).*
► **aider** quelqu'un **à** + infinitif : **ayudar a** alguien **a** + infinitif

aïe

▷ Aïe ! Tu me fais mal !
¡Ay! ¡Me haces daño!

¡Ay!

aigle

▷ Il y a un aigle noir dans le ciel.
Hay un águila negra en el cielo.

el **águila**
*Bien que **águila** soit un nom féminin, les articles qui l'accompagnent au singulier sont toujours au masculin; l'adjectif qui suit se met au féminin (**el águila blanca, un águila pequeña**). L'article redevient féminin au pluriel: **las águilas**.*

aigu, aiguë

▷ Benjamin a une voix très aiguë.
Benjamin tiene una voz muy aguda.

agudo, aguda

aiguille

1 ▷ Ma mère a acheté des aiguilles pour coudre ma robe.
Mi madre compró agujas para coserme el vestido.

1 (pour coudre ou tricoter) la **aguja**

2 ▷ La grande aiguille de ma montre est cassée.
La manecilla de los minutos de mi reloj está rota.

2 (d'une montre) la **manecilla**
► **la grande aiguille : la manecilla de los minutos**
► **la petite aiguille : la manecilla de las horas**

ail

▷ Il y a trop d'ail dans cette sauce.
Hay demasiado ajo en esta salsa.

el **ajo**

aile

▷ L'oiseau a une aile cassée.
El pájaro tiene un ala rota.
▷ J'étais assise près de l'aile de l'avion.
Estaba sentada cerca del ala del avión.

el **ala**
*Bien que **ala** soit un nom féminin, les articles qui l'accompagnent au singulier sont toujours au masculin; l'adjectif qui suit se met au féminin (**el ala está rota, un ala blanca**). L'article redevient féminin au pluriel: **las alas**.*

ailleurs

1 ▷ Pedro voudrait vivre ailleurs.
Pedro quisiera vivir en otra parte.

1 (= dans un autre endroit) **en otra parte**

ℹ *On peut dire aussi* ***en otro sitio*** *ou* ***en otro lugar****.*

2 ▷ Je n'aime pas ce restaurant, allons ailleurs.
No me gusta este restaurante, vayamos a otro lugar.

2 (= vers un autre endroit) **a otro lugar**

ℹ *On peut dire aussi* ***a otro sitio****.*

3 ▷ Je n'ai pas faim, et d'ailleurs je n'aime pas ça.
No tengo hambre, y además esto no me gusta.

3 ► **d'ailleurs** (= de plus) : **además**

ℹ *Remarquez que le mot espagnol porte sur le deuxième* ***a*** *un accent écrit qui reflète l'accent tonique.*

4 ▷ Ah oui, d'ailleurs je voulais t'en parler.
Ah sí, por cierto quería hablarte de ello.

4 ► **d'ailleurs** (= au fait) : **por cierto**

aimable

▷ Madame López a été très aimable avec nous.
La señora López fue muy amable con nosotros.

amable

aimant

▷ J'ai mis des aimants sur le frigo.
He puesto imanes en la nevera.

el **imán** (pluriel **los imanes**)

ℹ *Il n'y a pas d'accent écrit au pluriel. L'accent tonique porte sur le* ***a****, comme au singulier.*

aimer

1 ▷ Est-ce que tu aimes le chocolat blanc ?
¿Te gusta el chocolate blanco?
▷ J'aime jouer aux échecs.
Me gusta jugar ajedrez.
▷ Je n'aime pas le sport.
No me gusta el deporte.
▷ Tu n'aimes pas ce film ?
¿No te gusta esta película?

1 *Pour dire que l'on apprécie quelque chose, on utilise en espagnol le verbe* ***gustar*** *précédé du nom ou du pronom correspondant à la personne:* ***me gusta...*** (j'aime...), ***te gusta...*** (tu aimes...), ***le gusta...*** (il aime..., elle aime..., vous aimez... *[vouvoiement d'une personne]),* ***nos gusta...*** (nous aimons...), ***os gusta...*** (vous aimez... *[tutoiement de plusieurs personnes]),* ***les gusta...*** (ils aiment..., elles aiment..., vous aimez... *[vouvoiement de plusieurs personnes]),* ***a María le gusta nadar*** (María aime nager).

▷ Pepito aime les chats.
A Pepito le gustan los gatos.
▷ J'aime les romans de science-fiction.
Me gustan las novelas de ciencia ficción.
▷ Juanjo aime les filles blondes.
A Juanjo le gustan las chicas rubias.

Le sujet de ***gustar*** *est la chose ou la personne que l'on aime. Si c'est un pluriel, le verbe doit en porter la marque.*

2 ▷ La jupe bleue n'est pas mal, mais j'aime mieux la verte.
La falda azul no está mal, pero prefiero la verde.

2 ► **aimer mieux** quelque chose : **preferir** algo

3 ▷ J'aimerais acheter des rollers.
Me gustaría comprar rollers.

3 *Pour dire ce qu'on* aimerait *faire, on utilise en espagnol le verbe* ***gustar*** *au conditionnel, précédé du nom ou du pronom correspondant à la personne:* ***me gustaría...*** (j'aimerais...), ***nos gustaría...*** (nous aimerions...), ***a los chicos les gustaría...*** (les garçons aimeraient...).

▷ J'aimerais que tu ranges ta chambre.
Me gustaría que ordenaras tu habitación.

Attention à la concordance des temps : lorsque ***gustaría*** *est suivi de* ***que****, il faut utiliser l'imparfait du subjonctif après* ***que (me gustaría que ordenaras tu habitación; nos gustaría que vinieras temprano)****.*

4 ▷ Je crois que Francesca aime Kevin.
Creo que Francesca quiere *ou* **ama a Kevin.**

4 (quand on parle d'amour) **querer** *ou* **amar**

Le complément est une personne : n'oubliez pas de le faire précéder de ***a****.*

aîné, aînée

▷ C'est mon frère aîné.
Es mi hermano mayor.
▷ Comment s'appelle ta sœur aînée ?
¿Cómo se llama tu hermana mayor?
▷ Qui est l'aîné ?
¿Quién es el mayor?
▷ L'aînée a quinze ans.
La mayor tiene quince años.

mayor (pluriel **mayores**)

Notez que cet adjectif a la même forme au masculin et au féminin en espagnol.

ainsi

▷ Vous devez faire ainsi.
Debe hacer así.

(= de cette façon) **así**

▷ Faites l'exercice 21 ainsi que l'exercice 22.
Haced el ejercicio 21 así como el 22.

► **ainsi que** : **así como**

Remarquez que ***así*** *porte sur le* ***i*** *un accent écrit qui reflète l'accent tonique.*

air

1 ▷ L'air est très pollué à Paris.
El aire de París está muy contaminado.

1 (qu'on respire) el **aire**

2 ▷ Je me souviens de l'air mais pas des paroles.
Me acuerdo de la música pero no de la letra.

2 (d'une chanson) la **música**

3 ▷ Tu as l'air content.
Pareces contento.

3 ► **avoir l'air** + adjectif : **parecer** + adjectif

aise

1 ▷ Je suis très à l'aise ici.
Me siento muy a gusto aquí.

1 ► **être à l'aise :** sentirse a gusto

2 ▷ Charles se sentait mal à l'aise devant tous ces gens.
Charles se sentía incómodo frente a tanta gente.

2 ► **mal à l'aise :** incómodo, incómoda

ℹ *Remarquez que les deux adjectifs portent sur le o un accent écrit qui reflète l'accent tonique.*

ajouter

▷ Ajouter du sel et du poivre et bien mélanger.
Añadir sal y pimienta y mezclar bien.

añadir

alarme

▷ Heureusement, l'alarme de la voiture s'est déclenchée.
Afortunadamente la alarma del coche se activó.

la alarma

album

1 ▷ Montre-nous tes albums photos.
Enséñanos tus álbumes de fotos.

1 ► **album photo :** el álbum de fotos (pluriel los álbumes de fotos)

ℹ *Remarquez que álbum et álbumes portent sur le a un accent écrit qui reflète l'accent tonique.*

2 ▷ Mes cousins ont beaucoup d'albums de bandes dessinées.
Mis primos tienen muchos cómics.

2 ► **album de bandes dessinées :** el cómic

ℹ *Remarquez que le mot espagnol porte sur le o un accent écrit qui reflète l'accent tonique.*

alcool

▷ Les enfants ne doivent pas boire d'alcool.
Los niños no deben beber alcohol.
▷ L'infirmière a mis de l'alcool sur la blessure.
La enfermera le puso alcohol en la herida.

el alcohol

Il y a un h dans le mot espagnol.

alcoolique

▷ C'est un alcoolique.
Es un alcohólico.

► **un alcoolique, une alcoolique :** un alcohólico, una alcohólica

ℹ *Remarquez que le mot espagnol porte sur le deuxième o un accent écrit qui reflète l'accent tonique.*

alcoolisé, alcoolisée

▷ La vente de boissons alcoolisées aux mineurs est interdite.
La venta de bebidas alcohólicas a los menores está prohibida.

alcohólico, alcohólica

ℹ *Remarquez que le mot espagnol porte sur le deuxième o un accent écrit qui reflète l'accent tonique.*

alentours

▻ Il y a plusieurs magasins aux alentours du lycée.
Hay varias tiendas alrededor del instituto.

► **aux alentours de** (un endroit) : alrededor de

Algérie

▻ Karim prépare un exposé sur l'Algérie.
Karim está preparando una exposición sobre Argelia.

▻ Est-ce que tu sais ce qui se passe en Algérie ?
¿Sabes lo que está pasando en Argelia?

▻ Nous aimerions aller en Algérie.
Nos gustaría ir a Argelia.

Argelia

ℹ *Ne prend généralement pas d'article.*

► **en Algérie** (= dans le pays) : en Argelia

► **en Algérie** (= vers le pays) : a Argelia

Attention : dans le mot espagnol, le l et le r sont inversés par rapport au mot français (Algérie = *Argelia*).

algérien, algérienne

▻ C'est un chanteur algérien connu.
Es un cantante argelino conocido.

▻ Il y a deux Algériens dans ma classe.
Hay dos argelinos en mi clase.

argelino, argelina

ℹ *S'écrit toujours avec une minuscule en espagnol, qu'il s'agisse de l'adjectif ou du nom.*

algues

▻ Les rochers sont couverts d'algues.
Las rocas están cubiertas de algas.

las **algas**

aliment

▻ Le pain est un aliment très important en France.
El pan es un alimento muy importante en Francia.

el **alimento**

alimentation

▻ Il est important d'avoir une alimentation saine.
Es importante tener una alimentación sana.

▻ Il y a un magasin d'alimentation au coin de la rue.
Hay una tienda de comestibles en la esquina.

la **alimentación**

► **magasin d'alimentation :** la tienda de comestibles (pluriel tiendas de comestibles)

allée

1 ▻ Prenez la première allée à gauche.
Tome el primer camino a la izquierda.

1 (dans un parc) el **camino**

2 ▻ Au cinéma, je m'assieds toujours près de l'allée.
En el cine, me siento siempre cerca del pasillo.

2 (au cinéma) el **pasillo**

Allemagne

▻ L'Allemagne fait partie de la zone euro.
Alemania forma parte de la zona euro.

▻ Christine habite en Allemagne.
Christine vive en Alemania.

Alemania

ℹ *Ne prend généralement pas d'article.*

► **en Allemagne** (= dans le pays) : en Alemania

▷ Mon père est allé en Allemagne pour son travail.
Mi padre fue a Alemania para el trabajo.

► **en Allemagne** (= vers le pays) : **a Alemania**

allemand, allemande

▷ Valentin a un correspondant allemand.
Valentin tiene un amigo por correspondencia alemán.
▷ Les Allemands aiment aller en vacances au Portugal.
A los alemanes les gusta ir de vacaciones a Portugal.
▷ L'allemand est une langue difficile.
El alemán es un idioma difícil.

alemán, alemana

ℹ *S'écrit toujours avec une minuscule en espagnol, qu'il s'agisse de l'adjectif ou du nom.*

aller

1 ▷ Nous allons en vacances en Espagne.
Nos vamos de vacaciones a España.
▷ Est-ce que tu es déjà allée en Andalousie ?
¿Has ido alguna vez a Andalucía?

1 **ir**

*Le verbe **ir** est toujours suivi de la préposition **a**: **fuimos a los Pirineos*** (nous sommes allés dans les Pyrénées), ***vamos al cine*** (allons au cinéma).

2 ▷ Je vais très bien !
¡Estoy muy bien!
▷ Comment vas-tu ? *ou* Comment ça va ?
¿Qué tal? *ou* **¿Cómo estás?**
▷ Bonjour, comment allez-vous ?
Buenos días, ¿cómo está usted?
▷ Comment vont tes parents ?
¿Qué tal están tus padres? *ou* **¿Cómo están tus padres?**

2 *Pour parler de la santé, on emploie le verbe **estar**.*

ℹ *Notez l'expression utilisée pour demander si quelqu'un* va bien *: si l'on s'adresse directement à un ami ou un parent, on peut dire **¿qué tal?** Si l'on s'adresse à quelqu'un de façon plus respectueuse, on dit **¿cómo está usted?**; si l'on prend des nouvelles de quelqu'un, on peut dire soit **¿cómo está...?** ou **¿cómo están...?**, soit, de façon plus familière, **¿qué tal está...?** ou **¿qué tal están...?***

3 ▷ Ce pantalon te va vraiment bien.
Estos pantalones te sientan realmente bien.

3 (pour parler d'un vêtement ou d'une couleur qui va/ne va pas à quelqu'un)
sentar

4 ▷ Allez, dépêche-toi !
¡Venga, date prisa!

4 ► **Allez ! : ¡Venga!**

5 ▷ Je vais préparer le dîner.
Voy a preparar la cena.
▷ Attention, tu vas tomber !
¡Cuidado, te vas a caer!

5 *Quand* aller *sert à exprimer le futur, on emploie en espagnol **ir a** + infinitif.*

6 ▷ Bon, c'est l'heure, je m'en vais.
Bueno, ya es hora, me voy.

6 ► **s'en aller : irse**
*Le pronom réfléchi fonctionne de la façon suivante en espagnol : **me voy, te vas, se va, nos vamos, os vais, se van.***

7 ▷ Le retour m'a semblé plus court que l'aller.
El viaje de vuelta me pareció más corto que el viaje de ida.

7 (= trajet) el **viaje de ida** (pluriel los **viajes de ida**)

8 ▷ Un aller simple pour Meaux, s'il vous plaît.
Un billete de ida para Meaux, por favor.

8 (= billet de train) el **billete de ida** (pluriel los **billetes de ida**)

allergie

▷ C'est une allergie à la poussière.
Es una alergia al polvo.

la **alergia**
*Attention à l'orthographe de **alergia**.*

allergique

▷ Je suis allergique au lait.
Soy alérgico a la leche.

► **être allergique à** quelque chose : **ser alérgico a** algo
*Remarquez que **alérgico** porte sur le **e** un accent écrit qui reflète l'accent tonique.*

allô

▷ Allô, Claire ? C'est Thomas.
¿Oiga, Claire? Soy Thomas.
▷ Allô ? Oui, bonjour, comment ça va ?
¿Diga? Sí, hola, ¿qué tal?

*Il y a deux mots différents en espagnol : quand on appelle quelqu'un, on dit **¿oiga?**, et quand on décroche on dit **¿diga?***

allumer

▷ Allume la lumière, s'il te plaît.
Enciende la luz, por favor.
▷ Si tu allumes le feu maintenant, il va faire trop chaud.
Si enciendes el fuego ahora, hará demasiado calor.

encender

allumette

▷ Ne joue pas avec les allumettes, c'est dangereux.
No juegues con las cerillas, es peligroso.

la **cerilla**

allure

1 ▷ Elle a une drôle d'allure !
¡Tiene un aspecto muy raro!

1 (= apparence) el **aspecto**

2 ▷ Pierre conduit toujours à toute allure.
Pierre siempre conduce a toda velocidad.

2 ► **à toute allure : a toda velocidad**

alors

1 ▷ Il fait beau, alors tu peux jouer dehors.
Hace buen tiempo, entonces puedes jugar fuera.

1 (= par conséquent) **entonces**

2 ▷ Alors, qu'est-ce qui se passe ?
Bueno, ¿qué pasa?

2 (pour poser une question) **bueno**

3 ▷ Laurent est sorti alors que ses parents n'étaient pas d'accord.
Laurent salió aunque sus padres no estaban de acuerdo.

3 ► **alors que : aunque**

Ne confondez pas ***aunque*** *+ indicatif* (= alors que, bien que) *et* ***aunque*** *+ subjonctif* (= même si). *Comparez par exemple :* ***quieren salir aunque llueve*** = ils veulent sortir alors qu'il pleut *(il pleut, mais ils veulent sortir quand même) ;* ***quieren salir aunque llueva*** = ils veulent sortir même s'il pleut *(il se peut qu'il pleuve, mais ils veulent sortir quand même).*

Alpes

▷ J'ai appris à skier dans les Alpes.
Aprendí a esquiar en los Alpes.

► **les Alpes : los Alpes**

*Les noms de montagnes sont masculins en espagnol (****los Pirineos*** *= les Pyrénées,* ***los Andes*** *= les Andes).*

alphabet

▷ Nous apprenons à dire l'alphabet en espagnol.
Estamos aprendiendo a decir el alfabeto en español.

el **alfabeto**

Attention à l'orthographe !

alpinisme

▷ L'alpinisme est un sport difficile.
El alpinismo es un deporte difícil.

el **alpinismo**

altitude

▷ Nous étions à 3 000 mètres d'altitude.
Estábamos a 3 000 metros de altitud.

la **altitud**

amande

▷ J'ai acheté des amandes salées.
Compré almendras saladas.

la **almendra**

ambiance

▷ Il y a une très bonne ambiance au club.
Hay muy buen ambiente en el club.

▷ Il y a de l'ambiance ici !
¡Hay mucho ambiente aquí!

el **ambiente**

► **il y a de l'ambiance : hay mucho ambiente**

ambitieux, ambitieuse

▷ C'est un projet très ambitieux.
Es un proyecto muy ambicioso.

ambicioso, ambiciosa

ambition

▷ Il a de grandes ambitions.
Tiene grandes ambiciones.

la **ambición** (pluriel **las ambiciones**)

ℹ *Il n'y a pas d'accent écrit au pluriel. L'accent tonique porte sur le* ***o****, comme au singulier.*

ambulance

▷ Vite, appelle une ambulance !
¡Rápido, llama a una ambulancia!

la **ambulancia**

améliorer

1 ▷ Fatima s'entraîne pour améliorer son service au tennis.
Fatima se entrena para mejorar su servicio en tenis.

1 **mejorar**

2 ▷ Mes résultats en français se sont améliorés.
Mis resultados en francés han mejorado.

2 ► **s'améliorer** : **mejorar**

amende

▷ Carole a eu une amende de soixante euros.
A Carole le han puesto una multa de sesenta euros.
▷ J'ai eu une amende énorme.
Me han puesto una multa enorme.

la **multa**

ℹ *Remarquez la traduction de* avoir une amende *: on emploie en espagnol une expression à la troisième personne du pluriel* ***(han puesto)****, où la personne qui reçoit l'amende est le complément du verbe* ***(a Carole le...)****.*

amener

▷ Tu peux amener ton petit frère si tu veux.
Puedes traer a tu hermanito si quieres.

traer

⚠ *Si le complément est une personne, un groupe de personnes ou un animal domestique, n'oubliez pas de le faire précéder de* ***a****.*

amer, amère

▷ Cette orange est vraiment amère.
Esta naranja es muy amarga.

amargo, amarga

américain, américaine

▷ Les grands-parents d'Ariel sont américains.
Los abuelos de Ariel son americanos.
▷ J'ai rencontré un Américain dans le train.
Conocí a un americano en el tren.

americano, americana

ℹ *S'écrit toujours avec une minuscule en espagnol, qu'il s'agisse de l'adjectif ou du nom. Bien que* ***americano*** *soit souvent utilisé, notamment à l'oral, le mot correct est* ***estadounidense****, surtout pour les adjectifs:* ***el gobierno estadounidense*** le gouvernement américain.

Amérique

▷ L'Amérique est un immense continent.
América es un continente inmenso.

▷ Isabelle a vécu en Amérique pendant deux ans.
Isabelle vivió en América durante dos años.

▷ Mon frère va en Amérique pour faire un stage.
Mi hermano va a América para hacer prácticas.

▷ Nicaragua se situe en Amérique centrale.
Nicaragua está en América central.

▷ L'Amérique latine inclut tous les pays de langue espagnole et portugaise.
América latina incluye todos los países de lengua española y portuguesa.

▷ L'Amérique du Nord est une région riche.
América del Norte es una región rica.

▷ Cette musique vient d'Amérique du Sud.
Esta música viene de América del Sur.

América

ℹ *Ne prend généralement pas d'article.*

ℹ *Remarquez que le mot espagnol porte sur le* **e** *un accent écrit qui reflète l'accent tonique.*

► **en Amérique** (= dans le continent) : **en América**

► **en Amérique** (= vers le continent) : **a América**

► **l'Amérique centrale : América central** *ou* **Centroamérica**

► **l'Amérique latine : América latina**

► **l'Amérique du Nord : América del Norte** *ou* **Norteamérica**

► **l'Amérique du Sud : América del Sur** *ou* **Sudamérica** *ou* **Suramérica**

ami, amie

1 ▷ Amandine est ma meilleure amie.
Amandine es mi mejor amiga.

1 (= camarade) el **amigo,** la **amiga**

2 ▷ Léo est son ami, ils ne sont pas mariés.
Léo es su novio, no están casados.

2 (= amoureux) el **novio**

3 ▷ Mon père a une nouvelle amie.
Mi padre tiene otra novia.

3 (= amoureuse) la **novia**

amical, amicale

▷ C'est un match amical.
Es un partido amistoso.

amistoso, amistosa

amitié

▷ L'amitié est quelque chose de très important.
La amistad es algo muy importante.

▷ « Amitiés, Nicolas. »
"Un cordial saludo, Nicolas."

la **amistad**

ℹ *À la fin d'une lettre en espagnol, on écrit* ***un cordial saludo****.*

amour

▷ Ce n'est pas de l'amitié, c'est de l'amour.
No es amistad, es amor.

el **amor** (pluriel **los amores**)

amoureux, amoureuse

enamorado, enamorada

Attention : le verbe qui traduit être *dans* être amoureux de *est* ***estar*** *et non* ***ser***.

▷ Fabrice est amoureux de Lucille.
Fabrice está enamorado de Lucille.
▷ Il y a un couple d'amoureux sur le banc.
Hay una pareja de enamorados en el banco.

amplificateur

el **amplificador** (pluriel los **amplificadores**)

▷ J'ai acheté un nouvel amplificateur.
He comprado un nuevo amplificador.

ampoule

1 (électrique) la **bombilla**

▷ Je vais changer l'ampoule de la salle de bains.
Voy a cambiar la bombilla del cuarto de baño.

2 (aux pieds, aux mains) la **ampolla**

▷ J'ai des ampoules aux pieds.
Tengo ampollas en los pies.

amusant, amusante

gracioso, graciosa

▷ Le prof de français raconte des blagues très amusantes.
El profesor de francés cuenta chistes muy graciosos.

s'amuser

1 (= se divertir) **divertirse**

► **s'amuser à** + infinitif : **divertirse** + gérondif

► **bien s'amuser : pasárselo bien**

Le pronom réfléchi fonctionne de la façon suivante en espagnol : ***me lo paso bien, te lo pasas bien, se lo pasa bien, nos lo pasamos bien, os lo pasáis bien, se lo pasan bien.***

▷ Arrêtez de vous amuser et travaillez !
¡Dejad de divertiros y trabajad!
▷ Richard s'amuse à embêter son frère.
Richard se divierte molestando a su hermano.
▷ On s'est bien amusés avec Mamoud.
Nos lo pasamos muy bien con Mamoud.

2 ► **s'amuser à** + infinitif (= passer son temps à) : **entretenerse** + gérondif

Le pronom réfléchi fonctionne de la façon suivante en espagnol : ***me entretengo, te entretienes, se entretiene, nos entretenemos, os entretenéis, se entretienen.***

▷ Julienne s'amuse à regarder par la fenêtre.
Julienne se entretiene mirando por la ventana.

an

el **año**

▷ Nous habitons ici depuis trois ans.
Vivimos aquí desde hace tres años.
▷ J'ai quinze ans.
Tengo quince años.

ananas

▷ Cet ananas n'est pas mûr.
Esta piña no está madura.

la piña

anchois

▷ Tu aimes les pizzas avec des anchois ?
¿Te gustan las pizzas con anchoas?
▷ Nous avons mangé des anchois grillés.
Comimos boquerones a la plancha.

En espagnol, il existe deux mots différents pour dire anchois : la anchoa s'il s'agit d'anchois salés et el boquerón (pluriel boquerones) s'il s'agit d'anchois frais ou au vinaigre.

ancien, ancienne

▷ Cette broche est ancienne, elle appartenait à ma grand-mère.
Este broche es antiguo, pertenecía a mi abuela.
▷ J'ai rencontré mon ancien prof de maths.
Me encontré con mi antiguo profesor de matemáticas.

antiguo, antigua

La dernière syllabe du mot espagnol se prononce /gwo/ et non /go/.

âne

▷ Il y a beaucoup d'ânes en Grèce.
Hay muchos burros en Grecia.

el burro

Attention à bien prononcer les deux r.

ange

▷ Merci, tu es un ange.
Gracias, eres un ángel.

el ángel (pluriel los ángeles)

angine

▷ J'ai été absent parce que j'avais une angine.
Estuve ausente porque tenía anginas.

las anginas

Attention ! Le mot est toujours au pluriel en espagnol !

anglais, anglaise

▷ Je crois que la petite amie de Frédo est anglaise.
Creo que la novia de Frédo es inglesa.
▷ Une Anglaise m'a envoyé un e-mail.
Una inglesa me mandó un correo electrónico.
▷ Yoshi parle très bien anglais.
Yoshi habla muy bien inglés.

inglés (pluriel ingleses), inglesa

i *S'écrit toujours avec une minuscule en espagnol, qu'il s'agisse de l'adjectif ou du nom.*

i *Remarquez que le mot inglés porte sur le e un accent écrit qui reflète l'accent tonique.*

angle

1 ▷ L'angle de la table est abîmé.
La esquina de la mesa está estropeada.
▷ Il y a une pharmacie à l'angle.
Hay una farmacia en la esquina.

1 (= la partie extérieure) la esquina

2 ▷ Nous avons placé le piano dans l'angle de la pièce.
Hemos colocado el piano en el rincón de la habitación.

2 (= la partie intérieure) el **rincón** (pluriel los rincones)

Angleterre

▷ L'Angleterre est l'un des pays du Royaume-Uni.
Inglaterra es uno de los países del Reino Unido.
▷ J'ai passé trois semaines en Angleterre.
Pasé tres semanas en Inglaterra.
▷ Quand irez-vous en Angleterre ?
¿Cuándo van a ir a Inglaterra?

Inglaterra
ℹ *Ne prend généralement pas d'article.*
► **en Angleterre** (= dans le pays) : en Inglaterra
► **en Angleterre** (= vers le pays) : a Inglaterra
🔊 *Attention à bien prononcer les deux r de Inglaterra.*

animal

▷ Les tigres sont des animaux dangereux.
Los tigres son animales peligrosos.

animal (pluriel los animales)

animateur, animatrice

▷ J'adore cet animateur.
Me encanta este animador.
▷ Je voudrais être animatrice dans un camp de vacances.
Quisiera ser animadora en un campamento de verano.

el **animador** (pluriel los animadores), la **animadora**

animé, animée

▷ La Bastille est un quartier très animé.
La Bastille es un barrio muy animado.
▷ J'adore les dessins animés.
Me encantan los dibujos animados.

animado, animada

anneau

▷ La sœur de Marion a un anneau dans le nez.
La hermana de Marion lleva un anillo en la nariz.

el **anillo**

année

▷ Cette année, nous avons un nouveau prof d'espagnol.
Este año tenemos un nuevo profesor de español.
▷ L'année scolaire commence en septembre.
El curso escolar empieza en septiembre.
▷ Bonne année !
¡Feliz año nuevo!

el **año**
► **l'année scolaire** : el curso escolar
ℹ *Pour souhaiter* bonne année *à quelqu'un en espagnol, on dit* ***¡Feliz año nuevo!***

anniversaire

1 ▷ Bon anniversaire, Amelia !
¡Feliz cumpleaños, Amelia!

1 (d'une personne) el **cumpleaños**
*Attention, **cumpleaños** prend toujours un **s**, même au singulier.*

2 ▷ C'est l'anniversaire de mariage de mes parents.
Es el aniversario de boda de mis padres.

2 (d'un mariage ou d'un événement) el **aniversario**
*Remarquez que **aniversario** est la traduction du deuxième sens seulement. Le sens le plus courant est traduit par **cumpleaños**.*

annonce

▷ Tu as vu l'annonce pour la console de jeux ?
¿Has visto el anuncio para la consola de juegos?

el **anuncio**
*Attention : à la différence du français, le mot espagnol ne prend qu'un **n**.*

▷ Ma mère lit toujours les petites annonces.
Mi madre siempre lee los anuncios por palabras.

► **les petites annonces : los anuncios por palabras**

annoncer

▷ Le proviseur annoncera les résultats demain.
El director anunciará los resultados mañana.

anunciar
*Attention : à la différence du français, le mot espagnol ne prend qu'un **n**.*

annuaire

▷ Cherche le numéro de Stéphane dans l'annuaire.
Busca el número de Stéphane en la guía telefónica.

la **guía telefónica** (pluriel **las guías telefónicas**)
Remarquez que les deux mots espagnols portent un accent écrit qui reflète l'accent tonique.

annuler

▷ Le voyage à Madrid a été annulé.
El viaje a Madrid ha sido anulado.

anular
*Attention : à la différence du français, le mot espagnol ne prend qu'un **n**.*

anorak

▷ Mets un anorak pour sortir dans la neige.
Ponte un anorak para salir a la nieve.

el **anorak** (pluriel **los anoraks**)

antarctique

▷ C'est dans l'océan Antarctique.
Es en el océano Antártico.

antártico, antártica

antenne

▷ L'antenne de la radio est cassée.
La antena de la radio está rota.
▷ Il y a une antenne parabolique sur le toit.
Hay una antena parabólica en el tejado.

la **antena**
*Attention : à la différence du français, le mot espagnol ne prend qu'un **n**.*

antibiotique

▷ Le docteur m'a prescrit des antibiotiques.
El médico me recetó antibióticos.

el **antibiótico**

ℹ *Remarquez que le mot espagnol porte sur le premier **o** un accent écrit qui reflète l'accent tonique.*

antillais, antillaise

▷ Nous avons mangé dans un restaurant antillais.
Comimos en un restaurante antillano.

▷ Sandra a épousé un Antillais.
Sandra se ha casado con un antillano.

antillano, antillana

ℹ *S'écrit toujours avec une minuscule en espagnol, qu'il s'agisse de l'adjectif ou du nom.*

Antilles

▷ Les Antilles sont un groupe d'îles aux Caraïbes.
Las Antillas son un grupo de islas en el Caribe.

▷ Ils habitent aux Antilles.
Viven en las Antillas.

▷ Est-ce que tu aimerais aller aux Antilles ?
¿Te gustaría ir a las Antillas?

► **les Antilles : las Antillas**

► **aux Antilles** (= dans l'archipel) **: en las Antillas**

► **aux Antilles** (= vers l'archipel) **a las Antillas**

antipathique

▷ La copine d'Hervé est vraiment antipathique.
La novia de Hervé es realmente antipática.

antipático, antipática

ℹ *Remarquez que le mot espagnol porte sur le **a** un accent écrit qui reflète l'accent tonique.*

antivirus

▷ J'ai téléchargé un nouvel antivirus.
He descargado un nuevo antivirus.

(pour ordinateur) el **antivirus** (pluriel **los antivirus**)

antivol

▷ N'oublie pas de mettre l'antivol sur ton vélo.
Acuérdate de poner el antirrobo en la bici.

el **antirrobo**

🔊 *Attention à bien prononcer les deux **r** de **antirrobo**.*

anxieux, anxieuse

▷ Elle est très anxieuse.
Es muy anxiosa.

anxioso, anxiosa

août

▷ Il fait très chaud en août.
Hace mucho calor en agosto.

▷ Nous partons le 15 août.
Nos vamos el quince de agosto.

agosto

ℹ *Notez l'emploi de **de** en espagnol quand on dit la date.*

apartheid

▷ Ce sont des victimes de l'apartheid.
Son víctimas del apartheid.

el **apartheid**

apercevoir

1 ▻ J'ai aperçu le maire dans le métro.
Vi al alcalde en el metro.

1 (= voir brièvement) **ver**

*Si le complément est une personne, un groupe de personnes ou un animal domestique, n'oubliez pas de le faire précéder de **a**.*

2 ▻ Je ne m'étais pas aperçu de la différence.
No me había dado cuenta de la diferencia.
▻ Je ne m'en suis pas aperçu.
No me di cuenta.
▻ Tu t'es aperçue que Simon n'était pas là ?
¿Te diste cuenta de que Simon no estaba?

2 ► **s'apercevoir de** quelque chose : **darse cuenta de** algo

► **s'apercevoir que : darse cuenta de que**

Attention à la préposition : s'apercevoir que = ***darse cuenta de que.***

*Le pronom réfléchi fonctionne de la façon suivante en espagnol : **me doy cuenta, te das cuenta, se da cuenta, nos damos cuenta, os dais cuenta, se dan cuenta.***

apéritif

▻ Voulez-vous un apéritif ?
¿Le apetece un aperitivo?
▻ Venez prendre l'apéritif.
Venid a tomar el aperitivo.

(= boisson) el **aperitivo**

► **prendre l'apéritif : tomar el aperitivo**

s'apitoyer

▻ Arrête de t'apitoyer sur ton sort !
¡Basta ya de apiadarte de tu suerte!

► **s'apitoyer sur : apiadar(se) de**

aplati, aplatie

▻ Les gâteaux sont tout aplatis.
Los pasteles están completamente aplastados.

(= écrasé) **aplastado, aplastada**

apparaître

▻ Un ballon est apparu dans le ciel.
Un globo apareció en el cielo.

aparecer

*Attention : à la différence du français, le mot espagnol ne prend qu'un **p**.*

appareil

1 ▻ Eulalie a eu un appareil photo pour Noël.
A Eulalie le regalaron una cámara fotográfica para Navidad.

1 ► **appareil photo :** la **cámara fotográfica** (pluriel **las cámaras fotográficas**)

Remarquez que les deux mots espagnols portent un accent écrit qui reflète l'accent tonique.

2 ▷ Les robots ménagers sont des appareils très utiles.
Los robots de cocina son unos aparatos muy útiles.

2 (électrique) el **aparato**

3 ▷ Nicolás porte un appareil dentaire.
Nicolás lleva un aparato corrector.

3 ► **appareil dentaire :** el **aparato corrector** (pluriel **los aparatos correctores**)

*Attention à bien prononcer les deux **r** de **corrector**.*

4 ▷ Bonjour ! Jérôme à l'appareil.
¡Hola! Soy Jérôme.

4 *Pour dire son nom quand on parle au téléphone, on utilise le verbe **ser**.*

apparemment

▷ Apparemment, ils sont arrivés en retard.
Al parecer llegaron con retraso.

al parecer

appartement

▷ Anne et Jean-François ont acheté un appartement en banlieue.
Anne y Jean-François han comprado un piso *ou* un apartamento en las afueras.

el **piso** *ou* el **apartamento**

Piso veut aussi dire **étage**.

appartenir à

▷ Cette voiture appartient à mon frère.
Este coche pertenece a mi hermano.

► **appartenir à** quelqu'un : **pertenecer a** alguien

appel

1 ▷ Il y a eu trois appels pour toi cet après-midi.
Ha habido tres llamadas para ti esta tarde.

1 (au téléphone) la **llamada**

2 ▷ Le prof fait toujours l'appel au début du cours.
El profesor siempre pasa lista al empezar la clase.

2 ► **faire l'appel :** **pasar lista**

appeler

1 ▷ Le dîner est prêt, appelle ta sœur.
La cena está lista, llama a tu hermana.
▷ Nous allons appeler le bébé Thomas.
Vamos a llamar al bebé Thomas.
▷ Tu peux m'appeler ce soir, je serai chez moi.
Me puedes llamar esta noche, estaré en casa.

1 **llamar**

*Si le complément est une personne, un groupe de personnes ou un animal domestique, n'oubliez pas de le faire précéder de **a**.*

2 ▻ Comment tu t'appelles ?
¿Cómo te llamas?
▻ Je m'appelle Gabriel.
Me llamo Gabriel.
▻ Cet outil s'appelle un tournevis.
Esta herramienta se llama un destornillador.
▻ Comment s'appelle ce truc en espagnol ?
¿Cómo se llama este chisme en español?

2 ► s'appeler : **llamarse**

*Le pronom réfléchi fonctionne de la façon suivante en espagnol : **me llamo, te llamas, se llama, nos llamamos, os llamáis, se llaman**.*

appétit

▻ Tu as bon appétit !
¡Tienes buen apetito!

▻ Bon appétit !
¡(Buen) provecho!

el **apetito**
*Attention : à la différence du français, le mot espagnol ne prend qu'un **p**.*
Pour souhaiter bon appétit *à quelqu'un en espagnol, on utilise non pas le mot **apetito** mais le mot **provecho**.*

applaudir

▻ Toute la classe a applaudi Thierry.
Toda la clase aplaudió a Thierry.
▻ Elles ont applaudi très fort.
Aplaudieron mucho.

aplaudir
*Si le complément est une personne, un groupe de personnes ou un animal domestique, n'oubliez pas de le faire précéder de **a**.*
*Attention : à la différence du français, le mot espagnol ne prend qu'un **p**.*
*Attention à bien prononcer séparément le **a** et le **u** de la deuxième syllabe.*

application

▻ J'ai téléchargé une nouvelle application.
He descargado una nueva aplicación.

(informatique) la **aplicación** (pluriel **las aplicaciones**)
*Attention à l'orthographe de **aplicación**.*
*Il n'y a pas d'accent écrit au pluriel. L'accent tonique porte sur le **o**, comme au singulier.*

s'appliquer

▻ Applique-toi quand tu écris !
¡Aplícate cuando escribes!

aplicarse
*Le pronom réfléchi fonctionne de la façon suivante en espagnol : **me aplico, te aplicas, se aplica, nos aplicamos, os aplicaís, se aplican**.*

apporter

1 ▻ Apporte-moi le journal, s'il te plaît.
Tráeme el periódico, por favor.

1 ► **apporter** quelque chose **à** quelqu'un (lorsque le mouvement s'effectue vers la personne qui parle) : **traer** algo **a** alguien

2 ▻ Je lui ai apporté son petit-déjeuner au lit.
Le llevé el desayuno a la cama.

2 ► **apporter** quelque chose **à** quelqu'un (lorsque le mouvement s'éloigne de la personne qui parle) : **llevar** algo **a** alguien

apprécier

▻ Je n'apprécie pas beaucoup le frère de Laure.
No me gusta mucho el hermano de Laure.
▻ J'apprécie les gens honnêtes.
Me gustan las personas honestas.
▻ Juanjo apprécie les choses bien faites.
A Juanjo le gustan las cosas bien hechas.

Pour dire que l'on apprécie quelque chose, on utilise en espagnol le verbe ***gustar*** *précédé du nom ou du pronom correspondant à la personne. Pour plus d'informations, regardez le verbe* **aimer**.

apprendre

1 ▻ J'apprends le russe.
Estoy aprendiendo ruso.
▻ Marion aimerait apprendre à nager.
A Marion le gustaría aprender a nadar.

1 (= étudier) **aprender**

► **apprendre à** faire quelque chose : **aprender a** hacer algo

Attention : à la différence du français, le mot espagnol ne prend qu'un ***p***.

2 ▻ Pedro nous apprend l'espagnol.
Pedro nos está enseñando español.
▻ Ma tante m'a appris à faire du vélo.
Mi tía me enseñó a montar en bici.

2 (= enseigner) **enseñar**

► **apprendre à** quelqu'un **à** faire quelque chose : **enseñar a** alguien **a** hacer algo

3 ▻ Comment as-tu appris son arrivée ?
¿Cómo te enteraste de su llegada?
▻ Nous avons appris que tu étais malade.
Nos enteramos de que estabas enfermo.

3 (quand on parle d'une nouvelle) **enterarse de**

ℹ *Notez la préposition utilisée en espagnol devant la subordonnée :* **apprendre que** = ***enterarse de que***.

ℹ *Le pronom réfléchi fonctionne de la façon suivante en espagnol :* ***me entero, te enteras, se entera, nos enteramos, os enteráis, se enteran***.

apprivoisé, apprivoisée

▻ C'est un lion apprivoisé.
Es un león domesticado.

domesticado, domesticada

ℹ *On dit aussi* ***amansado, amansada***.

approcher

1 ▻ Approchez vos chaises.
Acerquen sus sillas.
▻ Approche la lampe du fauteuil.
Acerca la lámpara al sillón.

1 ► **approcher** quelque chose : **acercar** algo

Attention à la préposition : **approcher quelque chose de** = ***acercar algo a***.

2 ▻ Approche-toi, je ne te vois pas bien.
Acércate, que no te veo bien.
▻ Les bateaux s'approchaient de la côte.
Los barcos se acercaban a la costa.

2 ► **s'approcher** : acercarse
ℹ *Le pronom réfléchi fonctionne de la façon suivante en espagnol : **me acerco, te acercas, se acerca, nos acercamos, os acercáis, se acercan**.*
⚠ *Attention à la préposition :* **s'approcher de** = ***acercarse a***.

appuyer

1 ▻ Surtout, n'appuie pas sur ce bouton !
¡Sobre todo no aprietes este botón!

1 ► **appuyer sur** quelque chose (avec le doigt) : **apretar** algo

2 ▻ Appuie sur la sonnette quand tu arrives.
Toca el timbre cuando llegues.

2 ► **appuyer sur la sonnette** : **tocar el timbre**

3 ▻ Ne vous appuyez pas sur le portail, la peinture est fraîche.
No se apoyen en el portal, la pintura está fresca.

3 ► **s'appuyer sur** quelque chose : **apoyarse en** algo
ℹ *Le pronom réfléchi fonctionne de la façon suivante en espagnol : **me apoyo, te apoyas, se apoya, nos apoyamos, os apoyáis, se apoyan**.*
⚠ *Attention à la préposition :* **s'appuyer sur** = ***apoyarse en***.

après

1 ▻ J'irai chez toi après l'école.
Iré a tu casa después de las clases.

1 **después de**

2 ▻ Demande la permission à tes parents et téléphone-moi après.
Pídeles permiso a tus padres y llámame después.
▻ Et après, qu'est-ce qui s'est passé ?
Y después ¿qué pasó?

2 (= ensuite) **después**
ℹ *Remarquez que le mot espagnol porte sur le **e** un accent écrit qui reflète l'accent tonique.*

3 ▻ D'après Isa, c'est un très bon film.
Según Isa, es una muy buena película.
▻ D'après moi c'est Bernard qui a raison.
Para mí es Bernard quien tiene razón.

3 ► **d'après...** : **según...**
ℹ *Remarquez que le mot espagnol porte sur le **u** un accent écrit qui reflète l'accent tonique.*
ℹ **D'après moi** *et* **d'après nous** *se traduisent respectivement par **para mí** ou **a mi juicio** et **para nosotros** ou **a nuestro juicio**.*

après-demain

▻ Nous allons au zoo après-demain.
Vamos al zoo pasado mañana.

pasado mañana

après-midi

▻ **L'après-midi est passée très vite.**
La tarde pasó muy rápido.
▻ **Je viendrai dans l'après-midi.**
Vendré por la tarde.
▻ **Nous n'allons pas à l'école le mercredi après-midi.**
No vamos a clase el miércoles por la tarde.
▻ **À trois heures de l'après-midi.**
A las tres de la tarde.

la **tarde**

ℹ *Notez l'emploi de* por *en espagnol pour dire* **dans l'après-midi.**

aquarium

▻ **J'ai deux poissons rouges dans un aquarium.**
Tengo dos peces rojos en un acuario.

el **acuario**

arabe

▻ **Plusieurs pays arabes produisent du pétrole.**
Varios países árabes producen petróleo.
▻ **Ma tante a épousé un Arabe.**
Mi tía se ha casado con un árabe.
▻ **Suzanne apprend l'arabe.**
Suzanne está aprendiendo árabe.

árabe

ℹ *S'écrit toujours avec une minuscule en espagnol, qu'il s'agisse de l'adjectif ou du nom.*

ℹ *Remarquez que le mot espagnol porte sur le premier* a *un accent écrit qui reflète l'accent tonique.*

araignée

▻ **Ben a peur des araignées.**
Ben tiene miedo a las arañas.

la **araña**

arbre

▻ **Il y a beaucoup d'arbres dans le jardin.**
Hay muchos árboles en el jardín.

el **árbol** (pluriel los árboles)

ℹ *Remarquez que le singulier et le pluriel portent sur le* a *un accent écrit qui reflète l'accent tonique.*

▻ **Nous allons décorer l'arbre de Noël.**
Vamos a decorar el árbol de Navidad.

► **arbre de Noël :** árbol de Navidad

arc

▻ **Les Indiens chassaient avec des arcs et des flèches.**
Los indios cazaban con arcos y flechas.

el **arco**

arc-en-ciel

▻ **Regarde, un arc-en-ciel !**
Mira, ¡un arco iris!

el **arco iris** (pluriel los arcos iris)

architecte

▻ **Ma mère est architecte.**
Mi madre es arquitecta.

el **arquitecto**, la **arquitecta**

arctique

ártico, ártica

▷ C'est dans l'océan Arctique.
Es en el océano Ártico.

arête

la **espina**

▷ Ce poisson est plein d'arêtes.
Este pescado está lleno de espinas.

argent

1 ► **l'argent** (= les sous) : el **dinero**

► **argent de poche** (que donnent les parents) : la **paga**

1 ▷ Monsieur Perret gagne beaucoup d'argent.
El señor Perret gana mucho dinero.

▷ Je reçois sept euros d'argent de poche par semaine.
Me dan siete euros de paga por semana.

2 (= métal) la **plata**

► **en argent** : de **plata**

2 ▷ L'argent est moins cher que l'or.
La plata es menos cara que el oro.

▷ Mélanie a une belle bague en argent.
Mélanie tiene un anillo de plata precioso.

argentin, argentine

argentino, argentina

ℹ *S'écrit toujours avec une minuscule en espagnol, qu'il s'agisse de l'adjectif ou du nom.*

▷ Le tango est une danse typiquement argentine.
El tango es un baile típicamente argentino.

Argentine

► **l'Argentine** : **Argentina**

ℹ *Ne prend généralement pas d'article.*

► **en Argentine** (= dans le pays) : **en Argentina**

► **en Argentine** (= vers le pays) : **a Argentina**

▷ La capitale de l'Argentine est Buenos Aires.
La capital de Argentina es Buenos Aires.

▷ Il est en Argentine.
Está en Argentina.

▷ Je vais en Argentine.
Voy a Argentina.

arme

el **arma**

ℹ *Bien que* ***arma*** *soit un nom féminin, les articles qui l'accompagnent au singulier sont toujours au masculin ; l'adjectif qui suit se met au féminin (****el arma blanca, un arma química****). Au pluriel, l'article redevient féminin:* ***las armas blancas****.*

▷ Les armes sont interdites au lycée.
Las armas están prohibidas en el instituto.

armée

el **ejército**

ℹ *Remarquez que le mot espagnol porte sur le deuxième* ***e*** *un accent écrit qui reflète l'accent tonique.*

▷ Le frère de Raoul est dans l'armée.
El hermano de Raoul está en el ejército.

armoire

el **armario**

▷ Ton tee-shirt est dans l'armoire.
Tu camiseta está en el armario.

arobase

la **arroba**

▷ Mon adresse électronique c'est « paul arobase pilou point fr ».
Mi dirección electrónica es « paul arroba pilou punto fr ».

arracher

arrancar

Attention à bien prononcer les deux ***r*** *de* ***arrancar****.*

▷ Sonia a arraché trois pages de son cahier.
Sonia arrancó tres páginas de su cuaderno.

▷ Le dentiste m'a arraché une dent.
El dentista me arrancó una muela.

▷ Le voleur a arraché le sac de la dame.
El ladrón le arrancó el bolso a la señora.

arranger

1 (= résoudre ou réparer) **arreglar**

Attention à bien prononcer les deux ***r*** *de* ***arreglar****.*

1 ▷ Pas de problème, ma mère a tout arrangé.
No hay ningún problema, mi madre lo ha arreglado todo.

2 ► **arranger** quelqu'un (= convenir) : **venir bien a** alguien

2 ▷ Ça ne m'arrange pas de partir à six heures.
No me viene bien salir a las seis.

3 ► **s'arranger** (= se résoudre, s'améliorer) : **arreglarse**

Le pronom réfléchi fonctionne de la façon suivante en espagnol : ***se arregla, se arreglan****.*

3 ▷ Ne t'inquiète pas, tout va s'arranger.
No te preocupes, todo se arreglará.

arrêt

1 (dans les transports) la **parada**

► **arrêt d'autobus :** la **parada de autobús** (pluriel **las paradas de autobús**)

Remarquez que le mot ***autobús*** *porte sur le* ***u*** *un accent écrit qui reflète l'accent tonique.*

1 ▷ Je descends au prochain arrêt.
Me bajo en la próxima parada.

▷ Où est l'arrêt d'autobus le plus proche ?
¿Dónde está la parada de autobús más cercana?

2 ► **sans arrêt : todo el tiempo**

2 ▷ Le bébé pleure sans arrêt.
El bebé llora todo el tiempo.

arrêter

1 **parar**

► **arrêter de** faire quelque chose : **dejar de** hacer algo

1 ▷ Arrête, tu m'énerves !
¡Para, me estás poniendo nervioso!

▷ Arrêtez de vous plaindre !
¡Dejad de quejaros!

▷ La voiture s'est arrêtée devant la poste.
El coche se paró delante de la oficina de correos.

► **s'arrêter :** pararse

ℹ *Le pronom réfléchi fonctionne de la façon suivante en espagnol : me paro, te paras, se para, nos paramos, os paráis, se paran.*

▷ Il s'est arrêté de rire quand il a vu ma tête.
Dejó de reírse cuando vio la cara que ponía.

► **s'arrêter de** faire quelque chose : **dejar de** hacer algo

2 ▷ La police a arrêté le voleur.
La policía detuvo al ladrón.

2 (un coupable, un voleur) detener

Si le complément est une personne, un groupe de personnes ou un animal domestique, n'oubliez pas de le faire précéder de a.

arrière

▷ L'arrière de la voiture est abîmé.
La parte de atrás del coche está estropeada.

► **l'arrière :** la parte de atrás

▷ Asseyez-vous à l'arrière.
Siéntese en la parte de atrás.

► **à l'arrière :** en la parte de atrás

▷ Ne te penche pas en arrière, tu vas tomber.
No te eches para atrás, te vas a caer.

► **se pencher en arrière :** echarse para atrás

ℹ *Le pronom réfléchi fonctionne de la façon suivante en espagnol : me echo, te echas, se echa, nos echamos, os echáis, se echan.*

▷ J'ai dû revenir en arrière.
Tuve que volverme para atrás.

► **revenir en arrière :** volverse para atrás

▷ Le siège arrière est tout sale.
El asiento trasero está todo sucio.

► **le siège arrière :** el asiento trasero

ℹ *Remarquez que le mot atrás porte sur le deuxième a un accent écrit qui reflète l'accent tonique.*

arriver

1 ▷ Le train arrive à Fécamp à 15 h 30.
El tren llega a Fécamp a las tres y media.
▷ Ah, la voilà qui arrive !
Ah, ¡ahí llega!
▷ Ses cheveux lui arrivent aux épaules.
El pelo le llega a los hombros.

1 llegar

2 ▷ Qu'est-ce qui est arrivé ?
¿Qué ha pasado?
▷ Je ne comprends pas ce qui m'arrive.
No entiendo lo que me está pasando.

2 (= se passer) pasar

3 ▷ Il m'arrive d'oublier de prendre mon petit-déjeuner.
A veces se me olvida desayunar.

3 *Pour parler de quelque chose qui se produit occasionnellement, on utilise l'expression a veces.*

4 ▷ Julie est arrivée à les convaincre.
Julie consiguió convencerlos.

4 ► **arriver à** faire quelque chose (= réussir à le faire) : conseguir hacer algo

ℹ *Notez qu'en espagnol il n'y a pas de préposition entre conseguir et hacer.*

5 ▷ J'arrive !
¡Ya voy!

5 ► **j'arrive !** : ¡ya voy!

arroser

▷ N'oublie pas d'arroser les plantes.
Acuérdate de regar las plantas.

(une plante ou la terre) regar

art

▷ Nous sommes allés au musée d'Art moderne.
Fuimos al Museo de Arte Moderno.
▷ J'aimerais pratiquer des arts martiaux.
Me gustaría practicar artes marciales.

el arte

► **arts martiaux** : las artes marciales

ℹ *Dans certains cas arte est un nom féminin, comme pour las artes marciales.*

artichaut

▷ On a mangé des artichauts avec de la vinaigrette.
Comimos alcachofas con vinagreta.

la alcachofa

article

▷ Tu as lu l'article sur Grenoble ?
¿Has leído el artículo sobre Grenoble?
▷ Trois articles pour quatorze euros, ce n'est pas cher.
Tres artículos por catorce euros no es caro.

el artículo

ℹ *Remarquez que le mot espagnol porte sur le i un accent écrit qui reflète l'accent tonique.*

artiste

▷ Picasso était un artiste très célèbre.
Picasso era un artista muy famoso.

el artista, la artista

ascenseur

▷ Prends l'ascenseur jusqu'au dixième étage.
Coge el ascensor hasta el décimo piso.

el ascensor (pluriel los ascensores)

◀) *Attention à bien prononcer séparément le s et le c.*

asiatique

▷ Un livre de cuisine asiatique.
Un libro de cocina asiática.
▷ Le restaurant est tenu par des Asiatiques.
El restaurante es llevado por unos asiáticos.

asiático, asiática

ℹ *S'écrit toujours avec une minuscule en espagnol, qu'il s'agisse de l'adjectif ou du nom.*

ℹ *Remarquez que le mot espagnol porte sur le deuxième a un accent écrit qui reflète l'accent tonique.*

Asie

▷ Nous avons parlé de l'Asie en cours de géo.
Hablamos de Asia en la clase de geografía.
▷ Ma mère a travaillé en Asie il y a longtemps.
Mi madre trabajó en Asia hace mucho tiempo.
▷ J'aimerais aller en Asie.
Me gustaría ir a Asia.

Asia
Ne prend généralement pas d'article.
► **en Asie** (= dans le continent) : **en Asia**
► **en Asie** (= vers le continent) : **a Asia**

aspect

▷ Peu importe l'aspect.
El aspecto tiene poca importancia.
▷ C'est un des aspects les plus intéressants de son travail.
Es uno de los aspectos más interesantes de su trabajo.

el **aspecto**

asperge

▷ Est-ce que tu aimes les asperges ?
¿Te gustan los espárragos?

el **espárrago**
*Remarquez que le mot espagnol porte sur le premier **a** un accent écrit qui reflète l'accent tonique.*
*Attention à bien prononcer les deux **r**.*

aspirateur

▷ Cet aspirateur ne marche pas bien.
Este aspirador no funciona bien.
▷ Ma mère m'a demandé de passer l'aspirateur.
Mi madre me pidió que pasara el aspirador.

el **aspirador**
► **passer l'aspirateur : pasar el aspirador**

aspirine

▷ Tu as de l'aspirine ? J'ai mal à la tête.
¿Tienes una aspirina? Me duele la cabeza.

la **aspirina**

assaisonner

▷ Tu n'as pas assaisonné la salade.
No has aliñado la ensalada.

aliñar

assassinat

▷ Il pourrait s'agir d'un assassinat.
Podría tratarse de un asesinato.

el **asesinato**

assassiner

▷ Il a assassiné plusieurs personnes.
Asesinó a varias personas.

asesinar
*Si le complément est une personne, un groupe de personnes ou un animal domestique, n'oubliez pas de le faire précéder de **a**.*

s'asseoir

▷ Asseyez-vous s'il vous plaît.
Siéntese, por favor.
▷ Ils se sont assis sur les chaises.
Se sentaron en las sillas.

sentarse
Le pronom réfléchi fonctionne de la façon suivante en espagnol : ***me siento, te sientas, se sienta, nos sentamos, os sentáis, se sientan.***
Notez la préposition utilisée en espagnol : s'asseoir sur = ***sentarse en.***

assez

1 ▷ As-tu assez mangé ?
¿Has comido bastante?
▷ Tu es assez grand pour décider tout seul.
Eres lo bastante mayor como para decidir solito.
▷ Il n'y a pas assez d'argent.
No hay bastante dinero.
▷ Tu auras assez de couverts ?
¿Tendrás bastantes cubiertos?
▷ J'en ai assez !
¡Estoy harto!

1 (= suffisamment) **bastante**

Assez de *se traduit par* ***bastante*** *quand il s'agit d'une chose au singulier, et par* ***bastantes*** *quand la chose est au pluriel.*

► **en avoir assez** (= en avoir marre) : **estar harto** *ou* **estar harta**

2 ▷ Ce film est assez rigolo.
Esta película es bastante divertida.

2 (= plutôt) **bastante**

assiette

▷ Mélanie a encore cassé une assiette !
¡Mélanie ha vuelto a romper un plato!

el **plato**

assis, assise

▷ Cécile est assise par terre.
Cécile está sentada en el suelo.

sentado, sentada
Attention : le verbe qui traduit être *dans* être assis *est* ***estar*** *et non* ***ser.***

assister à

▷ Tous les parents doivent assister à la réunion.
Todos los padres deben asistir a la reunión.

asistir a
Attention : à la différence du français, le mot espagnol ne prend qu'un ***s.***

assorti, assortie

▷ Il portait une chemise bleue et une cravate assortie.
Llevaba una camisa azul y una corbata a juego.

a juego

assurance

▷ Il est obligatoire de souscrire une assurance quand on part en voyage d'études.
Es obligatorio suscribir un seguro cuando se va de viaje de estudios.

el **seguro**

asthmatique

▷ Son petit ami est asthmatique.
Su novio es asmático.

asmático, asmática

asthme

▷ Elle a eu une crise d'asthme.
Tuvo una crisis de asma.

el asma

astrologie

▷ Tu crois à l'astrologie ?
¿Crees en la astrología?

la astrología

astrologue

▷ Elle est allée voir une astrologue.
Fue a ver a una astróloga.

el astrólogo, la astróloga

astronaute

▷ Elle rêve de devenir astronaute.
Sueña con ser astronauta.

el astronauta, la astronauta

ℹ *Pour les métiers, on utilise le verbe* ***ser*** *et non pas* ***estar****.*

astronomie

▷ Je n'y connais rien en astronomie.
No conozco nada de astronomía.

la astronomía

atelier

▷ Le peintre travaille dans son atelier.
El pintor trabaja en su taller.

el taller (pluriel los talleres)

athée

▷ Je suis athée.
Soy ateo.

ateo, atea

athlète

▷ Tous les grands athlètes européens étaient là.
Todos los grandes atletas europeos estaban presentes.

el atleta, la atleta

athlétisme

▷ Le championnat du monde d'athlétisme.
El campeonato del mundo de atletismo.

el atletismo

atlantique

▷ C'est dans l'océan Atlantique.
Es en el océano Atlántico.

atlántico, atlántica

atlas

▷ Cherche l'Afghanistan dans l'atlas.
Busca Afganistán en el atlas.

el atlas (pluriel los atlas)

🔊 *L'accent tonique porte sur le premier* ***a****.*

atomique

▷ **Les armes atomiques sont extrêmement dangereuses.**
Las armas atómicas son peligrosísimas.

atómico, atómica

ℹ *Remarquez que le mot espagnol porte sur le o un accent écrit qui reflète l'accent tonique.*

atroce

▷ **J'ai une douleur atroce dans le pied.**
Tengo un dolor espantoso en el pie.

espantoso, espantosa

attacher

1 ▷ **Ils ont attaché le chien avec une corde.**
Ataron al perro con una cuerda.
▷ **André est tout petit mais il sait déjà attacher ses lacets.**
André es muy pequeño pero ya sabe atarse los cordones.

1 (un chien, un prisonnier, ou ses lacets) atar

Si le complément est une personne, un groupe de personnes ou un animal domestique, n'oubliez pas de le faire précéder de a.

2 ▷ **N'oublie pas d'attacher ta ceinture de sécurité.**
No olvides abrocharte el cinturón de seguridad.

2 (une ceinture) abrochar

3 ▷ **Adèle s'est attachée à son poney.**
Adèle se ha encariñado con su poney.

3 ► **s'attacher à** (= avoir de l'affection) : encariñarse con

ℹ *Notez la préposition utilisée en espagnol :* s'attacher à = encariñarse con.

attaquer

1 ▷ **Les requins ont attaqué les baigneurs.**
Los tiburones atacaron a los bañistas.

1 (= agresser) atacar

Si le complément est une personne, un groupe de personnes ou un animal domestique, n'oubliez pas de le faire précéder de a.

2 ▷ **Je vais attaquer ma rédaction pour demain.**
Voy a empezar la redacción para mañana.

2 (= commencer) empezar

3 ▷ **C'est injuste de s'attaquer aux enfants.**
Es injusto atacar a los niños.

3 ► **s'attaquer à quelqu'un :** atacar a alguien

atteindre

▷ **Je n'arrive pas à atteindre l'étagère.**
No consigo alcanzar el estante.

alcanzar

attendre

1 ▷ **Attends, Loïc, j'ai presque fini.**
Espera, Loïc, ya casi he terminado.
▷ **J'ai attendu Rosa pendant une heure.**
Esperé a Rosa durante una hora.
▷ **Ma belle-sœur attend un bébé.**
Mi cuñada está esperando un hijo.

1 esperar

Si le complément est une personne ou un groupe de personnes, n'oubliez pas de le faire précéder de a, sauf pour **attendre un bébé.**

▷ Sandrine a attendu que ses parents s'endorment.
Sandrine esperó a que sus padres se durmieran.
▷ J'attends que la peinture sèche.
Estoy esperando que seque la pintura.
▷ J'attendais qu'il ait terminé.
Esperaba que hubiera terminado.

► **attendre que** quelqu'un + subjonctif : **esperar a que** alguien + subjonctif
► **attendre que** quelque chose + subjonctif : **esperar que** algo + subjonctif

*Attention à la concordance des temps : quand **esperar** est au présent ou au gérondif, le verbe de la subordonnée est au présent du subjonctif (**estoy esperando a que seque la pintura**), mais quand **esperar** est au passé, le verbe de la subordonnée doit être à l'imparfait du subjonctif (**esperó a que sus padres se durmieran**).*

2 ▷ Je ne m'attendais pas à gagner.
No esperaba ganar.

2 ► **s'attendre à** faire quelque chose : **esperar** hacer algo

*Notez qu'en espagnol il n'y a pas de préposition entre **esperar** et le verbe qui suit.*

attentat

▷ Il y a eu un attentat au Pays basque.
Ha habido un atentado en el País Vasco.

el **atentado**

attente

▷ Il y a deux heures d'attente.
Hay dos horas de espera.

la **espera**

attentif, attentive

▷ Il est toujours très attentif.
Siempre es muy atento.
▷ Le public était très attentif.
El público estaba muy atento.

(= vigilant) **atento, atenta**

*On utilise **ser** s'il s'agit d'une caractéristique, et **estar** s'il s'agit d'un état momentané.*

attention

1 ▷ Attention, tu vas tomber !
¡Cuidado, te vas a caer!

1 (exclamation) **¡cuidado!**

2 ▷ Fais attention, ça glisse.
Ten cuidado, resbala.
▷ Fais attention aux voitures.
Ten cuidado con los coches.

2 ► **faire attention** (= se méfier) : **tener cuidado**

Notez la préposition utilisée en espagnol : faire attention à = ***tener cuidado con***.

3 ▷ Ne faites pas attention à lui, il boude.
No le presten atención, está enfurruñado.

3 ► **faire attention à** (= remarquer) : **prestar atención a**

atterrir

▷ L'avion a atterri dans le brouillard.
El avión aterrizó en la niebla.

aterrizar

*Attention : à la différence du français, le mot espagnol ne prend qu'un **t**.*

*Attention à bien prononcer les deux **r**.*

attirant, attirante

▷ C'est un homme très attirant.
Es un hombre muy atractivo.

atractivo, atractiva

attirer

▷ Les choses sucrées attirent les guêpes.
Las cosas dulces atraen las avispas.

▷ Les animaux attirent beaucoup Manon.
Los animales atraen mucho a Manon.

atraer

*Si le complément est une personne, un groupe de personnes ou un animal domestique, n'oubliez pas de le faire précéder de **a**.*

▷ J'essayais d'attirer l'attention de Luc, mais il ne m'a pas vu.
Intentaba llamarle la atención a Luc, pero no me vio.

► **attirer l'attention de** quelqu'un : **llamarle la atención a** alguien

*Le pronom personnel fonctionne de la façon suivante en espagnol : **me llama, te llama, le llama, nos llama, os llama, les llama la atención**.*

attitude

▷ Tu as une attitude ridicule !
¡Tienes una actitud ridícula!

la **actitud** (pluriel **las actitudes**)

*L'accent tonique porte sur le **u** au singulier comme au pluriel.*

attractions

▷ Il y a de nouvelles attractions au parc.
Hay nuevas atracciones en el parque.

las **atracciones**

attraper

1 ▷ Attrape la balle !
¡Coge *ou* **Agarra la pelota!**

1 (= saisir) **coger** *ou* **agarrar**

2 ▷ La police a attrapé les voleurs.
La policía atrapó a los ladrones.
▷ Karim essaie d'attraper une souris.
Karim está intentando atrapar un ratón.

2 (= capturer) **atrapar**

*Si le complément est une personne, un groupe de personnes ou un animal domestique, n'oubliez pas de le faire précéder de **a**.*

3 ▷ Paul est absent parce qu'il a attrapé un rhume.
Paul no está porque ha pillado un resfriado.

3 (une maladie) **pillar**

au

*Regardez le mot **à**.*

aube

▷ L'aube est le moment de la journée que je préfère.
El alba es la hora del día que prefiero.

▷ Nous partirons à l'aube.
Saldremos al amanecer.

el **alba**

Bien que alba soit un nom féminin, les articles qui l'accompagnent au singulier sont toujours au masculin (el alba ou un alba pálida).

► **à l'aube :** al amanecer

auberge de jeunesse

▷ On a dormi dans une auberge de jeunesse.
Dormimos en un albergue de juventud.

el **albergue de juventud**

Attention, le mot espagnol est masculin.

aubergine

▷ La moussaka contient des aubergines.
La moussaka contiene berenjenas.

la **berenjena**

aucun, aucune

1 ▷ Nous n'avons aucun travail pour demain.
No tenemos ninguna tarea para mañana.

1 (suivi d'un nom) **ningún, ninguna**

Remarquez que ningún porte sur le u un accent écrit qui reflète l'accent tonique.

2 ▷ Aucun des élèves ne connaissait la réponse.
Ninguno de los alumnos conocía la respuesta.
▷ Combien de cerises as-tu mangé ? – Aucune !
¿Cuántas cerezas te has comido?– ¡Ninguna!

2 (= pas une personne, pas une chose) **ninguno, ninguna**

augmentation

▷ Il y a eu une augmentation du nombre d'élèves cette année.
Ha habido un aumento del número de alumnos este año.

▷ Les camionneurs sont en grève, ils veulent une augmentation de salaire.
Los camioneros están en huelga, quieren un aumento de sueldo.

el **aumento**

► **augmentation de salaire :** el aumento de sueldo (pluriel los aumentos de sueldo)

augmenter

1 ▷ La température augmente.
La temperatura aumenta.
▷ Le chômage a augmenté de deux pour cent.
El número de parados ha aumentado en un dos por ciento.

1 (en parlant de la température, d'un chiffre) **aumentar**

Notez la préposition utilisée en espagnol : augmenter de = *aumentar en.*

2 ▷ Le prix a augmenté de trois euros.
El precio ha subido tres euros.

2 (en parlant d'un prix) **subir**

Notez qu'en espagnol il n'y a pas de préposition entre subir *et le chiffre qui suit.*

aujourd'hui

▻ Aujourd'hui c'est l'anniversaire de Cyril.
Hoy es el cumpleaños de Cyril.

hoy

au revoir

▻ Au revoir et merci pour tout !
¡Adiós y gracias por todo!
▻ Nous avons dit au revoir à nos amis.
Nos despedimos de nuestros amigos.

adiós

► **dire au revoir à** quelqu'un : **despedirse de** alguien

aurore

▻ Il est parti avant l'aurore.
Se fue antes del amanecer.
▻ Je n'ai jamais vu d'aurore boréale.
Nunca he visto ninguna aurora boreal.

el **amanecer**

► **aurore boréale :** la **aurora boreal** (pluriel **las auroras boreales**)

aussi

1 ▻ Tu viens aussi à la soirée ?
¿Tú también vas a la fiesta?

1 (= également) **también**

ℹ *Remarquez que le mot espagnol porte sur le* **e** *un accent écrit qui reflète l'accent tonique.*

2 ▻ Paris n'est pas aussi grand que Madrid.
París no es tan grande como Madrid.

2 *Dans les comparaisons, on utilise l'expression* **tan** *+ adjectif +* **como**.

aussitôt

▻ Je l'ai appelé aussitôt.
Lo llamé enseguida.

en seguida

Australie

▻ Samuel nous parle souvent de l'Australie.
Samuel nos habla a menudo de Australia.
▻ Les kangourous vivent en Australie.
Los canguros viven en Australia.
▻ Ils vont en Australie pour voir leur fille.
Van a Australia a ver a su hija.

Australia

ℹ *Ne prend généralement pas d'article.*

► **en Australie** (= dans le pays) : **en Australia**

► **en Australie** (= vers le pays) : **a Australia**

australien, australienne

▻ Comment s'appelle la monnaie australienne ?
¿Cómo se llama la moneda australiana?
▻ Il y avait des Australiens dans le car.
Había australianos en el autocar.

australiano, australiana

ℹ *S'écrit toujours avec une minuscule en espagnol, qu'il s'agisse de l'adjectif ou du nom.*

autant

1 ▷ Si j'avais su qu'il y avait autant de travail...
Si hubiera sabido que había tanto trabajo...
▷ Je n'avais jamais vu autant de gens.
Nunca había visto a tanta gente.
▷ J'ai autant de travail que l'année dernière.
Tengo tanto trabajo como el año pasado.
▷ Il n'y a pas autant de touristes que l'année dernière.
No hay tantos turistas como el año pasado.

1 **Autant de** *se traduit par* **tanto** *(masculin) ou* **tanta** *(féminin) quand le nom est au singulier, et par* **tantos** *(masculin) ou* **tantas** *(féminin) quand il est au pluriel.*

ℹ *Dans les comparaisons, on utilise l'expression* **tanto, tanta, tantos** *ou* **tantas** *+ nom +* **como**.

2 ▷ Ne mange pas autant, tu vas te rendre malade.
No comas tanto, que te vas a poner enfermo.
▷ Elle ment autant que sa sœur.
Miente tanto como su hermana.

2 *Avec un verbe, on emploie* **tanto**.

► **autant que : tanto como**

auteur, auteure

▷ Nous étudions un texte écrit par un auteur américain.
Estamos estudiando un texto escrito por un autor estadounidense.

el **autor** (pluriel **los autores**), la **autora**

autobus

▷ L'autobus s'arrête devant l'église.
El autobús para delante de la iglesia.
▷ Beaucoup d'élèves vont au collège en autobus.
Muchos alumnos van al colegio en autobús.

el **autobús** (pluriel **los autobuses**)

ℹ *Remarquez que le singulier porte sur le* **u** *un accent écrit qui reflète l'accent tonique.*

autocar

▷ À quelle heure part l'autocar pour Nice ?
¿A qué hora sale el autocar para Niza?
▷ Nous sommes allés en Italie en autocar.
Fuimos a Italia en autocar.

el **autocar** (pluriel **los autocares**)

autocollant

▷ Il y a un autocollant gratuit dans chaque paquet de céréales.
Hay una pegatina gratuita en cada paquete de cereales.

la **pegatina**

autographe

▷ Elle collectionne les autographes.
Colecciona autógrafos.

el **autógrafo**

automatique

▷ Les parents de Sébastien ont une voiture automatique.
Los padres de Sébastien tienen un coche automático.

automático, automática

*Remarquez que le mot espagnol porte sur le deuxième **a** un accent écrit qui reflète l'accent tonique.*

automne

▷ Je préfère prendre des vacances en automne.
Prefiero tomar vacaciones en otoño.

el otoño

automobiliste

▷ Mon père dit toujours que les autres automobilistes conduisent mal !
¡Mi padre siempre dice que los demás automovilistas conducen mal!

el automovilista, la automovilista

*Attention : le mot espagnol prend un **v** là où le français prend un **b**.*

autorisation

▷ Tu as demandé l'autorisation à tes parents ?
¿Les has pedido permiso a tus padres?

el permiso

autoriser

▷ Mes parents ne m'autorisent pas à sortir le soir.
Mis padres no me dejan salir por la noche.

► **autoriser** quelqu'un **à** faire quelque chose : **dejar a** alguien hacer algo

autoritaire

▷ Elle est très autoritaire.
Es muy autoritaria.

autoritario, autoritaria

autoroute

▷ Nous prenons toujours l'autoroute quand nous allons à Strasbourg.
Siempre tomamos la autopista cuando vamos a Estrasburgo.

la autopista

auto-stop

▷ C'est dangereux de faire de l'auto-stop.
Hacer autoestop es peligroso.

el autoestop
► **faire de l'auto-stop :** hacer autoestop

autour de

▷ Il y a une clôture autour du jardin.
Hay una valla alrededor del jardín.
▷ Mon oncle et ma tante sont arrivés autour de trois heures.
Mis tíos llegaron alrededor de las tres.

alrededor de

autre

1 ▷ L'autre épisode était mieux que celui-ci.
El otro episodio era mejor que éste.
▷ Cette jupe n'est pas mal, mais je préfère l'autre.
Esta falda no está mal, pero prefiero la otra.

1 ► **l'autre :** el otro, la otra

▷ Les autres filles sont déjà parties.
Las otras chicas ya se han ido.
▷ J'étais toute seule, les autres avaient disparu.
Estaba sola, los otros habían desaparecido.

► **les autres :** los otros, las otras

2 ▷ Je pourrais avoir une autre glace, s'il vous plaît ?
¿Me podría dar otro helado, por favor?
▷ Cette limonade était très bonne, j'en voudrais une autre, s'il vous plaît.
Esta gaseosa estaba muy buena, quisiera otra, por favor.
▷ Il y a d'autres Français dans l'hôtel.
Hay otros franceses en el hotel.
▷ Ce n'est pas la seule piscine, il y en a d'autres.
No es la única piscina, hay otras.

2 ► **un autre, une autre :** otro, otra

*Attention ! On n'utilise jamais d'article indéfini devant **otro** et **otra**.*

► **d'autres :** otros, otras

autrefois

▷ Mon grand-père dit qu'autrefois les jeunes étaient plus polis.
Mi abuelo dice que antaño los jóvenes eran más educados.

antaño

autrement

1 ▷ Je vais essayer autrement.
Voy a intentarlo de otro modo.

1 (= d'une manière différente) de otro modo

2 ▷ Arrête, autrement je m'en vais !
¡Para, si no me voy!

2 (= sinon) si no

Autriche

▷ L'Autriche est proche de l'Allemagne.
Austria está cerca de Alemania.
▷ Mes cousins sont en Autriche depuis deux mois.
Mis primos están en Austria desde hace dos meses.
▷ Je ne suis jamais allée en Autriche.
No he ido nunca a Austria.

Austria

ℹ *Ne prend généralement pas d'article.*

► **en Autriche** (= dans le pays) **:** en Austria

► **en Autriche** (= vers le pays) **:** a Austria

autrichien, autrichienne

▷ Vienne est la capitale autrichienne.
Viena es la capital austríaca.
▷ Les Autrichiens parlent allemand.
Los austríacos hablan alemán.

austríaco, austríaca

ℹ *S'écrit toujours avec une minuscule en espagnol, qu'il s'agisse de l'adjectif ou du nom.*

ℹ *Remarquez que le mot espagnol porte sur le **i** un accent écrit qui reflète l'accent tonique.*

autruche

▷ Il y a plusieurs autruches au zoo.
Hay varios avestruces en el zoo.

el avestruz (pluriel los avestruces)

avalanche

▷ Les skieurs sont morts dans une avalanche.
Los esquiadores murieron en un alud.

el **alud** (pluriel los **aludes**)

avaler

1 ▷ J'ai avalé mon chewing-gum !
¡Me he tragado el chicle!

1 (= faire descendre dans la gorge) **tragarse**

ℹ *Le pronom réfléchi fonctionne de la façon suivante en espagnol : me trago, te tragas, se traga, nos tragamos, os tragáis, se tragan.*

2 ▷ Juliette n'a rien avalé depuis deux jours.
Hace dos días que Juliette no come nada.

2 (= manger) **comer**

avance

1 ▷ Je suis arrivée à la fête avec une demi-heure d'avance.
Llegué a la fiesta con media hora de adelanto.
▷ Tu as vingt minutes d'avance *ou* tu es en avance de vingt minutes.
Llegaste con veinte minutos de adelanto.

1 (en parlant d'avance sur un horaire prévu) el **adelanto**

ℹ *Notez que, pour traduire les verbes avoir ou être dans l'exemple ci-contre, on utilise en espagnol le verbe llegar.*

2 ▷ Il est toujours en avance.
Siempre llega pronto.

2 ► **être en avance** : **llegar pronto**

3 ▷ Nous réserverons les billets à l'avance.
Reservaremos los billetes por adelantado.

3 ► **faire quelque chose à l'avance** (tôt) : hacer algo **por adelantado**

avancer

1 ▷ Avance un peu, tu es trop loin.
Acércate un poco, estás demasiado lejos.
▷ Avancez votre chaise, vous verrez mieux.
Acerque su silla, verá mejor.

1 (= se déplacer en avant) **acercarse**

ℹ *Le pronom réfléchi fonctionne de la façon suivante en espagnol : me acerco, te acercas, se acerca, nos acercamos, os acercáis, se acercan.*

2 ▷ Ma rédaction avance bien.
Mi redacción está progresando bien.

2 (= progresser) **progresar**

3 ▷ Ta montre avance.
Tu reloj adelanta.

3 (en parlant d'une montre qui avance) **adelantar**

4 ▷ Le directeur a avancé la date de l'excursion.
El director adelantó la fecha de la excursión.

4 (une date) **adelantar**

5 ▷ Si nous nous avançons, nous entendrons mieux.
Si nos acercamos, oiremos mejor.
▷ Avance-toi un peu.
Acércate un poco.

5 ► **s'avancer** : **acercarse**

ℹ *Le pronom réfléchi fonctionne de la façon suivante en espagnol : me acerco, te acercas, se acerca, nos acercamos, os acercáis, se acercan.*

avant

1 ▷ Avant il n'y avait pas d'eau courante.
Antes no había agua corriente.
▷ Allons-y, mais avant achetons quelque chose à manger.
Vamos, pero antes compremos algo de comer.

1 (= d'abord) **antes**

2 ▷ Vous devez descendre avant le terminus.
Tiene que bajarse antes del final de línea.
▷ Les travaux vont être finis avant juillet.
Las obras terminarán antes de julio.

2 (devant un nom) **antes de**

3 ▷ Élodie a fini ses devoirs avant tous les autres élèves.
Élodie terminó sus deberes antes que todos los otros alumnos.

3 ► **avant les autres : antes que los otros**

4 ▷ Lave-toi les mains avant de manger.
Lávate las manos antes de comer.

4 ► **avant de** faire quelque chose : **antes de** hacer algo

5 ▷ Je dois montrer quelque chose à Vincent avant qu'il ne parte.
Le tengo que enseñar algo a Vincent antes de que se vaya.

5 ► **avant que** + sujet + **ne** + subjonctif : **antes de que** + sujet + subjonctif

6 ▷ Ne te penche pas en avant, tu vas tomber.
No te inclines hacia adelante, que te vas a caer.

6 ► **se pencher en avant : inclinarse hacia adelante**

7 ▷ Asseyez-vous à l'avant.
Sentaos delante.

7 ► **à l'avant : delante**

8 ▷ L'avant de la voiture est abîmé.
La parte delantera del coche está estropeada.

8 (d'une chose) la **parte delantera**

9 ▷ Les sièges avant sont sales.
Los asientos delanteros están sucios.

9 ► **siège avant : el asiento delantero**

avantage

▷ La vie à la campagne a des avantages et des inconvénients.
La vida en el campo tiene ventajas y desventajas.

la **ventaja**

avant-hier

▷ J'ai appelé François avant-hier mais il n'était pas chez lui.
Llamé a François anteayer *ou* **antes de ayer pero no estaba en casa.**

anteayer *ou* **antes de ayer**

avec

▻ Martin est venu avec ses grands-parents.
Martin vino con sus abuelos.
▻ Coupe la ficelle avec des ciseaux.
Corta la cuerda con unas tijeras.
▻ La famille de ma correspondante est très gentille avec moi.
La familia de mi amiga por correspondencia es muy amable conmigo.
▻ Il est utile d'avoir de l'argent avec soi.
Es útil llevar dinero consigo.

con

ℹ ***con*** *+ pronom personnel de la première ou deuxième personne du singulier =* ***conmigo*** (avec moi), ***contigo*** (avec toi). *Pour les autres personnes, on utilise le pronom personnel:* ***con él, con nosotros...***

► avec soi : **consigo**

avenir

▻ Comment est-ce que tu vois ton avenir ?
¿Cómo ves tu futuro?

el **futuro**

aventure

▻ Sophie a raconté ses aventures en Galice.
Sophie contó sus aventuras en Galicia.
▻ Nous sommes allés voir un film d'aventures.
Fuimos a ver una película de aventuras.

la **aventura**

avenue

▻ Les Ramírez habitent sur une grande avenue.
Los Ramírez viven en una gran avenida.

la **avenida**

avertir

1 ▻ Personne ne m'a averti que la sortie était annulée.
Nadie me avisó de que habían anulado la salida.

1 (= informer) **avisar**

Attention à la préposition : avertir quelqu'un que = ***avisar a alguien de que.***

2 ▻ Je t'avertis, si tu continues je m'en vais !
¡Te lo advierto, si sigues así me voy!

2 (pour menacer) **advertir**

Si le complément est une personne, un groupe de personnes ou un animal domestique, n'oubliez pas de le faire précéder de ***a.***

aveugle

▻ Ma voisine est aveugle de naissance.
Mi vecina es ciega de nacimiento.
▻ Mais il est ici le livre, tu es aveugle ou quoi ?
Pero si el libro está aquí, ¿estás ciego o qué?

► être aveugle (maladie) : **ser ciego, ciega**
► être aveugle (au figuré) : **estar ciego, ciega**

avion

▻ Sandra a pris l'avion pour venir ici.
Sandra cogió el avión para venir.
▻ Nous irons à Barcelone en avion.
Iremos a Barcelona en avión.

el **avión** (pluriel **los aviones**)

ℹ *Il n'y a pas d'accent écrit au pluriel. L'accent tonique porte sur le* ***o****, comme au singulier.*

avis

▷ Ils ont tous des avis différents.
Todos tienen opiniones distintas.

la **opinión** (pluriel **las opiniones**)

ℹ *Remarquez que le mot espagnol porte sur le* o *un accent écrit qui reflète l'accent tonique. Il n'y a pas d'accent écrit au pluriel. L'accent tonique porte sur le* o*, comme au singulier.*

▷ À mon avis, c'est la faute de Caro.
A mi juicio, es culpa de Caro.

► **à mon avis :** a mi juicio *ou* para mí

▷ À ton avis, qui dit la vérité ?
Para tí, ¿quién dice la verdad?

► **à ton avis :** a tu juicio *ou* para tí

ℹ *De la même façon,* à son avis *se traduit par* ***a su juicio, para él/ella*** *ou* ***para usted****,* à notre avis *se traduit par* ***a nuestro juicio*** *ou* ***para nosotros/nosotras****,* à votre avis *se traduit par* ***a vuestro juicio*** *ou* ***para vosotros/vosotras*** *ou* ***a su juicio*** *ou* ***para usted/ustedes*** *selon que l'on tutoie ou que l'on vouvoie, et* à leur avis *se traduit par* ***a su juicio*** *ou* ***para ellos/ellas****.*

avocat, avocate

▷ La mère de Léo est avocate.
La madre de Léo es abogada.

(= la personne) el **abogado**, la **abogada**

avocat

▷ Je prépare une salade d'avocat et de pamplemousse.
Estoy preparando una ensalada de aguacate con pomelo.

(= le fruit) el **aguacate**

avoine

1 ▷ J'aime le gâteau à l'avoine.
Me gusta el pastel de avena.

1 la **avena**

2 ▷ Je prends des flocons d'avoine au petit déjeuner.
Tomo flocos de avena para el desayuno.

2 ► **flocons d'avoine :** flocos de avena

avoir

1 ▷ J'ai un frère et une sœur.
Tengo un hermano y una hermana.

1 (= posséder) **tener**

2 ▷ La prof d'espagnol a à peu près trente ans.
La profesora de español tiene unos treinta años.

2 (pour l'âge) **tener**

3 ▷ Raoul avait un pantalon kaki et un tee-shirt noir.
Raoul llevaba unos pantalones caqui y una camiseta negra.

3 (= porter) **llevar**

4 ▷ Nous avons eu un rabais sur les places de concert.
Conseguimos una rebaja en las localidades para el concierto.

4 (= obtenir) conseguir

5 ▷ Ma sœur a eu sa licence de maths.
Mi hermana aprobó la licenciatura de matemáticas.

5 (= réussir) aprobar

6 ▷ Mes parents ont acheté la maison en 1988.
Mis padres compraron la casa en 1988.
▷ J'ai vu ce film la semaine dernière.
Vi esta película la semana pasada.
▷ J'ai décidé de faire plus de sport.
He decidido hacer más deporte.
▷ J'ai vu ce film trois fois.
He visto esta película tres veces.

6 *Lorsque* **avoir** *est auxiliaire et qu'il sert à former le passé composé, il y a deux traductions possibles en espagnol : – le passé simple* ***(Vi esta película la semana pasada)*** *qui s'emploie lorsque la période de temps qui nous sert de référence est complètement terminée – le passé composé* ***(He visto esta película tres veces)****, qui s'emploie lorsque la période de temps se prolonge jusqu'au moment présent.*

avril

▷ Il pleut souvent en avril.
En abril, llueve a menudo.
▷ Benjamin est né le trois avril.
Benjamin nació el tres de abril.

abril

ℹ *Notez l'emploi de* **de** *en espagnol quand on dit la date.*

Bb

bac, baccalauréat

1 ▷ Je ne peux pas sortir, je prépare mon bac.
No puedo salir, preparo la selectividad.
▷ Je vais passer le bac cette année.
Voy a presentarme a la selectividad este año.

1 la **selectividad**

► **passer le bac :** presentarse a la selectividad

ℹ *Le pronom réfléchi fonctionne de la façon suivante en espagnol : **me presento, te presentas, se presenta, nos presentamos, os presentáis, se presentan.***

▷ Le frère de Samir a eu son bac.
El hermano de Samir aprobó la selectividad.

► **avoir le bac :** aprobar la selectividad

2 ▷ Nous avons pris le bac pour traverser le fleuve.
Cogimos el transbordador para cruzar el río.

2 (= bateau) el **transbordador** (pluriel los transbordadores)

badge

▷ Il faut un badge pour entrer.
Se necesita una tarjeta para entrar.

la **tarjeta**

badminton

▷ Romain joue au badminton le samedi.
Romain juega al bádminton los sábados.

el **bádminton**

ℹ *Remarquez que le mot espagnol porte sur le **a** un accent écrit qui reflète l'accent tonique.*

baffe

▷ Si tu continues, je te donne une baffe !
¡Como sigas así, te doy una bofetada!

la **bofetada**

ℹ **Baffe** *est familier, mais* **bofetada** *ne l'est pas.*

bagages

▷ Est-ce que tu as préparé tes bagages ?
¿Has preparado el equipaje?
▷ Mes bagages sont lourds.
Mi equipaje pesa mucho.

el **equipaje**
ℹ *Equipaje est un nom indénombrable : il ne se met pas au pluriel et s'emploie toujours avec un verbe au singulier.*

bagarre

▷ Il y a eu une bagarre à la soirée.
Hubo una pelea durante la fiesta.

la **pelea**

se bagarrer

▷ Abdul et Rémi se bagarrent souvent.
Abdul y Rémi se pelean a menudo.

pelearse
ℹ *Le pronom réfléchi fonctionne de la façon suivante en espagnol : **me peleo, te peleas, se pelea, nos peleamos, os peleáis, se pelean**.*

▷ Abdul s'est bagarré avec Rémi.
Abdul se peleó con Rémi.

► **se bagarrer avec** quelqu'un : **pelearse con** alguien

bagnole

▷ Le directeur a une vieille bagnole bleue.
El director tiene un viejo coche azul.

el **coche**
*Attention : contrairement au français, le mot espagnol **coche** est masculin.*
ℹ *Bagnole est familier, mais **coche** ne l'est pas.*

bague

▷ Quelle jolie bague ! Elle est à toi ?
¡Qué anillo tan bonito! ¿Es tuyo?

el **anillo**
ℹ *On peut dire aussi **la sortija**.*

baguette

▷ Une baguette et deux croissants, s'il vous plaît.
Una barra de pan y dos cruasanes, por favor.

(= pain) la **barra de pan** (pluriel las barras de pan)
*Attention à bien prononcer les deux **r**.*

baie

1 ▷ Notre hôtel est tout près de la baie.
Nuestro hotel está muy cerca de la bahía.

1 (= partie de la côte) la **bahía**
ℹ *Remarquez que le mot espagnol porte sur le **i** un accent écrit qui reflète l'accent tonique.*

2 ▷ Cet arbuste a des baies rouges.
Este arbusto tiene bayas rojas.

2 (= fruit) la **baya**

3 ▷ La baie vitrée du salon donne sur la terrasse.
El ventanal del salón da a la terraza.

3 (= fenêtre) el **ventanal** (pluriel los ventanales)

se baigner

▷ **L'eau était bonne, nous nous sommes baignés.**
El agua estaba buena y nos bañamos.

bañarse

ℹ *Le pronom réfléchi fonctionne de la façon suivante en espagnol : me baño, te bañas, se baña, nos bañamos, os bañáis, se bañan.*

baignoire

▷ **Ma sœur reste dans la baignoire pendant au moins une heure !**
¡Mi hermana se queda en la bañera por lo menos una hora!

la **bañera**

bâiller

▷ **Tu bâilles beaucoup, tu es fatigué ?**
Bostezas mucho, ¿estás cansado?

bostezar

bain

▷ **Séréna prend un bain tous les soirs.**
Séréna toma un baño todas las noches.

► **prendre un bain** (dans la baignoire) : tomar un baño

baiser

▷ **Donne-moi un baiser.**
Dame un beso.

(= bise) el **beso**

baisse

▷ **C'est à cause de la baisse du nombre d'élèves.**
Es a causa de la disminución del número de alumnos.

la **disminución** (pluriel las disminuciones)

ℹ *Remarquez que le mot espagnol porte sur le o un accent écrit qui reflète l'accent tonique. Il n'y a pas d'accent écrit au pluriel.*

▷ **Le nombre de membres est en baisse.**
El número de miembros está bajando.

► **être en baisse :** estar bajando

baisser

1 ▷ **Pouvez-vous baisser la vitre, s'il vous plaît ?**
¿Puede bajar la ventanilla, por favor?
▷ **José ne veut pas baisser le son.**
José no quiere bajar el volumen.
▷ **Le prix des billets de cinéma a baissé.**
El precio de las entradas de cine ha bajado.

1 **bajar**

2 ▷ **Barbara s'est baissée pour ramasser son livre.**
Barbara se agachó para recoger el libro.

2 ► **se baisser :** agacharse

ℹ *Le pronom réfléchi fonctionne de la façon suivante en espagnol : me agacho, te agachas, se agacha, nos agachamos, os agacháis, se agachan.*

bal

▷ Toute la famille est allée au bal du quatorze juillet.
Toda la familia fue al baile del catorce de julio.

el **baile**

balade

▷ Nous faisons une balade tous les après-midi.
Damos un paseo todas las tardes.

el **paseo**
► **faire une balade : dar un paseo**

se balader

▷ Coralie adore se balader dans la montagne.
A Coralie le encanta pasear por la sierra.
▷ On va se balader ?
¿Vamos a pasear?

pasear

*Attention, contrairement au français, **pasear** n'est pas un verbe pronominal.*

baladeur

▷ Je voudrais un baladeur pour Noël.
Quisiera un Walkman® para Navidad.

el **Walkman®**

balai

▷ Je cherche un balai pour nettoyer ma chambre.
Estoy buscando una escoba para limpiar mi habitación.

la **escoba**

balance

▷ Cette balance ne marche pas, je ne pèse pas cinquante kilos !
¡Esta balanza no funciona, no peso cincuenta kilos!

la **balanza**

Balance

▷ Il est Balance.
Es Libra.

(signe du zodiaque) **Libra**

se balancer

▷ Arrête de te balancer sur ta chaise, tu vas tomber.
Deja de balancearte en la silla, que te vas a caer.

balancearse

*i Le pronom réfléchi fonctionne de la façon suivante en espagnol : **me balanceo, te balanceas, se balancea, nos balanceamos, os balanceáis, se balancean.***

balançoire

▷ Il y a des balançoires dans le parc.
Hay columpios en el parque.

el **columpio**

balayer

▷ Marie m'a demandé de balayer la cuisine.
Marie me pidió que barriera la cocina.

barrer
Attention à bien prononcer tous les ***r*** *de* ***barrer****.*

balcon

▷ Xavier est sur le balcon, il arrose les plantes.
Xavier está en el balcón, está regando las plantas.

el **balcón** (pluriel **los balcones**)
Il n'y a pas d'accent écrit au pluriel. L'accent tonique porte sur le ***o****, comme au singulier.*

baleine

▷ Nous avons vu des baleines en Argentine.
Vimos ballenas en Argentina.

la **ballena**

balle

1 ▷ Iñaki a passé la balle à Pepe, qui a marqué un but.
Iñaki pasó la pelota a Pepe, que marcó un gol.

1 (= ballon) la **pelota**

2 ▷ Le cow-boy a mis deux balles dans son fusil.
El vaquero puso dos balas en el fusil.

2 (pour une arme) la **bala**

ballon

1 ▷ Passe-moi le ballon !
¡Pásame el balón!
▷ J'ai un nouveau ballon de foot.
Tengo un nuevo balón de fútbol.

1 (pour jouer) el **balón** (pluriel **los balones**)
Il n'y a pas d'accent écrit au pluriel. L'accent tonique porte sur le ***o****, comme au singulier.*
On peut dire aussi ***la pelota****.*

2 ▷ Léo avait décoré la salle avec des ballons pour la fête.
Léo había decorado la sala con globos para la fiesta.

2 (pour décorer) el **globo**

banane

1 ▷ Un kilo de bananes, s'il vous plaît.
Un kilo de plátanos, por favor.

1 (= fruit) el **plátano**
Remarquez que le mot espagnol porte sur le premier ***a*** *un accent écrit qui reflète l'accent tonique.*

2 ▷ Quand je voyage, je mets mon argent dans une banane.
Cuando voy de viaje, llevo el dinero en una riñonera.

2 (= sac que l'on porte à la taille) la **riñonera**

banc

▷ Assieds-toi sur ce banc si tu es fatigué.
Siéntate en este banco si estás cansado.

el **banco**

bande

1 ▷ Samedi je vais au cinéma avec une bande de copines.
El sábado voy al cine con un grupo de amigas.

1 (= groupe) el **grupo**

2 ▷ Le docteur a mis une bande autour de ma cheville.
El médico me puso una venda en el tobillo.

2 (= pansement) la **venda**

3 ▷ Dorothée a un pull bleu avec des bandes blanches.
Dorothée tiene un jersey azul con rayas blancas.

3 (= raie) la **raya**

4 ▷ Tintin est une célèbre bande dessinée.
Tintin es un cómic famoso.

4 ► **bande dessinée :** el **cómic** (pluriel los **cómics**)

Remarquez que le mot espagnol porte sur le o un accent écrit qui reflète l'accent tonique.

bandeau

▷ Je porte un bandeau quand je joue au tennis.
Llevo una cinta cuando juego al tenis.

la **cinta**

bandit

▷ C'est un jeu vidéo avec des bandits et des policiers.
Es un videojuego con bandidos y policías.

el **bandido**

banlieue

▷ Le RER traverse la banlieue de Paris.
El RER cruza las afueras de París.

▷ Jorge habite en banlieue.
Jorge vive en las afueras.

► **la banlieue :** las **afueras**

► **en banlieue :** en las **afueras**

banque

▷ Le père de Djamila travaille dans une banque.
El padre de Djamila trabaja en un banco.

el **banco**

Attention : le mot est masculin en espagnol.

banquette

▷ L'homme était allongé sur la banquette arrière de la voiture.
El hombre estaba tendido en el asiento trasero del coche.

el **asiento**

baptême

▷ Dimanche c'est le baptême de mon neveu.
El domingo es el bautizo de mi sobrino.

el **bautizo**

bar

▷ On se retrouvera devant le bar.
Nos veremos delante del bar.

el **bar** (pluriel los bares)

barbe

▷ Mon père a une barbe.
Mi padre lleva barba.
▷ Mon grand-père a une barbe grise.
Mi abuelo tiene una barba gris.

la **barba**
► **avoir une barbe** llevar *ou* tener barba
ℹ *Notez que ces expressions s'utilisent sans article, sauf si* barbe *est suivi d'un adjectif.*

barbecue

▷ J'ai acheté des saucisses pour le barbecue.
He comprado salchichas para la barbacoa.

la **barbacoa**
Contrairement au mot français, le mot espagnol est féminin.

barque

▷ Ces barques sont à louer.
Estas barcas se alquilan.
▷ On a fait de la barque sur la rivière.
Dimos un paseo en barca en el río.

la **barca**
► **faire de la barque :** dar un paseo en barca

barrage

▷ Il y a un barrage sur la rivière.
Hay un embalse en el río.

el **embalse**

barre

▷ L'homme les a attaqués avec une barre de fer.
El hombre les atacó con una barra de hierro.

la **barra**
Attention à bien prononcer les deux r.

barrer

▷ Barre ton nom si tu ne veux pas être sur la liste.
Tacha tu apellido si no quieres estar en la lista.

(= rayer) **tachar**

barrette

▷ J'ai perdu ma barrette au cinéma.
Perdí el pasador en el cine.

el **pasador** (pluriel los pasadores)

barrière

▷ Il y a une barrière autour du champ.
Hay una barrera alrededor del campo.

la **barrera**
Attention à bien prononcer tous les r *de* barrera.

bas

▷ Erica porte souvent des bas noirs.
Erica lleva a menudo medias negras.

(= collant) las **medias**

bas, basse

1 ▷ Tu peux sauter par-dessus le mur, il est assez bas.
Puedes saltar por encima de la tapia, es bastante baja.
▷ Les prix sont bas ici.
Los precios son bajos aquí.

1 (= le contraire de haut) (en parlant d'un mur, d'une altitude, d'un prix) **bajo, baja**

2 ▷ Parle plus bas, le prof va t'entendre.
Habla más bajo, el profesor te va a oír.

2 (= doucement) **bajo**

3 ▷ Le bas de mon pantalon est mouillé.
Tengo mojada la parte inferior de los pantalones.

3 ► **le bas :** la parte inferior

4 ▷ Le salon est en bas.
El salón está abajo.
▷ Je t'attendrai en bas de l'escalier.
Te esperaré al pie de la escalera.

4 ► **en bas :** abajo

► **en bas de :** al pie de

basculer

▷ Tout d'un coup, Jérémie a basculé dans l'eau.
De repente, Jérémie cayó al agua.

(= tomber) **caer**

basket

1 ▷ Le basket est mon sport préféré.
El baloncesto es mi deporte preferido.
▷ Zoé joue au basket dans l'équipe de l'école.
Zoé juega al baloncesto en el equipo del colegio.

1 ► **le basket** (= sport) : el **baloncesto**
► **jouer au basket :** jugar al baloncesto
ℹ *On peut dire aussi* ***el básquet****.*

2 ▷ Tes baskets sont super !
¡Tus zapatillas de deporte son guays!

2 ► **des baskets** (= chaussures) : las **zapatillas de deporte**

basse NOM FÉMININ

▷ Il a acheté une basse.
Compró un bajo.
▷ Elle joue très bien de la basse.
Toca muy bien el bajo.

(= guitare) el **bajo**

► **jouer de la basse :** tocar el bajo
Contrairement au mot français, le mot espagnol est masculin.

bassin

▷ Il y a un grand bassin au milieu du parc.
Hay un gran estanque en medio del parque.

el **estanque**

bataille

1 ▷ La France a gagné la bataille.
Francia ganó la batalla.

1 (= combat militaire) la **batalla**

2 ▷ Nous avons fait une bataille de boules de neige.
Hicimos una guerra de bolas de nieve.

2 ► **faire une bataille de boules de neige :** hacer una guerra de bolas de nieve

bateau

▷ Le port est plein de bateaux.
El puerto está lleno de barcos.

▷ Laura veut faire du bateau ce week-end.
Laura quiere ir a navegar este fin de semana.

el **barco**

► **faire du bateau :** ir a navegar

bâtiment

▷ Ce bâtiment est vraiment très laid.
Este edificio es realmente muy feo.

el **edificio**

bâton

▷ Il marche en s'appuyant sur un bâton.
Camina apoyándose en un bastón.

el **bastón** (pluriel los bastones)

ℹ *Il n'y a pas d'accent écrit au pluriel. L'accent tonique porte sur le **o**, comme au singulier.*

▷ Peux-tu me prêter tes bâtons de ski ?
¿Puedes prestarme los bastones de esquí?

► **bâtons de ski :** bastones de esquí

batterie

▷ La batterie est un instrument très bruyant.
La batería es un instrumento muy ruidoso.

la **batería**

ℹ *Remarquez que le mot espagnol porte sur le **i** un accent écrit qui reflète l'accent tonique.*

▷ Paolo joue de la batterie.
Paolo toca la batería.

► **jouer de la batterie :** tocar la batería

battre

1 ▷ Je n'aime pas les gens qui battent les chiens.
No me gusta la gente que pega a los perros.

1 (= frapper) **pegar**

*Si le complément est une personne, un groupe de personnes ou un animal de compagnie, n'oubliez pas de le faire précéder de **a**.*

2 ▷ L'équipe de Lucien nous a battus.
El equipo de Lucien nos ganó.

2 (= vaincre) **ganar**

*Si le complément est une personne, un groupe de personnes ou un animal domestique, n'oubliez pas de le faire précéder de **a**.*

3 ▻ Arrêtez de vous battre !
¡Dejad de pelearos!

3 ► **se battre :** pelearse

ℹ *Le pronom réfléchi fonctionne de la façon suivante en espagnol : nos peleamos, os peleáis, se pelean.*

bavard, bavarde

▻ Lola est très bavarde.
Lola es muy charlatana.

charlatán (pluriel charlatanes), charlatana

ℹ *Il n'y a pas d'accent écrit au pluriel ni au féminin. L'accent tonique porte sur le troisième a, comme au singulier.*

bavarder

▻ Kevin et Julie bavardent tout le temps en classe.
Kevin y Julie charlan todo el rato en clase.

charlar

bazar

▻ Quel bazar dans cette chambre !
¡Qué desorden hay en esta habitación!

(= désordre) el desorden

BD

▻ Tu peux me prêter tes BD ?
¿Puedes prestarme tus cómics?

el cómic (pluriel los cómics)

ℹ *Remarquez que le mot espagnol porte sur le o un accent écrit qui reflète l'accent tonique.*

beau, belle

1 ▻ Ce tableau est très beau.
Este cuadro es muy bonito.

1 (en parlant d'un objet) bonito, bonita

2 ▻ Je trouve que Paul est vraiment beau.
Paul me parece muy guapo.

2 (en parlant d'une personne) guapo, guapa

3 ▻ Il fait beau aujourd'hui.
Hace buen tiempo hoy.

3 ► **il fait beau :** hace buen tiempo

beaucoup

▻ Jasmine travaille beaucoup.
Jasmine trabaja mucho.
▻ Tu ne manges pas beaucoup, tu es malade ?
No comes mucho, ¿estás enfermo?
▻ Je me sens beaucoup mieux maintenant.
Me siento mucho mejor ahora.
▻ Il y a beaucoup de garçons dans ma classe.
Hay muchos chicos en mi clase.
▻ Tu as beaucoup de patience.
Tienes mucha paciencia.
▻ Merci beaucoup pour les fleurs.
Muchas gracias por las flores.

mucho

ℹ Beaucoup de *se traduit différemment selon le genre et le nombre du nom qui suit :* ***mucho*** *+ nom masculin singulier,* ***mucha*** *+ nom féminin singulier,* ***muchos*** *+ nom masculin pluriel,* ***muchas*** *+ nom féminin pluriel.*

► **merci beaucoup :** muchas gracias

beau-père

1 ▷ **La petite Marina habite avec sa mère et son beau-père.**
La pequeña Marina vive con su madre y su padrastro.

1 **(= le mari de la mère)** el **padrastro**

2 ▷ **Ma grande sœur s'entend très bien avec son beau-père.**
Mi hermana mayor se lleva muy bien con su suegro.

2 **(= le père du mari ou de la femme)** el **suegro**

beauté

▷ **Cléopâtre était célèbre pour sa beauté.**
Cleópatra era famosa por su belleza.

la **belleza**

bébé

▷ **Mon petit frère est encore un bébé.**
Mi hermanito es todavía un bebé.

el **bebé**

ℹ *Remarquez que le mot espagnol porte sur le deuxième* e *un accent écrit qui reflète l'accent tonique.*

bec

▷ **L'oiseau a pris la paille dans son bec.**
El pájaro cogió la paja en el pico.

el **pico**

bégayer

▷ **Il bégaie quand il s'énerve.**
Tartamudea cuando se pone nervioso.

tartamudear

beige

▷ **Marc portait un pantalon beige.**
Marc llevaba unos pantalones beige.

▷ **Le beige ne me va pas.**
El beige no me sienta bien.

beige

🔈 *En espagnol,* beige *se prononce /beïs/.*

ℹ *Le mot espagnol* beige *ne prend pas de* s *au pluriel.*

beignet

▷ **Mon père nous a acheté des beignets chauds.**
Mi padre nos compró buñuelos calientes.

el **buñuelo**

belge

▷ **J'adore les chocolats belges.**
Me encantan los bombones belgas.

▷ **Je connais plusieurs Belges.**
Conozco a varios belgas.

belga

ℹ *S'écrit toujours avec une minuscule en espagnol, qu'il s'agisse de l'adjectif ou du nom.*

ℹ *Le masculin comme le féminin se terminent en* -a.

Belgique

▷ **La Belgique est tout près de la France.**
Bélgica está muy cerca de Francia.

Bélgica

ℹ *Ne prend généralement pas d'article.*

▷ Il n'y a pas de montagnes en Belgique.
No hay montañas en Bélgica.
▷ Ma mère est allée en Belgique pour son travail.
Mi madre ha ido a Bélgica para el trabajo.

► **en Belgique** (= dans le pays) : **en Bélgica**
► **en Belgique** (= vers le pays) : **a Bélgica**

Remarquez que le mot espagnol porte sur le **e** *un accent écrit qui reflète l'accent tonique.*

Bélier

▷ Il est Bélier.
Es Aries.

(signe du zodiaque) **Aries**

belle

Regardez le mot ***beau****.*

belle-mère

1 ▷ La petite Coralie habite avec son père et sa belle-mère.
La pequeña Coralie vive con su padre y su madrastra.

1 (= la femme du père) la **madrastra**

2 ▷ Mon frère s'entend bien avec sa belle-mère.
Mi hermano se lleva bien con su suegra.

2 (= la mère du mari ou de la femme) la **suegra**

bénéfice

▷ L'entreprise a fait de gros bénéfices.
La empresa hizo grandes beneficios.

(financier) el **beneficio**

bénévole

▷ Je travaille dans une association bénévole.
Trabajo en una asociación voluntaria.
▷ Je suis bénévole dans une ONG.
Soy voluntario en una ONG.

(aide, travail) **voluntario, voluntaria**
► un **bénévole,** une **bénévole :** un **voluntario,** una **voluntaria**

béquilles

▷ Marcel doit marcher avec des béquilles.
Marcel tiene que andar con muletas.

las **muletas**

berceau

▷ Le bébé dort dans son berceau.
El bebé está durmiendo en la cuna.

la **cuna**

berceuse

▷ Ma mère me chantait des berceuses.
Mi madre ma cantaba canciones de cuna.

la **canción de cuna** (pluriel las **canciones de cuna**)

berge

▷ Bruno fait souvent du roller sur les berges de la Seine.
Bruno patina mucho en las orillas del Sena.

la **orilla**

berger

▷ Le berger emmène ses moutons à la ferme.
El pastor conduce las ovejas a la granja.

el **pastor** (pluriel **los pastores**)

berk !

▷ Berk ! Je déteste les épinards !
¡Puaj! ¡Odio las espinacas!

¡puaj!

besoin

▷ J'ai besoin d'un nouveau maillot de bain pour aller à la plage.
Necesito un nuevo bañador para ir a la playa.

▷ Tu n'as pas besoin de ta mère pour faire tes devoirs.
No necesitas a tu madre para hacer los deberes.

▷ J'ai besoin de me reposer.
Necesito descansar.

► **avoir besoin de** quelque chose : **necesitar** algo

► **avoir besoin de** quelqu'un : **necesitar a** alguien

► **avoir besoin de** faire quelque chose : **necesitar** hacer algo

bête

1 ▷ Il y a beaucoup de bêtes sauvages dans cette réserve naturelle.
Hay muchos animales salvajes en esta reserva natural.

1 (= animal) el **animal** (pluriel **los animales**)

2 ▷ Il est bête, il ne comprend rien.
Es tonto, no entiende nada.

2 (adjectif = idiot) **tonto, tonta**

bêtise

▷ Arrête de dire des bêtises !
¡Deja de decir tonterías!

▷ David et Lambert ont encore fait des bêtises.
David y Lambert han vuelto a hacer tonterías.

la **tontería**

ℹ *Remarquez que le mot espagnol porte sur le* ***i*** *un accent écrit qui reflète l'accent tonique.*

betterave

▷ Madame Hernán a fait une salade avec du concombre et des betteraves.
La señora Hernán ha hecho una ensalada con pepino y remolacha.

la **remolacha**

ℹ *Le nom espagnol* ***remolacha*** *est le plus souvent employé au singulier. On dit par exemple* ***la remolacha es roja*** (les betteraves sont rouges).

beurre

▷ Ne mets pas trop de beurre sur ton pain.
No pongas demasiada mantequilla en el pan.

la **mantequilla**

bibliothécaire

▷ Ma mère est bibliothécaire.
Mi madre es bibliotecaria.

el **bibliotecario**, la **bibliotecaria**

ℹ *Avec un nom de métier, on utilise le verbe **ser** et non pas **estar**.*

bibliothèque

▷ Je dois aller à la bibliothèque pour préparer mon exposé.
Tengo que ir a la biblioteca para preparar la exposición.

▷ Les parents de Violaine ont une bibliothèque avec des centaines de livres.
Los padres de Violaine tienen una biblioteca con centenas de libros.

la **biblioteca**

ℹ *Quand on parle d'une bibliothèque au sens de « meuble », on peut dire aussi en espagnol **la librería**.*

bicyclette

▷ La bicyclette de ma sœur est cassée.
La bicicleta de mi hermana está rota.

▷ Tu vas toujours à l'école à bicyclette ?
¿Siempre vas al colegio en bicicleta?

▷ Emmanuel fait de la bicyclette tous les dimanches.
Emmanuel anda en bicicleta todos los domingos.

la **bicicleta**

► **aller à bicyclette :** ir en bicicleta

► **faire de la bicyclette :** andar en bicicleta

ℹ *On peut dire aussi **ir** ou **andar en bici**.*

bidonville

▷ Ils vivent dans des bidonvilles.
Viven en chabolas.

la **chabola**

Contrairement au mot français, le mot espagnol est féminin.

bien

1 ▷ Bonjour ! Tu as bien dormi ?
¡Buenos días! ¿Has dormido bien?

▷ Monsieur, je ne me sens pas bien, est-ce que je peux sortir ?
Señor, no me siento bien, ¿puedo salir?

▷ Regarde bien la photo : est-ce que tu me reconnais ?
Mira bien la foto: ¿me reconoces?

▷ Ton dessin est très bien.
Tu dibujo está muy bien.

▷ Ce n'est pas bien de se moquer des gens.
No está bien burlarse de la gente.

▷ J'ai fini. – Très bien ! Maintenant on peut partir.
He terminado. – ¡Muy bien! Ahora nos podemos ir.

1 *La traduction la plus courante de* **bien** *en espagnol est* ***bien***.

ℹ *En français,* **bien** *peut venir entre l'auxiliaire et le participe passé. En espagnol,* ***bien*** *vient toujours à la fin (**¿has dormido bien?**).*

ℹ *Quand* ***bien*** *est adjectif et signifie « bon, satisfaisant »* **(ton dessin est très bien)** *ou « acceptable »* **(ce n'est pas bien de se moquer des gens)**, *on emploie en espagnol le verbe* ***estar*** *et non* ***ser***.

2 ▷ Tu as l'air bien gai aujourd'hui !
¡Pareces muy alegre hoy!

2 (= très) **muy**

3 ▷ Paul dit que ce prof est très bien.
Paul dice que este profesor es muy bueno.

3 (= bon) **bueno, buena**
N'oubliez pas que, quand il est placé devant le nom, ***bueno*** *devient* ***buen*** (un prof bien = ***un buen profesor***).

4 ▷ Je trouve que la sœur d'Amélie est vraiment bien.
La hermana de Amélie me parece muy guapa.

4 (= beau, belle, en parlant d'une personne) **guapo, guapa**

5 ▷ Vous êtes bien dans ce fauteuil ?
¿Está cómodo en este sillón?

5 (= à l'aise) **cómodo, cómoda**
Remarquez que le mot espagnol porte sur le premier ***o*** *un accent écrit qui reflète l'accent tonique.*

6 ▷ Un bain chaud te fera du bien.
Un baño caliente te sentará bien.

6 ► **faire du bien à** quelqu'un (en parlant d'un bain, d'un voyage, etc) :
sentar bien a alguien

7 ▷ Geoffroy travaille beaucoup bien qu'il soit malade.
Geoffroy trabaja mucho aunque está enfermo.

7 ► **bien que** + subjonctif : **aunque** + indicatif
Ne confondez pas ***aunque*** *+ indicatif* (= bien que) *et* ***aunque*** *+ subjonctif* (= même si). *Comparez :*
quieren salir aunque llueve = ils veulent sortir bien qu'il pleuve (il pleut, mais ils veulent sortir quand même)
quieren salir aunque llueva = ils veulent sortir même s'il pleut (il se peut qu'il pleuve, mais ils veulent sortir quand même).

8 ▷ Je peux prendre un bonbon ? – Bien sûr !
¿Puedo coger un caramelo? – ¡Por supuesto!

8 ► **bien sûr ! : ¡por supuesto!**

bientôt

▷ Ma mère aura bientôt quarante ans.
Mi madre pronto cumplirá cuarenta años.
▷ À bientôt, Stéphane !
¡Hasta pronto, Stéphane!

pronto

► **à bientôt ! : ¡hasta pronto!**

bienvenue !

▷ Bienvenue à Paris, Ana !
¡Bienvenida a París, Ana!
▷ Bienvenue, Carlos !
¡Bienvenido, Carlos!
▷ Bienvenue à tous !
¡Bienvenidos todos!
▷ Bienvenue, les filles !
¡Bienvenidas, chicas!

Pour souhaiter la bienvenue à quelqu'un en espagnol, on emploie l'adjectif ***bienvenido*** *en variant la terminaison selon le sexe et le nombre des personnes à qui l'on s'adresse :*
bienvenido *pour un homme ou un garçon,*
bienvenida *pour une femme ou une fille,*
bienvenidos *= plusieurs personnes de sexe masculin ou des deux sexes,*
bienvenidas *= plusieurs femmes ou filles.*

bière

▷ Deux bières, s'il vous plaît !
¡Dos cervezas, por favor!

la **cerveza**

bifteck

▷ Momo a fait griller du bifteck pour dîner.
Momo hizo un bistec a la parrilla para la cena.

el **bistec** (pluriel **los bistecs**)

bijou

▷ Anouchka porte toujours beaucoup de bijoux.
Anouchka siempre lleva muchas joyas.

la **joya**

bijouterie

▷ Il y a une bijouterie au coin de la rue.
Hay una joyería en la esquina.

(= magasin) la **joyería**

ℹ *Remarquez que le mot espagnol porte sur le i un accent écrit qui reflète l'accent tonique.*

bille

▷ La bille a roulé sous le fauteuil.
La canica rodó debajo del sillón.

▷ Je jouais souvent aux billes quand j'étais petit.
Jugaba mucho a las canicas de pequeño.

la **canica**

► **jouer aux billes : jugar a las canicas**

billet

1 ▷ Je n'ai que des billets et pas de pièces.
Sólo tengo billetes, no tengo monedas.

▷ Les billets de train coûtent soixante euros.
Los billetes de tren cuestan sesenta euros.

1 (de banque, pour les transports) el **billete**

2 ▷ Tu as acheté les billets pour le théâtre ?
¿Has comprado las entradas para el teatro?

2 (pour un spectacle) la **entrada**

biocarburant

▷ Cette voiture roule au biocarburant.
Este coche funciona con biocarburante.

el **biocarburante**

biodégradable

▷ C'est du plastique biodégradable.
Es plástico biodegradable.

biodegradable

biodiversité

▷ Il est important de préserver la biodiversité.
Es importante preservar la biodiversidad.

la **biodiversidad**

biscotte

▷ Pour le petit déjeuner je mange des biscottes avec du beurre.
Desayuno biscotes con mantequilla.

el **biscote**
Attention : à la différence du français, le mot espagnol ne prend qu'un t.
Remarquez que le mot espagnol est masculin.

biscuit

▷ La mère de Carlos nous a proposé du café et des biscuits.
La madre de Carlos nos ofreció café y galletas.

la **galleta**

bise

▷ Sophie m'a fait la bise.
Sophie me dio un beso.

▷ À bientôt. Grosses bises, Wahid.
Hasta pronto. Muchos besos, Wahid.

el **beso**
► **faire la bise à** quelqu'un **:** dar un beso a alguien
► **grosses bises** (dans une lettre) **:** muchos besos

bison

▷ J'ai vu des bisons dans le parc.
Vi unos bisontes en el parque.

el **bisonte**

bisou

▷ Fais-moi un bisou.
Dame un besito.

el **besito**

bizarre

▷ C'est bizarre, il n'y a personne.
Qué raro, no hay nadie.

raro, rara

blague

1 ▷ Isabel raconte toujours des blagues très drôles.
Isabel siempre cuenta chistes muy divertidos.

1 (= une histoire qu'on raconte) el **chiste**

2 ▷ Pourquoi tu as fait ça ? C'est idiot comme blague.
¿Por qué lo hiciste? Es una broma muy tonta.
▷ Toute la classe a fait une blague au prof.
Toda la clase gastó una broma al profesor.

2 (= un tour qu'on joue à quelqu'un) la **broma**
► **faire une blague à** quelqu'un **:** gastar una broma a alguien

blaguer

▷ On ne blague pas avec ça.
Con ésto no se bromea.

bromear

blanc, blanche

1 ▷ Eulalie a acheté une écharpe blanche.
Eulalie compró una bufanda blanca.
▷ Le blanc est une couleur qui va avec tout.
El blanco es un color que va con todo.

1 (en parlant de la couleur) blanco, blanca
► **le blanc** (= la couleur blanche) : el blanco

2 ▷ Tu peux me donner une feuille blanche ?
¿Me puedes dar una hoja en blanco?

2 (en parlant d'une feuille, d'un formulaire) en blanco

3 ▷ Laisse un blanc là.
Deja un espacio en blanco ahí.

3 ► un **blanc** (= un espace vide) : un espacio en blanco (pluriel espacios en blanco)

4 ▷ Il y a quatre blancs d'œufs dans la recette.
Hay cuatro claras de huevo en la receta.

4 ► **blanc d'œuf** : la clara de huevo (pluriel las claras de huevo)

blé

▷ Ici, les agriculteurs cultivent du blé.
Aquí, los agricultores cultivan trigo.

el trigo

blessé

1 ▷ Nous avons trouvé un oiseau blessé sur la route.
Encontramos un pájaro herido en la carretera.

1 (quand on a mal) herido, herida

2 ▷ Combien de blessés y a-t-il ?
¿Cuántos heridos hay?

2 ► un **blessé** : un herido

blesser

1 ▷ Léon a été blessé dans l'accident.
Léon fue herido en el accidente.
▷ Ta remarque a blessé Carole.
Tu observación ha herido a Carole.

1 (= faire mal ou vexer) herir
Si le complément est une personne, un groupe de personnes ou un animal domestique, n'oubliez pas de le faire précéder de a.

2 ▷ Il s'est blessé avec le marteau.
Se hirió con el martillo.

2 ► **se blesser** : herirse
Le pronom réfléchi fonctionne de la façon suivante en espagnol : me hiero, te hieres, se hiere, nos herimos, os herís, se hieren.

blessure

▷ Ta blessure n'est pas très grave.
Tu herida no es muy grave.

la herida

bleu, bleue

1 ▷ Karine portait une jolie jupe bleue.
Karine llevaba una bonita falda azul.
Il a les yeux bleus.
Tiene los ojos azules.
▷ Le bleu va bien avec tes yeux.
El azul va bien con tus ojos.
▷ Les policiers portent un uniforme bleu marine.
Los policías llevan un uniforme azul marino.

1 (en parlant de la couleur) azul (pluriel azules)

ℹ *azul a la même forme au masculin et au féminin.*

► **le bleu** (= la couleur bleue) : el azul

► **bleu marine :** azul marino

ℹ *L'adjectif azul marino est invariable au pluriel, c'est-à-dire qu'il ne prend pas de s.*

2 ▷ Gégé a un bleu au bras.
Gégé tiene un cardenal en el brazo.

2 (quand on s'est fait mal) el cardenal (pluriel los cardenales)

bloc

1 ▷ Un iceberg est un énorme bloc de glace.
Un iceberg es un enorme bloque de hielo.

1 (= gros morceau) el bloque

2 ▷ Karine prend des notes sur un bloc.
Karine toma apuntes en un bloc.

2 (pour écrire) el bloc (pluriel los blocs)

blog

▷ Il a ouvert un blog.
Creó un blog.

el blog (pluriel los blogs)

bloguer

▷ J'adore bloguer.
Me encanta bloguear.

bloguear

blogueur, blogueuse

▷ Certains blogueurs sont des journalistes.
Algunos blogueadores son periodistas.

el blogueador (pluriel los blogueadores), la blogueadora

blond, blonde

▷ C'est une grande fille blonde.
Es una chica alta y rubia.
▷ Jérémie a les cheveux blonds.
Jérémie tiene el pelo rubio.

rubio, rubia

► **avoir les cheveux blonds :** tener el pelo rubio

bloqué, bloquée

▷ Oh non, la porte est bloquée !
¡Oh, no! ¡La puerta está bloqueada!

bloqueado, bloqueada

blouse

▷ Nous portons des blouses blanches pour les cours de chimie.
Llevamos batas blancas para las clases de química.

(dans un laboratoire, un cours de chimie) la **bata**

blouson

▷ Mon père porte un blouson en cuir marron.
Mi padre lleva una cazadora de cuero marrón.

la **cazadora**

bocal

1 ▷ Je n'arrive pas à ouvrir le bocal, aide-moi !
No consigo abrir el tarro, ¡ayúdame!

1 el **tarro**

*Attention à bien prononcer les deux **r** de **tarro**.*

2 ▷ J'ai demandé un bocal à poissons pour Noël.
He pedido una pecera para Navidad.

2 ► **bocal à poissons :** la **pecera**

bœuf

▷ Qu'est-ce que tu prépares pour le dîner ? – Du bœuf avec des pommes de terre.
¿Qué vas a preparar para la cena? – Carne de vaca con patatas.

► **le bœuf** (= la viande) : **la carne de vaca**

*Un bœuf (= l'animal) se dit **un buey*** (pluriel **bueyes**).

boire

▷ Qu'est-ce que tu veux boire ?
¿Qué quieres beber?

▷ On pourrait aller boire un verre quelque part.
Podríamos ir a tomar una copa por ahí.

beber

► **boire un verre : tomar una copa**

bois

1 ▷ Nous avons cherché des champignons dans le bois.
Buscamos setas en el bosque.

1 (= forêt) el **bosque**

2 ▷ Ce bois est très dur.
Esta madera es muy dura.

▷ Cette chaise est en bois.
Esta silla es de madera.

2 (pour faire des meubles) la **madera**

► **en bois : de madera**

3 ▷ J'ai besoin de bois pour allumer un feu.
Necesito leña para encender un fuego.

3 (pour faire du feu) la **leña**

boisson

▷ Les boissons sont gratuites dans l'avion.
Las bebidas son gratuitas en el avión.
▷ Les boissons gazeuses sont souvent très sucrées.
Las bebidas con gas contienen a menudo mucho azúcar.

la **bebida**

► **boisson gazeuse :** la **bebida con gas** (pluriel **las bebidas con gas**)

boîte

1 ▷ Qu'est-ce que tu as mis dans cette boîte ?
¿Qué has puesto en esta caja?

1 (pour ranger des choses) la **caja**

2 ▷ C'est la boîte de nuit la plus célèbre de Madrid.
Es la discoteca más famosa de Madrid.
▷ Ils vont en boîte le samedi soir.
Van a la discoteca el sábado por la noche.

2 ► **boîte** (de nuit) : la **discoteca**

► **aller en boîte : ir a la discoteca**

3 ▷ La pile de boîtes de conserve s'est écroulée.
La pila de latas de conservas se derrumbó.
▷ Je n'aime pas les haricots en boîte.
No me gustan las alubias en lata.

3 ► **boîte** (de conserve) : la **lata** (de conservas)

► **en boîte** (= en conserve) : **en lata**

4 ▷ Il y a une boîte aux lettres sur le trottoir d'en face.
Hay un buzón en la acera de enfrente.

4 ► **boîte aux lettres :** el **buzón** (pluriel **los buzones**)

ℹ *Il n'y a pas d'accent écrit au pluriel. L'accent tonique porte sur le* **o**, *comme au singulier.*

▷ Est-ce que tu peux mettre cette lettre à la boîte, s'il te plaît ?
¿Puedes echar esta carta al buzón, por favor?

► **mettre une lettre à la boîte : echar una carta al buzón**

boiter

▷ Pourquoi tu boites ? Tu t'es fait mal ?
¿Por qué cojeas? ¿Te has hecho daño?

cojear

bol

1 ▷ Tu préfères une tasse ou un bol ?
¿Prefieres una taza o un tazón?

1 (= coupe) el **tazón** (pluriel **los tazones**)

ℹ *Il n'y a pas d'accent écrit au pluriel. L'accent tonique porte sur le* **o**, *comme au singulier.*

2 ▷ Suzanne a du bol, elle a gagné un voyage en Amérique.
Suzanne tiene suerte, ha ganado un viaje a América.

2 ► **avoir du bol** (sens familier) : **tener suerte**

ℹ Avoir du bol *est familier, mais* **tener suerte** *ne l'est pas.*

Bolivie

▷ La capitale de la Bolivie est La Paz.
La capital de Bolivia es La Paz.

▷ Il est en Bolivie.
Está en Bolivia.

▷ Je vais en Bolivie.
Voy a Bolivia.

Bolivia

ℹ *Ne prend généralement pas d'article.*

► **en Bolivie** (= dans le pays) : en Bolivia

► **en Bolivie** (= vers le pays) : a Bolivia

bolivien, bolivienne

▷ J'ai acheté un chapeau bolivien.
He comprado un sombrero boliviano.

▷ Je connais plusieurs Boliviens.
Conozco a varios bolivianos.

boliviano, boliviana

ℹ *S'écrit toujours avec une minuscule en espagnol, qu'il s'agisse de l'adjectif ou du nom.*

bombe

1 ▷ Une bombe a explosé dans le centre commercial.
Una bomba explotó en el centro comercial.

1 (= explosif) la **bomba**

2 ▷ Du déodorant en bombe.
Desodorante en spray.

2 (= aérosol) el **spray** (pluriel los sprays)

ℹ *On peut dire aussi **el espray*** (pluriel los esprays).

bon, bonne

1 ▷ Je sais que mes résultats en français ne sont pas très bons.
Sé que mis resultados de francés no son muy buenos.

▷ Il fait bon ce soir.
Hace bueno esta tarde.

▷ Mmm, ce gâteau est vraiment bon !
¡Mmm, este pastel está buenísimo!

▷ Tu as besoin d'un bon bain chaud.
Necesitas un buen baño caliente.

1 (= savoureux, agréable, compétent, de qualité) **bueno, buena**

Pour dire que quelque chose est très bon, vraiment bon, *on peut employer **buenísimo, buenísima**.*

*N'oubliez pas que, quand il est placé devant le nom, **bueno** devient **buen (un buen baño caliente)**.*

2 ▷ Boris est très bon en géographie.
A Boris se le da muy bien la geografía.

▷ Je ne suis pas très bonne en espagnol.
No se me da muy bien el español.

2 *Pour dire que l'on est* bon *dans une matière ou un domaine, on emploie en espagnol le verbe **darse** avec la matière ou le domaine comme sujet et la personne comme complément : **se me da bien la informática, se le dan bien las matemáticas**.*

3 ▷ Ma carte de bus n'est plus bonne.
Mi tarjeta de autobús ya no es válida.

3 (= valable) **válido, válida**
ℹ *Remarquez que le mot espagnol porte sur le* ***a*** *un accent écrit qui reflète l'accent tonique.*

4 ▷ Bravo, c'est la bonne réponse !
¡Bravo, es la respuesta correcta!

4 (= correct) **correcto, correcta**
Attention à bien prononcer les deux ***r****.*

5 ▷ Bon, on s'en va !
¡Bueno, vamos!

5 (exclamation) **¡bueno!**

6 ▷ Bonne chance !
¡Suerte!
▷ Bon anniversaire !
¡Feliz cumpleaños!

6 *Quand on veut exprimer un souhait, la traduction espagnole varie. Reportez-vous au nom qui va avec* bon *(par exemple, pour* bonne année !*, regardez le mot* année*).*

7 ▷ C'est bon de manger des fruits et des légumes.
Es bueno comer fruta y verdura.

7 ► **il / c'est bon de** + infinitif **: es bueno** + infinitif
L'espagnol n'utilise pas de préposition derrière ***bueno****.*

bonbon

▷ Mes parents ne me donnaient jamais de bonbons.
Mis padres nunca me daban caramelos.
▷ Un paquet de bonbons à la fraise.
Un paquete de caramelos de fresa.

el **caramelo**

Attention : le mot espagnol ***bombón*** *signifie « chocolat fourré ».*

ℹ *Pour parler du parfum des bonbons* (bonbons au... *ou* à la...)*, on utilise en espagnol* ***de*** *+ le nom du parfum. Ainsi, des* bonbons au café *=* ***caramelos de café****.*

bond

▷ Alain a fait un bond quand sa mère est entrée.
Alain dio un salto cuando su madre entró.

► **faire un bond : dar un salto**

bonheur

▷ Le bonheur est parfois difficile à trouver.
La felicidad a veces es difícil de encontrar.

la **felicidad**

bonhomme

1 ▷ Il y a un bonhomme bizarre derrière la maison.
Hay un tío raro detrás de la casa.

1 (sens familier) el **tío**
ℹ *Remarquez que le mot espagnol porte sur le* ***i*** *un accent écrit qui reflète l'accent tonique.*
Attention, ***tío*** *signifie également « oncle ».*

2 ▷ Quel beau bonhomme de neige !
¡Qué muñeco de nieve más bonito!

2 ► **bonhomme de neige :** el muñeco de nieve (pluriel los muñecos de nieve)

bonjour

▷ Bonjour tout le monde !
¡Hola a todos!

▷ Bonjour ! Tu as bien dormi ?
¡Buenos días! ¿Has dormido bien?

▷ Samir ne m'a même pas dit bonjour !
¡Samir ni me saludó!

▷ Il ne dit jamais bonjour à personne.
Nunca saluda a nadie.

La façon la plus générale de dire bonjour *est* ***¡hola!***

Pour dire bonjour le matin, on dit aussi ***¡buenos días!***

ℹ *L'après-midi, on dit* ***¡buenas tardes!***

► **dire bonjour à** quelqu'un **:** saludar a alguien

Si le complément est une personne, un groupe de personnes ou un animal domestique, n'oubliez pas de le faire précéder de ***a****.*

bonnet

▷ N'oublie pas ton bonnet, il fait froid dehors.
No te olvides el gorro, hace frío fuera.

el **gorro**

Attention à bien prononcer les deux ***r*** *de* ***gorro****.*

bonsoir

▷ Bonsoir ! Comment ça va ?
¡Buenas tardes! *ou* ¡Buenas noches! ¿Qué tal?

▷ Bonsoir tout le monde, je rentre chez moi !
¡Buenas noches a todos, me voy a casa!

▷ J'ai oublié de dire bonsoir à Marc.
Se me olvidó saludar a Marc.

En arrivant quelque part ou en rencontrant quelqu'un, on dit ***¡buenas tardes!*** *si c'est l'après-midi, ou* ***¡buenas noches!*** *si c'est en soirée ou la nuit.*

ℹ *En partant on dit* ***¡buenas noches!***

► **dire bonsoir à** quelqu'un **:** saludar a alguien

Si le complément est une personne, un groupe de personnes ou un animal domestique, n'oubliez pas de le faire précéder de ***a****.*

bord

1 ▷ Le bord de la table est abîmé.
El borde de la mesa está estropeado.

1 (de la table, d'un verre, d'une assiette) el **borde**

2 ▷ Nous allons nous arrêter au bord de la route.
Nos vamos a parar al borde de la carretera.

2 ► **au bord de :** al borde de

3 ▷ Bob et sa famille ont une maison au bord de la mer.
Bob y su familia tienen una casa a orillas del mar.

▷ Je vais me promener au bord du lac.
Voy a dar un paseo a orillas del lago.

3 *Pour la mer, un lac ou une rivière, on dit* ***a orillas de****.*

bosse

1 ▷ Pei a une bosse sur le front.
Pei tiene un chichón en la frente.

1 (sur le front) el **chichón** (pluriel los chichones)

Il n'y a pas d'accent écrit au pluriel. L'accent tonique porte sur le o, comme au singulier.

2 ▷ Cette route est pleine de bosses.
Esta carretera está llena de baches.

2 (sur la route) el **bache**

3 ▷ Combien de bosses ont les chameaux ?
¿Cuántas jorobas tienen los camellos?

3 (dans le dos) la **joroba**

bottes

▷ Où sont mes bottes noires ?
¿Dónde están mis botas negras?

▷ Il y avait des bottes en caoutchouc devant la porte.
Había unas botas de agua delante de la puerta.

las **botas**

► **bottes en caoutchouc :** botas de agua

bouche

▷ Ouvre la bouche !
¡Abre la boca!

▷ On peut se retrouver devant la bouche de métro.
Nos podemos encontrar delante de la boca de metro.

la **boca**

► **bouche de métro :** la boca de metro (pluriel las bocas de metro)

bouché, bouchée

1 ▷ Le lavabo est bouché.
El lavabo está atascado.

1 (en parlant d'un lavabo, d'un tuyau) **atascado, atascada**

2 ▷ J'ai le nez bouché.
Tengo la nariz tapada.

2 (en parlant du nez, des oreilles) **tapado, tapada**

bouchée

▷ Je savoure chaque bouchée de mon gâteau.
Disfruto cada bocado de mi pastel.

(= morceau de nourriture) el **bocado**

boucher

1 ▷ Je ne sais pas comment boucher ce trou.
No sé cómo tapar este agujero.

▷ Bouche-toi les oreilles s'il y a trop de bruit.
Tápate los oídos si hay demasiado ruido.

1 (un trou, une fente) **tapar**

► **se boucher les oreilles :** taparse los oídos

Le pronom réfléchi fonctionne de la façon suivante en espagnol : me tapo los oídos, te tapas los oídos, se tapa los oídos, nos tapamos los oídos, os tapáis los oídos, se tapan los oídos.

2 ▷ L'évier s'est encore bouché.
El fregadero se ha vuelto a atascar.

2 ► **se boucher** (en parlant d'un évier, d'un tuyau) : atascarse

ℹ *Le pronom réfléchi fonctionne de la façon suivante en espagnol : se atasca, se atascan.*

boucher, bouchère

▷ Le boucher m'a donné un gros steak.
El carnicero me ha dado un bistec grande.

▷ André est chez le boucher.
André está en la carnicería.

▷ Ma mère m'a envoyé chez le boucher.
Mi madre me mandó a la carnicería.

el carnicero, la carnicera

► **chez le boucher** (= dans le magasin) : en la carnicería

► **chez le boucher** (= vers le magasin) : a la carnicería

ℹ *Remarquez que le mot carnicería porte sur le deuxième i un accent écrit qui reflète l'accent tonique.*

boucherie

▷ Où est la boucherie ?
¿Dónde está la carnicería?

la carnicería

ℹ *Remarquez que le mot carnicería porte sur le deuxième i un accent écrit qui reflète l'accent tonique.*

bouchon

1 ▷ Garde le bouchon, il reste du vin dans la bouteille.
Guarda el tapón, queda vino en la botella.

1 (de bouteille) el tapón (pluriel los tapones)

ℹ *Il n'y a pas d'accent écrit au pluriel. L'accent tonique porte sur le o, comme au singulier.*

2 ▷ Prenons l'autoroute pour éviter les bouchons.
Cojamos la autopista para evitar los atascos.

2 (= embouteillage) el atasco

ℹ *On peut dire aussi el embotellamiento.*

boucle

1 ▷ Mon frère a des boucles blondes.
Mi hermano tiene rizos rubios.

1 (de cheveux) el rizo

2 ▷ Ma boucle de ceinture est cassée.
La hebilla de mi cinturón está rota.

2 (de ceinture) la hebilla

3 ▷ Timothée porte une petite boucle d'oreille.
Timothée lleva un pequeño pendiente.

3 ► **boucle d'oreille :** el pendiente

Ne confondez pas el pendiente (= la boucle d'oreille) et la pendiente (= la pente).

bouclé, bouclée

▷ Alimata a les cheveux bouclés.
Alimata tiene el pelo rizado.

rizado, rizada

bouclier

el **escudo**

▷ Son bouclier le protège.
Su escudo lo protege.

bouder

estar de morros

◀) *Attention à bien prononcer les deux r.*

▷ Arrête de bouder, tu n'es plus un bébé !
¡Deja de estar de morros, que ya no eres un niño!

boue

el **barro**

▷ Le jean d'Arnaud est plein de boue.
Los vaqueros de Arnaud están llenos de barro.

bouée

(pour aider un enfant à nager) el **flotador** (pluriel los **flotadores**)

▷ Ma petite sœur nage avec une bouée.
Mi hermanita nada con flotador.

boueux, boueuse

fangoso, fangosa

▷ Il est entré avec ses bottes boueuses.
Entró con sus botas fangosas.

bouger

1 (= déplacer) **cambiar de sitio**

1 ▷ Qui a bougé ma radio ?
¿Quién me ha cambiado de sitio la radio?

2 (= se déplacer) **moverse**

ℹ *Le pronom réfléchi fonctionne de la façon suivante en espagnol :* ***me muevo, te mueves, se mueve, nos movemos, os movéis, se mueven.***

2 ▷ Ne bouge pas, je vais prendre une photo.
No te muevas, te voy a sacar una foto.

bougie

la **vela**

▷ Allez, tu dois souffler toutes les bougies sur ton gâteau !
¡Venga, tienes que soplar todas las velas del pastel!

bouillir

hervir

▷ L'eau commence à bouillir.
El agua empieza a hervir.

► **faire bouillir** quelque chose : **hervir** algo

▷ Déborah fait bouillir de l'eau pour le thé.
Déborah está hirviendo agua para el té.

boulanger, boulangère

el **panadero**, la **panadera**

▷ La boulangère est une dame très sympathique.
La panadera es una señora muy simpática.

► **chez le boulanger** (= dans le magasin) : **en la panadería**

▷ André est chez le boulanger.
André está en la panadería.

▷ Mon père m'a envoyé chez le boulanger.
Mi padre me ha mandado a la panadería.

► **chez le boulanger** (= vers le magasin) : a la panadería

ℹ *Remarquez que le mot* ***panadería*** *porte sur le* ***i*** *un accent écrit qui reflète l'accent tonique.*

boulangerie

▷ Est-ce qu'il y a une boulangerie dans le village ?
¿Hay una panadería en el pueblo?

la panadería

ℹ *Remarquez que le mot espagnol porte sur le* ***i*** *un accent écrit qui reflète l'accent tonique.*

boule

1 ▷ Tu fais une boule avec la pâte et après tu l'étales.
Haces una bola con la masa y después la extiendes.
▷ Tu veux une boule de glace ou deux ?
¿Quieres una bola de helado o dos?

1 (= sphère) la bola

2 ▷ On joue aux boules sur la plage tous les après-midi.
Jugamos a la petanca en la playa todas las tardes.

2 ► **jouer aux boules** (= jouer à la pétanque) : jugar a la petanca

boulevard

▷ Quentin habite sur le boulevard Carnot.
Quentin vive en el bulevar Carnot.

el bulevar (pluriel los bulevares)

bouleversé, bouleversée

▷ Leurs parents étaient bouleversés.
Sus padres estaban emocionados.

emocionado, emocionada

Avec ***emocionado, emocionada****, on utilise toujours le verbe* ***estar*** *et non pas* ***ser****.*

boulot

▷ Je ne peux pas sortir, j'ai trop de boulot.
No puedo salir, tengo demasiado curro.
▷ Élise a trouvé un boulot à la mairie.
Élise ha encontrado un curro en el ayuntamiento.

el curro

Attention à bien prononcer les deux ***r****.*

ℹ **Boulot** *est familier,* ***curro*** *l'est aussi. Le mot espagnol non familier est* ***el trabajo****.*

▷ Il va au boulot en bus.
Va a currar en autobús.

► **aller au boulot :** ir a currar

boum

1 ▷ Tu vas à la boum de Youssouf ?
¿Vas a la fiesta de Youssouf?

1 ► une **boum** (= une soirée) : una fiesta

2 ▷ Et boum, tout a explosé !
Y ¡bum!, todo explotó.

2 ► **boum !** (= bruit d'explosion ou de chute) : ¡bum!

bouquet

▷ Il m'a offert un beau bouquet de roses.
Me regaló un bonito ramo de rosas.

el **ramo**

bouquin

▷ Lis ce bouquin, il est super !
Lee este libro, ¡es estupendo!

el **libro**

ℹ **Bouquin** *est familier, mais* ***libro*** *ne l'est pas.*

bousculer

▷ Il m'a bousculé et il ne s'est même pas excusé !
¡Me empujó y ni siquiera se disculpó!
▷ Pierre a bousculé Marie pour entrer.
Pierre empujó a Marie para entrar.

empujar

Si le complément est une personne, un groupe de personnes ou un animal domestique, n'oubliez pas de le faire précéder de **a**.

boussole

▷ Nous avons retrouvé notre chemin grâce à la boussole.
Encontramos el camino gracias a la brújula.

la **brújula**

ℹ *Remarquez que le mot espagnol porte sur le premier* **u** *un accent écrit qui reflète l'accent tonique.*

bout

1 ▷ Le bout de la table est trop près de la porte.
El extremo de la mesa está demasiado cerca de la puerta.

1 (= extrémité) el **extremo**

2 ▷ Prends un bout de pain si tu as faim.
Tómate un trozo de pan si tienes hambre.

2 (= morceau) el **trozo**

ℹ *On peut dire aussi* ***el pedazo****.*

3 ▷ L'école est au bout de la rue.
La escuela está al final de la calle.

3 ► **au bout de** (dans l'espace) : **al final de**

4 ▷ Au bout de trois heures, tout le monde était fatigué.
Al cabo de tres horas, todo el mundo estaba cansado.

4 ► **au bout de** (une période de temps) : **al cabo de**

bouteille

▷ Nous recyclons les bouteilles vides.
Reciclamos las botellas vacías.

la **botella**

boutique

▷ Élodie a acheté sa montre dans une boutique à New York.
Élodie compró su reloj en una tienda de Nueva York.

la **tienda**

bouton

1 ▷ J'ai perdu un bouton.
He perdido un botón.
▷ Appuie sur le bouton de gauche.
Pulsa el botón de la izquierda.

1 (sur un vêtement, sur une radio, une télévision) el **botón** (pluriel los **botones**)

*Il n'y a pas d'accent écrit au pluriel. L'accent tonique porte sur le deuxième **o**, comme au singulier.*

2 ▷ Aurélien a des boutons sur le visage.
Aurélien tiene granos en la cara.

2 (sur le visage, sur le corps) el **grano**

boutonner

▷ Boutonne ton blouson, il fait froid dehors.
Abotónate la cazadora, hace frío fuera.

abotonar

boxe

▷ Emmanuel aime regarder la boxe à la télévision.
A Emmanuel le gusta ver el boxeo en la tele.

el **boxeo**

*Attention : contrairement au français, le mot espagnol **boxeo** est masculin.*

▷ Nous sommes allés voir un match de boxe.
Fuimos a ver un combate de boxeo.

► **match de boxe :** el **combate de boxeo** (pluriel los **combates de boxeo**)

bracelet

1 ▷ Samantha a un joli bracelet en argent.
Samantha tiene una bonita pulsera de plata.

1 (= bijou) la **pulsera**

2 ▷ Le bracelet de ma montre est cassé.
Tengo la correa del reloj rota.

2 (d'une montre) la **correa**

*Attention à bien prononcer les deux **r** de **correa**.*

branche

▷ Il y avait des branches sur la route après la tempête.
Había ramas en la carretera después de la tormenta.

(d'un arbre) la **rama**

branché, branchée

1 ▷ Il y a beaucoup de bars branchés à Madrid.
Hay muchos bares de moda en Madrid.

1 (en parlant d'un endroit) **de moda**

2 ▷ Valentine est très branchée.
Valentine es muy moderna.

2 (en parlant d'une personne) **moderno, moderna**

brancher

1 ▷ Peux-tu brancher la lampe, s'il te plaît ?
¿Puedes enchufar la lámpara, por favor?

1 (en parlant d'un appareil électrique) **enchufar**

2 ▷ Nous ne sommes pas encore branchés sur l'Internet.
Todavía no estamos conectados a Internet.

2 ► **être branché sur l'Internet : estar conectado a Internet**

bras

▷ Matthieu a pris Anne par le bras.
Matthieu cogió a Anne del brazo.
▷ Elle m'a serré dans ses bras avant de partir.
Me abrazó antes de irse.

el **brazo**

► **serrer** quelqu'un **dans ses bras :** **abrazar a** alguién

brasse

▷ Je ne sais nager que la brasse.
Sólo sé nadar a braza.

la **braza**

► **nager la brasse : nadar a braza**

bravo

▷ Bravo, ta rédaction est très bonne !
¡Bravo! ¡tu redacción está muy bien!

¡bravo!

brebis

▷ Il a quarante brebis.
Tiene cuarenta ovejas.

la **oveja**

Bretagne

▷ Jean-Paul n'a jamais voulu quitter la Bretagne.
Jean-Paul nunca ha querido irse de Bretaña.
▷ Il y a des paysages sauvages en Bretagne.
Hay paisajes salvajes en Bretaña.
▷ On pourrait aller en Bretagne pour le week-end.
Podríamos ir a Bretaña para pasar el fin de semana.

Bretaña

ℹ *Ne prend généralement pas d'article.*

► **en Bretagne** (= dans la région) **: en Bretaña**

► **en Bretagne** (= vers la région) **: a Bretaña**

bretelles

▷ Alice porte une robe avec de fines bretelles.
Alice lleva un vestido de tirantes finos.
▷ Mon grand-père porte souvent des bretelles.
Mi abuelo lleva a menudo tirantes.

los **tirantes**

breton, bretonne

▷ Loïc est breton.
Loïc es bretón.
▷ Il y a beaucoup de Bretons qui travaillent à Paris.
Hay muchos bretones que trabajan en París.

bretón (pluriel **los bretones**), **bretona**

ℹ *Il n'y a pas d'accent écrit au pluriel ni au féminin. L'accent tonique porte sur le deuxième **o**, comme au singulier.*

ℹ *S'écrit toujours avec une minuscule en espagnol, qu'il s'agisse de l'adjectif ou du nom.*

bricolage

▷ Il travaille dans un magasin de bricolage.
Trabaja en una tienda de bricolaje.

(petits travaux) el **bricolaje**

bricoler

▷ Mon oncle bricole dans son garage tous les dimanches.
Mi tío hace bricolaje en su garaje todos los domingos.

hacer bricolaje

brillant, brillante

1 ▷ Laurent est un élève brillant.
Laurent es un alumno brillante.

1 (= intelligent) **brillante**
ℹ *On dit **brillante** pour le masculin et le féminin.*

2 ▷ Cette étoile est très brillante.
Esta estrella brilla mucho.

2 *Pour les choses, on utilise le verbe **brillar**.*

briller

▷ Regarde comme la voiture brille !
¡Mira cómo brilla el coche!
▷ J'ai utilisé un chiffon pour faire briller mes chaussures.
He utilizado un trapo para sacarles brillo a los zapatos.

brillar

► **faire briller** quelque chose : **sacar brillo a** algo

brioche

▷ J'aime manger de la brioche au petit déjeuner.
Me gusta comer bollo de leche para el desayuno.

el **bollo de leche** (pluriel los bollos de leche)
ℹ *On peut dire aussi **el brioche**, mot masculin en espagnol et prononcé à la française.*

brique

1 ▷ Il a acheté des briques pour construire un mur dans le jardin.
Compró ladrillos para construir una tapia en el jardín.
▷ Ils construisent un mur en briques.
Están construyendo una pared de ladrillos.

1 (pour la construction) el **ladrillo**

► **en briques : de ladrillos**

2 ▷ Achète deux briques de lait et du pain.
Compra dos tetrabriks® de leche y pan.

2 (de lait, de jus de fruit) el **tetrabrik®** (pluriel los tetrabriks)

briquet

▷ Tu peux me prêter ton briquet ?
¿Me puedes prestar el encendedor?

el **encendedor** (pluriel los encendedores)
ℹ *On peut dire aussi **el mechero**.*

broche

▷ Cette broche appartenait à mon arrière-grand-mère.
Este broche pertenecía a mi bisabuela.

(= bijou) el **broche**
⚠ *Attention : contrairement au français, le mot espagnol **broche** est masculin.*

brochette

▷ Nous avons commandé des brochettes au restaurant.
Pedimos pinchos *ou* brochetas en el restaurante.

el pincho *ou* la brocheta

bronze

▷ C'est une statue en bronze.
Es una estátua de bronce.

el bronce
► **en bronze :** de bronce

bronzé, bronzée

▷ Tu es très bronzée ! Tu es allée à la plage ?
¡Estás muy morena! ¿Has ido a la playa?

moreno, morena

bronzer

▷ Capucine bronze facilement.
Capucine se pone morena muy fácilmente.

ponerse moreno *ou* morena
ℹ *Le pronom réfléchi fonctionne de la façon suivante en espagnol : me pongo moreno, te pones moreno, se pone moreno, nos ponemos morenos, os ponéis morenos, se ponen morenos.*

brosse

▷ Je vais nettoyer mes chaussures avec une brosse.
Voy a limpiarme los zapatos con un cepillo.
▷ Qui a pris ma brosse à dents ?
¿Quién me ha cogido el cepillo de dientes?
▷ J'ai besoin d'une nouvelle brosse à cheveux.
Necesito un nuevo cepillo para el pelo.

el cepillo
► **brosse à dents :** el cepillo de dientes (pluriel los cepillos de dientes)
► **brosse à cheveux :** cepillo para el pelo (pluriel cepillos para el pelo)

brosser

▷ Je vais brosser le chien même s'il n'aime pas ça !
¡Voy a cepillar al perro aunque no le guste!
▷ N'oublie pas de te brosser les dents.
Acuérdate de lavarte los dientes.

cepillar
Si le complément est une personne, un groupe de personnes ou un animal de compagnie, n'oubliez pas de le faire précéder de a.
► **se brosser les dents :** lavarse los dientes
ℹ *Le pronom réfléchi fonctionne de la façon suivante en espagnol : me lavo, te lavas, se lava, nos lavamos, os laváis, se lavan los dientes.*

brouette

▷ Alfonso met toutes les feuilles mortes dans la brouette.
Alfonso está poniendo todas las hojas muertas en la carretilla.

la carretilla
Attention à bien prononcer les deux r de carretilla.

brouillard

▷ Il y a du brouillard aujourd'hui.
Hay niebla hoy.

la **niebla**

brouillon

▷ Fais un brouillon d'abord.
Haz un borrador primero.

▷ Tu as vu mon cahier de brouillon ?
¿Has visto mi borrador?

el **borrador** (pluriel los borradores)

► **cahier de brouillon :** el borrador (pluriel los borradores)

Attention à bien prononcer les deux r.

bruit

▷ Je ne peux pas travailler ici, il y a trop de bruit.
No puedo trabajar aquí, hay demasiado ruido.

▷ Arrêtez de faire du bruit !
¡Dejad de hacer ruido!

el **ruido**

► **faire du bruit :** hacer ruido

brûlant, brûlante

▷ Attention, l'assiette est brûlante.
Cuidado, el plato quema.

► **être brûlant :** quemar

brûler

1 ▷ Andrés est en train de brûler des branches dans le jardin.
Andrés está quemando ramas en el jardín.

1 ► **brûler** quelque chose **:** quemar algo

2 ▷ Regarde, cette voiture a brûlé un feu rouge !
¡Mira, este coche se ha saltado un semáforo!

2 ► **brûler un feu rouge :** saltarse un semáforo

*Le pronom réfléchi fonctionne de la façon suivante en espagnol : **me** **salto el semáforo, te saltas el semáforo, se salta el semáforo, nos saltamos el semáforo, os saltáis el semáforo, se saltan el semáforo.***

3 ▷ Tout l'immeuble a brûlé.
Todo el edificio se quemó.

3 ► **brûler** (= être détruit) **:** quemarse

*Le pronom réfléchi fonctionne de la façon suivante en espagnol : **me quemo, te quemas, se quema, nos quemamos, os quemáis, se queman.***

4 ▷ Ne touche pas ça, ça brûle !
¡No toques esto, quema!

4 ► **ça brûle** (= c'est très chaud) **:** quema

brume

▷ Il y a de la brume ce matin.
Hay bruma esta mañana.

la **bruma**

brun, brune

▷ Olivier a les cheveux bruns.
Olivier tiene el pelo moreno.
▷ C'est une petite dame brune.
Es una señora bajita y morena.

(en parlant des cheveux, de la peau, d'une personne) **moreno, morena**

Bruxelles

▷ Bruxelles est la capitale de la Belgique.
Bruselas es la capital de Bélgica.

Bruselas

bruyant, bruyante

▷ Vous êtes vraiment bruyants !
¡Estáis muy ruidosos!

ruidoso, ruidosa

bûche

▷ Carmen a mis une grosse bûche dans la cheminée.
Carmen puso un enorme leño en la chimenea.

el **leño**
Contrairement au mot français, le mot espagnol est masculin.

buée

▷ Il y a de la buée sur la vitre.
Hay vaho en el cristal.

el **vaho**
Contrairement au mot français, le mot espagnol est masculin.

buffet

1 ▷ Il y avait un très bon buffet au mariage de Christine.
Había un bufé muy bueno en la boda de Christine.

1 (= repas) el **bufé**
Remarquez que le mot espagnol porte sur le ***e*** *un accent écrit qui reflète l'accent tonique.*

2 ▷ Les clés sont sur le buffet.
Las llaves están encima del aparador.

2 (= meuble) el **aparador** (pluriel **los aparadores**)

buisson

▷ Nous nous sommes cachés dans les buissons.
Nos escondimos entre los matorrales.

el **matorral** (pluriel **los matorrales**)
Attention à bien prononcer les deux ***r*** *de* ***matorral****.*

bulle

1 ▷ Les bulles du champagne me chatouillent le nez.
Las burbujas del champán me hacen cosquillas en la nariz.

1 (d'air) la **burbuja**

2 ▷ Des bulles de savon flottaient dans l'air.
Pompas de jabón flotaban en el aire.

2 (de savon) la **pompa**

bulletin

1 ▷ Tu as oublié de remplir le bulletin d'abonnement.
Se te olvidó rellenar el boletín de suscripción.

1 (= formulaire) el **boletín** (pluriel los boletines)

ℹ *Il n'y a pas d'accent écrit au pluriel. L'accent tonique porte sur le i, comme au singulier.*

2 ▷ Mon bulletin n'est pas très bon ce trimestre.
Mi boletín de notas no es muy bueno este trimestre.

2 (= notes à l'école) el **boletín de notas** (pluriel los boletines de notas)

bureau

1 ▷ La mère de Lucille travaille dans un bureau.
La madre de Lucille trabaja en una oficina.

1 (= lieu où l'on travaille) la **oficina**

2 ▷ Ils vont transformer le grenier en bureau.
Van a transformar el desván en despacho.

2 (= pièce dans une maison, une entreprise) el **despacho**

3 ▷ Le bureau est trop grand pour cette chambre.
La mesa de despacho es demasiado grande para esta habitación.

3 (= table) la **mesa de despacho** (pluriel las mesas de despacho)

4 ▷ Est-ce qu'il y a un bureau de tabac dans le village ?
¿Hay un estanco en el pueblo?

4 ► **bureau de tabac :** el estanco

bus

▷ Est-ce que le bus est déjà parti ?
¿Ya ha salido el autobús?

el **autobús** (pluriel los autobuses)

ℹ *Il n'y a pas d'accent écrit au pluriel. L'accent tonique porte sur le deuxième u, comme au singulier.*

▷ Sandrine va à l'école en bus.
Sandrine va al colegio en autobús.

► **en bus :** en autobús

but

1 ▷ Le premier but était magnifique.
El primer gol fue magnífico.
▷ Qui a marqué le but ?
¿Quién marcó el gol?

1 (dans les sports) el **gol** (pluriel los goles)

► **marquer un but :** marcar un gol

2 ▷ Le but de la visite était de rencontrer de jeunes Espagnols.
El objetivo de la visita era conocer a jóvenes españoles.

2 (= objectif) el **objetivo**

Cc

ça

1 ▻ Ça sent bon ici.
Huele bien aquí.
▻ Ça me fait rire.
Me da ganas de reír.
▻ Ça dépend !
¡Depende!

1 *Très souvent, ça ne se traduit pas en espagnol.*

2 ▻ Ça c'est un gâteau au café. Tu en veux un morceau ?
Esto es un pastel de café. ¿Quieres un trozo?
▻ Et ça aussi, tu vas l'acheter ?
¿Y eso también lo vas a comprar?
▻ Qu'est-ce que c'est que ça, là-bas ?
¿Qué es aquello?

2 *Quand on désigne une chose, ça peut se traduire par **esto, eso** ou **aquello**.*
***Esto** désigne une chose proche de celui qui parle.*
***Eso** désigne une chose plus proche de celui qui écoute que de celui qui parle.*
***Aquello** désigne une chose éloignée de celui qui parle et de celui qui écoute.*

3 ▻ Ça y est, j'ai fini !
¡Ya está! ¡He terminado!

3 ► **ça y est ! :** ¡ya está!

4 ▻ On part lundi et on revient mercredi ? – Oui, c'est ça.
¿Nos vamos el lunes y volvemos el miércoles? – Sí, eso es.

4 ► **c'est ça** (= c'est exact) : eso es

5 ▻ Il faut le faire comme ça.
Hay que hacerlo así.

5 ► **comme ça** (= de cette façon) : así

ℹ *Remarquez que le mot espagnol porte sur le **i** un accent écrit qui reflète l'accent tonique.*

6 ▻ Ça va ? – Très bien, merci. Et toi ?
¿Qué tal? – Muy bien, gracias. ¿Y tú?

6 ► **(comment) ça va ? :** ¿qué tal?

cabane

▻ Marcel et Ludo ont construit une cabane dans la forêt.
Marcel y Ludo han construido una cabaña en el bosque.

la **cabaña**

cabine

1 ▻ Les cabines de la piscine sont toutes occupées.
Todas las cabinas de la piscina están ocupadas.

1 (à la piscine) la **cabina**

2 ▻ Est-ce qu'il y a une cabine téléphonique dans cette rue ?
¿Hay una cabina telefónica en esta calle?

2 ► **cabine téléphonique :** la **cabina telefónica** (pluriel las **cabinas telefónicas**)

*Remarquez que le mot **telefónica** porte sur le **o** un accent écrit qui reflète l'accent tonique.*

3 ▻ Où sont les cabines d'essayage, s'il vous plaît ?
¿Dónde están los probadores, por favor?

3 ► **cabine d'essayage :** el **probador** (pluriel los **probadores**)

câble

1 ▻ Le câble de cet ordinateur est très court.
El cable de este ordenador es muy corto.

1 (= fil électrique) el **cable**

2 ▻ Il y a le câble dans les chambres de l'hôtel.
Hay televisión por cable en las habitaciones del hotel.

2 ► **le câble** (= la télévision par câble) : **la televisión por cable**

*Remarquez que le mot **televisión** porte sur le **o** un accent écrit qui reflète l'accent tonique.*

cacahuète

▻ Deux jus d'orange et un paquet de cacahuètes, s'il vous plaît.
Dos zumos de naranja y un paquete de cacahuetes, por favor.

el **cacahuete**

*Attention : contrairement au français, le mot espagnol **cacahuete** est masculin.*

cacao

▻ Le chocolat est fait avec du cacao.
El chocolate está hecho con cacao.

el **cacao**

cache-cache

▻ J'ai joué à cache-cache avec mon petit frère pendant des heures.
Jugué al escondite con mi hermanito durante horas.

► **jouer à cache-cache : jugar al escondite**

cacher

1 ▷ Cache les bonbons ! Le prof arrive !
¡Esconde los caramelos, viene el profesor!
▷ Quand sa mère est arrivée, Marie a caché le chien dans sa chambre.
Cuando llegó su madre, Marie escondió al perro en su habitación.

2 ▷ Pierre s'est caché sous l'escalier.
Pierre se escondió debajo de las escaleras.

1 **esconder**

Si le complément est une personne, un groupe de personnes ou un animal domestique, n'oubliez pas de le faire précéder de ***a****.*

2 ► **se cacher : esconderse**
Le pronom réfléchi fonctionne de la façon suivante en espagnol : ***me escondo, te escondes, se esconde, nos escondemos, os escondéis, se esconden****.*

cachet

▷ Prends un cachet si tu as mal à la tête.
Tómate una tableta si te duele la cabeza.

(= médicament) la **tableta**

cachette

▷ J'ai trouvé ta cachette.
He encontrado tu escondite.

▷ Sylviane fume en cachette.
Sylviane fuma a escondidas.

el **escondite**
Contrairement au français, le mot espagnol est masculin.

► **en cachette : a escondidas**

cactus

▷ Ce cactus est couvert d'épines.
Este cactus está lleno de espinas.

el **cactus**

cadavre

▷ Ils ont trouvé un cadavre dans l'armoire.
Encontraron un cadáver en el armario.

el **cadáver** (pluriel **los cadáveres**)

caddie®

▷ Elle a rempli le caddie de boîtes de conserve.
Llenó el carrito de latas.

el **carrito**
Attention à bien prononcer les deux ***r*** *de* ***carrito****.*

cadeau

▷ Quel super cadeau ! Tu as vraiment de la chance !
¡Qué regalo más guay! ¡Qué suerte tienes!
▷ Nous voudrions faire un cadeau au prof de français.
Quisiéramos hacerle un regalo al profesor de francés.

el **regalo**

► **faire un cadeau à** quelqu'un **:**
hacerle un regalo a alguien

cadenas

▷ Je vais mettre un cadenas sur la porte de mon casier.
Voy a poner un candado en la puerta de mi casillero.

el **candado**

cadre

▷ Clémence a mis la photo de son copain dans un cadre.
Clémence ha puesto la foto de su novio en un marco.

(pour une photo ou pour un tableau) el **marco**

cafard

1 ▷ Il y a des cafards dans la cuisine.
Hay cucarachas en la cocina.

1 (= insecte) la **cucaracha**

2 ▷ Jean a le cafard parce que sa copine l'a quitté.
Jean está deprimido porque le ha dejado su novia.

2 ► **avoir le cafard :** estar deprimido *ou* deprimida

café

1 ▷ Un café et une limonade, s'il vous plaît.
Un café y una gaseosa, por favor.
▷ Je bois toujours du café au lait au petit déjeuner.
Siempre tomo café con leche para el desayuno.
▷ J'adore la glace au café.
Me encanta el helado de café.

1 (= boisson) el **café**

► **café au lait :** café con leche (pluriel cafés con leche)

► **au café** (= parfumé au café) **:** de café

2 ▷ J'ai vu Sylvie au café près de l'école.
Vi a Sylvie en el bar cerca del colegio.

2 (= bar) el **bar** (pluriel los bares)

cafétéria

▷ Ma mère déjeune à la cafétéria tous les jours.
Mi madre almuerza en la cafetería todos los días.

la **cafetería**

ℹ *Remarquez que le mot espagnol porte sur le **i** un accent écrit qui reflète l'accent tonique.*

cafetière

▷ Nous avons offert une cafetière électrique à mes parents.
Les regalamos una cafetera eléctrica a mis padres.

la **cafetera**

cage

▷ Je n'aime pas les zoos ; c'est triste de voir les animaux dans des cages.
No me gustan los zoos; es triste ver a los animales en jaulas.

la **jaula**

cagoule

▷ Il fait très froid, n'oublie pas ta cagoule.
Hace mucho frío, no te olvides el pasamontañas.

(pour protéger du froid) el **pasamontañas** (pluriel los pasamontañas)

cahier

1 ▷ C'est mon cahier, pas le tien !
¡Éste es mi cuaderno, no el tuyo!
▷ Oh non, j'ai oublié mon cahier de textes !
¡Oh no, se me olvidó el cuaderno de deberes!

1 el **cuaderno**

► **cahier de textes :** el cuaderno de deberes (pluriel los cuadernos de deberes)

2 ▷ Vladimir fait des dessins dans les marges de son cahier de brouillon.
Vladimir hace dibujos en los márgenes del borrador.

2 ► **cahier de brouillon :** el borrador (pluriel los borradores)

cailler

1 ▷ Ça caille ici !
¡Hace un frío que pela aquí!

1 ► **ça caille :** ¡hace un frío que pela!

2 ▷ On s'est caillés dans le chalet.
Nos pelamos de frío en el chalé.

2 ► **se cailler :** pelarse de frío

ℹ *Le pronom réfléchi fonctionne de la façon suivante en espagnol : __me__ pelo, __te__ pelas, __se__ pela, __nos__ pelamos, __os__ peláis, __se__ pelan de frío.*

ℹ *Remarquez que le mot espagnol frío porte sur le i un accent écrit qui reflète l'accent tonique.*

ℹ *Pelarse de frío et ¡hace un frío que pela! comme* cailler, *sont familiers.*

caillou

▷ Viens, on va lancer des cailloux dans l'eau.
Ven, vamos a tirar piedras al agua.

la **piedra**

caisse

1 ▷ Jean a ouvert la caisse : elle était vide.
Jean abrió la caja: estaba vacía.
▷ C'est la caisse pour moins de dix articles.
Ésta es la caja para menos de diez artículos.

1 (= boîte, caisse du supermarché) la **caja**

2 ▷ J'ai mis mon argent à la caisse d'épargne.
He ingresado mi dinero en la caja de ahorros.

2 ► **caisse d'épargne :** caja de ahorros

🔊 *Attention à bien prononcer les deux r de ahorros.*

caissier, caissière

▷ La mère de Bob est caissière au supermarché.
La madre de Bob trabaja de cajera en el supermercado.

el **cajero,** la **cajera**

cake

▷ Il y a du cake avec le thé.
Hay bizcocho de frutas con el té.

el **bizcocho de frutas** (pluriel los bizcochos de frutas)

calcul

▷ Je ne suis pas très bon en calcul.
No se me da muy bien el cálculo.
▷ Nous avons fait des calculs pour voir si nous avions assez d'argent.
Hicimos cálculos para ver si teníamos bastante dinero.

el **cálculo**

ℹ *Remarquez que le mot espagnol porte sur le a un accent écrit qui reflète l'accent tonique.*

calculatrice

▷ Les calculatrices sont interdites pendant l'examen.
Está prohibido usar calculadoras durante el examen.

la **calculadora**

calculer

▷ Calculons combien ça va coûter.
Calculemos cuánto va a costar.

calcular

calculette

▷ Les calculettes sont interdites pendant l'examen.
Está prohibido usar minicalculadoras durante el examen.

la **minicalculadora**

caleçon

▷ Ce caleçon est trop grand pour moi !
¡Estos calzoncillos son demasiado grandes para mí!
▷ Je dois m'acheter un nouveau caleçon.
Me tengo que comprar unos calzoncillos nuevos.

(= sous-vêtement) los **calzoncillos**

ℹ *Calzoncillos est un nom pluriel : on l'utilise avec un verbe au pluriel (estos calzoncillos son demasiado grandes).*

calendrier

▷ Le facteur nous a vendu un calendrier.
El cartero nos vendió un calendario.

el **calendario**

câlin, câline

1 ▷ Mon frère est très câlin.
Mi hermano es muy cariñoso.

2 ▷ Ma petite sœur m'a fait un câlin.
Mi hermanita me hizo mimos.

1 ► **être câlin** *ou* **câline** : **ser cariñoso** *ou* **cariñosa**

2 ► **faire un câlin à** quelqu'un : **hacer mimos a** alguien

calme

1 ▷ Cyril est très calme à l'école.
Cyril está muy tranquilo en clase.
▷ C'est une rue très calme.
Es una calle muy tranquila.

2 ▷ J'aime le calme de la campagne.
Me gusta la tranquilidad del campo.

3 ▷ Du calme ! Tu es vraiment insupportable aujourd'hui !
¡Cálmate! ¡Estás insoportable hoy!

1 (en parlant d'une personne, d'un endroit) **tranquilo, tranquila**

2 ► **le calme** (= le silence) : **la tranquilidad**
Le mot espagnol **la calma** *existe, mais c'est uniquement un nom qui signifie « le calme, le sang-froid ». Par exemple :* ***no pierdas la calma*** **(ne perds pas ton calme).**

3 *Quand on dit* **du calme !** *à quelqu'un qui s'agite, on emploie en espagnol le verbe* ***calmarse*** *:* ***¡cálmate!*** = **calme-toi !** ***¡calmaos!*** = **calmez-vous !** *(tutoiement de plusieurs personnes)*

calmement

▷ Si tu lui parles calmement, je suis sûr qu'il comprendra.
Si le hablas con calma, estoy seguro de que comprenderá.

con calma

calmer

▷ Personne n'a réussi à calmer Daphné.
Nadie consiguió calmar a Daphné.

calmar
Si le complément est une personne, un groupe de personnes ou un animal domestique, n'oubliez pas de le faire précéder de **a**.

▷ Calme-toi, ce n'est pas grave !
¡Cálmate, no es grave!
▷ Finalement la tempête s'est calmée.
Finalmente la tormenta se calmó.

► **se calmer** : **calmarse**
ℹ *Le pronom réfléchi fonctionne de la façon suivante en espagnol :* ***me calmo, te calmas, se calma, nos calmamos, os calmáis, se calman.***

cambrioler

▷ La police a arrêté les hommes qui ont cambriolé la maison.
La policía ha detenido a los hombres que robaron la casa.

robar

camembert

▷ Tu préfères du camembert ou un yaourt ?
¿Prefieres camembert o un yogurt?

el **camembert**
En espagnol comme en français, le t ne se prononce pas.

caméra

▷ Regardez la caméra et souriez !
¡Mirad la cámara y sonreíd!

la **cámara**
Remarquez que le mot espagnol porte sur le premier a un accent écrit qui reflète l'accent tonique.

▷ Ils ont acheté une caméra vidéo pour filmer leurs vacances.
Han comprado una cámara de vídeo para filmar las vacances.

► **caméra vidéo :** la **cámara de vídeo** (pluriel **las cámaras de vídeo**)
On peut dire aussi la videocámara. Remarquez que les mots espagnols portent des accents écrits qui reflètent l'accent tonique.

camion

▷ Un énorme camion s'est arrêté devant la maison.
Un enorme camión se paró delante de la casa.

el **camión** (pluriel **los camiones**)
Il n'y a pas d'accent écrit au pluriel. L'accent tonique porte sur le o, comme au singulier.

camionnette

▷ Nous avons loué une camionnette pour transporter les meubles.
Alquilamos una camioneta para transportar los muebles.

la **camioneta**
Attention : à la différence du français, le mot espagnol ne prend qu'un n et qu'un t.

camp

1 ▷ Cet été Thomas fait un camp en Auvergne.
Este verano Thomas va de colonias a Auvernia.

1 ► **faire un camp** (pour les vacances) : **ir de colonias**

2 ▷ Il y avait deux camps pour la partie de ballon : les rouges et les bleus.
Había dos campos para el partido de balón: los rojos y los azules.

2 (= équipe) el **campo**

campagne

▷ Ils veulent vivre à la campagne.
Quieren vivir en el campo.

► **la campagne** (par opposition à la ville) : el **campo**

camper

▷ Manu et ses copains ont campé près de Tours.
Manu y sus amigos hicieron camping *ou* acamparon cerca de Tours.

hacer camping *ou* **acampar**

camping

1 ▷ Le camping est interdit ici.
Aquí está prohibido el camping.
▷ Savez-vous où est le camping ?
¿Saben dónde está el camping?

1 (= le fait de camper, le terrain) el **camping**

L'accent tonique porte sur la première syllabe ***(cam-)****.*

2 ▷ J'aimerais faire du camping cet été.
Me gustaría ir de camping este verano.

2 ► **faire du camping :** **ir de camping**

Canada

▷ Le Canada est le deuxième plus grand pays du monde.
Canadá es el segundo país más grande del mundo.

► **le Canada :** **(el) Canadá**

Canadá peut s'employer avec ou sans l'article el.
Remarquez que le mot espagnol porte sur le dernier a un accent écrit qui reflète l'accent tonique.

▷ Il y a des paysages magnifiques au Canada.
En Canadá hay paisajes magníficos.
▷ Ils sont allés au Canada pour chercher du travail.
Fueron a Canadá a buscar trabajo.

► **au Canada** (= dans le pays) : **en (el) Canadá**
► **au Canada** (= vers le pays) : **a(l) Canadá**

canadien, canadienne

▷ David lisait un journal canadien.
David estaba leyendo un periódico canadiense.
Lucie est canadienne.
Lucie es canadiense.
▷ Les Canadiens ont un accent différent du nôtre.
Los canadienses tienen un acento diferente del nuestro.

canadiense

S'écrit toujours avec une minuscule en espagnol, qu'il s'agisse de l'adjectif ou du nom.

canal

▷ Allons nous promener au bord du canal.
Vayamos a dar un paseo a orillas del canal.

el **canal** (pluriel **los canales**)

canapé

▷ Christelle dormira dans le lit et Julie sur le canapé.
Christelle dormirá en la cama y Julie en el sofá.

(pour dormir) el **sofá** (pluriel **los sofás**)

Remarquez que le mot espagnol porte sur le a un accent écrit qui reflète l'accent tonique.

Le mot espagnol ***canapé*** *existe, mais c'est un nom qui signifie surtout « petit four ».*

canapé-lit

▷ Frédérique dormira dans le lit et Christian dans le canapé-lit.
Frédérique dormirá en la cama y Christian en el sofá cama.

el **sofá cama** (pluriel **los sofás cama**)

ℹ *Remarquez que le mot espagnol porte sur le* ***a*** *un accent écrit qui reflète l'accent tonique.*

canard

▷ J'ai donné du pain aux canards dans le parc.
Les di pan a los patos en el parque.

(= oiseau) el **pato**

cancer

▷ Le cancer est une maladie grave.
El cáncer es una enfermedad grave.

el **cáncer** (pluriel **los canceres**)

ℹ *Remarquez que le mot espagnol porte sur le* ***a*** *un accent écrit qui reflète l'accent tonique.*

Cancer

▷ Il est Cancer.
Es Cáncer.

(signe du zodiaque) **Cáncer**

canette

1 ▷ Tu veux une canette de bière ?
¿Quieres un botellín de cerveza?

1 (= bouteille de bière) el **botellín** (pluriel **los botellines**)

ℹ *Il n'y a pas d'accent écrit au pluriel. L'accent tonique porte sur le* ***i****, comme au singulier.*

2 ▷ L'aluminium des canettes de soda peut être recyclé.
El aluminio de las latas de soda se puede reciclar.

2 (= boîte métallique) la **lata**

canne

1 ▷ Mon grand-père marche avec une canne.
Mi abuelo camina con un bastón.

1 (pour s'appuyer) el **bastón** (pluriel **los bastones**)

ℹ *Il n'y a pas d'accent écrit au pluriel. L'accent tonique porte sur le* ***o****, comme au singulier.*

2 ▷ Laurent m'a prêté sa canne à pêche.
Laurent me ha prestado su caña de pescar.

2 ► **canne à pêche :** la **caña de pescar** (pluriel **las cañas de pescar**)

canon

▷ Il y a des canons anciens dans ce château.
Hay unos cañones antiguos en este castillo.

el **cañón** (pluriel **los cañones**)

ℹ *Il n'y a pas d'accent écrit au pluriel. L'accent tonique porte sur le* ***o****, comme au singulier.*

cantine

▻ La cantine était presque vide aujourd'hui.
Hoy el comedor escolar estaba casi vacío.

(= salle où on mange à l'école) el **comedor escolar** (pluriel los comedores escolares)

ℹ *On peut dire aussi la* ***cantina escolar*** (pluriel las cantinas escolares).

▻ Je mange à la cantine tous les jours.
Como en el colegio todos los días.

► **manger à la cantine :** comer en el colegio

caoutchouc

1 ▻ Le caoutchouc vient d'un arbre.
El caucho procede de un árbol.

1 (= matériau végétal) el **caucho**

2 ▻ Les semelles de ces chaussures sont en caoutchouc.
Las suelas de estos zapatos son de goma.

2 (= matériau artificiel) la **goma**

► **en caoutchouc :** de goma

capable

▻ Elle est capable de tout dire à sa mère.
Es capaz de contárselo todo a su madre.

capaz (pluriel capaces)

ℹ *N'oubliez pas que le* ***z*** *devient* ***c*** *au pluriel.*

capitaine

▻ Qui est le capitaine de votre équipe de foot ?
¿Quién es el capitán de vuestro equipo de fútbol?

el **capitán** (pluriel los capitanes)

ℹ *Il n'y a pas d'accent écrit au pluriel. L'accent tonique porte sur le* ***a****, comme au singulier.*

capitale

▻ Saint-Jacques-de-Compostelle est la capitale de la Galice.
Santiago de Compostela es la capital de Galicia.

la **capital** (pluriel las capitales)

Ne confondez pas ***la capital*** (= la capitale) *et* ***el capital*** (= le capital).

capot

▻ Regarde sous le capot, il y a peut-être un problème.
Mira debajo del capó, quizás haya un problema.

el **capó** (pluriel los capós)

ℹ *Remarquez que le mot espagnol porte sur le* ***o*** *un accent écrit qui reflète l'accent tonique.*

Capricorne

▻ Alice est Capricorne.
Alicia es Capricornio.

(= signe astrologique) **Capricornio**

capuche

▻ Je voudrais une veste avec une capuche.
Quisiera una chaqueta con capucha.

la **capucha**

car NOM

▻ Nous avons pris le car pour aller en voyage scolaire.
Cogimos el autocar para ir de viaje de estudios.

▻ Margot est allée en Italie en car avec sa famille.
Margot fue a Italia en autocar con su familia.

▻ J'ai raté le car de ramassage scolaire.
He perdido el autobús escolar.

(= autobus) el **autocar** (pluriel los autocares)

► **en car :** en autocar

► **car de ramassage scolaire :** el autobús escolar (pluriel los autobuses escolares)

ℹ *Il n'y a pas d'accent écrit au pluriel (**autobuses**). L'accent tonique porte sur le **u**, comme au singulier.*

car CONJONCTION

▻ Je ne l'ai pas attendu car il était très en retard.
No lo he esperado porque tenía mucho retraso.

pues *ou* **porque**

caractère

▻ Mon frère a bon caractère.
Mi hermano tiene buen carácter.

▻ Tu as vraiment mauvais caractère !
¡Tienes muy mal carácter!

► **avoir bon caractère :** tener buen carácter

► **avoir mauvais caractère :** tener mal carácter

ℹ *Remarquez que le mot **carácter** porte sur le deuxième **a** un accent écrit qui reflète l'accent tonique.*

carafe

▻ Une bouteille de vin et une carafe d'eau, s'il vous plaît.
Una botella de vino y una jarra de agua, por favor.

(pour l'eau) la **jarra**

🔈 *Attention à bien prononcer les deux **r** de **jarra**.*

caramel

1 ▻ Il y a du caramel sur le gâteau.
Hay caramelo sobre el pastel.

2 ▻ J'ai mangé tout le paquet de caramels, je ne me sens pas bien !
¡Me he comido el paquete de caramelos de toffee entero, no me siento bien!

1 (= matière) el **caramelo**

2 (= bonbon) el **caramelo de toffee**

carapace

▻ La carapace des tortues est très dure.
La concha de las tortugas es muy dura.

la **concha**

caravane

▷ Ils ont acheté une caravane pour partir en vacances.
Se han comprado una caravana para ir de vacaciones.

la **caravana**

carburant

▷ Le prix du carburant a augmenté.
El precio del carburante ha subido.

el **carburante**

cardiaque

▷ Monsieur López est cardiaque.
El señor López está enfermo del corazón.

► **être cardiaque : estar enfermo** *ou* **enferma del corazón**

ℹ *Remarquez que le mot* ***corazón*** *porte sur le deuxième* ***o*** *un accent écrit qui reflète l'accent tonique.*

caresser

▷ Le chat ronronne quand on le caresse.
El gato ronronea cuando lo acarician.

acariciar

carnaval

▷ Tu vas te déguiser pour le carnaval ?
¿Te vas a disfrazar para carnaval?

► **le carnaval : carnaval**

ℹ *En espagnol, lorsque l'on parle du carnaval en général, on omet l'article. En revanche, l'article est indispensable lorsque l'on parle d'un carnaval en particulier :* ***No sé cómo disfrazarme para el carnaval de Venecia.*** Je ne sais pas comment me déguiser pour le carnaval de Venise.

carnet

1 ▷ J'ai un carnet où j'écris tous les mots espagnols que j'apprends.
Tengo una libreta en la que apunto todas las palabras españolas que aprendo.

1 (pour écrire) la **libreta**

2 ▷ J'ai perdu mon carnet d'adresses !
¡He perdido la agenda de direcciones!

2 ► **carnet d'adresses : la agenda de direcciones** (pluriel **las agendas de direcciones**)

3 ▷ Mes parents n'ont pas encore vu mon carnet de notes.
Mis padres todavía no han visto mi boletín de notas.

3 ► **carnet de notes : el boletín de notas** (pluriel **los boletines de notas**)

ℹ *Il n'y a pas d'accent écrit au pluriel* ***(boletines)****. L'accent tonique porte sur le* ***i****, comme au singulier.*

carotte

▷ Achète un kilo de carottes et un kilo de pommes.
Compra un kilo de zanahorias y un kilo de manzanas.

la zanahoria

carré, carrée

▷ L'écran de l'ordinateur est presque carré.
La pantalla del ordenador es casi cuadrada.
▷ Dessine un carré et un rond.
Dibuja un cuadrado y un círculo.

cuadrado, cuadrada

► un **carré** (= figure géométrique) : un cuadrado

carreau

1 ▷ Il y a des carreaux bleus sur le sol de la cuisine.
Hay baldosas azules en el piso de la cocina.

1 (au sol) la baldosa

ℹ *Les carreaux sur les murs s'appellent azulejos en espagnol.*

2 ▷ Ces carreaux sont tellement sales qu'on ne voit rien !
¡Estos cristales están tan sucios que no se ve nada!

2 (= vitre) el cristal (pluriel los cristales)

3 ▷ Émilie porte un pantalon à carreaux.
Émilie lleva unos pantalones de cuadros.

3 ► **à carreaux** : de cuadros

carrefour

▷ Il y a eu un accident au carrefour.
Hubo un accidente en el cruce.

el cruce

► **au carrefour** : en el cruce

carrelage

▷ Ils vont mettre du carrelage dans la cuisine.
Van a poner azulejos en la cocina.

(au mur) los azulejos

ℹ *Le carrelage sur le sol s'appelle baldosas en espagnol.*
Azulejos et baldosas sont des pluriels : on dit par exemple los azulejos eran caros (le carrelage était cher).

cartable

▷ Le livre est dans mon cartable.
El libro está en mi cartera.

la cartera

ℹ *Attention : la cartera signifie également « le portefeuille ».*

carte

1 ▷ Je vais envoyer une carte à Laura pour son anniversaire.
Le voy a mandar una tarjeta a Laura para su cumpleaños.

1 (de vœux, bancaire) la tarjeta

2 ▷ Vous pouvez jouer aux cartes si vous vous ennuyez.
Podéis jugar a las cartas si os aburrís.

2 (à jouer) la **carta**

ℹ *On peut dire aussi* ***el naipe****.*

3 ▷ Nous sommes perdus, regardons la carte.
Nos hemos perdido, miremos el mapa.

3 (routière, d'une région) el **mapa**

4 ▷ Regarde la carte et choisis ce que tu veux manger.
Mira la carta y elige lo que quieres comer.

4 (dans un restaurant) la **carta**

5 ▷ N'oublie pas d'emporter ta carte d'identité.
Acuérdate de llevarte el carné de identidad.

5 ► **carte d'identité :** el **carné de identidad** (pluriel **los carnés de identidad**)

ℹ *Remarquez que le mot* ***carné*** *porte sur le* ***e*** *un accent écrit qui reflète l'accent tonique.*

6 ▷ J'ai écrit plus de vingt cartes postales aujourd'hui.
Hoy he escrito más de veinte postales.

6 ► **carte postale :** la **postal** (pluriel **las postales**)

7 ▷ Où est-ce que je peux acheter une carte de téléphone ?
¿Dónde puedo comprar una tarjeta telefónica?

7 ► **carte de téléphone :** la **tarjeta telefónica** (pluriel **las tarjetas telefónicas**)

ℹ *Remarquez que le mot* ***telefónica*** *porte sur le* ***o*** *un accent écrit qui reflète l'accent tonique.*

carton

1 ▷ Colle le poster sur ce bout de carton, ce sera plus solide.
Pega el póster a este pedazo de cartón, así será más sólido.
▷ Anaïs a fabriqué un avion en carton.
Anaïs ha fabricado un avión de cartón.

1 (= matériau) el **cartón**

ℹ *Remarquez que le mot espagnol porte sur le* ***o*** *un accent écrit qui reflète l'accent tonique.*

► **en carton : de cartón**

2 ▷ Nous avons tout mis dans des cartons avant le déménagement.
Lo pusimos todo en cajas de cartón antes de la mudanza.

2 (= boîte) la **caja de cartón** (pluriel **las cajas de cartón**)

cartouche

▷ Le chasseur a mis une cartouche dans son fusil.
El cazador puso un cartucho en el fusil.

(= cartouche de fusil, d'encre) el **cartucho**

cas

1 ▷ C'est un cas particulier.
Es un caso particular.

1 (= situation) el **caso**

2 ▷ Prends ton parapluie au cas où il pleuvrait.
Llévate el paraguas por si llueve.

2 ► **au cas où** + conditionnel : **por si** + indicatif

3 ▷ Je ne sais pas ce que vous allez faire, mais moi en tout cas je pars !
¡No sé lo que vais a hacer, pero yo en todo caso me voy!

3 ► **en tout cas** : **en todo caso**

case

▷ J'ai oublié de remplir la dernière case du questionnaire.
Se me olvidó rellenar la última casilla del cuestionario.

(dans un questionnaire, un jeu de société) la **casilla**

casque

1 ▷ Il est idiot, il fait de la moto sans casque !
¡Es tonto, monta en moto sin casco!

1 (pour faire de la moto) el **casco**

2 ▷ Lou aime écouter de la musique avec un casque.
A Lou le gusta escuchar música con cascos.

2 (pour écouter de la musique) los **cascos**

ℹ *Cascos est un nom pluriel : on dit par exemple estos cascos son pesados* (ce casque est lourd).

casquette

▷ Les casquettes de base-ball sont à la mode.
Las gorras de béisbol están de moda.

la **gorra**

🔈 *Attention à bien prononcer les deux **r** de **gorra**.*

cassé, cassée

1 ▷ Le vase est cassé.
El florero está roto.

1 (= brisé) **roto, rota**

2 ▷ J'ai tondu la pelouse, je suis cassé !
He cortado el césped, estoy agotado.

2 (= fatigué) **agotado, agotada**

ℹ *Contrairement au français, **agotado, agotada** n'est pas familier.*

casse-croûte

▷ On a des casse-croûtes pour midi.
Llevamos refrigerios para el almuerzo.

el **refrigerio**

casser

1 ▷ Attention, tu vas casser l'assiette !
¡Cuidado, vas a romper el plato!

1 (= briser) **romper**

2 ▷ Ces verres se cassent facilement.
Estos vasos se rompen fácilmente.

2 ► **se casser** (= se briser) : **romperse**

ℹ *Le pronom réfléchi fonctionne de la façon suivante en espagnol : **se rompe, se rompen**.*

▻ Roxane s'est cassé la jambe en skiant.
Roxane se ha roto la pierna esquiando.

► **se casser la jambe, se casser le bras :** romperse la pierna, romperse el brazo

ℹ *Le pronom réfléchi fonctionne de la façon suivante en espagnol : **me rompo, te rompes, se rompe, nos rompemos, os rompéis, se rompen la pierna.***

casserole

▻ Les oignons ont brûlé dans la casserole.
Las cebollas se han quemado en la cacerola.

la cacerola

cassette

1 ▻ Pendant le cours d'espagnol, ils écoutaient des cassettes.
Durante la clase de español, escuchaban casetes.

1 el *ou* la **casete**

*Attention : à la différence du français, le mot espagnol prend un seul **s** et un seul **t**. Attention aussi au genre : le mot **casete** peut être masculin ou féminin. **Casete** peut désigner aussi le magnétoscope, mais dans ce cas il est masculin.*

ℹ *On peut dire aussi **la cinta**.*

2 ▻ De nos jours, on n'utilise plus de cassettes vidéo pour enregistrer un film.
Hoy en día, ya no se utilizan vídeos para grabar películas.

2 ► **cassette vidéo :** el vídeo

ℹ *Remarquez que le mot espagnol porte sur le **i** un accent écrit qui reflète l'accent tonique.*

cassis

▻ J'adore la confiture de cassis.
Me encanta la mermelada de grosella negra.

la grosella negra

castor

▻ J'ai vu des castors au Canada.
Vi unos castores en Canadá.

el castor (pluriel los castores)

catalogue

▻ Ce modèle de baskets n'est pas encore sur le catalogue.
Este modelo de zapatillas de deporte no está todavía en el catálogo.

el catálogo

ℹ *Remarquez que le mot espagnol porte sur le deuxième **a** un accent écrit qui reflète l'accent tonique.*

▻ Elle achète tous ses vêtements sur catalogue.
Compra toda la ropa por catálogo.

► **sur catalogue :** por catálogo

catastrophe

▻ Quelle catastrophe ! J'ai perdu mes clés !
¡Qué desastre! ¡He perdido mis llaves!

(= problème) el desastre

ℹ *S'il s'agit d'une catastrophe naturelle, d'un incendie ou d'un accident, on dit **la catástrofe**.*

catégorie

▻ Il y a plusieurs catégories de modems.
Hay varias categorías de módems.

la **categoría**

ℹ *Remarquez que le mot espagnol porte sur le **i** un accent écrit qui reflète l'accent tonique.*

cathédrale

▻ La cathédrale de Burgos est magnifique.
La catedral de Burgos es magnífica.

la **catedral** (pluriel las catedrales)

*Attention : à la différence du français, il n'y a pas de **h** dans le mot espagnol.*

catholique

▻ Sa famille est catholique.
Su familia es católica.

católico, católica

cauchemar

▻ J'ai rêvé qu'un monstre me poursuivait : quel cauchemar !
Soñé que me perseguía un monstruo : ¡vaya pesadilla!

la **pesadilla**

▻ J'ai fait un cauchemar horrible la nuit dernière.
Anoche tuve una pesadilla horrible.

► **faire un cauchemar :** tener una pesadilla

cause

1 ▻ Personne ne connaît la cause de l'accident.
Nadie conoce la causa del accidente.

1 (= raison) la **causa**

2 ▻ Ses parents sont fâchés à cause de ses mauvaises notes.
Sus padres están enfadados a causa de sus malas notas.
▻ J'ai raté le bus à cause de Jean.
Perdí el autobús por culpa de Jean.

2 *De façon générale,* à cause de *se traduit en espagnol par **a causa de**, mais quand on veut dire « par la faute de », on utilise **por culpa de**.*

ℹ À cause de moi = ***por culpa mía*** ; à cause de toi = ***por culpa tuya*** ; à cause de lui *ou* d'elle = ***por culpa suya*** ; à cause de nous = ***por culpa nuestra*** ; à cause de vous *(tutoiement)* = ***por culpa vuestra*** ; à cause de vous *(vouvoiement singulier ou pluriel)* = ***por culpa suya*** ; à cause d'eux *ou* d'elles = ***por culpa suya***.

cavalier, cavalière

▻ Tu as vu les cavaliers ?
¿Has visto a los jinetes?

el **jinete**, la **jinete**

cave

▻ Il fait noir dans la cave.
Hace oscuro en el sótano.

(= pièce au sous-sol) el **sótano**

ℹ *Remarquez que le mot espagnol porte sur le premier **o** un accent écrit qui reflète l'accent tonique.*

caverne

▷ Les hommes préhistoriques vivaient dans des cavernes.
Los hombres prehistóricos vivían en cuevas.

la **cueva**

CD

▷ J'ai offert un CD à Juliette pour son anniversaire.
Le regalé un CD a Juliette para su cumpleaños.

el **CD**

ℹ *Comme en français, le mot espagnol* ***CD*** *est invariable* ***(los CD)****.*

CDI

▷ Je vais au CDI chercher un livre sur Madrid.
Voy a la biblioteca a buscar un libro sobre Madrid.

(à l'école) la **biblioteca**

CD-ROM

▷ Ali a une encyclopédie sur CD-ROM, c'est très pratique.
Ali tiene una enciclopedia en CD-ROM, es muy práctico.

el **CD-ROM**

ℹ *Comme en français, le mot espagnol* ***CD-ROM*** *est invariable* ***(los CD-ROM)****.*

ce

1 ▷ Ce n'est pas vrai.
No es verdad.
▷ Ce sont des roses.
Son rosas.
▷ C'est moi !
¡Soy yo!
▷ C'est nous !
¡Somos nosotros!

1 *Quand* ce *ne représente rien de précis, il ne se traduit pas en espagnol.*

Attention : alors qu'en français on emploie c'est *quel que soit le pronom qui suit (*c'est moi, c'est toi, c'est lui*, etc.), en espagnol il faut mettre le verbe* **ser** *à la personne qui correspond :* c'est moi = ***soy yo*** ; c'est toi = ***eres tú*** ; c'est lui = ***es él*** ; c'est elle = ***es ella*** ; c'est nous = ***somos nosotros*** ; c'est vous *(tutoiement)* = ***sois vosotros*** ; c'est vous *(vouvoiement singulier)* = ***es usted*** ; c'est vous *(vouvoiement pluriel)* = ***son ustedes****.*

2 ▷ Je ne sais pas ce que je dois faire.
No sé lo que tengo que hacer.

2 ► **ce que : lo que**

3 ▷ Personne ne comprend ce qui se passe.
Nadie entiende lo que está pasando.

3 ► **ce qui : lo que**

ce, cet, cette

1 ▷ Ce pull est trop petit pour moi.
Este jersey es demasiado pequeño para mí.
▷ Tu veux cette pomme ?
¿Quieres esta manzana?

1 (pour désigner une chose ou une personne proche de celui qui parle)
este, esta

2 ▷ Où as-tu trouvé ce livre ?
¿Dónde encontraste ese libro?
▷ Cette jupe te va très bien.
Esa falda te sienta muy bien.

2 (pour désigner une chose ou une personne proche de celui à qui on parle)
ese, esa

3 ▷ Cette maison au bout de la rue est celle de Cédric.
Aquella casa al final de la calle es la de Cédric.
▷ Tu vois ce cinéma là-bas ?
¿Ves aquel cine?

3 (pour désigner une chose ou une personne éloignée des interlocuteurs)
aquel, aquella

4 ▷ Il va faire froid cette nuit.
Va a hacer frío esta noche.
▷ J'ai eu beaucoup de travail cette semaine.
He tenido mucho trabajo esta semana.

4 *Quand* ce *se rapporte à un moment en cours ou à venir* (cet après-midi, ce soir, cette semaine, *etc.), on utilise* este *ou* esta *en espagnol.*

5 ▷ Je n'ai pas bien dormi cette nuit.
No dormí bien anoche.

5 ► **cette nuit** (= la nuit passée) : anoche

ℹ Cette nuit-là *(dans un passé lointain) se dit* aquella noche.

céder

▷ J'ai essayé de convaincre mes parents, mais ils n'ont pas cédé.
Intenté convencer a mis padres, pero no cedieron.

ceder

ceinture

▷ Mets une ceinture si ton pantalon est trop grand.
Ponte un cinturón si los pantalones te quedan grandes.
▷ Attache ta ceinture de sécurité.
Abróchate el cinturón de seguridad.

el **cinturón** (pluriel los cinturones)

ℹ *Il n'y a pas d'accent écrit au pluriel. L'accent tonique porte sur le* o*, comme au singulier.*

► **ceinture de sécurité :** el cinturón de seguridad (pluriel los cinturones de seguridad)

célèbre

▷ Matisse est un peintre très célèbre.
Matisse es un pintor muy famoso.

famoso, famosa

céleri

▷ Je déteste le céleri.
Odio el apio.

el **apio**

célibataire

▷ Est-ce que ton grand frère est célibataire ?
¿Es tu hermano mayor soltero?

soltero, soltera

celle, celle-ci, celle-là

*Regardez **celui, celui-ci, celui-là**.*

celles, celles-ci, celles-là

*Regardez **ceux, ceux-ci, ceux-là**.*

celui, celle

el, la

▷ Le pull bleu est celui que je préfère.
El jersey azul es el que prefiero.
▷ Cette fille est celle qui m'a insulté.
Esa chica es la que me insultó.
▷ Cette télé n'est pas mal, mais celle que j'ai vue hier est encore mieux.
Esta tele no está mal, pero la que ví ayer es aún mejor.

celui-ci, celle-ci

éste, ésta

ℹ *En principe, les pronoms démonstratifs espagnols (**éste, ésta, éstos, éstas**, etc.) s'écrivent avec un accent pour les distinguer des adjectifs (**este, esta, estos, estas**, etc.), mais cet usage a actuellement tendance à disparaître.*

▷ Quel stylo veux-tu ? – Celui-ci.
¿Qué boligrafo quieres? – Éste.
▷ Ce T-shirt n'est pas mal, mais je préfère celui-ci.
Esa camiseta no está mal, pero prefiero ésta.

celui-là, celle-là

1 (pour désigner une chose ou une personne assez éloignée) **ése, ésa**

▷ Je n'aime pas cette couleur. – Et celle-là ?
No me gusta este color. – ¿Y ése?

2 (pour désigner une chose ou une personne plus éloignée) **aquél, aquélla**

ℹ *En principe, les pronoms démonstratifs espagnols (**ése, ésa, aquél, aquélla**, etc.) s'écrivent avec un accent pour les distinguer des adjectifs (**ese, esa, aquel, aquella**, etc.), mais cet usage a actuellement tendance à disparaître.*

▷ Je voudrais celle-là là-bas.
Quisiera aquélla.

cendre

la **ceniza**

▷ La cheminée est pleine de cendres.
La chimenea está llena de cenizas.

cent

cien

▷ J'ai cent euros.
Tengo cien euros.

▷ Ça vaut cent trente euros.
Cuesta ciento treinta euros.
▷ Il y a cent mille habitants dans la ville.
Hay cien mil habitantes en la ciudad.

Attention, au-delà de cent, ***cien*** *devient* ***ciento (ciento uno, ciento dos...)*** *sauf s'il est placé devant le chiffre* ***mil*** *(« mille »).*

▷ Il y a sept cent vingt élèves au lycée.
Hay setecientos veinte alumnos en el colegio.
▷ Ils ont invité deux cents personnes au mariage.
Han invitado a doscientas personas para la boda.

Dans les multiples (deux cents, trois cents, etc.), ***ciento*** *devient* ***cientos*** *(masculin) ou* ***cientas*** *(féminin) et se colle derrière l'autre chiffre :* ***doscientos, doscientas, trescientos, trescientas****, etc.*

▷ Les prix ont augmenté de trois pour cent.
Los precios han aumentado en un tres por ciento.

► **pour cent :** por ciento

centaine

el **centenar** (pluriel los centenares)

▷ Il y avait une centaine d'enfants à la piscine.
Había un centenar de niños en la piscina.
▷ Ahmed a des centaines de BD.
Ahmed tiene centenares de cómics.

ℹ *On peut dire aussi* ***la centena****.*

centime

el **céntimo**

▷ Tu peux me prêter vingt centimes ?
¿Me puedes prestar veinte céntimos?

ℹ *Remarquez que le mot espagnol porte sur le* ***e*** *un accent écrit qui reflète l'accent tonique.*

centimètre

el **centímetro**

▷ La photo mesure dix centimètres sur quinze centimètres.
La foto mide diez centímetros por quince centímetros.

ℹ *Remarquez que le mot espagnol porte sur le* ***i*** *un accent écrit qui reflète l'accent tonique.*

centre

el **centro**

▷ La table est au centre de la cuisine.
La mesa está en el centro de la cocina.
▷ Ils construisent un centre commercial près de la gare.
Están construyendo un centro comercial cerca de la estación.

► **centre commercial :** el centro comercial (pluriel los centros comerciales)

centre-ville

el **centro**

▷ Le centre-ville est plein de rues piétonnes.
En el centro hay muchas calles peatonales.

ℹ *Si on ne parle pas d'une ville en particulier, on dit* ***centro urbano****. Par exemple :* le gouvernement veut réduire la circulation dans les centres-villes = ***el gobierno quiere reducir el tráfico en los centros urbanos****.*

▷ Raïssa habite au centre-ville.
Raïssa vive en el centro.

► **au centre-ville** (= dans le centre) : en el centro

▻ Je vais au centre-ville avec mes copines.
Voy al centro con mis amigas.

► **au centre-ville** (= vers le centre) : al centro

cercle

▻ Fais un cercle avec ton compas.
Haz un círculo con el compás.

el círculo

ℹ *Remarquez que le mot espagnol porte sur le i un accent écrit qui reflète l'accent tonique.*

céréales

▻ Margot et Lionel mangent des céréales tous les matins.
Margot y Lionel comen cereales todas las mañanas.

los cereales

⚠ *Attention : contrairement au français, le mot espagnol est masculin.*

cerf

▻ Nous avons vu des cerfs dans la forêt.
Vimos unos ciervos en el bosque.

el ciervo

cerf-volant

▻ Florian veut un cerf-volant pour son anniversaire.
Florian quiere una cometa para su cumpleaños.

la cometa

▻ Mon cousin aime jouer au cerf-volant sur la colline.
A mi primo le gusta volar una cometa en la colina.

► **jouer au cerf-volant :** volar una cometa

ℹ *Le mot français* comète *se traduit* cometa*, mais dans ce cas* cometa *est masculin.*

cerise

▻ Ce que je préfère dans ce gâteau, c'est la cerise sur le dessus !
¡Lo que prefiero en este pastel es la cereza que hay encima!

la cereza

certain, certaine

1 ▻ Tu es certain que ton vélo a été volé ?
¿Estás seguro de que te han robado la bici?

1 (= sûr) seguro, segura

⚠ *Attention à la préposition :* être certain que = *estar seguro de que.*

2 ▻ Certains élèves n'aiment pas la directrice.
A algunos alumnos no les gusta la directora.

2 ► **certains, certaines** (= quelques) : ciertos, ciertas

certainement

▻ Charlotte ira certainement à la fête de Cyril.
Charlotte irá probablemente a la fiesta de Cyril.

(= probablement) probablemente

certificat

▷ J'ai besoin d'un certificat pour l'école.
Necesito un certificado para la escuela.

el **certificado**

cerveau

▷ Nous avons regardé une émission sur le cerveau humain.
Vimos un programa sobre el cerebro humano.

el **cerebro**

ces

1 ▷ Regarde ces photos : elles sont bien, non ?
Mira estas fotos: están bien, ¿no?

1 (pour désigner des choses ou des personnes proches de celui qui parle) **estos, estas**

2 ▷ Donne-moi ces cahiers, s'il te plaît.
Dame esos cuadernos, por favor.

2 (pour désigner des choses ou des personnes proches de celui à qui on parle) **esos, esas**

3 ▷ Tu vois ces garçons là-bas ?
¿Ves a aquellos chicos?

3 (pour désigner des choses ou des personnes éloignées des interlocuteurs) **aquellos, aquellas**

c'est-à-dire

▷ Ma famille, c'est-à-dire mes parents et mes grands-parents.
Mi familia, es decir mis padres y mis abuelos.

(pour donner une explication) **es decir**

ℹ *On peut dire aussi **o sea**.*

cet, cette

*Regardez le mot **ce**.*

ceux, celles

▷ Les chaussettes bleues sont celles que je préfère.
Los calcetines azules son los que prefiero.
▷ Ces garçons sont ceux qui m'ont insulté.
Esos chicos son los que me insultaron.
▷ Ces baskets ne sont pas mal, mais celles que j'ai vues hier me plaisent plus.
Estas zapatillas de deporte no están mal, pero me gustan más las que vi ayer.

los, las

ceux-ci, celles-ci

▷ Je n'aime pas ces verres-là, ceux-ci sont plus jolis.
No me gustan esos vasos, éstos son más bonitos.
▷ Ces lunettes ne sont pas mal, mais je préfère celles-ci.
Esas gafas no están mal, pero prefiero éstas.

éstos, éstas

ℹ *En principe, les pronoms démonstratifs espagnols (**éste, ésta, éstos, éstas**, etc.) s'écrivent avec un accent pour les distinguer des adjectifs (**este, esta, estos, estas**, etc.), mais cet usage a actuellement tendance à disparaître.*

ceux-là, celles-là

1 ▷ Je n'aime pas ces tennis. – Et celles-là ?
No me gustan estas zapatillas de deporte. – ¿Y ésas?

2 ▷ Je voudrais ceux-là là-bas.
Quisiera aquéllos.

1 (pour désigner des choses ou des personnes assez éloignées) **ésos, ésas**

2 (pour désigner des choses ou des personnes plus éloignées) **aquéllos, aquéllas**

ℹ *En principe, les pronoms démonstratifs espagnols (**ésos, ésas, aquéllos, aquéllas**, etc.) s'écrivent avec un accent pour les distinguer des adjectifs (**esos, esas, aquellos, aquellas**, etc.), mais cet usage a actuellement tendance à disparaître.*

chacun, chacune

▷ Nous avons dix euros chacun.
Tenemos diez euros cada uno.
▷ Chacun doit apporter quelque chose à boire.
Cada uno tiene que traer algo para beber.

cada uno, cada una

chagrin

▷ Angélique a du chagrin parce que son chat est mort.
Angélique está triste porque ha muerto su gato.

► **avoir du chagrin : estar triste**

chaîne

1 ▷ Quelle jolie chaîne ! Elle est en or ?
¡Qué cadena más bonita! ¿Es de oro?
▷ Est-ce qu'il y a un film sur une autre chaîne ?
¿Hay una película en otra cadena?

2 ▷ Les parents de Marie lui ont offert une super chaîne.
Sus padres le regalaron a Marie un equipo de música fantástico.

1 (= bijou, chaîne de télévision) la **cadena**

2 (pour écouter de la musique) el **equipo de música** (pluriel los **equipos de música**)

ℹ *Remarquez que le mot **música** porte sur le **u** un accent écrit qui reflète l'accent tonique.*

chaise

▷ Assieds-toi sur cette chaise.
Siéntate en esta silla.
▷ J'ai passé la journée à lire dans une chaise longue.
Me pasé el día leyendo en una tumbona.

la **silla**

► **chaise longue :** la **tumbona**

chalet

▷ Tous les hivers, nous louons un chalet dans les Vosges.
Cada invierno alquilamos un chalé en los Vosges.

el **chalé** (pluriel los chalés)

ℹ *Remarquez que le mot espagnol porte sur le **e** un accent écrit qui reflète l'accent tonique.*

chaleur

▷ Cette chaleur est vraiment insupportable !
¡Este calor es realmente insoportable!

el **calor**

chaleureux, chaleureuse

▷ L'accueil a été très chaleureux.
La acogida fue muy calurosa.

caluroso, calurosa

chambre

▷ Toi, tu dormiras dans cette chambre.
Tú dormirás en esta habitación.

(chez soi ou à l'hôtel) la **habitación** (pluriel las habitaciones)

ℹ *Il n'y a pas d'accent écrit au pluriel. L'accent tonique porte sur le **o**, comme au singulier.*

ℹ *On peut dire aussi **el cuarto**.*

▷ J'ai dormi dans la chambre d'amis.
Dormí en la habitación de invitados.

► **chambre d'amis :** la **habitación de invitados** (pluriel las habitaciones de invitados)

ℹ *On peut dire aussi **el cuarto de invitados**.*

chameau

▷ Les chameaux ont deux bosses.
Los camellos tienen dos jorobas.

el **camello**

champ

▷ Je me suis promenée dans les champs avec Grégoire.
Paseé por los campos con Grégoire.

el **campo**

champagne

▷ On a ouvert une bouteille de champagne pour mon anniversaire.
Abrimos una botella de champán para mi cumpleaños.

el **champán**

ℹ *Remarquez que le mot espagnol porte sur le deuxième **a** un accent écrit qui reflète l'accent tonique.*

champignon

1 ▷ Coupe ces champignons, on va faire une omelette.
Corta estas setas, vamos a hacer una tortilla.

1 la **seta**

2 ▷ Il y a du poulet et des champignons de Paris pour le déjeuner.
Hay pollo con champiñones para la comida.

2 ► **champignon de Paris :** el **champiñón** (pluriel **los champiñones**)

*Il n'y a pas d'accent écrit au pluriel. L'accent tonique porte sur le **o**, comme au singulier.*

champion, championne

▷ Muhammad Ali était un grand champion.
Muhammad Ali era un gran campeón.
▷ Qui est la championne du monde ?
¿Quién es la campeona del mundo?

el **campeón** (pluriel **los campeones**), la **campeona**

*Il n'y a pas d'accent écrit au pluriel ni au féminin. L'accent tonique porte sur le **o**, comme au singulier.*

championnat

▷ Cette année notre équipe ne participe pas au championnat.
Este año nuestro equipo no participa en el campeonato.

el **campeonato**

chance

1 ▷ Tu vas à Séville ? Quelle chance tu as !
¿Vas a Sevilla? ¡Qué suerte tienes!
▷ Bonne chance pour ton examen !
¡Suerte para el examen!

1 ► **avoir de la chance :** **tener suerte**
► **bonne chance ! :** **¡suerte!**

2 ▷ Paola a des chances de gagner.
Paola tiene probabilidades de ganar.

2 ► **avoir des chances de +** infinitif : **tener probabilidades de +** infinitif

changement

▷ Je vois qu'il y a eu des changements ici.
Veo que ha habido cambios aquí.

(= modification) el **cambio**

changer

▷ Tu devrais changer le titre de ta rédaction.
Deberías cambiar el título de tu redacción.
▷ Je voudrais changer cent euros en dollars.
Quisiera cambiar cien euros en dólares.
▷ Tu n'as pas changé !
¡No has cambiado!
▷ Tu veux changer de compartiment ?
¿Quieres cambiar de compartimento?
▷ Va te changer, tu es trempé !
¡Ve a cambiarte, estás empapado!

cambiar

► **changer de :** **cambiar de**

► **se changer** (= changer de vêtements) : **cambiarse**

*Le pronom réfléchi fonctionne de la façon suivante en espagnol : **me cambio, te cambias, se cambia, nos cambiamos, os cambiáis, se cambian.***

chanson

▷ Chante-nous une chanson !
¡Cántanos una canción!

la **canción** (pluriel **las canciones**)
ℹ *Il n'y a pas d'accent écrit au pluriel. L'accent tonique porte sur le o, comme au singulier.*

chant

▷ Momo prend des cours de chant.
Momo estudia canto.

el **canto**

chantage

▷ C'est du chantage affectif.
Esto es chantaje afectivo.

▷ Ils ont fait du chantage pour obtenir le document.
Hicieron chantaje para obtener el documento.

el **chantaje**

► **faire du chantage :** hacer chantaje

chanter

▷ Chante-nous quelque chose !
¡Cántanos algo!

▷ Le coq chante tous les matins à cinq heures.
El gallo canta todas las mañanas a las cinco.

cantar

chanteur, chanteuse

▷ Qui est ton chanteur préféré ?
¿Quién es tu cantante preferido?

el **cantante**, la **cantante**

chapeau

1 ▷ Elle porte un chapeau quand il fait froid.
Lleva un sombrero cuando hace frío.

1 (que l'on porte sur la tête) el **sombrero**

2 ▷ Chapeau ! Ce que tu as fait était formidable !
¡Bravo! ¡Lo que hiciste fue estupendo!

2 (pour féliciter quelqu'un) **¡bravo !**

chapiteau

▷ Le cirque a monté son chapiteau sur la place.
El circo ha instalado la carpa en la plaza.

la **carpa**

chapitre

▷ Le premier chapitre du livre n'est pas très intéressant.
El primer capítulo del libro no es muy interesante.

el **capítulo**
ℹ *Remarquez que le mot espagnol porte sur le i un accent écrit qui reflète l'accent tonique.*

chaque

▷ Nous allons en vacances en Espagne chaque année.
Vamos de vacaciones a España cada año.

cada

charcuterie

1 ▷ Il y a une charcuterie près d'ici.
Hay una charcutería cerca de aquí.

1 (= magasin) la **charcutería**

ℹ *Remarquez que le mot espagnol porte sur le i un accent écrit qui reflète l'accent tonique.*

2 ▷ J'ai commandé une assiette de charcuterie.
Pedí un plato de embutidos.

2 (= produits) los **embutidos**

ℹ *Embutidos est un nom pluriel : on dit par exemple estos embutidos son buenísimos* (cette charcuterie est très bonne).

charcutier, charcutière

▷ Demande un kilo de saucisses au charcutier.
Pídele un kilo de salchichas al charcutero.

el **charcutero**, la **charcutera**

chardon

▷ Le chardon est l'emblème de l'Écosse.
El cardo es el emblema de Escocia.

el **cardo**

chargement

▷ Un camion a renversé son chargement sur la route.
Un camión volcó su carga en la carretera.

(= marchandises) la **carga**

charger

1 ▷ Chargez la voiture, c'est l'heure de partir.
Cargad el coche, ya es hora de salir.

1 (= mettre un poids sur ou dans quelque chose) **cargar**

2 ▷ Noémie m'a chargé de téléphoner à Louis.
Noémie me encargó que llamara a Louis.
▷ Je te charge de lui parler de la fête.
Te encargo que le hables de la fiesta.

2 ► **charger** quelqu'un **de** faire quelque chose : **encargar a** alguien **que** + subjonctif

Attention à la concordance des temps : quand encargar est au présent, le verbe de la subordonnée est au présent du subjonctif (te encargo que le hables de la fiesta), mais quand encargar est au passé, le verbe de la subordonnée doit être à l'imparfait du subjonctif (me encargó que llamara a Louis).

chargeur

▷ J'ai perdu mon chargeur de téléphone.
He perdido el cargador del teléfono.

el **cargador** (pluriel los **cargadores**)

chariot

▷ Prends un chariot, on a beaucoup de courses à faire.
Toma un carrito, tenemos mucho que comprar.

el **carrito**

▷ Où sont les chariots à bagages dans cet aéroport ?
¿Dónde están los carritos para el equipaje en este aeropuerto?

► **chariot à bagages :** el carrito para el equipaje (pluriel los carritos para el equipaje)

*Attention à bien prononcer les deux **r** de **carrito**.*

charmant, charmante

▷ La prof est vraiment charmante.
La profesora es realmente encantadora.

encantadoro, encantadora

charme

▷ Je trouve que Loïc a beaucoup de charme.
A mí me parece que Loïc tiene mucho encanto.

► **avoir du charme :** tener encanto

chasse

1 ▷ Les Verts sont contre la chasse.
Los ecologistas están en contra de la caza.

1 (= le fait de tuer des animaux) la caza

*Ne pas confondre **caza** avec **casa** (« maison »).*

▷ Le père d'Estelle va à la chasse tous les dimanches.
El padre de Estelle va de caza todos los domingos.

► **aller à la chasse :** ir de caza

2 ▷ J'ai tiré la chasse.
Tiré de la cadena.

2 ► **tirer la chasse :** tirar de la cadena

chasser

1 ▷ En Angleterre, ils chassent les renards avec des chiens.
En Inglaterra, cazan los zorros con perros.

1 (= tuer des animaux) cazar

2 ▷ La boulangère a chassé Olivier et Charles du magasin.
La panadera echó a Olivier y a Charles de la tienda.

2 (= expulser) echar

*Si le complément est une personne, un groupe de personnes ou un animal domestique, n'oubliez pas de le faire précéder de **a**.*

chasseur

▷ Nous avons rencontré un groupe de chasseurs dans la forêt.
Nos encontramos con un grupo de cazadores en el bosque.

el cazador (pluriel los cazadores)

chat

▷ Ma grand-mère a quatre chats.
Mi abuela tiene cuatro gatos.

el gato

châtaigne

▷ J'ai ramassé des châtaignes avec Madeleine.
Recogí castañas con Madeleine.

la **castaña**

ℹ *Notez la traduction de* **ramasser des châtaignes** : *recoger castañas.*

châtain

▷ Guillaume a les cheveux châtain *ou* Guillaume est châtain.
Guillaume tiene el pelo castaño.

(cheveux) **castaño**

► **être châtain** (en parlant d'une personne) : tener el pelo castaño

château

▷ Nous sommes allés au château de Blois en voyage scolaire.
Fuimos de viaje de estudios al castillo de Blois.

el **castillo**

Attention : on dit ***el palacio de Versalles*** (le château de Versailles).

chaton

▷ Caro m'a donné un chaton.
Caro me dió un gatito.

el **gatito**, la **gatita**

chatouiller

▷ J'aime bien chatouiller mon petit frère.
Me gusta hacerle cosquillas a mi hermanito.

► **chatouiller** quelqu'un : hacer cosquillas a alguien

chaud, chaude

1 ▷ Cette soupe est trop chaude !
¡Esta sopa está demasiado caliente!

2 ▷ J'ai chaud, j'enlève ma veste.
Tengo calor, me quito la chaqueta.

3 ▷ Le climat de ce pays est sec et chaud.
El clima de ese país es seco y caluroso.

▷ Il fait trop chaud, ouvre la fenêtre.
Hace demasiado calor, abre la ventana.

1 (en parlant de nourriture, d'objet) **caliente**

2 ► **avoir chaud** : tener calor

3 (en parlant du climat) **caluroso, calurosa**

► **il fait chaud** : hace calor

chauffage

▷ Le chauffage ne marche pas dans notre maison.
La calefacción no funciona en nuestra casa.

▷ Est-ce que vous avez le chauffage central ?
¿Tenéis calefacción central?

la **calefacción**

ℹ *Remarquez que le mot espagnol porte sur le o un accent écrit qui reflète l'accent tonique.*

► **chauffage central** : calefacción central

chauffer

▷ On va faire un feu pour chauffer la pièce.
Vamos a encender un fuego para calentar el cuarto.

▷ Fais chauffer de la soupe.
Calienta la sopa.

▷ Viens te chauffer au soleil.
Ven a calentarte al sol.

(= rendre chaud) **calentar**

► **faire chauffer** (en parlant d'un aliment) : **calentar**

► **se chauffer** (= se réchauffer) : **calentarse**

ℹ *Le pronom réfléchi fonctionne de la façon suivante en espagnol :* ***me caliento, te calientas, se calienta, nos calentamos, os calentáis, se calientan.***

chauffeur

1 ▷ Demande au chauffeur à quelle heure on arrive à Roubaix.
Pregúntale al conductor a qué hora llegamos a Roubaix.

1 (de voiture, d'autobus) el **conductor** (pluriel **los conductores**)

2 ▷ Les chauffeurs de camion sont en grève.
Los camioneros están en huelga.

2 ► **chauffeur de camion :** el **camionero**

3 ▷ Le frère de Hakim est chauffeur de taxi.
El hermano de Hakim es taxista.

3 ► **chauffeur de taxi :** el **taxista**

chausser

▷ Je chausse du 37.
Calzo un 37.

▷ Tu chausses du combien ?
¿Qué número calzas?

► **chausser du... : calzar un...**

ℹ *Notez bien la forme de la question en espagnol.* ***Número*** *dans ce cas signifie « pointure ».*

chaussette

▷ Rémi porte souvent des chaussettes roses.
Rémi lleva a menudo calcetines rosas.

el **calcetín** (pluriel **los calcetines**)

ℹ *Il n'y a pas d'accent écrit au pluriel. L'accent tonique porte sur le* ***i****, comme au singulier.*

chausson

1 ▷ À la maison, je porte toujours mes chaussons.
En casa, siempre llevo zapatillas.

1 (= chaussure d'intérieur) la **zapatilla**

2 ▷ Deux croissants et deux chaussons aux pommes, s'il vous plaît.
Dos cruasanes y dos pastelillos de manzana, por favor.

2 ► **chausson aux pommes :** el **pastelillo de manzana** (pluriel **los pastelillos de manzana**)

ℹ *Il n'y a pas de traduction exacte de* **chausson aux pommes** *car ces pâtisseries n'existent pas en Espagne.* ***Pastelillo*** *signifie simplement « petit gâteau ».*

chaussure

▷ Latifa a au moins dix paires de chaussures.
Latifa tiene por lo menos diez pares de zapatos.

el **zapato**

▷ J'emporte mes chaussures de montagne pour les vacances.
Me llevo las botas de montaña para las vacaciones.

► **chaussures de montagne :** las botas de montaña

▷ Tu peux louer des chaussures de ski à la station.
Puedes alquilar botas de esquiar en la estación.

► **chaussures de ski :** las botas de esquiar

chauve

▷ Le père de Pepe est déjà chauve.
El padre de Pepe ya es calvo.

calvo, calva

chauve-souris

▷ Les chauves-souris sortent la nuit.
Los murciélagos salen por la noche.

el **murciélago**

ℹ *Remarquez que le mot espagnol porte sur le* **e** *un accent écrit qui reflète l'accent tonique.*

chef

1 ▷ Qui est le chef ici ?
¿Quién es el jefe aquí?

1 (= celui ou celle qui commande) el **jefe**, la **jefa**

2 ▷ Julien est chef de classe.
Julien es delegado de clase.

2 ► **chef de classe :** el delegado de clase, la delegada de clase

3 ▷ Le chef d'orchestre n'est pas content !
¡El director de orquesta no está contento!

3 ► **chef d'orchestre :** el director de orquesta (pluriel los directores de orquesta), la directora de orquesta (pluriel las directoras de orquesta)

chef-d'œuvre

▷ Je trouve que ce film est un chef-d'œuvre.
Me parece que esta película es una obra maestra.

la **obra maestra** (pluriel las obras maestras)

chemin

1 ▷ Prenez le chemin à gauche après l'église.
Coja el camino a la izquierda después de la iglesia.

1 (= sentier) el **camino**

2 ▷ Des touristes m'ont demandé le chemin de la plage.
Unos turistas me preguntaron cómo se iba a la playa.

2 ► **demander le chemin de... :** preguntar cómo se va a

▷ Je vais vous montrer le chemin.
Le voy a indicar el camino.

► **montrer le chemin à** quelqu'un **:** indicarle el camino a alguien

3 ▷ On s'est arrêtés en chemin pour acheter des bonbons.
Nos paramos en el camino para comprar caramelos.

3 ► **en chemin :** en el camino

cheminée

▷ Assieds-toi près de la cheminée.
Siéntate cerca de la chimenea.

la **chimenea**
Attention à l'orthographe du mot ***chimenea*** *: le* ***e*** *et le* ***i*** *sont inversés par rapport au français.*

chemise

1 ▷ Le prof d'espagnol porte souvent une chemise à carreaux.
El profesor de español lleva a menudo una camisa de cuadros.

1 (= vêtement) la **camisa**

2 ▷ J'ai mis toutes les photocopies dans une chemise.
Puse todas las fotocopias en una carpeta.

2 (= dossier) la **carpeta**

3 ▷ Cette chemise de nuit est trop épaisse.
Este camisón es demasiado grueso.

3 ► **chemise de nuit :** el **camisón** (pluriel los camisones)
Il n'y a pas d'accent écrit au pluriel. L'accent tonique porte sur le ***o****, comme au singulier.*

chemisier

▷ Quelqu'un a vu mon chemisier bleu ?
¿Alguien ha visto mi blusa azul?

la **blusa**

chêne

▷ Il y a un très vieux chêne dans le parc.
Hay un roble muy viejo en el parque.
▷ Cette table est en chêne.
Esta mesa es de roble.

el **roble**

► **en chêne :** de roble

chenille

▷ Regarde, il y a une petite chenille dans la laitue !
¡Mira, hay una pequeña oruga en la lechuga!

la **oruga**

chèque

▷ Est-ce que vous acceptez les chèques ?
¿Aceptan los cheques?
▷ Renaud m'a fait un chèque de cinquante euros.
Renaud me hizo un cheque de cincuenta euros.

el **cheque**

chéquier

▻ Alice cherche son chéquier partout.
Alice está buscando el talonario de cheques por todas partes.

el **talonario de cheques** (pluriel los talonarios de cheques)

ℹ *On peut dire aussi* ***la chequera.***

cher, chère

1 ▻ À cause de la grêle, les fruits sont très chers.
A causa del granizo, la fruta está muy cara.

1 (= qui coûte beaucoup d'argent)
caro, cara

ℹ *Notez l'emploi de* ***estar*** *dans l'exemple ci-contre, car on parle d'un cas précis dans un endroit ou à un moment précis. En revanche, si on parlait de quelque chose qui est toujours cher, on utiliserait* ***ser : el champán es caro*** (le champagne est cher).

2 ▻ Je me suis acheté un pull pas cher.
Me compré un jersey barato.

2 ► **pas cher, pas chère :** barato, barata

3 ▻ Ça coûte cher d'aller au Mexique.
Es caro ir a México.

3 ► **coûter cher :** ser caro

4 ▻ Chère Barbara,...
Querida Barbara,...

4 (pour commencer une lettre)
querido, querida

chercher

1 ▻ Je cherche mon stylo.
Estoy buscando mi boli.
▻ Qui cherches-tu ?
¿A quién estás buscando?

1 (= essayer de trouver) **buscar**

Si le complément est une personne, un groupe de personnes ou un animal domestique, n'oubliez pas de le faire précéder de ***a.***

2 ▻ Nous irons chercher Paul à l'aéroport.
Iremos a buscar a Paul al aeropuerto.
▻ Ma mère vient me chercher à l'école tous les soirs.
Mi madre me viene a buscar al colegio todas las tardes.

2 ► **aller chercher :** ir a buscar

► **venir chercher :** venir a buscar

Si le complément est une personne, un groupe de personnes ou un animal domestique, n'oubliez pas de le faire précéder de ***a.***
Attention : il y a une préposition ***(a)*** *entre* ***ir*** *ou* ***venir*** *et* ***buscar.***

3 ▻ Alexandre a cherché à m'attraper mais je me suis échappé.
Alexandre procuró pillarme pero me escapé.

3 ► **chercher à** faire quelque chose : procurar hacer algo

Attention : il n'y a pas de préposition entre ***procurar*** *et* ***hacer.***

cheval

▻ Il y a des chevaux dans ce champ.
Hay caballos en ese campo.

el **caballo**

▷ Claire fait du cheval le dimanche.
Claire monta a caballo los domingos.

► **faire du cheval :** montar a caballo

cheveu

▷ Il y a un cheveu dans ma soupe !
¡Hay un pelo en mi sopa!
Gilda a les cheveux courts.
Gilda tiene el pelo corto.

el pelo

ℹ *On peut utiliser aussi* ***el cabello****, qui est cependant moins fréquent.*
Cheveu *et* cheveux *ont la même traduction :* ***pelo*** *ou* ***cabello****. Quand on parle des* cheveux, *on emploie* ***pelo*** *ou* ***cabello*** *au singulier. On dira par exemple :* ***tiene el pelo muy largo*** (il a de très longs cheveux).

cheville

▷ Rodolphe s'est cassé la cheville.
Rodolphe se rompió el tobillo.

el tobillo

chèvre

▷ Le fermier a plusieurs chèvres.
El granjero tiene varias cabras.

la cabra

chewing-gum

▷ Tu veux un chewing-gum ?
¿Quieres un chicle?

el chicle

chez

1 ▷ Chez moi nous n'avons pas de télé.
En casa no tenemos tele.

1 ► **chez moi, chez toi, chez lui, chez elle, chez nous, chez vous, chez eux, chez elles** (= dans sa propre maison) : en casa

2 ▷ Tu veux rentrer chez toi ?
¿Quieres volver a casa?

2 ► **chez moi, chez toi, chez lui, chez elle, chez nous, chez vous, chez eux, chez elles** (= vers sa propre maison) : a casa

3 ▷ Je vais manger chez Clarisse ce soir.
Voy a comer en casa de Clarisse esta tarde.

▷ Pour aller chez David, tourne à gauche avant le garage.
Para ir a casa de David, gira a la izquierda antes del garaje.
▷ Je préférerais jouer chez toi.
Preferiría jugar en tu casa.
▷ Je viendrai chez toi vers trois heures.
Iré a tu casa a eso de las tres.

3 ► **chez** + nom de personne (= dans sa maison) : en casa de + nom de personne
► **chez** + nom de personne (= vers sa maison) : a casa de + nom de personne

ℹ *Quand il s'agit de la maison de quelqu'un d'autre et que cette personne est désignée par un pronom personnel* (moi, toi, etc.)*, on emploie en espagnol* ***en mi casa, en tu casa, en su casa, en nuestra casa, en vuestra casa****.Quand* chez *suit un verbe qui exprime le mouvement, comme* venir, aller *ou* rentrer*, on emploie* ***a mi casa, a tu casa****, etc.*

4 ▷ Bénédicte est chez le coiffeur.
Bénédicte está en la peluquería.
▷ Anaïs doit aller chez le médecin.
Anaïs tiene que ir al médico.

4 Pour parler d'un magasin, du médecin, du dentiste, on emploie ***en*** *s'il n'y a pas mouvement et* ***a*** *s'il y a mouvement.*

chic

▷ Tu es très chic aujourd'hui, tu vas à une soirée ?
Estás muy elegante hoy, ¿vas a una fiesta?

(= élégant) el**egante**

chien

▷ Le chien de Baptiste boite.
El perro de Baptiste cojea.

el **perro**

Attention à bien prononcer les deux ***r*** *de* ***perro****.*

chiffon

▷ Donne-moi un chiffon, je vais nettoyer la table.
Dame un trapo, que voy a limpiar la mesa.

el **trapo**

chiffre

▷ Pense à un chiffre entre un et neuf.
Piensa en una cifra entre uno y nueve.

la **cifra**

chignon

▷ Mon chignon s'est défait.
Se me ha deshecho el moño.

el **moño**

Chili

▷ La capitale du Chili est Santiago.
La capital de Chile es Santiago.
▷ Je vais au Chili.
Voy en Chile.
▷ Ma mère est allée au Chili pour son travail.
Mi madre ha ido a Chile para el trabajo.

Chile

Ne prend généralement pas d'article.

► **au Chili** (= dans le pays) : en Chile

► **au Chili** (= vers le pays) : a Chile

chilien, chilienne

▷ Pablo Neruda est un poète chilien.
Pablo Neruda es un poeta chileno.
▷ Je connais plusieurs Chiliens.
Conozco a varios chilenos.

chileno, chilena

S'écrit toujours avec une minuscule en espagnol, qu'il s'agisse de l'adjectif ou du nom.

chimie

▷ La chimie est ma matière préférée.
La química es mi asignatura preferida.

la **química**

Remarquez que le mot espagnol porte sur le premier ***i*** *un accent écrit qui reflète l'accent tonique.*

Chine

▷ La Chine est un pays communiste.
China es un país comunista.
▷ Nous avons passé trois semaines en Chine.
Pasamos tres semanas en China.

China

Ne prend généralement pas d'article.

► **en Chine** (= dans le pays) : en China

▷ Si je vais en Chine, j'aimerais avoir un interprète.
Si voy a China, me gustaría tener un intérprete.

► **en Chine** (= vers le pays) : a China

chinois, chinoise

▷ Il y a un bon restaurant chinois dans cette rue.
Hay un buen restaurante chino en esta calle.
▷ Une Chinoise nous a accueillis.
Nos acogió una china.
▷ Les Chinois mangent beaucoup de riz.
Los chinos comen mucho arroz.

chino, china

ℹ *S'écrit toujours avec une minuscule en espagnol, qu'il s'agisse de l'adjectif ou du nom.*

chips

▷ Un paquet de chips, s'il vous plaît.
Una bolsa de patatas fritas, por favor.

las patatas fritas

ℹ ***Las patatas fritas** signifie également « les frites ».*

chirurgie

▷ Il veut se spécialiser en chirurgie.
Quiere especializarse en cirugía.

la cirugía

chirurgien, chirurgienne

▷ Le chirurgien a dit que je devais me reposer.
El cirujano me dijo que tenía que descansar.

el cirujano, la cirujana

choc

1 ▷ J'ai eu un choc quand j'ai vu Cédric.
Me llevé un susto al ver a Cédric.

1 ► **avoir un choc** (= une surprise) : llevarse un susto

ℹ *Le pronom réfléchi fonctionne de la façon suivante en espagnol : **me llevo un susto, te llevas un susto, se lleva un susto, nos llevamos un susto, os lleváis un susto, se llevan un susto.***

2 ▷ Après l'accident, il était en état de choc.
Después del accidente, estaba en estado de shock.

2 ► **être en état de choc :** estar en estado de shock

chocolat

1 ▷ J'aime le chocolat ; et toi ?
Me gusta el chocolate; ¿y a ti?
▷ Tu préfères le chocolat noir ou le chocolat au lait ?
¿Prefieres el chocolate negro o el chocolate con leche?

1 (en tablette) el chocolate

► **chocolat noir :** chocolate negro
► **chocolat au lait :** chocolate con leche

2 ▷ Elle a eu une boîte de chocolats pour Noël.
Le dieron una caja de bombones para Navidad.

2 (= bouchée au chocolat) el **bombón** (pluriel los bombones)
ℹ *Il n'y a pas d'accent écrit au pluriel. L'accent tonique porte sur le o, comme au singulier.*

3 ▷ Un café et un chocolat chaud, s'il vous plaît.
Un café y un chocolate a la taza, por favor.

3 ► **chocolat chaud :** chocolate a la taza (pluriel chocolates a la taza)

4 ▷ Il y a du gâteau au chocolat pour dessert.
De postre hay pastel de chocolate.

4 ► **au chocolat :** de chocolate

chœur

▷ Elle chante dans un chœur.
Canta en un coro.

el **coro**

choisir

▷ Je dois choisir un cadeau pour Aurélie.
Tengo que elegir un regalo para Aurélie.

elegir
ℹ *On peut dire aussi escoger.*

choix

1 ▷ Ils ont un grand choix de livres.
Tienen una gran selección de libros.

1 (= sélection) la **selección** (pluriel las selecciones)
ℹ *Il n'y a pas d'accent écrit au pluriel. L'accent tonique porte sur le o, comme au singulier.*

2 ▷ Tu as le choix entre le rouge et le bleu.
Puedes elegir entre el rojo y el azul.
▷ Tu n'as pas le choix : tu dois le faire.
No tienes más remedio: lo tienes que hacer.

2 ► **avoir le choix :** poder elegir
► **ne pas avoir le choix :** no tener más remedio

chômage

▷ Le chômage est en baisse.
El paro está bajando.
▷ La mère de Kevin est au chômage.
La madre de Kevin está en paro.

el **paro**
ℹ *On peut dire aussi el desempleo.*
► **être au chômage :** estar en paro

chômeur, chômeuse

▷ Combien y a-t-il de chômeurs en France ?
¿Cuántos parados hay en Francia?
▷ Le frère d'Ismaël est chômeur.
El hermano de Ismaël está parado.

parado, parada
ℹ *On peut dire aussi desempleado, desempleada.*

⚠ *Attention : le verbe qui traduit* être *dans* être chômeur *est estar et non ser.*

choquant, choquante

▷ Ils ont des coutumes qui peuvent paraître choquantes.
Tienen costumbres que pueden parecer chocantes.

chocante

chorale

▷ Dorothée chante dans la chorale de l'école.
Dorothée canta en la coral del colegio.

la coral (pluriel las corales)

chose

▷ Il y a des choses qu'il ne faut pas dire.
Hay cosas que no hay que decir.
▷ J'ai beaucoup de choses à faire.
Tengo muchas cosas que hacer.

la cosa

► **chose à** + infinitif : cosa que + infinitif

chou

1 ▷ Il y a du chou dans cette soupe, je n'aime pas ça.
Hay col en esta sopa, no me gusta.

2 ▷ Un kilo de choux de Bruxelles, s'il vous plaît.
Un kilo de coles de Bruselas, por favor.

3 ▷ Achète des choux à la crème pour le dessert.
Compra petisus para postre.

1 (= légume) la col (pluriel las coles)
Attention : contrairement au français, le mot espagnol col est féminin.

2 ► **chou de Bruxelles** : col de Bruselas

3 ► **chou à la crème** : el petisu

chouchou, chouchoute

▷ Antoine est le chouchou du prof.
Antoine es el preferido del profesor.

el preferido, la preferida

chouette

1 ▷ Les chouettes dorment pendant la journée.
Las lechuzas duermen durante el día.

2 ▷ Ta montre est très chouette ; elle est neuve ?
Qué guay es tu reloj; ¿es nuevo?

1 (= oiseau) la lechuza

2 (= bien, beau) guay (pluriel guays)

chou-fleur

▷ Il a préparé du poisson et du chou-fleur pour dîner.
Ha preparado pescado y coliflor para cenar.

la coliflor (pluriel las coliflores)
Attention : contrairement au français, le mot espagnol coliflor est féminin.

chuchoter

▷ Judith m'a chuchoté quelque chose, mais je n'ai pas compris.
Judith me cuchicheó algo, pero no entendí.

cuchichear

chut !

▷ Chut ! Le prof va t'entendre !
¡Chis, te va a oír el profesor!

¡chis!

chute

1 ▷ Après sa chute, Antoine a remis ses skis.
Después de su caída, Antoine volvió a calzarse los esquís.

1 (quand on tombe) la **caída**

*Remarquez que le mot espagnol porte sur le **i** un accent écrit qui reflète l'accent tonique.*

2 ▷ Il y a une très belle chute d'eau ici.
Hay un hermoso salto de agua aquí.
Nous sommes allés voir les chutes d'Iguazú.
Fuimos a ver las cataratas del Iguazú.

2 ► **chute d'eau :** el **salto de agua** (pluriel **los saltos de agua**)

*Dans les noms propres en espagnol, on dit **las cataratas**.*

cible

▷ Diane a raté la cible.
Diane no acertó en el blanco.

el **blanco**

cicatrice

▷ Olivier a une grande cicatrice sur le front.
Olivier tiene una gran cicatriz en la frente.

la **cicatriz** (pluriel **las cicatrices**)

*N'oubliez pas que le **z** devient **c** au pluriel.*

cicatriser

▷ La blessure est cicatrisée.
La herida está cicatrizada.
▷ Ça a mis longtemps à se cicatriser.
Ha tardado en cicatrizarse.

cicatrizar

► **se cicatriser :** **cicatrizarse**

*Le pronom réfléchi fonctionne de la façon suivante en espagnol : **se cicatriza**, **se cicatrizan**.*

cidre

▷ Tu veux un verre de cidre avec tes crêpes ?
¿Quieres un vaso de sidra con las crepes?

la **sidra**

*Attention : contrairement au français, le mot espagnol **sidra** est féminin.*

ciel

▷ Le ciel est plein d'étoiles.
El cielo está lleno de estrellas.

el **cielo**

cigare

▷ Mon oncle fume de gros cigares.
Mi tío fuma unos puros enormes.

el **puro**

cigarette

▷ La mère de Coralie a trouvé des cigarettes dans sa poche.
La madre de Coralie le ha encontrado cigarrillos en el bolsillo.

el **cigarrillo**

*Attention : il y a deux **r** dans le mot espagnol **cigarrillo**. Veillez à bien les prononcer.*

cil

▷ Je crois que j'ai un cil dans l'œil.
Creo que tengo una pestaña en el ojo.

la **pestaña**

ciment

▷ C'est un escalier en ciment.
Es una escalera de cemento.

el **cemento**
► **en ciment : de cemento**

cimetière

▷ Ils habitent en face du cimetière.
Viven enfrente del cementerio.

el **cementerio**

cinéma

1 ▷ Il y a trois cinémas dans la ville.
Hay tres cines en la ciudad.
▷ Thomas va au cinéma toutes les semaines.
Thomas va al cine todas las semanas.

1 el **cine**

2 ▷ Arrête de faire du cinéma !
¡Deja de hacer teatro!

2 ► **faire du cinéma** (sens familier) : **hacer teatro**

cinq

▷ Camille a cinq paires de tennis différentes.
Camille tiene cinco pares diferentes de zapatillas de deporte.
▷ Nous partirons le cinq décembre.
Saldremos el cinco de diciembre.

cinco

ℹ *Notez l'emploi de* ***de*** *en espagnol quand on dit la date.*

cinquième

1 ▷ C'est la cinquième fois que je t'appelle.
Es la quinta vez que te llamo.

1 (pour compter) **quinto, quinta**

2 ▷ Les Durand habitent au cinquième.
Los Durand viven en el quinto piso.

2 (= cinquième étage) el **quinto piso**

3 ▷ L'année prochaine je passe en cinquième.
El año que viene voy a hacer primero de E.S.O.

3 (= niveau scolaire) **1° de E.S.O.** (primero de Educación Secundaria Obligatoria)

cintre

▷ Mets ta veste sur un cintre.
Pon tu chaqueta en una percha.

(pour accrocher les vêtements) la **percha**

cirage

▷ Il me faut du cirage noir pour mes chaussures.
Necesito betún negro para los zapatos.

el **betún**

circuit

1 ▷ Nous avons fait un beau circuit en Catalogne.
Hicimos un bonito circuito por Cataluña.

1 (= trajet) el **circuito**

ℹ *Notez que, dans l'exemple ci-contre, en se traduit par* ***por****.*

2 ▷ Le circuit automobile du Mans est très célèbre.
El circuito automovilístico de Le Mans es muy famoso.

2 ► **circuit automobile :** el **circuito automovilístico** (pluriel **los circuitos automovilísticos**)

ℹ *Remarquez que le mot espagnol* ***automovilístico*** *porte sur le deuxième* ***i*** *un accent écrit qui reflète l'accent tonique.*

circulation

▷ Il y a beaucoup de circulation dans cette rue.
Hay mucho tráfico en esta calle.

(de voitures) el **tráfico**

ℹ *Remarquez que le mot espagnol porte sur le* ***a*** *un accent écrit qui reflète l'accent tonique.*

circuler

▷ Il est très difficile de circuler dans Paris.
Es muy difícil circular en París.

▷ Est-ce que les bus circulent le dimanche ?
¿Circulan los autobuses el domingo?

▷ Faites circuler le plat !
¡Haced circular el plato!

circular

► **faire circuler** quelque chose : **hacer circular** algo

cirer

1 ▷ Cire tes chaussures avant de sortir.
Sácales brillo a tus zapatos antes de salir.

1 (en parlant de chaussures) **sacar brillo**

2 ▷ Elle a ciré le parquet.
Enceró el parqué.

2 (en parlant du parquet ou d'un meuble) **encerar**

Ne confondez pas ***encerar*** (= cirer) *et* ***encerrar*** (= enfermer).

cirque

▷ Luc et Justine sont allés au cirque hier.
Luc y Justine fueron al circo ayer.

(= spectacle) el **circo**

ciseaux

▷ Claire apprend à découper des images avec des ciseaux.
Claire está aprendiendo a recortar imágenes con unas tijeras.

▷ Tu peux me prêter une paire de ciseaux ?
¿Me puedes prestar un par de tijeras?

las **tijeras**

► une **paire de ciseaux :** un **par de tijeras**

cité

1 ▷ Les Dutoit habitent dans une cité en banlieue.
Los Dutoit viven en una urbanización en las afueras.

1 (= immeubles) la **urbanización** (pluriel **las urbanizaciones**)

ℹ *Il n'y a pas d'accent écrit au pluriel. L'accent tonique porte sur le* **o**, *comme au singulier.*

2 ▷ Ma grande sœur a une chambre à la cité universitaire.
Mi hermana mayor tiene una habitación en la ciudad universitaria.

2 ► **cité universitaire :** la **ciudad universitaria** (pluriel **las ciudades universitarias**)

citer

▷ Il a cité un passage de son roman.
Citó un extracto de su novela.

citar

citoyen, citoyenne

▷ Nous sommes des citoyens du monde.
Somos ciudadanos del mundo.

el **ciudadano**, la **ciudadana**

citron

▷ J'ai pressé deux citrons et deux oranges.
Exprimí dos limones y dos naranjas.

el **limón** (pluriel **los limones**)

ℹ *Il n'y a pas d'accent écrit au pluriel. L'accent tonique porte sur le* **o**, *comme au singulier.*

▷ Cette tarte au citron est délicieuse.
Esta tarta de limón es riquísima.

► **au citron :** de limón

citrouille

▷ Cette citrouille est énorme !
¡Esta calabaza es enorme!

la **calabaza**

civil, civile

▷ La guerre civile a duré deux ans.
La guerra civil duró dos años.

civil

clair, claire

▷ C'est la pièce la plus claire de la maison.
Es el cuarto más claro de la casa.
▷ Les couleurs claires sont à la mode.
Los colores claros están de moda.
▷ Il portait des chaussettes bleu clair.
Llevaba calcetines azul claro.
▷ L'explication du prof n'était pas très claire.
La explicación del profesor no era muy clara.

claro, clara

claque

▷ Si tu continues, je vais te donner une claque !
¡Como sigas así, te voy a dar una bofetada!

la **bofetada**

claquer

1 ▷ L'élastique a claqué.
El elástico se ha roto.

1 (= se casser) **romperse**

ℹ *Le pronom réfléchi fonctionne de la façon suivante en espagnol : **se rompe, se rompen**.*

2 ▷ Il fait tellement froid qu'elle claque des dents.
Hace tanto frío que le castañean los dientes.

2 *Pour dire qu'on claque des dents, on emploie l'expression **me / te / le / nos / os / les castañean los dientes**.*

3 ▷ C'est impoli de claquer des doigts pour appeler le serveur.
Es de mala educación chasquear los dedos para llamar al camarero.

3 ► **claquer des doigts :** chasquear los dedos

4 ▷ Brice a claqué la porte parce qu'il était très en colère.
Brice dio un portazo porque estaba muy enfadado.

4 ► **claquer la porte :** dar un portazo

clarinette

▷ J'ai oublié ma clarinette à l'école.
Me dejé el clarinete en el colegio.

el **clarinete**

⚠ *Attention : contrairement au français, le mot espagnol **clarinete** est masculin. Il s'écrit avec un seul **t**.*

▷ Léon joue de la clarinette.
Léon toca el clarinete.

► **jouer de la clarinette :** tocar el clarinete

classe

1 ▷ Il y a vingt-cinq élèves dans ma classe.
Hay veinticinco alumnos en mi clase.
▷ La classe était vide quand nous sommes arrivés.
La clase estaba vacía cuando llegamos.

1 (= groupe d'élèves, salle) la **clase**

ℹ *Au sens de « salle », on peut dire aussi **el aula**.*

2 ▷ Tu passes dans quelle classe l'année prochaine ?
¿Qué curso vas a hacer el año que viene?

2 (= année d'études) el **curso**

3 ▷ Léo ne va pas en classe, il est malade.
Léo no va a clase, está enfermo.

3 ► **aller en classe :** ir a clase

4 ▷ À quelle heure sortez-vous de classe ?
¿A qué hora salís de clase?

4 ► **sortir de classe :** salir de clase

5 ▷ Cette année nous allons en classe de neige dans les Pyrénées.
Este año vamos a esquiar a los Pirineos con el colegio.

5 ► **aller en classe de neige :** ir a esquiar con el colegio

▷ Je ne suis jamais allée en classe de mer.
Nunca he ido de excursión a la costa con el colegio.

► **aller en classe de mer :** ir de excursión a la costa con el colegio

classer

▷ Le prof nous a demandé de classer ces animaux en trois catégories.
El profesor nos pidió que clasificáramos estos animales en tres categorías.
▷ Si tu classais tes notes un peu mieux, tu les trouverais tout de suite !
¡Si clasificaras los apuntes un poco mejor, los encontrarías enseguida!

clasificar

classeur

▷ Est-ce que quelqu'un a vu mon classeur d'espagnol ?
¿Alguien ha visto mi carpeta de español?

la carpeta

classique

▷ Mon père écoute de la musique classique.
Mi padre escucha música clásica.

clásico, clásica

ℹ *Remarquez que le mot espagnol porte sur le a un accent écrit qui reflète l'accent tonique. Il ne prend qu'un seul s.*

clavicule

▷ Jean s'est cassé la clavicule.
Juan se rompió la clavícula.

la clavícula

clavier

▷ Le clavier de mon ordinateur ne marche plus.
El teclado de mi ordenador ya no funciona.

el teclado

clé

▷ Lucas a perdu sa clé, il ne peut pas rentrer chez lui.
Lucas ha perdido la llave, no puede entrar en casa.
Je dois m'acheter une clé USB.
Tengo que comprarme una llave USB.

la llave

clémentine

▷ Deux kilos de clémentines, s'il vous plaît.
Dos kilos de clementinas, por favor.

la clementina

*Attention : le mot espagnol **clementina** s'écrit sans accent.*

clic

▷ Le menu s'ouvre d'un seul clic.
El menú se abre con un solo clic.

(sur souris d'ordinateur) el clic

client, cliente

▷ Les clients de l'hôtel se sont plaints.
Los clientes del hotel se han quejado.

el **cliente**, la **cliente** *ou* la **clienta**

cligner

▷ Boris a un tic, il cligne tout le temps des yeux.
Boris tiene un tic, parpadea todo el rato.

► **cligner des yeux :** parpadear

clignotant

▷ Le clignotant gauche ne marche pas.
El intermitente izquierdo no funciona.
▷ N'oublie pas de mettre ton clignotant.
No te olvides de poner el intermitente.

el **intermitente**

clignoter

▷ Il y a une petite lumière qui clignote, c'est normal ?
Hay una lucecita que parpadea, ¿es normal?

parpadear

climat

▷ Le climat espagnol est plus chaud que le climat français.
El clima español es más cálido que el clima francés.

el **clima**

ℹ *L'accent tonique porte sur la première syllabe. Le mot ne prend pas de t à la fin.*

climatisation

▷ Elle voudrait une voiture avec la climatisation.
Le gustaría un coche con aire acondicionado.

el **aire acondicionado**

ℹ *On dit aussi la climatización.*

climatisé, climatisée

▷ Le train est climatisé.
El tren está climatizado.

climatizado, climatizada

climatiseur

▷ Le climatiseur ne fonctionne pas.
El climatizador no funciona.

el **climatizador** (pluriel los climatizadores)

clin d'œil

▷ Benito a fait un clin d'œil à Émile.
Benito le hizo un guiño a Émile.

► **faire un clin d'œil à** quelqu'un **:** hacer un guiño a alguien

clinique

▷ Aujourd'hui nous allons voir ma grand-mère à la clinique.
Hoy vamos a ver a mi abuela a la clínica.

(= hôpital) la **clínica**

ℹ *Remarquez que le mot espagnol porte sur le premier i un accent écrit qui reflète l'accent tonique.*

clip

▷ Tu as vu le clip de Madonna ?
¿Has visto el clip de Madonna ?

el **clip** (pluriel **los clips**)

clique

▷ Tu voudrais faire partie de ma clique ?
¿Te gustaría formar parte de mis amigos?

(= amis sur réseau social) los **amigos**

cliquer

▷ Si je clique ici, qu'est-ce qui se passe ?
Si hago clic aquí, ¿qué pasa?

▷ Clique deux fois sur cette icône.
Haz doble clic en este icono.

hacer clic

► **cliquer deux fois** *ou* **double-cliquer :** hacer doble clic

clochard, clocharde

▷ Le pauvre clochard avait l'air gelé.
El pobre vagabundo parecía estar helado.

el **vagabundo,** la **vagabunda**

cloche

▷ Les cloches de l'église font un de ces bruits !
¡Las campanas de la iglesia hacen un ruido increíble!

la **campana**

clocher

1 ▷ Je vois le clocher de l'église de ma fenêtre.
Veo el campanario de la iglesia desde mi ventana.

1 ► **un clocher :** un campanario

2 ▷ Il y a quelque chose qui cloche.
Hay algo que va mal.

▷ Qu'est-ce qui cloche ?
¿Qué pasa?

2 *Notez les expressions utilisées en espagnol pour dire que quelque chose cloche (= ne va pas comme il faut, au sens familier).*

cloque

▷ Latifah s'est brûlée, elle a des cloques sur la main.
Latifah se ha quemado, tiene ampollas en la mano.

(sur la peau) la **ampolla**

clôture

▷ Il y a une clôture tout autour du champ.
Hay una valla alrededor del campo.

(= barrière) la **valla**

ℹ *Si on parle d'une* **clôture en fil de fer barbelé**, *on dit* ***la alambrada***.

clou

1 ▷ Cet outil sert à arracher les clous.
Esta herramienta sirve para arrancar clavos.

1 (= pointe) el **clavo**

2 ▷ Il y a des clous de girofle dans ce plat.
Hay clavos de especia en este plato.

2 ► **clou de girofle :** clavo de especia (pluriel clavos de especia)

clouer

▷ Ils ont cloué des planches en travers de la fenêtre.
Clavaron unas tablas de un lado a otro de la ventana.

clavar

clown

▷ Les clowns du cirque n'étaient pas très amusants.
Los payasos del circo no eran muy divertidos.

▷ Aurélien fait souvent le clown en classe.
Aurélien suele hacer el payaso en clase.

el **payaso**

► **faire le clown :** hacer el payaso

club

▷ Tu viens au club de tennis samedi ?
¿Vienes al club de tenis el sábado?

el **club** (pluriel los clubs) *ou* (pluriel los clubes)

coca

▷ J'ai commandé un coca, tu en veux un aussi ?
He pedido una Coca-Cola®, ¿tú también quieres una?

la **Coca-Cola®**

Attention : contrairement au français, le mot espagnol Coca-Cola est féminin.

coccinelle

▷ Raphaëlle avait une petite coccinelle sur le dos de la main.
Raphaëlle tenía una pequeña mariquita en el dorso de la mano.

la **mariquita**

cocher

▷ Le prof a dit de cocher une seule case par question.
El profesor nos dijo que marcáramos con una cruz una sola casilla por pregunta.

marcar con una cruz

cochon

▷ Le fermier est allé nourrir ses cochons.
El granjero fue a dar de comer a los cerdos.

(= animal) el **cerdo**

cochonneries

1 ▷ Jeanne mange trop de cochonneries.
Jeanne come demasiadas porquerías.

1 (= mauvaise nourriture) las **porquerías**

2 ▷ Alex a fait des cochonneries avec ses peintures.
Alex lo ha ensuciado todo con sus pinturas.

2 ► **faire des cochonneries** (= faire des saletés) : ensuciarlo todo

cocktail

▷ C'est un cocktail fait avec du whisky et du jus d'orange.
Es un cóctel hecho con whisky y zumo de naranja.

(= boisson) el **cóctel** (pluriel los cócteles)

ℹ *Remarquez que le mot espagnol porte sur le* ***o*** *un accent écrit qui reflète l'accent tonique.*

code

▷ Tu connais le code pour allumer l'ordinateur ?
¿Conoces el código para encender el ordenador?

el **código**

ℹ *Remarquez que le mot espagnol porte sur le premier* ***o*** *un accent écrit qui reflète l'accent tonique.*

▷ Hussein a oublié son code confidentiel et il n'a pas pu retirer d'argent.
A Hussein se le olvidó el código PIN y no pudo sacar dinero.

► **code confidentiel** (d'une carte bancaire) : el **código PIN**

ℹ ***PIN*** *est une abréviation anglaise :* ***personal identification number*** (numéro d'identification personnel).

▷ Quel est le code postal de Marseille ?
¿Cuál es el código postal de Marsella?

► **code postal** : **código postal** (pluriel **códigos postales**)

▷ Mon frère apprend le code de la route.
Mi hermano está estudiando el código de circulación.

► **le code de la route** : el **código de circulación**

cœur

1 ▷ Marie a dessiné des petits cœurs dans son cahier.
Marie ha dibujado pequeños corazones en su cuaderno.
▷ Le père de Sancho est malade du cœur.
El padre de Sancho sufre del corazón.

1 el **corazón** (pluriel **los corazones**)

ℹ *Remarquez que le mot espagnol porte sur le premier* ***o*** *un accent écrit qui reflète l'accent tonique.*

2 ▷ Je ne sais pas ce que j'ai, j'ai mal au cœur.
No sé qué me pasa, estoy mareada.

2 ► **avoir mal au cœur** (= avoir la nausée) : **estar mareado** *ou* **mareada**

3 ▷ Nous devons apprendre la poésie par cœur pour demain.
Tenemos que aprender la poesía de memoria para mañana.

3 ► **par cœur** : **de memoria**

coffre

▷ Les valises sont dans le coffre.
Las maletas están en el maletero.

(de la voiture) el **maletero**

coffre-fort

▷ Elle a mis ses bijoux dans un coffre-fort.
Ha puesto sus joyas en una caja de caudales.

la **caja de caudales**

cogner

1 ▷ Quelqu'un a cogné à la porte.
Alguien ha llamado a la puerta.

2 ▷ Je me suis cognée contre la table.
Me di un golpe contra la mesa.

3 ▷ Rafael s'est cogné le genou contre la chaise.
Rafael se golpeó la rodilla contra la silla.

1 ► **cogner à la porte :** **llamar a la puerta**

2 ► **se cogner contre** quelque chose : **darse un golpe contra** algo

3 ► **se cogner la tête** *ou* **le genou,** *etc.*, **contre** quelque chose : **golpearse la cabeza** *ou* **la rodilla,** *etc.* **contra** algo

ℹ *Le pronom réfléchi fonctionne de la façon suivante en espagnol :* ***me golpeo, te golpeas, se golpea, nos golpeamos, os golpeáis, se golpean la rodilla.***

coiffé, coiffée

▷ Tu es vraiment bien coiffée aujourd'hui.
Estás muy bien peinada hoy.

peinado, peinada

⚠ *Attention : le verbe qui traduit* être *dans* être coiffé *est* ***estar*** *et non* ***ser***.

coiffer

1 ▷ Viens ici, je vais te coiffer.
Ven aquí, te voy a peinar.

2 ▷ Coiffe-toi avant de sortir.
Péinate antes de salir.

1 **peinar**

⚠ *Si le complément est une personne ou un groupe de personnes, n'oubliez pas de le faire précéder de* ***a*** *(****peinó a la niña*** *=* elle a peigné la petite fille*).*

2 ► **se coiffer :** **peinarse**

ℹ *Le pronom réfléchi fonctionne de la façon suivante en espagnol :* ***me peino, te peinas, se peina, nos peinamos, os peináis, se peinan.***

coiffeur, coiffeuse

▷ La coiffeuse m'a lavé les cheveux.
La peluquera me lavó el pelo.

▷ André est encore chez le coiffeur.
André todavía está en la peluquería.

▷ Je vais chez le coiffeur une fois par mois.
Voy a la peluquería una vez al mes.

el **peluquero,** la **peluquera**

► **chez le coiffeur** (= dans le magasin) : **en la peluquería**

► **chez le coiffeur** (= vers le magasin) : **a la peluquería**

ℹ *Remarquez que le mot* ***peluquería*** *porte sur le* ***i*** *un accent écrit qui reflète l'accent tonique.*

coiffure

▷ J'adore ta nouvelle coiffure.
Me encanta tu nuevo peinado.

(= coupe de cheveux) el **peinado**

coin

1 ▷ Les coins de mon livre sont abîmés.
Las esquinas de mi libro están estropeadas.
▷ Le magasin est au coin de la rue.
La tienda está en la esquina.

1 (= angle saillant) la **esquina**

► **au coin de la rue :** en la esquina

2 ▷ Le piano était dans un coin du salon.
El piano estaba en un rincón del salón.

2 (= angle rentrant) el **rincón** (pluriel los rincones)

ℹ *Remarquez que le mot espagnol porte sur le premier* ***o*** *un accent écrit qui reflète l'accent tonique.*

3 ▷ Venez vous asseoir au coin du feu.
Venga a sentarse junto al fuego.

3 ► **au coin du feu :** junto al fuego

coincé, coincée

1 ▷ Le tiroir est coincé.
El cajón está atrancado.

1 (= qui ne bouge pas, en parlant d'un tiroir, d'une porte) **atrancado, atrancada**

ℹ *On peut dire aussi* ***atascado, atascada****.*

2 ▷ Nous étions coincés dans l'ascenseur.
Estábamos atrapados en el ascensor.

2 (en parlant d'une personne dans un embouteillage, un ascenseur, etc.) **atrapado, atrapada**

coincer

1 ▷ Nous avons coincé la porte avec un bout de bois.
Atrancamos la puerta con un pedazo de madera.

1 (pour empêcher quelque chose de se fermer, de s'ouvrir, etc.) **atrancar**

2 ▷ La porte de l'armoire coince.
La puerta del armario se atranca.

2 (= être bloqué) **atrancarse**

ℹ *On peut dire aussi* ***atascarse****.*
Le pronom réfléchi fonctionne de la façon suivante en espagnol : ***se atranca, se atrancan****.*

3 ▷ Zut, ma fermeture s'est coincée !
¡Jolín, se me ha atrancado la cremallera!

3 ► **se coincer :** atrancarse

ℹ *On peut dire aussi* ***atascarse****.*

ℹ *Pour le pronom réfléchi, regardez le sens 2.*

4 ▷ Renaud s'est coincé le doigt dans la portière.
Renaud se pilló el dedo en la puerta del coche.

4 ► **se coincer le doigt** *ou* **la main,** *etc.* **dans** quelque chose **:** pillarse el dedo *ou* la mano, *etc.* en algo

ℹ *Le pronom réfléchi fonctionne de la façon suivante en espagnol :* ***me pillo el dedo, te pillas el dedo, se pilla el dedo, nos pillamos el dedo, os pilláis el dedo, se pillan el dedo****.*

col

▷ Le col de ton manteau est déchiré.
Tienes el cuello del abrigo desgarrado.

(d'un vêtement) el **cuello**

colère

▷ Le père d'Aïcha est très en colère.
El padre de Aïcha está muy enfadado.

► **être en colère :** estar enfadado *ou* enfadada

ℹ *On peut dire aussi* ***estar enojado*** *ou* ***enojada****.*

▷ Ne te mets pas en colère, ce n'est pas ma faute !
¡No te enfades, no es culpa mía!

► **se mettre en colère :** enfadarse

ℹ *Le pronom réfléchi fonctionne de la façon suivante en espagnol :* ***me enfado, te enfadas, se enfada, nos enfadamos, os enfadáis, se enfadan****.*
On peut dire aussi ***enojarse****.*

collant, collante

1 ▷ Mes mains sont collantes, je vais les laver.
Tengo las manos pegajosas, me las voy a lavar.

1 (= poisseux) **pegajoso, pegajosa**

2 ▷ Il y a un trou dans mon collant.
Tengo un agujero en las medias.

2 (= vêtement) las **medias**

ℹ ***Medias*** *est un nom pluriel : on dit par exemple* ***estas medias son demasiado pequeñas*** (ce collant est trop petit).

▷ C'est quatre euros pour trois paires de collants.
Son cuatro euros por tres pares de medias.

► un **collant**, une **paire de collants :** un par de medias

colle

1 ▷ Tu peux facilement réparer ça avec de la colle.
Lo puedes arreglar fácilmente con pegamento.

1 (= adhésif) el **pegamento**

2 ▷ Le prof de sport m'a donné deux heures de colle.
El profesor de deporte me dejó castigado dos horas.

2 ► **donner une colle à** quelqu'un **:** dejar castigado *ou* castigada a alguien

collection

1 ▷ Les parents d'Alexis ont une belle collection de sculptures.
Los padres de Alexis tienen una colección de esculturas hermosa.

1 (= timbres, objets d'art, etc.) la **colección** (pluriel las colecciones)

ℹ *Il n'y a pas d'accent écrit au pluriel. L'accent tonique porte sur le* ***o****, comme au singulier.*

2 ▷ Nadège fait collection de peluches.
Nadège colecciona muñecos de peluche.

2 ► **faire collection de** quelque chose **:** coleccionar algo

⚠ *Attention : à la différence du français, le mot espagnol ne prend qu'un* ***l****.*

collectionner

▻ Gilles collectionne les timbres.
Gilles colecciona sellos.

coleccionar
Attention : à la différence du français, le mot espagnol ne prend qu'un ***l****.*

collège

▻ J'avais un peu peur quand j'ai commencé le collège.
Sentía un poco de miedo cuando empecé la escuela secundaria.

la **escuela secundaria**

collègue

▻ Ma mère va parfois au restaurant avec ses collègues.
Mi madre a veces va al restaurante con sus colegas.

el **colega**, la **colega**

coller

1 ▻ Je dois coller ces articles de journaux sur une page blanche.
Tengo que pegar estos artículos sobre una hoja en blanco.

1 (un timbre, du papier, etc.) **pegar**

2 ▻ Le prof a collé Sylvian alors qu'il n'avait rien fait.
El profesor castigó a Sylvian aunque no había hecho nada.

2 (= punir) **castigar**
Si le complément est une personne, un groupe de personnes ou un animal domestique, n'oubliez pas de le faire précéder de ***a****.*

3 ▻ Ce timbre ne colle pas.
Este sello no se pega.

3 (= adhérer) **pegarse**
Le pronom réfléchi fonctionne de la façon suivante en espagnol : ***se pega, se pegan****.*

4 ▻ La table colle, je vais la nettoyer.
La mesa está pegajosa, voy a limpiarla.

4 (= être poisseux) **estar pegajoso** *ou* **pegajosa**

collier

▻ Clara a un joli collier en argent.
Clara tiene un collar de plata bonito.

(= bijou) el **collar** (pluriel los collares)

colo

Regardez ***colonie de vacances***

colocataire

▻ Marie est ma colocataire.
María es mi cumpañera de piso.

el **compañero de piso**, la **compañera de piso**

colombe

▷ Kevin a vu une colombe dans le jardin.
Kevin ha visto una paloma en el jardín.

la **paloma**

Colombie

▷ Bogotá est la capitale de la Colombie.
Bogotá es la capital de Colombia.

▷ Il est en Colombie.
Está en Colombia.

▷ Je vais en Colombie.
Voy a Colombia.

Colombia

Ne prend généralement pas d'article.

► **en Colombie** (= dans le pays) : en Colombia

► **en Colombie** (= vers le pays) : a Colombia

colombien, colombienne

▷ Gabriel García Márquez est un écrivain colombien.
Gabriel García Márquez es un escritor colombiano.

▷ Je connais plusieurs Colombiens.
Conozco a varios colombianos.

colombiano, colombiana

S'écrit toujours avec une minuscule en espagnol, qu'il s'agisse de l'adjectif ou du nom.

colonie de vacances

▷ Les colonies de vacances, c'est super !
¡Qué guay son las colonias de vacaciones!

▷ Cet été Michaël va en colonie de vacances en Camargue.
Este verano Michaël va de colonias a Camarga.

la **colonia de vacaciones**

► **aller en colonie de vacances :** ir de colonias

Notez que l'on emploie le pluriel colonias dans cette expression.

colonne

▷ Écris ces chiffres sur deux colonnes.
Escribe estas cifras en dos columnas.

la **columna**

Attention à l'orthographe et à la prononciation : le m et le n doivent se prononcer séparément.

coloré, colorée

▷ Mon petit frère fait des dessins très colorés.
Mi hermanito hace dibujos de muchos colores.

(= aux couleurs vives) **de muchos colores**

coloriages

▷ Je suis un peu vieux pour faire des coloriages !
¡Soy un poco mayor para colorear dibujos!

► **faire des coloriages :** colorear dibujos

colorier

▷ Tu devrais colorier ton dessin.
Deberías colorear tu dibujo.

colorear

coma

▷ Lucile a eu un accident, elle est dans le coma.
Lucile ha tenido un accidente, está en coma.

► **être dans le coma :** estar en coma

combat

1 ▷ Il y a eu de violents combats de rue.
Hubo violentos combates en la calle.

1 (= lutte armée) el combate

2 ▷ Je suis allé voir un combat de boxe.
Fui a ver un combate de boxeo.

2 (en sport) el combate

combattre

▷ Il existe beaucoup de manières de combattre le réchauffement climatique.
Existen muchas maneras de combatir el calentamiento global.
▷ Nous combattrons toujours la discrimination.
Siempre lucharemos contra la discriminación.

combatir

ℹ *On peut dire aussi **luchar contra**.*

combien

1 ▷ C'est combien, un café ici ?
¿Cuánto cuesta un café aquí?
▷ Combien tu pèses ?
¿Cuánto pesas?
▷ Ça fait combien ?
¿Cuánto es?

1 (en parlant d'un prix, d'une mesure) cuánto

ℹ *Remarquez que le mot espagnol porte sur le **a** un accent écrit qui reflète l'accent tonique.*

2 ▷ Je ne sais pas combien de beurre il y a dans ce gâteau.
No sé cuánta mantequilla hay en este pastel.
▷ Combien de profs sont en grève ?
¿Cuántos profesores están en huelga?

2 **Combien de...** *se traduit par **cuánto** ou **cuánta** quand le nom qui suit est au singulier (**mantequilla** dans notre exemple).* **Combien de...** *se traduit par **cuántos** ou **cuántas** quand le nom qui suit est au pluriel (**profesores** dans notre exemple).*

3 ▷ Tu chausses du combien ?
¿Qué número calzas?

3 *Notez comment on demande la pointure de quelqu'un. **Número** dans ce cas signifie « pointure ».*

combinaison

1 ▷ J'ai oublié la combinaison du cadenas !
¡Se me ha olvidado la combinación del candado!

1 (= suite de chiffres) la combinación (pluriel las combinaciones)

ℹ *Il n'y a pas d'accent écrit au pluriel. L'accent tonique porte sur le **o**, comme au singulier.*

2 ▷ Tu auras besoin d'une combinaison de ski pour aller en classe de neige.
Necesitarás un mono de esquí para ir a esquiar con el colegio.

2 ► **combinaison de ski :** el mono de esquí (pluriel los monos de esquí)

ℹ *Remarquez que le mot espagnol **esquí** porte sur le **i** un accent écrit qui reflète l'accent tonique.*

comédie

▷ Ce film est une comédie très drôle.
Esta película es una comedia muy divertida.

(en parlant d'un film, d'une pièce de théâtre) la **comedia**

comédien, comédienne

▷ Gérard Depardieu est un comédien très connu.
Gérard Depardieu es un actor muy famoso.

(= acteur, actrice) el **actor** (pluriel los actores), la **actriz** (pluriel las actrices)

ℹ *N'oubliez pas que le **z** de **actriz** devient **c** au pluriel.*

commande

1 ▷ Apparemment, ma commande sera livrée demain.
Al parecer, me entregarán el pedido mañana.
▷ J'ai passé la commande par téléphone.
Hice el pedido por teléfono.

1 (= achat par correspondance) el **pedido**

► **passer une commande :** hacer un pedido

2 ▷ Le pilote m'a montré les commandes de l'avion.
El piloto me enseñó los mandos del avión.

2 ► **les commandes** (d'un avion, d'une machine) **:** los mandos

commander

1 ▷ Qu'est-ce que tu as commandé pour le dessert ?
¿Qué has pedido de postre?

1 (au restaurant) **pedir**

2 ▷ Sophie a commandé un jeu vidéo.
Sophie hizo un pedido de videojuego.

2 (par correspondance) **hacer un pedido de**

comme

1 ▷ Arthur est comme moi, il n'aime pas les maths.
Arthur es como yo, no le gustan las mates.
▷ Comme on était en retard, on s'est mis à courir.
Como se nos hacía tarde, nos echamos a correr.

1 (pour comparer, pour parler de la cause) **como**

ℹ *Notez qu'après* comme *on utilise en espagnol le pronom personnel sujet (**yo, tú,** etc.) et non le pronom objet (**mí, ti,** etc.) comme en français.*

2 ▷ Tiens la corde comme ça.
Agarra la cuerda así.

2 ► **comme ça** (= de cette façon) **:** así

ℹ *Remarquez que le mot espagnol porte sur le **i** un accent écrit qui reflète l'accent tonique.*

3 ▷ Si je n'écris pas comme il faut, mes parents me grondent.
Si no escribo bien, mis padres me riñen.

3 ► faire quelque chose **comme il faut** (= correctement) : hacer algo **bien**

4 ▷ Tristan se conduit comme s'il avait cinq ans.
Tristan se porta como si tuviera cinco años.

4 ► **comme si** + imparfait : **como si** + imparfait du subjonctif

commencer

1 ▷ Miguel a commencé le livre hier et il l'a déjà fini !
¡Miguel empezó el libro ayer y ya lo ha terminado!
▷ L'école commence en septembre.
Las clases empiezan en septiembre.

1 **empezar**

ℹ *On peut dire aussi* ***comenzar****.*

2 ▷ Commencez à manger, j'arrive.
Empezad a comer, ya voy.

2 ► **commencer à** faire quelque chose : **empezar a** hacer algo

ℹ *On peut aussi dire* ***comenzar a hacer algo****.*

comment

1 ▷ Comment allons-nous décider ?
¿Cómo vamos a decidir?
▷ Il m'a montré comment faire ce gâteau.
Me enseñó cómo hacer este pastel.
▷ Comment ? Qu'est-ce que tu dis ?
¿Cómo? ¿Qué dices?

1 **cómo**

Ne confondez pas avec ***como*** *(sans accent) qui signifie « comme ».*

2 ▷ Comment vas-tu ?
¿Cómo estás?
▷ Comment va ta mère ?
¿Cómo está tu madre?

2 *Notez bien cette manière de demander si quelqu'un va bien* ***¿cómo estás?*** (comment vas-tu ?), ***¿cómo está?*** (comment allez-vous ?, comment va-t-il / elle ?), ***¿cómo estáis?*** (comment allez-vous ?), ***¿cómo están?*** (comment allez-vous ?, comment vont-ils / elles ?*)*

ℹ *Si on s'adresse à quelqu'un qu'on connaît bien et qu'on veut savoir comment il va, on peut aussi dire* ***¿qué tal?***

3 ▷ Il est comment, le prof de français ? Sympa ?
¿Qué tal el profesor de francés? ¿Simpático?
▷ C'était comment, les vacances ?
¿Qué tal las vacaciones?

3 *Pour se renseigner sur les qualités autres que physiques de quelque chose ou de quelqu'un, on n'emploie pas de verbe mais l'expression* ***¿qué tal...?***

4 ▷ Comment est le prof ? Il est grand et brun ?
¿Cómo es el profesor? ¿Es alto y moreno?

4 *Pour se renseigner sur les qualités physiques de quelque chose ou de quelqu'un, on emploie le verbe* ***ser****.*

commentaire

▷ Capucine faisait des commentaires idiots.
Capucine hacía comentarios estúpidos.

el **comentario**
► **faire des commentaires : hacer comentarios**

commenter

▷ Je préfère ne pas commenter son attitude.
Prefiero no comentar su actitud.
▷ Le match sera commenté par Luc Amy.
Luc Amy comentará el partido.

comentar

commérages

▷ Ce ne sont que des commérages.
No son más que cotilleos.

los **cotilleos**

commerçant, commerçante

▷ Les commerçants sont contre la construction du supermarché.
Los comerciantes están en contra de la construcción del supermercado.

(= personne qui tient un magasin) el **comerciante**, la **comerciante**

commerce

▷ Il y a beaucoup de commerces dans notre quartier.
Hay muchos comercios en nuestro barrio.
▷ Roland veut aller dans une école de commerce.
Roland quiere ir a una escuela de comercio.
▷ L'Europe fait du commerce avec les États-Unis.
Europa comercia con los Estados Unidos.

el **comercio**
► **faire du commerce avec : comerciar con**

commissariat

▷ Ils l'ont emmené au commissariat.
Lo llevaron a la comisaría.

la **comisaría**
Contrairement au mot français, le mot espagnol est féminin.

commode

1 ▷ Ce n'est pas commode d'habiter à l'autre bout de la ville.
No es práctico vivir en el otro extremo de la ciudad.

1 (= pratique) **práctico, práctica**
Remarquez que le mot espagnol porte sur le ***a*** *un accent écrit qui reflète l'accent tonique.*

2 ▷ Les serviettes sont dans la commode.
Las toallas están en la cómoda.

2 (= armoire à tiroirs) la **cómoda**
Remarquez que le mot espagnol porte sur le ***o*** *un accent écrit qui reflète l'accent tonique. Et à la différence du français, ce mot ne prend qu'un* ***m***.

commun, commune

1 ▷ Il y a une salle de bains commune dans l'auberge de jeunesse.
Hay un cuarto de baño común en el albergue juvenil.

1 (= partagé, en parlant d'une pièce, d'un jardin) **común** (pluriel **comunes**)
*Il n'y a pas d'accent écrit au pluriel. L'accent tonique porte sur le **u**, comme au singulier.*

2 ▷ Ces deux événements n'ont rien en commun.
Estos dos acontecimientos no tienen nada en común.

2 ► **en commun :** en común
*Attention : à la différence du français, le mot **común** ne prend qu'un **m**.*

communauté

▷ Il y a une communauté musulmane importante à Paris.
Hay una comunidad musulmana importante en París.

la **comunidad** (pluriel las **comunidades**)
*Attention : à la différence du français, le mot **comunidad** ne prend qu'un **m**.*

communication

1 ▷ Il faut améliorer les moyens de communication.
Es necesario mejorar los medios de comunicación.

1 (= liaison) la **comunicación** (pluriel las **comunicaciones**)
*Il n'y a pas d'accent écrit au pluriel. L'accent tonique porte sur le **o**, comme au singulier.*

2 ▷ Tu connais le prix de la communication ?
¿Conoces el costo de la llamada?

2 ► **communication (téléphonique) :** llamada (telefónica)

3 ▷ Elle travaille pour une agence de communication.
Trabaja para una agencia de comunicación.

3 (= relations publiques) la **comunicación**

communion

▷ Ma petite sœur vient de faire sa communion.
Mi hermanita acaba de hacer la comunión.

► **faire sa communion :** hacer la comunión
*Attention : à la différence du français, le mot **comunión** ne prend qu'un **m**.*

communiquer

▷ Elles communiquent par e-mails.
Comunican *ou* Se comunican por correo electrónico.

(= correspondre) **comunicar(se)**

compagne

*Regardez le mot **compagnon**.*

compagnie

▷ Le père de Samuel travaille dans une compagnie d'assurances.
El padre de Samuel trabaja en una compañía de seguros.

▷ Le samedi après-midi, je tiens compagnie à mes grands-parents.
El sábado por la tarde, les hago compañía a mis abuelos.

la **compañía**

ℹ *Remarquez que le mot espagnol porte sur le i un accent écrit qui reflète l'accent tonique.*

► **tenir compagnie à** quelqu'un : **hacer compañía a** alguien

compagnon, compagne

▷ Il est venu avec sa compagne.
Ha venido con su novia.

(= concubin) el **novio**, la **novia**

comparaison

▷ Pour demain nous devons faire une comparaison entre les deux textes.
Para mañana tenemos que hacer una comparación entre los dos textos.

▷ Tania mesure un mètre cinquante ; moi je suis une géante en comparaison !
Tania mide un metro cincuenta; ¡yo en comparación soy una giganta!

la **comparación** (pluriel las comparaciones)

ℹ *Il n'y a pas d'accent écrit au pluriel. L'accent tonique porte sur le o, comme au singulier.*

► **en comparaison** : **en comparación**

comparé à

▷ Comparé à Juan, Clément est très petit !
¡Comparado con Juan, Clément es muy bajito!

comparado con

comparer

▷ On ne peut pas les comparer, ils sont très différents.
No se pueden comparar, son muy diferentes.

▷ Léo m'a comparée à sa sœur.
Léo me comparó con su hermana.

comparar

Attention à la préposition : **comparer** *à ou avec = comparar con.*

compartiment

▷ C'est dommage, nous ne sommes pas dans le même compartiment.
Qué lástima, no estamos en el mismo compartimento.

el **compartimento**

compas

▷ Trace un cercle avec un compas.
Dibuja un círculo con un compás.

el **compás** (pluriel los compases)

ℹ *Il n'y a pas d'accent écrit au pluriel. L'accent tonique porte sur le a, comme au singulier.*

compétition

▷ Il y a une compétition d'athlétisme entre les deux écoles ce week-end.
Hay una competición de atletismo entre las dos escuelas este fin de semana.

▷ Pour faire de la compétition, il faut beaucoup s'entraîner.
Para practicar un deporte a nivel competitivo hay que entrenar mucho.

la **competición** (pluriel **las competiciones**)

ℹ *Il n'y a pas d'accent écrit au pluriel. L'accent tonique porte sur le* ***o****, comme au singulier.*

► **faire de la compétition : practicar un deporte a nivel competitivo**

complet, complète

1 ▷ Cédric a une série complète de bandes dessinées.
Cédric tiene una serie completa de cómics.

2 ▷ Malheureusement, le parking était complet.
Desgraciadamente, el aparcamiento estaba lleno.

1 (= sans rien qui manque) **completo, completa**

2 (en parlant d'un hôtel, d'un train, d'un parking) **lleno, llena**

complètement

▷ Mais il est complètement fou !
¡Pero si está completamente loco!

completamente

compléter

▷ Je dois compléter ces dix phrases avec un verbe de mouvement.
Tengo que completar estas diez frases con un verbo de movimiento.

completar

complexe

▷ Il a un complexe d'infériorité.
Tiene un complejo de inferioridad.

el **complejo**

complexé, complexée

▷ Il est très complexé.
Está muy acomplejado.

► **être complexé : estar acomplejado, acomplejada**

ℹ ***acomplejado, acomplejada*** *s'utilise avec le verbe* ***estar*** *et non pas* ***ser****.*

compliment

▷ Je suis contente, Simon m'a fait un compliment.
Estoy contenta porque Simon me hizo un cumplido.

el **cumplido**

► **faire un compliment à quelqu'un : hacer un cumplido a alguien**

compliqué, compliquée

complicado, complicada

▷ Je n'arrive pas à faire cet exercice, il est trop compliqué !
¡No consigo hacer este ejercicio, es demasiado complicado!

comportement

el **comportamiento**

▷ Je ne comprends pas leur comportement.
No entiendo su comportamiento.

se comporter

comportarse

ℹ *Le pronom réfléchi fonctionne de la façon suivante en espagnol : **me comporto, te comportas, se comporta, nos comportamos, os comportáis, se comportan**.*

▷ Tu te comportes comme un enfant !
¡Te comportas como un niño!

composer

1 (de la musique, une chanson) **componer**

1 ▷ Joël compose de la musique sur son ordinateur.
Joël compone música en su ordenador.

2 (un numéro de téléphone) **marcar**

2 ▷ Compose son numéro de téléphone.
Marca su número de teléfono.

3 ► **se composer de** quelque chose : **componerse de** algo

ℹ *Le pronom réfléchi fonctionne de la façon suivante en espagnol : **se compone, se componen**.*

3 ▷ La classe se compose de dix garçons et treize filles.
La clase se compone de diez chicos y trece chicas.

composter

picar

▷ N'oublie pas de composter ton billet.
Acuérdate de picar el billete.

compote

la **compota**

▷ Il y a de la compote de pommes comme dessert.
Hay compota de manzana de postre.

compréhensible

1 (= concevable) **comprensible**

1 ▷ Il était en colère, c'est compréhensible.
Estaba furioso, es comprensible.

2 (= clair) **claro, clara**

2 ▷ Ta lettre doit être compréhensible.
Tu carta debe ser clara.

compréhensif, compréhensive

comprensivo, comprensiva

▷ Il a été très compréhensif.
Ha sido muy comprensivo.

comprendre

1 ▷ Tu comprends ce que je veux dire ?
¿Entiendes *ou* Comprendes lo que quiero decir?

1 (= saisir) **entender**
ℹ *On peut dire aussi **comprender**.*

2 ▷ Le livre comprend trois parties.
El libro comprende tres partes.

2 (= se composer de) **comprender**

comprimé

▷ Le médecin m'a dit de prendre deux comprimés.
El médico me dijo que tomara dos comprimidos.

el **comprimido**

compris, comprise

▷ Est-ce que le petit déjeuner est compris dans le prix ?
¿Está el desayuno incluido en el precio?
▷ Ça fait cinquante euros tout compris.
Son cincuenta euros todo incluido.
▷ Il y a dix joueurs y compris mes frères.
Hay diez jugadores, incluidos mis hermanos.

(= inclus) **incluido, incluida**

► **tout compris :** todo incluido

► **y compris :** incluido
ℹ *Notez que, dans ce dernier cas, **incluido** s'accorde en genre et en nombre avec le nom qui suit : **mis hermanos** est un masculin pluriel, donc on dit **incluidos**.*

comptable

▷ La mère de Cécilia est comptable.
La madre de Cécilia es contable.

el **contable**, la **contable**
⚠ *Attention à l'orthographe.*

compte

▷ On va faire les comptes pour voir si on a assez d'argent.
Vamos a hacer las cuentas, a ver si tenemos suficiente dinero.
▷ Pepa a déjà un compte dans une caisse d'épargne.
Pepa ya tiene una cuenta en una caja de ahorros.
▷ Tu te rends compte de ce que tu as fait ?
¿Te das cuenta de lo que has hecho?
▷ Alice ne s'est pas rendu compte qu'elle était en retard.
Alice no se dio cuenta de que se le hacía tarde.

la **cuenta**

⚠ *Ne pas confondre avec le masculin **el cuento** (« le conte, l'histoire »).*

► **se rendre compte de** quelque chose **:** darse cuenta de algo
► **se rendre compte que... :** darse cuenta de que...
ℹ *Le pronom réfléchi fonctionne de la façon suivante en espagnol : **me doy cuenta, te das cuenta, se da cuenta, nos damos cuenta, os dais cuenta, se dan cuenta**.*

compter

1 ▷ Le prof a compté les élèves dans le bus.
El profesor contó a los alumnos en el autobús.

1 (= calculer) **contar**

*Si le complément est une personne, un groupe de personnes ou un animal domestique, n'oubliez pas de le faire précéder de **a**.*
Attention à l'orthographe.

*i **Contar** signifie aussi « raconter ».*

2 ▷ Sacha et Dany comptent partir demain.
Sacha y Dany piensan salir mañana.

2 ► **compter** faire quelque chose (= avoir l'intention de faire) : **pensar** hacer algo

3 ▷ On ne peut pas compter sur elle.
No se puede contar con ella.
▷ Tu peux compter sur moi !
¡Puedes contar conmigo!

3 ► **compter sur** quelqu'un : **contar con** alguien

*i Notez la forme **conmigo**. De même, à la deuxième personne du singulier, on dit **contigo**.*

comptine

▷ Jeanne connaît plusieurs comptines.
Jeanne conoce varias canciones infantiles.

la **canción infantil** (pluriel **canciones infantiles**)

*i Il n'y a pas d'accent écrit au pluriel. L'accent tonique porte sur le **o**, comme au singulier.*

comptoir

▷ C'est moins cher de boire au comptoir.
Sale más barato beber en la barra.

(dans un café) la **barra**

*Attention à bien prononcer les deux **r** de **barra**.*

se concentrer

▷ Essaie de te concentrer !
¡Trata de concentrarte!
▷ Je n'arrive pas à me concentrer sur mes devoirs.
No consigo concentrarme en los deberes.

concentrarse

*i Le pronom réfléchi fonctionne de la façon suivante en espagnol : **me concentro, te concentras, se concentra, nos concentramos, os concentráis, se concentran**.*
Attention à la préposition : se concentrer sur = ***concentrarse en***.

concerner

1 ▷ Le nouveau règlement nous concerne aussi.
El nuevo reglamento también nos afecta a nosotros.

1 (= s'appliquer à) **afectar**

2 ▻ Ça ne te concerne pas !
¡Esto no te concierne!
▻ Ceci nous concerne tous.
Esto nos concierne a todos.

2 (= intéresser) **concernir**
Si le complément est une personne, un groupe de personnes ou un animal domestique, n'oubliez pas de le faire précéder de ***a****.*

concert

▻ Il y a un concert en ville ce soir.
Hay un concierto en el centro esta noche.

el **concierto**

concierge

▻ Demande au concierge s'il l'a vu sortir.
Pregúntale al portero si lo vio salir.

el **portero,** la **portera**

conclure

▻ Et pour conclure, merci à tous !
Y para concluir, ¡gracias a todos!

concluir

conclusion

▻ Je ne sais pas quoi mettre dans la conclusion de ma rédaction.
No sé qué poner en la conclusión de mi redacción.

la **conclusión** (pluriel las **conclusiones**)
Il n'y a pas d'accent écrit au pluriel. L'accent tonique porte sur le ***o****, comme au singulier.*

concours

1 ▻ Il y a un concours pour entrer dans certaines écoles.
Hay un examen de ingreso para ciertas escuelas.

1 (pour entrer dans une école) el **examen de ingreso** (pluriel los **exámenes de ingreso**)
Il n'y a pas d'accent écrit au singulier. L'accent tonique porte sur le ***a****, comme au pluriel.*

2 ▻ Hubert s'est présenté à un concours pour travailler à la mairie.
Hubert hizo oposiciones para trabajar en el ayuntamiento.

2 (pour obtenir un poste) las **oposiciones**
Oposiciones *est un nom pluriel : on dit par exemple* ***las oposiciones fueron muy duras*** (le concours a été très dur).

3 ▻ Paul a gagné une montre dans un concours à la radio.
Paul ganó un reloj en un concurso de radio.

3 (= jeu) el **concurso**

concret, concrète

▻ Donne-moi un exemple concret.
Dame un ejemplo concreto.

concreto, concreta

concurrence

▷ Il y a beaucoup de concurrence entre les magasins de la ville.
Hay mucha competencia entre los comercios de la ciudad.

la **competencia**

*Le mot **concurrencia** existe aussi en espagnol, mais il veut dire « public » ou « foule ».*

concurrent, concurrente

1 ▷ L'entreprise de mes parents a beaucoup de concurrents.
La empresa de mis padres tiene muchos competidores.

1 (dans le commerce) el **competidor** (pluriel **los competidores**), la **competidora**

2 ▷ Chaque concurrent devait répondre à cinq questions.
Cada concursante tenía que contestar a cinco preguntas.

2 (dans un concours) el **concursante**, la **concursante**

condamnation

▷ C'est une condamnation injuste.
Es una condena injusta.

(= peine) la **condena**

condamner

▷ Le tribunal l'a condamné à un an de prison.
La corte le condenó a un año de cárcel.

► **condamner** quelqu'un **à** quelque chose : **condenar a** alguien **a** algo

condition

▷ Ils vivent dans des conditions atroces.
Viven en condiciones espantosas.

la **condición** (pluriel **las condiciones**)

*Il n'y a pas d'accent écrit au pluriel. L'accent tonique porte sur le **o**, comme au singulier.*

▷ Tu peux venir à condition de ne rien dire à Émilie.
Puedes venir a condición de que no le digas nada a Émilie.

► **à condition de** + indicatif : **a condición de que** + subjonctif

conducteur, conductrice

▷ La conductrice de la voiture était ivre.
La conductora del coche estaba borracha.

el **conductor** (pluriel **los conductores**), la **conductora**

conduire

1 ▷ Ici on conduit à droite.
Aquí se conduce a la derecha.

1 (en parlant d'un véhicule) **conducir**

2 ▷ Je conduis mon petit frère à l'école parce que ma mère est malade.
Acompaño a *ou* llevo a mi hermanito a la escuela porque mi madre está enferma.

2 ► **conduire** quelqu'un quelque part (= l'accompagner) : acompañar a *ou* llevar a alguien a alguna parte

3 ▷ Tu t'es conduit comme un imbécile !
¡Te portaste como un imbécil!

3 ► **se conduire** : portarse
*Le pronom réfléchi fonctionne de la façon suivante en espagnol : **me porto, te portas, se porta, nos portamos, os portáis, se portan**.*

conduite

1 ▷ Le prof a dit que ma conduite était inacceptable.
El profesor dijo que mi conducta era inaceptable.

1 (= comportement) la conducta

2 ▷ Sarah prend des leçons de conduite.
Sarah está aprendiendo a conducir.

2 ► **prendre des leçons de conduite** : aprender a conducir

cône

▷ Je voudrais un cône à la vanille, s'il vous plaît.
Quisiera un cucurucho de vainilla, por favor.

(= glace) el cucurucho
*Attention à la préposition : à la vanille = **de vainilla**.*

conférence

▷ Il y a une conférence sur la Chine à la mairie.
Hay una conferencia sobre China en el ayuntamiento.

la conferencia
Attention : le mot espagnol s'écrit sans accent.

confettis

▷ Tout le monde a jeté des confettis sur André.
Todo el mundo le lanzó confeti a André.

el confeti
***Confeti** est un nom singulier. On dit par exemple : **el confeti es azul y rojo** (les confettis sont bleus et rouges).*

*Attention : à la différence du français, le mot espagnol ne prend qu'un **t**.*

confiance

▷ Je te fais confiance *ou* j'ai confiance en toi.
Tengo confianza en ti *ou* Confío en ti.

la confianza
► **faire confiance à** quelqu'un *ou* **avoir confiance en** quelqu'un : tener confianza en *ou* confiar en alguien

confidence

▷ Davina a fait des confidences à Myriam.
Davina le hizo confidencias a Myriam.

► **faire des confidences à** quelqu'un : hacerle confidencias a alguien

confirmer

▷ Le directeur a confirmé que nous irions en voyage scolaire en mai.
El director confirmó que iríamos de viaje de estudios en mayo.

confirmar

confiserie

1 ▷ Où as-tu acheté ces bonbons ? – À la confiserie.
¿Dónde compraste esos caramelos? – En la confitería.

1 (= magasin) la **confitería**

ℹ *Remarquez que le mot espagnol porte sur le deuxième* ***i*** *un accent écrit qui reflète l'accent tonique.*

2 ▷ Clémentine mange trop de confiseries.
Clémentine come demasiados dulces.

2 (= bonbon) el **dulce**

confisquer

▷ Le prof a confisqué son lecteur MP3 à Manu.
El profesor le quitó el lector MP3 a Manu.

► **confisquer** quelque chose **à** quelqu'un **:** **quitarle** algo a alguien

confiture

▷ J'aime la confiture d'abricots.
Me gusta la mermelada de albaricoque.

la **mermelada**

confondre

▷ Ils se ressemblent tellement que je les confonds toujours.
Se parecen tanto que los confundo siempre.
▷ Je confonds toujours Marie avec sa sœur.
Confundo siempre a Marie con su hermana.

confundir

Si le complément est une personne, un groupe de personnes ou un animal domestique, n'oubliez pas de le faire précéder de ***a****.*

confort

▷ Mes parents vont dans des hôtels parce qu'ils aiment le confort.
Mis padres se alojan en hoteles porque les gusta el confort.

el **confort**

🔊 *Le mot espagnol* ***confort*** *se prononce comme en français.*

ℹ *On peut dire aussi* ***las comodidades****, toujours au pluriel.*

confortable

▷ L'auberge de jeunesse était assez confortable.
El albergue juvenil era bastante cómodo.

cómodo, cómoda

confus, confuse

1 ▷ La situation est assez confuse.
La situación es bastante confusa.

1 (= peu clair) **confuso, confusa**

2 ▷ Il était confus d'avoir fait cela.
Estaba avergonzado de haber hecho eso.

2 (= honteux) **avergonzado, avergonzada**

ℹ *Avec* ***avergonzado, avergonzada****, on utilise le verbe* ***estar*** *et non pas* ***ser****.*

congé

▷ Hervé a deux semaines de congé.
Hervé tiene dos semanas de vacaciones.
▷ Comme mes parents sont en congé, ils viennent me chercher à l'école.
Como mis padres están de vacaciones, me vienen a buscar al colegio.

las **vacaciones**
► **être en congé :** estar de vacaciones

congélateur

▷ Le congélateur ne marche pas.
El congelador no funciona.
▷ Tu as mis le pain au congélateur ?
¿Has puesto el pan en el congelador?

el **congelador** (pluriel los congeladores)
► **au congélateur :** en el congelador

congeler

▷ Je vais congeler ces restes.
Voy a congelar estos restos.

congelar

connaissance

1 ▷ Justine a de bonnes connaissances en espagnol.
Justine tiene buenos conocimientos de español.

1 ► **avoir de bonnes connaissances en :** tener buenos conocimientos de

2 ▷ Où as-tu fait la connaissance d'Antonio ?
¿Dónde conociste a Antonio?

2 ► **faire la connaissance de** quelqu'un **:** conocer a alguien
ℹ *Conocer signifie aussi « connaître ».*

connaître

1 ▷ Est-ce que vous connaissez Lisa ?
¿Conoce usted a Lisa?
▷ Je connais un bon restaurant dans le quartier.
Conozco un buen restaurante en este barrio.
▷ Isabelle a connu Sébastien à Biarritz.
Isabelle conoció a Sébastien en Biarritz.

1 **conocer**
*Si le complément est une personne, un groupe de personnes ou un animal domestique, n'oubliez pas de le faire précéder de **a**.*

2 ▷ Ils se sont connus il y a trois ans.
Se conocieron hace tres años.

2 ► **se connaître** (= se rencontrer) **:** conocerse
ℹ *Le pronom réfléchi fonctionne de la façon suivante en espagnol : **me conozco, te conoces, se conoce, nos conocemos, os conocéis, se conocen.***

se connecter

▷ Je ne peux pas me connecter à Internet.
No puedo conectarme a Internet.

(Internet) **conectarse**
ℹ *Le pronom réfléchi fonctionne de la façon suivante en espagnol : **me conecto, te conectas, se conecta, nos conectamos, os conectáis, se conectan.***

connexion

▷ Il me faut une connexion Internet.
Necesito una conexión a Internet.

(= raccordement) la **conexión** (pluriel **las conexiones**)

Attention à l'orthographe du mot espagnol.

Il n'y a pas d'accent écrit au pluriel. L'accent tonique porte sur le ***o****, comme au singulier.*

connu, connue

▷ C'est une chanteuse très connue.
Es una cantante muy conocida.

conocido, conocida

consciencieux, consciencieuse

▷ Il n'est pas très consciencieux.
No es muy concienzudo.

concienzudo, concienzuda

Concienzudo, concienzuda *s'utilise avec le verbe* ***ser*** *et non pas* ***estar****.*

conscient, consciente

1 ▷ Le conducteur de la voiture était encore conscient.
El conductor del coche todavía estaba consciente.

1 (= éveillé) **consciente**

Attention : le verbe qui traduit être *dans* être conscient *est* ***estar*** *et non* ***ser****. Comparez avec le sens 2.*

2 ▷ J'espère que tu es consciente de ce que tu as fait !
¡Espero que seas consciente de lo que has hecho!

2 ► **être conscient de** quelque chose : **ser consciente de** algo

conseil

▷ Tes conseils ont été très utiles.
Tus consejos fueron muy útiles.
▷ Je vais te donner un conseil.
Te voy a dar un consejo.

el **consejo**

conseiller

▷ Pouvez-vous nous conseiller un bon restaurant ?
¿Nos puede aconsejar un buen restaurante?
▷ Je vous conseille de partir tout de suite.
Os aconsejo que os marchéis en seguida.

► **conseiller** quelque chose **à** quelqu'un : **aconsejar** algo **a** alguien

► **conseiller à** quelqu'un **de** + infinitif : **aconsejarle a** alguien **que** + subjonctif

Attention à la concordance des temps : quand ***aconsejar*** *est au présent, le verbe de la subordonnée est au présent du subjonctif* ***(te aconsejo que no le digas nada)****, mais quand* ***aconsejar*** *est au passé, le verbe de la subordonnée doit être à l'imparfait du subjonctif* ***(nos aconsejó que no dijéramos nada)****.*

conseiller, conseillère

▷ Leur père est conseiller financier.
Su padre es consejero financiero.

▷ J'ai rendez-vous avec le conseiller d'orientation.
Tengo cita con el consejero de orientación.

(= expert) el **consejero**, la **consejera**

► **conseiller d'orientation :** consejero de orientación

conséquence

▷ L'accident a eu de graves conséquences.
El accidente tuvo graves consecuencias.

la **consecuencia**

par conséquent

▷ L'avion était en retard et, par conséquent, ils ont raté la correspondance.
El avión llevaba retraso y, por consiguiente, perdieron la conexión.

por consiguiente

conservateur, conservatrice

▷ Leurs parents sont très conservateurs.
Sus padres son muy conservadores.

el **conservador** (pluriel los conservadores), la **conservadora**

ℹ *Conservador, conservadora s'utilise avec le verbe ser et non pas estar.*

conservatoire

▷ Le conservatoire (de théâtre) est dans la rue Richelieu.
La escuela de arte dramático está en la calle Richelieu.

▷ Samantha veut aller au conservatoire (de musique) après le collège.
Samantha quiere ir al conservatorio después del colegio.

► **conservatoire** (de théâtre) : la escuela de arte dramático

► **conservatoire** (de musique) : el conservatorio

conserve

▷ Ma grand-mère fait des conserves.
Mi abuela hace conservas.

▷ Achète des tomates en conserve.
Compra tomates en conserva.

(en bocal) la **conserva**

► **en conserve :** en conserva

Regardez aussi ***boîte***

conserver

▷ On ne peut pas conserver le lait très longtemps.
La leche no se puede conservar mucho tiempo.

▷ Beaucoup de choses se conservent bien au congélateur.
Muchas cosas se conservan bien en el congelador.

(en parlant d'aliments) **conservar**

► **se conserver :** conservarse

ℹ *Le pronom réfléchi fonctionne de la façon suivante en espagnol : se conserva, se conservan.*

considérer

▷ Le prof considère que je pourrais avoir de meilleurs résultats.
El profe considera que podría obtener mejores resultados.

► **considérer que** (= penser que) : **considerar que**

consigne

1 ▷ On pourrait laisser nos bagages à la consigne.
Podríamos dejar el equipaje en la consigna.

1 (= bureau où on laisse ses bagages) la **consigna**

2 ▷ Le prof nous a donné des consignes très précises.
El profesor nos dio instrucciones muy precisas.

2 ► **consignes** (= instructions) : las **instrucciones**

console de jeux

▷ Si tu veux, on peut jouer sur ma console de jeux.
Si quieres, podemos jugar en mi consola de juegos.

la **consola de juegos** (pluriel las **consolas de juegos**)

consoler

▷ J'ai essayé de consoler la pauvre Bénédicte.
Intenté consolar a la pobre Bénédicte.

consolar

*Si le complément est une personne, un groupe de personnes ou un animal domestique, n'oubliez pas de le faire précéder de **a**.*

consommer

▷ Cette voiture consomme beaucoup d'essence.
Este coche consume mucha gasolina.

▷ Les Japonais consomment beaucoup de poisson.
Los japoneses consumen mucho pescado.

consumir

consonne

▷ Le *p* est une consonne.
La *p* es una consonante.

la **consonante**

ℹ *Les lettres en espagnol sont féminines : **la p**.*

construction

▷ La construction de la nouvelle école a commencé il y a un an.
La construcción de la nueva escuela empezó hace un año.

la **construcción** (pluriel las **construcciones**)

ℹ *Il n'y a pas d'accent écrit au pluriel. L'accent tonique porte sur le **o**, comme au singulier.*

construire

▷ Les Préjean veulent construire un garage dans leur jardin.
Los Préjean quieren construir un garaje en el jardín.

construir

consulter

▷ Tu as consulté ta messagerie ?
¿Has consultado tu mensajería instantánea?
▷ J'ai consulté un spécialiste.
Consulté a un especialista.

consultar

*Si le complément est une personne, un groupe de personnes ou un animal domestique, n'oubliez pas de le faire précéder de **a**.*

contact

1 ▷ Nous ne sommes pas restés en contact, c'est dommage.
No nos mantuvimos en contacto, es una lástima.
▷ Je suis resté en contact avec lui pendant des années.
Me he mantenido en contacto con él durante años.

1 (= relation) **contacto**
► **rester en contact : mantenerse en contacto**

*Le pronom réfléchi fonctionne de la façon suivante en espagnol : **me mantengo en contacto, te mantienes en contacto, se mantiene en contacto, nos mantenemos en contacto, os mantenéis en contacto, se mantienen en contacto**.*

2 ▷ Roberto a mis le contact mais le moteur n'a pas démarré.
Roberto le dio al contacto pero el motor no arrancó.
▷ Tu peux couper le contact maintenant.
Puedes apagar el contacto ahora.

2 ► **mettre le contact** (dans une voiture) : **darle al contacto**

► **couper le contact : apagar el contacto**

contagieux, contagieuse

▷ J'espère que ce rhume n'est pas contagieux !
¡Espero que este resfriado no sea contagioso!

contagioso, contagiosa

contaminer

▷ L'eau est contaminée par les pesticides.
El agua está contaminada por los pesticidas.

(= infecter) **contaminar**

conte

▷ Charles a un livre de contes africains.
Charles tiene un libro de cuentos africanos.
▷ Quand j'étais petite, j'adorais les contes de fées.
De pequeña, me encantaban los cuentos de hadas.

el **cuento**

► **conte de fées :** el **cuento de hadas** (pluriel **los cuentos de hadas**)

contenir

1 ▷ Est-ce que tu sais ce que contient cette boîte ?
¿Sabes lo que contiene esta caja?

1 (= renfermer) **contener**

2 ▷ Ce seau contient au moins dix litres.
Este cubo tiene capacidad para al menos diez litros.

2 (en parlant de la capacité) **tener capacidad para**

content, contente

▷ Tu n'as pas l'air content, qu'est-ce qu'il y a ?
No pareces contento, ¿qué te pasa?
▷ Quentin est content de ses résultats en maths.
Quentin está contento con sus resultados de matemáticas.
▷ Je suis contente de vous rencontrer.
Estoy contenta de conocerle.

contento, contenta

► **être content de** quelque chose : **estar contento con** algo

► **être content de** faire quelque chose : **estar contento de** hacer algo

contenu

▷ Le prix des timbres dépend du contenu du paquet.
El precio de los sellos depende del contenido del paquete.

el **contenido**

continent

▷ L'Afrique est un continent immense.
África es un continente inmenso.

el **continente**

continuellement

▷ Léon se plaint continuellement, c'est pénible !
Léon se queja continuamente, ¡qué pesado!

continuamente

continuer

▷ J'ai continué mon exposé sans faire attention à lui.
Continué la exposición sin prestarle atención.
▷ Continue, c'est très bien.
Continúa, está muy bien.
▷ Si tu continues à faire le clown, je m'en vais !
¡Como sigas haciendo el payaso, me voy!

continuar

ℹ *On peut dire aussi* ***seguir****.*

► **continuer à faire** quelque chose : **seguir haciendo** algo

ℹ *On peut aussi dire* ***continuar haciendo algo****.*

contour

▷ Adeline a tracé le contour de son dessin en rouge.
Adeline trazó el contorno de su dibujo en rojo.

el **contorno**

contraire

▷ « Chaud » est le contraire de « froide ».
"Caliente" es el contrario de "frío".
▷ Ça ne me dérange pas, au contraire.
No me molesta, al contrario.

► **le contraire :** el **contrario**

► **au contraire : al contrario**

contrairement à

▷ Contrairement à son frère, elle est très sympa.
Contrariamente a su hermano, es muy simpática.

contrariamente a

contrarier

▷ J'espère que je n'ai pas contrarié Hélène.
Espero que no haya contrariado a Hélène.

contrariar

*Si le complément est une personne, un groupe de personnes ou un animal domestique, n'oubliez pas de le faire précéder de **a**.*

contrat

▷ Il n'a pas de contrat de travail.
No tiene un contrato de trabajo.

el **contrato**

contravention

▷ Il y avait une contravention sur le parebrise.
Había una multa en el parabrisas.

▷ Ils lui ont mis une contravention parce qu'il s'était mal garé.
Lo multaron porque había aparcado mal.

la **multa**

► **mettre une contravention à** quelqu'un : **multar a** alguien

contre

1 ▷ Ne t'appuie pas contre le mur, je viens de le peindre !
¡No te apoyes contra la pared, acabo de pintarla!
▷ Le Real Madrid joue contre Lazio ce week-end.
El Real Madrid juega contra el Lazio este fin de semana.

1 **contra**

2 ▷ Tu es d'accord avec notre décision ? – Non, je suis contre !
¿Estás de acuerdo con nuestra decisión? – No, ¡estoy en contra!

2 ► **être contre : estar en contra**

3 ▷ Noël n'aime pas le café, mais par contre il adore le thé.
A Noël no le gusta el café, pero en cambio le encanta el té.

3 ► **par contre : en cambio**

contrebande

▷ Ils passent des cigarettes en contrebande.
Pasan cigarillos de contrabando.

el **contrabando**

► **passer** quelque chose **en contrebande : pasar** algo **de contrabando**

contrebandier, contrebandière

▷ La police a arrêté les contrebandiers.
La policía arrestó a los contrabandistas.

el **contrabandista**, la **contrabandista**

contredire

▻ Elle contredit tout le temps son mari.
Contradice a su marido todo el rato.

contradecir
Si le complément est une personne, un groupe de personnes ou un animal domestique, n'oubliez pas de le faire précéder de a.

contribuer à

▻ Vous pouvez aussi contribuer à la discussion.
Vosotros también podéis contribuir a la conversación.

contribuir a

contrôle

▻ J'ai eu une mauvaise note au contrôle de géo.
Saqué una mala nota en el control de geografía.
▻ Il n'y a pas de contrôle des passeports à la frontière.
No hay control de pasaportes en la frontera.
▻ La police peut faire des contrôles d'identité n'importe où.
La policía puede hacer controles de identidad donde sea.

el **control** (pluriel los controles)

► **contrôle des passeports :** control de pasaportes

► **contrôle d'identité :** control de identidad

contrôler

▻ La prof contrôle nos devoirs.
La profesora nos comprueba los deberes.
▻ Nos billets n'ont pas été contrôlés.
No nos han comprobado los billetes.

(= vérifier) **comprobar**

contrôleur, contrôleuse

▻ Le contrôleur est passé dans notre compartiment.
El revisor pasó por nuestro compartimento.

(dans le train, dans le métro) el **revisor** (pluriel los revisores), la **revisora**

convaincre

▻ On a essayé de convaincre Lucie, mais on n'y est pas arrivés.
Intentamos convencer a Lucie, pero no lo conseguimos.

convencer
Si le complément est une personne, un groupe de personnes ou un animal domestique, n'oubliez pas de le faire précéder de a.

convenir

1 ▻ Est-ce que l'heure te convient ?
¿Te va bien la hora?

1 ► **convenir à** quelqu'un (= lui aller, l'arranger) : ir bien a alguien

2 ▻ Ce travail ne convient pas à Paul.
A Paul no le conviene este trabajo.

2 ► **convenir à** quelqu'un (= être fait pour) : convenirle a alguien

conversation

▷ Nous avons eu une conversation très intéressante.
Tuvimos una conversación muy interesante.

la **conversación** (pluriel las **conversaciones**)

ℹ *Il n'y a pas d'accent écrit au pluriel. L'accent tonique porte sur le* **o**, *comme au singulier.*

convoquer

▷ Le proviseur a convoqué Victorien dans son bureau.
El director convocó a Victorien a su despacho.

convocar

Si le complément est une personne, un groupe de personnes ou un animal domestique, n'oubliez pas de le faire précéder de **a**.

copain

1 ▷ Est-ce que je peux aller au cinéma avec mes copains ?
¿Puedo ir al cine con los amigos?

1 (= ami) el **amigo**

2 ▷ C'est le nouveau copain de Josie.
Es el nuevo novio de Josie.

2 (= amoureux) el **novio**

copie

1 ▷ C'est l'heure de rendre les copies.
Es hora de entregar los exámenes.

1 (= devoir) el **examen** (pluriel los **exámenes**)

ℹ *Il n'y a pas d'accent écrit au singulier. L'accent tonique porte sur le* **a**, *comme au pluriel.*

2 ▷ Je vais faire une copie de cet article.
Voy a hacer una copia de este artículo.

2 (= copie d'un texte, d'une cassette) la **copia**

copier

1 ▷ Leila a copié le dessin.
Leila copió el dibujo.
▷ Judith a tout copié sur moi !
¡Judith lo ha copiado todo de mí!

1 **copiar**

Attention à la préposition : copier sur quelqu'un = *copiar de alguien.*

2 ▷ Il est interdit de faire du copier-coller.
Está prohibido copiar y pegar.

2 ► **copier-coller : copiar y pegar**

copieux, copieuse

▷ Les repas de l'hôtel sont très copieux.
Las comidas del hotel son muy abundantes.

abundante

copine

1 ▷ Est-ce que je peux aller au cinéma avec mes copines ?
¿Puedo ir al cine con las amigas?

1 (= amie) la **amiga**

2 ▷ C'est la nouvelle copine de Benoît.
Es la nueva novia de Benoît.

2 (= amoureuse) la **novia**

coq

▷ Le coq chante tous les matins à cinq heures.
El gallo canta todas las mañanas a las cinco.

el **gallo**

coque

1 ▷ La coque du bateau est verte.
El casco del barco es verde.

1 (d'un bateau) el **casco**

2 ▷ Il y a des œufs à la coque pour le petit déjeuner.
Hay huevos pasados por agua para el desayuno.

2 ► **œuf à la coque :** el **huevo pasado por agua** (pluriel **los huevos pasados por agua**)

coquelicot

▷ Il y a des coquelicots dans le jardin.
Hay amapolas en el jardín.

la **amapola**

coquet, coquette

▷ Étienne est très coquet.
Étienne es muy coqueto.

coqueto, coqueta

coquillage

1 ▷ On va ramasser des coquillages sur la plage.
Vamos a recoger conchas en la playa.

1 (= coquille vide) la **concha**

2 ▷ J'aime les coquillages, surtout les huîtres.
Me gustan los mariscos, sobre todo las ostras.

2 *Quand on parle de fruits de mer (par exemple les huîtres ou les moules), on dit* ***el marisco***.

coquille

1 ▷ Ana a cassé la coquille de l'œuf avec sa cuillère.
Ana rompió la cáscara del huevo con la cuchara.

1 (en parlant d'un œuf, d'une noix) la **cáscara**

ℹ *Remarquez que le mot espagnol porte sur le premier* ***a*** *un accent écrit qui reflète l'accent tonique.*

2 ▷ Où dois-je mettre les coquilles d'huîtres ?
¿Dónde tengo que poner las conchas de las ostras?

2 (en parlant d'un mollusque) la **concha**

coquin, coquine

▷ Le petit frère de Clarisse est très coquin.
El hermanito de Clarisse es muy pillo.

(en parlant d'un enfant) **pillo, pilla**

corbeau

▷ Il y a des corbeaux dans l'arbre.
Hay cuervos en el árbol.

el **cuervo**

Attention à l'orthographe.

corbeille

▷ Nous lui avons offert une corbeille de fruits.
Le regalamos una cesta de fruta.
▷ Jette ça dans la corbeille à papier.
Tira esto a la papelera.

(= panier) la **cesta**

► **corbeille à papier :** la **papelera**

corde

▷ La corde s'est cassée et Quentin est tombé.
La cuerda se rompió y Quentin se cayó.
▷ C'est ta corde à sauter ou la mienne ?
¿Ésta es tu comba o la mía?

la **cuerda**

► **corde à sauter :** la **comba**

cordonnerie

▷ La cordonnerie se trouve au coin de la rue.
La zapatería se encuentra en la esquina.

la **zapatería**

ℹ *Remarquez que le mot espagnol porte sur le* ***i*** *un accent écrit qui reflète l'accent tonique.*

cordonnier

▷ Le cordonnier va réparer mes chaussures.
El zapatero me va a arreglar los zapatos.
▷ Sophie est encore chez le cordonnier.
Sophie está todavía en la zapatería.
▷ Ils m'ont envoyé chez le cordonnier.
Me mandaron a la zapatería.

el **zapatero,** la **zapatera**

► **chez le cordonnier** (= dans le magasin) : **en la zapatería**
► **chez le cordonnier** (= vers le magasin) : **a la zapatería**

corne

▷ Ces vaches ont de longues cornes.
Estas vacas tienen unos cuernos largos.

(en parlant d'un animal) el **cuerno**

Contrairement au mot français, le mot espagnol est masculin.

cornemuse

▷ Cette cornemuse appartient à mon grand-père.
Esta gaita pertenece a mi abuelo.
▷ Il sait jouer de la cornemuse.
Sabe tocar gaita.

la **gaita**

► **jouer de la cornemuse : tocar gaita**

cornet

▷ Un cornet avec deux boules, s'il vous plaît.
Un cucurucho de dos bolas, por favor.
▷ Les cornets de frites valent un euro.
Los cucuruchos de patatas fritas cuestan un euro.

(= cornet de glace, de frites) el **cucurucho**

cornichon

▷ J'aime les cornichons avec le pâté.
Me gustan los pepinillos con el paté.

el **pepinillo**

corps

▷ Xavier a un corps très musclé.
Xavier tiene un cuerpo muy musculoso.

el **cuerpo**

correct, correcte

1 ▷ Le calcul n'était pas correct, nous avons dû le refaire.
El cálculo no era correcto, tuvimos que volver a hacerlo.

1 (= exact) **correcto, correcta**

Attention à bien prononcer les deux ***r*** *de* ***correcto****.*

2 ▷ Les repas sont corrects mais pas excellents.
Las comidas son pasables pero no son excelentes.

2 (= pas mal) **pasable**

correctement

▷ Si tu ne parles pas correctement, personne ne te comprendra !
¡Si no hablas correctamente, nadie te va a entender!
▷ On a mangé correctement pour dix euros.
Comimos correctamente por diez euros.

correctamente

Attention à bien prononcer les deux ***r*** *de* ***correctamente****.*

correction

1 ▷ Les corrections de la prof ne sont pas claires.
Las correcciones de la profesora no son claras.

1 (= sur un texte, un devoir) la **corrección** (pluriel **las correcciones**)

Il n'y a pas d'accent écrit au pluriel. L'accent tonique porte sur le ***o****, comme au singulier.*

Attention à bien prononcer les deux ***r*** *de* ***corrección****.*

2 ▷ Ludovic a reçu une bonne correction.
Ludovic recibió una buena paliza.

2 (= coups) la **paliza**

correspondance

1 ▷ Dépêche-toi, nous allons rater la correspondance !
¡Date prisa, vamos a perder el enlace!

1 (dans le métro, le bus) el **enlace**

Quand il s'agit d'un avion, on dit ***la conexión****.*

2 ▷ Mireille suit des cours par correspondance.
Mireille sigue cursos a distancia.

2 ► **par correspondance** (par la poste) : **a distancia**

correspondant, correspondante

▷ Son correspondant habite à Caracas.
Su amigo de correspondencia vive en Caracas.

el **amigo,** la **amiga de correspondencia**

▷ Agathe a une correspondante à Salamanque.
Agathe se cartea con una chica de Salamanca.

ℹ *On emploie aussi une expression avec le verbe* ***cartearse****.*

ℹ *Le pronom réfléchi fonctionne de la façon suivante en espagnol :* ***me carteo con..., te carteas con..., se cartea con..., nos carteamos con..., os carteáis con..., se cartean con...***

correspondre

1 ▷ Alban correspond avec un garçon américain.
Alban se cartea con un chico estadounidense.

1 ► **correspondre avec** quelqu'un (= lui écrire) : **cartearse con** alguien

ℹ *Le pronom réfléchi fonctionne de la façon suivante en espagnol :* ***me carteo con..., te carteas con..., se cartea con..., nos carteamos con..., os carteáis con..., se cartean con...***

2 ▷ Une livre anglaise correspond à 1,50 euro.
Una libra inglesa corresponde a 1,50 euro.

2 ► **correspondre à** quelque chose (= être équivalent) : **corresponder a** algo

🔊 *Attention à bien prononcer les deux* ***r*** *de* ***corresponder****.*

corriger

▷ Tu as oublié de corriger cette faute.
Se te olvidó corregir esta falta.
▷ Le prof va corriger les copies pour lundi.
El profesor va a corregir los exámenes para el lunes.

(= corriger une faute, des copies) **corregir**

🔊 *Attention à bien prononcer les deux* ***r*** *de* ***corregir****.*

✋ *Attention aussi à l'orthographe du mot* ***corregir*** *: le* ***e*** *et le* ***i*** *sont inversés par rapport au français.*

corse, Corse

1 ▷ Jean-Marc a l'accent corse.
Jean-Marc tiene acento corso.
▷ Il y a des Corses dans mon village.
Hay unos corsos en mi pueblo.

1 (adjectif, personne) **corso, corsa**

ℹ *S'écrit toujours avec une minuscule en espagnol, qu'il s'agisse de l'adjectif ou du nom.*

2 ▷ La Corse est une île.
Córcega es una isla.
▷ Il y a des paysages magnifiques en Corse.
Hay unos paisajes magníficos en Córcega.
▷ Nous avons décidé d'aller en Corse en août.
Hemos decidido ir a Córcega en agosto.

2 ► **la Corse** : **Córcega**

ℹ *Ne prend généralement pas d'article.*

► **en Corse** (= dans l'île) : **en Córcega**

► **en Corse** (= vers l'île) : **a Córcega**

ℹ *Remarquez que le mot* ***Córcega*** *porte sur le* ***o*** *un accent écrit qui reflète l'accent tonique.*

corvée

▷ Quelle corvée !
¡Qué lata!

la **lata**

Costa Rica

▷ La capitale du Costa Rica est San José.
La capital de Costa Rica es San José.
▷ Il est au Costa Rica.
Está en Costa Rica.
▷ Je vais au Costa Rica.
Voy a Costa Rica.

Costa Rica
ℹ *Ne prend généralement pas d'article.*
► **au Costa Rica** (= dans le pays) : **en Costa Rica**
► **au Costa Rica** (= vers le pays) : **a Costa Rica**

costaricain, costaricaine

▷ Les parcs naturels costaricains sont très beaux.
Los parques naturales costarriqueños son muy bonitos.
▷ Je connais plusieurs Costaricains.
Conozco a varios costarriqueños.

costarriqueño, costarriqueña *ou* **costarricense**
ℹ *S'écrit toujours avec une minuscule en espagnol, qu'il s'agisse de l'adjectif ou du nom.*
🔈 *Attention à bien prononcer les deux* ***r****.*

costaud, costaude

▷ Paul est très, très costaud !
¡Paul es muy muy fuerte!

(en parlant d'une personne) **fuerte**
ℹ *Le mot français* costaud *est familier, mais l'adjectif espagnol* ***fuerte*** *ne l'est pas.*

costume

▷ Mon père porte un costume pour aller travailler.
Mi padre lleva un traje para ir a trabajar.
▷ Les acteurs portent des costumes d'époque.
Los actores llevan trajes de época.

(pantalon et veste, déguisement) el **traje**

côte

1 ▷ Nous avons conduit le long de la côte.
Condujimos a lo largo de la costa.

1 (au bord de la mer) la **costa**

2 ▷ Je vous attendrai en haut de la côte.
Os esperaré arriba de la cuesta.

2 (= montée) la **cuesta**

3 ▷ Moussa s'est cassé une côte.
Moussa se ha roto una costilla.

3 (= la partie du corps) la **costilla**

4 ▷ Il y a des côtes de porc pour dîner.
Hay chuletas de cerdo para cenar.

4 (de porc ou d'agneau) la **chuleta** *ou* la **costilla**

côté

1 ▷ Les deux côtés de la feuille sont pleins.
Los dos lados de la hoja están llenos.
▷ Je t'attendrai de l'autre côté de la rue.
Te esperaré del otro lado de la calle.

1 el **lado**

► **de l'autre côté de :** del otro lado de

2 ▷ Le supermarché est à côté du stade.
El supermercado está al lado del estadio.
▷ À côté de sa sœur, Constance est minuscule !
¡Al lado de su hermana, Constance es minúscula!

2 ► **à côté de :** al lado de

3 ▷ Tu devrais mettre du chocolat de côté pour tout à l'heure.
Deberías guardar chocolate para luego.

3 ► **mettre** quelque chose **de côté :** guardar algo

coton

▷ Le coton est agréable à porter en été.
Es agradable llevar algodón en verano.

el **algodón**

ℹ *Remarquez que le mot espagnol porte sur le deuxième **o** un accent écrit qui reflète l'accent tonique.*

▷ Ce T-shirt est en coton.
Esta camiseta es de algodón.

► **en coton :** de algodón

coton-tige®

▷ Les cotons-tiges sont au-dessus du lavabo.
Los bastoncillos de algodón están encima del lavabo.

el **bastoncillo de algodón** (pluriel los bastoncillos de algodón)

ℹ *Remarquez que le mot **algodón** porte sur le deuxième **o** un accent écrit qui reflète l'accent tonique.*

cou

▷ La girafe a un long cou.
La jirafa tiene el cuello largo.

el **cuello**

couche

1 ▷ Le gâteau se compose de trois couches de chocolat et de crème.
El pastel se compone de tres capas de chocolate y crema.
▷ La couche d'ozone est plus mince qu'avant.
La capa de ozono es más delgada que antes.

1 (= épaisseur, en parlant d'un gâteau, de vêtements, de la neige) la **capa**

► **la couche d'ozone :** la capa de ozono

2 ▷ Tu as changé la couche du bébé ?
¿Has cambiado el pañal del bebé?

2 (pour bébé) el **pañal** (pluriel los pañales)

3 ▷ Il faut passer deux couches de peinture.
Es necesario echar dos manos de pintura.

3 ► **couche de peinture :** mano de pintura

couché, couchée

▻ Est-ce que tes parents sont déjà couchés ?
¿Tus padres ya están acostados?
▻ Louis était couché dans l'herbe.
Louis estaba tumbado en la hierba.

► **être couché** (= être au lit) : estar acostado *ou* acostada
► **être couché** (= étendu) : estar tumbado *ou* tumbada
ℹ *Au sens de « étendu », on peut dire aussi* ***estar echado*** *ou* ***echada****.*

coucher

1 ▻ On ne sait pas où on va coucher ce soir.
No sabemos dónde vamos a dormir esta noche.

1 (= dormir) dormir

2 ▻ Je ne veux pas me coucher, je ne suis pas fatiguée !
¡No me quiero acostar, no estoy cansada!

2 ► **se coucher** (= aller au lit) : acostarse
ℹ *Le pronom réfléchi fonctionne de la façon suivante en espagnol :* ***me acuesto, te acuestas, se acuesta, nos acostamos, os acostáis, se acuestan.***

3 ▻ J'ai envie de me coucher dans l'herbe.
Tengo ganas de tumbarme en la hierba.

3 ► **se coucher** (= s'étendre) : tumbarse
ℹ *On peut dire aussi* ***echarse****.*
ℹ *Le pronom réfléchi fonctionne de la façon suivante en espagnol :* ***me tumbo, te tumbas, se tumba, nos tumbamos, os tumbáis, se tumban.***

4 ▻ Le soleil se couche tôt en hiver.
El sol se pone temprano en invierno.

4 ► **se coucher** (en parlant du soleil, de la lune) : ponerse

5 ▻ Quel beau coucher de soleil !
¡Qué puesta de sol tan bonita!

5 ► **coucher de soleil :** la puesta de sol (pluriel las puestas de sol)

couchette

▻ J'ai réservé deux couchettes.
Reservé dos literas.

(dans un train, un bateau) la litera

coucou

1 ▻ Coucou, c'est moi ! Comment ça va ?
¡Hola, soy yo! ¿Qué tal?

1 (= bonjour !) ¡hola!

2 ▻ Il y a des coucous dans la forêt.
Hay cucos en el bosque.

2 (= oiseau) el cuco

3 ▻ Ils ont rapporté un coucou de Suisse.
Trajeron un reloj de cuco de Suiza.

3 (= pendule) el reloj de cuco (pluriel los relojes de cuco)

coude

▷ Je me suis cogné le coude contre la table, ça fait mal !
Me golpeé el codo contra la mesa, ¡cómo duele!

el **codo**

coudre

▷ Ma mère m'apprend à coudre.
Mi madre me está enseñando a coser.
▷ Juan ne sait même pas coudre un bouton !
¡Juan ni siquiera sabe coser un botón!

coser

couette

1 ▷ Cette couette n'est pas assez chaude.
Este edredón no es suficientemente caliente.

1 (sur le lit) el **edredón** (pluriel **los edredones**)

2 ▷ Bérénice se fait des couettes.
Bérénice se hace coletas.

2 ► **se faire des couettes : hacerse coletas**

*Remarquez que le mot espagnol porte sur le deuxième **o** un accent écrit qui reflète l'accent tonique.*

couler

1 ▷ L'eau coule sur le mur.
El agua corre en la pared.

1 (en parlant d'un liquide, des larmes) **correr**

*Veillez à bien prononcer les deux **r** de **correr**.*

2 ▷ Ce stylo coule, prête-m'en un autre.
Este boli gotea, préstame otro.

2 (en parlant d'un stylo, d'un robinet) **gotear**

3 ▷ Noémie est enrhumée, elle a le nez qui coule.
Noémie está constipada, tiene mocos.

3 ► **avoir le nez qui coule : tener mocos**

4 ▷ Le bateau a coulé mais personne ne s'est noyé.
El barco se hundió pero nadie se ahogó.

4 (en parlant d'un bateau) **hundirse**

*Le pronom réfléchi fonctionne de la façon suivante en espagnol : **se hunde, se hunden**.*

couleur

▷ La couleur préférée de Guillaume est le rouge.
El color preferido de Guillaume es el rojo.

el **color** (pluriel **los colores**)

*Attention : contrairement au français, le mot espagnol **color** est masculin.*

▷ De quelle couleur est la voiture de ton frère ?
¿De qué color es el coche de tu hermano?

► **de quelle couleur... ? : ¿de qué color...?**

▷ C'est l'un des premiers films en couleur.
Es una de las primeras películas en color.

► **en couleur** (en parlant d'un film, d'une photo, d'un téléviseur) : **en color**

couleuvre

▷ J'ai vu une couleuvre.
He visto una culebra.

la **culebra**

couloir

▷ Attends-nous dans le couloir.
Espéranos en el pasillo.
▷ Je préfère une place côté couloir.
Prefiero un asiento cerca del pasillo.

el **pasillo**

coup

1 ▷ Yann a donné à Marc un coup sur la tête.
Yann le dio un golpe en la cabeza a Marc.
▷ On a entendu des coups à la porte.
Oímos unos golpes en la puerta.
▷ Les garçons lui ont donné des coups de pied.
Los chicos le dieron patadas.
▷ Pauline a voulu me donner un coup de poing !
¡Pauline quiso darme un puñetazo!

1 (quand on frappe) el **golpe**

► **coup de pied :** la **patada**

► **coup de poing :** el **puñetazo**

2 ▷ On a bu un coup chez Sandrine.
Tomamos una copa en casa de Sandrine.

2 ► **boire un coup : tomar una copa**

3 ▷ Bravo, tu as réussi du premier coup !
¡Bravo, lo conseguiste a la primera!

3 ► **du premier coup : a la primera**

4 ▷ Fabrice a tout avalé d'un seul coup.
Fabrice se lo tragó todo de golpe.

4 ► **d'un seul coup** (= en une seule fois) **: de golpe**

5 ▷ Et tout à coup ou tout d'un coup, la lumière s'est éteinte.
Y de repente se apagó la luz.

5 ► **tout à coup** *ou* **tout d'un coup : de repente**

6 ▷ Vous avez entendu les coups de feu ?
¿Oísteis los disparos?

6 ► **coup de feu :** el **disparo**

7 ▷ Quand j'ai vu Robert, ça a été le coup de foudre !
Cuando vi a Robert, ¡fue un flechazo!

7 ► **coup de foudre** (en parlant d'amour) **:** el **flechazo**

8 ▷ Je dois passer un coup de fil.
Tengo que hacer una llamada.

8 ► **passer un coup de fil : hacer una llamada**

coupable

▷ Tout le monde pense que Cyril est coupable.
Todo el mundo piensa que Cyril es culpable.
▷ Je me sens coupable.
Me siento culpable.
▷ La coupable a été arrêtée par la police.
La culpable fue detenida por la policía.

culpable

coupe

1 ▷ Samuel a des billets pour la coupe d'Europe de foot.
Samuel tiene entradas para la Copa de Europa de fútbol.
▷ Je n'ai bu qu'une coupe de champagne mais j'étais un peu soûle.
Sólo bebí una copa de champán pero estaba un poco borracha.

1 (en parlant de sport, d'un verre) la **copa**

2 ▷ Tu peux choisir un gâteau ou une coupe de glace.
Puedes elegir entre un pastel y un helado.

2 ► **coupe de glace :** el **helado**

3 ▷ Tu as une très jolie coupe de cheveux.
Tienes un corte de pelo muy bonito.

3 ► **coupe de cheveux :** el **corte de pelo** (pluriel **los cortes de pelo**)

couper

1 ▷ Ce couteau ne coupe pas très bien.
Este cuchillo no corta muy bien.
▷ Ils ont coupé le téléphone à cause des travaux.
Han cortado el teléfono a causa de las obras.

1 **cortar**

2 ▷ Je coupe le gâteau, qui en veut un morceau ?
Voy a partir el pastel, ¿quién quiere un trozo?
▷ Elle a coupé le poulet en six morceaux.
Partió el pollo en seis trozos.

2 (en morceaux, en parts) **partir**

3 ▷ Cette histoire m'a coupé l'appétit !
¡Esta historia me ha quitado el apetito!

3 ► **couper l'appétit** à quelqu'un **:** **quitar el apetito a** alguien

4 ▷ Attention, tu vas te couper !
¡Cuidado, te vas a cortar!
▷ Caroline se coupe les cheveux elle-même.
Caroline se corta ella misma el pelo.

4 ► **se couper :** **cortarse**
ℹ *Le pronom réfléchi fonctionne de la façon suivante en espagnol : **me corto, te cortas, se corta, nos cortamos, os cortáis, se cortan.***

couple

▷ Il y avait un jeune couple en face de nous dans le train.
Había una pareja de jóvenes frente a nosotros en el tren.

la **pareja**

coupure

1 ▷ Daniel a une petite coupure au front.
Daniel tiene un pequeño corte en la frente.

1 (= blessure) el **corte**

2 ▷ Il y a tout le temps des coupures de courant.
Hay constantemente apagones.

2 ► **coupure de courant :** el apagón (pluriel los apagones)
ℹ *Il n'y a pas d'accent écrit au pluriel. L'accent tonique porte sur le o, comme au singulier.*

cour

1 ▷ Nous avons pris des photos dans la cour du château.
Sacamos fotos en el patio del castillo.

1 (d'un bâtiment) el **patio**

2 ▷ La cour de récréation est vide.
El patio de recreo está vacío.

2 ► **cour de récréation :** el patio de recreo (pluriel los patios de recreo)

courage

1 ▷ Il faut du courage pour faire ça.
Hace falta valor para hacer eso.

1 (= bravoure) el **valor**

2 ▷ Je n'ai pas le courage d'aller à la piscine aujourd'hui.
No tengo ánimos para ir a la piscina hoy.

2 ► **avoir le courage de** + infinitif (= avoir de l'énergie) : tener ánimos para + infinitif

3 ▷ Bon courage, Pepe !
¡Ánimo, Pepe!

3 ► **bon courage ! :** ¡ánimo!
ℹ *Remarquez que les mots espagnols* ***ánimo*** *et* ***ánimos*** *portent sur le* ***a*** *un accent écrit qui reflète l'accent tonique.*

courageux, courageuse

▷ Julie est très courageuse, elle n'a peur de rien.
Julie es muy valiente, no le asusta nada.

valiente

couramment

▷ Monsieur Lambert parle espagnol couramment.
El señor Lambert habla español con fluidez.

(quand on parle très bien une langue) **con fluidez**

courant, courante ADJECTIF

▷ Ce mot n'est pas très courant.
Esta palabra no es muy corriente.

(= fréquent) **corriente** *ou* **común**

courant NOM

1 ▷ Le courant a emporté la casquette.
La corriente se llevó la gorra.

1 (d'une rivière) la **corriente**

2 ▷ Le courant électrique est le même en Espagne et en France.
La corriente eléctrica es igual en España y en Francia.

2 ► **courant électrique :** la corriente eléctrica
Attention : contrairement au français, le mot espagnol ***corriente*** *est féminin.*

3 ▷ Vous êtes au courant de ce qui est arrivé à Toshi ?
¿Estáis al corriente de lo que le pasó a Toshi?

3 ► **être au courant :** estar al corriente

🔈 *Attention à bien prononcer les deux **r** de corriente.*

coureur, coureuse

1 ▷ Les coureurs américains ont gagné la médaille d'or.
Los corredores estadounidenses han ganado la medalla de oro.

1 (= athlète) el **corredor** (pluriel los corredores), la **corredora**

🔈 *Attention à bien prononcer les deux **r** de corredor et corredora.*

2 ▷ Momo veut devenir coureur automobile.
Momo quiere llegar a ser piloto de carreras.

2 ► **coureur automobile :** el piloto de carreras (pluriel los pilotos de carreras)

3 ▷ C'est un grand coureur cycliste.
Es un gran ciclista.

3 ► **coureur cycliste, coureuse cycliste :** el ciclista, la ciclista

courgette

▷ Un kilo de courgettes, s'il vous plaît.
Un kilo de calabacines, por favor.

el **calabacín** (pluriel los calabacines)

ℹ *Il n'y a pas d'accent écrit au pluriel. L'accent tonique porte sur le **i**, comme au singulier.*

courir

▷ Mouloud court très vite.
Mouloud corre muy rápido.
▷ Rosa est entrée en courant.
Rosa entró corriendo.
▷ Nous savons que nous courons un risque énorme.
Sabemos que corremos un riesgo enorme.

correr

🔈 *Attention à bien prononcer les deux **r** de correr.*

► **courir un risque :** correr un riesgo

couronne

▷ Le roi porte une couronne en or.
El rey lleva una corona de oro.

la **corona**

courrier

▷ Est-ce qu'il y a du courrier pour moi aujourd'hui ?
¿Hay correo para mí hoy?
▷ Tu peux me l'envoyer par courrier électronique.
Me lo puedes mandar por correo electrónico.

el **correo**

🔈 *Attention à bien prononcer les deux **r** de correo.*

► **courrier électronique :** el correo electrónico

cours

▷ Le cours de maths commence à onze heures trente.
La clase de mates empieza a las once y media.

(= leçon) la **clase**

▷ Nous avons cours le samedi matin.
Tenemos clase el sábado por la mañana.

► **avoir cours** (= aller à l'école) : **tener clase**

▷ Une remplaçante nous a fait cours parce que le prof d'allemand était malade.
Una sustituta nos dio clase porque el profesor de alemán estaba enfermo.

► **faire cours à** quelqu'un **: darle clase a** alguien

▷ Mélanie prend des cours particuliers de chinois.
Mélanie toma clases particulares de chino.

► **prendre des cours particuliers : tomar clases particulares**

course

1 ▷ La course est un sport très difficile.
Correr es un deporte muy difícil.

1 ► **la course** (= le sport) : **correr**

2 ▷ Il y a une course ce week-end à l'école.
Hay una carrera este fin de semana en el colegio.

2 ► une **course** (= une compétition) : una **carrera**

3 ▷ Tu veux faire la course avec moi ?
¿Quieres echarme una carrera?

3 ► **faire la course avec** quelqu'un **: echar una carrera a** alguien

4 ▷ Ils font les courses deux fois par semaine.
Hacen la compra dos veces por semana.

4 ► **faire les courses** (= faire des achats) : **hacer la compra**

Attention à bien prononcer les deux ***r*** *des mots* ***correr*** *et* ***carrera****.*

court, courte ADJECTIF

▷ Les jupes courtes sont à la mode.
Las faldas cortas están de moda.

corto, corta

court NOM

▷ Il y a des courts de tennis près de la piscine.
Hay pistas de tenis cerca de la piscina.

(de tennis, de squash ou de badminton) la **pista**

couscous

▷ Nous avons mangé un excellent couscous dans ce restaurant.
Comimos un excelente cuscús en ese restaurante.

el **cuscús** (pluriel **los cuscús**)

Remarquez que le mot espagnol porte sur le deuxième ***u*** *un accent écrit qui reflète l'accent tonique.*

cousin, cousine

▷ Ma cousine s'appelle Danielle.
Mi prima se llama Danielle.

el **primo**, la **prima**

coussin

▷ Les coussins du canapé sont confortables.
Los cojines del sofá son muy cómodos.

el **cojín** (pluriel **los cojines**)

ℹ *Il n'y a pas d'accent écrit au pluriel. L'accent tonique porte sur le* ***i****, comme au singulier.*

couteau

▷ Attention, ne te coupe pas avec ce couteau !
¡Cuidado, no te cortes con ese cuchillo!

el **cuchillo**

ℹ *Quand on parle d'un* **couteau de poche** *ou d'un* **couteau à cran d'arrêt**, *il faut dire* ***la navaja****.*

coûter

1 ▷ Le repas a coûté dix euros.
La comida costó diez euros.
▷ Combien ça coûte ?
¿Cuánto cuesta?

1 **costar**

2 ▷ Ces lunettes de soleil coûtent cher.
Estas gafas de sol son caras.

2 ► **coûter cher :** ser caro

coutume

▷ C'est une coutume espagnole très ancienne.
Es una costumbre española muy antigua.

la **costumbre**

couture

1 ▷ Ma mère aime faire de la couture.
A mi madre le gusta coser.

1 ► **faire de la couture :** coser

Attention à ne pas confondre avec ***cocer****, qui signifie « cuire ».*

2 ▷ La couture de ta veste est déchirée.
Tienes la costura de la chaqueta desgarrada.

2 ► une **couture** (= sur un tissu qu'on a cousu) : una **costura**

couvercle

▷ Je n'arrive pas à dévisser le couvercle du bocal.
No consigo desenroscar la tapadera *ou* la tapa del tarro.

la **tapadera** *ou* la **tapa**

couvert, couverte ADJECTIF

1 ▷ Il y a une piscine couverte près d'ici.
Hay una piscina cubierta cerca de aquí.

1 (en parlant d'une piscine, d'un court de tennis) **cubierto, cubierta**

Attention : le mot espagnol prend un ***b*** *là où le français prend un* ***v****.*

2 ▷ Mathieu est rentré de l'école couvert de bleus !
¡Mathieu volvió del colegio lleno de cardenales!

2 ► **couvert** *ou* **couverte de** (= plein ou pleine de) : **lleno** *ou* **llena de**

3 ▷ Le ciel est couvert aujourd'hui.
Hoy el cielo está nublado.

3 (en parlant du ciel, du temps) **nublado**

couvert NOM

1 ▷ Pour le pique-nique on va utiliser les couverts en plastique.
Para el picnic vamos a utilizar los cubiertos de plástico.

1 (pour manger) el **cubierto**

Attention : le mot espagnol prend un ***b*** *là où le français prend un* ***v****.*

2 ▷ C'est toujours moi qui mets le couvert, ce n'est pas juste !
Siempre soy yo el que pone la mesa, ¡no es justo!

2 ► **mettre le couvert :** poner la mesa

couverture

1 ▷ Si tu as froid, prends cette couverture.
Si tienes frío, coge esta manta.

1 (de lit) la **manta**

2 ▷ La couverture du cahier est abîmée.
La tapa del cuaderno está estropeada.

2 (d'un cahier, d'un livre) la **tapa**

On peut dire aussi ***la cubierta****.*

couvrir

1 ▷ Myriam a couvert la page de dessins.
Myriam cubrió la página de dibujos.
▷ Elle a couvert le bébé avec son manteau.
Cubrió al bebé con su abrigo.

1 **cubrir**

Si le complément est une personne, un groupe de personnes ou un animal domestique, n'oubliez pas de le faire précéder de ***a****.*
Attention à l'orthographe du mot espagnol.

2 ▷ Couvre-toi bien, il fait froid dehors.
Abrígate bien, hace frío fuera.

2 ► **se couvrir** (= s'habiller chaudement) : abrigarse

Le pronom réfléchi fonctionne de la façon suivante en espagnol : ***me abrigo, te abrigas, se abriga, nos abrigamos, os abrigáis, se abrigan****.*

CPE

▷ Je dois aller voir le CPE.
Tengo que ir a ver al asesor pedagógico.

el **asesor pedagógico** (pluriel los asesores pedagógicos), la **asesora pedagógica** (pluriel las asesoras pedagógicas)

Remarquez que le mot ***pedagógico*** *porte sur le premier* ***o*** *un accent écrit qui reflète l'accent tonique.*

crabe

▷ J'ai trouvé un petit crabe sur la plage.
Encontré un pequeño cangrejo en la playa.

el **cangrejo**

cracher

▷ C'est dégoûtant de cracher par terre !
¡Es asqueroso escupir en el suelo!

escupir

craie

▷ Le prof a demandé à Clara d'aller chercher de la craie.
El profesor le pidió a Clara que fuera a buscar tiza.
▷ La prof a écrit la date à la craie sur le tableau.
La profesora escribió la fecha con tiza en la pizarra.

(pour écrire au tableau) la **tiza**

*Notez la préposition utilisée en espagnol : à la craie = **con tiza**.*

cramer

1 ▷ J'ai cramé le dîner, il n'y a rien à manger !
He quemado la cena, ¡no hay nada que comer!

1 ► **cramer** quelque chose : **quemar algo**

2 ▷ Oh non, le gâteau a cramé !
¡Oh no, se ha quemado el pastel!

2 (= être brûlé, en parlant d'un gâteau, d'une feuille de papier, d'un immeuble) **quemarse**

*Le pronom réfléchi fonctionne de la façon suivante en espagnol : **se quema, se queman**.*
*Le mot français **cramer** est familier, mais les verbes espagnols **quemar** et **quemarse** ne le sont pas.*

crampe

▷ Laurent a des crampes à la jambe, il ne peut pas marcher.
Laurent tiene calambres en la pierna, no puede andar.

el **calambre**

crâne

▷ Nous avons trouvé un crâne de mouton dans le champ.
Encontramos un cráneo de oveja en el campo.

el **cráneo**

*Remarquez que le mot espagnol porte sur le **a** un accent écrit qui reflète l'accent tonique.*

crapaud

▷ Il y a des crapauds au bord du ruisseau.
Hay sapos a orillas del arroyo.

el **sapo**

craquer

1 ▷ Le vent soufflait, le parquet craquait, j'avais peur !
¡El viento soplaba, el parqué crujía, y yo tenía miedo!

1 (= grincer) **crujir**

2 ▷ La couture de mon pantalon a craqué.
Se me ha desgarrado la costura de los pantalones.

2 (= se déchirer, en parlant d'une couture ou d'un tissu) **desgarrarse**

Attention à bien prononcer les deux ***r***.

ℹ *Le pronom réfléchi fonctionne de la façon suivante en espagnol :* ***se desgarra, se desgarran***.

3 ▷ Ce cours est trop difficile, je craque !
¡Esta clase es demasiado difícil, no puedo más!

3 ► **je craque !** (= je n'en peux plus) : **¡no puedo más!**

4 ▷ Mélodie a craqué pour Nicolas.
Mélodie se ha enamorado de Nicolas.

4 ► **craquer pour** quelqu'un / quelque chose **:** **enamorarse de** alguien / algo

ℹ *Le pronom réfléchi fonctionne de la façon suivante en espagnol :* ***me enamoro, te enamoras, se enamora, nos enamoramos, os enamoráis, se enamoran***.

cravate

▷ Le père de Natacha porte une horrible cravate rouge et verte !
¡El padre de Natacha lleva una corbata roja y verde horrible!

la **corbata**

crawl

▷ Erika nage vraiment bien le crawl.
Erika nada crol muy bien.

el **crol**
► **nager le crawl :** **nadar crol**

crayon

▷ Est-ce que c'est ton crayon ?
¿Éste es tu lápiz?
▷ Le prof a dit d'écrire au crayon.
El profesor dijo que escribiéramos con lápiz.

el **lápiz** (pluriel **los lápices**)

ℹ *Remarquez que le mot espagnol porte sur le* ***a*** *un accent écrit qui reflète l'accent tonique.*
N'oubliez pas que le ***z*** *devient* ***c*** *au pluriel.*
Notez la préposition utilisée en espagnol : au crayon = ***con lápiz***.

▷ J'ai prêté mes crayons de couleur à Simeón.
Le presté los lápices de colores a Simeón.

► **crayon de couleur :** el **lápiz de colores** (pluriel **los lápices de colores**)

crèche

1 ▷ La petite sœur de Lola va à la crèche.
La hermanita de Lola va a la guardería.

1 (= garderie) la **guardería**

ℹ *Remarquez que le mot espagnol porte sur le* ***i*** *un accent écrit qui reflète l'accent tonique.*

2 ▷ Il y avait une crèche à l'église pour Noël.
Había un belén en la iglesia para Navidad.

2 (de Noël) el **belén** (pluriel **los belenes**)

*Il n'y a pas d'accent écrit au pluriel. L'accent tonique porte sur le deuxième **e**, comme au singulier.*

crédit

1 ▷ La banque a refusé de leur accorder un crédit.
El banco se negó a concederles un crédito.

1 (= prêt) el **crédito**

*Remarquez que le mot espagnol porte sur le **e** un accent écrit qui reflète l'accent tonique.*

2 ▷ Les parents d'Ève ont acheté une voiture à crédit.
Los padres de Ève compraron un coche a plazos.

2 ► **acheter** quelque chose **à crédit : comprar** algo **a plazos**

crème

1 ▷ Ces gâteaux sont pleins de crème.
Estos pasteles están llenos de crema.
▷ Elle se met de la crème sur le visage tous les matins.
Se pone crema en la cara cada mañana.
▷ Il y a beaucoup de crème fraîche dans cette recette.
Hay mucha nata en esta receta.

1 (= matière) la **crema**

► **crème fraîche : la nata**

2 ▷ Il y a de la crème au chocolat pour dessert.
De postre hay natillas de chocolate.

2 (= dessert) **natillas**

*Attention, **natillas** s'utilise toujours au pluriel.*

crémerie

▷ Où est la crémerie ? Je dois acheter du fromage.
¿Dónde está la mantequería? Tengo que comprar queso.

la **mantequería**

*Remarquez que le mot espagnol porte sur le **i** un accent écrit qui reflète l'accent tonique.*

crêpe

▷ On va faire des crêpes cet après-midi.
Vamos a hacer crepes esta tarde.

la **crepe**

crépu, crépue

▷ Malik a les cheveux crépus.
Malik tiene el pelo crespo.

crespo, crespa

crépuscule

▷ Il est parti au crépuscule.
Se fue al anochecer.

el **anochecer**

crétin, crétine

▷ Quel crétin ! Il a dit au prof que je n'avais pas fait mes devoirs !
¡Qué cretino! ¡Le dijo al profesor que yo no había hecho los deberes!

el **cretino**, la **cretina**

creuser

▷ Nous avons creusé un trou dans le jardin pour y planter un arbre.
Cavamos un hoyo en el jardín para plantar un árbol.

cavar

creux, creuse

1 ▷ Le tronc de l'arbre est creux.
El tronco del árbol está hueco.

1 (= vide) **hueco, hueca**

2 ▷ J'ai un creux, quand est-ce qu'on mange ?
Tengo hambre, ¿cuándo vamos a comer?

2 ► **avoir un creux** (= avoir faim) : **tener hambre**

3 ▷ Teresa va venir me voir parce qu'elle a un creux entre deux et trois.
Teresa vendrá a verme porque tiene tiempo libre de dos a tres.

3 ► **avoir un creux** (= un moment libre) : **tener tiempo libre**

crevant, crevante

▷ Cette balade était crevante !
¡Este paseo fue agotador!

(en parlant de quelque chose ou de quelqu'un qui fatigue) **agotador** (pluriel **agotadores**), **agotadora**

ℹ *Le mot français* crevant *est familier, mais l'adjectif espagnol* **agotador** *ne l'est pas.*

crevé, crevée

1 ▷ Le pneu est crevé et nous n'avons pas de roue de secours.
El neumático está pinchado y no tenemos rueda de recambio.
▷ Karim a eu un pneu crevé sur l'autoroute.
Karim pinchó en la autopista.

1 (en parlant d'un pneu) **pinchado, pinchada**

► **avoir un pneu crevé : pinchar**

2 ▷ Flora était crevée, elle est allée se coucher.
Flora estaba reventada, se fue a la cama.

2 (= fatigué, au sens familier) **reventado, reventada**

crever

1 ▷ Noémie a crevé le ballon de Fabio.
Noémie reventó el globo de Fabio.
▷ Les bulles de savon crèvent très vite.
Las burbujas de jabón revientan muy rápido.

1 (= exploser ou faire exploser) **reventar**

2 ▷ On a crevé sur l'autoroute.
Pinchamos en la autopista.

2 (= avoir un pneu crevé) **pinchar**

3 ▷ Je crève de faim ! Quand est-ce qu'on mange ?
¡Me muero de hambre! ¿Cuándo vamos a comer?
▷ Nous crevions de chaud dans la classe.
Nos moríamos de calor en la clase.
▷ Paul a crevé de froid pendant ses vacances au Canada.
Paul se murió de frío durante sus vacaciones en Canadá.

3 ► **crever de faim / chaud / froid** (= avoir très faim / chaud / froid) : **morirse de hambre / calor / frío**

ℹ *Le pronom réfléchi fonctionne de la façon suivante en espagnol :* ***me muero de..., te mueres de..., se muere de..., nos morimos de..., os morís de..., se mueren de...***

crevette

▷ J'adore les crevettes au curry.
Me encantan las gambas al curry.

la **gamba**

ℹ *Les petites* crevettes grises *s'appellent* ***camarón*** (pluriel **camarones**) *en espagnol.*

cri

▷ J'ai entendu des cris et je suis sortie pour voir ce qui se passait.
Oí unos gritos y salí a ver qué pasaba.

el **grito**

crier

▷ Ne crie pas, je ne suis pas sourd !
¡No grites, no estoy sordo!
▷ Alberto criait de douleur.
Alberto gritaba de dolor.

gritar

crime

▷ Le film raconte l'histoire d'un crime horrible.
La película cuenta la historia de un crimen horrible.
▷ Il est arrivé en retard ? Eh bien, ce n'est pas un crime !
¿Llegó tarde? ¡Pues no es un crimen!

el **crimen** (pluriel **los crímenes**)

ℹ *Il n'y a pas d'accent écrit au singulier. L'accent tonique porte sur le* ***i****, comme au pluriel.*

criminel, criminelle

▷ Le criminel s'est échappé après avoir tué le ministre.
El criminal se escapó después de haber matado al ministro.

(= meurtrier) el *ou* la **criminal** (pluriel **los** *ou* **las criminales**)

crinière

1 ▷ Le cheval a une belle crinière blanche.
El caballo tiene unas crines blancas hermosas.

1 (d'un cheval) las **crines**

ℹ ***Crines*** *est un nom pluriel : on dit par exemple* ***las crines del caballo son blancas*** (la crinière du cheval est blanche).

2 ▷ Les lionnes n'ont pas de crinière.
Las leonas no tienen melena.

2 (= crinière d'un lion) la **melena**

criquet

▷ Les criquets mangent leurs récoltes.
Los saltamontes se comen las cosechas.

el **saltamontes**

ℹ ***Saltamontes*** *prend toujours un* ***s****, même au singulier.*

crise

1 ▷ Hubert a souvent des crises d'asthme.
Hubert suele tener ataques de asma.
▷ Mon grand-père a eu une crise cardiaque.
Mi abuelo ha tenido un ataque al corazón.

1 (d'asthme, d'appendicite) el **ataque**

► **avoir une crise cardiaque : tener un ataque al corazón**

2 ▷ Il y a une crise économique au Japon.
Hay una crisis económica en Japón.

2 (= situation difficile) la **crisis** (pluriel **las crisis**)

3 ▷ Le père de Naïma a piqué une crise quand elle a refusé de faire ses devoirs.
El padre de Naïma se puso hecho una furia cuando ella se negó a hacer los deberes.

3 ► **piquer une crise** (= se mettre en colère) : **ponerse hecho** *ou* **hecha una furia**

ℹ *Le pronom réfléchi fonctionne de la façon suivante en espagnol :* ***me pongo hecho una furia, te pones hecho una furia, se pone hecho una furia, nos ponemos hechos unas furias, os ponéis hechos unas furias, se ponen hechos unas furias.***

crispé, crispée

▷ Ne sois pas si crispé, ce n'est pas difficile.
No te estés tan crispado, no es difícil.

crispado, crispada

Attention : le verbe qui traduit être dans être crispé est ***estar*** *et non* ***ser****.*

cristal

▷ Le cristal se casse facilement.
El cristal se rompe fácilmente.
▷ Ce vase est en cristal.
Este florero es de cristal.

el **cristal**

► **en cristal : de cristal**

ℹ ***Cristal*** *signifie aussi « verre » (= le matériau).*

critique

▷ Je n'ai qu'une critique à faire.
Sólo tengo una crítica que hacer.

la **crítica**

ℹ *Remarquez que le mot espagnol porte sur le premier* ***i*** *un accent écrit qui reflète l'accent tonique.*

critiquer

▷ Arrête de critiquer tout le monde et fais quelque chose !
¡Deja de criticar a todo el mundo y haz algo!

criticar

*Si le complément est une personne, un groupe de personnes ou un animal domestique, n'oubliez pas de le faire précéder de **a**.*

croche-patte, croche-pied

▷ Quentin m'a fait un croche-patte !
¡Quentin me ha puesto la zancadilla!

► **faire un croche-patte à** quelqu'un : poner la zancadilla a alguien

crochet

▷ J'ai besoin d'un crochet pour suspendre le tableau.
Necesito un gancho para colgar el cuadro.

(pour accrocher) el **gancho**

crocodile

▷ Il y a d'énormes crocodiles au zoo.
Hay unos cocodrilos enormes en el zoo.

el **cocodrilo**

*Attention à l'orthographe du mot espagnol **cocodrilo**.*

croire

▷ Je ne te crois pas !
¡No te creo!
▷ Je crois que le film est à huit heures.
Creo que echan la película a las ocho.
▷ Mes parents croient en Dieu.
Mis padres creen en Dios.
▷ Tu te crois malin !
¡Te crees listo!

creer

► **croire en** : creer en

► **se croire** + adjectif : creerse + adjectif

*Le pronom réfléchi fonctionne de la façon suivante en espagnol : **me creo listo, te crees listo, se cree listo, nos creemos listos, os creéis listos, se creen listos.***

croiser

1 ▷ Il a croisé les bras.
Cruzó los brazos.

1 (en parlant des bras, des jambes) **cruzar**

2 ▷ J'ai croisé Alban dans la rue.
Me cruzé con Alban en la calle.

2 (= rencontrer) **cruzarse con**

*Le pronom réfléchi fonctionne de la façon suivante en espagnol : **me cruzo con..., te cruzas con..., se cruza con..., nos cruzamos con..., os cruzáis con..., se cruzan con...***

3 ▷ On s'est croisées mais elle ne m'a pas reconnue.
Nos cruzamos pero no me reconoció.

3 ► **se croiser** (= se rencontrer) : cruzarse

ℹ *Pour le pronom réfléchi, regardez le sens 2.*

croisière

▷ Mes grands-parents ont fait une croisière aux Bahamas.
Mis abuelos hicieron un crucero por las Bahamas.

el **crucero**

croissant

▷ Je voudrais deux croissants, s'il vous plaît.
Quisiera dos cruasanes, por favor.

(= pâtisserie) el **cruasán** (pluriel los cruasanes)

ℹ *Il n'y a pas d'accent écrit au pluriel. L'accent tonique porte sur le deuxième a, comme au singulier.*

croix

▷ Mettez une croix en face de la bonne réponse.
Pongan una cruz delante de la respuesta correcta.

la **cruz** (pluriel las cruces)

ℹ *N'oubliez pas que le z devient c au pluriel.*

croquant, croquante

▷ Cette pomme est très croquante.
Esta manzana está muy crujiente.

crujiente

croque-monsieur

▷ Suzie a fait des croque-monsieur pour le déjeuner.
Suzie hizo unos sándwiches mixtos para el almuerzo.

el **sándwich mixto** (pluriel los sandwiches mixtos)

croquer

1 ▷ Nathan s'est cassé une dent en croquant un bonbon.
Nathan se rompió un diente comiendo un caramelo.

1 (= mordre un bonbon, un biscuit ou une pomme) **comer**

2 ▷ Ces pommes croquent, elles sont délicieuses.
Estas manzanas están crujientes, están riquísimas.

2 (= être croquant) **estar crujiente**

3 ▷ Elle a croqué dans la pomme et a fait une grimace horrible.
Mordió la manzana e hizo una mueca horrible.

3 ► **croquer dans** quelque chose : **morder** algo

croquette

▷ Madame Lépine a fait des croquettes de poisson.
La señora Lépine hizo croquetas de pescado.

la **croqueta**

croquis

▷ Je te fais un croquis pour que ce soit plus clair.
Te hago un croquis para que esté más claro.

el **croquis** (pluriel **los croquis**)

ℹ *L'accent tonique porte sur le* ***o*** *au singulier comme au pluriel.*

crotte

▷ Il y a beaucoup de crottes de chien dans cette rue.
Hay muchas cacas de perro en esta calle.

la **caca**

croustillant, croustillante

▷ J'aime le pain croustillant.
Me gusta el pan crujiente.

crujiente

croûte

1 ▷ Elle mange même la croûte du fromage !
¡Se come hasta la corteza del queso!

1 (du pain ou du fromage) la **corteza**

2 ▷ Ma plaie est sèche, maintenant il y a une croûte.
Mi herida está seca, ahora hay una costra.

2 (sur une plaie) la **costra**

croûton

1 ▷ Tu me donnes le croûton du pain ?
¿Me das el cuscurro del pan?

1 (= l'extrémité de la baguette) el **cuscurro**

Attention à bien prononcer les deux ***r*** *de* ***cuscurro****.*

ℹ *On peut dire aussi* ***el pico****.*

2 ▷ Je fais frire des croûtons pour la soupe à l'oignon.
Estoy friendo unos picatostes para la sopa de cebolla.

2 (= petit morceau de pain frit) el **picatoste**

croyance

▷ Cette pratique va à l'encontre de leurs croyances religieuses.
Esta práctica va en contra de sus creencias religiosas.

la **creencia**

croyant, croyante

▷ Mon grand-père est croyant.
Mi abuelo es creyente.

creyente

cru, crue

▷ Les Japonais mangent beaucoup de poisson cru.
Los japoneses comen mucho pescado crudo.

(= pas cuit) **crudo, cruda**

cruauté

▷ Les animaux sont traités avec cruauté.
Tratan a los animales con crueldad.

la **crueldad**

cruche

▷ Mets l'eau dans cette cruche.
Pon el agua en esta jarra.

(= pour servir l'eau) la **jarra**

◀) *Attention à bien prononcer les deux **r** de **jarra**.*

crudités

▷ Je n'aime pas les crudités.
No me gusta comer verduras crudas.

las **verduras crudas**

cruel, cruelle

▷ Elle est très cruelle.
Es muy cruel.

cruel (pluriel **crueles**)

crustacés

▷ Jean-Loup est allergique aux crustacés.
Jean-Loup es alérgico al marisco.

(= les crustacés qu'on mange) el **marisco**

ℹ ***Marisco*** *est un nom singulier : on dit par exemple* ***este marisco es excelente*** (ces crustacés sont excellents).

Cuba

▷ La capitale de Cuba est La Havane.
La capital de Cuba es La Havana.
▷ Il est à Cuba.
Está en Cuba.
▷ Je vais à Cuba.
Voy a Cuba.

Cuba

ℹ *Ne prend généralement pas d'article.*

► **à Cuba** (= dans le pays) : **en Cuba**

► **à Cuba** (= vers le pays) : **a Cuba**

cubain, cubaine

▷ J'adore la musique cubaine.
Me encanta la música cubana.
▷ Je connais plusieurs Cubains.
Conozco a varios cubanos.

cubano, cubana

ℹ *S'écrit toujours avec une minuscule en espagnol, qu'il s'agisse de l'adjectif ou du nom.*

cube

1 ▷ Ce bâtiment ressemble à un gros cube.
Este edificio es como un gran cubo.

1 el **cubo**

2 ▷ Mon frère adore jouer avec ses cubes.
A mi hermano le encanta jugar con cubos.

2 (de jeu de construction) el **cubo**

cueillir

▷ Cet après-midi on va cueillir des mûres.
Esta tarde vamos a coger moras.

coger

cuillère *ou* cuiller

▷ Les cuillères sont dans le tiroir.
Las cucharas están en el cajón.

▷ Ces cuillères à café sont en argent.
Estas cucharillas de café son de plata.

▷ Il y a trois cuillères à soupe de farine dans la recette.
Hay tres cucharas soperas de harina en la receta.

la **cuchara**

► **cuillère à café :** la **cucharilla de café** (pluriel **las cucharillas de café**)

► **cuillère à soupe :** la **cuchara sopera** (pluriel **las cucharas soperas**)

cuillerée

▷ Je dois prendre une cuillerée de sirop tous les matins.
Tengo que tomarme una cucharada de jarabe todas las mañanas.

la **cucharada**

cuir

▷ Le cuir est à la mode cette année.
El cuero está de moda este año.

▷ Le blouson de Basile est en cuir.
La cazadora de Basile es de cuero.

el **cuero**

► **en cuir :** **de cuero**

cuire

▷ La viande est en train de cuire.
La carne está cociendo.

▷ D'abord tu fais cuire les oignons.
Primero cueces la cebolla.

cocer

ℹ *Le verbe* **cocer** *correspond au verbe français* **cuire** *et à l'expression* **faire cuire**.

cuisine

▷ Joël est dans la cuisine.
Joël está en la cocina.

▷ Elle fait un stage de cuisine.
Está haciendo un cursillo de cocina.

▷ J'adore la cuisine indienne.
Me encanta la cocina india.

▷ Mon père fait la cuisine le week-end.
Mi padre cocina los fines de semana.

la **cocina**

► **faire la cuisine :** **cocinar**

cuisiner

▷ Il aime cuisiner.
Le gusta cocinar.

cocinar

cuisinier, cuisinière

(= métier) el **cocinero,** la **cocinera**

▷ Élodie veut être cuisinière.
Élodie quiere ser cocinera.

cuisinière

(= appareil ménager) la **cocina**

ℹ *Cocina signifie aussi « cuisine ».*

▷ Vous avez une cuisinière à gaz ou électrique ?
¿Tienen cocina de gas o eléctrica?

cuisse

el **muslo**

▷ Romain a une bande autour de la cuisse.
Romain tiene una venda alrededor del muslo.
▷ Tu préfères l'aile ou la cuisse ?
¿Prefieres muslo o pechuga?
▷ Je n'ai jamais mangé de cuisses de grenouille.
Nunca he comido ancas de rana.

► **cuisses de grenouille :** ancas de rana

cuit, cuite

1 (= pas cru) **cocido, cocida**

1 ▷ On peut manger les pommes crues ou cuites.
Las manzanas se pueden comer crudas o cocidas.

2 (avec *bien, trop* ou *pas assez*) **hecho, hecha**

2 ▷ Ces légumes sont trop cuits.
Estas verduras están demasiado hechas.
▷ Le steak n'était pas assez cuit.
El bistec no estaba suficientemente hecho.

cuivre

el **cobre**

▷ Le cuivre coûte cher.
El cobre cuesta caro.
▷ Ton bracelet est en cuivre ?
¿Tu pulsera es de cobre?

► **en cuivre, de cuivre :** de cobre

culot

la **cara**

ℹ *Cara signifie aussi « visage ».*

▷ Mercedes a vraiment du culot !
¡Mercedes tiene mucha cara!

culotte

(= sous-vêtement) las **bragas**

ℹ ***Bragas*** *est un nom pluriel : on dit par exemple* ***estas bragas son demasiado pequeñas*** (cette culotte est trop petite).

▷ On voit sa culotte sous sa jupe.
Se le ven las bragas debajo de la falda.

cultivé, cultivée

1 (= qui sait beaucoup de choses) **culto, culta**

1 ▷ Notre prof de français est très cultivée.
Nuestra profesora de francés es muy culta.

2 (en parlant de la terre) **cultivado, cultivada**

2 ▷ Le champ n'est pas cultivé.
El campo no esta cultivado.

cultiver

▷ Dans cette région, les agriculteurs cultivent du maïs.
En esta región, los agricultores cultivan maíz.

(des céréales ou des légumes) **cultivar**

culture

1 ▷ Quelles sont les principales cultures dans cette région ?
¿Cuáles son los principales cultivos en esta región?

1 (= plantes cultivées) el **cultivo**

2 ▷ C'est un magazine sur l'art et la culture.
Es una revista que trata de arte y cultura.
▷ Bastien a une bonne culture générale.
Bastien tiene una buena cultura general.

2 (= le savoir, les connaissances) la **cultura**
► **culture générale :** cultura general

curé

▷ Mon père connaît bien le curé du village.
Mi padre conoce muy bien al cura del pueblo.

el **cura**

cure-dent

▷ Il y a une boîte de cure-dents sur la table.
Hay una caja de palillos sobre la mesa.

el **palillo**

curieux, curieuse

▷ Ne sois pas si curieuse !
¡No seas tan curiosa!
C'est curieux, je pensais avoir fermé la porte à clé.
Qué curioso, pensaba haber cerrado la puerta con llave.

curioso, curiosa

curiosité

▷ Sa curiosité énerve beaucoup de gens.
Su curiosidad irrita a mucha gente.

la **curiosidad**

curry

▷ Il a préparé un curry d'agneau *ou* de l'agneau au curry.
Ha preparado cordero al curry.

el **curry** (pluriel los curries)

Attention à bien prononcer les deux ***r****.*

curseur

▷ Ces touches servent à déplacer le curseur.
Estas teclas sirven para mover el cursor.

(sur l'écran de l'ordinateur) el **cursor** (pluriel los cursores)

cutter

▷ Tu peux me prêter ton cutter pour couper ce morceau de carton ?
¿Me puedes prestar el cúter para cortar este pedazo de cartón?

el **cúter** (pluriel **los cúters**)

ℹ *Remarquez que le mot espagnol porte sur le **u** un accent écrit qui reflète l'accent tonique.*

cybercafé

▷ Gildas va au cybercafé parce qu'il n'a pas d'ordinateur chez lui.
Gildas va al cibercafé porque no tiene ordenador en casa.

el **cibercafé** (pluriel **los cibercafés**)

ℹ *Remarquez que le mot espagnol porte sur le deuxième **e** un accent écrit qui reflète l'accent tonique.*

cyberespace

▷ Cela n'existe que dans le cyberespace.
Esto no existe que en el ciberespacio.

el **ciberespacio**

cybernaute

▷ Les cybernautes explorent le cyberespace.
Los cibernautas exploran el ciberespacio.

el **cibernauta,** la **cibernauta**

cyborg

▷ C'est une planète peuplée de cyborgs.
Es un planeta poblado por cyborgs.

el **cyborg** (pluriel **cyborgs**)

cyclisme

▷ Le cyclisme est un sport très courant en France et en Espagne.
El ciclismo es un deporte muy común en Francia y en España.

el **ciclismo**

cycliste

▷ Nous avons doublé un groupe de cyclistes.
Adelantamos a un grupo de ciclistas.

el **ciclista,** la **ciclista**

cyclone

▷ Il y a eu un cyclone pendant qu'ils étaient en vacances aux États-Unis.
Hubo un ciclón mientras estaban de vacaciones en Estados Unidos.

el **ciclón** (pluriel **los ciclones**)

ℹ *Il n'y a pas d'accent écrit au pluriel. L'accent tonique porte sur le **o**, comme au singulier.*

cygne

▷ Il y a des canards et des cygnes sur le lac.
Hay patos y cisnes en el lago.

el **cisne**

cylindre

▷ C'est un cylindre en verre avec des bulles à l'intérieur.
Es un cilindro de vidrio con burbujas dentro.

el **cilindro**

Attention à l'orthographe du mot espagnol.

cymbale

▷ J'ai acheté des cymbales.
He comprado unos címbalos.

▷ Il sait jouer de la cymbale.
Sabe tocar címbalos.

el **címbalo**

► **jouer de la cymbale :** tocar címbalos

Contrairement au mot français, le mot espagnol est masculin.

Dd

d'abord

▷ D'abord, j'aimerais te dire que je suis très fâché.
Primero quisiera decirte que estoy muy enfadado.

primero

dame

1 ▷ Une dame t'a demandé au téléphone ce matin.
Una señora preguntó por ti al teléfono esta mañana.

1 (= femme) la señora

2 ▷ Je joue souvent aux dames avec Lucie.
Juego a menudo a las damas con Lucie.

2 ► **jouer aux dames :** jugar a las damas

Danemark

▷ Le Danemark est un pays scandinave.
Dinamarca es un país escandinavo.

▷ Marta voulait rester au Danemark.
Marta se quería quedar en Dinamarca.

▷ J'aimerais bien aller au Danemark.
Me gustaría mucho ir a Dinamarca.

Dinamarca

ℹ *Ne prend généralement pas d'article.*

► **au Danemark** (= dans le pays) **:** en Dinamarca

► **au Danemark** (= vers le pays) **:** a Dinamarca

danger

▷ C'est un documentaire sur les dangers du tabac.
Es un documental sobre los peligros del tabaco.

▷ Sa vie est en danger.
Su vida está en peligro.

▷ Cette eau est propre, on peut la boire sans danger.
Esta agua está limpia, se puede beber sin peligro.

el peligro

► **être en danger :** estar en peligro

► **sans danger :** sin peligro

dangereux

▷ N'approche pas du bord de la falaise, c'est trop dangereux !
¡No te acerques al borde del acantilado, es demasiado peligroso!

peligroso, peligrosa

▷ Il est dangereux de traverser la route ici.
Es peligroso cruzar la carretera aquí.

► **il est dangereux de** + infinitif :
es peligroso + infinitif

danois, danoise

▷ Notre voisine est danoise.
Nuestra vecina es danesa.
▷ Le danois est une langue scandinave.
El danés es un idioma escandinavo.

▷ Beaucoup de Danois sont blonds.
Muchos daneses son rubios.

danés (pluriel **daneses**), **danesa**

ℹ *Il n'y a pas d'accent écrit au pluriel ni au féminin. L'accent tonique porte sur le **e**, comme au masculin singulier.*
ℹ *S'écrit toujours avec une minuscule en espagnol, qu'il s'agisse de l'adjectif ou du nom.*

dans

1 ▷ Les agrafes sont dans le tiroir.
Las grapas están en el cajón.

1 (en parlant d'un endroit, quand il n'y a pas de déplacement) **en**

2 ▷ Cédric a sauté dans l'eau.
Cédric saltó al agua.

▷ Nous sommes entrés dans un café parce qu'il pleuvait.
Entramos en un café porque llovía.

2 (en parlant d'un endroit, quand il y a un déplacement) **a**

ℹ *N'oubliez pas que, quand **a** est suivi de **el**, les deux mots se contractent en **al**.*
*Mais attention : avec le verbe **entrar**, on utilise **en** et non pas **a**.*

3 ▷ Le film commence dans cinq minutes.
La película empieza dentro de cinco minutos.

3 (en parlant d'un délai) **dentro de**

danse

▷ La valse est une danse démodée.
El vals es un baile anticuado.
▷ Je n'aime pas la danse moderne.
No me gusta el baile moderno.
▷ Clémence fait de la danse classique.
Clémence practica danza clásica.

el **baile**

ℹ *On peut dire aussi **la danza**.*

► **la danse moderne :** el **baile moderno**
► **la danse classique : la danza clásica**

danser

▷ On a dansé toute la soirée.
Bailamos toda la noche.
▷ Tu sais danser le tango ?
¿Sabes bailar el tango?

bailar

danseur, danseuse

▷ La danseuse était très souple.
La bailarina tenía mucha flexibilidad.

el **bailarín** (pluriel **bailarines**), la **bailarina**

ℹ *Il n'y a pas d'accent écrit au pluriel ni au féminin. L'accent tonique porte sur le deuxième **i**, comme au masculin singulier.*

date

▷ Le prof écrit toujours la date au tableau.
El profesor siempre escribe la fecha en la pizarra.
▷ À quelle date devez-vous partir ?
¿Qué día tienen que irse?

la **fecha**

► **à quelle date... ? : ¿qué día...?**

datte

▷ Nous avons acheté des dattes fraîches au marché.
Compramos dátiles frescos en el mercado.

el **dátil** (pluriel **los dátiles**)

Attention : contrairement au français, le mot espagnol ***dátil*** *est masculin.*

Remarquez que le mot espagnol porte sur le ***a*** *un accent écrit qui reflète l'accent tonique.*

dauphin

▷ Des dauphins nageaient près du bateau.
Unos delfines nadaban cerca del barco.

el **delfín** (pluriel **los delfines**)

Il n'y a pas d'accent écrit au pluriel. L'accent tonique porte sur le ***i****, comme au singulier.*

davantage

▷ Tu devrais sortir davantage.
Deberías salir más.
▷ Ce prof nous donne davantage de devoirs que les autres.
Este profesor nos da más deberes que los demás.

más

► **davantage de... : más...**

de, des, du

1 ▷ Le cartable de Carla est très lourd.
La cartera de Carla es muy pesada.
▷ Une bouteille d'eau minérale, s'il vous plaît.
Una botella de agua mineral, por favor.
▷ Le nouveau vient de Rouen.
El chico nuevo viene de Ruán.
▷ Ils ont fait un voyage de trois semaines en Amérique du Sud.
Hicieron un viaje de tres semanas por América del Sur.
▷ Il y a un kilomètre de l'école à chez moi.
Hay un kilómetro del colegio a mi casa.
▷ Sandra sera en vacances du 8 au 25 juillet.
Sandra estará de vacaciones del 8 al 25 de julio.

1 *La préposition* de *se traduit presque toujours par* ***de*** *en espagnol. C'est le cas quand on parle de ce qui appartient à quelqu'un ou à quelque chose, quand on parle du contenu, du matériau dont est fait un objet, de la provenance, de la durée, etc.*

N'oubliez pas que, quand ***de*** *est suivi de* ***el****, les deux mots se contractent en* ***del****.*

2 ▷ Il a poussé la chaise du pied.
Empujó la silla con el pie.

2 *Quand on parle du moyen employé pour faire quelque chose, on dit* ***con****.*

3 ▻ Voulez-vous du café ?
¿Quiere café?
▻ Je n'ai pas de chance.
No tengo suerte.

3 *Quand* **de** *est article, c'est-à-dire quand il est employé pour désigner un certain nombre de choses ou de personnes, ou une certaine quantité de quelque chose (***de belles maisons, du poulet, des voitures***, etc.), il ne se traduit généralement pas en espagnol.*

▻ J'ai des amis à Toulouse.
Tengo (unos) amigos en Tolosa.

ℹ *Quand* **des** *est l'équivalent de* **quelques***, on peut le traduire par* ***unos****, mais ce n'est pas obligatoire.*

dé

▻ C'est ton tour de lancer le dé.
Te toca a ti lanzar el dado.

el **dado**

déballer

▻ D'abord nous avons déballé les assiettes et les verres.
Primero desembalamos los platos y los vasos.

desembalar

débarquer

1 ▻ Nous n'avons pas pu débarquer tout de suite, la porte de l'avion était coincée.
No pudimos desembarcar enseguida, la puerta del avión estaba atrancada.

1 (en parlant des passagers d'un avion ou d'un bateau) **desembarcar**

2 ▻ Ludo a débarqué chez nous à minuit !
¡Ludo se nos presentó en casa a medianoche!

2 (= arriver, au sens familier) **presentarse**

ℹ *Le pronom réfléchi fonctionne de la façon suivante en espagnol :* ***me presento, te presentas, se presenta, nos presentamos, os presentáis, se presentan.***

débarras

1 ▻ Il y a un débarras sous l'escalier.
Hay un trastero debajo de las escaleras.

1 (= placard) el **trastero**

2 ▻ Il est parti ? Bon débarras !
¿Se ha ido? ¡Pues adiós y hasta nunca!

2 ► **bon débarras ! : ¡adiós y hasta nunca !**

ℹ *Remarquez que le mot* ***adiós*** *porte sur le* ***o*** *un accent écrit qui reflète l'accent tonique.*

débarrasser

1 ▻ Débarrasse ma chambre de tout ce bazar !
¡Despeja mi habitación de todo este desorden!

1 (enlever ce qui encombre) **despejar**

2 ▻ C'est toujours moi qui débarrasse la table, ce n'est pas juste !
¡Siempre soy yo el que quita la mesa, no es justo!

2 ► **débarrasser la table : quitar la mesa**

3 ▷ Nous n'arrivions pas à nous débarrasser de Martial.
No conseguíamos deshacernos de Martial.
▷ Je vais me débarrasser de ce vieux manteau et en acheter un autre.
Voy a deshacerme de este viejo abrigo y comprarme otro.

3 ► **se débarrasser de :** **deshacerse de**

ℹ *Le pronom réfléchi fonctionne de la façon suivante en espagnol : **me deshago de, te deshaces de, se deshace de, nos deshacemos de, os deshacéis de, se deshacen de.***

se débattre

▷ Les quatre filles tenaient Teresa, qui se débattait.
Las cuatro chicas sujetaban a Teresa, que forcejeaba.

forcejear

débile

▷ Ce film est complètement débile.
Esta película es completamente estúpida.

(= idiot, au sens familier) **estúpido, estúpida**

ℹ *Le mot **estúpido** n'est pas familier.*
*Attention : le mot **débil** existe en espagnol, mais il signifie « faible ».*

débloquer

▷ C'est impossible de débloquer le tiroir.
Es imposible desatrancar el cajón.

(en parlant de quelque chose qui était coincé) **desatrancar**

déboisement

▷ Ils veulent stopper le déboisement.
Quieren parar el desmonte.

el **desmonte**

débordé, débordée

▷ Le prof est débordé, il a plus de cent copies à corriger.
El profesor está agobiado de trabajo, tiene más de cien exámenes para corregir.

► **être débordé** (de travail) : **estar agobiado** *ou* **agobiada de trabajo**

déboucher

1 ▷ Nous avons débouché une bouteille de champagne pour mon anniversaire.
Abrimos una botella de champán para mi cumpleaños.

1 (en parlant d'une bouteille) **abrir**

2 ▷ C'est un produit pour déboucher les lavabos.
Es un producto para desatascar los lavabos.

2 (en parlant d'un lavabo, d'un tuyau) **desatascar**

3 ▷ Cette rue débouche sur la place.
Esta calle desemboca en la plaza.

3 ► **déboucher sur** (en parlant d'une rue) : **desembocar en**

debout

1 ▷ Francisco était debout près de la porte.
Francisco estaba de pie cerca de la puerta.
▷ Mets la bouteille debout.
Pon la botella de pie.

2 ▷ Il est onze heures et elle n'est pas encore debout !
¡Son las once y todavía no se ha levantado!
▷ Allez, debout, c'est l'heure !
¡Venga, levántate, ya es hora!

1 (= pas assis, pas penché) **de pie**

2 *Pour dire que quelqu'un est debout, on utilise le verbe* ***levantarse*** *à un temps composé.*

ℹ *Pour dire à quelqu'un de se lever, on emploie le verbe* ***levantarse*** *à l'impératif :* ***¡levántate !*** (lève-toi !), ***¡levantaos!*** (levez-vous ! *[tutoiement]*), ***¡levántese!*** (levez-vous ! *[vouvoiement d'une personne]*), ***¡levántense!*** (levez-vous ! *[vouvoiement de plusieurs personnes]*).

débrancher

▷ Je vais débrancher l'ordinateur.
Voy a desenchufar el ordenador.

desenchufar

ℹ *Quand on parle du téléphone, on dit* ***desconectar****.*

se débrouiller

▷ Je peux me débrouiller toute seule, tu sais !
¡Puedo arreglármelas sola, sabes!
▷ Pierre s'est débrouillé pour avoir des billets.
Pierre se las arregló para obtener billetes.

arreglárselas

ℹ *Le pronom réfléchi fonctionne de la façon suivante en espagnol :* ***me las arreglo, te las arreglas, se las arregla, nos las arreglamos, os las arregláis, se las arreglan****.*

🔈 *Attention à bien prononcer les deux* ***r****.*

début

▷ Le début du roman n'est pas très bon.
El principio de la novela no es muy bueno.
▷ Au début de la réunion, tout le monde était d'accord.
Al principio de la reunión, todo el mundo estaba de acuerdo.
▷ J'ai rendez-vous chez le médecin au début du mois de mai.
Tengo hora con el médico a principios de mayo.
▷ Au début, je n'aimais pas Denis.
Al principio Denis no me caía bien.

el **principio**

ℹ *On peut dire aussi* ***el comienzo****.*

► **au début de : al principio de**

ℹ *Mais quand on parle d'une semaine, d'un mois, d'une année ou d'un siècle, on dit* ***a principios de****.*

► **au début** (= d'abord) : **al principio**

décalquer

▷ Tu peux juste décalquer la carte au lieu de la dessiner toi-même.
Basta con que calques el mapa en vez de dibujarlo tú mismo.

calcar

décapsuler

▷ Je n'arrive pas à décapsuler cette bouteille.
No consigo abrir esta botella.

abrir

décembre

▷ En décembre il fait très froid ici.
En diciembre hace mucho frío aquí.
▷ Nous partirons le vingt-six décembre.
Saldremos el veintiséis de diciembre.

diciembre

ℹ *Notez l'emploi de* ***de*** *en espagnol lorsqu'on dit la date.*

déception

▷ Le voyage scolaire a été annulé. Quelle déception !
Han anulado el viaje de estudios. ¡Qué decepción!

la **decepción** (pluriel las **decepciones**)

ℹ *Il n'y a pas d'accent écrit au pluriel. L'accent tonique porte sur le* ***o****, comme au singulier.*

décevant, décevante

▷ L'équipe a eu des résultats décevants.
El equipo ha tenido resultados decepcionantes.

decepcionante

décevoir

▷ Je ne veux pas te décevoir, mais...
No te quiero decepcionar, pero...

decepcionar

décharge

▷ Je vais emporter tout cela à la décharge.
Voy a llevar todo esto al vertedero.

(d'ordures) el **vertedero**

décharger

▷ Aide-moi à décharger la voiture, s'il te plaît.
Ayúdame a descargar el coche, por favor.

descargar

se déchausser

▷ Il faut se déchausser avant d'entrer dans les maisons japonaises.
Hay que descalzarse antes de entrar en las casas japonesas.

decalzarse

ℹ *Le pronom réfléchi fonctionne de la façon suivante en espagnol :* ***me descalzo, te descalzas, se descalza, nos descalzamos, os descalzáis, se descalzan.***

déchets

▷ Nous recyclons les déchets.
Reciclamos los desechos.

(= ordures) los **desechos**

déchirer

1 ▷ Attention, tu vas déchirer ton pantalon !
¡Cuidado, te vas a desgarrar los pantalones!

1 (en parlant d'un vêtement) **desgarrar**

Attention à bien prononcer les deux ***r*** *de* ***desgarrar****.*

2 ▷ Raïssa a déchiré la lettre de Paul.
Raïssa rasgó la carta de Paul.

2 (en parlant d'un papier) **rasgar**

décidément

▷ Décidément, tu n'as pas de chance !
¡Desde luego, no tienes suerte!

desde luego

décider

▷ La prof a décidé que nous ferions un test mardi prochain.
La profesora decidió que haríamos una prueba el martes que viene.

decidir

▷ Paul a décidé de peindre la cuisine en bleu.
Paul ha decidido pintar la cocina de azul.

► **décider de** faire quelque chose : **decidir** hacer algo

Notez que, contrairement au français, il n'y a pas de préposition entre ***decidir*** *et l'infinitif qui suit.*

▷ Bon, décide-toi, je suis pressé !
¡Bueno, decídete, tengo prisa!

► **se décider** : **decidirse**

▷ Finalement, Jorge s'est décidé à partir.
Finalmente, Jorge se decidió a marcharse.

► **se décider à** faire quelque chose : **decidirse a** hacer algo

Le pronom réfléchi fonctionne de la façon suivante en espagnol : ***me decido, te decides, se decide, nos decidimos, os decidís, se deciden****.*

décision

▷ C'est une décision très injuste.
Es una decisión muy injusta.

la **decisión** (pluriel **las decisiones**)

Il n'y a pas d'accent écrit au pluriel. L'accent tonique porte sur le ***o****, comme au singulier.*

▷ Nous avons pris la décision ensemble.
Tomamos la decisión juntos.

► **prendre une décision** : **tomar una decisión**

déclarer

▷ Lequel des deux pays a déclaré la guerre ?
¿Cuál de los dos países ha declarado la guerra?

declarar

▷

▷ Comme nous n'avons rien à déclarer, ça ne prendra pas beaucoup de temps à la douane.
Como no tenemos nada que declarar, no nos llevará mucho tiempo en la aduana.

► **quelque chose à déclarer :** algo que declarar

décléncher

1 ▷ Myriam a déclenché l'alarme du train par erreur.
Myriam activó la alarma del tren por error.

1 (en parlant d'une alarme, d'une sonnerie) **activar**

2 ▷ L'alarme de la voiture s'est déclenchée pendant la nuit.
La alarma del coche se activó durante la noche.

2 ► **se déclencher** (en parlant d'une alarme, d'une sonnerie) : **activarse**

décodeur

▷ Le décodeur est sur la télé.
El descodificador está sobre la tele.

el **descodificador** (pluriel los descodificadores)

décollage

▷ Le décollage de l'avion a été retardé.
El despegue del avión ha sido retrasado.

el **despegue**

décoller

▷ L'avion décollera à trois heures cinq.
El avión despegará a las tres y cinco.
▷ Geoffroy décolle les timbres pour les mettre dans sa collection.
Geoffroy despega los sellos para ponerlos en su colección.

despegar

▷ Le papier peint se décolle dans le couloir.
El papel pintado se está despegando en el pasillo.

► **se décoller :** despegarse
ℹ *Le pronom réfléchi fonctionne de la façon suivante en espagnol : se despega, se despegan.*

décolleté, décolletée

▷ La robe de Sara est très décolletée.
El vestido de Sara es muy escotado.

escotado, escotada

décoloré, décolorée

1 ▷ Cédric porte toujours des jeans décolorés.
Cédric siempre lleva vaqueros descoloridos.

1 (en parlant de vêtements) **descolorido, descolorida**

2 ▷ La prof de biologie a les cheveux décolorés.
La profesora de biología lleva el pelo teñido.

2 (en parlant des cheveux) **teñido**
ℹ *On peut dire aussi decolorado.*

décongeler

▷ Je dois penser à décongeler le poisson.
Tengo que pensar en descongelar el pescado.
▷ Les crevettes ont décongelé en deux heures.
Las gambas se descongelaron en dos horas.

► **décongeler** quelque chose : **descongelar** algo
(= se décongeler) **descongelarse**

ℹ *Le pronom réfléchi fonctionne de la façon suivante en espagnol : **se descongela, se descongelan.***

se déconnecter

1 ▷ Je dois me déconnecter dans cinq minutes.
Tengo que desconectarme dentro de cinco minutos.

1 **desconectarse**

2 ▷ Ils sont complètement déconnectés de la réalité.
Están totalmente desconectados de la realidad.

2 ► **être déconnecté de la réalité : estar desconectado de la realidad**

déconseiller

▷ Je te déconseille d'aller voir ce film.
Te desaconsejo que vayas a ver esa película.
▷ Je t'avais déconseillé de faire ça.
Te había desaconsejado que hicieras eso.
▷ Nos amis nous ont déconseillé ce camping.
Nuestros amigos nos desaconsejaron ese camping.

▷ Je te déconseille ce restaurant.
Te desaconsejo este restaurante.

► **déconseiller à** quelqu'un **de** + infinitif : **desaconsejar a** alguien **que** + subjonctif

ℹ *Pour traduire* **déconseiller quelque chose à quelqu'un**, *il faut employer en espagnol la même construction que ci-dessus, avec un verbe au subjonctif.*

*Attention à la concordance des temps : quand **desaconsejar** est au présent, le verbe de la subordonnée est au présent du subjonctif **(te desaconsejo que hagas eso)**, mais quand **desaconsejar** est au passé, le verbe de la subordonnée doit être à l'imparfait du subjonctif **(me desaconsejó que hiciera eso).***

décontracté, décontractée

1 ▷ L'ambiance est très décontractée dans ce bar.
El ambiente es muy distendido en este bar.

1 (en parlant de l'ambiance) **distendido, distendida**

2 ▷ Jules avait l'air très décontracté.
Jules parecía muy relajado.

2 (en parlant d'une personne) **relajado, relajada**

3 ▷ Le week-end, j'aime porter des vêtements décontractés.
Los fines de semana me gusta llevar ropa cómoda.

3 (en parlant des vêtements) **cómodo, cómoda**

ℹ *Remarquez que les mots **cómodo** et **cómoda** portent sur le premier **o** un accent écrit qui reflète l'accent tonique.*

décor

1 ▷ Les décors sont vraiment beaux dans ce film.
Los decorados de esta película son muy bonitos.

1 (en parlant d'une pièce de théâtre, d'un film) el **decorado**

2 ▷ Le décor est très agréable dans ce restaurant.
La decoración es muy agradable en este restaurante.

2 (en parlant d'une maison, d'un restaurant) la **decoración**

ℹ *Remarquez que le mot espagnol porte sur le deuxième o un accent écrit qui reflète l'accent tonique.*

décoration

▷ La décoration est bizarre chez eux.
La decoración de su casa es rara.

la **decoración**

ℹ *Remarquez que le mot espagnol porte sur le deuxième o un accent écrit qui reflète l'accent tonique.*

▷ Nous avons enlevé les décorations de Noël.
Quitamos los adornos navideños.

► **décorations de Noël :** los **adornos navideños**

décorer

▷ Je n'aime pas la façon dont ils ont décoré leur maison.
No me gusta cómo han decorado su casa.
▷ Le sapin de Noël est décoré de guirlandes.
El árbol de Navidad está decorado con guirnaldas.

(= orner) **decorar**

ℹ *Notez la préposition utilisée en espagnol :* décorer quelque chose de... = ***decorar algo con...***

décortiquer

▷ Je n'arrive pas à décortiquer ces crevettes.
No consigo pelar estas gambas.

(en parlant des crevettes ou des amandes) **pelar**

découper

1 ▷ Sonia découpe des photos de vedettes dans les magazines.
Sonia recorta fotos de artistas en las revistas.

1 (en parlant d'une photo, de papier) **recortar**

2 ▷ Qui va découper le poulet ?
¿Quién va a cortar el pollo?

2 (en parlant du poulet, du rôti) **cortar**

ℹ *On peut dire aussi* ***partir***.

décourageant, décourageante

▷ C'est décourageant d'avoir tout le temps des mauvaises notes.
Es muy desalentador sacar siempre malas notas.

desalentador (pluriel desalentadores), **desalentadora**

décourager

1 ▷ Elle essaie de ne pas décourager les élèves les plus faibles.
Trata de no desanimar a los alumnos más flojos.

1 **desanimar**

Si le complément est une personne, un groupe de personnes ou un animal domestique, n'oubliez pas de le faire précéder de ***a***.

2 ▷ Ne te décourage pas, essaie encore.
No te desanimes, inténtalo otra vez.

2 ► **se décourager : desanimarse**

Le pronom réfléchi fonctionne de la façon suivante en espagnol : ***me desanimo, te desanimas, se desanima, nos desanimamos, os desanimáis, se desaniman.***

découverte

▷ C'est une découverte extraordinaire.
Es un descubrimiento extraordinario.

▷ Des savants européens ont fait une découverte très importante.
Unos científicos europeos han hecho un descubrimiento muy importante.

el **descubrimiento**

Attention : contrairement au français, le mot espagnol ***descubrimiento*** *est masculin.*

► **faire une découverte : hacer un descubrimiento**

découvrir

▷ Un trésor a été découvert au fond de l'océan.
Han descubierto un tesoro en el fondo del océano.

(= trouver) **descubrir**

décrire

▷ Décris ton cousin pour voir si je le connais.
Describe a tu primo, a ver si lo conozco.

describir

Si le complément est une personne, un groupe de personnes ou un animal domestique, n'oubliez pas de le faire précéder de ***a****.*

décrocher

1 ▷ On va décrocher ce tableau.
Vamos a descolgar este cuadro.
▷ C'est toujours Martin qui décroche le téléphone.
Martin siempre es el que descuelga el telefóno.

1 (en parlant de quelque chose qui était en hauteur ou du téléphone)
descolgar

2 ▷ Les rideaux se sont encore décrochés.
Las cortinas se han descolgado otra vez.

2 ► **se décrocher** (en parlant de quelque chose qui était en hauteur) : **descolgarse**

Le pronom réfléchi fonctionne de la façon suivante en espagnol : ***se descuelga, se descuelgan.***

déçu, déçue

▷ J'espère que tu n'es pas trop déçu.
Espero que no estés demasiado decepcionado.

decepcionado, decepcionada

dedans

(= à l'intérieur) **dentro**

▷ Reste dedans, il fait trop froid dehors.
Quédate dentro, hace demasiado frío fuera.

▷ Regarde dans ce tiroir, je crois que les CD sont dedans.
Mira en ese cajón, creo que los CD están dentro.

dédicacé, dédicacée

dedicado, dedicada

▷ Hugo a des photos dédicacées de plusieurs footballeurs célèbres.
Hugo tiene fotos dedicadas de varios futbolistas famosos.

déduire

deducir

▷ Si on déduit le loyer du total, ce n'est pas très cher.
Si se deduce el alquiler del total, no resulta muy caro.

défaire

1 **deshacer**

1 ▷ Lulu a défait le nœud très soigneusement.
Lulu deshizo el nudo con mucho cuidado.

▷ Je déferai ma valise plus tard.
Desharé la maleta más tarde.

2 ► **se défaire** (en parlant d'un nœud, d'une coiffure) : **deshacerse**

2 ▷ Le chignon de Mónica s'est défait.
El moño de Mónica se ha deshecho.

défaut

(= imperfection) el **defecto**

▷ Il y a un défaut dans ce tissu.
Hay un defecto en esta tela.

▷ Tout le monde a des défauts.
Todo el mundo tiene defectos.

défendre

1 (= protéger, soutenir) **defender**

Si le complément est une personne, un groupe de personnes ou un animal domestique, n'oubliez pas de le faire précéder de ***a****.*

1 ▷ Pourquoi est-ce que tu défends toujours ton frère ?
¿Por qué defiendes siempre a tu hermano?

► **se défendre : defenderse**

Le pronom réfléchi fonctionne de la façon suivante en espagnol : ***me defiendo, te defiendes, se defiende, nos defendemos, os defendéis, se defienden****.*

▷ Ne la laisse pas te critiquer, défends-toi !
No la dejes criticarte, ¡defiéndete!

2 ▷ Mes parents me défendent de sortir.
Mis padres me prohiben que salga.

2 ► **défendre à** quelqu'un **de** + infinitif : **prohibir a** alguien **que** + subjonctif

*Attention à la concordance des temps : quand **prohibir** est au présent, le verbe de la subordonnée est au présent du subjonctif **(te prohíbo que lo hagas)**, mais quand **prohibir** est au passé, le verbe de la subordonnée doit être à l'imparfait du subjonctif **(me prohibió que lo hiciera)**.*

défendu, défendue

▷ Ne fais pas ça, c'est défendu.
No hagas eso, está prohibido.

(= interdit) **prohibido, prohibida**

Attention : le verbe qui traduit **être** *dans* **être défendu** *est* ***estar*** *et non* ***ser***.

défense

1 ▷ Le gouvernement dépense beaucoup d'argent pour la défense nationale.
El gobierno gasta mucho dinero en la defensa nacional.
▷ Sylvia a pris la défense de Yann.
Sylvia defendió a Yann.

1 (d'un pays, d'une personne) la **defensa**

► **prendre la défense de** quelqu'un : **defender a** alguien

2 ▷ Les chasseurs tuent les éléphants pour prendre leurs défenses.
Los cazadores matan los elefantes para quitarles los colmillos.

2 (d'un éléphant) **el colmillo**

3 ▷ L'écriteau dit « défense de fumer ».
El cartel dice "prohibido fumar".
▷ L'écriteau dit « défense d'entrer ».
El cartel dice "prohibida la entrada".

3 ► **défense de fumer : prohibido fumar**
► **défense d'entrer : prohibida** la **entrada**

défilé

▷ Nous sommes allés voir le défilé du quatorze juillet.
Fuimos a ver el desfile del catorce de julio.
▷ Marine est invitée à un défilé de mode.
Marine ha sido invitada a un desfile de moda.

el **desfile**

► **défilé de mode :** el **desfile de moda**

défiler

▷ Les militaires défilaient dans la rue.
Los militares desfilaban por la calle.

(en parlant de soldats ou de manifestants) **desfilar**

Notez la traduction de **dans la rue** *dans l'exemple ci-contre :* ***por la calle***.

définir

▷ Je ne sais pas comment définir ce mot.
No sé cómo definir esta palabra.

definir

définitif, définitive

▷ Est-ce que c'est un changement définitif ?
¿Es un cambio definitivo?

(= pour de bon) **definitivo, definitiva**

définition

▷ Voici la définition que j'ai trouvée dans le dictionnaire.
Aquí tienes la definición que he encontrado en el diccionario.

la **definición** (pluriel las **definiciones**)

ℹ *Il n'y a pas d'accent écrit au pluriel. L'accent tonique porte sur le* ***o****, comme au singulier.*

définitivement

▷ Il a été renvoyé définitivement.
Le expulsaron definitivamente.

definitivamente

défoncé, défoncée

▷ La portière était complètement défoncée.
La portezuela estaba completamente destrozada.

(= très abîmé) **destrozado, destrozada**

défoncer

▷ Les voleurs ont défoncé la porte.
Los ladrones echaron la puerta abajo.

(= défoncer une porte) **echar abajo**

déformé, déformée

▷ Ces chaussures sont déformées.
Estos zapatos están deformados.

deformado, deformada

se défouler

▷ Tu devrais faire du karaté pour te défouler.
Deberías hacer kárate pare desahogarte.

desahogarse

ℹ *Le pronom réfléchi fonctionne de la façon suivante en espagnol :* ***me desahogo, te desahogas, se desahoga, nos desahogamos, os desahogáis, se desahogan****.*

▷ Ce n'est pas la peine de te défouler sur moi !
¡No hace falta que te desquites conmigo!

► **se défouler sur** quelqu'un : **desquitarse con** alguien

ℹ *Le pronom réfléchi fonctionne de la façon suivante en espagnol :* ***me desquito, te desquitas, se desquita, nos desquitamos, os desquitáis, se desquitan****.*

se dégager

▷ Il s'est débattu et a réussi à se dégager.
Forcejeó y consiguió liberarse.

(= se libérer) **liberarse**

ℹ *Le pronom réfléchi fonctionne de la façon suivante en espagnol : **me libero, te liberas, se libera, nos liberamos, os liberáis, se liberan**.*

se dégonfler

1 ▷ Le ballon s'est dégonflé.
La pelota se ha deshinchado.

1 (en parlant d'un ballon, d'un pneu) **deshincharse**

ℹ *Le pronom réfléchi fonctionne de la façon suivante en espagnol : **se deshincha, se deshinchan**.*

2 ▷ Lucas s'est dégonflé au dernier moment.
Lucas se echó atrás en el último momento.

2 (= renoncer, sens familier) **echarse atrás**

ℹ *Le pronom réfléchi fonctionne de la façon suivante en espagnol : **me echo atrás, te echas atrás, se echa atrás, nos echamos atrás, os echáis atrás, se echan atrás**.*
*Remarquez que le mot **atrás** porte sur le deuxième **a** un accent écrit qui reflète l'accent tonique.*

dégouliner

1 ▷ Fais attention, la peinture dégouline sur tes chaussures !
¡Cuidado, que la pintura te está goteando sobre los zapatos !

1 (en parlant de quelque chose qui tombe goutte à goutte) **gotear**

2 ▷ Les larmes dégoulinaient sur sa figure.
Las lágrimas le corrían por la cara.

2 (en parlant des larmes) **correr**

dégourdi, dégourdie

▷ Martha n'est pas très dégourdie.
Martha no es muy espabilada.

espabilado, espabilada

dégoût

▷ J'ai essayé de cacher mon dégoût.
Intenté ocultar el asco que me daba.

el **asco**

dégoûtant, dégoûtante

▷ Il raconte toujours des histoires dégoûtantes.
Siempre cuenta historias asquerosas.

asqueroso, asquerosa

dégoûter

▷ Les escargots dégoûtent Marie.
A Marie le dan asco los caracoles.
▷ Ça ne te dégoûte pas de manger ça ?
¿No te da asco comer esto?

► **dégoûter** quelqu'un : dar asco a alguien

degré

▷ Il fait au moins trente degrés aujourd'hui.
Hoy hace por lo menos treinta grados.

el grado

dégueulasse

1 ▷ Le repas était vraiment dégueulasse.
La comida estaba realmente asquerosa.

1 (= mauvais, sale) asqueroso, asquerosa

2 ▷ Tu as été dégueulasse avec elle.
Te has comportado como un cerdo con ella.

2 ► **être dégueulasse avec** quelqu'un : comportarse como un cerdo *ou* una cerda con alguien

ℹ Dégueulasse *est un mot vulgaire, mais* asqueroso *et* cerdo *ne le sont pas.*

déguisement

▷ Lambert portait son déguisement de Batman.
Lambert llevaba su disfraz de Batman.

el disfraz (pluriel los disfraces)

ℹ *N'oubliez pas que le* z *devient* c *au pluriel.*

se déguiser

▷ Est-ce que tu vas te déguiser pour la soirée de Cyril ?
¿Te vas a disfrazar para la fiesta de Cyril?

disfrazarse

ℹ *Le pronom réfléchi fonctionne de la façon suivante en espagnol : me disfrazo, te disfrazas, se disfraza, nos disfrazamos, os disfrazáis, se disfrazan.*

▷ Anne veut se déguiser en infirmière.
Anne se quiere disfrazar de enfermera.

► **se déguiser en... :** disfrazarse de...

dehors

1 ▷ Est-ce qu'il fait froid dehors ?
¿Hace frío fuera?

1 (= à l'extérieur) fuera

2 ▷ En dehors de Pat et Laurent, personne ne s'est inscrit.
Aparte de Pat y Laurent, nadie se ha inscrito.

2 ► **en dehors de** (= sauf) : aparte de

déjà

1 ▷ Tu as déjà fini ?
¿Ya has terminado?
▷ Je t'ai déjà dit que ce n'était pas possible.
Ya te dije que no era posible.

1 (= dès maintenant) ya

ℹ *Notez la place de l'adverbe* ya *dans la phrase espagnole.*

2 ▷ Est-ce que tu as déjà mangé du poisson cru ?
¿Has comido pescado crudo alguna vez?

2 *Quand on demande à quelqu'un s'il a déjà fait quelque chose dans sa vie, on emploie l'expression* ***alguna vez*** *avec le passé composé.*

déjeuner

1 ▷ Le déjeuner est prêt !
¡La comida está lista!

1 ► **le déjeuner** (= le repas de midi) : **la comida**
ℹ *On peut dire aussi* ***el almuerzo****.*

2 ▷ Nous déjeunerons à midi.
Comeremos a mediodía.

2 (verbe = manger) **comer**
ℹ *On peut dire aussi* ***almorzar****.*

délai

1 ▷ Le prof nous a donné un délai de deux semaines pour préparer l'exposé.
El profesor nos dio un plazo de dos semanas para preparar la exposición.

1 (= temps accordé) el **plazo**

2 ▷ Nous avons demandé un délai au prof parce que nous n'avions pas fini.
Le pedimos una prórroga al profesor porque no habíamos terminado.

2 (= temps supplémentaire) la **prórroga**
ℹ *Remarquez que le mot espagnol porte sur le premier* ***o*** *un accent écrit qui reflète l'accent tonique.*
🔈 *Attention à bien prononcer les deux* ***r*** *de* ***prórroga****.*

délavé, délavée

▷ Les jeans délavés ne sont plus à la mode.
Los vaqueros descoloridos ya no están de moda.

(en parlant d'une couleur, d'un tissu) **descolorido, descolorida**

délégué, déléguée

▷ Rachid est notre délégué de classe.
Rachid es nuestro delegado de clase.

► **délégué** *ou* **déléguée de classe : delegado** *ou* **delegada de clase** (pluriel **delegados / delegadas de clase**)

délicat, délicate

▷ La soie est un tissu délicat.
La seda es un tejido delicado.
▷ C'est une question délicate.
Es una pregunta delicada.
▷ Ne sois pas si délicat, mange-le !
¡No seas tan delicado, cómetelo!

delicado, delicada

délicieux, délicieuse

▷ Le repas était vraiment délicieux, merci.
La comida estaba deliciosa, gracias.

(en parlant de nourriture) **delicioso, deliciosa**

délinquant, délinquante

▷ Il y a toujours eu des délinquants dans les grandes villes.
Siempre ha habido delincuentes en las grandes ciudades.

el **delincuente,** la **delincuente**

délirer

1 ▷ Il est très malade, il délire.
Está muy enfermo, está delirando.

1 (en parlant d'un malade fiévreux) **delirar**

2 ▷ Tu délires ! Tu ne penses pas sérieusement que je vais faire ça ?
¡Tú estás mal de la cabeza! ¿No piensas de verdad que voy a hacer eso?

2 (= être fou, au sens familier) **estar mal de la cabeza**

délivrer

▷ C'est un jeu où on doit délivrer les prisonniers.
Es un juego en el que se debe liberar a los prisioneros.

(= délivrer un prisonnier) **liberar**

Si le complément est une personne, un groupe de personnes ou un animal domestique, n'oubliez pas de le faire précéder de ***a***.

demain

▷ Demain c'est l'anniversaire de Rosa.
Mañana es el cumpleaños de Rosa.
▷ Je dois partir. À demain !
Me tengo que ir. ¡Hasta mañana!

mañana

► **à demain ! : ¡hasta mañana!**

i ***La mañana*** *signifie « le matin » ;* demain matin *se dit* ***mañana por la mañana***.

demande

▷ Lionel a fait une demande de bourse.
Lionel ha pedido una beca.

► **faire une demande de... : pedir...**

demander

1 ▷ Quentin m'a demandé une gomme.
Quentin me pidió una goma.

▷ Le prof nous a demandé de lire ce texte pour demain.
El profesor nos pidió que leyéramos este texto para mañana.

1 ► **demander** quelque chose **à** quelqu'un (= réclamer) : **pedir** algo **a** alguien

► **demander à** quelqu'un **de** + infinitif : **pedir a** alguien **que** + subjonctif

Attention à la concordance des temps : quand ***pedir*** *est au présent, le verbe de la subordonnée est au présent du subjonctif* ***(te pido que no digas nada)****, mais quand* ***pedir*** *est au passé, le verbe de la subordonnée doit être à l'imparfait du subjonctif* ***(me pidió que no dijera nada)****.*

2 ▷ Je vais demander l'heure à ce monsieur.
Le voy a preguntar la hora a este señor.
▷ Sara m'a demandé si je voulais aller à la piscine avec elle.
Sara me preguntó si quería ir a la piscina con ella.

2 (= poser une question) **preguntar**

3 ▷ Quelqu'un te demande au téléphone.
Alguien pregunta por ti al teléfono.

3 ► **demander** quelqu'un (quand on veut le voir ou lui parler) : **preguntar por** alguien

4 ▷ Je me demande pourquoi il n'est pas venu.
Me pregunto por qué no ha venido.
▷ Je me demande si mes parents vont me laisser sortir.
Me pregunto si mis padres me van a dejar salir.

4 ► **se demander... : preguntarse**

ℹ *Le pronom réfléchi fonctionne de la façon suivante en espagnol : **me pregunto, te preguntas, se pregunta, nos preguntamos, os preguntáis, se preguntan.***

démanger

▷ Est-ce que ta piqûre de moustique te démange ?
¿Te pica la picadura de mosquito?

picar

se démaquiller

▷ Nous nous sommes démaquillés après la pièce de théâtre.
Nos desmaquillamos después de la obra de teatro.

desmaquillarse

ℹ *Le pronom réfléchi fonctionne de la façon suivante en espagnol : **me desmaquillo, te desmaquillas, se desmaquilla, nos desmaquillamos, os desmaquilláis, se desmaquillan.***

*Attention à l'orthographe du mot espagnol **desmaquillarse**.*

démarrer

▷ La voiture a démarré sans aucun problème.
El coche arrancó sin ningún problema.

(en parlant d'un véhicule, d'un conducteur, d'un moteur) **arrancar**

*Attention à bien prononcer les deux **r** de **arrancar**.*

*Attention, **arrancar** signifie aussi « arracher ».*

déménager

▷ Samir et sa famille viennent de déménager.
Samir y su familia acaban de mudarse.

(= changer de maison) **mudarse**

ℹ *Le pronom réfléchi fonctionne de la façon suivante en espagnol : **me mudo, te mudas, se muda, nos mudamos, os mudáis, se mudan.***

démont, démente

▷ Ils vendent ces vêtements à des prix déments.
Venden esta ropa a unos precios alucinantes.

(= incroyable) **alucinante**

demi

1 ▷ Donne-moi juste un demi-verre de vin.
Dame sólo medio vaso de vino.

▷ Le vol dure deux heures et demie.
El vuelo dura dos horas y media.
▷ Le train arrive à deux heures et demie.
El tren llega a las dos y media.
▷ Trois kilos et demi de pommes de terre.
Tres kilos y medio de patatas.

1 ► **demi- : medio, media**

ℹ *Il n'y a pas de trait d'union en espagnol entre **medio** ou **media** et le nom qui suit. Notez aussi l'absence d'article avant **medio**.*

► **et demi, et demie : y medio, y media**

2 ▷ Mon père a bu un demi.
Mi padre bebió una caña.

2 ► un **demi** (de bière) : una **caña**

ℹ *Vous trouverez des mots qui commencent par* **demi-** *(comme* **demi-heure** *et* **demi-tour***) à leur place alphabétique dans ce dictionnaire.*

demi-finale

▷ La demi-finale se jouera au Stade de France.
La semifinal se jugará en el Stade de France.
▷ Notre équipe est en demi-finale.
Nuestro equipo está en la semifinal.

la **semifinal** (pluriel las **semifinales**)

► **être en demi-finale : estar en la semifinal**

demi-frère

▷ Roland a une sœur et un demi-frère.
Roland tiene una hermana y un hermanastro.

el **hermanastro**

demi-heure

▷ Ça m'a pris une demi-heure.
Me llevó media hora.

► **une demi-heure : media hora**

ℹ *Remarquez qu'en espagnol on n'emploie pas ici l'article **una**.*

demi-pensionnaire

▷ La plupart des élèves sont demi-pensionnaires.
La mayoría de los alumnos son mediopensionistas.

mediopensionista

demi-sœur

▷ Je m'entends très bien avec ma demi-sœur.
Me llevo muy bien con mi hermanastra.

la **hermanastra**

démission

▷ Ils réclament la démission du ministre.
Piden la dimisión del ministro.
▷ Elle a donné sa démission hier.
Presentó su dimisión ayer.

(d'un poste) la **dimisión** (pluriel las **dimisiones**)
► **donner sa démission : presentar su dimisión**

Attention à l'orthographe du mot espagnol.
Il n'y a pas d'accent écrit au pluriel. L'accent tonique porte sur le ***o****, comme au singulier.*

démissionner

▷ Le chef de mon père a démissionné.
El jefe de mi padre ha dimitido.

dimitir

demi-tarif

▷ Un demi-tarif pour *Le Livre de la jungle*, s'il vous plaît.
Un billete a mitad de precio para *El libro de la jungla*, por favor.

(= un billet) el **billete a mitad de precio** (pluriel **los billetes a mitad de precio**)

demi-tour

▷ Quand nous avons vu que le parc était fermé, nous avons fait demi-tour.
Cuando vimos que el parque estaba cerrado, dimos media vuelta.

► **faire demi-tour** (= revenir) : **dar media vuelta**

démocratie

▷ Ils veulent plus de démocratie dans leur pays.
Quieren más democracia en su país.

la **democracia**

démocratique

▷ C'est un droit dans les sociétés démocratiques.
Es un derecho en las sociedades democráticas.

democrático, democrática

démodé, démodée

▷ Le prof de maths porte toujours des vêtements démodés.
El profesor de matemáticas siempre lleva ropa pasada de moda.

(en parlant des vêtements ou du style) **pasado de moda** *ou* **pasada de moda** (pluriel **pasados de moda** *ou* **pasadas de moda**)

démolir

▷ Ils ont démoli le vieux cinéma.
Han derribado el viejo cine.

(un bâtiment ou un mur) **derribar**

Attention à bien prononcer les deux ***r*** *de* ***derribar****.*

démonstration

▷ C'est un modèle de démonstration.
Es un modelo de demostración.

(d'un appareil, d'un fonctionnement) la **demostración** (pluriel las **demostraciones**)

▷ Le vendeur a fait une démonstration.
El vendedor ha hecho una demostración.

► **faire une démonstration :** **hacer una demostración**

ℹ *Attention à l'orthographe du mot espagnol. Il n'y a pas d'accent écrit au pluriel. L'accent tonique porte sur le* ***o****, comme au singulier.*

démonter

▷ Georges a démonté son vélo pour le réparer.
Georges ha desmontado la bici para repararla.

desmontar

démontrer

▷ Si tu me démontres que c'est possible, je le ferai.
Si me demuestras que es posible, lo haré.

(= prouver) **demostrar**

démoralisé, démoralisée

▷ Suzie est démoralisée parce qu'elle a eu des mauvaises notes.
Suzie está desmoralizada porque sacó malas notas.

desmoralizado, desmoralizada

Attention à l'orthographe du mot espagnol.

dénoncer

1 ▷ Tu n'as pas honte de dénoncer tes copains ?
¿No te da vergüenza chivarte de los amigos?

1 (des camarades de classe) **chivarse de**

ℹ *Le pronom réfléchi fonctionne de la façon suivante en espagnol :* ***me chivo de..., te chivas de..., se chiva de..., nos chivamos de..., os chiváis de..., se chivan de...***

2 ▷ Finalement le coupable s'est dénoncé.
Finalmente el culpable confesó.

2 ► **se dénoncer :** **confesar**

ℹ *On peut dire aussi* ***denunciar****.*

dent

▷ Olivier s'est cassé une dent.
A Olivier se le ha roto un diente.

▷ J'ai mal aux dents.
Me duelen las muelas.

el **diente**

Attention : contrairement au français, le mot espagnol ***diente*** *est masculin.*

Pour dire que l'on a mal aux dents*, l'espagnol emploie une expression avec* ***muelas*** *et non* ***dientes****.*

dentelle

▷ La robe de Domi a de la dentelle sur le devant.
El vestido de Domi tiene encaje en la parte de delante.

el **encaje**

▷ Elle a acheté une nappe en dentelle.
Compró un mantel de encaje.

► **en dentelle :** **de encaje**

dentier

▷ Mon grand-père porte un dentier.
Mi abuelo lleva dentadura postiza.

la **dentadura postiza** (pluriel **las dentaduras postizas**)

dentifrice

▷ Zut, j'ai oublié le dentifrice !
¡Jolín, se me ha olvidado la pasta de dientes!

la **pasta de dientes**

dentiste

▷ Le dentiste est très gentil.
El dentista es muy amable.
▷ Marcel est chez le dentiste.
Marcel está en el dentista.
▷ Je vais chez le dentiste une fois par semaine.
Voy al dentista una vez por semana.

el *ou* la **dentista**

► **chez le dentiste** (= dans son cabinet) : **en el dentista**

► **chez le dentiste** (= vers son cabinet) : **al dentista**

dépanner

1 ▷ Quelqu'un est venu dépanner la machine à laver.
Alguien vino a reparar la lavadora.

1 ► **dépanner** quelque chose (= le réparer) : **reparar** algo

2 ▷ Un mécanicien est venu nous dépanner sur l'autoroute.
Un mecánico vino a repararnos el coche en la autopista.

2 ► **dépanner** quelqu'un (= réparer sa voiture) : **repararle el coche a** alguien

3 ▷ Est-ce que tu pourrais me dépanner ? J'ai besoin de quelqu'un pour garder le bébé.
¿Me podrías sacar de un apuro? Necesito a alguien para cuidar al bebé.

3 ► **dépanner** quelqu'un (= l'aider) : **sacar de un apuro a** alguien

départ

1 ▷ Le départ est prévu pour onze heures.
La salida está prevista para las once.
▷ Nous avons raté le départ de la course.
Nos perdimos la salida de la carrera.

1 (en parlant d'un voyage, d'une course) la **salida**

2 ▷ Après le départ de Rodrigo, tout le monde était triste.
Después de que Rodrigo se fuera, todo el mundo estaba triste.
▷ Je t'écrirai avant mon départ.
Te escribiré antes de irme.

2 *Quand on parle du* **départ de quelqu'un**, *on emploie généralement en espagnol une expression avec le verbe* ***irse***.

ℹ *Le pronom réfléchi fonctionne de la façon suivante en espagnol :* ***me voy, te vas, se va, nos vamos, os vais, se van.***

3 ▷ Au départ, Laure pensait que ce serait facile.
Al principio, Laure pensaba que iba a ser fácil.

3 ► **au départ** (= d'abord) : **al principio**

département

▷ L'université a plusieurs départements.
La universidad cuenta con varios departamentos.

el **departamento**

dépasser

1 ▷ C'était Luc dans la voiture qui nous a dépassés !
¡Era Luc en el coche que nos ha adelantado!

1 (= doubler, en voiture ou à pied) **adelantar**

2 ▷ Nous avons dépassé l'hôtel et nous avons tourné à droite.
Pasamos el hotel y giramos a la derecha.

2 (= aller plus loin que) **pasar**

3 ▷ Mon frère me dépasse de dix centimètres.
Mi hermano me sobrepasa en diez centímetros.

3 (en taille) **sobrepasar**

ℹ *Notez la préposition utilisée en espagnol :* **dépasser de** = *sobrepasar en.* *On peut dire aussi Mi hermano me lleva diez centímetros.*

Si le complément est une personne, un groupe de personnes ou un animal domestique, n'oubliez pas de le faire précéder de a.

4 ▷ Si ça dépasse dix euros, je ne l'achète pas.
Si cuesta más de diez euros, no lo compro.

4 *Pour dire que quelque chose dépasse un certain montant, on emploie l'expression costar más de.*

5 ▷ L'exposé ne doit pas dépasser une demi-heure.
La exposición no debe durar más de media hora.

5 *Pour dire que quelque chose dépasse une certaine durée, on emploie l'expression durar más de.*

se dépêcher

▷ Dépêche-toi, on est en retard !
¡Date prisa, vamos a llegar tarde!

darse prisa

ℹ *Le pronom réfléchi fonctionne de la façon suivante en espagnol : me doy prisa, te das prisa, se da prisa, nos damos prisa, os dais prisa, se dan prisa.*

▷ Je me suis dépêché de finir parce que le prof ramassait les copies.
Me apresuré a terminar porque el profesor recogía los exámenes.

► **se dépêcher de** faire quelque chose : **apresurarse a** hacer algo

ℹ *Le pronom réfléchi fonctionne de la façon suivante en espagnol : me apresuro, te apresuras, se apresura, nos apresuramos, os apresuráis, se apresuran.*

dépendre

1 ▷ Le résultat dépendra du nombre d'élèves.
El resultado dependerá del número de alumnos.

1 ► **dépendre de** quelque chose : **depender de** algo

2 ▷ Est-ce que tu vas aller à la soirée ? – Ça dépend.
¿Vas a ir a la fiesta? – Depende.

2 ► **ça dépend :** **depende**

dépense

▷ C'est une grosse dépense pour moi.
Es un gasto enorme para mí.

el **gasto**

dépenser

1 ▷ J'ai dépensé beaucoup d'argent le mois dernier.
Gasté mucho dinero el mes pasado.
▷ Cette machine à laver dépense beaucoup d'électricité.
Esta lavadora gasta mucha electricidad.

1 **gastar**

2 ▷ Tu ne te dépenses pas assez.
No haces suficiente ejercicio.

2 ► **se dépenser** (= faire de l'exercice) : **hacer ejercicio**

déplacé, déplacée

▷ Bertrand a fait une remarque déplacée.
Bertrand hizo un comentario fuera de lugar.

(= qui ne convient pas) **fuera de lugar**

déplacer

1 ▷ Si on déplace les tables et les chaises, il y aura plus de place au milieu.
Si cambiamos las mesas y las sillas de sitio, habrá más sitio en medio.

1 (un objet) **cambiar de sitio**

2 ▷ Le monsieur s'est déplacé pour que nous puissions nous asseoir.
El señor se cambió de sitio para que pudiéramos sentarnos.

2 ► **se déplacer** (= bouger) : **cambiarse de sitio**

ℹ *Le pronom réfléchi fonctionne de la façon suivante en espagnol : **me cambio de sitio, te cambias de sitio, se cambia de sitio, nos cambiamos de sitio, os cambiáis de sitio, se cambian de sitio**.*

3 ▷ La mère de Rita se déplace souvent pour son travail.
La madre de Rita viaja mucho para el trabajo.

3 ► **se déplacer** (= voyager) : **viajar**

déplaire

1 ▷ Leur attitude me déplaît.
No me gusta su actitud.
▷ Ça lui a déplu.
Eso no le gustó.

1 *En espagnol, pour dire que quelque chose nous déplaît, on emploie la forme négative de **gustar**.*

2 ▷ Ça ne me déplairait pas d'aller au Canada.
No estaría mal ir a Canadá.

2 *En espagnol, pour dire que quelque chose ne nous déplairait pas, on emploie l'expression **no estaría mal**.*

dépliant

▷ L'office du tourisme nous a envoyé des dépliants sur la région.
La oficina de turismo nos mandó unos folletos sobre la región.

el **folleto**

déplier

▷ La carte s'est envolée quand je l'ai dépliée.
El mapa se voló cuando lo desplegué.

desplegar

déposer

1 ▷ Anita a déposé ses bagages dans le couloir.
Anita dejó el equipaje en el pasillo.
▷ Tu veux que je te dépose à la gare ?
¿Quieres que te deje en la estación?
▷ J'ai déposé Juan à la gare.
He dejado a Juan en la estación.

1 (= poser, accompagner en voiture)
dejar

*Si le complément est une personne, un groupe de personnes ou un animal domestique, n'oubliez pas de le faire précéder de **a**.*

2 ▷ Je suis allée déposer un chèque sur mon compte.
Fui a ingresar *ou* **depositar un cheque en mi cuenta.**

2 (un chèque ou de l'argent liquide)
ingresar *ou* **depositar**

*Notez la préposition utilisée en espagnol : sur un compte = **en una cuenta**.*

dépression

1 ▷ La dépression est une maladie qui peut être grave.
La depresión es una enfermedad que puede ser grave.

1 la **depresión** (pluriel las **depresiones**)

*Remarquez que le mot espagnol porte sur le **o** un accent écrit qui reflète l'accent tonique.*

*Il n'y a pas d'accent écrit au pluriel. L'accent tonique porte sur le **o**, comme au singulier.*

▷ La prof de français faisait de la dépression.
La profesora de francés tenía una depresión.

► **faire de la dépression : tener una depresión**

2 ▷ La mère de Nanou a fait une dépression nerveuse.
La madre de Nanou sufrió una depresión nerviosa.

2 ► **faire une dépression nerveuse : sufrir una depresión nerviosa**

déprimant, déprimante

▷ Ce temps est déprimant.
Este tiempo es deprimente.

deprimente

déprimé, déprimée

▻ Qu'est-ce qui lui arrive ? Elle est déprimée ?
¿Qué le pasa? ¿Está deprimida?
▻ Gabriel a l'air déprimé.
Gabriel parece deprimido.

deprimido, deprimida

Attention : le verbe qui traduit **être** *dans* **être déprimé** *est* ***estar*** *et non* ***ser***.

depuis

▻ Nous sommes en vacances depuis vendredi.
Estamos de vacaciones desde el viernes.

▻ Depuis quand est-ce que tu le connais ?
¿Desde cuándo le conoces?
▻ Depuis que je prends des cours particuliers, j'ai de meilleures notes.
Desde que tomo clases particulares, saco mejores notas.
▻ Nous habitons ici depuis deux ans.
Vivimos aquí desde hace dos años.

▻ Depuis combien de temps est-ce que tu la connais ?
¿Desde cuándo la conoces?

Quand **depuis** *est suivi d'un mot ou d'une expression qui se rapporte à une date ou un moment donné dans le temps (par exemple* **depuis jeudi, depuis ce matin, depuis le mois dernier***), l'équivalent en espagnol est* ***desde (desde el jueves, desde esta mañana, desde el mes pasado)***.

► **depuis quand... ? :** ¿desde cuándo...?

► **depuis que :** desde que

Quand **depuis** *est suivi d'un mot ou d'une expression qui exprime une durée (par exemple* **depuis trois jours, depuis une heure, depuis trente ans***), l'équivalent en espagnol est* ***desde hace (desde hace tres días, desde hace una hora, desde hace treinte años)***.

► **depuis combien de temps... ? :** ¿desde cuándo...?

déranger

▻ Je ne veux pas déranger Susana pendant qu'elle travaille.
No quiero molestar a Susana mientras trabaja.
▻ Ça vous dérange si j'ouvre la fenêtre ?
¿Le molesta si abro la ventana?
▻ Ça te dérangerait de t'arrêter au supermarché ?
¿Te molestaría pararte en el supermercado?

molestar

Si le complément est une personne, un groupe de personnes ou un animal domestique, n'oubliez pas de le faire précéder de ***a***.

Notez que, contrairement au français, il n'y a pas de préposition entre ***molestar*** *et l'infinitif qui suit* ***(te molestaría pararte)***.

déraper

1 ▷ La voiture a dérapé dans le tournant.
El coche derrapó en la curva.

1 (en parlant d'une voiture) **derrapar**

*Attention à bien prononcer les deux **r** de **derrapar**.*

2 ▷ J'ai dérapé sur le trottoir et je suis tombé.
Resbalé en la acera y me caí.

2 (en parlant d'une personne) **resbalar**

déréglé, déréglée

▷ Ma montre est déréglée, tu as l'heure ?
Mi reloj no funciona bien, ¿qué hora tienes?

*Pour dire que quelque chose est déréglé, on emploie la tournure verbale **no funcionar bien**.*

dériver

1 ▷ Ils ont dérivé pendant plusieurs jours.
Estuvieron varios días a la deriva.

1 (en parlant d'un bateau) **estar a la deriva**

2 ▷ Ce mot dérive du latin.
Esta palabra deriva del latín.

2 ► **dériver de : derivar de**

dériveur

▷ Mon père a acheté un dériveur.
Mi padre ha comprado un pequeño velero.

el **pequeño velero**

dermatologue

▷ Mon oncle était dermatologue.
Mi tío era dermatólogo.
▷ Adeline est chez le dermatologue.
Adeline está en el dermatólogo.
▷ Léon va chez le dermatologue à cause de ses boutons.
Léon va al dermatólogo a causa de sus granos.

el **dermatólogo**, la **dermatóloga**

ℹ *Remarquez que le mot espagnol porte sur le premier **o** un accent écrit qui reflète l'accent tonique.*

► **chez le dermatologue** (= dans son cabinet) : **en el dermatólogo**
► **chez le dermatologue** (= vers son cabinet) : **al dermatólogo**

dernier, dernière

1 ▷ C'est le dernier bonbon, tu le veux ?
Éste es el último caramelo, ¿lo quieres?
▷ Ils habitent au dernier étage.
Viven en el último piso.

1 **último, última**

ℹ *Remarquez que les mots **último** et **última** portent sur le **u** un accent écrit qui reflète l'accent tonique.*

2 ▷ Nous avons eu un test de géo lundi dernier.
Tuvimos una prueba de geografía el lunes pasado.
▷ Le mois dernier il a beaucoup plu.
El mes pasado llovió mucho.

2 (dans le temps) **pasado, pasada**

3 ▷ Il n'y aura plus de bonbons, celui-ci est le dernier.
Ya no habrá caramelos, éste es el último.
▷ Ursula et Jacobo sont arrivés les derniers.
Ursula y Jacobo llegaron los últimos.

3 ► **le dernier, la dernière :** el **último, la última**

4 ▷ Le prof a interrogé Corentin en dernier.
El profesor le hizo preguntas a Corentin en último lugar.

4 ► **en dernier : en último lugar**

dernièrement

▷ Est-ce que tu as vu Adèle dernièrement ?
¿Has visto a Adèle últimamente?

últimamente

ℹ *Remarquez que le mot espagnol porte sur le* ***u*** *un accent écrit qui reflète l'accent tonique.*

dérouler

1 ▷ Aide-moi à dérouler le tuyau d'arrosage.
Ayúdame a desenrollar la manguera.

1 **desenrollar**

2 ▷ L'histoire se déroule à Rome.
La historia se desarrolla en Roma.

2 ► **se dérouler** (= avoir lieu) : **desarrollarse**

ℹ *Le pronom réfléchi fonctionne de la façon suivante en espagnol :* ***se desarrolla, se desarrollan****.*

🔈 *Attention à bien prononcer les deux* ***r*** *de* ***desarrollarse****.*

derrière

1 ▷ Les élèves les plus grands se mettront derrière pour la photo.
Los alumnos más altos se pondrán detrás para la foto.

1 (= au fond, à l'arrière) **detrás**

ℹ *Remarquez que le mot* ***detrás*** *porte sur le* ***a*** *un accent écrit qui reflète l'accent tonique.*

2 ▷ Assieds-toi derrière moi.
Siéntate detrás de mí.
▷ Attention, le prof est derrière toi !
¡Cuidado, el profesor está detrás de ti!

2 ► **derrière** quelqu'un *ou* quelque chose **: detrás de** alguien *ou* algo

3 ▷ Il m'a pincé le derrière !
¡Me pellizcó el trasero!

3 ► **le derrière** (= les fesses) : el **trasero**

des

Regardez le mot ***de****.*

dès

1 ▷ Tout le monde était prêt dès sept heures.
A las siete todo el mundo ya estaba listo.

1 *Pour dire que quelque chose se passe dès telle heure ou tel moment, on emploie en espagnol l'adverbe* ya*, qui signifie « déjà ». Notez la place de* ya *dans la phrase espagnole.*

2 ▷ Dès le début, j'ai su que ça serait difficile.
Desde el principio supe que iba a ser difícil.

2 ► **dès le début :** desde el principio

3 ▷ Téléphonez dès que vous arriverez.
Llamad en cuanto lleguéis.
▷ Je le ferai dès que possible.
Lo haré cuanto antes.

3 ► **dès que** + futur **:** en cuanto + subjonctif
► **dès que possible :** cuanto antes

désaccord

▷ Il a exprimé son désaccord.
Ha expresado su desacuerdo.
▷ Nous sommes toujours en désaccord.
Siempre estamos en desacuerdo.

(= divergence de points de vue) el desacuerdo
► **être en désaccord :** estar en desacuerdo

désagréable

▷ Léa a été désagréable avec la prof.
Léa fue desagradable con la profesora.
▷ Il est très désagréable d'avoir des crampes.
Es muy desagradable tener calambres.

desagradable
ℹ *Le mot espagnol* desagradable *ne porte pas d'accent écrit.*
► **il est désagréable de** + infinitif **:** es desagradable + infinitif

désapprouver

▷ Ils désapprouvent ces méthodes.
Desaprueban estos métodos.

desaprobar

désastre

▷ J'ai oublié le gâteau dans le four. Quel désastre !
Se me olvidó el pastel en el horno. ¡Qué desastre!

el desastre
ℹ *Le mot espagnol* desastre *ne porte pas d'accent écrit.*

désastreux, désastreuse

▷ Le résultat a été désastreux.
El resultado fue desastroso.

desastroso, desastrosa

descendre

1 ▷ L'ascenseur descend, on va le prendre.
El ascensor baja, lo vamos a coger.
▷ Tu peux descendre, s'il te plaît ? J'ai quelque chose à te dire.
¿Puedes bajar, por favor? Tengo algo que decirte.
▷ Est-ce que tu peux m'aider à descendre les valises ?
¿Me puedes ayudar a bajar las maletas?
▷ Jean-Loup a descendu la pente à toute vitesse.
Jean-Loup bajó la pendiente a toda velocidad.
▷ Descends du toit, tu vas te tuer !
¡Baja del tejado, te vas a matar!
▷ Tu descends cette rue et tu tournes à gauche.
Bajas por esta calle y giras a la izquierda.

1 *La plupart des sens de* **descendre** *se traduisent en espagnol par* ***bajar***.

► **descendre une rue :** bajar por una calle

2 ▷ On descend au prochain arrêt.
Nos bajamos en la próxima parada.
▷ Nous sommes descendus du train les premiers.
Nos bajamos del tren los primeros.

2 (en parlant du train, du métro, du bus) bajarse

ℹ *Le pronom réfléchi fonctionne de la façon suivante en espagnol :* ***me** **bajo**, **te bajas**, **se baja**, **nos bajamos**, **os bajáis**, **se bajan***.

descente

▷ La descente est très raide.
La bajada es muy empinada.

(= pente) la bajada

description

▷ Sa description du voyage scolaire était très drôle.
Su descripción del viaje de estudios fue muy divertida.

la descripción (pluriel las descripciones)

ℹ *Il n'y a pas d'accent écrit au pluriel. L'accent tonique porte sur le* ***o***, *comme au singulier.*

désemparé, désemparée

▷ Il était complètement désemparé.
Estaba totalmente desamparado.

desamparado, desamparada

Attention à l'orthographe du mot espagnol.

désert NOM

▷ Ils ont passé trois jours dans le désert en Tunisie.
Pasaron tres días en el desierto en Túnez.

el desierto

désert, déserte ADJECTIF

▷ Les rues sont désertes à partir de onze heures.
Las calles están desiertas a partir de las once.

desierto, desierta

désespéré, désespérée

▷ Olivia était désespérée quand ses parents lui ont interdit de sortir.
Olivia estaba desesperada cuando sus padres le prohibieron salir.

desesperado, desesperada

désespoir

▷ Le poème exprime son désespoir.
El poema expresa su desesperación.

la **desesperación**
Attention : contrairement au français, le mot espagnol est féminin.

déshabiller

1 ▷ Thomas a déshabillé le bébé pour le laver.
Thomas desnudó al bebé para lavarlo.

1 **desnudar**
*Le complément est une personne : n'oubliez pas de le faire précéder de **a**.*

2 ▷ Je n'aime pas me déshabiller devant les autres.
No me gusta desnudarme delante de los demás.

2 ► **se déshabiller : desnudarse**
*Le pronom réfléchi fonctionne de la façon suivante en espagnol : **me desnudo, te desnudas, se desnuda, nos desnudamos, os desnudáis, se desnudan**.*

désherber

▷ J'ai aidé ma mère à désherber le jardin.
Ayudé a mi madre a quitar las malas hierbas del jardín.

quitar las malas hierbas de

désigner

1 ▷ La flèche désigne la sortie.
La flecha señala la salida.

1 (= montrer) **señalar**

2 ▷ Nous désignerons les délégués de classe demain.
Mañana elegiremos a los delegados de clase.

2 (= élire, nommer) **elegir**
*Si le complément est une personne, un groupe de personnes ou un animal domestique, n'oubliez pas de le faire précéder de **a**.*

3 ▷ C'est un mot qui désigne un certain type d'oiseau.
Es una palabra que designa cierto tipo de pájaro.

3 (= s'appliquer à, en parlant d'un mot) **designar**

désinfecter

▷ Tu devrais désinfecter ton genou.
Deberías desinfectarte la rodilla.

desinfectar

désirer

▷ Je désire parler à votre mère, s'il vous plaît.
Quisiera hablar con su madre, por favor.
▷ Et comme boisson, que désirez-vous ?
Y de beber, ¿qué desea tomar?

*Pour dire de façon très polie qu'on désire faire quelque chose, on emploie en espagnol le verbe **querer** au conditionnel (**quisiera**). On peut dire aussi **desear**.*

désobéir

desobedecer

▷ Mon petit frère a encore désobéi et il s'est fait gronder.
Mi hermanito ha vuelto a desobedecer y le han regañado.
▷ Je n'ose pas désobéir à mon père.
No me atrevo a desobedecerle a mi padre.

► **désobéir à** quelqu'un **:** desobedecer a alguien

désobéissant, désobéissante

desobediente

▷ Lionel est très désobéissant.
Lionel es muy desobediente.

désolé, désolée

▷ Je suis désolé, mais ce n'est pas possible.
Lo siento, pero no es posible.
▷ Je suis désolée de vous déranger.
Siento mucho molestarlo.
▷ Désolé, c'est trop tard !
¡Lo siento, pero es demasiado tarde!

► **être désolé :** sentirlo

► **être désolé de** + infinitif **:** sentir mucho + infinitif

► **désolé !** *ou* **désolée ! :** ¡lo siento!

désordre

el desorden

▷ Quel désordre dans cette chambre !
¡Vaya desorden en esta habitación!

désorganisé, désorganisée

desorganizado, desorganizada

▷ C'est quelqu'un de très désorganisé.
Es una persona muy desorganizada.

désormais

a partir de ahora

▷ Désormais, j'irai à l'école à vélo.
A partir de ahora, iré al colegio en bici.

dessécher

1 resecar

1 ▷ Le vent dessèche la peau.
El viento reseca la piel.

2 ► **se dessécher :** resecarse

2 ▷ La plante s'est desséchée sur la fenêtre.
La planta se resecó en la ventana.

ℹ *Le pronom réfléchi fonctionne de la façon suivante en espagnol : **se reseca, se resecan**.*

dessert

▷ La glace est mon dessert préféré.
El helado es mi postre preferido.
▷ Qu'est-ce qu'il y a comme dessert ?
¿Qué hay de postre?

el **postre**

ℹ *Notez la préposition utilisée en espagnol : comme dessert = de postre.*

dessin

1 ▷ Il y a des dessins sur les murs.
Hay dibujos en las paredes.

1 el **dibujo**

2 ▷ Qui a fait ce dessin ? Il est très joli.
¿Quién ha hecho este dibujo? Es muy bonito.

2 ► **faire un dessin :** hacer un dibujo

3 ▷ Lola regarde des dessins animés à la télé.
Lola está mirando dibujos animados en la tele.

3 ► **dessin animé :** el dibujo animado (pluriel los dibujos animados)

dessiner

▷ Aurélien ne sait pas encore dessiner.
Aurélien no sabe dibujar todavía.
▷ Juana a dessiné un oiseau.
Juana dibujó un pájaro.

dibujar

dessous

1 ▷ Le cahier de maths est là et le classeur de français est dessous.
El cuaderno de mates está allí y la carpeta de francés está debajo.

1 **debajo**

2 ▷ Le dessous de la table est plein de chewing-gums, c'est dégoûtant !
La parte de abajo de la mesa está llena de chicles, ¡es asqueroso!

2 ► **le dessous de** quelque chose : la parte de abajo de algo

3 ▷ Regarde ce tas de livres, ton cahier est en dessous.
Mira esta pila de libros, tu cuaderno está debajo.

3 ► **en dessous** (= sous un objet) : debajo

4 ▷ Les gens qui habitent en dessous sont très sympas.
La gente que vive abajo es muy simpática.

4 ► **en dessous** (= à l'étage inférieur) : abajo

5 ▷ En dessous de dix euros, ce n'est vraiment pas cher.
A menos de diez euros es muy barato.

5 ► **en dessous de** (en parlant d'un prix) : a menos de

6 ▷ Les températures sont tombées en dessous de zéro.
Las temperaturas cayeron por debajo de cero.

6 ► **en dessous de** (en parlant d'une température) : por debajo de

dessous-de-plat

▷ Mets un dessous-de-plat, la soupière est brûlante.
Pon un salvamanteles, la sopera quema.

el **salvamanteles** (pluriel los salvamanteles)

dessus

1 ▷ Les chaises sont solides, tu peux poser les cartons dessus.
Las sillas son sólidas, puedes poner las cajas de cartón encima.

1 **encima**

2 ▷ Le dessus de l'armoire est plein de poussière.
La parte de arriba del armario está llena de polvo.

2 ► **le dessus de** quelque chose : **la parte de arriba de** algo

destination

▷ Quelle est votre destination ?
¿Cuál es su destino?

el **destino**

ℹ *Destino signifie aussi « destin ».*

▷ De quel quai part le train à destination de Tolède ?
¿De qué andén sale el tren con destino a Toledo?

► **à destination de** (en parlant d'un train ou d'un vol) : **con destino a**

détacher

1 ▷ Quelqu'un a détaché le chien et il s'est échappé.
Alguien desató el perro y se escapó.
▷ Ne détache pas ta ceinture de sécurité.
No te desates el cinturón de seguridad.

1 (un prisonnier, un animal ou une ceinture) **desatar**

2 ▷ Les chèques sont difficiles à détacher du chéquier.
Cuesta separar los cheques del talonario.

2 (un chèque, un ticket ou un timbre) **separar**

3 ▷ Alice a réussi à se détacher et à s'échapper.
Alice consiguió desatarse y escaparse.
▷ Attention, ta ceinture de sécurité s'est détachée.
Cuidado, que se te ha desatado el cinturón de seguridad.

3 ► **se détacher** (= se libérer, se défaire) : **desatarse**

ℹ *Le pronom réfléchi fonctionne de la façon suivante en espagnol : **me desato, te desatas, se desata, nos desatamos, os desatáis, se desatan.***

détail

▷ Il y a un détail que je n'ai pas compris.
Hay un detalle que no he entendido.
▷ Il nous a raconté l'histoire en détail.
Nos contó la historia con todo detalle.

el **detalle**

► **en détail** : **con todo detalle**

détaillé, détaillée

▷ C'est un rapport très détaillé.
Es un informe muy detallado.

detallado, detallada

détecter

▷ Ils ont détecté plusieurs erreurs.
Han detectado varios errores.

detectar

détective

▷ Sherlock Holmes est un célèbre détective privé.
Sherlock Holmes es un detective privado famoso.

el **detective,** la **detective**

déteindre

1 ▷ Mon jean a déteint, il est presque blanc maintenant.
Mis vaqueros se han desteñido, ahora están casi blancos.

1 (= perdre sa couleur) **desteñirse**

*Le pronom réfléchi fonctionne de la façon suivante en espagnol : **se destiñe, se destiñen**.*

2 ▷ La chemise rouge a déteint sur tous les autres vêtements !
¡La camisa roja ha desteñido y ha manchado toda la ropa!

2 *Pour dire qu'un vêtement a déteint sur un autre, on emploie les verbes **desteñir** et **manchar**.*

se détendre

▷ Détends-toi, le dentiste ne te fera pas mal.
Relájate, el dentista no te va a hacer daño.

(= se décontracter) **relajarse**

*Le pronom réfléchi fonctionne de la façon suivante en espagnol : **me relajo, te relajas, se relaja, nos relajamos, os relajáis, se relajan**.*

détendu, détendue

▷ J'ai trouvé Karim très détendu.
Encontré a Karim muy relajado.

(= décontracté) **relajado, relajada**

déterminé, déterminée

▷ Il est déterminé à le faire.
Está decidido a hacerlo.

(= décidé) **decidido, decidida**

détester

▷ Je sais que Lambert déteste son cousin.
Sé que Lambert odia a su primo.

odiar

*Si le complément est une personne, un groupe de personnes ou un animal domestique, n'oubliez pas de le faire précéder de **a**.*

▷ Ma mère déteste faire la cuisine.
Mi madre odia cocinar.

► **détester** faire quelque chose :
odiar hacer algo

détonation

▷ On a entendu une détonation et on a vu de la fumée sortir de la voiture.
Oímos una detonación y vimos que salía humo del coche.

la **detonación** (pluriel **las detonaciones**)

*Il n'y a pas d'accent écrit au pluriel. L'accent tonique porte sur le **o**, comme au singulier.*

détour

▷ Nous avons dû faire un détour parce que la rue était bloquée.
Tuvimos que dar un rodeo porque la calle estaba bloqueada.

► **faire un détour :** dar un rodeo

détourner

1 ▷ J'ai essayé de détourner l'attention de Lalia, mais je n'y suis pas arrivé.
Intenté desviar la atención de Lalia, pero no lo conseguí.

1 ► **détourner l'attention de quelqu'un :** desviar la atención de alguien

2 ▷ N'essaie pas de détourner la conversation !
¡No intentes desviar la conversación!

2 ► **détourner la conversation :** desviar la conversación

détraqué, détraquée

1 ▷ La radio est détraquée.
La radio está estropeada.

1 (en parlant d'une machine ou d'un appareil) estropeado, estropeada

2 ▷ Ce mec est complètement détraqué !
¡Este tío está completamente loco!

2 (= fou, au sens familier) loco, loca

ℹ *Détraqué est un mot familier, mais loco ne l'est pas.*
Notez l'utilisation du verbe estar et non ser.

détritus

▷ Les rues sont pleines de détritus.
Las calles están llenas de desperdicios.

los desperdicios

détruire

▷ La bombe a détruit tout l'immeuble.
La bomba destruyó todo el edificio.

destruir

dette

▷ Je t'ai prêté dix euros ; tu dois rembourser tes dettes !
Te presté diez euros; ¡tienes que pagar tus deudas!

la deuda

◀ *Prononcez bien de – u – da.*

deuil

▷ Ils ont déclaré trois jours de deuil national.
Declararon tres días de duelo nacional.

el duelo

▷ Tout le pays est en deuil.
Todo el país está de duelo.

► **en deuil :** de duelo

ℹ *Notez l'utilisation du verbe estar et non pas ser.*

deux

1 ▷ Saïd a deux VTT.
Saïd tiene dos bicicletas todo terreno.

1 dos

▷ Aujourd'hui c'est le deux avril.
Hoy es el dos de abril.

ℹ *Notez l'emploi de de en espagnol quand on dit la date.*

2 ▷ Les deux écoles sont dans le même village.
Las dos escuelas están en el mismo pueblo.
▷ Je vais prendre les deux.
Voy a coger ambos.
▷ Vous allez partir toutes les deux ?
¿Os vais a ir las dos?

2 ► **les deux :** los dos, las dos

*On peut dire aussi **ambos, ambas**.*

► **tous les deux, toutes les deux :** los dos, las dos

*On peut dire aussi **ambos, ambas**.*

deuxième

1 ▷ Le deuxième exercice est plus facile que le premier.
El segundo ejercicio es más fácil que el primero.

1 segundo, segunda

2 ▷ Mes grands-parents habitent au deuxième.
Mis abuelos viven en el segundo piso.

2 (= étage) el segundo piso

dévaliser

▷ La banque a été dévalisée.
Desvalijaron el banco.

desvalijar

devant

1 ▷ On s'est garés devant la boulangerie.
Aparcamos delante de la panadería.
▷ Il y avait dix personnes devant moi dans la file d'attente.
Había diez personas delante de mí en la cola.

1 (= situé devant un objet, un endroit ou une personne) delante de

2 ▷ Les élèves les plus petits doivent se mettre devant.
Los alumnos más pequeños tienen que ponerse delante.
▷ Tu veux t'asseoir devant ?
¿Te quieres sentar delante?

2 (= à l'avant, sur une photo ou dans une salle) delante

développement

▷ Le développement économique est lent.
El desarrollo económico es lento.
▷ Il veut promouvoir le développement durable dans la région.
Quiere promover el desarrollo sostenible en la región.

el desarrollo

► **développement durable :** el desarrollo sostenible

*Attention à bien prononcer les deux **r**.*

développer

▷ Victor prend des cours pour apprendre à développer les photos.
Victor toma clases para aprender a revelar fotos.
▷ Où est-ce que tu fais développer tes photos ?
¿Dónde llevas tus fotos a revelar?

(des photos) revelar

► **faire développer des photos :** llevar fotos a revelar

▷ C'est une pratique qui se développe de plus en plus.
Es una práctica que se desarrolla cada vez más.

► **se développer : desarrollarse**

*Le pronom réfléchi fonctionne de la façon suivante en espagnol : **se desarrolla, se desarrollan**.*

devenir

1 ▷ Elle est devenue très jolie.
Se ha vuelto muy guapa.
▷ Je vais devenir fou avec tous ces exercices !
¡Me voy a volver loco con todos estos ejercicios!

1 *Quand on parle d'une transformation involontaire, on emploie en espagnol le verbe **volverse**.*

*Le pronom réfléchi fonctionne de la façon suivante en espagnol : **me vuelvo, te vuelves, se vuelve, nos volvemos, os volvéis, se vuelven**.*

2 ▷ Mélissa voudrait devenir chanteuse.
Mélissa quisiera llegar a ser cantante.

2 *Quand la transformation implique des efforts ou un travail, on emploie en espagnol l'expression **llegar a ser** + adjectif ou nom.*

3 ▷ Elle est devenue toute rouge.
Se puso colorada.

3 *Avec certains adjectifs qui dénotent un changement involontaire et temporaire, par exemple rouge, pâle ou triste, la traduction espagnole est **ponerse** + adjectif.*

*Le pronom réfléchi fonctionne de la façon suivante en espagnol : **me pongo, te pones, se pone, nos ponemos, os ponéis, se ponen**.*

4 ▷ Elle est devenue sourde après l'explosion.
Se quedó sorda después de la explosión.

4 *Avec certains adjectifs qui dénotent un changement involontaire et permanent, par exemple* **sourd** *ou* **aveugle***, la traduction espagnole est **quedarse** + adjectif.*

*Le pronom réfléchi fonctionne de la façon suivante en espagnol : **me quedo, te quedas, se queda, nos quedamos, os quedáis, se quedan**.*

5 ▷ Tiens, bonjour ! Qu'est-ce que tu deviens ?
¡Hola! ¿Qué es de tu vida?

5 ► **qu'est-ce que tu deviens ? : ¿qué es de tu vida?**

déviation

▷ Nous avons perdu du temps à cause de la déviation.
Perdimos tiempo por el desvío.

(sur route) el **desvío**

deviner

▷ Devine quelle note j'ai eu en espagnol !
¡Adivina qué nota he sacado en español!
▷ Lucie a deviné que je n'avais pas envie d'aller avec elle.
Lucie adivinó que no tenía ganas de ir con ella.

adivinar

devinette

▷ Vous connaissez cette devinette ?
¿Conocéis esta adivinanza?
▷ On a joué aux devinettes dans la voiture.
Jugamos a las adivinanzas en el coche.

la adivinanza

► **jouer aux devinettes :** jugar a las adivinanzas

dévisager

▷ Je n'aime pas la façon dont il dévisage les gens.
No me gusta cómo mira a la gente de hito en hito.

mirar de hito en hito

Si le complément est une personne, un groupe de personnes ou un animal domestique, n'oubliez pas de le faire précéder de **a**.

devoir NOM

1 ▷ On a un devoir sur table d'espagnol la semaine prochaine.
Tenemos un examen de español la semana que viene.

1 ► **devoir sur table :** el examen (pluriel los exámenes)

Il n'y a pas d'accent écrit au singulier. L'accent tonique porte sur le **a**, *comme au singulier.*

2 ▷ La prof ne nous a pas donné de devoirs pour les vacances.
La profesora no nos puso deberes para las vacaciones.
▷ Je vais faire mes devoirs et après je regarderai la télé.
Voy a hacer los deberes y luego veré la tele.

2 ► **devoirs** (à faire à la maison) : los deberes

Notez la traduction de **donner des devoirs** : *poner deberes.*

► **faire ses devoirs :** hacer los deberes

devoir VERBE

▷ Tu me dois cinq euros.
Me debes cinco euros.

(de l'argent) deber

► **devoir** quelque chose **à** quelqu'un : deber algo a alguien

devoir faire

1 ▷ Je ne peux pas sortir, je dois faire mes devoirs.
No puedo salir, tengo que hacer los deberes.
▷ Pour aller en Chine, nous devons obtenir un visa.
Para ir a China, tenemos que obtener un visado.

1 *Pour exprimer ce qu'on doit faire, on emploie généralement* **tener que** *+ infinitif.*

2 ▷ Tu dois tenir ta promesse.
Debes cumplir tu promesa.
▷ Loïc devrait travailler un peu plus.
Loïc debería trabajar un poco más.

2 *Quand on doit faire quelque chose par obligation morale, on emploie en espagnol le verbe* **deber** *+ infinitif.*

3 ▷ Tu dois être contente de partir en vacances.
Debes de estar contenta de irte de vacaciones.

3 *Pour dire que quelque chose est probable, on emploie le verbe* **deber de** *+ infinitif.*

dévorer

▷ Eulalie a dévoré le gâteau en dix minutes.
Eulalie devoró el pastel en diez minutos.

(en parlant de nourriture ou d'un livre) devorar

dévoué, dévouée

▷ C'est un ami dévoué.
Es un amigo servicial.

servicial (pluriel serviciales)

dézipper

▷ Tu as dézippé le fichier ?
¿Has dezipado el fichero?

(en informatique) dezipar

diabète

▷ Mon grand-père a du diabète.
Mi abuelo tiene diabetes.

la diabetes
► **avoir du diabète :** tener diabetes

Attention à l'orthographe du mot diabetes. Contrairement au français, le mot espagnol est féminin.

diable

▷ Cet enfant est un vrai diable !
¡Este niño es un verdadero diablo!

el diablo

dialogue

▷ Les dialogues du film sont très rigolos.
Los diálogos de la película son muy divertidos.

el diálogo

Remarquez que le mot espagnol porte sur le a un accent écrit qui reflète l'accent tonique.

diamant

▷ Béatrice a une bague avec un diamant.
Béatrice tiene un anillo con un diamante.
▷ Le mannequin portait un collier de diamants.
La modelo llevaba un collar de diamantes.

el diamante

► **de diamants :** de diamantes

diarrhée

▷ Plusieurs personnes ont eu la diarrhée pendant le voyage.
Varias personas tuvieron diarrea durante el viaje.

► **avoir la diarrhée :** tener diarrea

Notez qu'il n'y a pas d'article en espagnol.

Attention à l'orthographe du mot diarrea. Veillez aussi à bien prononcer les deux r.

dictateur

▷ Ce dictateur a gouverné le pays pendant 30 ans.
Ese dictador gobernó el país durante treinta años.

el dictador (pluriel los dictadores)

dictée

▷ La dictée était vraiment difficile.
El dictado era muy difícil.

▷ On a fait une dictée ce matin.
Hicimos un dictado esta mañana.

el **dictado**

► **faire une dictée :** hacer un dictado

Contrairement au mot français, le mot espagnol est masculin.

dicter

▷ Le prof nous a dicté deux paragraphes.
El profesor nos dictó dos párrafos.

► **dicter** quelque chose **à** quelqu'un **:** **dictar** algo **a** alguien

dictionnaire

▷ Regarde dans le dictionnaire.
Mira en el diccionario.

el **diccionario**

Attention à l'orthographe du mot espagnol.

diesel

▷ Léo a mis vingt litres de diesel dans la voiture.
Léo puso veinte litros de diésel en el coche.

el **diésel**

Remarquez que le mot espagnol porte sur le e un accent écrit qui reflète l'accent tonique.

diététique

▷ Anna ne mange que des produits diététiques.
Anna sólo come productos dietéticos.

dietético, dietética

Remarquez que le mot espagnol porte sur le deuxième e un accent écrit qui reflète l'accent tonique.

Dieu

▷ Est-ce que tu crois en Dieu ?
¿Crees en Dios?

▷ Mon Dieu, quelle horreur !
¡Dios mío, qué horror!

Dios

► **mon Dieu ! :** ¡Dios mío!

Remarquez que le mot mío porte sur le i un accent écrit qui reflète l'accent tonique.

différence

▷ Il y a une grosse différence entre les deux prix.
Hay una gran diferencia entre los dos precios.

la **diferencia**

différencier

▷ C'est ce qui différencie les deux méthodes.
Es lo que diferencia los dos métodos.

diferenciar

différent, différente

▷ Marcel et son frère sont très différents.
Marcel y su hermano son muy diferentes.

diferente

▷ Le climat galicien est différent du climat andalou.
El clima de Galicia es diferente del clima de Andalucía.

► **différent de :** diferente de

difficile

1 ▷ Est-ce que tu as trouvé le devoir sur table difficile ?
¿Encontraste el examen difícil?

1 (= compliqué) **difícil** (pluriel difíciles)

Remarquez que le singulier comme le pluriel portent sur le premier ***i*** *un accent écrit qui reflète l'accent tonique.*

▷ C'est difficile d'apprendre tout par cœur.
Es difícil estudiarlo todo de memoria.

► **c'est / il est difficile de** + infinitif **:** **es difícil** + infinitif

2 ▷ Ce problème est difficile à comprendre.
Este problema es difícil de entender.
▷ C'est quelque chose qui est difficile à croire.
Es una cosa difícil de creer.

2 ► quelque chose **est difficile à** + infinitif **:** algo **es difícil de** + infinitif

3 ▷ Ne sois pas si difficile, mange !
¡No seas tan delicado, come!

3 (en parlant de quelqu'un qui a des goûts particuliers) **delicado, delicada**

difficulté

▷ Nous avons eu des difficultés pour trouver l'adresse.
Tuvimos dificultades para encontrar la dirección.

la **dificultad** (pluriel las dificultades)

diffuser

▷ Le match est diffusé en direct.
El partido se emite en directo.

(à la télévision, à la radio) **emitir**

digérer

▷ C'est un plat difficile à digérer.
Es un plato que cuesta digerir.
▷ Je n'ai pas digéré ce qu'il m'a fait.
No he digerido lo que me ha hecho.

digerir

digestif, digestive

▷ Ce sont des comprimés pour les problèmes digestifs.
Son comprimidos para los problemas digestivos.
▷ Voulez-vous un digestif ?
¿Quiere un digestivo?

digestivo, digestiva

digicode

▷ J'ai oublié le digicode, on ne peut pas entrer !
¡He olvidado el código del portero automático, no podemos entrar!

el **código del portero automático**

ℹ *Remarquez que les mots espagnols **código** et **automático** portent un accent écrit qui reflète l'accent tonique.*

diluer

▷ Marie dilue toujours son vin avec de l'eau.
Marie siempre diluye el vino con agua.

diluir

dimanche

▷ Aujourd'hui c'est dimanche.
Hoy es domingo.
Nous sommes dimanche.
Estamos a domingo.

el **domingo**

▷ Nous partirons dimanche.
Nos marcharemos el domingo.
▷ Mes grands-parents sont venus dimanche.
Mis abuelos vinieron el domingo.

► faire quelque chose **dimanche** : hacer algo **el domingo**

▷ Le dimanche toute la famille va à la messe.
Los domingos toda la familia va a misa.

► **le dimanche** (= tous les dimanches) : **los domingos**

dimensions

▷ Je ne connais pas les dimensions de la table.
No conozco las medidas de la mesa.

las **medidas**

▷ Nous allons prendre les dimensions de la pièce.
Vamos a tomar las medidas de la habitación.

► **prendre les dimensions de** quelque chose : **tomar las medidas de** algo

diminuer

1 ▷ Ils ont diminué le prix.
Han rebajado el precio.

1 ► **diminuer** quelque chose (= faire baisser) : **rebajar** algo

2 ▷ Le nombre d'élèves a diminué cette année.
El número de alumnos ha disminuido este año.

2 ► **diminuer** (en parlant d'un nombre, d'un prix ou d'une température) : **disminuir**

*Attention à l'orthographe du mot **disminuir**.*

diminution

▷ Il y a eu une diminution du nombre de chômeurs.
Ha habido una disminución del número de parados.

(= baisse) la **disminución** (pluriel **las disminuciones**)

ℹ *Il n'y a pas d'accent écrit au pluriel. L'accent tonique porte sur le **o**, comme au singulier.*

*Attention à l'orthographe du mot **disminución**.*

dinde

▷ À Noël, nous mangeons de la dinde aux marrons.
Para Navidad comemos pavo con castañas.

el **pavo**

dîner

1 ▷ Le dîner est prêt.
La cena está lista.

2 ▷ Nous dînerons à huit heures.
Cenaremos a las ocho.

1 ► **le dîner** (= le repas du soir) : la cena

2 (= manger) **cenar**

dînette

▷ Tu es un peu vieille pour jouer à la dînette !
¡Eres un poco mayor para jugar a las cocinitas!

► **jouer à la dînette :** jugar a las cocinitas

dingue

▷ Il est complètement dingue !
¡Está completamente loco!

(en parlant d'une personne folle, au sens familier) **loco, loca**

Attention : le verbe qui traduit être *dans* être dingue *est* ***estar*** *et non* ***ser****.*

Dingue *est familier, mais* ***loco*** *ne l'est pas.*

dinosaure

▷ Il y a un squelette de dinosaure au musée.
Hay un esqueleto de dinosaurio en el museo.

el **dinosaurio**

diplôme

1 ▷ Le frère de Fahrid a un diplôme d'ingénieur.
El hermano de Fahrid tiene un diploma de ingeniero.

2 ▷ Est-ce qu'il faut des diplômes pour faire ce métier ?
¿Hace falta tener títulos para ejercer este oficio?

1 un **diploma**

2 ► **des diplômes** (= qualifications) : títulos

Remarquez que le mot espagnol porte sur le ***i*** *un accent écrit qui reflète l'accent tonique.*

diplômé, diplômée

▷ C'est une infirmière diplômée.
Es una enfermera diplomada.
▷ Ils recrutent de jeunes diplômés.
Contratan recién diplomados.

diplomado, diplomada

dire

1 ▷ Pardon ? Qu'est-ce que tu as dit ?
¡Perdón! ¿Qué has dicho?
▷ Comment dit-on « soldat » en espagnol ?
¿Cómo se dice "soldat" en español?

1 **decir**

▷ Clara m'a dit qu'elle n'était pas contente.
Clara me dijo que no estaba contenta.
▷ Pierre a dit à ses enfants de se dépêcher.
Pierre les dijo a sus hijos que se dieran prisa.

► **dire à** quelqu'un **que... : decirle a** alguien **que...**
► **dire à** quelqu'un **de** + infinitif **:** **decirle a** alguien **que** + subjonctif

*Attention à la concordance des temps : quand **decir** est au présent, le verbe de la subordonnée est au présent du subjonctif (**¡te digo que dejes de hacer eso!**), mais quand **decir** est au passé, le verbe de la subordonnée doit être à l'imparfait du subjonctif (**me dijo que dejara de hacer eso**).*

2 ▷ Est-ce que ça te dit d'aller à la piscine ?
¿Te apetece ir a la piscina?
▷ Tu veux regarder le film ? – Non, ça ne me dit rien.
¿Quieres ver la película? – No, no me apetece.

2 *Pour parler de ce qu'on a envie de faire, on emploie le verbe **apetecer**.*

3 ▷ On dirait Paul.
Parece Paul.
▷ On dirait qu'elle pleure.
Parece que está llorando.
▷ Tu entends cette musique ? On dirait du flamenco.
¿Oyes esa música? Parece flamenco.

3 ► **on dirait...** (en parlant de ce qu'on voit ou qu'on entend) **: parece...**

4 ▷ Finalement je me suis dit que c'était trop compliqué.
Finalmente me dije que era demasiado complicado.

4 ► **se dire que...** (= penser) **:** **decirse que...**

*Le pronom réfléchi fonctionne de la façon suivante en espagnol : **me digo, te dices, se dice, nos decimos, os decís, se dicen***

direct, directe

▷ Nous avons pris un vol direct pour Séville.
Cogimos un vuelo directo para Sevilla.
▷ Le concert a été diffusé en direct.
El concierto fue emitido en directo.

directo, directa

► **en direct : en directo**

directement

▷ Je vais directement à Paris, sans passer par Lille.
Voy directamente a París, sin pasar por Lila.
▷ Tu dois t'adresser directement au proviseur.
Te tienes que dirigir directamente al director.

directamente

directeur

▷ Le directeur a dit que tous les parents devaient venir.
El director dijo que todos los padres tenían que ir.

el **director** (pluriel los directores)

direction

▷ Dans quelle direction est-ce qu'il est parti ?
¿En qué dirección se ha ido?
▷ Prenez la direction Porte de Clignancourt.
Tomen la dirección Porte de Clignancourt.

la **dirección** (pluriel las direcciones)

ℹ *Il n'y a pas d'accent écrit au pluriel. L'accent tonique porte sur le **o**, comme au singulier.*

▷ Ils ont pris un train en direction de La Rochelle.
Cogieron un tren con dirección a La Rochelle.

► **en direction de :** con dirección a

directrice

▷ La directrice du magasin est venue s'excuser.
La directora de la tienda vino a disculparse.

la **directora**

diriger

1 ▷ Monsieur González dirige le centre de loisirs.
El señor González dirige el centro recreativo.

1 (une entreprise, une équipe) **dirigir**

2 ▷ Il se dirigeait vers la porte mais Delphine l'a arrêté.
Se dirigía hacia la puerta pero Delphine le detuvo.

2 ► **se diriger vers :** dirigirse hacia

ℹ *Le pronom réfléchi fonctionne de la façon suivante en espagnol : **me dirijo, te diriges, se dirige, nos dirigimos, os dirigís, se dirigen**. Notez bien l'orthographe de la première personne du singulier.*

discipline

▷ Apparemment, la discipline n'est pas très bonne dans cette école.
Al parecer, la disciplina no es muy buena en aquella escuela.

la **disciplina**

discothèque

▷ Je l'ai emprunté à la discothèque de l'école.
Lo saqué de la discoteca del colegio.

la **discoteca**

discours

▷ Le prof de sport a fait un très long discours.
El profesor de deportes pronunció un discurso muy largo.

el **discurso**
► **faire un discours :** pronunciar un discurso

discret, discrète

▷ Moussa est très discret, il ne pose jamais de questions.
Moussa es muy discreto, nunca hace preguntas.

discreto, discreta

discrètement

▷ Est-ce que tu peux donner ce mot à Muriel discrètement ?
¿Le puedes pasar discretamente esta nota a Muriel?

discretamente

discussion

▷ Nous avons eu une discussion très intéressante.
Tuvimos una conversación muy interesante.

la **conversación** (pluriel las **conversaciones**)

*Il n'y a pas d'accent écrit au pluriel. L'accent tonique porte sur le **o**, comme au singulier.*

*Attention : le mot **discusión** existe en espagnol, mais il signifie plutôt « dispute ».*

discuter

▷ Ricardo a discuté avec le prof pendant longtemps.
Ricardo habló mucho tiempo con el profesor.

▷ Nous avons discuté du voyage scolaire.
Hablamos del viaje de estudios.

(= parler) **hablar**

► **discuter avec** quelqu'un : **hablar con** alguien

► **discuter de** quelque chose : **hablar de** algo

*Attention : le mot **discutir** existe en espagnol, mais il signifie plutôt « se disputer ».*

disparaître

▷ Mes lunettes ont disparu.
Mis gafas han desaparecido.

desaparecer

disparition

▷ Ils enquêtent sur la disparition d'une jeune fille de 20 ans.
Investigan la desaparición de una joven de veinte años.

la **desaparición** (pluriel las **desapariciones**)

Attention à l'orthographe du mot espagnol.

*Il n'y a pas d'accent écrit au pluriel. L'accent tonique porte sur le **o**, comme au singulier.*

dispensé, dispensée

▷ Sophie est dispensée de gym aujourd'hui.
Hoy Sophie está exenta de gimnasia.

► **être dispensé de** quelque chose : **estar exento** *ou* **exenta de** algo

Attention : le verbe qui traduit être *dans* être dispensé de *est **estar** et non **ser**.*

disponible

▷ Est-ce que la salle de cours est disponible entre midi et deux heures ?
¿El aula está disponible entre las doce y las dos?
▷ Désolée, je ne suis pas disponible ce soir.
Lo siento, pero no estoy disponible esta tarde.

disponible

Attention : le verbe qui traduit **être** *dans* **être disponible** *est* ***estar*** *et non* ***ser***.

dispute

▷ Il y a souvent des disputes entre les élèves.
A menudo hay discusiones entre los alumnos.

la **discusión** (pluriel las discusiones)

Il n'y a pas d'accent écrit au pluriel. L'accent tonique porte sur le ***o***, *comme au singulier.*
On peut dire aussi ***la disputa***.

se disputer

▷ Mes frères se disputent tout le temps.
Mis hermanos se pelean todo el rato.
▷ Je me suis disputée avec Paul.
Me peleé con Paul.

pelearse

Le pronom réfléchi fonctionne de la façon suivante en espagnol : ***me peleo, te peleas, se pelea, nos peleamos, os peleáis, se pelean***.
On peut dire aussi ***discutir***.

disque

▷ Mes parents ont une énorme collection de disques.
Mis padres tienen una enorme colección de discos.
▷ On lui a offert un disque compact pour son anniversaire.
Le regalamos un disco compacto para su cumpleaños.
▷ Le disque dur est presque plein.
El disco duro está casi lleno.

el **disco**

► **disque compact :** el disco compacto (pluriel los discos compactos)

► **disque dur :** el disco duro (pluriel los discos duros)

dissertation

▷ Ma sœur a passé tout le week-end à préparer sa dissertation.
Mi hermana se pasó todo el fin de semana preparando la disertación.
▷ Au lycée, nous apprendrons à faire des dissertations.
En el instituto aprenderemos a escribir disertaciones.

la **disertación** (pluriel las disertaciones)

Il n'y a pas d'accent écrit au pluriel. L'accent tonique porte sur le ***o***, *comme au singulier.*

► **faire une dissertation :** escribir una disertación

dissipé, dissipée

▷ La prof a grondé Lucien parce qu'il était dissipé.
La profesora regañó a Lucien porque estaba revoltoso.

revoltoso, revoltosa

dissolvant

▷ Est-ce que tu as du dissolvant ? J'ai oublié le mien.
¿Tienes quitaesmalte? He olvidado el mío.

(= produit pour les ongles) el **quitaesmalte**

dissoudre

1 ▷ Tu dissous la poudre dans un verre d'eau et tu le bois lentement.
Disuelves los polvos en un vaso de agua y te lo bebes lentamente.

1 (= faire fondre) **disolver**

2 ▷ Le sucre ne s'est pas bien dissous dans le café.
El azúcar no se ha disuelto bien en el café.

2 ► **se dissoudre : disolverse**

ℹ *Le pronom réfléchi fonctionne de la façon suivante en espagnol : se disuelve, se disuelven.*

distance

▷ La distance est indiquée sur la carte.
La distancia está indicada en el mapa.
▷ À quelle distance est Barcelone ?
¿A qué distancia está Barcelona?

la **distancia**

► **à quelle distance ? : ¿a qué distancia?**

distingué, distinguée

▷ Je trouve qu'elle a l'air très distingué.
Encuentro que tiene un aire muy distinguido.

distinguido, distinguida

distinguer

▷ J'ai du mal à le distinguer de son frère jumeau.
Me cuesta distinguirlo de su hermano gemelo.

distinguir
► **distinguer** quelqu'un *ou* quelque chose **de... : distinguir a** alguien *ou* **distinguir** algo **de...**

distraire

1 ▷ J'essaie de distraire mon petit frère qui est malade.
Intento distraer a mi hermanito que está enfermo.
▷ Aurélie a été punie parce qu'elle distrayait les autres élèves.
Castigaron a Aurélie porque distraía a los demás alumnos.

1 (= amuser ou dissiper) **distraer**

Le complément est une personne ou un groupe de personnes : n'oubliez pas de le faire précéder de a.

2 ▷ Tu devrais te distraire, tu travailles trop.
Deberías distraerte, trabajas demasiado.

2 ► **se distraire** (= s'amuser) : distraerse

ℹ *Le pronom réfléchi fonctionne de la façon suivante en espagnol : **me distraigo, te distraes, se distrae, nos distraemos, os distraéis, se distraen**.*

distrait, distraite

▷ Ludmilla est très distraite, elle ne sait jamais où elle met ses affaires.
Ludmilla es muy distraída, nunca sabe dónde pone sus cosas.
▷ J'étais très distraite par le chant des oiseaux.
Estaba muy distraída por el canto de los pájaros.

distraído, distraída

ℹ *Remarquez que le mot espagnol porte sur le **i** un accent écrit qui reflète l'accent tonique.*
*Si l'on parle du trait de caractère, on utilise le verbe **ser**. Pour un état, on utilise le verbe **estar**.*

distribuer

▷ C'est ton tour de distribuer les cartes.
Te toca a ti repartir las cartas.
▷ Le clown a distribué des bonbons aux enfants.
El payaso repartió caramelos entre los niños.

repartir

► **distribuer** quelque chose **à** quelqu'un : repartir algo entre alguien

distributeur

1 ▷ Le distributeur de boissons est en panne.
La máquina expendedora de bebidas no funciona.

1 (= machine) la **máquina expendedora** (pluriel las máquinas expendedoras)

2 ▷ Est-ce qu'on peut s'arrêter au distributeur automatique ?
¿Nos podemos parar en el cajero automático?

2 ► **distributeur automatique** (pour prendre de l'argent) : el cajero automático (pluriel los cajeros automáticos)

ℹ *Remarquez que les mots **máquina** et **automático** portent sur le premier et le deuxième **a** un accent écrit qui reflète l'accent tonique.*

divertir

▷ Les clowns nous divertissaient.
Los payasos nos divertían.
▷ Nous sommes là pour nous divertir.
Estamos aquí para divertirnos.

divertir

► **se divertir** : divertirse

ℹ *Le pronom réfléchi fonctionne de la façon suivante en espagnol : **me divierto, te diviertes, se divierte, nos divertimos, os divertís, se divierten**.*

diviser

▷ Si on divise le total par quatre, on doit à peu près dix euros chacun.
Si dividimos el total por cuatro, debemos aproximadamente diez euros cada uno.

dividir
► **diviser... par... : dividir... por...**
Attention : ne confondez pas ***dividir*** (= diviser) *et* ***divisar*** (= apercevoir).

division

▷ Je n'arrive pas à faire cette division sans calculatrice.
No consigo hacer esta división sin calculadora.

la **división** (pluriel **las divisiones**)
► **faire une division : hacer una división**
Il n'y a pas d'accent écrit au pluriel. L'accent tonique porte sur le ***o****, comme au singulier.*

divorcé, divorcée

▷ Les parents de Julie sont divorcés.
Los padres de Julie están divorciados.

divorciado, divorciada
Attention : le verbe qui traduit être *dans* être divorcé *est* ***estar*** *et non* ***ser***.

divorcer

▷ Les parents de Marcos ont divorcé l'année dernière.
Los padres de Marcos se divorciaron el año pasado.

divorciarse
Le pronom réfléchi fonctionne de la façon suivante en espagnol : ***me divorcio, te divorcias, se divorcia, nos divorciamos, os divorciáis, se divorcian.***

dix

▷ Annie a dix cousins.
Annie tiene diez primos.
▷ Aujourd'hui c'est le dix avril.
Hoy es el diez de abril.

diez
Notez l'emploi de ***de*** *en espagnol quand on dit la date.*

dix-huit

▷ Nous avons dix-huit invités.
Tenemos dieciocho invitados.
▷ Aujourd'hui c'est le dix-huit juillet.
Hoy es el dieciocho de julio.

dieciocho
Notez l'emploi de ***de*** *en espagnol quand on dit la date.*

dixième

▷ Le dixième concurrent n'a eu que deux points.
El décimo concursante sólo sacó dos puntos.

décimo, décima
Remarquez que le mot espagnol porte sur le ***e*** *un accent écrit qui reflète l'accent tonique.*

dix-neuf

▷ Il y a dix-neuf profs dans l'école.
Hay diecinueve profesores en el colegio.
▷ Aujourd'hui c'est le dix-neuf novembre.
Hoy es el diecinueve de noviembre.

diecinueve

ℹ *Notez l'emploi de de en espagnol quand on dit la date.*

dix-sept

▷ Il reste dix-sept bonbons.
Quedan diecisiete caramelos.
▷ Aujourd'hui c'est le dix-sept janvier.
Hoy es el diecisiete de enero.

diecisiete

ℹ *Notez l'emploi de de en espagnol quand on dit la date.*

dizaine

▷ Il y avait une dizaine de personnes à la réunion.
Había unas diez personas en la reunión.
▷ Elle doit avoir des dizaines de robes.
Debe de tener decenas de vestidos.

► **une dizaine de... :** unos diez... *ou* unas diez...
► **des dizaines de... :** decenas de...

docteur

▷ Le docteur a dit que je devais me reposer.
El médico dijo que tenía que descansar.
▷ Elle est chez le docteur.
Está en el médico.
▷ Je n'aime pas aller chez le docteur.
No me gusta ir al médico.

el **médico**, la **médica**

ℹ *On peut dire aussi el doctor, la doctora.*

► **chez le docteur** (= dans son cabinet) : en el médico
► **chez le docteur** (= vers son cabinet) : al médico

document

▷ Il y a des documents qu'on ne peut pas emprunter à la bibliothèque.
Hay documentos que no se pueden sacar de la biblioteca.
▷ Sous quel nom est-ce que tu as enregistré le document ?
¿Con qué nombre has guardado el documento?

el **documento**

documentaire

▷ Est-ce que tu as vu le documentaire sur les dinosaures hier soir ?
¿Viste el documental sobre los dinosaurios anoche?

el **documental** (pluriel los documentales)

documentaliste

▷ La documentaliste de l'école est très aimable.
La bibliotecaria del colegio es muy amable.

(= bibliothécaire d'une école) el **bibliotecario**, la **bibliotecaria**

doigt

▷ Anita s'est tordu le doigt en jouant au volley.
Anita se torció el dedo jugando al balonvolea.

▷ Sébastien avait des ampoules sur les doigts de pied.
Sébastien tenía ampollas en los dedos del pie.

el **dedo**

► **doigt de pied :** el **dedo del pie**
(pluriel **los dedos del pie**)

dominer

▷ Ils se sont fait dominer par l'équipe adverse.
El equipo contrario los dominó.

▷ La tour domine la ville.
La torre domina la ciudad.

(un adversaire, un lieu) **dominar**

dominos

▷ Je joue souvent aux dominos avec ma grand-mère.
Juego a menudo al dominó con mi abuela.

el **dominó**

► **jouer aux dominos : jugar al dominó**

ℹ *Remarquez que le mot espagnol porte sur le deuxième **o** un accent écrit qui reflète l'accent tonique.*
Dominó** est un nom singulier : on dit par exemple **el dominó es un juego sencillo (les dominos sont un jeu simple).

dommage

▷ L'excursion est annulée à cause de la pluie. – Quel dommage !
La excursión queda anulada a causa de la lluvia. – ¡Qué lástima!

▷ C'est dommage que tu ne puisses pas venir avec nous.
Es una lástima que no puedas venir con nosotros.

► **quel dommage ! : ¡qué lástima!**

ℹ *On peut dire aussi **¡qué pena!***

► **c'est dommage que... : es una lástima que...** + subjonctif

ℹ *On peut dire aussi **es una pena que...***
*Remarquez que le mot **lástima** porte sur le premier **a** un accent écrit qui reflète l'accent tonique.*

don

▷ Elle a un don pour la musique.
Tiene un don para la música.

(= aptitude, cadeau) el **don**

► **avoir un don : tener un don**

ℹ *On dit aussi **estar dotado, dotada**.*

donc

▷ Tu ne fais pas partie de l'équipe, donc tu ne peux pas venir.
No formas parte del equipo, así que no puedes venir.

(= par conséquent) **así que**

données

▷ Que révèlent ces données ?
¿Qué revelan estos datos?

los **datos**

donner

1 ▷ Erika a donné des bonbons à Malik.
Erika le dio caramelos a Malik.
▷ Donne-moi ça !
¡Dame eso!
▷ Cette promenade m'a donné faim.
Este paseo me ha dado hambre.

1 dar
► **donner** quelque chose **à** quelqu'un **:** **darle** algo **a** alguien

2 ▷ Est-ce que quelqu'un a donné à manger au chien ?
¿Alguien le ha dado de comer al perro?

2 ► **donner à manger à** quelqu'un **:** **dar de comer a** alguien

3 ▷ Donne-moi à boire, s'il te plaît, j'ai très soif.
Dame algo de beber, por favor, tengo mucha sed.

3 ► **donner** quelque chose **à boire à** quelqu'un **:** **dar** algo **de beber a** alguien

4 ▷ Notre chambre donne sur la mer.
Nuestra habitación da al mar.

4 ► **donner sur** (= surplomber) **:** **dar a**

ℹ *Pour des expressions comme* **donner une claque à quelqu'un, donner un coup à quelqu'un,** *etc., regardez* **claque, coup,** *etc.*

dont

1 ▷ C'est le garçon dont le frère est en prison.
Es el chico cuyo hermano está en la cárcel.
▷ Voici le copain dont la mère connaît la tienne.
Éste es el amigo cuya madre conoce a la tuya.

1 (en parlant de l'appartenance) **cuyo, cuya, cuyos, cuyas**

ℹ ***Cuyo*** *s'accorde en genre et en nombre avec la chose ou la personne qui suit :* ***cuyo*** *= masculin singulier ;* ***cuya*** *= féminin singulier ;* ***cuyos*** *= masculin pluriel ;* ***cuyas*** *= féminin pluriel.*

2 ▷ Il y a trente élèves dans la classe, dont deux sont coréens.
Hay treinta alumnos en la clase, de los que dos son coreanos.

2 *Quand on veut parler de choses ou de personnes parmi d'autres, on emploie en espagnol l'expression* ***de los que*** *ou* ***de las que****.*

3 ▷ C'est la fille dont je te parlais hier.
Ésta es la chica de la que te hablaba ayer.
▷ La règle dont je me servais est cassée.
La regla que usaba está rota.

3 *Quand* **dont** *introduit le complément du verbe, la traduction dépend du verbe. Par exemple,* **parler à quelqu'un de** *se traduit par* ***hablar a alguien de****. La traduction de* **la fille dont je te parlais** *est donc* ***la chica de la que te hablaba****.* **Se servir de** *se traduisant par* ***usar****, la traduction de* **la règle dont je me servais** *est* ***la regla que usaba****.*

doré, dorée

▷ Le gâteau a une jolie couleur dorée.
El pastel tiene un bonito color dorado.

dorado, dorada

dorénavant

▷ Dorénavant, tu feras tes devoirs tout seul !
¡De ahora en adelante, harás los deberes solo!

de ahora en adelante

ℹ *On peut dire aussi* ***en lo sucesivo****.*

dormir

▷ Est-ce que tu as bien dormi ?
¿Has dormido bien?

dormir

dortoir

▷ Il y a deux dortoirs dans l'auberge de jeunesse.
Hay dos dormitorios comunes en el albergue juvenil.

el **dormitorio común** (pluriel los dormitorios comunes)

ℹ *Il n'y a pas d'accent écrit au pluriel du mot* ***común****. L'accent tonique porte sur le* ***u****, comme au singulier.*

dos

1 ▷ J'ai mal au dos.
Me duele la espalda.

1 (= la partie du corps) la **espalda**

2 ▷ Marie s'est couchée sur le dos.
Marie se echó boca arriba.

2 ► **sur le dos :** boca arriba

3 ▷ André a des brûlures sur le dos de la main.
André tiene quemaduras en el dorso de la mano.

▷ Écris ton adresse au dos de l'enveloppe.
Escribe tu dirección en el dorso del sobre.

3 (en parlant de la main, d'une feuille ou d'une enveloppe) el **dorso**

► **au dos de :** en el dorso de

dose

▷ Elle a pris une grosse dose d'aspirine.
Tomó una gran dosis de aspirina.

la **dosis** (pluriel las dosis)

dossard

▷ Pierre porte le dossard numéro trois.
Pierre lleva el dorsal número tres.

el **dorsal** (pluriel los dorsales)

dossier

1 ▷ Ne t'appuie pas sur le dossier de la chaise, il est cassé.
No te apoyes en el respaldo de la silla, está roto.

1 (d'une chaise ou d'une banquette) el **respaldo**

2 ▷ Samia a tout un dossier sur les problèmes d'environnement.
Samia tiene un dossier completo sobre problemas medioambientales.

2 (= ensemble de documents) el **dossier** (pluriel los dossiers) *ou* el **expediente**

3 ▷ Il met ses magazines dans des dossiers avec des étiquettes.
Pone sus revistas en unas carpetas con etiquetas.

3 (= un classeur) la **carpeta**

ℹ *Le mot carpeta s'emploie aussi pour désigner un* dossier *au sens informatique.*

4 ▷ Je me demande ce qu'il y a dans mon dossier scolaire.
Me pregunto qué habrá en mi expediente.

4 ► **dossier scolaire :** el expediente

douane

▷ Il y avait une longue file de voitures à la douane.
Había una larga fila de coches en la aduana.

la **aduana**

douanier, douanière

▷ Les douaniers nous ont demandé d'ouvrir le coffre de la voiture.
Los aduaneros nos pidieron que abriéramos el maletero del coche.

el **aduanero**, la **aduanera**

double

1 ▷ Son adversaire a fait une double faute.
Su adversario hizo una doble falta.
▷ Nous voudrions une chambre double, s'il vous plaît.
Quisiéramos una habitación doble, por favor.

1 (en parlant de quelque chose qui est fait de deux parties ou qui est deux fois plus grand) **doble**

2 ▷ Le repas a coûté le double de ce que nous avions prévu.
La comida costó el doble de lo que habíamos previsto.

2 ► **le double de... :** el doble de...

3 ▷ Est-ce que tu as gardé un double du certificat ?
¿Guardaste una copia del certificado?

3 (= deuxième exemplaire) la **copia**

doubler

1 ▷ Cette voiture nous a doublés à plus de cent quarante à l'heure !
¡Este coche nos ha adelantado a más de ciento cuarenta kilómetros por hora!

1 (= dépasser) **adelantar**

2 ▷ Les films étrangers sont très souvent doublés.
Las películas extranjeras se doblan muy a menudo.

2 (acteur ou voix d'acteur dans un film) **doblar**

3 ▷ Le nombre d'élèves a doublé en dix ans.
El número de alumnos se ha duplicado en diez años.

3 (= être multiplié par deux) **duplicarse**

douce

Regardez le mot ***doux****.*

doucement

1 ▷ Parle doucement, le bébé dort.
Habla bajo, el bebé está durmiendo.

2 ▷ Appuie plus doucement sur les touches !
¡Pulsa las teclas más suavemente!

3 ▷ Mon grand-père marche doucement parce qu'il est vieux.
Mi abuelo camina despacio porque es mayor.

1 (= à voix basse) **bajo**

2 (= délicatement) **suavemente**

3 (= lentement) **despacio**

douche

▷ Ils ont une baignoire mais pas de douche.
Tienen bañera pero no tienen ducha.
▷ Je vais prendre une douche.
Voy a ducharme.

la **ducha**

► **prendre une douche : ducharse**

ℹ *Le pronom réfléchi fonctionne de la façon suivante en espagnol :* ***me ducho, te duchas, se ducha, nos duchamos, os ducháis, se duchan.***

ℹ *On peut dire aussi* ***tomar una ducha.***

se doucher

▷ Je me douche tous les matins.
Me ducho todas las mañanas.

ducharse

ℹ *Le pronom réfléchi fonctionne de la façon suivante en espagnol :* ***me ducho, te duchas, se ducha, nos duchamos, os ducháis, se duchan.***

doué, douée

▷ Serge est un garçon très doué.
Serge es un chico muy dotado.
▷ Séréna est douée en anglais.
A Séréna se le da bien el inglés.

dotado, dotada

ℹ *Pour dire qu'on est doué dans une matière, on emploie en espagnol l'expression* ***darse bien*** *avec le pronom complément qui convient :* ***se me da bien el inglés*** = je suis doué en anglais ; ***se te da bien el inglés*** = tu es doué en anglais ; ***se le da bien el inglés*** = il / elle est doué(e) en anglais.

douillet, douillette

▷ Ne sois pas si douillet, ce n'est qu'une petite piqûre de moustique !
¡No seas tan delicado, si no es más que una pequeña picadura de mosquito!

(en parlant d'une personne) **delicado, delicada**

douleur

▷ J'ai une forte douleur dans le dos.
Tengo un fuerte dolor en la espalda.

el **dolor** (pluriel **los dolores**)

*Attention : contrairement au français, le mot espagnol **dolor** est masculin.*

douloureux, douloureuse

▷ Apparemment, c'est une opération assez douloureuse.
Al parecer, es una operación bastante dolorosa.

(en parlant d'une opération ou d'une piqûre) **doloroso, dolorosa**

doute

1 ▷ J'ai des doutes sur lui, je ne sais pas si je peux lui faire confiance.
Tengo dudas sobre él, no sé si puedo fiarme de él.

1 la **duda**

*Attention : contrairement au français, le mot espagnol **duda** est féminin.*

2 ▷ Patrice viendra sans doute avec sa nouvelle copine.
Patrice vendrá seguramente con su nueva novia.
▷ C'est sans aucun doute le meilleur.
Es sin duda alguna el mejor.

2 ► **sans doute : seguramente** *ou* **sin duda**

► **sans aucun doute : sin duda alguna**

douter

1 ▷ Je doute que ça marche.
Dudo que funcione.

1 ► **douter que** + subjonctif **: dudar que** + subjonctif

2 ▷ Isa se doutait de quelque chose, mais elle n'était pas sûre.
Isa sospechaba algo, pero no estaba segura.
▷ Je me doutais que ce serait difficile.
Sospechaba que iba a ser difícil.

2 ► **se douter de** quelque chose **: sospechar** algo

► **se douter que : sospechar que**

doux, douce

1 ▷ Ce tissu est très doux.
Esta tela es muy suave.

1 (en parlant d'un tissu doux, de la peau douce) **suave**

2 ▷ La prof de musique est très douce, elle ne se fâche jamais.
La profesora de música es muy afable, nunca se enfada.

2 (en parlant d'une personne douce) **afable**

3 ▷ Il fait doux aujourd'hui.
Hace un tiempo agradable hoy.

3 ► **il fait doux : hace un tiempo agradable**

douzaine

1 ▷ Une douzaine d'œufs, s'il vous plaît.
Una docena de huevos, por favor.

1 ► une **douzaine de...** (= douze exactement) : una **docena de...**

2 ▷ Il y avait une douzaine de personnes à la réunion.
Había unas doce personas en la reunión.

2 ► **une douzaine de...** (= environ douze) : **unos doce...** *ou* **unas doce...**

douze

▷ Mon arrière-grand-mère avait douze frères.
Mi bisabuela tenía doce hermanos.
▷ Aujourd'hui c'est le douze avril.
Hoy es el doce de abril.

doce

ℹ *Notez l'emploi de* ***de*** *en espagnol quand on dit la date.*

dragée

▷ Léna nous a donné des dragées après le baptême de son petit frère.
Léna nos dio unas peladillas después del bautizo de su hermano menor.

la **peladilla**

drap

▷ Les draps n'étaient pas très propres.
Las sábanas no estaban muy limpias.

(= drap de lit) la **sábana**

ℹ *Remarquez que le mot espagnol porte sur le premier* ***a*** *un accent écrit qui reflète l'accent tonique.*

Attention : contrairement au français, le mot espagnol est féminin.

drapeau

▷ S'il y a un drapeau au palais, ça veut dire que le roi y est.
Si hay una bandera en el palacio, significa que el rey está ahí.

la **bandera**

Attention : contrairement au français, le mot espagnol est féminin.

dresser

1 ▷ Nous avons essayé de dresser notre chien, mais il ne veut pas obéir !
¡Intentamos adiestrar a nuestro perro pero no quiere obedecer!

1 (= dresser un chien ou un animal de cirque) **adiestrar**

Si le complément est un animal de compagnie, n'oubliez pas de le faire précéder de ***a****.*

2 ▷ Carlos a dressé la tête quand il a entendu la voix de Carole.
Carlos levantó la cabeza al oír la voz de Carole.

2 ► **dresser la tête : levantar la cabeza**

3 ▷ Le chien dresse les oreilles dès qu'il entend un bruit.
El perro aguza el oído en cuanto oye un ruido.

3 ► **dresser les oreilles : aguzar el oído**

4 ▷ Si tu te dresses sur la pointe des pieds, tu verras mieux.
Si te pones de puntillas, verás mejor.

4 ► **se dresser sur la pointe des pieds :** ponerse de puntillas

ℹ *Le pronom réfléchi fonctionne de la façon suivante en espagnol : me pongo, te pones, se pone, nos ponemos, os ponéis, se ponen de puntillas.*

drogue

▷ La police a arrêté un garçon qui vendait de la drogue.
La policía detuvo a un chico que vendía droga.

la droga

se droguer

▷ La sœur de mon copain se drogue.
La hermana de mi amigo se droga.

drogarse

ℹ *Le pronom réfléchi fonctionne de la façon suivante en espagnol : me drogo, te drogas, se droga, nos drogamos, os drogáis, se drogan.*

droit

1 ▷ Vous avez le droit de marcher sur la pelouse.
Tenéis derecho a pisar el césped.

1 el derecho
► **avoir le droit de** faire quelque chose (= avoir la permission) : tener derecho a hacer algo

2 ▷ David a droit à une bourse.
David tiene derecho a una beca.

2 ► **avoir droit à** quelque chose : tener derecho a algo

3 ▷ Cette carte te donne droit à un billet gratuit.
Esta tarjeta te da derecho a un billete gratuito.

3 ► **donner droit à** quelqu'un à quelque chose : dar derecho a alguien a algo

4 ▷ La sœur de Bertrand fait des études de droit.
La hermana de Bertrand estudia derecho.

4 ► **le droit** (= les lois) : el derecho

droit, droite ADJECTIF

1 ▷ Ce trait n'est pas droit.
Esta línea no es recta.
▷ Il ne marche pas droit, il doit être soûl.
No camina recto, debe de estar borracho.
▷ La gare ? Vous tournez à gauche et après c'est tout droit.
¿La estación? Gire a la izquierda y luego es todo recto.

1 (= non dévié dans le sens horizontal) recto, recta
► **tout droit** (pour indiquer le chemin) : todo recto

2 ▷ Tiens-toi droit quand tu écris.
Ponte derecho cuando escribes.

2 (= non dévié dans le sens vertical) derecho, derecha

3 ▷ J'ai mal à la main droite.
Me duele la mano derecha.

3 (par opposition à gauche) derecho, derecha

droite

1 ▷ Muriel ne sait pas reconnaître sa droite de sa gauche.
Muriel no sabe distinguir la derecha de la izquierda.
▷ L'école est à droite après la station-service.
La escuela está a la derecha después de la estación de servicio.
▷ Tournez à droite aux feux.
Gire a la derecha en el semáforo.
▷ À droite du cinéma il y a un restaurant chinois.
A la derecha del cine hay un restaurante chino.
▷ Les couverts sont dans le tiroir de droite.
Los cubiertos están en el cajón de la derecha.

1 (= le côté droit) la **derecha**

► **à droite :** a la derecha

► **à droite de :** a la derecha de

► **de droite** (= situé à droite) **:** de la derecha

2 ▷ Beaucoup de gens ont voté pour la droite.
Mucha gente votó por la derecha.
▷ Ils sont de droite.
Son de derechas.

2 ► **la droite** (en parlant de politique) **:** la derecha
► **de droite** (en parlant de politique) **:** de derechas

droitier, droitière

▷ Tu es droitier ou gaucher ?
¿Eres diestro o zurdo?

diestro, diestra

drôle

1 ▷ C'est un film très drôle.
Es una película muy divertida.

1 (= amusant) **divertido, divertida**
ℹ *On peut dire aussi* ***gracioso, graciosa****.*

2 ▷ C'est drôle, je pensais que j'avais fermé la porte à clé.
Qué curioso, pensaba que había cerrado la puerta con llave.
▷ Il a une drôle de tête.
Tiene una cara rara.

2 (= bizarre) **curioso, curiosa**

► **un drôle de...** *ou* **une drôle de... :** un... raro *ou* una... rara

drôlement

1 ▷ Yang était drôlement content de nous voir.
Yang estaba muy contento de vernos.

1 (= très) **muy**

2 ▷ Ça me plaît drôlement.
Me gusta mucho.

2 (= beaucoup) **mucho**

du

Regardez le mot ***de****.*

dune

▷ La plage est juste derrière les dunes.
La playa está justo detrás de las dunas.

la **duna**

dur, dure

1 ▷ Cette table est faite dans un bois très dur.
Esta mesa está hecha con una madera muy dura.
▷ Le repas était bon, mais la viande était un peu dure.
La comida estaba buena, pero la carne estaba un poco dura.
▷ Les parents de Francis sont très durs avec lui.
Los padres de Francis son muy duros con él.

1 *La plupart des sens de* **dur** *se traduisent en espagnol par* ***duro, dura***.

2 ▷ Le devoir sur table d'histoire était vraiment dur.
El examen de historia era muy difícil.

2 (= difficile) **difícil** (pluriel **difíciles**)
ℹ *Remarquez que le mot espagnol porte sur le deuxième* ***i*** *un accent écrit qui reflète l'accent tonique.*

durée

▷ La durée du film n'est pas indiquée sur le programme.
La duración de la película no viene indicada en el programa.

la **duración**

durer

▷ Le voyage en avion dure deux heures.
El viaje en avión dura dos horas.

durar

duvet

▷ Il n'y a pas de couvertures à l'auberge de jeunesse, alors on doit emporter notre propre duvet.
No hay mantas en el albergue juvenil, entonces tenemos que llevar nuestro propio saco de dormir.

(= sac de couchage) el **saco de dormir** (pluriel **los sacos de dormir**)

DVD

▷ Lulu a eu un DVD pour son anniversaire.
A Lulu le regalaron un DVD para su cumpleaños.
▷ J'ai plus de cinquante DVD.
Tengo más de cincuenta DVD.

el **DVD** (pluriel **los DVD**)

dynamique

▷ Mes grands-parents sont très dynamiques pour leur âge.
Mis abuelos son muy dinámicos para su edad.

dinámico, dinámica
ℹ *Remarquez que le mot espagnol porte sur le* ***a*** *un accent écrit qui reflète l'accent tonique.*

dyslexique

▷ Ali est dyslexique, il a du mal à lire.
Ali es disléxico, le cuesta leer.

disléxico, disléxica
ℹ *Remarquez que le mot espagnol porte sur le* ***e*** *un accent écrit qui reflète l'accent tonique.*

Ee

eau

▷ L'eau est bonne, on peut se baigner.
El agua está buena, nos podemos bañar.
▷ Tu veux de l'eau ?
¿ Quieres agua ?

▷ Une bouteille d'eau minérale, s'il vous plaît.
Una botella de agua mineral, por favor.
▷ Une carafe d'eau du robinet, s'il vous plaît.
Una jarra de agua del grifo, por favor.

el **agua**

*Bien que l'article qui accompagne **agua** au singulier soit masculin (**el agua**), **agua** est un mot féminin et les adjectifs qui l'accompagnent doivent se mettre au féminin : **el agua está fría**.*

► **eau minérale :** el agua mineral

► **eau du robinet :** agua del grifo

éblouir

▷ Les phares de la voiture d'en face ont ébloui le conducteur.
Las luces del coche de enfrente deslumbraron al conductor.

deslumbrar

*Si le complément est une personne, un groupe de personnes ou un animal domestique, n'oubliez pas de le faire précéder de **a**.*

éboueur

▷ Est-ce que les éboueurs sont passés ?
¿Han pasado ya los basureros?

el **basurero**

s'ébouillanter

▷ J'ai failli m'ébouillanter avec la soupe.
Por poco me escaldo con la sopa.

escaldarse

*Le pronom réfléchi fonctionne de la façon suivante en espagnol : **me escaldo, te escaldas, se escalda, nos escaldamos, os escaldáis, se escaldan**.*

ébouriffé, ébouriffée

▷ Alexis avait les cheveux tout ébouriffés.
Alexis tenía el pelo todo alborotado.
▷ Tu es toute ébouriffée !
¡Tienes el pelo todo alborotado!

(en parlant des cheveux) alborotado, alborotada

ℹ **Être ébouriffé** *et* **avoir les cheveux ébouriffés** *se disent de la même manière en espagnol, avec comme antécédent l'adjectif* **pelo** *(regardez les exemples à gauche).*

écaille

▷ Le poissonnier a gratté les écailles du poisson avec un couteau.
El pescadero rascó las escamas del pescado con un cuchillo.

(d'un poisson) la **escama**

écart

1 ▷ Il y a un gros écart entre la meilleure note et la plus mauvaise.
Hay una gran diferencia entre la mejor nota y la peor.

1 (= différence) la **diferencia**

2 ▷ Le camion a fait un écart pour éviter la moto.
El camión se hizo a un lado para evitar la moto.

2 ► **faire un écart** (en parlant d'un véhicule) : **hacerse a un lado**

ℹ *Le pronom réfléchi fonctionne de la façon suivante en espagnol :* ***me*** ***hago,*** ***te*** ***haces,*** ***se*** ***hace,*** ***nos*** ***hacemos,*** ***os*** ***hacéis,*** ***se*** ***hacen.***

écarter

1 ▷ Écartez les bras et redressez le dos.
Abrid los brazos y enderezad la espalda.
▷ Écarte ta chaise du feu, c'est dangereux.
Aparta la silla del fuego, es peligroso.

1 (en parlant des bras, des jambes) **abrir**

2 ▷ Les gens se sont écartés pour nous laisser passer.
La gente se apartó para dejarnos pasar.

2 ► **écarter** quelque chose **de** : **apartar** algo **de**

3 ▷ Écarte-toi de lui, il va te frapper !
¡Apártate de él, te va a pegar!

3 ► **s'écarter** (= s'éloigner) : **apartarse**

ℹ *Le pronom réfléchi fonctionne de la façon suivante en espagnol :* ***me*** ***aparto,*** ***te*** ***apartas,*** ***se*** ***aparta,*** ***nos*** ***apartamos,*** ***os*** ***apartáis,*** ***se*** ***apartan.***

échafaudage

▷ La façade de la mairie est couverte d'échafaudages.
La fachada del ayuntamiento está llena de andamios.

el **andamio**

échange

1 ▷ Il y a eu un échange entre notre école et une école espagnole.
Ha habido un intercambio entre nuestro colegio y un colegio español.

1 el **intercambio**

2 ▷ Tu me donnes ton stylo et, en échange, je te donne ma casquette.
Tú me das tu boli y, a cambio, yo te doy mi gorra.

2 ► **en échange :** a cambio

échanger

▷ Martin a échangé des timbres contre un billet de cinéma.
Martin cambió unos sellos por una entrada de cine.

cambiar

ℹ *Notez la préposition utilisée en espagnol :* échanger contre = *cambiar por.*

échantillon

▷ La vendeuse m'a donné trois échantillons gratuits.
La dependienta me dio tres muestras gratuitas.

la **muestra**

s'échapper

▷ C'est un jeu où les prisonniers doivent essayer de s'échapper.
Es un juego en el que los prisioneros deben tratar de escaparse.
▷ Ils se sont échappés de la prison en hélicoptère.
Se escaparon de la cárcel en helicóptero.

escaparse

ℹ *Le pronom réfléchi fonctionne de la façon suivante en espagnol : me escapo, te escapas, se escapa, nos escapamos, os escapáis, se escapan.*

écharpe

1 ▷ Prends ton écharpe, il fait froid dehors.
Llévate la bufanda, hace frío fuera.

1 (= cache-nez) la **bufanda**

2 ▷ Leïla a le bras en écharpe, il doit être cassé.
Leïla lleva el brazo en cabestrillo, lo debe de tener roto.

2 ► **avoir le bras en écharpe :** llevar el brazo en cabestrillo

échec

▷ Il n'a pas été accepté ; c'est un échec pour lui.
No lo han aceptado; es un fracaso para él.

(= manque de succès) el **fracaso**

échecs

▷ Michaël a appris à jouer aux échecs.
Michaël aprendió a jugar al ajedrez.

► **jouer aux échecs :** jugar al ajedrez

ℹ *Ajedrez est un nom singulier : on dira par exemple el ajedrez es un juego apasionante* (les échecs sont un jeu passionnant).

échelle

1 ▷ Bérénice est tombée de l'échelle.
Bérénice se cayó de la escalera.

1 (pour monter) la **escalera**
ℹ *En espagnol, on emploie le même mot,* ***escalera****, pour désigner l'échelle et l'escalier.*

2 ▷ Quelle est l'échelle de cette carte ?
¿Cuál es la escala de este mapa?

2 (d'une carte ou d'un plan) la **escala**

échiquier

▷ Amélie a un très bel échiquier en bois.
Amélie tiene un tablero de ajedrez de madera muy bonito.

el **tablero de ajedrez** (pluriel los **tableros de ajedrez**)

écho

▷ Il y a de l'écho dans cette grotte.
Hay eco en esta cueva.

el **eco**

échouer

▷ Ils ont fait beaucoup d'efforts mais ils ont échoué.
Hicieron muchos esfuerzos pero fracasaron.
▷ Ludovic a échoué à son permis de conduire.
Ludovic suspendió el examen de conducir.

(= ne pas réussir en général) **fracasar**

► **échouer à** quelque chose (en parlant d'un examen, du permis de conduire) : **suspender** algo

éclabousser

▷ Arrête d'éclabousser ta sœur !
¡Deja de salpicar a tu hermana!

salpicar
Si le complément est une personne, un groupe de personnes ou un animal domestique, n'oubliez pas de le faire précéder de ***a****.*

éclair

1 ▷ Il y a des éclairs dans le ciel.
Hay relámpagos en el cielo.

1 (= foudre) el **relámpago**
ℹ *Remarquez que le mot espagnol porte sur le premier* ***a*** *un accent écrit qui reflète l'accent tonique.*

2 ▷ Tu peux m'acheter un éclair au café ?
¿Me puedes comprar un "éclair" de café?

2 (= gâteau) el **"éclair"**
ℹ *Il n'y a pas de traduction exacte du mot* **éclair** *en espagnol car ces gâteaux n'existent pas en Espagne. Si on veut expliquer, on peut dire que c'est* ***un pastelito relleno de crema****.*

éclairage

▷ L'éclairage n'est pas très bon dans cette salle.
La iluminación no es muy buena en este aula.

(= lumière dans une pièce) la **iluminación** (pluriel las **iluminaciones**)

ℹ *Remarquez que le mot espagnol porte sur le **o** un accent écrit qui reflète l'accent tonique. Il n'y a pas d'accent au pluriel mais l'accent tonique porte sur le **o**, comme au singulier.*

éclaircie

▷ Il devrait y avoir des éclaircies cet après-midi.
Debería haber claros esta tarde.

el **claro**

éclaircir

1 ▷ Tu pourrais peindre ta chambre en jaune pour l'éclaircir.
Podrías pintar tu habitación de amarillo para aclararla.

1 (= rendre plus clair) **aclarar**

2 ▷ Ah, enfin le ciel s'éclaircit !
¡Ah, por fin el cielo se despeja!

2 ► **s'éclaircir** (en parlant du temps) : **despejarse**

ℹ *Le pronom réfléchi fonctionne de la façon suivante en espagnol : **se despeja, se despejan**.*

éclairer

▷ Plusieurs lampes éclairent la pièce.
Varias lámparas iluminan el cuarto.

(en parlant d'une lampe) **iluminar**

éclat

1 ▷ Lionel s'est coupé avec un éclat de verre.
Lionel se cortó con un trozo de vidrio.

1 (= petit morceau) el **trozo**

2 ▷ Nous avons entendu des éclats de rire dehors.
Oímos unas carcajadas fuera.

2 ► **éclat de rire :** la **carcajada**

3 ▷ La blague de Marie nous a fait rire aux éclats.
El chiste de Marie nos hizo reír a carcajadas.

3 ► **rire aux éclats : reír a carcajadas**

éclatant, éclatante

▷ Il fait un soleil éclatant aujourd'hui.
Hoy hace un sol brillante.

(en parlant d'une couleur ou du soleil) **brillante**

éclater

1 ▷ Tout le monde a sursauté quand le ballon a éclaté.
Todo el mundo se sobresaltó cuando el globo estalló.

1 (= exploser) **estallar**

2 ▷ Sonia a éclaté de rire quand Cédric lui a demandé de sortir avec lui.
Sonia se echó a reír cuando Cédric le preguntó si quería salir con él.

2 ► **éclater de rire :** echarse a reír
ℹ *Le pronom réfléchi fonctionne de la façon suivante en espagnol : **me echo, te echas, se echa, nos echamos, os echáis, se echan a reír**.*
*On peut dire aussi **ponerse a reír**.*

3 ▷ On s'est éclatés à la soirée de Hassan.
Nos lo pasamos bomba en la fiesta de Hassan.

3 ► **s'éclater :** pasárselo bomba
ℹ *Le pronom réfléchi fonctionne de la façon suivante en espagnol : **me lo paso, te lo pasas, se lo pasa, nos lo pasamos, os lo pasáis, se lo pasan bomba**.*

éclipse

▷ Est-ce que vous avez vu l'éclipse hier soir ?
¿Visteis el eclipse anoche?

el eclipse
*Attention : contrairement au français, le mot espagnol **eclipse** est masculin.*

écœurant, écœurante

1 ▷ Ce gâteau est tellement sucré qu'il est écœurant.
Este pastel es tan dulce que me produce náuseas.

1 *Pour dire qu'un aliment est écœurant, on emploie en espagnol l'expression **producir náuseas** + complément de personne.*

ℹ *Remarquez que le mot espagnol **náuseas** porte sur le premier **a** un accent écrit qui reflète l'accent tonique.*

2 ▷ La façon dont Suzanne a traité Matthieu est écœurante.
La manera en que Suzanne trató a Matthieu es repugnante.

2 (= injuste, révoltant) repugnante
ℹ *On peut dire aussi **asqueroso, asquerosa**.*

écœurer

▷ Ça m'écœure.
Me da asco.

dar asco a

école

1 ▷ L'école est tout près de l'église.
La escuela está muy cerca de la iglesia.

1 (= établissement) la escuela
ℹ ***Escuela** désigne surtout l'école primaire ; pour les établissements d'enseignement secondaire, on dit plutôt **el colegio**.*

▷ L'école maternelle et l'école primaire sont dans le même bâtiment.
El parvulario y la escuela primaria están en el mismo edificio.

► **école maternelle :** el parvulario
► **école primaire :** la escuela primaria (pluriel las escuelas primarias)

2 ▷ Quel jour est-ce que l'école finit ?
¿Qué día terminan las clases?

2 ► **l'école** (= les cours) **:** las clases

écologie

▻ Comment s'appellent les spécialistes de l'écologie ?
¿Cómo se llaman los especialistas en ecología?

la **ecología**

écologique

▻ Beaucoup de gens pensent que les problèmes écologiques sont très importants.
Mucha gente piensa que los problemas ecológicos son muy importantes.

▻ Ma mère utilise des produits de nettoyage écologiques.
Mi madre usa productos de limpieza ecológicos.

ecológico, ecológica

ℹ *Remarquez que les mots **ecológico** et **ecológica** portent sur le deuxième **o** un accent écrit qui reflète l'accent tonique.*

écologiste

▻ Les écologistes sont contre la construction de l'autoroute.
Los ecologistas están en contra de la construcción de la autopista.

el **ecologista**, la **ecologista**

économie

1 ▻ Nous avons des cours d'économie.
Tenemos clases de economía.

▻ L'économie française va mieux.
La economía francesa anda mejor.

1 (= matière, science ou économie d'un pays) la **economía**

ℹ *Remarquez que le mot espagnol porte sur le **i** un accent écrit qui reflète l'accent tonique.*

2 ▻ Lucille a mis ses économies à la banque.
Lucille ha puesto sus ahorros en el banco.

▻ Mes parents font des économies pour payer les vacances.
Mis padres ahorran para pagar las vacaciones.

2 ► **économies** (= argent mis de côté) : los **ahorros**

► **faire des économies :** ahorrar

🔈 *Attention à bien prononcer les deux **r** de **ahorros** et de **ahorrar**.*

économique

▻ La Grèce a de gros problèmes économiques.
Grecia tiene graves problemas económicos.

▻ C'est plus économique d'acheter un grand paquet.
Resulta más económico comprar un gran paquete.

económico, económica

ℹ *Remarquez que les mots **económico** et **económica** portent sur le deuxième **o** un accent écrit qui reflète l'accent tonique.*

économiser

▻ Il faut économiser l'énergie.
Hay que ahorrar energía.

▻ Christian a réussi à économiser mille euros.
Christian consiguió ahorrar mil euros.

ahorrar

🔈 *Attention à bien prononcer les deux **r** de **ahorrar**.*

économiseur d'écran

▷ Il est super, ton économiseur d'écran ! Tu l'as trouvé sur Internet ?
¡Qué guay es tu salvapantallas! ¿Lo encontraste en Internet?

el **salvapantallas** (pluriel los salvapantallas)

économiste

▷ C'est ce que les économistes avaient annoncé.
Es lo que los economistas habían anunciado.

el **economista**, la **economista**

écorce

▷ Daphné a écrit son nom avec un couteau sur l'écorce de l'arbre.
Daphné escribió su nombre con un cuchillo en la corteza del árbol.
▷ Tu peux mettre un peu d'écorce d'orange dans la pâte.
Le puedes echar un poco de corteza de naranja a la masa.

la **corteza**

s'écorcher

▷ Vincent s'est écorché dans les ronces.
Vincent se hizo un arañazo en las zarzas.

▷ Je suis tombé de vélo et je me suis écorché le genou.
Me caí de la bici y me hice un arañazo en la rodilla.

hacerse un arañazo

ℹ *Le pronom réfléchi fonctionne de la façon suivante en espagnol : **me hago, te haces, se hace, nos hacemos, os hacéis, se hacen un arañazo.***

► **s'écorcher le genou, le bras,** *etc.* : hacerse un arañazo en la rodilla, el brazo, *etc.*

écossais, écossaise

▷ Eulalie portait une jupe écossaise.
Eulalie llevaba una falda escocesa.
▷ Les îles écossaises sont très sauvages.
Las islas escocesas son muy salvajes.
▷ Il y a trois Écossais qui travaillent ici.
Hay tres escoceses que trabajan aquí.

escocés (pluriel escoceses), **escocesa**

ℹ *S'écrit toujours avec une minuscule en espagnol, qu'il s'agisse de l'adjectif ou du nom.*
*Remarquez que le mot **escocés** porte sur le deuxième **e** un accent écrit qui reflète l'accent tonique. Il n'y a pas d'accent écrit au pluriel. L'accent tonique porte sur la même voyelle qu'au singulier.*

Écosse

▷ L'Écosse fait partie de la Grande-Bretagne.
Escocia forma parte de Gran Bretaña.
▷ Il ne fait pas toujours froid en Écosse.
No hace siempre frío en Escocia.

Escocia

ℹ *Ne prend généralement pas d'article.*

► **en Écosse** (= dans la région) : en Escocia

▷ Sabine doit aller en Écosse pour son travail.
Sabine tiene que ir a Escocia para el trabajo.

► **en Écosse** (= vers la région) : a Escocia

écouter

1 ▷ J'écoute cette émission de radio tous les dimanches.
Escucho este programa de radio todos los domingos.
▷ J'ai dit à Paul d'arrêter, mais il ne m'a pas écoutée.
Le dije a Paul que parara, pero no me escuchó.
▷ Bon, écoute, on doit partir maintenant.
Bueno, escucha, ahora nos tenemos que ir.

1 (avec attention) **escuchar**

2 ▷ J'écoute de la musique avant de m'endormir.
Oigo música antes de dormirme.
▷ Je n'écoute jamais la radio
Nunca oigo radio.

2 (distraitement) **oír**

Oír signifie également « entendre ».

écouteurs

▷ Les écouteurs ne marchent plus.
Los auriculares ya no funcionan.

(= casque) los **auriculares**

écran

1 ▷ L'écran de cette télé est immense !
¡Esta pantalla de televisión es inmensa!

1 (= l'écran d'un téléviseur, du cinéma, d'un ordinateur) la **pantalla**

2 ▷ N'oublie pas d'emporter de l'écran total pour la plage.
Acuérdate de llevar crema solar de protección total para la playa.

2 ► **écran total** (= crème) : la **crema solar de protección total**

écraser

1 ▷ Il faut écraser les canettes avant de les recycler.
Hay que aplastar las latas antes de reciclarlas.
▷ Tu n'as pas besoin d'écraser l'araignée, tu peux la mettre dehors.
No tienes por qué aplastar la araña, la puedes echar fuera.

1 (= aplatir) **aplastar**

2 ▷ Tu écrases les pommes de terre et tu les mélanges avec du beurre.
Haces un puré con las patatas y las mezclas con mantequilla.

2 (= réduire en purée) **hacer un puré con**

Remarquez que le mot puré porte sur le e un accent écrit qui reflète l'accent tonique.

3 ▷ Je lui ai écrasé le pied en dansant.
Le pisé el pie bailando.

3 (en parlant du pied de quelqu'un) **pisar**

4 ▷ Elle s'est fait écraser par une voiture.
La atropelló un coche.

*4 Pour dire que quelqu'un s'est fait écraser par un véhicule, on emploie en espagnol le verbe **atropellar**, avec le véhicule comme sujet et la personne comme complément.*

écrémé, écrémée

▷ Laura boit du lait écrémé.
Laura bebe leche descremada.

descremado, descremada

*On peut dire aussi **desnatado, desnatada**.*

écrire

▷ Nous devons écrire notre nom en haut de la copie.
Tenemos que escribir el nombre en la parte superior del examen.

▷ Pierre m'a écrit une lettre.
Pierre me ha escrito una carta.

▷ Marc et Valérie s'écrivent tous les jours.
Marc y Valérie se escriben todos los días.

▷ Comment est-ce que ça s'écrit ?
¿Cómo se escribe?

escribir

► **écrire à** quelqu'un **:** escribir a alguien

► **s'écrire :** escribirse

*Le pronom réfléchi fonctionne de la façon suivante en espagnol : **se escribe, nos escribimos, os escribís, se escriben**.*

écrit, écrite

▷ L'épreuve écrite était plus facile que l'épreuve orale.
La prueba escrita era más fácil que la prueba oral.

escrito, escrita

écriteau

▷ Il y a un écriteau qui dit « interdit de fumer ».
Hay un letrero que dice "prohibido fumar".

el **letrero**

*On peut dire aussi **el rótulo**.*

écriture

▷ Son écriture est illisible.
Su letra es ilegible.

(= manière de former les lettres) la **letra**

écrivain

▷ Qui est ton écrivain préféré ?
¿Quién es tu escritor preferido?

el **escritor** (pluriel escritores), la **escritora**

s'écrouler

▷ Une partie de l'immeuble s'est écroulée.
Parte del edificio se ha derrumbado.

(en parlant d'un bâtiment ou d'un toit) **derrumbarse**

*Attention à bien prononcer les deux **r**.*

*Le pronom réfléchi fonctionne de la façon suivante en espagnol : **se derrumba, se derrumban**.*

écume

▷ Il y a de l'écume sur la plage.
Hay espuma en la playa.

la **espuma (de mar)**

écureuil

▷ Nous avons donné des noisettes aux écureuils dans le parc.
Les dimos avellanas a las ardillas en el parque.

la **ardilla**

écurie

▷ Fanny est allée voir le cheval à l'écurie.
Fanny fue a ver el caballo en la cuadra.

la **cuadra**

eczéma

▷ L'eczéma peut être dû à une allergie.
El eczema puede ser causado por una alergia.

▷ Étienne a de l'eczéma.
Étienne tiene eczema.

el **eczema**

► **avoir de l'eczéma :** tener eczema

ℹ *Il y a une autre orthographe possible : el eccema.*

édredon

▷ J'ai trop chaud avec cet édredon.
Tengo demasiado calor con este edredón.

el **edredón** (pluriel los edredones)

ℹ *Il n'y a pas d'accent écrit au pluriel. L'accent tonique porte sur le o, comme au singulier.*

éducation

▷ L'éducation est quelque chose de très important.
La educación es algo muy importante.

la **educación**

ℹ *Remarquez que le mot espagnol porte sur le o un accent écrit qui reflète l'accent tonique.*

▷ Nous n'avons pas de cours d'éducation sexuelle.
No tenemos clases de educación sexual.

► **éducation sexuelle :** la educación sexual

éduquer

▷ J'ai été éduqué au Pérou.
Fui educado en Perú.

educar

effacer

▷ Efface cette faute et réécris le mot.
Borra esta falta y vuelve a escribir la palabra.

▷ Zut, j'ai effacé ton fichier !
¡Jolín, te he borrado el fichero!

borrar

🔈 *Attention à bien prononcer les deux r de borrar.*

effectivement

▷ Effectivement, Sandra elle-même m'a dit que c'était vrai.
Efectivamente, Sandra me dijo ella misma que era verdad.
▷ Tu as fait une faute là. – Effectivement, tu as raison.
Has cometido una falta ahí. – Efectivamente, tienes razón.

efectivamente

ℹ *On peut dire aussi* ***en efecto.***

effet

1 ▷ Notre plaisanterie n'a pas eu l'effet prévu.
Nuestra broma no tuvo el efecto previsto.
▷ L'aspirine ne m'a fait aucun effet.
La aspirina no me ha hecho ningún efecto.
▷ Les effets spéciaux sont géniaux dans ce film.
Los efectos especiales en esta película son estupendos.

1 el efecto

► **faire de l'effet à** quelqu'un **:** hacer efecto a alguien
► **effets spéciaux :** efectos especiales

2 ▷ Tu as fait une faute là. – En effet, tu as raison.
Has cometido una falta ahí. – En efecto, tienes razón.

2 ► **en effet** (= oui) : en efecto

efficace

1 ▷ Bravo, tu as été très efficace !
¡Bravo, fuiste muy eficiente!

1 (en parlant d'une personne) eficiente

2 ▷ Ces cachets ne sont pas très efficaces.
Estas tabletas no son muy eficaces.

2 (en parlant d'un médicament ou d'une mesure) eficaz (pluriel eficaces)

ℹ *N'oubliez pas que le* ***z*** *devient* ***c*** *au pluriel.*

s'effondrer

▷ Tout l'immeuble s'est effondré.
Todo el edificio se derrumbó.

(en parlant d'un bâtiment) derrumbarse

🔈 *Attention à bien prononcer les deux* ***r.***

ℹ *Le pronom réfléchi fonctionne de la façon suivante en espagnol :* ***se derrumbe, se derrumben.***

s'efforcer

▷ Mathilde s'efforce de travailler plus, mais elle n'arrive pas à se concentrer.
Mathilde se esfuerza por trabajar más, pero no consigue concentrarse.

► **s'efforcer de** faire quelque chose **:** esforzarse por *ou* en hacer algo

ℹ *Le pronom réfléchi fonctionne de la façon suivante en espagnol :* ***me esfuerzo, te esfuerzas, se esfuerza, nos esforzamos, os esforzáis, se esfuerzan.***

effort

▷ Allez, fais un effort !
¡Vamos, esfuérzate!
▷ Idriss fait des efforts pour être sage.
Idriss se esfuerza por portarse bien.

el **esfuerzo**
► **faire un effort :** esforzarse
► **faire des efforts pour** faire quelque chose **:** esforzarse por *ou* en hacer algo

Le pronom réfléchi fonctionne de la façon suivante en espagnol : ***me esfuerzo, te esfuerzas, se esfuerza, nos esforzamos, os esforzáis, se esfuerzan****.*

On dit aussi ***hacer un esfuerzo*** *ou* ***hacer esfuerzos****.*

effrayant, effrayante

▷ C'est effrayant !
¡ Es horroroso !

horroroso, horrorosa

Attention à bien prononcer les deux ***r****.*

effrayé, effrayée

▷ Ils avaient l'air vraiment effrayés.
Parecían muy asustados.

asustado, asustada

égal, égale

1 ▷ Les deux dimensions sont égales.
Las dos dimensiones son iguales.

1 (= pareil) **igual** (pluriel **iguales**)

2 ▷ Tu veux aller au cinéma ou au théâtre ? – Ça m'est égal.
¿Quieres ir al cine o al teatro? – Me da igual.
▷ Hervé dit des méchancetés sur toi. – Ça m'est égal, il est idiot de toute façon !
Hervé dice cosas desagradables sobre ti. – ¡Me da igual, de todos modos es un tonto!

2 ► **ça m'est égal :** me da igual

On peut dire aussi ***me da lo mismo****. Pour les autres personnes, on dit :* ***te da igual*** (= ça t'est égal), ***le da igual*** (= ça lui est égal, ça vous est égal), ***nos da igual*** (= ça nous est égal), ***os da igual*** (= ça vous est égal), ***les da igual*** (= ça leur est égal, ça vous est égal).

égalité

1 ▷ Ils sont pour l'égalité des sexes.
Están a favor de la igualdad de los sexos.

1 (= l'égalité entre les gens) la **igualdad**

2 ▷ Maintenant les deux équipes sont à égalité.
Ahora los dos equipos están empatados.

2 ► **être à égalité** (en parlant de deux équipes ou de deux concurrents) **:** estar empatados *ou* empatadas

égarer

▷ J'ai égaré mes clés.
He perdido las llaves.
▷ Elle s'est égarée dans la forêt.
Se perdió en el bosque.

(un objet) **perder**

► **s'égarer :** perderse

Le pronom réfléchi fonctionne de la manière suivante en espagnol : ***me pierdo, te pierdes, se pierde, nos perdemos, os perdéis, se pierden****.*

église

▷ Il y a une belle église tout près d'ici.
Hay una iglesia bonita muy cerca de aquí.
▷ Sylvaine et sa famille vont à l'église tous les dimanches.
Sylvaine y su familia van a misa todos los domingos.

la **iglesia**

► **aller à l'église** (= aller à la messe) : ir a misa

égoïste

▷ Ne sois pas si égoïste, prête-moi ton livre !
¡No seas tan egoísta, préstame tu libro!

egoísta

ℹ *Le mot espagnol se termine par un **a** au masculin **(un chico egoísta)** comme au féminin **(una mujer egoísta)**.
Remarquez que **egoísta** porte sur le **i** un accent écrit qui reflète l'accent tonique.*

égout

▷ L'égout est bouché.
La alcantarilla está atascada.

la **alcantarilla**

s'égratigner

▷ Tu vas t'égratigner les jambes si tu marches dans les ronces.
Te vas a hacer un arañazo en las piernas si te metes en las zarzas.
▷ Sophie s'est égratigné le bras.
Sophie se hizo un arañazo en el brazo.

► **s'égratigner les jambes, le genou,** etc. : hacerse un arañazo en las piernas, la rodilla, etc.

ℹ *Le pronom réfléchi fonctionne de la façon suivante en espagnol : **me hago un arañazo, te haces un arañazo, se hace un arañazo, nos hacemos un arañazo, os hacéis un arañazo, se hacen un arañazo.***

ℹ *On dit aussi **arañarse**.*

égratignure

▷ Ne pleure pas, ce n'est qu'une égratignure.
No llores, sólo es un arañazo.

el **arañazo**

ℹ *On peut dire aussi **el rasguño**.*

élargir

1 ▷ La rue Rousseau va être élargie.
Van a ensanchar la calle Rousseau.

1 (en parlant d'une rue ou d'un trou) **ensanchar**

2 ▷ J'espère que ce jean va s'élargir, il est trop serré.
Espero que se van a ensanchar estos vaqueros porque me van estrechos.
▷ La route s'élargit après ce tournant.
La carretera se ensancha después de esta curva.

2 ► **s'élargir :** ensancharse

ℹ *Le pronom réfléchi fonctionne de la façon suivante en espagnol : **se ensancha, se ensanchan.***

élastique

1 ▷ Ce tissu est élastique.
Este tejido es elástico.

1 (= extensible) elástico, elástica

ℹ *Remarquez que elástico et elástica portent sur le a un accent écrit qui reflète l'accent tonique.*

2 ▷ Sonia attache ses cheveux avec un élastique.
Sonia se ata el pelo con una goma.

2 ► **un élastique :** una goma

3 ▷ Je n'oserais jamais faire du saut à l'élastique.
Nunca me atrevería a hacer puenting.

3 ► **faire du saut à l'élastique :** hacer puenting

élections

▷ Karim s'est présenté aux élections des délégués de classe.
Karim se presentó a las elecciones para delegado de clase.

la elección (pluriel elecciones)

ℹ *Il n'y a pas d'accent écrit au pluriel. L'accent tonique porte sur le o, comme au singulier.*

électricien, électricienne

▷ L'électricien est venu réparer le radiateur.
El electricista vino a reparar el radiador.

el electricista, la electricista

électricité

▷ Les ouvriers ont coupé l'électricité.
Los obreros cortaron la electricidad.

la electricidad

électrique

▷ Il y a le chauffage électrique dans la maison.
La casa tiene calefacción eléctrica.

eléctrico, eléctrica

ℹ *Remarquez que eléctrico et eléctrica portent sur le deuxième e un accent écrit qui reflète l'accent tonique.*

s'électrocuter

▷ Andreas a failli s'électrocuter avec un sèche-cheveux.
Andreas por poco se electrocuta con el secador.

electrocutarse

ℹ *Le pronom réfléchi fonctionne de la façon suivante en espagnol : me electrocuto, te electrocutas, se electrocuta, nos electrocutamos, os electrocutáis, se electrocutan.*

électronique

1 ▷ Ce jeu électronique fait un bruit agaçant.
Este juego electrónico hace un ruido irritante.

1 (en parlant d'un jeu, d'un composant, d'un microscope, etc.) electrónico, electrónica

ℹ *Remarquez que electrónico et electrónica portent sur le o un accent écrit qui reflète l'accent tonique.*

2 ▷ Le frère de Pepa fait des études d'électronique.
El hermano de Pepa estudia electrónica.

2 ► **l'électronique** (= la science) **:** la electrónica

élégant, élégante

▷ François est toujours très élégant.
François va siempre muy elegante.

elegante

éléphant

▷ Les éléphants d'Asie sont plus petits que les éléphants d'Afrique.
Los elefantes asiáticos son más pequeños que los elefantes africanos.

el elefante

Attention à l'orthographe du mot espagnol.

élevage

1 ▷ Mon oncle fait de l'élevage de poulets.
Mi tío cría pollos.

1 ► **faire de l'élevage de** + complément : criar + complément

2 ▷ Il y a beaucoup d'élevages de saumons dans la région.
Hay muchos criaderos de salmón en esta región.

2 (= ferme) el criadero

élève

▷ Claudie est la meilleure élève de la classe.
Claudie es la mejor alumna de la clase.

el alumno, la alumna

élevé, élevée

1 ▷ Cette colline n'est pas très élevée.
Esta colina no es muy alta.

1 (= haut) alto, alta

2 ▷ La température est très élevée pour le mois de mars.
La temperatura es muy elevada para marzo.

2 (température, niveau) elevado, elevada

3 ▷ C'est un garçon très bien élevé.
Es un chico muy bien educado.

▷ Elle est bête et mal élevée.
Es tonta y mal educada.

3 ► **bien élevé, bien élevée :** bien educado, bien educada (pluriel bien educados, bien educadas)
► **mal élevé, mal élevée :** mal educado, mal educada (pluriel mal educados, mal educadas)

élever

1 ▷ Mon oncle élève des lapins.
Mi tío cría conejos.

1 (en parlant d'animaux) criar

2 ▷ C'est elle qui a élevé ses petits-enfants.
Fue ella quien educó a sus nietos.

2 (en parlant d'enfants) educar

Si le complément est une personne, un groupe de personnes ou un animal domestique, n'oubliez pas de le faire précéder de a.

éliminer

▷ Il a éliminé son adversaire en demi-finale.
Eliminó a su adversario en la semifinal.

eliminar

Si le complément est une personne, un groupe de personnes ou un animal domestique, n'oubliez pas de le faire précéder de ***a***.

élire

▷ Demain nous élirons les délégués de classe.
Mañana elegiremos a los delegados de clase.
▷ Qui a été élu ?
¿Quién fue elegido?

elegir

Si le complément est une personne, un groupe de personnes ou un animal domestique, n'oubliez pas de le faire précéder de ***a***.

elle

1 ▷ Elle habite près de la piscine.
Vive cerca de la piscina.
▷ J'ai emmené ma chienne chez le vétérinaire ; elle va mieux maintenant.
Llevé a mi perra al veterinario; ahora está mejor.
▷ Moi, je vais toujours au collège à pied, mais elle, elle y va toujours en voiture.
Yo siempre voy al colegio a pie, pero ella siempre va en coche.

1 *Quand* elle *est sujet, le pronom ne se traduit généralement pas en espagnol, sauf pour insister ou marquer une différence.*

2 ▷ J'ai acheté ce CD pour elle.
Compré este CD para ella.

2 *Quand* elle *est complément, le pronom se traduit par* ***ella***.

elle-même

▷ Elle me l'a dit elle-même, alors ça doit être vrai !
¡Me lo dijo ella misma, entonces debe de ser verdad!

ella misma

elles

1 ▷ Elles sont arrivées en même temps.
Llegaron al mismo tiempo.
▷ Moi, je vais toujours au collège à pied, mais elles, elles y vont toujours en voiture.
Yo siempre voy al colegio a pie, pero ellas siempre van en coche.

1 *Quand* elles *est sujet, le pronom ne se traduit généralement pas en espagnol sauf pour insister ou marquer une différence.*

2 ▷ Ce cadeau est pour elles.
Este regalo es para ellas.

2 *Quand* elles *est complément, le pronom se traduit par* ***ellas***.

elles-mêmes

▷ Elles l'ont fabriqué elles-mêmes.
Lo fabricaron ellas mismas.

ellas mismas

éloigné, éloignée

▷ Ils habitent dans un village éloigné.
Viven en un pueblo alejado.
▷ Sa maison est très éloignée de la mienne.
Su casa está muy alejada de la mía.

alejado, alejada

Attention : le verbe qui traduit être *dans* être éloigné *est* ***estar*** *et non* ***ser***.

éloigner

1 ▷ Éloigne tes affaires du feu.
Aparta tus cosas del fuego.

1 ► **éloigner** quelque chose **de :** apartar algo de

2 ▷ Ne t'éloigne pas, on part tout de suite.
No te alejes, nos vamos enseguida.

2 ► **s'éloigner :** alejarse

Le pronom réfléchi fonctionne de la façon suivante en espagnol : ***me alejo, te alejas, se aleja, nos alejamos, os alejáis, se alejan.***

3 ▷ Raúl s'est éloigné du feu parce qu'il avait trop chaud.
Raúl se apartó del fuego porque tenía demasiado calor.

3 ► **s'éloigner de :** apartarse de

Le pronom réfléchi fonctionne de la façon suivante en espagnol : ***me aparto, te apartas, se aparta, nos apartamos, os apartáis, se apartan.***

emballage

▷ Quand le colis est arrivé, l'emballage était déchiré.
Cuando el paquete llegó, el envoltorio estaba roto.

(= papier, boîte ou carton) el envoltorio

emballer

▷ Marina a emballé le cadeau dans du joli papier.
Marina envolvió el regalo con un papel bonito.

(= envelopper) envolver

Notez la préposition utilisée en espagnol : emballer dans du papier = ***envolver con papel.***

embarquement

▷ Les portes d'embarquement ferment trente minutes avant le départ de l'avion.
Las puertas de embarque cierran treinta minutos antes de que salga el avión.
▷ J'ai perdu ma carte d'embarquement.
He perdido mi tarjeta de embarque.

el embarque

► **carte d'embarquement :** la tarjeta de embarque

embarquer

▷ Nous avons embarqué à trois heures.
Nos embarcamos a las tres.

(= monter dans un avion ou dans un bateau) **embarcarse**

ℹ *Le pronom réfléchi fonctionne de la façon suivante en espagnol : me embarco, te embarcas, se embarca, nos embarcamos, os embarcáis, se embarcan.*

ℹ *On peut dire aussi embarcar.*

embarrassé, embarrassée

▷ Tania a eu l'air très embarrassé quand j'ai dit ça.
Tania pareció estar muy molesta cuando dije aquello.

molesto, molesta

Attention ! Le mot espagnol embarazada signifie « enceinte ».

embarrasser

1 ▷ Je crois que ma question a embarrassé Suzanne.
Creo que mi pregunta turbó a Suzanne.

1 (= mettre mal à l'aise) **turbar**

Si le complément est une personne, un groupe de personnes ou un animal domestique, n'oubliez pas de le faire précéder de a.

2 ▷ Tes affaires embarrassent tout le monde, déplace-les.
Tus cosas estorban a todo el mundo, cámbialas de sitio.

2 (= encombrer) **estorbar**

Si le complément est une personne, un groupe de personnes ou un animal domestique, n'oubliez pas de le faire précéder de a.

embaucher

▷ Quentin a été embauché alors qu'il n'avait aucune expérience.
Contrataron a Quentin aunque no tuviera ninguna experiencia.

(pour un poste) **contratar**

Si le complément est une personne, un groupe de personnes ou un animal domestique, n'oubliez pas de le faire précéder de a.

embêtant, embêtante

1 ▷ C'est embêtant de devoir prendre le bus.
Es fastidioso tener que coger el autobús.

1 (en parlant d'une situation) **fastidioso, fastidiosa**

2 ▷ Tu es vraiment embêtante avec tes questions !
¡Qué pesada eres con tus preguntas!

2 (en parlant d'une personne) **pesado, pesada**

Attention : le verbe qui traduit être *dans* être embêtant *est ser et non estar.*

embêtement

▷ J'ai eu plein d'embêtements dernièrement.
Últimamente he tenido muchos problemas.

el **problema**

embêter

1 ▷ Arrête d'embêter Lucas !
¡Deja de molestar a Lucas!
▷ Ça m'embête de lui demander ça.
Me molesta preguntarle eso.

1 (= agacer, gêner) molestar

Si le complément est une personne, un groupe de personnes ou un animal domestique, n'oubliez pas de le faire précéder de ***a****.*

2 ▷ Je me suis embêtée à la soirée.
Me aburrí en la fiesta.

2 ► **s'embêter** (= s'ennuyer) : aburrirse

Le pronom réfléchi fonctionne de la façon suivante en espagnol : ***me aburro, te aburres, se aburre, nos aburrimos, os aburrís, se aburren****.*

emblème

▷ Quel est l'emblème de l'équipe de basket de l'école ?
¿Cuál es el emblema del equipo de baloncesto del colegio?

el emblema

embouteillage

▷ Nous sommes en retard à cause des embouteillages.
Llegamos tarde por culpa de los atascos.

el atasco

On peut dire aussi ***el embotellamiento****.*

embranchement

▷ Tournez à droite à l'embranchement.
Gire a la izquierda en el cruce.

el cruce

embrasser

▷ Sophie a essayé d'embrasser Jules.
Sophie intentó besar a Jules.
▷ Embrasse ta grand-mère.
Dale un beso a tu abuela.

▷ J'ai vu qu'ils s'embrassaient.
Vi que se besaban.

► **embrasser** quelqu'un (amoureusement) : besar a alguien

► **embrasser** quelqu'un (affectueusement) : darle un beso a alguien

► **s'embrasser** : besarse

Le pronom réfléchi fonctionne de la façon suivante en espagnol : ***nos besamos, os besáis, se besan****.*

s'embrouiller

▷ Je m'embrouille dans tous ces calculs !
¡Me estoy liando con todos estos cálculos!

liarse

Notez la préposition utilisée en espagnol : s'embrouiller dans = ***hacerse un lío con****.*

Le pronom réfléchi fonctionne de la façon suivante en espagnol : ***me lío, te lías, se lía, nos liamos, os liáis, se lian****.*

émeraude

▷ Le lac est vert émeraude.
El lago es de color verde esmeralda.

esmeralda

émeute

▷ Cela pourrait provoquer une émeute.
Podría provocar un motín.

el **motín** (pluriel **los motines**)

ℹ *Il n'y a pas d'accent écrit au pluriel. L'accent tonique porte sur le* ***i****, comme au singulier.*

émigrer

▷ Ils ont émigré aux États-Unis.
Emigraron a Estados Unidos.

emigrar

ℹ *Le verbe* ***emigrar*** *implique un mouvement, c'est pourquoi la préposition qui suit est toujours* ***a*** *(***ils veulent émigrer en Russie*** = ***quieren emigrar a Rusia****).*

émission

▷ C'est une bonne émission pour les adolescents.
Es un buen programa para adolescentes.

▷ Quelle est ton émission de télé préférée ?
¿Cuál es tu programa de tele preferido?

▷ J'ai écouté l'émission de radio dont tu m'as parlé.
Escuché el programa de radio del que me hablaste.

(= programme de télévision ou de radio) el **programa**

► **émission de télé :** el **programa de tele** (pluriel **los programas de tele**)

► **émission de radio :** el **programa de radio** (pluriel **los programas de radio**)

emmêlé, emmêlée

▷ La corde est tout emmêlée.
La cuerda está toda enredada.

(en parlant des cheveux, d'une corde ou d'un fil) **enredado, enredada**

emménager

▷ Nous avons emménagé ici le mois dernier.
Nos mudamos aquí el mes pasado.

mudarse

ℹ *Le pronom réfléchi fonctionne de la façon suivante en espagnol :* ***me mudo, te mudas, se muda, nos mudamos, os mudáis, se mudan****.*

emmener

▷ Est-ce que tu vas emmener ton petit frère avec toi ?
¿Vas a llevar a tu hermanito?

▷ Je peux t'emmener à la gare si tu veux.
Te puedo llevar a la estación si quieres.

► **emmener** quelqu'un **: llevar a** alguien

émotif, émotive

▷ Sa mère est très émotive.
Su madre es muy emotiva.

emotivo, emotiva

émotion

▷ Il a du mal à contrôler ses émotions.
Le cuesta controlar sus emociones.

la **emoción** (pluriel **las emociones**)
ℹ *Il n'y a pas d'accent écrit au pluriel. L'accent tonique porte sur le* o*, comme au singulier.*

émouvant, émouvante

▷ J'ai trouvé la fin du film très émouvante.
El final de la película me pareció muy emocionante.

emocionante
ℹ *On peut dire aussi* **conmovedor** (pluriel **conmovedores**), ***conmovedora***.

émouvoir

▷ Cette scène a beaucoup ému mon père.
Aquella escena emocionó mucho a mi padre.

► **émouvoir** quelqu'un : **emocionar a** alguien
ℹ *On peut dire aussi* ***conmover a alguien***.

empêcher

1 ▷ On a voulu les empêcher de se battre, mais ils ne nous ont pas écoutés.
Quisimos impedirles que se pelearan, pero no nos escucharon.
▷ On va mettre une barrière pour empêcher que les gens rentrent.
Vamos a poner una barrera para impedir que la gente entre.

1 ► **empêcher** quelqu'un **de** + infinitif *ou* **empêcher que** quelqu'un + subjonctif : **impedir a** alguien **que** + subjonctif
⚠ *Attention à la concordance des temps : quand* ***impedir*** *est au présent, le verbe de la subordonnée est au présent du subjonctif (****me quiere impedir*** *que* ***salga****), mais quand* ***impedir*** *est au passé, le verbe de la subordonnée doit être à l'imparfait du subjonctif (****me impidió*** *que* ***saliera****).*

2 ▷ Je n'ai pas pu m'empêcher de rire.
No pude evitar reírme.

2 *Quand on veut dire qu'on n'a pas pu s'empêcher de faire quelque chose, on emploie en espagnol l'expression* ***no poder evitar*** *+ infinitif.*

empereur

▷ Comment s'appelait le dernier empereur aztèque ?
¿Cómo se llamaba el último emperador azteca?

el **emperador** (pluriel **los emperadores**)

empester

1 ▷ Ça empeste ici !
¡Apesta aquí!

1 (= sentir mauvais) **apestar**

2 ▷ Toute la maison empestait le poisson.
Toda la casa apestaba a pescado.

2 ► **empester le...** *ou* **la...** : **apestar a...**

s'empiffrer

▻ Ne t'empiffre pas, on va bientôt dîner.
No te atiborres, vamos a cenar pronto.
▻ On s'est empiffrés de gâteaux tout l'après-midi.
Nos atiborramos de pasteles toda la tarde.

atiborrarse
ℹ *Le pronom réfléchi fonctionne de la façon suivante en espagnol : me atiborro, te atiborras, se atiborra, nos atiborramos, os atiborráis, se atiborran.*
Attention à bien prononcer les deux r.

empiler

▻ Ludovic a empilé les assiettes sales dans l'évier.
Ludovic apiló los platos sucios en el fregadero.

apilar
ℹ *On peut dire aussi amontonar.*

empire

▻ Toute cette région du Mexique faisait partie de l'empire aztèque.
Toda esa región de México formaba parte del imperio azteca.

el **imperio**

empirer

▻ Les résultats de Georgina en maths ont encore empiré.
Los resultados de Georgina en matemáticas han empeorado aún más.

empeorar

emplacement

1 ▻ On a cherché un emplacement libre pendant une demi-heure.
Buscamos una plaza libre durante media hora.

1 (= place de parking) la **plaza**

2 ▻ Ils vont construire un centre commercial sur l'emplacement de l'ancienne usine.
Van a construir un centro comercial en el lugar que ocupaba la antigua fábrica.

2 *Quand on parle de l'emplacement qu'occupe ou occupait quelque chose, on dit en espagnol el lugar que ocupa ou ocupaba...*

emploi

1 ▻ La sœur de Gregorio a trouvé un emploi au supermarché.
La hermana de Gregorio ha encontrado un empleo en el supermercado.

1 (= travail) el **empleo**

2 ▻ On a un emploi du temps bizarre cette année.
Tenemos un horario raro este año.

2 ► **emploi du temps :** el **horario**

employé, employée

▻ L'entreprise a plusieurs centaines d'employés.
La empresa cuenta con centenares de empleados.

el **empleado**, la **empleada**

employer

1 ▷ Le prof a employé un mot que je ne connaissais pas.
El profesor utilizó una palabra que yo no conocía.

1 (= utiliser) utilizar

*On peut dire aussi **emplear**.*

2 ▷ Personne ne veut employer Carmela parce qu'elle n'a pas d'expérience.
Nadie quiere contratar a Carmela porque no tiene experiencia.

2 (en parlant d'un travailleur) contratar

*Si le complément est une personne, un groupe de personnes ou un animal domestique, n'oubliez pas de le faire précéder de **a**.*

empoisonner

▷ Ils ont essayé d'empoisonner le roi.
Intentaron envenenar al rey.

(en parlant d'une personne ou d'un animal) envenenar

*Si le complément est une personne, un groupe de personnes ou un animal domestique, n'oubliez pas de le faire précéder de **a**.*

emporter

1 ▷ Emporte des sandwiches pour la randonnée.
Llévate unos bocadillos para la excursión.
▷ Le vent a emporté le toit.
El viento se llevó el techo.

1 llevarse

*Le pronom réfléchi fonctionne de la façon suivante en espagnol : **me llevo..., te llevas..., se lleva..., nos llevamos..., os lleváis..., se llevan...***

2 ▷ Le boucher vend aussi des plats à emporter.
El carnicero también vende platos para llevar.

2 ► **à emporter** (en parlant de nourriture) : para llevar

empreinte

▷ Ils ont laissé des empreintes dans le sable.
Dejaron huellas en la arena.
▷ La police a pris ses empreintes digitales.
La policía le tomó las huellas digitales.

la huella

► **empreinte digitale :** la huella digital (pluriel las huellas digitales)

*On peut dire aussi **la huella dactilar*** (pluriel las huellas dactilares).

emprunt

▷ Ils n'arrivent pas à rembourser l'emprunt.
No consiguen pagar el préstamo.

el préstamo

*Remarquez que le mot espagnol porte sur le **e** un accent écrit qui reflète l'accent tonique.*

▷ Mes parents ont fait un emprunt pour acheter une nouvelle voiture.
Mis padres pidieron un préstamo para comprar un coche nuevo.

► **faire un emprunt :** pedir un préstamo

emprunter

▻ Ana m'a emprunté dix euros hier.
Ayer Ana me tomó prestados diez euros.

► **emprunter** quelque chose **à** quelqu'un **:** tomar algo prestado a alguien

ému, émue

▻ Monsieur Lambert était très ému quand nous lui avons donné son cadeau.
El señor Lambert estaba muy emocionado cuando le dimos el regalo.

emocionado, emocionada

ℹ *On utilise le verbe **estar** et non **ser**.*

en

1 ▻ Lise et sa famille ont vécu en Espagne.
Lise y su familia vivieron en España.
▻ Il fait très froid ici en hiver.
Hace mucho frío aquí en invierno.
▻ J'ai rencontré Samir en mars 2002.
Conocí a Samir en marzo del 2002.
▻ Tu crois que tu peux le faire en une heure ?
¿Crees que lo puedes hacer en una hora?
▻ On peut y aller en taxi s'il n'y a pas de bus.
Podemos ir en taxi si no hay autobuses.
▻ Il était midi et Claire était encore en pyjama.
Eran las doce y Claire todavía andaba en pijama.

1 *Quand* **en** *est une préposition, sa traduction la plus fréquente en espagnol est* **en**.

2 ▻ Nous allons en Espagne pour les vacances.
Vamos a España de vacaciones.

2 *Quand* **en** *est utilisé après un verbe de mouvement* (**aller, venir, partir,** *etc.*), *il se traduit par* **a**.

3 ▻ Ce pull est en pure laine.
Este jersey es de pura lana.

3 *Pour parler de la matière dont est fait un objet, on dit* **de**.

4 ▻ Hervé est arrivé en courant.
Hervé llegó corriendo.
▻ Elle m'a regardé en souriant.
Me miró sonriendo.

4 *Quand on parle de la manière dont on fait quelque chose,* **en** *+ participe présent se traduit en espagnol par un gérondif seul (non précédé d'une préposition).*

5 ▻ Ce n'est pas poli de parler en mangeant.
No es de buena educación hablar mientras se come.

5 *Quand* **en** *signifie « pendant que »,* **en** *+ participe présent se traduit en espagnol par* **mientras** *+ verbe.*

6 ▻ En regardant ma montre, je me suis rendu compte qu'il était minuit.
Al mirar el reloj, me di cuenta de que eran las doce.

6 *Quand on parle de deux choses qui se passent simultanément, on emploie en espagnol l'expression* **al** *+ infinitif.*

7 ▷ J'avais du chocolat, mais il n'en reste plus.
Tenía chocolate, pero ya no queda.
▷ Si le café est chaud, donne-m'en, s'il te plaît.
Si el café está caliente, dame un poco, por favor.
▷ Je vois que tu as des bonbons. Tu m'en donnes ?
Veo que tienes caramelos. ¿Me das unos cuantos?

7 Quand on parle d'une quantité de quelque chose, soit on ne traduit pas en, *soit on emploie une expression telle que* **un poco** *(= un peu) ou* **unos cuantos, unas cuantas** *(= quelques-uns, quelques-unes).*

8 ▷ Son adresse ? Ah non, je ne m'en souviens plus.
¿Su dirección ? Ah no, ya no me acuerdo de ella.
▷ Ce film m'a fait peur, j'en ai rêvé toute la nuit.
Esa película me dio miedo, soñé con ella toda la noche.

8 Quand en *signifie « de quelque chose », on peut employer en espagnol* **de** *+ le pronom qui convient, ou une autre préposition (par exemple* **con** *s'il s'agit du verbe* **soñar***) + le pronom qui convient. Mais la plupart du temps, le* en *français ne se traduit pas.*

encadrer

▷ Annabelle a encadré une photo de son acteur préféré.
Annabelle ha enmarcado una foto de su actor preferido.

(= mettre dans un cadre) **enmarcar**

enceinte

1 ▷ Ma cousine est enceinte.
Mi prima está embarazada.
▷ Elle n'avait que quinze ans quand elle est tombée enceinte.
Sólo tenía quince años cuando se quedó embarazada.

1 (= qui attend un bébé) **embarazada**
► **tomber enceinte : quedarse embarazada**

2 ▷ Paul a une chaîne avec des enceintes très puissantes.
Paul tiene una cadena estéreo con unos altavoces muy potentes.

2 (= haut-parleur) el **altavoz**

ℹ *N'oubliez pas que le* **z** *devient* **c** *au pluriel* **(los altavoces)***.*

encercler

▷ C'est un jeu où les policiers encerclent les voleurs.
Es un juego donde los policías rodean a los ladrones.

rodear

Si le complément est une personne, un groupe de personnes ou un animal domestique, n'oubliez pas de le faire précéder de **a***.*

enchanté, enchantée

▷ Bonsoir, je m'appelle Béatrice. – Enchanté !
Buenas tardes, me llamo Béatrice. – ¡Encantado!
▷ Les parents de Tony sont enchantés de ses résultats scolaires.
Los padres de Tony están encantados con sus resultados escolares.

encantado, encantada

ℹ *Notez la préposition utilisée en espagnol :* **être enchanté de** *+ nom =* **estar encantado con** *+ nom.*
Quand on est présenté à quelqu'un, on peut aussi dire **¡mucho gusto!**

enchères

▷ Nous sommes allés à une vente aux enchères dimanche dernier.
Fuimos a una subasta el domingo pasado.

► **vente aux enchères :** la subasta

enclos

▷ Les agneaux étaient dans un enclos.
Los corderos estaban en un cercado.

(pour les animaux) el cercado

encombrer

1 ▷ Tes affaires encombrent tout le monde, déplace-les.
Tus cosas estorban a todo el mundo, muévelas.

1 (= gêner une personne) estorbar

Si le complément est une personne, un groupe de personnes ou un animal domestique, n'oubliez pas de le faire précéder de a.

2 ▷ Les valises encombrent le couloir.
Las maletas obstruyen el pasillo.

2 (= bloquer un couloir ou une route) obstruir

encore

1 ▷ Il est encore en retard !
¡Otra vez llega tarde!
▷ Anaïs s'est encore enfermée dans sa chambre !
¡Anaïs se ha vuelto a encerrar en su habitación!

1 (= de nouveau) otra vez

On peut aussi utiliser l'expression volver a + infinitif.

2 ▷ Est-ce que Paola est encore chez elle ?
¿Está Paola todavía en casa?
▷ Les invités ne sont pas encore arrivés.
Los invitados todavía no han llegado.
▷ Elle est encore plus bête que son frère !
¡Es aún más tonta que su hermano!

2 Encore *se traduit par* todavía *ou par* aún *dans deux cas : quand il veut dire « toujours » et quand il précède un comparatif.*

3 ▷ Je voudrais encore de la glace, s'il te plaît.
Quisiera más helado, por favor.

3 (= plus de) más

4 ▷ Tu veux encore un bonbon ?
¿Quieres otro caramelo?

4 ► **encore un...** *ou* **encore une... :** otro... *ou* otra...

encourager

▷ La prof d'histoire est sympa, elle encourage toujours les élèves faibles.
La profesora de historia es maja, siempre anima a los alumnos flojos.

(= donner du courage) animar

Si le complément est une personne, un groupe de personnes ou un animal domestique, n'oubliez pas de le faire précéder de a.

▷ C'est elle qui m'a encouragé à faire du judo.
Fue ella quien me animó a hacer judo.

► **encourager** quelqu'un **à** + infinitif **:** animar a alguien a + infinitif

encre

▷ Il n'y a plus d'encre dans mon stylo.
Ya no queda tinta en mi boli.

▷ Est-ce que tu écris à l'encre ou au crayon ?
¿Escribes con tinta o con lápiz?

la **tinta**

► **écrire à l'encre :** escribir con tinta

encyclopédie

▷ Je vais regarder dans l'encyclopédie.
Voy a mirar en la enciclopedia.

la **enciclopedia**

Attention à l'orthographe du mot espagnol enciclopedia.

endive

▷ Ces endives sont amères.
Estas endivias son amargas.

la **endivia**

endormi, endormie

▷ Tu crois qu'il est endormi ?
¿Crees que está dormido?

dormido, dormida

s'endormir

▷ Je me suis endormi sous un arbre.
Me dormí bajo un árbol.

dormirse

Le pronom réfléchi fonctionne de la façon suivante en espagnol : me duermo, te duermes, se duerme, nos dormimos, os dormís, se duermen.

endroit

1 ▷ Essayons de trouver un endroit pour pique-niquer.
Tratemos de encontrar un lugar para el picnic.

▷ À quel endroit est-ce que ça s'est passé ?
¿Dónde ocurrió?

1 (= lieu) el **lugar** (pluriel los lugares)

► **à quel endroit ? :** ¿dónde?

2 ▷ Mets ton pull à l'endroit.
Ponte el jersey del derecho.

2 ► **à l'endroit :** del derecho

endurance

▷ Elle a de l'endurance.
Tiene mucha resistencia.

▷ Il a gagné la course d'endurance.
Ganó la carrera de resistencia.

(= résistance physique) la **resistencia física**

► **course d'endurance :** la carrera de resistencia

énergie

▷ Je n'ai plus d'énergie, j'abandonne !
¡Ya no tengo energía, me rindo!

▷ Il faut économiser l'énergie.
Hay que ahorrar energía.

la **energía**

Remarquez que le mot espagnol porte sur le i un accent écrit qui reflète l'accent tonique.

énergique

▷ Sois un peu plus énergique !
¡Sé un poco más enérgico!

enérgico, enérgica

ℹ *Remarquez que* ***enérgico*** *et* ***enérgica*** *portent sur le deuxième* ***e*** *un accent écrit qui reflète l'accent tonique.*

énervant, énervante

▷ Tu es vraiment énervante avec tes plaisanteries !
¡Qué exasperante eres con tus bromas!

exasperante *ou* **irritante**

énervé, énervée

▷ Le prof était très énervé ce matin.
El profesor estaba muy nervioso esta mañana.

(= agacé) **nervioso, nerviosa**

énerver

1 ▷ Tu vas énerver tout le monde si tu continues comme ça.
Como sigas así, vas a exasperar a todo el mundo.

1 **exasperar**

Si le complément est une personne, un groupe de personnes ou un animal domestique, n'oubliez pas de le faire précéder de ***a****.*

2 ▷ N'énerve pas le bébé juste avant qu'il aille au lit.
No excites al bebé justo antes de que vaya a la cama.

2 (= exciter) **excitar**

Si le complément est une personne, un groupe de personnes ou un animal domestique, n'oubliez pas de le faire précéder de ***a****.*

3 ▷ Julie s'énerve parce qu'elle n'arrive pas à faire son exercice.
Julie se está poniendo nerviosa porque no consigue hacer el ejercicio.
▷ Ne vous énervez pas !
¡ No os pongáis nerviosos!

3 ► **s'énerver : ponerse nervioso** *ou* **nerviosa**

ℹ *Le pronom réfléchi fonctionne de la façon suivante en espagnol :* ***me pongo nervioso, te pones nervioso, se pone nervioso, nos ponemos nerviosos, os ponéis nerviosos, se ponen nerviosos****.*

enfant

▷ Ils ont un enfant de deux ans.
Tienen un niño de dos años.

el **niño**, la **niña**

enfer

1 ▷ Tu penses que l'enfer existe ?
¿Piensas que el infierno existe?

1 el **infierno**

2 ▷ J'ai une idée d'enfer !
¡Tengo una idea genial!

2 ► **d'enfer** (= génial) : **genial** (pluriel **geniales**)

enfermer

1 ▷ Sabine a enfermé son frère dans le garage.
Sabine encerró a su hermano en el garaje.

1 **encerrar**
Si le complément est une personne, un groupe de personnes ou un animal domestique, n'oubliez pas de le faire précéder de ***a****.*
Attention à bien prononcer les deux ***r*** *de* ***encerrar****.*

2 ▷ Roberto s'est encore enfermé dans sa chambre !
¡Roberto se ha vuelto a encerrar en su habitación!

2 ► **s'enfermer : encerrarse**
Le pronom réfléchi fonctionne de la façon suivante en espagnol : ***me encierro, te encierras, se encierra, nos encerramos, os encerráis, se encierran****.*

enfiler

▷ Il a enfilé son blouson en deux secondes.
Se puso la chaqueta en dos segundos.

(= mettre, en parlant d'un vêtement)
ponerse
Le pronom réfléchi fonctionne de la façon suivante en espagnol : ***me pongo, te pones, se pone, nos ponemos, os ponéis, se ponen****.*

enfin

1 ▷ Vous arrivez enfin ! Où étiez-vous ?
¡Por fin llegáis! ¡Dónde estábais?

1 (= finalement) **por fin**

2 ▷ ... et enfin, je voudrais remercier mes parents.
... y por último quisiera darles las gracias a mis padres.

2 (= en dernier) **por último**
On peut dire aussi ***finalmente****.*

enflé, enflée

▷ Ma cheville est enflée et elle me fait mal.
Tengo el tobillo hinchado y me duele.

hinchado, hinchada

enfoncer

1 ▷ Cyril enfonçait des clous dans une planche avec un marteau.
Cyril clavaba clavos en una tabla con un martillo.
▷ Elle lui a enfoncé l'aiguille dans la main.
Le clavó la aguja en la mano.

1 (un clou, une aiguille ou une punaise)
clavar

2 ▷ Les voleurs ont enfoncé la porte du musée.
Los ladrones derribaron la puerta del museo.

2 (une porte ou un mur) **derribar**
Attention à bien prononcer les deux ***r*** *de* ***derribar****.*

3 ▷ Nous avons vu le bateau s'enfoncer dans l'eau.
Vimos el barco que se hundía en el agua.

3 ► **s'enfoncer** (dans l'eau, dans la boue, dans la neige) : hundirse

ℹ *Le pronom réfléchi fonctionne de la façon suivante en espagnol : **me hundo, te hundes, se hunde, nos hundimos, os hundís, se hunden.***

s'enfuir

▷ Dès qu'ils m'ont vu, ils se sont enfuis.
En cuanto me han visto, huyeron.

▷ La police a arrêté les hommes qui s'étaient enfuis de la prison.
La policía detuvo a los hombres que habían escapado de la cárcel.

huir

► **s'enfuir de :** escaparse de

ℹ *Le pronom réfléchi fonctionne de la façon suivante en espagnol : **me escapo, te escapas, se escapa, nos escapamos, os escapáis, se escapan.***

engin

▷ Il y avait des ouvriers et de gros engins au milieu de la route.
Había obreros y grandes máquinas en medio de la carretera.

(= machine, appareil) la **máquina**

ℹ *Remarquez que le mot espagnol porte sur le premier **a** un accent écrit qui reflète l'accent tonique.*

engrais

▷ L'agriculture biologique utilise des engrais naturels.
La agricultura biológica utiliza abonos naturales.

el **abono**

engueuler

1 ▷ Le prof a engueulé Patricia parce qu'elle n'avait pas fait ses devoirs.
El profesor le echó la bronca a Patricia porque no había hecho los deberes.

▷ Je me suis encore fait engueuler par mes parents.
Mis padres me han vuelto a echar la bronca.

1 **echar la bronca a**

ℹ *On peut dire aussi **regañar**. Le mot français est grossier mais **echar la bronca** est familier.*

*Le complément est une personne ou un groupe de personnes : n'oubliez pas de le faire précéder de **a**.*

ℹ *Pour dire qu'on se fait gronder par quelqu'un, il faut utiliser en espagnol la forme active, c'est-à-dire que le complément de la phrase française* **(par mes parents)** *devient le sujet de la phrase espagnole **(mis padres)**.*

2 ▷ Arrêtez de vous engueuler !
¡Dejad de pelearos!

2 ► **s'engueuler :** pelearse

*Le pronom réfléchi fonctionne de la façon suivante en espagnol : **me peleo, te peleas, se pelea, nos peleamos, os peleáis, se pelean.***

Le mot engueuler *est grossier, mais les traductions espagnoles données ici ne le sont pas.*

énigme

▷ Le jeu consiste à résoudre des énigmes.
El juego consiste en resolver enigmas.

el enigma

*Attention : **enigma** est masculin en espagnol.*

enjamber

▷ Nous avons dû enjamber le chien pour entrer dans le café.
Tuvimos que pasar por encima del perro para entrar en el bar.

(en parlant d'un obstacle) pasar por encima de

enlacer

▷ Il a enlacé Nathalie et ils se sont mis à danser.
Abrazó a Nathalie y se pusieron a bailar.

abrazar

Le complément est une personne ou un groupe de personnes : n'oubliez pas de le faire précéder de a.

▷ Ils se sont enlacés.
Se abrazaron.

► **s'enlacer :** abrazarse

*Le pronom réfléchi fonctionne de la façon suivante en espagnol : **nos abrazamos, os abrazáis, se abrazan.***

enlèvement

▷ La police n'a pas trouvé les personnes responsables de l'enlèvement.
La policía no encontró a las personas responsables del secuestro.

(= le fait de kidnapper quelqu'un) el secuestro

enlever

1 ▷ Enlève tes affaires de là, elles m'encombrent.
Quita tus cosas de ahí, me estorban.
▷ Je n'arrive pas à enlever cette tache.
No consigo quitar esta mancha.
▷ Sacha a enlevé son journal à Thomas pendant qu'il était en train de le lire !
¡Sacha le quitó el periódico a Thomas mientras lo estaba leyendo!

1 (= ôter un objet ou une tache) quitar

► **enlever** quelque chose **à** quelqu'un **:** quitarle algo a alguien

2 ▷ J'enlève mon manteau, j'ai trop chaud.
Me quito el abrigo, tengo demasiado calor.

2 (= ôter un vêtement) **quitarse**

ℹ *Là où en français on utilise l'adjectif possessif* (mon manteau), *en espagnol on utilise l'article défini* ***(el abrigo).***

ℹ *Le pronom réfléchi fonctionne de la façon suivante en espagnol :* ***me quito..., te quitas..., se quita..., nos quitamos..., os quitáis..., se quitan...***

3 ▷ Les terroristes ont enlevé la fille d'un homme politique.
Los terroristas secuestraron a la hija de un político.

3 (= kidnapper) **secuestrar**

Le complément est une personne ou un groupe de personnes : n'oubliez pas de le faire précéder de ***a.***

ennemi, ennemie

▷ Brice est le plus grand ennemi de Fabien.
Brice es el peor enemigo de Fabien.

el **enemigo,** la **enemiga**

ennui

▷ Isa a eu plein d'ennuis dernièrement.
Isa ha tenido muchos problemas últimamente.

(= problème) el **problema**

Attention : on dit ***el problema*** *et non* ***el problemo*** *!*

ennuyer

1 ▷ Ça m'ennuie de devoir lui demander ça.
Me molesta tener que pedirle eso.
▷ Est-ce que ça t'ennuie si j'ouvre la fenêtre ?
¿Te molesta si abro la ventana?

1 (= contrarier) **molestar**

2 ▷ Si vous vous ennuyez, jouez aux cartes.
Si os aburrís, jugad a las cartas.

2 ► **s'ennuyer : aburrirse**

ℹ *Le pronom réfléchi fonctionne de la façon suivante en espagnol :* ***me aburro, te aburres, se aburre, nos aburrimos, os aburrís, se aburren.***

Attention à bien prononcer les deux ***r*** *en espagnol.*

ennuyeux, ennuyeuse

1 ▷ C'est l'homme le plus ennuyeux que je connaisse.
Es el hombre más aburrido que conozco.

1 (= rasoir) **aburrido, aburrida**

Veillez à bien prononcer les deux ***r.***

Attention : le verbe qui traduit **être** *dans* **être ennuyeux** *est* ***ser*** *et non* ***estar. Estar aburrido*** *signifie « s'ennuyer ».*

2 ▷ C'est ennuyeux que tes cousins ne puissent pas venir.
Es muy molesto que tus primos no puedan venir.

2 (= contrariant) **molesto, molesta**

énorme

▷ Il y a un énorme tas de livres sur la table.
Hay una enorme pila de libros en la mesa.

enorme

énormément

1 ▷ Tout le monde admire énormément le maire.
Todo el mundo admira muchísimo al alcalde.

1 (= beaucoup) muchísimo

2 ▷ C'est une fille qui a énormément de problèmes.
Es una chica que tiene muchísimos problemas.
▷ Il faut énormément de patience pour supporter ça.
Hace falta muchísima paciencia para soportar eso.

2 *Pour traduire* énormément de *en espagnol, il faut accorder* ***muchísimo*** *au nom qui suit :* ***los problemas - muchísimos problemas ; la paciencia - muchísima paciencia ; el dinero - muchísimo dinero ; las amigas - muchísimas amigas.***

enquête

1 ▷ L'enquête de la police n'avance pas.
La investigación de la policía no progresa.

1 (= une enquête sur un crime, sur un vol) la **investigación** (pluriel las investigaciones)
ℹ *Il n'y a pas d'accent écrit au pluriel. L'accent tonique porte sur le* ***o****, comme au singulier.*

2 ▷ Une dame m'a arrêté dans la rue ; c'était pour une enquête.
Una señora me paró en la calle; era para una encuesta.

2 (= sondage) la **encuesta**
ℹ *On peut dire aussi* ***el sondeo****.*

enquêter

▷ Ils enquêtent sur sa disparition.
Investigan su desaparición.

► **enquêter sur :** investigar

enrager

▷ Il adore faire enrager sa petite sœur.
Le encanta hacer rabiar a su hermanita.

► **faire enrager** quelqu'un **:** hacer rabiar a alguien

enregistrement

1 ▷ C'est un vieil enregistrement.
Es una grabación antigua.

1 (d'un disque) la **grabación** (pluriel las grabaciones)
ℹ *Il n'y a pas d'accent écrit au pluriel. L'accent tonique porte sur le* ***o****, comme au singulier.*

2 ▷ Il ne s'est pas présenté à l'enregistrement.
No se presentó en el mostrador de facturación.

2 (des bagages) la **facturación**
► **se présenter à l'enregistrement** (à l'aéroport) **:** presentarse a facturación *ou* presentarse en el mostrador de facturación

enregistrer

▷ J'ai enregistré le film d'hier soir pour Ángel.
Grabé la película de anoche para Ángel.

(en parlant de musique ou d'un film)
grabar

enrhumé, enrhumée

▷ Ludmilla est enrhumée, elle se mouche tout le temps.
Ludmilla está resfriada, se suena todo el tiempo.

resfriado, resfriada

ℹ *On peut dire aussi constipado, constipada.*

Attention : le verbe qui traduit être *dans* être enrhumé *est estar et non ser.*

s'enrhumer

▷ Tu vas t'enrhumer si tu ne mets pas ton manteau.
Te vas a acatarrar si no te pones el abrigo.

acatarrarse

ℹ *On peut dire aussi constiparse.*
Le pronom réfléchi fonctionne de la façon suivante en espagnol : me acatarro, te acatarras, se acatarra, nos acatarramos, os acatarráis, se acatarran.

Attention à bien prononcer les deux r.

s'enrichir

▷ Personne ne sait comment ils se sont enrichis.
Nadie sabe cómo se han enriquecido.

enriquecerse

ℹ *Le pronom réfléchi fonctionne de la façon suivante en espagnol : me enriquezco, te enriqueces, se enriquecen, nos enriquecemos, os enriquecéis, se enriquecen.*

enroué, enrouée

▷ Le prof de maths est enroué parce qu'il a trop crié.
El profesor de mates está ronco porque ha gritado demasiado.

ronco, ronca

Attention : le verbe qui traduit être *dans* être enroué *est estar et non ser.*

enrouler

▷ Pierre a enroulé la corde autour du piquet.
Pierre enrolló la cuerda alrededor del piquete.

enrollar

enseignant, enseignante

▷ Les enseignants sont en grève aujourd'hui.
Los profesores están en huelga hoy.

el **profesor** (pluriel profesores), la **profesora**

enseignement

▷ L'enseignement est gratuit et obligatoire.
La enseñanza es gratuita y obligatoria.

la **enseñanza**

enseigner

▷ Madame Moreau enseigne depuis trente ans.
La señora Moreau enseña desde hace treinta años.

▷ J'aimerais enseigner à de jeunes enfants.
Me gustaría enseñar a niños pequeños.

enseñar

► **enseigner à** quelqu'un **:** enseñar a alguien

Enseñar signifie aussi « montrer ».

ensemble

1 ▷ On peut y aller ensemble si tu veux.
Podemos ir juntos si quieres.

1 (= à plusieurs) juntos, juntas

Cette traduction est un adjectif dont la terminaison change en fonction des choses ou des personnes dont on parle :
juntos = plusieurs choses / personnes *au masculin ; juntas* = plusieurs choses / personnes *au féminin.*

2 ▷ Ne parlez pas tous ensemble !
¡No habléis todos a la vez!

2 (= en même temps) a la vez

3 ▷ Dans l'ensemble, le film n'était pas mal.
En conjunto, la película no estaba mal.

3 ► **dans l'ensemble :** en conjunto

4 ▷ Elle portait un joli ensemble bleu.
Llevaba un bonito conjunto azul.

4 ► un **ensemble** (= vêtements) : un conjunto

ensoleillé, ensoleillée

▷ C'était une journée chaude et ensoleillée.
Era un día caluroso y soleado.

soleado, soleada

ensuite

▷ On pourrait aller au cinéma et ensuite au restaurant.
Podríamos ir al cine y después al restaurante.

después

*Remarquez que le mot espagnol porte sur le deuxième **e** un accent écrit qui reflète l'accent tonique.*
*On peut dire aussi **luego** ou **a continuación**.*

entaille

▷ Je me suis fait une entaille au front.
Me corté en la frente.

▷ Tomás s'est fait une entaille au genou.
Tomás se cortó en la rodilla.

► **se faire une entaille au front / au genou** / *etc.* **:** cortarse en la frente / en la rodilla / *etc.*

*Le pronom réfléchi fonctionne de la façon suivante en espagnol : **me corto, te cortas, se corta, nos cortamos, os cortáis, se cortan**.*

entamer

▷ Qui a entamé le paquet de biscuits ?
¿Quién ha empezado el paquete de galletas?

empezar

entasser

▷ Pierre a entassé toutes ses affaires dans le placard.
Pierre amontonó todas sus cosas en el armario.

amontonar

entendre

1 ▷ J'ai entendu un bruit dehors.
He oído un ruido fuera.
▷ Je n'entends rien, parle plus fort !
¡No oigo nada, habla más alto!
▷ On entendait quelqu'un parler.
Se oía a alguien hablar.
▷ Est-ce que tu as entendu parler de ce film ?
¿Has oído hablar de esta película?
▷ J'ai entendu dire qu'ils allaient construire un cinéma.
Oí decir que iban a construir un cine.

1 oír

► **entendre parler de :** oír hablar de

► **entendre dire que... :** oír decir que...

Entender existe aussi en espagnol, mais il signifie « comprendre ».

2 ▷ Ils s'entendent bien.
Se llevan bien.

▷ Marie s'entend bien avec son demi-frère.
Marie se lleva bien con su hermanastro.

2 ► **(bien) s'entendre** (en parlant de deux ou plusieurs personnes) **:** llevarse bien

► **(bien) s'entendre avec** quelqu'un **:** llevarse bien con alguien

Le pronom réfléchi fonctionne de la façon suivante en espagnol : me llevo, te llevas, se lleva, nos llevamos, os lleváis, se llevan bien con.

enterrement

▷ Je suis allé à l'enterrement du grand-père de José.
Fui al entierro del abuelo de José.

el entierro

Attention à bien prononcer les deux r de entierro.

enterrer

▷ Le chien enterre des os dans le jardin.
El perro entierra huesos en el jardín.

enterrar

Attention à bien prononcer les deux r de enterrar.

entêté, entêtée

▷ Camille est très entêtée, elle refuse de nous parler.
Camille es muy terca, se niega a hablarnos.

terco, terca

On peut dire aussi testarudo, testaruda.

enthousiaste

▻ Élie n'a pas eu l'air très enthousiaste quand j'ai proposé d'aller à la piscine.
Élie no pareció muy entusiasta cuando propuse que fuéramos a la piscina.

entusiasta

entier, entière

1 ▻ Les filles ont mangé un poulet entier !
¡Las chicas se comieron un pollo entero!
▻ Il est célèbre dans le monde entier.
Es famoso en el mundo entero.
▻ N'oublie pas d'acheter deux litres de lait entier.
Acuérdate de comprar dos litros de leche entera.

1 **entero, entera**

2 ▻ Je n'ai jamais réussi à voir le film en entier.
Nunca pude ver toda la película.
▻ Tu as lu le livre en entier ?
¿Has leído todo el libro?

2 *Pour dire* en entier, *on emploie en espagnol l'expression* ***todo el / toda la / todos los / todas las*** *+ nom.*

entièrement

▻ La maison a été entièrement détruite.
La casa fue totalmente destruida.
▻ Je suis entièrement d'accord avec toi.
Estoy totalmente de acuerdo contigo.

totalmente

ℹ *On peut dire aussi* ***completamente.***

entorse

▻ Je crois que je me suis fait une entorse.
Creo que me he hecho un esguince.
▻ Cécile s'est fait une entorse à la cheville.
Cécile se torció el tobillo.

el **esguince**

► **se faire une entorse à la cheville :** torcerse el tobillo

ℹ *Le pronom réfléchi fonctionne de la façon suivante en espagnol :* ***me tuerzo, te tuerces, se tuerce, nos torcemos, os torcéis, se tuercen el tobillo.***

entourer

1 ▻ Entourez la bonne réponse en rouge.
Haga un círculo rojo alrededor de la respuesta correcta.

1 (= mettre un trait autour de) **hacer un círculo alrededor de**

2 ▻ Le mur qui entoure le jardin est en mauvais état.
La tapia que rodea el jardín está en mal estado.
▻ Elle a entouré le sapin de Noël de cadeaux.
Rodeó el árbol de Navidad con regalos.

2 (= être ou mettre quelque chose autour de) **rodear**

ℹ *Notez la préposition utilisée en espagnol :* de *=* ***con.***

entracte

▻ Il y a un entracte au bout d'une heure.
Hay un entreacto al cabo de una hora.

(au théâtre) el **entreacto**

entraînement

el **entrenamiento**

▷ Nous avons deux entraînements de rugby par semaine.
Tenemos dos entrenamientos de rugby por semana.

▷ Avec un peu d'entraînement, tu y arriveras facilement.
Con un poco de entrenamiento, lo conseguirás fácilmente.

entraîner

1 (en sport) **entrenar**

*Le complément est une personne ou un groupe de personnes : n'oubliez pas de le faire précéder de **a**.*

1 ▷ C'est Monsieur Legrand qui entraîne les grands.
El señor Legrand es el que entrena a los mayores.

2 ► **s'entraîner** (en sport) : **entrenarse**

► **s'entraîner à** *ou* **pour** faire quelque chose : **entrenarse para hacer algo**

*Le pronom réfléchi fonctionne de la façon suivante en espagnol : **me entreno, te entrenas, se entrena, nos entrenamos, os entrenáis, se entrenan.***

2 ▷ Nous devons nous entraîner plus si nous voulons battre l'équipe de Lens.
Tenemos que entrenarnos más si queremos ganar al equipo de Lens.

▷ Entraîne-toi à rattraper le ballon.
Entrénate para coger la pelota.

3 ► **s'entraîner** (= s'habituer) : **practicar**

3 ▷ Je m'entraîne tous les soirs, mais je suis toujours aussi mauvais.
Practico todas las tardes, pero sigo tan malo como antes.

4 (= emporter) **arrastrar**

*Attention à bien prononcer les deux **r** de **arrastrar**.*

4 ▷ Le courant entraîne les branches mortes.
La corriente arrastra las ramas secas.

entraîneur, entraîneuse

(en sport) el **entrenador** (pluriel los **entrenadores**), la **entrenadora**

*Comme avec tous les noms de métiers, on utilise le verbe **ser** et non pas **estar**.*

▷ Il est entraîneur national.
Es entrenador nacional.

entre

1 **entre**

1 ▷ Luc est assis entre Gilles et Aïcha.
Luc está sentado entre Gilles y Aïcha.

▷ Je les ai vus deux fois entre lundi et vendredi.
Los vi dos veces entre el lunes y el viernes.

2 ▷ Il y avait, entre autres, le proviseur et sa femme.
Estaban, entre otros, el director y su mujer.

2 ► **entre autres** (en parlant de personnes) : entre otros, entre otras

3 ▷ J'ai acheté, entre autres, du pain et du fromage.
Compré, entre otras cosas, pan y queso.

3 ► **entre autres** (en parlant de choses) : entre otras cosas

entrée

1 ▷ Pose ta valise dans l'entrée.
Pon tu maleta en la entrada.
▷ Je me charge de réserver les entrées.
Yo me encargo de reservar las entradas.

1 (d'une maison ou billet de spectacle) la entrada

2 ▷ Je ne prendrai pas d'entrée, juste le plat principal.
No tomaré primer plato, sólo el plato principal.
▷ Qu'est-ce que vous prendrez en entrée ?
¿Qué va a tomar de primer plato?

2 (= premier plat) el primer plato

► **en entrée :** de primer plato

entrepôt

▷ Les entrepôts du supermarché sont en face.
Los almacenes del supermercado están enfrente.

el almacén (pluriel los almacenes)

entreprise

▷ Les parents de Jeanne sont propriétaires d'une entreprise.
Los padres de Jeanne son propietarios de una empresa.

la empresa

entrer

1 ▷ Nous sommes entrés dans un café parce qu'il pleuvait.
Entramos en un café porque llovía.

1 (= aller dedans) entrar

ℹ *Notez la préposition utilisée en espagnol :* entrer <u>dans</u> = *entrar <u>en</u>.*

2 ▷ Entrez, c'est ouvert !
¡Pase, está abierto!

2 *Pour inviter quelqu'un à entrer dans une pièce, on utilise le verbe pasar.*

3 ▷ Sarah entre au collège en septembre.
Sarah ingresa en el colegio en septiembre.

3 ► **entrer à** (en parlant d'une école ou de l'université) : ingresar en

4 ▷ Nous n'entrerons pas tous dans la voiture.
No cabremos todos en el coche.

4 ► **entrer dans** (= tenir dans) : caber en

5 ▷ La voiture est entrée dans un mur.
El coche chocó contra un muro.

5 ► **entrer dans** (= heurter) : chocar contra

entre-temps

▷ Céline était chez le coiffeur ; entre-temps moi je suis allé au supermarché.
Céline estaba en la peluquería; entre tanto yo fui al supermercado.

entre tanto

ℹ *On peut dire aussi mientras tanto.*

entretenir

▷ Quand on a une voiture, il faut l'entretenir.
Cuando uno tiene un coche, tiene que mantenerlo.

(= s'occuper de) **mantener**

*Attention, **entretener** existe mais signifie « amuser, divertir ».*

entretien

1 ▷ Il s'occupe de l'entretien de la voiture.
Se encarga del cuidado del coche.

1 (= soins) el **cuidado**

2 ▷ Mes parents ont eu un entretien avec le proviseur.
Mis padres tuvieron una entrevista con el director.

2 (= réunion) la **entrevista**

entrevue

▷ J'ai un rendez-vous pour une entrevue.
Tengo cita para una entrevista.
▷ L'entrevue a duré plus de deux heures.
La entrevista duró más de dos horas.

la **entrevista**

énumérer

▷ Anita a énuméré tous les garçons avec lesquels elle était sortie.
Anita enumeró a todos los chicos con los que había salido.

enumerar

envahir

▷ Les touristes envahissent le village tous les étés.
Los turistas invaden el pueblo todos los veranos.

invadir

envahisseur, envahisseuse

▷ Ils ont essayé de repousser les envahisseurs.
Intentaron rechazar a los invasores.

el **invasor** (pluriel **los invasores**), la **invasora**

enveloppe

▷ N'oublie pas de mettre ton adresse au dos de l'enveloppe.
Acuérdate de poner tu dirección en el dorso del sobre.

(pour écrire) el **sobre**

envelopper

▷ J'ai enveloppé le cadeau dans du joli papier.
Envolví el regalo con un bonito papel.

(= emballer) **envolver**

Notez la préposition utilisée en espagnol : envelopper dans = ***envolver con.***

envers

▷ Il y a quelque chose d'écrit sur l'envers de la feuille.
Hay algo escrito en el revés de la hoja.

► **l'envers** (= l'autre côté) : el **revés** *ou* el **dorso**

▷ Tu as mis ton T-shirt à l'envers.
Te has puesto la camiseta al revés.

► **à l'envers :** al revés

envie

1 ▷ J'ai envie d'une glace.
Me apetece un helado.
▷ Aurora avait envie d'un café.
A Aurora le apetecía un café.

1 *Pour dire qu'on a* **envie de** *quelque chose, on emploie le verbe* **apetecer**, *avec la personne comme complément indirect.*

2 ▷ Parfois j'ai envie de le frapper !
¡A veces tengo ganas de pegarlo!

2 ► **avoir envie de** faire quelque chose : **tener ganas de** hacer algo
Attention : le mot **envidia** *existe mais il désigne un sentiment d'envie mêlée de jalousie.*

envier

▷ J'envie Hernán parce qu'il va toujours en vacances à l'étranger.
Envidio a Hernán porque siempre va de vacaciones al extranjero.

envidiar
Si le complément est une personne, un groupe de personnes ou un animal domestique, n'oubliez pas de le faire précéder de **a**.

environ

▷ Il y a environ cinq cents élèves dans l'école.
Hay aproximadamente quinientos alumnos en el colegio.

(= à peu près) **aproximadamente**

environnement

▷ Certains engrais sont mauvais pour l'environnement.
Ciertos abonos son malos para el medio ambiente.

► **l'environnement** (= la nature) : el medio ambiente

environs

▷ Ils habitent dans les environs de Reims.
Viven en los alrededores de Reims.

► **dans les environs de :** en los alrededores de

envisager

▷ Mes parents envisagent d'acheter une caravane.
Mis padres están pensando en comprarse una caravana.

► **envisager de** faire quelque chose : **pensar en** hacer algo

s'envoler

1 ▷ Les oiseaux se sont envolés dès qu'ils nous ont entendus.
Los pájaros levantaron el vuelo en cuanto nos oyeron.

1 (en parlant d'un oiseau) **levantar el vuelo**

2 ▷ L'avion s'est envolé.
El avión ha despegado.

2 (en parlant d'un avion) **despegar**

3 ▷ La casquette de Yannick s'est envolée.
La gorra de Yannick se voló.

3 (en parlant de papiers ou d'un chapeau) **volarse**

ℹ *Le pronom réfléchi fonctionne de la façon suivante en espagnol : **se vuela, se vuelan.***

envoyer

1 ▷ Je vais envoyer ma lettre par la poste.
Voy a mandar mi carta por correo.
▷ Elle a envoyé mon frère acheter du pain.
Mandó a mi hermano a comprar pan.

1 (en parlant du courrier ou d'une personne) **mandar**

*Si le complément est une personne, un groupe de personnes ou un animal domestique, n'oubliez pas de le faire précéder de **a**.*

ℹ *On peut dire aussi **enviar**.*

2 ▷ Envoie-moi le ballon.
Lánzame la pelota.

2 (= lancer) **lanzar**

éolien, éolienne

▷ Ils veulent développer l'énergie éolienne.
Quieren desarrollar la energía eólica.
▷ Les éoliennes produisent de l'électricité.
Los generadores eólicos producen electricidad.

► **énergie éolienne :** la **energía eólica**

► une **éolienne :** un **generador eólico** (pluriel **generadores eólicos**)

épais, épaisse

1 ▷ Ton pull n'est pas très épais, tu vas avoir froid.
Tu jersey no es muy grueso, vas a tener frío.

1 (en parlant d'un vêtement, d'une couverture ou d'un mur) **grueso, gruesa**

2 ▷ Cette peinture est trop épaisse.
Esta pintura es demasiado espesa.

2 (en parlant d'un liquide) **espeso, espesa**

épaisseur

1 ▷ Ça dépend de l'épaisseur du papier.
Depende del espesor del papel.
▷ Ce livre fait au moins dix centimètres d'épaisseur.
Este libro tiene al menos diez centímetros de espesor.

1 (= grosseur) el **espesor**

► **faire... d'épaisseur :** **tener... de espesor**

*Attention : contrairement au français, le mot espagnol **espesor** est masculin.*

2 ▷ Quand il fait très froid, je porte plusieurs épaisseurs de vêtements.
Cuando hace mucho frío, llevo varias capas de ropa.

2 (= couche) la **capa**

épargner

1 ▷ Il a épargné son adversaire.
Trató con indulgencia a su adversario.

1 (une personne, un ennemi) **tratar con indulgencia**

2 ▷ Je vous épargne les détails.
Les ahorro detalles.

2 ► **épargner** quelque chose à quelqu'un : **ahorrar** algo a alguien

éparpillé, éparpillée

▷ Les papiers étaient éparpillés sur le bureau.
Los papeles estaban esparcidos sobre la mesa del despacho.

esparcido, esparcida

épaule

▷ J'ai mal à l'épaule.
Me duele el hombro.

el **hombro**

*Attention : le mot **espalda** existe, mais il signifie « dos ».*

épave

▷ Les plongeurs ont exploré l'épave.
Los buzos exploraron el derrelicto.

(de bateau, de voiture) el **derrelicto**

Attention à bien prononcer les deux r.

épée

▷ C'est un art martial où on utilise une épée.
Es un arte marcial en el que se usa una espada.

la **espada**

épeler

▷ Est-ce que vous pouvez épeler votre nom, s'il vous plaît ?
¿Puede deletrear su apellido, por favor?

deletrear

épicé, épicée

▷ Ce curry est trop épicé.
Este curry está demasiado picante.

picante

épicerie

▷ Est-ce qu'il y a une épicerie par ici ?
¿Hay una tienda de comestibles por aquí?

(= magasin) la **tienda de comestibles** (pluriel **las tiendas de comestibles**)

épicier, épicière

▷ L'épicier a choisi un melon pour moi.
El tendero eligió un melón para mí.

▷ Léa est encore chez l'épicier.
Léa está todavía en la tienda de comestibles.

▷ Ils m'ont envoyé chez l'épicier.
Me mandaron a la tienda de comestibles.

el **tendero**, la **tendera**

► **chez l'épicier** (= dans le magasin) : **en la tienda de comestibles**

► **chez l'épicier** (= vers le magasin) : **a la tienda de comestibles**

épidémie

▷ Il y a une épidémie de grippe à l'école.
Hay una epidemia de gripe en el colegio.

la **epidemia**

épinards

las **espinacas**

▷ Je déteste les épinards.
Odio las espinacas.

épine

la **espina**

ℹ *En espagnol, on emploie le même mot, **espina**, pour l'épine et l'arête.*

▷ Ces roses sont pleines d'épines.
Estas rosas están llenas de espinas.

épingle

el **alfiler** (pluriel **los alfileres**)

▷ Il reste des épingles dans la robe que ma mère m'a faite.
Quedan alfileres en el vestido que me ha hecho mi madre.

► **épingle à cheveux :** la **horquilla**

▷ Tu as perdu une épingle à cheveux.
Has perdido una horquilla.

► **épingle à nourrice :** el **imperdible**

▷ Élodie a perdu un bouton, alors elle a mis une épingle à nourrice à la place.
Élodie ha perdido un botón, entonces ha puesto un imperdible en su lugar.

épisode

el **episodio**

▷ Le dernier épisode du feuilleton était super !
¡El último episodio de la telenovela era guay!

éplucher

(en parlant des fruits et des légumes) **pelar**

▷ C'est toujours moi qui épluche les pommes de terre !
¡Siempre soy yo el que pela las patatas!

épluchures

las **mondas**

ℹ *On peut dire aussi **las mondaduras**.*

▷ Il y avait des épluchures par terre.
Había mondas en el suelo.

éponge

1 (pour nettoyer la table ou la vaisselle, pour se laver) la **esponja**

1 ▷ Passe-moi l'éponge, je vais nettoyer la table.
Pásame la esponja, voy a limpiar la mesa.
▷ Tu peux me frotter le dos avec l'éponge, s'il te plaît ?
¿Me puedes frotar la espalda con la esponja, por favor?

2 ► **en éponge** (en parlant du tissu) : **de felpa**

2 ▷ Le bébé portait une tunique en éponge.
El bebé llevaba una túnica de felpa.

époque

▷ C'était une époque difficile.
Era una época difícil.
▷ À cette époque, les enfants n'avaient pas autant de liberté.
En aquella época, los niños no tenían tanta libertad.
▷ À l'époque, mes grands-parents vivaient à la campagne.
En aquella época, mis abuelos vivían en el campo.

(= période) la **época**

ℹ *Remarquez que le mot espagnol porte sur le e un accent écrit qui reflète l'accent tonique.*

► **à l'époque :** en aquella época

épouser

▷ Mon père a épousé ma mère en 1988.
Mi padre se casó con mi madre en 1988.

(= se marier avec) **casarse con**

ℹ *Le pronom réfléchi fonctionne de la façon suivante en espagnol : me caso con..., te casas con..., se casa con..., nos casamos con..., os casáis con..., se casan con...*

épouvantable

▷ Ça a été un choc épouvantable.
Fue un choque espantoso.

espantoso, espantosa

épouvantail

▷ Ils ont mis des épouvantails dans le champ.
Pusieron espantapájaros en el campo.

el **espantapájaros**

ℹ *Ce mot prend toujours un s, même au singulier.*

épreuve

▷ L'examen se compose de trois épreuves différentes.
El examen se compone de tres pruebas diferentes.
▷ L'épreuve orale était plus facile que l'épreuve écrite.
La prueba oral era más fácil que la prueba escrita.
▷ Leur équipe a été la meilleure dans toutes les épreuves.
Su equipo fue el mejor en todas las pruebas.

la **prueba**

► **épreuve orale :** la prueba oral (pluriel las pruebas orales)

► **épreuve écrite :** la prueba escrita (pluriel las pruebas escritas)

épuisant, épuisante

▷ Cette randonnée a été épuisante.
Esta excursión fue agotadora.

agotador (pluriel agotadores), **agotadora**

épuisé, épuisée

1 ▷ Je veux m'asseoir, je suis épuisé !
¡Quiero sentarme, estoy agotado!

1 (= très fatigué) **agotado, agotada**

Attention : le verbe qui traduit être *dans* être épuisé *est* **estar** *et non* **ser**.

2 ▷ Les tennis que je voulais sont épuisés.
Las zapatillas de deporte que quería se han agotado.

2 *Pour dire qu'un article dans un magasin est épuisé, on emploie en espagnol le verbe* **agotarse** *au passé composé.*

Le pronom réfléchi fonctionne de la façon suivante en espagnol : **se ha agotado, se han agotado.**

équateur

▷ Est-ce que le Japon est au nord de l'équateur ?
¿Está Japón al norte del Ecuador?

el **Ecuador**

Majuscule en espagnol.

Équateur

▷ La capitale de l'Équateur est Quito.
La capital de Ecuador es Quito.

▷ Ils sont en Équateur.
Están en Ecuador.

▷ Nous allons régulièrement en Équateur.
Vamos a Ecuador con regularidad.

Ecuador

Ne prend généralement pas d'article.

► **en Équateur** (= dans le pays) : **en Ecuador**

► **en Équateur** (= vers le pays) : **a Ecuador**

équatorien, équatorienne

▷ Les sites archéologiques équatoriens sont très intéressants.
Los sitios arqueológicos ecuatorianos son muy interesantes.

▷ Je connais des Équatoriens.
Conozco a unos ecuatorianos.

ecuatoriano, ecuatoriana

S'écrit avec une minuscule, qu'il s'agisse de l'adjectif ou du nom.

équilibre

1 ▷ Déborah a perdu l'équilibre et elle est tombée.
Déborah perdió el equilibrio y se cayó.

▷ Je suis arrivé à garder l'équilibre en m'appuyant sur Robert.
Conseguí mantener el equilibrio apoyándome en Robert.

1 ► **perdre l'équilibre** : **perder el equilibrio**

► **garder l'équilibre** : **mantener el equilibrio**

2 ▷ La pile de livres est en équilibre sur la table.
La pila de libros está en equilibrio sobre la mesa.

2 ► **être en équilibre** : **estar en equilibrio**

équilibré, équilibrée

▷ On nous sert des repas équilibrés à la cantine.
Nos sirven comidas equilibradas en el comedor.

equilibrado, equilibrada

équipage

▷ Un membre de l'équipage m'a aidé.
Un miembro de la tripulación me ayudó.

la **tripulación** (pluriel las tripulaciones)

ℹ *Il n'y a pas d'accent écrit au pluriel. L'accent tonique porte sur le **o**, comme au singulier.*

⚠ *Attention : le mot **equipaje** existe en espagnol, mais il désigne les bagages.*

équipe

▷ Notre équipe a gagné tous les matches cette saison.
Nuestro equipo ha ganado todos los partidos esta temporada.

el **equipo**

⚠ *Attention : contrairement au français, le mot espagnol **equipo** est masculin.*

ℹ ***Equipo** signifie aussi « équipement ».*

équipé, équipée

▷ L'école est équipée d'ordinateurs.
La escuela está equipada con ordenadores.

equipado, equipada

équipement

▷ J'emporte mon équipement de ski en vacances.
Me llevo el equipo de esquí para las vacaciones.

el **equipo**

ℹ ***Equipo** signifie aussi « équipe ».*

équitable

▷ Il exige un procès équitable.
Exige un proceso equitativo.

▷ Ils ne vendent que des produits équitables.
Sólo venden productos equitativos.

equitativo, equitativa

► **produits équitables : productos equitativos**

ℹ *On dit aussi **productos justos**.*

équitation

▷ L'équitation est mon sport préféré.
La equitación es mi deporte preferido.

▷ Charles fait de l'équitation tous les mercredis.
Charles practica la equitación todos los miércoles.

la **equitación**

► **faire de l'équitation : practicar la equitación**

ℹ *Remarquez que le mot **equitación** porte sur le **o** un accent écrit qui reflète l'accent tonique.*

équivaloir

▷ Une livre anglaise équivaut à un euro et demi environ.
Una libra inglesa equivale aproximadamente a un euro y medio.

► **équivaloir à : equivaler a**

érable

▷ J'adore le sirop d'érable.
Me encanta el jarabe de arce.

el **arce**

érafler

▷ Ça n'a fait qu'érafler la surface.
Sólo rasguñó la superficie.

rasguñar

éraflure

▷ Il y a des éraflures sur le CD.
Hay rasguños en el CD.

el rasguño

erreur

▷ Il y a plusieurs erreurs dans les calculs.
Hay varios errores en los cálculos.

el error (pluriel los errores)

*Attention : contrairement au français, le mot espagnol **error** est masculin.*

*Veillez à bien prononcer les deux **r**.*

▷ Tu as fait une erreur là.
Has cometido un error ahí.

▷ J'ai emporté le parapluie de Malika par erreur.
Me llevé el paraguas de Malika por error.

► **faire une erreur :** cometer un error

► **par erreur :** por error

éruption

▷ Le volcan est entré en éruption la semaine dernière.
El volcán entró en erupción la semana pasada.

(de volcan) la erupción (pluriel las erupciones)

► **entrer en éruption :** entrar en erupción

*Il n'y a pas d'accent écrit au pluriel. L'accent tonique porte sur le **o**, comme au singulier.*

escabeau

▷ Cyril est monté sur un escabeau pour atteindre l'étagère du haut.
Cyril se subió a una escalera de tijera para alcanzar el estante de arriba.

la escalera de tijera (pluriel las escaleras de tijera)

escalade

▷ J'aimerais faire de l'escalade dans les Alpes.
Me gustaría hacer escalada en los Alpes.

► **faire de l'escalade :** hacer escalada

escalader

▷ Denis et Lambert ont escaladé le mur et se sont échappés.
Denis y Lambert escalaron el muro y se escaparon.

escalar

escalator

▷ Prends l'escalator, c'est au troisième étage.
Toma la escalera mecánica, es en el tercer piso.

la escalera mecánica (pluriel las escaleras mecánicas)

*Remarquez que le mot **mecánica(s)** porte sur le premier **a** un accent écrit qui reflète l'accent tonique.*

escale

▷ Nous avons pris un vol Paris-Quito avec une escale à Madrid.
Tomamos un vuelo París-Quito con escala en Madrid.
▷ C'est un vol sans escale.
Es un vuelo sin escala.
▷ L'avion fera escale à Rio.
El avión hará escala en Río.

la **escala**

► **sans escale :** sin escalas

► **faire escale à :** hacer escala en

escalier

▷ Barnabé a monté l'escalier à toute vitesse.
Barnabé subió la escalera a toda velocidad.
Pedro est tombé dans l'escalier.
Pedro se cayó por las escaleras.
▷ Prends l'escalier roulant, c'est plus rapide.
Coge la escalera mecánica, es más rápido.

la **escalera**

ℹ *On peut dire aussi* ***las escaleras****. En espagnol, on emploie le même mot,* ***escalera****, pour l'escalier et l'échelle.*

► **escalier roulant :** la escalera mecánica (pluriel las escaleras mecánicas)

ℹ *Remarquez que le mot* ***mecánica(s)*** *porte sur le premier* ***a*** *un accent écrit qui reflète l'accent tonique.*

escalope

▷ Trois escalopes de veau, s'il vous plaît.
Tres filetes de ternera, por favor.

el **filete**

escargot

▷ Ça me dégoûte de manger des escargots.
Me da asco comer caracoles.

el **caracol** (pluriel los caracoles)

esclave

▷ Fais-le toi-même, je ne suis pas ton esclave !
¡Hazlo tú mismo, no soy tu esclavo!

el **esclavo**, la **esclava**

escrime

▷ L'escrime est mon sport préféré.
La esgrima es mi deporte preferido.
▷ Michaël fait de l'escrime tous les week-ends.
Michaël practica la esgrima todos los fines de semana.

la **esgrima**

► **faire de l'escrime :** practicar la esgrima

⚠ *Attention à l'orthographe du mot espagnol* ***esgrima****.*

escroc

▷ Ce vendeur est un escroc.
Ese vendedor es un estafador.

el **estafador** (pluriel los estafadores)

espace

▷ La Russie a envoyé une fusée dans l'espace.
Rusia ha mandado un cohete al espacio.
▷ Il n'y a pas assez d'espace ici.
Aquí no hay espacio suficiente.

el **espacio**

espadrilles

▷ En été j'aime porter des espadrilles.
En verano me gusta llevar alpargatas.

las **alpargatas**

Espagne

▷ L'Espagne et la France sont des pays voisins.
España y Francia son países vecinos.
▷ En Espagne les gens dînent tard.
En España la gente cena tarde.
▷ Nous allons régulièrement en Espagne.
Vamos a España con regularidad.

España

ℹ *Ne prend généralement pas d'article.*

► **en Espagne** (= dans le pays) : **en España**
► **en Espagne** (= vers le pays) : **a España**

espagnol, espagnole

▷ Pablo est espagnol.
Pablo es español.
▷ Madame Sernan nous apprend l'espagnol.
La señora Sernan nos enseña español.
▷ Les Espagnols ont adopté l'euro.
Los españoles adoptaron el euro.

español, española

ℹ *S'écrit avec une minuscule, qu'il s'agisse de l'adjectif ou du nom.*

espèce

1 ▷ Ces deux arbres ne sont pas de la même espèce.
Estos dos árboles no son de la misma especie.

1 (= variété dans la nature) la **especie**

2 ▷ C'est une espèce d'outil avec deux pointes.
Es una especie de herramienta con dos puntas.

2 ► **une espèce de...** (pour décrire un objet) : **una especie de...**

3 ▷ Espèce d'imbécile !
¡Pedazo de imbécil!

3 *Pour insulter quelqu'un en espagnol, on dit couramment* ***¡pedazo de..!*** *suivi d'un nom.*

espérer

▷ Lise espère réussir son examen.
Lise espera aprobar el examen.
▷ J'espère que vous allez bien.
Espero que estéis bien.
▷ J'espère qu'ils vont venir.
Espero que vengan.

esperar

► **espérer que... : esperar que...**

ℹ *On emploie le subjonctif après* ***esperar que*** *quand il s'agit d'un souhait ; mais si on compte vraiment sur quelque chose, alors on emploie le futur :* ***espero que podrás venir a la fiesta*** (= j'espère que tu pourras venir à la soirée).
Esperar *signifie aussi « attendre ».*

espion, espionne

▷ James Bond est un espion anglais.
James Bond es un espía inglés.

el **espía**, la **espía**

ℹ *Remarquez que le mot espagnol porte sur le* ***i*** *un accent écrit qui reflète l'accent tonique.*

espionner

▷ Arrête d'espionner ton frère !
¡Deja de espiar a tu hermano!

espiar

Si le complément est une personne, un groupe de personnes ou un animal domestique, n'oubliez pas de le faire précéder de ***a****.*

esprit

1 ▷ L'esprit humain est très complexe.
La mente humana es muy compleja.

2 ▷ Cet auteur était connu pour son esprit.
Ese autor era conocido por su ingenio.
▷ Elle a beaucoup d'esprit.
Tiene mucho ingenio.

1 (= pensée) la **mente**

2 (= humour) **ingenio**

► **avoir de l'esprit :** tener ingenio

esquimau

▷ Un esquimau à la vanille, s'il vous plaît.
Una paleta helada de vainilla, por favor.

(® = glace) la **paleta helada** (pluriel las paletas heladas)

essai

1 ▷ Joël a réussi et pourtant c'était son premier essai.
Joël lo consiguió y sin embargo era su primer intento.
▷ J'ai fait trois essais mais je n'y suis pas arrivé.
Lo intenté tres veces pero no lo conseguí.

2 ▷ La France a marqué un très bel essai.
Francia consiguió un hermoso ensayo.

1 (= tentative) el **intento**

► **faire un essai :** intentarlo

2 ► **marquer un essai** (au rugby) : conseguir un ensayo

essayer

1 ▷ Cristina a essayé une nouvelle teinture et maintenant elle a les cheveux orange !
¡Cristina probó un nuevo tinte y ahora tiene el pelo naranja!

2 ▷ J'ai essayé de convaincre Raïssa, mais elle n'a pas voulu m'écouter.
Traté de convencer a Raïssa, pero no quiso escucharme.

1 (en parlant d'une nouvelle chose, d'un nouveau restaurant, etc.) **probar**

2 ► **essayer de** faire quelque chose : **tratar de** hacer algo

ℹ *On peut dire aussi* ***intentar*** hacer algo.

3 ▻ Est-ce que je peux essayer ces deux jupes ?
¿Me puedo probar estas dos faldas?

3 (en parlant d'un vêtement) **probarse**

*Le pronom réfléchi fonctionne de la façon suivante en espagnol : **me pruebo..., te pruebas..., se prueba..., nos probamos..., os probáis..., se prueban...***

essence

▻ Le prix de l'essence a encore augmenté.
El precio de la gasolina ha vuelto a subir.

▻ L'essence sans plomb est moins mauvaise pour l'environnement.
La gasolina sin plomo no es tan mala para el medio ambiente.

▻ On va prendre de l'essence en chemin.
Vamos a echar gasolina por el camino.

(= carburant) la **gasolina**

► **essence sans plomb :** la **gasolina sin plomo**

► **prendre de l'essence :** **echar gasolina**

essentiel, essentielle

1 ▻ Ce point est essentiel.
Este punto es esencial.

▻ Le prof a dit que ce n'était pas essentiel de faire cet exercice.
El profesor dijo que no era esencial hacer este ejercicio.

1 (= indispensable) **esencial** (pluriel **esenciales**)

► **il est essentiel de** + faire quelque chose **: es esencial** + **hacer algo**

2 ▻ L'essentiel c'est que vous ne soyez pas blessés.
Lo esencial es que no estéis heridos.

2 ► **l'essentiel** (= le plus important) : **lo esencial**

essoufflé, essoufflée

▻ Ludo était très essoufflé après la course.
Ludo se quedó sin aliento después de la carrera.

*Pour dire qu'on est essoufflé, on emploie en espagnol l'expression **quedarse sin aliento** au passé. Par exemple :* je suis essoufflée = ***me he quedado sin aliento.***

essuie-glace

▻ L'essuie-glace arrière ne marche pas.
El limpiaparabrisas de detrás no funciona.

el **limpiaparabrisas** (pluriel **los limpiaparabrisas**)

essuyer

1 ▻ Passe-moi l'éponge, je vais essuyer la table.
Pásame el estropajo, voy a limpiar la mesa.

1 (= nettoyer) **limpiar**

2 ▻ C'est ton tour d'essuyer la vaisselle.
Te toca a ti secar la vajilla.

2 (= sécher) **secar**

3 ▷ Je n'ai pas eu le temps de m'essuyer après mon bain.
No he tenido tiempo de secarme después del baño.
▷ Attends, je m'essuie les mains.
Espera, me estoy secando las manos.

3 ► **s'essuyer** (= se sécher) : **secarse**

ℹ *Le pronom réfléchi fonctionne de la façon suivante en espagnol : **me seco, te secas, se seca, nos secamos, os secáis, se secan**.*

4 ▷ Essuie-toi les pieds avant d'entrer.
Límpiate los zapatos antes de entrar.

4 ► **s'essuyer les pieds** : **limpiarse los zapatos**

ℹ *Le pronom réfléchi fonctionne de la façon suivante en espagnol : **me limpio, te limpias, se limpia, nos limpiamos, os limpiáis, se limpian los zapatos**.*

est

▷ Ils habitent dans l'est.
Viven en el este.
▷ Mon village est à l'est de Madrid.
Mi pueblo está al este de Madrid.

el **este**

est-ce que

▷ Est-ce qu'ils sont venus ?
¿Vinieron?
▷ Est-ce que Marie est arrivée ?
¿Ha llegado Marie?
▷ Est-ce que tu as de l'argent ?
¿Tienes dinero?
▷ Où est-ce que tu as acheté cette écharpe ?
¿Dónde te has comprado esta bufanda?

*Il n'existe pas d'équivalent de **est-ce que** en espagnol. On emploie la structure habituelle pour poser les questions :*
*- **est-ce que** + sujet + verbe = verbe + sujet*
*- **est-ce que** + sujet + verbe + complément = verbe + complément*
*- adverbe + **est-ce que** + sujet + verbe = adverbe + verbe.*

ℹ *N'oubliez pas le point d'interrogation à l'envers au début de la question en espagnol.*

▷ Est-ce que Nicolas est sympa ?
¿Nicolas es simpático?

ℹ *À l'oral, on peut utiliser la tournure familière sans inversion du sujet et du verbe.*

estime

▷ J'ai beaucoup d'estime pour José María.
Le tengo mucho aprecio a José María.
▷ Je n'ai pas beaucoup d'estime pour elle.
No le tengo mucho aprecio.

► **avoir de l'estime pour** quelqu'un : **tenerle mucho aprecio a alguien**

estimer

▷ J'estime que tu devrais t'excuser.
Creo que deberías disculparte.
▷ Je n'estime pas que ce soit nécessaire.
No creo que sea necesario.

► **estimer que...** (= juger que) : **creer que...**

estomac

▷ Bruno a l'estomac fragile.
Bruno tiene el estómago frágil.

el **estómago**

ℹ *Remarquez que le mot espagnol porte sur le premier* **o** *un accent écrit qui reflète l'accent tonique.*

estrade

▷ Le bureau du prof est sur une estrade.
La mesa del profesor está sobre una tarima.

(dans une classe) la **tarima**

et

▷ Lise et André sont partis les premiers.
Lise y André se fueron los primeros.
▷ Maïté est drôle et intelligente.
Maïté es divertida e inteligente.
▷ C'est une activité pour les parents et les enfants.
Es una actividad para padres e hijos.

y

ℹ **Et** *se traduit par* **y** *sauf si le mot suivant commence par un* **i-** *ou un* **hi-** *; dans ce cas on emploie* **e**.

étable

▷ Nous avons visité l'écurie et l'étable.
Visitamos la cuadra y el establo.

el **establo**

⚠ *Attention : contrairement au français, le mot espagnol* **establo** *est masculin.*

établissement

▷ Le lycée Carnot est le plus grand établissement de la région.
El instituto Carnot es el establecimiento docente más grande de la región.

(= école) el **establecimiento docente** (pluriel **los establecimientos docentes**)

étage

▷ Ce grand magasin a cinq étages.
Estos grandes almacenes tienen cinco pisos.
▷ Mes amis habitent au troisième étage.
Mis amigos viven en el tercer piso.

(d'un bâtiment) el **piso**

étagère

1 ▷ Le sel est sur l'étagère du haut.
La sal está en el estante de arriba.

1 (= planche individuelle) el **estante**

2 ▷ Nous avons acheté une étagère pour ma chambre.
Compramos una estantería para mi habitación.

2 (= meuble avec plusieurs planches) la **estantería**

étalage

▷ L'étalage du marchand de légumes est magnifique.
El puesto del vendedor de verduras es magnífico.

(dans un marché) el **puesto**

étaler

1 ▷ Ludovic a étalé une demi-plaque de beurre sur son pain !
¡Ludovic untó el pan con medio paquete de mantequilla!

1 *Pour dire qu'on étale du beurre ou de la confiture sur du pain, on utilise en espagnol le verbe* ***untar****, avec le pain comme complément d'objet direct et le beurre ou la confiture comme complément après* ***con****.*

2 ▷ Tu étales la pâte, puis tu la mets dans le moule.
Extiendes la masa, y luego la pones en el molde.

2 (en parlant de la pâte à gâteaux) **extender**

3 ▷ Le monsieur a étalé son journal sur ses genoux.
El señor desplegó el periódico sobre las rodillas.

3 (en parlant d'un journal ou d'une carte routière) **desplegar**

4 ▷ Il faut toujours qu'elle étale ses connaissances.
Siempre tiene que hacer alarde de sus conocimientos.

4 (= montrer fièrement) **hacer alarde de**

étanche

▷ Heureusement, ma montre était étanche !
¡Afortunadamente, mi reloj era sumergible!

(en parlant d'une montre) **sumergible**

étang

▷ L'étang est gelé.
El estanque está helado.

el **estanque**

étant donné

▷ Étant donné la situation, que peut-on faire ?
Dada la situación, ¿qué podemos hacer?

dado, dada

ℹ *À la différence du français, il y a accord avec le nom qui suit en espagnol.*

étape

1 ▷ Nous allons faire ce travail en trois étapes.
Vamos a hacer este trabajo en tres etapas.

1 (= phase) la **etapa**

2 ▷ Notre première étape sera Carcassonne.
Nuestra primera parada será Carcasona.

2 (= lieu où l'on s'arrête) la **parada**

état

1 ▷ Il était dans un état lamentable.
Estaba en un estado lamentable.

▷ La petite annonce disait que la moto était en bon état.
El anuncio decía que la moto estaba en buen estado.

▷ Le toit est en mauvais état, mon père va le réparer.
El tejado está en mal estado, mi padre lo va a reparar.

1 el **estado**

► **en bon état : en buen estado**

► **en mauvais état : en mal estado**

Attention : le verbe qui traduit être *dans* être en bon / mauvais état *est* ***estar*** *et non* ***ser****.*

2 ▷ Les retraites sont versées par l'État.
Las jubilaciones las paga el Estado.

2 ► **État** (= pays, nation) : Estado

États-Unis

▷ Les États-Unis sont un pays très puissant.
(Los) Estados Unidos son un país muy poderoso.

► **les États-Unis :** (los) Estados Unidos

ℹ *Estados Unidos peut s'employer avec ou sans l'article **los**.*

▷ Aux États-Unis les gens fument moins qu'ici.
En (los) Estados Unidos la gente fuma menos que aquí.

► **aux États-Unis** (= dans le pays) : en (los) Estados Unidos

▷ Tu es déjà allée aux États-Unis ?
¿Has ido alguna vez a (los) Estados Unidos?

► **aux États-Unis** (= vers le pays) : a (los) Estados Unidos

été

▷ Il fera chaud cet été.
Hará calor este verano.

el verano

éteindre

1 ▷ Éteins la lumière, s'il te plaît.
Apaga la luz, por favor.
▷ Les pompiers ont réussi à éteindre le feu.
Los bomberos consiguieron apagar el fuego.

1 apagar

2 ▷ Tout d'un coup, les lumières se sont éteintes.
De repente las luces se apagaron.

2 ► **s'éteindre :** apagarse

ℹ *Le pronom réfléchi fonctionne de la façon suivante en espagnol : **se apaga, se apagan**.*

étendre

1 ▷ Céline a étendu une couverture par terre et s'est couchée dessus.
Céline extendió una manta en el suelo y se tumbó encima.

1 (= étaler) extender

2 ▷ Il n'y a pas de place pour étendre ses jambes dans ce cinéma.
No hay sitio para estirar las piernas en este cine.

2 (en parlant des bras ou des jambes) estirar

3 ▷ C'est ton tour d'étendre le linge.
Te toca a ti tender la ropa.

3 ► **étendre le linge :** tender la ropa

4 ▷ Étends-toi deux minutes, tu te sentiras mieux.
Échate dos minutos, te sentirás mejor.

4 ► **s'étendre** (= s'allonger) : echarse *ou* tumbarse

ℹ *Le pronom réfléchi fonctionne de la façon suivante en espagnol : **me echo, te echas, se echa, nos echamos, os echáis, se echan**.*

5 ▷ La plage s'étend sur plusieurs kilomètres.
La playa se extiende sobre varios kilómetros.

5 ► **s'étendre** (en parlant d'une ville ou d'un espace) : extenderse

ℹ *Le pronom réfléchi fonctionne de la façon suivante en espagnol : se extiende, se extienden.*

étendu, étendue

1 ▷ Le quartier où nous habitons est très étendu.
El barrio en el que vivimos es muy extenso.

1 (= vaste) extenso, extensa

2 ▷ Allongez-vous, les bras étendus au-dessus de la tête.
Túmbense con los brazos estirados por encima de la cabeza.

2 (en parlant des bras ou des jambes) estirado, estirada

3 ▷ Je les ai trouvés étendus dans l'herbe.
Los encontré tumbados en la hierba.

3 (= couché) tumbado, tumbada

éternel, éternelle

▷ C'est l'éternel problème !
Es el eterno problema.

eterno, eterna

éternuement

▷ On a entendu un éternuement dans le couloir.
Oímos un estornudo en el pasillo.

el estornudo

éternuer

▷ Fatima a éternué cinq fois.
Fatima estornudó cinco veces.

estornudar

ethnique

▷ Ils appartiennent à différentes minorités ethniques.
Pertenecen a diferentes minorías étnicas.

étnico, étnica

étincelle

▷ L'incendie a été provoqué par une étincelle.
El incendio fue causado por una chispa.

la chispa

étiquette

▷ C'est le classeur avec l'étiquette bleue.
Es la carpeta con la etiqueta azul.
▷ N'oublie pas d'enlever l'étiquette du prix.
Acuérdate de quitar la etiqueta del precio.

la etiqueta

étirer

1 ▷ N'étire pas l'élastique, tu vas le casser !
¡No estires la goma, la vas a romper!

1 estirar

2 ▷ Le chat s'est étiré et a bâillé.
El gato se estiró y bostezó.
▷ J'espère que ce jean va s'étirer, il me serre un peu.
Espero que estos vaqueros se van a estirar porque me quedan un poco estrechos.

2 ► **s'étirer :** estirarse

i *Le pronom réfléchi fonctionne de la façon suivante en espagnol : me estiro, te estiras, se estira, nos estiramos, os estiráis, se estiran.*

étoile

▷ Il y a plein d'étoiles ce soir.
Hay muchas estrellas esta noche.
▷ Myriam a trouvé une étoile de mer sur la plage.
Myriam encontró una estrella de mar en la playa.

la estrella

► **étoile de mer :** la estrella de mar (pluriel las estrellas de mar)

étonnant, étonnante

▷ C'est étonnant que Saïd ne soit pas là.
Es sorprendente que Saïd no esté.

sorprendente

étonné, étonnée

▷ Marcel a eu l'air étonné quand il m'a vue.
Marcel pareció sorprendido al verme.

sorprendido, sorprendida

étonnement

▷ Imagine mon étonnement quand je les ai vus.
Imagina mi sorpresa cuando los vi.

la sorpresa

étonner

▷ Les progrès d'Aurore en espagnol ont étonné tout le monde.
Los progresos de Aurore en español han sorprendido a todo el mundo.
▷ Ça m'étonne qu'Antonin ne soit pas là.
Me sorprende que Antonin no esté.
▷ Tu crois que Lin va être d'accord ? – Ça m'étonnerait !
¿Tú crees que Lin va a estar de acuerdo? – ¡Me sorprendería!

sorprender

Le complément est une personne ou un groupe de personnes : n'oubliez pas de le faire précéder de a.

étouffer

1 ▷ Il a failli étouffer Mercedes en la serrant dans ses bras.
Por poco ahoga a Mercedes abrazándola.

1 ► **étouffer** quelqu'un (= lui couper la respiration) : ahogar

Si le complément est une personne, un groupe de personnes ou un animal domestique, n'oubliez pas de le faire précéder de a.

2 ▷ Qu'est-ce qu'il y a ? – J'ai de l'asthme, j'étouffe !
¿Qué pasa? – ¡Tengo asma, me estoy asfixiando!

2 (= ne pas pouvoir respirer)
asfixiarse

ℹ *Le pronom réfléchi fonctionne de la façon suivante en espagnol : **me asfixio, te asfixias, se asfixia, nos asfixiamos, os asfixiáis, se asfixian.***

3 ▷ On étouffe ici.
El ambiente es sofocante aquí.

3 ► **on étouffe** (= il fait très chaud) : el **ambiente es sofocante**

4 ▷ Je me suis étouffé avec une arête.
Me atraganté con una espina.

4 ► **s'étouffer** (= s'étrangler) :
atragantarse

ℹ *Le pronom réfléchi fonctionne de la façon suivante en espagnol : **me atraganto, te atragantas, se atraganta, nos atragantamos, os atragantáis, se atragantan.***

étourderie

▷ J'ai fait deux fautes d'étourderie dans ma dictée.
Cometí dos despistes en el dictado.

► **faute d'étourderie :** el **despiste**

étourdi, étourdie

▷ Céline est très étourdie, elle fait des fautes bêtes.
Céline es muy despistada, comete faltas tontas.

despistado, despistada

étrange

▷ Il y a une ambiance étrange ici.
Hay un ambiente extraño aquí.

extraño, extraña

étranger, étrangère

1 ▷ Il y a un groupe de touristes étrangers à l'hôtel.
Hay un grupo de turistas extranjeros en el hotel.
▷ Les étrangers n'ont pas le droit de voter.
Los extranjeros no tienen derecho de voto.

1 (= qui vient d'un autre pays)
extranjero, extranjera

2 ▷ Les parents de Daniel ont vécu à l'étranger il y a longtemps.
Los padres de Daniel vivieron en el extranjero hace mucho tiempo.
▷ Elle va souvent à l'étranger pour son travail.
Va a menudo al extranjero para el trabajo.

2 ► **à l'étranger** (= dans des pays étrangers) : **en el extranjero**

► **à l'étranger** (= vers des pays étrangers) : **al extranjero**

étrangler

1 ▷ Le criminel a étranglé sa victime.
El criminal estranguló a su víctima.

1 (= tuer) **estrangular**
Si le complément est une personne, un groupe de personnes ou un animal domestique, n'oubliez pas de le faire précéder de **a**.

2 ▷ J'ai failli m'étrangler avec une arête.
Por poco me atraganto con una espina.

2 ► **s'étrangler** (par accident) : **atragantarse**
Le pronom réfléchi fonctionne de la façon suivante en espagnol : ***me atraganto, te atragantas, se atraganta, nos atragantamos, os atragantáis, se atragantan.***

être

1 ▷ Le boulanger est sympa.
El panadero es majo.
Madrid est la capitale de l'Espagne.
Madrid es la capital de España.
▷ Mon père est jardinier.
Mi padre es jardinero.
Son pull est bleu.
Su jersey es azul.
Pedro est espagnol.
Pedro es español.
Maintenant c'est l'hiver.
Ahora es invierno.
Quelle heure est-il ? – Il est une heure.
¿Qué hora es? – Es la una.
▷ À qui est ce stylo ?
¿De quién es este boli?

1 *La traduction habituelle du verbe* **être** *est* **ser** *quand on parle des caractéristiques de quelqu'un ou de quelque chose (par exemple le caractère, le métier ou la nationalité d'une personne, la couleur ou la matière d'un objet), de l'appartenance, du temps ou de l'heure.*

2 ▷ Tu es bien gai aujourd'hui !
¡Estás muy contento hoy!
Madrid est en Espagne.
Madrid está en España.
▷ Où étaient-elles ?
¿Dónde estaban?

2 *Quand on parle d'un état momentané ou du lieu où se trouve quelqu'un ou quelque chose, on emploie* **estar**.

À chaque fois qu'on peut remplacer **être** *par* **se trouver** *en français, on utilise* **estar** *en espagnol.*

3 ▷ Nous sommes mardi.
Estamos a martes.
Aujourd'hui c'est mardi.
Hoy es martes.
Nous sommes en automne.
Estamos en otoño.
C'est l'automne.
Es el otoño.

3 *Avec une date, un jour de la semaine ou une période, on emploie* **estar** *dans l'expression* **on est, nous sommes...** *et* **ser** *pour dire* **c'est...**

4 ▷ Mes cousins sont venus hiers.
Mis primos vinieron ayer.
▷ Mes amis sont arrivés aujourd'hui.
Mis amigos han llegado hoy.

4 *Là où le verbe être sert d'auxiliaire dans le passé composé en français, on emploie soit un passé composé, soit un passé simple en espagnol.*

5 ▷ Ils s'étaient déjà battus avant.
Ya se habían peleado antes.

5 *Quand le verbe être sert d'auxiliaire dans le plus-que-parfait en français, il est traduit par **haber**.*

6 ▷ Tu pourrais au moins le traiter comme un être humain !
¡Al menos lo podrías tratar como a un ser humano!

6 ► **un être humain :** un ser humano (pluriel seres humanos)

étroit, étroite

▷ Ce chemin est trop étroit pour deux voitures.
Este camino es demasiado estrecho para dos coches.

estrecho, estrecha

étude

1 ▷ Ils font une étude sur la violence dans les écoles.
Están haciendo un estudio sobre la violencia en las escuelas.

1 (= enquête) el estudio

*Attention : contrairement au français, le mot espagnol **estudio** est masculin.*

2 ▷ Il y a quatre salles d'étude dans l'école.
Hay cuatro salas de estudio en el colegio.

2 ► **(salle d')étude :** la sala de estudio (pluriel las salas de estudio)

3 ▷ Laïla ne veut pas faire d'études.
Laïla no quiere cursar estudios superiores.

3 ► **faire des études :** cursar estudios superiores

4 ▷ Le frère de Guy fait des études de droit.
El hermano de Guy estudia derecho.
▷ J'ai décidé de faire des études de journalisme.
He decidido hacer una carrera de periodismo.

4 ► **faire des études de :** estudiar *ou* hacer una carrera de

étudiant, étudiante

▷ Il y avait un groupe d'étudiants qui fêtaient la fin de l'année.
Había un grupo de estudiantes que celebraban el final del año.

el estudiante, la estudiante

étudier

▷ Laura étudie le russe.
Laura está estudiando ruso.

estudiar

étui

▷ J'ai perdu mon étui à lunettes.
He perdido el estuche de gafas.

el estuche

euro

▷ Je voudrais changer cent euros en dollars.
Quisiera cambiar cien euros en dólares.

el **euro**

Europe

▷ La France fait partie de l'Europe.
Francia forma parte de Europa.
▷ Miho voudrait vivre en Europe.
Miho quisiera vivir en Europa.
▷ Beaucoup d'Américains viennent en Europe pour faire leurs études.
Muchos estadounidenses vienen a Europa a estudiar.

Europa

ℹ *Ne prend généralement pas d'article.*

► **en Europe** (= dans le continent) : **en Europa**

► **en Europe** (= vers le continent) : **a Europa**

européen, européenne

▷ L'Italie est un pays européen.
Italia es un país europeo.
▷ Les Européens ont un niveau de vie élevé.
Los europeos tienen un nivel de vida elevado.

europeo, europea

ℹ *S'écrit toujours avec une minuscule en espagnol, qu'il s'agisse de l'adjectif ou du nom.*

eux

▷ Tu as acheté ces bonbons pour eux ?
¿Has comprado estos caramelos para ellos?
Nous, nous avons dit oui, mais eux ont refusé.
Nosotros dijimos que sí, pero ellos se negaron.

ellos

eux-mêmes

▷ Ils l'ont fabriqué eux-mêmes.
Lo fabricaron ellos mismos.

ellos mismos

évacuer

▷ Les pompiers ont évacué les élèves.
Los bomberos evacuaron a los alumnos.
▷ La directrice a fait évacuer toutes les salles.
La directora mandó que se evacuaran todas las aulas.

evacuar

Si le complément est une personne, un groupe de personnes ou un animal domestique, n'oubliez pas de le faire précéder de ***a****.*

s'évader

▷ Deux prisonniers se sont évadés de la prison.
Dos prisioneros se evadieron de la cárcel.

evadirse

ℹ *Le pronom réfléchi fonctionne de la façon suivante en espagnol :* ***me evado, te evades, se evade, nos evadimos, os evadís, se evaden.***
On peut dire aussi ***escaparse*** *ou* ***fugarse****.*

évaluer

▷ J'ai du mal à évaluer la quantité de nourriture qu'il nous faut.
Me cuesta evaluar la cantidad de comida que necesitamos.

evaluar

s'évanouir

▷ J'ai failli m'évanouir quand j'ai vu tout ce sang.
Casi me desmayo al ver tanta sangre.

(= se sentir mal) **desmayarse**

ℹ *Le pronom réfléchi fonctionne de la façon suivante en espagnol :* ***me desmayo, te desmayas, se desmaya, nos desmayamos, os desmayáis, se desmayan.***

s'évaporer

▷ Toute l'eau s'est évaporée.
Se ha evaporado toda el agua.

(= se transformer en vapeur) **evaporarse**

ℹ *Le pronom réfléchi fonctionne de la façon suivante en espagnol :* ***se evapora*** *(singulier),* ***se evaporan*** *(pluriel).*

événement

▷ La visite du ministre est un événement très important.
La visita del ministro es un acontecimiento muy importante.

el **acontecimiento**

ℹ *On dit aussi* ***el evento.***

éventail

▷ Sarah a rapporté un éventail d'Espagne.
Sarah trajo un abanico de España.

(pour faire de l'air) el **abanico**

éventuellement

1 ▷ On pourrait éventuellement prendre un taxi.
Quizás podríamos tomar un taxi.

1 (= une suggestion) **quizás**

2 ▷ Je vous appellerai éventuellement, si j'ai besoin d'un coup de main.
Llegado el caso os llamo, si necesito ayuda.

2 (= une hypothèse) **llegado el caso**

évidemment

▷ Tu crois que c'est vrai ? – Évidemment !
¿Tú crees que es verdad? – ¡Por supuesto!

(= bien sûr) **por supuesto**

ℹ *On peut dire aussi* ***claro*** *ou* ***desde luego.***

évident, évidente

1 ▷ C'est évident qu'elle est coupable.
Es evidente que es culpable.

1 (= clair) **evidente**

2 ▷ Cet exercice n'est pas évident.
Este ejercicio no es tan fácil.

2 ► **ne pas être évident** (= pas facile) : no ser tan fácil

évier

▷ L'évier est encore bouché.
El fregadero está atascado otra vez.

el fregadero

éviter

▷ Le camion a fait un écart pour éviter la moto.
El camión se hizo a un lado para evitar la moto.
▷ Évite de manger trop de chocolat.
Evita comer demasiado chocolate.
Évite de lui parler de l'affaire.
Procura no hablarle del asunto.

evitar

► **éviter de** faire quelque chose : evitar hacer algo *ou* procurar no hacer algo

évoluer

▷ La situation n'a pas évolué depuis le mois dernier.
La situación no ha evolucionado desde el mes pasado.

evolucionar

évolution

▷ Ils étudient l'évolution de l'univers.
Están estudiando la evolución del universo.

la evolución (pluriel las evoluciones)

ℹ *Il n'y a pas d'accent écrit au pluriel. L'accent tonique porte sur le o, comme au singulier.*

exact, exacte

▷ Le résultat de l'addition est exact.
El resultado de la suma es exacto.
▷ Oui, c'est exact.
Sí, exacto.

exacto, exacta

exactement

▷ Ces deux T-shirts sont exactement pareils.
Estas dos camisetas son exactamente iguales.

exactamente

exagérer

▷ Elle exagère toujours.
Siempre exagera.

exagerar

examen

1 ▷ L'examen écrit était plus facile que l'examen oral.
El examen escrito era más fácil que el examen oral.

1 (= épreuve) el examen (pluriel los exámenes)

ℹ *Il n'y a pas d'accent écrit au singulier. L'accent tonique porte sur le a, comme au pluriel.*

2 ▷ Benoît passe son examen de chimie demain.
Benoît se examina de química mañana.

2 ► **passer un examen** (de...) : examinarse (de...)

ℹ *Le pronom réfléchi fonctionne de la façon suivante en espagnol : **me examino, te examinas, se examina, nos examinamos, os examináis, se examinan**.*

3 ▷ Tout le monde doit passer un examen médical au début de l'année.
Todo el mundo debe someterse a un reconocimiento médico a principios de año.

3 ► **examen médical** : el reconocimiento médico (pluriel los reconocimientos médicos)

ℹ *Notez la traduction de* passer *dans ce cas : **someterse a**.*

examiner

▷ Le docteur m'a examiné et a dit qu'il n'y avait pas de problème.
El médico me examinó y dijo que no había ningún problema.

examinar

exaspérant, exaspérante

▷ C'est l'homme le plus exaspérant que j'aie jamais rencontré.
Es el hombre más iritante que he conocido.

iritante

excellent, excellente

▷ Ce fromage est excellent !
¡Este queso es excelente!

excelente

*Attention à l'orthographe du mot espagnol **excelente**.*

excentrique

▷ Leur père est très excentrique.
Su padre es muy excéntrico.

excéntrico, excéntrica

exception

▷ En général, je trouve ses films intéressants mais il y a des exceptions.
En general sus películas me parecen interesantes, pero hay excepciones.
▷ Tu pourrais faire une exception pour moi !
¡Podrías hacer una excepción conmigo!

la excepción (pluriel las excepciones)

ℹ *Il n'y a pas d'accent écrit au pluriel. L'accent tonique porte sur le **o**, comme au singulier.*

exceptionnel, exceptionnelle

▷ C'est un garçon exceptionnel.
Es un chico excepcional.

excepcional (pluriel excepcionales)

exceptionnellement

1 ▷ Exceptionnellement, le musée sera ouvert demain.
Excepcionalmente el museo estará abierto mañana.

1 (= de façon exceptionnelle) **excepcionalmente**

2 ▷ Cette fille est exceptionnellement intelligente.
Esa chica es muy inteligente.

2 (= très) **muy**

excessif, excessive

▷ Le documentaire parlait de la consommation excessive d'alcool.
El documental hablaba del consumo excesivo de alcohol.

excesivo, excesiva

excitant, excitante

▷ Ce n'est pas très excitant !
¡No es muy excitante!

(idée, livre, projet) **excitante**

excitation

▷ Il était dans un état de grande excitation.
Estaba en un estado de gran exitación.

la **excitación**

excité, excitée

▷ Elle était tout excitée à l'idée de le revoir.
Estaba entusiasmada con la idea de volver a verlo.

(= enthousiasmé) **entusiasmado, entusiasmada**

exciter

1 ▷ N'excite pas le bébé juste avant qu'il aille au lit.
No excites al bebé justo antes de que vaya a la cama.

1 **excitar**
*Si le complément est une personne, un groupe de personnes ou un animal domestique, n'oubliez pas de le faire précéder de **a**.*

2 ▷ Ne t'excite pas trop, ce n'est pas encore sûr.
No te entusiasmes demasiado, todavía no es seguro.

2 ► **s'exciter : entusiasmarse**
*Le pronom réfléchi fonctionne de la façon suivante en espagnol : **me entusiasmo, te entusiasmas, se entusiasma, nos entusiasmamos, os entusiasmáis, se entusiasman.***

exclure

▷ Baptiste a été exclu de l'équipe de foot.
Excluyeron a Baptiste del equipo de fútbol.

excluir

excursion

▷ L'excursion n'a duré qu'une demi-journée.
La excursión sólo duró medio día.

la **excursión** (pluriel **las excursiones**)

ℹ *Il n'y a pas d'accent écrit au pluriel. L'accent tonique porte sur le **o**, comme au singulier.*

▷ J'ai fait une excursion à la mer avec ma classe.
Fui de excursión a la costa con la clase.

► **faire une excursion** : **ir de excursión**

excuse

1 ▷ Ton excuse n'est pas très convaincante !
¡Tu excusa no es muy convincente!

1 (= prétexte) la **excusa**

2 ▷ Mélanie a dû faire des excuses au prof.
Mélanie tuvo que pedirle disculpas al profesor.

2 ► **faire des excuses à** quelqu'un : **pedirle disculpas a** alguien

excuser

1 ▷ Pourquoi est-ce que je devrais excuser quelqu'un comme lui ?
¿Por qué tendría que disculpar a alguien como él?

1 (= pardonner, en parlant d'une personne ou d'une action) **disculpar**

*Si le complément est une personne, un groupe de personnes ou un animal domestique, n'oubliez pas de le faire précéder de **a**.*

2 ▷ Oh ! excusez-moi ! Je vous ai fait mal ?
¡Ay perdón! ¿Le he hecho daño?

2 ► **excusez-moi** *ou* **excuse-moi** (employé seul) : **perdón**

ℹ *Remarquez que le mot espagnol porte sur le **o** un accent écrit qui reflète l'accent tonique.*

3 ▷ Excusez-moi, mais ce n'est pas ce que j'ai dit.
Perdone, pero no es lo que he dicho.
▷ Excuse-moi de ne pas t'avoir prévenu.
Perdona que no te haya avisado.

3 *Quand on veut s'excuser de quelque chose de précis, ou quand on veut corriger quelqu'un poliment, on emploie en espagnol le verbe **perdonar** à l'impératif (**perdona, perdone**).*

4 ▷ Il a refusé de s'excuser.
Se negó a disculparse.
▷ Mouna s'est excusée d'être en retard.
Mouna se disculpó por llegar tarde.

4 ► **s'excuser** : **disculparse**

► **s'excuser de** faire quelque chose : **disculparse por** hacer algo

ℹ *Le pronom réfléchi fonctionne de la façon suivante en espagnol : **me disculpo, te disculpas, se disculpa, nos disculpamos, os disculpáis, se disculpan**.*

5 ▷ Je m'excuse, mais ce n'est pas ma faute.
Lo siento, pero no es culpa mía.

5 ► **je m'excuse** (= je suis désolé) : **lo siento**

exemplaire

▷ J'ai un autre exemplaire de la facture.
Tengo otro ejemplar de la factura.

(= double) el **ejemplar** (pluriel los ejemplares)

exemple

▷ Peux-tu me donner un exemple ?
¿Puedes darme un ejemplo?
▷ Les fauves, par exemple le lion,...
Las fieras, por ejemplo el león,...

el **ejemplo**

► **par exemple :** por ejemplo

s'exercer

1 ▷ Si tu veux t'améliorer, tu dois t'exercer.
Si quieres mejorarte, debes practicar.

1 **practicar**

2 ▷ Ana s'exerce à rester sous l'eau sans respirer.
Ana se entrena para mantenerse debajo del agua sin respirar.

2 ► **s'exercer à** faire quelque chose : **entrenarse para** hacer algo

ℹ *Le pronom réfléchi fonctionne de la façon suivante en espagnol : **me** entreno, **te** entrenas, **se** entrena, **nos** entrenamos, **os** entrenáis, **se** entrenan.*

exercice

▷ Le premier exercice de maths est très dur.
El primer ejercicio de mates es muy difícil.
▷ Le médecin a conseillé à mon père de faire de l'exercice.
El médico le aconsejó a mi padre que hiciera ejercicio.

el **ejercicio**

► **faire de l'exercice :** hacer ejercicio

Attention à l'orthographe du mot espagnol.

exigeant, exigeante

▷ C'est un entraîneur très exigeant.
Es un entrenador muy exigente.

exigente

exigence

▷ Quelles sont les exigences des employés ?
¿Cuáles son las exigencias de los empleados?

(= demande) la **exigencia**

exiger

▷ Ils exigent du jus d'orange frais au petit déjeuner.
Exigen zumo de naranja fresco para el desayuno.
▷ Marion a exigé que je lui fasse des excuses.
Marion exigió que le pidiera disculpas.

exigir

exister

▷ Tu crois que Dieu existe ?
¿Tú crees que existe Diós?

▷ Il existe une exception.
Existe una excepción.

▷ Il existe des téléphones avec accès à Internet.
Existen teléfonos con acceso al internet.

existir

► il existe + nom au singulier : existe

► il existe + nom au pluriel : existen

expédier

1 ▷ Je vais à la poste pour expédier ce paquet.
Voy a Correos a enviar este paquete.

1 (= envoyer) enviar

ℹ *On peut dire aussi* ***mandar***.

2 ▷ J'ai expédié mon travail en une heure.
Despaché el trabajo en una hora.

2 (= faire vite) despachar

expérience

1 ▷ Il y a eu une explosion pendant l'expérience de chimie.
Hubo una explosión durante el experimento de química.

1 (= essai scientifique) el experimento

2 ▷ C'est un ingénieur qui a beaucoup d'expérience.
Es un ingeniero que tiene mucha experiencia.

2 (= habitude, pratique) la experiencia

Ne confondez pas ***experimento*** *et* ***experiencia*** *!*

expert, experte

▷ Je te donne mon avis, mais je ne suis pas une experte en informatique.
Te doy mi opinión, pero no soy una experta en informática.

el experto, la experta

expirer

1 ▷ Inspirez ! Expirez !
¡Inspirad! ¡Espirad!

1 (= souffler) espirar

2 ▷ Mon passeport expire en juin.
Mi pasaporte expira en junio.

2 (= ne plus être valable) expirar

Ne confondez pas ***espirar*** *et* ***expirar*** *!*

explication

1 ▷ Est-ce que tu as compris l'explication ?
¿Entendiste la explicación?

1 (= éclaircissements) la explicación (pluriel las explicaciones)

ℹ *Il n'y a pas d'accent écrit au pluriel. L'accent tonique porte sur le* ***o****, comme au singulier.*

2 ▷ Denis et Béa ont eu une explication.
Denis y Béa se explicaron.

2 ► **avoir une explication** (= une dispute) : **explicarse**

ℹ *Le pronom réfléchi fonctionne de la façon suivante en espagnol : **me explico, te explicas, se explica, nos explicamos, os explicáis, se explican.***

expliquer

1 ▷ Tu peux m'expliquer pourquoi tu as fait ça ?
¿Me puedes explicar por qué hiciste eso?

1 **explicar**

2 ▷ Je ne me suis pas expliqué clairement.
No me he explicado claramente.

2 ► **s'expliquer** (= donner des précisions) : **explicarse**

ℹ *Le pronom réfléchi fonctionne de la façon suivante en espagnol : **me explico, te explicas, se explica, nos explicamos, os explicáis, se explican.***

exploit

▷ Serge nous a raconté ses exploits en Espagne.
Serge nos contó sus hazañas en España.

la **hazaña**

exploration

▷ L'exploration spatiale n'a jamais cessé.
Nunca se ha parado la exploración espacial.

la **exploración** (pluriel **las exploraciones**)

ℹ *Il n'y a pas d'accent écrit au pluriel. L'accent tonique porte sur le **o**, comme au singulier.*

explorer

▷ Hier on a exploré le nord de la ville.
Ayer exploramos el norte de la ciudad.

explorar

exploser

▷ La bombe a explosé tout près du marché.
La bomba explotó muy cerca del mercado.

explotar

ℹ *On peut dire aussi **estallar**.*

explosion

▷ Est-ce que vous avez entendu l'explosion ?
¿Oísteis la explosión?

la **explosión** (pluriel **las explosiones**)

ℹ *Il n'y a pas d'accent écrit au pluriel. L'accent tonique porte sur le **o**, comme au singulier.*

exposé

1 ▷ J'ai rendu mon exposé hier.
Entregué ayer mi exposición escrita.

1 (= devoir écrit) la **exposición escrita** (pluriel **las exposiciones escritas**)

ℹ *Il n'y a pas d'accent écrit au pluriel. L'accent tonique porte sur le **o**, comme au singulier.*

2 ▷ J'ai fait un exposé sur les volcans.
Hice una exposición oral sobre los volcanes.

2 (= devoir oral) la **exposición oral** (pluriel **las exposiciones orales**)

ℹ *Il n'y a pas d'accent écrit au pluriel. L'accent tonique porte sur le **o**, comme au singulier.*

exposition

▷ L'exposition Picasso est magnifique.
La exposición de Picasso es magnífica.

(= tableaux, photos) la **exposición** (pluriel **las exposiciones**)

ℹ *Il n'y a pas d'accent écrit au pluriel. L'accent tonique porte sur le **o**, comme au singulier.*

exprès

1 ▷ Je suis venu exprès pour te voir.
Vine a propósito para verte.

1 (= spécialement) **a propósito**

2 ▷ Sammy dit qu'il ne l'a pas fait exprès.
Sammy dice que no lo ha hecho adrede.
▷ Je ne l'ai pas fait exprès !
¡Lo hice sin querer!

2 (= délibérément) **adrede**

► **ne pas faire exprès de** faire quelque chose : hacer algo **sin querer**

expression

▷ C'est une expression que je ne connaissais pas.
Es una expresión que no conocía.

la **expresión** (pluriel **las expresiones**)

ℹ *Il n'y a pas d'accent écrit au pluriel. L'accent tonique porte sur le **o**, comme au singulier.*

exprimer

▷ Léo a du mal à exprimer ses sentiments.
A Léo le cuesta expresar sus sentimientos.
▷ Pepa s'exprime très bien.
Pepa se expresa muy bien.

expresar

► **s'exprimer :** expresarse

ℹ *Le pronom réfléchi fonctionne de la façon suivante en espagnol : **me expreso, te expresas, se expresa, nos expresamos, os expresáis, se expresan**.*

*Attention : le mot espagnol **exprimir** signifie « presser (un citron ou une orange) ».*

expulser

1 ▷ Plusieurs familles ont été expulsées de cet immeuble.
Han desahuciado a varias familias de este edificio.

1 (d'un logement) **desahuciar**
Le complément est une personne ou un groupe de personnes : n'oubliez pas de le faire précéder de a.

2 ▷ Mathieu a été expulsé du terrain parce qu'il a donné un coup de pied à un joueur.
Expulsaron a Mathieu del terreno porque le dio una patada a un jugador.

2 (= expulser du terrain, d'un club) **expulsar**
Le complément est une personne ou un groupe de personnes : n'oubliez pas de le faire précéder de a.

extérieur

1 ▷ L'extérieur de la maison n'est pas très bien entretenu.
El exterior de la casa no está muy bien mantenido.

1 ► **l'extérieur** (= la partie qui est dehors) : el **exterior**

2 ▷ Je vous attendrai à l'extérieur.
Os esperaré fuera.
▷ Vous pouvez fumer à l'extérieur du bâtiment, mais pas à l'intérieur.
Pueden fumar fuera del edificio, pero no dentro.

2 ► **à l'extérieur** (= dehors) : **fuera**

► **à l'extérieur de** + nom : **fuera de** + nom

externe

▷ Les externes peuvent partir à trois heures.
Los alumnos externos pueden irse a las tres.

el **alumno externo**, la **alumna externa**

extrait

▷ La prof de français nous a lu un extrait du *Malade imaginaire*.
La profesora de francés nos leyó un fragmento de *El enfermo imaginario*.

(= passage) el **fragmento**

extraordinaire

▷ Il nous est arrivé quelque chose d'extraordinaire.
Nos ha ocurrido algo extraordinario.
▷ Comment était le film ? – Pas extraordinaire.
¿Qué tal la película? – No muy buena.

extraordinario, extraordinaria

► **pas extraordinaire** (= pas terrible) : **no muy bueno, no muy buena**

extraterrestre

▷ Tu crois que les extraterrestres existent ?
¿Tú crees que existen los extraterrestres?

el **extraterrestre**
Attention à bien prononcer les deux r.

extrême

extremo, extrema

▷ Les températures sont souvent extrêmes dans cette région.
Las temperaturas suelen ser extremas en esta región.

▷ L'extrême droite a eu très peu de voix aux élections.
La extrema derecha ha obtenido muy pocos votos en las elecciones.

extrêmement

(= très) **extremadamente** *ou* **sumamente**

▷ Il est extrêmement intelligent.
Es extremadamente inteligente.

▷ Ce livre est extrêmement intéressant.
Este libro es sumamente interesante.

Ff

fabricant, fabricante

▷ Quel est le nom du fabricant ?
¿Cómo se llama el fabricante?

el **fabricante**, la **fabricante**

fabriquer

1 ▷ C'est une entreprise qui fabrique des chaussures.
Es una empresa que fabrica zapatos.

1 (= produire ou construire) **fabricar**

2 ▷ Qu'est-ce que tu fabriques ? C'est l'heure de partir !
¿Qué estás haciendo? ¡Ya es hora de marcharnos!

2 (= faire, au sens familier) **hacer**

fabuleux, fabuleuse

▷ Le gagnant recevra un cadeau fabuleux.
El ganador recibirá un regalo fabuloso.

fabuloso, fabulosa

fac

▷ Ils vont construire une nouvelle fac.
Van a construir una nueva facu.

la **facu**

ℹ *On peut dire aussi la facul.*

▷ Je voudrais aller en fac plus tard.
En el futuro, quisiera ir a la facu.

► **aller en fac** : ir a la facu

▷ Le frère de Ramona est en fac.
El hermano de Ramona está en la facu.

► **être en fac** : estar en la facu

ℹ *Facu, comme fac, est un mot familier, abréviation de facultad.*

façade

▷ Mes parents ont repeint la façade.
Mis padres han vuelto a pintar la fachada.

(= le devant d'un bâtiment) la **fachada**

face

1 ▷ Les disques vinyles ont deux faces.
Los discos de vinilo tienen dos caras.

1 (= côté d'un disque) la **cara**

2 ▷ Il y a une boulangerie en face.
Hay una panadería enfrente.

2 ► **en face** (= de l'autre côté) : **enfrente**

3 ▷ La boucherie est en face du cinéma.
La carnicería está enfrente del cine.
▷ Rachid s'est assis en face de moi.
Rachid se sentó frente a mí.

3 ► **en face de :** enfrente de

ℹ *Quand on parle de la position par rapport à une personne, on dit* ***frente a****.*

fâché, fâchée

▷ Lucille est fâchée parce que Marc lui a menti.
Lucille está enfadada porque Marc le ha mentido.

(= pas content) enfadado, enfadada

ℹ *Notez l'emploi du verbe* ***estar*** *avec* ***enfadado*** *et* ***enfadada****.*

se fâcher

▷ Ne te fâche pas, je vais le réparer !
¡No te enfades, lo voy a arreglar!

(= se mettre en colère) enfadarse

ℹ *Le pronom réfléchi fonctionne de la façon suivante en espagnol :* ***me enfado, te enfadas, se enfada, nos enfadamos, os enfadáis, se enfadan****.*

facile

▷ Cet exercice est facile.
Este ejercicio es fácil.
▷ Son dernier roman est très facile à lire.
Su última novela es muy fácil de leer.
▷ Cette recette est facile à réaliser.
Esta receta es fácil de hacer.

▷ Il est trop facile d'accuser les autres !
¡Es demasiado fácil acusar a los demás!

fácil (pluriel fáciles)

► **facile à** + infinitif **:** fácil de + infinitif

ℹ *Remarquez que* ***fácil*** *et* ***fáciles*** *portent sur le* ***a*** *un accent écrit qui reflète l'accent tonique.*

► **il est facile de** + faire quelque chose **:** es fácil + hacer algo

ℹ *Notez l'absence de préposition en espagnol après* ***fácil****.*

facilement

▷ Aurélien y est arrivé facilement.
Aurélien lo consiguió fácilmente.

fácilmente

ℹ *Remarquez que le mot espagnol porte sur le* ***a*** *un accent écrit qui reflète l'accent tonique.*

façon

▷ Il y a plusieurs façons de le faire.
Hay varias maneras de hacerlo.
▷ Il se comporte d'une façon bizarre.
Se comporta de manera rara.
▷ De quelle façon est-ce que tu vas le faire ?
¿De qué manera lo vas a hacer?
▷ De toute façon, ça m'est égal.
De todas maneras, me da igual.

(= manière, méthode) la manera

► **d'une façon... :** de manera...

► **de quelle façon... ? :** ¿de qué manera..?

► **de toute façon :** de todas maneras

ℹ *On peut dire aussi* ***de todos modos*** *ou* ***de todas formas****.*

facteur, factrice

▷ Est-ce que le facteur est passé ?
¿Ha venido el cartero?
▷ La factrice est très aimable.
La cartera es muy amable.

(= employé de la poste) el **cartero,** la **cartera**

*Le mot **cartera** signifie aussi « portefeuille ».*

facture

▷ Est-ce que tu as payé la facture de téléphone ?
¿Has pagado la factura del teléfono?

la **factura**

faculté

*Regardez le mot **fac***

fade

▷ Cette soupe est un peu fade.
Esta sopa está un poco sosa.

soso, sosa

faible

1 ▷ Je me sens faible aujourd'hui.
Me siento débil hoy.

1 (= sans forces) **débil** (pluriel **débiles**)

*Remarquez que **débil** et **débiles** portent sur le **e** un accent écrit qui reflète l'accent tonique.*

2 ▷ Coralie est trop faible en maths pour faire une section scientifique.
Coralie está demasiado floja en matemáticas para hacer ciencias.

2 (en parlant d'un élève ou de résultats) **flojo, floja**

3 ▷ Je crois que Suzie a un faible pour Pedro.
Creo que Suzie tiene debilidad por Pedro.

3 ► **avoir un faible pour** quelqu'un / quelque chose : **tener debilidad por** alguien / algo

faillir

▷ J'ai failli rater le train.
Por poco pierdo el tren.
▷ Il a failli tomber.
Por poco se cae.

*Pour dire qu'on a failli faire quelque chose, on emploie en espagnol un verbe au présent précédé de **por poco*** (= de peu).

faim

▷ Nous avons parlé de la faim dans le monde.
Hablamos del hambre en el mundo.
▷ J'ai faim ! Quand est-ce qu'on mange ?
¡Tengo hambre! ¿Cuándo comemos?

el **hambre**

► **avoir faim : tener hambre**

*Bien que l'article qui accompagne **hambre** soit masculin (**el hambre**), **hambre** est un mot féminin et les adjectifs qui l'accompagnent doivent se mettre au féminin : **tengo un hambre canina*** (= j'ai une faim de loup).

▷ Cette promenade m'a donné faim.
Me ha entrado hambre con este paseo.

En espagnol, on ne peut pas dire exactement comme en français que quelque chose vous donne faim ; il faut employer l'expression ***me entra hambre*** *(ou* ***me ha entrado hambre****, ou* ***me entró hambre****).*

fainéant, fainéante

▷ Sergio est fainéant, il ne veut jamais faire ses devoirs.
Sergio es holgazán, nunca quiere hacer los deberes.
▷ C'est une fainéante qui passe ses journées à regarder la télé.
Es una holgazana que se pasa el día viendo la tele.

holgazán (pluriel **holgazanes**), **holgazana**

ℹ ***Holgazanes*** *ne porte pas d'accent écrit. L'accent tonique porte sur le deuxième* ***a****, comme au singulier.*

faire

1 ▷ Simon fait des gâteaux pour ses amis.
Simon hace pasteles para sus amigos.
▷ Ça fait un an que je le connais.
Hace un año que lo conozco.
▷ Cyril nous a fait rire avec ses blagues.
Cyril nos hizo reir con sus chistes.
▷ J'ai beaucoup de choses à faire.
Tengo muchas cosas que hacer.

1 **Faire** *se traduit généralement par* ***hacer****.*

► **à faire : que hacer**

2 ▷ Mon frère fait du violon.
Mi hermano toca (el) violín.

2 *Quand on parle d'un instrument de musique, on emploie le verbe* ***tocar****.*

La préposition entre ***tocar*** *et son complément n'est pas obligatoire.*

3 ▷ La pièce fait dix mètres de long.
El cuarto mide diez metros de largo.

3 *Pour donner la longueur ou la hauteur, on emploie le verbe* ***medir****.*

4 ▷ Le paquet fait deux kilos.
El paquete pesa dos kilos.

4 *Pour donner le poids, on emploie le verbe* ***pesar****.*

5 ▷ Ça fait combien ?
¿Cuánto es?
▷ Ça fait vingt euros.
Son veinte euros.

5 *Quand on parle du prix, on emploie le verbe* ***ser****.*

6 ▷ Le prof de français fait vieux.
El profesor de francés parece viejo.

6 (= paraître) **parecer**

7 ▷ Ils se sont fait renvoyer de l'école.
Los expulsaron del colegio.

7 *La tournure* **se faire** *+ infinitif se traduit souvent par une tournure active en espagnol.*

8 ▷ Ne t'en fais pas, ça va s'arranger.
No te preocupes, las cosas se van a arreglar.
▷ Ne vous en faites pas, ce n'est pas grave.
No os preocupéis, no pasa nada.

8 ► **s'en faire** (= s'inquiéter) : preocuparse

ℹ *Le pronom réfléchi fonctionne de la façon suivante en espagnol : **me preocupo, te preocupas, se preocupa, nos preocupamos, os preocupáis, se preocupan**.*

fait

1 ▷ C'est un fait.
Es un hecho.
▷ Le fait qu'il se sente coupable ne change rien.
El hecho de que se sienta culpable no cambia nada.

1 (= chose réelle) el **hecho**

ℹ *Notez la préposition utilisée en espagnol :* le fait que = ***el hecho de que*** + *subjonctif.*

2 ▷ En fait, je pensais que Ludmila serait là.
De hecho, pensaba que Ludmila estaría aquí.

2 ► **en fait** : de hecho

3 ▷ Au fait, est-ce que tu as vu Cyril récemment ?
Por cierto, ¿has visto a Cyril últimamente?

3 ► **au fait** : por cierto

falaise

▷ Ne monte pas sur la falaise, c'est dangereux.
No subas al acantilado, es peligroso.

el **acantilado**

falloir

1 ▷ Il faut du courage pour faire ça.
Hace falta valor para hacer eso *ou* se necesita valor para hacer eso.
▷ Il nous faut au moins cent euros.
Nos hacen falta al menos cien euros *ou* necesitamos al menos cien euros.

1 *Quand on veut dire qu'on a besoin de quelque chose, on emploie en espagnol l'expression **hace falta** ou le verbe **necesitar**.*

ℹ *Notez l'accord de **hacer** avec le nom qui suit **(nos hacen falta cien euros)**.*

2 ▷ Il m'a fallu une semaine pour faire ma rédaction.
Tardé una semana en hacer la redacción.

2 *Quand on veut parler du temps nécessaire pour faire quelque chose, on utilise en espagnol le verbe **tardar**.*

ℹ *Notez la préposition utilisée en espagnol :* pour faire ma rédaction = ***en hacer la redacción.***

3 ▷ Il faut réserver à l'avance.
Hay que reservar por adelantado.
▷ Il faut qu'il parte tout de suite.
Tiene que irse en seguida.

3 ► **il faut** + infinitif : hay que + infinitif

4 ▷ Il faut que tu l'appelles.
Tienes que llamarlo.

4 ► **il faut que** + sujet + subjonctif : tener que + infinitif

5 ▷ Il ne faut pas t'inquiéter.
No debes preocuparte.
▷ Il ne faut pas que nous sortions après minuit.
No debemos salir después de medianoche.

5 *Pour parler de quelque chose qu'il ne faut pas faire d'un point de vue moral, ou pour donner un conseil, on emploie le verbe **deber** à la forme négative.*

familial, familiale

▷ Elle a des problèmes familiaux.
Tiene problemas familiares.

familiar (pluriel **familiares**)

ℹ *Notez que **familiar** signifie également « familier, familière ».*

familier, familière

1 ▷ Son visage m'est familier.
Su cara me resulta familiar.

1 (= bien connu) **familiar** (pluriel **familiares**)

ℹ *Notez que **familiar** signifie également « familial, familiale ».*

2 ▷ C'est un mot très familier.
Es una palabra muy coloquial.

2 (mot, langage) **coloquial** (pluriel **coloquiales**)

famille

▷ Les familles avec des enfants ont droit à une réduction.
Las familias con niños tienen derecho a una rebaja.

la **familia**

fan

1 ▷ C'est une fan du groupe Pixels.
Es una fan del grupo Pixels.

1 (d'un artiste) el **fan**, la **fan** (pluriel los **fans**, las **fans**)

2 ▷ C'est un fan du Paris Saint-Germain.
Es un forofo del Paris Saint-Germain.

2 (d'une équipe sportive) el **forofo**, la **forofa**

se faner

▷ Toutes les fleurs se fanent.
Todas las flores se marchitan.

(fleur) **marchitarse**

ℹ *Le pronom réfléchi fonctionne de la façon suivante en espagnol : **se marchita, se marchitan**.*

fantastique

▷ Tu as gagné des vacances gratuites ? C'est fantastique !
¿Has ganado unas vacaciones gratuitas? ¡Fantástico!
▷ Raoul adore les films fantastiques.
A Raoul le encantan las películas fantásticas.

fantástico, fantástica

ℹ *Remarquez que le mot espagnol porte sur le deuxième **a** un accent écrit qui reflète l'accent tonique.*

fantôme

▷ Les gens disent qu'il y a un fantôme dans ce château.
La gente dice que hay un fantasma en este castillo.

el **fantasma**

farce

1 ▷ Nous avons voulu faire une farce au prof.
Quisimos gastarle una broma al profesor.

1 ► **faire une farce à** quelqu'un **:** **gastar una broma a** alguien

2 ▷ Nous avons préparé de la farce pour la dinde.
Preparamos un relleno para el pavo.

2 (= la farce qu'on mange) el **relleno**

farci, farcie

▷ À Noël, ils mangent de la dinde farcie.
Para Navidad comen pavo relleno.

(en parlant de nourriture) **relleno, rellena**

fard

▷ Tu as mis trop de fard à paupières.
Te has echado demasiada sombra de ojos.

▷ Je n'ai plus de fard à joues.
No me queda colorete.

► **fard à paupières :** la **sombra de ojos**

► **fard à joues :** el **colorete**

farine

▷ Il me faut deux cents grammes de farine.
Necesito doscientos gramos de harina.

la **harina**

fascinant, fascinante

▷ J'ai trouvé la leçon d'histoire fascinante.
La lección de historia me pareció fascinante.

fascinante

fast-food

▷ On pourrait aller dans un fast-food.
Podríamos ir a un restaurante de comida rápida.

el **restaurante de comida rápida** (pluriel los **restaurantes de comida rápida**)

fatigant, fatigante

▷ Ce métier est très fatigant.
Este oficio es muy cansado.

cansado, cansada

Ne confondez pas ***ser cansado*** (= être fatigant) *et* ***estar cansado*** (= être fatigué).

fatigué, fatiguée

▷ Je suis fatiguée, je vais me coucher.
Estoy cansada, voy a acostarme.

cansado, cansada

Ne confondez pas ***estar cansado*** (= être fatigué) *et* ***ser cansado*** (= être fatigant).

fatiguer

1 ▷ Cette randonnée nous a tous fatigués.
Esta excursión nos ha cansado a todos.

1 cansar
Si le complément est une personne, un groupe de personnes ou un animal domestique, n'oubliez pas de le faire précéder de a.

2 ▷ Le médecin a dit que je ne devais pas me fatiguer.
El médico dijo que no debía cansarme.

2 ► **se fatiguer :** cansarse
Le pronom réfléchi fonctionne de la façon suivante en espagnol : me canso, te cansas, se cansa, nos cansamos, os cansáis, se cansan.

fauché, fauchée

▷ Je suis complètement fauché.
Estoy completamente pelado.

(= sans argent) pelado, pelada

faucon

▷ Il a un faucon apprivoisé.
Tiene un halcón amansado.

el halcón (pluriel los halcones)
Il n'y a pas d'accent au pluriel. L'accent tonique porte sur le o, comme au singulier.

faune

▷ Elle aimerait étudier la faune d'Amazonie.
Le gustaría estudiar la fauna de la Amazonia.

la fauna

faut

Regardez le mot falloir.

faute

1 ▷ La dictée de Jérémie est pleine de fautes.
El dictado de Jérémie está lleno de faltas.
▷ Tu as fait une faute là.
Has cometido una falta ahí.
▷ Il y a des fautes d'orthographe dans cet article.
Hay faltas de ortografía en este artículo.

1 (= erreur) la falta
On peut dire aussi el error.
► **faire une faute :** cometer una falta
► **faute d'orthographe :** la falta de ortografía (pluriel las faltas de ortografía)

2 ▷ Ce n'est pas ma faute !
¡No es culpa mía!
▷ C'est la faute du train qui était en retard.
Es culpa del tren que llevaba retraso.
À qui la faute ?
¿De quién es la culpa?

2 *Pour dire que quelque chose est de la faute de quelqu'un ou de quelque chose, on emploie le mot culpa.*

Le pronom possessif fonctionne de la façon suivante en espagnol : es culpa mía (c'est ma faute), *es culpa tuya* (c'est ta faute), *es culpa suya* (c'est sa / votre / leur faute), *es culpa nuestra* (c'est notre faute), *es culpa vuestra* (c'est votre faute).

fauteuil

▻ Il y a deux fauteuils dans le salon.
Hay dos sillones en el salón.
▻ Les fauteuils du cinéma ne sont pas confortables.
Las butacas del cine no son cómodas.

Pour parler des fauteuils d'une maison, on peut dire soit **el sillón** (pluriel (**sillones**)), *soit* **la butaca**. *Mais pour parler des fauteuils du cinéma ou du théâtre, il faut toujours dire* **la butaca**.

fauve

▻ Tu as vu l'émission sur les fauves ?
¿Viste el programa sobre las fieras?

la **fiera**
ℹ *Remarquez que le mot espagnol est féminin.*

faux, fausse

1 ▻ Ton calcul est faux.
Tu cálculo es incorrecto.

1 (= inexact) **incorrecto, incorrecta**
🔊 *Attention à bien prononcer les deux* **r**.

2 ▻ Ce que tu dis est faux !
¡Lo que dices es falso!
▻ Quelqu'un m'a donné un faux billet de dix euros.
Alguien me ha dado un billete falso de diez euros.
▻ La fausse fourrure est à la mode.
La piel falsa está de moda.

2 (= pas vrai, pas authentique) **falso, falsa**

favori, favorite

▻ C'est mon chanteur favori.
Es mi cantante favorito.

favorito, favorita

fax

▻ Domi m'a envoyé un fax.
Domi me mandó un fax.
▻ Mon père a un fax et une photocopieuse.
Mi padre tiene un fax y una fotocopiadora.

el **fax** (pluriel **los fax**)

faxer

▻ Tu peux me faxer la lettre si tu veux.
Me puedes enviar la carta por fax si quieres.

enviar por fax
ℹ *On peut dire aussi* **mandar por fax**.

fée

▻ Il lit un conte de fées.
Lee un cuento de hadas.

el **hada**
ℹ *Bien que l'article qui accompagne* **hada** *au singulier soit masculin* (**el hada**), **hada** *est un mot féminin et les adjectifs qui l'accompagnent doivent se mettre au féminin :* **un hada buena**. *Au pluriel, il est précédé de l'article féminin :* **las hadas**.

fêlé, fêlée

1 ▻ Le verre est fêlé.
El vaso está resquebrajado.

1 (= fissuré) **resquebrajado, resquebrajada**

2 ▷ Tu es complètement fêlé !
Estás completamente chiflado.

2 (= fou) **chiflado, chiflada**

ℹ *Ce mot s'utilise avec le verbe* ***estar*** *et non pas* ***ser***.

félicitations

▷ Tu as eu ton permis ? Félicitations !
¿Te sacaste el carné de conducir? ¡Felicidades!

las **felicidades**

féliciter

▷ Je vais féliciter Marcos pour son examen.
Voy a felicitar a Marcos por su examen.

felicitar

Le complément est une personne ou un groupe de personnes : n'oubliez pas de le faire précéder de ***a***.

ℹ *Notez la préposition utilisée en espagnol :* féliciter quelqu'un pour... *=* ***felicitar a alguien por...***

femelle

▷ Les femelles ont la tête noire et les mâles ont la tête blanche.
Las hembras tienen la cabeza negra y los machos tienen la cabeza blanca.
▷ C'est une souris femelle.
Es un ratón hembra.

la **hembra**

féminin, féminine

▷ Elle porte des vêtements très féminins.
Lleva ropa muy femenina.
▷ Karine est abonnée à trois magazines féminins.
Karine está suscrita a tres revistas femeninas.

femenino, femenina

Attention à l'orthographe du mot espagnol.

femme

1 ▷ Il y a plus de femmes que d'hommes dans cette association.
Hay más mujeres que hombres en esta asociación.
▷ C'est la femme de monsieur Carré.
Es la mujer del señor Carré.

1 (= personne de sexe féminin ou épouse de quelqu'un) la **mujer** (pluriel las mujeres)

2 ▷ Qu'est-ce qu'elle fait comme métier ? – Elle est femme au foyer.
¿A qué se dedica? – Es ama de casa.

2 ► **femme au foyer :** el **ama de casa** (pluriel las amas de casa)

ℹ *Bien que l'article qui accompagne* ***ama*** *au singulier soit masculin (****el ama****),* ***ama*** *est un mot féminin et les adjectifs qui l'accompagnent doivent se mettre au féminin :* ***un ama de casa muy atenta*** (= une femme au foyer très attentionnée). *Au pluriel, il est précédé de l'article féminin :* ***las amas de casa***.

3 ▷ Les femmes de ménage de l'école sont très gentilles.
Las mujeres de la limpieza del colegio son muy amables.

3 ► **femme de ménage :** la mujer de la limpieza (pluriel las mujeres de la limpieza)

fenêtre

▷ J'ai regardé par la fenêtre et j'ai vu que les voisins partaient.
Miré por la ventana y vi que los vecinos se iban.

la ventana

fente

1 ▷ Il y a une fente au plafond.
Hay una grieta en el techo.

1 (= fissure) la grieta

2 ▷ Tu dois mettre la pièce dans la fente.
Tienes que poner la moneda en la ranura.

2 (en parlant d'un distributeur ou d'une cabine téléphonique) la ranura

3 ▷ Elle portait une jupe avec une fente.
Llevaba una falda con una abertura.

3 (en parlant d'une jupe ou d'une robe) la abertura

fer

1 ▷ Il y a du fer dans les épinards.
Hay hierro en las espinacas.

1 (= le métal) el hierro
◀) *Attention à bien prononcer les deux **r** de hierro.*

2 ▷ Cette grille est en fer.
Esta verja es de hierro.

2 ► **en fer :** de hierro

3 ▷ Le fer à repasser ne marche plus.
La plancha ya no funciona.

3 ► **fer à repasser :** la plancha

férié

▷ Le huit mai est un jour férié en France.
El ocho de mayo es un día festivo en Francia.

► **jour férié :** el día festivo (pluriel los días festivos)

ferme

▷ Nous avons visité une ferme en Dordogne.
Visitamos una granja en Dordoña.

(= exploitation agricole) la granja

fermer

1 ▷ Ferme les yeux et pense à quelque chose d'agréable.
Cierra los ojos y piensa en algo agradable.
▷ J'ai fermé la porte parce qu'il y avait trop de bruit.
Cerré la puerta porque había demasiado ruido.
▷ Ce tiroir ne ferme pas bien.
Este cajón no cierra bien.

1 *La traduction la plus courante de* fermer *est cerrar.*

2 ▷ Je ferme mon manteau, il fait froid dehors.
Me abrocho el abrigo, hace frío fuera.

2 (= boutonner) **abrocharse**
*Le pronom réfléchi fonctionne de la façon suivante en espagnol : **me abrocho, te abrochas, se abrocha, nos abrochamos, os abrocháis, se abrochan el abrigo**.*

3 ▷ La porte s'est fermée toute seule.
La puerta se cerró sola.

3 ► **se fermer : cerrarse**
*Le pronom réfléchi fonctionne de la façon suivante en espagnol : **se cierra, se cierran**.*

fermeture

1 ▷ L'heure de la fermeture varie selon les magasins.
La hora del cierre varía según las tiendas.
▷ J'espère que nous arriverons avant la fermeture du magasin.
Espero que lleguemos antes de que la tienda cierre.

1 el **cierre**
*Attention à bien prononcer les deux **r** de **cierre**.*
*Notez l'emploi du verbe **cerrar** dans cet exemple.*

2 ▷ La fermeture éclair® est coincée.
La cremallera se me ha quedado atascada.

2 ► **fermeture éclair® :** la **cremallera**

fermier, fermière

▷ Le fermier nous a vendu du lait.
El granjero nos ha vendido leche.

(= agriculteur) el **granjero**, la **granjera**

féroce

▷ Il y a une concurrence féroce.
Hay una competencia feroz.

feroz (pluriel **feroces**)
*N'oubliez pas que le **z** devient **c** au pluriel.*

ferry

▷ Nous avons pris le ferry pour aller à Majorque.
Tomamos el ferry para ir a Mallorca.

el **ferry**
*On peut dire aussi **el transbordador**.*

fesse

▷ Le médecin m'a fait une piqûre dans la fesse droite.
El médico me puso una inyección en la nalga derecha.

la **nalga**

▷ Marie m'a dit que j'avais de grosses fesses.
Marie me dijo que tenía el trasero gordo.

► **les fesses** (= le derrière) : el **trasero**

fessée

▷ Mes parents me donnaient parfois des fessées.
Mis padres a veces me daban zurras.

la **zurra**
*Attention à bien prononcer les deux **r** et le **z** de **zurra**.*

festival

▷ Il y a un festival de cinéma au mois de juin.
Hay un festival de cine en el mes de junio.

el **festival** (pluriel los festivales)

fête

1 ▷ Est-ce que tu vas à la fête de Juan ?
¿Vas a la fiesta de Juan?
▷ Toute la famille était à la fête du village.
Toda la familia estaba en la fiesta del pueblo.

1 (= soirée ou célébration) la **fiesta**

2 ▷ Aujourd'hui c'est la fête de Catherine.
Hoy es el santo de Catherine.

2 (= jour du prénom) el **santo**

3 ▷ La fête foraine se termine dimanche.
La feria se acaba el domingo.

3 ► **fête foraine :** la feria

4 ▷ Ils ont fait la fête toute la nuit.
Estuvieron de juerga toda la noche.
▷ J'aime faire la fête.
Me gusta ir de juerga.

4 *Pour dire* faire la fête *en espagnol, on emploie* estar de juerga.

5 ▷ N'oublie pas la fête des Mères !
¡No olvides el Día de la Madre!
▷ Dimanche c'est la fête des Pères.
El domingo es el Día del Padre.

5 ► **la fête des Mères :** el Día de la Madre
► **la fête des Pères :** el Día del Padre

fêter

▷ Nous avons fêté l'anniversaire de Carolina.
Celebramos el cumpleaños de Carolina.

(= fêter un événement) **celebrar**

feu

1 ▷ Les pompiers ont réussi à éteindre le feu.
Los bomberos consiguieron apagar el fuego.
▷ Faisons un feu pour nous réchauffer.
Encendamos un fuego para calentarnos.
▷ Les rideaux ont pris feu tout de suite.
Las cortinas prendieron enseguida.
▷ Quelqu'un a mis le feu à l'immeuble.
Alguien prendió fuego al edificio.

1 (= le feu qui brûle) el **fuego**

► **faire un feu :** encender un fuego
► **prendre feu :** prender
► **mettre le feu à :** prender fuego a

2 ▷ Tournez à gauche au feu rouge.
Gire a la izquierda en el semáforo.
▷ La voiture ne s'est pas arrêtée aux feux.
El coche no se paró en el semáforo.

2 ► **feu rouge** *ou* **feux :** el semáforo

ℹ *Remarquez que le mot espagnol porte sur le* a *un accent écrit qui reflète l'accent tonique.*

3 ▷ Je ne veux pas manquer le feu d'artifice du quatorze juillet.
No me quiero perder los fuegos artificiales del catorce de julio.

3 ► **feu d'artifice :** los fuegos artificiales

ℹ *Fuegos artificiales est un nom pluriel : on dit par exemple estos fuegos artificiales son magníficos* (ce feu d'artifice est magnifique).

feuille

▷ Les feuilles commencent à tomber.
Las hojas empiezan a caer.
▷ Est-ce que tu peux me donner une feuille de papier ?
¿Me puedes dar una hoja de papel?

la **hoja**

feuilleton

▷ Lionel ne rate jamais un épisode de son feuilleton préféré.
Lionel nunca se pierde un episodio de su telenovela favorita.

la **telenovela**

ℹ *On peut dire aussi el culebrón* (pluriel los culebrones), *surtout pour les feuilletons réalisés en Amérique du Sud.*

feutre

▷ J'ai besoin d'un feutre rouge pour mon dessin.
Necesito un rotulador rojo para el dibujo.

(= stylo) el **rotulador** (pluriel los rotuladores)

fève

1 ▷ Nous avons mangé de la soupe aux fèves.
Comimos sopa de habas.

1 (= le légume) la **haba**

2 ▷ Celui qui trouve la fève doit acheter une autre galette !
¡El que encuentra la sorpresa tiene que comprar otro roscón!

2 (= la figurine de la galette des Rois) la **sorpresa**

ℹ *Sorpresa est une traduction approximative car, même si la tradition de la galette des Rois existe en Espagne, le gâteau ne contient pas de fève.*

février

▷ Il fait souvent froid en février.
Suele hacer frío en febrero.
▷ Stéphanie est née le trois février.
Stéphanie nació el tres de febrero.

febrero

ℹ *Notez l'emploi de de en espagnol quand on dit la date.*

fiancé, fiancée

▷ Le fiancé d'Isabelle est très sympa.
El novio de Isabelle es muy simpático.
▷ Éric est venu avec sa fiancée.
Éric vino con su novia.

el **novio**, la **novia**

ℹ *On peut dire aussi el prometido, la prometida.*

fiche

(= carte) la **ficha**

▷ Charlotte a des fiches de vocabulaire.
Charlotte tiene fichas de vocabulario.

ficher

1 (= faire, au sens familier) **hacer**

1 ▷ Il n'a rien fichu pendant les vacances.
No hizo nada durante las vacaciones.

2 (= mettre, au sens familier) **poner**

2 ▷ Où est-ce que tu as fichu le journal ?
¿Dónde has puesto el periódico?

3 (= donner, au sens familier) **dar**

3 ▷ Elle lui a fichu une claque.
Le dio una bofetada.

4 ► **se ficher de** quelqu'un (= se moquer, au sens familier) : **burlarse de alguien**

ℹ *Le pronom réfléchi fonctionne de la façon suivante en espagnol : **me burlo, te burlas, se burla, nos burlamos, os burláis, se burlan**.*

4 ▷ Arrêtez de vous ficher de moi !
¡Dejad de burlaros de mí!

5 ► **je m'en fiche : me da igual**

ℹ *Le mot français **ficher** est familier, mais les traductions données ci-dessus ne le sont pas.*

5 ▷ Tu peux dire ce que tu veux, je m'en fiche !
¡Puedes decir lo que quieras, me da igual!

fichier

el **fichero**

▷ Je n'ai pas cette expression dans mon fichier de vocabulaire.
No tengo esta expresión en el fichero de vocabulario.
▷ Charles a effacé deux fichiers par erreur.
Charles borró dos ficheros por error.

fictif, fictive

(= imaginaire) **ficticio, ficticia**

▷ Ce sont des personnages fictifs.
Son unos personajes ficticios.

fidèle

(= loyal) **fiel** (pluriel **fieles**)

▷ Elle a toujours été une amie fidèle.
Siempre ha sido una amiga fiel.

fier, fière

orgulloso, orgullosa

▷ Emmanuelle est très fière de sa nouvelle montre.
Emmanuelle está muy orgullosa de su nuevo reloj.

▷ Mario est quelqu'un de très fier.
Mario es muy orgulloso.

ℹ *En espagnol, on utilise **estar** pour parler d'un état momentané mais **ser** pour parler d'un trait de caractère.*

fierté

▷ Je n'ai pas accepté son aide, j'ai ma fierté !
No acepté su ayuda, ¡tengo mi orgullo!

el **orgullo**

fièvre

▷ Cécile avait 39 de fièvre.
Cécile tenía 39 de fiebre.
▷ Je crois que j'ai de la fièvre.
Creo que tengo fiebre.

la **fiebre**

► **avoir de la fièvre :** tener fiebre

*Attention à l'orthographe du mot **fiebre** et à l'absence de préposition et d'article en espagnol.*

figue

▷ Il y a des figues dans cette salade de fruits.
Hay higos en esta macedonia de frutas.

el **higo**

figure

▷ J'ai encore des boutons sur la figure !
¡Otra vez tengo granos en la cara!

(= visage) la **cara**

figurer

1 ▷ Apparemment, mon nom ne figure pas sur la liste.
Al parecer, mi nombre no figura en la lista.

1 (= être mentionné) **figurar**

2 ▷ Elle se figure que ça va être facile !
¡Se figura que va a ser fácil!

2 ► **se figurer que...** (= croire) : figurarse que...

ℹ *Le pronom réfléchi fonctionne de la façon suivante en espagnol : **me figuro, te figuras, se figura, nos figuramos, os figuráis, se figuran**.*

fil

1 ▷ J'ai besoin de fil pour coudre ce bouton.
Necesito hilo para coser este botón.

1 (pour coudre) el **hilo**

2 ▷ Le fil du fer à repasser est tout emmêlé.
El cordón de la plancha está completamente enredado.

2 (d'un appareil électrique) el **cordón** (pluriel los cordones)

ℹ *Il n'y a pas d'accent écrit au pluriel. L'accent tonique porte sur le **o**, comme au singulier.*

3 ▷ Le fil de fer est rouillé.
El alambre está oxidado.

3 ► **fil de fer :** el alambre

file

1 ▷ Il y a une file de voitures devant la station-service.
Hay una fila de coches delante de la estación de servicio.

1 (= rangée) la **fila**

2 ▷ Nous sommes restés dans la file de droite.
Nos quedamos en el carril de la derecha.

2 (= la partie de la route) el **carril** (pluriel **los carriles**)

Attention à bien prononcer les deux ***r*** *de* ***carril****.*

3 ▷ Il y a une file d'attente d'au moins deux cents personnes !
¡Hay una cola de al menos doscientas personas!

3 ► **file d'attente :** la **cola**

4 ▷ On a regardé deux films à la file.
Vimos dos películas seguidas.
▷ Patrick a mangé trois sandwiches à la file.
Patrick se comió tres bocadillos seguidos.

4 ► **à la file :** **seguidos** *ou* **seguidas**

filer

1 ▷ La voiture filait à toute vitesse.
El coche iba a toda velocidad.

1 (= aller) **ir**

2 ▷ Il faut que je file !
¡Me tengo que ir!

2 (= partir) **irse**

Le pronom réfléchi fonctionne de la façon suivante en espagnol : ***me voy, te vas, se va, nos vamos, os vais, se van.***

3 ▷ Tu peux me filer un timbre ?
¿Puedes darme un sello?

3 (= donner, au sens familier) **dar**

Contrairement au français, l'espagnol ***dar*** *n'est pas familier.*

filet

1 ▷ Ils pêchent avec d'immenses filets.
Pescan con unas redes inmensas.

1 (pour pêcher) la **red** (pluriel **las redes**)

2 ▷ Je vais prendre le filet de porc.
Voy a tomar el filete de cerdo.

2 (de viande ou de poisson) el **filete**

fille

1 ▷ Sylvie est une fille bizarre.
Sylvie es una chica rara.

1 (par opposition à garçon) la **chica**

2 ▷ Ils ont un fils et deux filles.
Tienen un hijo y dos hijas.

2 (= enfant de quelqu'un) la **hija**

filleul, filleule

el **ahijado**, la **ahijada**

▷ Il fait souvent des cadeaux à son filleul.
Le hace a menudo regalos a su ahijado.
▷ Mélissa est la filleule de ma mère.
Mélissa es la ahijada de mi madre.

film

la **película**

ℹ *Remarquez que le mot espagnol porte sur le* ***i*** *un accent écrit qui reflète l'accent tonique.*

▷ Est-ce que vous avez vu son dernier film ?
¿Ha visto su última película?

fils

el **hijo**

▷ Comment s'appelle votre fils ?
¿Cómo se llama su hijo?

filtre

el **filtro**

▷ Zut, il n'y a plus de filtres à café !
¡Jolín, ya no quedan filtros de café!

fin NOM

1 (= conclusion) el **final** (pluriel los finales)

1 ▷ J'ai trouvé la fin du film très triste.
El final de la película me pareció muy triste.

2 *Quand* **fin** *est suivi directement d'un nom de mois, on emploie en espagnol l'expression* ***a finales de****. Et aussi :* ► **en fin de semaine / mois / année / siècle :** a finales de semana / mes / año / siglo

2 ▷ Ils partiront fin septembre.
Se marcharán a finales de septiembre.
▷ Ils n'ont plus d'argent en fin de mois.
No les queda dinero a finales de mes.
▷ Ce mouvement artistique est né à la fin du xvie siècle.
Este movimiento artístico nació a finales del siglo XVI.

3 ► **en fin de** + matinée / après-midi / soirée / journée : a última hora de

3 ▷ On peut se retrouver en fin d'après-midi.
Nos podemos ver a última hora de la tarde.

4 ► **en fin de compte :** a fin de cuentas

4 ▷ En fin de compte, c'était une réussite.
A fin de cuentas, fue un éxito.

fin, fine ADJECTIF

1 (= mince) **fino, fina**

1 ▷ Il y a une fine couche de confiture dans le gâteau.
Hay una fina capa de mermelada en el pastel.

2 (= intelligent) **inteligente**

2 ▷ Ce n'est vraiment pas fin !
¡No es muy inteligente!

finale

▷ Qui a gagné la finale du championnat ?
¿Quién ganó la final del campeonato?
▷ Notre équipe est en finale.
Nuestro equipo está en la final.

(= match) la **final** (pluriel **las finales**)

► **être en finale :** **estar en la final**

finalement

▷ Qu'est-ce qui s'est passé finalement ?
¿Qué pasó finalmente?
▷ Finalement, ce n'est pas mal.
Finalmente no está mal.

finalmente

finir

▷ Je n'ai pas encore fini ma rédaction.
Todavía no he terminado *ou* acabado la redacción.
▷ La pièce de théâtre a fini à dix heures.
La obra de teatro terminó *ou* acabó a las diez.
▷ Si tu as fini de faire tes devoirs, est-ce que tu peux m'aider ?
Si has terminado *ou* acabado de hacer los deberes, ¿puedes ayudarme?
▷ Jérémie a fini par accepter.
Jérémie terminó *ou* acabó aceptando.

terminar *ou* **acabar**

► **finir de** faire quelque chose : **terminar** *ou* **acabar de** hacer algo

► **finir par** + infinitif : **terminar** *ou* **acabar** + participe présent

fissure

▷ Il y a des fissures dans les murs.
Hay grietas en las paredes.

la **grieta**

fixe

▷ C'est un prix fixe.
Es un precio fijo.

fijo, fija

fixer

1 ▷ Le prof a fixé la carte au mur.
El profesor fijó el mapa en la pared.
▷ On doit fixer une date pour la soirée.
Tenemos que fijar una fecha para la fiesta.

1 (= accrocher, décider) **fijar**

2 ▷ Ne fixe pas les gens, c'est impoli !
¡No mires fijamente a la gente, es de mala educación!

2 (= regarder fixement) **mirar fijamente**

*Si le complément est une personne, un groupe de personnes ou un animal domestique, n'oubliez pas de le faire précéder de **a**.*

flacon

▷ À qui est ce flacon de parfum ?
¿De quién es este frasco de perfume?

el **frasco**

flairer

▷ Je crois que le chien a flairé quelque chose.
Creo que el perro ha olfateado algo.

olfatear

flamber

1 ▷ Le bois flambe dans la cheminée.
La madera arde en la chimenea.

1 (= brûler) arder

2 ▷ On pourrait faire flamber les crêpes.
Podríamos flamear las crepes.

2 ► faire flamber (en cuisine) : flamear

flamme

▷ Les flammes sont très hautes.
Las llamas son muy altas.

▷ L'immeuble était en flammes.
El edificio estaba en llamas.

la llama

► en flammes : en llamas

flan

▷ Il y a du flan comme dessert.
Hay flan de postre.

el flan (pluriel los flanes)

flâner

▷ J'adore flâner dans les rues.
Me encanta callejear.

callejear

flanquer

▷ Amélie a flanqué une claque à Georges.
Amélie le dio una bofetada a Georges.

▷ Tu m'as flanqué la frousse !
¡Me has dado miedo!

(= donner, au sens familier) dar

ℹ *Contrairement au français,* dar *n'est pas familier.*

flaque

▷ J'aime sauter dans les flaques.
Me gusta saltar en los charcos.

el charco

flash

▷ Le flash n'a pas fonctionné.
El flash no funcionó.

el flash (pluriel los flashes)

flèche

▷ Marc et Thierry jouent avec des arcs et des flèches.
Marc y Thierry juegan con arcos y flechas.

▷ Suis la flèche et tu trouveras la sortie.
Sigue la flecha y encontrarás la salida.

(= l'arme ou le signe) la flecha

fléchette

▷ J'adore jouer aux fléchettes.
Me encanta jugar a los dardos.

► **jouer aux fléchettes :** jugar a los dardos

flemme

▷ J'ai la flemme d'écrire à ma copine.
Me da pereza escribirle a mi amiga.

la **pereza**

ℹ *Pour dire qu'on a la flemme de faire quelque chose, on emploie en espagnol l'expression* ***da pereza*** *précédée du pronom personnel qui convient :* ***me da pereza, te da pereza, le da pereza, nos da pereza, os da pereza, les da pereza.***

fleur

▷ Il y a de jolies fleurs bleues dans le jardin.
Hay unas bonitas flores azules en el jardín.

▷ Les arbres sont en fleur.
Los árboles están en flor.

la **flor** (pluriel las flores)

► **en fleur :** en flor

fleurir

▷ Les roses n'ont pas encore fleuri.
Las rosas no han florecido todavía.

florecer

fleuriste

▷ La fleuriste est très aimable.
La florista es muy amable.

▷ Où est Luc ? – Chez le fleuriste.
¿Dónde está Luc? – En la floristería.

▷ Je suis allé acheter des roses chez le fleuriste.
Fui a comprar rosas a la floristería.

el **florista,** la **florista**

► **chez le fleuriste** (= dans le magasin) : en la floristería

► **chez le fleuriste** (= vers le magasin) : a la floristería

ℹ *Remarquez que le mot* ***floristería*** *porte sur le deuxième* ***i*** *un accent écrit qui reflète l'accent tonique.*

fleuve

▷ L'Èbre est un fleuve immense.
El Ebro es un río inmenso.

el **río**

ℹ *Remarquez que le mot espagnol porte sur le* ***i*** *un accent écrit qui reflète l'accent tonique.*
En espagnol on emploie le même mot pour un fleuve et pour une rivière.

flic

▷ Il y avait des flics partout !
¡Había polis por todas partes!

el **poli**

ℹ ***Poli****, comme* flic*, est un mot familier.*

flipper

▷ Tu veux jouer au flipper avec moi ?
¿Quieres jugar al flipper conmigo?

el **flipper**

flirter

▷ Il a flirté plusieurs mois avec ma sœur.
Coqueteó varios meses con mi hermana.

► **flirter avec** quelqu'un : coquetear *ou* flirtear con alguien

flocon de neige

▷ Tu as un flocon de neige sur le nez.
Tienes un copo de nieve en la nariz.

el copo de nieve (pluriel los copos de nieve)

flore

▷ C'est un livre sur la flore marine.
Es un libro sobre la flora marina.

la flora

flotter

▷ Des feuilles mortes flottent sur la rivière.
Unas hojas secas flotan en el río.

(= flotter sur l'eau ou dans l'air) flotar

flou, floue

▷ La photo est très floue.
La foto es muy borrosa.

(en parlant d'une image) borroso, borrosa

Attention à bien prononcer les deux ***r*** *de* ***borroso*** *et* ***borrosa****.*

fluo

▷ Patricia porte des chaussettes fluo.
Patricia lleva unos calcetines fluorescentes.

fluorescente

Il n'y a pas d'abréviation espagnole équivalente à **fluo** *; il faut utiliser le mot* ***fluorescente*** *en entier.*

flûte

1 ▷ Ce n'est pas difficile d'apprendre à jouer de la flûte.
No es difícil aprender a tocar la flauta.
▷ Aurélien joue bien de la flûte.
Aurélien toca bien la flauta.

1 (= instrument de musique) la flauta
► **jouer de la flûte :** tocar la flauta

2 ▷ Où sont les flûtes à champagne ?
¿Dónde están las copas altas de champagne?

2 ► **flûte à champagne :** la copa alta de champagne (pluriel las copas altas de champagne)

foie

▷ Ce n'est pas bon pour le foie de manger trop de chocolat.
No es bueno para el hígado comer demasiado chocolate.

el hígado

Remarquez que le mot espagnol porte sur le ***i*** *un accent écrit qui reflète l'accent tonique.*

foin

▷ Nous avons donné du foin au cheval.
Le dimos heno al caballo.

el heno

foire

la **feria**

▷ Est-ce que tu es allé à la foire du livre l'année dernière ?
¿Fuiste a la feria del libro el año pasado?

fois

1 (= occasion) la **vez** (pluriel **las veces**)

*N'oubliez pas que le **z** devient **c** au pluriel.*

1 ▷ C'est la première fois que je vois ça.
Es la primera vez que veo esto.
▷ Je te l'ai déjà dit deux fois !
¡Ya te lo he dicho dos veces!

► **à la fois :** **a la vez**

▷ Ne parlez pas tous à la fois !
¡No habléis todos a la vez!

► **des fois** (= parfois) **:** **a veces**

▷ Des fois je me dis qu'il est fou.
A veces pienso que está loco.

► **pour une fois :** **por una vez**

▷ Pour une fois, tu pourrais me prêter ton vélo.
Por una vez, me podrías prestar la bici.

► **une fois que** + futur antérieur **:** **una vez que** + passé composé du subjonctif

▷ Appelle-moi une fois qu'il sera parti.
Llámame una vez que se haya marchado.

2 (pour multiplier) **por**

2 ▷ Quatre fois cinq égale vingt.
Cuatro por cinco son veinte.

folie

la **locura**

▷ Il veut partir tout seul ? C'est de la folie !
¿Se quiere marchar solo? ¡Qué locura!

folklorique

folclórico, folclórica

*Remarquez que les mots **folclórico** et **folclórica** portent sur le deuxième **o** un accent écrit qui reflète l'accent tonique.*

▷ Il y a un festival de musique folklorique à Lorient.
Hay un festival de música folclórica en Lorient.

folle

*Regardez le mot **fou**.*

foncé, foncée

oscuro, oscura

▷ Les couleurs foncées me vont mieux que les couleurs claires.
Los colores oscuros me sientan mejor que los colores claros.

foncer

1 (= se précipiter) **ir disparado** *ou* **disparada**

Notez la préposition utilisée en espagnol : foncer <u>sur</u> = ***ir disparado <u>hacia</u>**.*

1 ▷ Dès qu'il est entré, il a foncé sur le frigo.
En cuanto entró, fue disparado hacia la nevera.

2 ▻ Le taureau a foncé sur les spectateurs.
El toro arremetió contra los espectadores.

2 ► **foncer sur** (= attaquer) : arremeter contra

3 ▻ Nous avons foncé pour essayer d'attraper le train.
Nos dimos prisa para intentar coger el tren.

3 (= aller ou rouler très vite, se dépêcher) darse prisa

ℹ *Le pronom réfléchi fonctionne de la façon suivante en espagnol : me doy prisa, te das prisa, se da prisa, nos damos prisa, os dais prisa, se dan prisa.*

fonctionner

▻ Ce réveil ne fonctionne pas bien.
Este despertador no funciona bien.

funcionar

fond

1 ▻ Son portefeuille est tombé au fond du bassin.
La cartera se le cayó en el fondo del estanque.
▻ Cédric s'assied toujours au fond de la classe.
Cédric se sienta siempre en el fondo de la clase.

1 el fondo

2 ▻ Au fond, il a peut-être raison.
En el fondo, quizás tenga razón.

2 ► **au fond** (= finalement) : en el fondo

3 ▻ Ce fond de teint est trop foncé.
Esta crema de base es demasiado oscura.

3 ► **fond de teint :** la crema de base (pluriel las cremas de base)

fondamental, fondamentale

▻ C'est un problème fondamental.
Es un problema fundamental.

fundamental (pluriel fundamentales)

fondre

1 ▻ La neige est en train de fondre.
La nieve se está derritiendo.

1 (= se transformer en liquide) derretirse

ℹ *Le pronom réfléchi fonctionne de la façon suivante en espagnol : se derrite, se derriten.*

🔈 *Attention à bien prononcer les deux r.*

2 ▻ Attends que le sucre fonde dans le café.
Espera que el azúcar se disuelva en el café.

2 (= se dissoudre) disolverse

ℹ *Le pronom réfléchi fonctionne de la façon suivante en espagnol : se disuelve, se disuelven.*

3 ▻ Cassandre a fondu en larmes.
Cassandre se deshizo en lágrimas.

3 ► **fondre en larmes :** deshacerse en lágrimas

ℹ *Le pronom réfléchi fonctionne de la façon suivante en espagnol : me deshago, te deshaces, se deshace, nos deshacemos, os deshacéis, se deshacen en lágrimas.*

fontaine

▷ On pourrait se retrouver dans le parc, près de la fontaine.
Podríamos encontrarnos en el parque, cerca de la fuente.

la **fuente**

foot, football

▷ Le foot est un sport passionnant.
El fútbol es un deporte apasionante.

el **fútbol**

*Remarquez que le mot espagnol porte sur le **u** un accent écrit qui reflète l'accent tonique.*
*Il n'y a pas d'abréviation espagnole équivalente à foot ; il faut utiliser le mot **fútbol** en entier.*

▷ Karim joue au foot tous les samedis.
Karim juega al fútbol todos los sábados.

► **jouer au foot :** jugar al fútbol

footballeur, footballeuse

▷ Certains footballeurs gagnent des millions.
Algunos futbolistas ganan millones.

el **futbolista**, la **futbolista**

force

▷ Il faut de la force pour faire ce métier.
Se necesita fuerza para hacer ese trabajo.

la **fuerza**

▷ Il va se faire mal à force de faire l'imbécile.
Se va a hacer daño a fuerza de hacer el tonto.

► **à force de** faire quelque chose **:** a fuerza de hacer algo

forcément

1 ▷ Ça devait forcément arriver.
Por fuerza tenía que ocurrir.

1 (= inévitablement) **por fuerza**

*Remarquez la place de **por fuerza** dans la phrase espagnole : il est placé en tête de phrase.*

2 ▷ Il faut avoir au moins seize ans. – Non, pas forcément.
Hay que tener al menos dieciséis años. – No, no necesariamente.

2 ► **pas forcément :** no necesariamente

forcer

1 ▷ Les voleurs ont forcé la porte du musée.
Los ladrones forzaron la puerta del museo.

1 **forzar**

2 ▷ On a dû forcer Juan à s'excuser.
Tuvimos que obligar a Juan a disculparse.

2 ► **forcer** quelqu'un **à** faire quelque chose **:** obligar a alguien a hacer algo

*Si le complément est une personne, un groupe de personnes ou un animal domestique, n'oubliez pas de le faire précéder de **a**.*

3 ▻ Je me suis forcé à manger ce truc dégoûtant.
Me obligué a comer aquella cosa asquerosa.
▻ Nous nous sommes forcés à nous lever tôt.
Nos obligamos a levantarnos temprano.

3 ► **se forcer à** faire quelque chose : **obligarse a** hacer algo

ℹ *Le pronom réfléchi fonctionne de la façon suivante en espagnol :* ***me obligo, te obligas, se obliga, nos obligamos, os obligáis, se obligan.***

forêt

1 ▻ C'est plus court de passer par la forêt.
Resulta más corto pasar por el bosque.

1 (= bois) el **bosque**

2 ▻ Ils ont exploré la forêt amazonienne.
Exploraron la selva amazónica.

2 (= forêt tropicale ou équatoriale) la **selva**

forme

▻ Ce vase a une drôle de forme.
Este florero tiene una forma rara.
▻ Lucie a un réveil en forme de grenouille.
Lucie tiene un despertador en forma de rana.
▻ On voit que Charles est en forme.
Se ve que Charles está en forma.

la **forma**

► **en forme de :** en forma de

► **être en forme :** estar en forma

formidable

▻ C'est une fille formidable.
Es una chica estupenda.

(= génial) **estupendo, estupenda**

formulaire

▻ Est-ce que tu as rempli le formulaire ?
¿Has rellenado el formulario?

el **formulario**

fort, forte

1 ▻ Il est très fort, il peut soulever cent kilos.
Es muy fuerte, puede levantar cien kilos.
▻ Ce piment est trop fort pour moi.
Este pimiento es demasiado fuerte para mí.
▻ Vous parlez trop fort, vous allez réveiller le bébé.
Habláis demasiado fuerte, vais a despertar al bebé.

1 **fuerte**

2 ▻ Latifa est forte en histoire.
A Latifa se le da muy bien la historia.
▻ Je ne suis pas très fort en maths.
No se me dan muy bien las mates.

2 *Pour dire qu'on est* **fort dans** *une matière, on emploie en espagnol l'expression* ***dar muy bien*** *précédée de* ***se*** *et du pronom personnel qui convient.*

fortune

▻ Ils ont une immense fortune.
Tienen una inmensa fortuna.
▻ Il a fait fortune en vendant des télés d'occasion.
Hizo fortuna vendiendo teles de ocasión.

la **fortuna**

► **faire fortune :** hacer fortuna

forum

▷ J'ai ouvert un forum sur mon site.
He creado un foro en mi sitio web.

(sur Internet) el **foro**

fossé

▷ La voiture est tombée dans le fossé.
El coche cayó a la cuneta.

la **cuneta**

fossette

▷ Elle a des fossettes.
Tiene hoyitos en las mejillas.

el **hoyito**

fou, folle

1 ▷ Tu es fou ! Arrête !
¡Estás loco! ¡Para ya!

1 (= malade) **loco, loca**

2 ▷ Ce chanteur a un succès fou.
Este cantante tiene muchísimo éxito.

2 (= extrême) **muchísimo, muchísima**

3 ▷ Élodie a encore eu la meilleure note de la classe ; c'est fou !
Élodie ha vuelto a sacar la mejor nota de la clase; ¡es increíble!

3 (= incroyable) **increíble**

ℹ *Remarquez que le mot espagnol porte sur le **i** un accent écrit qui reflète l'accent tonique.*

foudre

▷ La mairie a été frappée par la foudre.
El ayuntamiento fue alcanzado por un rayo.

► la **foudre :** un rayo

fouet

1 ▷ Le tigre a peur du fouet.
Al tigre le da miedo el látigo.

1 (pour frapper) el **látigo**

ℹ *Remarquez que le mot espagnol porte sur le **a** un accent écrit qui reflète l'accent tonique.*

2 ▷ C'est plus facile de mélanger les ingrédients avec un fouet électrique.
Es más fácil mezclar los ingredientes con una batidora.

2 (pour faire la cuisine) la **batidora**

fouetter

1 ▷ Autrefois on fouettait les criminels.
Antes azotaban a los criminales.

1 (= frapper) **azotar**

2 ▷ Fouette les œufs, puis ajoute-les à la pâte.
Bate los huevos y añádelos a la masa.

2 (= battre des ingrédients) **batir**

fougère

▷ Je lui ai acheté une fougère.
Le he comprado un helecho.

el **helecho**

fouiller

1 ▷ Les douaniers ont fouillé tout le monde.
Los aduaneros registraron a todo el mundo.

1 ► **fouiller** quelqu'un : **registrar a** alguien

Si le complément est une personne ou un groupe de personnes, n'oubliez pas de le faire précéder de ***a.***

2 ▷ Qui t'a permis de fouiller dans mes affaires ?
¿Quién te ha dado permiso para hurgar en mis cosas?

2 ► **fouiller dans** quelque chose : **hurgar en** algo

foulard

▷ Déborah porte un foulard parce qu'elle a mal à la gorge.
Déborah lleva un fular porque le duele la garganta.

el **fular** (pluriel los **fulares**)

foule

▷ J'ai perdu mes copains dans la foule.
Perdí a mis amigos en la muchedumbre.

(= un grand nombre de gens) la **muchedumbre**

fouler

▷ Yacine s'est foulé la cheville en jouant au rugby.
Yacine se torció el tobillo jugando al rugby.

► **se fouler la cheville** : **torcerse el tobillo**

Le pronom réfléchi fonctionne de la façon suivante en espagnol : ***me tuerzo, te tuerces, se tuerce, nos torcemos, os torcéis, se tuercen el tobillo.***

foulure

▷ Il s'est fait une foulure à la cheville.
Se hizo un esguince de tobillo.

el **esguince**
► **se faire une foulure à** : **hacerse un esguince de**

four

▷ Allume le four, puis prépare les ingrédients.
Enciende el horno y luego prepara los ingredientes.

el **horno**

fourchette

▷ Il manque une fourchette.
Falta un tenedor.

(pour manger) el **tenedor** (pluriel los **tenedores**)

fourmi

1 ▷ Les miettes attirent les fourmis.
Las migas atraen a las hormigas.

1 (= insecte) la **hormiga**

2 ▻ Je suis restée assise par terre trop longtemps, maintenant j'ai des fourmis dans les jambes.
Me quedé demasiado tiempo sentada en el suelo, ahora se me han dormido las piernas.

2 *Pour dire qu'on a des* **fourmis dans les jambes**, *on emploie en espagnol l'expression* **se** *+ pronom personnel +* **han dormido las piernas** *:* **se me han dormido, se te han dormido, se le han dormido, se nos han dormido, se os han dormido, se les han dormido las piernas**.

fournir

▻ L'école nous fournit les livres.
El colegio nos proporciona los libros.

proporcionar
► **fournir** quelque chose **à** quelqu'un : **proporcionar** algo **a** alguien

fournisseur

▻ Je viens de changer de fournisseur d'accès.
Acabo de cambiar de proveedor de acceso a internet.

► **fournisseur d'accès (Internet) :** el **proveedor de acceso a internet**

fournitures

▻ J'achète mes fournitures d'école au supermarché.
Compro mi material escolar en el supermercado.

(de bureau ou d'école) el **material**

fourrure

▻ La fausse fourrure était à la mode l'hiver dernier.
La piel falsa estaba de moda el invierno pasado.

la **piel** (pluriel **las pieles**)
► **fausse fourrure : piel falsa**
ℹ *En espagnol, on emploie le même mot,* **piel**, *pour la fourrure et la peau.*

foutre

1 ▻ Il n'a rien foutu pendant les vacances.
No hizo nada durante las vacaciones.

1 (= faire, au sens familier) **hacer**

2 ▻ Où est-ce que tu as foutu le journal ?
¿Dónde has metido el periódico?

2 (= mettre, au sens familier) **meter**

3 ▻ Elle lui a foutu une claque.
Le dio una bofetada.

3 (= donner, au sens familier) **dar**

4 ▻ Arrêtez de vous foutre de moi !
¡Dejad de tomarme el pelo!

4 ► **se foutre de** quelqu'un (= se moquer, au sens familier) : **tomarle el pelo a** alguien

5 ▻ Tu peux dire ce que tu veux, je m'en fous !
¡Puedes decir lo que quieras, me da igual!

5 ► **je m'en fous : me da igual**
ℹ *Le mot français* **foutre** *est familier, mais les traductions données ci-dessus ne le sont pas.*

foyer

▷ Elle vit dans un foyer.
Vive en una residencia de estudiantes.
▷ On se retrouve tous les samedis après-midi au foyer des jeunes.
Nos encontramos todos los sábados por la tarde en el club de jóvenes.

(d'étudiants) la residencia de estudiantes
► foyer des jeunes : el club de jóvenes (pluriel los clubs) ou (pluriel los clubes de jóvenes)
ℹ *Remarquez que le mot espagnol **jóvenes** porte sur le **o** un accent écrit qui reflète l'accent tonique.*

fracture

▷ Il a des fractures multiples.
Tiene fracturas múltiples.
▷ La fracture sociale ne cesse de s'agrandir.
La fractura social se amplia constantemente.
▷ Ce sont des mesures destinées à réduire la fracture numérique.
Son medidas destinadas a reducir la fractura numérica.

la fractura
► **la fracture sociale :** la fractura social
► **la fracture numérique :** la fractura numérica

fragile

▷ Attention, ce vase est très fragile !
¡Cuidado, este florero es muy frágil!

frágil (pluriel frágiles)
ℹ *Remarquez que le mot espagnol porte sur le **a** un accent écrit qui reflète l'accent tonique.*

frais NOM

1 ▷ N'oubliez pas les frais de transport.
No olvidéis los gastos de transporte.

2 ▷ Les frais de scolarité ont augmenté.
La matrícula ha subido.

1 (= dépenses) los gastos

2 ► **frais de scolarité :** la matrícula
ℹ *Remarquez que le mot espagnol porte sur le **i** un accent écrit qui reflète l'accent tonique.*

frais, fraîche ADJECTIF

▷ Ce jus de fruit est meilleur quand il est frais.
Este zumo de frutas es mejor cuando está fresco.
▷ Ces moules n'ont pas l'air très fraîches.
Estos mejillones no parecen muy frescos.
▷ Il fait frais ce soir, je vais mettre un pull.
Hace fresco esta noche, me voy a poner un jersey.
▷ Tu devrais mettre les restes au frais.
Deberías poner las sobras al fresco.

fresco, fresca
Attention : le verbe qui traduit être *dans* être frais *est **estar** et non **ser**.*

► **au frais :** al fresco

fraise

▷ Il y a des fraises dans la salade de fruits.
Hay fresas en la macedonia de frutas.
▷ Tu veux de la glace à la fraise ?
¿Quieres helado de fresa?

la **fresa**

► **à la fraise :** de fresa

framboise

▷ Les framboises ne sont pas encore mûres.
Las frambuesas todavía no están maduras.
▷ Lionel avait des bonbons à la framboise.
Lionel tenía caramelos de frambuesa.

la **frambuesa**

► **à la framboise :** de frambuesa

franc NOM

▷ Le franc a été remplacé par l'euro.
El franco ha sido sustituido por el euro.

(= monnaie) el **franco**

franc, franche ADJECTIF

▷ C'est une fille très franche.
Es una chica muy franca.

franco, franca

français, française

▷ La cuisine française est réputée.
La cocina francesa es famosa.
▷ C'est un Français qui habite en Galice.
Es un francés que vive en Galicia.
▷ Tu parles très bien français.
Hablas muy bien francés.

francés (pluriel **franceses**), **francesa**

ℹ *Il n'y a pas d'accent écrit au pluriel ni au féminin. L'accent tonique porte sur le* e*, comme au singulier.*
S'écrit toujours avec une minuscule en espagnol, qu'il s'agisse de l'adjectif ou du nom.

France

▷ La France est réputée pour ses fromages.
Francia es famosa por sus quesos.
▷ En France les gens dînent plus tôt qu'en Espagne.
En Francia la gente cena más temprano que en España.
▷ Tu devrais venir en France.
Deberías venir a Francia.

Francia

ℹ *Ne prend généralement pas d'article.*

► **en France** (= dans le pays) **:** en Francia

► **en France** (= vers le pays) **:** a Francia

franchement

1 ▷ Dis-moi franchement ce que tu en penses.
Dime francamente lo que piensas.
▷ Ses blagues sont franchement mauvaises.
Sus chistes son francamente malos.

2 ▷ Franchement, tu exagères !
¡Desde luego, exageras!

1 (= sans mentir, vraiment) **francamente**

2 (pour dire qu'on est indigné) **¡desde luego!**

frange

▷ Tania coupe sa frange elle-même.
Tania se corta el flequillo ella misma.

el **flequillo**

frapper

1 ▷ Ce n'est pas bien de frapper les gens.
No está bien pegar a la gente.

1 (= battre) **pegar**

Si le complément est une personne, un groupe de personnes ou un animal domestique, n'oubliez pas de le faire précéder de a.

2 ▷ Quelqu'un frappe, va ouvrir.
Alguien llama a la puerta, ve a abrir.

2 (= cogner à la porte) **llamar a la puerta**

3 ▷ Lucien a frappé dans ses mains pour appeler son chien.
Lucien dio palmadas para llamar a su perro.

3 ► **frapper dans ses mains :** dar palmadas

freezer

▷ Les glaçons sont dans le freezer.
Los cubitos de hielo están en el congelador.

el **congelador** (pluriel los congeladores)

frein

▷ Le mécanicien a dit que c'était un problème de freins.
El mecánico dijo que era un problema de frenos.

▷ Mets le frein à main.
Pon el freno de mano.

el **freno**

► **frein à main :** el freno de mano (pluriel los frenos de mano)

freiner

▷ Tout d'un coup, la voiture devant nous a freiné.
De repente, el coche delante de nosotros frenó.

frenar

fréquemment

▷ Nos cousins viennent fréquemment nous voir.
Nuestros primos nos vienen a ver frecuentemente.

frecuentemente

Attention à l'orthographe du mot espagnol.

fréquent, fréquente

▷ Ce n'est pas très fréquent.
No es muy frecuente.

frecuente

Attention à l'orthographe du mot espagnol.

fréquenter

▷ Est-ce que vous fréquentez beaucoup vos cousins ?
¿Tenéis mucho trato con vuestros primos?

(= voir beaucoup) **tener trato con**

frère

▷ Je ne connais pas le frère de Djamila.
No conozco al hermano de Djamila.

el **hermano**

friandises

▷ Tu manges trop de friandises, c'est mauvais pour les dents.
Comes demasiadas golosinas, son malas para los dientes.

las **golosinas**

fric

▷ Est-ce qu'il te reste du fric ?
¿Te queda pasta?

la **pasta**

ℹ *Pasta, comme* fric, *est un mot familier.*

frigo

▷ Les carottes sont dans le frigo.
Las zanahorias están en la nevera.

la **nevera**

frileux, frileuse

▷ Je vais mettre le chauffage parce que Mylène est frileuse.
Voy a poner la calefacción porque Mylène es friolera.

friolero, friolera

frimer

▷ Arrête de frimer avec ton nouveau blouson !
¡Deja de chulear con tu cazadora nueva!

chulear

ℹ *Chulear, comme* frimer, *est un mot familier.*

fringues

▷ Julie a toujours des fringues incroyables.
Julie siempre tiene una ropa increíble.

la **ropa**

ℹ *Ropa est un nom singulier : on dit par exemple esta ropa es guay* (ces fringues sont géniales).
Fringues *est un mot familier, mais ropa ne l'est pas*

frire

▷ D'abord tu fais frire les oignons.
Primero fríes la cebolla.

► **faire frire : freír**

frisé, frisée

▷ J'aimerais avoir les cheveux frisés.
Me gustaría tener el pelo rizado.
▷ Véro est frisée.
Véro tiene el pelo rizado.

► **avoir les cheveux frisés : tener el pelo rizado**

frisson

▷ Simon a des frissons parce qu'il a la gripe.
Simon tiene escalofríos porque tiene gripe.

el **escalofrío**

ℹ *Remarquez que le mot espagnol porte sur le i un accent écrit qui reflète l'accent tonique.*

frissonner

▷ Le vent l'a fait frissonner.
El viento la hizo tiritar.

tiritar

frit, frite

▷ Tu préfères du poisson frit ou du poisson cuit au four ?
¿Prefieres pescado frito o pescado al horno?

frito, frita

frites

▷ Je voudrais des frites avec mon steak.
Quisiera patatas fritas con el bistec.

las **patatas fritas**

ℹ *L'expression **patatas fritas** désigne aussi les chips.*

froid, froide

▷ Cette soupe est froide, c'est dégoûtant.
Esta sopa está fría, qué asco.

▷ Le prof de maths est quelqu'un de très froid.
El profesor de mates es una persona muy fría.

▷ Je peux te prêter un gilet si tu as froid.
Puedo prestarte una chaqueta si tienes frío.

▷ Il fait vraiment froid ce soir.
Hace mucho frío esta noche.

frío, fría

ℹ *Remarquez que les mots **frío** et **fría** portent sur le **i** un accent écrit qui reflète l'accent tonique.*

► **avoir froid :** tener frío

► **il fait froid :** hace frío

froissé, froissée

▷ Mes vêtements étaient froissés quand je les ai sortis de la valise.
La ropa estaba arrugada cuando la saqué de la maleta.

(= avec des plis) **arrugado, arrugada**

🔈 *Attention à bien prononcer les deux **r** de **arrugado** et **arrugada**.*

fromage

▷ On peut choisir un dessert ou du fromage.
Se puede elegir un postre o queso.

▷ Je voudrais du fromage blanc avec du sucre.
Quisiera requesón con azúcar.

el **queso**

► **fromage blanc :** el requesón

froncer les sourcils

▷ Pourquoi est-ce que tu fronces les sourcils ?
¿Por qué frunces el ceño?

fruncir el ceño

front

▷ Martin a une cicatrice sur le front.
Martin tiene una cicatriz en la frente.

(= partie du visage) la **frente**

*Attention : ne confondez pas **la frente** (= la partie du visage) et **el frente** (le front au sens militaire).*

frontière

▷ Il n'y a pas de contrôle des passeports à la frontière.
No hay control de pasaportes en la frontera.

la **frontera**

frotter

1 ▻ Mélanie frottait le bébé avec une serviette.
Mélanie frotaba al bebé con una toalla.
▻ Frotte bien la casserole, elle est sale.
Frota bien la cacerola, está sucia.

1 **frotar**
Si le complément est une personne, un groupe de personnes ou un animal domestique, n'oubliez pas de le faire précéder de ***a***.

2 ▻ Le chat se frottait contre moi.
El gato se frotaba contra mí.
▻ Ne te frotte pas les yeux si tu viens de toucher du piment !
¡No te frotes los ojos si acabas de tocar pimiento!
▻ Marc se frottait les mains pour se réchauffer.
Marc se frotaba las manos para entrar en calor.

2 ► **se frotter :** frotarse

► **se frotter les yeux :** frotarse los ojos

► **se frotter les mains :** frotarse las manos

Le pronom réfléchi fonctionne de la façon suivante en espagnol : ***me froto, te frotas, se frota, nos frotamos, os frotáis, se frotan las manos****.*

fruit

1 ▻ Donne-moi un fruit, s'il te plaît.
Dame una fruta, por favor.
▻ Les fruits sont chers ici.
La fruta es cara aquí.
▻ J'aime les fruits secs.
Me gustan los frutos secos.

1 (= comestible et frais) la **fruta**

On dit aussi ***la fruta*** *pour désigner plusieurs fruits frais.*

► **fruits secs :** los **frutos secos**

2 ▻ Cet arbre a des petits fruits rouges.
Este árbol tiene pequeños frutos rojos.

2 (d'un arbre) el **fruto**

frustré, frustrée

▻ Il s'est senti frustré de ne pas pouvoir aller à la fête.
Se sintió frustrado por no poder ir a la fiesta.

frustrado, frustrada

fugue

▻ Apparemment, Léo a fait une fugue.
Al parecer, Léo se ha escapado de casa *ou* **se fugó.**

► **faire une fugue :** escaparse de casa *ou* fugarse

Le pronom réfléchi fonctionne de la façon suivante en espagnol : ***me escapo, te escapas, se escapa, nos escapamos, os escapáis, se escapan de casa****.*

fuir

1 ▻ Ils ont essayé de fuir mais la police les a rattrapés.
Intentaron huir pero la policía los alcanzó.

1 (= se sauver) **huir**

2 ▻ Le robinet fuit toujours.
El grifo todavía tiene un escape.

2 (= laisser couler de l'eau ou du gaz) **tener un escape**

fuite

▷ Il y a une fuite quelque part : le plafond est mouillé.
Hay un escape por alguna parte: el techo está mojado.

(d'eau ou de gaz) el **escape**

fumé, fumée

▷ Je vais prendre le saumon fumé en entrée.
De primer plato voy a tomar el salmón ahumado.

ahumado, ahumada

fumée

▷ Il y a trop de fumée dans ce bar.
Hay demasiado humo en este bar.

el **humo**

fumer

▷ Tu ne devrais pas fumer, c'est mauvais pour la santé.
No deberías fumar, es malo para la salud.
▷ Il a fumé dix cigarettes en une heure !
¡Fumó diez cigarrillos en una hora!

(du tabac) **fumar**

furieux, furieuse

▷ Mon père était furieux quand je suis rentré à deux heures du matin.
Mi padre estaba furioso cuando volví a casa a las dos de la madrugada.

furioso, furiosa

Attention : le verbe qui traduit être *dans* être furieux *est* **estar** *et non* **ser**.

fusée

▷ La fusée a explosé dans l'espace.
El cohete explotó en el espacio.

el **cohete**

fusil

1 ▷ Nous avons vu des chasseurs avec des fusils.
Vimos a unos cazadores con escopetas.

1 (de chasse) la **escopeta**

2 ▷ Le soldat a fait tomber son fusil par terre.
El soldado dejó caer el fusil en el suelo.

2 (de guerre) el **fusil** (pluriel los fusiles)

futur, future

1 ▷ Mon cousin nous a présenté sa future femme.
Mi primo nos presentó a su futura esposa.

1 (= prochain) **futuro, futura**

2 ▷ Le futur décrit quelque chose qui arrivera plus tard.
El futuro describe algo que pasará más tarde.

2 ► **le futur :** el **futuro**

Gg

gâcher

1 ▷ Tu as tout gâché !
¡Lo echaste todo a perder!

2 ▷ Tu as déjà gâché trois feuilles de papier, je ne t'en donne plus.
Ya has desperdiciado tres hojas de papel, no te doy más.

1 (= rendre moins agréable) echar a perder

2 (= gaspiller) desperdiciar

gadget

▷ C'est un gadget très utile dans la cuisine.
Es un artilugio muy útil en la cocina.

el artilugio

gaffe

1 ▷ Oh non, je crois que j'ai fait une gaffe !
¡Oh no, creo que he metido la pata!

2 ▷ Fais gaffe, ça risque de tomber !
¡Ten cuidado, se podría caer!

1 ► **faire une gaffe :** meter la pata

2 ► **faire gaffe** (= faire attention, au sens familier) : tener cuidado

ℹ Faire gaffe *est familier, mais* tener cuidado *ne l'est pas.*

gagnant, gagnante

1 ▷ J'ai le numéro gagnant !
¡Saqué el número ganador!

2 ▷ Et le gagnant est... Julien !
Y el ganador es... ¡Julien!

1 (numéro, équipe, point) ganador (pluriel ganadores), ganadora

2 ► un **gagnant**, une **gagnante** (= personne, équipe) : un ganador, una ganadora

gagner

▷ À ton avis, qui va gagner ?
Para ti, ¿quién va a ganar?

▷ Arthur a gagné mille euros à la loterie.
Arthur ganó mil euros en la lotería.

ganar

gai, gaie

▷ Tu as l'air bien gai aujourd'hui !
¡Pareces muy alegre hoy!

alegre

galant

▷ Sois galant, ouvre-lui la portière.
Sé galante, ábrele la puerta.

galante

ℹ *On peut dire aussi* ***caballeroso****.*

galaxie

▷ Y a-t-il de la vie dans d'autres galaxies ?
¿Hay vida en otras galaxias?

la **galaxia**

galerie

1 ▷ Il y a une galerie d'art dans cette rue.
Hay una galería de arte en esta calle.

2 ▷ Ils se retrouvent tous les samedis dans la galerie marchande.
Se reúnen todos los sábados en la galería comercial.

1 ► **galerie d'art :** la **galería de arte** (pluriel **las galerías de arte**)

2 ► **galerie marchande :** la **galería comercial** (pluriel **las galerías comerciales**)

ℹ *Remarquez que le mot espagnol porte sur le* ***i*** *un accent écrit qui reflète l'accent tonique.*

galet

▷ Pierre et Anaïs lancent des galets dans l'eau.
Pierre y Anaïs están tirando guijarros al agua.

el **guijarro**

🔈 *Attention à bien prononcer le* ***j*** *et les deux* ***r*** *de* ***guijarro****.*

galette

1 ▷ Nous avons mangé des galettes dans un restaurant breton.
Comimos crepes en un restaurante bretón.

2 ▷ Cette galette des Rois est excellente.
Este roscón de Reyes es excelente.

1 (= crêpe) la **crepe**

2 ► **galette des Rois :** el **roscón de Reyes** (pluriel **los roscones de Reyes**)

ℹ *Il n'y a pas d'accent écrit au pluriel. L'accent tonique porte sur le* ***o****, comme au singulier.*

galoper

1 ▷ Les chevaux galopent dans le champ.
Los caballos galopan por el campo.

2 ▷ Arrêtez de galoper partout !
¡Dejad de correr por todas partes!

1 (cheval) **galopar**

2 (personne) **correr**

🔈 *Attention à bien prononcer les deux* ***r*** *de* ***correr****.*

gamin, gamine

▻ Tous les gamins criaient et chantaient.
Todos los críos gritaban y cantaban.

el **crío**, la **cría**

ℹ *Remarquez que le mot espagnol porte sur le **i** un accent écrit qui reflète l'accent tonique.*
***Crío** et **cría** sont des mots familiers.*

gamme

▻ Il nous a présenté sa nouvelle gamme de produits.
Nos presentó su nueva gama de productos.

(de couleurs, de produits, de prix) la **gama**

gant

1 ▻ J'ai pris les gants de Mathieu par erreur.
Me llevé los guantes de Mathieu por error.

1 el **guante**

2 ▻ Cette serviette et ce gant de toilette sont pour toi.
Esta toalla y esta manopla son para tí.

2 ► **gant de toilette :** la **manopla**

garage

▻ Ils ont acheté une maison avec un garage.
Han comprado una casa con garaje.
▻ Il y a un garage au coin de la rue.
Hay un garaje en la esquina.

el **garaje**

*Attention à l'orthographe du mot espagnol **garaje**.*

garagiste

▻ Le garagiste a dit qu'il ne pouvait pas réparer les freins.
El mecánico dijo que no podía arreglar los frenos.

(= mécanicien) el **mecánico**

ℹ *Remarquez que le mot espagnol porte sur le **a** un accent écrit qui reflète l'accent tonique.*

garantie

▻ Est-ce que tu as la garantie du sèche-cheveux ?
¿Tienes la garantía del secador?
▻ La télé est encore sous garantie.
La tele está todavía en garantía.

la **garantía**

ℹ *Remarquez que le mot espagnol porte sur le **i** un accent écrit qui reflète l'accent tonique.*
Notez la préposition utilisée en espagnol :
sous garantie = ***en garantía**.*

garantir

▻ Je te garantis que ce n'est pas vrai.
Te garantizo que no es verdad.

garantizar

garçon

1 ▻ Il n'y a que des garçons dans cette classe.
Sólo hay chicos en esta clase.

1 (par opposition à fille) el **chico**

2 ▻ Je vais appeler le garçon et commander un café.
Voy a llamar al camarero y pedirle un café.

2 (= serveur) el **camarero**

garde

▷ Il y a des gardes devant le palais de l'Élysée.
Hay guardas delante del palacio del Elíseo.

► **un garde :** un guarda

garder

1 ▷ Tu peux garder mon stylo, je n'en ai pas besoin.
Te puedes quedar con mi boli, no lo necesito.
▷ Tu peux le garder, je n'en ai pas besoin.
Te lo puedes quedar, no lo necesito.
▷ Vous pouvez garder la monnaie.
Puede quedarse con el cambio.

1 (= conserver pour soi) quedarse con

ℹ *Le pronom réfléchi fonctionne de la façon suivante en espagnol : me quedo, te quedas, se queda, nos quedamos, os quedáis, se quedan.*
Notez l'utilisation de la préposition en espagnol : garder quelque chose = *quedarse con algo.*

2 ▷ Est-ce que tu as gardé la garantie du MP3 ?
¿Has conservado la garantía del MP3?

2 (= conserver) conservar

3 ▷ Étienne a dû garder son petit frère hier soir.
Anoche Étienne tuvo que cuidar de su hermanito.

3 (= s'occuper de) cuidar de

ℹ *Notez l'utilisation de la préposition en espagnol :* garder quelqu'un = *cuidar de alguien.*

4 ▷ Le chien garde la maison.
El perro vigila la casa.
▷ Les soldats gardent les prisonniers.
Los soldados vigilan a los prisioneros.

4 (= surveiller, monter la garde) vigilar

Si le complément est une personne, un groupe de personnes ou un animal domestique, n'oubliez pas de le faire précéder de a.

garderie

▷ Éloïse laisse ses enfants à la garderie le mercredi.
Éloïse deja a sus niños en la guardería los miércoles.

la guardería

ℹ *Remarquez que le mot espagnol porte sur le i un accent écrit qui reflète l'accent tonique.*

gardien, gardienne

1 ▷ Le gardien de but a été formidable !
¡El portero estuvo estupendo!

1 ► **gardien de but :** el portero, la portera

2 ▷ La gardienne de musée les a renseignés.
La vigilante de museo les informó.

2 ► **gardien de musée :** el *ou* la vigilante de museo (pluriel los *ou* las vigilantes de museo)

3 ▷ Le père de Léon est gardien de nuit.
El padre de Léon es vigilante nocturno.

3 ► **gardien de nuit :** el vigilante nocturno, la vigilante nocturna (pluriel los vigilantes nocturnos, las vigilantes nocturnas)

gare

1 ▷ Tu peux m'emmener à la gare ?
¿Me puedes llevar a la estación?

1 (de trains) la **estación** (pluriel las estaciones)

ℹ *Il n'y a pas d'accent écrit au pluriel. L'accent tonique porte sur le* **o***, comme au singulier.*

2 ▷ Gare à toi si je me fâche !
¡Ve con cuidado si me enfado!

2 ► **gare à toi ! :** ¡ve con cuidado!

garer

▷ Où as-tu garé la voiture ?
¿Dónde has aparcado el coche?

▷ Nous n'avons pas trouvé de place pour nous garer.
No hemos encontrado ningún sitio para aparcar.

aparcar

► **se garer :** aparcar

ℹ *Remarquez que le verbe espagnol n'est pas pronominal.*

garniture

▷ En Espagne, on sert souvent des frites comme garniture pour accompagner la viande.
En España es habitual servir patatas fritas como guarnición para acompañar la carne.

(de plat, de pizza) la **guarnición** (pluriel las guarniciones)

ℹ *Il n'y a pas d'accent écrit au pluriel. L'accent tonique porte sur le* **o***, comme au singulier.*

gaspillage

▷ Tu as utilisé dix feuilles de papier ? Quel gaspillage !
¿Has utilizado diez hojas de papel? ¡Vaya despilfarro!

el **despilfarro**

◀) *Attention à bien prononcer les deux* **r** *de despilfarro.*

gaspiller

1 ▷ Je n'aime pas les gens qui gaspillent la nourriture.
No me gusta la gente que derrocha la comida.

1 **derrochar**

◀) *Attention à bien prononcer les deux* **r** *de derrochar.*

2 ▷ Tu es en train de gaspiller tout ton argent !
¡Estás malgastando todo tu dinero!

2 ► **gaspiller de l'argent :** malgastar el dinero

gâteau

1 ▷ Pour dessert il y a un gâteau au café.
De postre hay un pastel de café.

1 (= pâtisserie) el **pastel** (pluriel los pasteles)

2 ▷ Ricardo a mangé tout le paquet de gâteaux !
¡Ricardo se ha comido todo el paquete de galletas!

2 (= biscuit) la **galleta**

gâter

▷ Ils gâtent trop leur petite-fille.
Miman demasiado a su nieta.

(= être très gentil avec quelqu'un)
mimar

Si le complément est une personne, un groupe de personnes ou un animal domestique, n'oubliez pas de le faire précéder de a.

gauche

1 ▷ J'ai mal à la main gauche.
Me duele la mano izquierda.

2 ▷ Muriel ne sait pas reconnaître sa droite de sa gauche.
Muriel no sabe distinguir la derecha de la izquierda.

▷ À gauche du cinéma il y a un restaurant chinois.
A la izquierda del cine hay un restaurante chino.

▷ L'école est à gauche après la station-service.
La escuela está a la izquierda después de la estación de servicio.

▷ Tournez à gauche aux feux.
Gire a la izquierda en el semáforo.

▷ Les couverts sont dans le tiroir de gauche.
Los cubiertos están en el cajón de la izquierda.

3 ▷ Beaucoup de gens ont voté pour la gauche.
Mucha gente votó por la izquierda.

▷ Ils sont de gauche.
Son de izquierdas.

1 (= qui est à gauche) **izquierdo, izquierda**

2 ► **la gauche** (= le côté gauche) : la izquierda

► **à gauche de :** a la izquierda de

► **à gauche :** a la izquierda

► **de gauche** (= situé à gauche) : de la izquierda

3 ► **la gauche** (en parlant de politique) : la izquierda

► **de gauche** (en parlant de politique) : de izquierdas

gaucher, gauchère

▷ Tu es droitier ou gaucher ?
¿Eres diestro o zurdo?

zurdo, zurda

gaufre

▷ Les gaufres belges sont délicieuses.
Los gofres belgas son deliciosos.

el **gofre**

Attention : contrairement au français, le mot espagnol gofre est masculin.

gaufrette

▷ Nous avons emporté un paquet de gaufrettes à la vanille pour le goûter.
Nos llevamos un paquete de barquillos de vainilla para la merienda.

el **barquillo**

gaver

▷ Ne vous gavez pas de bonbons, on va dîner dans une minute.
No os atraquéis de caramelos, vamos a cenar dentro de un minuto.

► **se gaver de** quelque chose : **atracarse de** algo

Le pronom réfléchi fonctionne de la façon suivante en espagnol : me atraco de..., te atracas de..., se atraca de..., nos atracamos de..., os atracáis de..., se atracan de...

gaz

▷ Ça sent le gaz. J'espère qu'il n'y a pas de fuite !
Huele a gas. ¡Espero que no haya un escape!

el **gas** (pluriel **los gases**)

Attention à l'orthographe du mot espagnol gas.

gazeux, gazeuse

▷ Les boissons gazeuses sont souvent très sucrées.
Las bebidas con gas suelen contener mucho azúcar.

► **boisson gazeuse :** la **bebida con gas** (pluriel **las bebidas con gas**)

gazon

▷ Il y a du gazon devant la maison.
Hay césped delante de la casa.

el **césped**

Remarquez que le mot espagnol porte sur le premier e un accent écrit qui reflète l'accent tonique.

▷ Mon père tondait le gazon.
Mi padre cortaba el césped.

► **tondre le gazon : cortar el césped**

gazouiller

▷ J'entendais les oiseaux gazouiller.
Oía a los pájaros gorjear.

(oiseau) **gorjear**

géant, géante

1 ▷ Noël a un écran de télé géant.
Noël tiene una pantalla de tele gigante.

1 (= très grand) **gigante**

2 ▷ Ce garçon est un géant !
¡Ese chico es un gigante!

2 ► un **géant**, une **géante :** un **gigante**, una **giganta**

gel

1 ▷ Il y a encore du gel sur les arbres.
Todavía queda escarcha en los árboles.

1 (= glace) la **escarcha**

2 ▷ Je mets du gel sur mes cheveux tous les matins.
Me pongo gel en el pelo todas las mañanas.

▷ Achète du gel douche.
Compra gel de ducha.

2 (= produit cosmétique) el **gel** (pluriel **los geles**)

► **gel douche :** el **gel de ducha** (pluriel **los geles de ducha**)

gelé, gelée

▷ On peut patiner sur le lac quand il est gelé.
Se puede patinar sobre el lago cuando está helado.
▷ Je suis gelé, mets le chauffage !
¡Estoy helado, pon la calefacción!

helado, helada

Attention : le verbe qui traduit être *dans* être gelé *est* **estar** *et non* **ser**.

gelée

1 ▷ Ma mère fait de la gelée avec les pommes du jardin.
Mi madre hace jalea con las manzanas del jardín.

1 (= confiture) la **jalea**

2 ▷ Il a fait une gelée terrible cette nuit.
Anoche cayó una helada terrible.

2 (= froid) la **helada**

geler

1 ▷ Il va geler cette nuit.
Va a helar esta noche.

1 (= faire très froid) **helar**

2 ▷ Les tuyaux ont gelé pendant que nous étions en vacances.
Las tuberías se helaron mientras estábamos de vacaciones.

2 (= devenir gelé) **helarse**

3 ▷ On s'est gelés tout l'après-midi.
Nos helamos toda la tarde.

3 ► **se geler** (= avoir froid, au sens familier) : **helarse**

Le pronom réfléchi fonctionne de la façon suivante en espagnol : ***se hiela, se hielan.***

gélule

▷ Je dois prendre une gélule tous les matins.
Tengo que tomar una cápsula todas las mañanas.

la **cápsula**

Remarquez que le mot espagnol porte sur le premier **a** *un accent écrit qui reflète l'accent tonique.*

Gémeaux

▷ Il est Gémeaux.
Es Géminis.

Géminis

gémir

▷ Arrête de gémir !
¡Ya deja de quejarte!

(= se plaindre) **quejarse**

Le pronom réfléchi fonctionne de la façon suivante en espagnol : ***me quejo, te quejas, se queja, nos quejamos, os quejáis, se quejan.***

gênant, gênante

▷ C'est gênant de devoir lui demander ça.
Es molesto tener que pedirle eso.
▷ Je lui ai dit que ce n'était pas gênant.
Le dije que no era un problema.

(= embarrassant) **molesto, molesta**

ℹ *Pour dire que quelque chose n'est pas* **gênant**, *on emploie en espagnol l'expression* **no es** *(ou* **no era** *au passé)* **un problema**.

gencives

▷ Ce dentifrice est bon pour les gencives.
Esta pasta de dientes es buena para las encías.

las **encías**

gendarme

▷ Voilà un gendarme, allons lui demander.
Ahí está un guardia civil, le vamos a preguntar.

el **guardia civil** (pluriel los guardias civiles)

gendre

▷ Les Murat aiment beaucoup leur gendre.
Los Murat se llevan muy bien con su yerno.

el **yerno**

gêné, gênée

▷ Hubert avait l'air gêné.
Hubert parecía incómodo.

(= embarrassé) **incómodo, incómoda**

ℹ *Remarquez que le mot espagnol porte sur le premier* **o** *un accent écrit qui reflète l'accent tonique.*

▷ Charlotte était toujours gênée en compagnie des adultes.
Charlotte siempre se sentía incómoda en compañía de los adultos.

► **être gêné** (= se sentir mal à l'aise) : **sentirse incómodo**

gêner

1 ▷ Je ne veux pas gêner Luc pendant qu'il travaille.
No quiero molestar a Luc mientras trabaja.
▷ Est-ce que ça te gêne si j'ouvre la fenêtre ?
¿Te molesta si abro la ventana?

1 (= déranger) **molestar**

Si le complément est une personne, un groupe de personnes ou un animal domestique, n'oubliez pas de le faire précéder de **a**.

2 ▷ Ça me gêne de lui demander ça.
Me da apuro tener que pedirle eso.

2 (= embarrasser) **dar apuro**

général, générale

1 ▷ Mon impression générale, c'est que le film était un peu lent.
Mi impresión general es que la película era un poco lenta.
▷ En général, j'arrive à l'école vers huit heures et quart.
En general, llego al colegio hacia las ocho y cuarto.

1 (= global) **general** (pluriel generales)

► **en général** : **en general**

2 ▷ Le général a donné l'ordre d'attaquer.
El general dio la orden de atacar.

2 ► un **général** (dans l'armée) : un general (pluriel generales)

généralement

▷ Généralement, l'école finit fin juin.
Generalmente, las clases terminan a finales de junio.

generalmente

génération

▷ Il y a trois générations différentes qui vivent dans la même maison.
Hay tres generaciones diferentes que viven en la misma casa.

la generación (pluriel las generaciones)

ℹ *Il n'y a pas d'accent écrit au pluriel. L'accent tonique porte sur le o, comme au singulier.*

générer

▷ Les réacteurs génèrent de l'électricité.
Los reactores generan electricidad.

generar

généreux, généreuse

▷ Tu n'es pas très généreuse ! Tu pourrais partager tes bonbons !
¡No eres muy generosa! ¡Podrías compartir los caramelos!

generoso, generosa

génétique

▷ Cela pourrait provoquer des mutations génétiques.
Podría provocar mutaciones genéticas.

genético, genética

génial, géniale

1 ▷ Judith a eu une idée géniale.
Judith ha tenido una idea genial.

1 (= de génie) genial (pluriel geniales)

2 ▷ C'est génial !
¡Estupendo!

2 *Pour dire que quelque chose est super, on emploie en espagnol l'expression **estupendo**.*

ℹ *On peut dire aussi **guay**.*

genou

▷ Alicia s'est fait mal au genou.
Alicia se ha hecho daño en la rodilla.
▷ Ne te mets pas à genoux, tu vas te salir.
No te pongas de rodillas, que te vas a ensuciar.
▷ Quand je suis entré, elle était à genoux.
Cuando entré, ella estaba de rodillas.
▷ Viens t'asseoir sur mes genoux.
Ven a sentarte en mis rodillas.

la rodilla

► **à genoux** : de rodillas

► **sur les genoux de** quelqu'un : en las rodillas de alguien

genre

1 ▷ Quel genre de musique est-ce que tu préfères ?
¿Qué tipo de música prefieres?

1 (= sorte, catégorie) el **tipo**

2 ▷ C'est un genre de vélo, mais avec une roue beaucoup plus grande que l'autre.
Es una especie de bici, pero con una rueda mucho más grande que la otra.

2 ► **un genre de...** (= une espèce de) : **una especie de...**

gens

▷ Il y a des gens qui font ça tout le temps.
Hay gente que lo hace todo el tiempo.

la **gente**

ℹ *Gente est un nom singulier qui s'emploie avec un verbe au singulier, comme dans l'exemple de gauche (hace).*

gentil, gentille

▷ Ils ont été très gentils avec moi.
Fueron muy amables conmigo.

amable

gentiment

▷ Ils m'ont très gentiment aidée.
Me ayudaron muy amablemente.

amablemente

géo

▷ La géo est ma matière préférée.
La geografía es mi asignatura preferida.

la **geografía**

ℹ *Remarquez que le mot espagnol porte sur le i un accent écrit qui reflète l'accent tonique.*
Il n'y a pas d'abréviation espagnole équivalente à **géo** *; il faut utiliser le mot* ***geografía*** *en entier.*

géographie

▷ Je ne suis pas très bon en géographie.
No se me da muy bien la geografía.

la **geografía**

ℹ *Remarquez que le mot espagnol porte sur le i un accent écrit qui reflète l'accent tonique.*

géométrie

▷ Ce trimestre on fait de la géométrie.
Este trimestre hacemos geometría.

la **geometría**

ℹ *Remarquez que le mot espagnol porte sur le i un accent écrit qui reflète l'accent tonique.*

geste

1 ▷ Leurs gestes sont maladroits.
Tienen ademanes torpes.

1 el **ademán** (pluriel los **ademanes**)

Il n'y a pas d'accent écrit au pluriel. L'accent tonique porte sur le second a, comme au singulier.

Le mot gesto existe, mais il signifie « grimace ».

2 ▷ Ils faisaient des gestes pour attirer notre attention.
Hacían señales para llamarnos la atención.

2 ► **faire des gestes :** hacer señales

gibier

▷ Il y a beaucoup de gibier dans cette région.
Hay mucha caza en esta región.

la **caza**

Attention à bien prononcer le z de caza.

gifle

▷ Si tu continues, je te donne une gifle !
¡Como sigas así, te doy una bofetada!

► **donner une gifle à** quelqu'un **:** dar una bofetada a alguien

gifler

▷ Laure a giflé son frère devant tout le monde.
Laure le dio una bofetada a su hermano delante de todos.

► **gifler** quelqu'un **:** dar una bofetada a alguien

gigantesque

▷ À Hong Kong, il y a des immeubles gigantesques.
En Hong Kong hay edificios gigantescos.

gigantesco, gigantesca

gigot

▷ Ce gigot d'agneau est délicieux.
Esta pierna de cordero está deliciosa.

la **pierna de cordero**

gigoter

▷ Il est toujours en train de gigoter.
Nunca se está quieto.

no estarse quieto *ou* **quieta**

Le pronom réfléchi fonctionne de la manière suivante en espagnol : no me estoy quieto, no te estás quieto, no se está quieto, no nos estamos quietos, no os estáis quietos, no se están quietos.

gilet

1 ▷ Mets un gilet par-dessus ta robe si tu as froid.
Ponte una chaqueta por encima del vestido si tienes frío.

1 (= pull ouvert devant) la **chaqueta**

2 ▷ Il portait un costume avec un gilet rouge.
Llevaba un traje con un chaleco rojo.

2 (= vêtement sans manches) el **chaleco**

girafe

▷ As-tu vu des girafes en Afrique ?
¿Viste alguna jirafa en África?

la **jirafa**
Attention à l'orthographe du mot espagnol ***jirafa****.*

Attention aussi à bien prononcer le ***j****.*

girouette

▷ Il y a une girouette sur le clocher de l'église.
Hay una veleta en el campanario de la iglesia.

la **veleta**

gîte

▷ Nous avons loué un gîte dans les Vosges pour les vacances.
Alquilamos una casa de turismo rural en los Vosges para las vacaciones.

(= gîte rural) la **casa de turismo rural** (pluriel **las casas de turismo rural**)

givre

▷ Les feuilles sont couvertes de givre, c'est très joli.
Las hojas están cubiertas de escarcha, es muy bonito.

la **escarcha**

glace

1 ▷ Il y a de la glace sur le pare-brise.
Hay hielo en el parabrisas.

1 (= eau gelée) el **hielo**

2 ▷ J'adore la glace au chocolat.
Me encanta el helado de chocolate.

2 (= crème glacée) el **helado**

3 ▷ Il y a deux glaces dans la salle de bains.
Hay dos espejos en el cuarto de baño.

3 (= miroir) el **espejo**
Attention à bien prononcer le ***j*** *de* ***espejo****.*

glacé, glacée

▷ Mes mains sont glacées !
¡Tengo las manos heladas!

helado, helada

glacial, glaciale

▷ Il y a un vent glacial ce soir.
Hace un viento glacial esta noche.

glacial (pluriel **glaciales**)

glacier

▷ Les glaciers des Alpes sont impressionnants.
Los glaciares de los Alpes son impresionantes.

(= étendue de glace) el **glaciar** (pluriel **los glaciares**)

glacière

▷ Est-ce qu'on emporte la glacière pour le pique-nique ?
¿Nos llevamos la nevera para el picnic?

la **nevera**

glaçon

▷ Les glaçons sont dans le freezer.
Los cubitos de hielo están en el congelador.

▷ Je voudrais un jus d'orange sans glaçons s'il vous plaît.
Quisiera un zumo de naranja sin hielo, por favor.

el **cubito de hielo** (pluriel los cubitos de hielo)

ℹ *Signifie littéralement* petit cube de glace.

► **avec des glaçons / sans glaçons :** con hielo / sin hielo

glissant, glissante

▷ Fais attention, la route est glissante.
Ten cuidado, la carretera está resbaladiza.

resbaladizo, resbaladiza

glisser

▷ J'ai glissé et je suis tombée.
Resbalé y me caí.
▷ La voiture a glissé sur le verglas.
El coche resbaló en el hielo.
▷ Attention, ça glisse !
¡Cuidado, resbala!

resbalar

globe

▷ Simon a un globe terrestre dans sa chambre.
Simon tiene un globo terráqueo en su habitación.

el **globo**
► **globe terrestre :** el globo terráqueo (pluriel los globos terráqueos)

ℹ *Remarquez que le mot* ***terráqueo*** *porte sur le* ***a*** *un accent écrit qui reflète l'accent tonique.*

🔈 *Attention à bien prononcer les deux* ***r*** *de* ***terráqueo****.*

gluant, gluante

▷ Le riz est trop cuit, il est gluant.
El arroz está demasiado hecho, está pegajoso.

pegajoso, pegajosa

goal

▷ Mehmet est goal dans notre équipe.
Mehmet hace de portero en nuestro equipo.

(= gardien de but) el **portero,** la **portera**

🔈 *Attention : le mot espagnol* ***gol*** *signifie « but ».*

gobelet

▷ Il faudra cent gobelets en plastique pour la fête.
Necesitaremos cien vasos de plástico para la fiesta.

(= verre en carton, en plastique) el **vaso**

goéland

▷ Il y avait des goélands qui tournaient autour du bateau.
Había gaviotas que daban vueltas alrededor del barco.

la **gaviota**

goinfre

▷ Carmen est une vraie goinfre !
¡Carmen es una verdadera glotona!

el **glotón** (pluriel **glotones**), la **glotona**

*Il n'y a pas d'accent écrit au pluriel ni au féminin. L'accent tonique porte sur le **o**, comme au singulier.*
***Glotón** et **glotona**, de même que **goinfre**, sont des mots familiers.*

golf

1 ▷ Le golf n'est pas un sport très fatigant.
El golf no es un deporte muy cansado.
▷ Hubert joue souvent au golf le samedi.
Hubert suele jugar al golf los sábados.

1 (= sport) el **golf**

► **jouer au golf :** jugar al golf

2 ▷ Il y a un grand golf près de la plage.
Hay un gran campo de golf cerca de la playa.

2 (= terrain) el **campo de golf** (pluriel **los campos de golf**)

*Attention à ne jamais traduire le sens de « terrain » par **golf** tout court. Il faut dire **campo de golf**.*

golfe

▷ D'ici on voit tout le golfe.
De aquí se ve todo el golfo.

el **golfo**

gomme

▷ Tu peux me prêter ta gomme, s'il te plaît ?
¿Me puedes prestar la goma, por favor?

la **goma**

gonflable

▷ C'est un jouet gonflable.
Es un juguete inflable.

inflable

gonflé, gonflée

▷ Il t'a demandé de l'argent ? Il est gonflé !
¿Te ha pedido dinero? ¡Qué caradura!
▷ C'est une fille drôlement gonflée.
Es una caradura.

*Pour dire que quelqu'un est **gonflé** (« culotté »), on emploie en espagnol le nom **el** ou **la caradura**.*

***Caradura**, de même que **gonflé**, est un mot familier.*

gonfler

1 ▷ Nous avons gonflé une centaine de ballons pour décorer la pièce.
Hinchamos unos cien globos para decorar la habitación.

1 (= envoyer de l'air dans) **hinchar**

2 ▷ La cheville de Sacha a commencé à gonfler.
El tobillo de Sacha empezó a hincharse.

2 (= enfler) **hincharse**

*Le pronom réfléchi fonctionne de la façon suivante en espagnol : se **hincha**, se **hinchan**.*

gorge

▷ Nous avons traversé des gorges et des vallées.
Atravesamos gargantas y valles.

▷ Ma gorge était rouge, alors je suis allé chez le médecin.
Tenía la garganta roja, entonces fui al médico.

▷ J'ai mal à la gorge.
Me duele la garganta.

▷ Sabine a mal à la gorge parce qu'elle a trop crié.
A Sabine le duele la garganta porque ha gritado demasiado.

la **garganta**

Pour dire qu'on a mal à la gorge, *on emploie en espagnol le verbe* **doler** *+ complément d'objet indirect.*

gorgée

▷ Beatriz a pris une gorgée de whisky et l'a recrachée tout de suite.
Beatriz tomó un trago de whisky y lo escupió en seguida.

el **trago**

gorille

▷ Les gorilles vivent dans la forêt africaine.
Los gorilas viven en la selva africana.

el **gorila**

Attention à l'orthographe du mot espagnol **gorila**.

goudron

▷ Les cigarettes contiennent du goudron.
Los cigarillos contienen alquitrán.

el **alquitrán**

goulot

▷ Le goulot de cette bouteille est très étroit.
El gollete de esta botella es muy estrecho.

▷ Ne bois pas au goulot, c'est dégoûtant !
¡No bebas a morro, es asqueroso!

el **gollete**

► **boire au goulot :** beber a morro

gourde

▷ Nous emportons toujours une gourde quand nous faisons une randonnée.
Siempre nos llevamos una cantimplora cuando vamos de excursión.

(= bouteille) la **cantimplora**

gourmand, gourmande

▷ Elisa est gourmande, elle adore le chocolat.
Elisa es golosa, le encanta el chocolate.

goloso, golosa

gourmandise

▷ Il mange par gourmandise.
Come por gula.

(= gloutonnerie) la **gula**

gousse d'ail

▷ Il faut deux gousses d'ail pour cette recette.
Se necesitan dos dientes de ajo para esta receta.

el **diente de ajo** (pluriel los dientes de ajo)

ℹ *Signifie littéralement* **dent d'ail.**

goût

1 ▷ Ce fruit a un goût très spécial.
Esta fruta tiene un sabor muy especial.
▷ Cette glace a bon goût.
Este helado sabe bien.
▷ Ça a vraiment mauvais goût.
Sabe realmente mal.
▷ Cette sucette a un goût de citron.
Este pirulí sabe a limón.

1 (= saveur) el **sabor**

► **avoir bon goût** (aliment) : **saber bien** *ou* **tener buen sabor**
► **avoir mauvais goût** (aliment) : **saber mal**
► **avoir un goût de... : saber a...** *ou* **tener sabor a...**

2 ▷ Les parents de Cyril ont du goût, leur maison est très jolie.
Los padres de Cyril tienen buen gusto, su casa es muy bonita.

2 ► **avoir du goût** *ou* **avoir bon goût** (personne) : **tener buen gusto**

goûter

1 ▷ Goûte ça, je l'ai fait moi-même.
Prueba esto, lo he hecho yo mismo.

1 (= essayer) **probar**

2 ▷ Viens goûter chez moi, il y a du chocolat.
Ven a mi casa a merendar, hay chocolate.

2 (= manger dans l'après-midi) **merendar**

3 ▷ Le goûter était très bon, il y avait du gâteau et du chocolat.
La merienda estaba muy buena, había pastel y chocolate.

3 (= repas de l'après-midi) la **merienda**

goutte

▷ Des gouttes d'eau tombaient du toit.
Unas gotas de agua caían del techo.

la **gota**

gouttière

▷ Les gouttières sont pleines de feuilles mortes.
Los canalones están llenos de hojas secas.

(sous le toit) el **canalón** (pluriel **los canalones**)

*Il n'y a pas d'accent écrit au pluriel. L'accent tonique porte sur le **o**, comme au singulier.*

gouvernement

▷ Le gouvernement a décidé d'augmenter les impôts.
El gobierno ha decidido aumentar los impuestos.

el **gobierno**

*Attention à l'orthographe du mot **gobierno**.*

gouverner

▷ Ils ont gouverné le pays pendant 20 ans.
Gobernaron el país durante veinte años.

gobernar

Attention à l'orthographe du mot espagnol.

grâce à

▷ Grâce à Manu, on a pu voir le concert sans payer.
Gracias a Manu, pudimos ver el concierto sin pagar.

gracias a

gradins

▷ Il y avait des milliers de spectateurs sur les gradins.
Había miles de espectadores en las gradas.

(dans un stade) las **gradas**

graffitis

▷ Les murs sont couverts de graffitis.
Las paredes están llenas de grafitis.

los **grafitis**

Attention à l'orthographe du mot espagnol.

*On dit aussi **las pintadas**.*

grain

▷ Il y a des grains de sable dans ce sandwich !
¡Hay granos de arena en este bocadillo!

▷ Un grain de raisin est tombé sous la chaise.
Una uva se ha caído debajo de la silla.

▷ Ma mère achète du café en grains.
Mi madre compra café en grano.

(de sable, de maïs, de riz, etc.) el **grano**

► **grain de raisin :** uva

► **café en grains :** café en grano

graine

▷ J'ai aidé mon père à semer des graines de laitue.
Ayudé a mi padre a sembrar semillas de lechuga.

la **semilla**

graisse

▷ Il y avait beaucoup de graisse dans ce canard.
Este pato tenía mucha grasa.

la **grasa**

grammaire

▷ La grammaire espagnole est plus compliquée que la grammaire anglaise.
La gramática española es más complicada que la gramática inglesa.

la **gramática**

ℹ *Remarquez que le mot espagnol porte sur le deuxième **a** un accent écrit qui reflète l'accent tonique.*

gramme

▷ Il faut à peu près cent grammes par personne.
Se necesitan unos cien gramos por persona.

el **gramo**

grand, grande

1 ▷ Yacine est grand pour son âge.
Yacine es alto para la edad que tiene.

1 (= haut, de grande taille) **alto, alta**

2 ▷ C'est la plus grande pièce de la maison.
Es la habitación más grande de la casa.
▷ Il y a eu un grand bruit et tout s'est écroulé.
Hubo un gran ruido y se derrumbó todo.
▷ Mozart était un grand musicien.
Mozart era un gran músico.

2 (= de grandes dimensions, fort, remarquable) **grande**

ℹ *Grande devient gran quand il est placé devant un nom singulier.*

3 ▷ Qu'est-ce que tu veux faire quand tu seras grand ?
¿Qué quieres hacer cuando seas mayor?
▷ Mon grand frère s'appelle Jean-Luc.
Mi hermano mayor se llama Jean-Luc.
▷ C'est la grande sœur de Florent.
Es la hermana mayor de Florent.

3 (= vieux, plus vieux) **mayor** (pluriel **mayores**)

ℹ *Mayor est toujours placé après hermano ou hermana quand on traduit* **grand frère** *ou* **grande sœur**.

grand-chose

▷ Tu n'as pas mangé grand-chose, tu es malade ?
No has comido mucho, ¿estás enfermo?
▷ Merci beaucoup ! – Oh, ce n'est pas grand-chose !
¡Muchas gracias! – ¡Oh, no es nada!

Quand elle accompagne un verbe, l'expression **pas grand-chose** *se dit* ***no mucho***.

► **ce n'est pas grand-chose :** no es nada

Grande-Bretagne

▷ La Grande-Bretagne comprend l'Angleterre, l'Écosse et le Pays de Galles.
Gran Bretaña comprende Inglaterra, Escocia y el País de Gales.
▷ Il y a beaucoup de Français en Grande-Bretagne.
Hay muchos franceses en Gran Bretaña.
▷ Le père de Martine va souvent en Grande-Bretagne.
El padre de Martine va a menudo a Gran Bretaña.

Gran Bretaña

ℹ *Ne prend généralement pas d'article.*

► **en Grande-Bretagne** (= dans le pays) : en Gran Bretaña
► **en Grande-Bretagne** (= vers le pays) : a Gran Bretaña

ℹ *Contrairement au français, il n'y a pas de tiret entre Gran et Bretaña.*

grandeur

▷ Ils sont de la même grandeur.
Son del mismo tamaño.

(= taille) el **tamaño**

grandir

▷ Si Thomas continue de grandir, ça va être un géant !
¡Como Thomas siga creciendo, va a ser un gigante!

crecer

grand-mère

▷ Quel âge a ta grand-mère ?
¿Cuántos años tiene tu abuela?

la **abuela**

grand-père

▷ Mon grand-père était chauffeur de taxi.
Mi abuelo era taxista.

el **abuelo**

grands-parents

▷ Je vais chez mes grands-parents ce week-end.
Voy a casa de mis abuelos este fin de semana.

los **abuelos**

grange

▷ Le foin est dans la grange.
El heno está en el granero.

el **granero**

*Attention : le mot espagnol **granja** signifie « ferme ».*

graphique

▷ Que montre le graphique ?
¿Qué muestra el gráfico?

(= dessin) el **gráfico**

grappe

▷ Nicolas a mangé trois grappes de raisin.
Nicolas se comió tres racimos de uvas.

► **grappe de raisin :** el racimo de uvas (pluriel los racimos de uvas)

gras, grasse

1 ▷ Les repas de la cantine sont trop gras.
Las comidas del comedor tienen demasiada grasa.

1 ► **être gras** (= plein de matière grasse) : tener grasa

2 ▷ C'est un shampoing pour cheveux gras.
Es un champú para pelo graso.

2 (= huileux) **graso, grasa**

3 ▷ Il y a beaucoup de gras dans ce jambon.
Este jamón tiene mucha grasa.

3 ► **le gras** (= la partie grasse de la viande) : la grasa

gratin

▷ Il y avait un gratin de poisson, c'était délicieux.
Había pescado al gratén, estaba riquísimo.

► **un gratin de... :** ... al gratén

gratter

1 ▷ J'ai bien gratté la poêle, mais la tache n'est pas partie.
Rasqué con fuerza la sartén, pero la mancha no se quitó.

1 (= frotter) **rascar**

2 ▷ Ça me gratte, ça doit être une piqûre de moustique.
Me pica, debe de ser una picadura de mosquito.

2 *Pour dire qu'une partie du corps nous gratte, on emploie en espagnol le verbe* ***picar****.*

3 ▷ Le chien se gratte parce qu'il a des puces.
El perro se rasca porque tiene pulgas.
▷ Ne te gratte pas le bras, tu vas te faire mal.
No te rasques el brazo, te vas a hacer daño.

3 ► **se gratter : rascarse**

ℹ *Le pronom réfléchi fonctionne de la façon suivante en espagnol :* ***me rasco, te rascas, se rasca, nos rascamos, os rascáis, se rascan****.*

gratuit, gratuite

▷ Bénédicte a eu des billets gratuits.
Bénédicte ha conseguido billetes gratuitos.

gratuito, gratuita

gratuitement

▷ Il nous a dit que nous pouvions entrer gratuitement.
Nos dijo que podíamos entrar gratis.

(= sans payer ou sans être payé) **gratis**

ℹ *On peut dire aussi* ***gratuitamente****.*

grave

1 ▷ Apparemment c'est une blessure grave.
Al parecer es una herida grave.
▷ Le prof de musique a la voix très grave.
El profesor de música tiene la voz muy grave.

1 (= préoccupant, bas) **grave**

2 ▷ Je suis desolée ! – Ne vous inquiétez pas, ce n'est pas grave.
¡Lo siento! – No se preocupe, no pasa nada.

2 *Pour dire que quelque chose n'a pas d'importance, on emploie l'expression* ***no pasa nada****.*

gravement

▷ Le grand-père de Luc est gravement malade.
El abuelo de Luc está gravemente enfermo.

(malade ou blessé) **gravemente**

graver

▷ Quelqu'un a gravé ses initiales sur le tronc de l'arbre.
Alguien ha grabado sus iniciales en el tronco del árbol.
▷ Je ne sais pas graver un CD.
No sé cómo grabar un CD.

grabar

Attention à l'orthographe du mot ***grabar****.*

gravier

▷ Il y a du gravier dans l'allée.
Hay grava en el camino.

la **grava**

ℹ *Le mot* ***grava*** *est indénombrable : il ne se met pas au pluriel et ne prend pas l'article indéfini* ***una****.*

gravillons

▷ Attention, il y a des gravillons sur la route.
Cuidado, hay gravilla en la carretera.

la **gravilla**

ℹ *Le mot* ***gravilla*** *est indénombrable : il ne se met pas au pluriel et ne prend pas l'article indéfini* ***una****. On dit par exemple* ***esta gravilla es muy fina*** (ces gravillons sont très fins).

grec, grecque

▷ La cuisine grecque est très bonne.
La cocina griega es muy buena.
▷ J'ai trouvé les Grecs très accueillants.
Los griegos me parecieron muy acogedores.
▷ Mélanie parle le grec.
Mélanie habla griego.

griego, griega

ℹ *S'écrit toujours avec une minuscule en espagnol, qu'il s'agisse de l'adjectif ou du nom.*

Grèce

▷ La Grèce est un pays à l'histoire très riche.
Grecia es un país con una historia muy rica.
▷ Qu'est-ce que vous avez visité en Grèce ?
¿Qué visitasteis en Grecia?
▷ J'aimerais aller en Grèce.
Me gustaría ir a Grecia.

Grecia

ℹ *Ne prend généralement pas d'article.*

► **en Grèce** (= dans le pays) : **en Grecia**
► **en Grèce** (= vers le pays) : **a Grecia**

grêle

▷ La grêle cognait contre les vitres.
El granizo golpeaba los cristales.

el **granizo**

grêler

▷ Il a grêlé tout l'après-midi.
Granizó toda la tarde.

granizar

grelotter

▷ Nous grelottions tous dans une salle sans chauffage.
Todos tiritábamos en un aula sin calefacción.

tiritar

grenadine

▷ Une grenadine, s'il vous plaît.
Una granadina, por favor.

la **granadina**

grenier

▷ Les Dutoit ont fait une chambre d'amis dans le grenier.
Los Dutoit han hecho una habitación de invitados en el desván.

el **desván** (pluriel los desvanes)
*Il n'y a pas d'accent écrit au pluriel. L'accent tonique porte sur le **a**, comme au singulier.*
*On peut dire aussi **la buhardilla**.*

grenouille

▷ Il y a plein de grenouilles dans l'étang.
Hay muchas ranas en el estanque.

la **rana**

grève

▷ Il y a une grève aujourd'hui dans le métro.
Hay una huelga de metro hoy.
▷ Les profs sont en grève depuis hier.
Los profesores están en huelga desde ayer.
▷ Ils ont décidé de faire grève.
Decidieron hacer huelga.

(= arrêt du travail) la **huelga**

► **être en grève :** estar en huelga

► **faire grève :** hacer huelga

gribouiller

▷ Qu'est-ce que tu gribouilles ?
¿Qué estás garrapateando?

(= écrire) **garrapatear**
*Attention à bien prononcer les deux **r**.*

griffe

1 ▷ Le chat a sorti ses griffes.
El gato sacó las uñas.

1 (d'un chat) la **uña**

2 ▷ Les ours ont des griffes énormes.
Los osos tienen garras enormes.

2 (d'un ours ou d'un lion) la **garra**
*Attention à bien prononcer les deux **r**.*

griffer

▷ Le chat a encore essayé de griffer le bébé.
El gato trató de arañar al bebé otra vez.

arañar
*Si le complément est une personne, un groupe de personnes ou un animal domestique, n'oubliez pas de le faire précéder de **a**.*

grignoter

1 ▷ Tu ne maigris pas parce que tu grignotes tout le temps.
No adelgazas porque picas todo el rato.

1 (= manger un peu) **picar**

2 ▷ La souris grignotait un morceau de fromage.
El ratón roía un trozo de queso.

2 ► **grignoter** quelque chose (= mordre dedans) : **roer** algo

gril

▷ On a fait cuire les saucisses au gril.
Asamos las salchichas a la parilla.

la **parilla**
► **faire cuire** quelque chose **au gril :** **asar** algo **a la parilla**

grillage

▷ Il y a un grillage autour du jardin.
Hay una alambrada alrededor del jardín.

► un **grillage** (= une clôture) : una alambrada

grille

▷ Lionel a escaladé la grille du parc.
Lionel escaló la verja del parque.

(= clôture) la **verja**

grille-pain

▷ Le grille-pain est cassé.
El tostador está roto.

el **tostador** (pluriel los tostadores)

ℹ *On peut dire aussi **la tostadora**.*

griller

1 ▷ Tu vas faire griller le poisson ou le cuire au four ?
¿Vas a hacer el pescado a la parrilla o lo vas a cocer en el horno?

1 (= cuire, en parlant de la viande ou du poisson) **hacer a la parrilla**

ℹ *La traduction est la même si on dit* faire griller *au lieu de* griller.

2 ▷ Je vais faire griller du pain pour le petit déjeuner.
Voy a tostar pan para el desayuno.

2 (en parlant du pain) **tostar**

3 ▷ La voiture devant nous a grillé le feu rouge.
El coche de delante nuestro se saltó un semáforo en rojo.

3 ► **griller un feu rouge :** saltarse un semáforo en rojo

ℹ *Le pronom réfléchi fonctionne de la façon suivante en espagnol : **me salto..., te saltas..., se salta..., nos saltamos..., os saltáis..., se saltan...***

grillon

▷ Tu entends les grillons dans le champ ?
¿Oyes los grillos en el campo?

el **grillo**

grimace

▷ Le petit garçon nous faisait des grimaces derrière la vitre.
El niño nos hacía muecas detrás de la ventanilla.

► **faire des grimaces à** quelqu'un **:** hacerle muecas a alguien

ℹ *On dit aussi **hacer gestos**.*

grimper

1 ▷ La route grimpe.
La carretera está empinada.

1 (= être en pente) **estar empinado** *ou* **empinada**

2 ▷ Cette côte est difficile à grimper.
Esta cuesta es difícil de subir.

2 ► **grimper** quelque chose **:** subir algo

3 ▷ Laurent a grimpé sur le tabouret pour atteindre le placard.
Laurent se subió al taburete para alcanzar al armario.

3 ► **grimper sur** quelque chose **:** subirse a algo

ℹ *Le pronom réfléchi fonctionne de la façon suivante en espagnol : **me subo, te subes, se sube, nos subimos, os subís, se suben.***

4 ▷ Les prix grimpent.
Los precios suben.

4 (= augmenter) **subir**

grincer

▷ La porte grince, c'est agaçant !
La puerta rechina, ¡qué irritante!

rechinar

ℹ *On peut dire aussi* ***chirriar.***

grippe

▷ La grippe peut être une maladie grave.
La gripe puede ser una enfermedad grave.

▷ La prof de musique n'est pas là, elle a la grippe.
La profesora de música no está, tiene gripe.

la **gripe**

Attention à l'orthographe du mot ***gripe.***

► **avoir la grippe : tener gripe**

gris, grise

▷ Je veux acheter une veste grise.
Quiero comprar una chaqueta gris.

gris (pluriel **grises**)

grogner

▷ Le chien a commencé à grogner quand nous nous sommes approchés.
El perro empezó a gruñir cuando nos acercamos.

(= faire un bruit menaçant) **gruñir**

grognon

▷ Il est très grognon quand il se réveille.
Está muy gruñón cuando se levanta.

gruñón (pluriel **gruñones**), **gruñona**

ℹ *Il n'y a pas d'accent écrit au pluriel. L'accent tonique tombe sur le* ***o****, comme au singulier.*

gronder

▷ Ils ont grondé Adeline.
Han regañado a Adeline.

▷ Je vais me faire gronder !
¡Me van a regañar!

▷ Benito s'est fait gronder par ses parents.
Los padres de Benito le han reñido.

(= réprimander) **regañar**

ℹ *On peut dire aussi* ***reñir.***

Le complément est une personne : n'oubliez pas de le faire précéder de ***a.***

ℹ *Notez comment on utilise les verbes* ***regañar*** *ou* ***reñir*** *pour traduire* se faire gronder.

gros, grosse

1 ▷ Elle est trop grosse.
Es demasiado gorda.

1 (= gras) **gordo, gorda**

ℹ *On utilise le verbe* ***ser*** *pour une caractéristique mais le verbe* ***estar*** *pour un état passager.*

2 ▷ Emporte un gros pull, il fait froid là-bas.
Llévate un jersey grueso, allí hace frío.

2 (= épais) **grueso, gruesa**

3 ▷ Mon parrain m'a envoyé un gros colis pour Noël.
Mi padrino me mandó un gran paquete para Navidad.
▷ J'ai un gros problème, il faut que tu m'aides.
Tengo un gran problema, tienes que ayudarme.

3 (= grand) **grande**

*N'oubliez pas que **grande** devient **gran** devant un nom singulier.*

4 ▷ Ça coûtera en gros dix euros par personne.
Costará aproximadamente diez euros por persona.

4 ► **en gros** (= à peu près) : aproximadamente

5 ▷ Ne dis pas ça, c'est un gros mot !
¡No digas eso, es una palabrota!

5 ► **gros mot** : la **palabrota**

groseille

▷ On a ramassé des groseilles pour faire une tarte.
Cogimos grosellas para hacer una tarta.

la **grosella**

grosseur

▷ C'est de la grosseur d'une pomme.
Es del tamaño de una manzana.

(= taille) el **tamaño**

grossier, grossière

▷ Ne sois pas si grossière !
¡No seas tan grosera!

(= vulgaire) **grosero, grosera**

grossir

1 ▷ Oh non, j'ai encore grossi !
¡Oh no, he vuelto a engordar!
▷ Cristina a grossi de deux kilos en une semaine.
Cristina ha engordado dos kilos en una semana.

1 (= prendre du poids) **engordar**

*Notez qu'il n'y a pas de préposition entre **engordar** et le nombre de kilos.*

2 ▷ Les pommes grossissent sur l'arbre.
Las manzanas crecen en el árbol.

2 (= grandir) **crecer**

3 ▷ Ils utilisent un microscope pour grossir les objets.
Usan un microscopio para agrandar los objetos.

3 ► **grossir** quelque chose (= l'agrandir, en parlant d'une loupe, d'un microscope) : **agrandar** algo

grotte

▷ Nous avons visité des grottes préhistoriques.
Visitamos unas cuevas prehistóricas.

la **cueva**

groupe

▷ Il y avait un groupe de jeunes devant le cinéma.
Había un grupo de jóvenes delante del cine.
▷ Le prof nous a dit de travailler en groupe.
El profesor dijo que trabajáramos en grupo.

el **grupo**

► **en groupe** : en grupo

grue

▷ Il y a des grues immenses derrière l'école.
Hay unas grúas inmensas detrás del colegio.

(= machine) la **grúa**

Guatémala

▷ La capitale du Guatémala s'appelle aussi Guatémala.
La capital de Guatemala también se llama Guatemala.

▷ Qu'est-ce que vous avez visité au Guatémala ?
¿Qué visitasteis en Guatemala?

▷ J'aimerais aller au Guatémala.
Me gustaría ir a Guatemala.

Guatemala

ℹ *Ne prend généralement pas d'article.*

► **au Guatémala** (= dans le pays) : en Guatemala

► **au Guatémala** (= vers le pays) : a Guatemala

guatémaltèque

▷ Les costumes traditionnels guatémaltèques sont très gais.
Los trajes tradicionales guatemaltecos son muy alegres.

▷ Je connais des Guatémaltèques.
Conozco a unos guatemaltecos.

guatemalteco, guatemalteca

ℹ *S'écrit toujours avec une minuscule en espagnol, qu'il s'agisse de l'adjectif ou du nom.*

guépard

▷ Le guépard est un animal extrêmement rapide.
El guepardo es un animal muy veloz.

el **guepardo**

guêpe

▷ Guillem s'est fait piquer par une guêpe.
Una avispa le picó a Guillem.

la **avispa**

guérir

1 ▷ Malika a guéri en une semaine.
Malika se curó en una semana.

1 (= aller mieux) **curarse**

ℹ *Le pronom réfléchi fonctionne de la façon suivante en espagnol : me curo, te curas, se cura, nos curamos, os curáis, se curan.*

2 ▷ Je suis presque guéri.
Ya estoy casi curado.

2 ► **être guéri :** estar curado

guérison

▷ La guérison peut être lente.
La curación puede ser lenta.

la **curación** (pluriel las curaciones)

ℹ *Il n'y a pas d'accent écrit au pluriel. L'accent tonique porte sur le o, comme au singulier.*

guerre

▷ On a vu des images de la guerre à la télé.
Vimos imágenes de la guerra en la tele.

la **guerra**

🔈 *Attention à bien prononcer les deux r de guerra.*

gueule

1 ▷ Le chien a pris l'os dans sa gueule.
El perro cogió el hueso en la boca.

1 (= bouche d'un animal) la **boca**

2 ▷ Je ne sais pas ce qu'elle a, elle fait la gueule.
No sé qué le pasa, está de morros.

2 ► **faire la gueule :** estar de morros

Estar de morros, comme faire la gueule, *est familier.*

▷ Paul me fait la gueule.
Paul me pone morros.

► **faire la gueule à** quelqu'un **:** poner morros **a** alguien

gueuler

▷ Ne gueule pas, je ne suis pas sourd !
¡No grites, no estoy sordo!

(= crier) **gritar**

Gueuler *est un mot familier, mais* **gritar** *ne l'est pas.*

gui

▷ Dans beaucoup de pays, on s'embrasse sous le gui au Nouvel An.
En muchos países, la gente se da un beso debajo del muérdago en Nochevieja.

el **muérdago**

guichet

1 ▷ Va demander au guichet.
Ve a preguntar a la ventanilla.

1 (à la poste, à la banque) la **ventanilla**

Signifie littéralement petite fenêtre.

2 ▷ Il y avait la queue au guichet du cinéma.
Había cola en la taquilla del cine.

2 (au cinéma, au théâtre) la **taquilla**

3 ▷ Est-ce qu'il y a un guichet automatique par ici ?
¿Hay un cajero automático por aquí?

3 ► **guichet automatique** (pour retirer de l'argent) : el **cajero automático** (pluriel los **cajeros automáticos**)

Remarquez que le mot **automático** *porte sur le* **a** *un accent écrit qui reflète l'accent tonique.*

guide

1 ▷ Le guide a expliqué comment le château a été détruit.
El guía explicó cómo el castillo había sido destruido.

1 (= accompagnateur) el **guía,** la **guía**

2 ▷ On a acheté un guide avant de partir pour Grenade.
Compramos una guía antes de irnos para Granada.

2 (= livre) la **guía**

Remarquez que le mot espagnol porte sur le **i** *un accent écrit qui reflète l'accent tonique.*

guider

▷ Quelqu'un a guidé les touristes vers la sortie.
Alguien guió a los turistas hacia la salida.

guiar

Si le complément est une personne, un groupe de personnes ou un animal domestique, n'oubliez pas de le faire précéder de ***a****.*

guidon

▷ Sabine sait faire du vélo sans tenir le guidon.
Sabine sabe andar en bici sin sujetar el manillar.

el **manillar** (pluriel **los manillares**)

guillemets

▷ C'est un dialogue, il faut employer des guillemets.
Es un diálogo, hay que usar comillas.

▷ Le mot était entre guillemets.
La palabra estaba entre comillas.

las **comillas**

Signifie littéralement **petites virgules.**

► **entre guillemets :** entre comillas

guirlande

▷ On a fabriqué des guirlandes en papier pour décorer la salle.
Hemos hecho guirnaldas de papel para decorar el aula.

▷ Le sapin de Noël est plein de guirlandes.
El árbol de Navidad está cubierto de guirnaldas.

la **guirnalda**

Attention à l'orthographe du mot ***guirnalda****.*

guitare

▷ Serge a apporté sa guitare.
Serge trajo su guitarra.

▷ J'apprends à jouer de la guitare.
Estoy aprendiendo a tocar la guitarra.

la **guitarra**

Attention à l'orthographe du mot ***guitarra****.*

► **jouer de la guitare :** tocar la guitarra

gym

▷ Nous avons gym le mardi matin.
Tenemos gimnasia los martes por la mañana.

▷ Ma mère fait de la gym à la maison.
Mi madre hace gimnasia en casa.

la **gimnasia**

Il n'y a pas d'abréviation espagnole équivalente à **gym** *; il faut utiliser le mot* ***gimnasia*** *en entier.*

► **faire de la gym :** hacer gimnasia

gymnase

▷ Le gymnase est ouvert même le dimanche.

El gimnasio está abierto incluso los domingos.

el **gimnasio**

gymnastique

▷ Tu as regardé le championnat de gymnastique à la télé ?

¿Viste el campeonato de gimnasia en la tele?

la **gimnasia**

Hh

habile

▷ Marie est très habile, elle sait fabriquer beaucoup de choses.
Marie es muy hábil, sabe fabricar muchas cosas.

hábil (pluriel **hábiles**)

ℹ *Remarquez que le mot espagnol porte sur le **a** un accent écrit qui reflète l'accent tonique.*

habiller

1 ▷ Elle habille ses enfants, puis elle les emmène à la garderie.
Viste a sus hijos, y luego los lleva a la guardería.

1 ► **habiller** quelqu'un : **vestir a alguien**

2 ▷ Je me suis habillé à toute vitesse.
Me he vestido a toda velocidad.

2 ► **s'habiller** : **vestirse**

ℹ *Le pronom réfléchi fonctionne de la façon suivante en espagnol :* ***me visto, te vistes, se viste, nos vestimos, os vestís, se visten.***

habit

1 ▷ Léo veut un habit de pompier pour Noël.
Léo quiere un traje de bombero para Navidad.

1 (= panoplie) el **traje**

2 ▷ Mes habits d'hiver sont au grenier.
Mi ropa de invierno está en la buhardilla.

2 ► **habits** (= vêtements) : la **ropa**

ℹ ***Ropa*** *est un nom singulier, qui s'emploie avec un verbe au singulier, comme dans l'exemple de gauche* ***(está)****.*

habitant, habitante

▷ Il y a vingt mille habitants dans cette ville.
Hay veinte mil habitantes en esta ciudad.

(= personne qui vit dans une ville ou dans un pays) el **habitante**, la **habitante**

habiter

▷ Où est-ce que tu habites ?
¿Dónde vives?

(= vivre) **vivir**

habitude

1 ▻ C'est une mauvaise habitude que j'aimerais perdre.
Es una mala costumbre que me gustaría perder.
▻ J'ai l'habitude de me lever tôt.
Suelo levantarme temprano.

1 (= chose que l'on fait souvent) la costumbre

► **avoir l'habitude de** faire quelque chose : soler hacer algo

ℹ *On peut dire aussi* ***tener la costumbre de*** hacer algo.

2 ▻ D'habitude, Thomas a de bonnes notes en espagnol.
Generalmente, Thomas saca buenas notas en español.

2 ► **d'habitude :** generalmente

3 ▻ Le feuilleton était moins intéressant que d'habitude.
La telenovela era menos interesante que de costumbre.

3 ► **... que d'habitude :** ... que de costumbre

habitué, habituée

▻ Lise est habituée à partager sa chambre.
Lise está acostumbrada a compartir su habitación.

► **être habitué à** faire quelque chose : estar acostumbrado a hacer algo

habituel, habituelle

▻ Ce n'est pas la méthode habituelle.
No es el método habitual.

habitual (pluriel habituales)

habituellement

▻ Habituellement, je vais à l'école en bus.
Habitualmente voy a la escuela en autobús.

habitualmente

On peut également utiliser le verbe ***soler*** *suivi de l'infinitif :* ***Suelo ir a la escuela en autobús.***

s'habituer

▻ Christophe ne s'est pas habitué à sa nouvelle école.
Christophe no se ha acostumbrado a su nueva escuela.
▻ Je ne m'y suis pas encore habitué.
Todavía no me he acostumbrado.

acostumbrarse

ℹ *Le pronom réfléchi fonctionne de la façon suivante en espagnol :* ***me acostumbro, te acostumbras, se acostumbra, nos acostumbramos, os acostumbráis, se acostumbran.***

hache

▷ J'ai besoin d'une hache pour couper du bois.
Necesito un hacha para cortar leña.

el **hacha**

ℹ *Bien que l'article qui accompagne* ***hacha*** *au singulier soit masculin (****el hacha****),* ***hacha*** *est un mot féminin et les adjectifs qui l'accompagnent doivent se mettre au féminin. Au pluriel, il est précédé de l'article féminin :* ***el hacha está oxidada, las hachas están oxidadas.***

hacher

▷ D'abord tu haches l'oignon, puis tu le fais frire.
Primero picas la cebolla, luego la fríes.

(avec un couteau) **picar**

haie

1 ▷ Les garçons ont sauté par-dessus la haie.
Los chicos saltaron por encima del seto.

1 (de plantes) el **seto**

2 ▷ Le coureur est tombé sur la première haie.
El corredor se cayó en la primera valla.

2 (= obstacle dans une course) la **valla**

haine

▷ Certains jeunes ont la haine.
Ciertos jóvenes odian a la sociedad.

el **odio**

► **avoir la haine : odiar a la societad**

haïr

▷ Je hais cette femme !
¡Odio a esa mujer!

odiar

Si le complément est une personne, un groupe de personnes ou un animal domestique, n'oubliez pas de le faire précéder de ***a****.*

haleine

▷ C'est un spray qui rafraîchit l'haleine.
Es un spray que refresca el aliento.

▷ Notre chien a mauvaise haleine.
Nuestro perro tiene mal aliento.

▷ Ils étaient hors d'haleine quand ils sont arrivés.
Estaban sin aliento cuando llegaron.

el **aliento**

► **avoir mauvaise haleine : tener mal aliento**

► **hors d'haleine : sin aliento**

haleter

▷ Le chien haletait.
El perro jadeaba.

jadear

hall

▷ Je t'attendrai dans le hall de l'hôtel.
Te esperaré en el vestíbulo del hotel.

(= entrée d'un hôtel, d'un cinéma ou d'un théâtre) el **vestíbulo**

haltère

▷ Ma mère a des haltères pour son cours de gym.
Mi madre tiene pesas para la clase de gimnasia.

▷ Georges fait des haltères pour rester en forme.
Georges hace pesas para mantenerse en forma.

la **pesa**

► **faire des haltères :** hacer pesas

hamburger

▷ Je vais prendre un hamburger et des frites.
Voy a tomar una hamburguesa con patatas fritas.

la **hamburguesa**

hameçon

▷ Le poisson a avalé l'hameçon.
El pez se tragó el anzuelo.

el **anzuelo**

hamster

▷ Mon hamster s'appelle Titus.
Mi hámster se llama Titus.

el **hámster** (pluriel los hámsters)

ℹ *Remarquez que le mot espagnol porte sur le* ***a*** *un accent écrit qui reflète l'accent tonique.*

hanche

▷ Ma grand-mère a des problèmes à la hanche.
Mi abuela tiene problemas en la cadera.

la **cadera**

handball

▷ Le handball est mon sport préféré.
El balonmano es mi deporte preferido.

▷ Adrienne joue au handball le samedi.
Adrienne juega al balonmano los sábados.

el **balonmano**

► **jouer au handball :** jugar al balonmano

handicap

▷ Il arrive à surmonter son handicap.
Consigue sobrellevar su discapacidad.

la **discapacidad** (pluriel las discapacidades)

handicapé, handicapée

▷ Il est handicapé et il utilise un fauteuil roulant.
Está discapacitado y usa una silla de ruedas.

▷ Les handicapés peuvent utiliser ces toilettes.
Los discapacitados pueden usar estos servicios.

discapacitado, discapacitada

ℹ *On dit aussi* ***minusválido, minusválida****.*

hangar

1 ▷ Le tracteur est dans ce hangar.
El tractor está en este cobertizo.

1 (agricole, remise) el **cobertizo**

2 ▷ L'avion est dans ce hangar.
El avión está en este hangar.

2 (pour avions, bateaux) el **hangar** (pluriel los hangares)

hanté, hantée

▷ Il y a plein de châteaux hantés en Écosse.
Hay muchos castillos encantados en Escocia.

encantado, encantada

ℹ *Encantado, encantada signifie aussi « enchanté, enchantée ».*

harceler

1 ▷ Il n'a pas arrêté de le harceler de questions idiotes.
Se pasó el tiempo bombardeándolo con preguntas tontas.

1 ► **harceler** quelqu'un **de questions :** bombardear alguien con preguntas

2 ▷ Elle s'est fait harceler par son patron.
La acosó su jefe.

2 (sexuellement) **acosar**

hareng

▷ J'ai acheté deux harengs.
He comprado dos arenques.

el **arenque**

haricots

▷ Il y a de l'agneau et des haricots pour déjeuner.
Hay cordero y judías para el almuerzo.

judías

▷ Les haricots blancs sont difficiles à digérer.
Las judías blancas sont difíciles de digerir.

► **haricots blancs :** judías blancas

▷ Il y a des haricots verts dans la salade.
Hay judías verdes en la ensalada.

► **haricots verts :** judías verdes

ℹ *On peut dire aussi alubias blancas / verdes.*

harmonica

▷ Nous avons acheté un harmonica pour Simon.
Compramos una armónica para Simon.

la **armónica**

ℹ *Remarquez que le mot espagnol porte sur le o un accent écrit qui reflète l'accent tonique.*

Attention : contrairement au français, le mot espagnol est féminin.

▷ Ana joue très bien de l'harmonica.
Ana toca muy bien la armónica.

► **jouer de l'harmonica :** tocar la armónica

harpe

▷ C'est une harpe celtique.
Es un arpa celta.

el **arpa**

▷ J'apprends à jouer de la harpe.
Estoy aprendiendo a tocar el arpa.

► **jouer de la harpe :** tocar el arpa

ℹ *Bien que* ***arpa*** *soit féminin, l'article qui l'accompagne au singulier est masculin* ***(el arpa)****, mais l'adjectif qui suit est féminin. Au pluriel, le mot est précédé d'un article féminin* ***(las arpas)***

hasard

1 ▷ Il n'a pas gagné parce qu'il est le plus doué, c'était seulement le hasard.
No ganó porque fuera el más capacitado, sólo fue la suerte.
▷ Le Loto est un jeu de hasard.
La lotería es un juego de azar.

1 (= chance) la **suerte**
► **jeu de hasard :** juego de azar

2 ▷ Si par hasard tu vois Mathieu, dis-lui de m'appeler.
Si por casualidad ves a Mathieu, dile que me llame.

2 ► **par hasard :** por casualidad

3 ▷ J'ai choisi une couleur au hasard.
Elegí un color al azar.

3 ► **au hasard :** al azar

hausse

▷ Il y a eu une hausse du prix de l'essence.
Ha habido un aumento del precio de la gasolina.
▷ Les prix sont en hausse.
Los precios están en alza.

el **aumento**
► **être en hausse :** estar en alza

haut, haute

1 ▷ L'étagère est trop haute pour moi.
El estante es demasiado alto para mí.
▷ L'oiseau vole haut dans le ciel.
El pájaro vuela alto en el cielo.

1 (quand on parle de quelque chose qui est élevé) **alto, alta**

2 ▷ Le haut du mur est peint en bleu.
La parte de arriba de la pared está pintada de azul.

2 ► **le haut de** quelque chose **:** la parte de arriba de algo

3 ▷ Lisa nous attendait en haut de l'escalier.
Lisa nos esperaba en lo alto de la escalera.

3 ► **en haut de :** en lo alto de

4 ▷ Ce sont les voisins qui habitent en haut.
Son los vecinos que viven arriba.

4 ► **en haut** (= à l'étage du dessus) **:** arriba

5 ▷ La tour Eiffel fait trois cents mètres de haut.
La torre Eiffel mide trescientos metros.

5 *Quand on veut dire la taille de quelque chose ou de quelqu'un en espagnol (une montagne ou une personne, par exemple), on utilise le verbe* ***medir*** *(= mesurer).*

6 ▷ Éloïse portait un joli haut blanc.
Éloïse llevaba un bonito top blanco.

6 ► un **haut** (= chemisier ou tee-shirt) : un **top** (pluriel **tops**)

hautbois

▷ Elle joue très bien du hautbois.
Toca muy bien el oboe.

el **oboe**
► **jouer du hautbois : tocar el oboe**

hauteur

▷ Ils ont mesuré la hauteur du mur.
Midieron la altura de la pared.

(= dimension) la **altura**

haut-parleur

▷ Il y a un haut-parleur à l'arrière de la voiture.
Hay un altavoz en la parte trasera del coche.

el **altavoz** (pluriel **los altavoces**)
*N'oubliez pas que le **z** devient **c** au pluriel.*

hebdomadaire

1 ▷ Nous nous sommes abonnés à deux hebdomadaires.
Nos suscribimos a dos semanarios.

1 (= magazine) el **semanario**

2 ▷ La prof a supprimé la sortie hebdomadaire.
La profesora ha anulado la salida semanal.

2 (adjectif = qui a lieu chaque semaine) **semanal** (pluriel **semanales**)

héberger

▷ Nous avons hébergé des amis espagnols.
Alojamos a unos amigos españoles.

(= loger temporairement) **alojar**
*Si le complément est une personne, un groupe de personnes ou un animal domestique, n'oubliez pas de le faire précéder de **a**.*

hein ?

▷ Hein ? Je t'entends très mal.
¿Cómo? Te oigo muy mal.

(pour faire répéter) **¿Cómo?**

hélas

▷ Hélas, nous n'avons pas pu avoir de billets.
Desgraciadamente, no conseguimos entradas.

desgraciadamente

hélice

▷ L'hélice du bateau était cassée.
La hélice del barco estaba rota.

la **hélice**
*Remarquez que le mot espagnol porte sur le premier **e** un accent écrit qui reflète l'accent tonique.*

hélicoptère

▷ L'hélicoptère a atterri dans le champ.
El helicóptero aterrizó en el campo.

el **helicóptero**
*Remarquez que le mot espagnol porte sur le premier **o** un accent écrit qui reflète l'accent tonique.*

hennir

▷ On entend un cheval hennir.
Se oye relinchar un caballo.

relinchar

herbe

1 ▷ Les vaches mangent de l'herbe.
Las vacas comen hierba.

▷ Il y a des mauvaises herbes partout dans le jardin.
Hay malas hierbas en todo el jardín.

▷ Ma mère met toujours beaucoup d'herbes dans ses plats.
Mi madre siempre le hecha muchas finas hierbas en sus platos.

1 (= plante) la **hierba**

► **mauvaise herbe :** la **mala hierba** (pluriel **las malas hierbas**)

► **herbes** *ou* **fines herbes** (pour faire la cuisine) : **finas hierbas**

2 ▷ L'herbe a trop poussé, tu devrais la couper.
El césped ha crecido demasiado, deberías cortarlo.

2 (= gazon) el **césped**

Remarquez que le mot espagnol porte sur le premier **e** *un accent écrit qui reflète l'accent tonique.*

hérisson

▷ Il y avait un hérisson mort sur la route.
Había un erizo muerto en la carretera.

el **erizo**

héritage

▷ Les deux frères ont partagé l'héritage.
Los dos hermanos compartieron la herencia.

▷ C'est l'héritage du passé.
Es la herencia del pasado.

la **herencia**

hériter

▷ Mes parents ont hérité une maison de mes grands-parents.
Mis padres heredaron una casa de mis abuelos.

heredar

héroïne

▷ L'héroïne du livre est une avocate espagnole.
La heroína del libro es una abogada española.

la **heroína**

Remarquez que le mot espagnol porte sur le **i** *un accent écrit qui reflète l'accent tonique.*

héros

▷ Le héros du film s'appelle Conan.
El héroe de la película se llama Conan.

el **héroe**

Remarquez que le mot espagnol porte sur le premier **e** *un accent écrit qui reflète l'accent tonique.*

hésiter

1 ▷ J'hésite entre le bleu et le vert.
Dudo entre el azul y el verde.

1 ► **hésiter entre... : dudar entre...**

2 ▷ Serge a répondu à la question du prof sans hésiter.
Serge contestó a la pregunta del profesor sin vacilar.

2 ► **sans hésiter :** sin vacilar

3 ▷ Qu'est-ce que tu vas lui dire ? – Je ne sais pas, j'hésite.
¿Qué vas a decirle? – No sé qué hacer.

3 ► **j'hésite :** no sé qué hacer

heure

1 ▷ Ça nous a pris trois heures.
Nos llevó tres horas.
▷ C'est l'heure de se lever !
¡Es hora de levantarse!
▷ Quelle heure est-il ?
¿Qué hora es?
▷ À quelle heure partez-vous ?
¿A qué hora salís?
▷ Il est cinq heures.
Son las cinco.

▷ Il est arrivé à huit heures vingt.
Llegó a las ocho y veinte.
▷ Je t'appellerai à sept heures et demie.
Te llamaré a las siete y media.
▷ Il était une heure moins le quart.
Era la una menos cuarto.

1 la hora

► **c'est l'heure de... :** es hora de...

ℹ *Pour demander l'heure, on dit* ***¿qué hora es?***

► **à quelle heure... ? :** ¿a qué hora?

ℹ *Pour dire l'heure on utilise l'expression* ***son las*** *+ chiffre, sauf pour* une heure *qui se dit* ***es la una****.*

ℹ *Pour dire l'heure jusqu'à la demie, on utilise le mot* ***y****.*

ℹ *Pour dire l'heure après la demie, c'est-à-dire lorsqu'on utilise* moins *en français, on utilise* ***menos*** *en espagnol.*

2 ▷ Éric n'est jamais à l'heure.
Éric nunca es puntual.

2 ► **être à l'heure :** ser puntual

3 ▷ Je déteste me lever de bonne heure.
Odio levantarme temprano.

3 ► **de bonne heure :** temprano

4 ▷ Je reviendrai tout à l'heure.
Volveré más tarde.
▷ Je m'en vais ; à tout à l'heure !
Me voy ; ¡hasta luego!

4 ► **tout à l'heure** (= plus tard) : más tarde

ℹ *Pour dire qu'on se reverra plus tard, on dit* ***¡hasta luego!***

5 ▷ Bérénice a appelé tout à l'heure.
Bérénice llamó hace un rato.

5 ► **tout à l'heure** (= plus tôt) : hace un rato

heureusement

1 ▷ Heureusement, il ne pleuvait pas.
Afortunadamente, no llovía.

1 afortunadamente

2 ▷ Heureusement que tu me l'as dit !
¡Menos mal que me lo has dicho!

2 ► **heureusement que... :** menos mal que...

heureux, heureuse

▷ Lionel n'a pas l'air heureux ces temps-ci.
Lionel no parece feliz últimamente.
▷ Je suis très heureuse.
Soy muy feliz.

(= content) **feliz** (pluriel **felices**)

hibou

▷ Tu entends le hibou ?
¿Oyes el búho?

el **búho**

*Remarquez que le mot espagnol porte sur le **u** un accent écrit qui reflète l'accent tonique.*

hideux, hideuse

▷ Cet immeuble est hideux !
¡Este edificio es horroroso!

horroroso, horrorosa

*Attention à bien prononcer les deux **r** de **horroroso**.*

hier

▷ Hier nous sommes allés au musée.
Ayer fuimos al museo.

ayer

hilarant, hilarante

▷ Ce film est vraiment hilarant.
Esta película es realmente hilarante.

hilarante

hippopotame

▷ Les hippopotames aiment la boue.
A los hipopótamos les gusta el barro.

el **hipopótamo**

*Attention à l'orthographe du mot **hipopótamo**.*

*Remarquez que le mot espagnol porte sur le deuxième **o** un accent écrit qui reflète l'accent tonique.*

hirondelle

▷ Les hirondelles annoncent le printemps.
Las golondrinas anuncian la primavera.

la **golondrina**

hirsute

▷ Il a de longs cheveux hirsutes.
Lleva el pelo largo y desgreñado.

desgreñado, desgreñada

histoire

1 ▷ Annelise nous a raconté une histoire incroyable.
Annelise nos contó una historia increíble.
▷ L'histoire est ma matière préférée.
La historia es mi asignatura preferida.

1 la **historia**

2 ▷ Mon oncle connaît beaucoup d'histoires drôles.
Mi tío conoce muchos chistes.

2 ► **histoire drôle :** el **chiste**

3 ▷ Elle fait tout le temps des histoires.
Siempre anda poniéndo peros.

3 ► **faire des histoires** (= faire des complications, faire des chichis) : poner peros

historique

histórico, histórica

▷ Il y a beaucoup de monuments historiques à visiter à Grenade.
Hay muchos monumentos históricos que visitar en Granada.
▷ J'aime les romans historiques.
Me gustan las novelas históricas.

hiver

el invierno

▷ Il peut faire très froid en hiver.
Puede hacer mucho frío en invierno.

hocher la tête

1 (pour dire oui) asentir con la cabeza

1 ▷ Si tu es d'accord, hoche la tête.
Si estás de acuerdo, asiente con la cabeza.

2 (pour dire non) decir que no con la cabeza

2 ▷ Si tu n'es pas d'accord, hoche la tête.
Si no estás de acuerdo, di que no con la cabeza.

hockey

el hockey

▷ Il y a deux sortes de hockey : le hockey sur gazon et le hockey sur glace.
Hay dos tipos de hockey: el hockey sobre hierba y el hockey sobre hielo.

► **jouer au hockey** : jugar al hockey

▷ Je n'ai jamais joué au hockey.
Nunca he jugado al hockey.

hollandais, hollandaise

holandés (pluriel holandeses), holandesa

ℹ *S'écrit toujours avec une minuscule en espagnol, qu'il s'agisse de l'adjectif ou du nom.*

▷ Un touriste hollandais m'a demandé un renseignement.
Un turista holandés me pidió información.
Mon frère sort avec une Hollandaise.
Mi hermano sale con una holandesa.
▷ Les Hollandais aiment le football.
A los holandeses les gusta el fútbol.

Hollande

Holanda

ℹ *Ne prend généralement pas d'article.*

▷ La Hollande est une région des Pays-Bas.
Holanda es una región de los Países Bajos.

► **en Hollande** (= dans le pays) : en Holanda

▷ En Hollande les gens parlent le néerlandais.
En Holanda la gente habla neerlandés.

► **en Hollande** (= vers le pays) : a Holanda

▷ Est-ce que tu es déjà allé en Hollande ?
¿Has ido alguna vez a Holanda?

hommage

▷ C'était un hommage émouvant.
Fue un homenaje emocionante.

▷ Il a rendu hommage à son prédécesseur.
Rindió homenaje a su predecesor.

el **homenaje**

► **rendre hommage à :** rendir homenaje a

homme

▷ Il y a un homme qui te cherche.
Hay un hombre que te está buscando.

el **hombre**

homosexuel, homosexuelle

▷ Les couples homosexuels peuvent parfois adopter des enfants.
Las parejas homosexuales a veces pueden adoptar niños.

homosexual (pluriel homosexuales)

Honduras

▷ La capitale du Honduras est Tegucigalpa.
La capital de Honduras es Tegucigalpa.

▷ Il vit au Honduras.
Vive en Honduras.

▷ Je vais au Honduras.
Voy a Honduras.

Honduras

Ne prend généralement pas d'article.

► **au Honduras** (= dans le pays) **:** en Honduras

► **en Honduras** (= vers le pays) **:** a Honduras

hondurien, hondurienne

▷ Il a un ami hondurien.
Tiene un amigo hondureño.

▷ Je connais des Honduriens.
Conozco a unos hondureños.

hondureño, hondureña

S'écrit toujours avec une minuscule en espagnol, qu'il s'agisse de l'adjectif ou du nom.

honnête

1 ▷ C'est quelqu'un de très honnête, qui ne triche jamais.
Es una persona muy honesta, que nunca hace trampas.

1 (= loyal, droit) **honesto, honesta**

2 ▷ Sois honnête avec moi, est-ce que c'est toi qui as fait ça ?
Sé sincero conmigo, ¿fuiste tú quién hizo eso?

2 (= franc) **sincero, sincera**

3 ▷ Le repas était honnête, mais pas extraordinaire.
La comida fue satisfactoria, pero nada del otro mundo.

3 (= pas mal) **satisfactorio, satisfactoria**

honnêtement

1 ▷ Honnêtement, ça m'est égal.
Francamente, me da igual.

1 (= franchement, avec probité) **francamente**

2 ▷ C'est honnêtement payé.
Está pagado correctamente.

2 (= correctement) correctamente
Attention à bien prononcer les deux r.

honneur

▷ Ton honneur est sauf !
¡Tu honor está a salvo!

(= réputation) el honor

honte

1 ▷ Il a tout copié sur moi ! – Quelle honte !
¡Lo copió todo de mí! – ¡Qué vergüenza!

1 la vergüenza
Remarquez que le mot espagnol porte sur le u un tréma écrit pour indiquer que le u doit se prononcer.

▷ J'ai eu zéro en espagnol, c'est la honte !
Saqué un cero en español, ¡qué vergüenza!

► **C'est la honte ! :** ¡Que vergüenza!

2 ▷ J'espère que tu as honte de ce que tu as fait !
¡Espero que te avergüences de lo que has hecho!

2 ► **avoir honte de** quelque chose **:** avergonzarse de algo
Le pronom réfléchi fonctionne de la façon suivante en espagnol : me avergüenzo, te avergüenzas, se avergüenza, nos avergonzamos, os avergonzáis, se avergüenzan.

honteux, honteuse

▷ C'est honteux de traiter les gens comme ça !
¡Es una vergüenza tratar a la gente así!

► **c'est honteux** (= c'est un scandale) **:** es una vergüenza
Remarquez que le mot espagnol vergüenza porte sur le u un tréma écrit pour indiquer que le u doit se prononcer.

hôpital

▷ L'hôpital est sur le boulevard Pereire.
El hospital está en el boulevard Pereire.

el hospital (pluriel los hospitales)

▷ Lise vient d'être admise à l'hôpital, elle doit se faire opérer.
Lise acaba de ingresar en el hospital, tiene que operarse.

► **être admis à l'hôpital :** ingresar en el hospital

hoquet

▷ Marina a eu le hoquet tout l'après-midi.
Marina tuvo hipo toda la tarde.

► **avoir le hoquet :** tener hipo

horaire

▷ Nous avons un horaire très lourd.
Tenemos un horario muy apretado.
Est-ce que tu as les horaires des trains ?
¿Tienes los horarios de los trenes?

el horario

▷ Mes parents ont des horaires flexibles.
Mis padres tienen horario flexible.

► **horaires flexibles :** horario flexible

horizon

▷ Je vois un bateau à l'horizon.
Veo un barco en el horizonte.

el **horizonte**
► **à l'horizon :** en el horizonte

horizontal, horizontale

▷ Trace une ligne horizontale.
Traza una línea horizontal.

horizontal (pluriel horizontales)

horloge

▷ Il y a une horloge dans la gare.
Hay un reloj en la estación.

el **reloj** (pluriel los relojes)

*Attention à bien prononcer le **r** et le **j** de **reloj**.*

ℹ *Remarquez que l'espagnol utilise le même mot **reloj** pour désigner* **une horloge et une montre.**

horoscope

▷ Que dit ton horoscope cette semaine ?
¿Qué dice tu horóscopo esta semana?

el **horóscopo**

ℹ *Remarquez que le mot espagnol porte sur le deuxième **o** un accent écrit qui reflète l'accent tonique.*

horreur

1 ▷ J'ai horreur des épinards !
¡Odio las espinacas!

2 ▷ Il y avait une limace dans la salade. – Quelle horreur !
Había una babosa en la ensalada. – ¡Qué horror!

3 ▷ Cédric adore les films d'horreur.
A Cédric le encantan las películas de horror.

1 ► **avoir horreur de** quelque chose **:** odiar algo

2 *Pour dire qu'on trouve quelque chose horrible ou choquant, on emploie en espagnol **¡qué horror!***

3 ► **film d'horreur :** la película de horror (pluriel las películas de horror)

ℹ *On peut dire aussi **la película de miedo**.*

horrible

▷ Elle portait un blouson vraiment horrible.
Llevaba una cazadora realmente horrible.

horrible

*Attention à bien prononcer les deux **r** de **horrible**.*

hors

▷ Le malade est enfin hors de danger.
El enfermo está por fin fuera de peligro.

▷ Cet ascenseur est hors service, nous devons prendre l'escalier.
Este ascensor está fuera de servicio, tenemos que subir por la escalera.

► **hors de :** fuera de

► **hors service :** fuera de servicio

hors-bord

▻ Il s'est acheté un hors-bord.
Se compró un fueraborda.

el **fueraborda**

hors-d'œuvre

▻ Je ne prendrai pas de hors-d'œuvre, juste le plat principal.
No tomaré entremés, sólo el plato fuerte.

el **entremés** (pluriel los entremeses)

hors-la-loi

▻ Jesse James était un célèbre hors-la-loi.
Jesse James era un famoso forajido.

el **forajido,** la **forajida**

hospitaliser

▻ Ma grand-mère a été hospitalisée hier.
Mi abuela fue hospitalizada ayer.

► **être hospitalisé** *ou* **se faire hospitaliser : ser hospitalizado**

hôtel

1 ▻ Nous avons trouvé un hôtel bon marché près de la plage.
Encontramos un hotel barato cerca de la playa.
▻ Nous avons dormi à l'hôtel quand nous étions en Espagne.
Nos alojamos en un hotel cuando estábamos en España.

1 (pour loger) el **hotel** (pluriel los hoteles)

► **dormir à l'hôtel : alojarse en un hotel**

ℹ *Le pronom réfléchi fonctionne de la façon suivante en espagnol :* ***me alojo, te alojas, se aloja, nos alojamos, os alojáis, se alojan.***

2 ▻ L'hôtel de ville est juste à côté de la gare.
El ayuntamiento está justo al lado de la estación.

2 ► **hôtel de ville :** el **ayuntamiento**

hôtesse

▻ Une hôtesse nous a aidés à trouver le stand.
Una azafata nos ayudó a encontrar el estand.
▻ L'hôtesse de l'air a montré comment attacher les ceintures de sécurité.
La azafata enseñó cómo abrochar los cinturones de seguridad.

► **hôtesse (d'accueil)** (dans une foire ou une entreprise) : la **azafata**
► **hôtesse de l'air :** la **azafata**

ℹ *Le mot* ***azafata*** *désigne à la fois l'hôtesse d'accueil et l'hôtesse dans un avion ; pour éviter les confusions, on peut préciser en disant, par exemple,* ***la azafata de feria*** (l'hôtesse de la foire).

hourra

▻ Hourra ! On a gagné !
¡Hurra, hemos ganado!
▻ La foule a poussé des hourras quand il est apparu.
La multitud rompió en hurras cuando apareció.

¡Hurra!

► **pousser des hourras : gritar hurras** *ou* **romper en hurras**

🔈 *Attention à bien prononcer les deux* ***r****.*

housse

▷ Il y a des housses sur les meubles pour les protéger.
Hay fundas sobre los muebles para protegerlos.

▷ La housse de couette bleue est dans le panier à linge.
La funda de edredón azul está en la cesta de la ropa sucia.

la **funda**

► **housse de couette :** la **funda de edredón** (pluriel **las fundas de edredón**)

houx

▷ Les baies du houx sont rouges.
Las bayas del acebo son rojas.

el **acebo**

hublot

1 ▷ Je voudrais un siège près du hublot.
Quisiera un asiento cerca de la ventanilla.

1 (d'un avion) la **ventanilla**

2 ▷ J'ai regardé les autres bateaux par le hublot.
Miré los otros barcos por el ojo de buey.

2 (d'un bateau) el **ojo de buey** (pluriel **los ojos de buey**)

ℹ *Ojo de buey signifie littéralement « œil de bœuf ».*

huées

▷ Il est sorti sous les huées.
Salió bajo un abucheo.

el **abucheo**

huer

▷ Les élèves ont hué les profs.
Los alumnos abuchearon a los profesores.

abuchear

*Si le complément est une personne, un groupe de personnes ou un animal domestique, n'oubliez pas de le faire précéder de **a**.*

huile

1 ▷ Ne mets pas trop d'huile dans la poêle.
No eches demasiado aceite en la sartén.

▷ L'huile d'olive est meilleure pour la santé que le beurre.
El aceite de oliva es mejor para la salud que la mantequilla.

1 el **aceite**

► **huile d'olive :** **aceite de oliva**

ℹ *Remarquez que le mot espagnol est masculin.*

2 ▷ N'oublie pas l'huile solaire.
No olvides el bronceador.

2 ► **huile solaire :** el **bronceador** (pluriel **los bronceadores**)

huit

▷ René a huit frères.
René tiene ocho hermanos.
▷ Nous étions huit à table.
Éramos ocho para comer.
▷ Aujourd'hui c'est le huit mai.
Hoy es el ocho de mayo.

ocho

ℹ *Notez l'emploi de **de** en espagnol quand on dit la date.*

huitième

▷ C'est notre huitième devoir sur table ce mois-ci !
¡Ésta es la octava prueba este mes!

octavo, octava

huître

▷ Deux douzaines d'huîtres, s'il vous plaît.
Dos docenas de ostras, por favor.

la ostra

humain, humaine

▷ Dans le film, les extraterrestres attaquent les humains.
En la película, los extraterrestres atacan a los humanos.

humano, humana

ℹ ***Humano, humana** peut être soit un adjectif, soit un nom. Regardez aussi le mot être.*

humanitaire

▷ Il travaille pour une organisation humanitaire.
Trabaja en una asociación humanitaria.

humanitario, humanitaria

humble

▷ À mon humble avis, ce n'est pas sérieux.
A mi humilde parecer, ésto no es sério.

humilde

humeur

▷ Cela va dépendre de son humeur.
Dependerá de su humor.
▷ J'étais de bonne humeur et puis il m'a énervée !
¡Estaba de buen humor pero me ha puesto nerviosa!
▷ Tu es de mauvaise humeur aujourd'hui, qu'est-ce qui se passe ?
Estás de mal humor hoy, ¿qué ocurre?

el humor

► **être de bonne humeur :** estar de buen humor

► **être de mauvaise humeur :** estar de mal humor

ℹ *Remarquez que le mot espagnol est masculin.*

ℹ *Notez que **humor** signifie également « humour ».*

humide

▷ Utilise une éponge humide.
Usa una esponja húmeda.

húmedo, húmeda

ℹ *Remarquez que le mot espagnol porte sur le **u** un accent écrit qui reflète l'accent tonique.*

humiliant, humiliante

▷ Ce que lui a dit la prof était humiliant.
Lo que le dijo la profesora era humillante.

humillante

*Attention à l'orthographe du mot **humillante**.*

humoristique

▷ Il l'a dit sur un ton humoristique.
Lo dijo en tono humorístico.

▷ L'article de journal est suivi d'un dessin humoristique.
Viene un dibujo humorístico después del artículo.

humorístico, humorística

► **dessin humoristique :** un **dibujo humorístico**

humour

▷ C'est un film plein d'humour.
Es una película con mucho humor.

▷ Heureusement qu'elle a de l'humour !
¡Menos mal que tiene sentido del humor!

el **humor**

► **avoir de l'humour :** **tener sentido del humor**

ℹ *Notez que **humor** signifie également « humeur ».*

hurlement

▷ On a entendu des hurlements de douleur.
Oímos unos alaridos de dolor.

el **alarido**

ℹ *On peut dire aussi **el aullido**.*

hurler

1 ▷ J'ai eu tellement peur que j'ai hurlé.
Tuve tanto miedo que grité.

▷ Ne hurle pas, je ne suis pas sourd !
¡No grites, no estoy sordo!

1 (quand c'est une personne qui hurle) **gritar**

2 ▷ Le chien a hurlé toute la nuit.
El perro aulló toda la noche.

2 (quand c'est un chien ou un loup qui hurle) **aullar**

3 ▷ Carlos nous a fait hurler de rire avec ses histoires drôles.
Carlos nos hizo reír a carcajadas con sus chistes.

3 ► **hurler de rire :** **reír a carcajadas**

hygiénique

▷ Ne mange pas avec tes doigts, ce n'est pas hygiénique.
No comas con los dedos, no es higiénico.

▷ Il n'y a plus de papier hygiénique dans les toilettes.
No queda papel higiénico en el cuarto de baño.

higiénico, higiénica

ℹ *Remarquez que les mots **higiénico** et **higiénica** portent sur le **e** un accent écrit qui reflète l'accent tonique.*

Attention à l'orthographe de ces mots.

hymne

▷ L'hymne national français s'appelle « la Marseillaise ».
El himno nacional francés se llama "la Marsellesa".

► **hymne national :** el **himno nacional** (pluriel **los himnos nacionales**)

*Attention à l'orthographe du mot **himno**.*

hyper-

▷ Céline est hyper-sympa.
Céline es supersimpática.

Pour traduire en espagnol **hyper-** *+ adjectif (=* **très** *+ adjectif), on emploie en espagnol le préfixe* **super***, qui se colle directement devant l'adjectif.*

hypermarché

▷ Il y a un hypermarché dans le centre commercial.
Hay un hipermercado en el centro comercial.

el **hipermercado**

*Attention à l'orthographe du mot **hipermercado**.*

hypocrite

▷ Je la trouve très hypocrite.
Me parece muy hipócrita.
▷ Méfie-toi de lui, c'est un hypocrite.
No te fíes de él, es un hipócrita.

hipócrita

*Remarquez que le mot espagnol porte sur le **o** un accent écrit qui reflète l'accent tonique.*
***Hipócrita** peut être soit un adjectif, soit un nom. Remarquez que même la forme masculine se termine en **-a**.*

hypothèse

▷ Je ne suis pas sûr, c'est seulement une hypothèse.
No estoy seguro, sólo es una hipótesis.

la **hipótesis** (pluriel **las hipótesis**)

*Remarquez que le mot espagnol porte sur le **o** un accent écrit qui reflète l'accent tonique.*

Ii

ici

1 ▷ Assieds-toi ici.
Siéntate aquí.
▷ La poste n'est pas loin d'ici.
Correos no está lejos de aquí.

1 (= à cet endroit) **aquí**

Remarquez que le mot espagnol porte sur le i un accent écrit qui reflète l'accent tonique.

2 ▷ Je terminerai mon travail d'ici lundi.
Terminaré el trabajo de aquí al lunes.

2 ► **d'ici...** (dans le temps) : de aquí a...

3 ▷ Jusqu'ici, nous n'avons pas eu de problèmes.
Hasta ahora, no hemos tenido problemas.

3 ► **jusqu'ici** (dans le temps) : hasta ahora

idéal, idéale

1 ▷ C'est l'endroit idéal pour un pique-nique.
Es el lugar ideal para un picnic.

1 (= meilleur) **ideal** (pluriel **ideales**)

2 ▷ L'idéal, ça serait que tu le fasses toi-même.
Lo ideal sería que lo hicieras tú mismo.

2 ► **l'idéal** (= la solution idéale) : lo ideal

Notez la concordance des temps en espagnol : ... sería (conditionnel) que lo hicieras... (plus-que-parfait du subjonctif).

idée

▷ C'est une super idée !
¡Es una idea excelente!

la **idea**

identique

▷ Les deux chapeaux sont identiques.
Los dos sombreros son idénticos.

idéntico, idéntica

Remarquez que les mots idéntico et idéntica portent sur le e un accent écrit qui reflète l'accent tonique.

identité

▷ La police fait souvent des contrôles d'identité.
La policía realiza frecuentemente controles de identidad.

la **identidad**

▷ J'ai oublié ma carte d'identité à la maison.
Se me olvidó el carné de identidad en casa.

► **carte d'identité :** el carné de identidad (pluriel los carnés de identidad)

idiot, idiote

▷ Tu es complètement idiot !
¡Eres completamente tonto!
▷ C'est une idiote, ne fais pas attention à elle.
Es una tonta, no le hagas caso.
▷ Arrête de faire l'idiot !
¡Deja de hacer el tonto!

tonto, tonta

ℹ *Tonto, tonta peut être soit un adjectif, soit un nom.*

► **faire l'idiot :** hacer el tonto

ℹ *Si on parle d'une fille ou d'une femme, on dit **hacer la tonta*** (faire l'idiote).

idole

▷ Romain est l'idole de son petit frère.
Romain es el ídolo de su hermanito.

el **ídolo**

ℹ *Remarquez que le mot espagnol est masculin, et qu'il porte sur le **i** un accent écrit qui reflète l'accent tonique.*

igloo

▷ Nous avons appris à construire des igloos.
Aprendimos a construir iglús.

el **iglú** (pluriel los iglús)

ignorant, ignorante

▷ Paquito est très ignorant.
Paquito es muy ignorante.

ignorante

ignorer

▷ Je lui ai dit bonjour, mais il m'a ignorée.
Lo saludé, pero me ignoró.
▷ J'ignore pourquoi il m'a dit ça.
Ignoro por qué me dijo eso.

ignorar

🔈 *Attention à bien prononcer séparément le **g** et le **n**.*

il

▷ Tu as vu Martial ? Oui, il arrive.
¿Has visto a Martial? Sí, ahí llega.
▷ J'aime bien ce manteau, mais il est un peu long.
Me gusta mucho este abrigo, pero es un poco largo.
▷ Oh non, il pleut !
¡Oh no, está lloviendo!
▷ Il neige beaucoup dans les Alpes.
Nieva mucho en los Alpes.

Il *ne se traduit généralement pas en espagnol.*

ℹ *L'expression* il y a *est présentée plus loin, à sa place alphabétique.*

île

▷ Ils sont en vacances sur une île grecque.
Están de vacaciones en una isla griega.

la **isla**

illégal, illégale

▷ C'est illégal de voyager sans billet.
Es ilegal viajar sin billete.

ilegal (pluriel **ilegales**)
*Attention à l'orthographe du mot **ilegal**.*

illimité, illimitée

▷ La carte donne un accès illimité à tous les parcs.
Esta tarjeta permite un acceso ilimitado a todos los parques.

ilimitado, ilimitada
Attention à l'orthographe du mot espagnol.

illisible

▷ L'écriture de Noémie est illisible.
La letra de Noémie es ilegible.

ilegible

illuminé, illuminée

▷ Les rues sont illuminées à la période de Noël.
Las calles están iluminadas en la época de Navidad.

(= éclairé) **iluminado, iluminada**

illusion

▷ Ce n'est pas réel, ce n'est qu'une illusion.
No es real, no es más que una ilusión.

la **ilusión** (pluriel **las ilusiones**)
Il n'y a pas d'accent écrit au pluriel. L'accent tonique porte sur le o, comme au singulier.
Attention à l'orthographe du mot espagnol.

▷ Tu te fais des illusions.
Te haces ilusiones.

► **se faire des illusions : hacerse ilusiones**
*Le pronom réfléchi fonctionne de la façon suivante en espagnol : **me hago, te haces, se hace, nos hacemos, os hacéis, se hacen ilusiones.***

illustration

▷ Le livre est plein d'illustrations magnifiques.
El libro está lleno de ilustraciones magníficas.

la **ilustración** (pluriel **las ilustraciones**)
*Il n'y a pas d'accent écrit au pluriel. L'accent tonique porte sur le **o**, comme au singulier.*

illustré, illustrée

▷ Joël ne lit que des livres illustrés.
Joël sólo lee libros ilustrados.

ilustrado, ilustrada

ils

▷ Ils se sont moqués de moi.
Se burlaron de mí.

Ils *ne se traduit généralement pas en espagnol.*

il y a, il y avait, il y aura

1 ▷ Il y a une pharmacie au coin de la rue.
Hay una farmacia en la esquina.
▷ Il y aura une soirée chez Laura samedi.
Habrá una fiesta en casa de Laura el sábado.
▷ Il y avait beaucoup de monde au concert.
Había mucha gente en el concierto.
▷ Il n'y a pas de concours chaque année.
No hay oposiciones cada año.
▷ Il n'y a pas cours aujourd'hui.
Hoy, no hay clase.
▷ Il n'y a pas de biscuits dans le placard.
No hay galletas en el armario.

1 ► **il y a** (= il existe) : hay

► **il y aura :** habrá

► **il y avait :** había

► **il n'y a pas :** no hay

2 ▷ J'ai rencontré Samir il y a deux ans.
Conocí a Samir hace dos años.
▷ Il y a trois heures que j'attends.
Hace tres horas que espero.
▷ Il y a combien de temps que tu es là ?
¿Cuánto tiempo hace que estás aquí?

2 *Quand on parle du temps écoulé depuis un événement ou de la durée de quelque chose, on emploie en espagnol le mot* ***hace****.*

ℹ *Notez l'emploi de* ***¿cuánto tiempo hace que...?*** *pour demander depuis combien de temps on fait quelque chose.*

3 ▷ Qu'est-ce qu'il y a ? Ça ne te plaît pas ?
¿Qué pasa? ¿No te gusta?

3 *Quand on emploie* qu'est-ce qu'il y a ? *pour demander ce qui se passe, on dit* ***¿qué pasa?*** *en espagnol.*
Regardez le mot ***plus****.*

image

▷ Nous devons décrire l'image en espagnol pour demain.
Tenemos que describir la imagen en español para mañana.

la **imagen** (pluriel **las imágenes**)

ℹ *Il n'y a pas d'accent écrit au singulier. L'accent tonique porte sur le* ***a****, comme au pluriel.*

imagination

▷ Óscar a beaucoup d'imagination.
Óscar tiene mucha imaginación.

la **imaginación**

ℹ *Remarquez que le mot espagnol porte sur le* ***o*** *un accent écrit qui reflète l'accent tonique.*

imaginer

1 ▷ Imagine que tu es sur une île déserte.
Imagina que estás en una isla desierta.

1 **imaginar**

2 ▷ Il s'imagine que ça va être facile.
Se imagina que va a ser fácil.

2 ► **s'imaginer que... :** imaginarse que...

ℹ *Le pronom réfléchi fonctionne de la façon suivante en espagnol :* ***me imagino, te imaginas, se imagina, nos imaginamos, os imagináis, se imaginan.***

imbécile

1 ▷ Espèce d'imbécile !
¡Pedazo de imbécil!

1 (= idiot) el **imbécil**, la **imbécil** (pluriel **los** *ou* **las imbéciles**)

ℹ *Remarquez que le mot espagnol porte sur le* ***e*** *un accent écrit qui reflète l'accent tonique.*

2 ▷ Arrête de faire l'imbécile !
¡Deja de hacer el tonto!

2 ► **faire l'imbécile : hacer el tonto**

ℹ *Si on parle d'une fille ou d'une femme, on dit* ***hacer la tonta****.*

imitation

▷ Youssouf arrive à faire de très bonnes imitations d'hommes politiques.
Youssouf consigue muy buenas imitaciones de políticos.
▷ Ce n'est pas de l'or, c'est de l'imitation.
No es oro, es de imitación.
▷ C'est une veste en imitation cuir.
Es una chaqueta de imitación cuero.

la **imitación** (pluriel **las imitaciones**)

ℹ *Il n'y a pas d'accent écrit au pluriel. L'accent tonique porte sur le* ***o****, comme au singulier.*

ℹ *Notez l'emploi de* ***de*** *en espagnol quand on parle du matériau dont est fait quelque chose.*

imiter

1 ▷ Rafael imite très bien la prof de gym.
Rafael imita muy bien a la profesora de gimnasia.
▷ C'est un métal qui imite l'or.
Es un metal que imita al oro.

1 (= copier une personne ou ressembler à quelque chose) **imitar**

Si le complément est une personne, un groupe de personnes ou un animal domestique, n'oubliez pas de le faire précéder de ***a****.*

2 ▷ Sandra a imité la signature de sa mère sur son bulletin.
Sandra ha falsificado la firma de su madre en el boletín de notas.

2 (une signature) **falsificar**

immédiat, immédiate

▷ Sa réaction a été immédiate.
Su reacción fue inmediata.

inmediato, inmediata

Attention à l'orthographe du mot espagnol.

immédiatement

▷ Rends-moi ça immédiatement !
¡Devuélveme esto inmediatamente!

inmediatamente

Attention à l'orthographe et à la prononciation : le ***n*** *et le* ***m*** *doivent se prononcer séparément.*

immense

▷ Le nouvel hypermarché est immense.
El nuevo hipermercado es inmenso.

inmenso, inmensa
*Attention à l'orthographe et à la prononciation : le **n** et le **m** doivent se prononcer séparément.*

immeuble

1 ▷ Les immeubles de Chicago sont extrêmement hauts.
Los edificios de Chicago son altísimos.

1 (= bâtiment en général) el **edificio**

2 ▷ Karine habite dans un immeuble en banlieue.
Karine vive en un bloque de pisos en las afueras.

2 (= appartements) el **bloque de pisos** (pluriel **los bloques de pisos**)

immigré, immigrée

▷ Le magasin appartient à une famille d'immigrés.
La tienda pertenece a una familia de inmigrantes.

el **inmigrante**, la **inmigrante**
*Attention à l'orthographe et à la prononciation : le **n** et le **m** doivent se prononcer séparément.*

immobile

▷ Le serpent était parfaitement immobile.
La serpiente estaba completamente inmóvil.
▷ Voyons si tu peux rester immobile pendant une minute.
A ver si puedes quedarte inmóvil durante un minuto.

inmóvil (pluriel **inmóviles**)
*Remarquez que le mot espagnol porte sur le **o** un accent écrit qui reflète l'accent tonique.*
*Attention à l'orthographe et à la prononciation : le **n** et le **m** doivent se prononcer séparément.*

immonde

▷ La nourriture est vraiment immonde.
La comida es realmente asquerosa.

(= dégoûtant) **asqueroso, asquerosa**

immortel, immortelle

▷ Sur leur planète, certains êtres sont immortels.
En su planeta, algunos seres son inmortales.

inmortal (pluriel **inmortales**)
*Attention à l'orthographe et à la prononciation : le **n** et le **m** doivent se prononcer séparément.*

immunisé, immunisée

▷ Ils sont immunisés contre cette maladie.
Están inmunizados contra esta enfermedad.

inmunizado, inmunizada
Attention à l'orthographe du mot espagnol.
*Cet adjectif s´utilise avec le verbe **estar** et non pas **ser**.*

impair

▷ Les numéros impairs sont du côté gauche de la rue.
Los números impares están en el lado izquierdo de la calle.

(en parlant d'un numéro ou d'un nombre) **impar** (pluriel **impares**)

imparfait

▷ Mettez tous les verbes à l'imparfait.
Poned todos los verbos en el imperfecto.

► **l'imparfait :** el (pretérito) imperfecto
► **mettre un verbe à l'imparfait :** poner un verbo en el imperfecto

impasse

▷ Fais demi-tour, c'est une impasse.
Da media vuelta, es un callejón sin salida.

el **callejón sin salida** (pluriel los callejones sin salida)

ℹ *Signifie littéralement* ruelle sans issue. *Il n'y a pas d'accent écrit au pluriel. L'accent tonique porte sur le* o*, comme au singulier.*

impatient, impatiente

▷ Ne sois pas si impatient !
¡No seas tan impaciente!

impaciente

impeccable

1 ▷ Raphaël est toujours impeccable.
Raphaël está siempre impecable.

1 (= très soigné) **impecable**

Attention à l'orthographe du mot ***impecable****.*

2 ▷ Alors on se retrouve mardi ? – Impeccable !
¿Entonces nos vemos el martes? – ¡Perfecto!

2 (= super) **perfecto**

impératrice

▷ Comment s'appelle l'impératrice dans cette saga ?
¿Cómo se llama la emperatriz en esta saga?

la **emperatriz** (pluriel las emperatrices)

ℹ *N'oubliez pas que le* z *final devient* c *au pluriel.*

imperméable

1 ▷ Emporte ton imperméable, il va pleuvoir.
Llévate el impermeable, va a llover.

1 (= vêtement) el **impermeable**

ℹ *Pour désigner un vêtement de pluie en général, on dit* ***un chubasquero****.*

2 ▷ Ce tissu est imperméable.
Este tejido es impermeable.

2 (= étanche) **impermeable**

impertinent, impertinente

▷ Cette fille est très impertinente.
Esta chica es muy impertinente.
▷ Le conseil de classe a puni Laurent parce qu'il a été impertinent avec le prof.
El consejo escolar ha castigado a Laurent porque estuvo impertinente con el profesor.

impertinente

ℹ *Notez l'emploi de* ***ser*** *et de* ***estar*** *avec l'adjectif* ***impertinente*** *: on emploie* ***ser*** *quand on dit que quelqu'un est toujours impertinent, et* ***estar*** *quand quelqu'un est impertinent à un moment donné.*

impoli, impolie

1 ▷ Il est très impoli, il dit beaucoup de gros mots.
Es muy maleducado, dice muchas palabrotas.

1 (quand on parle d'une personne toujours grossière) **maleducado, maleducada**

ℹ *Notez que pour parler du trait de caractère, on utilise le verbe* ***ser****.*

2 ▷ Elle a été très impolie avec moi.
Estuvo muy descortés conmigo.
▷ C'est impoli de regarder les gens comme ça.
Es descortés mirar así a la gente.

2 (quand on parle d'une personne parfois grossière, ou d'une attitude) **descortés** (pluriel **descorteses**)

ℹ *Notez que pour parler d'une attitude ponctuelle, on utilise le verbe* ***estar****.*
Il n'y a pas d'accent écrit au pluriel. L'accent tonique porte sur le ***e****, comme au singulier.*

impopulaire

▷ Il est très impopulaire auprès des jeunes.
Es muy impopular entre los jóvenes.

impopular (pluriel **impopulares**)

importance

▷ Ça a beaucoup d'importance pour moi.
Esto tiene mucha importancia para mí.
▷ Ne t'inquiète pas, ça n'a pas d'importance.
No te preocupes, no tiene importancia.

la **importancia**

important, importante

▷ Marseille est une ville très importante.
Marsella es una ciudad muy importante.
▷ C'est très important de bien écrire.
Es muy importante escribir bien.

importante

► **il est important de** + faire quelque chose **:** es importante + hacer algo

importateur, importatrice

▷ Ils travaillent avec des importateurs de bambou.
Trabajan con importadores de bambú.

el **importador** (pluriel los **importadores**), la **importadora**

⚠ *Attention à l'orthographe du mot espagnol.*

importer

▷ Ils importent du riz de Chine.
Importan arroz de China.

(des marchandises) **importar**

impossible

▷ Tu peux le faire pour mardi ? – Non, c'est impossible.
¿Lo puedes hacer para el martes? – No, es imposible.
▷ Il a été impossible de faire ça autrement.
Ha sido imposible hacer las cosas de otra manera.

imposible

Attention à l'orthographe du mot ***imposible****.*

► **il est impossible de** + faire quelque chose : **es imposible** + hacer algo

impôts

▷ Mes parents ont oublié de payer leurs impôts.
A mis padres se les olvidó pagar el impuesto sobre la renta.

(= taxe sur le revenu) el **impuesto sobre la renta**

Impuesto sobre la renta est un nom singulier : on dit par exemple el impuesto sobre la renta es más elevado en este país (les impôts sont plus élevés dans ce pays).

impression

▷ Ça m'a fait une impression bizarre.
Me causó una impresión rara.
▷ J'ai l'impression qu'il ne dit pas la vérité.
Tengo la impresión de que no dice la verdad.
▷ Ton travail donne l'impression d'avoir été fait à la va-vite.
Tu trabajo da la impresión de haber sido hecho de prisa y corriendo.

la **impresión** (pluriel las impresiones)

Il n'y a pas d'accent écrit au pluriel. L'accent tonique porte sur le o, comme au singulier.

Notez la préposition utilisée en espagnol : **avoir l'impression que...** = *tener la impresión de que*, **donner l'impression que...** = *dar la impresión de que...*

impressionnant

▷ J'ai vu leur spectacle, c'était très impressionnant.
He visto su espectáculo, era muy impresionante.

impresionante

impressionner

▷ Son talent a beaucoup impressionné le public.
Su talento impresionó mucho al público.

impresionar

Si le complément est une personne, un groupe de personnes ou un animal domestique, n'oubliez pas de le faire précéder de a.

imprévisible

▷ Cela pourrait avoir des conséquences imprévisibles.
Podría tener consecuencias imprevisibles.

(événement, réaction) **imprevisible**

imprimante

▷ Hocine a une imprimante laser.
Hocine tiene una impresora láser.

la **impresora**

imprimé, imprimée

1 ▷ Lalia portait une jolie robe imprimée.
Lalia llevaba un bonito vestido estampado.

1 (adjectif = avec des motifs) **estampado, estampada**

2 ▷ La feuille est imprimée des deux côtés.
La hoja está impresa por ambos lados.

2 (adjectif = écrit) **impreso, impresa**

3 ▷ Il y avait encore des imprimés au courrier ce matin.
Otra vez había impresos en el correo esta mañana.

3 ► un **imprimé** (= brochure) : un impreso

4 ▷ J'ai imprimé tous les documents concernant cette affaire.
He imprimido *ou* impreso todos los documentos relativos a este asunto.

4 *Quand il s'agit du participe passé du verbe* imprimer *dans des formes verbales composées, on utilise aussi bien* ***imprimido*** *que* ***impreso****.*

imprimer

▷ Est-ce que tu peux imprimer ce document ?
¿Puedes imprimir este documento?

imprimir

improbable

▷ Il viendra ? – C'est très improbable.
¿Vendrá? – Es muy improbable.

improbable

imprudent, imprudente

▷ Ne sois pas imprudente, ne sors pas seule.
No seas imprudente, no salgas sola.

▷ Je me demande s'il n'est pas imprudent de ne prévenir personne.
Me pregunto si no es imprudente no avisar a nadie.

imprudente

► **il est imprudent de** + faire quelque chose **:** es imprudente + hacer algo

impulsif, impulsive

▷ Mon frère est très impulsif.
Mi hermano es muy impulsivo.

impulsivo, impulsiva

inattendu, inattendue

▷ La décision du proviseur était inattendue.
La decisión del director fue inesperada.

inesperado, inesperada

inattention

▷ Basile a fait plusieurs fautes d'inattention.
Basile cometió varios descuidos.

► **faute d'inattention :** el **descuido**

inaugurer

▷ Le nouveau bâtiment de l'école a été inauguré par le maire.
El nuevo edificio del colegio fue inaugurado por el alcalde.

inaugurar

incapable

1 ▷ Il est incapable de faire cuire un œuf.
Es incapaz de cocer un huevo.

1 ► **être incapable de** faire quelque chose **: ser incapaz de** hacer algo

ℹ *N'oubliez pas que le z devient c au pluriel.*

2 ▷ Tu es une incapable !
¡Eres una incompetente!

2 ► **un** *ou* **une incapable :** un *ou* una **incompetente**

incassable

▷ Mes lunettes sont incassables.
Mis gafas son irrompibles.

irrompible

🔈 *Attention à bien prononcer les deux r.*

incendie

▷ Il y a eu un incendie à la bibliothèque.
Hubo un incendio en la biblioteca.

el **incendio**

incertain, incertaine

▷ Notre futur est incertain.
Nuestro futuro es incierto.

incierto, incierta

incident

▷ Le match s'est déroulé sans incident.
El partido se desarrolló sin incidente.

el **incidente**

incliner

▷ Inclinez légèrement votre siège.
Incline ligeramente su asiento.

(un siège, une bouteille) **inclinar**

inclure

▷ La taxe n'est pas incluse dans le prix.
La tasa no va incluida en el precio.

(= mettre avec) **incluir**

inclus, incluse

▷ J'ai jusqu'au 10 avril inclus pour l'envoyer.
Lo puedo mandar hasta el día 10 de abril inclusive.

(avec une date) **inclusive**

incolore

▷ Sophie porte du vernis à ongles incolore.
Sophie lleva esmalte de uñas incoloro.

incoloro, incolora

incomplet, incomplète

▷ Je n'ai pas eu une bonne note parce que ma réponse était incomplète.
No saqué una buena nota porque mi respuesta era incompleta.

incompleto, incompleta

incompréhensible

▷ Ce que disait le prof était incompréhensible.
Lo que decía el profesor era incomprensible.

incomprensible

*Attention à l'orthographe du mot **incomprensible**.*

inconfortable

▷ Ce fauteuil est très inconfortable.
Este sillón es muy incómodo.

incómodo, incómoda

inconnu, inconnue

▷ C'est un roman d'un écrivain inconnu.
Es una novela de un escritor desconocido.
▷ Tu ne dois pas parler aux inconnus.
No debes hablar con desconocidos.

desconocido, desconocida

*i **Desconocido, desconocida** peut être soit un adjectif, soit un nom.*

inconscient, inconsciente

▷ Tu es complètement inconsciente !
¡Eres completamente inconsciente!
Il était inconscient quand nous l'avons trouvé.
Estaba inconsciente cuando lo encontramos.
▷ C'était une réaction inconsciente.
Era una reacción inconsciente.

inconsciente

*i On utilise le verbe **ser** lorsqu'il s'agit d'une caractéristique et le verbe **estar** lorsqu'il s'agit d'un état physique.*

*Attention à bien prononcer séparément le **s** et le **c**.*

incontrôlable

▷ Cet enfant est incontrôlable.
Este niño es incontrolable.

(un sentiment, une personne) **incontrolable**

inconvénient

▷ L'inconvénient, c'est que ça revient cher.
El inconveniente es que resulta caro.

el **inconveniente**

incorrect, incorrecte

▷ Au bout de deux réponses incorrectes, tu es éliminé.
Al cabo de dos respuestas incorrectas, quedas eliminado.

(= faux) **incorrecto, incorrecta**

Attention à bien prononcer les deux ***r*** *des mots* ***incorrecto*** *et* ***incorrecta****.*

incroyable

▷ Noëlle nous a raconté une histoire incroyable.
Noëlle nos contó una historia increíble.

increíble

incroyablement

▷ C'est incroyablement difficile.
Es increíblemente difícil.

increíblemente

indéfini, indéfinie

▷ C'est un pronom indéfini.
Es un pronombre indefinido.

(= indéterminé) **indefinido, indefinida**

indépendance

▷ Le Venezuela a obtenu son indépendance en 1821.
Venezuela obtuvo su independencia en 1821.

la **independencia**

indépendant, indépendante

▷ Fulbert est quelqu'un de très indépendant.
Fulbert es una persona muy independiente.

independiente

index

▷ Il y a un index à la fin du catalogue.
Hay un índice al final del catálogo.
▷ Pablo porte une bague à l'index.
Pablo lleva un anillo en el índice.

el **índice**

Au sens de « doigt », on peut dire aussi ***el dedo índice****.*

indication

▷ Les indications du prof n'étaient pas très claires.
Las indicaciones del profesor no eran muy claras.

la **indicación** (pluriel **las indicaciones**)

Il n'y a pas d'accent écrit au pluriel. L'accent tonique porte sur le ***o****, comme au singulier.*

indice

▷ Plusieurs indices montrent qu'il était ici ce matin.
Varios indicios demuestran que estaba aquí esta mañana.

(= signe) el **indicio**

indien, indienne

▷ Il ne reste pas beaucoup d'Indiens aux États-Unis.
No quedan muchos indios en los Estados Unidos.
▷ Mon copain Ramesh est indien.
Mi amigo Ramesh es indio.

indio, india

S'écrit toujours avec une minuscule en espagnol, qu'il s'agisse de l'adjectif ou du nom.

indifférent, indifférente

▷ Sylvain a toujours l'air indifférent, rien ne l'intéresse.
Sylvain siempre parece indiferente, nada le interesa.

indiferente

Attention à l'orthographe du mot espagnol.

indigène

▷ C'est une tribu indigène d'Amérique du Sud.
Es una tribu indígena de América del Sur.

indígena

indigestion

▷ Manger juste avant de se coucher peut provoquer une indigestion.
Comer justo antes de acostarse puede provocar una indigestión.
▷ Arrête de manger, tu vas avoir une indigestion !
¡Deja de comer, que vas a indigestarte!

la **indigestión**

► **avoir une indigestion : indigestarse**

*Le pronom réfléchi fonctionne de la façon suivante en espagnol : **me indigesto, te indigestas, se indigesta, nos indigestamos, os indigestáis, se indigestan.***

indigné, indignée

▷ Ils étaient indignés de ne pas avoir été consultés.
Estaban indignados por no haber sido consultados.

indignado, indignada

*Attention à la prononciation du **gn** espagnol.*

indiquer

1 ▷ Un monsieur nous a indiqué la pharmacie la plus proche.
Un señor nos indicó la farmacia más cercana.
▷ L'horloge indique midi et demi.
El reloj indica las doce y media.

1 **indicar**

2 ▷ Elle m'a indiqué le directeur du doigt.
Me señaló al director con el dedo.

2 ► **indiquer du doigt :** señalar con el dedo

*Si le complément est une personne, un groupe de personnes ou un animal domestique, n'oubliez pas de le faire précéder de **a**.*

indispensable

▷ Pouvez-vous m'indiquer quelles sont les lectures indispensables ?
¿Puede indicarme cuáles son las lecturas inprescindibles?

▷ C'est indispensable d'avoir un ordinateur.
Es imprescindible tener un ordenador.

imprescindible

ℹ *On peut dire aussi **indispensable**.*

► **il est indispensable de** + faire quelque chose **:** es imprescindible + hacer algo

individu

▷ Il y a un individu louche qui habite près de l'école.
Hay un individuo sospechoso que vive cerca del colegio.

el **individuo**

*L'accent tonique porte sur **-vi**.*

individuel, individuelle

▷ Ma mère achète de la soupe en sachets individuels.
Mi madre compra sopa en sobres individuales.

▷ Il y a un supplément pour les chambres individuelles.
Hay un suplemento para habitaciones individuales.

individual (pluriel **individuales**)

Indonésie

▷ J'ai acheté un livre sur l'Indonésie.
He comprado un libro sobre Indonesia.

▷ Il travaille en Indonésie.
Trabaja en Indonesia.

▷ J'aimerais aller en Indonésie.
Me gustaría ir a Indonesia.

Indonesia

ℹ *Ne prend généralement pas d'article.*

► **en Indonésie** (= dans le pays) **:** en Indonesia

► **en Indonésie** (= dans le pays) **:** a Indonesia

induire

▷ Ses explications m'ont induit en erreur.
Sus explicaciones me indujeron a error.

► **induire** quelqu'un **en erreur :** inducir alguien a error

indulgent, indulgente

▷ Le prof a été indulgent avec Sara.
El profesor fue indulgente con Sara.

indulgente

industrie

▷ Quelle est la principale industrie de la région ?
¿Cuál es la principal industria de la región?

la **industria**
L'accent tonique porte sur ***-dus****.*

industriel, industrielle

▷ C'est une région très industrielle.
Es una región muy industrial.

industrial (pluriel **industriales**)

inefficace

▷ Le produit est inefficace contre les insectes.
Este producto es ineficaz contra insectos.

(appareil, remède) **ineficaz** (pluriel **ineficaces**)
N'oubliez pas que le ***z*** *final se transforme en* ***c*** *au pluriel.*

inégalité

▷ Ils luttent contre les inégalités sociales.
Luchan contra las desigualdades sociales.

(= différence) la **desigualdad** (pluriel **las desigualdades**)

inévitable

▷ Ça devait arriver, c'était inévitable.
Tenía que pasar, era inevitable.

inevitable

inexpérimenté, inexpérimentée

▷ Le personnel d'encadrement était jeune et inexpérimenté.
El personal directivo era joven e inexperimentado.

inexperimentado, inexperimentada

inexplicable

▷ L'absence de Marc est inexplicable.
La ausencia de Marc es inexplicable.

inexplicable

infarctus

▷ Le grand-père de Rodrigo a eu un infarctus.
El abuelo de Rodrigo ha tenido un infarto.

el **infarto**
Attention à l'orthographe du mot ***infarto****.*

infect, infecte

▷ Ce sandwich est infect !
¡Este bocadillo está asqueroso!

asqueroso, asquerosa

s'infecter

▷ La blessure s'est infectée.
La herida se ha infectado.

infectarse
Le pronom réfléchi fonctionne de la façon suivante en espagnol : ***se infecta, se infectan****.*

infection

▷ Il a une infection, il faut qu'il prenne des antibiotiques.
Tiene una infección, tiene que tomar antibióticos.

la **infección** (pluriel **las infecciones**)

ℹ *Il n'y a pas d'accent écrit au pluriel. L'accent tonique porte sur le **o**, comme au singulier.*

inférieur, inférieure

▷ Marie se sent inférieure à son frère.
Marie se siente inferior a su hermano.
▷ Le nombre d'élèves est inférieur à celui de l'année dernière.
El número de alumnos es inferior al del año pasado.

inferior (pluriel **inferiores**)

ℹ *Comme en français, la préposition employée après **inferior** est **a**.*

infernal, infernale

1 ▷ Mon petit frère est infernal !
¡Mi hermanito es insoportable!

1 (= insupportable, en parlant d'un enfant) **insoportable**

2 ▷ Avec la grève de transports j'ai eu une journée infernale !
¡Con la huelga de transporte he tenido un día infernal!

2 (= très dur, en parlant d'une journée) **infernal** (pluriel **infernales**)

infidèle

▷ Son mari lui a été infidèle.
Su marido le fue infiel.

infiel (pluriel **infieles**)

infini, infinie

▷ Silvia a une patience infinie.
Silvia tiene una paciencia infinita.

infinito, infinita

infiniment

▷ C'est infiniment mieux.
Es infinitamente mejor.

infinitamente

infirme

▷ La mère de Malika est infirme.
La madre de Malika está impedida.
▷ Ces sièges sont réservés aux infirmes.
Estos asientos están reservados para impedidos.

impedido, impedida

⚠ *Attention : le verbe qui traduit* **être** *dans* **être infirme** *est **estar** et non **ser**.*

ℹ ***Impedido, impedida** peut être soit un adjectif, soit un nom.*

infirmerie

▷ Paul est allé à l'infirmerie pour demander de l'aspirine.
Paul fue a la enfermería a pedir una aspirina.

la **enfermería**

ℹ *Remarquez que le mot espagnol porte sur le **i** un accent écrit qui reflète l'accent tonique.*

infirmier, infirmière

▷ L'infirmière a pris ma température.
La enfermera me tomó la temperatura.

el **enfermero**, la **enfermera**

inflammation

▷ C'est juste une inflammation de la gorge.
Sólo es una inflamación de la garganta.

la **inflamación** (pluriel las inflamaciones)

ℹ *Il n'y a pas d'accent écrit au pluriel. L'accent tonique porte sur le **o**, comme au singulier.*

influence

▷ Les parents de Karim disent que j'ai une mauvaise influence sur lui.
Los padres de Karim dicen que tengo una mala influencia sobre él.

▷ L'addiction aux drogues a une influence certaine sur le comportement.
La adicción a las drogas tiene una influencia clara en el comportamiento.

la **influencia**

► **avoir de l'influence sur** quelqu'un : tener influencia sobre alguien

► **avoir de l'influence sur** quelque chose : tener influencia en algo

influencer

▷ Je ne veux pas t'influencer, mais à mon avis c'est une mauvaise idée.
No quiero influenciarte, pero a mi juicio es una mala idea.

influenciar

*Si le complément est une personne, un groupe de personnes ou un animal domestique, n'oubliez pas de le faire précéder de **a**.*

informaticien, informaticienne

▷ Les informaticiens trouvent facilement du travail.
Los informáticos encuentran trabajo fácilmente.

el **informático**, la **informática**

ℹ *Remarquez que les mots **informático** et **informática** portent sur le **a** un accent écrit qui reflète l'accent tonique.*

information

1 ▷ Il m'a donné des informations très intéressantes.
Me dio una información muy interesante.

▷ Ils ne nous ont donné aucune information sur le retard.
No nos han dado ninguna información sobre el retraso.

1 la **información** (pluriel las informaciones)

ℹ *Il n'y a pas d'accent écrit au pluriel. L'accent tonique porte sur le **o**, comme au singulier.*
*En espagnol, on emploie presque toujours **información** au singulier.*

2 ▷ Mes parents regardent les informations tous les soirs.
Mis padres ven las noticias todas las noches.

2 ► **les informations** (= les actualités) : las noticias

informatique

▷ Domi veut faire des études d'informatique.
Domi quiere estudiar informática.

la **informática**

informer

▷ Nous devons informer les parents de cet incident.
Tenemos que informar a los padres de este incidente.

informar
*Si le complément est une personne, un groupe de personnes ou un animal domestique, n'oubliez pas de le faire précéder de **a**.*

infos

▷ Est-ce que tu as regardé les infos hier soir ?
¿Viste las noticias anoche?

► **les infos** (= les actualités) : **las noticias**

infuser

▷ Laisse infuser le thé quelques minutes.
Deja infusar el té unos minutos.

infusar

infusion

▷ Qui veut une infusion avant d'aller se coucher ?
¿Quién quiere una infusión antes de irse a la cama?

la **infusión** (pluriel **las infusiones**)
ℹ *Il n'y a pas d'accent écrit au pluriel. L'accent tonique porte sur le **o**, comme au singulier.*

ingénieur

▷ Mon père est ingénieur.
Mi padre es ingeniero.

el **ingeniero,** la **ingeniera**
ℹ *Pour les métiers, on utilise le verbe **ser** et non pas **estar**.*

ingrédient

▷ Vérifie que tu as tous les ingrédients avant de commencer.
Comprueba que tienes todos los ingredientes antes de empezar.

el **ingrediente**

initiales

▷ Tu n'as pas besoin de signer, mets simplement tes initiales.
No necesitas firmar, pon simplemente tus iniciales.

las **iniciales**

initiation

▷ Je fais un stage d'initiation au chinois.
Estoy haciendo un cursillo de introducción al chino.

► **stage d'initiation** *ou* **cours d'initiation :** el **cursillo de introducción** (pluriel **los cursillos de introducción**)
ℹ *Remarquez que le mot **introducción** porte sur le deuxième **o** un accent écrit qui reflète l'accent tonique.*

injection

▷ Il a besoin d'une injection d'insuline.
Necesita una inyección de insulina.

la **inyección** (pluriel las inyecciones)

Attention à l'orthographe du mot espagnol.

*Il n'y a pas d'accent écrit au pluriel. L'accent tonique porte sur le **o**, comme au singulier.*

injurier

▷ Il a été renvoyé trois jours pour avoir injurié un prof.
Lo expulsaron tres días por haber insultado a un profesor.

insultar

*Si le complément est une personne, un groupe de personnes ou un animal domestique, n'oubliez pas de le faire précéder de **a**.*

injuste

▷ Ce que tu as dit à Marine était injuste.
Lo que le dijiste a Marine era injusto.
▷ Il serait injuste de le traiter comme ça.
Sería injusto tratarlo así.

injusto, injusta

► **il est injuste de** + faire quelque chose : **es injusto** + hacer algo

innocent, innocente

▷ Tout le monde savait que Justin était innocent.
Todo el mundo sabía que Justin era inocente.

inocente

Attention à l'orthographe du mot espagnol.

inoffensif, inoffensive

▷ Elle aboie beaucoup, mais elle est inoffensive.
Ladra mucho, pero es inofensiva.

inofensivo, inofensiva

inondation

▷ Il y a eu des inondations dans la région.
Hubo unas inundaciones en la región.

la **inundación** (pluriel las inundaciones)

*Il n'y a pas d'accent écrit au pluriel. L'accent tonique porte sur le **o**, comme au singulier.*

inonder

▷ Qui a encore inondé la salle de bains ?
¿Quién ha vuelto a inundar el cuarto de baño?

inundar

inoubliable

▷ Nous avons passé des vacances inoubliables au Pays basque.
Pasamos unas vacaciones inolvidables en el País Vasco.

inolvidable

inquiet, inquiète

preocupado, preocupada

▷ Ils ne sont pas rentrés, je suis inquiète.
No han vuelto, estoy preocupada.

inquiétant, inquiétante

preocupante

▷ Ces nouvelles sont inquiétantes.
Estas noticias son preocupantes.

inquiéter

1 **preocupar**

Si le complément est une personne, un groupe de personnes ou un animal domestique, n'oubliez pas de le faire précéder de ***a****.*

1 ▷ Son absence inquiétait ses amis.
Su ausencia preocupaba a sus amigos.

2 ► **s'inquiéter : preocuparse**

Le pronom réfléchi fonctionne de la façon suivante en espagnol : ***me preocupo, te preocupas, se preocupa, nos preocupamos, os preocupáis, se preocupan****.*

2 ▷ Ne t'inquiète pas, c'est normal.
No te preocupes, es normal.

inscription

1 à un cours ou à une école) la **matriculación** (pluriel las matriculaciones)

1 ▷ Les inscriptions au lycée se terminent vendredi.
Las matriculaciones para el instituto terminan el viernes.

2 à un club ou les mots écrits sur un mur) la **inscripción** (pluriel las inscripciones)

Dans les deux cas, il n'y a pas d'accent écrit au pluriel. L'accent tonique porte sur le ***o****, comme au singulier.*

2 ▷ L'inscription au club coûte trente euros.
La inscripción al club cuesta treinta euros.
▷ Le mur est couvert d'inscriptions.
La pared está cubierta de inscripciones.

s'inscrire

1 (à la fac ou dans une école) **matricularse**

Le pronom réfléchi fonctionne de la façon suivante en espagnol : ***me matriculo, te matriculas, se matricula, nos matriculamos, os matriculáis, se matriculan****.*

1 ▷ Mon frère s'est inscrit à la fac.
Mi hermano se ha matriculado en la universidad.
▷ Inscrivez-vous avant le 30.
Matriculaos antes del 30.

2 (à un club) **inscribirse**

Le pronom réfléchi fonctionne de la façon suivante en espagnol : ***me inscribo, te inscribes, se inscribe, nos inscribimos, os inscribís, se inscriben****.*

2 ▷ Je ne me suis pas encore inscrite.
Todavía no me he inscrito.
▷ Je voudrais m'inscrire au club de sport.
Quisiera inscribirme al club deportivo.

insecte

▷ Il y avait des insectes partout dans l'herbe.
Había insectos por todas partes en la hierba.

el **insecto**

inséparable

▷ Lise et Jean-Charles sont inséparables.
Lise y Jean-Charles son inseparables.

inseparable

insigne

▷ Alain porte l'insigne de l'équipe de foot sur son pull.
Alain lleva la insignia del equipo de fútbol en el jersey.

la **insignia**

insistance

▷ Il l'a dit avec insistance.
Lo dijo con insistencia.

la **insistencia**

Attention à l'orthographe du mot espagnol.

insister

▷ N'insiste pas, j'ai dit non !
¡No insistas, ya te he dicho que no!
▷ Ça ne répond pas. – Insiste !
No contestan. – ¡Insiste!
▷ La prof a insisté sur ce chapitre en particulier.
La profesora insistió en este capítulo en particular.

insistir

ℹ *Notez la préposition utilisée en espagnol :* insister <u>sur</u> = ***insistir <u>en</u>***.

insolation

▷ Ne reste pas au soleil, tu vas attraper une insolation.
No te quedes al sol, vas a sufrir una insolación.

► **attraper une insolation : sufrir una insolación**

insolent, insolente

▷ Elle est très insolente.
Es muy insolente.
▷ Étienne a été insolent avec le prof de français.
Étienne estuvo muy insolente con el profesor de francés.

insolente

ℹ *Notez l'emploi de* ***ser*** *et de* ***estar*** *avec l'adjectif* ***insolente*** *: on emploie* ***ser*** *quand on dit que quelqu'un est toujours insolent, et* ***estar*** *quand quelqu'un est insolent à un moment donné.*

insomnie

▷ Mon frère a des insomnies.
Mi hermano padece insomnio.

el **insomnio**

► **avoir des insomnies : padecer insomnio**

insonorisé, insonorisée

▷ Le bureau n'est pas insonorisé.
El despacho no está insonorizado.

insonorizado, insonorizada

inspecter

▷ Les écoles sont régulièrement inspectées.
Las escuelas son inspeccionadas regularmente.

inspeccionar

inspecteur, inspectrice

▷ Un inspecteur va assister au cours d'espagnol.
Un inspector va a asistir a la clase de español.

el **inspector** (pluriel **inspectores**), la **inspectora**

inspirer

▷ Inspirez ! Expirez !
¡Inspiren! ¡Espiren!
▷ Le sujet de la rédaction n'a pas inspiré les élèves.
El tema de la redacción no inspiró a los alumnos.

inspirar

*Si le complément est une personne, un groupe de personnes ou un animal domestique, n'oubliez pas de le faire précéder de **a**.*

installer

1 ▷ Quelqu'un est venu installer l'ordinateur.
Alguien vino a instalar el ordenador.
▷ Ils se sont installés à Nîmes.
Se han instalado en Nimes.

1 (= mettre en service) **instalar**

2 ▷ Installe-toi dans le canapé.
Instálate en el sofá.

2 ► **s'installer : instalarse**

*Le pronom réfléchi fonctionne de la façon suivante en espagnol : **me instalo, te instalas, se instala, nos instalamos, os instaláis, se instalan.***

instant

1 ▷ Pendant un instant, j'ai cru que c'était Sophie.
Durante un instante, creí que era Sophie.

1 el **instante**

2 ▷ Un instant, j'arrive !
¡Un momento, ya voy!

2 ► **un instant ! : ¡un momento!**

instantané, instantanée

1 ▷ Sa réaction a été instantanée.
Su reacción fue inmediata.

1 (réponse, effet) **inmediato, inmediata**

2 ▷ Je ne bois que du café instantané.
Sólo bebo café instantáneo.

2 (café) **instantáneo, instantánea**

instituteur, institutrice

▷ Notre instituteur était très gentil.
Nuestro profesor de primaria era muy amable.

el **profesor de primaria** (pluriel **profesores de primaria**), la **profesora de primaria** (pluriel **profesoras de primaria**)

*On dit aussi **maestro, maestra.***

instruction

▷ Si tu suis mes instructions, tu n'auras pas de problème.
Si sigues mis instrucciones, no tendrás ningún problema.

la **instrucción** (pluriel las instrucciones)

ℹ *Il n'y a pas d'accent écrit au pluriel. L'accent tonique porte sur le o, comme au singulier.*

s'instruire

▷ Avec ce jeu, on s'amuse et on s'instruit en même temps.
Con este juego, te diviertes y te instruyes al mismo tiempo.

instruirse

ℹ *Le pronom réfléchi fonctionne de la façon suivante en espagnol : me instruyo, te instruyes, se instruye, nos instruimos, os instruís, se instruyen.*

instrument

▷ Est-ce que tu joues d'un instrument de musique ?
¿Tocas algún instrumento de música?

el **instrumento**

► **jouer d'un instrument :** tocar un instrumento

insuffisant, insuffisante

▷ La quantité de nourriture est insuffisante.
La cantidad de comida es insuficiente.

▷ Le prof de géo a dit que mes résultats étaient insuffisants.
El profesor de geografía dijo que mis resultados eran insuficientes.

insuficiente

insuline

▷ L'insuline est utilisée pour traiter le diabète.
Se utiliza la insulina para tratar la diabetes.

la **insulina**

insulte

▷ Il lui a envoyé une lettre d'insultes.
Le mandó una carta de insultos.

el **insulto**

insulter

1 ▷ Marco a frappé Bernard parce qu'il avait insulté sa sœur.
Marco pegó a Bernard porque había insultado a su hermana.

1 **insultar**

Si le complément est une personne, un groupe de personnes ou un animal domestique, n'oubliez pas de le faire précéder de a.

2 ▷ Elles se sont insultées pendant une demi-heure.
Se insultaron durante media hora.

2 ► **s'insulter :** insultarse

ℹ *Le pronom réfléchi fonctionne de la façon suivante en espagnol : nos insultamos, os insultáis, se insultan.*

insupportable

▷ Ce bruit est insupportable !
¡Este ruido es insoportable!

insoportable

intégration

▷ L'intégration scolaire des handicapés est importante pour leur développement.
La integración escolar de los discapacitados es importante para su desarrollo.

la integración (pluriel las integraciones)

ℹ *Il n'y a pas d'accent écrit au pluriel. L'accent tonique porte sur le o, comme au singulier.*

s'intégrer

▷ Ils ont du mal à s'intégrer dans notre société.
Les cuesta integrarse en la sociedad.

integrarse

ℹ *Le pronom réfléchi fonctionne de la façon suivante en espagnol : me integro, te integras, se integra, nos integramos, os integráis, se integran.*

intégrisme

▷ Il y a différentes sortes d'intégrisme.
Existen diferentes tipos de integrismo.

el integrismo

intégriste

▷ Ils ont arrêté des intégristes.
Arrestaron a unos integristas.

el integrista, la integrista

intelligent, intelligente

▷ Lucie est très intelligente.
Lucie es muy inteligente *ou* lista.
▷ Ce n'était pas très intelligent de lui dire ça !
¡No era muy inteligente decirle ésto!

inteligente *ou* listo, lista

ℹ *Cet adjectif s'utilise avec le verbe* ***ser*** *et non pas* ***estar****.*
Notez l'absence de préposition entre ***inteligente*** *et l'infinitif en espagnol.*

intensif, intensive

▷ Je suis un cours intensif de russe.
Hago un curso intensivo de ruso.

intensivo, intensiva

intention

▷ Je ne connais pas leurs intentions.
No conozco sus intenciones.
▷ Qu'est-ce que tu as l'intention de faire ?
¿Qué piensas hacer?

la intención (pluriel las intenciones)

► **avoir l'intention de :** pensar + infinitif

ℹ *Il n'y a pas d'accent écrit au pluriel. L'accent tonique porte sur le o, comme au singulier.*

interactif, interactive

▷ J'adore les jeux interactifs.
Me encantan los juegos interactivos.

interactivo, interactiva

interclasse

▷ Ils fumaient pendant l'interclasse.
Fumaban durante el descanso.

el **descanso**

interdire

▷ Mes parents m'ont interdit de sortir.
Mis padres me han prohibido que salga.
▷ Cette pub a été interdite en France.
Este anuncio ha sido prohibido en Francia.
▷ Je t'interdis de me parler sur ce ton.
Te prohíbo que me hables en ese tono.

prohibir

► **interdire à** quelqu'un **de** + infinitif : **prohibir a** alguien **que** + subjonctif

*Attention à la concordance des temps : quand **prohibir** est au présent ou au passé composé, le verbe de la subordonnée est au présent du subjonctif **(me han prohibido que salga)**, mais quand **prohibir** est au passé simple, le verbe de la subordonnée doit être à l'imparfait du subjonctif **(me prohibieron que saliera)**.*

interdit, interdite

▷ C'est un film interdit aux moins de 16 ans.
Es una película prohibida a los menores de 16 años.
▷ Il est interdit de fumer dans l'école.
Está prohibido fumar en el colegio.

(= défendu) **prohibido**

► **il est interdit de** + faire quelque chose : **está prohibido** + hacer algo

Attention : le verbe qui traduit être *dans* être interdit *est* ***estar*** *et non* ***ser***.

intéressant, intéressante

1 ▷ J'ai trouvé le cours d'espagnol très intéressant.
La clase de español me pareció muy interesante.
▷ Il est intéressant de connaître l'avis des autres.
Es interesante conocer la opinión de los demás.

1 (= passionnant) **interesante**

► **il est intéressant de** + faire quelque chose : **es interesante** + hacer algo

2 ▷ Ils le vendent à un prix très intéressant.
Lo venden a un precio muy atractivo.

2 (= avantageux) **atractivo, atractiva**

intéresser

1 ▷ La politique n'intéresse pas beaucoup les jeunes.
A los jóvenes no les interesa mucho la política.

1 **interesar**

*Si le complément est une personne, un groupe de personnes ou un animal domestique, n'oubliez pas de le faire précéder de **a**.*

2 ▷ Thomas s'intéresse beaucoup aux animaux.
Thomas se interesa mucho por los animales.

2 ► **s'intéresser à** quelque chose : **interesarse por** algo

ℹ *Le pronom réfléchi fonctionne de la façon suivante en espagnol : **me interesa por..., te interesas por..., se interesa por..., nos interesamos por..., os interesáis por..., se interesan por...***

intérêt

1 ▷ Ce film n'a pas le moindre intérêt.
Esta película no tiene el más mínimo interés.
▷ Les taux d'intérêt sont très bas en ce moment.
Los tipos de interés están muy bajos en este momento.

1 el **interés**

2 ▷ Tu as intérêt à te taire !
¡Más vale que te calles!

2 *Pour menacer quelqu'un, on emploie l'expression **más vale que** + subjonctif en espagnol.*

intérieur

1 ▷ L'intérieur de la maison est plus joli que l'extérieur.
El interior de la casa es más bonito que el exterior.

1 ► **l'intérieur** (= la partie qui est dedans) : el **interior**

2 ▷ Je vous attendrai à l'intérieur.
Os esperaré dentro.
▷ Vous ne pouvez pas fumer à l'intérieur du bâtiment.
No puede fumar dentro del edificio.

2 ► **à l'intérieur : dentro**
► **à l'intérieur de : dentro de**

internat

▷ Les parents de Jonathan veulent l'envoyer dans un internat.
Los padres de Jonathan quieren enviarlo a un internado.

(= école) el **internado**

international, internationale

▷ L'équipe de Marseille participe au championnat international.
El equipo de Marsella participa en el campeonato internacional.

internacional (pluriel **internacionales**)

internaute

▷ Beaucoup d'internautes achètent en ligne.
Muchos internautas compran por internet.

el **internauta**, la **internauta**

interne

▷ Les internes n'ont pas le droit de sortir de l'école.
Los internos no tienen derecho a salir de la escuela.

(= élève qui dort à l'école) el **interno**, la **interna**

internet

▷ L'internet est très utile pour chercher des informations.
Internet es muy útil para buscar información.

► **l'internet :** Internet

interphone®

▷ J'ai appuyé sur le bouton de l'interphone, mais personne n'a répondu.
Pulsé el botón del interfono, pero nadie contestó.

el **interfono**

ℹ *On peut dire aussi* ***el portero automático.***

interprète

▷ Je connais la chanson mais pas l'interprète.
Conozco la canción pero no al intérprete.
▷ Elle veut devenir interprète.
Quiere ser intérprete.

el **intérprete**, la **intérprete**

interpréter

▷ Il y a plusieurs façons d'interpréter ce texte.
Hay varias maneras de interpretar este texto.
▷ Le pianiste a interprété un morceau de Mozart.
El pianista interpretó un fragmento de Mozart.

interpretar

interro, interrogation écrite

▷ On a une interro d'espagnol mardi.
Tenemos una prueba de español el martes.

la **prueba**

ℹ *On peut dire aussi* ***el examen.***

interroger

1 ▷ Le prof interroge régulièrement les élèves.
El profesor hace preguntas a los alumnos con regularidad.

1 (= tester les connaissances de) **hacer preguntas**

2 ▷ La police a interrogé plusieurs personnes.
La policía interrogó a varias personas.

2 (= poser des questions à) **interrogar**

Dans les deux cas, si le complément est une personne ou un groupe de personnes, n'oubliez pas de le faire précéder de ***a.***

Attention à bien prononcer les deux ***r.***

interrompre

▷ Ne m'interromps pas sans arrêt !
¡No me interrumpas sin cesar!

interrumpir

Attention à bien prononcer les deux ***r.***

interrupteur

▻ L'interrupteur est à gauche de la porte.
El interruptor está a la izquierda de la puerta.

el **interruptor** (pluriel **los interruptores**)

Attention à bien prononcer les deux **r**.

intervalle

▻ Il y a un petit intervalle entre les deux murs.
Hay un pequeño intervalo entre los dos muros.

▻ Il faut vérifier à intervalles réguliers.
Es necesario verificar a intervalos regulares.

el **intervalo**

intervenir

▻ Le directeur a dû intervenir et les séparer.
El director tuvo que intervenir y separarlos.

(= agir) **intervenir**

intervertir

▻ J'ai interverti les mots.
Invertí las palabras.

invertir

interview

▻ Vous avez vu l'interview du Premier ministre hier soir ?
¿Visteis la entrevista con el primer ministro anoche?

la **entrevista**

interviewer

▻ La journaliste a interviewé des agriculteurs.
La periodista entrevistó a unos agricultores.

entrevistar

Si le complément est une personne, un groupe de personnes ou un animal domestique, n'oubliez pas de le faire précéder de **a**.

intime

▻ Julie et Nathan sont amis intimes.
Julie y Nathan son amigos íntimos.

íntimo, íntima

intimider

▻ Le prof de physique intimide ses élèves.
El profesor de física intimida a sus alumnos.

intimidar

Si le complément est une personne, un groupe de personnes ou un animal domestique, n'oubliez pas de le faire précéder de **a**.

intituler

1 ▻ Comment est-ce que tu vas intituler ton exposé ?
¿Cómo vas a titular tu exposición?

1 (= appeler) **titular**

2 ▷ Le chapitre s'intitule « Madrid ».
El capítulo se titula "Madrid".

2 ► **s'intituler** : titularse

ℹ *Le pronom réfléchi fonctionne de la façon suivante en espagnol : **se titula, se titulan**.*

intoxication

▷ Julien a attrapé une intoxication alimentaire.
Julien ha sufrido una intoxicación alimentaria.

la **intoxicación** (pluriel las intoxicaciones)

ℹ *Il n'y a pas d'accent écrit au pluriel. L'accent tonique porte sur le **o**, comme au singulier.*

intrigue

▷ L'intrigue est assez compliquée.
La intriga es bastante complicada.

(de film, de roman) la **intriga**

introduction

▷ Je n'ai écrit que l'introduction de mon exposé.
Sólo he escrito la introducción de mi exposición.

la **introducción** (pluriel las introducciones)

ℹ *Il n'y a pas d'accent écrit au pluriel. L'accent tonique porte sur le **o**, comme au singulier.*

inutile

1 ▷ Tous ses efforts ont été inutiles.
Todos sus esfuerzos resultaron inútiles.

1 (= qui ne sert à rien) **inútil** (pluriel inútiles)

ℹ *Remarquez que les mots **inútil** et **inútiles** portent sur le **u** un accent écrit qui reflète l'accent tonique.*

▷ Inutile d'insister, j'ai dit non !
¡Es inútil insistir, he dicho que no!

► **il est inutile de** + faire quelque chose : **es inútil** + hacer algo

2 ▷ Ces précautions sont inutiles.
Estas precauciones no son necesarias.

2 *Pour dire que quelque chose* n'est pas nécessaire, *on préfère en espagnol utiliser l'expression **ser necesario** à la forme négative.*

invalide

▷ La grand-mère de Pierrot est invalide.
La abuela de Pierrot es inválida.
▷ Ces sièges sont réservés aux invalides.
Estos asientos están reservados para los inválidos.

inválido, inválida

ℹ *Remarquez que le mot espagnol porte sur le **a** un accent écrit qui reflète l'accent tonique.*

invasion

▷ En été, il y a une invasion de touristes sur les plages.
En verano, hay una invasión de turistas en las playas.

la **invasión** (pluriel las invasiones)

ℹ *Il n'y a pas d'accent écrit au pluriel. L'accent tonique porte sur le **o**, comme au singulier.*

inventer

▻ Qui a inventé le téléphone ?
¿Quién inventó el teléfono?

inventar

inventeur, inventrice

▻ Karl Benz est un célèbre inventeur allemand.
Karl Benz es un inventor alemán muy famoso.

el **inventor** (pluriel **los inventores**), la **inventora**

invention

▻ Cet appareil est une drôle d'invention !
¡Este aparato es un invento raro!

(= une chose inventée) el **invento**

inverse

1 ▻ Non, c'est l'inverse.
No, es lo contrario.

1 ► **l'inverse :** lo **contrario**

2 ▻ Ils arrivaient en sens inverse.
Llegaban en sentido contrario.

▻ On joue dans le sens inverse des aiguilles d'une montre.
Se juega en el sentido contrario a las agujas del reloj.

2 ► **en sens inverse : en sentido contrario**

► **dans le sens inverse des aiguilles d'une montre : en el sentido contrario a las agujas del reloj**

inverser

▻ Dans cet exercice, tu dois inverser l'ordre des mots.
En este ejercicio, tienes que invertir el orden de las palabras.

invertir

investir

▻ Ils ont investi tout leur argent dans le magasin de leur fils.
Han invertido todo su dinero en la tienda del hijo.

(= placer de l'argent) **invertir**

invisible

▻ La tache est pratiquement invisible.
La mancha es prácticamente invisible.

invisible

invitation

▻ Est-ce que tu as reçu l'invitation pour la soirée de Michaël ?
¿Has recibido la invitación para la fiesta de Michaël?

la **invitación** (pluriel **las invitaciones**)

ℹ *Il n'y a pas d'accent écrit au pluriel. L'accent tonique porte sur le **o**, comme au singulier.*

invité, invitée

▷ Nous avions huit invités hier soir.
Tuvimos ocho invitados anoche.

el **invitado**, la **invitada**

inviter

▷ Je n'ai pas envie d'inviter toute la classe à ma soirée.
No tengo ganas de invitar a toda la clase a mi fiesta.
▷ Mon père nous a invités au restaurant samedi dernier.
Mi padre nos invitó al restaurante el sábado pasado.
▷ Qu'est-ce que tu veux boire ? Je t'invite !
¿Qué quieres tomar? ¡Te invito!

invitar

Le complément est une personne ou un groupe de personnes : n'oubliez pas de le faire précéder de **a**.

invraisemblable

▷ Lucas nous a raconté une histoire invraisemblable.
Lucas nos contó una historia inverosímil.

(= incroyable) **inverosímil** (pluriel **inverosímiles**)

irlandais, irlandaise

▷ La campagne irlandaise est très jolie.
La campiña irlandesa es muy bonita.
▷ Il y a un Irlandais qui habite à côté de chez nous.
Hay un irlandés que vive al lado de nuestra casa.

irlandés (pluriel **irlandeses**), **irlandesa**

S'écrit toujours avec une minuscule en espagnol, qu'il s'agisse de l'adjectif ou du nom.

Irlande

▷ L'Irlande est une île.
Irlanda es una isla.
▷ Ils vivent en Irlande depuis trois ans.
Viven en Irlanda desde hace tres años.
▷ Beaucoup de Français vont en vacances en Irlande.
Muchos franceses van de vacaciones a Irlanda.
▷ L'Irlande du Nord fait partie du Royaume-Uni.
Irlanda del Norte forma parte del Reino Unido.

Irlanda

Ne prend généralement pas d'article.

► **en Irlande** (= dans le pays) : en Irlanda

► **en Irlande** (= vers le pays) : a Irlanda

► **l'Irlande du Nord :** Irlanda del Norte

ironique

▷ Il nous regardait avec un sourire ironique.
Nos miraba con una sonrisa irónica.

irónico, irónica

Remarquez que le mot espagnol porte sur le **o** *un accent écrit qui reflète l'accent tonique.*

irréel, irréelle

▷ Ils vivent dans un monde irréel.
Viven en un mundo irreal.

irreal (pluriel **irreales**)

Attention à bien prononcer les deux **r**.

irrégulier, irrégulière

▷ Le prof a dit que mes résultats étaient trop irréguliers.
El profesor dijo que mis resultados eran demasiado irregulares.
▷ Son pouls est irrégulier.
Tiene el pulso irregular.

irregular (pluriel **irregulares**)

Attention à bien prononcer les deux ***r****.*

irriter

▷ Il irrite tout le monde avec ses plaisanteries idiotes.
Irrita a todo el mundo con sus chistes tontos.

irritar

Attention à bien prononcer les deux ***r****.*

Si le complément est une personne, un groupe de personnes ou un animal domestique, n'oubliez pas de le faire précéder de ***a****.*

islam

▷ Il s'est converti à l'islam.
Se ha convertido al islam.
▷ Quel est le statut de la femme en Islam ?
¿Cuál es el estatuto de la mujer en el Islam?

el **islam**

► **l'Islam** (= communauté) : **el Islam**

islamique

▷ Le Pakistan est une république islamique.
Pakistán es una república islámica.

islámico, islámica

Remarquez que le mot espagnol porte sur le ***a*** *un accent écrit qui reflète l'accent tonique.*

isolé, isolée

▷ Christelle et sa famille vivent dans une ferme isolée.
Christelle y su familia viven en una granja aislada.
▷ Il s'agit d'un incident isolé.
Se trata de un incidente aislado.

aislado, aislada

issue

▷ Nous sommes face à une situation sans issue.
Estamos frente a una situación sin salida.
▷ Il y a deux issues de secours dans l'avion.
Hay dos salidas de emergencia en el avión.

la **salida**

► **issue de secours :** la **salida de emergencia** (pluriel **las salidas de emergencia**)

Italie

▷ L'Italie est l'un des pays les plus visités du monde.
Italia es uno de los países más visitados del mundo.

Italia

Ne prend généralement pas d'article.

▷ Notre séjour en Italie s'est très bien passé.
Nos fue muy bien durante la estancia en Italia.
▷ Marc compte aller en Italie en juillet.
Marc piensa ir a Italia en julio.

► **en Italie** (= dans le pays) : en Italia

► **en Italie** (= vers le pays) : a Italia

italien, italienne

▷ Sienne est l'une des plus belles villes italiennes.
Siena es una de las ciudades italianas más hermosas.
▷ Les Italiens mangent beaucoup de pâtes.
Los italianos comen mucha pasta.
▷ Ludo est bon en italien.
A Ludo se le da bien el italiano.

italiano, italiana

i *S'écrit toujours avec une minuscule en espagnol, qu'il s'agisse de l'adjectif ou du nom.*

itinéraire

▷ Nous avons suivi un itinéraire plus court que d'habitude.
Seguimos un itinerario más corto que de costumbre.

el itinerario

ivoire

▷ L'ivoire vient des défenses d'éléphant.
El marfil procede de los colmillos de los elefantes.
▷ Les touches du piano sont en ivoire.
Las teclas del piano son de marfil.

el marfil

► **en ivoire** : de marfil

ivre

▷ Je pense que Marc était un peu ivre.
Pienso que Marc estaba un poco borracho.

borracho, borracha

Attention à bien prononcer les deux **r** *du mot espagnol.*

ivrogne

▷ Ce bar est plein d'ivrognes.
Este bar está lleno de borrachos.

el borracho, la borracha

Attention à bien prononcer les deux **r** *du mot espagnol.*

Jj

jalousie

1 ▷ David m'a dit qu'il n'aimait pas mon nouveau VTT, mais c'est seulement de la jalousie.
David me dijo que no le gustaba mi nueva bicicleta todo terreno, pero no es más que envidia.

1 (= envie) la **envidia**

2 ▷ Il y a souvent de la jalousie entre frères et sœurs.
Suele haber celos entre hermanos.

2 (entre frères et sœurs ou dans un couple) los **celos**

ℹ *Celos est un nom pluriel qui s'emploie avec un verbe au pluriel.*

jaloux, jalouse

1 ▷ Lionel est jaloux de Mourad parce qu'il a de bonnes notes.
Lionel le tiene envidia a Mourad porque saca buenas notas.

1 ► **être jaloux de** quelqu'un (= être envieux) : **tenerle envidia a** alguien

2 ▷ Elle dit que son mari est très jaloux.
Dice que su marido es muy celoso.

2 (dans un couple ou entre frères et sœurs) **celoso, celosa**

jamais

1 ▷ Je ne suis jamais allé en Espagne.
No he ido nunca *ou* **jamás a España.**

1 *Quand la phrase a une valeur négative, on emploie **nunca** ou **jamás**.*

ℹ ***Nunca**, comme **jamás**, peut se placer indifféremment avant ou après le verbe. On peut donc dire **Nunca** ou **jamás he ido a España**. Dans les deux cas, la phrase doit commencer par une négation.*

▷ Je ne te parlerai plus jamais.
¡Nunca más te hablaré!

► **plus jamais : nunca más**

2 ▷ C'est la plus belle ville que j'aie jamais vue.
Es la ciudad más hermosa que he visto en mi vida.

2 *Quand **jamais** veut dire « de ma vie », on emploie **en mi vida**. Pour les autres personnes, on dit **en su vida, en nuestra vida**, etc.*

3 ▷ Si jamais tu le vois, dis-lui que je le cherche.
Si por casualidad lo ves, dile que lo estoy buscando.

3 ► **si jamais** (= au cas où) : si por casualidad

ℹ *Si por casualidad signifie littéralement* si par hasard.

jambe

▷ Grégory s'est fait mal à la jambe en tombant.
Grégory se hizo daño en la pierna al caerse.

la pierna

jambon

▷ J'aime bien les sandwiches au jambon.
Me gustan los bocadillos de jamón.

el jamón (pluriel los jamones)

ℹ *Il n'y a pas d'accent écrit au pluriel. L'accent tonique porte sur le o, comme au singulier.*

▷ Madame, je vous sers du jambon cru ou du jambon cuit ?
Señora, ¿le pongo jamón serrano o de york?

► **jambon cru :** jamón serrano
► **jambon cuit :** jamón de york

janvier

▷ En janvier il fait très froid ici.
En enero hace mucho frío aquí.
▷ Nous partirons le vingt-six janvier.
Saldremos el veintiséis de enero.

enero

ℹ *Notez l'emploi de de en espagnol quand on dit la date.*

Japon

▷ Ma mère revient du Japon aujourd'hui.
Mi madre vuelve hoy de Japón.

Japón

ℹ *Ne prend généralement pas d'article. Remarquez que le mot espagnol porte sur le o un accent écrit qui reflète l'accent tonique.*

▷ Ils ont vécu au Japon pendant dix ans.
Vivieron en Japón durante diez años.
▷ Nous sommes passés par Amsterdam pour aller au Japon.
Pasamos por Amsterdam para ir a Japón.

► **au Japon** (= dans le pays) : en Japón
► **au Japon** (= vers le pays) : a Japón

japonais, japonaise

▷ J'adore la cuisine japonaise.
Me encanta la cocina japonesa.
▷ Un groupe de Japonais visitait l'église en même temps que nous.
Un grupo de japoneses visitaba la iglesia al mismo tiempo que nosotros.
▷ Il faut savoir le japonais pour travailler dans cette société.
Hay que saber japonés para trabajar en esta compañía.

japonés (pluriel japoneses), japonesa

🔈 *Attention à bien prononcer le j.*

ℹ *S'écrit toujours avec une minuscule en espagnol, qu'il s'agisse de l'adjectif ou du nom.*
Il n'y a pas d'accent écrit au pluriel. L'accent tonique porte sur le e, comme au singulier.

jardin

1 ▷ Léon est dans le jardin, il cueille des fleurs.
Léon está en el jardín, cogiendo flores.

1 (d'une maison) el **jardín** (pluriel **los jardines**)

ℹ *Il n'y a pas d'accent écrit au pluriel. L'accent tonique porte sur le **i**, comme au singulier.*

2 ▷ On a passé l'après-midi au jardin public.
Pasamos la tarde en el parque público.

2 ► **jardin public :** el **parque público** (pluriel **los parques públicos**)

jardinage

▷ J'ai fait un peu de jardinage ce week-end.
He hecho un poco de jardinería este fin de semana.

la **jardinería**

ℹ *Remarquez que le mot espagnol porte sur le **i** un accent écrit qui reflète l'accent tonique.*

jardinier, jardinière

▷ Les parents de Samantha ont un jardinier.
Los padres de Samantha tienen un jardinero.

(= personne qui travaille dans les jardins) el **jardinero**, la **jardinera**

jaune

1 ▷ Passe-moi le surligneur jaune.
Pásame el marcador amarillo.

1 (= couleur) **amarillo, amarilla**

2 ▷ Le jaune est une couleur gaie.
El amarillo es un color alegre.

2 ► **le jaune** (= la couleur jaune) : el **amarillo**

3 ▷ J'ai besoin de trois jaunes d'œufs pour cette recette.
Necesito tres yemas de huevo para esta receta.

3 ► **jaune d'œuf :** la **yema de huevo** (pluriel **las yemas de huevo**)

Javel

▷ L'eau de Javel a laissé une marque blanche sur mon jean.
La lejía me ha dejado una marca blanca en los vaqueros.

► **eau de Javel :** la **lejía**

jazz

▷ Mes parents écoutent souvent du jazz.
Mis padres suelen escuchar jazz.

el **jazz**

ℹ *Se prononce comme en français.*

je

▷ Je préfère le chocolat noir.
Prefiero el chocolate negro.
▷ J'étais sûr que c'était elle.
Estaba seguro de que era ella.

Je *ne se traduit généralement pas en espagnol.*

jean

▷ Ce jean est trop petit pour moi.
Estos vaqueros me están pequeños.
▷ Je vais m'acheter un nouveau jean.
Me voy a comprar unos vaqueros nuevos.

los **vaqueros**

ℹ *Vaqueros est un nom pluriel qui s'emploie avec un verbe au pluriel.*

jetable

▷ Est-ce que tu as essayé les lentilles jetables ?
¿Has probado las lentillas desechables?

desechable

ℹ *On peut dire aussi **de usar y tirar**, qui signifie littéralement « pour utiliser puis jeter ».*

jet d'eau

▷ Les jets d'eau du jardin public ne marchent pas.
Los surtidores de agua del parque público no funcionan.

(= fontaine) el **surtidor de agua** (pluriel los surtidores de agua)

jetée

▷ On s'est promenés sur la jetée.
Paseamos por el malecón.

el **malecón** (pluriel los malecones)

ℹ *Il n'y a pas d'accent écrit au pluriel. L'accent tonique porte sur le o, comme au singulier.*

jeter

1 ▷ Bill a jeté la balle contre le mur.
Bill tiró la pelota contra la pared.
▷ Ils ont jeté des cailloux aux filles.
Les tiraron piedras a las chicas.
▷ Je vais jeter ces vieilles affaires.
Voy a tirar estos trastos viejos.
▷ C'est dangereux de se jeter à l'eau quand elle est froide.
Es peligroso tirarse al agua cuando está fría.

1 (= lancer, mettre à la poubelle) **tirar**

► **se jeter : tirarse**

ℹ *Le pronom réfléchi fonctionne de la façon suivante en espagnol : **me tiro, te tiras, se tira, nos tiramos, os tiráis, se tiran**.*

2 ▷ J'ai décidé de me jeter à l'eau et je lui ai tout dit.
Decidí liarme la manta a la cabeza y se lo dije todo.

2 ► **se jeter à l'eau** (= oser) : **liarse la manta a la cabeza**

ℹ *Le pronom réfléchi fonctionne de la façon suivante en espagnol : **me lío, te lías, se lía, nos liamos, os liáis, se lían**.*

3 ▷ Le voleur s'est jeté sur moi.
El ladrón se lanzó sobre mí.

3 ► **se jeter sur : lanzarse sobre**

ℹ *Le pronom réfléchi fonctionne de la façon suivante en espagnol : **me lanzo, te lanzas, se lanza, nos lanzamos, os lanzáis, se lanzan**.*

jeton

▷ Tu as encore des jetons pour la machine à sous ?
¿Todavía tienes fichas para la máquina tragaperras?

la **ficha**

jeu

1 ▷ Nous avons inventé un nouveau jeu.
Hemos inventado un nuevo juego.
▷ Tu connais ce jeu de cartes ?
¿Conoces este juego de cartas?
▷ Tu peux garder un jeu de clés.
Puedes conservar un juego de llaves.
▷ Mathias s'est acheté des jeux électroniques.
Mathias se ha comprado juegos de ordenador.
▷ J'en ai assez de tes jeux de mots idiots !
¡Estoy harto de tus juegos de palabras tontos!
▷ Les jeux Olympiques ont lieu tous les quatre ans.
Los Juegos Olímpicos tienen lugar cada cuatro años.
▷ C'est mon jeu de société préféré.
Es mi juego de sociedad preferido.
▷ C'est un jeu vidéo avec des extraterrestres.
Es un videojuego con extraterrestres.

1 el **juego**

► **jeu électronique :** el juego de ordenador (pluriel los juegos de ordenador)

► **jeu de mots :** el juego de palabras (pluriel los juegos de palabras)

► **les jeux Olympiques :** los Juegos Olímpicos

► **jeu de société :** el juego de sociedad (pluriel los juegos de sociedad)

► **jeu vidéo :** el videojuego

*Il y a deux accents toniques dans **videojuego** : sur la première syllabe **(vi-)** et sur la troisième syllabe **(jue-)**.*

2 ▷ Il nous faut un jeu de cinquante deux cartes.
Necesitamos una baraja de cincuenta y dos cartas.

2 (= paquet de cartes) la **baraja**

jeudi

▷ Aujourd'hui c'est jeudi.
Hoy es jueves.
Nous sommes jeudi.
Estamos a jueves.
▷ Nous partirons jeudi.
Nos marcharemos el jueves.
▷ Mes grands-parents sont venus jeudi.
Mis abuelos vinieron el jueves.
▷ Le jeudi Sandra va à son cours de piano.
Los jueves Sandra va a clase de piano.

el **jueves**

► faire quelque chose **jeudi :** hacer algo el jueves

► **le jeudi** (= tous les jeudis) : los jueves

jeune

▷ Quand elle était jeune, ma grand-mère aimait danser.
Cuando era joven, a mi abuela le gustaba bailar.

▷ Un jeune homme m'a aidé à porter mes bagages.
Un joven me ha ayudado a llevar el equipage.

▷ Quelqu'un a appelé pour toi. – C'était une jeune fille ou une dame ?
Alguien llamó para ti. – ¿Era una joven o una señora?

▷ Trois jeunes sont venus demander si tu étais là.
Tres jóvenes vinieron a preguntar si estabas.

joven (pluriel jóvenes)

ℹ *Il n'y a pas d'accent écrit au singulier. L'accent tonique porte sur le **o**, comme au pluriel.*

► **jeune homme :** el joven (pluriel los jóvenes)

ℹ *On peut dire aussi **el muchacho** ou **el chico**.*

► **jeune femme :** la joven (pluriel las jóvenes)

ℹ *On peut dire aussi **la muchacha** ou **la chica**.*

ℹ ***Joven** peut être soit un adjectif, soit un nom.*

jeûne

▷ C'est un jour de jeûne.
Es un día de ayuno.

el ayuno

jeûner

▷ Ils ont jeûné pendant cinq jours.
Ayunaron durante cinco días.

ayunar

jeunesse

▷ Dans sa jeunesse, mon grand-père a beaucoup voyagé.
En su juventud, mi abuelo viajó mucho.

la juventud

◀ *L'accent tonique est sur la dernière syllabe, **-tud**.*

jogging

1 ▷ Le jogging est un sport que tout le monde peut pratiquer.
El jogging es un deporte que todo el mundo puede practicar.

▷ Christian fait du jogging avec son père.
Christian hace jogging con su padre.

1 (= le sport) el jogging

► **faire du jogging :** hacer jogging

ℹ *On peut dire aussi **correr**.*

2 ▷ Ludmila a un jogging tout neuf.
Ludmila tiene un chándal nuevo.

2 (= survêtement) el chándal (pluriel los chándales)

ℹ *Remarquez que le mot espagnol porte sur le premier **a** un accent écrit qui reflète l'accent tonique.*

joie

▷ Philippe était fou de joie de la voir.
Philippe estaba loco de alegría al verla.

la **alegría**

ℹ *Remarquez que le mot espagnol porte sur le* ***i*** *un accent écrit qui reflète l'accent tonique.*

joindre

▷ Je n'arrive pas à joindre Stéphanie, elle doit être en vacances.
No consigo localizar a Stéphanie, debe de estar de vacaciones.

► **joindre** quelqu'un (= lui parler au téléphone) : **localizar a** alguien

joli, jolie

1 ▷ C'est une très jolie fille.
Es una chica muy guapa.

2 ▷ Ils ont un très joli appartement.
Tienen un piso muy bonito.
▷ Quelle jolie voiture !
¡Qué coche más bonito!

1 (en parlant de personnes) **guapo, guapa**

2 (en parlant de choses ou d'endroits) **bonito, bonita**

jongler

▷ Jérémie sait jongler avec quatre balles.
Jérémie sabe hacer malabarismo con cuatro pelotas.

hacer malabarismo

jongleur, jongleuse

▷ Il y a des jongleurs devant la cathédrale.
Hay unos malabaristas delante de la catedral.

el **malabarista**, la **malabarista**

joue

▷ Le bébé a de jolies joues roses.
El bebé tiene unas bonitas mejillas rosadas.

la **mejilla**

🔈 *Attention à bien prononcer le* ***j*** *et le* ***ll***.

jouer

1 ▷ Viens jouer avec nous !
¡Ven a jugar con nosotros!
▷ Jérôme joue au foot dans l'équipe du collège.
Jérôme juega al fútbol en el equipo del colegio.

2 ▷ Cette actrice jouait dans *Titanic*.
Esta actriz actuaba en *Titanic*.

3 ▷ Est-ce que tu sais jouer de la guitare ?
¿Sabes tocar la guitarra?

1 (= s'amuser, parier de l'argent) **jugar**

► **jouer à** (en parlant d'un sport) : **jugar a**

2 (= tenir un rôle) **actuar**

3 ► **jouer de** (en parlant d'un instrument de musique) : **tocar**

jouet

▷ La chambre de mon petit frère est remplie de jouets.
La habitación de mi hermanito está llena de juguetes.

el **juguete**

jour

1 ▷ Le voyage en train dure deux jours.
El viaje en tren dura dos días.
▷ Quel jour sommes-nous ?
¿Qué día es hoy?
▷ Isa va à la piscine tous les jours.
Isa va a la piscina todos los días.
▷ Cette liste n'est pas à jour.
Esta lista no está al día.
▷ Je dois mettre mon journal à jour.
Tengo que poner mi diario al día.
▷ Le jour de l'An, toute la famille fait une promenade.
El día de Año Nuevo, toda la familia da un paseo.

1 (= durée de vingt-quatre heures) el **día**

ℹ *Pour demander la date, on dit ¿qué día es hoy?*

► **tous les jours :** todos los días

ℹ *On peut dire aussi cada día.*

► **à jour :** al día

► **le jour de l'An :** el día de Año Nuevo

2 ▷ Le jour entre dans la chambre.
La luz del día entra en la habitación.
▷ Il fait déjà jour.
Ya es de día.

2 (= la lumière) la **luz del día**

► **il fait jour :** es de día

journal

1 ▷ Anne lit le journal au salon.
Anne está leyendo el periódico en el salón.

1 (= publication de presse) el **periódico**

ℹ *Remarquez que le mot espagnol porte sur le premier o un accent écrit qui reflète l'accent tonique.*

2 ▷ Est-ce que tu tiens un journal ?
¿Llevas un diario?

2 (= journal intime) el **diario**

3 ▷ Mes parents ne manquent jamais le journal de vingt heures.
Mis padres nunca se pierden el telediario de las ocho.

3 (= informations à la télé) el **telediario**

journaliste

▷ Les journalistes posaient des questions au Premier ministre.
Los periodistas le hacían preguntas al Primer Ministro.

el **periodista**, la **periodista**

journée

▷ On a passé une journée très agréable.
Pasamos un día muy agradable.
▷ Je t'appellerai dans la journée.
Te llamaré durante el día.

el día

► **dans la journée :** durante el día

joyeux, joyeuse

1 ▷ Tu as l'air bien joyeux aujourd'hui !
¡Pareces muy alegre hoy!

1 (= gai) alegre

2 ▷ Joyeux anniversaire !
¡Feliz cumpleaños!
▷ Joyeux Noël !
¡Feliz Navidad!

2 *Pour souhaiter à quelqu'un un joyeux anniversaire ou de joyeuses fêtes, on emploie le mot feliz.*

judo

▷ Le judo est un sport japonais.
El yudo es un deporte japonés.
▷ Milou fait du judo tous les jeudis.
Milou hace yudo todos los jueves.

el yudo

► **faire du judo :** hacer yudo

juge

▷ Le juge a décidé que le voleur irait en prison.
El juez decidió que el ladrón iría a la cárcel.

el juez (pluriel los jueces), la jueza

N'oubliez pas que le z devient c au masculin pluriel.

Attention à bien prononcer le j et le z.

jugement

▷ Je ne peux pas porter de jugement sur cette affaire sans connaître les détails.
No puedo emitir un juicio sobre ese asunto sin conocer los detalles.

(opinion) el juicio

► **porter un jugement (sur) :** emitir un juicio (sobre)

juger

1 ▷ Tu ne devrais pas juger les gens.
No deberías juzgar a la gente.

1 (= avoir une opinion) juzgar

Attention à bien prononcer le j et le z.

Si le complément est une personne, un groupe de personnes ou un animal domestique, n'oubliez pas de le faire précéder de a.

2 ▷ Le prof a jugé que Samia méritait une punition.
El profesor consideró que Samia merecía un castigo.

2 ► **juger que... :** considerar que...

juif, juive

▷ Paul ne mange pas de porc parce qu'il est juif.
Paul no come cerdo porque es judío.
▷ Les juifs prient dans une synagogue.
Los judíos rezan en una sinagoga.

judío, judía

ℹ *Judío, judía peut être soit un adjectif, soit un nom.*

juillet

▷ Nous allons en Grèce en juillet.
Vamos a Grecia en julio.
▷ Qu'est-ce que vous faites pour le 14 Juillet ?
¿Qué hacéis para el 14 de julio?

julio

ℹ *Notez l'emploi de de en espagnol quand on dit la date.*

juin

▷ Les cours finissent en juin.
Las clases terminan en junio.
▷ Nous partons le 15 juin.
Nos vamos el 15 de junio.

junio

ℹ *Notez l'emploi de de en espagnol quand on dit la date.*

jumeau, jumelle

▷ Ma cousine a eu des jumeaux.
Mi prima ha tenido gemelos.
▷ C'est Charles, mon frère jumeau.
Es Charles, mi hermano gemelo.
▷ La sœur jumelle d'Ève est secrétaire.
La hermana gemela de Ève es secretaria.

gemelo, gemela

► **frère jumeau :** el hermano gemelo (pluriel los hermanos gemelos)
► **sœur jumelle :** la hermana gemela (pluriel las hermanas gemelas)

jumelles

▷ Nous avons regardé les bateaux avec des jumelles.
Miramos los barcos con prismáticos.

(pour regarder loin) los **prismáticos**

jument

▷ Il y a une jument et un poulain dans le champ.
Hay una yegua y un potro en el campo.

la **yegua**

◀ *La deuxième syllabe du mot espagnol se prononce /gwa/.*

jungle

▷ Ces oiseaux vivent dans la jungle.
Estos pájaros viven en la selva.

la **selva**

ℹ *On peut dire aussi la jungla.*

jupe

▷ Sonia a une jolie jupe rouge.
Sonia tiene una bonita falda roja.

la **falda**

jurer

1 ▷ Je te jure que c'est vrai !
¡Te juro que es la verdad!

1 (= faire un serment) **jurar**

2 ▷ Fabrice a été renvoyé du cours parce qu'il jure tout le temps.
Han expulsado a Fabrice de la clase porque se pasa el tiempo diciendo palabrotas.

2 (= dire de gros mots) **decir palabrotas**

jus

▷ Ces oranges donnent beaucoup de jus.
Estas naranjas dan mucho zumo.
▷ Ils prennent du jus d'orange le matin.
Toman zumo de naranja por la mañana.
▷ Il y a du vin et du jus de fruit.
Hay vino y zumo de frutas.

(de fruit) el **zumo**

ℹ *Pour le jus d'une viande cuite, on dit* ***el jugo***.

► **jus de fruit :** el zumo de frutas (pluriel los zumos de frutas)

jusque

▷ Allez jusqu'à l'église et tournez à droite.
Vaya hasta la iglesia y gire a la derecha.
▷ Jusqu'où est-ce que je dois aller ?
¿Hasta dónde tengo que ir?
J'ai habité là jusqu'en 2011.
Viví ahí hasta el 2011.
▷ Jusqu'ici il n'y a pas eu de problèmes.
Hasta ahora no ha habido problemas.
▷ Marche jusqu'à ce que je te dise d'arrêter.
Camina hasta que te diga que te pares.

hasta

► **jusqu'ici** (= jusqu'à maintenant) : hasta ahora

► **jusqu'à ce que :** hasta que

juste

1 ▷ Ce n'est pas juste ! Moi je n'ai rien fait !
¡No es justo! ¡Yo no he hecho nada!
▷ Ce jean est un peu juste.
Estos vaqueros me están un poco justos.
▷ Deux cents euros, c'est trop juste.
Doscientos euros es demasiado justo.
▷ Trois heures pour faire ce travail, c'est un peu juste.
Tres horas para hacer este trabajo es un poco justo.

1 (= équitable, étroit, serré) **justo, justa**

2 ▷ Est-ce que mon calcul est juste ?
¿Mi cálculo es exacto?

2 (= exact) **exacto, exacta**

3 ▷ Corinne chante juste.
Corinne canta bien.

3 ► **chanter juste :** cantar bien

4 ▷ On est arrivés juste quand le film commençait.
Llegamos justo cuando la película empezaba.

4 (= exactement) **justo**

5 ▷ Je veux juste te parler deux minutes.
Sólo quiero hablarte dos minutos.

5 (= seulement) **sólo**

ℹ *Remarquez que le mot espagnol porte sur le premier* ***o*** *un accent écrit qui le distingue de l'adjectif* ***solo*** (= seul). *Notez la place de l'adverbe* ***sólo*** *dans la phrase espagnole.*

6 ▷ Qu'est-ce qu'elle a dit au juste ?
¿Qué dijo exactamente?

6 ► **au juste :** exactamente

justesse

▷ On a évité le camion de justesse.
Evitamos el camión por poco.

► **de justesse :** por poco

justifier

1 ▷ Tu dois justifier ce que tu dis.
Debes justificar lo que dices.
▷ N'essaie pas de te justifier !
¡No intentes justificarte!

1 **justificar**

2 ▷ Ils se sont justifiés en disant qu'ils n'étaient pas au courant.
Se justificaron diciendo que no estaban al corriente.

2 ► **se justifier :** justificarse

ℹ *Le pronom réfléchi fonctionne de la façon suivante en espagnol :* ***me justifico, te justificas, se justifica, nos justificamos, os justificáis, se justifican.***

juteux, juteuse

▷ Ces oranges sont très juteuses.
Estas naranjas son muy jugosas.

(fruit) **jugoso, jugosa**

Kk

kaki

▷ Achète un kilo de kakis.
Compra un kilo de caqui.
▷ Les pantalons kaki sont à la mode cet été.
Los pantalones caqui están de moda este verano.

el **caqui** (pluriel los caqui)

kangourou

▷ Est-ce que tu as vu des kangourous quand tu étais en Australie ?
¿Viste canguros cuando estuviste en Australia?

el **canguro**

karaoké

▷ Il y avait une soirée karaoké dans le bar.
Había una noche de karaoke en el bar.

el **karaoke**

karaté

▷ Le karaté est un art martial japonais.
El kárate es un arte marcial japonesa.

el **kárate**

ℹ *Remarquez que le mot espagnol porte sur le premier* ***a*** *un accent écrit qui reflète l'accent tonique.*

▷ Bob fait du karaté tous les mercredis.
Bob hace kárate todos los miércoles.

► **faire du karaté : hacer kárate**

kermesse

▷ La kermesse de l'école a eu beaucoup de succès.
La fiesta del colegio tuvo mucho éxito.

(= fête) la **fiesta**

ℹ *On dit aussi* ***la kermés****.*

ketchup

▷ J'adore le ketchup avec les frites.
Me encanta el ketchup con las patatas fritas.

el **ketchup**

◀ *L'accent tonique est sur la dernière syllabe* ***-chup****.*

kilo

▷ Un kilo de carottes, s'il vous plaît.
Un kilo de zanahorias, por favor.

el kilo

kilomètre

▷ Le village est à trois kilomètres d'ici.
El pueblo está a tres kilómetros de aquí.

el kilómetro

ℹ *Remarquez que le mot espagnol porte sur le premier **o** un accent écrit qui reflète l'accent tonique.*

kiosque

▷ J'ai acheté un magazine au kiosque à journaux.
Compré una revista en el quiosco.

el quiosco

► **kiosque à journaux :** el quiosco (pluriel los quioscos)

ℹ *S'écrit aussi **kiosco**.*

kiwi

▷ Les kiwis contiennent beaucoup de vitamine C.
Los kiwis contienen mucha vitamina C.

el kiwi

klaxon®

▷ Où est le klaxon dans cette voiture ?
¿Dónde está el claxon en este coche?

el claxon

🔈 *L'accent tonique est sur la première syllabe **cla-**.*

ℹ *On peut dire aussi **la bocina**.*

klaxonner

▷ Il y a des gens qui klaxonnent sans raison.
Hay gente que toca el claxon sin motivo.

tocar el claxon

ℹ *On peut dire aussi **tocar la bocina**.*

kleenex®

▷ Tu as un kleenex, s'il te plaît ? J'ai le nez qui coule.
¿Tienes un kleenex, por favor? Tengo mocos.

el kleenex® (pluriel los kleenex)

ℹ *S'écrit aussi **clínex**.*
*On peut dire aussi **el pañuelo de papel**.*

Ll

la *ou* l' PRONOM

▻ C'est la copine de Frédéric. Tu la connais ?
Es la novia de Frédéric. ¿La conoces?
▻ Ma chienne est malade, je l'emmène chez le vétérinaire.
Mi perra está enferma, la llevo al veterinario.
▻ Si cette jupe te plaît, tu peux la garder.
Si te gusta esta falda, te la puedes quedar.
▻ Une araignée ! Tue-la !
¡Una araña! ¡Mátala!

la

la *ou* l' ARTICLE

▻ La prof a dit qu'on pouvait partir.
La profesora dijo que podíamos irnos.
▻ Isabelle a la peau très blanche.
Isabelle tiene la piel muy blanca.
▻ L'idée n'était pas mauvaise, mais elle n'a pas marché.
La idea no era mala, pero no funcionó.

la

là

1 ▻ Ta montre est là, sur la cheminée.
Tu reloj está ahí, en la chimenea.
▻ C'est là que nous travaillons.
Ahí es donde trabajamos.

2 ▻ Je suis là si tu as besoin de moi.
Aquí estoy si me necesitas.

1 (= à cet endroit) ahí

ℹ *Remarquez que le mot espagnol porte sur le **i** un accent écrit qui reflète l'accent tonique.*

2 (= ici) aquí

ℹ *Remarquez que le mot espagnol porte sur le **i** un accent écrit qui reflète l'accent tonique.*

3 ▷ Tu préfères cette couleur-là ?
¿Prefieres ese color?
▷ Ces types-là sont bizarres.
Esos tipos son raros.
▷ C'est cette maison-là, au bout de la rue.
Es aquella casa, al final de la calle.

3 Quand là est relié à un nom par un tiret, la traduction est ***ese*** *(masculin singulier),* ***esa*** *(féminin singulier),* ***esos*** *(masculin pluriel),* ***esas*** *(féminin pluriel).*
Si on veut désigner des objets ou des gens très éloignés, on emploie ***aquel*** *(masculin singulier),* ***aquella*** *(féminin singulier),* ***aquellos*** *(masculin pluriel),* ***aquellas*** *(féminin pluriel).*

là-bas

▷ Sylvian est là-bas, de l'autre côté du fleuve.
Sylvian está allí, del otro lado del río.

allí
ℹ *On peut dire aussi* ***allá****.*

laboratoire

▷ Je vais chercher les résultats au laboratoire.
Voy a buscar los resultados al laboratorio.

el **laboratorio**

labyrinthe

▷ Il y a un labyrinthe dans le parc du château.
Hay un laberinto en el parque del castillo.

el **laberinto**

lac

▷ Susana va patiner sur le lac gelé.
Susana va a patinar sobre el lago helado.

el **lago**

lacet

▷ Tes lacets sont défaits.
Tienes los cordones desatados.

(de chaussures) el **cordón** (pluriel los **cordones**)
ℹ *Il n'y a pas d'accent écrit au pluriel. L'accent tonique porte sur le* ***o****, comme au singulier.*

lâche

1 ▷ Aurélien est lâche, il n'a rien fait pour m'aider.
Aurélien es un cobarde, no hizo nada para ayudarme.

1 ► **être lâche** *ou* **être un lâche : ser un cobarde**

2 ▷ Ce nœud est lâche, il va se défaire.
Este nudo está flojo, se va a deshacer.

2 (= pas serré) **flojo, floja**

lâcher

1 ▷ Ne lâche pas Enrique, il va tomber !
¡No sueltes a Enrique, se va a caer!
▷ Marianne a lâché le verre et il s'est cassé.
Marianne soltó el vaso y se rompió.

1 (= arrêter de tenir) **soltar**

Si le complément est une personne, un groupe de personnes ou un animal domestique, n'oubliez pas de le faire précéder de ***a****.*

2 ▷ J'espère que la corde ne va pas lâcher.
Espero que la cuerda no se suelte.

2 (= se détacher ou se casser)
soltarse

*Le pronom réfléchi fonctionne de la façon suivante en espagnol : **se suelta, se sueltan.***

là-dedans

▷ Tes affaires sont là-dedans.
Tus cosas están ahí dentro.

(= dans cet endroit) **ahí dentro**

*Remarquez que le mot **ahí** porte sur le **i** un accent écrit qui reflète l'accent tonique.*

là-dessous

▷ Cache-toi là-dessous, vite !
¡Escóndete ahí abajo, rápido!

(= sous cette chose) **ahí abajo**

*Remarquez que le mot **ahí** porte sur le **i** un accent écrit qui reflète l'accent tonique.*

là-dessus

▷ Monte là-dessus, tu verras mieux.
Súbete ahí arriba, verás mejor.

(= sur cette chose) **ahí arriba**

*Attention à bien prononcer les deux **r**.*

*Remarquez que le mot **ahí** porte sur le **i** un accent écrit qui reflète l'accent tonique.*

là-haut

1 ▷ Tu vois le livre, là-haut sur l'étagère ?
¿Ves el libro, allí arriba en el estante?

1 (= en hauteur) **allí arriba**

*Attention à bien prononcer les deux **r**.*

*Remarquez que le mot **allí** porte sur le **i** un accent écrit qui reflète l'accent tonique.*

2 ▷ Olivier est là-haut, il fait ses devoirs.
Olivier está arriba, haciendo los deberes.

2 (= à l'étage) **arriba**

*Attention à bien prononcer les deux **r**.*

laid, laide

▷ Ce tableau est vraiment laid.
Este cuadro es realmente feo.

feo, fea

laine

▷ Cette laine est très douce.
Esta lana es muy suave.
▷ Les chaussettes en laine sont très chaudes.
Los calcetines de lana calientan mucho.

la **lana**

► **en laine : de lana**

laisse

▷ Le chien a cassé sa laisse.
El perro rompió su correa.

la **correa**

*Attention à bien prononcer les deux **r** de **correa.***

laisser

▻ Je dois vous laisser, j'ai une réunion.
Os tengo que dejar, tengo una reunión.
▻ Ne sois pas égoïste, laisse-moi un peu de chocolat.
No seas egoísta, déjame un poco de chocolate.
▻ Les parents d'Anaïs la laissent sortir le samedi.
Los padres de Anaïs la dejan salir los sábados.

dejar

Attention à bien prononcer le j.

laissez-passer

▻ Le journaliste a un laissez-passer.
El periodista tiene un salvoconducto.

el salvoconducto

lait

1 ▻ Chez moi on boit du lait le matin.
En mi casa bebemos leche por la mañana.

▻ Je n'ai plus de lait démaquillant.
Ya no tengo leche desmaquilladora.

1 la leche

*Attention : le mot espagnol **leche** est féminin.*

► **lait démaquillant :** la leche desmaquilladora

2 ▻ Mets du lait solaire, sinon tu vas attraper un coup de soleil.
Ponte crema solar, si no te vas a quemar.

2 ► **lait solaire :** la crema solar

laitue

▻ Mon père a planté des laitues dans le jardin.
Mi padre ha plantado lechugas en el jardín.

la lechuga

lame

▻ Attention, ce couteau a une lame très pointue.
Cuidado, este cuchillo tiene la hoja muy puntiaguda.

(de couteau, de rasoir) la hoja

lampadaire

1 ▻ Allume le lampadaire, tu verras mieux.
Enciende la lámpara de pie, verás mejor.

1 (dans une pièce) la lámpara de pie (pluriel las lámparas de pie)

*Remarquez que le mot **lámpara** porte sur le premier **a** un accent écrit qui reflète l'accent tonique.*

2 ▻ La voiture est rentrée dans un lampadaire.
El coche chocó contra una farola.

2 (dans la rue) la farola

lampe

▻ Est-ce que tu as changé l'ampoule de la lampe ?
¿Has cambiado la bombilla de la lámpara?

la lámpara

*Remarquez que le mot espagnol porte sur le premier **a** un accent écrit qui reflète l'accent tonique.*

▷ Ma lampe de chevet ne s'allume pas.
Mi lamparilla de noche no se enciende.

▷ Sébastien a utilisé sa lampe de poche pour trouver ses clés.
Sébastien usó su linterna para encontrar las llaves.

► **lampe de chevet :** la lamparilla de noche (pluriel las lamparillas de noche)
► **lampe de poche :** la linterna

lancer

1 ▷ Lance-moi la balle !
¡Tírame la pelota!
▷ Ils lui ont lancé des cailloux.
Le tiraron piedras.

1 (= jeter) tirar

2 ▷ Ils lancent un nouveau produit chaque année.
Lanzan un nuevo producto cada año.

2 (= commercialiser) lanzar

landau

▷ Il y avait un bébé dans son landau devant le supermarché.
Había un bebé en su cochecito delante del supermercado.

el cochecito

ℹ *Signifie littéralement "petite voiture".*

lande

▷ Je me suis promené sur la lande.
Paseé por la landa.

la landa

langage

▷ Ce n'est pas un mot utilisé dans le langage courant.
No es una palabra utilizada en el lenguaje común.

el lenguaje

langue

1 ▷ Qu'est-ce que tu as mangé ? Ta langue est toute violette !
¿Qué has comido? ¡Tu lengua está toda morada!
▷ Mon petit frère me tire tout le temps la langue.
Mi hermanito me saca la lengua todo el tiempo.

1 (= la partie du corps) la lengua

► **tirer la langue à** quelqu'un **:** sacar la lengua a alguien

2 ▷ Laetitia parle quatre langues.
Laetitia habla cuatro idiomas.

▷ L'espagnol est sa langue maternelle.
El español es su lengua materna.
▷ Il est obligatoire d'apprendre deux langues étrangères.
Es obligatorio aprender dos lenguas extranjeras.

2 (= le langage) el idioma

ℹ *Dans le sens de « langue que l'on parle », on peut dire aussi* ***la lengua****.*

► **langue maternelle :** la lengua materna
► **langue étrangère :** la lengua extranjera (pluriel las lenguas extranjeras)

3 ▷ Tu donnes ta langue au chat ?
¿Te das por vencido?

▷ Elle a donné sa langue au chat.
Se dio por vencida.

► **donner sa langue au chat :** darse por vencido / vencidos, vencida / vencidas

*Le pronom réfléchi fonctionne de la façon suivante en espagnol : **me doy por vencido, te das por vencido, se da por vencido, nos damos por vencidos, os dais por vencidos, se dan por vencidos.***

lanière

▷ La lanière de ma sandale s'est cassée.
La correa de mi sandalia se ha roto.

la correa

*Attention à bien prononcer les deux **r**.*

lapin

▷ Ils ont un lapin dans une cage.
Tienen un conejo en una jaula.

el conejo

laquelle

*Regardez le mot **lequel**.*

large

▷ La rue n'est pas très large, il n'y a pas assez de place pour deux voitures.
La calle no es muy ancha, no hay sitio para dos coches.
▷ Le salon fait six mètres de large.
El salón mide seis metros de ancho.

ancho, ancha

*Attention : le mot **largo, larga** existe en espagnol, mais il signifie « long, longue ».*

*Quand on veut parler de la largeur de quelque chose, on emploie l'expression **medir... de ancho**.*

largement

▷ Ne te presse pas, tu as largement le temps.
No te apresures, tienes tiempo de sobra.
▷ Il y en a largement assez.
Hay de sobra.

(= amplement) de sobra

► **largement assez :** de sobra

largeur

▷ Nous avons mesuré la largeur du bureau.
Hemos medido la anchura del despacho.
▷ La rivière fait trente mètres de largeur.
El río mide treinta metros de ancho.

(= dimension) la anchura

*Attention : le mot **la largura** existe en espagnol, mais il signifie « la longueur ».*

*Quand on veut parler de la largeur exacte de quelque chose, on emploie l'expression **medir... de ancho**.*

larme

1 ▷ Les larmes coulaient sur les joues d'Amélie.
Las lágrimas resbalaban por las mejillas de Amélie.

1 la **lágrima**
*Remarquez que le mot espagnol porte sur le premier **a** un accent écrit qui reflète l'accent tonique.*

2 ▷ Sandra a eu les larmes aux yeux quand le prof l'a grondée.
A Sandra se le humedecieron los ojos cuando el profesor la riñó.

2 *Pour dire qu'on a les larmes aux yeux on emploie en espagnol l'expression **humedecerse los ojos** avec le pronom personnel qui convient.*

*Le pronom personnel fonctionne de la façon suivante en espagnol : **se***
me / te / le / nos / os / les humedecieron los ojos.

3 ▷ Il était en larmes dans la cour.
Lloraba en el patio.

3 ► **être en larmes : llorar**

lasagnes

▷ J'adore les lasagnes.
Me encanta la lasaña.

la **lasaña**
***Lasaña** est un nom singulier qui s'utilise avec un verbe au singulier, comme dans l'exemple de gauche **(encanta)**.*

latin

▷ Nous apprenons le latin à l'école.
Estudiamos el latín en el colegio.

(= langue) el **latín**
*Remarquez que le mot espagnol porte sur le **i** un accent écrit qui reflète l'accent tonique.*

lavabo

▷ Il y a deux lavabos dans la salle de bains.
Hay dos lavabos en el cuarto de baño.

el **lavabo**

lavande

▷ Il y a de la lavande dans le jardin, ça sent bon.
Hay lavanda en el jardín, huele bien.

la **lavanda**

laver

1 ▷ Nos voisins lavent leur voiture tous les dimanches.
Nuestros vecinos lavan el coche todos los domingos.

1 (= nettoyer) **lavar**

2 ▷ Il y a un énorme tas d'assiettes à laver.
Hay una enorme pila de platos que fregar.

2 (le sol, la vaisselle) **fregar**

▷ Ce garçon ne se lave pas assez.
Este chico no se lava lo suficiente.
▷ Lave-toi les mains.
Lávate las manos.

► **se laver** : lavarse

ℹ *Le pronom réfléchi fonctionne de la façon suivante en espagnol :* ***me** lavo, **te** lavas, **se** lava, **nos** lavamos, **os** laváis, **se** lavan.*

lave-vaisselle

▷ C'est très pratique d'avoir un lave-vaisselle.
Es muy práctico tener un lavavajillas.

el **lavavajillas** (pluriel los lavavajillas)

ℹ *On peut dire aussi* ***el lavaplatos*** *((pluriel los lavaplatos)).*

le ARTICLE

1 ▷ Le garçon qui est en train de jouer là-bas est dans ma classe.
El chico que está jugando allí va a mi clase.
▷ J'adore le chocolat.
Me encanta el chocolate.

1 **el**

2 ▷ Qu'est-ce que tu fais le mercredi ?
¿Qué haces los miércoles?
▷ Le week-end nous allons souvent à la campagne.
Los fines de semana vamos a menudo al campo.

2 *Quand on parle d'un jour ou d'un moment de la semaine, pour dire* tous les..., *on emploie* ***los*** *en espagnol.*

ℹ *Seul l'article défini* le *est traité ici. Pour le pronom* le, *allez à l'entrée suivante.*

le *ou* l' PRONOM

▷ Mon chien est malade, je l'emmène chez le vétérinaire.
Mi perro está enfermo, lo llevo al veterinario.
▷ Si tu aimes ce stylo, tu peux le garder.
Si te gusta este boli, te lo puedes quedar.
▷ Un crapaud ! Attrape-le !
¡Un sapo! ¡Agárralo!
▷ C'est le frère d'Édouard. Tu le connais ?
Es el hermano de Édouard. ¿Lo conoces?
▷ Je sais que mon frère était là, mais je ne l'ai pas vu.
Sé que mi hermano estaba allí, pero no lo vi.

lo

ℹ *Quand il s'agit d'une personne, bien que ce soit l'emploi du pronom* ***lo*** *qui est préconisé, on peut employer* ***le*** *à sa place. Seul le pronom* le *est traité ici. Pour l'article défini* le, *allez à l'entrée précédente.*

lécher

▷ Le chien m'a léché la figure.
El perro me lamió la cara.

lamer

lèche-vitrines

▷ Mercredi j'ai fait du lèche-vitrines avec mes copines.
El miércoles miré escaparates con las amigas.

► **faire du lèche-vitrines** : mirar escaparates

leçon

1 ▷ La leçon de maths était intéressante.
La lección de matemáticas era interesante.
▷ Est-ce que tu as appris ta leçon pour demain ?
¿Has estudiado la lección para mañana?

1 (= cours, devoirs) la **lección** (pluriel las lecciones)
ℹ *Il n'y a pas d'accent écrit au pluriel. L'accent tonique porte sur le o, comme au singulier.*

2 ▷ Ma mère m'a fait la leçon parce que j'avais refusé d'aider ma grand-mère.
Mi madre me sermoneó porque me negué a ayudar a mi abuela.

2 ► **faire la leçon à** quelqu'un (= le gronder) : sermonear a alguien

lecteur, lectrice

1 ▷ Ce livre est pour les jeunes lecteurs.
Este libro es para los jóvenes lectores.

1 (= personne qui lit) el **lector** (pluriel lectores), la **lectora**

2 ▷ Mon lecteur de CD ne marche pas.
Mi lector de CD no funciona.

2 ► **lecteur de CD :** el lector de CD (pluriel los lectores de CD)
ℹ *On peut dire aussi el lector de discos compactos* (pluriel los lectores de discos compactos).

3 ▷ Le lecteur C ne fonctionne pas.
La unidad C no funciona.
▷ Est-ce qu'il y a un lecteur de CD-ROM sur ton ordinateur ?
¿Hay una unidad de CD-ROM en tu ordenador?

3 ► **lecteur** (sur un ordinateur) : la unidad (pluriel las unidades)
► **lecteur de CD-ROM :** la unidad de CD-ROM
ℹ *On peut dire aussi el lector de CD-ROM* (pluriel los lectores de CD-ROM).

lecture

▷ Ma petite sœur n'est pas très douée en lecture.
A mi hermanita no se le da muy bien la lectura.
▷ J'emporte toujours de la lecture en vacances.
Siempre me llevo lecturas para las vacaciones.

la **lectura**
► **de la lecture** (= des livres) : lecturas

légal, légale

▷ Est-ce que c'est légal de faire ça ?
¿Es legal hacer eso?

legal (pluriel legales)
► **il est légal de** + faire quelque chose : es legal + hacer algo

légendaire

▷ C'est un héros légendaire.
Es un héroe legendario.

legendario, legendaria

légende

▷ Tu connais la légende du roi Arthur ?
¿Conoces la leyenda del rey Arturo?

la **leyenda**

léger, légère

▷ Emporte des vêtements légers, il va faire chaud.
Llévate ropa ligera, va a hacer calor.
▷ Il y a une légère différence.
Hay una ligera diferencia.

(= qui ne pèse pas beaucoup, qui est fin ou pas très important) **ligero, ligera**

légèrement

▷ Celui-ci est légèrement plus grand que l'autre.
Éste es ligeramente más grande que el otro.

(= un peu) **ligeramente**

légitime

▷ Il l'a fait pour des raisons parfaitement légitimes.
Lo hizo por razones totalmente legítimas.

legítimo, legítima

ℹ *Remarquez que le mot espagnol porte sur le premier **i** un accent écrit qui reflète l'accent tonique.*

légume

1 ▷ Tu devrais manger plus de légumes.
Deberías comer más verduras.

1 (frais) la **verdura**

2 ▷ Les pois chiches sont des légumes secs.
Los garbanzos son legumbres.

2 ► **légumes secs :** las **legumbres**

Attention : contrairement au français, le mot espagnol est féminin.

lendemain

▷ Jules est arrivé le lendemain.
Jules llegó al día siguiente.
▷ Elle m'a téléphoné le lendemain matin.
Me llamó al día siguiente por la mañana.

► **le lendemain : al día siguiente**

▷ Le lendemain de la fête on est allés à la plage.
El día después de la fiesta fuimos a la playa.

► **le lendemain de... : el día después de...**

lent, lente

▷ Ce film est un peu lent.
Esta película es un poco lenta.

lento, lenta

lentement

▷ Tu marches trop lentement.
Andas demasiado lentamente.

lentamente

ℹ *On peut dire aussi **despacio**.*

lentilles

1 ▷ Ma mère a préparé des lentilles avec des saucisses.
Mi madre ha preparado lentejas con salchichas.

1 (= légumes secs) las **lentejas**

2 ▷ Rachel porte des lentilles.
Rachel lleva lentillas.

2 (= lentilles de contact) las **lentillas**

léopard

▷ Les léopards sont des animaux très rapides.
Los leopardos son unos animales muy rápidos.

el **leopardo**

lequel, laquelle, lesquels, lesquelles

1 ▷ Lequel est-ce que tu préfères ?
¿Cuál prefieres?
▷ Je ne sais pas laquelle des deux maisons ils vont acheter.
No sé cuál de las dos casas van a comprar.

1 (quand il y a un choix) **cuál** (pluriel **cuáles**)

i *Remarquez que le mot espagnol porte sur le* ***a*** *un accent écrit qui indique qu'il s'agit d'un mot interrogatif.*

Ne jamais faire précéder ***cuál, cuáles*** *de l'article* ***le*** ; **lequel** = ***cuál***.

2 ▷ C'est la fille avec laquelle sort Sammy.
Es la chica con la que sale Sammy.
▷ La société pour laquelle travaille ma mère est à Roubaix.
La sociedad por la que trabaja mi madre está en Roubaix.

2 *Quand* **lequel** *suit une préposition (dans les exemples à gauche,* **avec** *et* **pour** *sont des prépositions), il se traduit en espagnol par* ***el que*** *(masculin singulier),* ***la que*** *(féminin singulier),* ***los que*** *(masculin pluriel),* ***las que*** *(féminin pluriel).*

les PRONOM

1 ▷ Les cahiers qui sont dans le tiroir, peux-tu me les donner ?
Los cuadernos que hay en el cajón, ¿puedes dármelos?
▷ Carole et Pierre m'ont invité. – Je ne savais pas que tu les connaissais.
Carole y Pierre me han invitado. – No sabía que los conocías.

1 (quand *les* représente un masculin pluriel) **los**

i *Quand il s'agit d'une personne, bien que ce soit l'emploi du pronom* ***los*** *qui est préconisé, on peut employer* ***les*** *à sa place.*

2 ▷ Et ces poésies, tu les as apprises ?
Y estas poesías, ¿las has estudiado?

2 (quand *les* représente un féminin pluriel) **las**

i *Seul le pronom* **les** *est traité ici. Pour l'article défini* **les**, *allez à l'entrée suivante.*

les ARTICLE

1 ▷ Les parents de Rocío sont très sympas.
Los padres de Rocío son muy simpáticos.

1 (quand *les* représente un masculin pluriel) **los**

2 ▷ Ce sont les copines de Camille.
Son las amigas de Camille.

2 (quand *les* représente un féminin pluriel) **las**

i *Seul l'article* **les** *est traité ici. Pour le pronom* **les**, *allez à l'entrée précédente.*

lessive

1 ▷ Il y a des traces de lessive sur mon jean.
Hay restos de detergente en mis vaqueros.

1 (= poudre ou liquide) el **detergente**

2 ▷ C'est mon père qui fait la lessive.
Mi padre es el que hace la colada.
▷ La lessive est en train de sécher.
La colada está secando.

2 (= linge qu'on lave) la **colada**

lettre

1 ▷ Les lettres ne sont pas toutes à la même place sur le clavier anglais.
Las letras no están todas en el mismo sitio en el teclado inglés.

1 (= signe de l'alphabet) la **letra**

2 ▷ Bruno m'a écrit une lettre le mois dernier.
Bruno me escribió una carta el mes pasado.

2 (= correspondance) la **carta**

leur, leurs

1 ▷ C'est leur voiture.
Es su coche.
▷ Leurs enfants sont très gentils.
Sus hijos son muy amables.

1 ► **leur** (= possessif) : su
► **leurs** (= possessif) : sus

2 ▷ Notre canapé n'est pas mal, mais je préfère le leur.
Nuestro sofá no está mal, pero prefiero el suyo.
▷ Ces livres sont les leurs.
Estos libros son los suyos.
▷ Ces valises sont les leurs.
Estas maletas son las suyas.

2 ► **le leur, la leur, les leurs :** el suyo, la suya, los suyos, las suyas

3 ▷ Est-ce que tu leur as écrit ?
¿Les has escrito?
▷ Je le leur ai donné.
Se lo di.

3 (= à eux, à elles) **les**

ℹ *Quand il y a un autre pronom devant* leur, *celui-ci se traduit par* **se** *en espagnol.*

lever

1 ▷ Le douanier m'a demandé de lever les bras pour me fouiller.
El aduanero me pidió que levantara los brazos para registrarme.

1 (= monter) **levantar**

2 ▷ Les élèves se lèvent quand le proviseur entre dans la classe.
Los alumnos se levantan cuando el director entra en el aula.
▷ Il est onze heures, lève-toi !
Son las once, ¡levántate!

2 ► **se lever :** levantarse

ℹ *Le pronom réfléchi fonctionne de la façon suivante en espagnol : **me** levanto, **te** levantas, **se** levanta, **nos** levantamos, **os** levantáis, **se** levantan.*

3 ▷ Le soleil se lève très tôt.
El sol sale muy temprano.

3 ► **se lever** (en parlant du soleil) : salir

4 ▷ Le jour se lève.
Está amaneciendo.

4 *Pour dire que* **le jour se lève**, *on emploie en espagnol le verbe* ***amanecer****.*

levier

▷ Le levier de vitesse est bloqué.
La palanca de cambios está atascada.

la **palanca**

lèvre

▷ Qu'est-ce que tu as sur les lèvres ?
¿Qué tienes en los labios?

el **labio**
Attention : ***labio*** *est masculin.*

levure

▷ Tu as mis de la levure dans le gâteau ?
¿Le has echado levadura al pastel?
▷ Peux-tu me donner un sachet de levure chimique ?
¿Puedes darme un sobre de levadura química?

la **levadura**

► **levure chimique :** la **levadura química**

lézard

▷ Il y a des lézards dans le jardin.
Hay lagartos en el jardín.

el **lagarto**

libellule

▷ Regarde cette libellule sur l'eau.
Mira esta libélula en el agua.

la **libélula**
ℹ *Remarquez que le mot espagnol porte sur le* ***e*** *un accent écrit qui reflète l'accent tonique.*

libérer

1 ▷ Ils ont enfin libéré les otages.
Por fin han liberado a los rehenes.

1 (= relâcher) **liberar**
Si le complément est une personne, un groupe de personnes ou un animal domestique, n'oubliez pas de le faire précéder de ***a****.*

ℹ *On peut dire aussi* ***poner en libertad****.*

2 ▷ Le prisonnier a réussi à se libérer.
El prisionero consiguió liberarse.

2 ► **se libérer** (= se détacher) : **liberarse**
ℹ *Le pronom réfléchi fonctionne de la façon suivante en espagnol :* ***me libero, te liberas, se libera, nos liberamos, os liberáis, se liberan****.*

3 ▷ Je vais voir si je peux me libérer pour te filer un coup de main.
Voy a ver si puedo encontrar un momento para echarte una mano.

3 ► **se libérer** (dans son emploi du temps) : **encontrar un momento**

liberté

▷ Ses parents lui laissent beaucoup de liberté.
Sus padres le dejan mucha libertad.

▷ Les animaux sont en liberté dans ce parc.
Los animales están en libertad en este parque.

la **libertad** (pluriel **las libertades**)

► **en liberté : en libertad**

libraire

▷ Elle veut devenir libraire.
Quiere ser librera.

el **librero,** la **librera**

ℹ *Comme avec tous les noms de métier, on utilise le verbe* ***ser*** *et non* ***estar****.*

librairie

▷ Il y a une nouvelle librairie près de l'école.
Hay una nueva librería cerca del colegio.

la **librería**

ℹ *Remarquez que le mot espagnol porte sur le* ***i*** *un accent écrit qui reflète l'accent tonique.*

libre

▷ Tu peux faire ce que tu veux, tu es libre.
Puedes hacer lo que quieras, eres libre.

▷ Est-ce que tu es libre ce soir ?
¿Estás libre esta noche?

▷ Cette place est libre ou occupée ?
¿Este asiento está libre u ocupado?

▷ J'avais une heure libre alors je suis allé à la bibliothèque.
Tenía una hora libre, entonces fui a la biblioteca.

libre

ℹ *Notez l'emploi du verbe* ***ser*** *quand on parle d'une caractéristique permanente, et du verbe* ***estar*** *quand on veut dire qu'on n'a pas d'obligations à un moment donné ou qu'il s'agit d'un état transitoire.*

librement

▷ Ils peuvent s'exprimer librement.
Pueden expresarse libremente.

libremente

licence

▷ La sœur d'Emmanuel a une licence de maths.
La hermana de Emmanuel tiene una licenciatura de matemáticas.

(= diplôme) la **licenciatura**

licencier

▷ Ils ont licencié trois cents personnes.
Han despedido a trescientas personas.

▷ Ma sœur s'est fait licencier.
Han despedido a mi hermana.

despedir

Le complément est une personne : n'oubliez pas de le faire précéder de ***a****.*

ℹ *Notez que le verbe espagnol* ***despedirse*** *signifie « faire ses adieux, prendre congé ».*

lié, liée

▷ Les deux incidents ne sont pas liés.
Los dos incidentes no están ligados.

ligado, ligada

ℹ *Regardez aussi le verbe* **lier***, plus bas.*

liège

▷ J'ai posé des carreaux en liège sur le mur.
Instalé baldosas de corcho en la pared.

el **corcho**
► **de** *ou* **en liège : de corcho**

lien

1 ▷ Il n'y a aucun lien entre ces deux histoires.
No hay ninguna relación entre estas dos historias.

1 (= relation entre des choses) la **relación** (pluriel **las relaciones**)
ℹ *Il n'y a pas d'accent écrit au pluriel. L'accent tonique porte sur le **o**, comme au singulier.*

2 ▷ Il a des liens très étroits avec sa famille.
Tiene vínculos muy estrechos con su familia.

2 (= relation entre des personnes) el **vínculo**
ℹ *Remarquez que le mot espagnol porte sur le **i** un accent écrit qui reflète l'accent tonique.*
*On peut dire aussi **el lazo**.*

3 ▷ Il faut double-cliquer sur le lien.
Hay que hacer doble clic en el enlace.

3 (en informatique) el **enlace**
ℹ *On peut dire aussi **el vínculo**.*

lier

1 ▷ Rien ne nous permet de lier les deux événements.
Nada nos permite ligar los dos acontecimientos.

1 (= établir un lien) **ligar**

2 ▷ On a lié conversation dans le train.
Entablamos conversación en el tren.

2 ► **lier conversation : entablar conversación**

lieu

1 ▷ Ce bar est un lieu très à la mode.
Este bar es un lugar muy de moda.

1 el **lugar** (pluriel **los lugares**)

2 ▷ Il a utilisé une tasse au lieu d'un bol.
Utilizó una taza en vez de un tazón.
▷ Aide-moi au lieu de regarder la télé !
¡Ayúdame en vez de ver la tele!

2 ► **au lieu de : en vez de**

3 ▷ Le match aura lieu samedi.
El partido tendrá lugar el sábado.

3 ► **avoir lieu** (= se passer) **: tener lugar**

lièvre

▷ Nous avons vu un lièvre courir dans le champ.
Vimos una liebre que corría por el campo.

la **liebre**
⚠ *Attention : contrairement au français, le mot espagnol **liebre** est féminin.*

lifting

▷ Combien coûte un lifting ?
¿Cuánto cuesta un estiramiento facial?

el **estiramiento facial**
ℹ *On dit aussi **el lífting**.*

▷ Il s'est fait faire un lifting l'année dernière.
Se hizo un estiramiento facial el año pasado.

► **se faire faire un lifting :** hacerse un estiramiento facial

ℹ *Le pronom réfléchi fonctionne de la façon suivante en espagnol :* ***me*** ***hago,*** ***te*** ***haces,*** ***se*** ***hace,*** ***nos*** ***hacemos,*** ***os*** ***hacéis,*** ***se*** ***hacen un estiramiento facial.***

light

▷ Il mange des yaourts light pour maigrir.
Come yogures light para adelgazar.

light (pluriel light)

ligne

1 ▷ La première ligne du texte est illisible.
La primera línea del texto es ilegible.
▷ Les lignes de banlieue ne fonctionnent pas bien en ce moment.
Las líneas de cercanías no funcionan bien últimamente.

1 la línea

ℹ *Remarquez que le mot espagnol porte sur le* ***i*** *un accent écrit qui reflète l'accent tonique.*

2 ▷ Bertrand passe des heures à jouer en ligne.
Bertrand pasa horas jugando en línea.

2 ► **en ligne** (sur le web) **:** en línea

3 ▷ On s'est tous mis en ligne pour rentrer dans la salle des fêtes.
Nos pusimos todos en fila para entrar en la sala de fiestas.

3 ► **se mettre en ligne :** ponerse en fila

ℹ *Le pronom réfléchi fonctionne de la façon suivante en espagnol :* ***nos ponemos en fila,*** ***os ponéis en fila,*** ***se ponen en fila.***

lilas

▷ Ça sent le lilas.
Huele a lila.

el lila

limace

▷ Les limaces ont mangé les laitues.
Las babosas se han comido las lechugas.

la babosa

lime

▷ J'utilise une lime à ongles.
Utilizo una lima para las uñas.

(= outil) la lima

limitation

▷ La limitation de vitesse est fixée à 80 kilomètres par heure.
La limitación de velocidad está a 80 kilómetros por hora.

► **limitation de vitesse :** la limitación de velocidad

limite

1 ▷ Il y a une limite de trois places par personne.
Hay un límite de tres entradas por persona.
▷ La limite entre les deux quartiers est ici.
El límite entre los dos barrios está aquí.

1 el **límite**

Attention : contrairement au français, le mot espagnol ***limite*** *est masculin.*

2 ▷ À la limite, on pourrait prendre un taxi.
En última instancia, podríamos coger un taxi.

2 ► **à la limite** (= s'il le faut vraiment) : en última instancia

limiter

▷ On a réussi à limiter les dégâts.
Conseguimos limitar el daño.

limitar

limonade

▷ Deux limonades, s'il vous plaît.
Dos gaseosas, por favor.

la **gaseosa**

linge

1 ▷ On doit emporter notre propre linge au chalet.
Tenemos que llevar nuestra propia ropa blanca al chalé.

1 (= draps, torchons, etc.) la **ropa blanca**

2 ▷ Pour aider ma mère, j'étends le linge.
Para ayudar a mi madre, tiendo la colada *ou* la ropa.

2 (= lessive) la **colada** *ou* la **ropa**

lion

▷ Dominique a photographié des lions au Kenya.
Dominique fotografió leones en Kenia.

el **león** (pluriel los leones)

Lion

▷ Il est Lion.
Es Leo.

(signe du zodiaque) **Leo**

liquide

1 ▷ Achète du savon liquide.
Compra jabón líquido.

1 (adjectif = non solide) **líquido, líquida**

Remarquez que le mot espagnol porte sur le premier ***i*** *un accent écrit qui reflète l'accent tonique.*

2 ▷ Ne mets pas trop de liquide vaisselle.
No pongas demasiado líquido lavavajillas.

2 ► **liquide vaisselle :** el líquido lavavajillas

3 ▷ J'ai payé avec ma carte parce que je n'avais pas de liquide.
Pagué con la tarjeta porque no tenía dinero en efectivo.
▷ On a payé en liquide.
Pagamos en efectivo.

3 (= de l'argent liquide) el **dinero en efectivo**

► **en liquide :** en efectivo

lire

▷ Mon père lisait le journal quand je suis arrivée.
Mi padre estaba leyendo el periódico cuando llegué.

leer

liseuse

▷ J'ai acheté une liseuse.
He comprado un lector de libros electrónicos.

(de livres électroniques) el **lector de libros electrónicos** (pluriel los **lectores de libros electrónicos**)

lisible

▷ Son écriture est difficilement lisible.
Su letra es difícilmente legible.

legible

ℹ *On dit aussi* ***leíble.***

lisse

▷ Paula a la peau très lisse.
Paula tiene la piel muy lisa.

liso, lisa

liste

▷ Zut, j'ai perdu la liste des courses !
¡Jolín, he perdido la lista de la compra!
▷ Fais une liste, sinon tu vas oublier quelque chose.
Haz una lista, si no vas a olvidar algo.
▷ Raphaël est sur liste d'attente pour le vol Paris-New York.
Raphaël está en la lista de espera para el vuelo París-Nueva York.

la **lista**

► **être sur liste d'attente : estar en la lista de espera**

lit

▷ Ce lit est très dur.
Esta cama es muy dura.
▷ Je voudrais une chambre avec un lit de deux personnes et un lit d'une personne.
Quisiera una habitación con una cama de matrimonio y una cama individual.
▷ Il est midi et Caroline est encore au lit !
¡Son las doce y Caroline todavía está en la cama!
▷ À quelle heure est-ce que tu vas au lit d'habitude ?
¿A qué hora sueles irte a la cama?

la **cama**

► **lit de deux personnes :** la **cama de matrimonio** (pluriel **las camas de matrimonio**)

► **lit d'une personne :** la **cama individual** (pluriel **las camas individuales**)

► **être au lit : estar en la cama**

► **aller au lit : irse a la cama**

ℹ *Le pronom réfléchi fonctionne de la façon suivante en espagnol :* ***me voy a la cama, te vas a la cama, se va a la cama, nos vamos a la cama, os vais a la cama, se van a la cama.***

▷ Mon père m'a grondé parce que je n'avais pas fait mon lit.
Mi padre me riñó porque no había hecho la cama.

► **faire son lit : hacer la cama**

litière

▷ J'ai nettoyé la litière de Mimi.
He limpiado la arena de Mimi.

(pour chats) la **arena**

*Attention, **arena** signifie aussi « sable ».*

litre

▷ J'ai emporté un litre d'eau pour la randonnée.
Me llevé un litro de agua para la excursión.

el **litro**

littéral, littérale

▷ C'est une traduction littérale.
Es una traducción literal.

literal (pluriel **literales**)

Attention à l'orthographe du mot espagnol.

littéralement

▷ Prendre cette décision serait littéralement suicidaire pour l´entreprise.
Tomar esta decisión sería literalmente un suicidio para la empresa.

literalmente

littérature

▷ Le prof nous a parlé de la littérature du dix-neuvième siècle.
El profesor nos habló de la literatura del siglo diecinueve.

la **literatura**

Attention à l'orthographe du mot espagnol.

livraison

▷ La livraison à domicile est comprise dans le prix.
El precio incluye entrega a domicilio.

la **entrega**

livre NOM MASCULIN

▷ Tu as lu ce livre ? Il est génial.
¿Has leído este libro? Es una pasada.
▷ Quelqu'un a vu mon livre de maths ?
¿Alguien ha visto mi libro de matemáticas?
▷ Les livres de classe pèsent très lourd.
Los libros de texto pesan mucho.
▷ Ma mère a beaucoup de livres de cuisine.
Mi madre tiene muchos libros de cocina.
▷ Je n'achète que des livres de poche, ils sont moins chers.
Sólo compro libros de bolsillo, son más baratos.

el **libro**

► **livre de classe :** el **libro de texto** (pluriel **los libros de texto**)
► **livre de cuisine :** el **libro de cocina** (pluriel **los libros de cocina**)
► **livre de poche :** el **libro de bolsillo** (pluriel **los libros de bolsillo**)

livre NOM FÉMININ

▷ Une livre de raisin, s'il vous plaît.
Una libra de uvas, por favor.

(= unité de poids) la libra

livrer

▷ Le facteur nous a livré un colis.
El cartero nos entregó un paquete.
▷ Anaïs s'est fait livrer les achats.
Anaïs ha hecho que le traigan las compras a casa.

► **livrer** quelque chose **à** quelqu'un : entregar algo a alguien
► **se faire livrer** quelque chose : hacer que se traigan algo a casa

livret

1 ▷ J'ai perdu mon livret de caisse d'épargne.
He perdido la cartilla de ahorros.

1 ► **livret de caisse d'épargne :** la cartilla de ahorros (pluriel las cartillas de ahorros)

On peut dire aussi la libreta de ahorros.

2 ▷ Il vous faut votre livret de famille pour obtenir un passeport.
Necesita el libro de familia para obtener un pasaporte.

2 ► **livret de famille :** el libro de familia

3 ▷ Natacha a un très bon livret scolaire.
Natacha tiene un libro escolar muy bueno.

3 ► **livret scolaire :** el libro escolar (pluriel los libros escolares)

local, locale

1 ▷ Nous n'achetons que des produits locaux.
Sólo compramos productos locales.

1 (adjectif) local (pluriel locales)

2 ▷ Les locaux de la société sont au deuxième étage.
Los locales de la empresa están en el segundo piso.

2 (nom) el local (pluriel los locales)

locataire

▷ Les locataires du rez-de-chaussée sont très sympas.
Los inquilinos de la planta baja son muy simpáticos.

el inquilino, la inquilina

location

▷ Mon père dirige une entreprise de location de voitures.
Mi padre dirige una empresa de alquiler de coches.

el alquiler

locomotive

▷ La locomotive est tombée en panne dix minutes après le départ.
La locomotora tuvo una avería diez minutos después de la salida.

la **locomotora**

logement

▷ C'est difficile de trouver un logement de nos jours.
Es difícil encontrar una vivienda hoy en día.
▷ Ils ont un logement de soixante mètres carrés.
Tienen una vivienda de sesenta metros cuadrados.

(= appartement ou maison) la **vivienda**

loger

1 ▷ Quand nous allons en vacances, nous logeons à l'hôtel.
Cuando vamos de vacaciones, nos alojamos en hoteles.

1 (= habiter temporairement) **alojarse**

*Le pronom réfléchi fonctionne de la façon suivante en espagnol : **me alojo, te alojas, se aloja, nos alojamos, os alojáis, se alojan**.*

2 ▷ Nous pouvons loger trois personnes.
Podemos alojar a tres personas.

2 ► **loger** quelqu'un (= l'accueillir chez soi) : **alojar a** alguien

logiciel

▷ Ce logiciel est très bien pour retoucher les photos.
Este programa está muy bien para retocar las fotos.
▷ Ils vendent des logiciels.
Venden software.
▷ Les logiciels sont chers.
El software es caro.

► un **logiciel** : un **programa**

*Quand on veut parler des logiciels en général, on emploie le mot **software**. **Software** ne se met pas au pluriel et ne s'emploie pas avec l'article indéfini **un**. **Software** est un mot d'origine anglaise.*

logique

1 ▷ Oui, je comprends, c'est logique.
Sí, entiendo, es lógico.
▷ C'est logique !
¡Es lógico!

1 (adjectif) **lógico, lógica**

*Remarquez que le mot espagnol porte sur le **o** un accent écrit qui reflète l'accent tonique.*

2 ▷ Je ne comprends pas sa logique.
No entiendo su lógica.

2 (nom) la **lógica**

loi

▷ C'est la loi, tu dois la respecter.
Es la ley, la tienes que respetar.

la **ley** (pluriel **las leyes**)

loin

1 ▷ Est-ce que c'est loin ?
¿Está lejos?
▷ Les vacances sont encore loin.
Las vacaciones quedan todavía lejos.
▷ La piscine n'est pas loin d'ici.
La piscina no está lejos de aquí.
▷ Je vois mal de loin.
Veo mal de lejos.

1 lejos

Attention : le verbe qui traduit être dans être loin est estar et non ser.

► loin de : lejos de

► de loin (= depuis une certaine distance) : de lejos

2 ▷ Les autres sont encore loin derrière.
Los otros van todavía muy detrás.
▷ Élise est loin devant.
Élise va muy delante.

2 ► loin derrière : muy detrás

► loin devant : muy delante

3 ▷ Thomas est de loin le meilleur élève de la classe.
Thomas es, con mucho, el mejor alumno de la clase.

3 ► de loin (= de beaucoup) : con mucho

loisirs

1 ▷ Qu'est-ce que tu fais pendant tes loisirs ?
¿Qué haces durante tu tiempo libre?

1 (= temps libre) el tiempo libre

2 ▷ Ce centre propose des loisirs très variés.
Este centro ofrece distracciones muy variadas.

2 (= activités) las distracciones

long, longue

▷ Ce jean est un peu long pour toi.
Estos vaqueros te quedan un poco largos.
▷ La pièce fait dix mètres de long.
La habitación mide diez metros de largo.
▷ Il y a des arbres le long de la rivière.
Hay árboles a lo largo del río.

largo, larga

Quand on veut préciser la longueur de quelque chose en espagnol, on emploie l'expression medir... de largo.

► le long de : a lo largo de

longtemps

1 ▷ J'ai dû attendre longtemps.
Tuve que esperar mucho tiempo.
▷ Ça a pris longtemps.
Llevó mucho tiempo.
▷ Sonia a été malade pendant longtemps.
Sonia estuvo enferma durante mucho tiempo.
▷ Je ne t'avais pas vu depuis longtemps.
No te había visto desde hacía mucho tiempo.
▷ Il y a longtemps que je connais Cédric.
Hace mucho que conozco a Cédric.

1 mucho tiempo

► pendant longtemps : durante mucho tiempo

► depuis longtemps : desde hace mucho tiempo

► il y a longtemps que... : hace mucho que...

2 ▷ Ludmila est arrivée longtemps avant les autres.
Ludmila llegó mucho antes que los demás.
▷ Ils en ont parlé longtemps après.
Hablaron de ello mucho después.

2 ► **longtemps avant :** **mucho antes**
► **longtemps après :** **mucho después**

longueur

1 ▷ Nous avons mesuré la longueur de la pièce.
Medimos la longitud de la habitación.
▷ La pièce fait dix mètres de longueur.
La habitación mide diez metros de largo.

1 (= dimension) la **longitud**
ℹ *Quand on veut préciser la longueur de quelque chose en espagnol, on emploie l'expression* ***medir... de largo****.*

2 ▷ La longueur du film est indiquée sur le programme.
La duración de la película viene indicada en el programa.

2 (= durée) la **duración**

look

▷ Il soigne son look.
Cuida su aspecto.

el **aspecto**
ℹ *On dit aussi* ***el look****.*

lot

▷ Lucile a quand même eu un lot de consolation.
Lucile tuvo con todo un premio de consolación.
▷ Marguerite a gagné le gros lot à la tombola de l'école.
Marguerite ganó el premio gordo en la tómbola del colegio.

(= prix) el **premio**
► **le gros lot :** el **premio gordo**

loterie

▷ Les commerçants ont donné des lots pour la loterie de l'école.
Los comerciantes han dado premios para la lotería del colegio.
▷ On peut gagner des millions à la loterie nationale.
Se pueden ganar millones en la lotería nacional.

la **lotería**
ℹ *Remarquez que le mot espagnol porte sur le* ***i*** *un accent écrit qui reflète l'accent tonique.*
► **la loterie nationale :** la **lotería nacional**
ℹ *Un seul mot en espagnol,* ***lotería****, pour désigner aussi bien la* loterie *que le* loto*.*

lotion

▷ Cette lotion est bonne pour la peau.
Esta loción es buena para la piel.

la **loción** (pluriel **las lociones**)
ℹ *Il n'y a pas d'accent écrit au pluriel. L'accent tonique porte sur le* ***o****, comme au singulier.*

▷ Cette lotion après-rasage sent bon.
Esta loción para después del afeitado huele bien.

► **lotion après-rasage :** **loción para después del afeitado**

lotissement

▷ Sandra habite dans un lotissement en banlieue.
Sandra vive en una urbanización en las afueras.

(= ensemble de maisons) la **urbanización** (pluriel las **urbanizaciones**)

ℹ *Il n'y a pas d'accent écrit au pluriel. L'accent tonique porte sur le* **o**, *comme au singulier.*

Loto

1 ▷ Ils ont gagné un million au Loto.
Han ganado un millón a la lotería.

1 ► **le Loto : la lotería**

ℹ *Un seul mot en espagnol,* ***lotería****, pour désigner aussi bien la* loterie *que le* loto.

2 ▷ Combien de bons résultats as-tu eus au loto sportif ?
¿Cuántos resultados has acertado en la quiniela?

2 ► **le loto sportif : la quiniela**

louanges

▷ Les pompiers méritent des louanges.
Los bomberos merecen alabanzas.

las **alabanzas**

louche

1 ▷ J'ai laissé tomber la louche dans la marmite.
Dejé caer el cucharón en la olla.

1 (= ustensile de cuisine) el **cucharón** (pluriel los **cucharones**)

ℹ *Il n'y a pas d'accent écrit au pluriel. L'accent tonique porte sur le* **o**, *comme au singulier.*

2 ▷ Il y a un type louche qui cherche Roland.
Hay un tipo sospechoso que está buscando a Roland.

2 (en parlant d'une personne qui a l'air louche) **sospechoso, sospechosa**

loucher

▷ Il louche.
Bizquea.

(= avoir un problème aux yeux) **bizquear**

louer

▷ Nous louons notre maison de campagne pendant l'hiver.
Alquilamos la casa de campo durante el invierno.
▷ On pourrait louer une villa pour les vacances.
Podríamos alquilar un chalé para las vacaciones.
▷ J'ai loué un vélo pour la semaine.
Alquilé una bici para la semana.

(en parlant d'un logement, de véhicules ou de skis) **alquilar**

loueur

▷ Il y a plusieurs loueurs de voitures à l'aéroport.
Hay varias empresas alquiladoras de coches en el aeropuerto.

(= entreprise) la **empresa alquiladora**

loup

▷ Il y a encore des loups en Espagne.
Todavía hay lobos en España.

el **lobo**

loupe

▷ Ma grand-mère a besoin d'une loupe pour lire le journal.
Mi abuela necesita una lupa para leer el periódico.
▷ On a regardé l'insecte à la loupe.
Miramos el insecto con la lupa.

la **lupa**

ℹ *Notez la préposition utilisée en espagnol :* à la loupe = *con la lupa.*

louper

1 ▷ Dépêchez-vous, vous aller louper le train !
¡Daos prisa, vais a perder el tren!

1 (= manquer, en parlant du train ou d'une occasion) **perder**

2 ▷ J'ai loupé ma tarte au citron.
La tarta de limón me salió mal.

2 *Pour dire qu'on* **a mal fait** *quelque chose, en parlant d'un gâteau ou d'un dessin par exemple, on emploie en espagnol l'expression* ***salir mal*** *précédée du pronom personnel qui convient.*

ℹ *Le pronom fonctionne de la façon suivante en espagnol :* ***me salió mal, te salió mal, le salió mal, nos salió mal, os salió mal, les salió mal.***

3 ▷ Jonathan pense qu'il a loupé son examen.
Jonathan piensa que ha cateado el examen.

3 (= rater, en parlant d'un examen) **catear**

4 ▷ Maïté est venue à Paris mais on s'est loupés.
Maïté vino a París pero no nos vimos.

4 ► **se louper** (= ne pas se voir) : **no verse**

ℹ *Le pronom réfléchi fonctionne de la façon suivante en espagnol :* ***no nos vimos, no os visteis, no se vieron.***

lourd, lourde

1 ▷ Ta valise est vraiment lourde !
¡Tu maleta es muy pesada!
▷ Arrête ! Aujourd'hui tu es vraiment lourd !
¡Para! ¡Hoy estás realmente pesado!

1 (= qui pèse beaucoup ou agaçant) **pesado, pesada**

ℹ *Notez l'emploi du verbe* ***ser*** *quand on parle de quelque chose qui pèse beaucoup, et du verbe* ***estar*** *quand on parle d'une personne qui est pénible à un moment donné.*

2 ▷ Ça pèse lourd !
¡Pesa mucho!

2 ► **peser lourd : pesar mucho**

3 ▷ Il fait lourd aujourd'hui.
Hoy hace un día bochornoso.

3 ► **il fait lourd : hace un día bochornoso**

loutre

▷ On a vu des loutres dans la rivière.
Vimos unas nutrias en el río.

la **nutria**

loyer

▷ As-tu payé ton loyer ce mois-ci ?
¿Has pagado el alquiler este mes?

el **alquiler** (pluriel los alquileres)

luge

▷ Mes parents m'ont acheté une luge.
Mis padres me han comprado un trineo.
▷ On a fait de la luge sur la colline.
Montamos en trineo en la colina.

el **trineo**

► **faire de la luge : montar en trineo**

lui

1 ▷ Christelle n'a pas voulu aller au cinéma avec lui.
Christelle no quiso ir al cine con él.
▷ Mon chien est malade, j'ai acheté ce médicament pour lui.
Mi perro está enfermo, he comprado este medicamento para él.

1 *Quand* **lui** *vient après une préposition ou une conjonction, il se traduit par* ***él***.

ℹ ***Él*** *porte un accent sur le* ***e*** *pour le distinguer de l'article défini* ***el***.

2 ▷ Mélanie était là mais je ne lui ai pas parlé.
Mélanie estaba pero no le hablé.
▷ Le chat voulait jouer, alors je lui ai donné une balle.
El gato quería jugar, entonces le di una pelota.
▷ Je le lui ai donné.
Se lo di.

2 *Quand* **lui** *est complément d'objet indirect, l'équivalent espagnol est* ***le***.

ℹ *Quand il y a un autre pronom devant* **lui**, *celui-ci se traduit par* ***se*** *en espagnol.*

3 ▷ Elle a accepté mais lui a refusé.
Ella aceptó pero él dijo que no.

3 *Quand* **lui** *est sujet (c'est-à-dire quand* **lui** *signifie « il »), l'équivalent espagnol est* ***él***.

lui-même

▷ C'est lui-même qui me l'a dit.
Me lo dijo él mismo.

él mismo

lumière

▷ Il y a beaucoup de lumière dans ce bureau.
Hay mucha luz en este despacho.
▷ Éteins la lumière, s'il te plaît.
Apaga la luz, por favor.

la **luz** (pluriel **las luces**)

ℹ *N'oubliez pas que le **z** devient **c** au pluriel.*

lundi

▷ Aujourd'hui c'est lundi.
Hoy es lunes.
▷ Nous sommes lundi.
Estamos a lunes.
▷ Nous partirons lundi.
Nos marcharemos el lunes.
▷ Mes grands-parents sont venus lundi.
Mis abuelos vinieron el lunes.
▷ Le lundi j'ai cours de violon.
Los lunes tengo clase de violín.

el **lunes**

► faire quelque chose **lundi :** hacer algo **el lunes**

► **le lundi** (= tous les lundis) **:** los **lunes**

lunette, lunettes

1 ▷ Mon oncle a une lunette pour regarder les étoiles.
Mi tío tiene un anteojo para mirar las estrellas.

1 (= longue-vue) el **anteojo**

2 ▷ Martial doit porter des lunettes.
Martial tiene que llevar gafas.
▷ À qui sont ces lunettes de soleil ?
¿De quién son estas gafas de sol?

2 ► **lunettes :** las **gafas**

► **lunettes de soleil : gafas de sol**

lutte

▷ La lutte contre le sida continue.
La lucha contra el sida continúa.
▷ Tu as déjà fait de la lutte ?
¿Has practicado alguna vez la lucha?

la **lucha**

► **faire de la lutte** (sport) **:** practicar la lucha

lutter

▷ Ils luttent pour leurs droits.
Luchan por sus derechos.

luchar

luxe

▷ Ils sont habitués au luxe.
Están acostumbrados al lujo.
▷ Il y a plusieurs hôtels de luxe dans ce quartier.
Hay varios hoteles de lujo en este barrio.

el **lujo**

► **de luxe :** de lujo

luxueux, luxueuse

▷ L'hôtel était très luxueux.

El hotel era muy lujoso.

lujoso, lujosa

lycée

▷ Le frère de Jeanne va au lycée.

El hermano de Jeanne va al instituto.

el **instituto**

lys

▷ En France, le lys est le symbole de la monarchie.

En Francia, la flor de lis es el símbolo de la monarquía.

el **lis**

Mm

ma

▷ Ma sœur s'appelle Rosalie.
Mi hermana se llama Rosalie.

mi

ℹ *Remarquez qu'en espagnol l'adjectif possessif ne porte pas d'accent écrit sur le **i** (**mi hermana se llama Rosalie**), pour le différencier du pronom complément (**¿esto es para mí?**).*

mâcher

▷ Mâche avant d'avaler !
¡Mastica antes de tragar!

masticar

ℹ *On peut dire aussi **mascar**.*

machin

▷ Qu'est-ce que c'est que ce machin ?
¿Qué es este chisme?
▷ C'est quoi, ce machin ?
¿Qué es eso?

(= objet, au sens familier) el **chisme**

ℹ *Très souvent on traduit le mot* **machin** *par le pronom neutre* ***eso***.

machinal, machinale

▷ C'est un geste machinal.
Es un gesto maquinal.

maquinal (pluriel **maquinales**)

machinalement

▷ J'ai fait ça machinalement.
Lo hice sin pensar.

sin pensar

ℹ *Remarquez que le mot espagnol porte sur le premier **a** un accent écrit qui reflète l'accent tonique.*

machine

▷ C'est une machine qui sert à couper le papier.
Es una máquina que sirve para cortar papel.

▷ Tu as mis la machine à laver en marche ?
¿Has puesto en marcha la lavadora?

la **máquina**

ℹ *Remarquez que le mot espagnol porte sur le premier **a** un accent écrit qui reflète l'accent tonique.*

► **machine à laver :** la **lavadora**

▷ Cédric a gagné cinquante euros aux machines à sous.
Cédric ganó cincuenta euros en las máquinas tragaperras.

► **machine à sous :** la **máquina tragaperras** (pluriel **las máquinas tragaperras**)

mâchoire

▷ Laurent lui a donné un coup sur la mâchoire.
Laurent le dio un golpe en la mandíbula.

la **mandíbula**

*Remarquez que le mot espagnol porte sur le **i** un accent écrit qui reflète l'accent tonique.*

maçon

▷ Le maçon a fini de construire le mur.
El albañil ha terminado de construir la pared.

el **albañil** (pluriel **los albañiles**)

*L'accent tonique porte sur le **i**.*

madame

▷ Bonjour, madame, je voudrais un kilo de pommes, s'il vous plaît.
Buenos días, señora, quisiera un kilo de manzanas, por favor.

*Quand on s'adresse directement à quelqu'un, on emploie **señora** en espagnol.*

▷ Madame Martínez est venue nous chercher à la gare.
La señora Martínez nos vino a buscar a la estación.

Quand on parle de quelqu'un en l'appelant par son nom de famille, **madame** *se traduit par **la señora**.*

mademoiselle

▷ Bonjour, mademoiselle, je voudrais un kilo de pommes, s'il vous plaît.
Buenos días, señorita, quisiera un kilo de manzanas, por favor.

*Quand on s'adresse directement à quelqu'un, on emploie **señorita** en espagnol.*

▷ Mademoiselle Ibáñez est venue nous chercher à l'aéroport.
La señorita Ibáñez nos vino a buscar al aeropuerto.

Quand on parle de quelqu'un en l'appelant par son nom de famille, **mademoiselle** *se traduit par **la señorita**.*

magasin

▷ Il n'y a pas de magasins près de l'hôtel.
No hay tiendas cerca del hotel.

la **tienda**

▷ Hier j'ai fait les magasins avec ma mère.
Ayer fui de tiendas con mi madre.

► **faire les magasins : ir de tiendas**

▷ Ce grand magasin s'appelle El Corte Inglés.
Estos grandes almacenes se llaman El Corte Inglés.

▷ On peut tout trouver dans les grands magasins.
Se puede encontrar de todo en los grandes almacenes.

► **grand magasin :** los **grandes almacenes**

***Grandes almacenes** est un nom pluriel.*

magazine

▻ J'ai lu ça dans un magazine.
Lo leí en una revista.

la **revista**

magicien, magicienne

▻ Il y avait un magicien à la fête d'anniversaire de Patricia.
Había un mago en la fiesta de cumpleaños de Patricia.

el **mago**, la **maga**

magie

▻ Comment est-ce qu'il a deviné ? C'est de la magie !
¿Cómo lo adivinó? ¡Eso es magia!

la **magia**

magique

▻ Elle dit qu'elle a des pouvoirs magiques.
Dice que tiene poderes mágicos.

mágico, mágica

ℹ *Remarquez que le mot espagnol porte sur le* ***a*** *un accent écrit qui reflète l'accent tonique.*

magnétique

▻ Mon père a une carte magnétique pour entrer dans son bureau.
Mi padre tiene una tarjeta magnética para entrar en la oficina.

magnético, magnética

ℹ *Remarquez que le mot espagnol porte sur le* ***e*** *un accent écrit qui reflète l'accent tonique.*

magnétophone

▻ Chaque équipe a un magnétophone pour interviewer les gens dans la rue.
Cada equipo tiene un casete para entrevistar a la gente en la calle.

(= appareil) el **casete**

magnifique

▻ Ce garçon a des yeux magnifiques.
Este chico tiene unos ojos magníficos.

magnífico, magnífica

ℹ *Remarquez que le mot espagnol porte sur le premier* ***i*** *un accent écrit qui reflète l'accent tonique.*

mai

▻ Il fait souvent doux en mai.
Suele hacer bueno en mayo.
▻ Stéphanie est née le trois mai.
Stéphanie nació el tres de mayo.

mayo

ℹ *Notez l'emploi de* ***de*** *en espagnol quand on dit la date.*

maigre

1 ▻ Sandra a beaucoup maigri, elle est très maigre.
Sandra ha adelgazado mucho, está muy flaca.
▻ Dans sa famille, ils sont tous maigres.
En su familia, todos son flacos.

1 (= très mince) **flaca, flaca**

Attention : on utilise le verbe ***estar*** *s'il s'agit d'un état temporaire, et le verbe* ***ser*** *s'il s'agit d'une caractéristique physique.*

2 ▷ Damien mange des yaourts maigres.
Damien come yogures sin grasa.

2 (en parlant du yaourt ou du fromage) **sin grasa**

maigrir

▷ Si tu veux maigrir, fais du sport !
¡Si quieres adelgazar, haz deporte!
▷ Laïla a déjà maigri de trois kilos.
Laïla ya ha adelgazado tres kilos.

adelgazar

*Notez qu'il n'y a pas de préposition entre **adelgazar** et le poids.*

mail

▷ Je t'enverrai un mail pour t'avertir.
Te mandaré un correo electrónico para avisarte.

el **correo electrónico**

*Remarquez que le mot **electrónico** porte sur le premier **o** un accent écrit qui reflète l'accent tonique.*

maillot

1 ▷ Stéphane est fier de son maillot du Paris Saint-Germain.
Stéphane está orgulloso de su camiseta del Paris Saint-Germain.

1 (= tee-shirt de foot) la **camiseta**

2 ▷ Qui porte le maillot jaune ?
¿Quién lleva el maillot amarillo?

2 (= tee-shirt de cyclisme) el **maillot**

3 ▷ Mélissa a un joli maillot de bain.
Mélissa tiene un bonito bañador.

3 ► **maillot de bain** : el **bañador** (pluriel **los bañadores**)

*On peut dire aussi **el traje de baño*** (pluriel **los trajes de baño**).

main

▷ Tes mains sont glacées.
Tienes las manos heladas.

la **mano**

▷ Je les ai vus ensemble, ils se tenaient par la main !
Los vi juntos, ¡iban cogidos de la mano!

► **se tenir par la main** : **ir cogidos de la mano**

▷ Jérôme m'a donné un coup de main pour déplacer l'armoire.
Jérôme me echó una mano para mover el armario.

► **donner un coup de main à** quelqu'un : **echar una mano a** alguien

▷ Ce pull est fait à la main.
Este jersey está hecho a mano.

► **fait à la main** *ou* **fait main** : **hecho a mano**

main-d'œuvre

▷ La main-d'œuvre coûte cher.
La mano de obra es cara.

la **mano de obra**

maintenant

▷ Et maintenant, qu'est-ce que tu vas faire ?
Y ahora, ¿qué vas a hacer?
▷ Maintenant que j'ai un peu d'argent, j'aimerais aller en Espagne.
Ahora que tengo un poco de dinero, me gustaría ir a España.

ahora

► **maintenant que... :** ahora que...

maintenir

▷ Jean maintient que ce n'est pas de sa faute.
Jean mantiene que no es culpa suya.

mantener

maire

▷ Le maire a inauguré le nouveau cinéma.
El alcalde inauguró el nuevo cine.

el **alcalde**, la **alcaldesa**

mairie

▷ L'office du tourisme est dans la mairie.
La oficina de turismo está en el ayuntamiento.

el **ayuntamiento**

mais

1 ▷ Je savais la réponse mais je n'ai pas osé la dire.
Conocía la respuesta pero no me atreví a decirla.

1 (pour opposer deux choses) **pero**

2 ▷ Il n'est pas argentin mais bolivien.
No es argentino sino boliviano.
▷ Je ne viendrai pas mardi mais mercredi.
No vendré el martes sino el miércoles.

2 *Quand* **mais** *est précédé de* **pas** *il se traduit par* ***sino***.

maïs

▷ Les agriculteurs de cette région cultivent du maïs.
Los agricultores en esta región cultivan maíz.

el **maíz**

ℹ *Remarquez que le mot espagnol porte sur le* ***i*** *un accent écrit qui reflète l'accent tonique.*

maison

1 ▷ La maison de Laetitia est magnifique.
La casa de Laetitia es magnífica.
▷ Je suis resté à la maison hier.
Me quedé en casa ayer.
▷ Rentre tout de suite à la maison !
¡Vuelve a casa enseguida!

1 (= bâtiment) la **casa**

► **à la maison** (= dans la maison) **:** en casa

► **à la maison** (= vers la maison) **:** a casa

2 ▷ L'arrière-grand-père de Mathilde est dans une maison de retraite.
El bisabuelo de Mathilde está en un asilo.

2 ► **maison de retraite :** el asilo

maître

1 ▷ Ce chien est perdu, où est son maître ?
Este perro está perdido, ¿dónde está su dueño?

1 (= propriétaire d'un animal) el **dueño**

2 ▷ Ma petite sœur adore son maître.
Mi hermanita adora a su maestro.

2 (= instituteur) el **maestro**

3 ▷ Le maître nageur nous a dit de ne pas plonger.
El socorrista nos dijo que no nos zambulliéramos.

3 ► **maître nageur** (qui surveille la piscine) : el **socorrista,** la **socorrista**

*Attention à bien prononcer les deux **r** de **socorrista**.*

4 ▷ Hubert prend des cours avec un maître nageur.
Hubert toma clases con un profesor de natación.

4 ► **maître nageur** (qui enseigne la natation) : el **profesor de natación,** la **profesora de natación** (pluriel **profesores de natación**), las **profesoras de natación**

maîtresse

▷ Notre maîtresse de maternelle était très gentille.
Nuestra maestra de párvulos era muy amable.

(= institutrice) la **maestra**

ℹ *On peut dire aussi **la señorita**.*

majeur, majeure

1 ▷ Tu es majeure, tu n'as pas besoin de la permission de tes parents.
Eres mayor de edad, no necesitas el permiso de tus padres.

1 ► **être majeur** (= avoir dix-huit ans ou plus) : **ser mayor de edad** (pluriel **mayores de edad**)

2 ▷ La majeure partie des élèves étaient là.
La mayor parte de los alumnos estaban presentes.

2 ► **la majeure partie de... :** **la mayor parte de...**

3 ▷ Judith porte une bague au majeur.
Judith lleva un anillo en el dedo corazón.

3 ► **le majeur** (= doigt) : el **dedo corazón**

majorité

▷ La majorité des gens sont d'accord.
La mayoría de la gente está de acuerdo.

► **la majorité de... :** **la mayoría de...**

majuscule

▷ Il a tout écrit en majuscules.
Lo escribió todo en mayúsculas.
▷ C'est un N majuscule.
Es una N mayúscula.

(= lettre) la **mayúscula**

ℹ *Remarquez que le mot espagnol porte sur le premier **u** un accent écrit qui reflète l'accent tonique.*

mal

1 ▷ Tu as mal écrit mon prénom.
Has escrito mal mi nombre.
▷ C'est mal ce que tu as fait !
¡Está mal lo que has hecho!

1 **mal**

ℹ *Notez l'emploi du verbe **estar** avec **mal**.*

2 ▷ Ils ne savent pas ce que c'est que le bien et le mal.
No saben lo que son el bien y el mal.

2 ► **le mal** (= la méchanceté) : **el mal**

3 ▷ Tu as mal ?
¿Te duele?
J'ai mal à la tête.
Me duele la cabeza.
▷ J'ai mal aux jambes.
Me duelen las piernas.

3 *Pour dire que l'on a mal quelque part, on utilise en espagnol le verbe* ***doler*** *précédé du nom ou du pronom correspondant à la personne qui a mal. Le sujet de* ***doler*** *est ce qui fait mal. Si c'est un pluriel, le verbe doit en porter la marque :* ***a María le duele la cabeza*** (María a mal à la tête) ; ***a María le duelen las piernas*** (María a mal aux jambes).

ℹ *Le pronom personnel fonctionne de la façon suivante en espagnol :* ***me duele, te duele, le duele, nos duele, os duele, les duele.*** *Au pluriel :* ***me duelen, te duelen,*** *etc.*

▷ J'ai un mal de tête terrible.
Tengo un dolor de cabeza espantoso.

► **avoir un mal de tête / dents**, etc. + adjectif : **tener un dolor de cabeza / muelas**, etc. + adjectif

4 ▷ Barnabé dit toujours du mal des gens.
Barnabé siempre habla mal de la gente.

4 ► **dire du mal de** quelqu'un : **hablar mal de** alguien

5 ▷ Ce livre n'est pas mal.
Este libro no está mal.

5 ► **ne pas être mal** (= pas mauvais) : **no estar mal**

6 ▷ Je lui ai fait mal au bras.
Le hice daño en el brazo.
▷ Ne lui faites pas de mal !
¡No le hagáis daño!
▷ Dounia s'est fait mal au genou.
Dounia se ha hecho daño en la rodilla.

6 ► **faire mal à : hacer daño a**

► **se faire mal : hacerse daño**

ℹ *Le pronom réfléchi fonctionne de la façon suivante en espagnol :* ***me hago daño, te haces daño, se hace daño, nos hacemos daño, os hacéis daño, se hacen daño.***

7 ▷ Nous avons eu du mal à déplacer le piano.
Nos costó mover el piano.

7 *Pour dire qu'on a du mal à faire quelque chose, on emploie en espagnol le verbe* ***costar****, précédé du complément de personne.*

ℹ *Le pronom personnel fonctionne de la façon suivante en espagnol :* ***me cuesta, te cuesta, le cuesta, nos cuesta, os cuesta, les cuesta.***

8 ▷ Ils gagnent pas mal d'argent.
Ganan bastante dinero.
▷ Il a pas mal de copains.
Tiene bastantes amigos.

8 ► **pas mal de : bastante**

ℹ *Notez que* ***bastante*** *s'accorde en nombre avec le nom qui suit.*

malade

1 ▷ Ahmed n'est pas à l'école parce qu'il est malade.
Ahmed no está en clase porque está enfermo.

1 ► **être malade** (= être souffrant) : estar enfermo *ou* enferma

ℹ *On peut dire aussi* ***estar malo*** *ou* ***mala.***

2 ▷ J'ai été malade sur le bateau.
Vomité en el barco.

2 ► **être malade** (= vomir) : vomitar

3 ▷ Il veut plonger de là ? Il est malade !
¿Quiere zambullirse desde allí? ¡Está loco!

3 (= fou, au sens familier) loco, loca

4 ▷ Les infirmiers s'occupent des malades.
Los enfermeros cuidan a los enfermos.

4 ► un *ou* une **malade :** un enfermo *ou* una enferma

maladie

▷ C'est une maladie très grave.
Es una enfermedad muy grave.

la enfermedad (pluriel las enfermedades)

maladroit, maladroite

▷ Laure est maladroite, elle casse tout.
Laure es torpe, lo rompe todo.

torpe

malaise

▷ J'ai eu un malaise pendant le cours.
Me mareé durante la clase.

► **avoir un malaise :** marearse

ℹ *Le pronom réfléchi fonctionne de la façon suivante en espagnol :* ***me mareo, te mareas, se marea, nos mareamos, os mareáis, se marean.***

malchance

▷ Quelle malchance !
¡Qué mala suerte!

la mala suerte

malchanceux, malchanceuse

▷ Elle a été très malchanceuse.
Tuvo muy mala suerte.

► **être malchanceux :** tener mala suerte

mâle

▷ J'ai un nouveau chat. – Un mâle ou une femelle ?
Tengo un nuevo gato. – ¿Un macho o una hembra?

el macho

malentendu

▷ Ne te fâche pas, c'est juste un malentendu.
No te enfades, sólo es un malentendido.

el malentendido

malgré

▷ Ils sont partis malgré la pluie.
Se fueron a pesar de la lluvia.

a pesar de

malheur

1 ▷ Leur maison a brûlé. – Quel malheur !
Se quemó su casa. – ¡Qué desgracia!
▷ J'espère qu'il ne leur est pas arrivé de malheur.
Espero que no les haya ocurrido ninguna desgracia.

1 (= catastrophe ou accident) la **desgracia**

2 ▷ Tu me portes malheur !
¡Me traes mala suerte!

2 ► **porter malheur à** quelqu'un : **traer mala suerte a** alguien

malheureusement

▷ Malheureusement, mes cousins n'ont pas pu venir.
Desgraciadamente, mis primos no pudieron venir.

desgraciadamente

malheureux, malheureuse

▷ Alexandra avait l'air malheureux.
Alexandra parecía desdichada.

(= triste) **desdichado, desdichada**

malhonnête

▷ Robert est malhonnête, il ne veut pas rembourser ce qu'il a emprunté.
Robert es deshonesto, no quiere pagar lo que ha tomado prestado.

deshonesto, deshonesta

malicieux, malicieuse

▷ Elle avait un sourire malicieux.
Tenía una sonrisa maliciosa.

malicioso, maliciosa

malin, maligne

1 ▷ Il est malin, il trouvera une solution.
Es astuto, ya encontrará una solución.

1 (= rusé) **astuto, astuta**

2 ▷ Elle n'est pas très maligne.
No es muy lista.

2 (= intelligent) **listo, lista**

Attention à utiliser le bon verbe : ***ser listo*** *signifie « être intelligent » mais* ***estar listo*** *signifie « être prêt ».*

3 ▷ Arrête de faire le malin !
¡Deja de dártelas de listo!

3 ► **faire le malin** *ou* **faire la maligne : dárselas de listo** *ou* **lista**

malle

▷ Ils sont partis en voyage avec plusieurs malles.
Se fueron de viaje con varios baúles.

(= valise) el **baúl** (pluriel **los baúles**)

Remarquez que le mot espagnol porte sur le ***u*** *un accent écrit qui reflète l'accent tonique.*

mallette

▷ Un homme a oublié sa mallette sur le banc.
Un hombre dejó su maletín en el banco.

el **maletín** (pluriel **los maletines**)
ℹ *Il n'y a pas d'accent écrit au pluriel. L'accent tonique porte sur le* ***i****, comme au singulier.*

malsain, malsaine

▷ L'air de Mexico est très malsain.
El aire de la ciudad de México es muy malsano.

malsano, malsana

maltraiter

▷ Il maltraite ses employés.
Maltrata a sus empleados.

maltratar

malveillant, malveillante

▷ Il y a toujours des rumeurs malveillantes qui circulent.
Siempre circulan rumores malévolos.

malévolo, malévola

maman

▷ La maman de Suzanne est malade.
La mamá de Suzanne está enferma.

la **mamá**
ℹ *Remarquez que le mot espagnol porte sur le deuxième* ***a*** *un accent écrit qui reflète l'accent tonique.*

mamie

▷ La mamie de Loïc a soixante ans.
La abuelita de Loïc tiene sesenta años.

la **abuelita**

mammifère

▷ C'est le plus gros mammifère terrestre.
Es el mayor mamífero terrestre.

el **mamífero**
Attention à l'orthographe du mot espagnol.

manche NOM FÉMININ

▷ Tu as taché ta manche.
Te has manchado la manga.
▷ Simon a gagné la première manche.
Simon ganó la primera manga.

► une **manche** : una **manga**

▷ Tu aurais moins chaud avec une chemise à manches courtes.
Tendrías menos calor con una camisa de manga corta.

► **à manches courtes** : **de manga corta**

▷ Anne porte un tee-shirt à manches longues.
Anne lleva una camiseta de manga larga.

► **à manches longues** : **de manga larga**

manche NOM MASCULIN

▻ Le manche de la casserole est très chaud.
El mango de la cacerola está muy caliente.

un **mango**

mandarine

▻ J'adore les mandarines.
Me encantan las mandarinas.

la **mandarina**

manège

▻ Ma petite sœur a fait un tour de manège.
Mi hermanita montó en el tiovivo.

(pour les enfants) el **tiovivo**
► **faire un tour de manège :** **montar en el tiovivo**

manette

▻ J'ai cassé une manette.
Se me ha roto una palanca de mando.

(de jeu vidéo) la **palanca de mando**

manger

▻ On a bien mangé au restaurant.
Comimos bien en el restaurante.

comer

▻ Est-ce que tu as donné à manger au chien ?
¿Le has dado de comer al perro?

► **donner à manger à :** **dar de comer a**

manie

▻ Il a la manie de laisser toutes les lumières allumées.
Tiene la manía de dejar todas las luces encendidas.

la **manía**

ℹ *Remarquez que le mot espagnol porte sur le **i** un accent écrit qui reflète l'accent tonique.*

manière

1 ▻ Il y a plusieurs manières de faire ça.
Hay varias maneras de hacer eso.
▻ Il se comporte d'une manière bizarre.
Se porta de una manera rara.

1 (= façon) la **manera**

ℹ *On peut dire aussi **el modo**.*

2 ▻ Je n'aime pas ses manières.
No me gustan sus modales.

2 ► **manières** (= attitude) : los **modales**

manifestant, manifestante

▻ Des milliers de manifestants ont défilé à Madrid.
Miles de manifestantes desfilaron en Madrid.

el **manifestante**, la **manifestante**

manifestation

▻ Il y avait une manifestation d'étudiants dans les rues.
Había una manifestación de estudiantes por las calles.

la **manifestación** (pluriel las **manifestaciones**)

ℹ *Il n'y a pas d'accent écrit au pluriel. L'accent tonique porte sur le **o**, comme au singulier.*

manifester

1 ▷ Ils ont manifesté contre la réforme.
Se manifestaron contra la reforma.

1 (= défiler) manifestarse

ℹ *Le pronom réfléchi fonctionne de la manière suivante en espagnol : **me manifiesto, te manifiestas, se manifiesta, nos manifestamos, os manifestáis, se manifiestan.***

2 ▷ Les employés ont manifesté leur mécontentement.
Los empleados manifestaron su disgusto.

2 (son mécontentement, un sentiment) manifestar

manipuler

▷ Il faut se laver les mains avant de manipuler les aliments.
Hay que lavarse las manos antes de manipular los alimentos.
▷ Les dictateurs veulent manipuler les gens.
Los dictadores quieren manipular a la gente.

manipular

mannequin

1 ▷ Le mannequin dans la vitrine avait l'air vivant.
El maniquí en el escaparate parecía vivo.

1 (= statue) el maniquí (pluriel los maniquíes)

ℹ *Remarquez que le mot espagnol porte sur le deuxième i un accent écrit qui reflète l'accent tonique.*

2 ▷ Pedro veut être mannequin.
Pedro quiere ser modelo.

2 (= personne) el modelo, la modelo

manœuvre

▷ C'était une manœuvre tactique.
Era una maniobra táctica.

(= action) la maniobra

manœuvrer

▷ Ce fauteuil roulant est facile à manœuvrer.
Esta silla de ruedas es fácil de manejar.

manejar

manoir

▷ Elle vit dans un grand manoir.
Vive en una gran casa solariega.

la casa solariega

manquer

1 ▷ Jesús a manqué son train.
Jesús perdió el tren.

1 (= rater) perder

2 ▷ Eulalie manque d'imagination.
A Eulalie le falta imaginación.
▷ On va manquer de boissons.
Nos van a faltar bebidas.

2 *Pour dire qu'on n'a pas assez de quelque chose, on emploie en espagnol le verbe* ***faltar****, précédé du complément de personne.*

ℹ *Le pronom personnel fonctionne de la façon suivante en espagnol :* ***me falta..., te falta..., le falta..., nos falta..., os falta..., les falta...***

3 ▷ Il manque une assiette.
Falta un plato.
▷ Il manque trois fourchettes.
Faltan tres tenedores.

3 *Pour dire qu'il manque quelque chose, on emploie en espagnol le verbe* ***faltar****, au singulier s'il ne manque qu'une chose et au pluriel s'il en manque plusieurs.*

4 ▷ Tu me manques !
¡Te echo de menos!
▷ Il m'écrit souvent, je crois que je lui manque.
Me escribe a menudo, creo que me echa de menos.

4 *Pour dire que quelqu'un ou quelque chose nous manque, on emploie en espagnol la tournure* ***echar de menos****.*

Attention à la place du sujet et du complément dans la phrase espagnole.

manteau

▷ Mets ton manteau, il fait froid.
Ponte el abrigo, hace frío.

el **abrigo**

manucure

▷ Combien coûte une manucure ?
¿Cuánto cuesta una manicura?

(= soins) la **manicura**

manuel, manuelle ADJECTIF

▷ Bruno préférerait faire un métier manuel.
Bruno preferiría hacer un oficio manual.

(= non intellectuel) **manual** (pluriel **manuales**)

manuel NOM

1 ▷ J'ai perdu le manuel du lecteur de DVD.
He perdido el manual de instrucciones del lector DVD.

1 (= mode d'emploi) el **manual de instrucciones** (pluriel los **manuales de instrucciones**)

2 ▷ L'école nous prête les manuels scolaires.
El colegio nos presta los libros de texto.

2 ► **manuel scolaire :** el **libro de texto** (pluriel los **libros de texto**)

maquette

▷ Ce n'est pas la taille normale, c'est une maquette.
No es el tamaño normal, es una maqueta.

la **maqueta**

maquillage

▷ Ce maquillage a l'air très naturel.
Este maquillaje parece muy natural.

el **maquillaje**
Attention à l'orthographe du mot ***maquillaje****.*

se maquiller

▷ Élodie est en train de se maquiller.
Élodie se está maquillando.
▷ Mes parents ne veulent pas que je me maquille.
Mis padres no quieren que me maquille.

maquillarse

ℹ *Le pronom réfléchi fonctionne de la façon suivante en espagnol : **me maquillo, te maquillas, se maquilla, nos maquillamos, os maquilláis, se maquillan.***

marbre

▷ Le marbre est un matériau de luxe.
El mármol es un material de lujo.

el **mármol**

ℹ *Remarquez que le mot espagnol porte sur le a un accent écrit qui reflète l'accent tonique.*

▷ L'escalier est en marbre.
Las escaleras son de mármol.

► **en marbre : de mármol**

marchand, marchande

▷ Quand je suis entrée dans le magasin, le marchand m'a dit bonjour.
Cuando entré en la tienda, el vendedor me saludó.
▷ Le marchand de journaux est très aimable.
El vendedor de periódicos es muy amable.

el **vendedor** (pluriel los vendedores), la **vendedora**

marchander

▷ Je n'aime pas marchander.
No me gusta regatear.

regatear

marchandise

▷ Il livrera la marchandise demain.
Entregará la mercancía mañana.

la **mercancía**

marche

1 ▷ La marche est bonne pour la santé.
La marcha es buena para la salud.

1 ► **la marche** (= l'activité) : **la marcha**

2 ▷ Mes grands-parents aiment faire de la marche.
A mis abuelos les gusta caminar.

2 ► **faire de la marche : caminar**

3 ▷ Attention, la dernière marche est plus haute.
Cuidado, el último escalón es más alto.

3 (d'un escalier) el **escalón** (pluriel los escalones)

4 ▷ Le moteur est en marche, tu peux démarrer.
El motor está encendido, puedes arrancar.

4 ► **être en marche : estar encendido** *ou* **encendida**

5 ▷ Qui a mis la radio en marche ?
¿Quién ha encendido la radio?

5 ► **mettre en marche : encender**

6 ▷ Fais marche arrière, il n'y a pas de places libres.
Da marcha atrás, no quedan plazas.

6 ► **faire marche arrière : dar marcha atrás**

marché

1 ▷ Ma mère achète le poisson au marché.
Mi madre compra el pescado en el mercado.

1 el **mercado**

2 ▷ Ces fleurs sont bon marché.
Estas flores son baratas.

2 ► **bon marché : barato, barata**

marcher

1 ▷ On a marché pendant trois heures.
Anduvimos durante tres horas.

1 (= aller à pied) **andar**

ℹ *On peut dire aussi* ***caminar.***

2 ▷ Oh non, j'ai marché dans une crotte !
¡Oh no, pisé una caca!

2 ► **marcher dans** quelque chose (= mettre le pied) : **pisar** algo

3 ▷ L'ordinateur de Jacobo ne marche pas très bien.
El ordenador de Jacobo no funciona muy bien.

3 (= fonctionner) **funcionar**

4 ▷ Tu me fais marcher !
¡Me estás tomando el pelo!

4 ► **faire marcher** quelqu'un (= le taquiner) : **tomarle el pelo a** alguien

ℹ *Le pronom personnel fonctionne de la façon suivante en espagnol :* ***me toma, te toma, le toma, nos toma, os toma, les toma el pelo.***

marcheur, marcheuse

▷ J'ai rencontré un groupe de marcheurs.
Me encontré con un grupo de senderistas.

el **senderista,** la **senderista**

mardi

▷ Aujourd'hui c'est mardi.
Hoy es martes.
▷ Nous sommes mardi.
Estamos a martes.

el **martes**

▷ Nous partirons mardi.
Nos marcharemos el martes.
▷ Mes grands-parents sont venus mardi.
Mis abuelos vinieron el martes.

► faire quelque chose **mardi : hacer** algo **el martes**

▷ Le mardi Sandra va à son cours de piano.
Los martes Sandra va a clase de piano.

► **le mardi** (= tous les mardis) : **los martes**

mare

▷ Il y a une mare avec des canards à côté de l'église.
Hay un estanque con patos al lado de la iglesia.

el **estanque**

marécage

▷ Le chien a disparu dans le marécage.
El perro desapareció en el pantano.

el **pantano**

ℹ *On dit aussi* ***la ciénaga.***

marée

▷ La marée monte.
La marea está subiendo.

▷ Nous pourrons ramasser des coquillages à marée basse.
Podremos coger conchas con la marea baja.

▷ À marée haute, la route est sous l'eau.
Con la marea alta, la carretera está debajo del agua.

la **marea**

► **à marée basse :** con la marea baja

► **à marée haute :** con la marea alta

margarine

▷ Je mets de la margarine sur mon pain grillé.
Le echo margarina al pan tostado.

la **margarina**

marge

▷ Laisse une marge pour les corrections.
Deja un margen para las correcciones.

el **margen** (pluriel los márgenes)

Il n'y a pas d'accent écrit au singulier. L'accent tonique porte sur le a*, comme au pluriel.*

Attention : contrairement au français, le mot espagnol margen *est masculin.*

marguerite

▷ Léa a ramassé des marguerites pour sa mère.
Léa cogió margaritas para su madre.

la **margarita**

mari

▷ Le mari de Solange est très grand.
El marido de Solange es muy alto.

el **marido**

mariage

1 ▷ Lucas nous a invités à son mariage.
Lucas nos ha invitado a su boda.

1 (= fête, cérémonie) la **boda**

2 ▷ Certains jeunes ne croient plus au mariage et préfèrent l'union libre.
Algunos jóvenes ya no creen en el matrimonio y prefieren la unión libre.

2 (= l'institution) el **matrimonio**

marié, mariée

1 ▷ Ils vivent ensemble mais ils ne sont pas mariés.
Viven juntos pero no están casados.

1 ► **être marié :** estar casado *ou* casada

2 ▷ Le marié est arrivé en retard à l'église.
El novio llegó con retraso a la iglesia.

▷ Le père de la mariée a fait un discours.
El padre de la novia hizo un discurso.

▷ Les mariés ont reçu beaucoup de cadeaux.
Los novios recibieron muchos regalos.

2 ► **le marié :** el novio

► **la mariée :** la novia

► **les mariés :** los novios

se marier

▷ Ils se marieront cet été.
Se casarán este verano.
▷ Célia va se marier avec Antony.
Célia se va a casar con Antony.

casarse
ℹ *Le pronom personnel fonctionne de la façon suivante en espagnol : **me caso, te casas, se casa, nos casamos, os casáis, se casan.***

marin

▷ Il y avait un groupe de marins dans le bar.
Había un grupo de marinos en el bar.

el **marino**
ℹ *On dit aussi **el marinero**.*

marine

▷ Mon grand frère est dans la marine.
Mi hermano mayor está en la marina.

► **la marine :** la marina

marionnette

▷ Il y avait un spectacle de marionnettes dans le parc.
Había un espectáculo de marionetas en el parque.

la **marioneta**
Attention à l'orthographe du mot espagnol.

marmelade

▷ La marmelade d'oranges est très amère.
La mermelada de naranja es muy amarga.

la **mermelada**
*Attention à l'orthographe du mot **mermelada**.*

marmite

▷ La cuisinière fait de la soupe dans une grande marmite.
La cocinera hace sopa en una olla grande.

la **olla**

marmonner

▷ Arrête de marmonner !
¡Deja de mascullar!

mascullar

Maroc

▷ Le Maroc est un pays fascinant.
Marruecos es un país fascinante.
▷ La famille de Lalia vit au Maroc.
La familia de Lalia vive en Marruecos.
▷ On peut aller au Maroc en voiture et en ferry.
Se puede ir a Marruecos en coche y en transbordador.

Marruecos
ℹ *Ne prend généralement pas d'article.*
► **au Maroc** (= dans le pays) : en Marruecos
► **au Maroc** (= vers le pays) : a Marruecos
*Attention à bien prononcer les deux **r** de **Marruecos**.*

marocain, marocaine

▷ Ce restaurant marocain fait d'excellents couscous.
Este restaurante marroquí hace unos cuscús excelentes.
▷ Beaucoup de Marocains parlent français.
Muchos marroquíes hablan francés.

marroquí (pluriel **marroquíes**)
*Attention à bien prononcer les deux **r**.*
ℹ *Remarquez que le mot espagnol porte sur le **i** un accent écrit qui reflète l'accent tonique.*
ℹ *S'écrit toujours avec une minuscule en espagnol, qu'il s'agisse de l'adjectif ou du nom.*

marque

▷ Fais une marque sur ton livre pour montrer que c'est le tien.
Ponle una marca a tu libro para indicar que es el tuyo.
▷ C'est une marque de jeans célèbre.
Es una marca de vaqueros famosa.

la **marca**

marquer

1 ▷ Marque ton adresse sur ce papier.
Apunta tu dirección en este papel.

1 (= écrire) **apuntar**

2 ▷ Nous avons marqué deux points.
Marcamos dos puntos.

2 (en parlant d'un score) **marcar**

marqueur

▷ Prête-moi ton marqueur noir.
Préstame tu rotulador negro.

(= feutre) el **rotulador** (pluriel **los rotuladores**)

marraine

▷ Julie est ma marraine.
Julie es mi madrina.

la **madrina**

marrant, marrante

▷ Ton frère est très marrant.
Tu hermano es muy divertido.

divertido, divertida

marre

▷ Tu n'en as pas marre de cette musique ?
¿No estás harto de esta música?
▷ J'en ai marre d'attendre.
Estoy harto de esperar.

► **en avoir marre de : estar harto** *ou* **harta de**

se marrer

1 ▷ Ils se sont marrés quand ils m'ont vu.
Se rieron al verme.

1 (= rire) **reírse**
ℹ *Le pronom réfléchi fonctionne de la manière suivante en espagnol : **me río, te ríes, se ríe, nos reímos, os reís, se ríen.***

2 ▷ On s'est marrés à la fête foraine.
Lo pasamos bien en la feria.

2 (= s'amuser) **pasárselo bien**

ℹ *Le pronom réfléchi fonctionne de la manière suivante en espagnol : **me lo paso bien, te lo pasas bien, se lo pasa bien, nos lo pasamos bien, os lo pasáis bien, se lo pasan bien.***

ℹ *Contrairement au français, ces expressions espagnoles ne sont pas familières.*

marron

1 ▷ Elle portait une jupe marron.
Llevaba una falda marrón.

1 (= couleur) **marrón** (pluriel **marrones**)

ℹ *Il n'y a pas d'accent écrit au pluriel. L'accent tonique porte sur le **o**, comme au singulier.*

🔈 *Attention à bien prononcer les deux **r**.*

▷ Le marron est une couleur triste.
El marrón es un color triste.

► **le marron** (= la couleur) : **el marrón**

2 ▷ Nous avons acheté des marrons chauds dans la rue.
Compramos unas castañas calientes en la calle.

2 ► un **marron** (= une châtaigne) : **una castaña**

mars

▷ Nous allons déménager en mars.
Nos vamos a mudar en marzo.
▷ Mireille est née le quinze mars.
Mireille nació el quince de marzo.

marzo

ℹ *Notez l'emploi de **de** quand on dit la date en espagnol.*

marteau

▷ Je dois acheter un marteau et des clous.
Tengo que comprar un martillo y unos clavos.

el **martillo**

Martien

▷ Il y a des gens qui croient aux Martiens.
Hay gente que cree en los marcianos.

el **marciano**

mascotte

▷ Notre mascotte est un lion.
Nuestra mascota es un león.

la **mascota**

✋ *Attention, **mascota** signifie aussi « animal de compagnie ».*

masculin, masculine

▷ Ce mot est masculin en français.
Esta palabra es masculina en francés.
▷ Les voix masculines sont plus graves que les voix féminines.
Las voces masculinas son más graves que las voces femeninas.

masculino, masculina

masque

▷ Philippe portait un masque de Zorro.
Philippe llevaba una máscara del Zorro.

la **máscara**
*Attention : contrairement au français, le mot espagnol **máscara** est féminin.*

massacre

▷ Il y a eu un terrible massacre.
Hubo una masacre terrible.

(= tuerie) la **masacre**
*Attention : contrairement au français, le mot espagnol **masacre** est féminin.*

massacrer

▷ Les soldats ont massacré une famille entière.
Los soldados masacraron a una familia entera.

(= tuer) **masacrar**
*Si le complément est une personne, un groupe de personnes ou un animal domestique, n'oubliez pas de le faire précéder de **a**.*

massage

▷ Les massages me font beaucoup de bien.
Los masajes me hacen mucho bien.

▷ Fais-moi un massage.
Dame un masaje.

el **masaje**
*Attention à l'orthographe du mot **masaje**.*
► **faire un massage à** quelqu'un **:** **darle un masaje a** alguien

masse

1 ▷ Il y a une masse de choses à faire.
Hay montones de cosas que hacer.

2 ▷ Ils sont venus en masse.
Acudieron en masa.

1 ► **une masse de** (= beaucoup de) **:** **montónes de**

2 ► **en masse : en masa**

masser

▷ Il a massé le boxeur avant le combat.
Le dio un masaje al boxeador antes del combate.

▷ Elle m'a massé la nuque.
Me dio un masaje en la nuca.

► **masser** quelqu'un **: darle un masaje a** alguien
► **masser** (une partie du corps) **: dar un masaje en**

massif, massive

▷ C'est de l'or massif.
Es oro macizo.

(bois, métal, meuble) **macizo, maciza**

mât

▷ Le mât s'est brisé.
El mástil se ha roto.

(de bateau) el **mástil**

match

▷ Ce n'était pas un très bon match.
No fue un partido muy bueno.

▷ Lyon et Strasbourg ont fait match nul.
Lyon y Estrasburgo empataron.

el **partido**
► **faire match nul : empatar**

matelas

▷ Ce matelas est très confortable.
Este colchón es muy cómodo.

▷ As-tu un matelas pneumatique ?
¿Tienes un colchón neumático?

el **colchón** (pluriel **los colchones**)

Il n'y a pas d'accent écrit au pluriel. L'accent tonique porte sur le ***o****, comme au singulier.*

► **matelas pneumatique :** el **colchón neumático** (pluriel **los colchones neumáticos**)

matériau

▷ Ils ont utilisé des matériaux de construction.
Utilizaron materiales de construcción.

el **material** (pluriel **los materiales**)

matériel

▷ Ils vendent du matériel de camping.
Venden material de camping.

el **material** (pluriel **los materiales**)

En espagnol, on emploie le même mot, ***material****, pour le matériel et le matériau.*

maternelle

▷ Ma petite sœur est à la maternelle.
Mi hermanita va al parvulario.

el **parvulario**

mathématiques

▷ Je n'aime pas beaucoup les mathématiques.
No me gustan mucho las matemáticas.

las **matemáticas**

Remarquez que le mot espagnol porte sur le deuxième ***a*** *un accent écrit qui reflète l'accent tonique.*

maths

▷ Raoul est très bon en maths.
A Raoul se le dan muy bien las mates.

las **mates**

matière

1 ▷ L'espagnol est ma matière préférée.
El español es mi asignatura favorita.

2 ▷ Ce yaourt contient 40 % de matière grasse.
Este yogur contiene un 40 % de materia grasa.

1 (= sujet que l'on étudie) la **asignatura**

2 (= substance) la **materia**

matin

1 ▷ Le matin est le moment de la journée que je préfère.
La mañana es el momento del día que prefiero.
▷ Viens demain matin.
Ven mañana por la mañana.
▷ Tu veux que je vienne le matin ?
¿Quieres que venga por la mañana?

1 (après le lever du soleil) la **mañana**

Notez l'emploi de ***por*** *en espagnol pour dire* **pendant la matinée** *ou* **quand on parle d'un jour de la semaine.**

2 ▷ Mon père était furieux quand je suis rentré à deux heures du matin.
Mi padre estaba furioso cuando volví a casa a las dos de la madrugada.

2 (avant le lever du soleil) la **madrugada**

ℹ *Notez bien qu'il y a deux mots différents en espagnol : avant le lever du soleil, on emploie le mot **madrugada**. Autrement, c'est le mot **mañana** qui convient.*

matinée

1 ▷ J'ai passé la matinée à faire mes devoirs.
Me pasé la mañana haciendo los deberes.
▷ Je t'appellerai dans la matinée.
Te llamaré por la mañana.
▷ Le plombier vient demain dans la matinée.
El fontanero viene mañana por la mañana.

1 la **mañana**

► **dans la matinée :** **por la mañana**

2 ▷ Le dimanche je fais la grasse matinée.
Los domingos me levanto tarde.

2 ► **faire la grasse matinée :** **levantarse tarde**

ℹ *Le pronom réfléchi fonctionne de la façon suivante en espagnol : **me levanto, te levantas, se levanta, nos levantamos, os levantáis, se levantan.***

mauvais, mauvaise

1 ▷ Ce sandwich est vraiment mauvais.
Este bocadillo está realmente malo.

1 (= pas bon) **malo, mala**

ℹ ***Malo** devient **mal** quand il est placé devant le nom. On dit par exemple **el mal olor*** = la mauvaise odeur.

2 ▷ Je suis mauvais en maths.
No se me dan bien las matemáticas.

2 *Pour dire qu'on est mauvais dans une matière ou un domaine, on emploie en espagnol l'expression **darse bien** à la forme négative avec la matière ou le domaine comme sujet et la personne comme complément : **no se le da bien la informática, no se me dan bien las matemáticas.***

3 ▷ C'était la mauvaise réponse.
Era la respuesta incorrecta.

3 (= incorrect) **incorrecto, incorrecta**

🔈 *Attention à bien prononcer les deux **r** de **incorrecto** et **incorrecta**.*

mauve

▷ Ces pulls mauves sont très jolis.
Estos jerseys malva son muy bonitos.

▷ Le mauve te va bien.
El malva te sienta bien.

malva

ℹ *Notez que **malva** est invariable au pluriel.*

► **le mauve :** **el malva**

maximum

1 ▷ Le maximum est cent euros.
El máximo son cien euros.

1 ► **le maximum : el máximo**

ℹ *Notez que si le mot qui suit **máximo** est un pluriel, le verbe **ser** se met au pluriel.*

2 ▷ Quelle est la vitesse maximum autorisée ?
¿Cuál es la velocidad máxima autorizada?

2 (adjectif = le plus grand) **máximo, máxima**

ℹ *Remarquez que le mot espagnol porte sur le **a** un accent écrit qui reflète l'accent tonique.*

mayonnaise

▷ En entrée il y avait des œufs durs avec de la mayonnaise.
De primer plato había huevos duros con mayonesa.

la **mayonesa**

me *ou* m'

▷ Est-ce que tu m'entends ?
¿Me oyes?
▷ Ma mère m'a donné de l'argent de poche.
Mi madre me dio la paga.
▷ Je me gratte parce que j'ai des piqûres de moustique.
Me rasco porque los mosquitos me han picado.

me

mec

1 ▷ Ce mec est vraiment idiot !
¡Ese tío es realmente tonto!

1 (= garçon, homme) el **tío**

ℹ ***Tío**, comme mec, est un mot familier. Ce mot signifie également « oncle » et dans ce sens, il n'est pas familier.*

ℹ *Remarquez que le mot espagnol porte sur le **i** un accent écrit qui reflète l'accent tonique.*

2 ▷ Vous connaissez le nouveau mec d'Élodie ?
¿Conocéis al nuevo novio de Élodie?

2 (= copain) el **novio**

ℹ *Contrairement au mot français, **novio** n'est pas familier.*

mécanicien, mécanicienne

▷ Le mécanicien du garage a dit que la panne n'était pas grave.
El mecánico del taller ha dicho que la avería no era grave.

(= réparateur de voitures) el **mecánico**, la **mecánica**

ℹ *Remarquez que le mot espagnol porte sur le **a** un accent écrit qui reflète l'accent tonique.*

mécanique

1 ▷ Mon petit frère a eu un train mécanique pour Noël.
A mi hermanito le regalaron un tren mecánico para Navidad.

1 (adjectif) mecánico, mecánica

2 ▷ Ludovic fait des études de mécanique.
Ludovic estudia mecánica.

2 ► **la mécanique :** la mecánica

ℹ *Remarquez que le mot espagnol porte sur le premier a un accent écrit qui reflète l'accent tonique.*

mécanisme

▷ Ces mécanismes économiques sont complexes.
Esos mecanismos económicos son complejos.

el mecanismo

méchamment

▷ Déborah m'a répondu méchamment.
Déborah me contestó con maldad.

con maldad

méchanceté

▷ Il l'a fait par méchanceté.
Lo hizo por maldad.

la maldad (pluriel las maldades)

méchant, méchante

1 ▷ Aurélien est méchant avec sa sœur.
Aurélien es malo con su hermana.
▷ Ne sois pas méchant, fais ce qu'on te dit.
No seas malo, haz lo que te dicen.

1 (= désagréable ou désobéissant)
malo, mala

ℹ *Notez l'emploi du verbe ser avec malo et mala dans le sens de « méchant » ; estar malo ou estar mala veut dire « être malade ».*

2 ▷ Tu peux t'approcher, le chien n'est pas méchant.
Te puedes acercar, el perro no es peligroso.

2 (= féroce, en parlant d'un animal)
peligroso, peligrosa

mèche

▷ Juana s'est fait faire des mèches.
Juana se ha hecho mechas.

(= mèches colorées) las mechas
► **se faire faire des mèches :**
hacerse mechas

ℹ *Le pronom réfléchi fonctionne de la façon suivante en espagnol : me hago, te haces, se hace, nos hacemos, os hacéis, se hacen mechas.*

mécontent, mécontente

▷ Il avait l'air très mécontent.
Parecía muy disgustado.

disgustado, disgustada

ℹ *On dit aussi descontento, descontenta.*

médaille

▻ Les Français ont remporté la médaille d'or.
Los franceses han ganado la medalla de oro.

la **medalla**

médecin

▻ Le médecin a dit que je devais me reposer.
El médico dijo que tenía que descansar.

el **médico,** la **médica**

ℹ *On peut dire aussi* ***el doctor, la doctora****.*

médecine

▻ Loïc fait des études de médecine.
Loïc estudia medicina.

la **medicina**

Attention à l'orthographe du mot ***medicina****.*

ℹ ***Medicina*** *signifie aussi « médicament ».*

médicament

▻ Jean-Jacques prend des médicaments pour l'estomac.
Jean-Jacques toma medicamentos para el estómago.

el **medicamento**

ℹ *On peut dire aussi* ***la medicina****.*

médiéval, médiévale

▻ Nous avons visité une ville médiévale.
Visitamos una ciudad medieval.

medieval (pluriel **medievales**)

médiocre

▻ Leurs résultats sont très médiocres.
Sus resultados son muy mediocres.

mediocre

médire

▻ Arrête de médire !
¡Deja de criticar!

▻ Ce n'est pas sympa de médire de ses copines.
No está bien hablar mal de las amigas.

criticar

► **médire de** quelqu'un **: hablar mal de** alguien

méditer

▻ Il médite plusieurs heures par jour.
Medita varias horas al día.

meditar

Méditerranée

▻ C'est plus facile de nager dans la Méditerranée que dans l'océan.
Es más fácil nadar en el Mediterráneo que en el océano.

► **la Méditerranée :** el **Mediterráneo**

ℹ *Remarquez que le mot espagnol porte sur le* ***a*** *un accent écrit qui reflète l'accent tonique.*

Attention : contrairement au français, le mot espagnol ***Mediterráneo*** *est masculin.*

méditerranéen, méditerranéenne

▷ Le village est sur la côte méditerranéenne.
El pueblo está en la costa mediterránea.

mediterráneo, mediterránea

🔈 *Attention à bien prononcer les deux* ***r.***

méduse

▷ Il y avait des méduses mortes sur la plage.
Había medusas muertas en la playa.

la **medusa**

se méfier

1 ▷ Je me méfie de lui, je crois qu'il est malhonnête.
Desconfío de él, creo que no es honesto.

1 ► **se méfier de** quelqu'un : **desconfiar de** alguien

ℹ *On peut dire aussi* ***no fiarse de.***

2 ▷ Méfie-toi, ça glisse.
Ten cuidado, resbala.

2 (= faire attention) **tener cuidado**

mégot

▷ Il y avait plein de mégots par terre.
Había muchas colillas por el suelo.

la **colilla**

meilleur, meilleure

▷ Ce film est meilleur que le précédent.
Esta película es mejor que la anterior.

mejor (pluriel **mejores**)

▷ Latifa est la meilleure élève de la classe.
Latifa es la mejor alumna de la clase.

► **le meilleur** *ou* **la meilleure : el mejor** *ou* **la mejor** (pluriel **los mejores**) *ou* **las mejores**

▷ Il fait meilleur qu'hier.
Hace mejor que ayer.

► **il fait meilleur : hace mejor**

mélange

▷ C'est un mélange d'eau et de lait.
Es una mezcla de agua y de leche.

la **mezcla**

mélanger

1 ▷ Mélange bien les ingrédients.
Mezcla bien los ingredientes.

1 (= combiner) **mezclar**

2 ▷ Mon arrière-grand-mère mélange les dates.
Mi bisabuela confunde las fechas.

2 (= confondre) **confundir**

mêlée

▷ L'arbitre a sifflé une mêlée.
El árbitro silbó una melé.

(au rugby) la **melé**

se mêler

1 ▷ Ne te mêle pas de ça !
¡No te metas en esto!

1 ► **se mêler de** quelque chose : **meterse en** algo

ℹ *Le pronom réfléchi fonctionne de la façon suivante en espagnol :* ***me meto, te metes, se mete, nos metemos, os metéis, se meten.***

2 ▷ Mêle-toi de ce qui te regarde !
¡Ocúpate de tus asuntos!

2 *Pour dire à quelqu'un de s'occuper de ses affaires, on emploie en espagnol l'expression* ***¡ocúpate de tus asuntos!***

melon

▷ J'adore le melon.
Me encanta el melón.

el **melón** (pluriel **los melones**)

ℹ *Il n'y a pas d'accent écrit au pluriel. L'accent tonique porte sur le* ***o****, comme au singulier.*

membre

▷ Tous les membres du club étaient là.
Todos los miembros del club estaban presentes.

el **miembro**

même

1 ▷ Les deux sont de la même couleur.
Ambos son del mismo color.

▷ Tu crois que c'est la même ?
¿Crees que es la misma?

▷ J'ai le même tee-shirt que toi.
Tengo la misma camiseta que tú.

1 (= identique) **mismo, misma**

► **le même** ou **la même : el mismo** *ou* **la misma**

► **le même** *ou* **la même... que : el mismo** *ou* **la misma... que**

2 ▷ Même Sarah est venue à la soirée.
Incluso Sarah vino a la fiesta.

2 (= y compris) **incluso**

3 ▷ Rupert n'a même pas voulu me parler.
Rupert ni siquiera quiso hablarme.

3 ► **même pas... : ni siquiera...**

mémé

▷ La mémé de Claire a soixante ans.
La abuelita de Claire tiene sesenta años.

la **abuelita**

mémoire

▷ Je n'ai pas une très bonne mémoire.
No tengo muy buena memoria.

▷ Lionel a de la mémoire.
Lionel tiene buena memoria.

(= la mémoire d'une personne ou d'un ordinateur) la **memoria**

► **avoir de la mémoire : tener buena memoria**

menace

▷ Il a reçu des menaces de mort.
Recibió amenazas de muerte.

la **amenaza**

menacer

▻ L'homme m'a menacé avec un couteau.
El hombre me amenazó con una navaja.
▻ Le prof a menacé Xavier de le punir.
El profesor amenazó a Xavier con castigarlo.

amenazar

ℹ *Notez la préposition utilisée en espagnol :* **menacer quelqu'un de** = *amenazar alguien con.*

Attention à l'orthographe du mot ***amenazar****.*
Si le complément est une personne, un groupe de personnes ou un animal domestique, n'oubliez pas de le faire précéder de **a**.

ménage

▻ Quelquefois j'aide ma mère à faire le ménage.
A veces ayudo a mi madre a hacer la limpieza.

► **faire le ménage :** hacer la limpieza

mendiant, mendiante

▻ J'ai donné de l'argent à un mendiant.
Le di dinero a un mendigo.

el **mendigo**, la **mendiga**

mendier

▻ Il y a des gens qui mendient dans le métro.
Hay gente que mendiga en el metro.

mendigar

mener

1 ▻ Ce chemin mène à la rivière.
Este camino lleva al río.

1 ► **mener à** (= déboucher sur) : llevar a

2 ▻ Marseille mène deux à un.
Marsella va ganando dos a uno.

2 (= gagner un match) **ir ganando**

3 ▻ Mes grands-parents mènent une vie très tranquille.
Mi abuelos llevan una vida muy tranquila.

3 ► **mener une vie tranquille / agitée**, etc. **:** llevar una vida tranquila / ajetreada, etc.

menottes

▻ Le policier lui a passé les menottes.
El policía le puso las esposas.

las **esposas**
► **mettre** *ou* **passer les menottes à** quelqu'un **:** ponerle las esposas a alguien

mensonge

▻ Je ne te crois pas, c'est un mensonge !
¡No te creo, es mentira!
▻ Arrête de dire des mensonges.
Deja de decir mentiras.

la **mentira**

mensuel, mensuelle

▻ C'est une revue mensuelle.
Es una revista mensual.

mensual (pluriel mensuales)

mentalité

▷ Il a une mentalité d'enfant de cinq ans.
Tiene la mentalidad de un niño de cinco años.

la **mentalidad** (pluriel **las mentalidades**)

menteur, menteuse

▷ Méfie-toi d'elle, c'est une menteuse.
No te fíes de ella, es una mentirosa.

mentiroso, mentirosa

menthe

▷ Mon père a planté de la menthe dans le jardin.
Mi padre plantó menta en el jardín.

▷ Je prends des bonbons à la menthe pour le voyage.
Me llevo pastillas de menta para el viaje.

la **menta**

► **à la menthe :** de menta

mentir

▷ Je sais que tu mens.
Sé que estás mintiendo.

▷ Thierry m'a menti.
Thierry me mintió.

mentir

menton

▷ Tu as de la tomate sur le menton.
Tienes tomate en la barbilla.

la **barbilla**

i *On peut dire aussi* ***el mentón****, mais ce mot est moins fréquent.*
Remarquez que ce mot espagnol porte sur le ***o*** *un accent écrit qui reflète l'accent tonique.*

menu

▷ Passe-moi le menu, s'il te plaît.
Pásame el menú, por favor.

▷ Il y a un menu à dix euros.
Hay un menú de diez euros.

▷ En cliquant sur l'icône, vous revenez au menu principal.
Haciendo clic en el icono, vuelve al menú principal.

el **menú** (pluriel **los menús**)

i *Remarquez que le mot espagnol porte sur le* ***u*** *un accent écrit qui reflète l'accent tonique.*

menuisier

▷ Le menuisier est venu réparer l'escalier.
El carpintero vino a reparar la escalera.

el **carpintero**

mépris

▷ Je n'éprouve que du mépris pour lui.
No siento más que desprecio por él.

el **desprecio**

méprisant, méprisante

▷ Mirabelle nous a lancé un regard méprisant.
Mirabelle nos echó una mirada despectiva.

despectivo, despectiva

mer

1 ▷ La mer est calme aujourd'hui.
El mar está en calma hoy.

1 (= l'océan) el **mar** (pluriel los **mares**)

Notez que le mot espagnol ***mar*** *peut aussi être féminin, mais uniquement dans un contexte poétique.*

2 ▷ Nous allons à la mer chaque été.
Vamos a la costa cada verano.

2 (= la côte) la **costa**

merci

▷ Merci, c'était très bon.
Gracias, estaba muy rico.

▷ Merci beaucoup pour le cadeau.
Muchas gracias por el regalo.

▷ Merci de m'avoir aidée.
Gracias por haberme ayudado.

▷ Reprends du gâteau. – Non merci, je n'ai plus faim.
Toma más pastel. – No, gracias, ya no tengo hambre.

▷ Tu veux du chocolat ? – Oui, merci.
¿Quieres chocolate? – Sí, gracias.

gracias

► **merci beaucoup :** **muchas gracias**

► **merci de** + infinitif passé **:** **gracias por** + infinitif passé

► **non merci :** **no, gracias**

► **oui, merci :** **sí, gracias**

mercredi

▷ Aujourd'hui c'est mercredi.
Hoy es miércoles.

▷ Nous sommes mercredi.
Estamos a miércoles.

▷ Nous partirons mercredi.
Nos marcharemos el miércoles.

▷ Mes grands-parents sont venus mercredi.
Mis abuelos vinieron el miércoles.

▷ Le mercredi, Sandra va à son cours de piano.
Los miércoles, Sandra va a clase de piano.

el **miércoles**

► faire quelque chose **mercredi :** hacer algo **el miércoles**

► **le mercredi** (= tous les mercredis) **:** **los miércoles**

mère

▷ La mère de Thibauld est infirmière.
La madre de Thibauld es enfermera.

la **madre**

mériter

▷ Mes parents m'ont puni. – Tu l'as mérité !
Me han castigado mis padres. – ¡Te lo has merecido!

▷ Il méritait d'avoir une bonne note.
Se merecía una buena nota.

merecerse

ℹ *Le pronom réfléchi fonctionne de la façon suivante en espagnol :* ***me merezco, te mereces, se merece, nos merecemos, os merecéis, se merecen.***

► **mériter de** faire quelque chose : **merecerse** hacer algo

mes

▷ Mes parents sont tous les deux médecins.
Mis padres son médicos los dos.

mis

mesdames

▷ Bonjour, mesdames, comment allez-vous ?
Buenos días, señoras, ¿cómo están?

señoras

mesdemoiselles

▷ Bonjour, mesdemoiselles, comment allez-vous ?
Buenos días, señoritas, ¿cómo están?

señoritas

mesquin, mesquine

▷ Comme c'est mesquin !
¡Qué mezquino!

mezquino, mezquina

Attention à l'orthographe du mot espagnol.

message

▷ Quand je suis rentré, il y avait un message sur le répondeur.
Cuando volví a casa, había un mensaje en el contestador automático.

el **mensaje**

Attention à l'orthographe du mot ***mensaje****.*

messagerie

▷ J'ai consulté ma messagerie (électronique).
He consultado mi mensajería electrónica.

▷ Utilise la messagerie instantanée, c'est plus rapide.
Utiliza la mensajería instantánea, es más rápido.

▷ Il était sur messagerie vocale.
Tenía puesto el contestador automático.

► **messagerie (électronique) :** la **mensajería**

► **messagerie instantanée :** la **mensajería instantánea**

► **messagerie vocale :** el **contestador automático**

Attention à l'orthographe du mot espagnol ***mensajería****.*

messe

▷ La messe commence à dix heures.
La misa empieza a las diez.

▷ Mes grands-parents vont à la messe tous les dimanches.
Mis abuelos van a misa todos los domingos.

la **misa**

► **aller à la messe : ir a misa**

messieurs

▷ Bonjour, messieurs, comment allez-vous ?
Buenos días, señores, ¿cómo están?
▷ Il y a deux messieurs qui t'attendent.
Dos señores te están esperando.

señores

mesurer

▷ David mesure un mètre quatre-vingts.
David mide un metro ochenta.
▷ On va mesurer la pièce pour voir si le canapé rentre.
Vamos a medir la habitación para ver si el sofá cabe.

medir

métal

▷ Le plomb est un métal très lourd.
El plomo es un metal muy pesado.
▷ Ces chaises sont en métal.
Estas sillas son de metal.

el metal (pluriel los metales)

► **en métal :** de metal

métallique

▷ Ils l'ont frappé avec une barre métallique.
Le pegaron con una barra metálica.

metálico, metálica

Remarquez que le mot espagnol porte sur le a un accent écrit qui reflète l'accent tonique.

météo

▷ Que dit la météo pour demain ?
¿Qué dice el parte meteorológico para mañana?

► **la météo** (= le bulletin météorologique) : el parte meteorológico

méthode

▷ Ses méthodes sont très intéressantes.
Sus métodos son muy interesantes.

(= moyen) el método

Remarquez que le mot espagnol porte sur le e un accent écrit qui reflète l'accent tonique.

*Attention : contrairement au français, le mot espagnol **método** est masculin.*

méthodique

▷ C'est un élève très méthodique.
Es un alumno muy metódico.

metódico, metódica

métier

▷ Quel métier voudrais-tu faire ?
¿Qué oficio te gustaría hacer?

el oficio

mètre

▷ Il y a deux mètres d'eau ici.
Hay dos metros de agua aquí.

▷ La cuisine fait quinze mètres carrés.
La cocina mide quince metros cuadrados.

el **metro**

► **mètre carré :** el **metro cuadrado** (pluriel **los metros cuadrados**)

métro

▷ On prend le métro ou le bus ?
¿Cogemos el metro o el autobús?

el **metro**

mettre

1 ▷ Mets tes affaires là.
Pon tus cosas ahí.
▷ Je peux mettre la radio ?
¿Puedo poner la radio?
▷ Marcelo s'est mis au premier rang pour mieux entendre.
Marcelo se puso en la primera fila para oír mejor.
▷ Il s'est mis à pleuvoir dès qu'on est sortis.
Se puso a llover en cuanto salimos.

1 (= poser, placer ou allumer) **poner**

► **se mettre** (= se placer) : **ponerse**

► **se mettre à** + infinitif : **ponerse a** + infinitif

2 ▷ J'ai mis mes lunettes de soleil.
Me puse las gafas de sol.
▷ Est-ce que tu mets souvent ta veste noire ?
¿Te pones mucho la chaqueta negra?

2 (= mettre sur soi, en parlant d'un vêtement, de lunettes ou de maquillage) **poner**

ℹ *Notez que, là où en français on emploie un possessif* (**mes lunettes de soleil**), *en espagnol on emploie l'article défini* ***(las gafas de sol)***.

ℹ *Le pronom réfléchi fonctionne de la façon suivante en espagnol :* ***me pongo, te pones, se pone, nos ponemos, os ponéis, se ponen.***

3 ▷ Lucie a mis deux heures pour faire ses devoirs.
Lucie tardó dos horas en hacer los deberes.

3 (pour parler du temps qu'il faut pour faire quelque chose) **tardar**

ℹ *Notez la préposition utilisée en espagnol :* mettre deux heures pour faire... = ***tardar dos horas en hacer...***

meuble

▷ C'est un meuble très ancien.
Es un mueble muy antiguo.

el **mueble**

meugler

▷ Les vaches meuglent.
Las vacas mugen.

mugir

meurtre

▷ Il y a eu un meurtre hier soir.
Hubo un asesinato anoche.

el **asesinato**

mexicain, mexicaine

▷ Carlos Fuentes est un grand écrivain mexicain.
Carlos Fuentes es un gran escritor mexicano.
▷ Je connais des Mexicains.
Conozco a unos mexicanos.

mexicano, mexicana

ℹ *S'écrit toujours avec une minuscule en espagnol, qu'il s'agisse de l'adjectif ou du nom.*

Mexique

▷ Le Mexique est un pays très touristique.
México es un país muy turístico.
▷ Les Aztèques vivaient au Mexique.
Los Aztecas vivían en México.
▷ Je vais au Mexique.
Voy a México.

México

ℹ *Ne prend généralement pas d'article.*

► **au Mexique** (= dans le pays) : **en México**

► **en Mexique** (= vers le pays) : **a México**

ℹ *On trouve aussi la forme* ***Méjico****, qui n'est acceptée qu'en Espagne. Au Mexique, on écrit* ***México****.*

miauler

▷ Je ne sais pas pourquoi le chat miaule comme ça.
No sé por qué el gato maulla de este modo.

maullar

micro

▷ Parle dans le micro, on n'entend rien !
¡Habla en el micrófono, no se oye nada!

el **micrófono**

ℹ *Remarquez que le mot espagnol porte sur le premier* ***o*** *un accent écrit qui reflète l'accent tonique.*
Il n'y a pas d'abréviation espagnole équivalente à **micro** *; il faut utiliser le mot* ***micrófono*** *en entier.*

microbe

▷ Va-t-en, tu vas me passer tous tes microbes !
¡Vete, me vas a contagiar todos los microbios!

el **microbio**

microscope

▷ Le microscope du laboratoire est cassé.
El microscopio del laboratorio está roto.
▷ Nous avons observé l'insecte au microscope.
Examinamos el insecto al microscopio.

el **microscopio**

ℹ *Notez la préposition utilisée en espagnol :* **au microscope** = ***al*** *microscopio.*

midi

1 ▷ Il est midi et demi.
Son las doce y media.

1 (pour dire l'heure) las **doce**

2 ▷ À midi, ma mère va au restaurant avec ses collègues.
Al mediodía, mi madre va al restaurante con los colegas.

2 (= heure du déjeuner) el **mediodía**

3 ▷ Est-ce que vous connaissez le Midi ?
¿Conocéis el sur de Francia?

3 ► **le Midi** (de la France) : **el sur de Francia**

miel

▷ Pour le petit-déjeuner, il y avait du pain grillé, du beurre et du miel.
Para el desayuno, había pan tostado, mantequilla y miel.

la **miel**

*Attention : contrairement au français, le mot espagnol **miel** est féminin.*

mien, mienne

▷ Ses parents sont plus jeunes que les miens.
Sus padres son más jóvenes que los míos.
▷ Tu ne trouves pas tes lunettes de soleil ? Prends les miennes.
¿No encuentras las gafas de sol? Toma las mías.

► **le mien** *ou* **la mienne** *ou* **les miens** *ou* **les miennes : el mío** *ou* **la mía** *ou* **los míos** *ou* **las mías**

miette

▷ Il y a plein de miettes sous la table.
Hay muchas migas debajo de la mesa.

(= miette de pain) la **miga**

mieux

1 ▷ Tu te sens mieux ?
¿Te sientes mejor?
▷ Ce CD est mieux que le précédent.
Este CD es mejor que el anterior.
▷ Celle-ci est la mieux de toutes.
Ésta es la mejor de todas.

▷ C'est Amélie qui chante le mieux.
Amélie es la que mejor canta.

▷ Les choses vont de mieux en mieux.
Las cosas van cada vez mejor.

1 (= plus en forme, de meilleure qualité, de façon plus satisfaisante) **mejor** (pluriel **mejores**)

► **le mieux** *ou* **la mieux : el mejor** *ou* **la mejor** (pluriel **los mejores**) *ou* **las mejores**
► **le mieux** (après un verbe) : **mejor**

*Dans cette tournure, **mejor** est placé avant le verbe en espagnol.*

► **de mieux en mieux : cada vez mejor**

2 ▷ Je trouve que Michaël est mieux que son frère.
Pienso que Michaël es más guapo que su hermano.

2 (= plus séduisant) **más guapo** *ou* **más guapa**

3 ▷ Tu ferais mieux de te dépêcher.
Sería mejor que te dieras prisa.

3 *Pour dire à quelqu'un qu'il* ferait mieux de *faire quelque chose, on emploie en espagnol la tournure **ser mejor que** + subjonctif.*

mignon, mignonne

▷ Ce petit chien est vraiment mignon.
Este perrito es realmente mono.

▷ Tu as vu comme le frère de Paul est mignon ?
¿Has visto qué guapo es el hermano de Paul?

(= joli) mono, mona

Se dit surtout d'un enfant ou de quelque chose de petit.

(= séduisant) guapo, guapa

migraine

▷ J'ai la migraine depuis ce matin.
Tengo jaqueca desde esta mañana.

► **avoir la migraine** (= avoir mal à la tête) : tener jaqueca

milieu

1 ▷ Le milieu de la piscine est ici.
El medio de la piscina está aquí.

▷ Je préfère celui du milieu.
Prefiero el de en medio.

▷ Mets-toi au milieu, tu verras mieux.
Ponte en medio, así verás mejor.

▷ Rachid s'est assis par terre au milieu de la cour.
Rachid se sentó en el suelo en medio del patio.

1 (= centre) el medio

► **du milieu :** de en medio

► **au milieu :** en medio

► **au milieu de :** en medio de

2 ▷ Clémentine vient d'un milieu riche.
Clémentine viene de una familia rica.

2 (= origine familiale) la familia

militaire

▷ Les militaires défilaient dans la rue.
Los militares desfilaban por la calle.

▷ L'intervention militaire n'est pas nécessaire.
La intervención militar no es necesaria.

militar (pluriel militares)

Militar peut être soit un adjectif, soit un nom.

mille

▷ Il y avait plus de mille spectateurs.
Había más de mil espectadores.

▷ Ça vaut deux mille euros.
Cuesta dos mil euros.

▷ Je suis allé en Espagne en deux mille trois.
Fui a España en dos mil tres.

mil

milliard

▷ Ça vaut un milliard de dollars.
Cuesta mil millones de dólares.

▷ Il y a plus de cinq milliards de personnes dans le monde.
Hay más de cinco mil millones de personas en el mundo.

▷ Il y a des milliards d'insectes dans ce champ.
Hay miles de millones de insectos en este campo.

► **un milliard :** mil millones

Le mot espagnol millar existe, mais il veut dire « millier ».

► **des milliards de... :** miles de millones de...

millier

1 ▷ Il y avait un millier de personnes dans le stade.
Había un millar de personas en el estadio.

2 ▷ Des milliers de gens ont téléphoné.
Miles de personas han llamado.

1 ► **un millier de... :** un millar de...

2 ► **des milliers de... :** miles de...

millimètre

▷ Le métal fait deux millimètres d'épaisseur.
El metal tiene dos milímetros de espesor.

el **milímetro**

ℹ *Remarquez que le mot espagnol porte sur le deuxième* ***i*** *un accent écrit qui reflète l'accent tonique.*

million

▷ Ils ont gagné un million au Loto.
Ganaron un millón en la lotería primitiva.
▷ La France a presque soixante millions d'habitants.
Francia tiene casi sesenta millones de habitantes.

▷ Il y a des millions de fleurs dans ce champ !
¡Hay millones de flores en este campo!

el **millón** (pluriel los millones)

ℹ *Il n'y a pas d'accent écrit au pluriel. L'accent tonique porte sur le* ***o****, comme au singulier.*

Attention à l'orthographe du mot ***millón****.*

► **des millions de... :** millones de...

mimer

▷ Tu mimes un titre de film et on essaie de deviner, d'accord ?
Expresas con mímica un título de película y nosotros intentamos adivinar, ¿de acuerdo?

(= exprimer sans parler) **expresar con mímica**

ℹ *Remarquez que le mot espagnol* ***mímica*** *porte sur le premier* ***i*** *un accent écrit qui reflète l'accent tonique.*

mince

1 ▷ Sylviane est très mince.
Sylviane es muy delgada.
Qu'est-ce qu'elle est mince ! Elle a perdu au moins dix kilos.
¡Qué delgada está! Habrá adelgazado por lo menos diez kilos.
▷ Coupe-moi une tranche mince.
Córtame una loncha delgada.

2 ▷ Mince, j'ai oublié le lait !
¡Vaya, se me ha olvidado la leche!

1 (= svelte ou fin) **delgado, delgada**

ℹ *Attention : on utilise le verbe* ***estar*** *s'il s'agit d'un état temporaire, et le verbe* ***ser*** *s'il s'agit d'une caractéristique physique.*

2 ► **mince ! :** ¡vaya!

mine

1 ▷ La mine de mon crayon est cassée.
La mina de mi lápiz está rota.
▷ Le travail dans les mines était très dur.
El trabajo en las minas era muy duro.

1 (= bout d'un crayon ou mine de charbon, d'or, etc.) la **mina**

2 ▷ Tu as bonne mine aujourd'hui.
Tienes buena cara hoy.
▷ Sébastien a mauvaise mine, peut-être qu'il a la grippe.
Sébastien tiene mala cara, quizás tiene gripe.

2 ► **avoir bonne mine** (= avoir l'air en bonne santé) : tener buena cara
► **avoir mauvaise mine** (= avoir l'air en mauvaise santé) : tener mala cara

minerai

▷ C'est du minerai de fer.
Es mineral de hierro.

el **mineral** (pluriel los minerales)
*En espagnol, on emploie le même mot, **mineral**, pour le minerai et le minéral.*

minéral

▷ Cette boisson contient des minéraux.
Esta bebida contiene minerales.

el **mineral** (pluriel los minerales)
*En espagnol, on emploie le même mot, **mineral**, pour le minerai et le minéral.*

mineur, mineure

1 ▷ Les mineurs n'ont pas le droit d'acheter d'alcool.
Los menores de edad no tienen derecho a comprar alcohol.
▷ Quand on est mineur, il faut l'autorisation des parents.
Cuando uno es menor de edad, necesita el permiso de los padres.

1 (en parlant d'une jeune personne) **menor de edad** (pluriel menores de edad)
Menor de edad peut être soit un adjectif, soit un nom.

2 ▷ Les mineurs sont en grève.
Los mineros están en huelga.

2 ► un **mineur** qui travaille dans une mine) : un minero

minijupe

▷ Elle portait une minijupe noire.
Llevaba una minifalda negra.

la **minifalda**

minimum

1 ▷ Le minimum est cent euros.
El mínimo son cien euros.

1 ► **le minimum** : el mínimo
*Notez que si le mot qui suit **mínimo** est un pluriel, le verbe **ser** se met au pluriel.*

2 ▷ C'est leur prix minimum.
Es el precio mínimo.

2 (= le plus petit) **mínimo, mínima**
*Remarquez que le mot espagnol porte sur le premier **i** un accent écrit qui reflète l'accent tonique.*

ministère

▷ Il travaille pour quel ministère ?
¿En qué ministerio trabaja?

el **ministerio**

minister

▷ La ministre de l'Éducation est très jeune.
La ministra de Educación es muy joven.
▷ Comment s'appelle le Premier ministre ?
¿Cómo se llama el primer ministro?

el **ministro,** la **ministra**

► **Premier ministre :** el **primer ministro,** la **primera ministra**

minorité

▷ Ils appartiennent à différentes minorités ethniques.
Pertenecen a diferentes minorías étnicas.

(= petit nombre) la **minoría**

minuit

1 ▷ Les filles sont rentrées avant minuit.
Las chicas volvieron antes de medianoche.

1 (= 24 heures précises) **medianoche**

2 ▷ Il est minuit vingt.
Son las doce y veinte.

2 (pour dire l'heure) las **doce** (de la noche)

minuscule

▷ Ton écriture est minuscule, je n'y vois rien.
Tu letra es minúscula, no veo nada.
▷ Je mets un A majuscule ou minuscule ?
¿Pongo una A mayúscula o minúscula?
▷ L'adresse électronique est tout en minuscules.
La dirección electrónica está toda en minúsculas.

minúsculo, minúscula

ℹ *Minúscula peut être soit un adjectif, soit un nom.*
Remarquez que le mot espagnol porte sur le premier ***u*** *un accent écrit qui reflète l'accent tonique.*

minute

▷ Le film ne dure que quarante minutes.
La película sólo dura cuarenta minutos.
▷ Une minute, j'arrive !
¡Un minuto, ya voy!

el **minuto**

► **une minute !** (pour faire patienter quelqu'un) : **¡un minuto!**

Attention : contrairement au français, le mot espagnol ***minuto*** *est masculin.*

miracle

▷ Personne n'a été blessé, c'est un miracle.
Nadie ha resultado herido, es un milagro.

el **milagro**

miroir

▷ Il y a deux miroirs dans la salle de bains.
Hay dos espejos en el cuarto de baño.

el **espejo**

miser

▷ J'ai tout misé sur le numéro 9.
Aposté todo al número 9.

► **miser sur** (= parier sur) : **apostar a**

misère

▷ Il y a encore beaucoup de gens qui vivent dans la misère.
Todavía hay mucha gente que vive en la miseria.

(= pauvreté) la **miseria**

mite

▷ L'armoire est pleine de mites.
El armario está lleno de polillas.

la **polilla**

mi-temps

1 ▷ La seconde mi-temps était plus intéressante que la première.
El segundo tiempo fue más interesante que el primero.

1 (= moitié d'un match) el **tiempo**

2 ▷ On se retrouvera à la mi-temps.
Nos vemos en el descanso.

2 (= repos) el **descanso**

3 ▷ Ma mère travaille à mi-temps.
Mi madre trabaja a media jornada.

3 ► **travailler à mi-temps :** trabajar a media jornada

mixte

▷ Certaines écoles ne sont pas mixtes.
Algunas escuelas no son mixtas.

mixto, mixta

mobile

1 ▷ Quel était le mobile du crime ?
¿Cuál era el móvil del crimen?

1 (= motif) el **móvil**

2 ▷ Appelle-moi sur mon mobile.
Llámame a mi móvil.

2 ► **(téléphone) mobile :** el móvil

moche

▷ Ce bâtiment est vraiment moche.
Este edificio es realmente feo.

feo, fea

ℹ Moche *est familier, mais* feo *ne l'est pas.*

mode

▷ Je ne suis pas spécialement la mode.
No sigo mucho la moda.
▷ Le rose est à la mode.
El rosa está de moda.

la **moda**

► **à la mode :** de moda

modèle

▷ Si tu suis le modèle, tu ne peux pas te tromper.
Si sigues el modelo, no te puedes equivocar.

el **modelo**

modéré, modérée

moderado, moderada

▻ Les prix sont modérés.
Los precios son muy moderados.

moderne

moderno, moderna

▻ Je préfère les meubles modernes.
Prefiero los muebles modernos.

moderniser

modernizar

▻ Ils veulent moderniser leur agriculture.
Quieren modernizar su agricultura.

modeste

modesto, modesta

▻ Tu es trop modeste !
¡Eres demasiado modesto!

modestie

la **modestia**

▻ C'est de la fausse modestie.
Sólo es falsa modestia.

modifier

modificar

▻ Tu devrais modifier un peu l'introduction.
Deberías modificar un poco la introducción.

moi

1 ▻ Ces cadeaux sont pour moi ?
¿Estos regalos son para mí?

1 *Quand* moi *suit une préposition, il se traduit par* ***mí***.

ℹ *Notez que* ***mí*** *porte un accent qui le distingue de l'adjectif possessif* ***mi***.

2 ▻ Appelez-moi quand vous arriverez.
Llamadme cuando lleguéis.
▻ Donne-moi le journal.
Dame el periódico.

2 *Quand* moi *est complément d'objet, il se traduit par* ***me***.

3 ▻ Moi je trouve que ce n'est pas juste.
Yo pienso que no es justo.
▻ Qui veut du gâteau ? – Moi !
¿Quién quiere pastel? – ¡Yo!
▻ Sophie est plus mince que moi.
Sophie es más delgada que yo.

3 *Quand* moi *est sujet ou qu'il intervient dans une comparaison, il se traduit par* ***yo***.

4 ▻ Ce livre est à moi.
Este libro es mío.
▻ Ces fleurs sont à moi.
Estas flores son mías.

4 ► **à moi : mío, mía, míos, mías**

ℹ ***Mío*** *s'accorde en genre et en nombre avec le nom qu'il accompagne.*

moi-même

▻ Puisque tu ne veux pas m'aider, je vais le faire moi-même.
Ya que no quieres ayudarme, lo voy a hacer yo mismo.

yo mismo, yo misma

moineau

▻ Ces miettes sont pour les moineaux.
Estas migas son para los gorriones.

el **gorrión** (pluriel **los gorriones**)

ℹ *Il n'y a pas d'accent écrit au pluriel.*
L'accent tonique porte sur le **o**, *comme au singulier.*
🔈 *Attention à bien prononcer les deux* **r**.

moins

1 ▻ J'aime moins celui-ci.
Éste me gusta menos.
▻ Il est huit heures moins dix.
Son las ocho menos diez.
▻ Douze moins cinq égale sept.
Doce menos cinco son siete.

1 **menos**

▻ Adrien est moins sympa que son frère.
Adrien es menos simpático que su hermano.

► **moins que : menos que**

▻ Quel est le moins cher ?
¿Cuál es el menos caro?
▻ C'est la personne la moins timide que je connaisse !
¡Él es la persona menos tímida que conozco!

Le moins... *ou* **la moins...** *se traduit par* **el menos...** *ou* **la menos...** *si la chose dont on parle n'est pas précisée. Si elle est précisée avant* **le moins** *ou* **la moins**, *la traduction est* **menos...**

▻ C'est celui qui travaille le moins.
Él es el que menos trabaja.

ℹ *Après un verbe,* **le moins** *se traduit par* **menos**, *placé avant le verbe.*

▻ Il y a moins d'élèves cette année.
Hay menos alumnos este año.

► **moins de** + nom : **menos** + nom

▻ Ça coûte moins de dix euros.
Cuesta menos de diez euros.

► **moins de** + prix, dimension, etc. : **menos de**

▻ Il y a trois profs de moins que l'année dernière.
Hay tres profesores menos que el año pasado.
▻ Yann a un an de moins que moi.
Yann tiene un año menos que yo.

► **de moins : menos**

▻ Moins on mange, moins on a envie de manger.
Cuanto menos comes, menos ganas tienes de comer.

► **moins... moins... : cuanto menos... menos...**

▻ Moins tu feras d'exercice, plus tu auras de problèmes.
Cuanto menos ejercicio hagas, más problemas tendrás.

► **moins... plus... : cuanto menos... más...**

▻ Il fait au moins trente degrés.
Hace por lo menos treinta grados.

► **au moins : por lo menos**

ℹ *On peut dire aussi* **al menos**.

▻ Alban devrait venir, à moins que ses parents ne le laissent pas sortir.
Alban debería venir, a no ser que sus padres no lo dejen salir.

► **à moins que :** a no ser que

2 ▻ Il faisait moins cinq degrés.
Hacía cinco grados bajo cero.

2 *Pour dire les températures, on emploie* ***bajo cero*** *après la température.*

mois

▻ Adèle aura quinze ans dans deux mois.
Adèle tendrá quince años dentro de dos meses.
▻ Je suis beaucoup sorti au mois de mars.
Salí mucho en el mes de marzo.

el **mes** (pluriel los meses)

► **au mois de... :** en el mes de...

moisi, moisie

▻ Le pain est moisi.
El pan está enmohecido.

enmohecido, enmohecida

moisson

▻ La moisson est-elle bonne ?
¿Es buena la cosecha?

la **cosecha**

ℹ *On dit aussi* ***la siega***.

moissonner

▻ Ils moissonneront en juillet.
Segarán en julio.

segar

Ne pas confondre ***segar*** *avec* ***cegar*** *qui signifie « aveugler, rendre aveugle ».*

moite

▻ J'ai les mains moites.
Tengo las manos sudorosas.

sudoroso, sudorosa

ℹ *On dit aussi* ***me sudan las manos***.

moitié

1 ▻ Il y a plus d'olives sur cette moitié.
Hay más aceitunas en esta mitad.
▻ La moitié des élèves étaient là.
La mitad de los alumnos estaban presentes.

1 la **mitad** (pluriel las mitades)

2 ▻ Tu fais toujours tout à moitié !
¡Siempre haces las cosas a medias!

2 ► **à moitié** (= non entièrement) **:** a medias

3 ▻ Tu veux faire moitié-moitié ?
¿Quieres ir a medias?

3 ► **faire moitié-moitié :** ir a medias

molle

Regardez le mot ***mou****.*

mollet

▷ J'ai trop marché, j'ai mal aux mollets.
He caminado demasiado, me duelen las pantorrillas.

la **pantorrilla**

Attention à bien prononcer les deux r.

moment

1 ▷ J'ai passé un moment avec eux.
Pasé un momento con ellos.
▷ Un moment, j'arrive !
¡Un momento, ya voy!
▷ C'est le bon moment pour lui parler.
Éste es un buen momento para hablarle.
▷ Lise est arrivée juste à ce moment-là.
Lise llegó justo en ese momento.
▷ Il est parti au moment où j'allais lui poser une question.
Se fue en el momento en que iba a hacerle una pregunta.
▷ Nicolas ne va pas très bien en ce moment.
Nicolas no está muy bien en este momento.

1 (= instant, courte période) el **momento**
► **à ce moment-là :** en ese momento
► **au moment où :** en el momento en que
► **en ce moment :** en este momento

2 ▷ Pour le moment tout le monde est content.
Por ahora todo el mundo está contento.

2 ► **pour le moment :** por ahora

3 ▷ Ça fait un moment que j'attends.
Hace un buen rato que te estoy esperando.

3 (= une assez longue période de temps) **un buen rato**

4 ▷ Par moments je me demande pourquoi je fais ça.
A veces me pregunto por qué hago eso.

4 ► **par moments :** a veces

momie

▷ J'ai vu des momies égyptiennes.
Vi unas momias egipcias.

la **momia**

mon

▷ Mon père est boucher.
Mi padre es carnicero.

mi

Remarquez qu'en espagnol l'adjectif possessif ne porte pas d'accent écrit sur le i (mi padre es alto), pour le différencier du pronom complément (¿esta bici es para mí?).

monde

1 ▷ Il y a beaucoup de gens pauvres dans le monde.
Hay mucha gente pobre en el mundo.
▷ C'est le coureur le plus rapide du monde.
Es el corredor más rápido del mundo.

1 (= Terre) el **mundo**

2 ▷ Il y avait beaucoup de monde à la fête.
Había mucha gente en la fiesta.
▷ Il connaît tout le monde ici.
Conoce a todo el mundo aquí.

2 (= gens) la **gente**

► **tout le monde :** todo el mundo

mondial, mondiale

▷ L'équipe a participé à un tournoi mondial.
El equipo participó en un torneo mundial.

mundial (pluriel **mundiales**)

mondialisation

▷ Beaucoup de gens sont contre la mondialisation.
Mucha gente está en contra de la mundialización.

la **mundialización**

moniteur, monitrice

▷ Le moniteur de ski est très mignon !
¡El monitor de esquí es muy guapo!

(= surveillant ou professeur) el **monitor** (pluriel **los monitores**), la **monitora**

monnaie

1 ▷ La monnaie espagnole est l'euro.
La moneda española es el euro.

1 (= argent d'un pays) la **moneda**

2 ▷ Est-ce que tu as de la monnaie ?
¿Tienes cambio?
▷ Vous avez la monnaie de cinquante euros ?
¿Tiene cambio de cincuenta euros?
▷ Passe moi le billet, je vais faire de la monnaie.
Pásame el billete, voy a pedir cambio.

2 (= pièces) el **cambio**

► **faire de la monnaie :** pedir cambio

3 ▷ Gardez la monnaie.
Quédese con la vuelta.

3 (= l'argent que l'on rend quand on paye) la **vuelta**

monopole

▷ L'entreprise a perdu son monopole.
La empresa ha perdido su monopolio.

el **monopolio**

monotone

▷ Les cours de latin sont un peu monotones.
Las clases de latín son un poco monótonas.

monótono, monótona

ℹ *Remarquez que le mot espagnol porte sur le deuxième* **o** *un accent écrit qui reflète l'accent tonique.*

monsieur

1 ▷ Bonjour, monsieur, je voudrais un kilo de pommes, s'il vous plaît.
Buenos días, señor, quisiera un kilo de manzanas, por favor.
▷ Ce monsieur dit qu'il te connaît.
Este señor dice que te conoce.

1 *Quand on s'adresse directement à quelqu'un, on emploie* ***señor*** *en espagnol.*

2 ▷ Monsieur Gálvez est venu nous chercher à la gare.
El señor Gálvez vino a buscarnos a la estación.

2 *Quand on parle de quelqu'un en l'appelant par son nom de famille,* **monsieur** *se traduit par* ***el señor***.

monstre

▷ J'ai rêvé d'un monstre horrible qui me poursuivait.
Soñé con un monstruo horrible que me perseguía.

el **monstruo**

🔈 *L'accent tonique porte sur la première syllabe* ***(mons-)***.

montagne

1 ▷ Cette montagne est très haute.
Esta montaña es muy alta.
▷ J'ai eu peur sur les montagnes russes.
Tuve miedo en la montaña rusa.

1 (= sommet) la **montaña**

► **montagnes russes :** **la montaña rusa**

2 ▷ J'aimerais vivre à la montagne.
Me gustaría vivir en la sierra *ou* **en la montaña.**

2 ► **à la montagne** (= une région montagneuse) : **en la sierra** *ou* **en la montaña**

monter

1 ▷ Tu pourras fermer les volets quand tu monteras ?
¿Podrás cerrar los postigos cuando subas?
▷ La route monte après le tournant.
La carretera sube después de la curva.
▷ Ne restez pas sur la plage, la marée monte.
No os quedéis en la playa, está subiendo la marea.
▷ Jean-Loup a monté la pente à toute vitesse.
Jean-Loup subió la pendiente a toda velocidad.
▷ Est-ce que tu peux m'aider à monter les valises ?
¿Me puedes ayudar a subir las maletas?
▷ Tu peux monter le son, s'il te plaît ?
¿Puedes subir el volumen, por favor?

1 *La traduction la plus courante du verbe* **monter** *est* ***subir***.

2 ▷ Ils sont montés à la station Saint-Paul.
Se subieron en la estación Saint Paul.
▷ Il est monté en voiture et il a démarré.
Se subió al coche y arrancó.

2 (en parlant d'un véhicule) **subirse**

ℹ *Le pronom réfléchi fonctionne de la façon suivante en espagnol :* ***me subo, te subes, se sube, nos subimos, os subís, se suben.***

▷ Monte sur le mur, tu verras mieux.
Súbete al muro, así verás mejor.

► **monter sur** (un mur, un arbre) : **subirse a**

3 ▷ On a monté la tente en vingt minutes.
Montamos la tienda en veinte minutos.

3 (= assembler) **montar**

4 ▷ J'adore monter à cheval.
Me encanta montar a caballo.

4 ► **monter à cheval** : **montar a caballo**

montgolfière

▷ Ils organisent des voyages en montgolfière.
Organizan viajes en globo.

el **globo**

Notez que ***el globo*** *signifie aussi « ballon de baudruche ».*

montre

▷ Ma montre retarde.
Mi reloj atrasa.

el **reloj** (pluriel **los relojes**)

Attention à bien prononcer le ***r*** *et le* ***j*** *de* ***reloj****.*

En espagnol on emploie le même mot, ***reloj****, pour désigner la montre et l'horloge.*

montrer

1 ▷ Le marin nous a montré comment faire des nœuds.
El marino nos enseñó cómo hacer nudos.
▷ Montre-moi ton dessin.
Enséñame tu dibujo.

1 (= faire voir ou enseigner) **enseñar**

2 ▷ Ça montre que ce n'est pas possible.
Eso muestra que no es posible.

2 (= démontrer) **mostrar**

monument

▷ Nous avons visité les monuments de Madrid.
Visitamos los monumentos de Madrid.

el **monumento**

se moquer

▷ Tous mes copains se sont moqués de moi.
Todos mis amigos se burlaron de mí.

► **se moquer de** quelqu'un : **burlarse de** alguien

Le pronom réfléchi fonctionne de la façon suivante en espagnol : ***me burlo, te burlas, se burla, nos burlamos, os burláis, se burlan.***

moquette

▷ J'ai de la moquette grise dans ma chambre.
Tengo moqueta gris en mi habitación.

la **moqueta**

moral

1 ▷ Je vois que tu as le moral, Pierre !
¡Veo que tienes la moral alta, Pierre!
▷ Adeline n'a pas le moral parce qu'elle a eu plusieurs mauvaises notes.
Adeline tiene la moral baja porque ha sacado varias malas notas.

1 ► **avoir le moral :** tener la moral alta
► **ne pas avoir le moral :** tener la moral baja

2 ▷ Je ne sais pas quoi faire pour lui remonter le moral.
No sé qué hacer para levantarle el ánimo.

2 ► **remonter le moral à** quelqu'un **:** levantar el ánimo a alguien

morale

▷ Quelle est la morale de l'histoire ?
¿Cuál es la moraleja de la historia?

(d'une histoire) la **moraleja**

morceau

1 ▷ Tu veux un morceau de fromage ?
¿Quieres un trozo de queso?

1 (= bout) el **trozo**
On peut dire aussi el pedazo.

2 ▷ Je vais vous jouer un morceau de Bach.
Les voy a tocar un fragmento de Bach.

2 (= morceau de musique) el **fragmento**

3 ▷ Antoine prend trois morceaux de sucre dans son café !
¡Antoine toma tres terrones de azúcar en el café!

3 ► **morceau de sucre :** el terrón de azúcar (pluriel los terrones de azúcar)

mordre

1 ▷ Un chien a mordu Mathieu.
Un perro mordió a Mathieu.

1 **morder**
Si le complément est une personne, un groupe de personnes ou un animal familier, n'oubliez pas de le faire précéder de a.

2 ▷ Fabrice s'est cassé une dent en mordant dans une pomme.
Fabrice se rompió un diente dándole un mordisco a una manzana.

2 ► **mordre dans** quelque chose **:** darle un mordisco a algo

morsure

▷ La morsure s'est infectée.
La mordedura se ha infectado.

la **mordedura**

mort, morte ADJECTIF

▷ Il ne bougeait plus, on a cru qu'il était mort.
Ya no se movía, creímos que estaba muerto.

muerto, muerta
Attention : le verbe qui traduit **être** *dans* **être mort** *est estar et non ser.*

▷ On était morts de rire !
¡Estábamos muertos de risa!
▷ Je suis morte de faim.
Estoy muerta de hambre.
▷ Christine était morte de peur.
Christine estaba muerta de miedo.

► **mort de... :** muerto *ou* muerta de...

mort NOM

▷ Samir a changé depuis la mort de son père.
Samir ha cambiado desde la muerte de su padre.

la **muerte**

mortel, mortelle

▷ Il y a beaucoup d'accidents mortels sur la route.
Hay muchos accidentes mortales en las carreteras.

mortal (pluriel mortales)

morue

▷ J'adore la morue.
Me encanta el bacalao.

el **bacalao**

mosquée

▷ La mosquée est près de notre immeuble.
La mezquita está cerca de nuestro edificio.

la **mezquita**

mot

1 ▷ Que veut dire ce mot ?
¿Qué significa esta palabra?

1 (= terme, parole) la **palabra**

2 ▷ Il a laissé un mot sur la porte du frigo.
Dejó una nota en la puerta de la nevera.

2 (= message) la **nota**

3 ▷ J'ai oublié d'apporter un mot d'excuse.
Se me olvidó traer un justificante.

3 ► **mot d'excuse :** el justificante

4 ▷ Mon père faisait les mots croisés.
Mi padre estaba haciendo el crucigrama.

4 ► **mots croisés :** el crucigrama

moteur

▷ Le mécanicien a sorti le moteur pour le réparer.
El mecánico sacó el motor para repararlo.

el **motor** (pluriel los motores)

motif

▷ Quels sont les motifs qui t'ont poussé à faire ça ?
¿Qué motivos te empujaron a hacer eso?
▷ Ce peintre reproduit des motifs aztèques.
Este pintor reproduce motivos aztecas.
▷ Caroline portait une robe bleue à motifs.
Caroline llevaba un vestido azul con estampado.

el **motivo**

► **à motifs :** con estampado

motivation

▷ Il est en train d'écrire une lettre de motivation.
Está escribiendo una carta de motivación.

la **motivación** (pluriel **las motivaciones**)

ℹ *Il n'y a pas d'accent écrit au pluriel. L'accent tonique porte sur le **o**, comme au singulier.*

moto

▷ La moto nous a doublés.
La moto nos adelantó.

la **moto**

mou, molle

▷ Ce lit est trop mou.
Esta cama es demasiado blanda.

(= moelleux) **blando, blanda**

mouche

▷ Il y a des mouches partout parce qu'il fait chaud.
Hay moscas por todas partes porque hace calor.

la **mosca**

se moucher

▷ Quand il se mouche, il fait un bruit terrible.
Cuando se suena, hace un ruido espantoso.

sonarse

ℹ *Le pronom réfléchi fonctionne de la façon suivante en espagnol : **me sueno, te suenas, se suena, nos sonamos, os sonáis, se suenan.***

mouchoir

▷ J'ai prêté un mouchoir à Mathias.
Le presté un pañuelo a Mathias.

▷ Est-ce que tu as un mouchoir en papier ?
¿Tienes un pañuelo de papel?

el **pañuelo**

► **mouchoir en papier :** el **pañuelo de papel** (pluriel **los pañuelos de papel**)

moue

▷ Elena a fait la moue quand j'ai proposé d'aller au cinéma.
Elena puso mala cara cuando propuse que fuéramos al cine.

► **faire la moue** (quand on est déçu) : **poner mala cara**

mouette

▷ Une mouette s'est posée près de nous.
Una gaviota se puso cerca de nosotros.

la **gaviota**

moufles

▷ N'oublie pas tes moufles, il fait froid dehors.
No olvides las manoplas, hace frío fuera.

las **manoplas**

mouillé, mouillée

▷ Tes habits sont mouillés : qu'est-ce qui t'est arrivé ?
Tu ropa está mojada : ¿qué te ha pasado?

mojado, mojada

mouiller

1 ▷ Attention, tu vas mouiller tes chaussures.
Cuidado, te vas a mojar los zapatos.

1 **mojar**

2 ▷ J'emporte un parapluie, je déteste me mouiller.
Me llevo un paraguas, odio mojarme.
▷ Elle nage sans se mouiller les cheveux.
Nada sin mojarse el pelo.

2 ► **se mouiller : mojarse**

ℹ *Le pronom réfléchi fonctionne de la façon suivante en espagnol :* ***me mojo, te mojas, se moja, nos mojamos, os mojáis, se mojan.***

moulant, moulante

▷ Nathalie porte un pantalon moulant.
Nathalie lleva unos pantalones ceñidos.

ceñido, ceñida

moule NOM MASCULIN

▷ Ce moule à gâteau est trop petit.
Este molde para pastel es demasiado pequeño.

(pour fabriquer des objets ou faire des gâteaux) un **molde**

moule NOM FÉMININ

▷ Plusieurs moules n'étaient pas fraîches.
Varios mejillones no estaban frescos.

(= coquillage) un **mejillón** (pluriel **mejillones**)

ℹ *Il n'y a pas d'accent écrit au pluriel. L'accent tonique porte sur le* ***o****, comme au singulier.*

Attention : contrairement au français, le mot espagnol est masculin.

moulin

1 ▷ Ils habitent dans un vieux moulin.
Viven en un antiguo molino.
▷ Il y a des moulins à vent dans la Manche.
Hay molinos de viento en la Mancha.

1 (= bâtiment) el **molino**

► **moulin à vent : el molino de viento** (pluriel **los molinos de viento**)

2 ▷ Le moulin à poivre est cassé.
El molinillo de pimienta está roto.

2 (= appareil pour moudre le poivre ou le café) el **molinillo**

mourir

▷ L'arrière-grand-mère de Sylvie est morte hier.
La bisabuela de Sylvie murió ayer.
▷ De quoi est-ce qu'il est mort ?
¿De qué murió?

morir

ℹ *On peut dire aussi* ***morirse****.*

► **mourir de** quelque chose : **morir de** algo

▷ Quand est-ce qu'on mange ? Je meurs de faim !
¿Cuándo vamos a comer? ¡Me muero de hambre!
▷ Je meurs de soif !
¡Me muero de sed!

► **mourir de faim / de soif,** etc. : **morirse de hambre / de sed,** etc.

ℹ *Le pronom réfléchi fonctionne de la façon suivante en espagnol : **me muero, te mueres, se muere, nos morimos, os morís, se mueren**.*

mousse

1 ▷ Ce matelas n'est qu'un gros morceau de mousse.
Este colchón no es más que un gran pedazo de espuma.
▷ Il n'y a plus de mousse à raser.
Ya no queda espuma de afeitar.

1 (= matière, bulles) la **espuma**

► **mousse à raser :** espuma de afeitar

2 ▷ J'ai mangé la mousse au chocolat.
He comido el mousse de chocolate.

2 ► **mousse au chocolat :** el mousse de chocolate

*Le mot **mousse** se prononce de la même façon en espagnol et en français.*

mousseux

▷ On a bu du mousseux pour fêter ça.
Bebimos vino espumoso para celebrarlo.

el **vino espumoso**

ℹ *On peut dire aussi, tout simplement, **el espumoso**.*

moustache

▷ Denis se laisse pousser la moustache.
Denis se deja bigote.
▷ Les moustaches du chat sont très douces.
Los bigotes del gato son muy suaves.

el **bigote**

moustique

▷ Je me suis fait piquer par un moustique.
Me picó un mosquito.

el **mosquito**

*Attention à l'orthographe du mot **mosquito**.*

moutarde

▷ Cette moutarde est très forte !
¡Esta mostaza es muy fuerte!

la **mostaza**

mouton

1 ▷ Un troupeau de moutons traversait la route.
Un rebaño de ovejas estaba cruzando la carretera.

1 (= animal) la **oveja**

2 ▷ Nous avons mangé du mouton à midi.
Comimos cordero a mediodía.

2 (= viande) el **cordero**

ℹ *On peut dire aussi **carne de cordero**.*

mouvement

▷ Joaquín a fait un mouvement soudain.
Joaquín hizo un movimiento repentino.

el **movimiento**

moyen, moyenne

1 ▷ Marie est de taille moyenne.
Marie es de estatura mediana.

1 (= ni grand ni petit) **mediano, mediana**

2 ▷ La température moyenne est de vingt degrés.
La temperatura media es de veinte grados.

2 (= qui est calculé en faisant une moyenne) **medio, media**

3 ▷ Je suis moyen en espagnol.
Soy regular en español.

3 (= ni bon ni mauvais) **regular** (pluriel **regulares**)

moyen

1 ▷ Stéphane a trouvé un moyen pour avoir des billets gratuits.
Stéphane ha encontrado un medio para conseguir entradas gratuitas.

1 (= méthode) el **medio**

2 ▷ Ils n'ont pas les moyens d'acheter une voiture neuve.
No tienen medios para comprar un coche nuevo.
▷ As-tu les moyens d'acheter ça ?
¿Tienes medios para comprar esto?

2 ► **avoir les moyens de :** tener medios para

moyenne

1 ▷ Je suis content, j'ai eu la moyenne en géo.
Estoy contento, saqué un suficiente en geografía.

1 ► **avoir la moyenne :** sacar un suficiente

2 ▷ Ce n'est pas le résultat final, c'est juste une moyenne.
No es el resultado final, sólo es una media.

2 (= chiffre ou note intermédiaire) la **media**

MP3

▷ C'est un fichier MP3.
Es un fichero MP3.

el **MP3**

muet, muette

▷ Il y a un garçon muet dans ma classe.
Hay un chico mudo en mi clase.

mudo, muda

multimédia

▷ C'est un dictionnaire multimedia.
Es un diccionario multimedia.

multimedia

multiplication

▷ Ta multiplication est fausse.
Tu multiplicación es incorrecta.

la **multiplicación** (pluriel las **multiplicaciones**)

Il n'y a pas d'accent écrit au pluriel. L'accent tonique porte sur le **o**, *comme au singulier.*

multiplier

▷ Sept multiplié par huit égale cinquante-six.
Siete multiplicado por ocho es igual a cincuenta y seis.

multiplicar

mur

1 ▷ Il y a un haut mur autour du jardin.
Hay un muro alto alrededor del jardín.

2 ▷ Les murs de ma chambre sont peints en bleu.
Las paredes de mi habitación están pintadas de azul.

1 (à l'extérieur) el **muro**

2 (à l'intérieur, d'une maison) la **pared** (pluriel las **paredes**)

mûr, mûre ADJECTIF

▷ Choisis un melon mûr.
Elige un melón maduro.
▷ Elle n'est pas très mûre pour son âge.
No es muy madura para su edad.

maduro, madura

mûre NOM

▷ Nous avons ramassé des mûres pour faire de la confiture.
Cogimos moras para hacer mermelada.

la **mora**

mûrir

▷ Attends que les pêches mûrissent.
Espera a que los melocotones maduren.

madurar

musclé, musclée

▷ Lucas a des mollets très musclés.
Lucas tiene unas pantorrillas muy musculosas.

musculoso, musculosa

musculation

▷ Thierry fait de la musculation avec son père.
Thierry hace ejercicios de musculación con su padre.

la **musculación**
► **faire de la musculation :** hacer ejercicios de musculación

museau

▷ Le chien poussait la balle avec son museau.
El perro empujaba la pelota con el morro.

el **morro**

Attention à bien prononcer les deux ***r****.*

On peut dire aussi ***el hocico****.*

musée

▷ Nous avons visité le musée d'Art moderne.
Visitamos el museo de arte moderno.

el **museo**

muselière

▷ Le chien avait une muselière.
El perro llevaba un bozal.

el **bozal** (pluriel **los bozales**)

Attention, contrairement au français, le mot espagnol est masculin. Notez aussi l'absence d'article.

musical, musicale

▷ J'aime l'œuvre musicale de Manuel de Falla.
Me gusta la obra musical de Manuel de Falla.

▷ Ils ont joué dans plusieurs comédies musicales.
Actuaron en varias comedias musicales.

musical (pluriel **musicales**)

► **comédie musicale : comedia musical**

musicien, musicienne

▷ Ce sont d'excellents musiciens.
Son unos músicos excelentes.

el **músico**, la **música**

Remarquez que le mot espagnol porte sur le ***u*** *un accent écrit qui reflète l'accent tonique.*

musique

▷ On a écouté de la musique toute la soirée.
Escuchamos música toda la noche.

la **música**

Remarquez que le mot espagnol porte sur le ***u*** *un accent écrit qui reflète l'accent tonique.*

▷ Je n'aime pas tellement la musique classique.
No me gusta mucho la música clásica.

► **musique classique : música clásica**

musulman, musulmane

▷ Hakim ne peut pas manger de porc parce qu'il est musulman.
Hakim no puede comer cerdo porque es musulmán.

▷ Les musulmans prient dans une mosquée.
Los musulmanes rezan en una mezquita.

musulmán (pluriel **musulmanes**), **musulmana**

N'oubliez pas l'accent du masculin singulier.

myope

▷ Cécile porte des lunettes parce qu'elle est myope.
Cécile lleva gafas porque es miope.

miope

myrtille

▷ Cette tarte aux myrtilles est délicieuse.
Esta tarta de arándanos está riquísima.

el arándano

Remarquez que le mot espagnol porte sur le deuxième **a** *un accent écrit qui reflète l'accent tonique.*

Attention : contrairement au français, le mot espagnol est masculin.

mystère

▷ Personne ne sait où il est, c'est un mystère.
Nadie sabe dónde está, es un misterio.

el misterio

Attention à l'orthographe !

mystérieux, mystérieuse

▷ Il a disparu dans des circonstances mystérieuses.
Desapareció en circunstancias misteriosas.

misterioso, misteriosa

Attention à l'orthographe du mot espagnol.

mythe

▷ C'est un mythe qui explique la création du monde.
Es un mito que explica la creación del mundo.

el mito

mythique

▷ Ce sont des héros mythiques.
Son héroes míticos.

mítico, mítica

Remarquez que le mot espagnol porte sur le premier **i** *un accent écrit qui reflète l'accent tonique.*

Nn

nage

1 ▻ La nage est un sport que tout le monde peut pratiquer.
La natación es un deporte que todo el mundo puede practicar.

1 (= natation) la **natación**

2 ▻ Ma nage préférée est le crawl.
Mi estilo de natación preferido es el crol.

2 (= style) el **estilo de natación** (pluriel los estilos de natación)

3 ▻ Comment veux-tu que je rentre ? À la nage ?
¿Cómo quieres que regrese? ¿A nado?

3 ► **à la nage :** a nado

4 ▻ Ils étaient en nage quand ils sont arrivés en haut de la côte.
Estaban empapados en sudor cuando llegaron arriba de la cuesta.

4 ► **être en nage :** estar empapado *ou* empapada en sudor

nager

1 ▻ Loïc nage très bien.
Loïc nada muy bien.

1 (dans l'eau) **nadar**

2 ▻ Sabine a maigri, elle nage dans son jean.
Sabine ha adelgazado, le bailan los vaqueros.

2 *Pour dire qu'on nage dans ses vêtements, on emploie en espagnol le verbe **bailar**, avec le vêtement pour sujet.*

3 ▻ Je nage complètement en allemand.
Estoy pez en alemán.

3 (= ne rien comprendre) **estar pez**

naïf, naïve

▻ Lambert est vraiment naïf, il croit tout ce qu'on lui dit.
Lambert es realmente ingenuo, se cree todo lo que le dicen.

ingenuo, ingenua

◀ *L'accent tonique porte sur la deuxième syllabe, **-ge**.*

nain, naine

▷ Comment s'appelaient les sept nains de Blanche-Neige ?
¿Cómo se llamaban los siete enanos de Blancanieves?

el **enano,** la **enana**

naissance

▷ J'ai dû mettre ma date de naissance dans le formulaire.
Tuve que poner mi fecha de nacimiento en el formulario.

el **nacimiento**

naître

▷ Chloé est née au Canada mais elle vit en France.
Chloé nació en Canadá pero vive en Francia.

nacer

nappe

1 ▷ La nappe est toute trouée.
El mantel está todo agujereado.

1 (sur la table) el **mantel** (pluriel **los manteles**)

2 ▷ Une énorme nappe de pétrole a atteint la côte.
Una enorme mancha de petróleo alcanzó la costa.

2 ► **nappe de pétrole :** la **mancha de petróleo**

narine

▷ L'air entre par les narines.
El aire entra por las ventanas de la nariz.

la **ventana de la nariz**

natal, natale

▷ Il veut retourner dans son pays natal.
Quiere volver a su país natal.

natal (pluriel **natales**)

natation

▷ La natation est un sport que tout le monde peut pratiquer.
La natación es un deporte que todo el mundo puede practicar.

▷ Je fais de la natation le mercredi.
Practico la natación los miércoles.

la **natación**

► **faire de la natation : practicar la natación**

nation

▷ Les Nations Unies siègent à New York.
Las Naciones Unidas tienen su sede en Nueva York.

la **nación** (pluriel **naciones**)

ℹ *Il n'y a pas d'accent écrit au pluriel. L'accent tonique porte sur le* ***o****, comme au singulier.*

national, nationale

1 ▷ Ludovic a été sélectionné pour l'équipe nationale.
Ludovic ha sido seleccionado para el equipo nacional.

1 (= du pays) **nacional** (pluriel **nacionales**)

2 ▷ On va prendre la nationale au lieu de l'autoroute.
Vamos a tomar la carretera nacional en vez de la autopista.

2 ► une **(route) nationale :** una **carretera nacional** (pluriel **carreteras nacionales**)

*Attention à bien prononcer les deux **r** de **carretera**.*

nationalité

▷ Mourad est de nationalité française.
Mourad tiene la nacionalidad francesa.

la **nacionalidad** (pluriel las **nacionalidades**)

natte

▷ Monique porte des nattes.
Monique lleva trenzas.
▷ Parfois je me fais des nattes.
A veces me hago trenzas.

(= tresse) la **trenza**

nature

1 ▷ Ces couleurs n'existent pas dans la nature.
Estos colores no existen en la naturaleza.
▷ Je n'aime pas vivre en ville, la nature me manque.
No me gusta vivir en la ciudad, echo de menos la naturaleza.

1 ► **la nature** (= le monde naturel, la campagne) : **la naturaleza**

2 ▷ Ce n'est pas gentil de ta part de me dire que je suis une petite nature !
¡No es nada amable de tu parte decirme que soy un debilucho!

2 ► une **petite nature :** un **debilucho,** una **debilucha**

3 ▷ Tu veux un yaourt nature ou un yaourt aux fruits ?
¿Quieres un yogur natural o un yogur de frutas?

3 (adjectif : en parlant d'un yaourt) **natural** (pluriel **naturales**)

4 ▷ Annelise prend son thé nature.
Annelise toma el té solo.

4 (en parlant du thé ou du café) **solo**

naturel, naturelle

▷ Est-ce que c'est ta couleur de cheveux naturelle ?
¿Éste es tu color de pelo natural?
▷ Il est naturel de s'inquiéter.
Es natural preocuparse.

natural (pluriel **naturales**)

► **il est naturel de** + faire quelque chose : **es natural** + hacer algo

naturellement

naturalmente

▷ Elle frise naturellement.
Tiene el pelo naturalmente rizado.

naufrage

(de bateau) el naufragio
► faire naufrage : naufragar

▷ Ils ont fait naufrage sur une île déserte.
Naufragaron en una isla desierta.

nausée

la náusea

▷ C'est un médicament contre les nausées.
Es un medicamento contra las náuseas.

► avoir la nausée : sentir náuseas

▷ J'ai la nausée, je veux rentrer à la maison.
Siento náuseas, quiero volver a casa.

navet

1 (= légume) el nabo

1 ▷ Il y a des navets dans la soupe.
Hay nabos en la sopa.

2 (= mauvais film) la birria

Birria, comme navet*, est un mot familier.*

Attention à bien prononcer les deux **r**.

2 ▷ Ce film est un navet !
¡Esta película es una birria!

navette

1 (= autobus) el servicio regular de autobús

1 ▷ Nous avons pris la navette pour l'aéroport.
Cojimos el servicio regular de autobús para el aeropuerto.

2 ► faire la navette : ir y venir

2 ▷ Mon père fait la navette entre Paris et Orléans.
Mi padre va y viene de París a Orleans.

navigateur, navigatrice

1 (= marin) el navegante, la navegante

1 ▷ C'est une excellente navigatrice.
Es una excelente navegante.

2 (sur Internet) el navegador

2 ▷ Quel navigateur utilises-tu ?
¿Qué navegador utilizas?

naviguer

► naviguer sur Internet : navegar por Internet

▷ Louis passe des heures à naviguer sur Internet.
Louis se pasa horas navegando por Internet.

ne ou n'

1 ► ne... pas : no

1 ▷ Je ne sais pas.
No sé.
▷ Tu n'es pas très sympa.
No eres muy amable.
▷ Il n'a pas pu le faire.
No ha podido hacerlo.

2 ▷ Je n'ai lu que le premier chapitre.
Sólo he leído el primer capítulo.

2 ► **ne... que** (= seulement) : sólo

Notez que sólo *porte sur le premier* o *un accent qui le distingue de l'adjectif* solo.

nécessaire

necesario, necesaria

▷ Ne prends pas ton cartable, ce n'est pas nécessaire.
No cojas tu cartera, no es necesario.

▷ Je crois qu'il est nécessaire de réagir !
¡Creo que es necesario actuar!

► **il est nécessaire de** + infinitif : es necesario + infinitif

nécessairement

necesariamente

▷ Passeras-tu par Madrid ? – Non, pas nécessairement.
¿Pasarás por Madrid? – No, no necesariamente.

nectarine

la **nectarina**

▷ Un kilo de nectarines, s'il vous plaît.
Un kilo de nectarinas, por favor.

négatif NOM MASCULIN

(= photo) un **negativo**

▷ Je voulais un autre exemplaire des photos, mais j'ai perdu les négatifs.
Quería otro ejemplar de las fotos, pero he perdido los negativos.

négatif, négative ADJECTIF

(contraire de positif) **negativo, negativa**

▷ Ne sois pas si négatif !
¡No seas tan negativo!

négligé, négligée

(personne, tenue) **descuidado, descuidada**

▷ Il est toujours négligé.
Siempre anda descuidado.

négligent, négligente

negligente

▷ J'ai été très négligent.
Fui muy negligente.

négociation

la **negociación** (pluriel las negociaciones)

Il n'y a pas d'accent écrit au pluriel. L'accent tonique porte sur le o*, comme au présent.*

▷ Les négociations débuteront la semaine prochaine.
Las negociaciones empezarán la semana próxima.

négocier

▷ Ils ont négocié un accord.
Negociaron un acuerdo.

negociar

neige

1 ▷ La neige commence à fondre.
La nieve empieza a derretirse.

2 ▷ Yannick a de la chance, il ira à la neige en février.
Yannick tiene suerte, irá a esquiar en febrero.

1 la **nieve**

2 ► **aller à la neige** (= aller au ski) : **ir a esquiar**

neiger

▷ Il neige souvent ici.
Nieva a menudo aquí.
▷ Regardez ! Il neige !
¡Mirad! ¡Está nevando!

nevar

► **il neige** (en ce moment) : **está nevando**

néon

1 ▷ Il faut changer les deux néons qui sont grillés.
Hay que cambiar los dos fluorescentes que están fundidos.

2 ▷ Le soir, les néons des bars s'allument.
Por la noche se encienden las luces de neón de los bares.

1 (= le tube) el **fluorescente**

*Attention à bien prononcer séparément le s et le c de **fluorescente**.*

2 (= enseigne lumineuse) la **luz de neón** (pluriel **las luces de neón**)

nerf

▷ Il s'agit d'une inflammation du nerf.
Se trata de una inflamación del nervio.
▷ Il y a beaucoup de nerfs dans cette viande.
Hay muchos nervios en esta carne.

el **nervio**

nerveux, nerveuse

▷ Bien qu'il n'en ait pas l'air, Jean-Loup est un garçon très nerveux.
Aunque no lo parezca, Jean-Loup es un chico muy nervioso.
▷ Je suis toujours nerveuse avant les interros.
Siempre estoy nerviosa antes de las pruebas.

nervioso, nerviosa

ℹ *Notez l'emploi du verbe **ser** quand on est nerveux de nature, et du verbe **estar** quand on est anxieux dans un cas particulier.*

n'est-ce pas

▷ Elle est gentille, n'est-ce pas ?
Es simpática, ¿no?
▷ Vous êtes d'accord, n'est-ce pas ?
Estáis de acuerdo, ¿no?

¿no?

ℹ *On peut dire aussi **¿verdad ?***

net, nette

1 ▷ L'image n'est pas très nette.
La imagen no es muy nítida.

1 (= le contraire de flou) **nítido, nítida**

2 ▷ Ces draps ne sont pas très nets.
Estas sábanas no están muy limpias.

2 (= propre) **limpio, limpia**

3 ▷ Patricia a fait de nets progrès en espagnol.
Patricia ha hecho claros progresos en español.

3 (= évident) **claro, clara**

4 ▷ Il s'est arrêté net quand il m'a vue.
Se paró en seco cuando me vio.

4 ► **s'arrêter net : pararse en seco**

ℹ *Le pronom réfléchi fonctionne de la façon suivante en espagnol (au présent) :* ***me** **paro, te paras, se para, nos paramos, os paráis, se paran.***

nettement

▷ Bruno est nettement plus sympa que son frère.
Bruno es mucho más simpático que su hermano.

(= beaucoup) **mucho**

nettoyer

▷ Tu devrais nettoyer tes chaussures avant de sortir.
Deberías limpiarte los zapatos antes de salir.

limpiar

neuf

▷ Il reste neuf jours avant les vacances.
Quedan nueve días antes de las vacaciones.
▷ Nous viendrons le neuf septembre.
Vendremos el nueve de septiembre.

nueve

ℹ *Notez l'emploi de* ***de*** *en espagnol quand on dit la date.*

neuf, neuve

▷ Lucie a un manteau neuf.
Lucie tiene un abrigo nuevo.
▷ L'écran est tout neuf.
La pantalla es completamente nueva.
▷ Alors, quoi de neuf ?
Entonces, ¿qué hay de nuevo?

nuevo, nueva

► **quoi de neuf ? : ¿qué hay de nuevo?**

neutre

▷ La Suisse est un pays neutre.
Suiza es un país neutral.

(= impartial) **neutral** (pluriel **neutrales**)

neuvième

▷ C'est le neuvième match que gagne notre équipe.
Es el noveno partido que gana nuestro equipo.

noveno, novena

neveu

▷ Anthony est le neveu du prof de gym.
Anthony es el sobrino del profesor de gimnasia.

el **sobrino**

nez

▷ Camille a un joli nez.
Camille tiene una nariz preciosa.

la **nariz** (pluriel **las narices**)

N'oubliez pas que le ***z*** *devient* ***c*** *au pluriel.*
Remarquez que le mot espagnol est féminin.

Nicaragua

▷ La capitale du Nicaragua est Managua.
La capital de Nicaragua es Managua.

▷ Elle travaille au Nicaragua.
Trabaja en Nicaragua.

▷ Tu devrais aller au Nicaragua.
Deberías ir a Nicaragua.

Nicaragua

Ne prend généralement pas d'article.

► **au Nicaragua** (= dans le pays) : **en Nicaragua**

► **au Nicaragua** (= vers le pays) : **a Nicaragua**

nicaraguayen, nicaraguayenne

▷ María est nicaraguayenne.
María es nicaragüense.

▷ Aurélie sort avec un Nicaraguayen.
Aurélie sale con un nicaragüense.

nicaragüense

S'écrit toujours avec une minuscule en espagnol, qu'il s'agisse de l'adjectif ou du nom.
Remarquez que le mot espagnol porte sur le ***u*** *un tréma écrit pour indiquer que le* ***u*** *doit se prononcer.*

niche

▷ Le chien ne veut pas dormir dans sa niche.
El perro no quiere dormir en su caseta.

(= la niche du chien) la **caseta**

nid

▷ Le pauvre oiseau est tombé de son nid.
El pobre pájaro se cayó del nido.

el **nido**

nièce

▷ La nièce de madame Garand est dans ma classe.
La sobrina de la señora Garand está en mi clase.

la **sobrina**

nier

▷ Ils nient toute responsabilité.
Niegan toda responsabilidad.

negar

n'importe

1 ▷ Tu as fait ça n'importe comment !
¡Lo has hecho de cualquier manera!

1 ► **n'importe comment : de cualquier manera**

2 ▷ Prends n'importe lequel, ça m'est égal.
Coge cualquiera, me da igual.
▷ Laquelle veux-tu ? – N'importe laquelle.
¿Cuál quieres? – Cualquiera.

2 ► **n'importe lequel, n'importe laquelle :** cualquiera

ℹ *Remarquez que* ***cualquiera*** *est invariable en genre.*

3 ▷ Tu peux aller n'importe où, tout le monde te dira la même chose.
Puedes ir a cualquier parte, todo el mundo te dirá lo mismo.
▷ Il laisse ses affaires n'importe où.
Deja sus cosas en cualquier parte.

3 ► **n'importe où** (lieu où l'on va) **:** a cualquier parte

► **n'importe où** (lieu où l'on est) **:** en cualquier parte

ℹ *On peut dire aussi* ***a / en cualquier lugar*** *ou* ***a / en cualquier sitio.***

4 ▷ Achète n'importe quelle marque.
Compra cualquier marca.

4 ► **n'importe quel, n'importe quelle :** cualquier

5 ▷ N'importe qui pourrait faire ça.
Cualquiera podría hacer eso.

5 ► **n'importe qui :** cualquiera

6 ▷ Raconte-lui n'importe quoi, mais ne lui dis pas la vérité !
¡Dile lo que sea, pero no le digas la verdad!

6 ► **n'importe quoi :** lo que sea

ℹ *On peut dire aussi* ***cualquier cosa.***

7 ▷ Je crois que tu lui plais. – N'importe quoi !
Creo que le gustas. – ¡Qué tontería!

7 *Pour exprimer son mépris pour ce que vient de dire l'autre personne, on peut dire* ***¡qué tontería!***

ni... ni

▷ Je ne connais ni sa sœur ni son frère.
No conozco ni a su hermana ni a su hermano.

ni... ni

niveau

▷ C'est juste au-dessus du niveau de la mer.
Está justo por encima del nivel del mar.
▷ Suzie a un bon niveau en maths.
Suzie tiene un buen nivel de matemáticas.

el **nivel** (pluriel los **niveles**)

► **avoir un bon niveau en... :** tener un buen nivel de...

noce

▷ Tu t'es amusé à la noce ?
¿Te divertiste en la boda?
▷ Dimanche on a fêté les noces d'or de mes grands-parents.
El domingo celebramos las bodas de oro de mis abuelos.

la **boda**

► **noces d'or :** las bodas de oro

ℹ *De même, noces d'argent =* ***bodas de plata.***

nocif, nocive

▷ C'est nocif pour la couche d'ozone.
Es dañino para la capa de ozono.

dañino, dañina

Noël

▷ Qu'est-ce que tu as eu pour Noël ?
¿Qué te regalaron para Navidad?

▷ Joyeux Noël tout le monde !
¡Feliz Navidad a todos!

Navidad

► **Joyeux Noël ! : ¡Feliz Navidad!**

nœud

1 ▷ Le nœud n'était pas assez serré.
El nudo no estaba lo suficientemente apretado.

1 (= lien) el **nudo**

2 ▷ Marielle avait un nœud dans les cheveux.
Marielle llevaba un lazo en el pelo.

2 (pour faire joli) el **lazo**

3 ▷ Mon père a dû porter un nœud papillon.
Mi padre tuvo que llevar una pajarita.

3 ► **nœud papillon :** la **pajarita**

noir, noire

1 ▷ Ce pantalon noir te va bien.
Estos pantalones negros te sientan bien.

1 (= couleur) **negro, negra**

2 ▷ Mon arrière-grand-mère ne porte que du noir.
Mi bisabuela sólo se viste de negro.

2 ► **le noir** (= la couleur noire) **:** el **negro**

3 ▷ Ma petite sœur a peur du noir.
Mi hermanita tiene miedo a la oscuridad.

▷ Il fait noir dans la grotte.
Está oscuro en la cueva.

3 ► **le noir** (= l'obscurité) **:** la **oscuridad**

► **faire noir :** **estar oscuro**

Attention à l'orthographe du mot ***oscuridad***.

4 ▷ Julien prend des photos en noir et blanc.
Julien saca fotos en blanco y negro.

4 ► **en noir et blanc :** **en blanco y negro**

noisette

▷ Est-ce qu'il y a des noisettes dans ce chocolat ?
¿Hay avellanas en este chocolate?

▷ Monique a les yeux noisette.
Monique tiene los ojos avellana.

la **avellana**

De même qu'en français, on peut employer le nom ***avellana*** *en tant qu'adjectif invariable.*

noix

1 ▷ J'ai acheté un mélange de noix et de noisettes.
Compré una mezcla de nueces y avellanas.

1 (= fruit) la **nuez** (pluriel las **nueces**)

N'oubliez pas que le ***z*** *devient* ***c*** *au pluriel.*

2 ▷ Ma mère a fait un gâteau à la noix de coco.
Mi madre hizo un pastel de coco.

2 ► **noix de coco :** el **coco**

nom

1 ▷ Rodolphe, c'est un drôle de nom pour un chien !
¡Rodolphe es un nombre curioso para un perro!
▷ Je la connais de nom seulement.
Sólo la conozco de nombre.

1 el **nombre**

► **connaître** quelqu'un **de nom :**
conocer a alguien **de nombre**

2 ▷ Ils m'ont demandé mon nom de famille.
Me preguntaron el apellido.
▷ Nom et prénom, s'il vous plaît.
Nombre y apellido, por favor.
▷ C'est vrai qu'en Espagne les femmes mariées utilisent toujours leur nom de jeune fille ?
¿Es cierto que en España las mujeres casadas siguen usando su apellido de soltera?

2 ► **nom** (de famille) **:** el **apellido**

► **nom de jeune fille :** el **apellido de soltera**

nombre

▷ Choisis un nombre au hasard.
Elige un número al azar.

el **número**

ℹ *Remarquez que le mot espagnol porte sur le* ***u*** *un accent écrit qui reflète l'accent tonique.*

nombreux, nombreuses

▷ Il y a eu de nombreux accidents ici.
Ha habido muchos accidentes aquí.

▷ Vous étiez nombreux ?
¿Erais muchos?
▷ Nous étions plus nombreux que l'année dernière.
Éramos más que el año pasado.
▷ Les élèves sont moins nombreux qu'avant.
Los alumnos son menos que antes.

► **de nombreux** *ou* **de nombreuses...** (= beaucoup de) **:**
muchos *ou* **muchas...**
► **être nombreux** *ou* **nombreuses :**
ser muchos *ou* **muchas**
► **être plus nombreux** *ou* **nombreuses : ser más**
► **être moins nombreux** *ou* **nombreuses : ser menos**

nombril

▷ Sarah a un anneau dans le nombril.
Sarah lleva un piercing en el ombligo.

el **ombligo**

nommer

▷ Nous avons nommé Charles délégué de classe.
Hemos nombrado a Charles delegado de clase.

(= désigner à un poste) **nombrar**

Si le complément est une personne, un groupe de personnes ou un animal domestique, n'oubliez pas de le faire précéder de ***a****.*

non

1 ▷ Tu as faim ? – Non, pas encore.
¿Tienes hambre? – No, todavía no.
▷ Ils m'ont demandé si je pouvais le faire, mais j'ai dit que non.
Me preguntaron si podía hacerlo, pero dije que no.
▷ C'est joli, non ?
Es bonito, ¿no?

1 no

2 ▷ Ambre n'est pas venue non plus.
Ambre tampoco vino.
▷ Je ne veux pas ! – Moi non plus !
¡No quiero! – ¡Yo tampoco!

2 ► non plus : tampoco

nord

▷ Le nord est dans cette direction.
El norte queda en esa dirección.
▷ Ils habitent dans le Nord.
Viven en el norte.
▷ Mon village est au nord de Joinville.
Mi pueblo está al norte de Joinville.

el norte

normal, normale

▷ Tout semble normal.
Todo parece normal.
▷ Ah non ! Ce n'est pas normal !
¡Ah no! ¡No es normal!
▷ Il est normal de vouloir réussir dans la vie.
Es normal querer tener éxito en la vida.

normal (pluriel normales)

► il est normal de + faire quelque chose : es normal + hacer algo

normalement

1 ▷ Tu peux t'asseoir normalement, s'il te plaît ?
¿Te puedes sentar normalmente, por favor?

1 (= de façon normale) normalmente

2 ▷ Normalement, je me couche à neuf heures.
Generalmente, me acuesto a las nueve.

2 (= d'habitude) generalmente

3 ▷ Normalement, on devrait arriver vers sept heures.
En principio, deberíamos llegar hacia las siete.

3 (= s'il n'y a pas de problème) en principio

Norvège

▷ La Norvège ne fait pas partie de l'Union européenne.
Noruega no forma parte de la Unión europea.
▷ Nous avons vu des fjords magnifiques en Norvège.
Vimos unos fiordos magníficos en Noruega.
▷ Simone est allée en Norvège pour voir son fils.
Simone fue a Noruega a ver a su hijo.

Noruega

ℹ *Ne prend généralement pas d'article.*

► **en Norvège** (= dans le pays) : **en Noruega**

► **en Norvège** (= vers le pays) : **a Noruega**

norvégien, norvégienne

▷ Monika est norvégienne.
Monika es noruega.
▷ Aurélie sort avec un Norvégien.
Aurélie sale con un noruego.

noruego, noruega

ℹ *S'écrit toujours avec une minuscule en espagnol, qu'il s'agisse de l'adjectif ou du nom.*

nos

▷ Tous nos profs sont en grève.
Todos nuestros profesores están en huelga.
▷ On nous a volé nos affaires.
Nos robaron nuestras cosas.

nuestros, nuestras

nostalgique

▷ Les nostalgiques des années 60.
Los nostálgicos de los sesenta.

nostálgico, nostálgica

notamment

▷ J'ai beaucoup aimé le livre, notamment le début.
Me gustó mucho el libro, especialmente el principio.

especialmente

note

1 ▷ J'ai eu une mauvaise note en géographie.
Saqué mala nota en geografía.
▷ Avant de jouer, il faut savoir lire les notes.
Antes de tocar, hay que saber leer las notas.

1 (à l'école et en musique) la **nota**

2 ▷ Nous avons demandé la note et nous avons quitté l'hôtel.
Pedimos la cuenta y nos fuimos del hotel.

2 (= facture) la **cuenta**

3 ▷ Tu prends des notes, j'espère...
Espero que estés tomando apuntes...

3 ► **prendre des notes** : **tomar apuntes**

noter

1 ▻ Note l'adresse sur ce bout de papier.
Apunta la dirección en este trozo de papel.

1 (= écrire) **apuntar**

2 ▻ Les devoirs sont notés sur vingt.
Los exámenes se califican sobre veinte.

2 (= mettre une note à un devoir) **calificar**

ℹ *En Espagne les élèves sont notés sur 10 et non pas sur 20.*

notice

▻ As-tu lu la notice ?
¿Has leído el manual de instrucciones?

(= mode d'emploi) el **manual de instrucciones** (pluriel **los manuales de instrucciones**)

notre

▻ Notre voisin est très sympathique.
Nuestro vecino es muy simpático.
▻ Notre maison est au bout de la rue.
Nuestra casa está al final de la calle.

nuestro, nuestra

le nôtre, la nôtre, les nôtres

▻ Leur prof est sympa, mais le nôtre est plus intéressant.
Su profesor es simpático, pero el nuestro es más interesante.
▻ Je crois que ces places sont les nôtres.
Creo que estos asientos son los nuestros.

el **nuestro,** la **nuestra,** los **nuestros,** las **nuestras**

nouer

▻ Alix a mal noué sa cravate.
Alix se anudó mal la corbata.

anudar

nouilles

1 ▻ Encore des nouilles ? On pourrait manger autre chose pour changer !
¿Tallarines otra vez? ¡Podríamos comer otra cosa para cambiar!

1 (= pâtes) las **tallarines**

2 ▻ Quelle nouille celui-là !
¡Qué ganso ese tío!

2 ► **quelle nouille !** (= personne niaise) : **¡qué ganso!** *ou* **¡qué gansa!**

nounours

▻ Il a perdu son nounours.
Ha perdido su osito de peluche.

el **osito de peluche**

nourrice

▻ Julia est nourrice.
Julia es niñera.

la **niñera**

nourrir

1 ▻ Il est essentiel de bien nourrir les bébés.
Es esencial alimentar bien a los bébés.

1 (= donner à manger à) **alimentar**
Si le complément est une personne, un groupe de personnes ou un animal domestique, n'oubliez pas de le faire précéder de ***a****.*

2 ▻ Il refuse de se nourrir.
Se niega a alimentarse.

2 ► **se nourrir : alimentarse**
Le pronom réfléchi fonctionne de la façon suivante en espagnol : ***me alimento, te alimentas, se alimenta, nos alimentamos, os alimentáis, se alimentan.***

▻ Emilia ne se nourrit que de chips et de chocolat.
Emilia sólo se alimenta de patatas fritas y chocolate.

► **se nourrir de** quelque chose : **alimentarse de** algo

nourrissant, nourrissante

▻ C'est une crème nourrissante.
Es una crema nutritiva.

nutritivo, nutritiva

nourriture

▻ Nous n'avons pas préparé assez de nourriture.
No hemos preparado comida suficiente.

la **comida**

nous

1 ▻ Nous avons décidé d'accepter.
Hemos decidido aceptar.

1 *Quand* nous *est sujet, il ne se traduit généralement pas en espagnol.*

2 ▻ Ne nous attends pas.
No nos esperes.
▻ Robert nous l'a montré.
Robert nos lo enseñó.

2 *Quand* nous *est complément d'objet, il se traduit par* ***nos****.*

3 ▻ Ces cadeaux sont pour nous ?
¿Estos regalos son para nosotros?
▻ Ils ont eu plus de chance que nous.
Tuvieron más suerte que nosotros.

3 *Quand* nous *suit une préposition ou intervient dans une comparaison, il se traduit par* ***nosotros****.*

4 ▻ Nous nous sommes fait mal en jouant au foot.
Nos hicimos daño jugando al fútbol.
▻ Nous nous sommes bien amusés.
(Nos) lo pasamos muy bien.

4 *Le pronom réfléchi* nous *équivaut généralement à* nos*. Mais dans certains cas, il faut utiliser une expression particulière où le pronom réfléchi* nous *n'a pas obligatoirement d'équivalent.*

nous-mêmes

▻ Nous pourrions le lui expliquer nous-mêmes.
Podríamos explicárselo nosotros mismos.

nosotros mismos, nosotras mismas

nouveau, nouvel, nouvelle

nuevo, nueva

▷ Nous avons une nouvelle prof d'espagnol.
Tenemos una nueva profesora de español.

▷ Ce sera bientôt le Nouvel An.
Pronto será Año Nuevo.

► **le Nouvel An :** el Año Nuevo

▷ Il y a une nouvelle dans la classe de Mathilde.
Hay una nueva alumna en la clase de Mathilde.

▷ Le chien s'est de nouveau échappé.
El perro se ha escapado de nuevo.

► **de nouveau :** de nuevo

nouveau-né

el **recién nacido** (pluriel los recién nacidos)

▷ Le nouveau-né n'arrête pas de brailler.
El recién nacido no deja de berrear.

nouveaux-mariés

los **recién casados**

▷ Les nouveaux-mariés sont allés passer leur lune de miel en Thaïlande.
Los recién casados han ido a pasar la luna de miel a Tailandia.

novembre

noviembre

Notez l'emploi de **de** *en espagnol quand on dit la date.*

▷ Nous allons déménager en novembre.
Nos vamos a mudar en noviembre.

▷ Mireille est née le quinze novembre.
Mireille nació el quince de noviembre.

noyau

(= noyau d'un fruit) el **hueso**

▷ J'ai trouvé des noyaux d'olives dans la pizza !
¡He encontrado huesos de aceitunas en la pizza !

noyer NOM

el **nogal** (pluriel los nogales)

▷ Il y a plein de noyers dans la région.
Hay un montón de nogales en la región.

se noyer

ahogarse

Le pronom réfléchi fonctionne de la façon suivante en espagnol : ***me** ahogo, **te** ahogas, **se** ahoga, **nos** ahogamos, **os** ahogáis, **se** ahogan.*

▷ Quelqu'un s'est noyé hier à Biarritz.
Alguien se ahogó ayer en Biarritz.

nu, nue

1 **desnudo, desnuda**

1 ▷ Ça me gêne d'être nue devant le médecin.
Me incomoda estar desnuda delante del médico.

▷ Il se promenait tout nu dans le salon !
¡Paseaba completamente desnudo por el salón!

► **tout nu** *ou* **toute nue :** completamente desnudo *ou* desnuda

2 ▷ Les enfants couraient pieds nus sur la plage.
Los niños corrían descalzos por la playa.

2 ► **pieds nus :** descalzo, descalza

nuage

▷ Regarde ces nuages noirs, il va y avoir un orage.
Mira esas nubes negras, va a haber tormenta.

la **nube**

ℹ *Remarquez que le mot espagnol est féminin.*

nuageux, nuageuse

▷ Le ciel est très nuageux.
El cielo está muy nublado.

nublado, nublada

nucléaire

▷ Il y a une centrale nucléaire près de chez eux.
Hay una central nuclear cerca de su casa.

nuclear (pluriel nucleares)

nuisible

▷ Les termites sont des animaux nuisibles.
Las termitas son unos animales dañinos.

▷ Ces produits sont nuisibles pour la santé.
Estos productos son dañinos para la salud.

dañino, dañina *ou* **perjudicial** (pluriel perjudiciales)

nuit

▷ On a passé la nuit à jouer de la guitare et à chanter.
Nos pasamos la noche tocando la guitarra y cantando.

la **noche**

▷ J'ai entendu du bruit cette nuit.
Oí ruido anoche.

► **cette nuit** (= la nuit dernière) : anoche

▷ J'espère que tu dormiras mieux cette nuit.
Espero que duermas mejor esta noche.

► **cette nuit** (= la nuit prochaine) : esta noche

▷ Le père d'Agathe travaille la nuit.
El padre de Agathe trabaja por la noche.

► **la nuit** (= pendant la nuit) : por la noche *ou* de noche

▷ Bonne nuit tout le monde !
¡Buenas noches a todos!

► **bonne nuit ! :** ¡buenas noches!

▷ Il fait déjà nuit.
Ya es de noche.

► **il fait nuit :** es de noche

nul, nulle

1 ▷ Cette chanson est nulle.
Esta canción es malísima.

1 *Quand on veut dire que quelque chose est très mauvais, on emploie en espagnol l'expression **ser malísimo, malísima**.*

2 ▷ Je suis nul en maths.
Soy un negado para las matemáticas.

2 ► **être nul en... :** ser un negado *ou* una negada para...

3 ▷ La rencontre a fini en match nul.
El encuentro terminó con un empate.

3 ► **match nul :** el empate

nulle part

▷ Où es-tu allé ? Nulle part !
¿Adónde has ido? ¡A ninguna parte!

▷ Je ne trouve mes lunettes nulle part.
No encuentro las gafas en ninguna parte.

Quand la phrase implique un mouvement, **nulle part** *se traduit par* ***a ninguna parte*** *ou* ***a ningún sitio****.*
Quand il n'y a pas de mouvement, **nulle part** *se traduit par* ***en ninguna parte*** *ou* ***en ningún sitio****.*

numérique

▷ C'est un appareil photo numérique.
Es una cámara fotográfica digital.

digital (pluriel **digitales**)

numéro

▷ Je joue toujours les mêmes numéros au Loto.
Siempre juego los mismos números en la lotería.
▷ Le premier numéro du magazine était super.
El primer número de la revista era estupendo.
▷ J'ai adoré le numéro de magie.
Me encantó el número de magia.
▷ Je vais noter ton numéro de téléphone.
Voy a apuntar tu número de teléfono.

el **número**

ℹ *Remarquez que le mot espagnol porte sur le* ***u*** *un accent écrit qui reflète l'accent tonique.*

► **numéro de téléphone :** el **número de teléfono** (pluriel los **números de teléfono**)

nuque

▷ J'ai mal à la nuque.
Me duele la nuca.

la **nuca**

Oo

obéir

▻ Natacha refuse d'obéir.
Natacha se niega a obedecer.
▻ Mon petit frère n'obéit jamais à ma grand-mère.
Mi hermanito nunca le obedece a mi abuela.

obedecer
*Si le complément est une personne, un groupe de personnes ou un animal domestique, n'oubliez pas de le faire précéder de **a**.*

obéissant, obéissante

▻ Ce petit garçon n'est pas obéissant.
Este niño no es obediente.

obediente

obèse

▻ Tu vas devenir obèse si tu continues à manger comme ça !
¡Te vas a volver obeso como sigas comiendo así!
▻ Il y a de plus en plus d'obèses en France.
Hay cada vez más obesos en Francia.

obeso, obesa

objectif NOM MASCULIN

1 ▻ Quels sont vos objectifs ?
¿Cuáles son sus objetivos?

1 (= but, cible) el **objetivo**

2 ▻ J'ai acheté un nouvel objectif pour mon appareil photo.
He comprado un nuevo objetivo para mi cámara fotográfica.

2 (d'appareil photo) el **objetivo**

objectif, objective ADJECTIF

▻ Tu n'es pas très objectif.
No eres muy objetivo.

(= impartial) **objetivo, objetiva**

objet

▻ Attention, ces objets sont fragiles.
Cuidado, estos objetos son frágiles.

el **objeto**

▷ Je suis allé aux objets trouvés mais mon portefeuille n'y était pas.
Fui a la oficina de objetos perdidos pero mi cartera no estaba ahí.

► **objets trouvés** (= bureau) : la **oficina de objetos perdidos**

ℹ *Signifie littéralement* bureau des objets perdus.

obligatoire

▷ La visite médicale est obligatoire.
La revisión médica es obligatoria.

obligatorio, obligatoria

obliger

1 ▷ Ils m'ont obligé à leur donner de l'argent.
Me obligaron a darles dinero.

1 ► **obliger** quelqu'un **à** faire quelque chose : **obligar a** alguien **a** hacer algo

2 ▷ Tu n'es pas obligé de venir si tu ne veux pas.
No estás obligado a venir si no quieres.

2 ► **être obligé de** faire quelque chose : **estar obligado a** hacer algo

obscur, obscure

▷ Cette chambre est trop obscure.
Esta habitación es demasiado oscura.

(= foncé) **oscuro, oscura**

Attention à l'orthographe du mot espagnol.

obscurité

▷ Les chats voient bien dans l'obscurité.
Los gatos ven bien en la oscuridad.

la **oscuridad**

obséder

▷ Cette idée m'obsède.
Me obsesiona esta idea.

obsesionar

observateur, observatrice

▷ Il est très observateur.
Es muy observador.

observador (pluriel **observadores**), **observadora**

observation

▷ Les observations du prof sont dans la marge.
Las observaciones del profesor están en el margen.
▷ Personne n'a fait d'observations sur les résultats.
Nadie hizo ninguna observación sobre los resultados.

la **observación** (pluriel **las observaciones**)

ℹ *Il n'y a pas d'accent écrit au pluriel. L'accent tonique porte sur le* **o**, *comme au singulier.*

observatoire

▷ Nous sommes allés à l'observatoire astronomique.
Fuimos al observatorio astronómico.

el **observatorio**

observer

▷ On a observé un échantillon au microscope.
Observamos una muestra al microscopio.
▷ Pourquoi est-ce qu'il observe les gens comme ça ?
¿Por qué observa de este modo a la gente?

observar

Si le complément est une personne, un groupe de personnes ou un animal domestique, n'oubliez pas de le faire précéder de ***a****.*

obstacle

▷ Je ne vois pas d'obstacle à son projet.
No veo ningún obstáculo a su proyecto.
▷ Le cheval a refusé de sauter par-dessus l'obstacle.
El caballo se negó a saltar por encima del obstáculo.

el **obstáculo**

ℹ *Remarquez que le mot espagnol porte sur le* ***a*** *un accent écrit qui reflète l'accent tonique.*

obstiné, obstinée

▷ Ne sois pas si obstiné !
¡No seas tan obstinado!

obstinado, obstinada

obtenir

▷ Tu n'obtiendras rien si tu ne dis rien !
¡Si no dices nada no obtendrás nada!

obtener

ℹ *On peut dire aussi* ***conseguir****.*

occasion

1 ▷ Tu as manqué une bonne occasion.
Has perdido una buena ocasión.

1 (= possibilité) la **ocasión** (pluriel **las ocasiones**)

ℹ *Il n'y a pas d'accent écrit au pluriel. L'accent tonique porte sur le* ***o****, comme au singulier.*
On peut dire aussi ***la oportunidad*** (pluriel **las oportunidades**).

2 ▷ C'est une robe que je garde pour les grandes occasions.
Es un vestido que guardo para las grandes ocasiones.

2 (= événement) la **ocasión** (pluriel **las ocasiones**)

3 ▷ Je n'ai pas eu l'occasion de lui parler.
No tuve la oportunidad de hablarle.

3 ► **avoir l'occasion de** faire quelque chose : **tener la oportunidad de** hacer algo

4 ▷ Ludmila a acheté un blouson en cuir d'occasion.
Ludmila ha comprado una cazadora de cuero de ocasión.

4 ► **d'occasion : de ocasión**

ℹ *On peut dire aussi* ***de segunda mano****.*

occidental, occidentale

1 ▷ Les pays occidentaux.
Los países occidentales.

1 **occidental** (pluriel **occidentales**)

2 ▻ C'est une coutume étrange pour les Occidentaux.
Es una costumbre extraña para los occidentales.

2 ► **un Occidental, une Occidentale** : **un occidental, una occidental**

ℹ *S'écrit toujours avec une minuscule en espagnol, qu'il s'agisse de l'adjectif ou du nom.*

occupation

▻ La lecture est mon occupation préférée.
La lectura es mi ocupación favorita.

(= passe-temps) la **ocupación** (pluriel **las ocupaciones**)

ℹ *Il n'y a pas d'accent écrit au pluriel. L'accent tonique porte sur le* ***o****, comme au singulier.*

occupé, occupée

1 ▻ La région est occupée par un groupe de rebelles.
La región está ocupada por un grupo de rebeldes.
▻ Désolée, je suis occupée, je ne peux pas vous parler.
Lo siento, estoy ocupada, no puedo hablarle.
▻ Les toilettes sont occupées.
Los servicios están ocupados.

1 **ocupado, ocupada**

2 ▻ Ça sonne occupé, je vais rappeler plus tard.
Está comunicando, volveré a llamar más tarde.

2 ► **ça sonne occupé** : **está comunicando**

ℹ *On peut dire aussi* ***comunica****.*

occuper

1 ▻ Ils occupent le nord du pays.
Ocupan el norte del país.
▻ Ça occupe trop de place.
Esto ocupa demasiado sitio.
Ce travail occupe beaucoup ma mère.
Este trabajo le ocupa mucho tiempo a mi madre.

1 **ocupar**

Si le complément est une personne, un groupe de personnes ou un animal domestique, n'oubliez pas de le faire précéder de ***a****.*

2 ▻ Il faut que je m'occupe, sinon je ne me sens pas bien.
Tengo que mantenerme ocupado, si no, no me siento a gusto.

2 ► **s'occuper** (= s'activer) : **mantenerse ocupado** *ou* **ocupada**

ℹ *Le pronom réfléchi fonctionne de la façon suivante en espagnol :* ***me mantengo ocupado, te mantienes ocupado, se mantiene ocupado, nos mantenemos ocupados, os mantenéis ocupados, se mantienen ocupados.***

3 ▻ Je m'en occuperai demain.
Me ocuparé de ello mañana.
▻ Occupe-toi de tes affaires !
¡Ocúpate de tus asuntos!

3 ► **s'occuper de** quelque chose : **ocuparse de** algo

4 ▷ Adrien s'occupe très bien de sa petite sœur.
Adrien cuida muy bien a su hermanita.

4 ► **s'occuper de** quelqu'un : **cuidar a** alguien

océan

▷ Il a traversé l'océan seul sur son bateau.
Atravesó el océano solo en su barco.

el **océano**

Remarquez que le mot espagnol porte sur le **e** *un accent écrit qui reflète l'accent tonique.*

▷ Nous voulons aller en vacances au bord de l'océan Atlantique.
Queremos ir de vacaciones a orillas del océano Atlántico.

► **l'océan Atlantique : el océano Atlántico**

▷ C'est une île de l'océan Pacifique.
Es una isla del océano Pacífico.

► **l'océan Pacifique : el océano Pacífico**

octobre

▷ Nous allons déménager en octobre.
Vamos a mudarnos en octubre.
▷ Mireille est née le quinze octobre.
Mireille nació el quince de octubre.

octubre

Notez l'emploi de **de** *quand on dit la date en espagnol.*

oculiste

▷ L'oculiste a dit que je devais porter des lunettes.
El oculista me dijo que tenía que llevar gafas.
▷ André est encore chez l'oculiste.
André está todavía en el oculista.
▷ Ma mère m'a envoyé chez l'oculiste.
Mi madre me mandó al oculista.

el **oculista,** la **oculista**

► **chez l'oculiste** (= dans son cabinet) : **en el oculista**
► **chez l'oculiste** (= vers le cabinet) : **al oculista**

odeur

▷ D'où vient cette mauvaise odeur ?
¿De dónde viene este mal olor?

el **olor** (pluriel **los olores**)

Attention : contrairement au français, le mot espagnol **olor** *est masculin.*

odieux, odieuse

▷ Camille a été odieuse avec Raoul.
Camille fue odiosa con Raoul.

odioso, odiosa

œil

1 ▷ Martial a les yeux bleus.
Martial tiene los ojos azules.

1 el **ojo**

2 ▷ Tu pourrais jeter un coup d'œil à ma rédaction ?
¿Podrías echarle un vistazo a mi redacción?

2 ► **jeter un coup d'œil à : echarle un vistazo a**

œuf

▷ Achète une douzaine d'œufs.
Compra una docena de huevos.

el **huevo**

▷ La dame nous a servi des œufs brouillés au petit déjeuner.
La señora nos sirvió huevos revueltos para el desayuno.

► **œufs brouillés :** huevos revueltos

▷ Tu préfères un œuf à la coque ou un œuf au plat ?
¿Prefieres un huevo pasado por agua o un huevo frito?

► **œuf à la coque :** huevo pasado por agua (pluriel huevos pasados por agua)
► **œuf au plat :** huevo frito (pluriel huevos fritos)

▷ Nous avons emporté des œufs durs et des sandwiches.
Nos llevamos huevos duros y bocadillos.

► **œuf dur :** huevo duro (pluriel huevos duros)

▷ Personne ne m'a offert d'œuf de Pâques cette année.
Nadie me ha regalado un huevo de Pascua este año.

► **œuf de Pâques :** huevo de Pascua (pluriel huevos de Pascua)

offenser

▷ Je n'ai pas voulu t'offenser.
No quise ofenderte.
▷ Elle ne s'est pas offensée.
No se ha ofendido.

ofender

► **s'offenser :** ofenderse

ℹ *Le pronom réfléchi fonctionne de la façon suivante en espagnol : me ofendo, te ofendes, se ofende, nos ofendemos, os ofendéis, se ofenden.*

offensif, offensive

1 ▷ Cette équipe a un jeu plus offensif.
Este equipo tiene un juego más ofensivo.

1 ofensivo, ofensiva

2 ▷ Ils ont décidé de passer à l'offensive.
Decidieron pasar a la ofensiva.

2 ► **passer à l'offensive :** pasar a la ofensiva

office du tourisme

▷ J'ai trouvé cette carte à l'office du tourisme.
Encontré este mapa en la oficina de turismo.

la oficina de turismo

officiel, officielle

▷ Ce document a l'air officiel.
Este documento parece oficial.

oficial (pluriel oficiales)

officier

▷ Mon cousin est officier dans la marine.
Mi primo es oficial de la marina.

el oficial, la oficial (pluriel oficiales)

offre

▷ C'est une offre intéressante.
Es una oferta interesante.

▷ Il y a une offre spéciale sur le chocolat.
El chocolate está en oferta.

▷ Regarde les offres d'emploi dans le journal.
Mira las ofertas de empleo en el periódico.

la **oferta**

► **offre spéciale :** **oferta especial** (pluriel **ofertas especiales**)

► **offres d'emploi** (= petites annonces) : **ofertas de empleo**

offrir

1 ▷ On pourrait offrir un CD à Kamal pour son anniversaire.
Le podríamos regalar un CD a Kamal para su cumpleaños.

1 ► **offrir** quelque chose à quelqu'un (= lui faire un cadeau) : **regalarle** algo **a** alguien

2 ▷ Je t'offre une glace.
Te invito a un helado.

2 ► **offrir** quelque chose à quelqu'un (= payer) : **invitar a** alguien **a** algo

OGM

▷ Les OGM ont un gros impact sur l'environnement.
Los OGM tienen un gran impacto sobre el medio ambiente.

el **OGM**

oie

▷ Tu as vu les oies dans la cour de la ferme ?
¿Has visto las ocas en el corral de la granja?

la **oca**

oignon

▷ Ne mets pas d'oignon dans la salade, je n'aime pas ça.
No le eches cebolla a la ensalada, no me gusta.

la **cebolla**

oiseau

▷ Un oiseau s'est posé juste au-dessus de nous.
Un pájaro se posó justo encima de nosotros.

▷ Un oiseau de proie plane haut dans le ciel.
Un ave de rapiña está planeando alto en el cielo.

▷ Les cigognes sont des oiseaux migrateurs.
Las cigüeñas son aves migratorias.

el **pájaro**

ℹ *Remarquez que le mot espagnol porte sur le premier* ***a*** *un accent écrit qui reflète l'accent tonique.*

► **oiseau de proie :** el **ave de rapiña** (pluriel **las aves de rapiña**)

► **oiseau migrateur :** el **ave migratoria**

ℹ *Bien que l'article qui accompagne* ***ave*** *au singulier soit masculin* ***(el ave), ave*** *est un mot féminin et les adjectifs qui l'accompagnent doivent se mettre au féminin :* ***el ave está herida****. Au pluriel, il est précédé de l'article féminin :* ***las aves están heridas****.*

OK

▷ OK, j'arrive !
¡Vale, ya voy!

vale

ℹ *On peut dire aussi* ***de acuerdo****.*

olive

1 ▷ Je préfère les olives noires aux olives vertes.
Prefiero las aceitunas negras a las verdes.

1 (pour manger) la **aceituna**

2 ▷ Les Espagnols utilisent beaucoup d'huile d'olive.
Los españoles usan mucho aceite de oliva.

2 (pour faire de l'huile) la **oliva**

olympique

▷ La ville se prépare pour les jeux Olympiques.
La ciudad se prepara para los Juegos Olímpicos.

olímpico, olímpica

► **les jeux Olympiques : los Juegos Olímpicos**

ℹ *Remarquez que le mot espagnol porte sur le premier* ***i*** *un accent écrit qui reflète l'accent tonique.*

ombragé, ombragée

▷ Cherchons un endroit plus ombragé.
Busquemos un lugar más sombreado.

sombreado, sombreada

ombre

▷ Regarde, le chien a peur de son ombre !
¡Mira, el perro le tiene miedo a su sombra!
▷ Restons à l'ombre, il fait trop chaud.
Quedémonos a la sombra, hace demasiado calor.
▷ J'ai acheté de l'ombre à paupières bleue.
Compré sombra de ojos azul.

la **sombra**

► **à l'ombre : a la sombra**

► **ombre à paupières : sombra de ojos**

omelette

▷ Je vais te faire une omelette aux champignons.
Te voy a hacer una tortilla de champiñones.

la **tortilla**

ℹ *En espagnol, une omelette nature s'appelle* ***una tortilla a la francesa*** *!*

on

1 ▷ On m'a demandé de remplacer le délégué de classe.
Me han pedido que sustituya al delegado de clase.
▷ On frappe à la porte.
Llaman a la puerta.

1 *Quand* on *représente une personne indéterminée (= quelqu'un), la façon la plus courante de le traduire en espagnol est d'utiliser la troisième personne du pluriel.*

2 ▷ En Espagne on dîne tard.
En España se cena tarde.
▷ On loue des chambres.
Se alquilan habitaciones.
▷ On vend des livres.
Se venden libros.

2 *Quand* on *représente les gens en général, il se traduit généralement par* ***se*** *+ verbe au singulier.*

▻ C'est plus facile de voyager quand on n'a pas d'enfants.
Es más fácil viajar cuando no se tienen niños.

Attention ! Quand on peut transformer la phrase impersonnelle en phrase passive, il faut accorder le verbe.

3 ▻ Con una falda, una no puede correr.
Avec une jupe, on ne peut pas courir.

3 *Quand* on *implique la personne qui parle, masculine ou féminine, il se traduit en espagnol par* ***uno, una****.*

4 ▻ On s'est bien amusés chez Sébastien.
Nos lo pasamos muy bien en casa de Sébastien.

4 *Quand* on *signifie « nous », il se traduit en espagnol par la première personne du pluriel.*

oncle

▻ L'oncle de Sybille est chauffeur de taxi.
El tío de Sybille es taxista.

el **tío**

onctueux, onctueuse

▻ On obtient un mélange très onctueux.
Se obtiene una mezcla muy untuosa.

untuoso, untuosa

Attention à l'orthographe du mot espagnol.

ONG

▻ Elle travaille pour une ONG.
Trabaja para una ONG.

la **ONG** (pluriel **las ONG**)

ongle

▻ La prof de musique a les ongles très longs.
La profesora de música tiene las uñas muy largas.

▻ Je vais me faire les ongles avant de sortir.
Voy a pintarme las uñas antes de salir.

la **uña**

Attention : contrairement au français, le mot espagnol ***uña*** *est féminin.*

► **se faire les ongles** (= se mettre du vernis) : **pintarse las uñas**

Le pronom réfléchi fonctionne de la façon suivante en espagnol : ***me pinto, te pintas, se pinta, nos pintamos, os pintáis, se pintan las uñas.***

onglet

▻ Clique sur l'onglet.
Haz clic en la lengüeta.

(sur Internet) la **lengüeta**

ONU

▻ Les forces de l'ONU sont intervenues.
Las fuerzas de la ONU intervinieron.

► **l'ONU** : **la ONU**

onze

▻ Il n'y a que onze élèves dans ma classe.
Sólo hay once alumnos en mi clase.

▻ Aujourd'hui c'est le onze juin.
Hoy es el once de junio.

once

Attention à l'orthographe du mot ***once****.*

Notez l'emploi de ***de*** *en espagnol quand on dit la date.*

onzième

▷ Je ne connaissais pas la réponse à la onzième question.
No conocía la respuesta a la undécima pregunta.

undécimo, undécima

ℹ *Remarquez que le mot espagnol porte sur le* ***e*** *un accent écrit qui reflète l'accent tonique.*

opéra

▷ Je ne suis jamais allé à l'opéra.
No he ido nunca a la ópera.

la **ópera**

ℹ *Remarquez que le mot espagnol porte sur le* ***o*** *un accent écrit qui reflète l'accent tonique.*

Attention : contrairement au français, le mot espagnol ***ópera*** *est féminin.*

opérateur

▷ Je vais changer d'opérateur.
Voy a cambiar de operador.

(de télécommunications) el **operador** (pluriel **los operadores**)

opération

▷ L'opération a duré deux heures.
La operación duró dos horas.
▷ Le résultat de l'opération est faux.
El resultado de la operación es incorrecto.

la **operación** (pluriel **las operaciones**)

ℹ *Il n'y a pas d'accent écrit au pluriel. L'accent tonique porte sur le* ***o****, comme au singulier.*

opérer

▷ Lucien s'est fait opérer hier.
Lucien se operó ayer.
▷ Mon grand-père s'est fait opérer du cœur.
Mi abuelo se operó del corazón.

► **se faire opérer : operarse**

ℹ *La préposition utilisée en espagnol est la même qu'en français :* **se faire opérer de...** *=* ***operarse de...***
Le pronom réfléchi fonctionne de la façon suivante en espagnol : ***me opero, te operas, se opera, nos operamos, os operáis, se operan.***

opinion

▷ Personne ne t'a demandé ton opinion !
¡Nadie te ha preguntado tu opinión!

la **opinión** (pluriel **las opiniones**)

ℹ *Il n'y a pas d'accent écrit au pluriel. L'accent tonique porte sur le* ***o****, comme au singulier.*

opposé, opposée

▷ Ils ont des styles diamétralement opposés.
Tienen estilos diametralmente opuestos.

opuesto, opuesta

opticien, opticienne

▻ L'opticien m'a dit que mes verres étaient rayés.
El óptico me dijo que tenía los cristales rayados.

▻ Je suis resté une heure chez l'opticien.
Me quedé una hora en la óptica.

▻ Claire est allée chez l'opticien pour récupérer ses lunettes.
Claire fue a la óptica por sus gafas.

(= personne) el **óptico,** la **óptica**

ℹ *Remarquez que le mot espagnol porte sur le **o** un accent écrit qui reflète l'accent tonique.*

► **chez l'opticien** (= dans le magasin) : **en la óptica**

► **chez l'opticien** (= vers le magasin) : **a la óptica**

optimiste

▻ Tu pourrais être un peu plus optimiste !
¡Podrías ser un poco más optimista!

▻ Il est très optimiste.
Es muy optimista.

optimista

option

▻ J'ai choisi le latin comme option.
Elegí el latín como optativa.

(= matière) la **optativa**

or

▻ L'or coûte cher.
El oro es caro.

▻ Est-ce que ton bracelet est en or ?
¿Es tu pulsera de oro?

(= métal) el **oro**

► **en or : de oro**

orage

▻ Il y a eu un orage terrible hier soir.
Hubo una tormenta terrible anoche.

la **tormenta**

oral

▻ Jean-Yves a eu la meilleure note à l'oral.
Jean-Yves sacó la mejor nota en la prueba oral.

► **l'oral** (à l'école) : la **prueba oral** (pluriel las **pruebas orales**)

oralement

▻ Je lui ai demandé oralement, pas par écrit.
Se lo he pedido oralmente, no por escrito.

oralmente

orange

1 ▻ Tu veux une orange ?
¿Quieres una naranja?

2 ▻ Le ballon de basket est orange.
La pelota de baloncesto es naranja.

▻ Il portait des chaussettes orange.
Llevaba calcetines naranja.

1 (= fruit) la **naranja**

2 (= de couleur orange) **naranja**

ℹ *L'adjectif **naranja** est invariable au pluriel, c'est-à-dire qu'il ne prend pas de **s**.*

3 ▷ L'orange est une couleur gaie.
El naranja es un color alegre.

3 ► **l'orange** (= la couleur orange) : **el naranja**

orangeade

▷ Une orangeade et un café, s'il vous plaît.
Una naranjada y un café, por favor.

la **naranjada**

orchestre

▷ L'orchestre de l'école va donner un concert.
La orquesta del colegio va a dar un concierto.

la **orquesta**

*Attention à l'orthographe du mot **orquesta**. Attention : contrairement au français, le mot espagnol **orquesta** est féminin.*

ordinaire

▷ Prends un modèle ordinaire, ça suffira.
Toma un modelo ordinario, será suficiente.

(= de qualité courante) **ordinario, ordinaria**

ordinateur

▷ L'école a acheté dix ordinateurs neufs.
El colegio ha comprado diez ordenadores nuevos.

el **ordenador** (pluriel **los ordenadores**)

ordonnance

▷ J'ai perdu l'ordonnance.
He perdido la receta.
▷ Le médecin m'a fait une ordonnance.
El médico me hizo una receta.

(du médecin) la **receta**

► **faire une ordonnance à** quelqu'un : **hacer una receta a** alguien

ordonné, ordonnée

▷ Sylvian est un garçon très ordonné.
Sylvian es un chico muy ordenado.
▷ La maison est propre et ordonnée.
La casa está limpia y ordenada.

ordenado, ordenada

*Notez l'utilisation du verbe **ser** pour une personne et **estar** pour un lieu.*

ordonner

▷ Le directeur leur a ordonné de se calmer.
El director les ordenó que se tranquilizaran.
▷ Je t'ordonne de me dire la vérité.
Te ordeno que me digas la verdad.

► **ordonner à** quelqu'un **de** + infinitif : **ordenar a** alguien **que** + subjonctif

*Attention à la concordance des temps : quand **ordenar** est au présent, le verbe de la subordonnée est au présent du subjonctif **(te ordeno que lo hagas enseguida)**, mais quand **ordenar** est au passé, le verbe de la subordonnée doit être à l'imparfait du subjonctif **(les ordenó que se tranquilizaran)**.*

ordre

1 ▷ Elle adore donner des ordres aux gens.
Le encanta dar órdenes a la gente.
▷ Restez assis, c'est un ordre !
¡Quedaos sentados, es una orden!

1 (= instruction) la **orden** (pluriel **las órdenes**)

ℹ *Il n'y a pas d'accent écrit au singulier. L'accent tonique porte sur le **o**, comme au pluriel.*

⚠ *Attention : contrairement au français, dans ce sens, le mot espagnol **orden** est féminin.*

2 ▷ Dans quel ordre est-ce que tu as classé les livres ?
¿En qué orden has clasificado los libros?
▷ Les chanteurs sont classés par ordre alphabétique.
Los cantantes están clasificados por orden alfabético.
▷ J'ai mis de l'ordre dans mes affaires.
Ordené mis cosas.

2 (= classification) el **orden**

► **par ordre alphabétique : por orden alfabético**

► **mettre de l'ordre dans** (des papiers, une pièce) : **ordenar**

ordures

▷ Il y a des gens qui jettent leurs ordures dans la rue !
¡Hay gente que tira la basura en la calle!
▷ Les ordures sont dans un sac.
La basura está en una bolsa.

(= déchets) la **basura**

ℹ ***Basura** est un nom indénombrable : il ne se met pas au pluriel, et on ne dit pas **una basura**. Il s'emploie avec un verbe au singulier, comme dans l'exemple de gauche **(está)**.*

ℹ *En espagnol, on emploie le même mot, **basura**, pour les ordures et la poubelle.*

oreille

1 ▷ Les éléphants ont de grandes oreilles.
Los elefantes tienen las orejas grandes.

1 (externe) la **oreja**

2 ▷ J'ai mal aux dents et aux oreilles.
Me duelen las muelas y los oídos.

2 (interne) el **oído**

oreiller

▷ L'oreiller est trop mou.
La almohada es demasiado blanda.

la **almohada**

⚠ *Attention : contrairement au français, le mot espagnol est féminin.*

oreillons

▷ Les oreillons sont une maladie très contagieuse.
Las paperas son una enfermedad muy contagiosa.

las **paperas**

▷ Mario a les oreillons.
Mario tiene paperas.

► **avoir les oreillons :** tener paperas

*Attention, **paperas** s'utilise sans article.*

organisateur, organisatrice

▷ Les organisateurs étaient très sympathiques.
Los organizadores eran muy simpáticos.

el **organizador** (pluriel los organizadores), la **organizadora**

organisation

▷ C'est une organisation assez complexe.
Es una organización bastante compleja.

la **organización** (pluriel las organizaciones)

*Il n'y a pas d'accent écrit au pluriel. L'accent tonique porte sur le **o**, comme au singulier.*

organisé, organisée

▷ Capucine n'est pas du tout organisée.
Capucine no es para nada organizada.

organizado, organizada

organiser

▷ Le prof d'espagnol organise un voyage à Tolède.
El profesor de español está organizando un viaje a Toledo.

▷ Tu pourrais t'organiser un peu mieux !
¡Te podrías organizar un poco mejor!

▷ Il va falloir qu'elles s'organisent.
Van a tener que organizarse.

organizar

► **s'organiser :** organizarse

*Le pronom réfléchi fonctionne de la façon suivante en espagnol : **me organizo, te organizas, se organiza, nos organizamos, os organizáis, se organizan**.*

organisme

▷ C'est un organisme qui aide les pays pauvres.
Es un organismo que ayuda a los países pobres.

▷ Fumer est mauvais pour l'organisme.
Fumar es malo para el organismo.

el **organismo**

orgue

▷ L'orgue de la cathédrale est magnifique.
El órgano de la catedral es magnífico.

el **órgano**

*Remarquez que le mot espagnol porte sur le premier **o** un accent écrit qui reflète l'accent tonique.*

orgueilleux, orgueilleuse

▷ Sabine est très orgueilleuse.
Sabine es muy orgullosa.

orgulloso, orgullosa

*Notez l'emploi du verbe **ser** avec **orgulloso** et **orgullosa** dans le sens « orgueilleux » ; **estar orgulloso** ou **orgullosa de** veut dire « être fier de ».*

oriental, orientale

1 ▷ Il a de magnifiques tapis orientaux.
Tiene unas alfombras orientales maravillosas.

2 ▷ Les Japonais sont des Orientaux.
Los japoneses son orientales.

1 **oriental** (pluriel **orientales**)

2 ► un **Oriental**, une **Orientale** : un **oriental**, una **oriental**

ℹ *S'écrit toujours avec une minuscule en espagnol, qu'il s'agisse de l'adjectif ou du nom.*

orientation

▷ Heureusement que tu as le sens de l'orientation !
¡Menos mal que tienes buen sentido de la orientación!
▷ Je n'ai aucun sens de l'orientation.
Tengo muy mal sentido de la orientación.

la **orientación** (pluriel las **orientaciones**)
► **avoir le sens de l'orientation :** **tener buen sentido de la orientación**

ℹ *Il n'y a pas d'accent écrit au pluriel. L'accent tonique porte sur le* ***o****, comme au singulier.*

ℹ *Regardez aussi le mot* ***conseiller****.*

original, originale

▷ Cette musique est très originale.
Esta música es muy original.
▷ Garde l'original du document sur toi.
Conserva el original del documento contigo.

original (pluriel **originales**)

ℹ ***original*** *peut être soit un adjectif, soit un nom.*

origine

1 ▷ Personne ne connaît l'origine de ce mot.
Nadie conoce el origen de esta palabra.

▷ Ils sont d'origine danoise.
Son de origen danés.

2 ▷ À l'origine, on devait rester quatre jours.
Al principio, debíamos quedarnos cuatro días.

1 (= provenance) el **origen** (pluriel los **orígenes**)

ℹ *Il n'y a pas d'accent écrit au singulier. L'accent tonique porte sur le* ***i****, comme au singulier.*

► **d'origine** + adjectif de nationalité : **de origen** + adjectif de nationalité

Attention : contrairement au français, le mot espagnol ***origen*** *est masculin.*

2 ► **à l'origine** (= au départ) : **al principio**

orphelin, orpheline

▷ Kamal est orphelin.
Kamal es huérfano.
▷ Ils ont adopté une orpheline.
Han adoptado a una huérfana.

huérfano, huérfana

ℹ *Remarquez que le mot espagnol porte sur le* ***e*** *un accent écrit qui reflète l'accent tonique.*

orteil

▷ Je me suis cassé un orteil.
Me he roto un dedo del pie.

▷ Mon gros orteil est gonflé.
Tengo el dedo gordo del pie hinchado.

▷ Louise s'est cogné le petit orteil contre le pied du lit.
Louise se dio un golpe en el dedo meñique del pie contra el pie de la cama.

el **dedo del pie**

► **gros orteil : dedo gordo del pie**

► **petit orteil : dedo meñique del pie**

orthographe

▷ Érica est nulle en orthographe.
Érica es negada para la ortografía.

la **ortografía**

ℹ *Remarquez que le mot espagnol porte sur le* ***i*** *un accent écrit qui reflète l'accent tonique.*

os

▷ Le chien a enterré un os dans le jardin.
El perro ha enterrado un hueso en el jardín.

el **hueso**

oser

▷ Je n'ose pas en parler au prof.
No me atrevo a hablar de eso con el profesor.

▷ Je n'ai jamais osé lui dire la vérité.
Nunca me he atrevido a decirle la verdad.

► **oser** faire quelque chose **:**
atreverse a hacer algo

ℹ *Le pronom réfléchi fonctionne de la façon suivante en espagnol :* ***me atrevo, te atreves, se atreve, nos atrevemos, os atrevéis, se atreven****.*

otage

▷ Les otages ont été relâchés.
Los rehenes fueron liberados.

▷ Il a pris deux enfants en otages.
Tomó de rehenes a dos niños.

el **rehén,** la **rehén** (pluriel **los** *ou* **las rehenes**)

► **prendre** quelqu'un **en otage :**
tomar de rehén a alguien

ℹ *Il n'y a pas d'accent écrit au pluriel. L'accent tonique porte sur le* ***e****, comme au singulier.*

ôter

1 ▷ Tu peux ôter ton manteau maintenant.
Puedes quitarte el abrigo ahora.

▷ J'ôte mes chaussures.
Me quito los zapatos.

1 (en parlant d'un vêtement)
quitarse

ℹ *Le pronom réfléchi fonctionne de la façon suivante en espagnol :* ***me quito, te quitas, se quita, nos quitamos, os quitáis, se quitan el abrigo****.*
Notez qu'après le verbe pronominal, le possessif est remplacé par l'article défini en espagnol.

2 ▷ Ôte tes pieds de la table !
¡Quita los pies de la mesa!

2 (en parlant d'un objet ou des pieds) **quitar**

ou

▷ Tu veux le bleu ou le vert ?
¿Quieres el azul o el verde?
▷ Arrête ou je crie !
¡Para o grito!
▷ Ou tu viens ou tu restes, tu ne peux pas faire les deux !
¡O vienes o te quedas, no puedes hacer ambas cosas!
▷ Tu peux choisir l'une ou l'autre.
Puedes elegir entre una u otra.
▷ Je ne vois pas bien si le garçon qu'il y a là-bas est Georges ou Oscar.
No veo bien si el chico que está allí es Georges u Oscar.

o

Devant un mot commençant par ***o*** *ou* ***ho****, le* ***o*** *devient* ***u****.*

où

1 ▷ Où étais-tu ?
¿Dónde estabas?
▷ Je me demande où ils se sont cachés.
Me pregunto dónde se han escondido.
▷ La plage où nous nous baignons est tout près.
La playa donde nos bañamos está muy cerca.
▷ D'où vient cette carte postale ?
¿De dónde viene esta postal?

1 (quand la phrase n'implique pas de mouvement) **dónde**

Dans une question directe ou indirecte, ***dónde*** *porte un accent. Dans une phrase affirmative,* ***donde*** *ne porte pas d'accent.*

► **d'où... ? : ¿de dónde...?**

2 ▷ Où vas-tu ?
¿Adónde vas?
▷ C'est le bar où nous sommes allés l'autre jour.
Éste es el bar adonde fuimos el otro día.
▷ Je ne sais pas encore où nous irons en vacances.
Aún no sé adónde nos iremos de vacaciones.

2 (quand la phrase implique un mouvement) **adónde**

Dans une question directe ou indirecte, ***adónde*** *porte un accent. Dans une phrase affirmative* ***adonde*** *ne porte pas d'accent.*

3 ▷ Tu te souviens du jour où on s'est rencontrés ?
¿Te acuerdas del día en que nos conocimos?

3 (quand on parle d'un moment) **en que**

4 ▷ On va acheter une nouvelle maison. – Où ça ?
Vamos a comprar una nueva casa. – ¿Dónde?
▷ On y va ? – Où ça ?
¿Vamos? – ¿Adónde?

4 ► **où ça ?** (sans mouvement) : **¿dónde?**
► **où ça ?** (avec mouvement) : **¿adónde?**

oublier

1 ▻ J'ai oublié son prénom.
He olvidado su nombre.
▻ Lionel a oublié son blouson dans le train.
Lionel olvidó la cazadora en el tren.
▻ N'oublie pas de fermer la porte à clé.
No te olvides de cerrar la puerta con llave.

1 ► **oublier** quelque chose : olvidar algo

2 ▻ J'ai oublié d'acheter du lait.
Me he olvidado de comprar leche.

2 ► **oublier de** faire quelque chose : olvidarse de hacer algo

*Le pronom réfléchi fonctionne de la façon suivante en espagnol : **me olvido, te olvidas, se olvida, nos olvidamos, os olvidáis, se olvidan.***

ouest

▻ L'ouest est dans cette direction.
El oeste queda en esa dirección.
▻ Ils habitent dans l'Ouest.
Viven en el oeste.
▻ Mon village est à l'ouest de Séville.
Mi pueblo está al oeste de Sevilla.

el oeste

oui

▻ Tu veux du riz ? – Oui.
¿Quieres arroz? – Sí.
▻ Je pense que oui.
Pienso que sí.

sí

*Sí porte un accent qui le distingue de la conjonction de condition **si**.*

ouragan

▻ L'ouragan a détruit le toit de plusieurs maisons.
El huracán destruyó el tejado de varias casas.

el huracán (pluriel los huracanes)

*Il n'y a pas d'accent écrit au pluriel. L'accent tonique porte sur le deuxième **a**, comme au singulier.*

*Attention à l'orthographe du mot **huracán**.*

ours

▻ Les ours aiment le miel.
A los osos les gusta la miel.

el oso

outil

▻ Mon père a prêté ses outils au voisin.
Mi padre le prestó las herramientas al vecino.

la herramienta

*Attention à bien prononcer les deux **r**.*

Attention : contrairement au français, le mot espagnol est féminin.

outre-mer

ultramar

▷ Les départements d'outre-mer.
Los departamentos de ultramar.

ouvert, ouverte

abierto, abierta

ℹ *Notez l'emploi du verbe **ser** quand on parle d'une personne ouverte, et du verbe **estar** quand on parle d'un lieu ouvert, d'une porte ouverte, etc.*

▷ Elle est ouverte et tolérante.
Es abierta y tolerante.
▷ Est-ce que le musée est ouvert le mardi ?
¿Está el museo abierto los martes?

ouvertement

abiertamente

▷ Il a critiqué ouvertement leurs méthodes.
Criticó abiertamente sus métodos.

ouverture

1 (= trou) la abertura

1 ▷ Il y a une ouverture sur un côté de la boîte.
Hay una abertura en un lado de la caja.

2 ► **heures d'ouverture :** el horario de atención al público

ℹ *Remarquez les accents écrits sur le **o** et sur le **u** qui reflètent l'accent tonique.*

2 ▷ Les heures d'ouverture sont affichées sur la porte.
El horario de atención al público está fijado en la puerta.

ouvrage

(= livre) la obra

▷ J'ai emprunté quelques ouvrages à la bibliothèque.
He sacado unas obras de la biblioteca.

ouvre-boîte

el abrelatas (pluriel los abrelatas)

▷ Cet ouvre-boîte ne marche pas.
Este abrelatas no funciona.

ouvrier, ouvrière

el obrero, la obrera

▷ Les ouvriers sont en grève.
Los obreros están en huelga.

ouvrir

abrir

ℹ *Notez le participe passé **abierto**.*

▷ Ouvre la fenêtre, il fait chaud.
Abre la ventana, hace calor.
▷ J'ai ouvert le robinet, mais l'eau ne coule pas.
He abierto el grifo, pero el agua no sale.
▷ Tout d'un coup, la porte s'est ouverte.
De repente, la puerta se abrió.

ovale

▷ Apporte-moi un plat ovale.
Tráeme una fuente ovalada.

ovalado, ovalada

ovni

▷ Il dit qu'il a vu plein d'ovnis.
Dice que ha visto un montón de ovni.

el **ovni** (pluriel **los ovni**)

oxygène

▷ On ne peut pas vivre sans oxygène.
No se puede vivir sin oxígeno.

el **oxígeno**

ℹ *Remarquez que le mot espagnol porte sur le i un accent écrit qui reflète l'accent tonique.*

ozone

▷ La couche d'ozone devient de plus en plus mince.
La capa de ozono se vuelve cada vez más delgada.

el **ozono**

► **couche d'ozone :** la **capa de ozono**

Pp

se pacser

▷ Ils se sont pacsés l'année dernière.
Se pacsaron el año pasado.

(en France) **pacsarse**

pagaie

▷ On a perdu une pagaie.
Hemos perdido un zagual.

el **zagual** (pluriel **los zaguales**)

Attention, contrairement au français, le mot espagnol est masculin.

pagaille

▷ Quelle pagaille ! J'espère que tu vas tout ranger !
¡Qué desorden ! ¡Espero que vas a arreglarlo todo!

(= désordre) el **desorden**

i *Pagaille est un mot familier, mais* ***desorden*** *ne l'est pas.*

pagayer

▷ Je ne sais pas pagayer.
No sé remar con zagual.

remar con zagual

page

▷ Le livre fait trois cents pages.
El libro tiene trescientas páginas.

la **página**

i *Remarquez que le mot espagnol porte sur le premier* **a** *un accent écrit qui reflète l'accent tonique.*

paiement

▷ Qui a effectué le paiement ?
¿Quién ha efectuado el pago?

el **pago**

paillasson

▷ Je laisserai la clé sous le paillasson.
Dejaré la llave debajo del felpudo.

el **felpudo**

paille

▷ Tu as de la paille dans les cheveux.
Tienes paja en el pelo.
▷ Lucien boit toujours avec une paille.
Lucien siempre bebe con una paja.

la **paja**

paillettes

▷ La chanteuse portait une robe à paillettes.
La cantante llevaba un vestido de lentejuelas.

(sur vêtement) **lentejuelas**
► **à paillettes** : de lentejuelas

pain

▷ Il ne reste plus de pain, je vais en acheter.
No queda pan, voy a comprar más.
▷ Prends deux pains et une baguette.
Coge dos panes y una barra.
▷ Je préfère le pain complet.
Prefiero el pan integral.
▷ Il y avait des biscuits et du pain d'épices.
Había galletas y alajú.
▷ Tu prends du pain grillé au petit déjeuner ?
¿Tomas pan tostado para el desayuno?
▷ J'ai acheté du pain de mie.
He comprado pan de molde.

el **pan** (pluriel los panes)
► **pain complet** : pan integral (pluriel panes integrales)
► **pain d'épices** : el alajú
► **pain grillé** : pan tostado
► **pain de mie** : pan de molde

pair, paire ADJECTIF

▷ Les numéros pairs sont de ce côté de la rue.
Los números pares están en este lado de la calle.

(en parlant d'un chiffre ou d'un numéro) **par** (pluriel pares)

paire NOM

▷ Il a au moins vingt paires de chaussettes !
¡Tiene por lo menos veinte pares de calcetines!

el **par** (pluriel los pares)

paisible

▷ C'est vraiment un endroit très paisible.
Es realmente un lugar muy sosegado.

sosegado, sosegada
ℹ *On dit aussi **tranquilo, tranquila**.*

paix

▷ Il y a eu une manifestation pour la paix.
Hubo una manifestación en favor de la paz.
▷ Fiche la paix à ta sœur !
¡Deja en paz a tu hermana!

la **paz**
► **ficher la paix à** quelqu'un : dejar a alguien en paz
ℹ Ficher la paix *est une expression familière, mais* ***dejar en paz*** *ne l'est pas.*

palais

1 ▷ Nous avons visité le palais du roi.
Visitamos el palacio del rey.

1 (= château) el **palacio**

2 ▷ Le concert aura lieu au palais des Sports.
El concierto tendrá lugar en el Palacio de Deportes.

2 ► **palais des Sports :** el **Palacio de Deportes**

3 ▷ Je me suis brûlé le palais avec du café.
Me he quemado el paladar con café.

3 (= le palais dans la bouche) el **paladar**

pâle

▷ Tu es pâle ; tu ne te sens pas bien ?
Estás pálido; ¿no te encuentras bien ?

pálido, pálida

ℹ *Remarquez que le mot espagnol porte sur le* ***a*** *un accent écrit qui reflète l'accent tonique.*

▷ Sylvian est devenu tout pâle.
Sylvian se puso muy pálido.

► **devenir pâle :** **ponerse pálido**

palier

▷ J'ai parlé au voisin sur le palier.
Hablé con el vecino en el rellano.

(= le palier de l'escalier) el **rellano**

ℹ *On dit aussi* ***el descansillo.***

pâlir

▷ Tout d'un coup Georgina a pâli.
De repente Georgina palideció.

palidecer

palmes

▷ Rachida nage avec des palmes.
Rachida nada con aletas.

(pour nager) las **aletas**

palmier

▷ Il y a des palmiers partout à Cuba.
Hay palmeras por todas partes en Cuba.

la **palmera**

Attention : contrairement au français, le mot espagnol ***palmera*** *est féminin.*

pamplemousse

▷ Il y avait des céréales et un demi-pamplemousse au petit déjeuner.
Había cereales y medio pomelo para el desayuno.

el **pomelo**

panaché

▷ Je prendrai un panaché, s'il vous plaît.
Tomaré una clara, por favor.

(= une bière avec de la limonade) la **clara**

Panamá

▷ Le canal de Panamá relie l'océan Atlantique à l'océan Pacifique.
El canal de Panamá une el océano Atlántico al océano Pacífico.

Panamá

ℹ *Ne prend généralement pas d'article.*

▷ Il est au Panamá.
Está en Panamá.

▷ Ils sont allés au Panamá.
Han ido a Panamá.

► **au Panamá** (= dans le pays) : **en Panamá**

► **au Panamá** (= vers le pays) : **a Panamá**

panaméen, panaméenne

▷ Mon ami est panaméen.
Mi amigo es panameño.
▷ Ma tante s'est mariée avec un Panaméen.
Mi tía se casó con un panameño.

panameño, panameña

ℹ *S'écrit toujours avec une minuscule en espagnol, qu'il s'agisse de l'adjectif ou du nom.*

pancarte

▷ Il y avait une pancarte qui disait « Fermé ».
Había un letrero que decía "Cerrado".

(= avis) el **letrero**

pané, panée

▷ Le poisson pané n'était pas bon du tout.
El pescado empanado no estaba nada bueno.

empanado, empanada

panier

1 ▷ Nous avons mis les courses dans le panier.
Pusimos la compra en la cesta.

2 ▷ Emmanuel a marqué un panier magnifique.
Emmanuel marcó una canasta magnífica.

1 (en osier) la **cesta**

2 ► **marquer un panier** (au basket) : **marcar una canasta**

panique

▷ C'était la panique générale.
Fue el pánico general.

el **pánico**

paniquer

▷ J'ai paniqué et j'ai dit n'importe quoi.
Me entró el pánico y dije cualquier cosa.

▷ Ne paniquez pas, j'ai appelé la police !
¡Que no cunda el pánico, he llamado a la policía!

*Pour dire qu'on s'affole, on emploie en espagnol une expression avec le nom **pánico** et le verbe **entrar**.*

► **ne paniquez pas ! : ¡que no cunda el pánico!**

ℹ *Remarquez que le mot espagnol **pánico** porte sur le **a** un accent écrit qui reflète l'accent tonique.*

panne

1 ▷ La machine à laver est en panne.
La lavadora tiene una avería.
▷ On est tombés en panne sur l'autoroute.
Tuvimos una avería en la autopista.

1 ► **être en panne : tener una avería**
► **tomber en panne : tener una avería**

ℹ *Remarquez que le mot espagnol **avería** porte sur le **i** un accent écrit qui reflète l'accent tonique.*

2 ▷ Ils sont tombés en panne d'essence.
Se han quedado sin gasolina.

2 ► **tomber en panne d'essence : quedarse sin gasolina**

ℹ *Le pronom réfléchi fonctionne de la façon suivante en espagnol : **me quedo, te quedas, se queda, nos quedamos, os quedáis, se quedan sin gasolina.***

3 ▷ Il y a eu une panne de courant pendant l'orage.
Hubo un apagón durante la tormenta.

3 ► **panne de courant** *ou* **panne d'électricité :** el **apagón** (pluriel **los apagones**)

ℹ *Il n'y a pas d'accent écrit au pluriel. L'accent tonique porte sur le **o**, comme au singulier.*

panneau

1 ▷ On a raté le panneau « Toulouse ».
Nos pasamos la señal de "Tolosa".

1 (= direction sur la route) la **señal** (pluriel **las señales**)

2 ▷ Il y a un panneau sur la porte qui dit « Fermé ».
Hay un cartel en la puerta que dice "Cerrado".

2 (= pancarte) el **cartel** (pluriel **los carteles**)

3 ▷ Les résultats sont sur le panneau d'affichage.
Los resultados están en el tablón de anuncios.

3 ► **panneau d'affichage :** el **tablón de anuncios** (pluriel **los tablones de anuncios**)

ℹ *Il n'y a pas d'accent écrit au pluriel. L'accent tonique porte sur le **o**, comme au singulier.*

panoplie

▷ Rémi a eu une panoplie de cow-boy pour Noël.
A Rémi le regalaron un disfraz de vaquero para Navidad.

(= déguisement) el **disfraz** (pluriel **los disfraces**)

ℹ *N'oubliez pas que le **z** devient **c** au pluriel.*

pansement

▷ Est-ce que tu as des pansements ? Je me suis fait mal au pied.
¿Tienes tiritas®? Me he hecho daño en el pie.

(= sparadrap) la **tirita®**

pantalon

▷ Laetitia a un nouveau pantalon.
Laetitia tiene unos pantalones nuevos.
▷ Je n'aime pas ce pantalon, il est trop court.
No me gustan estos pantalones, son demasiado cortos.

los **pantalones**

ℹ ***Pantalones** est un nom pluriel qui s'emploie avec un verbe au pluriel, comme dans l'exemple de gauche (**gustan** et **son**).*

panthère

▷ Nous avons vu des panthères au zoo.
Vimos panteras en el zoo.

la **pantera**

pantoufles

▷ J'ai mis mes pantoufles et je suis descendu préparer le petit déjeuner.
Me puse las zapatillas y bajé a preparar el desayuno.

las **zapatillas**

paon

▷ Il y a de magnifiques paons dans le parc.
Hay unos pavos reales magníficos en el parque.

el **pavo real** (pluriel los pavos reales)

papa

▷ Le papa de Ludovic est agriculteur.
El papá de Ludovic es agricultor.

el **papá**

*Remarquez que le mot espagnol porte sur le deuxième **a** un accent écrit qui reflète l'accent tonique.*

*Ne confondez pas **el papá** (= le papa) et **el papa** (= le pape).*

pape

▷ Le pape a fait un voyage au Mexique.
El Papa ha viajado a México.

el **papa**

*Ne confondez pas **el papa** avec **el papá**, qui signifie « le papa ».*

papeterie

▷ La papeterie est près de la mairie.
La papelería está cerca del ayuntamiento.

(= magasin) la **papelería**

*Remarquez que le mot espagnol porte sur le **i** un accent écrit qui reflète l'accent tonique.*

papier

▷ Je dois acheter du papier pour l'imprimante.
Tengo que comprar papel para la impresora.
▷ Passe-moi un morceau de papier, je vais noter l'adresse.
Pásame un papel, voy a apuntar la dirección.

el **papel** (pluriel los papeles)

▷ Cet éventail est en papier.
Este abanico es de papel.

► **en papier :** de papel

▷ Je vais l'emballer dans du papier aluminium.
Lo voy a envolver en papel de aluminio.

► **papier aluminium :** papel de aluminio

▷ Ce papier cadeau est très joli.
Este papel de regalo es muy bonito.

► **papier cadeau :** papel de regalo

▷ Il n'y a plus de papier hygiénique.
No queda papel higiénico.

► **papier hygiénique :** papel higiénico

▷ Utilise du papier journal pour boucher le trou.
Usa papel de periódico para tapar el agujero.

► **papier journal :** papel de periódico

*Remarquez que les mots espagnols **higiénico** et **periódico** portent un accent écrit qui reflète l'accent tonique.*

▷ Elle m'a écrit sur du papier à lettres bleu.
Me ha escrito en papel de cartas azul.

► **papier à lettres :** papel de cartas

▷ Ce papier peint est affreux.
Este papel pintado es horrible.

► **papier peint :** papel pintado

▷ Le policier voulait voir nos papiers.
El policía quería ver nuestros papeles.

► **papiers** (d'identité) : los papeles

papillon

▷ Quel joli papillon !
¡Qué mariposa más bonita !

la **mariposa**

Attention, contrairement au français, le mot espagnol est féminin.

papoter

▷ On a papoté pendant une heure au téléphone.
Charlamos durante una hora por teléfono.

charlar

ℹ *Charlar, comme* **papoter**, *est familier.*

pâquerette

▷ J'ai cueilli quelques pâquerettes.
He cogido unas margaritas.

la **margarita**

Pâques

▷ Nous partons le lundi de Pâques.
Nos vamos el lunes de Pascua.

Pascua

ℹ *Quand on parle de la période de Pâques en général, on dit* ***la Semana Santa****, par exemple* ***las vacaciones de Semana Santa*** (les vacances de Pâques).

paquet

▷ Achète deux paquets de café.
Compra dos paquetes de café.
▷ Lydie a reçu un paquet du Canada.
Lydie ha recibido un paquete de Canadá.

el **paquete**

par

1 ▷ Ce roman a été écrit par Victor Hugo.
Esta novela fue escrita por Víctor Hugo.

1 (= complément d'agent) **por**

2 ▷ Vous êtes venus par le parc ?
¿Habéis venido por el parque?

2 (= en passant par, à travers) **por**

3 ▷ Ils voyagent souvent par bateau.
Viajan a menudo en barco.

3 (en parlant d'un moyen de transport) **en**

4 ▷ Est-ce que je peux payer par chèque ?
¿Puedo pagar con cheque?

4 (pour indiquer le moyen dont on se sert) **con**

5 ▷ Il a fait ça par amour.
Lo hizo por amor.

5 (pour indiquer le motif d'une action) **por**

6 ▷ Anne va à la piscine deux fois par semaine.
Anne va a la piscina dos veces a la semana.
▷ Ils gagnent deux mille euros par mois.
Ganan dos mil euros al mes.

6 (= chaque) **a**

ℹ *A + el = al.*

7 ▷ Il y a deux sandwiches par personne.
Hay dos bocadillos por persona.

7 ► **par personne** : por persona

8 ▷ Il n'y a pas de magasins par ici.
No hay tiendas por aquí.

8 ► par ici : por aquí

9 ▷ On est passés par là.
Pasamos por allí.

9 ► par là : por allí

parachute

▷ Le parachute ne s'est pas ouvert.
El paracaídas no se abrió.

el paracaídas (pluriel los paracaídas)

ℹ *Remarquez que le mot espagnol porte sur le* ***i*** *un accent écrit qui reflète l'accent tonique.*

parachutisme

▷ J'aimerais faire du parachutisme.
Me gustaría hacer paracaidismo.

el paracaidismo

► faire du parachutisme : hacer paracaidismo

paradis

▷ La plage, les palmiers : c'est le paradis !
La playa, las palmeras: ¡es el paraíso!

el paraíso

ℹ *Remarquez que le mot espagnol porte sur le* ***i*** *un accent écrit qui reflète l'accent tonique.*

paragraphe

▷ Le troisième paragraphe est très compliqué.
El tercer párrafo es muy complicado.

el párrafo

ℹ *Remarquez que le mot espagnol porte sur le premier* ***a*** *un accent écrit qui reflète l'accent tonique.*

🔊 *Attention à bien prononcer les deux* ***r*** *de* ***párrafo****.*

Paraguay

▷ La capitale du Paraguay est Asunción.
La capital de Paraguay es Asunción.

▷ Il est au Paraguay.
Está en Paraguay.

▷ Ils vont aller au Paraguay.
Van a ir a Paraguay.

Paraguay

ℹ *Ne prend généralement pas d'article.*

► au Paraguay (= dans le pays) : en Paraguay

► au Paraguay (= vers le pays) : a Paraguay

paraguayen, paraguayenne

▷ La monnaie paraguayenne est le guarani.
La moneda paraguaya es el guaraní.

▷ Ma tante s'est mariée avec un Paraguayen.
Mi tía se casó con un paraguayo.

paraguayo, paraguaya

ℹ *S'écrit toujours avec une minuscule en espagnol, qu'il s'agisse de l'adjectif ou du nom.*

paraître

▻ Ça paraît simple, mais en fait c'est assez difficile.
Parece sencillo, pero en realidad es bastante difícil.
▻ Il paraît que Lise sort avec Matthieu.
Parece ser que Lise sale con Matthieu.

parecer

► **il paraît que... : parecer ser que...**

parallèle

▻ Les deux rues sont parallèles.
Las dos calles son paralelas.
▻ L'avenue est parallèle à la rivière.
La avenida es paralela al río.

paralelo, paralela

ℹ *La préposition est la même en français et en espagnol :* parallèle à = ***paralelo a.***

paralysé, paralysée

▻ Elle est paralysée depuis l'accident.
Está paralítica desde el accidente.

(= handicapé) **paralítico, paralítica**

ℹ *Remarquez que le mot espagnol porte sur le premier* ***i*** *un accent écrit qui reflète l'accent tonique.*

paranoïaque

▻ Il est devenu complètement paranoïaque !
¡Se ha vuelto totalmente paranoico!

paranoico, paranoica

parapente

▻ J'ai fait du parapente dans les Alpes.
Hice parapente en los Alpes.

el **parapente**
► **faire du parapente : hacer parapente**

parapluie

▻ Zut, j'ai laissé mon parapluie dans le train !
¡Jolín, me dejé el paraguas en el tren!

el **paraguas** (pluriel **los paraguas**)

parasites

▻ Je ne t'entends pas bien, il y a des parasites sur la ligne.
No te oigo bien, hay parásitos en la línea.

(= bruits) los **parásitos**

parasol

▻ On a besoin d'un parasol parce qu'il fait très chaud.
Necesitamos una sombrilla porque hace mucho calor.

la **sombrilla**

ℹ *On peut dire aussi* ***el parasol*** (pluriel **los parasoles**).

paravent

▻ J'ai acheté un très joli paravent chinois.
He comprado un biombo chino muy bonito.

el **biombo**

parc

▷ Barnabé promène son chien dans le parc tous les soirs.
Barnabé pasea a su perro por el parque todas las tardes.

▷ On s'est bien amusés au parc d'attractions.
Nos lo pasamos bien en el parque de atracciones.

el **parque**

► **parc d'attractions :** el **parque de atracciones** (pluriel **los parques de atracciones**)

parce que

▷ Léna est absente parce qu'elle a la grippe.
Léna está ausente porque tiene gripe.

porque

ℹ *Ne pas confondre avec* ***por qué****, qui signifie « pourquoi ».*

parcmètre

▷ Tu as de la monnaie pour le parcmètre ?
¿Tienes cambio para el parquímetro?

el **parquímetro**

ℹ *Remarquez que le mot espagnol porte sur le* ***i*** *un accent écrit qui reflète l'accent tonique.*

parcours

1 ▷ Le bus suit un parcours compliqué.
El autobús sigue un recorrido complicado.

1 (= itinéraire ou voyage) el **recorrido**

🔈 *Attention à bien prononcer les deux* ***r*** *de* ***recorrido****.*

2 ▷ Il y a un parcours de golf près d'ici.
Hay un campo de golf cerca de aquí.

2 ► **parcours de golf :** el **campo de golf** (pluriel **campos de golf**)

par-derrière

1 ▷ On va passer par-derrière pour qu'ils ne nous voient pas.
Vamos a pasar por detrás para que no nos vean.

1 (= derrière quelque chose) **por detrás**

2 ▷ Elle critique les gens par-derrière.
Critica a la gente a sus espaldas.
▷ Je sais qu'il dit du mal de moi par-derrière.
Sé que habla mal de mí a mis espaldas.

2 (= sournoisement, dans le dos) **a** + adjectif possessif + **espaldas**

ℹ ***La espalda*** *signifie « le dos ».*

par-dessous

▷ Passez par-dessous la clôture.
Pasad por debajo de la alambrada.

► **par-dessous** quelque chose **: por debajo de** algo

par-dessus

▷ Il est passé par-dessus la grille.
Pasó por encima de la verja.

► **par-dessus** quelque chose **: por encima de** algo

pardon

▷ Pardon, je ne vous avais pas vu.
Perdón, no le había visto.
▷ Pardon ? Vous pouvez répéter ?
¿Perdón? ¿ Puede repetir?
▷ Il devrait te demander pardon.
Debería pedirte perdón.

perdón
ℹ *Remarquez que le mot espagnol porte sur le **o** un accent écrit qui reflète l'accent tonique.*
► **demander pardon à** quelqu'un **:** **pedir perdón a** alguien

pardonner

▷ Je ne te pardonnerai jamais !
¡Nunca te lo perdonaré!
▷ Elle n'a jamais pardonné à Lucien ce qu'il lui avait dit.
Nunca le perdonó a Lucien lo que le había dicho.

perdonar
Attention à l'orthographe du mot espagnol.
ℹ *Si le complément est une personne, un groupe de personnes ou un animal domestique, n'oubliez pas de le faire précéder de **a**.*

▷ Tu me pardonnes de m'être moqué de toi ?
¿Me perdonas que me haya burlado de ti?

► **pardonner à** quelqu'un **de** + infinitif **:** **perdonar a** alguien **que** + subjonctif

pare-brise

▷ Le pare-brise est tout sale.
El parabrisas está todo sucio.

el **parabrisas** (pluriel **los parabrisas**)

pare-feu

▷ Je n'ai pas pu télécharger l'application à cause du pare-feu.
No he podido descargar la aplicación a causa del cortafuegos.

(Internet) el **cortafuegos**
*Attention, le mot **cortafuegos** s'écrit toujours avec un **s** final, même au singulier.*

pareil, pareille

▷ Nos cartables sont pareils.
Nuestras carteras son iguales.
▷ Ta méthode marche bien, je vais faire pareil.
Tu método funciona bien, voy a hacer igual.

igual (pluriel **iguales**)

parent

1 ▷ Les parents de Karim sont algériens.
Los padres de Karim son argelinos.

1 ► **parents** (= père et mère) **:** **los padres**

2 ▷ Tous les parents de la mariée étaient là.
Todos los parientes de la novia estaban presentes.

2 (= membre de la famille) el **pariente**

parenthèse

▷ La date est entre parenthèses.
La fecha está entre paréntesis.

el **paréntesis** (pluriel **los paréntesis**)

*Remarquez que le mot espagnol porte sur le deuxième **e** un accent écrit qui reflète l'accent tonique.*

*Attention : contrairement au français, le mot espagnol **paréntesis** est masculin.*

paresseux, paresseuse

▷ Tu es vraiment paresseuse ! Lève-toi !
¡Qué perezosa eres! ¡Levántate!

perezoso, perezosa

Attention à l'orthographe du mot espagnol.

parfait, parfaite

▷ Thomas se croit parfait.
Thomas se cree perfecto.

perfecto, perfecta

parfaitement

▷ Je comprends parfaitement.
Entiendo perfectamente.
▷ Tu l'as fait tout seul ? – Parfaitement !
¿Lo has hecho tú sólo? – ¡Perfectamente!

perfectamente

parfois

▷ Parfois j'ai envie de te frapper !
¡A veces tengo ganas de pegarte!

a veces

parfum

1 ▷ Mmm, quel bon parfum ! C'est quoi ?
¡Mmm, qué perfume tan bueno! ¿Qué es?

1 (= eau de toilette, odeur) el **perfume**

2 ▷ Tu veux un yaourt à quel parfum ?
¿De qué quieres el yogur?

2 *Quand on parle du goût d'une glace ou d'un yaourt, on emploie la préposition **de** + le nom du parfum en espagnol.*

parfumé, parfumée

1 ▷ Ces roses sont très parfumées.
Estas rosas son muy aromáticas.

1 (naturellement) **aromático, aromática**

2 ▷ Je lui ai acheté des savons parfumés.
Le he comprado unos jabones perfumados.

2 (artificiellement) **perfumado, perfumada**

pari

▷ Ludovic a gagné son pari.
Ludovic ha ganado la apuesta.
▷ Ils ont fait un pari et Annabelle a perdu.
Hicieron una apuesta y Annabelle perdió.

la **apuesta**

► **faire un pari : hacer una apuesta**

parier

▷ On a parié dix euros.
Apostamos diez euros.

▷ Je parie qu'elle va encore avoir la meilleure note.
Apuesto a que otra vez saca la mejor nota.

apostar

► **parier que... : apostar a que...**

Paris

▷ J'habite à Paris depuis quatre ans.
Vivo en París desde hace cuatro años.

▷ Pierre va à Paris mardi.
Pierre va a París el martes.

París

Le s se prononce en espagnol.

N'oubliez pas l'accent en espagnol !

parisien, parisienne

▷ Mes amies parisiennes sont venues me voir.
Mis amigas parisinas han venido a verme.

▷ C'est un vrai Parisien.
Es un verdadero parisino.

parisino, parisina

S'écrit toujours avec une minuscule en espagnol, qu'il s'agisse de l'adjectif ou du nom.

parking

▷ Le parking est plein.
El aparcamiento está lleno.

el **aparcamiento**

On peut dire aussi ***el estacionamiento****.*

parler

1 ▷ Tu devrais parler à Marielle.
Deberías hablar con Marielle.

▷ J'ai parlé au prof de mon problème.
Hablé de mi problema con el profesor.

▷ Juan parle très bien français.
Juan habla francés muy bien.

2 ▷ C'est un livre qui parle de la guerre.
Es un libro que trata de la guerra.

3 ▷ Ils ne se parlent plus.
Ya no se hablan.

1 (= s'exprimer, discuter) **hablar**

Notez la préposition utilisée en espagnol : parler à quelqu'un = ***hablar con alguien****.*

2 ► **parler de** quelque chose (= avoir pour sujet) : **tratar de** algo

3 ► **se parler : hablarse**

Le pronom réfléchi fonctionne de la façon suivante en espagnol : ***nos hablamos, os habláis, se hablan****.*

parmi

▷ Il y a plusieurs femmes parmi les candidats.
Hay varias mujeres entre los candidatos.

entre

paroi

▷ Éloignez-vous de la paroi.
Aléjense de la pared.

la **pared** (pluriel las **paredes**)

parole

1 ▷ Tu connais les paroles de cette chanson ?
¿Conoces la letra de esta canción?

1 ► **paroles** (= mots d'une chanson) : la **letra**

2 ▷ Il tient toujours parole.
Siempre cumple con su palabra.

2 ► **tenir parole : cumplir con su palabra**

ℹ *L'adjectif possessif fonctionne de la façon suivante en espagnol : cumplo con mi palabra, cumples con tu palabra, cumple con su palabra, cumplimos con nuestra palabra, cumplís con vuestra palabra, cumplen con su palabra.*

3 ▷ Arrête de me couper la parole !
¡Deja de interrumpirme!
▷ Le prof a donné la parole à Djamel.
El profesor le concedió la palabra a Djamel.
▷ Cyril a pris la parole pour dire qu'il n'était pas d'accord.
Cyril tomó la palabra para decir que no estaba de acuerdo.

3 ► **couper la parole à** quelqu'un : **interrumpir a** alguien
► **donner la parole à** quelqu'un : **conceder la palabra a** alguien
► **prendre la parole : tomar la palabra**

parquet

▷ Le parquet est vraiment sale.
El parqué está realmente sucio.

el **parqué** (pluriel los **parqués**)

ℹ *Remarquez que le mot espagnol porte sur le e un accent écrit qui reflète l'accent tonique.*

parrain

▷ Je vais en vacances avec mon parrain.
Me voy de vacaciones con mi padrino.

el **padrino**

part

1 ▷ Chacun doit payer sa part.
Cada uno debe pagar su parte.

1 (quand on partage) la **parte**

2 ▷ Tu as pris la plus grosse part de gâteau !
¡Has cogido el trozo de pastel más grande!

2 (d'un gâteau, d'une tarte) el **trozo**

3 ▷ Le prof a traité ce cas à part.
El profesor trató este caso aparte.

3 ► **à part** (= séparément) : **aparte**

4 ▷ Qui est venu à part Charlie ?
¿Quién vino aparte de Charlie?

4 ► **à part** (= en dehors de) : **a parte de**

5 ▷ Ce cadeau est de la part de Sophie.
Este regalo es de parte de Sophie.
▷ Donne-lui ce mot de ma part.
Dale esta nota de parte mía.

5 ► **de la part de :** **de parte de**

ℹ *Quand on emploie l'adjectif possessif en français* (**de ma part, de ta part, etc.**)*, on peut employer en espagnol soit le pronom possessif* (***de parte mía, de parte tuya,*** *etc.*) *soit l'adjectif possessif* (***de mi parte, de tu parte,*** *etc.*).

▷ C'est de la part de qui ?
¿De parte de quién?

ℹ *Pour demander qui est au téléphone, on dit* ***¿de parte de quién?***

6 ▷ Les élèves qui ont pris part à l'enquête recevront un livre.
Los alumnos que tomaron parte en la encuesta recibirán un libro.

6 ► **prendre part à :** **tomar parte en**

partager

1 ▷ J'ai partagé l'argent entre tous.
He repartido el dinero entre todos.

1 (= répartir, distribuer) **repartir**

2 ▷ J'ai dû partager une chambre avec mon frère.
Tuve que compartir una habitación con mi hermano.

2 (= avoir en commun) **compartir**

3 ▷ Partage la tarte en huit.
Divide la tarta en ocho.

3 (= couper) **dividir**

4 ▷ On s'est partagé le travail.
Nos repartimos el trabajo.

4 ► **se partager** quelque chose **:** **repartirse** algo

ℹ *Le pronom réfléchi fonctionne de la façon suivante en espagnol :* ***nos repartimos, os repartís, se reparten.***

partenaire

▷ Jean est mon partenaire de tennis.
Jean es mi compañero de tenis.

(de jeu) el **compañero,** la **compañera**

parti

▷ Chaque parti a un candidat.
Cada partido tiene un candidato.

el **partido**

participer à

▷ Est-ce que tu veux participer au concours ?
¿Quieres participar en el concurso?
▷ Qui veut participer au cadeau ?
¿Quién quiere participar en el regalo?

participar en

particularité

▷ C'est l'une des particularités de notre appareil.
Es una de las particularidades de nuestro aparato.

la **particularidad** (pluriel las **particularidades**)

particule

▷ Il y a de fines particules dans l'air.
Hay partículas finas en el aire.

la **partícula**

particulier, particulière

▷ C'est un cas très particulier.
Es un caso muy particular.
▷ Est-ce que tu pensais à un problème particulier ?
¿Pensabas en un problema particular?
▷ Jérôme a des habitudes assez particulières.
Jérôme tiene unas costumbres bastante particulares.
▷ C'est vrai, en particulier en France.
Es cierto, en particular en Francia.

particular (pluriel **particulares**)

► **en particulier : en particular**

particulièrement

1 ▷ Raïssa a été particulièrement désagréable.
Raïssa fue especialmente desagradable.
▷ Tu as aimé le film ? – Pas particulièrement.
¿Te gustó la película? – No especialmente.

1 (= très) **especialmente**

► **pas particulièrement : no... especialmente**

2 ▷ J'aime l'Espagne, particulièrement le Sud.
Me gusta España, sobre todo el sur.

2 (= surtout) **sobre todo**

partie

1 ▷ Vous voulez faire une autre partie ?
¿Queréis hacer otra partida?

1 (= jeu) la **partida**

2 ▷ La première partie du texte est plus facile.
La primera parte del texto es más fácil.

2 (= section, élément) la **parte**

3 ▷ Ce jardin fait partie du musée.
Este jardín forma parte del museo.

3 ► **faire partie de** (= être une partie de) : **formar parte de**

4 ▷ Je fais partie du club de voile.
Pertenezco al club de vela.

4 ► **faire partie de** (= être membre de) : **pertenecer a**

partir

1 ▷ Je dois partir, il est tard.
Tengo que irme, ya es tarde.
▷ On est partis de la maison à huit heures.
Nos fuimos de casa a las ocho.
▷ Cédric part en Espagne en août.
Cédric se va a España en agosto.

1 (= s'en aller, s'éloigner) **irse**

ℹ *Le pronom réfléchi fonctionne de la façon suivante en espagnol : **me voy, te vas, se va, nos vamos, os vais, se van.** On peut dire aussi **marcharse**.*

2 ▷ Le moteur ne veut pas partir.
El motor no quiere arrancar.

2 (= démarrer, en parlant d'une machine ou d'un moteur) **arrancar**

Attention à bien prononcer les deux r.

3 ▷ La tache a fini par partir.
Por fin se quitó la mancha.

3 (= disparaître) **quitarse**

4 ▷ Je serai libre à partir de mardi.
Estaré libre a partir del martes.

4 ► **à partir de : a partir de**

partition

▷ J'ai acheté des partitions des Beatles.
He comprado unas partituras de los Beatles.

(musicale) la **partitura**

partout

1 ▷ On t'a cherché partout !
¡Te buscamos en *ou* por todas partes!

1 (quand il n'y a pas de déplacement) **en *ou* por todas partes**

2 ▷ Il a voyagé partout.
Viajó a todas partes.

2 (quand il y a un déplacement) **a todas partes**

pas

1 ▷ On entendait des pas dans la nuit.
Se oían pasos en la noche.
▷ Raoul fait de grands pas.
Raoul da grandes pasos.

1 (= enjambée, bruit) el **paso**

Notez la traduction de faire un pas : *dar un paso.*

2 ▷ Je ne suis pas content.
No estoy contento.
▷ Sabine ne viendra pas à la soirée.
Sabine no vendrá a la fiesta.
▷ J'essaye de ne pas trop y penser.
Intento no pensar mucho en ello.

2 ► **ne... pas : no**

3 ▷ Tu viens ou pas ?
¿Vienes o no ?
▷ Qui veut faire la vaisselle ? – Pas moi !
¿Quién quiere fregar los platos? – ¡Yo no!

3 (employé sans *ne*) **no**

4 ▷ Ça te dérange ? – Non, pas du tout.
¿Te molesta? – No, en absoluto.
▷ Je n'aime pas du tout ce tableau.
No me gusta este cuadro en absoluto.

4 ► **pas du tout : en absoluto**

passable

▷ Le prof a dit que mon devoir était passable.
El profesor dijo que mi examen estaba pasable.

(= moyen) **pasable**

passage

1 ▷ Il y a un passage difficile dans ce morceau.
Hay un pasaje difícil en este fragmento.

1 (= partie d'un morceau, d'un texte, etc.) el pasaje

Attention à l'orthographe du mot espagnol.

2 ▷ On pourrait s'arrêter à Lascaux au passage.
Nos podríamos parar en Lascaux de paso.

2 ► **au passage** (= en route) : de paso

3 ▷ Je traverse toujours aux passages cloutés.
Siempre cruzo en los pasos de peatones.

3 ► **passage clouté** *ou* **passage piétons :** el paso de peatones (pluriel los pasos de peatones)

4 ▷ On a dû s'arrêter à un passage à niveau.
Nos tuvimos que parar en un paso a nivel.

4 ► **passage à niveau :** el paso a nivel (pluriel los pasos a nivel)

5 ▷ Prenez le passage souterrain.
Tome el paso subterráneo.

5 ► **passage souterrain :** el paso subterráneo (pluriel los pasos subterráneos)

passager

▷ Tous les passagers sont descendus.
Todos los pasajeros se bajaron.

el pasajero

Attention à l'orthographe du mot espagnol.

passant

▷ Plusieurs passants se sont arrêtés.
Varios transeúntes se pararon.

el transeúnte

*Remarquez que le mot espagnol porte sur le **u** un accent écrit qui reflète l'accent tonique.*

passe

▷ Quelle belle passe !
¡Qué pase más bonito !

(dans les jeux de ballon) el pase

▷ Luc a fait la passe à Nouredine.
Luc le dio un pase a Nouredine.

► **faire la passe à** quelqu'un **:** dar un pase a alguien

passé, passée

1 ▷ Ça a commencé l'année passée.
Empezó el año pasado.

1 (= dernier, écoulé) pasado, pasada

2 ▷ Ne pense pas au passé.
No pienses en el pasado.

2 ► **le passé :** el pasado

passeport

▷ Tu dois présenter ton passeport à la douane.
Tienes que presentar el pasaporte en la aduana.

el pasaporte

passer

1 ▷ J'ai vu passer Lise et sa mère.
Vi pasar a Lise y a su madre.
▷ Je passe toujours par le jardin public.
Siempre paso por el parque público.
▷ Je passerai chez toi si tu veux.
Si quieres pasaré por tu casa.
▷ Le temps est passé très vite.
El tiempo pasó muy rápido.
▷ Je passerai en cinquième en septembre.
Pasaré a primero de E.S.O. en septiembre.
▷ Passe-moi un bonbon, s'il te plaît.
Pásame un caramelo, por favor.
▷ Tu peux me passer Érika ?
¿Me puedes pasar a Érika?
▷ Passe la balle !
¡Pasa la pelota !
▷ On a passé l'après-midi à discuter.
Pasamos la tarde charlando.

1 *La traduction la plus courante de* **passer** *est* ***pasar****.*

2 ▷ Ce film est déjà passé à la télé.
Ya han puesto esta película en la tele.

2 *Pour dire qu'une émission ou un film* **passe à la télé**, *on emploie en espagnol le verbe* ***poner*** *à la troisième personne du pluriel.*

3 ▷ Ce n'est qu'un mal de tête, ça passera.
No es más que un dolor de cabeza, ya se me pasará.

3 *Pour parler d'une douleur qui disparaît, on emploie en espagnol le verbe* ***pasarse*** *+ le pronom personnel qui convient.*

4 ▷ Personne ne nous a arrêtés quand nous avons passé la frontière.
Nadie nos detuvo cuando cruzamos la frontera.

4 (= franchir) **cruzar**

5 ▷ La sœur de Fouad a passé son permis de conduire.
La hermana de Fouad se examinó del carné de conducir.

5 (en parlant d'un examen, du permis de conduire) **examinarse de**
ℹ *Le pronom réfléchi fonctionne de la façon suivante en espagnol :* ***me examino, te examinas, se examina, nos examinamos, os examináis, se examinan.***

6 ▷ Qu'est-ce qui s'est passé ?
¿Qué pasó?

6 ► **se passer** (= se produire) : **pasar**
ℹ *On peut dire aussi* ***ocurrir*** *ou* ***suceder****.*

7 ▷ Comment se sont passées tes vacances ?
¿Qué tal te fueron las vacaciones?
▷ Ça s'est très bien passé.
Me fue muy bien.

7 *Pour demander ou dire comment s'est passé quelque chose, on emploie en espagnol le verbe* ***ir*** *précédé du pronom personnel qui convient.*

8 ▷ Tu devras te passer de douche pendant quelque temps.
Tendrás que prescindir de ducha durante algún tiempo.

8 ► **se passer de** quelque chose : **prescindir de** algo

passe-temps

▷ Quel est ton passe-temps préféré ?
¿Cuál es tu pasatiempo favorito?

el **pasatiempo**

passion

▷ Aurélien a une passion pour les motos.
A Aurélien le apasionan las motos.

Pour dire que quelqu'un **a une passion pour** *quelque chose, on utilise en espagnol le verbe* ***apasionar*** *précédé du nom ou du pronom correspondant à la personne.*
(Voir aussi le verbe **aimer***)*

passionnant, passionnante

▷ J'ai trouvé ce livre passionnant.
Este libro me pareció apasionante.

apasionante
Attention à l'orthographe du mot espagnol.

passionné, passionnée

▷ Il est passionné de voitures de course.
Está apasionado por los coches de carreras.

► **être passionné de** quelque chose : **estar apasionado** *ou* **apasionada por** algo

On peut employer aussi une construction active en espagnol, avec le verbe ***apasionar****. Si ce qui passionne est un pluriel, le verbe est au pluriel ; si c'est un singulier, le verbe se met au singulier :* ***le apasionan los coches de carreras, me apasiona la equitación.***

▷ Ce spectacle ravira les passionnés d'aviation.
Este espectáculo encantará a los apasionados de la aviación.

► **être un passionné de jazz / de rugby,** etc. : **ser un apasionado de jazz / rugby,** etc.

passoire

▷ Où est la passoire ? J'en ai besoin pour les pommes de terre.
¿Dónde está el colador? Lo necesito para las patatas.

el **colador** (pluriel **los coladores**)

▷ Je vais acheter une passoire à thé.
Voy a comprar un colador de té.

► **passoire à thé :** el **colador de té** (pluriel **los coladores de té**)

pasteur

▷ Le pasteur a fait un très bon sermon.
El pastor hizo un sermón muy bueno.

el **pastor** (pluriel **los pastores**)

pastille

(= médicament) la **pastilla**

▷ Je voudrais des pastilles pour la gorge, s'il vous plaît.
Quisiera pastillas para la garganta, por favor.

patate

la **patata**

▷ Il y a du poulet et des patates pour le déjeuner.
Hay pollo con patatas para la comida.

patauger

chapotear

▷ Arrête de patauger dans les flaques !
¡Deja de chapotear en los charcos!

pâte

1 (= mélange pour gâteaux ou croûte du gâteau) la **masa**

1 ▷ La pâte est trop liquide.
La masa está demasiado líquida.

2 (= mélange pour friture) la **pasta**

2 ▷ C'est du poisson recouvert de pâte et frit.
Es pescado cubierto con pasta y frito.

3 ► **pâtes** (alimentaires) : **macarones**

ℹ *Le mot* ***pasta*** *existe mais, comme il désigne aussi des petits biscuits secs, on utilise pratiquement toujours* ***macarones*** *en espagnol pour éviter toute confusion.*

3 ▷ Roberto a fait des pâtes au fromage.
Roberto hizo macarones con queso.
▷ Aujourd'hui on a mangé des pâtes.
Hoy hemos comido macarones.

4 ► **pâte à modeler : la plastilina®**

4 ▷ Mon petit frère adore jouer avec la pâte à modeler.
A mi hermanito le encanta jugar con la plastilina®.

pâté

1 (= charcuterie) el **paté** (pluriel **los patés**)

ℹ *Remarquez que le mot espagnol porte sur le* ***e*** *un accent écrit qui reflète l'accent tonique.*

1 ▷ J'ai mangé un sandwich au pâté.
Comí un bocadillo de paté.

2 ► **pâté de maisons : la manzana**

Le mot ***manzana*** *signifie également « pomme ».*

2 ▷ On a fait trois fois le tour du pâté de maisons mais on ne l'a pas trouvé.
Dimos tres vueltas a la manzana pero no lo encontramos.

patiemment

con paciencia

▷ Le prof a patiemment expliqué l'exercice.
El profesor explicó el ejercicio con paciencia.

patience

▷ Tu n'as aucune patience !
¡No tienes ninguna paciencia!

la **paciencia**

patient, patiente

▷ Sois patient, ça sera bientôt ton tour.
Ten paciencia, pronto te tocará.

► **être patient :** tener paciencia

patin

▷ Un de mes patins est cassé.
Se me ha roto uno de los patines.

(pour glisser ou rouler) el **patín** (pluriel los patines)

ℹ *Il n'y a pas d'accent écrit au pluriel. L'accent tonique porte sur le **i**, comme au singulier.*

▷ Djamila a des patins à roulettes.
Djamila tiene patines de ruedas.

► **patins à roulettes :** patines de ruedas

▷ Tu sais faire du patin à roulettes ?
¿Sabes patinar sobre ruedas?

► **faire du patin à roulettes :** patinar sobre ruedas

patinage

▷ Mélodie fait du patinage artistique.
Mélodie hace patinaje artístico.

► **patinage artistique :** el patinaje artístico

✋ *Attention à l'orthographe du mot **patinaje**.*

patinoire

▷ Tu viens avec nous à la patinoire ?
¿Vienes con nosotros a la pista de patinaje?

la **pista de patinaje** (pluriel las pistas de patinaje)

pâtisserie

1 ▷ Est-ce qu'il y a une bonne pâtisserie dans ce quartier ?
¿Hay una buena pastelería en este barrio?

1 (= magasin) la **pastelería**

ℹ *Remarquez que le mot espagnol porte sur le **i** un accent écrit qui reflète l'accent tonique.*

2 ▷ Tu manges trop de pâtisseries.
Comes demasiados pasteles.

2 (= gâteau) el **pastel** (pluriel los pasteles)

patron, patronne

▷ Le patron du bar est venu voir ce qui se passait.
El patrón del bar vino a ver qué pasaba.

▷ Le patron et les ouvriers ont discuté.
El patrón y los obreros han hablado.

el **patrón** (pluriel los patrones), la **patrona**

ℹ *Il n'y a pas d'accent écrit au pluriel ni au féminin. L'accent tonique porte sur le **o**, comme au singulier.*

patrouille

▷ Leur patrouille a été attaquée.
Su patrulla fue atacada.

la **patrulla**

patte

▷ Le chat a une patte cassée.
El gato tiene una pata rota.

(= jambe d'un animal) la **pata**

paume

▷ Il cachait quelque chose dans la paume de sa main.
Escondía algo en la palma de la mano.

(= creux de la main) la **palma**

paupière

▷ Mes paupières sont vraiment lourdes !
¡Siento los párpados muy pesados!

el **párpado**

ℹ *Remarquez que le mot espagnol porte sur le premier* **a** *un accent écrit qui reflète l'accent tonique.*

pause

▷ On a pris un café pendant la pause.
Tomamos un café durante la pausa.

▷ Bon, faisons une pause !
¡Bueno, hagamos una pausa!

(= repos) la **pausa**

ℹ *On peut dire aussi* ***el descanso****.*

► **faire une pause :** hacer una pausa

pauvre

▷ Ce sont des gens très pauvres.
Es gente muy pobre.

▷ Pauvre Jean, il n'a pas eu la moyenne en histoire !
¡Pobre Jean, no ha sacado un suficiente en historia!

▷ La pauvre, elle doit avoir très peur !
¡La pobre, debe de tener mucho miedo!

pobre

pavillon

▷ Ils habitent en banlieue, dans un pavillon.
Viven en las afueras, en un chalé.

(= maison) el **chalé** (pluriel **los chalés**)

ℹ *Remarquez que le mot espagnol porte sur le* **e** *un accent écrit qui reflète l'accent tonique.*

payant, payante

▷ Est-ce que le concert est payant ?
¿El concierto es de pago?

de pago

payer

1 ▷ C'est Sandrine qui a payé les glaces.
Sandrine fue la que pagó los helados.

▷ J'ai payé ce livre dix euros.
Pagué diez euros por este libro.

▷ J'ai oublié de payer le plombier.
Se me olvidó pagar al fontanero.

1 (= acheter, rémunérer) **pagar**

Si le complément est une personne, un groupe de personnes ou un animal domestique, n'oubliez pas de le faire précéder de ***a****.*

2 ▷ Viens, je te paie un café.
Ven, te invito a un café.

2 ► **payer** quelque chose **à** quelqu'un : **invitar a** alguien **a** algo

pays

▷ Malika voudrait vivre dans un autre pays.
Malika quisiera vivir en otro país.

el **país** (pluriel **los países**)

Remarquez que le mot espagnol porte sur le ***i*** *un accent écrit qui reflète l'accent tonique.*

paysage

▷ Quel beau paysage !
¡Qué paisaje más bonito!

el **paisaje**

Attention à l'orthographe du mot espagnol.

paysan, paysanne

▷ Les paysans français ne sont pas contents.
Los campesinos franceses no están contentos.

el **campesino,** la **campesina**

Pays-Bas

▷ Les Pays-Bas sont en demi-finale.
Los Países Bajos están en la semifinal.

► **les Pays-Bas : los Países Bajos**

Remarquez que le mot espagnol ***Países*** *porte sur le i un accent écrit qui reflète l'accent tonique.*

▷ On voit des champs de fleurs aux Pays-Bas.
Se ven campos de flores en los Países Bajos.

▷ Quentin et sa famille sont allés aux Pays-Bas.
Quentin y su familia han ido a los Países Bajos.

► **aux Pays-Bas** (= dans le pays) : **en los Países Bajos**

► **aux Pays-Bas** (= vers le pays) : **a los Países Bajos**

PC

▷ Je travaille sur PC.
Trabajo en un PC.

(= ordinateur) el **PC** (pluriel **los PC**)

Notez bien la différence de construction entre le français et l'espagnol : sur PC = ***en un PC****.*

péage

▷ Le péage est cher sur cette autoroute.
El peaje es caro en esta autopista.

▷ Le péage est juste après Bayonne.
El peaje está justo después de Bayona.

el **peaje**

Attention à l'orthographe du mot espagnol.

peau

▷ Sophie a une jolie peau.
Sophie tiene una piel bonita.

▷ Les jupes en peau sont à la mode.
Las faldas de piel están de moda.

la **piel** (pluriel **las pieles**)

► **en peau** (= en cuir) : **de piel**

En espagnol, on emploie le même mot, ***piel****, pour* la peau *et* la fourrure.

pêche

1 ▷ J'ai acheté un kilo de pêches.
He comprado un kilo de melocotones.

1 (= fruit) el **melocotón** (pluriel los **melocotones**)

ℹ *Il n'y a pas d'accent écrit au pluriel. L'accent tonique porte sur le **o**, comme au singulier.*

2 ▷ Marc lit un magazine sur la pêche.
Marc está leyendo una revista de pesca.
▷ Je vais souvent à la pêche avec mon père.
Voy a pescar a menudo con mi padre.

2 (pour attraper des poissons) la **pesca**
► **aller à la pêche : ir a pescar**

3 ▷ J'ai la pêche aujourd'hui !
¡Qué marcha tengo hoy!

3 ► **avoir la pêche** (= être en forme, au sens familier) : **tener marcha**

ℹ Avoir la pêche, *comme* ***tener marcha****, est familier.*

pêcher

▷ Karim a pêché trois truites.
Karim pescó tres truchas.
▷ Ils pêchent le thon dans cette région.
Pescan el atún en esta región.

pescar

pêcheur

▷ Il y avait des pêcheurs au bord de la rivière.
Había pescadores a orillas del río.

el **pescador** (pluriel los **pescadores**)

pédale

▷ La pédale gauche de mon vélo est cassée.
El pedal izquierdo de mi bici está roto.

el **pedal** (pluriel los **pedales**)

Attention : contrairement au français, le mot espagnol ***pedal*** *est masculin.*

pédaler

▷ Allez, pédale plus vite !
¡Venga, pedalea más rápido!

pedalear

peigne

▷ Qui a laissé des cheveux sur mon peigne ?
¿Quién ha dejado pelos en mi peine?

el **peine**

peigner

1 ▷ Ma mère a du mal à peigner ma petite sœur.
A mi madre le cuesta peinar a mi hermanita.

1 **peinar**

*Si le complément est une personne, un groupe de personnes ou un animal domestique, n'oubliez pas de le faire précéder de **a**.*

2 ▷ Je me suis lavé et peigné en deux minutes.
Me lavé y me peiné en dos minutos.

2 ► **se peigner :** peinarse

ℹ *Le pronom réfléchi fonctionne de la façon suivante en espagnol : me peino, te peinas, se peina, nos peinamos, os peináis, se peinan.*

peignoir

1 ▷ Karine était encore en peignoir quand je suis arrivée.
Karine estaba todavía en bata cuando llegué.

1 (= robe de chambre) la bata

2 ▷ Sèche-toi, mets ton peignoir et descends.
Sécate, ponte el albornoz y baja.

2 (en éponge) el albornoz (pluriel los albornoces)

ℹ *N'oubliez pas que le z devient c au pluriel.*

peindre

▷ Émile peint très bien.
Émile pinta muy bien.
▷ Nous avons peint le couloir en vert pâle.
Pintamos el pasillo de verde pálido.

pintar

ℹ *Notez la préposition utilisée en espagnol :* peindre en = *pintar de.*

peine

1 ▷ Sarah a eu beaucoup de peine quand son chien est mort.
Sarah sintió mucha lástima cuando murió su perro.
▷ Les animaux abandonnés me font de la peine.
Los animales abandonados me dan lástima.
▷ Je crois que tu as fait de la peine à Carole.
Creo que has herido a Carole.

1 ► **avoir de la peine** (= ressentir du chagrin) **:** sentir lástima

► **faire de la peine** (= faire pitié) **:** dar lástima

► **faire de la peine à** quelqu'un (= blesser) **:** herir a alguien

2 ▷ Mon grand-père a de la peine à marcher.
Mi abuelo tiene dificultades para andar.

2 ► **avoir de la peine à** faire quelque chose (= avoir du mal) **:** tener dificultades para hacer algo

3 ▷ Est-ce que ça vaut la peine d'aller voir ce film ?
¿Vale la pena ir a ver esa película?
▷ Tu veux que je t'aide ? – Non, ce n'est pas la peine.
¿Quieres que te ayude? – No, no vale la pena.
▷ Ce n'est pas la peine de se presser.
No vale la pena darse prisa.

3 ► **valoir la peine de** faire quelque chose **:** valer la pena hacer algo

► **ce n'est pas la peine :** no vale la pena

► **ce n'est pas la peine de** faire quelque chose **:** no vale la pena hacer algo

4 ▷ Elle a à peine mangé, elle doit être malade.
Apenas ha comido, debe de estar enferma.

4 ► **à peine** (= presque pas) **:** apenas

peinture

1 ▷ Cette peinture est du dix-septième siècle.
Esta pintura es del siglo diecisiete.
▷ Je voudrais une boîte de peintures pour mon anniversaire.
Quisiera una caja de pinturas para mi cumpleaños.

1 (= tableau, substance) la **pintura**

2 ▷ Je fais souvent de la peinture.
Pinto a menudo.

2 ► **faire de la peinture :** **pintar**

pelage

▷ Le léopard a un très beau pelage.
El leopardo tiene un pelaje muy bonito.

el **pelaje**

peler

1 ▷ Benoît mange les pêches sans les peler.
Benoît come los melocotones sin pelarlos.

1 (= enlever la peau de) **pelar**

2 ▷ Mon nez pèle.
Se me está pelando la nariz.
▷ Tu as le dos qui pèle.
Se te está pelando la espalda.
▷ Lisa a les jambes qui pèlent.
A Lisa se le están pelando las piernas.

2 *Pour dire qu'une partie du corps pèle après un coup de soleil, on emploie la forme* ***pelársele a alguien.***

pelle

▷ L'ouvrier enlève le sable avec une pelle.
El obrero quita la arena con una pala.

(= outil) la **pala**

pellicule

1 ▷ J'ai utilisé six pellicules pendant les vacances !
¡Usé seis carretes durante las vacaciones!

1 (= rouleau d'appareil photo) el **carrete**

Attention à bien prononcer les deux ***r*** *de* ***carrete.***

On peut dire aussi ***la película.***

2 ▷ Il a des pellicules.
Tiene caspa.

2 ► **avoir des pellicules** (dans les cheveux) : **tener caspa**

pelouse

▷ Monsieur Hébert tond sa pelouse tous les samedis.
El señor Hébert corta el césped todos los sábados.

el **césped**

Remarquez que le mot espagnol porte sur le ***e*** *un accent écrit qui reflète l'accent tonique.*

peluche

(= jouet) el **muñeco de peluche**

▷ Le lit d'Estelle est couvert de peluches.
La cama de Estelle está cubierta con muñecos de peluche.

► **en peluche :** de peluche

▷ Ce canard en peluche est très joli !
¡Este pato de peluche es muy bonito!

pénalty

el **penalty** (pluriel los penaltys)

► **marquer sur pénalty :** marcar un gol de penalty

▷ Il a marqué sur pénalty.
Marcó un gol de penalty.

pencher

1 (= incliner) **inclinar**

1 ▷ Il a penché le verre pour servir la bière.
Inclinó el vaso para servir la cerveza.

2 (= être incliné) **estar inclinado** *ou* **inclinada**

2 ▷ Cet arbre penche, on dirait qu'il va tomber.
Este árbol está inclinado, parece que va a caerse.

3 ► **se pencher** (à la fenêtre) : asomarse

Le pronom réfléchi fonctionne de la façon suivante en espagnol : ***me** asomo, **te** asomas, **se** asoma, **nos** asomamos, **os** asomáis, **se** asoman.*

3 ▷ Ne te penche pas trop, c'est dangereux.
No te asomes demasiado, es peligroso.

pendant

1 *Quand* pendant *est suivi du nom d'une activité ou d'un événement (*pendant la réunion, pendant le festival, *etc.), il se traduit par* ***durante**.*

1 ▷ Il a rencontré Adeline pendant les vacances.
Conoció a Adeline durante las vacaciones.

2 *Quand* ***pendant*** *est suivi d'une expression de durée (****pendant deux semaines, pendant une heure****, etc.), il ne se traduit pas.*

2 ▷ Nous sommes restés à Lérida pendant trois jours.
Nos quedamos tres días en Lérida.

3 ► **pendant que :** mientras

3 ▷ J'irai à la bibliothèque pendant que tu fais les courses.
Iré a la biblioteca mientras haces la compra.

pendre

1 (= être accroché) **colgar**

Notez la préposition utilisée en espagnol : pendre **à** = ***colgar de**.*

1 ▷ Ta veste pend au portemanteau.
Tu chaqueta cuelga del perchero.

2 ▷ Le cousin de Jeanne s'est pendu.
El primo de Jeanne se ahorcó.

2 ► **se pendre** (= se suicider) : **ahorcarse**

ℹ *Le pronom réfléchi fonctionne de la façon suivante en espagnol :* ***me ahorco, te ahorcas, se ahorca, nos ahorcamos, os ahorcáis, se ahorcan.***

pendule

▷ Cette pendule ne marche pas.
Este reloj no funciona.

el **reloj** (pluriel **los relojes**)

🔈 *Attention à bien prononcer le* ***r*** *et le* ***j*** *de* ***reloj.***

ℹ *En espagnol, on emploie le même mot,* ***reloj****, pour désigner* la montre *et* l'horloge.

pénible

1 ▷ C'est un métier très pénible.
Es un oficio muy penoso.

1 (= fatigant) **penoso, penosa**

2 ▷ Tu es vraiment pénible !
¡Qué pesado eres!

2 (en parlant d'une personne) **pesado, pesada**

péniche

▷ Aimerais-tu faire une promenade en péniche ?
¿Te gustaría dar un paseo en chalana?

la **chalana**

penser

1 ▷ Je pense que c'est possible.
Pienso que es posible.
▷ Je pense que oui.
Pienso que sí.
▷ Nous pensions partir demain.
Pensábamos irnos mañana.
▷ Je pense souvent à Samir.
Pienso a menudo en Samir.

1 *La traduction la plus courante de* penser *est* ***pensar.***

► **penser à : pensar en**

2 ▷ Que penses-tu de mon idée ?
¿Qué te parece mi idea?

2 *Pour demander son opinion à quelqu'un, on emploie en espagnol l'expression* ***¿qué te parece?, ¿qué le parece?, ¿qué os parece?, ¿qué les parece?***

pensionnaire

▷ Je suis pensionnaire parce que j'habite trop loin de l'école.
Soy interno porque vivo demasiado lejos de la escuela.

(d'une école) **interno, interna**

pensionnat

▷ Mes parents veulent m'envoyer en pensionnat.
Mis padres quieren mandarme a un internado.

el **internado**

pente

▷ On a eu du mal à monter la pente.
Nos costó subir la pendiente.
▷ La route est en pente.
La carretera está en pendiente.

la **pendiente**

► **être en pente :** estar en pendiente

pépin

▷ Ces mandarines sont pleines de pépins.
Estas mandarinas están llenas de pepitas.

(= graine) la **pepita**

pépite

▷ Il a trouvé des pépites d'or.
Encontró unas pepitas de oro.

la **pepita**

percer

1 ▷ Ils percent un tunnel en dessous des Pyrénées.
Están perforando un túnel por debajo de los Pirineos.

1 (= perforer, traverser) **perforar**

2 ▷ Est-ce que tes oreilles sont percées ?
¿Tienes las orejas agujereadas?

2 ► **percer les oreilles :** agujerear las orejas

3 ▷ On va percer un trou dans le mur.
Vamos a hacer un agujero en la pared.

3 (en parlant d'un trou) **hacer**

perceuse

▷ Le voisin nous a prêté sa perceuse.
El vecino nos prestó su taladro.

el **taladro**

perdant, perdante

▷ Il est mauvais perdant.
Es un mal perdedor.

el **perdedor** (pluriel perdedores), la **perdedora**

perdre

1 ▷ Je suis sûr qu'ils vont perdre.
Estoy seguro de que van a perder.
▷ J'ai perdu mon portefeuille.
He perdido la cartera.
▷ Il m'a fait perdre mon temps.
Me hizo perder el tiempo.

1 **perder**

► **perdre son temps :** perder el tiempo

ℹ *Notez que l'espagnol n'emploie pas le possessif.*

2 ▷ C'est facile de se perdre dans Madrid.
Es fácil perderse en Madrid.

2 ► **se perdre :** perderse

ℹ *Le pronom réfléchi fonctionne de la façon suivante en espagnol : **me pierdo, te pierdes, se pierde, nos perdemos, os perdéis, se pierden.***

père

1 ▷ Comment s'appelle ton père ?
¿Cómo se llama tu padre?

2 ▷ Elle croit encore au père Noël !
¡Todavía cree en Papá Noel!

1 (= papa) el **padre**

2 ► **le père Noël : Papá Noel**

ℹ *Il n'y a jamais d'article devant le nom* ***Papá Noel.***

périmé, périmée

▷ Apparemment, ma carte était périmée.
Al parecer, mi tarjeta estaba caducada.

(= plus valable) **caducado, caducada**

période

▷ C'est une période difficile pour elle.
Es un período difícil para ella.

el **período**

ℹ *Remarquez que le mot espagnol porte sur le* ***i*** *un accent écrit qui reflète l'accent tonique.*

perle

1 ▷ Claire a fait un collier avec des perles en verre.
Claire hizo un collar con cuentas de vidrio.

2 ▷ Ma mère a un beau collier de perles.
Mi madre tiene un collar de perlas hermoso.

1 (= bille) la **cuenta**

2 (= perle d'huître) la **perla**

permettre

1 ▷ J'espère que mes parents me permettront d'aller à la soirée.
Espero que mis padres me permitan ir a la fiesta.
▷ Ses études lui ont permis de trouver un bon poste.
Los estudios le permitieron encontrar un buen puesto.

2 ▷ Ils peuvent se permettre d'aller en vacances aux Antilles.
Se pueden permitir ir de vacaciones a las Antillas.

1 ► **permettre à** quelqu'un **de** faire quelque chose **: permitir a** alguien hacer algo

ℹ *Notez qu'en espagnol, il n'y a pas de préposition entre* ***permitir*** *et le verbe qui suit.*

2 ► **pouvoir se permettre** (= avoir les moyens financiers) **: poder permitirse**

permis

▷ Il faut un permis pour pêcher ici.
Hace falta un permiso para pescar aquí.
▷ Il me tarde de passer mon permis de conduire.
Tengo muchas ganas de presentarme al permiso de conducir.

el **permiso**

► **permis de conduire : permiso de conducir**

ℹ *On peut dire aussi* ***el carné de conducir.***

permission

▷ Mes parents m'ont donné la permission de sortir.
Mis padres me dieron permiso para salir.

▷ Je vais demander la permission au professeur.
Le voy a pedir permiso al profesor.

(= autorisation) el **permiso**
► **donner la permission à** quelqu'un **de** faire quelque chose : **dar permiso a** alguien **para** hacer algo
► **demander la permission à** quelqu'un : **pedir permiso a** alguien

Pérou

▷ La capitale du Pérou est Lima.
La capital de Perú es Lima.
▷ Les Incas vivaient au Pérou.
Los Incas vivían en Perú.
▷ Ils sont allés au Pérou.
Han ido a Perú.

Perú
ℹ *Ne prend généralement pas d'article.*
► **au Pérou** (= dans le pays) : **en Perú**
► **au Pérou** (= vers le pays) : **a Perú**

perpendiculaire à

▷ C'est une rue perpendiculaire à celle-ci.
Es una calle perpendicular a ésta.

perpendicular a

perplexe

▷ Je suis un peu perplexe.
Estoy un poco perplejo.

perplejo, perpleja

perroquet

▷ Sandrine a un perroquet vert.
Sandrine tiene un loro verde.

el **loro**

perruque

▷ Alain a mis une perruque rousse pour la fête.
Alain se puso una peluca pelirroja para la fiesta.

la **peluca**

persil

▷ Il y a trop de persil dans cette salade.
Hay demasiado perejil en esta ensalada.

el **perejil**

personnage

▷ Le personnage principal du film est un médecin.
El personaje principal de la película es un médico.

el **personaje**

personnalité

▷ Elle a une forte personnalité.
Tiene una fuerte personalidad.

la **personalidad** (pluriel las **personalidades**)
Attention à l'orthographe du mot espagnol.

personne

1 ▷ Plusieurs personnes sont parties avant la fin.
Varias personas se fueron antes del final.

1 (= être humain) la **persona**

▷ Il vit avec une personne âgée.
Vive con una persona mayor.
▷ C'est gratuit pour les personnes âgées.
Es gratuito para la gente mayor.

► **personne âgée : persona mayor** (pluriel **personas mayores**)
*Au pluriel, on utilise souvent **la gente mayor**.*

2 ▷ Les grandes personnes ne nous comprennent pas.
Los adultos no nos entienden.

2 ► **grande personne : el adulto**

3 ▷ Personne n'a voulu m'aider.
Nadie quiso ayudarme.
▷ Je ne connais personne ici.
No conozco a nadie aquí.

3 (= aucun) **nadie**
*Quand **nadie** est complément, n'oubliez pas de le faire précéder de **a**.*

personnel, personnelle

1 ▷ C'est un problème personnel.
Es un problema personal.

1 (= privé) **personal** (pluriel **personales**)
Attention à l'orthographe du mot espagnol.

2 ▷ L'entreprise n'a pas assez de personnel.
La empresa no tiene personal suficiente.

2 (= employés) el **personal**

personnellement

▷ Personnellement, je préférerais mardi.
Personalmente, preferiría el martes.

personalmente

perspective

▷ Quelle perspective !
¡Vaya perspectiva!
▷ Dans ce pays, les jeunes n'ont pas de perspectives d'avenir.
En ese país, los jóvenes no tienen perspectivas de porvenir.

(= éventualité) la **perspectiva**

► **perspectives d'avenir : perspectivas de porvenir**

perspicace

▷ C'est un observateur très perspicace.
Es un observador muy perspicaz.

perspicaz (pluriel **perspicaces**)
*N'oubliez pas que le **c** devient **z** au pluriel.*

persuader

▷ On a persuadé Alice de venir au cinéma avec nous.
Convencimos a Alice de que viniera al cine con nosotros.

► **persuader** quelqu'un **de** + infinitif **: convencer a** alguien **de que** + subjonctif
*Attention à la concordance des temps : quand **convencer** est au présent, le verbe de la subordonnée est au présent du subjonctif **(me quieren convencer de que vaya con ellos)**, mais quand **convencer** est au passé, le verbe de la subordonnée doit être à l'imparfait du subjonctif **(la convencimos de que fuera con nosotros)**.*

perte

▻ Ce n'est pas une grande perte !
¡No es una gran pérdida!

la **pérdida**

pertinent, pertinente

▻ Cette remarque est très pertinente.
Esta observación es muy pertinente.

pertinente

perturbé, perturbée

▻ Elle est encore un peu perturbée.
Todavía está un poco perturbada.
▻ Le trafic est très perturbé.
El tráfico está muy perturbado.

perturbado, perturbada

péruvien, péruvienne

▻ Mario Vargas Llosa est un écrivain péruvien très connu.
Mario Vargas Llosa es un escritor peruano muy famoso.
▻ Ma sœur s'est mariée avec un Péruvien.
Mi hermana se casó con un peruano.

peruano, peruana

S'écrit toujours avec une minuscule en espagnol, qu'il s'agisse de l'adjectif ou du nom.

peser

1 ▻ Le médecin a pesé et mesuré tous les élèves.
El médico pesó y midió a todos los alumnos.
▻ Sabrina pèse quarante-cinq kilos.
Sabrina pesa cuarenta y cinco kilos.

1 **pesar**

*Si le complément est une personne, un groupe de personnes ou un animal domestique, n'oubliez pas de le faire précéder de **a**.*

2 ▻ Italo se pèse tous les matins.
Italo se pesa todas las mañanas.

2 ► **se peser :** pesarse

*Le pronom réfléchi fonctionne de la façon suivante en espagnol : **me peso, te pesas, se pesa, nos pesamos, os pesáis, se pesan**.*

pessimiste

▻ Ne sois pas si pessimiste !
¡No seas tan pesimista!
▻ C'est un pessimiste, il voit des problèmes partout.
Es un pesimista, ve problemas por todas partes.

pesimista

pétale

▻ Les fleurs perdent leurs pétales.
Las flores están perdiendo los pétalos.

el **pétalo**

*Remarquez que le mot espagnol porte sur le **e** un accent écrit qui reflète l'accent tonique.*

pétard

▻ Ils lançaient des pétards dans la rue.
Tiraban petardos en la calle.

(= feu d'artifice) el **petardo**

péter

1 ▷ Qui a pété ? !
¡¿Quién se ha tirado un pedo?!

1 (= avoir des gaz) **tirarse un pedo**
ℹ *Le pronom réfléchi fonctionne de la façon suivante en espagnol : **me tiro, te tiras, se tira, nos tiramos, os tiráis, se tiran un pedo**.*

2 ▷ Tous les ballons ont pété.
Todos los globos estallaron.

2 (= exploser) **estallar**

3 ▷ La corde a pété et tout s'est écroulé.
La cuerda se rompió y todo se derrumbó.

3 (= casser) **romperse**
ℹ *Le pronom réfléchi fonctionne de la façon suivante en espagnol : **se rompe, se rompen**.*

ℹ Péter *est familier, mais* **estallar** *et* **romperse** *ne le sont pas.*

pétillant, pétillante

▷ Je voudrais de l'eau minérale pétillante.
Quisiera agua mineral con gas.
▷ Je n'aime pas le vin pétillant.
No me gusta el vino espumoso.

(en parlant d'une eau) **con gas**

(en parlant d'un vin) **espumoso**

petit, petite

1 ▷ C'est un petit parc.
Es un pequeño parque.
▷ Il est trop petit pour comprendre ça.
Es demasiado pequeño para entender eso.
▷ Quand j'étais petite, je jouais à la poupée.
De pequeña, jugaba con muñecas.
▷ Ma petite sœur s'appelle Barbara.
Mi hermanita se llama Barbara.
▷ Cette cour est pour les petits.
Este patio es para los pequeños.

1 (= de petite taille pour un objet, jeune pour une personne) **pequeño, pequeña**

2 ▷ Lucas est petit pour son âge.
Lucas es bajo para la edad que tiene.

2 *Quand on parle de la taille d'une personne, on emploie **bajo, baja**.*

3 ▷ La chatte a eu des petits.
La gata ha tenido cachorros.

3 (= jeune animal) el **cachorro**
🔈 *Attention à bien prononcer les deux **r**.*

4 ▷ Je m'y suis habitué petit à petit.
Me acostumbré poco a poco.

4 ► **petit à petit :** poco a poco

5 ▷ Il y a des petits pois avec le steak.
Hay guisantes con el bistec.

5 ► **petits pois :** los guisantes

petit-déjeuner

el **desayuno**

▷ On a mangé des crêpes au petit-déjeuner.
Comimos crepes para el desayuno.

petite-fille

la **nieta**

▷ La petite-fille de madame Haudouin a le même âge que moi.
La nieta de la señora Haudouin tiene la misma edad que yo.

petit-fils

el **nieto**

▷ Mes voisins gardent souvent leur petit-fils.
Mis vecinos cuidan a menudo a su nieto.

petits-enfants

los **nietos**

▷ Les Herrero passent beaucoup de temps avec leurs petits-enfants.
Los Herrero pasan mucho tiempo con sus nietos.

peu

1 (= pas beaucoup, pas souvent) **poco**

1 ▷ Elle mange peu, c'est pour ça qu'elle est maigre.
Come poco, por eso está flaca.
▷ Je les vois peu.
Los veo poco.
▷ Sébastien parle très peu.
Sébastien habla muy poco.

2 ► **peu de : poco, poca, pocos, pocas**

*L'adjectif **poco** s'accorde en genre (masculin ou féminin) et en nombre (singulier ou pluriel) avec le nom qui suit.*

2 ▷ Ils ont peu d'argent mais ils se débrouillent.
Tienen poco dinero pero se las arreglan.
▷ Peu de gens savent que ça existe.
Poca gente sabe que eso existe.
▷ Il y a peu de magasins ici.
Hay pocas tiendas aquí.

3 ► **à peu près : aproximadamente**

3 ▷ Il faut à peu près une heure.
Se necesita aproximadamente una hora.

4 ► **peu à peu : poco a poco**

4 ▷ Je m'y suis habituée peu à peu.
Me acostumbré a ello poco a poco.

5 ► **un peu : un poco**

5 ▷ Mange un peu avant de partir.
Come un poco antes de marcharte.
▷ Elle est un peu bizarre.
Es un poco rara.

6 ► **un peu de : un poco de**

6 ▷ Il reste un peu de lait.
Queda un poco de leche.

7 ► **un petit peu de : un poquito de**

7 ▷ Je voudrais un petit peu de gâteau.
Quisiera un poquito de pastel.

peuple

▷ Les peuples d'Europe sont unis.
Los pueblos de Europa están unidos.
▷ Ils veulent donner le pouvoir au peuple.
Quieren darle el poder al pueblo.

el **pueblo**

ℹ ***El pueblo*** *signifie aussi « le village ».*

peur

1 ▷ C'est la peur qui lui a fait faire ça.
Fue el miedo lo que lo empujó a hacer eso.
▷ N'aie pas peur, ce n'est rien.
No tengas miedo, no es nada.
▷ Ma petite sœur a peur du noir.
Mi hermanita le tiene miedo a la oscuridad.
▷ J'ai peur qu'il ne revienne pas.
Tengo miedo de que no vuelva.

1 el **miedo**

► **avoir peur :** **tener miedo**

► **avoir peur de :** **tenerle miedo a**

► **avoir peur que :** **tener miedo de que**

2 ▷ Pierre adore nous faire peur avec ses histoires de fantômes.
A Pierre le encanta asustarnos con sus historias de fantasmas.

2 ► **faire peur à** quelqu'un : **asustar a** alguien

peut-être

▷ Tu vas aller à la fête ? – Peut-être.
¿Vas a ir a la fiesta? – Quizás.
▷ Ce n'est peut-être pas ce que tu voulais.
No es esto, quizás, lo que tú querías.

▷ Peut-être qu'ils t'aideront, qui sait ?
Quizás te ayuden, ¿quién sabe?

quizás

ℹ *Remarquez que le mot espagnol porte sur le* ***a*** *un accent écrit qui reflète l'accent tonique.*
On peut dire aussi ***quizá*** *ou* ***tal vez****.*

ℹ ***Quizás*** *peut être suivi de l'indicatif si l'hypothèse dont on parle est probable ; il est suivi du subjonctif si l'on veut renforcer l'idée de doute.*

phare

1 ▷ Un de mes phares est cassé.
Uno de mis faros está roto.
▷ Nous avons marché jusqu'au phare.
Fuimos andando hasta el faro.

1 (= objet, bâtiment) el **faro**

2 ▷ Elle a laissé ses phares allumés.
Ha dejado las luces encendidas.

2 (= lumière de voiture) la **luz** (pluriel **las luces**)

pharmacie

▷ Où est la pharmacie la plus proche ?
¿Dónde está la farmacia más cercana?

(= magasin) la **farmacia**

🔈 *L'accent tonique porte sur la deuxième syllabe* ***(-ma-)****.*

pharmacien, pharmacienne

▷ La pharmacienne a désinfecté ma plaie.
La farmacéutica me desinfectó la herida.

el **farmacéutico**, la **farmacéutica**

ℹ *Remarquez que le mot espagnol porte sur le **u** un accent écrit qui reflète l'accent tonique.*

phénomène

▷ Comment expliquez-vous ce phénomène ?
¿Cómo explica este fenómeno?

el **fenómeno**

phoque

▷ Le gardien du zoo donne des poissons aux phoques.
El guarda del zoo les da pescado a las focas.

la **foca**

*Attention : contrairement au français, le mot espagnol **foca** est féminin.*

photo

1 ▷ Montre-moi les photos de tes vacances.
Enséñame las fotos de tus vacaciones.

▷ Est-ce que vous avez fait des photos ?
¿Sacasteis fotos ?

2 ▷ Lulu prend des cours de photo.
Lulu va a clases de fotografía.

1 (= image) la **foto**

► **faire une photo** *ou* **prendre une photo :** sacar una foto

2 (= activité) la **fotografía**

ℹ *Remarquez que le mot espagnol porte sur le **i** un accent écrit qui reflète l'accent tonique.*

photocopie

▷ Cette photocopie n'est pas très claire.
Esta fotocopia no es muy clara.

la **fotocopia**

*L'accent tonique porte sur la troisième syllabe **(-co-)**.*

photocopier

▷ Tu peux me photocopier l'article ?
¿Me puedes fotocopiar el artículo?

fotocopiar

photocopieuse

▷ La photocopieuse est encore en panne !
¡La fotocopiadora otra vez está rota!

la **fotocopiadora**

photographe

▷ Un photographe est venu faire une photo de toute la classe.
Un fotógrafo ha venido a sacarle una foto a toda la clase.

el **fotógrafo**, la **fotógrafa**

ℹ *Remarquez que le mot espagnol porte sur le deuxième **o** un accent écrit qui reflète l'accent tonique.*

photographie

▷ J'aimerais faire un stage de photographie cet été.
Me gustaría hacer un cursillo de fotografía este verano.

(= activité) la **fotografía**

i *Remarquez que le mot espagnol porte sur le* ***i*** *un accent écrit qui reflète l'accent tonique.*

photographier

▷ On a tous photographié Marc devant la cathédrale.
Todos fotografiamos a Marc delante de la catedral.

▷ J'ai photographié Elena.
Le saqué una foto a Elena.

fotografiar

Si le complément est une personne, un groupe de personnes ou un animal domestique, n'oubliez pas de le faire précéder de ***a****.*

i *On dit aussi* ***sacarle una foto a*** *alguien o algo.*

phrase

▷ Il manque le verbe dans cette phrase.
Falta el verbo en esta frase.

la **frase**

physique

1 ▷ Lalia a eu la meilleure note en physique.
Lalia sacó la mejor nota en física.

1 (= matière) la **física**

2 ▷ Ce garçon a un physique impressionnant.
Este chico tiene un físico impresionante.

2 (= corps) el **físico**

i *Remarquez que les deux mots portent sur le premier* ***i*** *un accent écrit qui reflète l'accent tonique.*

pianiste

▷ Le pianiste portait un costume noir.
El pianista llevaba un traje negro.

el **pianista,** la **pianista**

piano

▷ J'aime beaucoup le son du piano.
Me gusta mucho el sonido del piano.

el **piano**

▷ Clémence joue très bien du piano.
Clémence toca muy bien el piano.

► **jouer du piano : tocar el piano**

▷ Il n'y a pas assez de place pour un piano à queue.
No hay espacio suficiente para un piano de cola.

► **piano à queue : piano de cola** (pluriel **pianos de cola**)

pic

▷ C'est le plus haut pic des Pyrénées.
Es el pico más alto de los Pirineos.

(= sommet) el **pico**

pièce

1 ▷ Le salon est la plus grande pièce de la maison.
El salón es el cuarto más grande de la casa.

1 (dans une maison) el **cuarto**

2 ▷ Est-ce que tu as des pièces pour le distributeur de boissons ?
¿Tienes monedas para la máquina expendedora de bebidas?

2 (= monnaie) la **moneda**

3 ▷ Le garagiste a changé une pièce dans le moteur.
El mecánico ha cambiado una pieza del motor.

3 (= composant) la **pieza**

4 ▷ J'ai vu une très bonne pièce de théâtre hier.
Ayer vi una obra de teatro muy buena.

4 ► **pièce de théâtre :** la **obra de teatro** (pluriel **obras de teatro**)

pied

1 ▷ Esther a de grands pieds.
Esther tiene los pies grandes.
▷ On vous attendra au pied de la colline.
Os esperaremos al pie de la colina.
▷ Je vais à l'école à pied avec Lise.
Voy al colegio a pie con Lise.
▷ Samuel a donné un coup de pied à Hubert.
Samuel le ha dado una patada a Hubert.

1 (d'une personne, d'une colline) el **pie**

► **à pied : a pie**

ℹ *On peut dire aussi* ***andando****.*

► **donner un coup de pied à** quelqu'un *ou* **dans** quelque chose : **darle una patada a** alguien *ou* **a** algo

2 ▷ Un pied de la table est tordu.
La mesa tiene una pata torcida.

2 (d'une table, d'une chaise) la **pata**

piège

▷ N'y va pas, c'est un piège !
¡No vayas, es una trampa !

la **trampa**

pierre

▷ Ils lui ont jeté des pierres.
Le tiraron piedras.
▷ Il y a un mur en pierre autour du champ.
Hay un muro de piedra alrededor del campo.

la **piedra**

► **en pierre : de piedra**

piétiner

▷ Ils ont piétiné mes fleurs.
Han pisoteado mis flores.

(= marcher sur) **pisotear**

piéton, piétonne

▷ Il y a un passage souterrain pour les piétons.
Hay un paso subterráneo para peatones.

el **peatón** (pluriel **los peatones**)

ℹ *Il n'y a pas d'accent écrit au pluriel. L'accent tonique porte sur le* ***o****, comme au singulier.*

pieuvre

▷ J'ai vu une pieuvre à l'aquarium.
Vi un pulpo en el acuario.

el **pulpo**

pigeon

▻ La vieille dame donnait du pain aux pigeons.
La anciana les daba pan a las palomas.

la **paloma**

pile

1 ▻ Je dois changer les piles de la radio.
Tengo que cambiar las pilas de la radio.
▻ Cette pile de livres va s'écrouler.
Esta pila de libros se va a derrumbar.

1 (= pile électrique, tas) la **pila**

2 ▻ D'accord, on parie trois euros. Pile ou face ?
Vale, apostamos tres euros. ¿Cara o cruz ?

2 ► **pile ou face ? : ¿cara o cruz ?**

3 ▻ Il est trois heures pile.
Son las tres en punto.

3 (= exactement, en disant l'heure) **en punto**

4 ▻ Tu es pile à l'heure.
Llegas justo a la hora.

4 ► **être pile à l'heure : llegar justo a la hora**

pilier

▻ Il s'était caché derrière le pilier.
Se había escondido detrás del pilar.

(= colonne) el **pilar** (pluriel **los pilares**)

ℹ *En espagnol, **Pilar** est aussi un prénom féminin.*

pilote

▻ Le pilote m'a montré les commandes.
El piloto me enseñó los mandos.
▻ C'est un célèbre pilote automobile.
Es un famoso piloto de carreras.

el **piloto**

► **pilote automobile : piloto de carreras** (pluriel **pilotos de carreras**)

piloter

▻ Il adore piloter les voitures de course.
Le encanta pilotar coches de carreras.
▻ Ce fut l'une des premières femmes à piloter un avion.
Fue una de las primeras mujeres en pilotar un avión.

(une voiture, un avion) **pilotar**

pilule

▻ Je dois prendre trois différentes sortes de pilules.
Tengo que tomarme tres tipos diferentes de píldoras.
▻ Karine prend la pilule.
Karine toma la píldora.

la **píldora**

ℹ *Remarquez que le mot espagnol porte sur le **i** un accent écrit qui reflète l'accent tonique.*

► **prendre la pilule** (= contraceptif) **: tomar la píldora**

piment

▷ Il y a trop de piment dans ce plat.
Hay demasiado pimiento en este plato.

(= assaisonnement piquant) el **pimiento**

*Attention, **la pimienta** signifie « le poivre ».*

pin

▷ Il y a beaucoup de pins dans les Landes.
Hay muchos pinos en los Landes.

▷ Mes parents ont acheté une armoire en pin.
Mis padres han comprado un armario de pino.

el **pino**

► **en pin :** de pino

pince

▷ Ils ont coupé le fil de fer avec une pince.
Cortaron el alambre con unas pinzas.

(= outil) las **pinzas**

*i **Pinzas** est un nom pluriel : on dit par exemple **estas pinzas son mías** (cette pince est à moi).*

▷ Tu peux me prêter ta pince à épiler ?
¿Me puedes prestar las pinzas de depilar?

▷ Je ne trouve pas les pinces à linge.
No encuentro las pinzas de la ropa.

► **pince à épiler :** las pinzas de depilar

► **pince à linge :** la pinza de la ropa (pluriel las pinzas de la ropa)

pinceau

▷ J'ai besoin d'un plus gros pinceau pour peindre le ciel.
Necesito un pincel más gordo para pintar el cielo.

el **pincel** (pluriel los pinceles)

pincée

▷ Mets juste une pincée de sel dans la sauce.
Sólo echa un pellizco de sal en la salsa.

el **pellizco**

pincer

1 ▷ Benjamin a pincé Suzanne !
¡Benjamin ha pellizcado a Suzanne!

1 (= serrer la peau) **pellizcar**

*Le complément est une personne, un groupe de personnes ou un animal domestique, n'oubliez pas de le faire précéder de **a**.*

2 ▷ Je me suis pincé le doigt dans la portière, ça fait vraiment mal !
Me pillé el dedo en la portezuela, ¡cómo duele!

2 ► **se pincer le doigt :** pillarse el dedo

*i Le pronom réfléchi fonctionne de la façon suivante en espagnol : **me pillo, te pillas, se pilla, nos pillamos, os pilláis, se pillan el dedo.***

pingouin

▷ Les pingouins marchent d'une drôle de façon.
Los pingüinos andan de una manera rara.

el **pingüino**

*i Remarquez que le mot espagnol porte sur le **u** un tréma écrit pour indiquer que le **u** doit se prononcer.*

ping-pong

▷ Aïcha participe à des compétitions de ping-pong.
Aïcha participa en competiciones de ping-pong.

▷ On pourrait jouer au ping-pong.
Podríamos jugar al ping-pong.

el **ping-pong**

► **jouer au ping-pong : jugar al ping-pong**

pion, pionne

1 ▷ La pionne m'a donné deux heures de colle.
La vigilante me castigó dos horas.

1 (= surveillant) el **vigilante,** la **vigilante**

ℹ *Contrairement au mot français, l'espagnol **vigilante** n'est pas familier.*

2 ▷ Je joue avec les pions blancs.
Yo juego con los peones blancos.

2 (au jeu de dames) el **peón** (pluriel **los peones**)

ℹ *Il n'y a pas d'accent écrit au pluriel. L'accent tonique porte sur le **o**, comme au singulier.*

pionnier, pionnière

▷ As-tu vu le documentaire sur les pionniers américains ?
¿Has visto el documental sobre los pioneros americanos?

el **pionero,** la **pionera**

pipe

▷ Le tabac que mon grand-père met dans sa pipe sent très bon.
El tabaco que mi abuelo pone en la pipa huele muy bien.

▷ Mon père fume la pipe.
Mi padre fuma en pipa.

la **pipa**

► **fumer la pipe : fumar en pipa**

pipi

▷ On peut s'arrêter ? Je veux faire pipi.
¿Nos podemos parar? Quiero hacer pipí.

► **faire pipi : hacer pipí**

ℹ *Remarquez que le mot espagnol porte sur le deuxième **i** un accent écrit qui reflète l'accent tonique.*

piquant, piquante

▷ Cette sauce est trop piquante.
Esta salsa es demasiado picante.

(= épicé) **picante**

pique-nique

▷ Dimanche, s'il fait beau, on fera un pique-nique.
El domingo, si hace bueno, iremos de picnic.

► **faire un pique-nique : ir de picnic**

pique-niquer

(= aller faire un pique-nique) **ir de picnic**

(= manger) **hacer (un) picnic**

▷ Nous adorons pique-niquer.
Nos encanta ir de picnic.

▷ Cherchons un endroit pour pique-niquer.
Busquemos un lugar para hacer picnic.

piquer

1 (= être épicé, être irrité) **picar**

*Pour dire qu'on s'est fait piquer par un animal, on emploie en espagnol le verbe **picar**, avec pour sujet l'animal et pour complément la personne qui s'est fait piquer.*

1 ▷ Cette moutarde pique !
¡Esta mostaza pica!

▷ J'ai les yeux qui piquent.
Me pican los ojos.

▷ Jérémie s'est fait piquer par une guêpe.
A Jérémie le ha picado una avispa.

2 (= blesser avec un objet pointu) **pinchar**

*Si le complément est une personne, un groupe de personnes ou un animal domestique, n'oubliez pas de le faire précéder de **a**.*

2 ▷ Isabelle m'a piqué avec une aiguille !
¡Isabelle me ha pinchado con una aguja!

3 ► **se piquer** (= se faire mal) : **pincharse**

*Le pronom réfléchi fonctionne de la façon suivante en espagnol : **me pincho, te pinchas, se pincha, nos pinchamos, os pincháis, se pinchan**.*

3 ▷ Aïe ! Je me suis piqué avec l'aiguille !
¡Ay ! ¡Me he pinchado con la aguja!

piqûre

1 (= piqûre de moustique, d'insecte) la **picadura**

1 ▷ Les piqûres de moustique ne sont pas dangereuses.
Las picaduras de mosquito no son peligrosas.

2 ► **faire une piqûre à** quelqu'un : **ponerle una inyección a** alguien

*Remarquez que le mot espagnol **inyección** porte sur le **o** un accent écrit qui reflète l'accent tonique.*

2 ▷ Le médecin m'a fait une piqûre dans l'épaule.
El médico me puso una inyección en el hombro.

piratage

(de film, de logiciel, etc.) el **pirateo**

▷ Le piratage reste un gros problème.
El pirateo sigue siendo un gran problema.

pirate

pirata

► **pirate (informatique) :** el **pirata**

► **pirate de l'air :** el **pirata del aire**

▷ C'est une radio pirate.
Es una radio pirata.

▷ Les pirates ont été poursuivis en justice.
Los piratas fueron demandados.

▷ Les pirates de l'air se sont rendus.
Los piratas del aire se entregaron.

pirater

(un film, un logiciel, etc.) **piratear**

▷ Ils ont piraté des dizaines de films.
Han pirateado decenas de películas.

▷ Mon ordinateur a été piraté.
Piratearon mi ordenador.

pire

(= plus mauvais) **peor** (pluriel **peores**)

▷ Il est encore pire que son frère !
¡Es aún peor que su hermano !

► **le pire, la pire, les pires :** el peor, la peor, los peores, las peores

▷ C'est les pires vacances que j'aie jamais passées.
Son las peores vacaciones que he pasado en mi vida.

► **le pire c'est... :** lo peor es...

▷ Le pire c'est que Jérémie n'est pas au courant.
Lo peor es que Jérémie no está al corriente.

► **de pire en pire :** cada vez peor

▷ Ils ne s'entendent pas du tout, c'est de pire en pire.
No se llevan nada bien, es cada vez peor.

piscine

la **piscina**

▷ Tu viens à la piscine avec nous ?
¿Vienes con nosotros a la piscina ?

pistache

el **pistacho**

Attention : contrairement au français, le mot espagnol ***pistacho*** *est masculin.*

▷ J'ai acheté des pistaches salées.
Compré pistachos salados.

► **à la pistache :** de pistacho

▷ Une glace à la pistache, s'il vous plaît.
Un helado de pistacho, por favor.

piste

1 la **pista**

1 ▷ La piste noire est la plus difficile.
La pista negra es la más difícil.

▷ Adèle s'entraîne à courir sur la piste du stade.
Adèle se entrena a correr en la pista del estadio.

► **piste d'atterrissage :** la **pista de aterrizaje** (pluriel **las pistas de aterrizaje**)

▷ L'avion s'est posé sur la piste d'atterrissage.
El avión se posó en la pista de aterrizaje.

2 ► **piste cyclable :** el **carril bici** (pluriel **los carriles bici**)

2 ▷ Reste sur la piste cyclable.
Quédate en el carril bici.

3 ► **piste de danse :** la **pista de baile** (pluriel **las pistas de baile**)

3 ▷ Il n'y avait personne sur la piste de danse.
No había nadie en la pista de baile.

pistolet

la **pistola**

▷ Le cambrioleur avait un pistolet.
El ladrón traía una pistola.

pitié

1 ▷ J'ai eu pitié de lui et je lui ai donné de l'argent.
Sentí lástima por él y le di dinero.

1 ► **avoir pitié de** quelqu'un : **sentir lástima por** alguien

2 ▷ Ces pauvres enfants me font pitié.
Esos pobres niños me dan lástima.

2 ► **faire pitié à** quelqu'un : **dar lástima a** alguien

pitoyable

▷ Tout cela est assez pitoyable.
Todo esto es bastante lamentable.

lamentable

pizza

▷ Je voudrais une pizza aux champignons.
Quisiera una pizza de champiñones.

la **pizza**

pizzeria

▷ Il y a une très bonne pizzeria près de l'école.
Hay una pizzería muy buena cerca del colegio.

la **pizzería**

ℹ *Remarquez que le mot espagnol porte sur le **i** un accent écrit qui reflète l'accent tonique.*

placard

▷ L'aspirateur est dans le placard.
El aspirador está en el armario empotrado.

el **armario empotrado** (pluriel **los armarios empotrados**)

place

1 ▷ Il y a une belle statue sur la place.
Hay una hermosa estatua en la plaza.

1 (= esplanade) la **plaza**

2 ▷ Est-ce que cette place est libre ?
¿Está este asiento libre?

2 (= siège) el **asiento**

3 ▷ On a fini par trouver une place de parking.
Acabamos por encontrar un estacionamiento.

3 ► **la place de parking :** el **estacionamiento**

4 ▷ On a gagné deux places de cinéma.
Nos ganamos dos entradas de cine.

4 (= billet de cinéma) la **entrada**

5 ▷ Nous avions des places au premier rang.
Teníamos localidades en la primera fila.

5 (= billet de théâtre) la **localidad** (pluriel **las localidades**)

6 ▷ Remets ce livre à sa place !
¡Pon este libro en su sitio!
▷ Qui a changé mes CD de place ?
¿Quién ha cambiado mis CD de sitio?
▷ Il n'y a pas assez de place pour tout le monde dans la voiture.
No hay sitio suficiente para todo el mundo en el coche.

6 (= emplacement de quelque chose, espace) el **sitio**

7 ▷ J'ai rapporté la radio et j'ai pris un lecteur MP3 à la place.
Devolví la radio y cogí un lector MP3 en su lugar.
▷ À ta place, je dirais non.
En tu lugar, diría que no.
▷ Que ferais-tu à ma place ?
¿Qué harías en mi lugar?

7 ► **à la place** (= en remplacement) : **en su lugar**

► **à ta place** : **en tu lugar**

ℹ *De même,* à ma place *se dit* ***en mi lugar,*** à sa place *se dit* ***en su lugar,*** à notre place *se dit* ***en nuestro lugar,*** à votre place *se dit* ***en vuestro / su lugar,*** à leur place *se dit* ***en su lugar.***

placer

1 ▷ Ce n'est pas bon de placer les plantes près du radiateur.
No es bueno colocar las plantas cerca del radiador.

1 (= mettre) **colocar**

ℹ *On peut dire aussi* ***poner.***

2 ▷ Vous pouvez vous placer comme vous voulez autour de la table.
Os podéis colocar como queráis alrededor de la mesa.

2 ► **se placer** : **colocarse**

ℹ *Le pronom réfléchi fonctionne de la façon suivante en espagnol :* ***me coloco, te colocas, se coloca, nos colocamos, os colocáis, se colocan.***
On peut dire aussi ***ponerse.***

plafond

▷ Mon père a repeint le plafond.
Mi padre ha vuelto a pintar el techo.

el **techo**

plage

1 ▷ La plage est à cinq minutes d'ici.
La playa está a cinco minutos de aquí.

1 (au bord de la mer) la **playa**

2 ▷ Mets les vestes sur la plage arrière.
Pon las chaquetas en la bandeja.

2 ► **plage arrière** (d'une voiture) : la **bandeja**

plaie

1 ▷ La plaie s'est infectée.
La herida se ha infectado.

1 (= blessure) la **herida**

2 ▷ Quelle plaie, ce garçon !
¡Qué pesado es este chico!

2 *Pour dire que quelqu'un ou quelque chose est pénible, on emploie l'adjectif* ***pesado, pesada.***

plaindre

1 ▷ Ne la plains pas, elle fait semblant.
No la compadezcas, está fingiendo.

1 ► **plaindre** quelqu'un (= avoir pitié) : **compadecer a** alguien

2 ▷ Arrête de te plaindre !
¡Deja de quejarte!
▷ Astrid s'est plainte du prof d'histoire au directeur.
Astrid se quejó del profesor de historia al director.

2 ► **se plaindre : quejarse**

*Le pronom réfléchi fonctionne de la façon suivante en espagnol : **me quejo, te quejas, se queja, nos quejamos, os quejáis, se quejan.***

plaine

▷ Le village est au milieu d'une plaine.
El pueblo está en medio de una llanura.

la **llanura**

plaire

1 ▷ Je pense que tu lui plais.
Pienso que le gustas.

1 ► **plaire à** quelqu'un : **gustarle a alguien**

2 ▷ Tu t'es plu à Madrid ?
¿Estuviste a gusto en Madrid ?

2 ► **se plaire** (dans un endroit) : **estar a gusto**

3 ▷ Prête-moi ton stylo, s'il te plaît.
Préstame el boli, por favor.

3 ► **s'il te plaît** *ou* **s'il vous plaît : por favor**

plaisanter

▷ Arrête de plaisanter et aide-moi !
¡Deja de bromear y ayúdame!
▷ Deux cents euros ? Tu plaisantes !
¿Doscientos euros ? ¡Estás bromeando!

bromear

plaisanterie

▷ Je n'ai pas trouvé sa plaisanterie très drôle.
Su broma no me pareció muy divertida.
▷ Sara a fait une plaisanterie de très mauvais goût.
Sara gastó una broma de muy mal gusto.

la **broma**

► **faire une plaisanterie** (= faire une farce) : **gastar una broma**

plaisir

1 ▷ Ça me fait plaisir que tu puisses venir.
Me hace ilusión que puedas venir.

1 ► **ça me fait plaisir : me hace ilusión**

De même : ça te fait plaisir = ***te hace ilusión*** ; ça lui fait plaisir = ***le hace ilusión****, etc.*

2 ▷ Je fais de la natation pour le plaisir.
Hago natación por gusto.

2 ► **pour le plaisir : por gusto**

plan

1 ▷ Sur le plan de la maison, on voit les dimensions des pièces.
En el plano de la casa, se ven las dimensiones de los cuartos.

1 (= dessin d'architecte) el **plano**

2 ▷ On devrait acheter un plan de la ville, sinon on va se perdre.
Deberíamos comprar un mapa de la ciudad, si no nos vamos a perder.

2 (= carte) el **mapa**

3 ▷ As-tu un plan pour ce soir ?
Tienes algún plan para esta noche?

3 (= idée) el **plan** (pluriel **los planes**)

4 ▷ Laurent a toujours de bons plans pour ne pas payer.
Laurent siempre tiene buenos chollos para no pagar.

4 (= combine) el **chollo**

planche

▷ Ils ont construit une cabane avec des vieilles planches.
Construyeron una cabaña con viejas tablas.

(= bout de bois) la **tabla**

▷ La planche à repasser est très lourde.
La tabla de planchar pesa mucho.

► **planche à repasser :** la **tabla de planchar** (pluriel **las tablas de planchar**)

▷ Luc a une planche de surf bleue.
Luc tiene una tabla de surf azul.

► **planche de surf :** la **tabla de surf** (pluriel **las tablas de surf**)

▷ C'est difficile de rester debout sur une planche à voile.
Es difícil mantenerse de pie en una tabla de windsurf.

► **planche à voile** (= la planche elle-même) : la **tabla de windsurf** (pluriel **las tablas de windsurf**)

▷ Lise fait de la planche à voile à Biarritz.
Lise hace windsurf en Biarritz.

► **faire de la planche à voile : hacer windsurf**

*Attention, le mot **plancha** existe aussi en espagnol mais signifie « fer à repasser » ou désigne une plaque pour griller les aliments.*

plancher

▷ Ma mère cire le plancher une fois par mois.
Mi madre encera el suelo una vez al mes.

el **suelo**

planer

▷ L'aigle planait dans le ciel.
El águila planeaba en el cielo.

(= flotter dans l'air) **planear**

planète

▷ Aziz connaît le nom de toutes les planètes.
Aziz conoce el nombre de todos los planetas.
▷ Ils ont voyagé sur toute la planète.
Han viajado por todo el planeta.

el **planeta**

*Attention : contrairement au français, le mot espagnol **planeta** est masculin.*

planeur

▷ J'ai fait du planeur pour la première fois le mois dernier.
Volé en planeador por primera vez el mes pasado.

el **planeador** (pluriel los planeadores)
► **faire du planeur :** volar en planeador

plante

1 ▷ C'est une plante qui pousse très vite.
Es una planta que crece muy rápidamente.

1 (= végétal) la **planta**

2 ▷ J'ai mal à la plante des pieds.
Me duele la planta de los pies.

2 ► **la plante des pieds :** la planta de los pies

planter

1 ▷ Mon père a planté des arbres dans le jardin.
Mi padre ha plantado árboles en el jardín.

1 (des arbres, des fleurs, etc.) **plantar**

2 ▷ J'ai aidé Simon en plantant des clous.
Ayudé a Simon clavando clavos.

2 (un clou, un piquet) **clavar**

3 ▷ Zut, je me suis encore planté !
¡Jolín, me he vuelto a equivocar!

3 ► **se planter** (= se tromper) : equivocarse

ℹ *Contrairement au français, **equivocarse** n'est pas familier. Le pronom réfléchi fonctionne de la façon suivante en espagnol : **me equivoco, te equivocas, se equivoca, nos equivocamos, os equivocáis, se equivocan.***

4 ▷ Romy s'est planté une épine dans le doigt.
Romy se ha clavado una espina en el dedo.

4 ► **se planter** quelque chose **dans le doigt** *ou* **dans le pied :** clavarse algo en el dedo *ou* en el pie

ℹ *Le pronom réfléchi fonctionne de la façon suivante en espagnol : **me clavo, te clavas, se clava, nos clavamos, os claváis, se clavan.***

plaque

1 ▷ Les murs du musée sont couverts de plaques de métal.
Las paredes del museo están cubiertas con placas de metas.

1 (de métal ou de verre) la **placa**

2 ▷ Bénédicte a mangé toute la plaque de chocolat !
¡Bénédicte se comió toda la tableta de chocolate!

2 (de chocolat) la **tableta**

3 ▷ Je croyais que j'avais acheté deux plaques de beurre.
Creía haber comprado dos paquetes de mantequilla.

3 (de beurre) el **paquete**

4 ▷ Est-ce que tu as vu la plaque d'immatriculation de la voiture ?
¿Viste la matrícula del coche?

4 ► **plaque d'immatriculation :** la matrícula
Remarquez que le mot espagnol porte sur le i un accent écrit qui reflète l'accent tonique.

plaqué

▷ C'est en or ? – Non, c'est du plaqué or.
¿Es de oro? – No, está chapado en oro.

► **plaqué or :** chapado en oro

plaquette

1 ▷ Bénédicte a mangé toute la plaquette de chocolat !
¡Bénédicte se comió toda la tableta de chocolate!

1 (de chocolat) la **tableta**

2 ▷ Je croyais que j'avais acheté deux plaquettes de beurre.
Creía haber comprado dos paquetes de mantequilla.

2 (de beurre) el **paquete**

plastique

▷ C'est du plastique très dur.
Es plástico muy duro.

el **plástico**
Remarquez que le mot espagnol porte sur le a un accent écrit qui reflète l'accent tonique.

▷ Cette chaise est en plastique.
Esta silla es de plástico.

► **en plastique :** de plástico

plat, plate

1 ▷ La surface n'est pas tout à fait plate.
La superficie no es completamente plana.
▷ Mets la carte à plat sur la table.
Estira el mapa sobre la mesa.

1 (= sans bosses) **plano, plana**
► **mettre** quelque chose **à plat :** estirar algo

2 ▷ Mets la viande dans le plat blanc.
Pon la carne en la fuente blanca.

2 (= assiette) la **fuente**

3 ▷ La paella est un de mes plats préférés.
La paella es uno de mis platos preferidos.
▷ Comme plat principal, je prendrai le poisson.
De plato principal, tomaré el pescado.

3 (= nourriture) el **plato**
► **plat principal** (au restaurant) : plato principal

4 ▷ Les quatre pneus étaient à plat.
Los cuatro neumáticos estaban desinflados.

4 ► **être à plat** (= dégonflé) : estar desinflado *ou* desinflada

platane

▷ Il y a des platanes tout le long de la route.
Hay plátanos a lo largo de la carretera.

el **plátano**

ℹ *Remarquez que le mot espagnol porte sur le premier* ***a*** *un accent écrit qui reflète l'accent tonique.*

El plátano signifie aussi « la banane, le bananier ».

plateau

1 ▷ À l'hôtel, on nous a servi le petit-déjeuner au lit, sur un plateau.
En el hotel, nos sirvieron el desayuno en la cama, en una bandeja.

1 (pour servir) la **bandeja**

2 ▷ Après, il y a soit de la tarte, soit un plateau de fromages.
Después, hay tarta o una tabla de quesos.
▷ Nous avons mangé un excellent plateau de fruits de mer.
Comimos una excelente tabla de mariscos.

2 ► **plateau de fromages :** la **tabla de quesos** (pluriel **las tablas de quesos**)
► **plateau de fruits de mer :** la **tabla de mariscos** (pluriel **las tablas de mariscos**)

plateforme

1 ▷ Ils sont en train de construire une plateforme.
Están construyendo una plataforma.

1 la **plataforma**

2 ▷ Il a travaillé plusieurs années sur une plateforme pétrolière.
Trabajó durante varios años en una plataforma petrolera.

2 ► **plateforme pétrolière :** la **plataforma petrolera**

plâtre

1 ▷ Le plâtre n'est pas encore sec.
El yeso todavía no está seco.

1 (= matériau) el **yeso**

2 ▷ Tous ses copains ont signé sur son plâtre.
Todos sus amigos le han firmado en la escayola.

2 (= moulage autour d'un membre cassé) la **escayola**

plein, pleine

1 ▷ Le placard est plein, on va mettre le reste dans le garage.
El armario empotrado está lleno, vamos a poner el resto en el garaje.
▷ Tes devoirs sont pleins de fautes.
Tus deberes están llenos de faltas.

1 (= rempli) **lleno, llena**

ℹ *La préposition est la même en français et en espagnol : plein de =* ***lleno de****.*

2 ▷ On s'est arrêtés pour faire le plein.
Nos paramos para llenar el depósito.

2 ► **faire le plein :** **llenar el depósito**

3 ▷ Suzie a plein de copains à l'école.
Suzie tiene un montón de amigos en el colegio.
▷ Il y a plein de magasins ici.
Hay un montón de tiendas aquí.

3 ► **plein de** (= beaucoup de) : **un montón de**

4 ▷ Il a frappé à la porte en pleine nuit.
Llamó a la puerta en plena noche.
▷ Ils ont cambriolé la maison en plein jour.
Robaron la casa en pleno día.
▷ Il y a une tache en plein milieu de la nappe.
Hay una mancha en medio del mantel.

4 ► **en plein...** (+ nuit, jour, soleil, etc.) : **en pleno** *ou* **plena...**

► **en plein milieu** : **en medio**

pleurer

▷ Ne pleure pas, ce n'est pas grave.
No llores, no es grave.
▷ Ils ont pleuré de joie quand ils se sont vus.
Lloraron de alegría cuando se vieron.

llorar

pleuvoir

▷ Il a plu pendant toutes les vacances.
Llovió durante todas las vacaciones.
▷ Il pleut, cours chercher le linge !
¡Está lloviendo, corre a recoger la colada!

llover

► **il pleut** (en ce moment) : **llueve**

pli

▷ Ma robe est pleine de plis.
Mi vestido está lleno de arrugas.

(= froissure) **la arruga**

Attention à bien prononcer les deux ***r*** *de* ***arruga****.*

Attention, ***arruga*** *signifie également « ride ».*

pliant, pliante

▷ Thomas dormira sur le lit pliant.
Thomas dormirá en la cama plegable.

plegable

plier

1 ▷ Aide-moi à plier les draps.
Ayúdame a doblar las sábanas.
▷ Plie les genoux ou tu vas te faire mal au dos.
Dobla las rodillas o te vas a lastimar la espalda.

1 (en parlant d'un tissu, d'un papier ou d'une partie du corps) **doblar**

2 ▷ Je n'arrive pas à plier la chaise.
No consigo plegar la silla.

2 (en parlant d'une chaise ou d'un lit) **plegar**

3 ▷ On était pliés de rire !
¡Estábamos retorcidos de risa!

3 ► **plié de rire** : **retorcido** *ou* **retorcida de risa**

plissé, plissée

(en parlant d'un vêtement) **plisado, plisada**

▷ Amélie portait une jupe plissée.
Amélie llevaba una falda plisada.

plomb

el **plomo**

▷ Le plomb est un métal très lourd.
El plomo es un metal muy pesado.

▷ Les plombs ont encore sauté.
Los plomos se han fundido otra vez.

► **en plomb : de plomo**

▷ Les gouttières sont en plomb.
Los canalones son de plomo.

plombage

(sur une dent) el **empaste**

▷ J'ai perdu mon plombage.
He perdido el empaste.

plombier

el **fontanero**

▷ Le plombier a dit que la fuite n'était pas grave.
El fontanero dijo que la fuga no era grave.

plongée

el **buceo**

▷ Mon père est moniteur de plongée.
Mi padre es instructor de buceo.

► **faire de la plongée : bucear**

▷ Éric a fait de la plongée pendant ses vacances.
Éric buceó durante las vacaciones.

plongeoir

el **trampolín** (pluriel los **trampolines**)

ℹ *Il n'y a pas d'accent écrit au pluriel. L'accent tonique porte sur le **i**, comme au singulier.*

▷ Ce plongeoir est trop haut pour moi.
Este trampolín es demasiado alto para mí.

plonger

zambullirse

ℹ *Le pronom réfléchi fonctionne de la façon suivante en espagnol : **me zambullo, te zambulles, se zambulle, nos zambullimos, os zambullís, se zambullen**.*

▷ Hélène a plongé du rocher.
Hélène se zambulló desde el peñasco.

plongeur, plongeuse

el **submarinista**, la **submarinista**

▷ Les plongeurs ont exploré l'épave du bateau.
Los submarinistas exploraron el barco hundido.

pluie

la **lluvia**

▷ La pluie est bonne pour les cultures.
La lluvia es buena para los cultivos.

plume

▷ J'ai trouvé une belle plume dans la forêt.
Encontré una pluma preciosa en el bosque.

la **pluma**

plumer

▷ J'ai aidé ma mère à plumer le poulet.
Ayudé a mi madre a desplumar el pollo.

desplumar

plupart

▷ La plupart des gens ne sont pas d'accord.
La mayoría de la gente no está de acuerdo.
▷ La plupart du temps il n'y a pas de problème.
La mayoría del tiempo no hay ningún problema.

► **la plupart de :** la mayoría de

► **la plupart du temps :** la mayoría del tiempo

pluriel

▷ Quel est le pluriel de « mejillón » ?
¿Cuál es el plural de "mejillón"?
▷ Cet adjectif est au pluriel.
Este adjetivo está en plural.

el **plural** (pluriel los plurales)

► **au pluriel :** en plural

plus

1 ▷ Je travaille plus que Lucille.
Trabajo más que Lucille.
▷ Ce pull est plus cher que l'autre.
Este jersey es más caro que el otro.
▷ Marchez plus vite !
¡Andad más rápido!
▷ Dix plus trois égale treize.
Diez más tres es igual a trece.
▷ C'est Jean qui mange le plus.
Jean es el que más come.
▷ C'est le plus intelligent de la classe.
Es el más inteligente de la clase.
▷ C'est le film le plus ennuyeux que j'aie jamais vu !
¡Es la película más aburrida que he visto en mi vida!
▷ Il nous faut plus d'argent.
Necesitamos más dinero.
▷ Il y avait plus de cent personnes.
Había más de cien personas.
▷ Il y a trois profs de plus que l'année dernière.
Hay tres profesores más que el año pasado.

1 **más**

► **le plus** (avec un verbe) : más

► **le plus** *ou* **la plus...**(avec un adjectif) : el *ou* la más...

► déterminant + nom + **le plus** *ou* **la plus...** (avec un adjectif) : déterminant + nom + más...

► **plus de** (= davantage de) : más

► **plus de** + prix, dimension, etc. : más de

► **de plus** (= supplémentaire) : más

▻ Elle travaille de plus en plus mais elle a toujours de mauvaises notes.
Trabaja cada vez más pero sigue sacando malas notas.
▻ C'est de plus en plus difficile.
Es cada vez más difícil.

► **de plus en plus :** cada vez más

2 ▻ Tu mens et en plus tu trouves ça drôle !
¡Mientes y además te hace gracia!

2 ► **en plus** (= par-dessus le marché) : además

3 ▻ Plus je mange, plus j'ai envie de manger.
Cuanto más como, más ganas de comer tengo.
▻ Plus tu réfléchiras, moins tu y arriveras.
Cuanto más lo pienses, menos lo conseguirás.

3 ► **plus... plus... :** cuanto más... más...
► **plus... moins... :** cuanto más... menos...

4 ▻ Je ne veux plus le voir.
Ya no quiero verlo.
▻ Je ne vais plus lui parler.
Ya no voy a hablarle.

4 ► **ne... plus :** ya no...

ℹ *On peut dire aussi* ***no... más.***

5 ▻ Il n'y a plus de lait.
No queda leche.
▻ Il n'y a plus d'œufs.
No quedan huevos.

5 ► **il n'y a plus de... :** no queda *ou* quedan...

plusieurs

▻ Jérémie a plusieurs copains anglais.
Jérémie tiene varios amigos ingleses.

varios, varias

plutôt

1 ▻ Viens plutôt mardi.
Mejor ven el martes.

1 (= à la place) mejor

2 ▻ C'est un ami, ou plutôt une connaissance.
Es un amigo, o más bien un conocido.

2 ► **ou plutôt** (pour rectifier ce qu'on vient de dire) : o más bien

3 ▻ Aide-moi plutôt que de me regarder !
¡Ayúdame en vez de mirarme!

3 ► **plutôt que de :** en vez de

4 ▻ C'est plutôt agréable.
Es bastante agradable.

4 (= assez) bastante

poche

▻ J'ai regardé dans toutes mes poches.
Miré en todos mis bolsillos.

(dans un vêtement) el bolsillo

pochette

1 ▻ Tu aurais une pochette en plastique pour moi ?
¿Tendrías un sobre de plástico para mí?

1 (pour documents) el sobre

2 ▷ J'ai perdu la pochette du CD.
Se me ha perdido la funda del CD.

2 (de disque) la **funda**

poêle NOM FÉMININ

▷ Mets un peu plus d'huile dans la poêle.
Echa un poco más de aceite en la sartén.

(à frire) la **sartén** (pluriel **las sartenes**)

*Il n'y a pas d'accent écrit au pluriel. L'accent tonique porte sur le **e**, comme au singulier.*

poêle NOM MASCULIN

▷ Il n'y a plus de bois dans le poêle.
No queda leña en la estufa.

(= radiateur) la **estufa**

poème

▷ Je connais ce poème par cœur.
Me sé este poema de memoria.

el **poema**

poésie

▷ Nous étudions la poésie du dix-neuvième siècle.
Estudiamos la poesía del siglo diecinueve.
▷ C'est une jolie poésie de Prévert.
Es una bonita poesía de Prévert.

la **poesía**

*Remarquez que le mot espagnol porte sur le **i** un accent écrit qui reflète l'accent tonique.*

poète

▷ Qui est ton poète préféré ?
¿Quién es tu poeta favorito?

el **poeta**

poids

1 ▷ Barbara parle tout le temps de ses problèmes de poids.
Barbara siempre está hablando de sus problemas de peso.
▷ J'ai encore pris du poids.
He ganado peso otra vez.

1 (= masse) el **peso**

► **prendre du poids : ganar peso**

2 ▷ Il y a beaucoup de poids lourds sur l'autoroute.
Hay muchos vehículos pesados en la autopista.

2 ► **poids lourd** (= camion) : el **vehículo pesado** (pluriel **los vehículos pesados**)

*Remarquez que le mot **vehículo** porte sur le **i** un accent écrit qui reflète l'accent tonique.*

poignarder

▷ Le ministre a été poignardé dans la rue.
Apuñalaron al ministro en la calle.

apuñalar

*Si le complément est une personne, un groupe de personnes ou un animal domestique, n'oubliez pas de le faire précéder de **a**.*

poignée

1 ▷ La poignée de la porte est coincée.
El picaporte está atrancado.

1 (d'une porte, d'une fenêtre) el **picaporte**

2 ▷ La poignée de la valise me fait mal à la main.
El asa de la maleta me hace daño en la mano.

2 (d'une valise, d'un tiroir) el **asa**

ℹ *Bien que l'article qui accompagne* ***asa*** *au singulier soit masculin (****el asa****),* ***asa*** *est un mot féminin et les adjectifs qui l'accompagnent doivent se mettre au féminin :* ***el asa está rota****. Au pluriel, l'article est féminin :* ***las asas****.*

3 ▷ Lambert m'a donné une poignée de bonbons.
Lambert me ha dado un puñado de caramelos.

3 (= contenu d'une main) el **puñado**

poignet

1 ▷ Aurélie s'est cassé le poignet.
Aurélie se ha roto la muñeca.

1 (= partie du bras) la **muñeca**

2 ▷ Les poignets de ta chemise sont sales.
Los puños de tu camisa están sucios.

2 (= partie d'un vêtement) el **puño**

poil

▷ Il y a des poils de chat partout sur le canapé.
Hay pelos de gato por todo el sofá.

(sur le corps des gens ou des animaux) el **pelo**

ℹ *En espagnol, on emploie le même mot,* ***pelo****, pour le poil et les cheveux.*

poilu, poilue

▷ Il a les bras très poilus.
Tiene los brazos muy peludos.

peludo, peluda

poinçonner

▷ Le contrôleur a poinçonné nos billets.
El revisor nos picó los billetes.

(= faire un trou dans un billet) **picar**

poinçonneuse

▷ Je n'ai pas trouvé la poinçonneuse à la gare.
No he encontrado la taladradora en la estación.

la **taladradora**

poing

▷ Il sert les poings quand il dort.
Aprieta los puños cuando duerme.

el **puño**

point

1 ▷ Tu as oublié le point sur le i.
Has olvidado el punto sobre la i.
▷ C'est la fin de la phrase, mets un point.
Es el final de la frase, pon un punto.
▷ L'équipe de Mons a marqué cinquante points.
El equipo de Mons marcó cincuenta puntos.

1 el **punto**

▷ On était sur le point de partir quand Luc a appelé.
Estábamos a punto de salir cuando Luc llamó.
▷ Son point faible c'est les maths.
Su punto débil son las mates.
▷ C'est mon point de vue.
Éste es mi punto de vista.
▷ Du point de vue des résultats, ce n'est pas mal.
Desde el punto de vista de los resultados, no está mal.

► **être sur le point de** faire quelque chose : **estar a punto de** hacer algo

► **point faible** : el **punto débil** (pluriel **los puntos débiles**)
► **point de vue** (= opinion) : el **punto de vista** (pluriel **los puntos de vista**)
► **du point de vue de...** : **desde el punto de vista de...**

2 ▷ Le docteur m'a fait trois points de suture.
El médico me hizo tres puntos de sutura.

2 (= point de suture) el **punto de sutura** (pluriel **los puntos de sutura**)

3 ▷ On a beaucoup de points communs.
Tenemos mucho en común.

3 ► **avoir des points communs** : **tener algo en común**

4 ▷ Il y a trois points d'exclamation pour exprimer la surprise.
Hay tres signos de exclamación para expresar la sorpresa.

4 ► **point d'exclamation** : el **signo de exclamación** (pluriel **los signos de exclamación**)

5 ▷ Tu as oublié le point d'interrogation.
Has olvidado el signo de interrogación.

5 ► **point d'interrogation** : el **signo de interrogación** (pluriel **los signos de interrogación**)

ℹ *Remarquez que les mots espagnols **exclamación** et **interrogación** portent un accent écrit qui reflète l'accent tonique.*

6 ▷ Louise a plusieurs points forts.
Louise tiene varios puntos fuertes.

6 ► **point fort** : el **punto fuerte**

pointe

1 ▷ Raoul s'est piqué avec la pointe du couteau.
Raoul se ha pinchado con la punta del cuchillo.

1 (= bout) la **punta**

2 ▷ Ils sont entrés sur la pointe des pieds.
Entraron de puntillas.

2 ► **sur la pointe des pieds** : **de puntillas**

pointillé

▷ Écris ton nom sur le pointillé.
Escribe tu nombre en el punteado.

(= série de points) el **punteado**

pointu, pointue

▷ Attention avec ce bâton, il est pointu.
Cuidado con este bastón, es puntiagudo.
▷ Le toit de la maison est pointu.
El tejado de la casa es puntiagudo.

(= en forme de pointe ou qui peut faire mal) **puntiagudo, puntiaguda**

pointure

▷ Les pointures sont différentes en Amérique.
Los números son diferentes en América.

▷ Quelle est ta pointure ?
¿Qué número calzas?

el **número**

ℹ *Remarquez que le mot espagnol porte sur le **u** un accent écrit qui reflète l'accent tonique.*

ℹ *Pour demander à quelqu'un du combien il chausse, on dit **¿qué número calzas?** ou **¿qué número calza?***

poire

▷ J'aime les poires.
Me gustan las peras.

▷ Une glace à la poire, s'il vous plaît.
Un helado de pera, por favor.

(= fruit) la **pera**

► **à la poire :** **de pera**

ℹ *Ne pas confondre avec **perra**, qui signifie « chienne ».*

poireau

▷ J'espère qu'il n'y a pas de poireaux dans la soupe.
Espero que no haya puerros en la sopa.

el **puerro**

🔈 *Attention à bien prononcer les deux **r** de **puerro**.*

pois chiches

▷ Il y a des pois chiches dans le couscous.
Hay garbanzos en el cuscús.

los **garbanzos**

poison

▷ Les voleurs ont mis du poison dans la nourriture du chien.
Los ladrones echaron veneno en la comida del perro.

el **veneno**

poisson

1 ▷ On mange du poisson une fois par semaine.
Comemos pescado una vez por semana.

1 (qu'on mange) el **pescado**

2 ▷ Mon père a attrapé deux gros poissons.
Mi padre cogió dos peces grandes.

2 (vivant) el **pez** (pluriel los **peces**)

ℹ *N'oubliez pas que le **z** devient **c** au pluriel.*

3 ▷ Mathias a plus de vingt poissons rouges.
Mathias tiene más de veinte ciprinos.

3 ► **poisson rouge :** el **ciprino**

Poisson

▷ Il est Poisson.
Es Piscis.

(signe du zodiaque) **Piscis**

poissonnerie

▷ La poissonnerie est fermée le lundi.
La pescadería está cerrada los lunes.

la **pescadería**

ℹ *Remarquez que le mot espagnol porte sur le **i** un accent écrit qui reflète l'accent tonique.*

poitrine

▷ Quentin a une cicatrice sur la poitrine.
Quentin tiene una cicatriz en el pecho.

el **pecho**

poivre

▷ Le poivre me fait éternuer.
La pimienta me hace estornudar.

la **pimienta**

ℹ *Ne pas confondre avec* ***el pimiento****, qui signifie « le poivron ».*

poivron

▷ Il y a des poivrons rouges et des poivrons verts dans cette recette.
Hay pimientos rojos y pimientos verdes en esta receta.

el **pimiento**

ℹ *Ne pas confondre avec* ***la pimienta****, qui signifie « le poivre ».*

poker

▷ Il joue au poker sur Internet.
Juega al póker en internet.

el **póker**

► **jouer au poker : jugar al póker**

polaire

1 ▷ As-tu déjà vu un ours polaire ?
¿Has visto alguna vez un oso polar?

2 ▷ Il fait froid, mets ta polaire.
Hace frío, ponte el forro polar.

1 (= du Pôle) **polar**

2 ► **une polaire** *(= vêtement)* **: un forro polar**

Attention à bien prononcer les deux ***r*** *de* ***forro****.*

polar

▷ J'adore les polars.
Me encantan las novelas (*ou* las películas) policíacas.

(= roman) la **novela policíaca**
(= film) la **película policíaca**

ℹ *Contrairement au français, l'espagnol n'est pas familier.*

pôle

▷ Ils ont fini par atteindre le pôle Nord.
Terminaron alcanzando el Polo Norte.

▷ Personne n'habite au pôle Sud sauf les scientifiques.
Nadie vive en el Polo Sur excepto los científicos.

► **le pôle Nord : el Polo Norte**

► **le pôle Sud : el Polo Sur**

poli, polie

▷ Elle est très polie.
Es muy educada.

▷ Ce n'est pas poli de regarder les gens comme ça.
Es de mala educación mirar así a la gente.

(en parlant d'une personne) **educado, educada**

► **ce n'est pas poli : es de mala educación**

police

▻ La police est arrivée tout de suite.
La policía llegó en seguida.

la **policía**

*Remarquez que le mot espagnol porte sur le deuxième **i** un accent écrit qui reflète l'accent tonique.*

*Ne pas confondre avec **el policía**, qui signifie « le policier ».*

policier, policière

1 ▻ Il y avait des policiers partout.
Había policías por todas partes.

1 (= personne) el **policía**

2 ▻ C'est un très bon film policier.
Es una película policíaca muy buena.

2 (adjectif : en parlant d'un film ou d'un roman) **policíaco, policíaca**

*Remarquez que le nom et l'adjectif espagnols portent sur le deuxième **i** un accent écrit qui reflète l'accent tonique.*

poliment

▻ Le monsieur a répondu très poliment.
El señor contestó muy educadamente.

educadamente

politique

1 ▻ Je ne m'intéresse pas à la politique.
No me intereso por la política.

1 (= affaires publiques ou mesures) la **política**

2 ▻ C'est un problème politique.
Es un problema político.

2 (adjectif = qui se rapporte à la politique) **político, política**

*Remarquez que le nom et l'adjectif espagnols portent sur le premier **i** un accent écrit qui reflète l'accent tonique.*

polluant, polluante

▻ C'est une industrie très polluante.
Es una indústria muy contaminante.

contaminante

polluer

▻ Les produits chimiques polluent la rivière.
Los productos químicos contaminan el río.

contaminar

pollution

▻ La pollution est un grand problème dans les villes.
La contaminación es un gran problema en las ciudades.

la **contaminación**

*Remarquez que le mot espagnol porte sur le deuxième **o** un accent écrit qui reflète l'accent tonique.*

Pologne

▻ La Pologne est un pays très intéressant.
Polonia es un país muy interesante.

▻ Le président est en visite officielle en Pologne.
El presidente está de visita oficial en Polonia.

Polonia

Ne prend généralement pas d'article.

► **en Pologne** (= dans le pays) : **en Polonia**

▷ Ils sont passés par l'Allemagne pour aller en Pologne.
Pasaron por Alemania para ir a Polonia.

► **en Pologne** (= vers le pays) : a Polonia

polonais, polonaise

▷ C'est un grand réalisateur de cinéma polonais.
Es un gran director de cine polaco.
▷ Les Polonais ont voté en faveur de cette mesure.
Los polacos votaron a favor de esta medida.

polaco, polaca

ℹ *S'écrit toujours avec une minuscule en espagnol, qu'il s'agisse de l'adjectif ou du nom.*

pommade

▷ Cette pommade soulagera ta douleur.
Esta pomada te aliviará el dolor.

la pomada

pomme

1 ▷ Nous avons ramassé des pommes dans le jardin.
Cogimos manzanas en el jardín.

1 (= fruit) la manzana

2 ▷ On va manger des pommes de terre bouillies avec la viande.
Vamos a comer patatas hervidas con la carne.

2 ► **pomme de terre :** la patata

pommier

▷ J'ai des pommiers dans mon jardin.
Tengo manzanos en mi jardín.

el manzano

pompe

1 ▷ Ma pompe à vélo ne marche plus.
Mi bomba de bicicleta ya no funciona.

1 (pour aspirer ou souffler) la bomba

2 ▷ Baptiste fait cinquante pompes tous les matins.
Baptiste hace cincuenta flexiones cada mañana.

2 ► **faire des pompes :** hacer flexiones

pompier

▷ Les pompiers sont arrivés tout de suite.
Los bomberos llegaron en seguida.

el bombero

pompon

▷ Mélanie a un bonnet avec un pompon.
Mélanie tiene un gorro con un pompón.

el pompón (pluriel los pompones)

ℹ *Il n'y a pas d'accent écrit au pluriel. L'accent tonique porte sur le deuxième **o**, comme au singulier.*

ponctuation

▷ Il manque la ponctuation.
Falta la puntuación.

la puntuación

pondre

▷ La poule pond un œuf tous les matins.
La gallina pone un huevo todas las mañanas.

(= faire des œufs) poner

poney

▷ Les poneys galopaient dans le champ.
Los ponis galopaban por el campo.
▷ Sarah fait du poney le samedi.
Sarah monta en poni los sábados.

el **poni** (pluriel **los ponis**)

► **faire du poney : montar en poni**

pont

▷ L'école est de l'autre côté du pont.
La escuela está del otro lado del puente.
▷ Est-ce que vous faites le pont pour l'Ascension ?
¿Hacen puente para la Ascensión?

el **puente**

► **faire le pont : hacer puente**

pop-corn

▷ J'adore manger du pop-corn quand je vais au cinéma.
Me encanta comer palomitas cuando voy al cine.

las **palomitas**

ℹ ***Palomitas*** *est un nom pluriel : on dit par exemple* ***estas palomitas están riquísimas*** (ce pop-corn est délicieux).

populaire

▷ Cette chanson est très populaire chez les jeunes.
Esta canción es muy popular entre los jóvenes.
▷ C'est un quartier populaire.
Es un barrio popular.

popular (pluriel **populares**)

porc

▷ Mes parents élèvent des porcs.
Mis padres crían cerdos.
▷ Les musulmans ne mangent pas de porc.
Los musulmanes no comen cerdo.

el **cerdo**

porcelaine

▷ La porcelaine est très fragile.
La porcelana es muy frágil.
▷ Ma grand-mère a beaucoup d'objets en porcelaine dans son salon.
Mi abuela tiene muchos objetos de porcelana en su salón.

la **porcelana**

► **en porcelaine : de porcelana**

port

▷ Nous allons souvent au port regarder les bateaux.
Vamos a menudo al puerto a ver los barcos.
▷ Marseille est un port.
Marsella es un puerto.

(= bassin, ville) el **puerto**

portable

1 ▷ Mon père travaille sur son portable quand nous sommes en vacances.
Mi padre trabaja en el portátil cuando estamos de vacaciones.

1 (= ordinateur) el **portátil** (pluriel **los portátiles**)

*Remarquez que le mot espagnol porte sur le **a** un accent écrit qui reflète l'accent tonique.*

2 ▷ Je t'appellerai sur ton portable.
Te llamaré en el móvil.

2 (= téléphone) el **móvil** (pluriel **los móviles**)

*Remarquez que le mot espagnol porte sur le **o** un accent écrit qui reflète l'accent tonique.*

portail

▷ Le portail était ouvert, alors je suis entré.
El portal estaba abierto, entonces entré.

el **portal** (pluriel **los portales**)

porte

1 ▷ Ferme la porte à clé.
Cierra la puerta con llave.
▷ La porte d'entrée est restée ouverte.
La puerta de entrada se quedó abierta.

1 (d'une maison, d'une voiture, du frigo) la **puerta**
► **porte d'entrée : puerta de entrada**

2 ▷ Le prof a mis Raphaëlle à la porte parce qu'elle était insolente.
El profesor echó a Raphaëlle porque era insolente.

2 ► **mettre** quelqu'un **à la porte : echar a** alguien

3 ▷ Nous devons aller à la porte d'embarquement numéro trois.
Tenemos que ir a la puerta de embarque número tres.

3 ► **porte d'embarquement :** la **puerta de embarque** (pluriel **las puertas de embarque**)

porte-bagages

▷ Mon vélo n'a pas de porte-bagages.
Mi bici no tiene portaequipajes.

el **portaequipajes** (pluriel **los portaequipajes**)

porte-bonheur

▷ Alix porte toujours une médaille, c'est son porte-bonheur.
Alix siempre lleva una medalla, es su amuleto.

el **amuleto**

porte-clés

▷ Tarek a un porte-clés en forme de pyramide.
Tarek tiene un llavero en forma de pirámide.

el **llavero**

porte-fenêtre

▷ Ouvre les porte-fenêtres.
Abre las puertas vidrieras.

la **puerta vidriera**

portefeuille

▷ Lucie n'a jamais retrouvé son portefeuille.
Lucie nunca encontró su cartera.

(= porte-monnaie) la **cartera**

portemanteau

1 ▷ Accroche ta veste au portemanteau.
Cuelga la chaqueta del perchero.

1 (sur le mur) el **perchero**

2 ▷ Elle emporte même des portemanteaux quand elle part en vacances !
¡Incluso se lleva perchas cuando se va de vacaciones!

2 (= cintre) la **percha**

porte-monnaie

▷ Prends mon porte-monnaie, mais ne le perds pas.
Coge mi monedero, pero no lo pierdas.

el **monedero**

porter

1 ▷ Je n'arrive pas à porter cette valise.
No consigo llevar esta maleta.
▷ Aziz portait un jean noir.
Aziz llevaba unos vaqueros negros.
▷ Porte-lui ce plateau.
Llévale esta bandeja.

1 (= transporter, avoir sur soi, apporter) **llevar**

2 ▷ Le texte porte sur l'histoire de l'Espagne.
El texto trata de la historia de España.

2 ► **porter sur** quelque chose (= avoir pour thème) : **tratar de** algo

3 ▷ Laure se porte très bien maintenant.
Laure se encuentra muy bien ahora.

3 ► **se porter bien** (= aller bien) : **encontrarse bien** *ou* **estar bien**

ℹ *Le pronom réfléchi fonctionne de la façon suivante en espagnol :* ***me encuentro bien, te encuentras bien, se encuentra bien, nos encontramos bien, os encontráis bien, se encuentran bien.***

portière

▷ La portière est mal fermée.
La portezuela está mal cerrada.

(de la voiture) la **portezuela**

portillon

▷ Siméon est passé par-dessus le portillon parce qu'il n'avait pas de ticket.
Siméon pasó por encima de la puerta porque no tenía billete.

(dans le métro) la **puerta**

portion

▷ Les portions sont minuscules ici !
¡Las raciones son minúsculas aquí!

(= ration) la **ración** (pluriel las raciones)

ℹ *Il n'y a pas d'accent écrit au pluriel. L'accent tonique porte sur le o, comme au singulier.*

portoricain, portoricaine

▷ Ce chanteur est portoricain.
Este cantor es puertorriqueño.
▷ Mon frère s'est marié avec une Portoricaine.
Mi hermano se casó con una puertorriqueña.

puertorriqueño, puertorriqueña

🔈 *Attention à bien prononcer les deux r.*

ℹ *S'écrit toujours avec une minuscule en espagnol, qu'il s'agisse de l'adjectif ou du nom.*

Porto Rico

▷ La capitale de Porto Rico est San Juan.
La capital de Puerto Rico es San Juan.
▷ Ils vivent à Porto Rico.
Viven en Puerto Rico.
▷ Ils sont allés à Porto Rico.
Han ido a Puerto Rico.

Puerto Rico

ℹ *Ne prend généralement pas d'article.*

► **à Porto Rico** (= dans le pays) : en Puerto Rico

► **à Porto Rico** (= vers le pays) : a Puerto Rico

portrait

▷ Benoît a fait de beaux portraits de ses parents.
Benoît ha hecho unos bonitos retratos de sus padres.

el **retrato**

portugais, portugaise

▷ La cuisine portugaise est délicieuse.
La cocina portuguesa es deliciosa.
▷ C'est un Portugais qui a remporté le mille mètres.
Fue un portugués el que ganó los mil metros.
▷ Le portugais est une langue proche de l'espagnol.
El portugués es un idioma cercano al español.

portugués (pluriel portugueses), **portuguesa**

ℹ *S'écrit toujours avec une minuscule en espagnol, qu'il s'agisse de l'adjectif ou du nom.*

Portugal

▷ Le Portugal est un pays magnifique.
Portugal es un país magnífico.
▷ Sarah est au Portugal.
Sarah está en Portugal.
▷ Tu es déjà allé au Portugal ?
¿Has ido alguna vez a Portugal?

Portugal

ℹ *Ne prend généralement pas d'article.*

► **au Portugal** (= dans le pays) : en Portugal

► **au Portugal** (= vers le pays) : a Portugal

poser

1 ▷ Pose tes valises là.
Pon tus maletas ahí.
▷ Quelqu'un est venu poser de la moquette dans les chambres.
Alguien vino a poner moqueta en las habitaciones.

1 (= placer, installer) **poner**

2 ▷ Le prof nous a posé une question difficile.
El profesor nos hizo una pregunta difícil.

2 ► **poser une question à quelqu'un** : **hacer una pregunta a alguien**

3 ▷ Sylvie nous a demandé de poser pour la photo.
Sylvie nos pidió que posáramos para la foto.

3 (= prendre la pose) **posar**

4 ▷ L'avion s'est posé à Grenade au lieu de Séville.
El avión se posó en Granada en vez de Sevilla.

4 ► **se poser** (= atterrir) : **posarse**

ℹ *Le pronom réfléchi fonctionne de la façon suivante en espagnol :* ***se posa, se posan.***

positif, positive

▷ Estelle est quelqu'un de très positif.
Estelle es una persona muy positiva.

positivo, positiva

position

▷ J'ai dormi dans une position bizarre, maintenant j'ai mal au cou.
Dormí en una posición rara, y ahora me duele el cuello.
▷ Qui est arrivé en première position ?
¿Quién llegó en primera posición?

la **posición** (pluriel **las posiciones**)

ℹ *Il n'y a pas d'accent écrit au pluriel. L'accent tonique porte sur le* ***o****, comme au singulier.*

posséder

1 ▷ Je ne possède rien.
No poseo nada.

1 (un bien, une maison, une fortune) **poseer**

2 ▷ La maison possède un grand jardin.
La casa tiene un gran jardín.

2 (une caractéristique, une qualité) **tener**

possessif, possessive

▷ Ma mère est très possessive.
Mi madre es muy posesiva.
▷ « Mon » est un adjectif possessif.
"Mi" es un adjetivo posesivo.

posesivo, posesiva

possibilité

▷ Il y a plusieurs possibilités.
Hay varias posibilidades.
▷ Vous avez la possibilité d'y aller demain.
Tiene la posibilidad de ir mañana.

la **posibilidad** (pluriel **las posibilidades**)

possible

▷ Je ne crois pas que ce soit possible.
No creo que sea posible.
▷ C'est pas possible ! J'ai encore oublié ma clé !
¡No es posible! ¡Otra vez me he olvidado la llave!
▷ Ce n'est pas possible de continuer ainsi !
¡No es posible seguir de este modo!

posible

► **il est possible de** + faire quelque chose : **es posible** + hacer algo

post

▷ Je lui ai envoyé un post.
Le he mandado un post.

(Internet) el **post** (pluriel **los posts**)

poste NOM FÉMININ

1 ▷ La poste est fermée le samedi après-midi.
Correos está cerrado los sábados por la tarde.

1 ► **la poste** (= l'endroit où on achète des timbres) : **correos**

ℹ *Correos est masculin. Il s'emploie sans article et le verbe qui le suit est au singulier.*

2 ▷ N'envoie jamais d'argent par la poste.
Nunca mandes dinero por correo.

2 ► **par la poste** (= par courrier) : **por correo**

3 ▷ Tu peux mettre cette lettre à la poste pour moi ?
¿Me puedes echar esta carta al correo?

3 ► **mettre** quelque chose **à la poste** : **echar** algo **al correo**

poste NOM MASCULIN

1 ▷ La mère de Pascal a un très bon poste.
La madre de Pascal tiene un puesto muy bueno.

1 (= emploi) el **puesto**

2 ▷ Ils réparent les postes de télé.
Reparan los aparatos de televisión.

2 (= appareil de télé ou de radio) el **aparato**

3 ▷ Ils l'ont emmené au poste de police.
Le llevaron al puesto de policía.

3 ► **poste de police** : el **puesto de policía**

poster VERBE

▷ Donne-moi ta lettre, je vais la poster.
Dame tu carta, la voy a echar al correo.

(= mettre dans la boîte aux lettres) **echar al correo**

poster NOM

▷ Les murs sont couverts de posters.
Las paredes están llenas de pósters.

(= affiche) el **póster** (pluriel **los pósters**)

ℹ *Remarquez que le mot espagnol porte sur le* **o** *un accent écrit qui reflète l'accent tonique.*

postuler

▷ Tu as postulé ?
¿Has postulado?

postular

► **postuler à** *ou* **pour un emploi** : **postular a** *ou* **para un empleo**

pot

1 ▷ Ma mère garde les pots vides pour y mettre de la confiture.
Mi madre conserva los tarros vacíos para llenarlos con mermelada.

1 (= récipient en verre) el **tarro**

*Attention à bien prononcer les deux **r** de **tarro**.*

2 ▷ Je dois acheter un pot de fleurs.
Tengo que comprar una maceta.

2 ► **pot de fleurs :** la **maceta**

3 ▷ Tu veux boire un pot ?
¿Quieres tomar una copa?

3 ► **boire un pot** *ou* **prendre un pot :** **tomar una copa**

4 ▷ Tu as vraiment eu du pot !
¡Tuviste mucha suerte!

4 ► **avoir du pot** (= avoir de la chance) : **tener suerte**

*Avoir du pot est familier, mais **tener suerte** ne l'est pas.*

5 ▷ Le pot d'échappement est rouillé.
El tubo de escape está oxidado.

5 ► **pot d'échappement :** el **tubo de escape** (pluriel **los tubos de escape**)

potable

▷ L'eau du train n'est pas potable.
El agua del tren no es potable.
▷ Il n'y a pas d'eau potable ici.
Aquí no hay agua potable.

(= bon à boire) **potable**

potage

▷ Il y a du potage à la tomate en entrée.
De primer plato hay sopa de tomate.

la **sopa**

*En espagnol, on emploie le même mot, **sopa**, pour* la soupe *et* le potage.

*Attention : le mot **potaje** existe en espagnol, mais il s'agit d'un* plat de légumes.

poteau

▷ La voiture est rentrée dans un poteau électrique.
El coche chocó contra un poste del tendido eléctrico.
▷ Nous n'avons pas vu le poteau indicateur.
No vimos el poste indicador.

► **poteau électrique :** el **poste del tendido eléctrico** (pluriel **los postes del tendido eléctrico**)

► **poteau indicateur :** el **poste indicador** (pluriel **los postes indicadores**)

poterie

1 ▷ C'est une poterie très ancienne.
Es una cerámica muy antigua.

1 ► une **poterie** (= un objet en terre) : una **cerámica**

*Remarquez que le mot espagnol porte sur le premier **a** un accent écrit qui reflète l'accent tonique.*

2 ▷ Il va à un atelier de poterie.
Va a un taller de alfarería.

2 ► **la poterie** (= l'activité) : la alfarería

ℹ *Remarquez que le mot espagnol porte sur le* ***i*** *un accent écrit qui reflète l'accent tonique.*

potiron

▷ Ma mère a fait de la soupe au potiron.
Mi madre ha hecho sopa de calabaza.

la **calabaza**

pou

▷ Ma petite sœur a des poux.
Mi hermanita tiene piojos.

el **piojo**

poubelle

1 ▷ La poubelle est pleine.
El cubo de la basura está lleno.

1 (= récipient) el **cubo de la basura** (pluriel los cubos de la basura)

2 ▷ Jette ça à la poubelle.
Tira esto a la basura.

2 ► **jeter** quelque chose **à la poubelle : tirar** algo **a la basura**

ℹ *En espagnol, on emploie le même mot,* ***basura****, pour* **les ordures** *et* **la poubelle.**

pouce

▷ Lambert s'est cassé le pouce en jouant au volley.
Lambert se ha roto el pulgar jugando al balonvolea.

(= doigt) el **pulgar** (pluriel los pulgares)

poudre

▷ C'est une poudre que tu prends avec de l'eau.
Es un polvo que tomas con agua.
▷ Ma mère préfère la lessive liquide à la lessive en poudre.
Mi madre prefiere el detergente líquido al detergente en polvo.

(= substance très fine) el **polvo**

ℹ *En espagnol, on emploie le même mot,* ***polvo****, pour la poudre et la poussière.*

poulain

▷ La jument et son poulain nous regardaient.
La yegua y su potro nos miraban.

(= jeune cheval) el **potro**

poule

▷ Les poules pondent des œufs tous les matins.
Las gallinas ponen huevos todas las mañanas.

la **gallina**

poulet

▷ J'aime bien le poulet avec des frites.
Me gusta el pollo con patatas fritas.

el **pollo**

poulpe

▷ Tu as déjà mangé du poulpe ?
¿Has comido pulpo alguna vez?

el **pulpo**

pouls

▷ Le médecin a pris mon pouls.
El médico me tomó el pulso.

el **pulso**
► **prendre le pouls de** quelqu'un : **tomar el pulso a** alguien

poumon

▷ Rubén a une infection des poumons.
Rubén tiene una infección de los pulmones.

el **pulmón** (pluriel **los pulmones**)
Il n'y a pas d'accent écrit au pluriel. L'accent tonique porte sur le ***o****, comme au singulier.*

poupée

▷ C'est une poupée qui parle et qui pleure.
Es una muñeca que habla y llora.
▷ Elle est petite, elle joue encore à la poupée.
Es pequeña, todavía juega con muñecas.

(= jouet) la **muñeca**

► **jouer à la poupée : jugar con muñecas**

pour

1 ▷ C'est pour moi ?
¿Es para mí ?
▷ Nous partons demain pour Madrid.
Nos vamos mañana para Madrid.
▷ Anaïs a poussé pour ouvrir la porte.
Anaïs empujó para abrir la puerta.
▷ Il a fait ça pour se faire remarquer.
Ha hecho eso para llamar la atención.

1 *La traduction la plus courante de* **pour** *est* ***para****, notamment pour exprimer l'attribution, la destination, le but.*

2 ▷ J'en ai acheté deux pour dix euros.
Compré dos por diez euros.
▷ Ils sont partis pour une semaine.
Se han ido por una semana.

2 (avec un prix, une durée) **por**

3 ▷ C'est pour ça que je suis fâchée.
Por eso estoy enfadada.

3 ► **c'est pour ça que... : por eso...**

4 ▷ Je propose qu'on aille au cinéma. Qui est pour ?
Propongo que vayamos al cine. ¿Quién está a favor?

4 ► **être pour** (= être d'accord) : **estar a favor**

pourboire

▷ D'habitude je laisse un pourboire.
Suelo dejar propina.

la **propina**
► **laisser un pourboire : dejar propina**

pourcentage

el **porcentaje**

▷ Le pourcentage de bons résultats est élevé.
El porcentaje de buenos resultados es elevado.

pourquoi

por qué

ℹ *Ne pas confondre avec* ***porque****, qui signifie « parce que ».*

► **pourquoi pas : por qué no**

▷ Pourquoi tu ne veux pas venir ?
¿Por qué no quieres venir?

▷ Je ne comprends pas pourquoi.
No entiendo por qué.

▷ Ça te dit de venir ? – Pourquoi pas !
¿Te apetece venir? – ¡Por qué no!

pourri, pourrie

1 (= en décomposition) **podrido, podrida**

1 ▷ Ces poires sont pourries.
Estas peras están podridas.

2 (= très mauvais, en parlant du temps) **asqueroso, asquerosa**

ℹ *On peut dire aussi* ***de perros****.*

2 ▷ Quel temps pourri !
¡Qué tiempo más asqueroso!

pourrir

podrirse

▷ Toute la récolte a pourri.
Toda la cosecha se pudrió.

poursuite

1 (de voiture, de voleur) la **persecución** (pluriel las **persecuciones**)

► **se lancer à la poursuite de** quelqu'un **: lanzarse a la persecución de** alguien

ℹ *Il n'y a pas d'accent écrit au pluriel. L'accent tonique porte sur le* ***o****, comme au singulier.*

1 ▷ Elle s'est lancée à la poursuite du voleur.
Se lanzó a la persecución del ladrón.

2 ► **poursuites judiciaires :** el **proceso judicial** *ou* la **acción en justicia**

2 ▷ Il a engagé des poursuites judiciaires contre son employeur.
Inició un proceso judicial en contra de su empleador.

poursuivre

(= courir après) **perseguir**

Si le complément est une personne, un groupe de personnes ou un animal domestique, n'oubliez pas de le faire précéder de ***a****.*

▷ Sylvain poursuivait Benoît dans la cour.
Sylvain perseguía a Benoît por el patio.

pourtant

▷ Il est sympa, et pourtant je ne l'aime pas.
Es simpático, y sin embargo no me gusta.

(= malgré tout) **sin embargo**

pourvu que

1 ▷ Mes parents me laissent sortir pourvu que je rentre avant minuit.
Mis padres me dejan salir con tal que vuelva antes de medianoche.

2 ▷ Pourvu qu'il fasse beau !
¡Ojalá haga buen tiempo!

1 (= à condition que) **con tal que** + subjonctif

On peut dire aussi ***siempre que****.*

2 (= espérons que) **ojalá** + subjonctif

Remarquez que ***ojalá*** *porte sur le deuxième* ***a*** *un accent écrit qui reflète l'accent tonique.*

pousser

1 ▷ Ne me pousse pas !
¡No me empujes!
▷ Un homme a poussé ma grand-mère.
Un hombre empujó a mi abuela.

2 ▷ Ils ont poussé Marina à faire du latin.
Incitaron a Marina a estudiar latín.

3 ▷ Mathieu a poussé un cri.
Mathieu lanzó *ou* **pegó un grito.**
▷ Il a dit « d'accord » et il a poussé un grand soupir.
Dijo "de acuerdo" y lanzó un gran suspiro.

4 ▷ Cette plante pousse bien.
Esta planta crece bien.

5 ▷ Tu te laisses pousser les cheveux ?
¿Te dejas el pelo largo?

6 ▷ Pousse-toi, je ne vois rien.
Apártate, no veo nada.

1 (= appuyer, bousculer) **empujar**

Si le complément est une personne, un groupe de personnes ou un animal domestique, n'oubliez pas de le faire précéder de ***a****.*

2 ► **pousser** quelqu'un **à** faire quelque chose (= inciter) : **incitar a** alguien **a** hacer algo

3 ► **pousser un cri : lanzar** *ou* **pegar un grito**
► **pousser un soupir : lanzar un suspiro**

4 (= grandir) **crecer**

5 ► **se laisser pousser les cheveux : dejarse el pelo largo**

Le pronom réfléchi fonctionne de la façon suivante en espagnol : ***me dejo, te dejas, se deja, nos dejamos, os dejáis, se dejan el pelo largo.***

6 ► **se pousser : apartarse**

Le pronom réfléchi fonctionne de la façon suivante en espagnol : ***me aparto, te apartas, se aparta, nos apartamos, os apartáis, se apartan.***

poussette

▷ La petite fille s'est endormie dans sa poussette.
La niñita se durmió en el cochecito.

el **cochecito**

ℹ *Signifie littéralement* petite voiture.

poussière

▷ Il y a beaucoup de poussière dans cette pièce.
Hay mucho polvo en este cuarto.

▷ Je fais la poussière dans ma chambre toutes les semaines.
Limpio el polvo en mi habitación cada semana.

el **polvo**

► **faire la poussière : limpiar el polvo**

ℹ *En espagnol, on emploie le même mot,* ***polvo****, pour la poussière et la poudre.*

poussiéreux, poussiéreuse

▷ Le canapé est très poussiéreux.
El sofá está muy polvoriento.

polvoriento, polvorienta

poussin

▷ Ces poussins sont très mignons.
Estos pollitos son muy monos.

(= jeune poulet) el **pollito**

poutre

▷ Il y a des poutres en bois dans le salon.
Hay vigas de madera en el salón.

la **viga**

pouvoir VERBE

▷ Est-ce que tu peux m'aider ?
¿Me puedes ayudar?

▷ Est-ce que je pourrais vous parler, s'il vous plaît ?
¿Podría hablarle, por favor?

▷ Tu aurais pu m'en parler d'abord !
¡Me podrías haber hablado de ello primero!

▷ Cette randonnée était difficile, je n'en peux plus !
¡Esta excursión era difícil, no puedo más!

▷ Il se peut qu'on ait une interro demain.
Puede que tengamos un examen mañana.

poder

ℹ *Pour le conditionnel passé, on utilise* ***poder*** *au conditionnel +* ***haber*** *+ participe passé.*

► **je n'en peux plus** (= je suis épuisé) : **no puedo más**

► **il se peut que : puede que +** subjonctif

pouvoir NOM

▷ La potion a des pouvoirs magiques.
La poción tiene poderes mágicos.

▷ Ces gens ont beaucoup de pouvoir.
Esta gente tiene mucho poder.

▷ Leur parti est au pouvoir depuis 2001.
Su partido está en el poder desde el 2001.

el **poder**

► **être au pouvoir : estar en el poder**

prairie

▷ Nous avons cueilli des fleurs dans la prairie.
Cogimos flores en el prado.

el **prado**

pratique

▷ Je peux aller à pied à l'école, c'est très pratique.
Puedo ir al colegio a pie, es muy práctico.

práctico, práctica

ℹ *Remarquez que le mot espagnol porte sur le **a** un accent écrit qui reflète l'accent tonique.*

pratiquement

▷ Azzedine a pratiquement tout mangé.
Azzedine lo comió prácticamente todo.

(= presque) **prácticamente**

ℹ *Remarquez que le mot espagnol porte sur le premier **a** un accent écrit qui reflète l'accent tonique.*

pratiquer

▷ Quels sports est-ce que tu pratiques ?
¿Qué deportes practicas?

practicar

pré

▷ Nous avons fait un pique-nique dans le pré.
Hicimos un picnic en el prado.

el **prado**

préau

▷ On reste sous le préau quand il pleut.
Nos quedamos en el cobertizo del patio de recreo cuando llueve.

el **cobertizo del patio de recreo** (pluriel **los cobertizos del patio de recreo**)

précaution

▷ Vous devriez prendre des précautions et réserver avant de partir.
Deberíais tomar precauciones y reservar antes de marcharos.

▷ Thomas a ouvert la porte avec précaution.
Thomas abrió la puerta con precaución.

la **precaución** (pluriel **las precauciones**)

ℹ *Il n'y a pas d'accent écrit au pluriel. L'accent tonique porte sur le **o**, comme au singulier.*

précédent, précédente

▷ L'année précédente nous étions allés en Italie.
El año anterior habíamos ido a Italia.

anterior (pluriel **anteriores**)

précieux, précieuse

▷ C'est un bijou très précieux.
Es una joya muy valiosa.

(= de grande valeur) **valioso, valiosa**

ℹ *Le mot **precioso** existe mais il signifie aussi « très joli », ce qui peut créer des confusions.*

précipitation

1 ▷ Dans ma précipitation, je l'ai laissé chez moi.
En mi precipitación, lo dejé en casa.

1 (= hâte) la **precipitación**

2 ▷ Il y a eu de fortes précipitations.
Hubo fuertes precipitaciones.

2 ► **précipitations :** las **precipitaciones**

ℹ *Il n'y a pas d'accent écrit au pluriel. L'accent tonique porte sur le* ***o****, comme au singulier.*

se précipiter

▷ Aurélie s'est précipitée dans la classe.
Aurélie se precipitó en el aula.

► **se précipiter dans :** **precipitarse en**

ℹ *Le pronom réfléchi fonctionne de la façon suivante en espagnol :* ***me precipito, te precipitas, se precipita, nos precipitamos, os precipitáis, se precipitan****.*

▷ Elles se sont précipitées sur lui pour demander un autographe.
Se abalanzaron sobre él para pedirle un autógrafo.
▷ Marc s'est précipité vers sa mère.
Marc se abalanzó hacia su madre.

► **se précipiter sur / vers :** **abalanzarse sobre / hacia**

ℹ *Le pronom réfléchi fonctionne de la façon suivante en espagnol :* ***me abalanzo, te abalanzas, se abalanza, nos abalanzamos, os abalanzáis, se abalanzan****.*

précis, précise

1 ▷ Le prof voulait une réponse précise.
El profesor quería una respuesta precisa.
▷ Cette balance n'est pas très précise.
Esta balanza no es muy precisa.

1 (= détaillé, exact) **preciso, precisa**

2 ▷ Je serai là à deux heures précises.
Estaré ahí a las dos en punto.

2 *Pour parler de l'heure, on dit* ***en punto****.*

précisément

▷ C'est précisément ce que j'ai dit.
Es precisamente lo que he dicho.

precisamente

préciser

▷ Le prof n'a pas précisé à quelle heure on commencerait.
El profesor no precisó a qué hora empezaríamos.

precisar

prédire

▷ Je ne peux pas prédire l'avenir !
¡No puedo predecir el porvenir!

predecir

préface

▷ Il faut toujours lire la préface d'un dictionnaire.
Siempre hay que leer el prólogo de un diccionario.

el **prólogo**

ℹ *Remarquez que le mot espagnol porte sur le premier* ***o*** *un accent écrit qui reflète l'accent tonique.*

préféré, préférée

▷ Qui est ton chanteur préféré ?
¿Quién es tu cantante favorito *ou* preferido?

favorito, favorita *ou* preferido, preferida

préférence

▷ Est-ce que tu as une préférence ?
¿Tienes una preferencia?

▷ Soyez là de préférence avant huit heures.
Llegue preferentemente antes de las ocho.

la preferencia

► **de préférence :** preferentemente

préférer

▷ Je préfère la géo à l'histoire.
Prefiero la geografía a la historia.

preferir

préhistorique

▷ Les dinosaures étaient des animaux préhistoriques.
Los dinosaurios eran animales prehistóricos.

prehistórico, prehistórica

ℹ *Remarquez que le mot espagnol porte sur le o un accent écrit qui reflète l'accent tonique.*

préjugé

▷ Tu dois le traiter sans aucun préjugé.
Debes tratarlo sin ningún prejuicio.

el prejuicio

ℹ *Ne pas confondre avec perjuicio, qui signifie « préjudice ».*

prématuré, prématurée

▷ Il serait prématuré de décider maintenant.
Resultaría prematuro decidir ahora.

prematuro, prematura

premier, première

1 ▷ J'ai seulement eu le temps de faire le premier exercice.
Sólo tuve tiempo de hacer el primer ejercicio.

▷ On est partis les premiers.
Nos marchamos los primeros.

1 (= qui vient d'abord) primero, primera

ℹ *Remarquez que primero perd le o devant un nom.*

► **le premier, la première :** el primero, la primera

2 ▷ Mouloud est toujours premier en classe.
Mouloud siempre es el primero de la clase.

2 ► **être premier en classe :** ser el primero *ou* la primera de la clase

3 ▷ Les invités sont toujours servis en premier.
Siempre se sirve primero a los invitados.

3 ► **en premier :** primero

4 ▷ Le frère de Tanya est en première.
El hermano de Tanya está en primero de bachillerato.

4 *La classe scolaire qui correspond à la première en Espagne s'appelle primero de bachillerato.*

5 ▻ Qu'est-ce que vous faites pour le premier de l'An ?
¿Qué vais a hacer el día de Año Nuevo?

5 ► **le premier de l'An :** el día de Año Nuevo

ℹ *Remarquez que le mot espagnol* ***día*** *porte sur le* ***i*** *un accent écrit qui reflète l'accent tonique.*

premièrement

▻ Premièrement, je n'ai jamais dit ça.
Primero, nunca he dicho esto.

primero

prendre

1 ▻ Prends mon stylo, j'en ai un autre.
Coge *ou* Toma mi boli, tengo otro.
▻ Tu prends le train pour aller à Ségovie ?
¿Coges *ou* ¿Tomas el tren para ir a Segovia?

1 *Les traductions les plus courantes de* prendre *sont* ***coger*** *et* ***tomar****, mais attention aux autres traductions présentées plus bas.*

2 ▻ Nous avons pris le café.
Tomamos el café.

2 (= manger, boire) **tomar**

3 ▻ Ça nous a pris trois heures.
Nos llevó tres horas.

3 (en parlant du temps qu'il faut) **llevar**

4 ▻ Tu me prends pour un imbécile ?
¿Me tomas por un imbécil?
▻ Le prof a pris Amandine pour ma sœur.
El profesor tomó a Amandine por mi hermana.

4 ► **prendre** quelqu'un **pour... :** **tomar a** alguien **por...**

5 ▻ Adam se prend pour un grand intellectuel.
Adam se las da de gran intelectual.
▻ Pour qui elle se prend ?
¿De qué se las da ésta?

5 ► **se prendre pour... :** dárselas de...

ℹ *Le pronom réfléchi fonctionne de la façon suivante en espagnol :* ***me las doy de, te las das de, se las da de, nos las damos de, os las dais de, se las dan de.***

6 ▻ Je ne sais pas comment m'y prendre.
No sé cómo hacerlo.

6 ► **s'y prendre** (= faire quelque chose) : **hacerlo**

7 ▻ Mais qu'est-ce qu'il t'a pris de te mettre à chanter ?
¿Qué te ha dado de pronto para que te pongas a cantar ?

7 ► **prendre** à quelqu'un **de** faire quelque chose (= agir de façon soudaine) : **dar de pronto a** alguien **para** hacer algo

prénom

▻ Quel est ton prénom ?
¿Cuál es tu nombre?

el **nombre**

ℹ *On dit parfois* ***nombre de pila*** *(=* **nom de baptême***).*

préoccupé, préoccupée

▻ Tu as l'air préoccupé.
Pareces estar preocupado.

preocupado, preocupada

préoccuper

1 ▷ On voit que quelque chose préoccupe Isabelle.
Se ve que algo está preocupando a Isabelle.

1 (= inquiéter) **preocupar**
*Si le complément est une personne, un groupe de personnes ou un animal domestique, n'oubliez pas de le faire précéder de **a**.*

2 ▷ Martial ne se préoccupe pas beaucoup de nous.
Martial no se preocupa mucho por nosotros.

2 ► **se préoccuper de** (= penser à) : **preocuparse por**
*Le pronom réfléchi fonctionne de la façon suivante en espagnol : **me preocupo, te preocupas, se preocupa, nos preocupamos, os preocupáis, se preocupan.***

préparation

▷ Cette recette réclame peu de temps de préparation.
Esta receta supone poco tiempo de preparación.

la **preparación** (pluriel las **preparaciones**)
*Il n'y a pas d'accent écrit au pluriel. L'accent tonique porte sur le **o**, comme au singulier.*

préparer

1 ▷ Je vais préparer le dîner.
Voy a preparar la cena.

1 **preparar**

2 ▷ Prépare-toi vite, on est en retard !
¡Prepárate de prisa, vamos a llegar tarde!

2 ► **se préparer** (= s'habiller, se maquiller, etc.) : **prepararse**
*Le pronom réfléchi fonctionne de la façon suivante en espagnol : **me preparo, te preparas, se prepara, nos preparamos, os preparáis, se preparan.***

3 ▷ On se préparait à manger quand Raphaël est arrivé.
Estábamos a punto de comer cuando Raphaël llegó.

3 ► **se préparer à** faire quelque chose (= être sur le point de) : **estar a punto de** hacer algo

près

▷ J'habite tout près.
Vivo muy cerca.
▷ L'école est près de la mairie.
La escuela está cerca del ayuntamiento.

cerca

► **près de** : **cerca de**

prescrire

▷ Le médecin m'a prescrit des antibiotiques.
El médico me recetó unos antibióticos.

recetar

présent, présente

1 ▷ Le passé, le présent et le futur.
El pasado, el presente y el futuro.

1 ► **le présent :** el **presente**

2 ▷ Tout le monde était présent.
Todo el mundo estaba presente.

2 ► **être présent :** **estar presente**

3 ▷ On peut partir à présent.
Ahora podemos irnos.

3 ► **à présent :** **ahora**

présentateur, présentatrice

▷ Le présentateur a remercié la chanteuse.
El presentador le dio las gracias a la cantante.

el **presentador** (pluriel los **presentadores**), la **presentadora**

présentation

▷ Le prof a dit que je devais faire attention à la présentation.
El profesor dijo que debía poner cuidado en la presentación.

la **presentación** (pluriel las **presentaciones**)

ℹ *Il n'y a pas d'accent écrit au pluriel. L'accent tonique porte sur le* ***o****, comme au singulier.*

▷ Bon, je vais faire les présentations.
Bueno, voy a hacer las presentaciones.

► **faire les présentations :** **hacer las presentaciones**

présenter

1 ▷ Je lui ai présenté Sandrine.
Le presenté a Sandrine.
▷ Tu dois présenter ton passeport à la douane.
Tienes que presentar el pasaporte en la aduana.
▷ Je n'aime pas le journaliste qui présente les informations.
No me gusta el periodista que presenta las noticias.

1 **presentar**

ℹ *Si le complément est une personne ou un groupe de personnes, n'oubliez pas de le faire précéder de* ***a****.*

2 ▷ Loïc est entré et s'est présenté.
Loïc entró y se presentó.
▷ Je me présente : je m'appelle Esteban.
Me presento: me llamo Esteban.

2 ► **se présenter** (= annoncer son nom) : **presentarse**

ℹ *Le pronom réfléchi fonctionne de la façon suivante en espagnol :* ***me presento, te presentas, se presenta, nos presentamos, os presentáis, se presentan.***

▷ Le frère de Mourad se présente au bac en juin.
El hermano de Mourad se presenta a la selectividad en junio.

► **se présenter à** (un examen) : **presentarse a**

3 ▷ Tu vas te présenter au concours de chant ?
¿Te vas a presentar al concurso de canto?

3 ► **se présenter à un concours** (une compétition) : **presentarse a un concurso**

▷ Omar s'est présenté à un concours pour travailler dans la mairie.
Omar pasó oposiciones para trabajar en el ayuntamiento.

► **se présenter à un concours** (un examen) : pasar oposiciones

préservatif

▷ Il faut prendre ses précautions et utiliser un préservatif.
Hay que tomar precauciones y utilizar un preservativo.

el preservativo

président, présidente

▷ Le président de la République a fait un discours.
El Presidente de la República pronunció un discurso.

el presidente, la presidenta
► **le président de la République** : el Presidente de la República

presque

▷ J'ai presque fini.
Casi he terminado.
▷ Il ne reste presque pas de pain.
Casi no queda pan.
▷ Je ne les vois presque plus.
Ya casi no los veo.

casi

presse

▷ La presse a critiqué la décision du gouvernement.
La prensa criticó la decisión del gobierno.

la prensa

pressé, pressée

1 ▷ Tu es pressé ? Tu ne peux pas rester ?
¿Tienes prisa? ¿No te puedes quedar?
▷ Leïla est pressée de finir ses devoirs.
Leïla tiene prisa por terminar los deberes.

1 ► **être pressé** : tener prisa

► **être pressé de** faire quelque chose : tener prisa por hacer algo

2 ▷ Est-ce que tu peux m'aider ? – C'est pressé ?
¿Me puedes ayudar? – ¿Es urgente?

2 (= urgent) urgente

3 ▷ Un citron pressé, s'il vous plaît.
Un zumo de limón natural, por favor.

3 ► un **citron pressé** : un zumo de limón natural (pluriel zumos de limón naturales)

ℹ *De même*, une orange pressée = *un zumo de naranja natural*.

presser

1 ▷ Je presse deux oranges tous les matins.
Exprimo dos naranjas todas las mañanas.

1 (= presser des fruits) exprimir

2 ▷ Ce n'est pas la peine de se presser, le film commence à neuf heures.
No vale la pena darse prisa, la película empieza a las nueve.

2 ► **se presser : darse prisa**
ℹ *Le pronom réfléchi fonctionne de la façon suivante en espagnol : **me doy prisa, te das prisa, se da prisa, nos damos prisa, os dais prisa, se dan prisa.***

pressing

▷ J'ai apporté ma veste au pressing.
Llevé la chaqueta a la tintorería.

(= magasin) la **tintorería**
ℹ *Remarquez que le mot espagnol porte sur le **i** un accent écrit qui reflète l'accent tonique.*

prestidigitateur

▷ C'est un prestidigitateur très connu.
Es un prestidigitador muy famoso.

el **prestidigitador** (pluriel los prestidigitadores)

prêt, prête

▷ Tu es prêt ? C'est l'heure de partir.
¿Estás listo? Ya es hora que nos vayamos.

listo, lista
*Veillez à bien employer le verbe **estar** et non **ser**, car **ser listo** signifie « être vif » ou « être malin ».*

prêt

▷ Ils ont demandé un prêt à la banque.
Han pedido un préstamo al banco.

el **préstamo**
ℹ *Remarquez que le mot espagnol porte sur le **e** un accent écrit qui reflète l'accent tonique.*

prétentieux, prétentieuse

▷ Sonia est vraiment prétentieuse.
Sonia es muy presuntuosa *ou* presumida.

presuntuoso, presuntuosa *ou* **presumido, presumida**

prêter

▷ J'ai prêté dix euros à Samantha.
Le presté diez euros a Samantha.

► **prêter** quelque chose **à** quelqu'un : **prestar** algo **a** alguien

prétexte

▷ Il n'est pas vraiment malade, ce n'est qu'un prétexte.
No está realmente enfermo, no es más que un pretexto.

el **pretexto**

▷ Charlotte est sortie sous prétexte de promener le chien.
Charlotte salió con el pretexto de pasear el perro.

► **sous prétexte de** faire quelque chose : **con el pretexto de** hacer algo

prêtre

▷ Je connais bien le prêtre.
Conozco bien al sacerdote.

el **sacerdote**

preuve

▻ Tu dis ça, mais tu n'as pas de preuves.
Dices eso, pero no tienes pruebas.

la **prueba**

Attention : le mot espagnol prend un ***b*** *là où le français prend un* ***v****.*

prévenir

▻ Va avertir le docteur, vite !
¡Ve a avisar al médico, rápido!

▻ Heureusement, Michaël a prévenu ses copains que le prof arrivait.
Afortunadamente, Michaël avisó a sus amigos de que el profesor venía.

▻ Personne n'a averti les parents que la réunion était annulée.
Nadie avisó a los padres de que la reunión quedaba anulada.

(= appeler, avertir, informer) **avisar**

► **prévenir** quelqu'un **que... : avisar** a alguien **de que...**

ℹ *Le complément est une personne ou un groupe de personnes : n'oubliez pas de le faire précéder de* ***a****.*

prévisible

▻ Leur réaction était prévisible.
Su reacción era previsible.

previsible

prévoir

▻ Personne n'avait prévu ce problème.
Nadie había previsto este problema.

▻ Qu'est-ce que vous avez prévu pour ce week-end ?
¿Qué habéis previsto para el fin de semana?

▻ Caro est arrivée plus tôt que prévu.
Caro llegó más temprano de lo previsto.

▻ On avait prévu de manger dehors, mais il s'est mis à pleuvoir.
Habíamos previsto comer fuera, pero se puso a llover.

prever

► **...que prévu : ...de lo previsto**

► **prévoir de** faire quelque chose : **prever** hacer algo

prier

1 ▻ Isabelle prie tous les soirs avant de se coucher.
Isabelle reza todas las noches antes de acostarse.

1 (= faire une prière) **rezar**

2 ▻ Merci. – Je t'en prie.
Gracias. – No hay de qué.

2 ► **je t'en prie** *ou* **je vous en prie** (en réponse à merci) : **no hay de qué**

ℹ *Signifie littéralement* **il n'y a pas de quoi.**

3 ▻ Je vous prie de m'envoyer les documents nécessaires.
Le ruego me mande los documentos necesarios.

3 *Dans les formules de politesse, on emploie le verbe* ***rogar*** *suivi du subjonctif.*

prière

▷ Je ne sais pas cette prière en espagnol.
No me sé esta oración en español.

▷ Alice fait sa prière tous les soirs.
Alice reza todas las noches.

la **oración** (pluriel **las oraciones**)

ℹ *Il n'y a pas d'accent écrit au pluriel. L'accent tonique porte sur le **o**, comme au singulier.*

► **faire sa prière : rezar**

primaire

▷ C'est plus difficile au collège qu'à l'école primaire.
Es más difícil en el colegio que en la escuela primaria.

▷ Elle enseigne dans le primaire.
Enseña en la escuela primaria.

► **l'école primaire, le primaire : la escuela primaria**

► **le primaire : la escuela primaria**

primevère

▷ Ces primevères sentent bon.
Estas prímulas huelen bien.

la **prímula**

primitif, primitive

▷ Il a étudié les sociétés primitives.
Estudió las sociedades primitivas.

primitivo, primitiva

prince

▷ Elle attend son prince charmant.
Espera a su príncipe azul.

el **príncipe**

► **le prince charmant el príncipe azul**

principal, principale

1 ▷ Le foot est leur activité principale.
El fútbol es su actividad principal.

2 ▷ Le principal a convoqué Anouar dans son bureau.
El director convocó a Anouar en su despacho.

3 ▷ Le principal, c'est que tu ne sois pas blessé.
Lo principal es que no estés herido.

1 (= le plus important) **principal** (pluriel **principales**)

2 ► un **principal**, une **principale** (= directeur ou directrice d'école) : un **director**, una **directora**

3 ► **le principal** (= l'essentiel) : **lo principal**

principe

1 ▷ C'est une fille qui a des principes.
Es una chica que tiene principios.

2 ▷ En principe, je devrais venir avec Luc.
En principio, debería venir con Luc.

3 ▷ En principe, je me couche à neuf heures.
Generalmente, me acuesto a las nueve.

1 (= règle, loi) el **principio**

2 ► **en principe** (= théoriquement) : **en principio**

3 ► **en principe** (= normalement) : **generalmente**

printemps

▷ Le printemps est ma saison préférée.
La primavera es mi estación preferida.

la **primavera**

priorité

▷ Il donne la priorité aux problèmes des jeunes.
Da prioridad a los problemas de los jóvenes.
▷ Qui a la priorité aux ronds-points ?
¿Quién tiene prioridad en las glorietas?

la **prioridad** (pluriel las prioridades)

pris, prise

▷ Est-ce que ce siège est pris ?
¿Está este asiento ocupado?
▷ Lundi je ne peux pas, je suis pris.
El lunes no puedo, estoy ocupado.

(= occupé) **ocupado, ocupada**

prise

1 ▷ Ne joue pas avec la prise de la radio, c'est dangereux !
¡No juegues con el enchufe de la radio, es peligroso!
▷ Branche l'aspirateur sur cette prise.
Enchufa el aspirador en este enchufe.

1 (au bout d'un fil électrique ou au mur) el **enchufe**

2 ▷ Le médecin m'a fait une prise de sang.
El médico me realizó una toma de sangre.

2 (= action de prendre) la **toma**

prison

▷ Émile habite près de la prison.
Émile vive cerca de la cárcel.

la **cárcel** (pluriel las carceles)

ℹ *Remarquez que le mot espagnol porte sur le* **a** *un accent écrit qui reflète l'accent tonique.*

▷ Le frère de Carmen est en prison.
El hermano de Carmen está en la cárcel.

► **être en prison :** estar en la cárcel

ℹ *On peut dire aussi* ***la prisión.***

prisonnier, prisonnière

1 ▷ Deux prisonniers se sont évadés.
Dos presos se han escapado.

1 (= personne qui est en prison) el **preso,** la **presa**

2 ▷ L'armée ennemie a fait une dizaine de prisonniers.
El ejército enemigo ha hecho unos diez prisioneros.

2 (de guerre) el **prisionero,** la **prisionera**

privé, privée

▷ Nous avions une chambre avec salle de bains privée.
Teníamos una habitación con cuarto de baño privado.

privado, privada

priver

▷ Les régimes totalitaires privent les citoyens de leurs droits.
Los regímenes totalitarios privan a los ciudadanos de sus derechos.
▷ Ils ont privé Samuel de dessert.
Privaron a Samuel de postre.

► **priver** quelqu'un **de** quelque chose : **privar a** alguien **de** algo

privilège

▷ J'ai eu le privilège d'assister à la cérémonie.
Tuve el privilegio de asistir a la ceremonia.

el **privilegio**

prix

1 ▷ Les prix sont bas ici.
Aquí los precios son bajos.

1 (= coût) el **precio**

2 ▷ Romain a gagné le premier prix.
Romain se ganó el primer premio.

2 (= lot ou récompense) el **premio**

3 ▷ Anne veut à tout prix être hôtesse de l'air.
Anne quiere ser azafata cueste lo que cueste.
▷ Il faut éviter à tout prix que ça arrive.
Hay que evitar a toda costa que pase.

3 ► **à tout prix : cueste lo que cueste**

ℹ *On dit aussi* ***a toda costa.***

4 ▷ Cette robe est hors de prix !
¡Este vestido es carísimo!

4 ► **hors de prix : carísimo, carísima**

ℹ *Remarquez que le mot espagnol porte sur le premier* ***i*** *un accent écrit qui reflète l'accent tonique.*

probable

▷ Tu crois qu'il sera là ? – C'est probable.
¿Crees que estará ? – Es probable.

► **c'est probable : es probable**

probablement

▷ Ils sont probablement partis.
Probablemente ya se habrán marchado.

probablemente

problème

▷ Mylène a eu beaucoup de problèmes.
Mylène ha tenido muchos problemas.

el **problema**

▷ Tu peux m'aider ? – Pas de problème !
¿Puedes ayudarme? – ¡No hay problema!

► **pas de problème ! : ¡no hay problema!**

Attention, bien que ***problema*** *se termine par* ***a****, il est masculin, comme en français.*

procédé

▷ C'est un très vieux procédé.
Es un procedimiento muy antiguo.

(= méthode) el **procedimiento**

procès

▷ Le procès a duré plusieurs semaines.
El juicio duró varias semanas.
▷ Monsieur Lenoir a gagné son procès.
El señor Lenoir ganó el juicio.
▷ Ils ont fait un procès à leurs voisins.
Llevaron a juicio a sus vecinos.

(au tribunal) el **juicio**

► **faire un procès à** quelqu'un : **llevar a juicio a** alguien

prochain, prochaine

1 ▷ On descend à la prochaine station.
Nos bajamos en la próxima estación.

1 (= qui vient après, dans l'espace) **próximo, próxima**

Remarquez que le mot espagnol porte sur le ***o*** *un accent écrit qui reflète l'accent tonique.*

2 ▷ L'interro c'est mardi prochain.
El examen es el martes que viene.

2 (= qui vient après, dans le temps) **que viene**

3 ▷ Bon, je m'en vais. À la prochaine !
Bueno, me voy. ¡Hasta la próxima!

3 ► **à la prochaine ! : ¡hasta la próxima!**

proche

1 ▷ Où est la pharmacie la plus proche ?
¿Dónde está la farmacia más cercana?

1 (= proche dans l'espace) **cercano, cercana**

2 ▷ Anne et Valérie sont très proches.
Anne y Valérie están muy unidas.

2 (= intime) **unido, unida**

procurer

1 ▷ Je peux vous procurer des billets si vous voulez.
Os puedo conseguir entradas si queréis.

1 ► **procurer** quelque chose à quelqu'un : **conseguir** algo a alguien

2 ▷ Où est-ce que tu t'es procuré ça ?
¿Dónde has conseguido esto ?

2 ► **se procurer** quelque chose : **conseguir** algo

producteur, productrice

▷ Les légumes vont directement du producteur au consommateur.
La verdura va directamente del productor al consumidor.

el **productor** (pluriel **los productores**), la **productora**

produire

▷ Cette région produit du vin.
Esta región produce vino.

producir

produit

▷ Certains produits sont plus chers ici.
Algunos productos son más caros aquí.
▷ Elles utilisent beaucoup de produits de beauté.
Utilizan muchos productos de belleza.

▷ C'est un produit d'entretien efficace.
Es un producto de limpieza eficaz.

el **producto**

► **produit de beauté :** el **producto de belleza** (pluriel **los productos de belleza**)
► **produit d'entretien :** el **producto de limpieza** (pluriel **los productos de limpieza**)

prof, professeur

▷ J'aime bien le prof de maths.
Me cae bien el profesor de mates.
▷ Les professeurs sont en grève.
Los profesores están en huelga.

el **profesor** (pluriel **los profesores**), la **profesora**

ℹ *On peut aussi employer le mot familier* ***el / la profe*** *en espagnol.*

profession

▷ On a dû donner la profession de nos parents.
Tuvimos que indicar la profesión de nuestros padres.

la **profesión** (pluriel **las profesiones**)

ℹ *Il n'y a pas d'accent écrit au pluriel. L'accent tonique porte sur le deuxième* ***o****, comme au singulier.*
On peut dire aussi ***el oficio****.*

professionnel, professionnelle

▷ Hocine rêve de devenir footballeur professionnel.
Hocine sueña con llegar a ser futbolista profesional.
▷ On a besoin d'un professionnel pour réparer ça.
Necesitamos a un profesional para reparar esto.

profesional (pluriel **profesionales**)

ℹ ***Profesional*** *peut être soit un adjectif, soit un nom.*

profil

▷ Lise a un joli profil.
Lise tiene un bonito perfil.
▷ Mets-toi de profil.
Ponte de perfil.

el **perfil**

► **de profil :** **de perfil**

profits

▷ Ils ont augmenté leurs profits.
Aumentaron sus ganancias.

(= bénéfices) las **ganancias**

profiter de

1 ▷ On a bien profité des vacances.
Aprovechamos las vacaciones.
▷ J'ai profité de l'occasion pour lui parler.
Aproveché la ocasión para hablarle.

1 (= tirer le meilleur parti de)
aprovechar

2 ▷ Ils ont profité de ma gentillesse.
Se aprovecharon de mi bondad.

2 (= utiliser égoïstement)
aprovecharse de

*Le pronom réfléchi fonctionne de la façon suivante en espagnol : **me** aprovecho, **te** aprovechas, **se** aprovecha, **nos** aprovechamos, **os** aprovecháis, **se** aprovechan.*

profond, profonde

▷ L'eau est trop profonde, c'est dangereux.
El agua es demasiado profunda, es peligroso.
▷ Le puits est profond de dix mètres.
El pozo tiene diez metros de profundidad.

profundo, profunda

*Quand on veut donner la profondeur de quelque chose en espagnol (d'un puits ou d'une grotte par exemple), on utilise l'expression **tener** + nombre de mètres + **de profundidad**.*

profondément

▷ Je suis profondément désolé.
Lo siento profundamente.

profundamente

profondeur

▷ Quelle est la profondeur de l'étang ?
¿Cuál es la profundidad del estanque?
▷ L'eau a deux mètres de profondeur ici.
El agua tiene aquí una profundidad de dos metros.

la **profundidad** (pluriel las profundidades)

programme

▷ Je veux acheter le programme du concert.
Quiero comprar el programa del concierto.
▷ Quelqu'un a vu le programme de la télé ?
¿Alguien ha visto el programa de la tele ?
▷ Ce programme te permet de faire du dessin sur ton ordinateur.
Este programa te permite dibujar en el ordenador.
▷ Le programme de français est dur cette année.
El programa de francés es difícil este año.
▷ Est-ce que Molière est au programme ?
¿Molière forma parte del programa?

el **programa**

Attention ! Un seul m en espagnol.

► **être au programme :** formar parte del programa

programmer

▻ J'apprends à programmer dans mon cours d'informatique.
Aprendo a programar en clase de informática.
▻ Tu as pensé à programmer le graveur de DVD ?
¿Te has acordado de programar el reproductor de DVD?

programar

Attention ! Un seul ***m*** *en espagnol.*

progrès

▻ Bob a fait des progrès en espagnol.
Bob ha hecho progresos en español.

el **progreso**
► **faire des progrès : hacer progresos**

progresser

▻ La prof dit que j'ai progressé ce trimestre.
La profesora dice que he progresado durante este trimestre.

(= faire des progrès) **progresar**

progressif, progressive

▻ C'est un déclin progressif.
Es un ocaso progresivo.

progresivo, progresiva

proie

▻ Le lion a dévoré sa proie.
El león devoró su presa.

la **presa**

projecteur

▻ Il utilisait un projecteur pour nous montrer ses diapositives.
Utilizaba un proyector para enseñarnos sus diapositivas.
▻ Les projecteurs se sont éteints et les spectateurs sont partis.
Los proyectores se apagaron y los espectadores se fueron.

el **proyector** (pluriel **los proyectores**)

Attention à l'orthographe du mot espagnol.

projet

▻ Vous avez des projets pour les vacances ?
¿Tenéis proyectos para las vacaciones?
▻ C'est agréable de faire des projets.
Es agradable hacer proyectos.

el **proyecto**

Attention à l'orthographe du mot espagnol.

► **faire des projets : hacer proyectos**

prolongations

▻ Ils ont joué les prolongations.
Jugaron las prolongaciones.

(en sport) las **prolongaciones**

prolonger

▷ On aurait aimé prolonger nos vacances.
Nos hubiera gustado prolongar las vacaciones.

prolongar

promenade

▷ On a fait une promenade au bord de la rivière.
Dimos un paseo a orillas del río.

el **paseo**
► **faire une promenade : dar un paseo**

promener

1 ▷ Je promène souvent ma petite sœur.
Paseo mucho a mi hermanita.
▷ Qui va promener le chien ?
¿Quién va a pasear al perro?

1 (= emmener en promenade) **pasear**
ℹ *Le complément est une personne, un groupe de personnes ou un animal de compagnie : n'oubliez pas de le faire précéder de **a**.*

2 ▷ On pourrait se promener dans la campagne.
Podríamos pasear por el campo.

2 ► **se promener : pasear**
ℹ *Notez l'absence de pronom réfléchi en espagnol.*

promeneur, promeneuse

▷ J'ai croisé deux promeneurs.
Me crucé con dos paseantes.

el **paseante**, la **paseante**

promesse

▷ Tu fais des promesses mais tu ne les tiens jamais !
¡Haces promesas pero nunca las cumples!

la **promesa**

prometteur, prometteuse

▷ C'est un début prometteur.
Es un principio prometedor.

prometedor, prometedora

promettre

▷ Nathan a promis de nous aider.
Nathan prometió ayudarnos.
▷ Je te promets de faire un effort.
Te prometo que haré un esfuerzo.

prometer
► **promettre à** quelqu'un **de** faire quelque chose : **prometer a** alguien **que** + phrase

promotion

1 ▷ On a fêté sa promotion.
Celebramos su promoción.

1 (au travail) la **promoción** (pluriel **las promociones**)
ℹ *Il n'y a pas d'accent écrit au pluriel. L'accent tonique porte sur le **o**, comme au singulier.*

2 ▷ Les pêches sont en promotion.
Los melocotones están de oferta.

2 (commerciale) la **oferta**
► **être en promotion : estar de oferta**

promouvoir

▷ Il a été promu directeur.
Fue promovido a director.

promover
ℹ *Notez l'utilisation de la préposition* ***a*** *en espagnol.*

prononcer

1 ▷ Je n'arrive pas à prononcer ce mot.
No consigo pronunciar esta palabra.

2 ▷ Comment ça se prononce ?
¿Cómo se pronuncia?

1 **pronunciar**

2 ► **se prononcer : pronunciarse**
ℹ *Le pronom réfléchi fonctionne de la façon suivante en espagnol :* ***se pronuncia, se pronuncian.***

prononciation

▷ La prononciation espagnole n'est pas très difficile.
La pronunciación española no es muy difícil.

la **pronunciación** (pluriel las **pronunciaciones**)
ℹ *Remarquez que le mot espagnol porte sur le deuxième* ***o*** *un accent écrit qui reflète l'accent tonique.*
Il n'y a pas d'accent écrit au pluriel. L'accent tonique porte sur le ***o****, comme au singulier.*

se propager

▷ L'incendie s'est rapidement propagé.
El incendio se propagó rápidamente.

propagarse
ℹ *Le pronom réfléchi fonctionne de la façon suivante en espagnol :* ***se propaga, se propagan.***

proportion

▷ Quelle est la proportion de filles dans ta classe ?
¿Cuál es la proporción de chicas en tu clase?

la **proporción** (pluriel las **proporciones**)
ℹ *Il n'y a pas d'accent écrit au pluriel. L'accent tonique porte sur le* ***o****, comme au singulier.*

proposer

1 ▷ Qu'est-ce que tu proposes ?
¿Qué propones?
▷ Le prof nous a proposé de travailler en équipe.
El profesor nos propuso trabajar en equipo.

2 ▷ Samia m'a proposé son stylo parce que le mien ne marchait pas.
Samia me ofreció su boli porque el mío no funcionaba.

1 (= suggérer) **proponer**
► **proposer de** faire quelque chose : **proponer** hacer algo

2 (= offrir) **ofrecer**

proposition

▷ C'est une proposition intéressante, tu ne peux pas la refuser.
Es una propuesta interesante, no la puedes rechazar.

(= suggestion, offre) la **propuesta**

propre

1 ▷ Vérifie que la table est propre.
Comprueba que la mesa esté limpia.

1 (= pas sale) **limpio, limpia**

2 ▷ Vous devez apporter votre propre repas.
Tenéis que traer vuestra propia comida.

2 (= à soi) **propio, propia**
Attention à l'orthographe du mot espagnol.

propriétaire

▷ Où est le propriétaire de ce chien ?
¿Dónde está el propietario de este perro?

el **propietario**, la **propietaria**
Attention à l'orthographe du mot espagnol.

propriété

▷ Ils ont une propriété avec vue sur le lac.
Tienen una propiedad con vista al lago.

la **propiedad** (pluriel las propiedades)
Attention à l'orthographe du mot espagnol.

protection

▷ La protection de l'environnement devrait être considérée comme une priorité.
La protección del medio ambiente debería ser considerada como una prioridad.

la **protección** (pluriel las protecciones)
*Il n'y a pas d'accent écrit au pluriel. L'accent tonique porte sur le **o**, comme au singulier.*

protéger

▷ Karim protège toujours sa petite sœur.
Karim siempre protege a su hermanita.

proteger
*Si le complément est une personne, un groupe de personnes ou un animal domestique, n'oubliez pas de le faire précéder de **a**.*

protestant, protestante

▷ Sa famille est protestante.
Su familia es protestante.

protestante

protestation

▷ Le mouvement de protestation était mené par les étudiants.
El movimiento de protesta estaba dirigido por los estudiantes.

la **protesta**

protester

▷ Ne proteste pas, fais-le !
¡No protestes, hazlo!

protestar

prouver

▷ Tu dois prouver ce que tu dis.
Debes demostrar lo que dices.

demostrar

ℹ *On peut dire aussi **probar**.*

province

▷ Il y a des différences entre Paris et la province.
Hay diferencias entre París y las provincias.

▷ Les parents de Georgina veulent aller vivre en province.
Los padres de Georgina se quieren ir a vivir en una ciudad de provincias.

► **la province** (= régions hors de Paris) : **las provincias**

► **en province : en una ciudad de provincias**

proviseur

▷ Le proviseur est venu dans notre classe.
El director vino a nuestra clase.

*On dit **el director** si le proviseur est un homme, et **la directora** si c'est une femme.*

provision

1 ▷ Bérénice a une provision de bonbons dans son tiroir.
Bérénice tiene una provisión de caramelos en el cajón.

1 (= stock) la **provisión** (pluriel **provisiones**)

ℹ *Il n'y a pas d'accent écrit au pluriel. L'accent tonique porte sur le deuxième **o**, comme au singulier.*

2 ▷ Nous avons fait nos provisions au supermarché.
Hicimos la compra en el supermercado.

2 ► **faire ses provisions** (= acheter de la nourriture) : **hacer la compra**

provisoire

▷ Tu dormiras sur le canapé, mais c'est provisoire.
Dormirás en el sofá, pero es provisional.

provisional (pluriel **provisionales**)

provoquer

▷ La tempête a provoqué des accidents.
La tormenta provocó accidentes.

▷ C'est Benjamin qui a provoqué sa sœur !
¡Fue Benjamin el que provocó a su hermana!

provocar

ℹ *Si le complément est une personne, un groupe de personnes ou un animal domestique, n'oubliez pas de le faire précéder de **a**.*

prudemment

▷ Conduisez prudemment.
Conduzca con prudencia.

con prudencia

prudence

▷ Ils avançaient avec la plus grande prudence.
Avanzaban con la mayor prudencia.

la **prudencia**

prudent, prudente

▷ Sois prudent, regarde avant de traverser.
Sé prudente, mira antes de cruzar.

prudente

prune

▷ Ma mère a fait de la confiture avec les prunes du jardin.
Mi madre ha hecho mermelada con las ciruelas del jardín.

la **ciruela**

pruneau

▷ Il y a des pruneaux dans ce gâteau.
Hay ciruelas pasas en este pastel.

la **ciruela pasa** (pluriel **las ciruelas pasas**)

pub

Regardez le mot ***publicité***

public, publique

1 ▷ Il est interdit de fumer dans les endroits publics.
Está prohibido fumar en los lugares públicos.

2 ▷ Le public a applaudi.
El público aplaudió.

1 (adjectif) **público, pública**

2 ► **le public** (= les spectateurs) : **el público**

ℹ *Remarquez que le mot espagnol porte sur le* ***u*** *un accent écrit qui reflète l'accent tonique.*

publicité

1 ▷ Le père de Gwen travaille dans la publicité.
El padre de Gwen trabaja en la publicidad.

▷ Ils font beaucoup de publicité pour ce spectacle à la radio.
Hacen mucha publicidad para este espectáculo en la radio.

2 ▷ La musique de cette publicité est super.
La música de este anuncio es guay.

1 ► **la publicité** (= l'activité) : **la publicidad**

► **faire de la publicité pour** quelque chose : **hacer publicidad para** algo

2 (= annonce) el **anuncio**

puce

1 ▷ Le chien a des puces.
El perro tiene pulgas.

2 ▷ Cette carte fonctionne avec une puce.
Esta tarjeta funciona con un chip.

1 (= insecte) la **pulga**

2 (= élément électronique) el **chip** (pluriel **los chips**)

puer

▷ Ce fromage pue !
¡Este queso apesta!

▷ Ça pue l'ail.
Apesta a ajo.

apestar

► **puer** quelque chose : **apestar a algo**

puis

▷ Tournez à gauche, puis à droite.
Gire a la izquierda, luego a la derecha.

luego

ℹ *On peut dire aussi* ***después*** *ou* ***a continuación***.

puisque

▷ Puisque tu ne veux pas sortir, tu pourrais faire la vaisselle.
Ya que no quieres salir, podrías fregar los platos.

ya que

puissance

▷ Leur pays est une grande puissance.
Su país es una gran potencia.

la **potencia**

puissant, puissante

1 ▷ Les États-Unis sont un pays très puissant.
Los Estados Unidos son un país muy poderoso.

2 ▷ Cette moto a un moteur très puissant.
Esta moto tiene un motor muy potente.

1 (en parlant d'une personne ou d'un pays) **poderoso, poderosa**

2 (en parlant d'une machine) **potente**

puits

▷ Le puits est très profond.
El pozo es muy profundo.

el **pozo**

pull

▷ J'ai froid, tu peux me prêter ton pull ?
Tengo frío, ¿me puedes prestar tu jersey?

el **jersey** (pluriel **los jerseys**)

punaise

▷ J'ai accroché le poster avec quatre punaises.
Colgué el póster con cuatro chinchetas.

(= clou) la **chincheta**

punir

▷ Le prof a puni Guénolé.
El profesor castigó a Guénolé.

castigar

ℹ *Si le complément est une personne, un groupe de personnes ou un animal domestique, n'oubliez pas de le faire précéder de* ***a***.

punition

▷ Quel genre de punition t'a donné ta mère ?
¿Qué tipo de castigo te ha dado tu madre?

el **castigo**

pur, pure

▷ L'air est très pur ici.
El aire es muy puro aquí.

puro, pura

purée

▷ J'aimerais de la purée avec mon poisson.
Quisiera puré con el pescado.

(= légumes écrasés) el puré

*Attention : contrairement au français, le mot espagnol **puré** est masculin. Attention aussi à son orthographe.*

puzzle

▷ Ça m'a pris une journée de faire ce puzzle.
Me llevó un día hacer este rompecabezas.

el rompecabezas (pluriel los rompecabezas)

Signifie littéralement casse-tête. *On peut dire aussi **el puzle**.*

P.-V.

▷ Mon frère a eu un P.-V.
Le pusieron una multa a mi hermano.

(= amende) la multa

pyjama

▷ J'ai dû dormir en tee-shirt parce que j'avais oublié mon pyjama.
Tuve que dormir con una camiseta porque me había olvidado el pijama.

▷ Lucille était encore en pyjama.
Lucille todavía iba en pijama.

el pijama

Attention à l'orthographe du mot espagnol.

► **en pyjama :** en pijama

pylône

▷ La voiture est rentrée dans un pylône.
El coche chocó contra un poste.

el poste

pyramide

▷ Est-ce que tu as vu la pyramide du Louvre ?
¿Has visto la pirámide del Louvre?

la pirámide

*Remarquez que le mot espagnol porte sur le **a** un accent écrit qui reflète l'accent tonique.*

Pyrénées

▷ Nous avons passé nos vacances dans les Pyrénées.
Pasamos las vacaciones en los Pirineos.

► **les Pyrénées :** los Pirineos

Attention à l'orthographe du mot espagnol.

*Les noms de montagnes sont masculins en espagnol **(los Alpes, los Andes)**.*

Qq

quai

1 ▻ Le train part du quai douze.
El tren sale del andén número doce.

1 (dans une gare) el **andén** (pluriel los andenes)

ℹ *Il n'y a pas d'accent écrit au pluriel. L'accent tonique porte sur le **e**, comme au singulier.*

2 ▻ On voit les bateaux depuis le quai.
Se ven los barcos desde el muelle.

2 (dans un port) el **muelle**

qualifié, qualifiée

▻ Il n'est pas qualifié pour ce poste.
No está cualificado para este puesto.

▻ Ils emploient des ouvriers très qualifiés.
Contratan a obreros muy cualificados.

cualificado, cualificada

se qualifier

▻ On s'est qualifié pour la demi-finale.
Nos hemos calificado para la semifinal.

(en sport) **calificarse**

ℹ *Le pronom réfléchi fonctionne de la façon suivante en espagnol : **me** califico, **te** calificas, **se** califica, **nos** calificamos, **os** calificáis, **se** califican.*

qualité

1 ▻ La qualité est plus importante que la quantité.
La calidad es más importante que la cantidad.

1 (d'une chose) la **calidad** (pluriel las calidades)

2 ▻ C'est un produit de bonne qualité.
Es un producto de buena calidad.

2 ► **de bonne qualité :** de buena calidad

3 ▻ Simon a beaucoup de qualités.
Simon tiene muchas cualidades.

3 (d'une personne) la **cualidad** (pluriel las cualidades)

quand

1 ▻ Quand est-ce que vous partez ?
¿Cuándo os vais?

1 (pour poser une question) **cuándo**

2 ▷ Quand tu voudras un autre livre, je t'en prêterai un.
Cuando quieras otro libro, te prestaré uno.

2 (dans une phrase affirmative)
cuando
Attention : là où le français emploie le futur avec **quand**, *l'espagnol emploie le subjonctif.*

quand même

▷ Mes parents ne veulent pas que j'y aille, mais j'irai quand même.
Mis padres no quieren que vaya, pero iré a pesar de todo.

(= de toute façon) **a pesar de todo**

quantité

▷ La quantité est moins importante que la qualité.
La cantidad es menos importante que la calidad.
▷ On a acheté une grande quantité de boissons.
Compramos una gran cantidad de bebidas.

la **cantidad** (pluriel **las cantidades**)

quarante

▷ Il y a quarante bonbons dans ce paquet.
Hay cuarenta caramelos en este paquete.
▷ Le père de Mathieu a quarante ans.
El padre de Mathieu tiene cuarenta años.

cuarenta

quart

▷ Un quart de cinquante, ça fait combien ?
¿Cuánto hace un cuarto de cincuenta?
▷ Ça me prendra un quart d'heure.
Me llevará un cuarto de hora.
▷ Julie est revenue trois quarts d'heure plus tard.
Julie volvió tres cuartos de hora más tarde.
▷ Le rendez-vous est à deux heures et quart.
La cita es a las dos y cuarto.
▷ Il est cinq heures moins le quart.
Son las cinco menos cuarto.

el **cuarto**
i *Quand on parle d'une fraction, on peut dire aussi* ***la cuarta parte***.
► **un quart d'heure :** un **cuarto de hora**
► **trois quarts d'heure : tres cuartos de hora**
► **...et quart : ...y cuarto**
► **...moins le quart : ...menos cuarto**

quartier

1 ▷ C'est un quartier très calme.
Es un barrio muy tranquilo.

1 (= partie d'une ville) el **barrio**
Attention à bien prononcer les deux ***r***.

2 ▷ Tu veux un quartier d'orange ?
¿Quieres un gajo de naranja?

2 (= morceau d'orange) el **gajo**

quatorze

catorce

▷ On doit répondre aux quatorze questions.
Tenemos que contestar a las catorce preguntas.

▷ Jean-Marc a quatorze ans.
Jean-Marc tiene catorce años.

▷ C'est quand ton anniversaire ? – Le quatorze décembre.
¿Cuándo es tu cumpleaños? – El catorce de diciembre.

ℹ *Notez l'emploi de* ***de*** *en espagnol quand on dit la date.*

quatre

cuatro

▷ J'ai quatre paires de tennis.
Tengo cuatro pares de zapatillas de deporte.

▷ Le petit frère de Thomas a quatre ans.
El hermanito de Thomas tiene cuatro años.

▷ Aujourd'hui, c'est le quatre juin.
Hoy es el cuatro de junio.

ℹ *Notez l'emploi de* ***de*** *en espagnol quand on dit la date.*

▷ Le bébé marche à quatre pattes.
El bebé anda a cuatro patas.

► **à quatre pattes : a cuatro patas**

ℹ *On peut dire aussi* ***a gatas***.

quatre-vingt-dix

noventa

▷ L'arrière-grand-mère de Sylvie a quatre-vingt-dix ans.
La bisabuela de Sylvie tiene noventa años.

quatre-vingts *ou* quatre-vingt

ochenta

▷ Ça coûte quatre-vingts euros.
Cuesta ochenta euros.

▷ C'était en mille neuf cent quatre-vingt-deux.
Era en mil novecientos ochenta y dos.

quatrième

1 (pour compter) **cuarto, cuarta**

1 ▷ C'est la quatrième fois que je t'appelle.
Es la cuarta vez que te llamo.

2 (= quatrième étage) **el cuarto piso**

2 ▷ Les Pérez habitent au quatrième.
Los Pérez viven en el cuarto piso.

3 (= niveau scolaire) **segundo de E.S.O.** (segundo de Educación Secundaria Obligatoria)

3 ▷ Je ferai du latin en quatrième.
Estudiaré latín en segundo de E.S.O.

que

1 (conjonction, relatif se rapportant à une chose) **que**

1 ▷ Tu crois qu'il sera là ?
¿Crees que estará?

▷ Lise veut que je l'aide.
Lise quiere que le ayude.

▷ La robe que Sara a choisie est rouge.
El vestido que ha elegido Sara es rojo.

2 ▷ C'est un garçon que je connais très bien.
Es un chico (al) que conozco muy bien.
▷ L'amie que j'ai vue hier m'a raconté une histoire intéressante.
La amiga (a la) que vi ayer me contó una historia interesante.

2 (pronom relatif se rapportant à une personne) (al) que, (a la) que

3 ▷ Que s'est-il passé ?
¿Qué ha pasado?

3 (interrogatif) qué

4 ▷ Que tu es bête !
¡Qué tonto eres!

4 (exclamatif) qué

Québec

▷ Le Québec est une province canadienne.
Quebec es una provincia canadiense.
▷ Cécile a passé deux mois au Québec chez son oncle.
Cécile pasó dos meses en Quebec en casa de su tío.
▷ Un jour, j'aimerais aller au Québec.
Un día, me gustaría ir a Quebec.

Quebec

ℹ *Ne prend généralement pas d'article.*

► **au Québec** (= dans la province) : en Quebec

► **au Québec** (= vers la province) : a Quebec

québécois, québécoise

▷ Il travaille pour le gouvernement québécois.
Trabaja por el gobierno quebequense.
▷ Les Québécois parlent français.
Los quebequenses hablan francés.

quebequense

ℹ *On peut dire aussi* ***quebequés*** (pluriel quebequeses), ***quebequesa****. Dans ce cas, il n'y a pas d'accent écrit au masculin pluriel. L'accent tonique porte sur le troisième* ***e****, comme au singulier.*

ℹ *S'écrit toujours avec une minuscule en espagnol, qu'il s'agisse de l'adjectif ou du nom.*

quel, quelle

1 ▷ Quelle couleur est-ce que tu préfères ?
¿Qué color prefieres?
▷ Quel imbécile !
¡Qué imbécil!
▷ Quelle chance !
¡Qué suerte!
▷ Quelle belle maison !
¡Qué casa más hermosa!

1 (devant un nom, dans les choix et les exclamations) qué

ℹ *Notez l'emploi de* ***más*** *quand* **quel** *ou* **quelle** *est suivi d'un adjectif.*

2 ▷ Quel est ton chanteur préféré ?
¿Cuál es tu cantante favorito?
▷ Quelles sont tes matières préférées ?
¿Cuáles son tus asignaturas favoritas?

2 (devant un verbe, dans les questions concernant une personne, une chose, un animal) cuál (pluriel cuáles)

quelque chose

algo

► **quelque chose de** + adjectif : **algo** + adjectif

▷ Viens, j'ai quelque chose à te dire.
Ven, tengo algo que decirte.

▷ Je cherche quelque chose de plus grand.
Estoy buscando algo más grande.

quelquefois

a veces

▷ Tu lui parles ? – Quelquefois.
¿Le hablas? – A veces.

quelque part

Quand la phrase implique un mouvement, **quelque part** *se traduit par* ***a alguna parte*** *ou* ***a algún sitio****.*

Quand il n'y a pas de mouvement, **quelque part** *se traduit par* ***en alguna parte*** *ou* ***en algún sitio****.*

▷ Si je dois aller quelque part, ce sera dans un pays européen.
Si tengo que ir a alguna parte, será a un país europeo.

▷ Ces lunettes doivent bien être quelque part !
¡Estas gafas tienen que estar en alguna parte!

quelques

algunos, algunas

ℹ *On peut dire aussi* ***unos cuantos, unas cuantas****.*

▷ On a eu quelques problèmes au début.
Tuvimos algunos problemas al principio.

quelques-uns, quelques-unes

algunos, algunas

▷ Il en restait quelques-uns.
Quedaban algunos.

quelqu'un

1 **alguien**

1 ▷ Quelqu'un viendra réparer le toit.
Alguien vendrá a arreglar el tejado.

2 ► **quelqu'un de** + adjectif : **una persona** + adjectif

2 ▷ C'est quelqu'un de très bien élevé.
Es una persona muy educada.

qu'est-ce que

qué

▷ Qu'est-ce que tu veux ?
¿Qué quieres?

qu'est-ce qui

qué

▷ Qu'est-ce qui s'est passé ?
¿Qué pasó?

question

1 (= demande) **la pregunta**

► **poser une question à** quelqu'un : **hacerle una pregunta a** alguien

1 ▷ Il m'a posé une question gênante.
Me hizo una pregunta embarazosa.

▷ Est-ce qu'il t'a posé beaucoup de questions ?
¿Te ha hecho muchas preguntas?

2 ▷ C'est une question de temps.
Es una cuestión de tiempo.

2 (= problème) la **cuestión** (pluriel **las cuestiones**)

questionnaire

▷ Est-ce que tu as rempli le questionnaire ?
¿Has rellenado el cuestionario?

el **cuestionario**

questionner

▷ Ils l'ont questionné sur ses objectifs.
Le preguntaron sobre sus objetivos.

► **questionner** quelqu'un : **preguntar a** alguien

queue

1 ▷ Le chien essaie de se mordre la queue.
El perro está intentando morderse la cola.
▷ Il y a une queue d'une centaine de personnes.
Hay una cola de unas cien personas.
▷ Les gens font la queue pour acheter des billets.
La gente hace cola para comprar entradas.
▷ Lambert a une queue de cheval.
Lambert lleva coleta.

1 (d'un animal ou d'un avion, la file d'attente) la **cola**

ℹ *Pour la queue des animaux à quatre pattes, on peut dire aussi* ***el rabo****.*

► **faire la queue : hacer cola**

► **queue de cheval :** la **coleta**

ℹ *On peut dire aussi* ***la cola de caballo****.*

2 ▷ Attention, la queue de la casserole est brûlante.
Cuidado, el mango de la cacerola quema.

2 (d'une poêle ou d'une casserole) el **mango**

3 ▷ Tu peux laver les cerises sans enlever les queues.
Puedes lavar las cerezas sin quitar los rabillos.

3 (d'un fruit) el **rabillo**

qui

1 ▷ Qui a dit que c'était fini ?
¿Quién dijo que estaba terminado?
▷ Je ne sais pas qui c'était.
No sé quién era.
▷ Qui est-ce que tu vas inviter ?
¿A quién vas a invitar?

1 (pour poser une question, directe ou indirecte, sur le sujet) **quién**

2 ▷ Pour qui est ce cadeau ?
¿Para quién es este regalo?

2 (pour poser une question, directe ou indirecte, sur le complément) **a quién**

3 ▷ De qui est-ce que vous parlez ?
¿De quién estáis hablando?
▷ Qui sont ces messieurs ?
¿Quiénes son esos señores?

3 (pour poser une question, directe ou indirecte, sur le complément avec préposition) **quién** (pluriel **quiénes**)

4 ▷ La fille qui vient de me parler est ma cousine.
La chica que acaba de hablarme es mi prima.
▷ Les bonbons qui sont sur la table sont pour toi.
Los caramelos que están sobre la mesa son para ti.

4 (pronom relatif) **que**

quiche

▻ Cette quiche est délicieuse.
Esta quiche es deliciosa.

la **quiche**

quincaillerie

▻ Va à la quincaillerie acheter des clous.
Ve a la ferretería a comprar clavos.

(= magasin) la **ferretería**

ℹ *Remarquez que le mot espagnol porte sur le **i** un accent écrit qui reflète l'accent tonique.*

◀ *Attention à bien prononcer les deux **r** de **ferretería**.*

quinzaine

▻ Il y avait une quinzaine de spectateurs.
Había una quincena de espectadores.

▻ Il est parti il y a une quinzaine de jours.
Se fue hace unos quince días.

la **quincena**

► **une quinzaine de jours : unos quince días**

quinze

▻ Il y a quinze joueurs dans une équipe de rugby.
Hay quince jugadores en un equipo de rugby.

▻ J'ai quinze ans.
Tengo quince años.

▻ Le concert est dans quinze jours.
El concierto es dentro de quince días.

▻ Aujourd'hui, c'est le quinze juin.
Hoy es el quince de junio.

quince

ℹ *Notez l'emploi de **de** en espagnol quand on dit la date.*

quitter

1 ▻ Monsieur Berganza a quitté sa femme.
El señor Berganza ha dejado a su mujer.

1 (= laisser une personne) **dejar**

ℹ *Le complément est une personne ou un groupe de personnes : n'oubliez pas de le faire précéder de **a**.*

2 ▻ Ils veulent quitter Paris pour s'installer à la campagne.
Quieren irse de París para instalarse en el campo.

2 (= s'en aller d'un endroit) **irse de**

ℹ *Le pronom réfléchi fonctionne de la façon suivante en espagnol : **me voy, te vas, se va, nos vamos, os vais, se van**.*

quiz

▻ Il a gagné beaucoup d'argent à un quiz télévisé.
Ganó mucho dinero en un quiz televisivo.

el **quiz** (pluriel **los quiz**)

quoi

1 ▻ Quoi ? Qu'est-ce que tu as dit ?
¿Qué? ¿Qué has dicho?

▻ Je ne sais pas quoi lui offrir.
No sé qué regalarle.

▻ À quoi est-ce que tu penses ?
¿En qué estás pensando?

1 (pour poser une question directe ou indirecte) **qué**

2 ▷ Quoi que tu dises, je la trouve sympa.
Digas lo que digas, a mí me parece simpática.

*2 Notez l'emploi du verbe au subjonctif deux fois et **de lo que** pour traduire* **quoi que**.

3 ▷ Quoi qu'il arrive, nous partirons demain.
Pase lo que pase, saldremos mañana.
▷ Merci ! – Il n'y a pas de quoi !
¡Gracias! – ¡No hay de qué!

3 ► **il n'y a pas de quoi** (en réponse à un remerciement) : **no hay de qué**

quoique

▷ Elle est généreuse quoiqu'elle n'ait pas beaucoup d'argent.
Es generosa aunque no tiene mucho dinero.

► **quoique** + subjonctif : **aunque** + **indicatif**

ℹ *Ne pas confondre avec **aunque** + subjonctif, qui signifie « même si ».*

quotidien, quotidienne

▷ Cela fait partie des tâches quotidiennes.
Forma parte de las tareas diarias *ou* **cotidianas.**
▷ Tous les quotidiens en parlent.
Todos los diarios lo mencionan.

diario, diaria *ou* **cotidiano, cotidiana**

► **un quotidien** (= journal) : **un diario**

Rr

rabais

▷ Ils nous ont fait un rabais de dix pour cent.
Nos hicieron una rebaja *ou* un descuento del diez por ciento.

la **rebaja**
► **faire un rabais à** quelqu'un : **hacerle una rebaja** *ou* **un descuento a** alguien

raccompagner

▷ Le père de Charlotte a raccompagné son copain en voiture.
El padre de Charlotte acompañó a su novio en coche.

acompañar
Si le complément est une personne, un groupe de personnes ou un animal domestique, n'oubliez pas de le faire précéder de ***a****.*

raccourci

1 ▷ J'ai pris un raccourci pour venir.
Tomé un atajo para venir.

2 ▷ Utilise les raccourcis clavier, tu iras plus vite !
¡Usa las teclas rápidas, irás más de prisa!

1 (= un chemin plus court) el **atajo**

2 ► **raccourci clavier** (en informatique) : la **tecla rápida** (pluriel **las teclas rápidas**)

raccourcir

1 ▷ Cette jupe est trop longue, ma mère va la raccourcir.
Esta falda es demasiado larga, mi madre la va a acortar.

2 ▷ Les jours raccourcissent.
Los días se están acortando.

1 ► **raccourcir** quelque chose (= le couper) : **acortar** algo

2 ► **raccourcir** (= devenir plus court) : **acortarse**
Le pronom réfléchi fonctionne de la façon suivante en espagnol : ***se acorta, se acortan.***

raccrocher

▷ Alain a raccroché dès qu'il a entendu la voix de Karine.
Alain colgó en cuanto oyó la voz de Karine.
▷ Vanessa m'a raccroché au nez !
¡Vanessa me colgó el teléfono!

(au téléphone) **colgar**

► **raccrocher au nez à** quelqu'un : **colgar el teléfono a** alguien

race

▷ De quelle race est ton chien ?
¿De qué raza es tu perro?

la **raza**

racine

▷ L'arbre a des racines très profondes.
El árbol tiene unas raíces muy profundas.

la **raíz** (pluriel **las raíces**)

ℹ *Remarquez que le mot espagnol porte sur le **i** un accent écrit qui reflète l'accent tonique.*
*N'oubliez pas que le **z** devient **c** au pluriel.*

racisme

▷ Nous avons lu un article sur le racisme.
Leímos un artículo sobre el racismo.

el **racismo**

raciste

1 ▷ Charles a fait une remarque raciste.
Charles hizo un comentario racista.

1 (adjectif) **racista**

2 ▷ Les racistes se croient supérieurs.
Los racistas se creen superiores.

2 (nom) el **racista**, la **racista**

racler

▷ Ne racle pas la poêle, tu vas l'abîmer.
No rasques la sartén, la vas a estropear.

rascar

raconter

▷ Imad raconte des blagues très drôles.
Imad cuenta unos chistes muy divertidos.
▷ Raconte-nous tes vacances !
¡Cuéntanos tus vacaciones!

(= raconter une histoire ou une blague) **contar**

radeau

▷ Ils ont dérivé sur un radeau pendant trois jours.
Estuvieron tres días a la deriva en una balsa.

la **balsa**

radiateur

▷ On s'est assis près du radiateur.
Nos sentamos cerca del radiador.

el **radiador** (pluriel **los radiadores**)

radical, radicale

▷ Ils ont fait des changements radicaux.
Han hecho cambios radicales.

(changement, mesures) **radical** (pluriel **radicales**)

radin, radine

▷ Il est radin, il achète toujours des cadeaux bon marché.
Es tacaño, siempre compra regalos baratos.

tacaño, tacaña

radio

1 ▷ Ma radio ne marche pas.
Mi radio no funciona.
▷ Quelle radio est-ce que tu écoutes ?
¿Qué radio escuchas?
▷ Ma mère l'a entendu à la radio.
Mi madre lo oyó en la radio.

1 (= appareil ou station) la **radio**

ℹ *Notez la préposition utilisée en espagnol : à la radio = **en la radio**.*

2 ▷ On voit bien l'os cassé sur la radio.
Se ve bien el hueso roto en la radiografía.

2 (= examen médical) la **radiografía**

ℹ *Remarquez que le mot espagnol porte sur le deuxième **i** un accent écrit qui reflète l'accent tonique.*

▷ Rachid a dû passer une radio pour son dos.
Rachid tuvo que hacerse una radiografía para la espalda.

► **passer une radio : hacerse una radiografía**

ℹ *Le pronom réfléchi fonctionne de la façon suivante en espagnol : **me hago, te haces, se hace, nos hacemos, os hacéis, se hacen una radiografía.***

radio-réveil

▷ Il y avait un radio-réveil dans la chambre d'hôtel.
Había un reloj despertador en la habitación del hotel.

el **reloj despertador** (pluriel **los relojes despertadores**)

◀) *Attention à bien prononcer le **r** et le **j** de **reloj**.*

radis

▷ J'aime les radis avec du sel et du beurre.
Me gustan los rábanos con sal y mantequilla.

el **rábano**

ℹ *Remarquez que le mot espagnol porte sur le premier **a** un accent écrit qui reflète l'accent tonique.*

rafale

▷ Le vent soufflait en rafales.
El viento soplaba a ráfagas.

(de vent) la **ráfaga**

► **souffler en** *ou* **par rafales soplar a ráfagas**

raffiné, raffinée

▷ Jean est quelqu'un de très raffiné.
Jean es una persona muy refinada.

refinado, refinada

raffoler

▻ Le chocolat, j'en raffole !
¡Me chifla el chocolate!

▻ Elle raffole des éléphants.
Le chiflan los elefantes.

*Pour dire que l'on raffole de quelque chose, on utilise en espagnol le verbe **chiflar** précédé du nom ou du pronom correspondant à la personne : **me chifla** (je raffole de), **te chifla** (tu raffoles de), **le chifla** (il raffole de, elle raffole de, vous raffolez de vouvoiement d'une personne), **nos chifla** (nous raffolons de), **os chifla** (vous raffolez de tutoiement de plusieurs personnes), **les chifla** (ils raffolent de, elles raffolent de, vous raffolez de vouvoiement de plusieurs personnes).*

*Le sujet de **chiflar** est la chose dont on raffole. Si c'est un pluriel, le verbe doit en porter la marque.*

rafraîchir

▻ Mets la citronnade au frigo pour la rafraîchir.
Pon la limonada en la nevera para refrescarla.
▻ Cette douche m'a rafraîchi.
Esta ducha me ha refrescado.

▻ Je vais me rafraîchir un peu avant le dîner.
Voy a refrescarme un poco antes de la cena.

refrescar

*Si le complément est une personne, un groupe de personnes ou un animal domestique, n'oubliez pas de le faire précéder de **a**.*

► **se rafraîchir :** refrescarse

*Le pronom réfléchi fonctionne de la façon suivante en espagnol : **me refresco, te refrescas, se refresca, nos refrescamos, os refrescáis, se refrescan.***

rafraîchissement

▻ Voulez-vous un rafraîchissement ?
¿Queréis un refresco?

(= boisson) el refresco

rafting

▻ J'ai fait du rafting en Ardèche.
Hice rafting en Ardèche.

el rafting
► **faire du rafting :** hacer rafting

rage

1 ▻ Rémi était en rage.
Rémi estaba furioso.

1 (= fureur) la rabia
► **être en rage, avoir la rage :** estar furioso *ou* furiosa

2 ▻ Le renard avait la rage.
El zorro tenía rabia.

2 (= maladie) la rabia

3 ▻ J'ai une rage de dents épouvantable.
Tengo un dolor de muelas espantoso.

3 ► **rage de dents :** dolor de muelas

ragot

▷ N'écoute pas ces ragots.
No prestes atención a esos chismes.

el **chisme**

ragoût

▷ Madame Millas a fait un bon ragoût d'agneau.
La señora Millas ha hecho un guisado de cordero muy bueno.

el **guisado**

raide

1 ▷ Je suis raide, il faut que je fasse de l'exercice.
No tengo mucha flexibilidad, tengo que hacer ejercicio.

1 ► **être raide** (= pas souple, en parlant d'une personne) : no tener mucha flexibilidad

2 ▷ Louis a les cheveux très raides.
Louis tiene el pelo muy lacio.

2 (en parlant des cheveux) **lacio, lacia**

3 ▷ Cette pente est vraiment raide !
¡Qué empinada es esta pendiente!

3 (= très incliné) **empinado, empinada**

raie

▷ Marc a choisi un pull avec des raies bleues et blanches.
Marc ha escogido un jersey con rayas azules y blancas.
▷ Nadège a une raie sur le côté.
Nadège lleva la raya al lado.

la **raya**

rail

▷ C'est dangereux de marcher sur les rails.
Es peligroso andar por los raíles.

el **raíl** (pluriel los raíles)

ℹ *Remarquez que le mot espagnol porte sur le **i** un accent écrit qui reflète l'accent tonique.*

raisin

▷ Tu préfères du raisin blanc ou du raisin noir ?
¿Prefieres uvas blancas o negras?
▷ Je vais acheter du raisin.
Voy a comprar uvas.
▷ Il y a trop de raisins secs dans ce gâteau.
Hay demasiadas pasas en este pastel.

las **uvas**

ℹ *Notez que l'espagnol utilise le pluriel **uvas** ; le singulier **uva** signifie « grain de raisin ».*

► **raisin sec :** la pasa

raison

▷ Il n'y a pas de raison de le leur dire.
No hay ninguna razón para decírselo.

la **razón** (pluriel las razones)

ℹ *Il n'y a pas d'accent écrit au pluriel. L'accent tonique porte sur le **o**, comme au singulier.*

▷ Pour une fois, tu as raison !
¡Por una vez, tienes razón!

► **avoir raison :** tener razón

raisonnable

razonable

▷ Hadrien n'est pas très raisonnable pour son âge.
Hadrien no es muy razonable para su edad.

▷ C'est un salaire raisonnable.
Es un salario razonable.

raisonnement

el **razonamiento**

▷ Je ne comprends pas ton raisonnement.
No entiendo tu razonamiento.

rajouter

añadir

▷ Rajoute un peu de sel.
Añade un poco de sal.

ralenti

el **ralentí**

Pour le cinéma, on dit ***cámara lenta****.*

▷ Cette machine marche au ralenti.
Esta máquina funciona al ralentí.

▷ La balle est filmée au ralenti.
La pelota fue filmada en cámara lenta.

ralentir

1 (en parlant d'un véhicule) **reducir la velocidad**

1 ▷ La voiture n'a pas ralenti.
El coche no redujo la velocidad.

2 (en parlant de quelqu'un qui marche) **aflojar el paso**

2 ▷ Ralentis, tu marches trop vite !
¡Afloja el paso, andas demasiado rápido!

râler

refunfuñar

▷ Arrête de râler !
¡Deja de refunfuñar!

rallonger

(= rendre plus long) **alargar**

ℹ *Notez que la préposition* de *n'est pas traduite en espagnol.*

▷ Ma mère a rallongé ma jupe.
Mi madre me ha alargado la falda.

▷ On a rallongé nos vacances de trois jours.
Alargamos las vacaciones tres días.

rallumer

volver a encender

▷ J'ai froid, est-ce que je peux rallumer le chauffage ?
Tengo frío, ¿puedo volver a encender la calefacción?

ramasser

1 (= prendre quelque chose qui est tombé, rassembler quelque chose) **recoger**

1 ▷ Rachid a ramassé ma gomme, qui était tombée par terre.
Rachid recogió mi goma, que se había caído al suelo.

▷ Le prof va ramasser les copies.
El profesor va a recoger los exámenes.

2 ▷ On est allés ramasser des champignons dans la forêt.
Fuimos a coger setas al bosque.

2 (= cueillir) **coger**

rame

1 ▷ Paul a laissé tomber la rame dans l'eau.
Paul dejó caer el remo al agua.

1 (= aviron) el **remo**

2 ▷ La rame de métro est passée sans s'arrêter.
El metro pasó sin pararse.

2 ► **rame de métro :** el **metro**

ramener

1 ▷ Ma mère a ramené mon frère chez le médecin.
Mi madre volvió a llevar a mi hermano al médico.

1 (= amener de nouveau) **volver a llevar**

Si le complément est une personne, un groupe de personnes ou un animal domestique, n'oubliez pas de le faire précéder de ***a****.*

2 ▷ Il m'a ramené chez moi.
Me trajo a casa.

2 (= raccompagner) **traer**

Si le complément est une personne, un groupe de personnes ou un animal domestique, n'oubliez pas de le faire précéder de ***a****.*

ramer

▷ J'ai appris à ramer sur le lac.
Aprendí a remar en el lago.

(sur un bateau) **remar**

se ramollir

▷ Laisse le beurre se ramollir.
Deja que se ablande la mantequilla.

(en parlant d'un aliment) **ablandarse**

ℹ *Le pronom réfléchi fonctionne de la façon suivante en espagnol :* ***se ablanda, se ablandan****.*

rampe

1 ▷ Tiens bien la rampe, les marches sont glissantes.
Sujeta bien la barandilla, los escalones resbalan.

1 (= main courante d'un escalier) la **barandilla**

2 ▷ Il y a une rampe d'accès pour les personnes en fauteuil roulant.
Hay una rampa de acceso para las personas en sillas de ruedas.

2 (= plan incliné) la **rampa**

ramper

▷ On a dû ramper sous la clôture.
Tuvimos que reptar por debajo de la valla.

(= avancer sur le ventre) **reptar**

rançon

▷ Les ravisseurs réclament une rançon.
Los raptores piden un rescate.

el **rescate**

rancune

▷ Ce sont de vieilles rancunes.
Son viejos rencores.
▷ Allez, sans rancune !
Anda, ¡sin rencor!

el **rencor** (pluriel **los rencores**)

► **sans rancune ! : ¡sin rencor!**

Attention, contrairement au français, le mot espagnol est masculin.

randonnée

1 ▷ J'aime beaucoup la randonnée.
Me gusta mucho el senderismo.

1 ► **la randonnée :** el **senderismo**

2 ▷ Hier on a fait une longue randonnée.
Ayer hicimos una larga excursión.

2 ► une **randonnée :** una **excursión** (pluriel **las excursiones**)

*Il n'y a pas d'accent écrit au pluriel. L'accent tonique porte sur le **o**, comme au singulier.*

randonneur, randonneuse

▷ J'ai croisé plusieurs randonneurs.
Me he cruzado con varios senderistas.

el **senderista,** la **senderista**

rang

▷ On a des places au premier rang.
Tenemos asientos en la primera fila.
▷ La prof de sport nous a demandé de nous mettre en rang.
La profesora de deporte nos pidió que nos pusiéramos en fila.

(= rangée) la **fila**

► **se mettre en rang : ponerse en fila**

*Le pronom réfléchi fonctionne de la façon suivante en espagnol : **nos ponemos en fila, os ponéis en fila, se ponen en fila.***

rangé, rangée

▷ La cuisine est bien rangée.
La cocina está bien ordenada.
▷ Ce bureau n'est pas bien rangé.
Este despacho no está bien ordenado.

ordenado, ordenada

rangée

▷ Il y avait au moins dix rangées de CD.
Había por lo menos diez hileras de CD.

la **hilera**

rangement

▷ J'ai fait du rangement dans ma chambre.
Puse orden en *ou* ordené mi habitación.

► **faire du rangement dans : poner orden en** *ou* **ordenar**

ranger

1 ▷ Je n'ai pas rangé ma chambre depuis des mois.
Hace meses que no he ordenado mi habitación.
▷ Tu ranges mes affaires et je ne retrouve rien !
¡Ordenas mis cosas y no encuentro nada!

1 **ordenar**

rap

▷ J'adore le rap.
Me encanta el rap.

el **rap**

râpé, râpée

▷ Suivant la recette, il faut ajouter deux cents grammes de fromage râpé.
Según la receta, hay que añadir doscientos gramos de queso rallado.

(= coupé très fin) **rallado, rallada**

rapide

▷ On a préparé un repas rapide.
Preparamos una comida rápida.
▷ C'est un coureur très rapide.
Es un corredor muy rápido.

rápido, rápida

ℹ *Remarquez que le mot espagnol porte sur le* ***a*** *un accent écrit qui reflète l'accent tonique.*

rapidement

▷ Les pompiers sont arrivés très rapidement.
Los bomberos llegaron muy rápidamente.

rápidamente

ℹ *Remarquez que le mot espagnol porte sur le* ***a*** *un accent écrit qui reflète l'accent tonique.*

rapidité

▷ La rapidité de sa réaction m'a étonné.
La rapidez de su reacción me sorprendió.

la **rapidez**

rappeler

1 ▷ Il n'est pas là ? Tant pis, je rappellerai.
¿No está? No importa, volveré a llamar.

1 (= retéléphoner) **volver a llamar**

2 ▷ Rappelle-moi d'acheter du pain.
Recuérdame que compre pan.

▷ Ça me rappelle mes vacances en Espagne.
Me recuerda mis vacaciones en España.

2 ► **rappeler à** quelqu'un **de** + infinitif **: recordar a** alguien **que** + subjonctif
► **rappeler** quelque chose **à** quelqu'un **: recordar** algo **a** alguien

3 ▷ Je ne me rappelle plus son nom.
No me acuerdo de su nombre.

3 ► **se rappeler** quelque chose **:** **acordarse de** algo

ℹ *Le pronom réfléchi fonctionne de la façon suivante en espagnol :* ***me acuerdo, te acuerdas, se acuerda, nos acordamos, os acordáis, se acuerdan****.*

rappeur, rappeuse

▷ MC Solar est un célèbre rappeur.
MC Solar es un rapero famoso.

el **rapero,** la **rapera**

rapport

1 ▷ Il n'y aucun rapport entre les deux.
No hay ninguna relación entre los dos.
▷ Andrea et Sabine ont de bons rapports avec leur mère.
Andrea y Sabine mantienen buenas relaciones con su madre.
▷ Il faut te protéger si tu as des rapports sexuels.
Tienes que protegerte si tienes relaciones sexuales.

1 (= lien, contact) la **relación** (pluriel las relaciones)

ℹ *Il n'y a pas d'accent écrit au pluriel. L'accent tonique porte sur le* o*, comme au singulier.*

► **avoir des rapports sexuels : tener relaciones sexuales**

2 ▷ Susana est grande par rapport à sa sœur.
Susana es alta comparada con su hermana.
▷ Par rapport à Thomas, Nicolas n'a pas beaucoup de copains.
Comparado con Thomas, Nicolas no tiene muchos amigos.

2 ► **par rapport à** (= comparé à) : **comparado** *ou* **comparada con**

rapporter

1 ▷ Mes parents ont rapporté des souvenirs de Grèce.
Mis padres trajeron souvenirs de Grecia.

1 ► **rapporter** quelque chose (= l'apporter avec soi) : **traer** algo

2 ▷ Je vais rapporter cette jupe au magasin, elle a un défaut.
Voy a devolver esta falda a la tienda, tiene un defecto.

2 ► **rapporter** quelque chose (= le rendre) : **devolver** algo

3 ▷ Ce n'est pas bien de rapporter.
No está bien chivarse.

3 ► **rapporter** (= dénoncer quelqu'un) : **chivarse**

ℹ *Le pronom réfléchi fonctionne de la façon suivante en espagnol :* ***me** **chivo, te chivas, se chiva, nos chivamos, os chiváis, se chivan.***

rapprocher

1 ▷ Rapproche ton fauteuil de la lampe.
Acerca tu sillón a la lámpara.

1 ► **rapprocher** quelque chose (= le mettre plus près) : **acercar** algo

ℹ *Notez la préposition utilisée en espagnol :* rapprocher de = ***acercar a.***

2 ▷ Le bateau se rapprochait lentement de la côte.
El barco se acercaba lentamente a la costa.

2 ► **se rapprocher** (= se mettre plus près) : **acercarse**

ℹ *Notez la préposition utilisée en espagnol :* se rapprocher de = ***acercarse a.*** *Le pronom réfléchi fonctionne de la façon suivante en espagnol :* ***me acerco, te acercas, se acerca, nos acercamos, os acercáis, se acercan.***

raquette

1 ▷ J'ai besoin d'une nouvelle raquette de tennis.
Necesito una nueva raqueta de tenis.

2 ▷ N'oublie pas d'emporter les raquettes de ping-pong.
Acuérdate de llevar las palas de ping-pong.

1 (pour jouer au tennis, au squash, au badminton) la **raqueta**

2 (pour jouer au ping-pong) la **pala**

rare

1 ▷ Dans certains pays, l'eau est une denrée rare.
En algunos países, el agua es un bien escaso.

2 ▷ Mathilde collectionne les timbres rares.
Mathilde colecciona los sellos raros.

1 (= peu abondant) **escaso, escasa**

2 (= exceptionnel) **raro, rara**

rarement

▷ Nous allons rarement au cinéma.
Vamos muy poco al cine.

muy poco

se raser

▷ Mathieu se rase tous les jours.
Mathieu se afeita todos los días.

afeitarse

ℹ *Le pronom réfléchi fonctionne de la façon suivante en espagnol :* ***me afeito, te afeitas, se afeita, nos afeitamos, os afeitáis, se afeitan.***

▷ Elle est folle, elle veut se raser la tête !
¡Está loca, quiere raparse la cabeza!

► **se raser la tête** *ou* **le crâne :** **raparse la cabeza**

rasoir

1 ▷ Est-ce que tu as un rasoir jetable ?
¿Tienes una maquinilla de afeitar desechable?

2 ▷ Le cours de français était vraiment rasoir !
¡La clase de francés era aburridísima!

1 ► **le rasoir** (pour se raser) : la **maquinilla de afeitar** (pluriel las **maquinillas de afeitar**)

2 ► **rasoir** (adjectif = ennuyeux) : **aburrido, aburrida**

ℹ *L'adjectif* rasoir *est familier, mais* ***aburrido*** *ne l'est pas.*

se rassembler

▷ Tous les élèves se sont rassemblés dans la cour.
Todos los alumnos se reunieron en el patio.

reunirse

ℹ *Le pronom réfléchi fonctionne de la façon suivante en espagnol :* ***nos reunimos, os reunís, se reúnen.***

se rasseoir

▷ Le proviseur nous a dit de nous rasseoir.
El director nos dijo que volviéramos a sentarnos.

volver a sentarse

*Le pronom réfléchi fonctionne de la façon suivante en espagnol : **vuelvo a sentarme, vuelves a sentarte, vuelve a sentarse, volvemos a sentarnos, volvéis a sentaros, vuelven a sentarse**. On peut aussi utiliser les formes **me vuelvo a sentar, te vuelves a sentar**, etc.*

rassis, rassise

▷ On peut faire un gâteau avec le pain rassis.
Se puede hacer un pastel con el pan sentado.

(pain, gâteau) **sentado, sentada**

rassurer

1 ▷ J'ai essayé de rassurer Charlotte.
Traté de tranquilizar a Charlotte.

1 **tranquilizar**

*Si le complément est une personne, un groupe de personnes ou un animal domestique, n'oubliez pas de le faire précéder de **a**.*

2 ▷ Rassure-toi, je rentrerai tôt.
Tranquilízate, volveré temprano.

2 *Pour dire à quelqu'un de ne pas s'inquiéter, on dit **tranquilízate**.*

rat

▷ J'ai vu un énorme rat noir !
¡He visto una rata negra enorme!

(= animal) la **rata**

râteau

▷ Alex nettoie la pelouse avec un râteau.
Alex está limpiando el césped con un rastrillo.

el **rastrillo**

rater

1 ▷ Dépêche-toi, on va rater le train !
¡Date prisa, vamos a perder el tren!

1 (= manquer) **perder**

2 ▷ Mon père a raté le gâteau.
A mi padre le salió mal el pastel.
▷ J'ai raté les biscuits.
Me salieron mal las galletas.

2 *Pour dire qu'on a mal fait quelque chose, un plat ou une photo par exemple, on emploie l'expression **salir mal** précédée du pronom complément d'objet indirect qui convient (**me salió mal, te salió mal**, etc.). Notez que le sujet est la chose qui a été ratée.*

3 ▷ Virginie a encore raté son permis de conduire.
Virginie ha vuelto a suspender el examen de conducir.

3 (en parlant d'un examen)
suspender

rattrapage

▷ Il y a des cours de rattrapage en espagnol le mardi.
Hay clases de recuperación de español los martes.

► **cours de rattrapage :** la clase de recuperación (pluriel las clases de recuperación)

rattraper

1 ▷ Heureusement que j'ai rattrapé le vase avant qu'il ne se casse !
¡Menos mal que cogí el florero antes de que se rompiera!

1 (= saisir) coger

2 ▷ J'ai réussi à rattraper Isa en marchant vite.
Conseguí alcanzar a Isa caminando de prisa.

2 (= rejoindre) alcanzar

Si le complément est une personne, un groupe de personnes ou un animal domestique, n'oubliez pas de le faire précéder de a.

3 ▷ Hubert a rattrapé son retard en maths.
Hubert se ha puesto al día en matemáticas.

3 ► **rattraper son retard** (dans une matière) : ponerse al día

Le pronom réfléchi fonctionne de la façon suivante en espagnol : me pongo, te pones, se pone, nos ponemos, os ponéis, se ponen al día.

rature

▷ Tu ne peux pas rendre ta copie comme ça, elle est pleine de ratures.
No puedes entregar el examen así, está lleno de tachaduras.

la tachadura

ravissant, ravissante

▷ Cette femme est ravissante.
Esta mujer es encantadora.

encantador (pluriel encantadores), encantadora

rayé, rayée

1 ▷ Adam porte une cravate rayée.
Adam lleva una corbata a *ou* de rayas.

1 (avec des bandes) a *ou* de rayas

2 ▷ Mes lunettes sont rayées.
Tengo las gafas rayadas.

2 (= éraflé) rayado, rayada

rayon

1 ▷ Enfin un rayon de soleil !
¡Por fin un rayo de sol!

1 (= lumière) el rayo

2 ▷ Le vendeur nous a envoyés au rayon surgelés.
El dependiente nos mandó a la sección de congelados.

2 (= partie d'un magasin) la sección (pluriel las secciones)

Il n'y a pas d'accent écrit au pluriel. L'accent tonique porte sur le o, comme au singulier.

rayure

▷ Il y a une grande rayure sur la portière.
Hay una gran raya en la portezuela.
▷ Il portait une chemise avec des rayures très fines.
Llevaba una camisa de rayas muy finas.
▷ Loïc portait un pull à rayures.
Loïc llevaba un jersey a rayas.

la **raya**

► **à rayures : a rayas**

ℹ *On peut dire aussi* ***de rayas****.*

réaction

▷ Je n'ai pas compris sa réaction.
No entendí su reacción.

la **reacción** (pluriel **las reacciones**)

ℹ *Il n'y a pas d'accent écrit au pluriel. L'accent tonique porte sur le* ***o****, comme au singulier.*

réagir

▷ Pourquoi as-tu réagi si violemment ?
¿Por qué reaccionaste tan violentamente?

reaccionar

réaliser

1 ▷ Tout d'un coup j'ai réalisé que c'était impossible.
De repente me di cuenta de que era imposible.

1 ► **réaliser que** (= se rendre compte) : **darse cuenta de que**

ℹ *Le pronom réfléchi fonctionne de la façon suivante en espagnol :* ***me doy cuenta, te das cuenta, se da cuenta, nos damos cuenta, os dais cuenta, se dan cuenta.***

2 ▷ Eugénie a réalisé son projet.
Eugénie ha realizado su proyecto.

2 (= faire) **realizar**

3 ▷ Qui a réalisé ce film ?
¿Quién ha dirigido esta película?

3 ► **réaliser un film : dirigir una película**

réalité

▷ Parfois la réalité est dure à accepter.
A veces la realidad es difícil de aceptar.
▷ Ça a l'air difficile, mais en réalité ça ne l'est pas.
Parece difícil, pero en realidad no lo es.

la **realidad** (pluriel **las realidades**)

► **en réalité : en realidad**

rebelle

▷ Ils ont emprisonné les rebelles.
Han encarcelado a los rebeldes.

el **rebelde**

rebondir

▷ Le ballon a rebondi contre le mur.
La pelota rebotó contra la pared.

rebotar

rebord

▷ Ma mère a posé le gâteau sur le rebord de la fenêtre et le chien l'a mangé !
¡Mi madre puso el pastel en el alféizar de la ventana y el perro se lo comió!

► **le rebord de la fenêtre :** el **alféizar de la ventana** (pluriel los **alféizares de las ventanas**)

Remarquez que le mot espagnol porte sur le **e** *un accent écrit qui reflète l'accent tonique.*

récemment

▷ Le centre commercial a été construit récemment.
El centro comercial ha sido construído recientemente.

recientemente

récent, récente

▷ C'est un changement récent.
Es un cambio reciente.

reciente

recette

▷ Cette recette est très facile à suivre.
Esta receta es muy fácil de seguir.

(de cuisine) la **receta**

recevoir

1 ▷ Est-ce que tu as reçu ton cadeau ?
¿Has recibido tu regalo?
▷ Alex a reçu un coup sur la tête en essayant de les séparer.
Alex recibió un golpe en la cabeza al intentar separarlos.

1 **recibir**

2 ▷ Les Pereira ont très bien reçu l'ami français de leur fils.
Los Pereira acogieron muy bien al amigo francés de su hijo.

2 (= accueillir) **acoger**

Si le complément est une personne, un groupe de personnes ou un animal domestique, n'oubliez pas de le faire précéder de **a**.

Voir aussi reçu, reçue.

de rechange

▷ Emporte des habits de rechange au cas où il pleuvrait.
Llévate ropa de repuesto por si llueve.

de repuesto

réchauffement

▷ On note déjà les effets du réchauffement climatique.
Ya se notan los efectos del calentamiento global.

► **le réchauffement climatique** *ou* **de la planète :** el **calentamiento global**

réchauffer

1 ▷ On pourrait juste réchauffer des restes.
Podríamos simplemente recalentar sobras.

1 (en parlant de nourriture) **recalentar**

2 ▷ Bois ça, ça te réchauffera.
Tómate esto, te hará entrar en calor.

2 (en parlant d'une personne) **hacer entrar en calor**

3 ▷ Sacha courait pour se réchauffer.
Sacha corría para entrar en calor.

3 ► **se réchauffer** (= soi-même) : **entrar en calor**

4 ▷ Le temps se réchauffe enfin !
¡Por fin suben las temperaturas!

4 *Pour dire que le temps se réchauffe, on emploie l'équivalent de* **les températures augmentent** = ***suben las temperaturas***.

recherche

1 ▷ La recherche des deux enfants disparus n'aboutit pour l'instant à rien.
La búsqueda de los dos niños desaparecidos no da por el momento ningún resultado.

1 (pour trouver ou retrouver) la **búsqueda** (pluriel **las búsquedas**)

ℹ *Remarquez que le mot espagnol porte sur le* ***u*** *un accent écrit qui reflète l'accent tonique.*

▷ Je suis à la recherche d'un livre sur Madrid.
Estoy en busca de *ou* estoy buscando un libro sobre Madrid.

► **être à la recherche de :** **estar en busca de** *ou* **estar buscando**

▷ J'ai fait des recherches à la bibliothèque pour mon exposé.
Busqué información en la biblioteca para mi exposición.

► **faire des recherches** (pour un travail) : **buscar información**

2 ▷ J'aimerais me consacrer à la recherche scientifique.
Me gustaría dedicarme a la investigación científica.

2 (pour découvrir) la **investigación** (pluriel **las investigaciones**)

ℹ *Il n'y a pas d'accent écrit au pluriel. L'accent tonique porte sur le* ***o****, comme au singulier.*

▷ Ma sœur fait de la recherche en histoire.
Mi hermana se dedica a la investigación histórica.

► **faire de la recherche** (= activité scientifique) : **dedicarse a la investigación**

▷ La police a fait des recherches mais n'a pas retrouvé l'assassin.
La policía hizo investigaciones pero no encontró al asesino.

► **faire des recherches** (= faire une enquête) : **hacer investigaciones**

rechercher

▷ Arnaud veut rechercher son père biologique.
Arnaud quiere buscar a su padre biológico.
▷ Apparemment, il est recherché par la police.
Por lo visto, lo está buscando la policía.

buscar

Si le complément est une personne, un groupe de personnes ou un animal domestique, n'oubliez pas de le faire précéder de ***a***.

récipient

▷ Utilise n'importe quel récipient.
Usa cualquier recipiente.

el **recipiente**

réciproque

▷ Je ne l'aime pas et c'est réciproque.
Me cae mal y es recíproco.

recíproco, recíproca

récitation

1 ▷ Les acteurs font des exercices de récitation.
Los actores hacen ejercicios de recitación.

1 (= action) la **recitación** (pluriel las **recitaciones**)

*Il n'y a pas d'accent écrit au pluriel. L'accent tonique porte sur le **o**, comme au singulier.*

2 ▷ Tu ne sais pas bien ta récitation.
No te sabes bien el recitado.

2 (= poésie) el **recitado**

réciter

▷ Le prof lui a fait réciter un poème.
El profesor lo mandó recitar un poema.

recitar

réclamation

▷ Mes parents ont fait une réclamation parce que la chambre d'hôtel était sale.
Mis padres presentaron una reclamación porque la habitación del hotel estaba sucia.

la **reclamación** (pluriel las **reclamaciones**)

► **faire une réclamation : presentar una reclamación**

*Il n'y a pas d'accent écrit au pluriel. L'accent tonique porte sur le **o**, comme au singulier.*

réclamer

▷ J'ai réclamé mon livre à Sandra mais elle n'a pas voulu me le rendre.
Le pedí mi libro a Sandra pero no quiso devolvérmelo.

pedir

*Le verbe **reclamar** existe, mais il est surtout utilisé dans le contexte juridique.*

récolte

▷ La récolte est très bonne cette année.
La cosecha es muy buena este año.

la **cosecha**

récolter

1 ▷ À cause du mauvais temps, nous n'avons rien pu récolter.
A causa del mal tiempo, no pudimos cosechar nada.

1 (= faire la récolte) **cosechar**

2 ▷ Nous avons aidé notre voisin à récolter les pommes de terre.
Ayudamos a nuestro vecino a recoger las patatas.

2 (= ramasser) **recoger**

recommander

▷ C'est un restaurant que nous a recommandé mon oncle.
Es un restaurante que nos recomendó mi tío.

▷ Le médecin a recommandé à Paul de se reposer.
El médico le recomendó a Paul que descansara.

recomendar

► **recommander à** quelqu'un **de** + infinitif : recomendar a alguien que + subjonctif

recommencer

▷ L'école recommence en septembre.
Las clases vuelven a empezar en septiembre.

volver a empezar

récompense

▷ Je l'aide et voilà ma récompense.
Lo ayudo y ésta es mi reconpensa.

la **recompensa**

récompenser

▷ À la maternelle, l'institutrice récompense les enfants en leur donnant des bonbons.
En el parvulario, la profesora recompensa a los niños dándoles caramelos.

recompensar

*Si le complément est une personne, un groupe de personnes ou un animal domestique, n'oubliez pas de le faire précéder de **a**.*

se réconcilier

▷ Gilles et Mathieu se sont réconciliés.
Gilles y Mathieu se han reconciliado.

reconciliarse

*Le pronom réfléchi fonctionne de la façon suivante en espagnol : **nos reconciliamos, os reconciliáis, se reconcilian**.*

réconfort

▷ Ta présence est d'un grand réconfort pour moi.
Tu presencia es un gran consuelo para mí.

el **consuelo**

reconnaissant, reconnaissante

▷ Je lui suis très reconnaissant.
Le estoy muy agradecido.

agradecido, agradecida

reconnaître

▷ Je n'ai pas reconnu Serge, car il a beaucoup changé.
No he reconocido a Serge, porque ha cambiado mucho.

▷ Reconnais que tu as eu tort.
Reconoce que te has equivocado.

reconocer

*Si le complément est une personne, un groupe de personnes ou un animal domestique, n'oubliez pas de le faire précéder de **a**.*

recopier

1 ▷ Si je recopie le poème, je m'en souviendrai plus facilement.
Si copio el poema, lo memorizaré más fácilmente.

1 (= reproduire) **copiar**

2 ▷ Je dois encore recopier mon exposé, il est plein de fautes.
Todavía tengo que pasar a limpio mi exposición, está llena de errores.

2 (= mettre au propre) **pasar a limpio**

record

▷ Ludmila a battu le record de l'école à la course.
Ludmila batió el récord de carrera del colegio.

el **récord** (pluriel los récords)
Remarquez que le mot espagnol porte sur le e un accent écrit qui reflète l'accent tonique.

se recoucher

▷ Recouche-toi, il fait encore nuit.
Vuélvete a acostar, aún es de noche.

volver a acostarse

recouvert, recouverte de

▷ Le mur est recouvert de lierre.
La pared está cubierta de hiedra.

cubierto de, cubierta de

récré *ou* récréation

▷ Il y a une récréation le matin et une l'après-midi.
Tenemos recreo por la mañana y por la tarde.
▷ On se retrouve à la récré.
Nos vemos a la hora del recreo.

el **recreo**

rectangle

▷ Tu as mal fait ton rectangle, on dirait un carré.
Has hecho mal el rectángulo, parece un cuadrado.

el **rectángulo**
Remarquez que le mot espagnol porte sur le a un accent écrit qui reflète l'accent tonique.

rectifier

▷ La prof m'a fait rectifier trois choses dans mon exposé.
La profesora me hizo rectificar tres cosas en la exposición.

rectificar

reçu, reçue

1 ▷ Nicolas a été reçu à son examen.
Nicolas aprobó el examen.

1 ► être reçu (à un examen) : **aprobar**

2 ▷ Ma sœur aînée a été reçue à La Sorbonne.
Mi hermana mayor ha ingresado en La Sorbona.

2 ► être reçu à (à une institution scolaire) : **ingresar en**

3 ▷ Est-ce que tu as gardé le reçu ?
¿Has conservado el recibo?

3 ► un reçu (= une preuve d'achat) : un **recibo**

reculer

1 ▷ Recule, tu es trop près pour la photo.
Retrocede, estás demasiado cerca para la foto.
▷ La voiture a reculé pour nous laisser passer.
El coche retrocedió para dejarnos pasar.

1 ► **reculer** (= s'éloigner) : **retroceder**

2 ▷ Recule un peu ta chaise.
Aparta un poco tu silla.

2 ► **reculer** quelque chose (= le mettre plus loin) : **apartar** algo

à reculons

▷ Lucas a traversé la pièce à reculons.
Lucas atravesó el cuarto andando hacia atrás.

(= en arrière) **andando hacia atrás**

récupérer

1 ▷ Si tu ne lui réclames pas ton livre, tu ne le récupéreras jamais.
Si no le reclamas tu libro, nunca lo recuperarás.

1 ► **récupérer** quelque chose (= le retrouver) : **recuperar** algo

2 ▷ Elle récupérera sa fille après les cours.
Irá a buscar a su hija después de las clases.

2 ► **récupérer** quelqu'un (= aller le chercher) : **ir a buscar a** alguien

3 ▷ Ça va mieux ? Tu as récupéré ?
¿Estás mejor? ¿Te has recuperado?

3 ► **récupérer** (= se remettre d'une maladie, de la fatigue) : **recuperarse**

ℹ *Le pronom réfléchi fonctionne de la façon suivante en espagnol :* ***me recupero, te recuperas, se recupera, nos recuperamos, os recuperáis, se recuperan.***

recyclage

▷ Il y a un conteneur spécial pour le recyclage du verre.
Hay un contenedor especial para el reciclaje del cristal.

(de déchets) el **reciclaje**

Attention à l'orthographe du mot espagnol.

recycler

▷ La mairie recycle les bouteilles en plastique.
El ayuntamiento recicla las botellas de plástico.

reciclar

rédaction

▷ Sabine a eu une bonne note à sa rédaction.
Sabine sacó una buena nota en la redacción.

la **redacción** (pluriel **las redacciones**)

ℹ *Il n'y a pas d'accent écrit au pluriel. L'accent tonique porte sur le* ***o****, comme au singulier.*

redémarrer

▷ L'ordinateur a planté, il faut redémarrer.
El ordenador ha dejado de funcionar, hay que arrancarlo de nuevo.

(un ordinateur) **arrancar de nuevo**

Attention à bien prononcer les deux ***r****.*

rédiger

▷ Le prof a dit que mon devoir était mal rédigé.
El profesor dijo que mi examen estaba mal redactado.

redactar

redoubler

▷ Les parents de Juan ne veulent pas qu'il redouble.
Los padres de Juan no quieren que repita curso.

(= refaire une année) **repetir curso**

redresser

1 ▷ Lucille porte un appareil pour redresser ses dents.
Lucille lleva un aparato para enderezarle los dientes.

1 (= remettre droit quelque chose de tordu) **enderezar**

2 ▷ Idriss a redressé la tête quand on est entrés.
Idriss levantó la cabeza cuando entramos.

2 ► **redresser la tête :** levantar la cabeza

3 ▷ Redresse-toi, Carmen, tu es presque couchée sur la table !
¡Ponte derecha, Carmen, estás casi tumbada en la mesa!

3 ► **se redresser :** ponerse derecho

Le pronom réfléchi fonctionne de la façon suivante en espagnol : me pongo derecho, te pones derecho, se pone derecho, nos ponemos derechos, os ponéis derechos, se ponen derechos.

réduction

▷ Est-ce que tu as eu une réduction sur les billets ?
¿Conseguiste una rebaja en los billetes?

(= rabais) la **rebaja**

réduire

▷ Nous devons réduire les émissions toxiques.
Tenemos que reducir las emisiones tóxicas.

reducir

réel, réelle

▷ Cela n'arrive jamais dans la vie réelle.
Esto nunca pasa en la vida real.

real (pluriel reales)

*Attention, **real** signifie aussi « royal ».*

réellement

▷ Je suis réellement désolé.
Lo siento realmente.

realmente

refaire

1 ▷ Si tu refais ça, je ne te parle jamais plus !
¡Si vuelves a hacer eso, no te hablo nunca más!

1 (= recommencer) **volver a hacer**

2 ▷ Le toit de l'école a été refait.
Han reparado el tejado de la escuela.

2 (= réparer) **reparar**

réfectoire

▷ Ils sont partis au réfectoire.
Se han ido al comedor.

el **comedor** (pluriel **los comedores**)

référence

▷ C'est une référence à l'un de ses romans.
Es una referencia a una de sus novelas.
▷ J'ai besoin d'une lettre de référence pour le poste.
Necesito una carta de referencia para este puesto.

la **referencia**

ℹ *On dit aussi **una carta de recomendación**.*

réfléchir

1 ▷ Réfléchis avant de parler !
¡Reflexiona antes de hablar!
▷ Réfléchis bien, c'est important !
Piénsatelo bien, ¡es importante!

1 (= méditer) **reflexionar**

► **Réfléchis bien ! : ¡Piénsatelo bien!**

2 ▷ J'ai réfléchi à sa proposition, je vais dire non.
He pensado en su propuesta, le voy a decir que no.

2 ► **réfléchir à** quelque chose : **pensar en** algo

3 ▷ Le blanc réfléchit la lumière du soleil.
El blanco refleja la luz del sol.

3 (= refléter) **reflejar**

refléter

▷ La mer reflète la couleur du ciel.
El mar refleja el color del cielo.

reflejar

réflexe

1 ▷ Il faut avoir de bons réflexes pour conduire.
Hay que tener buenos reflejos para conducir.

1 (= mouvement) el **reflejo**

2 ▷ Mon premier réflexe a été d'appeler mon père.
Mi primera reacción fue llamar a mi padre.

2 (= réaction) la **reacción** (pluriel **las reacciones**)

ℹ *Il n'y a pas d'accent écrit au pluriel. L'accent tonique porte sur le **o**, comme au singulier.*

réflexion

▷ Suzie a fait une réflexion sur ma façon de parler.
Suzie hizo un comentario sobre mi modo de hablar.

(= remarque) el **comentario**

réforme

▷ Ils ont manifesté contre la réforme.
Se manifestaron contra la reforma.

la **reforma**

refrain

▷ Je ne connais que le refrain de cette chanson.
Sólo conozco el estribillo de esta canción.

(= couplet que l'on répète) el **estribillo**

*Le mot **refrán** existe, mais il signifie « proverbe ».*

réfrigérateur

▷ Tu as mis le beurre au réfrigérateur ?
¿Has metido la mantequilla en la nevera?

la **nevera**

refroidir

1 ▷ Attends que la soupe refroidisse.
Espera a que la sopa se enfríe.
▷ Mangez ou ça va refroidir.
Comed o se va a enfriar.

1 (= devenir moins chaud) **enfriarse**

*Le pronom réfléchi fonctionne de la façon suivante en espagnol : **se enfría, se enfrían**.*

2 ▷ Le temps s'est encore refroidi.
Las temperaturas han vuelto a bajar.

2 *Pour dire que le temps se refroidit, on emploie l'équivalent de* les températures baissent = ***bajan las temperaturas***.

réfugié, réfugiée

▷ Les parents de Mourad sont des réfugiés.
Los padres de Mourad son refugiados.

el **refugiado**, la **refugiada**

se réfugier

▷ Elle s'est réfugiée dans sa chambre.
Se refugió en su habitación.

refugiarse

*Le pronom réfléchi fonctionne de la façon suivante en espagnol : **me refugio, te refugias, se refugia, nos refugiamos, os refugiáis, se refugian**.*

refuser

1 ▷ Quentin a refusé de nous aider.
Quentin se negó a ayudarnos.

1 ► **refuser de** faire quelque chose : **negarse a** hacer algo

2 ▷ Je n'ai pas osé refuser l'invitation.
No me atreví a rechazar la invitación.

2 ► **refuser** quelque chose (en parlant d'une invitation ou d'une offre) : **rechazar** algo

3 ▷ Anaïs voulait aller au conservatoire, mais elle a été refusée.
Anaïs quería ir al conservatorio, pero no la aceptaron.

3 *Pour dire qu'on a été refusé à une école ou pour un poste, on emploie en espagnol le verbe **aceptar** à la forme négative et à la troisième personne du pluriel.*

se régaler

▷ Ce repas était délicieux, je me suis régalé.
Esta comida ha sido deliciosa, la he disfrutado mucho.

*Pour dire qu'on se régale, on emploie en espagnol l'expression **disfrutar mucho** + complément d'objet.*

regard

▷ Antonio m'a lancé un regard furieux.
Antonio me lanzó una mirada furiosa.

(= expression, coup d'œil) la **mirada**
► **lancer un regard à** quelqu'un : **lanzar una mirada a** alguien

regarder

1 ▷ Regarde ce bel arc-en-ciel !
¡Mira qué arco iris tan bonito!
▷ Est-ce que tu as regardé dans les pages jaunes ?
¿Has mirado en las páginas amarillas?

1 (= voir un paysage, un livre, chercher dans un dictionnaire) **mirar**

2 ▷ Est-ce que tu regardes souvent la télévision ?
¿Ves mucho la tele?

2 (en parlant de la télévision ou d'un film) **ver**

3 ▷ Tu as un copain ? – Ça ne te regarde pas !
¿Tienes novio? – ¡No es asunto tuyo!

3 *Pour dire à quelqu'un de se mêler de ses affaires, on emploie en espagnol* ***no es asunto tuyo / suyo / vuestro****.*

4 ▷ Ils se sont regardés et ils ont éclaté de rire.
Se miraron y se echaron a reír.
▷ Je me suis regardée dans la glace et j'ai vu que j'avais un gros bouton sur le front.
Me miré en el espejo y vi que tenía un grano enorme en la frente.

4 ► **se regarder** : **mirarse**

ℹ *Le pronom réfléchi fonctionne de la façon suivante en espagnol :* ***me miro, te miras, se mira, nos miramos, os miráis, se miran****.*

régime

▷ Le docteur a imposé à mon père un régime sans sel.
El doctor le ha impuesto a mi padre un régimen sin sal.

▷ Paul est au régime, il veut maigrir.
Paul está a régimen, quiere adelgazar.

(= pour perdre du poids) el **régimen** (pluriel **los regímenes**)
Attention ! Au singulier l'accent écrit et tonique porte sur le ***e****, tandis qu'au pluriel l'accent écrit et tonique se déplace sur le* ***i****.*
► **être au régime** : **estar a régimen**
ℹ *On utilise aussi souvent le mot* ***la dieta*** *en espagnol.*

région

▷ Nous avons visité une région montagneuse.
Visitamos una región montañosa.
▷ Ils habitent en région parisienne.
Viven en la región de París.

la **región** (pluriel **las regiones**)
ℹ *Il n'y a pas d'accent écrit au pluriel. L'accent tonique porte sur le* ***o****, comme au singulier.*

règle

▷ Utilise une règle pour tracer les traits.
Utiliza una regla para trazar las rayas.
▷ C'est un jeu facile ; je vais t'expliquer les règles.
Es un juego fácil; te voy a explicar las reglas.

la **regla**

règlement

▷ Le règlement de l'école interdit de mâcher du chewing-gum pendant les cours.
El reglamento del colegio prohibe mascar chicle durante las clases.

el **reglamento**

régler

1 ▷ Le proviseur a dit qu'il allait régler le problème.
El director dijo que iba a resolver el problema.

1 (= résoudre) **resolver**

2 ▷ Peux-tu régler le son ? Je n'entends rien.
¿Puedes regular el volumen? No oigo nada.

2 (= moduler, en parlant du son) **regular**

3 ▷ Le chauffage est mal réglé.
La calefacción está mal ajustada.

3 (= mettre au point, en parlant d'un appareil) **ajustar**

réglisse

▷ Hubert m'a donné des bonbons à la réglisse.
Hubert me dio caramelos de regaliz.

el **regaliz**

régner

▷ Ce roi a régné plus de quarante ans.
Ese rey reinó más de cuarenta años.

reinar

regret

▷ Je n'ai aucun regret.
No estoy arrepentido.

► **avoir des regrets** : **estar arrepentido** *ou* **arrepentida**

Attention à bien prononcer les deux ***r***.

regretter

1 ▷ Je regrette, je ne peux pas t'aider.
Lo siento, no te puedo ayudar.

1 (= être désolé) **sentirlo**

ℹ *Lorsque* regretter *est suivi d'un infinitif, l'espagnol n'utilise pas le pronom* ***lo*** *derrière le verbe.*

▷ Je regrette de ne pas les avoir vus.
Siento no haberlos visto.

► **regretter de ne pas** + infinitif : **sentir no** + infinitif

ℹ *Notez que la préposition* de *dans* je regrette de... *ne se traduit pas en espagnol.*

2 ▷ Personne n'a regretté cette prof quand elle est partie.
Nadie echó de menos a esa profesora cuando se fue.

2 (en parlant d'une personne ou d'un endroit qui nous manque) **echar de menos**

ℹ *Si le complément est une personne, un groupe de personnes ou un animal domestique, n'oubliez pas de le faire précéder de* ***a***.

régulier, régulière

▷ Les bus ne sont pas très réguliers.
Los autobuses no son muy regulares.

regular (pluriel **regulares**)

régulièrement

▷ Jean-Loup vient régulièrement nous voir.
Jean-Loup viene a vernos con regularidad.

con regularidad

rein

▷ Mon oncle s'est fait opérer d'un rein.
A mi tío le han operado de un riñón.
▷ J'ai mal aux reins.
Me duelen los riñones.

el **riñón** (pluriel **los riñones**)

ℹ *Il n'y a pas d'accent écrit au pluriel. L'accent tonique porte sur le* ***o****, comme au singulier.*

reine

▷ La reine d'Espagne s'appelle Sofía.
La reina de España se llama Sofía.

la **reina**

rejeter

▷ La machine a rejeté ma pièce.
La máquina rechazó mi moneda.

(= refuser) **rechazar**

rejoindre

1 ▷ Je vous rejoins après le film.
Os veo después de la película.

1 *Pour dire qu'on retrouve quelqu'un d'autre, on emploie en espagnol le verbe* ***ver****.*

2 ▷ Pascal a couru tellement vite qu'il a rejoint les autres.
Pascal corrió tan rápido que alcanzó a los demás.

2 (= rattraper) **alcanzar**

Si le complément est une personne, un groupe de personnes ou un animal domestique, n'oubliez pas de le faire précéder de ***a****.*

relatif, relative

▷ Tout est relatif.
Todo es relativo.
▷ « Qui » est un pronom relatif.
"Que" es un pronombre relativo.

relativo, relativa

► **pronom relatif :** el **pronombre relativo**

relation

▷ Il n'y aucune relation entre les deux idées.
No hay ninguna relación entre las dos ideas.
▷ Ils ont de très bonnes relations.
Mantienen muy buenas relaciones.
▷ Ils ont eu des relations sexuelles.
Han tenido relaciones sexuales.

la **relación** (pluriel **las relaciones**)

ℹ *Il n'y a pas d'accent écrit au pluriel. L'accent tonique porte sur le* ***o****, comme au singulier.*

► **relations sexuelles : relaciones sexuales**

relaxant, relaxante

▷ C'était un massage très relaxant.
Fue un masaje muy relajante.

relajante

se relayer

▷ On s'est relayés pour donner à manger aux animaux.
Nos turnamos para darles de comer a los animales.

turnarse

ℹ *Le pronom réfléchi fonctionne de la façon suivante en espagnol : **nos turnamos, os turnáis, se turnan**.*

relever

1 ▷ Relève tes manches pour ne pas les salir.
Súbete las mangas para no ensuciarlas.

1 (= remonter) **subir**

2 ▷ Le prof va relever les copies dans cinq minutes.
El profesor recogerá los exámenes dentro de cinco minutos.

2 (= ramasser) **recoger**

3 ▷ Patricia s'est relevée toute seule.
Patricia se levantó sola.

3 ► **se relever** (= se remettre debout) : **levantarse**

ℹ *Le pronom réfléchi fonctionne de la façon suivante en espagnol : **me levanto, te levantas, se levanta, nos levantamos, os levantáis, se levantan**.*

relier

▷ C'est la route qui relie les deux villages.
Es la carretera que une los dos pueblos.

(= réunir, mettre en relation) **unir**

religieux, religieuse

▷ Ils n'ont pas les mêmes croyances religieuses.
No tienen las mismas creencias religiosas.

religioso, religiosa

religion

▷ Pour lui, la religion est très importante.
Para él, la religión es muy importante.

la **religión** (pluriel **las religiones**)

ℹ *Il n'y a pas d'accent écrit au pluriel. L'accent tonique porte sur le **o**, comme au singulier.*

relire

1 ▷ Est-ce que tu pourrais relire ma rédaction pour voir s'il y a des fautes ?
¿Podrías leer mi redacción a ver si hay faltas?

1 (= lire pour corriger) **leer**

2 ▷ Je suis en train de relire mon roman préféré.
Estoy releyendo mi novela favorita.
▷ Chaque année, je relis le même livre.
Cada año, vuelvo a leer el mismo libro.

2 (= lire à nouveau) **releer**

ℹ *On dit aussi **volver a leer**.*

remarquable

▷ Le prof dit que Fatima fait des progrès remarquables.
El profesor dice que Fatima está haciendo progresos extraordinarios.

extraordinario, extraordinaria

remarque

▷ Les remarques du prof sont dans la marge.
Los comentarios del profesor están en el margen.

el **comentario**

remarquer

1 ▷ Tu as remarqué son piercing ?
¿Te has fijado en su piercing?

1 ► **remarquer** quelque chose : **fijarse en** algo

ℹ *Le pronom réfléchi fonctionne de la façon suivante en espagnol : **me fijo, te fijas, se fija, nos fijamos, os fijáis, se fijan**.*

2 ▷ Je n'avais pas remarqué qu'Aurélie s'était teint les cheveux.
No me había dado cuenta de que Aurélie se había teñido el pelo.

2 ► **remarquer que : darse cuenta de que**

3 ▷ Ce n'est pas un problème, remarque !
¡La verdad es que no es un problema!

3 *Pour traduire* **remarque** *ou* **remarquez**, *en fin ou en début de phrase, on emploie en espagnol l'expression* ***la verdad es que...*** *en début de phrase.*

rembourser

1 ▷ Bob a oublié de me rembourser.
A Bob se le olvidó devolverme el dinero.

1 ► **rembourser** quelqu'un (à qui on a emprunté de l'argent) : **devolver el dinero a** alguien

2 ▷ Ils n'arrivent pas à rembourser leur emprunt.
No consiguen reembolsar el préstamo.

2 ► **rembourser** quelque chose (en parlant d'un emprunt ou d'une dette) : **reembolsar** algo

remède

▷ C'est un remède très efficace.
Es un remedio muy eficaz.

el **remedio**

remercier

1 ▷ Il aurait pu nous remercier !
¡Hubiera podido darnos las gracias!

▷ Tu l'as remerciée pour le cadeau ?
¿Le has dado las gracias por el regalo?

1 (= dire merci à) **dar las gracias a**

ℹ *Notez la préposition utilisée en espagnol :* **remercier quelqu'un pour** = ***dar las gracias a alguien por***.

2 ▷ C'est très gentil, je vous remercie.
Muy amable, gracias.

2 ► **je vous remercie** *ou* **je te remercie : gracias**

3 ▷ Je vous remercie de votre présence.
Le agradezco su presencia.

3 ► **remercier** quelqu'un **de** quelque chose : **agradecerle** algo **a** alguien

remettre

1 ▷ Remets ce livre sur l'étagère.
Vuelve a poner este libro en el estante.
▷ Tu peux remettre la radio si tu veux.
Puedes volver a poner la radio si quieres.

1 (= replacer, remettre en marche) **volver a poner**

2 ▷ Je remets ma veste, j'ai froid.
Vuelvo a ponerme la chaqueta, tengo frío.
▷ Remets tes chaussures, on va sortir.
Vuelve a ponerte los zapatos, vamos a salir.

2 (en parlant d'un vêtement, de chaussures) **volver a ponerse**

ℹ *Le pronom réfléchi fonctionne de la façon suivante en espagnol : **me vuelvo a poner, te vuelves a poner, se vuelve a poner, nos volvemos a poner, os volvéis a poner, se vuelven a poner.***
*On peut également utiliser les formes **vuelvo a ponerme, vuelves a ponerte,** etc.*

3 ▷ Je lui ai remis une photocopie de mon passeport.
Le entregué una fotocopia de mi pasaporte.

3 ► **remettre** quelque chose **à** quelqu'un **:** **entregar** algo a alguien

4 ▷ La réunion a été remise à lundi.
La reunión ha sido aplazada al lunes.

4 (= reporter) **aplazar**

5 ▷ Je ne sais pas si Bruno va se remettre de son accident.
No sé si Bruno se va a recuperar del accidente.

5 ► **se remettre** (= retrouver la santé) **:** **recuperarse**

ℹ *Le pronom réfléchi fonctionne de la façon suivante en espagnol : **me recupero, te recuperas, se recupera, nos recuperamos, os recuperáis, se recuperan.***

6 ▷ Et elle s'est remise à pleurer !
¡Y volvió a ponerse a llorar!

6 ► **se remettre à** faire quelque chose **:** **volver a ponerse a** hacer algo

remonter

▷ On est remontés jusqu'en haut de la colline.
Volvimos a subir hasta lo alto de la colina.

(= retourner vers le haut) **volver a subir**

remords

▷ Lucas a eu des remords quand il a vu qu'Isabelle était triste.
Lucas sintió remordimientos al ver que Isabelle estaba triste.

► **avoir des remords :** **sentir remordimientos**

remorquer

▷ Le garagiste a remorqué la voiture.
El mecánico remolcó el coche.

remolcar

remplaçant, remplaçante

el **sustituto,** la **sustituta**

▷ On a eu un remplaçant parce que la prof de gym était malade.
Nos pusieron un sustituto porque la profesora de gimnasia estaba enferma.

remplacer

1 (= prendre le relais de) **sustituir**

Si le complément est une personne, un groupe de personnes ou un animal domestique, n'oubliez pas de le faire précéder de a.

1 ▷ Tu peux me remplacer deux minutes ?
¿Me puedes sustituir un par de minutos?
▷ C'est le prof qui remplace monsieur Benoît.
Es el profesor que sustituye al señor Benoît.

2 (= changer) **cambiar**

2 ▷ Je vais remplacer l'ampoule.
Voy a cambiar la bombilla.

rempli, remplie

(= plein) **lleno, llena**

▷ La bouteille est remplie.
La botella está llena.
▷ Cette rédaction est remplie de fautes !
¡Esta redacción está llena de faltas!

remplir

1 (= combler) **llenar**

1 ▷ Ne remplis pas le verre.
No llenes el vaso.
▷ Marcel a rempli son cahier de petits dessins.
Marcel ha llenado su cuaderno de dibujitos.

2 (en parlant d'un formulaire) **rellenar**

2 ▷ Est-ce que tu as rempli le questionnaire ?
¿Has rellenado el cuestionario?

remporter

(= gagner) **ganar**

▷ L'équipe de l'école a remporté la compétition.
El equipo del colegio ganó la competición.

remuer

1 (= bouger) **mover**

1 ▷ Le chien remue la queue quand il est content.
El perro mueve la cola cuando está contento.

2 (dans une casserole, une tasse, un saladier) **remover**

2 ▷ Peux-tu remuer les légumes, qu'ils ne s'accrochent pas à la poêle ?
¿Puedes remover la verdura, para que no se pegue a la sartén?
▷ Simon a mis du sucre dans son café et l'a remué.
Simon le puso azúcar al café y lo removió.

3 ▷ Arrête de remuer !
¡Deja de moverte!

3 (= s'agiter) **moverse**
ℹ *Le pronom réfléchi fonctionne de la façon suivante en espagnol : **me muevo, te mueves, se mueve, nos movemos, os movéis, se mueven**.*

renard

▷ Un renard a traversé la route juste devant la voiture.
Un zorro cruzó la carretera justo delante del coche.

el **zorro**
🔈 *Attention à bien prononcer les deux **r** et le **z** de **zorro**.*

rencontrer

1 ▷ J'ai rencontré Alex l'année dernière.
Conocí a Alex el año pasado.

1 (= faire la connaissance de) **conocer**
*Si le complément est une personne, un groupe de personnes ou un animal domestique, n'oubliez pas de le faire précéder de **a**.*

2 ▷ Nous avons rencontré Gisèle au cinéma par hasard.
Nos hemos encontrado con Gisèle en el cine por casualidad.

2 (= retrouver quelqu'un) **encontrarse con**

3 ▷ Mon père et ma mère se sont rencontrés en Espagne.
Mi padre y mi madre se conocieron en España.

3 ► **se rencontrer** (= faire la connaissance de) : **conocerse**
ℹ *Le pronom réfléchi fonctionne de la façon suivante en espagnol : **nos conocemos, os conocéis, se conocen**.*

4 ▷ Où pouvons-nous nous rencontrer ? Dans un café ?
¿Dónde podemos encontrarnos? ¿En un bar ?

4 ► **se rencontrer** (= se retrouver) : **encontrarse**
ℹ *Le pronom réfléchi fonctionne de la façon suivante en espagnol : **nos encontramos, os encontráis, se encuentran**.*

rendez-vous

1 ▷ Nous avons beaucoup travaillé lors du premier rendez-vous.
Trabajamos mucho en la primera cita.
▷ Cyril a manqué son rendez-vous chez l'oculiste.
Cyril no acudió a su cita con el oculista.
▷ J'ai rendez-vous avec mon amie à 15 heures.
Tengo una cita con mi novia a las tres.

1 la **cita**

► **manquer un rendez-vous** : **no acudir a una cita**
► **avoir rendez-vous avec** quelqu'un (entre amoureux ou pour des affaires) : **tener una cita con** alguien

2 ▷ Christelle est absente parce qu'elle a rendez-vous chez le docteur.
Christelle está ausente porque tiene hora en el médico.
▷ J'ai pris rendez-vous chez le dentiste pour lundi.
He pedido hora en el dentista para el lunes.

2 ► **avoir rendez-vous (chez)** (le médecin, le dentiste, le coiffeur) : **tener hora (en)**

► **prendre rendez-vous** (chez le médecin, le dentiste, le coiffeur) : **pedir hora**

3 ▷ J'ai rendez-vous avec Jeannine à 18 heures devant le cinéma.
He quedado con Jeannine a las seis delante del cine.

3 ► **avoir** *ou* **prendre rendez-vous** (avec un ami) : **quedar**

se rendormir

▷ Le bébé s'est rendormi.
El bebé se ha vuelto a dormir.

volver a dormirse

rendre

1 ▷ Laetitia a refusé de me rendre mon crayon.
Laetitia se negó a devolverme el lápiz.

1 ► **rendre** quelque chose **à** quelqu'un **: devolver** algo **a** alguien

2 ▷ On doit rendre les copies maintenant.
Tenemos que entregar los exámenes ahora.

2 ► **rendre** quelque chose (en parlant de copies) : **entregar** algo

3 ▷ Ça a rendu Alice triste.
Eso la puso triste a Alice.

3 (= faire devenir) **poner**
Si le complément est une personne, un groupe de personnes ou un animal domestique, n'oubliez pas de le faire précéder de ***a****.*

4 ▷ Le pauvre Jean-Luc a rendu sur le bateau.
El pobre Jean-Luc devolvió en el barco.

4 (= vomir) **devolver**

rêne

▷ Tiens les rênes.
Agarra las riendas.

la **rienda**

renifler

▷ Patricia est enrhumée, elle renifle.
Patricia está constipada, sorbe por la nariz.

sorber por la nariz

renne

▷ Ils élèvent des rennes.
Crian renos.

el **reno**

renommé, renommée

▷ Notre région est renommée pour son fromage.
Nuestra región es famosa por su queso.

famoso, famosa

renoncer

▷ Non, c'est trop dur, je renonce !
No, es demasiado difícil, ¡me rindo!

(= abandonner) **rendirse**

ℹ *Le pronom réfléchi fonctionne de la façon suivante en espagnol : me rindo, te rindes, se rinde, nos rendimos, os rendís, se rinden.*

renouvelable

▷ Ils investissent dans les énergies renouvelables.
Invierten en las energías renovables.

renovable

renouveler

▷ As-tu renouvelé ton abonnement ?
¿Has renovado tu suscripción?

renovar

rénover

▷ Ils vont rénover la façade de la mairie.
Van a renovar la fachada del ayuntamiento.

renovar

renseignement

▷ Le renseignement était faux.
La información era falsa.
▷ On a demandé des renseignements à l'office de tourisme.
Pedimos información en la oficina de turismo.

la **información** (pluriel **las informaciones**)

► **demander des renseignements à quelqu'un : pedirle información a alguien**

ℹ *Il n'y a pas d'accent écrit au pluriel. L'accent tonique porte sur le o, comme au singulier.*

se renseigner

▷ Je vais me renseigner sur les horaires de train.
Voy a informarme sobre los horarios de trenes.
▷ Pouvez-vous me renseigner, s'il vous plaît ?
¿Podría informarme, por favor?

informarse

ℹ *Le pronom réfléchi fonctionne de la façon suivante en espagnol : me informo, te informas, se informa, nos informamos, os informáis, se informan.*

rentable

▷ C'est une affaire très rentable.
Es un negocio muy rentable.

rentable

rentrée

▷ La rentrée est le 6 septembre.
La vuelta al colegio es el 6 de septiembre.

► **la rentrée : la vuelta al colegio**

rentrer

1 ▷ Rentrez, il fait froid dehors.
Entrad, hace frío fuera.
▷ Ils sont rentrés dans le salon.
Entraron en el salón.

1 ► **rentrer** (= aller ou venir dedans) : **entrar**

ℹ *Notez la préposition utilisée en espagnol : rentrer dans = entrar en.*

2 ▷ Je suis fatigué, je rentre.
Estoy cansado, vuelvo a casa.
▷ Tu veux rentrer ?
¿Quieres regresar a casa?

2 ► **rentrer** (= aller chez soi) : **volver a casa**
ℹ *On peut dire aussi* ***regresar a casa****.*

3 ▷ Tu crois qu'on va tous rentrer dans la voiture ?
¿Crees que todos vamos a caber en el coche?
▷ Je ne rentre plus dans ce jean.
Estos vaqueros ya no me caben.

3 ► **rentrer dans** (= tenir dans un espace) : **caber en**
ℹ *Pour parler d'un vêtement, on emploie aussi le verbe* ***caber****, mais avec le vêtement pour sujet.*

4 ▷ La voiture est rentrée dans un arbre.
El coche chocó contra un árbol.

4 ► **rentrer dans** quelque chose (= heurter) : **chocar contra** algo

5 ▷ Je vais rentrer le linge, il commence à pleuvoir.
Voy a meter la colada, está empezando a llover.

5 ► **rentrer** quelque chose (= le mettre à l'intérieur) : **meter** algo

renverser

1 ▷ Attention, ne renverse pas le seau.
Cuidado, no vuelques el cubo.

1 (= faire tomber) **volcar**

2 ▷ Benoît a renversé son café.
Benoît ha derramado el café.

2 (= répandre) **derramar**
🔈 *Attention à bien prononcer les deux* ***r*** *de* ***derramar****.*

3 ▷ Madame Rainier s'est fait renverser par une voiture.
A la señora Rainier le atropelló un coche.

3 *Pour dire qu'un piéton s'est fait renverser par un véhicule, on emploie le verbe* ***atropellar*** *avec le véhicule comme sujet.*

renvoyer

1 ▷ Matthieu a été renvoyé du lycée.
Expulsaron a Matthieu del instituto.

1 (= expulser) **expulsar**
Si le complément est une personne, un groupe de personnes ou un animal domestique, n'oubliez pas de le faire précéder de ***a****.*

2 ▷ Renvoie-moi la balle !
¡Devuélveme la pelota!

2 (= lancer) **devolver**

réparation

▷ On va faire faire des réparations dans la maison.
Vamos a mandar hacer reparaciones en la casa.

la **reparación** (pluriel **las reparaciones**)
ℹ *Il n'y a pas d'accent écrit au pluriel. L'accent tonique porte sur le* ***o****, comme au singulier.*

réparer

▷ Quelqu'un est venu réparer la télé.
Alguien vino a reparar la tele.

reparar
ℹ *On peut dire aussi* ***arreglar****.*

repartir

▷ On est repartis après une pause d'une heure.
Nos fuimos tras una pausa de una hora.

(= reprendre la route) **irse**

ℹ *Le pronom réfléchi fonctionne de la façon suivante en espagnol : **me** voy, **te** vas, **se** va, **nos** vamos, **os** vais, **se** van.*

répartir

▷ Le prof a réparti le travail entre trois équipes.
El profesor repartió el trabajo entre tres equipos.

(= partager) **repartir**

repas

▷ Les repas de l'hôtel sont excellents.
Las comidas del hotel son excelentes.

▷ Mes parents éteignent la télé à l'heure des repas.
Mis padres apagan la tele a la hora de comer.

▷ Nous prenons nos repas dans la cuisine.
Comemos en la cocina.

la **comida**

► **l'heure du repas :** **la hora de comer**

► **prendre un repas :** **comer**

repassage

▷ Je déteste faire le repassage !
¡Odio planchar!

► **faire le repassage :** **planchar**

repasser

1 ▷ Je vais repasser ma chemise.
Voy a plancharme la camisa.

1 ► **repasser** quelque chose (avec un fer à repasser) : **planchar**

2 ▷ La mère de Pierre a dû repasser son permis de conduire.
La madre de Pierre tuvo que repetir el examen de conducir.

2 ► **repasser** quelque chose (en parlant d'un examen ou du permis de conduire) : **repetir**

3 ▷ J'ai vu repasser Lise et Marine.
Vi a Lise y a Marine que volvían a pasar.

3 ► **repasser** (= passer de nouveau ou revenir) : **volver a pasar**

repeindre

▷ Mon père repeint la maison avec un copain.
Mi padre está volviendo a pintar la casa con un amigo.

volver a pintar

repérer

1 ▷ Essaie de repérer Fabio, il est sur la plage.
Trata de localizar a Fabio, está en la playa.

▷ On devrait repérer le village sur la carte avant de partir.
Deberíamos localizar el pueblo en el mapa antes de marcharnos.

1 (= trouver, situer) **localizar**

*Si le complément est une personne, un groupe de personnes ou un animal domestique, n'oubliez pas de le faire précéder de **a**.*

2 ▷ Il fait trop noir, et je n'arrive pas à me repérer.
Hace demasiado oscuro, y no consigo orientarme.
▷ Il y a des flèches qui permettent de se repérer.
Hay flechas que permiten orientarse.

2 ► **se repérer :** orientarse

ℹ *Le pronom réfléchi fonctionne de la façon suivante en espagnol :* ***me oriento, te orientas, se orienta, nos orientamos, os orientáis, se orientan.***

répertoire

1 ▷ Mets ton fichier dans un autre répertoire.
Pon tu fichero en otro repertorio.

1 (en informatique) el **repertorio**

2 ▷ Elle n'a que deux chansons à son répertoire.
Sólo tiene dos canciones en su repertorio.

2 (de chanteur) el **repertorio**

répéter

1 ▷ Tu peux répéter, s'il te plaît ? Je n'ai pas compris.
¿Puedes repetir, por favor? No he entendido.

1 (= redire la même chose) **repetir**

2 ▷ On répète tous les mardis.
Ensayamos todos los martes.

2 (au théâtre, pour un concert) **ensayar**

répétition

1 ▷ Apparemment il y avait trop de répétitions dans ma rédaction.
Al parecer había demasiadas repeticiones en mi redacción.

1 (= mot ou phrase répétée) la **repetición** (pluriel las repeticiones)

ℹ *Il n'y a pas d'accent écrit au pluriel. L'accent tonique porte sur le* ***o****, comme au singulier.*

2 ▷ N'oublie pas que la répétition est à six heures.
Acuérdate que el ensayo es a las seis.

2 (= séance d'entraînement au théâtre) el **ensayo**

répondeur

▷ Il y a trois messages sur le répondeur.
Hay tres mensajes en el contestador automático.

el **contestador automático** (pluriel los contestadores automáticos)

répondre

▷ J'ai posé une question à Pascal mais il ne m'a pas répondu.
Le hice una pregunta a Pascal pero no me contestó.
▷ Je ne veux pas répondre à cette question.
No quiero contestar a esta pregunta.
▷ Ça ne répond pas, ils doivent être déjà partis.
No contestan, deben de haberse marchado.

contestar
► **répondre à** quelqu'un *ou* quelque chose **:** contestar a alguien *o* **algo**

► **ça ne répond pas :** no contestan

ℹ *On peut dire aussi* ***responder****.*

réponse

▷ Ce n'était pas la bonne réponse.
No era la respuesta correcta.

la **respuesta**

reportage

▷ Vous avez vu le reportage sur le Tour de France ?
¿Visteis el reportaje sobre el Tour de Francia ?

el **reportaje**

reporter

▷ La réunion parents-profs est reportée à mardi.
La reunión de padres y profesores se ha aplazado al martes.

(= remettre à plus tard) **aplazar**

repos

▷ Le médecin a dit que Christophe avait besoin de repos.
El médico dijo que Christophe necesitaba descanso.

(= détente) el **descanso**

se reposer

▷ Tu devrais te reposer avant de partir.
Deberías descansar antes de irte.

descansar

En espagnol on n'emploie pas de verbe pronominal pour traduire **se reposer**.

repousser

1 ▷ Elle a repoussé la chaise.
Empujó la silla.

1 (une chose, une personne gênante) **empujar**

2 ▷ La date de l'examen a été repoussée à lundi.
La fecha del examen ha sido aplazada al lunes.

2 (un rendez-vous) **aplazar**

3 ▷ Tes cheveux repousseront vite.
Tu pelo volverá a crecer rápidamente.

3 (en parlant de la végétation, des cheveux) **volver a crecer**

reprendre

1 ▷ Reprends du gâteau si tu veux.
Toma más pastel si quieres.

1 (= prendre plus de nourriture) **tomar más**

2 ▷ Ils ont repris leur conversation.
Reanudaron su conversación.

2 (= poursuivre) **reanudar**

3 ▷ Quand est-ce que vous reprenez l'école ?
¿Cuándo volvéis al colegio?

3 ► **reprendre l'école :** volver al colegio

4 ▷ Le prof reprend patiemment les élèves.
El profesor corrige a los alumnos con paciencia.

4 ► **reprendre** quelqu'un (= le corriger) : corregir

Si le complément est une personne, un groupe de personnes ou un animal domestique, n'oubliez pas de le faire précéder de **a**.

5 ▷ Les cours reprennent le 6 septembre.
Las clases se reanudan el 6 de septiembre.

5 ► **reprendre** (= recommencer) : reanudarse

ℹ *Le pronom réfléchi fonctionne de la façon suivante en espagnol : se reanuda, se reanudan.*

représentant, représentante

▷ On devrait choisir un représentant pour parler au proviseur.
Deberíamos elegir a un representante para hablar con el director.

el **representante**, la **representante**

représentatif, représentative

▷ C'est un échantillon représentatif de la population.
Es una muestra representativa de la población.

representativo, representativa

représentation

▷ La représentation commence à huit heures.
La representación empieza a las ocho.

(= pièce de théâtre) la **representación** (pluriel las representaciones)

ℹ *Il n'y a pas d'accent écrit au pluriel. L'accent tonique porte sur le o, comme au singulier.*

représenter

▷ Que représente ce tableau ?
¿Qué representa este cuadro?
▷ Amandine représente tous les élèves.
Amandine representa a todos los alumnos.

representar

Si le complément est une personne, un groupe de personnes ou un animal domestique, n'oubliez pas de le faire précéder de a.

reproche

▷ Ce n'est pas un reproche !
¡No es un reproche!
▷ Mes parents me font des reproches tout le temps.
Mis padres me hacen reproches todo el rato.

el **reproche**

► **faire des reproches à** quelqu'un : hacer reproches a alguien

reprocher

▷ Le prof a reproché à Raoul de ne pas étudier assez.
El profesor le reprochó a Raoul que no estudiara lo suficiente.

► **reprocher à** quelqu'un **de** + infinitif : reprocharle a alguien que + subjonctif

reptile

▷ Il y a un bâtiment spécial pour les reptiles au zoo.
Hay un edificio especial para los reptiles en el zoo.

el **reptil** (pluriel los reptiles)

république

▷ Notre pays est une république.
Nuestro país es una república.

la **república**

répugnant, répugnante

▷ Comment peux-tu manger ça ? C'est répugnant !
¿Cómo puedes comer esto? ¡Es repugnante!

repugnante

ℹ *On peut dire aussi* ***asqueroso, asquerosa.***

réputation

▷ Ce lycée a une très bonne réputation.
Este instituto tiene muy buena reputación.

la **reputación** (pluriel **las reputaciones**)

ℹ *Remarquez que le mot espagnol porte sur le* ***o*** *un accent écrit qui reflète l'accent tonique. Il n'y a pas d'accent écrit au pluriel. L'accent tonique porte sur le* ***o****, comme au singulier.*

ℹ *On peut dire aussi* ***la fama.***

réputé, réputée

▷ C'est un écrivain très réputé.
Es un escritor muy famoso.

(= célèbre) **famoso, famosa**

requête

▷ Il faut changer la requête.
Hay que cambiar la solicitud.

(en informatique) la **solicitud**

requin

▷ Il y a des requins près de cette plage.
Hay tiburones cerca de esta playa.

el **tiburón** (pluriel **los tiburones**)

ℹ *Remarquez que le mot espagnol singulier porte sur le* ***o*** *un accent écrit qui reflète l'accent tonique. Il n'y a pas d'accent écrit au pluriel. L'accent tonique porte sur le* ***o****, comme au singulier.*

réseau

▷ C'est le nom d'un réseau social.
Es el nombre de una red social.

▷ On peut jouer en réseau.
Se puede jugar en la red.

(Internet) la **red** (pluriel **las redes**)

► **en réseau : en la red**

réseauter

▷ Je vais réseauter sur Internet.
Voy a crearme una red de contactos en internet.

crear una red de contactos

réservation

▷ J'ai fait une réservation dans un hôtel.
He hecho una reserva de hotel.

la **reserva**

réserve

▷ Nous avons une réserve de bougies en cas de coupure de courant.
Tenemos una reserva de velas en caso de apagón.

la **reserva**

réserver

1 ▷ Les billets de train sont moins chers si tu réserves à l'avance.
Los billetes de tren son más baratos si reservas por adelantado.

1 (= retenir à l'avance) **reservar**

2 ▷ On te réservera une place à côté de nous.
Te guardaremos un asiento al lado nuestro.

2 (= garder) **guardar**

réservoir

▷ Le réservoir contient combien de litres d'essence ?
¿Cuántos litros de gasolina contiene el tanque?

(de véhicule) el **tanque**

résidence

1 ▷ Sa résidence officielle est à Paris.
Su residencia oficial está en París.

1 (= maison) la **residencia**

2 ▷ Elle habite dans une résidence près de l'école.
Vive en un conjunto residencial cerca de la escuela.

2 (= immeuble) el **conjunto residencial**

3 ▷ Mon frère a une chambre dans une résidence universitaire.
Mi hermano tiene una habitación en una residencia universitaria.

3 ► **résidence universitaire :** la **residencia universitaria**

résistant, résistante

1 ▷ Ce tissu est très résistant.
Esta tela es muy resistente.

1 (en parlant d'un matériau) **resistente**

2 ▷ Célia est très résistante, elle n'est jamais malade.
Célia tiene mucha resistencia, nunca se enferma.

2 ► **être résistant** (en parlant d'une personne) : **tener resistencia**

résister à

▷ Je n'ai pas pu lui résister, il est si mignon !
¡No lo pude resistir, es tan mono!

resistir

ℹ *Notez l'absence de préposition en espagnol (on ne dit pas **resistir a**).*

résoudre

▷ Personne n'a su résoudre le problème de maths.
Nadie supo resolver el problema de mates.

resolver

ℹ *On peut dire aussi **solucionar**.*

respect

▷ J'ai beaucoup de respect pour lui.
Le tengo mucho respeto.

el **respeto**
Attention à l'orthographe du mot espagnol.

respecter

▷ On nous demande de respecter les profs.
Nos piden que respetemos a los profesores.

respetar
*Si le complément est une personne, un groupe de personnes ou un animal domestique, n'oubliez pas de le faire précéder de **a**.*
Attention à l'orthographe du mot espagnol.

respectueux, respectueuse

▷ Ils sont très respectueux de la loi.
Son muy respetuosos de la ley.

respetuoso, respetuosa
Attention à l'orthographe du mot espagnol.

respiration

▷ Linda a retenu sa respiration avant de plonger.
Linda contuvo la respiración antes de zambullirse.

(= souffle) la **respiración**
*Remarquez que le mot espagnol porte sur le **o** un accent écrit qui reflète l'accent tonique.*

respirer

▷ Mon grand-père a du mal à respirer.
A mi abuelo le cuesta respirar.

respirar

responsable

▷ Chaque équipe est responsable d'une partie du travail.
Cada equipo es responsable de parte del trabajo.
▷ Le proviseur a dit que le responsable sera puni.
El director dijo que se castigará al responsable.

responsable

ressembler

1 ▷ Joël ressemble à sa mère.
Joël se parece a su madre.

1 ► **ressembler** à quelqu'un : **parecerse a** alguien
*Le pronom réfléchi fonctionne de la façon suivante en espagnol : **me parezco, te pareces, se parece, nos parecemos, os parecéis, se parecen.***

2 ▷ Cet immeuble ressemble à un bateau.
Este edificio parece un barco.

2 ► **ressembler** à quelque chose : **parecer** algo

3 ▷ Les deux frères ne se ressemblent pas beaucoup.
Los dos hermanos no se parecen mucho.

3 ► **se ressembler** : **parecerse**
*Le pronom réfléchi fonctionne de la façon suivante en espagnol : **nos parecemos, os parecéis, se parecen.***

ressort

▷ Il y a un ressort cassé dans le canapé.
El sofá tiene un muelle roto.

(= pièce de métal) el **muelle**

ressortir

▷ Il est tard, je n'ai pas envie de ressortir.
Ya es tarde, no tengo ganas de volver a salir.

(= sortir de nouveau) **volver a salir**

ressources

▷ Leur pays a d'énormes ressources naturelles.
Su país tiene enormes recursos naturales.

los **recursos**

restaurant

▷ Mon oncle nous a conseillé un restaurant indien.
Mi tío nos aconsejó un restaurante indio.

el **restaurante**

reste

▷ On va payer le repas, et avec le reste de l'argent on ira au musée.
Vamos a pagar la comida, y con el resto del dinero iremos al museo.

el **resto**

▷ On a mangé des restes au dîner.
Comimos restos para la cena.

► **restes** (de nourriture) : los **restos**

ℹ *On peut dire aussi* ***las sobras.***

rester

1 ▷ Reste avec moi.
Quédate un poco conmigo.

1 (dans un endroit, dans une position) **quedarse**

ℹ *Le pronom réfléchi fonctionne de la façon suivante en espagnol :* ***me quedo, te quedas, se queda, nos quedamos, os quedáis, se quedan.***

2 ▷ Il reste du gâteau, qui en veut ?
Queda pastel, ¿quién quiere?

▷ Il reste trois euros.
Quedan tres euros.

▷ Il nous reste cinquante euros.
Nos quedan cincuenta euros.

2 (= subsister) **quedar**

ℹ *Notez que, avec la tournure impersonnelle* (il reste...), *le verbe espagnol s'accorde en nombre avec le nom qui suit :* ***queda pastel, quedan tres euros.***

3 ▷ Vous pouvez emporter la nourriture qui reste.
Podéis llevaros la comida que sobra.

3 (= être en trop) **sobrar**

résultat

▷ Nous avons eu de très bons résultats.
Obtuvimos muy buenos resultados.

el **resultado**

résumé

▷ On doit faire un résumé du texte.
Tenemos que hacer un resumen del texto.

el **resumen** (pluriel **los resúmenes**)
Il n'y a pas d'accent écrit au singulier. L'accent tonique porte sur le ***u****, comme au pluriel.*

résumer

▷ C'est un film qui est difficile à résumer.
Es una película difícil de resumir.
▷ Il a résumé le texte en quelques phrases.
Resumió el texto en unas cuantas frases.

resumir

se rétablir

▷ Il s'est vite rétabli.
Se restableció rápidamente.

restablecerse
Le pronom réfléchi fonctionne de la façon suivante en espagnol : ***me restablezco, te restableces, se restablece, nos restablecemos, os restablecéis, se restablecen.***

retard

1 ▷ Le train avait du retard.
El tren llevaba retraso.
▷ Vous avez une demi-heure de retard.
Lleva media hora de retraso.

2 ▷ Charles arrive toujours en retard.
Charles siempre llega tarde.
▷ Tu es encore en retard !
¡Otra vez llegas tarde!

1 el **retraso**
► **avoir du retard : llevar retraso**

2 ► **en retard : tarde**
► **être en retard : llegar tarde**

retarder

▷ Les Chaumet ont dû retarder leur départ de deux jours.
Los Chaumet tuvieron que retrasar dos días su salida.
▷ Je crois que ta montre retarde.
Creo que tu reloj atrasa.
▷ L'horloge retarde de trois minutes.
El reloj va tres minutos atrasado.

► **retarder** quelque chose (= le remettre à plus tard) : **retrasar** algo
► **retarder** (en parlant d'une montre) : **atrasar**
► **retarder de... : ir... atrasado**

retenir

1 ▷ On a retenu Lambert, qui allait sauter.
Retuvimos a Lambert, que iba a saltar.
▷ J'ai du mal à retenir ma leçon.
Me cuesta retener la lección.

2 ▷ Est-ce que cette table est retenue ?
¿Está esta mesa reservada?

1 (= maintenir ou se rappeler) **retener**
Si le complément est une personne, un groupe de personnes ou un animal domestique, n'oubliez pas de le faire précéder de ***a****.*

2 (= réserver) **reservar**

3 ▷ Lydie peut retenir son souffle pendant une minute.
Lydie puede contener la respiración durante un minuto.

3 ► **retenir son souffle : contener la respiración**

retenue

▷ Le prof a donné deux heures de retenue à Raphaëlle.
El profesor dejo castigada dos horas a Raphaëlle.

▷ J'ai eu une heure de retenue mais je ne la méritais pas !
¡Me castigaron una hora pero no me lo merecía!

Pour dire qu'on donne ou qu'on a une retenue, on emploie en espagnol le verbe ***castigar****.*

Le complément est une personne ou un groupe de personnes : n'oubliez pas de le faire précéder de ***a****.*

retirer

1 ▷ Tu peux retirer ton manteau, il fait chaud.
Puedes quitarte el abrigo, hace calor.

1 (= enlever, en parlant d'un vêtement, de gants ou d'un chapeau) **quitarse**

Le pronom réfléchi fonctionne de la façon suivante en espagnol : ***me quito, te quitas, se quita, nos quitamos, os quitáis, se quitan****.*

2 ▷ J'ai retiré les allumettes à mon petit frère.
Le quité las cerillas a mi hermanito.

2 (= enlever) **quitar**

3 ▷ Siri s'est brûlée en retirant le plat du four.
Siri se quemó al sacar la fuente del horno.

▷ Je vais retirer de l'argent à la banque.
Voy a sacar dinero del banco.

3 (sortir d'un contenant) **sacar**

retomber

▷ Le ballon est retombé sur le toit.
La pelota cayó encima del tejado.

(= atterrir) **caer**

retour

1 ▷ Le retour m'a semblé plus court que l'aller.
La vuelta me pareció más corta que la ida.

▷ C'est ma mère qui a conduit au retour.
Mi madre fue quien condujo de vuelta.

1 (= trajet) la **vuelta**

On peut dire aussi ***el regreso****.*

► **au retour : de vuelta**

2 ▷ Appelle-moi à ton retour.
Llámame cuando vuelvas.

▷ Il m'a appelé dès son retour.
Me llamó en cuanto volvió.

2 *Pour parler du retour de quelqu'un dans le futur, on emploie* ***cuando*** *+ le verbe* ***volver*** *au subjonctif avec la personne concernée comme sujet. Si le retour a déjà eu lieu, on met le verbe au passé.*

retourner

1 ▷ Christian retourne en Italie chaque été.
Christian vuelve a Italia cada verano.

1 (= repartir quelque part) **volver**

N'oubliez pas que la préposition qui suit ***volver*** *est toujours* ***a*** *et non* ***en****.*

2 ▷ Retourne les pommes de terre pour qu'elles cuisent des deux côtés.
Dales la vuelta a las patatas para que cuezan de ambos lados.

2 (= mettre de l'autre côté) **darle la vuelta a**

3 ▷ Ne te retourne pas, il est juste derrière toi !
¡No te des la vuelta, está justo detrás tuyo!
▷ Il nous a appelés, mais nous ne nous sommes pas retournés.
Nos llamó pero no nos dimos la vuelta.

3 ► **se retourner** (= faire volte-face) : darse la vuelta

ℹ *Le pronom réfléchi fonctionne de la façon suivante en espagnol : **me doy la vuelta, te das la vuelta, se da la vuelta, nos damos la vuelta, os dais la vuelta, se dan la vuelta**.*

retraite

▷ Mes grands-parents sont à la retraite.
Mis abuelos están jubilados.

▷ Mon père veut prendre sa retraite à cinquante ans.
Mi padre quiere jubilarse a los cincuenta años.

la **jubilación** (pluriel las jubilaciones)
► **être à la retraite :** estar jubilado *ou* jubilada
► **prendre sa retraite :** jubilarse

ℹ *Remarquez que le mot espagnol singulier porte sur le **o** un accent écrit qui reflète l'accent tonique. Il n'y a pas d'accent écrit au pluriel. L'accent tonique porte sur le **o**, comme au singulier.*
*Le pronom réfléchi fonctionne de la façon suivante en espagnol : **me jubilo, te jubilas, se jubila, nos jubilamos, os jubiláis, se jubilan**.*

retraité, retraitée

▷ Il y a beaucoup de retraités dans l'association.
Hay muchos jubilados en la asociación.

el **jubilado**, la **jubilada**
► **les retraités :** los jubilados

rétrécir

▷ Oh non, mon pull a rétréci au lavage !
¡Oh no, mi jersey ha encogido al lavarlo!

(en parlant d'un vêtement) **encoger**

retrousser

▷ Julia a retroussé son pantalon pour traverser la rivière.
Julia se remangó los pantalones para pasar el río.
▷ Il a retroussé ses manches pour se laver le visage.
Se remangó para lavarse la cara.

remangarse

ℹ *Notez qu'en espagnol le complément peut être omis si le contexte le rend évident.*

retrouver

1 ▷ Emmanuelle n'a jamais retrouvé son porte-monnaie.
Emmanuelle nunca encontró su monedero.

1 (= trouver quelque chose qu'on avait égaré) **encontrar**

2 ▷ Allez-y, je vous retrouverai au restaurant.
Marchaos, ya os veré en el restaurante.
▷ J'ai retrouvé mes amis au musée.
Vi a mis amigos en el museo.

2 (= rejoindre quelqu'un) **ver**
*Si le complément est une personne, un groupe de personnes ou un animal domestique, n'oubliez pas de le faire précéder de **a**.*

3 ▷ On peut se retrouver devant le cinéma si tu veux.
Podemos quedar delante del cine si quieres.

3 ► **se retrouver** (= se rejoindre) : **quedar**

4 ▷ On s'est perdus et on s'est retrouvés au milieu de la forêt.
Nos perdimos y nos encontramos en medio del bosque.

4 ► **se retrouver** (= finir) : **encontrarse**
*Le pronom réfléchi fonctionne de la façon suivante en espagnol : **me encuentro, te encuentras, se encuentra, nos encontramos, os encontráis, se encuentran.***

rétroviseur

▷ Quentin nous regardait dans le rétroviseur.
Quentin nos miraba en el retrovisor.

el **retrovisor** (pluriel los **retrovisores**)

réunion

▷ Ma mère est à une réunion pour son travail.
Mi madre tiene una reunión para el trabajo.

la **reunión** (pluriel las **reuniones**)
*Il n'y a pas d'accent écrit au pluriel. L'accent tonique porte sur le **o**, comme au singulier.*

se réunir

▷ Mes amis et moi nous réunissons tous les mercredis après-midi.
Mis amigos y yo nos reunimos todos los miércoles por la tarde.

reunirse
*Le pronom réfléchi fonctionne de la façon suivante en espagnol : **nos reunimos, os reunís, se reúnen.***

réussi, réussie

▷ Merci pour la soirée, c'était très réussi.
Gracias por la fiesta, ha sido todo un éxito.

► **être réussi** (= être bien) : **ser un éxito**

réussir

1 ▷ Pour réussir dans la vie, il faut travailler.
Para tener éxito en la vida, hay que trabajar.

1 (= avoir du succès dans la vie, dans son travail) **tener éxito**

2 ▷ L'opération a bien réussi.
La operación salió bien.

2 (= avoir le résultat attendu) **salir bien**

3 ▷ Est-ce que tu as réussi à le convaincre ?
¿Conseguiste convencerlo?

3 ► **réussir à faire quelque chose** : **conseguir** hacer algo

4 ▷ Le frère d'Angèle a réussi à son examen.
El hermano de Angèle aprobó el examen.

4 ► **réussir un examen** *ou* **réussir à un examen** : **aprobar un examen**

réussite

▷ La fête a été une grande réussite.
La fiesta fue un gran éxito.

el **éxito**

ℹ *Remarquez que le mot espagnol porte sur le **e** un accent écrit qui reflète l'accent tonique.*

revanche

1 ▷ Puisque tu as gagné la première partie, maintenant on va faire la revanche.
Ya que has ganado el primer partido, ahora vamos a hacer el desquite.

1 (= deuxième partie) el **desquite**

2 ▷ Émile veut prendre sa revanche sur Mathieu.
Émile quiere desquitarse de Mathieu.

2 ► **prendre sa revanche sur** quelqu'un : **desquitarse de** alguien

ℹ *Le pronom réfléchi fonctionne de la façon suivante en espagnol : **me desquito, te desquitas, se desquita, nos desquitamos, os desquitáis, se desquitan**.*

rêve

1 ▷ Tout s'est passé comme dans un rêve...
Todo ocurrió como en un sueño...

1 el **sueño**

2 ▷ J'ai fait des rêves toute la nuit.
Estuve soñando toda la noche.
▷ Clémentine, tu fais des rêves éveillée !
¡Clémentine, sueñas despierta!
▷ J'ai fait un rêve merveilleux.
Tuve un sueño maravilloso.

2 ► **faire un rêve** *ou* **faire des rêves** : **soñar**

Si l'on qualifie le rêve, on traduit faire un rêve *par* ***tener un sueño*** *+ adjectif.*

ℹ ***El sueño*** *signifie aussi « le sommeil ».*

réveil

▷ Le réveil a sonné à sept heures.
El despertador sonó a las siete.
▷ Mets le réveil à huit heures.
Pon el despertador a las ocho.

el **despertador** (pluriel **los despertadores**)

réveiller

1 ▷ Les cloches de l'église m'ont réveillé.
Me despertaron las campanas de la iglesia.

1 ► **réveiller** quelqu'un : **despertar a** alguien

2 ▷ Jean-Charles s'est réveillé de mauvaise humeur.
Jean-Charles se despertó de mal humor.

2 ► **se réveiller** : **despertarse**

▷ Réveille-toi ! C'est l'heure de partir.
¡Despiértate! Es hora de que nos vayamos.

ℹ *Le pronom réfléchi fonctionne de la façon suivante en espagnol :* ***me** despierto, **te** despiertas, **se** despierta, **nos** despertamos, **os** despertáis, **se** despiertan.*

réveillon

1 ▷ Le réveillon du Nouvel An était très sympa.
El cotillón de Nochevieja estuvo muy bien.
▷ On a fêté le réveillon de Noël chez mes grands-parents.
Celebramos el cotillón de Nochebuena en casa de mis abuelos.

1 *Si on parle de la soirée, on dit en espagnol* ***el cotillón de Nochebuena*** *s'il s'agit de Noël, et* ***el cotillón de Nochevieja*** *s'il s'agit du Nouvel An.*

2 ▷ On a mangé du foie gras pour le réveillon de Noël.
Comimos foie gras para la cena de Nochebuena.

2 *Pour parler du repas, on dit soit* ***la cena de Nochebuena****, soit la* ***cena de Nochevieja****.*

revendre

▷ Sacha a revendu son vélo pour s'acheter une console de jeux.
Sacha ha revendido la bici para comprarse una consola de juegos.

revender

revenir

1 ▷ Notre chien n'est jamais revenu.
Nuestro perro nunca más volvió.
▷ Reviens demain, la responsable sera certainement là.
Vuelve mañana, seguro que la responsable estará.

1 (= venir de nouveau ou rentrer)
volver

2 ▷ Ça revient cher d'aller à l'hôtel.
Sale caro alojarse en hoteles.

2 ► **revenir cher :** salir caro

revenu

▷ Les revenus de l'État sont stables.
Los ingresos del Estado son estables.
▷ Ils veulent augmenter l'impôt sur le revenu.
Quieren aumentar el impuesto sobre la renta.

el ingreso

► **l'impôt sur le revenu :** el impuesto sobre la renta

rêver

▷ J'ai rêvé que tu te mariais !
¡Soñé que te casabas!
▷ Audrey rêve souvent de ses copines.
Audrey sueña mucho con sus amigas.
▷ Je rêve de partir en vacances.
Sueño con irme de vacaciones.

soñar

ℹ *Notez la préposition utilisée en espagnol :* rêver de *=* ***soñar con****.*

réverbère

▷ La voiture est rentrée dans un réverbère.
El coche chocó contra una farola.

la **farola**

réviser

▷ On pourrait réviser notre espagnol ensemble.
Podríamos repasar el español juntos.

(= étudier) **repasar**

révision

▷ Aujourd'hui on a fait des révisions.
Hoy hemos hecho repasos.

(à l'école) el **repaso**

revoir

1 ▷ Est-ce que tu as revu Lulu depuis la dernière fois ?
¿Has vuelto a ver a Lulu desde la última vez?

1 (= rencontrer de nouveau) **volver a ver**

Si le complément est une personne, un groupe de personnes ou un animal domestique, n'oubliez pas de le faire précéder de ***a****.*

▷ Aurélie et Benoît se sont revus.
Aurélie y Benoît se han vuelto a ver.

► **se revoir : volverse a ver**

Le pronom réfléchi fonctionne de la façon suivante en espagnol : ***nos volvemos a ver, os volvéis a ver, se vuelven a ver.***

2 ▷ Je dois revoir ma rédaction avant de pouvoir sortir.
Tengo que repasar la redacción antes de poder salir.

2 (= réviser) **repasar**

3 ▷ Au revoir ! À mardi !
¡Adiós! ¡Nos vemos el martes!

3 ► **au revoir : adiós**

On peut dire aussi ***hasta luego****, quand c'est plutôt dans le sens de « tout à l'heure ».*

révolte

▷ Ils ont écrasé la révolte des paysans.
Aplastaron la revuelta de los campesinos.

la **revuelta**

se révolter

▷ Le peuple s'est révolté contre le dictateur.
El pueblo se rebeló contra el dictador.

rebelarse

Le pronom réfléchi fonctionne de la façon suivante en espagnol : ***me rebelo, te rebelas, se rebela, nos rebelamos, os rebeláis, se rebelan.***

révolution

▷ C'est une révolution technologique.
Es una revolución tecnológica.

la **revolución** (pluriel las **revoluciones**)

Il n'y a pas d'accent écrit au pluriel. L'accent tonique porte sur le ***o****, comme au singulier.*

révolutionner

revolucionar

▷ Cette invention a révolutionné la médecine.
Este invento revolucionó la medicina.

revolver

el revólver (pluriel los revólveres)

ℹ *Remarquez que le mot espagnol porte sur le* ***o*** *un accent écrit qui reflète l'accent tonique.*

▷ Il portait un revolver sur lui.
Llevaba un revólver.

revue

(= magazine) la revista

▷ Mon père est abonné à une revue d'architecture.
Mi padre está suscrito a una revista de arquitectura.

rez-de-chaussée

la planta baja

▷ Leur appartement est au rez-de-chaussée.
Su piso está en la planta baja.

se rhabiller

volver a vestirse

ℹ *Le pronom réfléchi fonctionne de la façon suivante en espagnol :* ***me vuelvo, te vuelves, se vuelve, nos volvemos, os volvéis, se vuelven a vestir****.*

▷ En sortant de la piscine, on s'est rhabillés à toute vitesse.
Al salir de la piscina, nos volvimos a vestir a toda velocidad.

rhinocéros

el rinoceronte

▷ Les chasseurs tuent les rhinocéros pour prendre leurs cornes.
Los cazadores matan los rinocerontes para coger sus cuernos.

rhumatismes

el reuma

ℹ ***Reuma*** *est un nom singulier : on dit par exemple* ***su reuma le duele mucho*** (ses rhumatismes lui font très mal).

▷ Ma grand-mère a des rhumatismes au genou.
Mi abuela padece reuma en la rodilla.

rhume

el resfriado

ℹ *On peut dire aussi* ***el constipado****.*

► **le rhume des foins :** la fiebre del heno *ou* la rinitis alérgica

▷ Mets une veste, sinon tu vas attraper un rhume.
Ponte una chaqueta, vas a pillar un resfriado.

▷ Élodie a le rhume des foins.
Élodie tiene fiebre del heno.

ricaner

(= rire bêtement) reírse burlonamente

▷ Elles n'ont pas arrêté de ricaner.
No dejaron de reírse burlonamente.

riche

▻ Luc rêve de devenir riche.
Luc sueña con hacerse rico.
▻ Les riches devraient payer plus d'impôts.
Los ricos deberían pagar más impuestos.

rico, rica

richesse

▻ Ils devraient redistribuer les richesses.
Deberían repartir las riquezas.

(d'un pays, d'une personne) la **riqueza**

ride

▻ Ma mère s'inquiète parce qu'elle a quelques rides.
Mi madre está preocupada porque tiene unas arrugas.

(= ride sur la peau) la **arruga**

*Attention à bien prononcer les deux **r** de **arruga**.*

*Attention, **arruga** signifie également « pli ».*

ridé, ridée

1 ▻ Mon grand-père a le front ridé.
Mi abuelo tiene la frente arrugada.
2 ▻ Elle est très ridée pour son âge.
Tiene muchas arrugas para su edad.

1 (en parlant de la peau) **arrugado, arrugada**

2 ► **être ridé** (en parlant d'une personne) : **tener arrugas**

rideau

▻ Le chat a déchiré les rideaux avec ses griffes.
El gato desgarró las cortinas con las uñas.

la **cortina**

ridicule

▻ Benjamin a l'air ridicule avec cette coupe de cheveux !
¡Benjamin tiene una pinta ridícula con este corte de pelo!

ridículo, ridícula

*Remarquez que le mot espagnol porte sur le deuxième **i** un accent écrit qui reflète l'accent tonique.*

rien

1 ▻ Qu'est-ce que tu fais ? – Rien.
¿Qué estás haciendo? – Nada.
▻ Il n'y a rien de nouveau.
No hay nada nuevo.
▻ Je n'ai rien compris.
No he entendido nada.
▻ Tu as mal ? – Non, ce n'est rien.
¿Te duele? – No, no es nada.
▻ Merci. – De rien !
Gracias. – ¡De nada!

1 **nada**

► **rien de** + adjectif : **nada** + adjectif

► **ce n'est rien** (= ce n'est pas grave) : **no es nada**

► **de rien** (en réponse à merci) : **de nada**

2 ▷ Il ne veut pas venir ? Ça ne fait rien, on n'a pas besoin de lui.
¿No quiere venir? No importa, no le necesitamos.

2 ► **ça ne fait rien** (= tant pis) : **no importa**

rigoler

▷ J'ai tellement rigolé que j'avais mal aux côtes.
Me reí tanto que me dolían las costillas.
▷ Arrête de rigoler, ce n'est pas drôle !
¡Deja de reírte, no es divertido!

(= rire) **reírse**

ℹ *Le pronom réfléchi fonctionne de la façon suivante en espagnol : **me río, te ríes, se ríe, nos reímos, os reís, se ríen.** Remarquez que les différentes formes du verbe portent sur le **i** un accent écrit qui reflète l'accent tonique.*

rigolo, rigolote

▷ Linda raconte des blagues très rigolotes.
Linda cuenta unos chistes muy graciosos.

(= drôle) **gracioso, graciosa**

rime

▷ Trouvez les rimes du poème.
Encontrad las rimas del poema.

la **rima**

rimer

▷ Nous devons chercher des mots qui riment.
Tenemos que buscar palabras que rimen.

(en parlant de mots ou de vers) **rimar**

rincer

▷ Rince bien les assiettes.
Enjuaga bien los platos.

enjuagar

rire VERBE

▷ Tu vas rire quand je te raconterai ce qui s'est passé.
Te vas a reír cuando te cuente lo que pasó.
▷ Nous avons beaucoup ri à la fête.
Nos reímos mucho en la fiesta.

reír *ou* **reírse**

ℹ *Le pronom réfléchi fonctionne de la façon suivante en espagnol : **me río, te ríes, se ríe, nos reímos, os reís, se ríen.** Remarquez que les différentes formes du verbe portent sur le **i** un accent écrit qui reflète l'accent tonique.*

rire NOM

▷ Annie a un rire contagieux.
Annie tiene una risa contagiosa.

la **risa**

risque

▷ Il n'y a aucun risque.
No hay ningún riesgo.

el **riesgo**

risqué, risquée

▷ N'y va pas, c'est trop risqué.
No vayas, es demasiado arriesgado.

arriesgado, arriesgada

🔈 *Attention à bien prononcer les deux **r**.*

risquer

1 ▷ Le père de Jérôme a risqué sa vie pour le sauver.
El padre de Jérôme arriesgó su vida para salvarlo.

1 (= mettre en danger) **arriesgar**
*Attention à bien prononcer les deux **r** de **arriesgar**.*

2 ▷ Ça risque de la décourager.
Eso podría desanimarla.
▷ Tu risques d'avoir des problèmes.
Podrías tener problemas.

2 *Pour dire que quelque chose risque d'arriver, on emploie en espagnol le verbe **poder** au conditionnel.*

rivage

▷ Je me suis promené le long du rivage.
Paseé por la orilla.

la **orilla**

rive

▷ Il y a une piste cyclable sur la rive.
Hay una pista para ciclistas en la orilla.

la **orilla**

rivière

▷ La rivière est très sale.
El río está muy sucio.

el **río**
*Remarquez que le mot espagnol porte sur le **i** un accent écrit qui reflète l'accent tonique.*
*En espagnol, on emploie le même mot, **río**, pour la rivière et le fleuve.*

riz

▷ On pourrait faire du riz avec le poisson.
Podríamos hacer arroz con el pescado.

el **arroz**
*Attention à bien prononcer les deux **r** et le **z** de **arroz**.*

▷ Il y a du riz au lait pour le dessert.
De postre hay arroz con leche.

► **riz au lait :** **arroz con leche**

robe

▷ Annelise porte une robe rouge.
Annelise lleva un vestido rojo.

el **vestido**
*Le mot espagnol **ropa** existe, mais il veut dire « vêtements ».*

▷ Loïc était encore en robe de chambre.
Loïc todavía llevaba bata.
▷ Ma mère ne rentre plus dans sa robe de mariée.
El vestido de novia ya no le cabe a mi madre.
▷ Est-ce que tu vas porter une robe du soir pour la fête ?
¿Vas a llevar un traje de noche para la fiesta?

► **robe de chambre :** la **bata**
► **robe de mariée :** el **vestido de novia** (pluriel **los vestidos de novia**)
► **robe du soir :** el **traje de noche** (pluriel **los trajes de noche**)

robinet

▷ Le robinet d'eau chaude ne marche pas.
El grifo del agua caliente no funciona.

el **grifo**

robot

▷ C'est un jeu vidéo avec des robots qu'il faut détruire.
Es un videojuego con robots que hay que destruir.

▷ Les robots ménagers sont très pratiques.
Los robots de cocina son muy prácticos.

el **robot** (pluriel los robots)

► **robot ménager :** el robot de cocina (pluriel los robots de cocina)

rocher

▷ Pierre-Jean a plongé depuis un rocher.
Pierre-Jean se zambulló desde un peñasco.

(= grosse pierre) el **peñasco**

rock

▷ Lise a des places pour un concert de rock.
Lise tiene entradas para un concierto de rock.

(= musique) el **rock**

rôder

▷ Il y a une bande de garçons qui rôdent autour de l'école.
Hay un grupo de chicos que merodea alrededor del colegio.

merodear

roi

▷ Le roi d'Espagne a rencontré le président français la semaine dernière.
El rey de España se reunió con el presidente de Francia la semana pasada.

el **rey** (pluriel los reyes)

rôle

▷ Il joue le rôle du détective.
Interpreta el papel del detective.

▷ Le rôle du délégué de classe est de parler au nom des élèves.
El papel del delegado de clase es hablar en nombre de los alumnos.

el **papel** (pluriel los papeles)

roller

1 ▷ Sabrina m'a prêté ses nouveaux rollers.
Sabrina me ha prestado sus nuevos patines.

1 ► **rollers :** los patines

2 ▷ On fait du roller tous les vendredis.
Patinamos todos los viernes.

2 ► **faire du roller :** patinar

roman

▷ Son dernier roman est très bien.
Su última novela está muy bien.

(= livre) la **novela**

▷ Loïc ne lit que des romans d'aventures.
Loïc no lee más que novelas de aventuras.

► **roman d'aventures :** la **novela de aventuras** (pluriel **las novelas de aventuras**)

▷ Mon père adore les romans policiers.
A mi padre le encantan las novelas policíacas.

► **roman policier :** la **novela policíaca** (pluriel **las novelas policíacas**)

ℹ *Remarquez que le mot* ***policíaca*** *porte sur le deuxième* ***i*** *un accent écrit qui reflète l'accent tonique.*

romancier, romancière

▷ C'est mon romancier préféré.
Es mi novelista favorito.

el **novelista,** la **novelista**

romantique

▷ Il m'a offert des roses. – Qu'est-ce qu'il est romantique !
Me ha regalado rosas. – ¡Qué romántico es!

romántico, romántica

ℹ *Remarquez que le mot espagnol porte sur le* ***a*** *un accent écrit qui reflète l'accent tonique.*

rompre

▷ Ils ont rompu au bout d'un mois seulement.
Rompieron al cabo de un mes solamente.

(= se séparer) **romper**

rond, ronde ADJECTIF

1 ▷ La table de la salle à manger est ronde.
La mesa del comedor es redonda.

1 (= circulaire) **redondo, redonda**

2 ▷ Je ne suis pas grosse, je suis ronde !
¡No soy gorda, soy regordeta!

2 (= enrobé) **regordete, regordeta**

rond NOM

▷ Marc dessine des ronds dans le sable.
Marc está dibujando círculos en la arena.

(= cercle) un **círculo**

ℹ *Remarquez que le mot espagnol porte sur le* ***i*** *un accent écrit qui reflète l'accent tonique.*

▷ Asseyez-vous en rond, on va faire un jeu.
Sentaos en círculo, vamos a hacer un juego.

► **en rond : en círculo**

rondelle

▷ Tu peux me couper quelques rondelles de saucisson ?
¿Puedes cortarme unas rodajas de salchichón?

la **rodaja**

rond-point

▷ Qui a la priorité aux ronds-points ?
¿Quién tiene prioridad en las glorietas?

la **glorieta**

ronfler

▷ Je ne veux pas dormir dans la même chambre que Christophe, il ronfle !
¡No quiero dormir en la misma habitación que Christophe, ronca!

(en dormant) **roncar**

ronger

1 ▷ Le chien est en train de ronger son os.
El perro está royendo un hueso.

1 (en parlant d'un chien ou d'une souris) **roer**

2 ▷ Arrête de te ronger les ongles !
¡Deja de morderte las uñas!
▷ Vincent se ronge les ongles.
Vincent se muerde las uñas.

2 ► **se ronger les ongles :** **morderse las uñas**

ℹ *Le pronom réfléchi fonctionne de la façon suivante en espagnol : **me muerdo, te muerdes, se muerde, nos mordemos, os mordéis, se muerden las uñas.***

ronronner

▷ Le chat ronronne quand on le caresse.
El gato ronronea cuando lo acarician.

ronronear

rose

▷ Alex portait un pantalon rose.
Alex llevaba unos pantalones rosas.

(= couleur) **rosa**

ℹ *Notez que **rosa** ne varie pas au masculin.*

▷ Je n'aime pas le rose.
No me gusta el rosa.

► **le rose :** el rosa

▷ Ces roses sentent bon.
Estas rosas huelen bien.

► **une rose** (= une fleur) **:** una rosa

rosée

▷ Il y a encore de la rosée sur les feuilles.
Todavía hay rocío en las hojas.

el **rocío**

ℹ *Remarquez que le mot espagnol porte sur le **i** un accent écrit qui reflète l'accent tonique.*

roter

▷ Luc a roté en classe, c'est dégoûtant !
Luc eructó en clase, ¡qué asqueroso!

eructar

rôti, rôtie

▷ J'aime beaucoup le poulet rôti.
Me gusta mucho el pollo asado.

(= cuit au four) **asado, asada**

▷ Il y a un rôti d'agneau pour dîner.
Hay un asado de cordero para la cena.

► **un rôti :** un asado

roue

1 ▷ La roue de mon vélo est cassée.
La rueda de mi bici está rota.

1 la **rueda**

2 ▷ J'ai eu vraiment peur sur la grande roue.
Tuve mucho miedo en la noria.

2 ► **la grande roue** (à la fête foraine) : **la noria**

rouge

1 ▷ Cette écharpe rouge te va très bien.
Esta bufanda roja te sienta muy bien.
▷ Le rouge est ma couleur préférée.
El rojo es mi color favorito.

1 (= couleur) **rojo, roja**

► **le rouge : el rojo**

2 ▷ Mes parents ne veulent pas que je mette du rouge à lèvres.
Mis padres no quieren que lleve pintalabios.
▷ Elle a toujours un rouge à lèvres dans son sac.
Siempre lleva una barra de labios en el bolso.

2 ► **rouge à lèvres** (= couleur) : **el pintalabios**

► **rouge à lèvres** (= bâtonnet) : **la barra de labios**

ℹ *On peut dire aussi* ***el lápiz de labios.***

rougeole

▷ Adeline est au lit, elle a la rougeole.
Adeline está en la cama, tiene sarampión.

el **sarampión**

ℹ *Remarquez que le mot espagnol porte sur le* ***o*** *un accent écrit qui reflète l'accent tonique.*

rougir

1 ▷ Lydie a rougi quand Victor lui a souri.
Lydie se puso colorada cuando Victor le sonrío.

1 (sous le coup de l'émotion) **ponerse colorado** *ou* **colorada**

ℹ *Le pronom réfléchi fonctionne de la façon suivante en espagnol :* ***me pongo colorado, te pones colorado, se pone colorado, nos ponemos colorados, os ponéis colorados, se ponen colorados.***

2 ▷ D'abord je rougis, puis je pèle.
Primero me pongo rojo, luego me pelo.

2 (= rougir après un coup de soleil ou parce qu'on a chaud) **ponerse rojo** *ou* **roja**

rouillé, rouillée

▷ Mon vélo est tout rouillé.
Mi bici está completamente oxidada.

oxidado, oxidada

rouleau

1 ▷ C'est le dernier rouleau de papier hygiénique.
Es el último rollo de papel higiénico.

1 (= rouleau de papier ou de pellicule) el **rollo**

2 ▷ As-tu un rouleau à pâtisserie ?
¿Tienes un rodillo de amasar?

2 ► **rouleau à pâtisserie : el rodillo de amasar**

roulement

1 ▷ On fait la vaisselle par roulement.
Fregamos los platos por turno.

1 (= tour de rôle) el **turno**

2 ▷ On a entendu des roulements de tonnerre.
Se oyeron fragores de trueno.

2 ► **un roulement de tonnerre :** **un fragor de trueno**

rouler

1 ▷ La voiture roulait en sens interdit.
El coche circulaba en dirección prohibida.

1 (= avancer, en parlant d'un véhicule) **circular**

2 ▷ La moto roulait au moins à cent cinquante.
La moto iba al menos a ciento cincuenta kilómetros por hora.

2 ► **rouler à** + vitesse **:** **ir a** + vitesse

3 ▷ Le ballon a roulé dans la pente.
El balón rodó por la pendiente.

3 (en parlant d'un objet rond) **rodar**

ℹ *Notez la préposition utilisée en espagnol :* rouler dans une pente = ***rodar por una pendiente.***

4 ▷ On va rouler le tapis pour passer l'aspirateur.
Vamos a enrollar la alfombra para pasar el aspirador.

4 (= mettre en rouleau) **enrollar**

roulette

1 ▷ Le piano a des roulettes.
El piano tiene ruedecitas.

1 (= petite roue) la **ruedecita**

2 ▷ J'ai peur de la roulette du dentiste.
Me da miedo el torno del dentista.

2 (= instrument dentaire) el **torno**

3 ▷ Le père de Lucas joue parfois à la roulette.
El padre de Lucas a veces juega a la ruleta.

3 (au casino) la **ruleta**

roumain, roumaine

▷ Mes amis sont roumains.
Mis amigos son rumanos.
▷ Les Roumains sont forts en football.
Los rumanos son buenos en fútbol.
▷ Le roumain est une langue difficile.
El rumano es un idioma difícil.

rumano, rumana

ℹ *S'écrit toujours avec une minuscule en espagnol, qu'il s'agisse de l'adjectif ou du nom.*

Roumanie

▷ J'ai vu un reportage sur la Roumanie.
He visto un reportaje sobre Rumania.
▷ Il vit en Roumanie.
Vive en Rumania.
▷ Tu devrais aller en Roumanie.
Deberías ir a Rumania.

Rumania

ℹ *Ne prend généralement pas d'article.*

► **en Roumanie** (= dans le pays) **: en Rumania**

► **en Roumanie** (= vers le pays) **: a Rumania**

rouspéter

▷ Arrête de rouspéter !
¡Deja de refunfuñar!

refunfuñar

route

1 ▷ Fais attention en traversant la route.
Ten cuidado al cruzar la carretera.

1 (= voie de circulation) la **carretera**

Attention à bien prononcer les deux ***r*** *de* ***carretera****.*

2 ▷ Je ne sais pas quelle route prendre.
No sé qué ruta tomar.

2 (= itinéraire) la **ruta**

3 ▷ Il y a au moins trois heures de route.
Hay por lo menos tres horas de camino.

▷ On s'est arrêtés plusieurs fois en route.
Nos paramos varias veces en el camino.

3 (= trajet) el **camino**

► **en route** (= sur le chemin) : **en el camino**

4 ▷ Allez, en route !
Vamos, ¡en marcha!

▷ La tondeuse est difficile à mettre en route.
Cuesta poner en marcha el cortacésped.

4 ► **en route !** (= allons-y) : **¡en marcha!**

► **mettre en route** (en parlant d'une machine ou d'un moteur) : **poner en marcha**

roux, rousse

▷ Arnaud, c'est le garçon roux là-bas.
Arnaud es aquel chico pelirrojo.

▷ Cécile aimerait avoir les cheveux roux.
A Cécile le gustaría ser pelirroja.

(en parlant d'une personne ou des cheveux) **pelirrojo, pelirroja**

► **avoir les cheveux roux** : **ser pelirrojo** *ou* **pelirroja**

Attention à bien prononcer les deux r.

royal, royale

▷ La famille royale espagnole a assisté à la cérémonie.
La familia real española asistió a la ceremonia.

real (pluriel **reales**)

Attention, ***real*** *signifie également « réel ».*

royaume

▷ Autrefois, la France était un royaume.
Antaño, Francia era un reino.

el **reino**

Royaume-Uni

▷ L'Écosse fait partie du Royaume-Uni.
Escocia forma parte del Reino Unido.

► **le Royaume-Uni** : **el Reino Unido**

ruban

▷ Béatrice porte un ruban noir dans les cheveux.
Béatrice lleva una cinta negra en el pelo.

la **cinta**

rubéole

▷ Anne est absente, elle a la rubéole.
Anne está ausente, tiene rubéola.

la **rubéola**

rubis

▷ Ce sont de vrais rubis ?
¿Son verdaderos rubíes?

el **rubí** (pluriel **los rubíes**)

ℹ *Remarquez que le mot espagnol porte sur le **i** un accent écrit qui reflète l'accent tonique.*

ruche

▷ Notre voisin a des ruches dans son jardin.
Nuestro vecino tiene colmenas en su jardín.

la **colmena**

rue

▷ Prenez la deuxième rue à droite.
Coja la segunda calle a la derecha.

la **calle**

ruer

▷ Le cheval a rué et Antoine est tombé.
El caballo coceó y Antoine se cayó.

(= donner un coup de pied) **cocear**

rugby

▷ Le rugby est un sport assez violent.
El rugby es un deporte bastante violento.

el **rugby**

▷ Marc joue au rugby depuis plusieurs années.
Marc juega al rugby desde hace varios años.

► **jouer au rugby : jugar al rugby**

rugbyman

▷ Aurélien veut devenir rugbyman professionnel.
Aurélien quiere llegar a ser jugador de rugby profesional.

el **jugador de rugby** (pluriel **los jugadores de rugby**)

rugir

▷ Le lion a rugi quand on s'est approchés de sa cage.
El león rugió cuando nos acercamos a su jaula.

rugir

rugueux, rugueuse

▷ L'écorce de l'arbre est rugueuse.
La corteza del árbol es rugosa.

rugoso, rugosa

ruiné, ruinée

▷ L'entreprise sera ruinée si elle perd le procès.
La empresa se arruinará si pierde el juicio.

(= sans argent) **arruinado, arruinada**

🔈 *Attention à bien prononcer les deux **r**.*

ruines

▷ Nous avons visité les ruines aztèques.
Visitamos las ruinas aztecas.

las **ruinas**

▷ L'église du village est en ruines.
La iglesia del pueblo está en ruinas.

► **en ruines :** en ruinas

ruisseau

▷ On a enlevé nos chaussures pour traverser le ruisseau.
Nos quitamos los zapatos para cruzar el arroyo.

el **arroyo**

Attention à bien prononcer les deux ***r*** *de* ***arroyo****.*

rumeur

▷ N'écoute pas les rumeurs, les gens racontent n'importe quoi.
No escuches los rumores, la gente cuenta cualquier cosa.

el **rumor** (pluriel los rumores)

rusé, rusée

▷ Claude est très rusé.
Claude es muy astuto.

astuto, astuta

russe

▷ Connais-tu un bon restaurant russe ?
¿Conoces un buen restaurante ruso?
▷ Les Russes sont très bons en athlétisme.
A los rusos se les da muy bien el atletismo.
▷ Adeline apprend le russe.
Adeline está aprendiendo ruso.

ruso, rusa

i *S'écrit toujours avec une minuscule en espagnol, qu'il s'agisse de l'adjectif ou du nom.*

Russie

▷ La Russie est un pays immense.
Rusia es un país inmenso.
▷ Il peut faire très froid en Russie.
Puede hacer mucho frío en Rusia.
▷ J'aimerais aller en Russie un jour.
Me gustaría ir a Rusia alguna vez.

Rusia

i *Ne prend généralement pas d'article.*

► **en Russie** (= dans le pays) : en Rusia
► **en Russie** (= vers le pays) : a Rusia

rythme

▷ Le rythme de ce morceau est très lent.
El ritmo de este fragmento es muy lento.
▷ Je travaille à mon propre rythme.
Trabajo a mi propio ritmo.

el **ritmo**

Ss

sa

▷ Hubert est fier de sa moto.
Hubert está orgulloso de su moto.
▷ Aline est sympa, mais sa sœur est désagréable.
Aline es simpática, pero su hermana es desagradable.

su

Notez que **su** *correspond au français* son *et* sa.

sable

▷ Marie a écrit ses initiales sur le sable.
Marie escribió sus iniciales en la arena.

la **arena**

sablé NOM

▷ J'ai acheté des sablés.
He comprado galletas de pastaflora.

la **galleta de pastaflora**

sabot

1 ▷ Tu as nettoyé les sabots du cheval ?
¿Has limpiado los cascos del caballo?

1 (de cheval) el **casco**

2 ▷ Je n'arrive pas à marcher avec des sabots.
No consigo andar con zuecos.

2 (= chaussure) el **zueco**

Attention à l'orthographe : ne pas confondre **zueco** *avec* **sueco**, *qui signifie « suédois ».*

sac

1 ▷ J'ai mis le pain dans un sac.
Puse el pan en una bolsa.

1 (en papier, en plastique, en matière souple) la **bolsa**

2 ▷ Il s'est acheté un sac de sport.
Se ha comprado un bolso de deporte.
▷ Élodie a perdu son sac à main.
Élodie ha perdido el bolso.
▷ Ton sac à dos est très lourd.
Tu mochila es muy pesada.

2 (en matière rigide) el **bolso**

► **sac à main :** el **bolso**

► **sac à dos :** la **mochila**

3 ▷ Emportez un sac de couchage chacun.
Llevaos un saco de dormir cada uno.

3 ► **sac de couchage :** el saco de dormir (pluriel los sacos de dormir)

sachet

1 ▷ Lucien m'a donné la moitié de son sachet de bonbons.
Lucien me dio la mitad de su bolsa de caramelos.

▷ J'utilise un sachet de thé par personne.
Uso una bolsita de té por persona.

1 (= petit sac) la bolsa

ℹ *Pour les sachets de petite taille, on utilise* ***la bolsita****.*

2 ▷ Il y a six sachets de soupe dans chaque boîte.
Hay seis sobres de sopa en cada caja.

2 (= dose individuelle de soupe, de sucre, etc.) el sobre

sacrifice

▷ Les parents de Mourad ont fait beaucoup de sacrifices pour lui.
Los padres de Mourad han hecho muchos sacrificios por él.

el sacrificio

sacrifier

▷ Vincent a sacrifié son week-end pour m'aider.
Vincent sacrificó su fin de semana para ayudarme.

▷ Je sais que mes parents se sacrifient pour moi.
Sé que mis padres se sacrifican por mí.

sacrificar

► **se sacrifier :** sacrificarse

ℹ *Le pronom réfléchi fonctionne de la façon suivante en espagnol :* ***me sacrifico, te sacrificas, se sacrifica, nos sacrificamos, os sacrificáis, se sacrifican****.*
Notez la préposition utilisée en espagnol : se sacrifier pour quelqu'un = ***sacrificarse por alguien****.*

sage

▷ J'ai gardé mon petit frère et il a été très sage.
Cuidé de mi hermanito y se portó muy bien.

▷ Il n'est pas sage en classe.
No se porta bien en clase.

► **être sage** (= être obéissant) : portarse bien

ℹ *Le pronom réfléchi fonctionne de la façon suivante en espagnol :* ***me porto, te portas, se porta, nos portamos, os portáis, se portan bien****.*

sagesse

▷ C'était un homme d'une grande sagesse.
Era un hombre de gran sabiduría.

la sabiduría

Sagittaire

▷ Elle est Sagittaire.
Es Sagitario.

Sagitario

saigner

▷ Emmanuelle s'est coupée, elle saigne.
Emmanuelle se ha cortado, está sangrando.

▷ Je saigne souvent du nez.
A menudo me sangra la nariz.

▷ Céleste saignait du nez.
A Céleste le sangraba la nariz.

sangrar

Notez la construction avec ***sangrar*** *quand on veut dire qu'on saigne du nez.*

sain, saine

▷ L'air de la mer est plus sain que celui de la ville.
El aire del mar es más sano que el de la ciudad.

▷ Tout le monde est arrivé sain et sauf.
Todo el mundo llegó sano y salvo.

sano, sana

► **sain et sauf, saine et sauve :** sano y salvo, sana y salva

saint, sainte

1 ▷ C'est une guerre sainte.
Es una guerra santa.

1 (= sacré) **santo, santa**

2 ▷ Il y a une statue de saint Pierre.
Hay una estatua de San Pedro.

2 (devant un prénom) **santo, santa**

Attention, le masculin ***santo*** *devient* ***san*** *devant un prénom, sauf avec les prénoms suivants :* ***Domingo (santo Domingo), Tomás (santo Tomás), Tomé (santo Tomé)*** *et* ***Toribio (santo Toribio)****. Mais on dit* ***san Antonio, san Francisco, san Luis****, etc.*
Par ailleurs, ***san, santo*** *et* ***santa*** *s'écrivent toujours avec une minuscule, sauf lorsqu'il s'agit de noms de lieu :* ***Vive en Santo Domingo****.*

3 ▷ Ce n'est pas un saint !
¡No es un santo!

3 ► **un saint, une sainte :** un santo, una santa

saisir

1 ▷ Il m'a saisi par le bras.
Me agarró el brazo.

▷ Saisis ta chance !
¡Aprovecha la oportunidad!

1 (= attraper) **agarrar**

► **saisir sa chance** aprovechar la oportunidad

Attention à bien prononcer les deux ***r*** *de* ***agarrar****.*

2 ▷ Je n'ai pas bien saisi ce qu'elle a dit.
No he comprendido muy bien lo que ha dicho.

2 (= comprendre) **comprender**

3 ▷ Je n'ai pas saisi votre nom.
No he oído su nombre.

3 (= entendre) oír

4 ▷ Tu as saisi ton mot de passe ?
¿Has tecleado tu contraseña?

4 (sur ordinateur) teclear

saison

▷ L'automne est ma saison préférée.
El otoño es mi estación preferida.

(= printemps, été, automne, hiver) la estación (pluriel las estaciones)

*Il n'y a pas d'accent écrit au pluriel. L'accent tonique porte sur le **o**, comme au singulier.*

salade

1 ▷ Achète une salade et des oignons.
Compra una lechuga y unas cebollas.

1 (= laitue) la lechuga

2 ▷ Il y avait un buffet avec des salades et des quiches.
Había un bufé con ensaladas y quiches.
▷ Alice a fait une salade de betteraves.
Alice hizo una ensalada de remolacha.

2 (= plat) la ensalada

3 ▷ J'adore la salade de fruits.
Me encanta la macedonia de frutas.

3 ► **salade de fruits** : la macedonia de frutas

saladier

▷ Est-ce que tu as un grand saladier pour mettre les pommes de terre ?
¿Tienes una gran ensaladera para poner las patatas?

la ensaladera

salaire

▷ Le frère de Marc est informaticien, il a un bon salaire.
El hermano de Marc es informático, tiene un buen sueldo.

el sueldo

*On peut dire aussi **el salario**.*

sale

1 ▷ Ton pantalon est tout sale, qu'est-ce qui t'est arrivé ?
Tus pantalones están muy sucios, ¿qué te ha pasado?

1 (= pas propre) sucio, sucia

*Veillez à bien employer le verbe **estar** et non **ser**, car **ser sucio** signifie « être salissant ».*

2 ▷ Mon tee-shirt préféré est au sale.
Mi camiseta favorita está para lavar.

2 ► **au sale** (= à la lessive) : para lavar

salé, salée

salado, salada

▷ Cette sauce est trop salée.
Esta salsa está demasiado salada.
▷ Lucas n'aime que les choses salées, pas les gâteaux.
A Lucas sólo le gustan las cosas saladas, no le gustan los pasteles.

saleté

1 (= malpropreté) la **suciedad**

1 ▷ Ils se plaignent de la saleté des rues.
Se quejan de la suciedad de las calles.

2 *Pour parler d'une chose qui salit ou qui gêne, il n'y a pas de mot précis en espagnol ; on peut employer* ***algo****, comme dans l'exemple ci-contre.*

2 ▷ J'ai une saleté dans l'œil, ça me fait mal.
Tengo algo en el ojo, me duele.

3 ► **faire des saletés : dejarlo todo sucio**

3 ▷ Attention avec ces peintures, tu vas faire des saletés.
Cuidado con estas pinturas, vas a dejarlo todo sucio.

salir

1 **ensuciar**

1 ▷ Amélie s'est fait gronder parce qu'elle a sali son tee-shirt.
A Amélie la riñeron por haberse ensuciado la camiseta.

2 ► **se salir : ensuciarse**

ℹ *Le pronom réfléchi fonctionne de la façon suivante en espagnol :* ***me ensucio, te ensucias, se ensucia, nos ensuciamos, os ensuciáis, se ensucian.***

2 ▷ Je me suis sali en jouant au rugby.
Me ensucié jugando al rugby.

salissant, salissante

sucio, sucia

Veillez à bien employer le verbe ***ser*** *et non* ***estar****, car* ***estar sucio*** *signifie « être sale ».*

▷ Le blanc est très salissant.
El blanco es muy sucio.
▷ Sébastien ne veut pas faire ce travail parce que c'est salissant.
Sébastien no quiere hacer este trabajo porque es sucio.

salive

la **saliva**

▷ Le bébé a de la salive sur le menton.
El bebé tiene saliva en la barbilla.

salle

1 ▷ On a visité toutes les salles du musée.
Visitamos todas las salas del museo.
▷ Il y avait plus de cinq cents spectateurs dans la salle.
Había más de quinientos espectadores en la sala.
▷ J'ai rencontré Sylvain dans la salle d'attente du dentiste.
Me encontré con Sylvain en la sala de espera del dentista.

1 (= pièce) la **sala**

► **salle d'attente :** la sala de espera (pluriel las salas de espera)

2 ▷ Nathalie passe des heures dans la salle de bains.
Nathalie se pasa horas en el cuarto de baño.

2 ► **salle de bains :** el cuarto de baño (pluriel los cuartos de baño)

3 ▷ La salle de classe est fermée à clé.
El aula está cerrada con llave.

3 ► **salle de classe :** el aula

ℹ *Bien que l'article qui accompagne **aula** au singulier soit masculin (**el aula**), **aula** est un mot féminin et les adjectifs qui l'accompagnent doivent se mettre au féminin : **el aula está cerrada**. Au pluriel, l'article est également au féminin : **las aulas están cerradas**.*

4 ▷ On mange dans la salle à manger quand il y a des invités.
Comemos en el comedor cuando hay invitados.

4 ► **salle à manger :** el comedor (pluriel los comedores)

5 ▷ Karine est encore en salle d'opération.
Karine está todavía en el quirófano.

5 ► **salle d'opération :** el quirófano

ℹ *Remarquez que le mot espagnol porte sur le premier **o** un accent écrit qui reflète l'accent tonique.*

salon

1 ▷ Ils ont un très grand salon et une petite cuisine.
Tienen un salón muy grande y una cocina pequeña.
▷ Tu vas au Salon du livre ce week-end ?
¿Vas a la Feria del Libro este fin de semana?
▷ La mère d'Eugénie travaille dans un salon de beauté.
La madre de Eugénie trabaja en un salón de belleza.
▷ Aurélie m'a emmenée dans un salon de thé très élégant.
Aurélie me llevó a un salón de té muy elegante.

1 el **salón** (pluriel los salones)

ℹ *Il n'y a pas d'accent écrit au pluriel. L'accent tonique porte sur le **o**, comme au singulier.*

► **salon de beauté :** el salón de belleza (pluriel los salones de belleza)

► **salon de thé :** el salón de té (pluriel salones de té)

2 ▷ Étienne a travaillé dans un salon de coiffure.
Étienne ha trabajado en una peluquería.

2 ► **salon de coiffure :** la **peluquería**

ℹ *Remarquez que le mot espagnol porte sur le **i** un accent écrit qui reflète l'accent tonique.*

salopette

▷ Les salopettes ne sont plus à la mode.
Los petos ya no están de moda.

(= pantalon à bretelles) el **peto**

saluer

▷ Simon a salué tout le monde en entrant.
Simon saludó a todo el mundo al entrar.

saludar

✋ *Si le complément est une personne, un groupe de personnes ou un animal domestique, n'oubliez pas de le faire précéder de **a**.*

salut !

1 ▷ Salut ! Ça va ?
¡Hola! ¿Qué tal?

1 (= bonjour) **¡hola!**

2 ▷ Bon, je m'en vais, salut !
Bueno, me voy, ¡adiós!

2 (= au revoir) **¡adiós!**

ℹ *Remarquez que le mot espagnol porte sur le **o** un accent écrit qui reflète l'accent tonique.*

samedi

▷ Aujourd'hui c'est samedi.
Hoy es sábado.

▷ Nous sommes samedi.
Estamos a sábado.

▷ Nous partirons samedi.
Nos marcharemos el sábado.

▷ Mes grands-parents sont venus samedi.
Mis abuelos vinieron el sábado.

▷ Le samedi Sandra va à son cours de piano.
Los sábados Sandra va a clase de piano.

el **sábado**

ℹ *Remarquez que le mot espagnol porte sur le premier **a** un accent écrit qui reflète l'accent tonique.*

► faire quelque chose **samedi :** hacer algo **el sábado**

► **le samedi** (= tous les samedis) **: los sábados**

sandale

▷ En été je préfère porter des sandales.
En verano prefiero llevar sandalias.

la **sandalia**

sandwich

1 ▷ On va préparer des sandwiches pour le pique-nique.
Vamos a preparar bocadillos para el picnic.

▷ Lucas mange un sandwich au pâté.
Lucas está comiendo un bocadillo de paté.

1 (de baguette) el **bocadillo**

ℹ *Notez la préposition utilisée en espagnol :* un sandwich au pâté = ***un bocadillo de paté.***

2 ▷ Où as-tu mis le pain de mie pour faire les sandwiches ?
¿Dónde has puesto el pan de molde para hacer los sándwiches?

2 (de pain de mie) el **sándwich** (pluriel **los sándwiches**)

Remarquez que le mot espagnol porte sur le a un accent écrit qui reflète l'accent tonique.

sang

▷ Elle a du sang sur le genou.
Tiene sangre en la rodilla.

la **sangre**

Attention : contrairement au français, le mot espagnol ***sangre*** *est féminin.*

sang-froid

▷ Il a gardé son sang-froid.
Conservó su sangre fría.

la **sangre fría**

sanglant, sanglante

▷ Il y a eu une répression sanglante.
Hubo una represión sangrienta.

sangriento, sangrienta

sanglot

▷ On entendait des sanglots qui venaient du salon.
Se oían sollozos que venían del salón.
▷ Tout d'un coup Émilie a éclaté en sanglots.
De repente Émilie se echó a llorar.

el **sollozo**

► **éclater en sanglots : echarse a llorar**

Le pronom réfléchi fonctionne de la façon suivante en espagnol : ***me echo a llorar, te echas a llorar, se echa a llorar, nos echamos a llorar, os echáis a llorar, se echan a llorar.***

sangloter

▷ Le pauvre Jérémie sanglotait dans un coin.
El pobre Jérémie sollozaba en un rincón.

sollozar

sans

▷ Anaïs ne va nulle part sans son parapluie.
Anaïs no va a ninguna parte sin el paraguas.
▷ Ils sont partis sans dire au revoir.
Se fueron sin despedirse.

sin

santé

▷ La santé est plus importante que tout.
La salud es más importante que todo.
▷ Mes grands-parents sont en bonne santé.
Mis abuelos están bien de salud.
▷ Santé !
¡Salud!

la **salud**

► **être en bonne santé : estar bien de salud**

On emploie aussi le mot ***salud*** *quand on trinque.*

sapin

1 ▷ Nous avons traversé une forêt de sapins.
Atravesamos un bosque de abetos.

1 (= arbre) el **abeto**

2 ▷ Le sapin de Noël est magnifique.
El árbol de Navidad es magnífico.

2 ► **sapin de Noël :** el **árbol de Navidad** (pluriel **los árboles de Navidad**)

ℹ *Remarquez que le mot espagnol* ***árbol*** *porte sur le* ***a*** *un accent écrit qui reflète l'accent tonique.*

3 ▷ La table du salon est en sapin.
La mesa del salón es de pino.

3 (= bois) el **pino**

sardine

▷ Il ne reste plus qu'une boîte de sardines.
Sólo queda una lata de sardinas.

(= poisson) la **sardina**

satellite

▷ Ils ont envoyé un satellite dans l'espace.
Han mandado un satélite al espacio.

el **satélite**

satisfait, satisfaite

▷ La prof n'est pas très satisfaite de mes résultats.
La profesora no está muy satisfecha con mis resultados.

satisfecho, satisfecha

ℹ *Notez la préposition utilisée en espagnol :* satisfait <u>de</u> = ***satisfecho <u>con</u>***.

sauce

▷ Il y a trop de crème dans cette sauce.
Hay demasiada nata en esta salsa.

la **salsa**

▷ J'adore les pâtes à la sauce tomate.
Me encanta la pasta con salsa de tomate.

► **sauce tomate :** la **salsa de tomate**

saucisse

▷ Pour dîner, il y a des saucisses et de la purée.
Para la cena, hay salchichas con puré.

la **salchicha**

saucisson

▷ Coupe-moi deux rondelles de saucisson.
Córtame dos rodajas de salchichón.

el **salchichón** (pluriel **los salchichones**)

ℹ *Il n'y a pas d'accent écrit au pluriel. L'accent tonique porte sur le* ***o****, comme au singulier.*

sauf

▷ Tout le monde est venu, sauf Romane.
Vino todo el mundo, excepto Romane.

(= excepté) **excepto**

ℹ *On peut dire aussi* ***salvo****.*

saule

▷ J'ai un saule dans mon jardin.
Tengo un sauce en mi jardín.

el **sauce**

saumon

▷ Ce saumon fumé est excellent.
Este salmón ahumado es excelente.

el **salmón** (pluriel los **salmones**)

ℹ *Il n'y a pas d'accent écrit au pluriel. L'accent tonique porte sur le **o**, comme au singulier.*

saut

▷ Michaël a fait un saut quand je suis entré.
Michaël dio un salto cuando entré.

▷ Alex est bon en saut en hauteur.
A Alex se le da bien el salto de altura.

▷ Élise fait du saut en longueur.
Élise hace salto de longitud.

▷ Le saut à la perche est un sport difficile.
El salto con pértiga es un deporte difícil.

▷ As-tu déjà fait du saut à l'élastique ?
¿Has echo puenting alguna vez?

► **faire un saut :** dar un salto

► **saut en hauteur :** el salto de altura

► **saut en longueur :** el salto de longitud

► **saut à la perche :** el salto con pértiga

► **saut à l'élastique :** el puenting

sauté, sautée

▷ J'aime beaucoup les pommes de terre sautées.
Me gustan mucho las patatas salteadas.

(= cuit à feu vif) **salteado, salteada**

saute-mouton

▷ Ivan et Jeanne jouent à saute-mouton.
Ivan y Jeanne están jugando a la pídola.

► **jouer à saute-mouton :** jugar a la pídola

ℹ *Regardez aussi* sauter, *ci-dessous.*

sauter

1 ▷ Nathan a sauté du mur et s'est foulé la cheville.
Nathan saltó desde el muro y se torció el tobillo.

1 (= faire un bond) **saltar**

2 ▷ L'homme a sauté sur Natacha pour lui voler son sac.
El hombre se abalanzó sobre Natacha para robarle el bolso.

2 ► **sauter sur** quelqu'un **:** abalanzarse sobre alguien

ℹ *Le pronom réfléchi fonctionne de la façon suivante en espagnol :* ***me** abalanzo, **te** abalanzas, **se** abalanza, **nos** abalanzamos, **os** abalanzáis, **se** abalanzan.*

3 ▷ Tout l'immeuble a sauté.
Todo el edificio estalló.

3 (= exploser) **estallar**

4 ▷ Les terroristes ont fait sauter l'immeuble.
Los terroristas hicieron estallar el edificio.

4 ► **faire sauter** quelque chose : **hacer estallar** algo

5 ▷ Tu as sauté une ligne.
Te has saltado una línea.

5 (= oublier, ignorer) **saltarse**

*Le pronom réfléchi fonctionne de la façon suivante en espagnol : **me salto, te saltas, se salta, nos saltamos, os saltáis, se saltan.***

sauterelle

▷ Hubert a réussi à attraper une sauterelle.
Hubert consiguió agarrar un saltamontes.

el **saltamontes** (pluriel los saltamontes)

sauvage

1 ▷ Nous avons vu des animaux sauvages au Kenya.
Vimos animales salvajes en Kenya.

1 (= à l'état naturel) **salvaje**

Attention à l'orthographe du mot espagnol.

2 ▷ Karine n'est pas timide, elle est sauvage.
Karine no es tímida, es huraña.

2 (= farouche, en parlant d'une personne) **huraño, huraña**

sauver

1 ▷ Loïc a plongé pour sauver son petit frère qui allait se noyer.
Loïc se zambulló para salvar a su hermanito que se iba a ahogar.

1 (= aider quelqu'un qui est en danger) **salvar**

*Si le complément est une personne, un groupe de personnes ou un animal domestique, n'oubliez pas de le faire précéder de **a**.*

2 ▷ Sauvez-vous vite, le prof arrive !
¡Largaos rápido, que viene el profesor!

2 ► **se sauver** (= s'échapper) : **largarse**

*Le pronom réfléchi fonctionne de la façon suivante en espagnol : **me largo, te largas, se larga, nos largamos, os largáis, se largan.***

savant, savante

▷ Bénédicte se croit très savante.
Bénédicte se cree muy sabia.

= qui sait beaucoup de choses) **sabio, sabia**

savoir

▷ Est-ce que tu sais comment il s'appelle ?
¿Sabes cómo se llama?
▷ Rachel ne sait pas parler espagnol.
Rachel no sabe hablar español.
▷ Quel âge a-t-elle ? – Je n'en sais rien.
¿Cuántos años tiene? – No tengo ni idea.

saber

► **je n'en sais rien** : **no tengo ni idea**

savon

1 ▷ Je n'aime pas le gel douche, je préfère le savon.
No me gusta el gel de ducha, prefiero el jabón.

1 (= produit) el **jabón**

ℹ *Remarquez que le mot espagnol porte sur le **o** un accent écrit qui reflète l'accent tonique.*

2 ▷ Il y a deux savons dans ce paquet.
Hay dos pastillas de jabón en este paquete.

2 (= morceau) la **pastilla de jabón** (pluriel **las pastillas de jabón**)

saxophone

▷ Le saxophone est surtout utilisé pour le jazz.
El saxofón se usa sobre todo para el jazz.

el **saxofón** (pluriel **los saxofones**)

ℹ *Il n'y a pas d'accent écrit au pluriel. L'accent tonique porte sur le deuxième **o**, comme au singulier.*

▷ Clémence joue du saxophone.
Clémence toca el saxofón.

► **jouer du saxophone : tocar el saxofón**

scandale

▷ C'est un scandale !
¡Es un escándalo!

el **escándalo**

ℹ *Remarquez que le mot espagnol porte sur le premier **a** un accent écrit qui reflète l'accent tonique.*

▷ Pierre a fait un scandale parce qu'il y avait un cheveu dans sa soupe.
Pierre armó un escándalo porque había un pelo en su sopa.

► **faire un scandale** (= se plaindre) : **armar un escándalo**

scénario

▷ Tu as lu le scénario ?
¿Has leído el guión?

el **guión** (pluriel **los guiones**)

ℹ *Il n'y a pas d'accent écrit au pluriel. L'accent tonique porte sur le **o**, comme au singulier.*

scène

1 ▷ Nicolas avait peur quand il est monté sur scène.
Nicolas tenía miedo cuando subió al escenario.

1 (= estrade) el **escenario**

2 ▷ On a répété la première scène de la pièce.
Ensayamos la primera escena de la obra.

2 (= partie d'une pièce de théâtre ou d'un film) la **escena**

◀ *Attention à bien prononcer séparément le **s** et le **c** de **escenario** et de **escena**.*

schéma

▷ Tu comprendras mieux avec un schéma.
Entenderás mejor con un esquema.

el **esquema**

Attention à l'orthographe du mot espagnol.

scie

▷ Aurélien coupe du bois avec une scie.
Aurélien está cortando leña con una sierra.

la **sierra**

*Attention à bien prononcer les deux **r** de **sierra**.*

science

▷ Sylvie a une passion pour les sciences.
Sylvie tiene pasión por las ciencias.

▷ Jérôme a les meilleures notes en sciences naturelles.
Jérôme saca las mejores notas en ciencias naturales.

la **ciencia**

► **sciences naturelles** (= matière) : las **ciencias naturales**

science-fiction

▷ Laurent adore les films de science-fiction.
A Laurent le encantan las películas de ciencia ficción.

la **ciencia ficción**

*Remarquez que le mot espagnol **ficción** porte sur le **o** un accent écrit qui reflète l'accent tonique.*

scientifique

▷ Ce n'est pas une méthode très scientifique.
No es un método muy científico.

▷ Les scientifiques américains ont fait une découverte importante.
Los científicos estadounidenses han hecho un descubrimiento importante.

científico, científica

*Remarquez que le mot espagnol porte sur le deuxième **i** un accent écrit qui reflète l'accent tonique.*
***Científico, científica** peut être soit un adjectif, soit un nom.*

scier

▷ Mon père a scié les pieds de la table.
Mi padre cortó las patas de la mesa con una sierra.

cortar con una sierra

scolaire

▷ Les vacances scolaires commencent le 29 juin.
Las vacaciones escolares empiezan el 29 de junio.

escolar (pluriel **escolares**)

scooter

▷ Chantal rêve d'avoir un scooter.
Chantal sueña con tener un scooter.

el **scooter** (pluriel los **scooters**)

score

▷ Est-ce que quelqu'un connaît le score ?
¿Alguien conoce la puntuación?

la **puntuación**

*Remarquez que le mot espagnol porte sur le **o** un accent écrit qui reflète l'accent tonique.*

Scorpion

▷ Il est Scorpion.
Es Escorpio.

(signe du zodiaque) **Escorpio**

scotch®

▷ Lise a fermé l'enveloppe avec du scotch®.
Lise cerró el sobre con celo.

(= ruban adhésif) el **celo**

scout

▷ On a rencontré un groupe de scouts dans la forêt.
Nos encontramos con un grupo de scouts en el bosque.

el **scout**, la **scout**

Ce mot se prononce comme s'il s'écrivait escout.

sculpter

▷ Capucine apprend à sculpter le bois.
Capucine está aprendiendo a esculpir la madera.

esculpir

sculpteur, sculptrice

▷ Son frère est sculpteur.
Su hermano es escultor.

el **escultor** (pluriel **los escultores**), la **escultora**

sculpture

▷ Les sculptures de Rodin sont magnifiques.
Las esculturas de Rodin son magníficas.

la **escultura**

Attention à l'orthographe du mot espagnol.

SDF

▷ Il y avait un SDF qui mendiait devant la station de métro.
Había un sin techo que mendigaba delante de la estación de metro.

el **sin techo** (pluriel **los sin techo**), la **sin techo** (pluriel **las sin techo**)

se *ou* s'

▷ Benoît se gratte parce qu'il a des piqûres de moustique.
Benoît se está rascando porque le picó un mosquito.

▷ Le prof s'est trompé.
El profesor se ha equivocado.

▷ Ils ne se parlent plus.
Ya no se hablan.

se

séance

▷ On va à la séance de l'après-midi parce que c'est moins cher.
Vamos a la sesión de la tarde porque es más barato.

la **sesión** (pluriel **las sesiones**)

Il n'y a pas d'accent écrit au pluriel. L'accent tonique porte sur le o, comme au singulier.

seau

▷ Alice transporte de l'eau dans un seau.
Alice lleva agua en un cubo.

el **cubo**

sec, sèche

▷ Attention, la peinture n'est pas sèche !
¡Cuidado, la pintura no está seca!

(= pas mouillé) **seco, seca**

sèche-cheveux

▷ Tu peux brancher ton sèche-cheveux là.
Puedes enchufar el secador ahí.

el **secador** (pluriel los **secadores**)

sèche-linge

▷ Le sèche-linge est en panne.
La secadora está rota.

(= machine) la **secadora**

sécher

1 ▷ Sèche tes larmes, ce n'est rien !
Sécate las lagrimas, ¡no es nada!

1 ► **sécher** quelque chose (= le rendre sec) : **secar** algo

2 ▷ Le linge n'a pas séché.
La colada no se ha secado.
▷ Les plantes ont séché parce qu'on ne les a pas arrosées.
Las plantas se han secado porque no las hemos regado.
▷ J'ai mis le linge à sécher pour aider ma mère.
Tendí la colada para ayudar a mi madre.

2 ► **sécher** (= devenir sec) : **secarse**

ℹ *Le pronom réfléchi fonctionne de la façon suivante en espagnol :* ***se seca, se secan.***

► **mettre le linge à sécher** : **tender la colada**

3 ▷ Sèche-toi bien après ton bain.
Sécate bien después del baño.
▷ Je voudrais une serviette pour me sécher les mains.
Quisiera una toalla para secarme las manos.

3 ► **se sécher** : **secarse**

ℹ *Le pronom réfléchi fonctionne de la façon suivante en espagnol :* ***me seco, te secas, se seca, nos secamos, os secáis, se secan.***

4 ▷ Loïc a séché le cours de maths.
Loïc se ha fumado la clase de matemáticas.

4 (= manquer, en parlant de l'école) **fumarse**

ℹ *Le pronom réfléchi fonctionne de la façon suivante en espagnol :* ***me fumo, te fumas, se fuma, nos fumamos, os fumáis, se fuman.***

ℹ ***Fumarse****, comme* sécher*, est un mot familier.*

sécheresse

▷ Les agriculteurs sont inquiets à cause de la sécheresse.
Los agricultores están preocupados a causa de la sequía.

(= absence de pluie) la **sequía**

ℹ *Remarquez que le mot espagnol porte sur le* ***i*** *un accent écrit qui reflète l'accent tonique.*

second, seconde

1 ▻ L'équipe de l'école a terminé seconde.
El equipo del colegio terminó segundo.

1 (= deuxième) segundo, segunda

2 ▻ Manu et sa famille habitent au second.
Manu y su familia viven en el segundo piso.

2 (= deuxième étage) el segundo piso

ℹ *Regardez aussi* seconde, *plus bas.*

secondaire

▻ Teresa voudrait enseigner dans le secondaire.
Teresa quisiera enseñar en la secundaria.

► **le secondaire** (= le collège et le lycée) : la secundaria

seconde

1 ▻ Ça va me prendre deux secondes.
Me va a llevar un par de segundos.

1 (= unité de temps) el segundo

2 ▻ La sœur de Lionel est en seconde.
La hermana de Lionel está en cuarto de E.S.O.

2 ► **la seconde** (= niveau scolaire) : 4° de E.S.O. (cuarto de Educación Secundaria Obligatoria)

ℹ *Regardez aussi* second, seconde, *plus haut.*

secouer

1 ▻ J'ai aidé ma mère à secouer les tapis.
Ayudé a mi madre a sacudir las alfombras.

1 (= agiter) sacudir

2 ▻ Secoue-toi, fainéant !
¡Muévete, vago!

2 ► **se secouer** (= se bouger) : moverse

ℹ *Le pronom réfléchi fonctionne de la façon suivante en espagnol : me muevo, te mueves, se mueve, nos movemos, os movéis, se mueven.*

secours

▻ On a entendu quelqu'un qui appelait au secours.
Oímos a alguien que pedía auxilio.

▻ Au secours ! Au secours !
¡Auxilio! ¡Auxilio!

► **appeler au secours** *ou* **crier au secours :** pedir auxilio

ℹ *Quand on crie pour demander de l'aide, on peut dire aussi ¡socorro!*

secret, secrète

▻ Ils se rencontrent dans un endroit secret.
Se ven en un lugar secreto.

▻ Ne le répète à personne, c'est un secret.
No se lo repitas a nadie, es un secreto.

(adjectif = caché) secreto, secreta

► **un secret :** un secreto

secrétaire

▷ La secrétaire du collège est très gentille.
La secretaria del colegio es muy amable.

(= métier) el **secretario,** la **secretaria**

*Attention, l'accent tonique, non écrit, tombe sur le **a** de l'avant-dernière syllabe. Ne pas confondre **la secretaria** avec **la secretaría**, qui signifie « le secrétariat ».*

secrétariat

▷ Je dois aller au secrétariat chercher des documents.
Tengo que ir a la secretaría por unos documentos.

(= bureau) la **secretaría**

Remarquez que le mot espagnol porte sur le i un accent écrit qui reflète l'accent tonique.

*Ne pas confondre **la secretaría** avec **la secretaria**, qui signifie « la secrétaire ».*

secteur

▷ C'est un secteur économique important.
Es un sector económico importante.

el **sector** (pluriel **los sectores**)

section

▷ Noémie ne sait pas si elle doit choisir une section scientifique ou littéraire.
Noémie no sabe si debe elegir ciencias o letras.

► **section scientifique :** ciencias
► **section littéraire :** letras

sécurité

1 ▷ Il y a des problèmes de sécurité dans ce quartier.
Hay problemas de seguridad en este barrio.

1 (= absence de criminalité) la **seguridad**

2 ▷ Céleste se sentait en sécurité avec Joël.
Céleste se sentía segura con Joël.

2 ► **en sécurité :** seguro, segura

séduisant, séduisante

▷ Je trouve son frère très séduisant.
Su hermano me parece muy atractivo.

(personne, idée, solution) **atractivo, atractiva**

seigle

▷ J'adore le pain de seigle.
Me encanta el pan de centeno.

el **centeno**

sein

▷ Les garçons n'ont pas de seins.
Los chicos no tienen pechos.

▷ Ma mère nous a donné le sein quand nous étions bébés.
Mi madre nos dio el pecho cuando éramos bebés.

el **pecho**

► **donner le sein à** un bébé (= l'allaiter) **:** dar el pecho a un bebé

la Seine

▷ La Seine passe à Paris.
El Sena pasa por París.

el **Sena**

seize

▷ Il y a seize élèves dans la classe.
Hay dieciséis alumnos en la clase.

▷ Le concert aura lieu le seize janvier.
El concierto tendrá lugar el dieciséis de enero.

dieciséis

ℹ *Remarquez que le mot espagnol porte sur le deuxième* ***e*** *un accent écrit qui reflète l'accent tonique.*

ℹ *Notez l'emploi de* ***de*** *en espagnol quand on dit la date.*

séjour

1 ▷ Merci beaucoup, nous avons passé un séjour très agréable.
Muchas gracias, nuestra estancia ha sido muy agradable.

1 (= visite) la **estancia**

2 ▷ Bénédicte va faire un séjour linguistique en Espagne cet été.
Bénédicte va a hacer un viaje de idiomas en España este verano.

2 ► **séjour linguistique :** el **viaje de idiomas**

sel

▷ Il n'y a pas assez de sel dans la soupe.
No hay sal suficiente en la sopa.

la **sal**

Attention : contrairement au français, le mot espagnol ***sal*** *est féminin.*

sélection

▷ Il faut faire une sélection.
Hay que hacer una selección.

la **selección** (pluriel las **selecciones**)

ℹ *Il n'y a pas d'accent écrit au pluriel. L'accent tonique porte sur le* ***o****, comme au singulier.*

sélectionner

▷ Il a été sélectionné trois fois en équipe nationale.
Fue seleccionado tres veces para el equipo nacional.

seleccionar

self-service

▷ On a mangé dans un self-service sur l'autoroute.
Comimos en un autoservicio en la autopista.

el **autoservicio**

selle

1 ▷ La selle de ce vélo est très dure.
El sillín de esta bici es muy duro.

1 (d'un vélo) el **sillín** (pluriel los sillines)

Il n'y a pas d'accent écrit au pluriel. L'accent tonique porte sur le deuxième ***i****, comme au singulier.*

2 ▷ Le cheval ne porte pas de selle.
El caballo no lleva silla de montar.

2 (d'un cheval) la **silla de montar** (pluriel las sillas de montar)

selon

▷ Selon les journaux, c'est le ministre qui est responsable.
Según los periódicos, el responsable es el ministro.

▷ Selon moi, ce n'est pas vrai.
Para mí, no es verdad.

según

Remarquez que le mot espagnol porte sur le ***u*** *un accent écrit qui reflète l'accent tonique.*

Exception : à la première personne, on dit ***para mí****.*

semaine

▷ J'ai vu Suzanne la semaine dernière.
Vi a Suzanne la semana pasada.

▷ Jean-Charles est toujours très occupé en semaine.
Jean-Charles está siempre muy ocupado durante la semana.

la **semana**

► **en semaine :** durante la semana

semblable

▷ Je n'avais jamais rien vu de semblable.
Nunca había visto nada semejante.

semejante

sembler

▷ Capucine semblait calme, mais je pense qu'elle était inquiète.
Capucine parecía tranquila, pero pienso que estaba preocupada.

▷ Il me semble que je vous connais.
Me parece que lo conozco.

parecer

semelle

▷ Les semelles de ces sandales sont en cuir.
Las suelas de estas sandalias son de cuero.

(= le dessous des chaussures) la **suela**

semer

▷ Mon père a semé des graines, mais les oiseaux les ont mangées.
Mi padre sembró semillas, pero se las comieron los pájaros.

sembrar

sens

1 ▷ Je crois qu'on ne va pas dans le bon sens.
Creo que no vamos en la buena dirección.

1 (= direction) la **dirección** (pluriel **las direcciones**)

*Remarquez que le mot espagnol porte sur le **o** un accent écrit qui reflète l'accent tonique. Il n'y a pas d'accent écrit au pluriel. L'accent tonique porte sur le **o**, comme au singulier.*

2 ▷ Ce jeu se joue dans le sens des aiguilles d'une montre.
Este juego se juega en el sentido de las agujas del reloj.

2 ► **dans le sens des aiguilles d'une montre : en el sentido de las agujas del reloj**

3 ▷ Quel est le sens de ce mot ?
¿Cuál es el sentido de esta palabra?
▷ Camille n'a aucun sens de l'humour.
Camille no tiene ningún sentido del humor.
▷ Patrice est plein de bon sens.
Patrice tiene mucho sentido común.

3 (= signification, notion instinctive) el **sentido**

► **bon sens : sentido común**

sensation

▷ C'est une sensation bizarre d'être suspendu dans les airs.
Quedarse colgado en el aire produce una sensación rara.

▷ La nouvelle a fait sensation dans l'école.
La noticia causó sensación en el colegio.

la **sensación** (pluriel **las sensaciones**)

*Il n'y a pas d'accent écrit au pluriel. L'accent tonique porte sur le **o**, comme au singulier.*

► **faire sensation : causar sensación**

sensible

▷ Marine est quelqu'un de très sensible.
Marine es una persona muy sensible.

(= émotif) **sensible**

sentier

▷ Prenez ce sentier à gauche.
Tomen este sendero a la izquierda.

el **sendero**

sentiment

▷ Lucas n'aime pas parler de ses sentiments.
A Lucas no le gusta hablar de sus sentimientos.

(= émotion) el **sentimiento**

sentimental, sentimentale

▷ Ce film est trop sentimental.
Esta película es demasiado sentimental.

sentimental (pluriel **sentimentales**)

sentir

1 ▷ Est-ce que tu sens cette odeur bizarre ?
¿Hueles ese olor raro?
▷ Mmm, ça sent bon !
Mmm, ¡qué bien huele!
▷ Ça sent la menthe.
Huele a menta.

1 (= percevoir par le nez, avoir une odeur) **oler**

ℹ *Notez la différence de construction entre le français et l'espagnol : sentir la menthe =* ***oler a menta****.*

2 ▷ J'ai senti une main dans mon dos.
Sentí una mano en mi espalda.
▷ J'ai senti que Mathieu n'était pas content.
Sentí que Mathieu no estaba contento.
▷ Comment tu te sens ?
¿Cómo te sientes?
▷ Je me suis senti mal tout d'un coup.
De repente me sentí mal.

2 (= percevoir par le toucher, avoir une impression) **sentir**

► **se sentir** (= se porter) : **sentirse**

ℹ *Le pronom réfléchi fonctionne de la façon suivante en espagnol :* ***me siento, te sientes, se siente, nos sentimos, os sentís, se sienten****.*

3 ▷ Je sens qu'il va y avoir des problèmes.
Creo que va a haber problemas.

3 ► **sentir que** (= penser que) : **creer que**

séparer

1 ▷ D'abord, sépare les blancs des jaunes.
Primero, separa las claras de las yemas.
▷ Les parents de Jeanne se sont séparés.
Los padres de Jeanne se han separado.

1 (= mettre à part) **separar**

► **se séparer** (= cesser de vivre ensemble) : **separarse**

ℹ *Le pronom réfléchi fonctionne de la façon suivante en espagnol :* ***nos separamos, os separáis, se separan****.*

2 ▷ La classe est séparée en deux.
El aula está dividida en dos.

2 (= diviser) **dividir**

sept

▷ Le voyage en train dure sept heures.
El viaje en tren dura siete horas.
▷ Le bébé est né le sept mars.
El bebé nació el siete de marzo.

siete

ℹ *Notez l'emploi de* ***de*** *en espagnol quand on dit la date.*

septembre

▷ Nous allons déménager en septembre.
Nos vamos a mudar en septiembre.
▷ Mireille est née le quinze septembre.
Mireille nació el quince de septiembre.

septiembre

ℹ *On peut écrire aussi* ***setiembre****, sans le* ***p****.*

ℹ *Notez l'emploi de* ***de*** *en espagnol quand on dit la date.*

septième

▷ Le septième exercice est le plus difficile.
El séptimo ejercicio es el más difícil.

séptimo, séptima

Remarquez que le mot espagnol porte sur le e un accent écrit qui reflète l'accent tonique.

série

▷ J'ai eu une série de mauvaises notes.
He tenido una serie de malas notas.
▷ Ma grand-mère regarde toutes les séries américaines.
Mi abuela mira todas las series americanas.

la **serie**

sérieusement

▷ Tu ne parles pas sérieusement ?
¿No hablas en serio?
▷ La prof a dit à Cécile de travailler plus sérieusement.
La profesora le dijo a Cécile que trabajara más en serio.

(= sans plaisanter, consciencieusement)
en serio

sérieux, sérieuse

▷ Étienne avait l'air très sérieux.
Étienne parecía muy serio.
▷ Caro est une élève sérieuse.
Caro es una alumna seria.

serio, seria

seringue

▷ J'ai eu peur quand j'ai vu l'infirmière avec une grosse seringue.
Sentí miedo al ver a la enfermera con una enorme jeringuilla.

la **jeringuilla**

serpent

▷ Lionel a vu un serpent dans l'herbe.
Lionel vio una serpiente en la hierba.

la **serpiente**

*Attention : contrairement au français, le mot espagnol **serpiente** est féminin.*

serré, serrée

1 ▷ Elle porte toujours des jeans très serrés.
Siempre lleva vaqueros muy ceñidos.

1 (= étroit, en parlant de vêtements)
ceñido, ceñida

2 ▷ On était serrés comme des sardines.
Estábamos apretados como sardinas.

2 (= collés les uns contre les autres)
apretado, apretada

serrer

1 ▷ Je serrais la lettre dans ma main parce que j'avais peur de la perdre.
Apretaba la carta en la mano porque me daba miedo perderla.

1 (= tenir pressé) **apretar**

2 ▷ Ahmed m'a serrée dans ses bras en me disant au revoir.
Ahmed me abrazó al despedirse.

2 ► **serrer** quelqu'un **dans ses bras : abrazar a** alguien

3 ▷ On s'est serré la main.
Nos dimos la mano.

3 ► **se serrer la main : darse la mano**

Le pronom réfléchi fonctionne de la façon suivante en espagnol : ***nos damos la mano, os dais la mano, se dan la mano.***

4 ▷ Ce jean me serre.
Estos vaqueros me aprietan.
▷ Serre bien tes lacets.
Apriétate bien los cordones.
▷ Serrez-vous un peu, sinon on ne rentrera pas tous.
Apretaos un poco, o no cabremos todos.

4 (= être trop étroit pour quelqu'un ou tirer sur quelque chose) **apretar**

► **se serrer** (= se comprimer) : **apretarse**

Le pronom réfléchi fonctionne de la façon suivante en espagnol : ***nos apretamos, os apretáis, se aprietan.***

serrure

▷ On a dû changer les serrures après le cambriolage.
Tuvimos que cambiar las cerraduras después del robo.

la **cerradura**

Attention à bien prononcer les deux ***r*** *de* ***cerradura.***

serveur, serveuse

▷ Demande au serveur de nous apporter du pain.
Pídele al camarero que nos traiga pan.

el **camarero,** la **camarera**

service

1 ▷ Est-ce que je peux te demander un service ?
¿Te puedo pedir un favor?
▷ Isabelle m'a rendu service, maintenant c'est mon tour.
Isabelle me ha hecho un favor, ahora me toca a mí.

1 (= aide) el **favor** (pluriel los **favores**)

► **rendre service à** quelqu'un **: hacerle un favor a** alguien

2 ▷ On m'a dit de m'adresser au service des réclamations.
Me dijeron que me dirigiera al servicio de reclamaciones.
▷ Est-ce que le service est compris ?
¿Está el servicio incluido?
▷ Ma grand-mère a un joli service à café.
Mi abuela tiene un bonito servicio de café.

2 (en parlant d'une société, d'une administration, du restaurant ou de la vaisselle) el **servicio**

serviette

1 ▷ Il manque les petites cuillères et les serviettes.
Faltan las cucharillas y las servilletas.

1 (de table) la **servilleta**

2 ▷ Les serviettes sont changées tous les jours à l'hôtel.
Las toallas se cambian todos los días en el hotel.

2 (de toilette) la **toalla**

3 ▷ Est-ce que tu peux me passer une serviette hygiénique ?
¿Me puedes dar una compresa?

3 ► **serviette hygiénique :** la **compresa**

servir

1 ▷ Le garçon a servi les autres clients avant nous.
El camarero sirvió a los otros clientes antes que a nosotros.

1 (à table ou dans un magasin) **servir**
ℹ *Le complément est une personne ou un groupe de personnes : n'oubliez pas de le faire précéder de a.*

2 ▷ À quoi sert cet outil ?
¿Para qué sirve esta herramienta?
▷ Ça ne sert à rien de pleurer.
No sirve para nada llorar.

2 ► **servir** à quelque chose (en parlant d'un objet) : **servir para** algo
► **ça ne sert à rien de** + infinitif : **no sirve para nada** + infinitif

3 ▷ Cette pièce sert de bureau.
Esta habitación sirve de despacho.

3 ► **servir de :** **servir de**

4 ▷ Vas-y, sers-toi.
Venga, sírvete.

4 ► **se servir** (à table) : **servirse**
ℹ *Le pronom réfléchi fonctionne de la façon suivante en espagnol : **me sirvo, te sirves, se sirve, nos servimos, os servís, se sirven.***

5 ▷ Tu sais te servir d'un arc ?
¿Sabes usar un arco?

5 ► **se servir de** quelque chose : **usar** algo

ses

▷ Claude s'entend bien avec ses cousins.
Claude se lleva bien con sus primos.

sus

set

1 ▷ Qui a gagné le premier set ?
¿Quién ganó el primer set?

2 ▷ Ma mère a acheté des sets de table.
Mi madre compró manteles individuales.

1 (au tennis) el **set** (pluriel los sets)

2 ► **set de table :** el mantel individual (pluriel los manteles individuales)

seuil

▷ Ne reste pas sur le seuil de la porte, entre !
¡No te quedes en el umbral, pasa!

(= entrée) el **umbral** (pluriel los umbrales)

seul, seule

1 ▷ Nous étions seuls dans le restaurant.
Estábamos solos en el restaurante.
▷ Nathan se sent très seul.
Nathan se siente muy solo.
▷ J'ai un seul ami : il s'appelle Rachid.
Tengo un solo amigo : se llama Rachid.
▷ Claire a mis la table toute seule.
Claire ha puesto la mesa sola.

2 ▷ C'est le seul chanteur qu'elle aime.
Es el único cantante que le gusta.

1 **solo, sola**

► **tout seul, toute seule :** solo, sola

2 ► **le seul..., la seule... :** el único..., la única...

seulement

1 ▷ On a seulement cinq jours de vacances.
Sólo tenemos cinco días de vacaciones.

2 ▷ Si seulement tu m'en avais parlé avant !
¡Si al menos me lo hubieras dicho antes!

1 (= uniquement) **sólo**

ℹ *Remarquez que le mot espagnol porte sur le premier **o** un accent écrit qui le distingue de l'adjectif **solo** (= seul).*

ℹ *On peut dire aussi **solamente**.*

2 ► **si seulement... :** si al menos...

ℹ *Notez l'emploi du subjonctif imparfait après **si al menos**.*

sévère

▷ La prof d'espagnol est très sévère.
La profesora de español es muy severa.

severo, severa

sexe

▷ Ils ne veulent pas connaître le sexe de leur bébé.
No quieren saber el sexo de su bebé.

el **sexo**

sexiste

▷ Je ne supporte pas les remarques sexistes.
No soporto los comentarios sexistas.

sexista

shampoing ou shampooing

1 ▷ J'ai du shampoing dans les yeux, ça pique !
Tengo champú en los ojos, ¡pica!

1 (= liquide) el **champú** (pluriel los champús)

*Remarquez que le mot espagnol porte sur le **u** un accent écrit qui reflète l'accent tonique.*

2 ▷ La coiffeuse m'a d'abord fait un shampoing.
Primero, la peluquera me lavó el pelo.

2 ► **faire un shampoing à quelqu'un : lavarle el pelo a** alguien

shooter

1 ▷ J'ai appris à shooter à mon petit frère.
Le enseñé a chutar a mi hermanito.

1 (= taper dans un ballon) **chutar**

2 ▷ Il se shoote à l'héroïne.
Se chuta heroína.

2 ► **se shooter : chutarse**

*Le pronom réfléchi fonctionne de la façon suivante en espagnol : **me chuto, te chutas, se chuta, nos chutamos, os chutáis, se chutan**. Notez l'absence d'article après le verbe.*

short

▷ Je n'aime pas ce short, il est trop petit.
No me gustan estos pantalones cortos, me quedan demasiado ajustados.

los **pantalones cortos**

*Attention, l'espagnol utilise toujours un pluriel : **pantalones cortos**.*

si

1 ▷ On pourrait faire un pique-nique s'il fait beau.
Podríamos ir de picnic si hace bueno.
▷ Je ne sais pas si Amélie sera là.
No sé si Amélie estará.
▷ Si j'étais riche, j'achèterais un bateau.
Si fuese rico, compraría un barco.

1 (pour exprimer une hypothèse) **si**

*Notez l'emploi du subjonctif imparfait en espagnol (**si fuese** ou **si fuera...**) quand on emploie l'imparfait en français (si j'étais...).*

2 ▷ Tu n'es pas contente ? – Si !
¿No estás contenta? – ¡Sí!

2 (= oui) **sí**

*Remarquez que le mot espagnol porte sur le **i** un accent écrit qui le distingue de la conjonction **si**.*

3 ▷ Arthur est si malade qu'il ne peut pas se lever.
Arthur está tan enfermo que no puede levantarse.

3 (= tellement) **tan**

sida

▷ Il faut se protéger pour ne pas attraper le sida.
Hay que protegerse para no coger el sida.

el **sida**

siècle

▷ Nous sommes au début du vingt et unième siècle.
Estamos a principios del siglo veintiuno.

(= cent ans) el **siglo**

ℹ *Notez l'ordre des mots dans la phrase espagnole (**siglo** + nombre) et l'emploi du nombre cardinal (**veintiuno**) là où le français emploie le nombre ordinal* (**vingt et unième**).

siège

▷ Est-ce que ce siège est libre ?
¿Este asiento está libre?

(= chaise, fauteuil) el **asiento**

sien, sienne

▷ Sophie aime bien ma jupe, mais elle préfère la sienne.
A Sophie le gusta mi falda, pero prefiere la suya.
▷ Damien dit que ces livres sont les siens.
Damien dice que estos libros son los suyos.

Le sien, la sienne, les siens, les siennes se *traduit par* ***el suyo, la suya, los suyos, las suyas.***

sieste

▷ Où est Lionel ? – Il fait la sieste.
¿Dónde está Lionel? – Se está echando la siesta.
▷ Mon père fait la sieste tous les jours.
Mi padre duerme la siesta todos los días.

la **siesta**
► **faire la sieste : echarse la siesta**

ℹ *Le pronom réfléchi fonctionne de la façon suivante en espagnol :* ***me echo, te echas, se echa, nos echamos, os echáis, se echan la siesta.***

ℹ *On peut dire aussi* ***dormir la siesta.***

sifflement

▷ Tu entends le sifflement du vent ?
¿Oyes el silbido del viento?

el **silbido**

siffler

1 ▷ Sylvian sifflait, il avait l'air heureux.
Sylvian silbaba, parecía feliz.
▷ Le public a sifflé les acteurs.
El público silbó a los actores.

1 **silbar**

Si le complément est une personne, un groupe de personnes ou un animal domestique, n'oubliez pas de le faire précéder de ***a.***

2 ▷ Siffle Médor, il va revenir.
Silba a Médor, va a volver.

2 ► **siffler un chien : silbar al perro**

3 ▷ L'arbitre a sifflé la fin du match.
El árbitro pitó el final del partido.

3 (avec un sifflet) **pitar**

sifflet

1 ▷ Le berger se sert d'un sifflet pour appeler son chien.
El pastor usa un silbato para llamar a su perro.

1 (= instrument) el **silbato**

2 ▷ L'arbitre a donné un coup de sifflet.
El árbitro tocó el silbato.

2 ► **donner un coup de sifflet : tocar el silbato**

signal

▷ Le prof a donné le signal du début de la course.
El profesor dio la señal de que empezaba la carrera.

▷ Quelqu'un a tiré le signal d'alarme.
Alguien ha tirado de la señal de alarma.

la **señal** (pluriel **las señales**)

Attention : contrairement au français, le mot espagnol ***señal*** *est féminin.*

► **signal d'alarme :** la **señal de alarma**

signaler

1 ▷ Bruno m'a signalé qu'il y avait une faute dans le premier paragraphe.
Bruno me señaló que había una falta en el primer párrafo.

1 (= faire remarquer) **señalar**

2 ▷ Nous avons signalé le vol à la police.
Denunciamos el robo a la policía.

2 (= déclarer à la police) **denunciar**

signature

▷ Ta signature est illisible.
Tu firma es ilegible.

la **firma**

signe

1 ▷ Mathieu nous a fait un signe pour nous dire qu'il s'en allait.
Mathieu nos hizo una seña para decirnos que se iba.

1 (= geste) la **seña**

2 ▷ Elle sourit, c'est bon signe.
Está sonriendo, es buena señal.

2 (= indice) la **señal** (pluriel **las señales**)

signer

▷ Signe en bas du formulaire.
Firma en la parte inferior del formulario.

(= écrire son nom) **firmar**

signet

▷ J'ai mis un signet à cette page.
He puesto una marca en esta página.

(de livre, sur Internet) la **marca**

signification

▷ Quelle est la signification de ce mot ?
¿Cuál es el significado de esta palabra?

el **significado**

signifier

▷ Que signifie ce mot ?
¿Qué significa esta palabra?

significar

silence

▷ Le prof nous a demandé de sortir en silence.
El profesor nos pidió que saliéramos en silencio.

el **silencio**

silencieux, silencieuse

1 ▷ Les élèves sont restés silencieux.
Los alumnos se quedaron callados.

1 (= qui ne parle pas) **callado, callada**

2 ▷ Cette voiture est très silencieuse.
Este coche es muy silencioso.

2 (= qui ne fait pas de bruit) **silencioso, silenciosa**

silhouette

▷ On ne voyait que des silhouettes dans le brouillard.
Sólo se veían siluetas en la niebla.

(= vague forme) la **silueta**
Attention à l'orthographe du mot espagnol.

s'il te plaît, s'il vous plaît

▷ Ouvre la porte, s'il te plaît.
Abre la puerta, por favor.
▷ Un kilo de pommes, s'il vous plaît.
Un kilo de manzanas, por favor.

por favor

simple

▷ Les règles du jeu sont très simples.
Las reglas del juego son muy sencillas.

sencillo, sencilla
*Attention **simple** existe mais il a souvent le sens de « niais ».*

simplement

▷ Leur maison est meublée très simplement.
Su casa está amueblada muy sencillamente.
▷ Je voudrais simplement que tu m'aides.
Quisiera sencillamente que me ayudaras.

sencillamente

simplifier

▷ Cela simplifierait beaucoup le processus.
Simplificaría mucho el proceso.

simplificar

sincère

▷ Pierre souriait, mais ce n'était pas sincère.
Pierre sonreía, pero no era sincero.

sincero, sincera

singe

1 ▷ Il est interdit de donner des cacahuètes aux singes.
Está prohibido darles cacahuetes a los monos.

1 el **mono**

2 ▷ Arrête de faire le singe et travaille !
¡Deja de hacer el payaso y trabaja!

2 ► **faire le singe : hacer el payaso**
El payaso signifie « le clown ».

singulier

▷ Le singulier et le pluriel sont les mêmes.
El singular y el plural son iguales.
▷ Cet adjectif est au singulier.
Este adjetivo está en singular.

el **singular** (pluriel los singulares)

► **au singulier : en singular**

sinistre

▷ Ils habitent dans un quartier sinistre.
Viven en un barrio siniestro.

siniestro, siniestra
Attention à l'orthographe du mot espagnol.

sinon

▷ Appelle Carlos, sinon il va se fâcher.
Llama a Carlos, si no va a enfadarse.

(= autrement) **si no**

sirène

▷ Tu as entendu la sirène des pompiers ?
¿Has oído la sirena de los bomberos?

la **sirena**

sirop

1 ▷ Si tu veux, j'ai un très bon sirop contre la toux.
Si quieres, tengo un jarabe muy bueno para la tos.

1 (= médicament) el **jarabe**
L'espagnol n'a pas de mot spécifcique pour désigner une boisson sucrée ; sirop de grenadine *se traduit par* **granadina**, sirop de menthe *par* **menta**, *etc.*

2 ▷ J'aime les pêches au sirop.
Me gustan los melocotones en almibar.

2 ► **au sirop : en almibar**

site

1 ▷ La ville est dans un très beau site.
La ciudad está en un paraje muy hermoso.

1 (= décor) el **paraje**

2 ▷ Nous avons visité plusieurs sites archéologiques.
Visitamos varios sitios arqueológicos.

2 ► **site archéologique : el sitio arqueológico**

3 ▷ Il y a plein de sites touristiques dans cette région.
Hay muchos lugares turísticos en esta región.

3 ► **site touristique : el lugar turístico** (pluriel los lugares turísticos)
Remarquez que le mot espagnol **turístico** *porte sur le* **u** *un accent écrit qui reflète l'accent tonique.*

4 ▷ Madeleine m'a conseillé un site web pour apprendre l'espagnol en jouant.
Madeleine me ha aconsejado un sitio web para aprender español jugando.

4 ► **site web : el sitio web** (pluriel los sitios web)

situation

▷ La situation est compliquée.
La situación es complicada.

(= circonstances) la **situación** (pluriel **las situaciones**)

*Il n'y a pas d'accent écrit au pluriel. L'accent tonique porte sur le **o**, comme au singulier.*

situé, située

▷ Le château est situé sur une colline.
El castillo está situado en una colina.

situado, situada

six

▷ Mon frère a six ans.
Mi hermano tiene seis años.
▷ Les cours reprennent le six septembre.
Las clases se reanudan el seis de septiembre.

seis

*Notez l'emploi de **de** en espagnol quand on dit la date.*

sixième

1 ▷ C'est notre sixième interro cette semaine.
Éste es el sexto examen esta semana.

1 **sexto, sexta**

2 ▷ Ils habitent au sixième sans ascenseur.
Viven en el sexto piso sin ascensor.

2 (= sixième étage) el **sexto piso**

3 ▷ Alex va entrer en sixième.
Alex va a empezar sexto de primaria.

3 ► **la sixième** (= classe) : **6° de EP** (sexto de primaria)

skate(-board)

▷ Hakim fait du skate tous les jours.
Hakim anda en monopatín todos los días.

► **faire du skate : andar en monopatín**

*Remarquez que le mot espagnol **monopatín** porte sur le **i** un accent écrit qui reflète l'accent tonique.*

sketch

▷ Les profs ont préparé un sketch pour la fête de l'école.
Los profesores han preparado un sketch para la fiesta del colegio.

el **sketch** (pluriel **los sketches**) *ou* (pluriel **los sketchs**)

*Se prononce comme s'il s'écrivait **esketch** en espagnol.*

ski

▷ On pourra louer des skis là-bas.
Podremos alquilar esquíes allí.
▷ Le ski est mon sport préféré.
El esquí es mi deporte favorito.

el **esquí** (pluriel **los esquís**) *ou* (pluriel **los esquíes**)

*Remarquez que le mot espagnol porte sur le **i** un accent écrit qui reflète l'accent tonique.*

▷ J'ai appris à faire du ski dans les Alpes.
Aprendí a esquiar en los Alpes.

► **faire du ski : esquiar**

▷ Élisabeth va au ski en janvier.
Élisabeth va a esquiar en enero.

► **aller au ski : ir a esquiar**

▷ Je préfère le ski de fond au ski alpin.
Prefiero el esquí de fondo al esquí alpino.
▷ L'été je fais du ski nautique et de la plongée.
En verano practico el esquí acuático y el submarinismo.

► **ski de fond :** el **esquí de fondo**
► **ski alpin :** el **esquí alpino**
► **ski nautique :** el **esquí acuático**

skier

▷ Est-ce que tu sais skier ?
¿Sabes esquiar?

esquiar

slip

1 ▷ On voit son slip sous sa jupe.
Se le ven las bragas por debajo de la falda.

1 (= sous-vêtement féminin) las **bragas**

i ***Bragas*** *est un nom pluriel : on dit par exemple* ***estas bragas son demasiado grandes*** (cette culotte est trop large).

2 ▷ Ludovic préfère porter des slips que des caleçons.
Ludovic prefiere llevar slips a llevar calzoncillos.

2 (= sous-vêtement masculin) el **slip** (pluriel **los slips**)

Se prononce /eslip/ en espagnol.

3 ▷ Andrés porte un slip de bain bleu.
Andrés lleva un slip bañador azul.

3 ► **slip de bain :** el **slip bañador** (pluriel **los slipes bañadores**)

smoking

▷ Mon père était en smoking.
Mi padre llevaba esmoquin.

el **esmoquin** (pluriel **los esmóquines**)

i *Il n'y a pas d'accent écrit au singulier. L'accent tonique porte sur le* ***o****, comme au pluriel.*

SMS

▷ Envoie-moi un SMS.
Mándame un SMS.

el **SMS**

social, sociale

▷ La situation économique crée de graves problèmes sociaux.
La situación económica crea graves problemas sociales.

social (pluriel **sociales**)

société

▷ Ma mère travaille pour une grosse société.
Mi madre trabaja para una gran sociedad.
▷ Nous vivons dans une société multiculturelle.
Vivimos en una sociedad multicultural.

la **sociedad** (pluriel **las sociedades**)

socquettes

▻ Trois paires de socquettes pour dix euros, ce n'est pas cher.
Tres pares de calcetines cortos por diez euros no es caro.

los **calcetines cortos**

sœur

▻ Ma sœur s'appelle Camille.
Mi hermana se llama Camille.

la **hermana**

soi-disant

▻ Édouard est soi-disant malade.
Édouard está supuestamente enfermo.

(utilisé comme adverbe) **supuestamente**

soie

▻ La soie est un tissu agréable au toucher.
La seda es un tejido agradable al tacto.

▻ Ce foulard est en soie.
Este fular es de seda.

la **seda**

► **en soie : de seda**

soif

▻ Tu as soif ? Tu veux de l'eau ?
¿Tienes sed? ¿Quieres agua?

▻ Cette promenade m'a donné soif.
Este paseo me ha dado sed.

la **sed**

soigné, soignée

▻ Le travail de Cyril est toujours très soigné.
El trabajo de Cyril es siempre muy cuidado.

(= fait ou tenu avec soin) **cuidado, cuidada**

soigner

1 ▻ Le docteur qui soigne Paul est très gentil.
El médico que trata a Paul es muy amable.

1 (= traiter) **tratar**

Si le complément est une personne, un groupe de personnes ou un animal domestique, n'oubliez pas de le faire précéder de ***a****.*

2 ▻ Elle soigne bien ses plantes.
Cuida muy bien sus plantas.

▻ Tu devrais soigner la présentation.
Deberías cuidar la presentación.

2 (= s'occuper de ou être attentif à) **cuidar**

3 ▻ J'espère que tu te soignes pour ce rhume.
Espero que tomas algo para ese resfriado.

3 ► **se soigner** (= prendre des médicaments) : **tomar algo**

soigneux, soigneuse

▻ Marc n'est pas soigneux, il écrit n'importe comment.
Marc no es cuidadoso, escribe de cualquier manera.

cuidadoso, cuidadosa

soi-même

▷ Il vaut mieux le faire soi-même.
Más vale hacerlo por sí mismo.

sí mismo

soin

1 ▷ Léa classe ses notes avec soin.
Léa clasifica sus apuntes con cuidado.

1 ► **avec soin :** con cuidado

2 ▷ Les soins médicaux sont gratuits ici.
Aquí la asistencia médica es gratuita.

2 ► **soins médicaux :** la asistencia médica

soir

▷ Je passerai chez toi ce soir, vers six heures.
Pasaré por tu casa esta tarde, hacia las seis.
▷ La fête aura lieu un soir de la semaine prochaine.
La fiesta tendrá lugar una noche de la semana que viene.

La journée se divise différemment en français et en espagnol : le matin *et* ***la mañana*** *coïncident, mais* ***la tarde*** *couvre à la fois* l'après-midi *et* le début de la soirée, jusqu'à la tombée de la nuit. *Ensuite, on dit* ***la noche****.*

▷ Le soir je suis trop fatigué pour lire.
Por la noche estoy demasiado cansado para leer.

ℹ *Le soir se dit* ***por la tarde*** *si on parle du début de soirée, ou* ***por la noche*** *si on parle de la période qui suit la tombée de la nuit.*

▷ Qu'est-ce que tu as fait hier soir ?
¿Qué hiciste anoche?

► **hier soir :** anoche

soirée

1 ▷ On a passé la soirée à raconter des blagues.
Nos pasamos la noche contando chistes.
▷ Bonne soirée !
¡Buenas noches!

1 (= partie de la journée) la noche

ℹ *Notez que l'expression espagnole qui correspond à* bonne soirée ! *est au pluriel.*

2 ▷ La soirée chez Patou était très réussie.
La fiesta en casa de Patou fue un éxito.

2 (= fête) la fiesta

soit

▷ Soit tu viens tout de suite, soit tu restes.
O vienes en seguida o te quedas aquí.

► **soit... soit :** o... o

soixante

▷ Il y avait soixante élèves dans le car.
Había sesenta alumnos en el autobús.

sesenta

soixante-dix

▷ La limitation de vitesse est à soixante-dix kilomètres-heure.
El límite de velocidad es de setenta kilómetros por hora.

setenta

soja

▷ Les végétariens mangent du soja pour remplacer la viande.
Los vegetarianos comen soja para sustituir la carne.

la **soja**

*Attention : contrairement au français, le mot espagnol **soja** est féminin.*

sol

▷ Il n'a pas plu depuis longtemps, le sol est très sec.
Hace mucho tiempo que no llueve, el suelo está muy seco.

el **suelo**

solaire

▷ Il y a des panneaux solaires sur le toit de cette maison.
Hay paneles solares en el tejado de esta casa.
▷ N'oublie pas de mettre de la crème solaire.
Acuérdate de ponerte crema solar.

solar (pluriel **solares**)

soldat

▷ Les soldats défilent ici le quatorze juillet.
Los soldados desfilan aquí el catorce de julio.

el **soldado**

solde

▷ J'ai acheté ce tee-shirt en solde.
Compré esta camiseta en las rebajas.
▷ La jupe était en solde.
La falda estaba rebajada.
▷ Les soldes commencent en juin.
Las rebajas empiezan en junio.
▷ On pourrait faire les soldes samedi.
Podríamos ir de rebajas el sábado.

► **acheter** quelque chose **en solde : comprar** algo **en las rebajas**
► **être en solde : estar rebajado**
► **les soldes : las rebajas**
► **faire les soldes : ir de rebajas**

sole

▷ J'ai mangé une sole au déjeuner.
Para el almuerzo comí un lenguado.

el **lenguado**

soleil

▷ Ah, enfin, le soleil sort !
¡Ah, por fin sale el sol!
▷ Il y a du soleil aujourd'hui.
Hace sol hoy.
▷ Ne reste pas trop au soleil.
No te quedes demasiado tiempo al sol.
▷ Tu vas attraper un coup de soleil.
Vas a sufrir una insolación.

el **sol**

Notez la traduction de il y a du soleil *:* ***hace sol.***

► **au soleil : al sol**
► **attraper un coup de soleil : sufrir una insolación**

solfège

▷ Capucine apprend le solfège et la guitare.
Capucine está aprendiendo solfeo y guitarra.

(= règles de la musique) el **solfeo**

solidaire

▷ Pendant la grève, les ouvriers ont été solidaires.
Durante la huelga, los obreros fueron solidarios.
▷ Ils sont solidaires du gouvernement.
Son solidarios con el gobierno.

solidario, solidaria

► **être solidaire de** quelqu'un : **ser solidario con** alguien

solidarité

▷ Ils ont cessé le travail par solidarité avec les grévistes.
Han dejado de trabajar en solidaridad con los huelguistas.

la **solidaridad**

solide

1 ▷ Il ne peut pas manger d'aliments solides.
No puede comer alimentos sólidos.

1 (= non liquide) **sólido, sólida**

2 ▷ Ce tissu est très solide, il ne se déchirera pas.
Esta tela es muy resistente, no se desgarrará.
▷ Mon grand-père n'a pas le cœur très solide.
Mi abuelo no tiene el corazón muy resistente.

2 (= résistant) **resistente**

solitaire

▷ Il a une vie assez solitaire.
Lleva una vida bastante solitaria.

solitario, solitaria

solitude

▷ Elle aime la solitude.
Le gusta la soledad.

la **soledad**

solution

▷ Le prof nous a donné la solution du problème.
El profesor nos dio la solución del problema.

la **solución** (pluriel **las soluciones**)

ℹ *Il n'y a pas d'accent écrit au pluriel. L'accent tonique porte sur le* ***o****, comme au singulier.*

sombre

▷ Cette salle de classe est très sombre.
Este aula es muy oscura.

(= obscur, foncé) **oscuro, oscura**

Attention à l'orthographe du mot espagnol.

somme

▷ Mille euros, c'est une grosse somme.
Mil euros es una suma importante.
▷ Lucie a fait la somme de toutes les dépenses.
Lucie hizo la suma de todos los gastos.

la **suma**

sommeil

▷ J'ai très sommeil, je vais me coucher.
Tengo mucho sueño, voy a acostarme.

► **avoir sommeil : tener sueño**

sommet

▷ On a presque atteint le sommet.
Ya casi hemos alcanzado la cumbre.

la **cumbre**

somnambule

▷ J'ai trouvé Michaël en pyjama sur le balcon : il est somnambule !
Encontré a Michaël en pijama en el balcón: ¡es sonámbulo!

sonámbulo, sonámbula

Attention à l'orthographe du mot espagnol.

*Remarquez aussi qu'il porte sur le **a** un accent écrit qui reflète l'accent tonique.*

somnifère

▷ Mon père prend des somnifères.
Mi padre toma somníferos.

el **somnífero**

*Remarquez que le mot espagnol porte sur le **i** un accent écrit qui reflète l'accent tonique.*

somnoler

▷ Il a somnolé dans la voiture.
Dormitó en el coche.

dormitar

son

1 ▷ Ce piano a un très beau son.
Este piano tiene un sonido muy bonito.

1 ► **un son : un sonido**

2 ▷ Patrice va venir avec son frère.
Patrice va a venir con su hermano.
▷ Charlotte arrive ! Où est son cadeau ?
¡Ya viene Charlotte! ¿Dónde está su regalo?

2 (adjectif possessif) **su**

sondage

▷ Ils ont publié un sondage.
Han publicado un sondeo.

(= enquête) el **sondeo**

sonner

1 ▷ Les cloches sonnent.
Las campanas están sonando.
▷ Le téléphone sonne, va répondre.
El teléfono suena, ve a contestar.

1 (en parlant des cloches, du téléphone ou d'un réveil) **sonar**

2 ▷ J'ai sonné plusieurs fois à la porte, mais il n'y avait personne.
Llamé a la puerta varias veces, pero no había nadie.

2 (= actionner la sonnette) **llamar**

sonnerie

1 ▷ Tu n'as pas entendu la sonnerie du téléphone ?
¿No oíste el teléfono?
▷ J'ai entendu la sonnerie du réveil, mais je me suis rendormie.
Oí el despertador, pero me volví a dormir.

1 *Quand on parle de la sonnerie du téléphone ou du réveil, on dit simplement* ***el teléfono*** *ou* ***el despertador****.*

2 ▷ Maîtresse, vous avez entendu la sonnerie ?
¿Señorita, ha oído el timbre?

2 *Pour la sonnerie à l'école, on emploie le mot* ***el timbre****.*

sonnette

▷ La sonnette ne marche pas, il faut frapper.
El timbre no funciona, hay que llamar con los nudillos.

el **timbre**

sorbet

▷ Comme dessert, il y a du sorbet à la poire.
De postre hay sorbete de pera.

el **sorbete**

sorcière

▷ Mon frère me racontait des histoires de sorcières pour me faire peur.
Mi hermano me contaba historias de brujas para asustarme.

la **bruja**

sort

▷ On a tiré au sort pour savoir qui ferait la vaisselle.
Echamos a suertes para saber quién fregaría los platos.

► **tirer au sort :** **echar a suertes**

sorte

1 ▷ Il y a plusieurs sortes de desserts.
Hay varios tipos de postres.

1 (= type) el **tipo**

2 ▷ C'est une sorte d'écharpe très large.
Es una especie de bufanda muy ancha.

2 ► **une sorte de** (= une espèce de) : **una especie de**

sortie

▷ Où est la sortie ?
¿Dónde está la salida?

(= endroit par où on sort) la **salida**

sortir

1 ▷ Sors si tu veux, moi je reste ici.
Sal si quieres, yo me quedo aquí.
▷ Est-ce que Lalia est là ? – Non, elle est sortie.
¿Está Lalia? – No, ha salido.

1 (= venir ou aller dehors) **salir**

▷ Il est sorti de la salle de cours et on ne l'a plus revu.
Salió del aula y no lo volvimos a ver.

La préposition utilisée en espagnol est la même qu'en français : sortir de = ***salir de***.

▷ Lise sort avec Charles.
Lise sale con Charles.

► **sortir avec** quelqu'un : **salir con alguien**

2 ▷ Son dernier film vient de sortir.
Su última película acaba de estrenarse.

2 (en parlant d'un film) **estrenarse**

Le pronom réfléchi fonctionne de la façon suivante en espagnol : ***se estrena, se estrenan.***

3 ▷ Quand sort son roman ?
¿Cuándo se publica su novela?

3 (en parlant d'un livre) **publicarse**

Le pronom réfléchi fonctionne de la façon suivante en espagnol : ***se publica, se publican.***

4 ▷ Sors ton vélo du garage.
Saca tu bici del garaje.

4 ► **sortir** quelque chose (= le mettre dehors) : **sacar algo**

5 ▷ Ne t'inquiète pas, on va s'en sortir.
No te preocupes, nos las vamos a arreglar.

5 ► **s'en sortir** (= réussir) : **arreglárselas**

Le pronom réfléchi fonctionne de la façon suivante en espagnol : ***me las arreglo, te las arreglas, se las arregla, nos las arreglamos, os las arregláis, se las arreglan.***

sottise

▷ Arrête de dire des sottises !
¡Deja de decir tonterías!
▷ Zut, j'ai fait une sottise !
¡Jolín, he hecho una tontería!

la **tontería**

Remarquez que le mot espagnol porte sur le ***i*** *un accent écrit qui reflète l'accent tonique.*

sou

▷ Tu as des sous pour acheter une glace ?
¿Tienes dinero para comprar un helado?

► **des sous** (= de l'argent) : **dinero**

Dinero *est un nom masculin.* Sou *est familier, mais* ***dinero*** *ne l'est pas.*

▷ Je n'ai plus de sous.
Ya no tengo ni un duro.

► **n'avoir pas un sou : no tener ni un duro**

No tener ni un duro*, comme* n'avoir pas un sou*, est une expression familière.*

souci

▷ La mère de Jean a bien des soucis.
La madre de Jean tiene muchas preocupaciones.

(= inquiétude) la **preocupación** (pluriel **las preocupaciones**)

Il n'y a pas d'accent écrit au pluriel. L'accent tonique porte sur le ***o****, comme au singulier.*

▷ Ne te fais pas de souci.
No te preocupes.

► **se faire du souci : preocuparse**

ℹ *Le pronom réfléchi fonctionne de la façon suivante en espagnol : **me preocupo, te preocupas, se preocupa, nos preocupamos, os preocupáis, se preocupan.***

soucoupe

▷ Je ne trouve pas la soucoupe pour cette tasse.
No encuentro el platillo para esta taza.
▷ Tu crois aux soucoupes volantes ?
¿Tú crees en los platillos volantes?

el **platillo**

► **soucoupe volante :** el **platillo volador** (pluriel **los platillos voladores**)

soudain

▷ Soudain un homme est apparu.
De repente apareció un hombre.

(= tout d'un coup) **de repente**

souffle

1 ▷ Éric est un athlète, il a du souffle.
Éric es un atleta, tiene fondo.

1 ► **avoir du souffle : tener fondo**

2 ▷ On était à bout de souffle quand on est arrivés en haut de la côte.
Estábamos sin aliento cuando llegamos arriba de la cuesta.

2 ► **être à bout de souffle : estar sin aliento**

3 ▷ Clarisse peut retenir son souffle pendant une minute.
Clarisse puede contener la respiración durante un minuto.

3 ► **retenir son souffle : contener la respiración**

souffler

▷ Le vent souffle fort aujourd'hui.
El viento sopla fuerte hoy.
▷ Isabelle a soufflé toutes les bougies d'un seul coup.
Isabelle sopló todas las velas de un solo aliento.

soplar

souffrance

▷ Il y a eu beaucoup de souffrance pendant la guerre.
Hubo mucho sufrimiento durante la guerra.

el **sufrimiento**

souffrir

▷ Karim a beaucoup souffert après son accident.
Karim sufrió mucho después del accidente.

sufrir

souhait

▷ Atchoum ! – À tes souhaits !
¡Achís! – ¡Jesús! *ou* **¡Salud!**

► **à tes souhaits !** *ou* **à vos souhaits !** (quand on éternue) : **¡Jesús!** *ou* **¡Salud!**

*Remarquez que le mot espagnol porte sur le **u** un accent écrit qui reflète l'accent tonique.*

souhaiter

▷ Nos voisins nous ont souhaité la bonne année.
Los vecinos nos desearon un feliz año nuevo.

► **souhaiter** quelque chose **à** quelqu'un **: desear** algo **a** alguien

soûl, soûle

▷ Ignore-la, elle est complètement soûle.
Ignórala, está completamente borracha.

borracho, borracha

*Attention à bien prononcer les deux **r**.*

*Notez l'emploi de **ser** et de **estar** avec le mot **borracho** : on emploie **ser** quand on dit que quelqu'un est toujours soûl, donc un ivrogne, et **estar** quand quelqu'un est soûl à un moment donné.*

soulagement

▷ J'ai éprouvé un immense soulagement.
Experimenté un gran alivio.

el **alivio**

soulager

▷ Le médecin lui a fait une piqûre pour soulager la douleur.
El médico le puso una inyección para aliviarle el dolor.
▷ Je suis soulagé de savoir qu'ils vont bien.
Me alivia saber que están bien.

aliviar

se soûler

▷ Raphaël s'est soûlé à la fête.
Raphaël se emborrachó en la fiesta.

emborracharse

*Le pronom réfléchi fonctionne de la façon suivante en espagnol : **me emborracho, te emborrachas, se emborracha, nos emborrachamos, os emborracháis, se emborrachan**.*

*Attention à bien prononcer les deux **r** de **emborracharse**.*

soulever

▷ Aide-moi à soulever le canapé.
Ayúdame a levantar el sofá.

(= lever) **levantar**

soulier

▷ Sophie a mis ses souliers neufs.
Sophie se ha puesto los zapatos nuevos.

el **zapato**

souligner

▷ Le prof souligne les fautes en rouge.
El profesor subraya las faltas en rojo.

subrayar

soupçon

▷ La police a des soupçons.
La policía tiene sospechas.

(= doute) la **sospecha**
Attention, le mot espagnol est féminin.

soupçonner

▷ Tout le monde soupçonne Mathieu.
Todo el mundo sospecha de Mathieu.
▷ Je soupçonne Amandine d'avoir copié sur moi.
Sospecho que Amandine copió de mí.

► **soupçonner** quelqu'un : **sospechar de** alguien
► **soupçonner** quelqu'un **de** + infinitif : **sospechar que** alguien + indicatif

soupe

▷ Cette soupe aux légumes est très bonne.
Esta sopa de verduras está muy buena.

la **sopa**
*En espagnol, on emploie le même mot, **sopa**, pour la soupe et le potage.*

soupir

▷ Bruno a poussé un grand soupir quand je lui ai demandé de m'aider.
Bruno dio un gran suspiro cuando le pedí que me ayudara.

► **pousser un soupir : dar un suspiro**

soupirer

▷ Alex soupire en faisant ses devoirs.
Alex suspira mientras hace los deberes.

suspirar

souple

▷ Sophie est plus souple depuis qu'elle fait du yoga.
Sophie es más flexible desde que hace yoga.

flexible

source

1 ▷ On est allés chercher de l'eau à la source.
Fuimos a buscar agua al manantial.

1 (= eau) el **manantial** (pluriel los manantiales)

2 ▷ Quelle est la source du problème ?
¿Cuál es la fuente del problema?

2 (= origine) la **fuente**

sourcils

▷ Ma mère se teint les cheveux et les sourcils.
Mi madre se tiñe el pelo y las cejas.

las **cejas**

sourd, sourde

▷ Pierre est sourd de naissance.
Pierre es sordo de nacimiento.
▷ Ne crie pas, je ne suis pas sourd !
¡No grites, no estoy sordo!
▷ Il y a des sous-titres pour les sourds.
Hay subtítulos para los sordos.

sordo, sorda

ℹ *Notez l'utilisation du verbe* ***ser*** *pour parler d'un état définitif et du verbe* ***estar*** *pour le sens figuré.*

sourire

1 ▷ Coralie a un beau sourire.
Coralie tiene una sonrisa preciosa.
▷ Allez, fais-moi un sourire !
¡Venga, sonríeme!

1 ► **un sourire :** una **sonrisa**

► **faire un sourire à** quelqu'un **:** **sonreír a** alguien

2 ▷ Le prof ne sourit pas souvent.
El profesor no sonríe a menudo.

2 ► **sourire** (= faire un sourire) **:** **sonreír**

souris

▷ Je ne peux pas utiliser mon ordinateur parce que la souris ne marche pas.
No puedo usar el ordenador porque el ratón no funciona.
▷ Le chat court après les souris.
El gato corre detrás de los ratones.

el **ratón** (pluriel **los ratones**)

sous

1 ▷ Ta serviette est tombée sous ta chaise.
Se te ha caído la servilleta debajo de la silla.

1 (= au-dessous de) **debajo de**

2 ▷ Carole est sous antibiotiques.
Carole toma antibióticos.

2 *Quand on parle de médicaments, on emploie le verbe* ***tomar*** *en espagnol.*

sous-marin

▷ Nous avons visité un sous-marin à Toulon.
Visitamos un submarino en Tolón.

el **submarino**

sous-sol

▷ On a transformé le sous-sol en chambre.
Hemos transformado el sótano en habitación.

el **sótano**

ℹ *Remarquez que le mot espagnol porte sur le premier* ***o*** *un accent écrit qui reflète l'accent tonique.*

sous-titre

▷ Je préfère les films en V.O. avec des sous-titres.
Prefiero las películas en versión original con subtítulos.

el **subtítulo**

ℹ *Remarquez que le mot espagnol porte sur le* ***i*** *un accent écrit qui reflète l'accent tonique.*

soustraction

▷ Ma petite sœur apprend à faire les soustractions.
Mi hermanita está aprendiendo a hacer las restas.

la **resta**

soustraire

▷ Tu dois soustraire le prix du repas du total.
Tienes que restar el precio de la comida del total.

restar

sous-vêtements

▷ Où est le rayon sous-vêtements ?
¿Dónde está la sección de ropa interior?

▷ Je dois acheter des sous-vêtements chauds.
Tengo que comprar ropa interior caliente.

la **ropa interior**

ℹ ***Ropa interior*** *est indénombrable : il ne se met pas au pluriel, et ne s'emploie jamais avec l'article* ***una****. On dit par exemple* ***lleva ropa interior de seda*** (elle porte des sous-vêtements en soie).

soute

▷ Ma planche de surf est en soute.
Mi tabla de surf está en la bodega del avión.

(d'avion) la **bodega**

soutenir

1 ▷ Personne n'a soutenu Jérémie quand il s'est plaint au prof.
Nadie apoyó a Jérémie cuando se quejó al profesor.

1 (= défendre) **apoyar**

⚠ *Si le complément est une personne, un groupe de personnes ou un animal domestique, n'oubliez pas de le faire précéder de* ***a****.*

2 ▷ Simon soutient que ce n'est pas sa faute.
Simon sostiene que no es culpa suya.

2 (= dire, prétendre) **sostener**

souterrain, souterraine

▷ Nous nous sommes garés dans un parking souterrain.
Aparcamos en un aparcamiento subterráneo.

▷ Il y a un souterrain sous le château.
Hay un subterráneo debajo del castillo.

(adjectif = qui est en sous-sol)
subterráneo, subterránea

(= un passage) un **subterráneo**

ℹ *Remarquez que le mot espagnol porte sur le* ***a*** *un accent écrit qui reflète l'accent tonique.*

⚠ *Attention à l'orthographe du mot espagnol.*

soutien-gorge

▻ Aurélie vient d'acheter son premier soutien-gorge.
Aurélie acaba de comprarse su primer sujetador.

el **sujetador** (pluriel **los sujetadores**)

souvenir

1 ▻ J'ai de très bons souvenirs de mon séjour en Andalousie.
Guardo muy buenos recuerdos de mi estancia en Andalucía.

2 ▻ Mes parents m'ont rapporté un souvenir du Maroc.
Mis padres me trajeron un souvenir de Marruecos.

3 ▻ Tu te souviens de Rémi ?
¿Te acuerdas de Rémi?
▻ Je ne me souviens pas de l'avoir rencontré.
No me acuerdo de haberlo visto antes.

1 ► **un souvenir** (= mémoire) : un **recuerdo**

2 ► **un souvenir** (= un objet qu'on rapporte d'un voyage) : un **souvenir** (pluriel **los souvenirs**)

3 ► **se souvenir de : acordarse de**

ℹ *Le pronom réfléchi fonctionne de la façon suivante en espagnol : **me acuerdo, te acuerdas, se acuerda, nos acordamos, os acordáis, se acuerdan.***

souvent

▻ Je vais souvent voir mes grands-parents.
Voy a ver a mis abuelos a menudo.
▻ Il est souvent en retard.
A menudo llega tarde.

a menudo

ℹ *Contrairement au français, **a menudo** se place soit en fin de phrase, soit au début.*

spacieux, spacieuse

▻ Nos chambres sont très spacieuses.
Nuestras habitaciones son muy espaciosas.

espacioso, espaciosa

spaghettis

▻ Mmm, des spaghettis à la tomate !
¡Mmm, espaguetis con tomate!

los **espaguetis**

sparadrap®

▻ Juanjo a utilisé du sparadrap pour maintenir le bandage.
Juanjo se ha sujetado la venda con esparadrapo.

(= adhésif) el **esparadrapo**

spatial, spatiale

▻ La navette spatiale est revenue sur Terre.
La lanzadera espacial ha vuelto a la Tierra.

espacial (pluriel **espaciales**)

spécial, spéciale

▻ Je n'ai rien fait de spécial hier.
No hice nada especial ayer.
▻ Jean-Yves est un peu spécial, mais il est gentil.
Jean-Yves es un poco especial, pero es simpático.

especial (pluriel especiales)

spécialement

1 ▻ Éric est venu spécialement pour nous voir.
Éric vino especialmente para vernos.

1 (= exprès) especialmente

2 ▻ L'exposition t'a plu ? – Pas spécialement.
¿Te gustó la exposición? – No, no me gustó mucho.

2 ► pas spécialement : no... mucho

spécialiste

▻ On va appeler un spécialiste pour réparer l'ordinateur.
Vamos a llamar a un especialista para reparar el ordenador.

el especialista, la especialista

spécialité

▻ Quelles sont les spécialités de la région ?
¿Cuáles son las especialidades de la región?

la especialidad (pluriel las especialidades)

spécifique

▻ Il n'y a pas de raison spécifique.
No hay ninguna razón específica.

específico, específica

spectacle

▻ Nous préparons un spectacle à l'école.
Estamos preparando un espectáculo en el colegio.

el espectáculo

ℹ *Remarquez que le mot espagnol porte sur le* **a** *un accent écrit qui reflète l'accent tonique.*

spectaculaire

▻ Le paysage était spectaculaire.
El paisaje era espectacular.

espectacular (pluriel espectaculares)

spectateur, spectatrice

▻ Les spectateurs ont beaucoup applaudi.
Los espectadores aplaudieron mucho.

el espectador (pluriel los espectadores), la espectadora

sphère

▻ La Terre est une sphère.
La Tierra es una esfera.

la esfera

spirale

▷ On voyait monter une spirale de fumée.
Se veía subir una espiral de humo.

la **espiral** (pluriel las espirales)

splendide

▷ Le paysage est splendide.
El paisaje es espléndido.

espléndido, espléndida

ℹ *Remarquez que le mot espagnol porte sur le deuxième **e** un accent écrit qui reflète l'accent tonique.*

spontané, spontanée

▷ J'aime bien Christelle parce qu'elle est très spontanée.
Christelle me cae bien porque es muy espontánea.

espontáneo, espontánea

ℹ *Remarquez que le mot espagnol porte sur le **a** un accent écrit qui reflète l'accent tonique.*

sport

▷ Je préfère les sports d'équipe.
Prefiero los deportes de equipo.

▷ Tu devrais faire du sport.
Deberías hacer deporte.

el **deporte**

► **faire du sport :** hacer deporte

sportif, sportive

▷ Aurélie n'est pas très sportive.
Aurélie no es muy deportista.

▷ Ce sont les sportifs les mieux payés.
Son los deportistas que más dinero ganan.

(en parlant d'une personne)
deportista

spot

1 ▷ La chambre de Martial est éclairée par des spots.
La habitación de Martial está iluminada por unos focos.

1 (= lampe) el **foco**

2 ▷ Il y a un spot publicitaire toutes les dix minutes.
Hay un espacio publicitario cada diez minutos.

2 ► **spot publicitaire :** el espacio publicitario (pluriel los espacios publicitarios)

square

▷ Les enfants jouent dans le square.
Los niños están jugando en la plaza.

el **jardinillo**

squash

▷ Le squash est un sport très énergique.
El squash es un deporte muy enérgico.

▷ Pascal joue au squash avec Denis.
Pascal juega al squash con Denis.

el **squash**

🔈 *Se prononce /esquash/ en espagnol.*

► **jouer au squash :** jugar al squash

squatter

▷ Ils ont squatté l'ambassade pendant plusieurs mois.
Ocuparon (ilegalmente) la embajada durante varios meses.

(un lieu) **ocupar (ilegalmente)**

squelette

▷ Il y a un squelette de dinosaure au musée.
Hay un esqueleto de dinosaurio en el museo.

el **esqueleto**

stable

▷ Je ne crois pas que cette pile de livres soit très stable.
No creo que esta pila de libros sea muy estable.

estable

stade

▷ Nous sommes allés voir un match de foot dans le nouveau stade.
Fuimos a ver un partido de fútbol en el nuevo estadio.

(= terrain de sport) el **estadio**

stage

1 ▷ Fred fait un stage dans un grand magasin.
Fred está haciendo prácticas en un gran almacén.

1 (= stage en entreprise) las **prácticas**

ℹ *Remarquez que le mot espagnol porte sur le premier* **a** *un accent écrit qui reflète l'accent tonique.*

2 ▷ Cyril fait un stage d'informatique de trois mois.
Cyril está haciendo un cursillo de informática de tres meses.

2 (= cours) el **cursillo**

stand

▷ Il y a un stand de produits biologiques au marché.
Hay un puesto de productos biológicos en el mercado.

(dans une fête, sur un marché) el **puesto**

standard

▷ Appelle le standard et demande à parler à madame Lancel.
Llama la centralita y pregunta si puedes hablar con la señora Lancel.

(téléphonique) la **centralita**

star

▷ Toutes les grandes stars sont à Cannes.
Todas las estrellas están en Cannes.

la **estrella**

ℹ ***estrella*** *signifie également « étoile ».*

station

1 ▷ L'hôtel est près de la station Puerta del Sol.
El hotel está cerca de la estación Puerta del Sol.

1 (= station de métro) la **estación** (pluriel **las estaciones**)

ℹ *Il n'y a pas d'accent écrit au pluriel. L'accent tonique porte sur le* ***o****, comme au singulier.*

2 ▷ Quelle est ta station de radio préférée ?
¿Cuál es tu emisora de radio favorita?

2 ► **station de radio :** la **emisora de radio** (pluriel **las emisoras de radio**)

3 ▷ Bérénice va toujours à la même station de sports d'hiver.
Bérénice va siempre a la misma estación de esquí.

3 ► **station de sports d'hiver :** la **estación de esquí** (pluriel **las estaciones de esquí**)

stationnement

▷ Le stationnement est réglementé ici.
Aquí, el estacionamiento está reglamentado.
▷ Il y avait quatre voitures en stationnement.
Había cuatro coches estacionados.

el **estacionamiento**

► **« stationnement interdit » :** **"prohibido estacionar"**
► **en stationnement :** **estacionado, estacionada**

stationner

▷ Il est interdit de stationner ici.
Está prohibido aparcar aquí.

aparcar

station-service

▷ Où est la station-service la plus proche ?
¿Dónde está la estación de servicio más cercana?

la **estación de servicio** (pluriel **las estaciones de servicio**)

ℹ *Il n'y a pas d'accent écrit au pluriel. L'accent tonique porte sur le* ***o****, comme au singulier.*

statistiques

▷ Ils font des statistiques tous les mois.
Hacen estadísticas todos los meses.

las **estadísticas**

ℹ *Remarquez que le mot espagnol porte sur le premier* ***i*** *un accent écrit qui reflète l'accent tonique.*

statue

▷ Il y a une statue de Napoléon sur la place.
Hay una estatua de Napoleón en la plaza.

la **estatua**

statut

▷ Il a obtenu le statut de réfugié politique.
Ha obtenido el estatuto de refugiado político.

el **estatuto**

steak

▷ Mon plat préféré, c'est le steak frites.
Mi plato preferido es el bistec con patatas fritas.

▷ Tu veux un steak haché ?
¿Quieres una hamburguesa?

el **bistec** (pluriel los bistecs)

► **un steak haché :** una hamburguesa

stéréo

▷ C'est enregistré en stéréo.
Está grabado en estéreo.

el **estéreo**

stimuler

▷ Ils veulent stimuler la croissance économique.
Quieren estimular el crescimiento económico.

estimular

stock

▷ Le stock est épuisé.
Las existencias están agotadas.

▷ Ils n'avaient plus ma pointure en stock.
Ya no tenían mi número en existencia.

las **existencias**

Notez que le mot espagnol s'utilise toujours au pluriel pour dire le stock.

► **en stock :** en existencia

stocker

▷ Toutes les données sont stockées sur mon ordinateur.
Todos los datos están archivados en mi ordenador.

(sur ordinateur) **archivar**

stop

1 ▷ La voiture ne s'est pas arrêtée au stop.
El coche no paró en el stop.

1 (= panneau) el **stop** (pluriel los stops)

Se prononce comme s'il s'écrivait ***estop*** *en espagnol.*

2 ▷ Nous avons fait du stop en Espagne.
Hicimos autoestop en España.

▷ Nous irons au Portugal en stop.
Iremos a Portugal en autoestop.

2 ► **faire du stop :** hacer autoestop

► **en stop :** en autoestop

store

▷ Baisse le store, il y a trop de soleil.
Baja la persiana, hay demasiado sol.

la **persiana**

stratégie

▷ Je ne comprends pas leur stratégie.
No entiendo su estrategia.

la **estrategia**

stressant, stressante

estresante

▷ C'était très stressant.
Era muy estresante.

stressé, stressée

estresado, estresada

▷ Ma mère doit se reposer, elle est stressée.
Mi madre tiene que descansar, está estresada.

strict, stricte

(= sévère) **estricto, estricta**

▷ Le règlement de l'école est très strict.
El reglamento del colegio es muy estricto.

strictement

estrictamente

▷ C'est strictement interdit.
Está estrictamente prohibido.

studio

el **estudio**

▷ Le frère de Samir habite dans un studio.
El hermano de Samir vive en un estudio.

stupéfait, stupéfaite

asombradísimo, asombradísima

▷ J'ai été stupéfaite de voir Luc à cet endroit.
Me quedé asombradísima al ver a Luc en aquel lugar.

stupide

estúpido, estúpida

Remarquez que le mot espagnol porte sur le ***u*** *un accent écrit qui reflète l'accent tonique.*

▷ Arrête de raconter des blagues stupides !
¡Deja de contar chistes estúpidos!

style

el **estilo**

Attention à l'orthographe.

▷ Je n'aime pas son style.
No me gusta su estilo.

stylo

el **bolígrafo**

Remarquez que le mot espagnol porte sur le ***i*** *un accent écrit qui reflète l'accent tonique.*
Dans la langue courante, le mot ***bolígrafo*** *s'abrège souvent en* ***boli****.*

▷ Tu peux me prêter ton stylo rouge ?
¿Me puedes prestar tu bolígrafo rojo?

substance

▷ Beaucoup de substances sont toxiques pour l'environnement.
Muchas sustancias son tóxicas para el medio ambiente.

la **sustancia**

Attention à l'orthographe du mot espagnol.

subtil, subtile

▷ Il y a une différence subtile entre les deux.
Hay una diferencia sutil entre los dos.

sutil (pluriel **sutiles**)

Attention à l'orthographe du mot espagnol.

subvention

▷ Ils reçoivent des subventions publiques.
Reciben subvenciones públicas.

la **subvención** (pluriel **las subvenciones**)

Il n'y a pas d'accent écrit au pluriel. L'accent tonique porte sur le ***o****, comme au singulier.*

succès

▷ Sa nouvelle chanson a beaucoup de succès.
Su nueva canción tiene mucho éxito.

el **éxito**

Remarquez que le mot espagnol porte sur le ***e*** *un accent écrit qui reflète l'accent tonique.*

sucer

▷ Ma petite sœur suce encore son pouce.
Mi hermanita todavía se chupa el dedo.

chupar

sucette

▷ J'ai acheté des sucettes pour tout le monde.
Compré pirulís para todo el mundo.

(= bonbon) el **pirulí** (pluriel **los pirulís**)

Remarquez que le mot espagnol porte sur le ***i*** *un accent écrit qui reflète l'accent tonique.*
On peut dire aussi ***el chupa chups®****.*

sucre

▷ Est-ce que vous prenez du sucre dans votre café ?
¿Toma azúcar en el café?

el **azúcar**

Remarquez que le mot espagnol porte sur le ***u*** *un accent écrit qui reflète l'accent tonique.*

▷ Achète du sucre en morceaux.
Compra terrones de azúcar.

▷ Je ne veux qu'un morceau de sucre.
Sólo quiero un terrón de azúcar.

► **sucre en morceaux : terrones de azúcar**

► **morceau de sucre :** el **terrón de azúcar** (pluriel **los terrones de azúcar**)

Il n'y a pas d'accent écrit au pluriel. L'accent tonique porte sur le ***o****, comme au singulier.*

▷ Il te faudra cent grammes de sucre en poudre.
Necesitarás cien gramos de azúcar en polvo.

► **sucre en poudre** : **azúcar en polvo**

sucré, sucrée

1 ▷ Ce gâteau est trop sucré pour moi.
Este pastel está demasiado dulce para mí.

1 (= qui a un goût sucré) **dulce**

2 ▷ Est-ce que ce café est sucré ?
¿Tiene azúcar este café?

2 ► **être sucré** (= avoir du sucre ajouté) : **tener azúcar**

sucreries

▷ Cyril mange trop de sucreries.
Cyril come demasiadas golosinas.

las **golosinas**

ℹ *On peut dire aussi* ***los dulces****.*

sud

▷ Le sud est dans cette direction.
El sur queda en esa dirección.

▷ Ils habitent dans le Sud.
Viven en el sur.

▷ Mon village est au sud de Joinville.
Mi pueblo está al sur de Joinville.

el **sur**

► **dans le Sud** : **en el sur**

► **au sud** : **al sur**

sud-américain

▷ Ils jouaient de la musique sud-américaine.
Tocaban música sudamericana.

▷ Beaucoup de Sud-Américains émigrent aux États-Unis.
Muchos sudamericanos emigran a Estados Unidos.

sudamericano, sudamericana

ℹ *S'écrit toujours avec une minuscule en espagnol, qu'il s'agisse de l'adjectif ou du nom.*

Suède

▷ Ils sont partis pour la Suède hier.
Salieron para Suecia ayer.

▷ Le père de Lucas travaille en Suède.
El padre de Lucas trabaja en Suecia.

▷ Ma sœur veut aller en Suède avec des copains.
Mi hermana quiere ir a Suecia con unos amigos.

Suecia

ℹ *Ne prend généralement pas d'article.*

► **en Suède** (= dans le pays) : **en Suecia**

► **en Suède** (= vers le pays) : **a Suecia**

suédois, suédoise

▷ C'est un grand écrivain suédois.
Es un gran escritor sueco.

▷ Est-ce que tu parles suédois ?
¿Hablas sueco?

▷ Sylvian a rencontré une Suédoise.
Sylvian ha conocido a una sueca.

sueco, sueca

ℹ *S'écrit toujours avec une minuscule en espagnol, qu'il s'agisse de l'adjectif ou du nom.*

⚠ *Ne pas confondre* ***sueco*** *avec* ***zueco*** *qui signifie « sabot ».*

suer

▷ J'ai beaucoup sué en montant la côte.
Sudé mucho al subir la cuesta.

(= transpirer) **sudar**

sueur

▷ Il a épongé la sueur sur son front.
Se enjugó el sudor de la frente.

▷ J'étais en sueur après la course.
Después de la carrera, estaba bañado en sudor.

el **sudor**

► **être en sueur :** **estar bañado** *ou* **bañada en sudor**

suffire

1 ▷ Je ne sais pas si deux bouteilles suffiront.
No sé si bastará con dos botellas.

▷ Il a suffi de le lui dire une fois pour qu'il comprenne.
Bastó con decírselo una vez para que entendiera.

▷ Il suffit de téléphoner et de réserver.
Basta con llamar y reservar.

1 *Pour dire que quelque chose est suffisant, on emploie en espagnol l'expression **basta con** (ou **bastará con** au futur ou **bastó con** au passé).*

► **il suffit de :** **basta con**

2 ▷ Dix euros, ça te suffit ?
¿Tienes bastante con diez euros?

2 *Pour dire que quelque chose suffit à quelqu'un, on emploie l'expression **tener bastante con**.*

3 ▷ Ça suffit maintenant ! Tu es pénible !
¡Basta ya! ¡Qué pesado eres!

3 ► **ça suffit !** (quand on est agacé) : **¡basta ya!**

suffisamment

▷ J'ai suffisamment mangé, merci.
He comido suficientemente, gracias.

▷ Tu n'es pas suffisamment attentif.
No estás suficientemente atento.

▷ Est-ce qu'il y a suffisamment de nourriture pour tout le monde ?
¿Hay suficiente comida para todo el mundo?

▷ Il n'y a pas suffisamment de chaises.
No hay suficientes sillas.

suficientemente

► **suffisamment de** + nom : **suficiente** + nom

ℹ *Notez que **suficiente** s'accorde en nombre avec le nom qui suit (**suficientes sillas**).*

suffisant, suffisante

▷ Deux kilos, c'est suffisant.
Dos kilos son suficientes.

(= assez) **suficiente**

suffoquer

▷ La fumée nous faisait suffoquer.
El humo nos sofocaba.

sofocarse

ℹ *Le pronom réfléchi fonctionne de la façon suivante en espagnol : **me sofoco, te sofocas, se sofoca, nos sofocamos, os sofocáis, se sofocan**.*

suggérer

▷ Je te suggère de lui dire la vérité.
Te sugiero que le digas la verdad.

▷ Est-ce que quelqu'un a un film à me suggérer ?
¿Alguien tiene una película que sugerirme?

► **suggérer à** quelqu'un **de** + infinitif **: sugerir a** alguien **que** + subjonctif

► quelque chose **à suggérer : algo que sugerir**

suggestion

▷ Ce n'était qu'une suggestion.
Era sólo una sugerencia.

la **sugerencia**

suicide

▷ Le nombre de suicides a augmenté.
El número de suicidios ha aumentado.

el **suicidio**

se suicider

▷ Le prisonnier s'est suicidé en prison.
El preso se suicidó en la cárcel.

suicidarse

ℹ *Le pronom réfléchi fonctionne de la façon suivante en espagnol :* ***me** **suicido,** **te** **suicidas,** **se** **suicida,** **nos** **suicidamos,** **os** **suicidáis,** **se** **suicidan.***

suisse

1 ▷ J'aime les montagnes suisses.
Me gustan las montañas suizas.
▷ Certains Suisses parlent français.
Algunos suizos hablan francés.

1 (adjectif et nationalité) **suizo, suiza**

ℹ *S'écrit toujours avec une minuscule en espagnol, qu'il s'agisse de l'adjectif ou du nom.*

2 ▷ L'allemand est l'une des langues officielles de la Suisse.
El alemán es uno de los idiomas oficiales de Suiza.
▷ Mes parents vivaient en Suisse.
Mis padres vivían en Suiza.
▷ Nous irons en Suisse en train.
Iremos a Suiza en tren.

2 ► **la Suisse : Suiza**

ℹ *Ne prend généralement pas d'article.*

► **en Suisse** (= dans le pays) : **en Suiza**

► **en Suisse** (= vers le pays) : **a Suiza**

suite

1 ▷ Je te raconterai la suite de l'histoire demain.
Mañana te contaré la continuación de la historia.

1 (= reste) la **continuación**

ℹ *Remarquez que le mot espagnol porte sur le **o** un accent écrit qui reflète l'accent tonique.*

2 ▷ Je reviens tout de suite.
Vuelvo en seguida.

2 ► **tout de suite : en seguida**

suivant, suivante

1 ▻ La solution est à la page suivante.
La solución está en la página siguiente.

1 (= qui vient après) **siguiente**

2 ▻ On décidera suivant le temps qu'il fera.
Decidiremos según el tiempo que haga.

2 (= en fonction de) **según**
ℹ *Remarquez que le mot espagnol porte sur le **u** un accent écrit qui reflète l'accent tonique.*

suiveur, suiveuse

▻ Tu as beaucoup de suiveurs ?
¿Tienes muchos seguidores?

(sur réseau social) el **seguidor** (pluriel **los seguidores**), la **seguidora**

suivre

1 ▻ Le chien suit son maître.
El perro sigue a su amo.
▻ Élodie n'a pas suivi nos conseils.
Élodie no siguió nuestros consejos.

1 (= aller après) **seguir**
*Si le complément est une personne, un groupe de personnes ou un animal domestique, n'oubliez pas de le faire précéder de **a**.*

2 ▻ La prof a grondé Momo parce qu'il ne suivait pas.
La profesora riñó a Momo porque no prestaba atención.

2 (= être attentif) **prestar atención**

3 ▻ Je n'arrive pas à suivre en espagnol.
No consigo comprender en español.

3 (= comprendre) **comprender**

sujet

1 ▻ J'ai trouvé le sujet de la rédaction difficile.
Encontré el tema de la redacción difícil.

1 (= thème) el **tema**

2 ▻ Ils se sont disputés au sujet de l'argent que Loïc a prêté à Romaine.
Se pelearon a propósito del dinero que Loïc le prestó a Romaine.

2 ► **au sujet de : a propósito de**
ℹ *Remarquez que le mot espagnol porte sur le **o** un accent écrit qui reflète l'accent tonique.*

super

1 ▻ Tu viens jouer avec nous ? Super !
¿Vienes a jugar con nosotros? ¡Estupendo!

1 (= génial) **estupendo**
ℹ *On peut dire aussi **guay*** (pluriel **guays**).

2 ▻ Le nouveau prof est super sympa.
El nuevo profesor es supersimpático.

2 *Pour dire que quelqu'un est **super sympathique, super intelligent**, etc., on emploie en espagnol le préfixe **super-** collé devant l'adjectif.*

superbe

▻ Il a fait un temps superbe.
Hizo un tiempo magnífico.

magnífico, magnífica

ℹ *Remarquez que le mot espagnol porte sur le premier **i** un accent écrit qui reflète l'accent tonique.*

superficie

▻ Tu connais la superficie de la France ?
¿Conoces la superficie de Francia?

la **superficie**

superficiel, superficielle

▻ Ce ne sont que des blessures superficielles.
Sólo son heridas superficiales.

superficial (pluriel **superficiales**)

supérieur, supérieure

▻ Les prix sont supérieurs à ceux du supermarché.
Los precios son superiores a los del supermercado.
▻ Thomas se croit supérieur aux autres.
Thomas se cree superior a los demás.

superior (pluriel **superiores**)

ℹ *La préposition utilisée en espagnol est la même qu'en français :* supérieur à = ***superior a.***

supermarché

▻ Ma mère va au supermarché tous les week-ends.
Mi madre va al supermercado todos los fines de semana.

el **supermercado**

superposés

▻ Mon frère et moi dormons dans des lits superposés.
Mi hermano y yo dormimos en una litera.

► **lits superposés :** la **litera**

ℹ ***Litera*** *est un nom singulier : on dit par exemple* ***esta litera es de pino*** (ces lits superposés sont en pin).

superstitieux, superstitieuse

▻ Elle est superstitieuse, elle a peur des chats noirs !
¡Es supersticiosa, les tiene miedo a los gatos negros!

supersticioso, supersticiosa

supplément

▻ Il y a un supplément pour les chambres individuelles.
Hay un suplemento para habitaciones individuales.

el **suplemento**

supplémentaire

1 ▷ Ajoute une assiette supplémentaire pour Cathy.
Añade un plato suplementario para Cathy.

1 (= en plus) **suplementario, suplementaria**

2 ▷ Mon père fait beaucoup d'heures supplémentaires.
Mi padre hace muchas horas extraordinarias.

2 ► **heures supplémentaires :** las **horas extraordinarias**

supplier

▷ Cédric a supplié le prof de ne pas le punir.
Cédric le suplicó al profesor que no le castigara.

► **supplier** quelqu'un **de** + infinitif : **suplicarle a** alguien **que** + subjonctif

support

▷ Tu as appelé le support technique ?
¿Has llamado al soporte técnico?

(= soutien) el **soporte**

supporter VERBE

▷ Il est énervant, je ne peux pas le supporter !
¡Es exasperante, no le soporto!
▷ Je ne supporte pas que les gens me mentent.
No soporto que la gente me mienta.
▷ Elle ne supportait pas de vivre dans ces conditions.
No soportaba vivir en esas condiciones.

soportar

► **supporter de** + infinitif : **soportar** + infinitif

supporter NOM

▷ Les supporters de l'équipe de Toulouse criaient et chantaient.
Los hinchas del equipo de Tolosa gritaban y cantaban.

(= personne qui encourage une équipe) el **hincha**

supposer

▷ Je suppose que Clarisse ne viendra pas.
Supongo que no vendrá Clarisse.

suponer

supposition

▷ On ne peut que faire des suppositions.
Sólo podemos hacer suposiciones.

la **suposición** (pluriel **las suposiciones**)

ℹ *Il n'y a pas d'accent écrit au pluriel. L'accent tonique porte sur le **o**, comme au singulier.*

supprimer

▷ L'entreprise va supprimer cent emplois.
La empresa va a suprimir cien puestos.
▷ Le train de treize heures a été supprimé.
Han suprimido el tren de la una.

suprimir

sur

1 ▷ Tes cahiers sont sur ton bureau.
Tus cuadernos están en tu mesa.

1 (pour parler de la position) **en**

2 ▷ Paul a fait un exposé sur l'Italie.
Paul hizo una exposición sobre Italia.
▷ Capucine a encore eu dix-huit sur vingt.
Capucine volvió a sacar dieciocho sobre veinte.

2 (= au sujet de ou pour parler d'une note) **sobre**

3 ▷ Deux élèves sur trois ont eu la moyenne.
Dos de cada tres alumnos sacaron un suficiente.

3 (pour parler d'une proportion) **de cada**

sûr, sûre

▷ Je suis sûre que Nathalie a copié sur moi.
Estoy segura de que Nathalie ha copiado de mí.
▷ Il y aura peut-être une fête, mais ce n'est pas sûr.
Quizás haya una fiesta, pero no es seguro.

seguro, segura

ℹ *Notez la différence entre* ***estar seguro****, qui s'applique à une personne* (= être certain de quelque chose), *et* ***ser seguro****, qui s'applique à une chose* (= être très probable).
Notez également la conjonction utilisée en espagnol : être sûr que = ***estar seguro de que***.

surchargé, surchargée

▷ Toutes les classes de mon école sont surchargées.
Todas las clases de mi escuela están sobrecargadas.
▷ Je n'ai pas le temps, je suis surchargé de travail.
No tengo tiempo, estoy sobrecargado de trabajo.

sobrecargado, sobrecargada

sûrement

1 ▷ Chloé viendra sûrement demain.
Chloé vendrá seguramente mañana.

1 (= probablement) **seguramente**

2 ▷ Tu ne veux pas venir ? – Ah non, sûrement pas !
¿No quieres venir? – ¡No, ni hablar!

2 ► **sûrement pas ! : ¡ni hablar!**

surf

▷ Le surf peut être un sport dangereux.
El surf puede ser un deporte peligroso.
▷ Erwann fait du surf à Biarritz.
Erwann hace surf en Biarritz.

(= sport) el **surf**

► **faire du surf : hacer surf**

surface

▷ Jérôme est remonté à la surface tout essoufflé.
Jérôme volvió a la superficie sin aliento.
▷ Quelle est la surface de l'appartement ?
¿Cuál es la superficie del piso?

la **superficie**

surfer

1 ▻ Tu viens surfer avec nous ?
¿Vienes a hacer surf con nosotros?

1 (= faire du surf) **hacer surf**

2 ▻ À l'école on apprend à surfer sur Internet.
En el colegio aprendemos a navegar por Internet.

2 ► **surfer sur Internet :** **navegar por Internet**

surfeur, surfeuse

▻ Les surfeurs attendaient une plus grosse vague.
Los surfistas esperaban una ola más grande.

el **surfista**, la **surfista**

surgelé, surgelée

1 ▻ Les frites surgelées ne sont pas mauvaises.
Las patatas fritas congeladas no están mal.

1 (adjectif = congelé) **congelado, congelada**

2 ▻ Nous ne mangeons pas beaucoup de surgelés.
No comemos muchos alimentos congelados.

2 ► **des surgelés :** los **alimentos congelados**

surgir

▻ Un homme a surgi de derrière la maison.
Un hombre surgió de detrás de la casa.

(en parlant d'une personne ou d'un animal) **surgir**

surligneur

▻ Tu peux me prêter ton surligneur jaune ?
¿Me puedes prestar el marcador amarillo?

el **marcador** (pluriel **los marcadores**)

surnom

▻ Je n'ai pas de surnom.
No tengo apodo.

el **apodo**

surprenant, surprenante

▻ La réaction d'Alexis était assez surprenante.
La reacción de Alexis era bastante sorprendente.

sorprendente

surprendre

▻ Rebecca a surpris tout le monde en arrivant première.
Rebecca sorprendió a todo el mundo llegando la primera.

sorprender

Si le complément est une personne, un groupe de personnes ou un animal domestique, n'oubliez pas de le faire précéder de ***a****.*

surpris, surprise

▻ Loïc a eu l'air surpris quand je lui ai dit ça.
Loïc pareció sorprendido cuando le dije eso.
▻ Nous avons été surpris de sa réaction.
Nos sorprendió su reacción.

sorprendido, sorprendida

i *Pour dire qu'on est surpris de quelque chose, on emploie en espagnol le verbe* ***sorprender****, avec pour sujet la chose qui surprend.*

surprise

▷ Isabelle ! Quelle bonne surprise !
¡Isabelle! ¡Qué buena sorpresa!
▷ Ne lui dis rien, je veux lui faire une surprise.
No le digas nada, quiero darle una sorpresa.

la **sorpresa**

► **faire une surprise à** quelqu'un :
dar una sorpresa a alguien

sursaut

▷ Simon s'est réveillé en sursaut.
Simon se despertó sobresaltado.

► **en sursaut : sobresaltado, sobresaltada**

sursauter

▷ Il a sursauté en entendant l'explosion.
Se sobresaltó al oír la explosión.

sobresaltarse

ℹ *Le pronom réfléchi fonctionne de la façon suivante en espagnol :* ***me sobresalto, te sobresaltas, se sobresaltas, nos sobresaltamos, os sobresaltáis, se sobresaltan.***

▷ Adèle m'a fait sursauter quand elle est entrée.
Adèle me sobresaltó al entrar.

► **faire sursauter** quelqu'un :
sobresaltar a alguien

surtout

▷ Sébastien aime le sport, surtout le foot.
A Sébastien le gusta el deporte, sobre todo el fútbol.
▷ Surtout ne leur dis rien !
¡Sobre todo, no les digas nada!

sobre todo

surveillant, surveillante

▷ Les surveillants de l'école sont en grève.
Los vigilantes del colegio están en huelga.

el **vigilante,** la **vigilante**

surveiller

▷ La prof surveille les élèves pendant l'interro.
La profesora vigila a los alumnos durante el examen.

(= contrôler ou veiller sur) **vigilar**

✋ *Si le complément est une personne, un groupe de personnes ou un animal domestique, n'oubliez pas de le faire précéder de* ***a***.

survêtement

▷ Je porte un survêtement pour les cours de gym.
Llevo un chándal para las clases de gimnasia.

el **chándal** (pluriel **los chándales**)

ℹ *Remarquez que le mot espagnol porte sur le premier* ***a*** *un accent écrit qui reflète l'accent tonique.*

survivant

▷ Les survivants de l'accident nous ont raconté ce qui s'était passé.
Los supervivientes del accidente nos contaron lo que había pasado.

el **superviviente**

ℹ *On peut dire aussi* ***el sobreviviente****.*

survivre

▷ Les chatons n'ont pas survécu.
Los gatitos no sobrevivieron.
▷ Quelques personnes ont survécu au tremblement de terre.
Algunas personas sobrevivieron al terremoto.

sobrevivir

susceptible

▷ Ne sois pas si susceptible !
¡No seas tan susceptible!

(= qui se vexe facilement)
susceptible

suspect

▷ La police a arrêté un suspect.
La policía ha detenido a un sospechoso.

(= personne que l'on soupçonne) el **sospechoso**

suspendre

1 ▷ On a suspendu le mobile à un clou au-dessus du berceau.
Colgamos el móvil de un clavo encima de la cuna.

1 **colgar**

ℹ *Notez la préposition utilisée en espagnol : à =* ***de****.*

2 ▷ Mathieu s'est suspendu à la branche par les pieds.
Mathieu se colgó de la rama con los pies.

2 ► **se suspendre à** quelque chose : **colgarse de** algo

suspense

▷ Il y a beaucoup de suspense dans ce film.
Hay mucho suspense en esa película.
▷ C'est un film à suspense américain.
Es una película de suspense americana.

el **suspense**

► **film à suspense :** la **película de suspense**

sweat-shirt

▷ Aurélie porte un sweat-shirt à capuche.
Aurélie lleva una sudadera con capucha.

la **sudadera**

syllabe

▷ La première syllabe est accentuée.
La primera sílaba está acentuada.

la **sílaba**

ℹ *Remarquez que le mot espagnol porte sur le* ***i*** *un accent écrit qui reflète l'accent tonique.*

symbole

▷ La colombe est le symbole de la paix.
La paloma es el símbolo de la paz.

el **símbolo**

ℹ *Remarquez que le mot espagnol porte sur le* ***i*** *un accent écrit qui reflète l'accent tonique.*

sympa

1 ▷ La sœur de Charles est très sympa.
La hermana de Charles es muy simpática.

1 (en parlant d'une personne) **simpático, simpática**

ℹ *Remarquez que le mot espagnol porte sur le* ***a*** *un accent écrit qui reflète l'accent tonique.*
Il n'y a pas d'abréviation espagnole équivalente à **sympa** *; il faut utiliser le mot* ***simpático*** *en entier.*

2 ▷ Ce café est plus sympa que l'autre.
Este bar es más agradable que el otro.

2 (en parlant d'un endroit ou d'une ambiance) **agradable**

sympathique

▷ Elle est très sympathique.
Es muy simpática.

simpático, simpática

ℹ *Remarquez que le mot espagnol porte sur le* ***a*** *un accent écrit qui reflète l'accent tonique.*

synagogue

▷ Samuel et ses parents vont à la synagogue.
Samuel y sus padres van a la sinagoga.

la **sinagoga**

syndicat

▷ Les syndicats réclament de meilleures conditions de travail.
Los sindicatos reclaman mejores condiciones de trabajo.

(= organisation de travailleurs) el **sindicato**

synonyme

▷ « Rápido » est un synonyme de « de prisa ».
"Rápido" es un sinónimo de "de prisa".

el **sinónimo**

ℹ *Remarquez que le mot espagnol porte sur le premier* ***o*** *un accent écrit qui reflète l'accent tonique.*

synthétique

▷ Le plastique est un matériau synthétique.
El plástico es un material sintético.

sintético, sintética

ℹ *Remarquez que le mot espagnol porte sur le* ***e*** *un accent écrit qui reflète l'accent tonique.*

système

▷ Il va y avoir une réforme du système scolaire.
Va a haber una reforma del sistema escolar.

el **sistema**

Tt

ta

▷ Ta jupe est jolie ; elle est neuve ?
Tu falda es bonita; ¿es nueva?

tu

ℹ *Remarquez qu'en espagnol l'adjectif possessif ne porte pas d'accent écrit sur le* ***u*** ***(tu falda es bonita)****, pour le différencier du pronom sujet* ***(tú tienes una falda)****.*

tabac

▷ Le tabac est la principale culture dans cette région.
El tabaco es el principal cultivo en esta región.

el **tabaco**

table

1 ▷ Pose le sac sur la table.
Pon la bolsa en la mesa.

1 (= meuble) la **mesa**

2 ▷ Il y a toujours un verre d'eau sur sa table de chevet.
Siempre hay un vaso de agua en su mesilla de noche.

2 ► **table de chevet :** la **mesilla de noche** (pluriel **las mesillas de noche**)

3 ▷ À table tout le monde !
¡A comer, todos!
▷ Ils étaient encore à table à quatre heures.
Todavía estaban comiendo a las cuatro.
▷ Nous serons huit à table.
Seremos ocho para comer.
▷ On s'est mis à table à midi.
Empezamos a comer a las doce.

3 ► **à table ! : ¡a comer!**

► **être à table : estar comiendo**

► **être** + nombre + **à table : ser** + nombre + **para comer**

► **se mettre à table : sentarse a comer**

4 ▷ Regarde la table des matières.
Mira el índice.

4 ► **table des matières :** el **índice**

ℹ *Remarquez que le mot espagnol porte sur le premier* ***i*** *un accent écrit qui reflète l'accent tonique.*

5 ▷ Tu ne sais pas bien tes tables de multiplication.
No te sabes bien las tablas de multiplicar.

5 ► **table de multiplication :** la **tabla de multiplicar** (pluriel **las tablas de multiplicar**)

tablette

▷ Lionel a mangé toute la tablette de chocolat.
Lionel se ha comido toda la tableta de chocolate.

(= plaque de chocolat) la **tableta**

tablier

▷ Mon père met toujours un tablier quand il fait la cuisine.
Mi padre siempre se pone un delantal cuando cocina.

el **delantal** (pluriel **los delantales**)

tabouret

▷ Amélie est montée sur le tabouret pour ouvrir le placard.
Amélie se subió al taburete para abrir el armario.

el **taburete**

tache

1 ▷ Il y a des taches de vin sur la nappe.
Hay manchas de vino en el mantel.
▷ J'ai fait une tache sur la moquette.
Manché la moqueta.
▷ Tu as fait une tache sur ton tee-shirt.
Te has manchado la camiseta.

1 (= saleté) la **mancha**

► **faire une tache sur** quelque chose **: manchar** algo

ℹ *Dans le sens de « se tacher », l'espagnol emploie* ***mancharse****.*

ℹ *Le pronom réfléchi fonctionne de la façon suivante en espagnol :* ***me mancho, te manchas, se mancha, nos manchamos, os mancháis, se manchan****. Notez l'absence de possessif après le verbe espagnol.*

2 ▷ Alexandre a des taches de rousseur.
Alexandre tiene pecas.

2 ► **tache de rousseur :** la **peca**

tâche

▷ Nettoyer les W.-C. est une tâche désagréable.
Limpiar el retrete es una tarea desagradable.

la **tarea**

tacher

▷ Attention, tu vas tacher ton pantalon.
Cuidado, te vas a manchar los pantalones.

manchar

ℹ *S'il s'agit d'une tache sur un vêtement, on emploie* ***mancharse****.*
Le pronom réfléchi fonctionne de la façon suivante en espagnol : ***me mancho, te manchas, se mancha, nos manchamos, os mancháis, se manchan****.*
Notez l'absence de possessif après le verbe espagnol.

tâcher

▷ Tâche d'être à l'heure.
Trata de ser puntual.

► **tâcher de** faire quelque chose : **tratar de** hacer algo

tact

▷ Il faut avoir du tact pour être professeur.
Hay que tener tacto para ser profesor.

el **tacto**

tag

▷ Les murs de la gare sont couverts de tags.
Las paredes de la estación están cubiertas de pintadas.

la **pintada**

taguer

▷ Il passe son temps à taguer les murs.
Se pasa el tiempo haciendo grafitis en las paredes.

(un mur) **hacer grafitis en**

taie

▷ Les taies d'oreiller sont de la même couleur que les draps.
Las fundas de almohada son del mismo color que las sábanas.

► **taie d'oreiller :** la **funda de almohada** (pluriel **las fundas de almohada**)

taille

1 ▷ Quentin et David sont à peu près de la même taille.
Quentin y David son más o menos de la misma estatura.

1 (= hauteur d'une personne) la **estatura**

2 ▷ Ça dépend de la taille du paquet.
Depende del tamaño del paquete.

2 (= volume d'un objet) el **tamaño**

3 ▷ C'est un pull de taille 38.
Es un jersey de talla 38.
▷ Quelle taille fais-tu ?
¿Qué talla usas?

3 (pour les vêtements) la **talla**

ℹ *Pour dire qu'on fait telle taille, on emploie en espagnol le verbe* ***usar****.*

4 ▷ Suzanne a la taille très fine.
Suzanne tiene la cintura muy fina.

4 (= partie du corps) la **cintura**

taille-crayon

▷ Tu peux me prêter ton taille-crayon ?
¿Puedes prestarme tu sacapuntas?

el **sacapuntas** (pluriel **los sacapuntas**)

tailler

1 ▻ J'ai aidé mon père à tailler la haie.
Ayudé a mi padre a podar el seto.

1 (en parlant d'une haie ou d'un arbre) **podar**

2 ▻ Taille bien tes crayons avant de commencer ton dessin.
Sácales bien la punta a los lápices antes de empezar el dibujo.

2 (= aiguiser) **sacarle punta a**

tailleur

1 ▻ Ma mère porte un tailleur pour aller au travail.
Mi madre lleva un traje de chaqueta para ir al trabajo.

1 (= costume) el **traje de chaqueta** (pluriel los trajes de chaqueta)

2 ▻ Tout le monde était assis en tailleur autour du feu.
Todo el mundo estaba sentado con las piernas cruzadas alrededor del fuego.

2 ► **assis en tailleur : sentado con las piernas cruzadas**

se taire

▻ Tais-toi, je n'arrive pas à me concentrer !
¡Cállate, no consigo concentrarme!

callarse

ℹ *Le pronom réfléchi fonctionne de la façon suivante en espagnol : **me callo, te callas, se calla, nos callamos, os calláis, se callan**.*

talent

▻ Cette chanteuse a beaucoup de talent.
Esta cantante tiene mucho talento.

el **talento**

talon

1 ▻ Ces chaussures me font mal aux talons.
Estos zapatos me hacen daño en los talones.

1 (= partie du pied) el **talón** (pluriel los talones)

ℹ *Il n'y a pas d'accent écrit au pluriel. L'accent tonique porte sur le **o**, comme au singulier.*

2 ▻ Le talon de ma botte est cassé.
El tacón de mi bota está roto.

2 (= partie de la chaussure) el **tacón** (pluriel los tacones)

ℹ *Il n'y a pas d'accent écrit au pluriel. L'accent tonique porte sur le **o**, comme au singulier.*

▻ Les talons aiguilles sont à la mode.
Los tacones de aguja están de moda.

▻ Mes parents ne veulent pas que je porte des talons hauts.
Mis padres no quieren que lleve tacones altos.

► **talons aiguilles : tacones de aguja**

► **talons hauts : tacones altos**

tambour

▷ Mes parents ont rapporté un tambour du Pérou.
Mis padres han traído un tambor de Perú.

el **tambor** (pluriel **los tambores**)

tampon

1 ▷ Il y a un tampon avec la date en haut de la page.
Hay un sello con la fecha en la parte superior de la página.

1 (imprimé sur du papier) el **sello**

2 ▷ Je dois acheter des tampons hygiéniques.
Tengo que comprar tampones.

2 ► **tampon hygiénique :** el **tampón** (pluriel **los tampones**)

ℹ *Il n'y a pas d'accent écrit au pluriel. L'accent tonique porte sur le **o**, comme au singulier.*

tandis que

1 ▷ Érika est timide tandis que sa sœur est très sociable.
Érika es tímida mientras que su hermana es muy sociable.

1 (pour opposer deux choses) **mientras que**

2 ▷ Il nous regardait tandis que nous faisions notre exposé.
Nos miraba mientras hacíamos la exposición.

2 (= pendant que) **mientras**

tank

▷ Les tanks de l'armée entrent dans la ville.
Los tanques del ejército entran en la ciudad.

el **tanque**

tant

1 ▷ Jérémie a tant mangé qu'il a été malade.
Jérémie comió tanto que se mareó.

1 (= tellement) **tanto**

2 ▷ Il a tant d'argent qu'il ne sait pas quoi en faire.
Tiene tanto dinero que no sabe qué hacer con él.
▷ Audrey a tant de vêtements qu'elle n'a plus de place dans son armoire.
Audrey tiene tanta ropa que ya no tiene sitio en el armario.

2 ► **tant de** + nom **: tanto** *ou* **tanta** *ou* **tantos** *ou* **tantas** + nom

3 ▷ Tu n'as pas besoin d'arriver avant deux heures. – Tant mieux !
No necesitas llegar antes de las dos. – ¡Pues mejor!

3 ► **tant mieux : pues mejor**

4 ▷ Il est sorti ? Tant pis, je rappellerai.
¿Ha salido? No importa, volveré a llamar.

4 ► **tant pis : no importa**

5 ▷ Elle ne veut pas venir ? Tant pis pour elle !
¿No quiere venir? ¡Peor para ella!

5 ► **tant pis pour... :** peor para...

tante

▷ La prof de géo est la tante de Noémie.
La profesora de geografía es la tía de Noémie.

la **tía**

*Remarquez que le mot espagnol porte sur le **i** un accent écrit qui reflète l'accent tonique.*

tantôt

▷ Je vais au cinéma tantôt avec Bénédicte, tantôt avec Samuel.
Unas veces voy al cine con Bénédicte, otras veces con Samuel.

► **tantôt... tantôt :** unas veces... otras veces

tape

▷ Il lui a donné une tape sur l'épaule.
Le dio una palmada en el hombro.

la **palmada**

taper

1 ▷ Madame, Paul a tapé Sylvie !
¡Señora, Paul le ha pegado a Sylvie!

1 (= frapper) **pegar**

*Si le complément est une personne, un groupe de personnes ou un animal domestique, n'oubliez pas de le faire précéder de **a**.*

2 ▷ Il tapait sur un clou avec un marteau.
Daba golpes en un clavo con un martillo.

2 ► **taper sur** quelque chose **:** dar golpes en algo

3 ▷ Quelqu'un a tapé à la porte.
Alguien ha llamado a la puerta.

3 ► **taper à la porte :** llamar a la puerta

4 ▷ Ma sœur apprend à taper à l'ordinateur.
Mi hermana está aprendiendo a escribir en el ordenador.

4 (= écrire) **escribir**
► **taper à l'ordinateur :** escribir en el ordenador

tapis

▷ Soulève le tapis, je vais passer l'aspirateur.
Levanta la alfombra, voy a pasar el aspirador.

la **alfombra**

tapisser

▷ Nous avons aidé Jean-René à tapisser sa chambre.
Ayudamos a Jean-René a empapelar su habitación.

(= couvrir de papier peint) **empapelar**

tapisserie

1 ▷ Il y a de la tapisserie jaune sur les murs de la chambre.
Hay papel pintado amarillo en las paredes de la habitación.

1 (= papier peint) el **papel pintado**

2 ▷ Il y a des tapisseries magnifiques dans le château.
Hay unos tapices magníficos en el castillo.

2 (= tissu) el **tapiz** (pluriel **los tapices**)
N'oubliez pas que le ***z*** *devient* ***c*** *au pluriel.*

taquiner

▷ Roméo adore taquiner ses cousines.
A Roméo le encanta pinchar a sus primas.

pinchar
Si le complément est une personne, un groupe de personnes ou un animal domestique, n'oubliez pas de le faire précéder de ***a****.*

tard

▷ Je me suis levée trop tard pour aller à la messe.
Me levanté demasiado tarde para ir a misa.

tarde

tarder

▷ Si tu tardes trop, tu ne pourras plus t'inscrire.
Si tardas demasiado, ya no podrás matricularte.

(= attendre trop longtemps) **tardar**

tarif

▷ C'est le tarif normal pour les cours particuliers.
Es la tarifa normal para clases particulares.
▷ Deux billets à tarif réduit, s'il vous plaît.
Dos billetes de tarifa reducida, por favor.

la **tarifa**

tarte

▷ Cette tarte aux pommes est délicieuse.
Esta tarta de manzana está deliciosa.

(= gâteau) la **tarta**

tartine

▷ Je veux seulement une tartine beurrée.
Sólo quiero una rebanada de pan con mantequilla.
▷ Sabine a mangé trois tartines avec de la confiture.
Sabine se comió tres rebanadas de pan con mermelada.

(= pain) la **rebanada de pan** (pluriel **las rebanadas de pan**)

tas

1 ▷ Il y a plusieurs tas de feuilles mortes à ramasser.
Hay varios montones de hojas secas para recoger.

1 (= accumulation) el **montón** (pluriel **los montones**)

*Il n'y a pas d'accent écrit au pluriel. L'accent tonique porte sur le **o**, comme au singulier.*

2 ▷ Il y a un tas de livres sur la table.
Hay una pila de libros en la mesa.

2 (= pile) la **pila**

3 ▷ Laurent a des tas d'amis.
Laurent tiene un montón de amigos.

3 ► **des tas de** (= beaucoup de) : **un montón de**

tasse

▷ Tu veux une tasse de thé ?
¿Quieres una taza de té?
▷ Ces tasses à café sont très jolies.
Estas tazas de café son muy bonitas.
▷ Ma grand-mère a des tasses à thé en porcelaine.
Mi abuela tiene tazas de té de porcelana.

la **taza**

► **tasse à café :** la **taza de café** (pluriel **las tazas de café**)

► **tasse à thé :** la **taza de té** (pluriel **las tazas de té**)

tasser

▷ J'ai réussi à tasser tous mes vêtements dans la valise.
Conseguí apretujar toda mi ropa en la maleta.

(= entasser) **apretujar**

tatouage

▷ Myriam aimerait se faire faire un tatouage sur l'épaule.
A Myriam le gustaría hacerse un tatuaje en el hombro.

el **tatuaje**

tatouer

▷ Mon chat est tatoué à l'oreille.
Mi gato está tatuado en la oreja.
▷ Il s'est fait tatouer les deux bras.
Se tatuó ambos brazos.

tatuar

► **se faire tatouer le dos / le bras,** *etc.* : **tatuarse la espalda / el brazo,** *etc.*

taureau

▷ Le taureau nous a foncé dessus.
El toro arremetió contra nosotros.

el **toro**

Taureau

▷ Il est Taureau.
Es Tauro.

(signe du zodiaque) **Tauro**

taxe

▷ Les gens paient beaucoup de taxes dans ce pays.
La gente paga muchos impuestos en este país.

el **impuesto**

taxi

▷ On prendra un taxi de l'aéroport.
Cogeremos un taxi desde el aeropuerto.

(= la voiture) el **taxi**

ℹ *Regardez aussi le mot* **chauffeur**

TBI

▷ On utilise un TBI en classe.
Utilizamos una pizarra blanca interactiva en clase.

(= tableau) la **pizarra blanca interactiva**

tchèque

▷ Quelle est la capitale de la République tchèque ?
¿Cuál es la capital de la República checa?
▷ Les Tchèques vont jouer contre les Turcs.
Los checos van a jugar contra los turcos.

checo, checa

ℹ *S'écrit toujours avec une minuscule en espagnol, qu'il s'agisse de l'adjectif ou du nom.*

te *ou* t'

▷ Je ne t'entends pas bien.
No te oigo bien.
▷ Combien est-ce qu'ils t'ont donné d'argent de poche ?
¿Cuánto te han dado de paga?
▷ Tu te grattes ; est-ce que tu t'es fait piquer par un insecte ?
Te estás rascando; ¿te ha picado un insecto?
▷ Tu t'es trompé.
Te has equivocado.

te

technicien, technicienne

▷ Son frère est technicien dans une petite entreprise.
Su hermano es técnico en una pequeña empresa.

el **técnico,** la **técnica**

technique

1 ▷ Tout ça est beaucoup trop technique pour moi.
Todo esto es demasiado técnico para mí.

1 (adjectif = qui se rapporte aux techniques) **técnico, técnica**

2 ▷ C'est une nouvelle technique de fabrication.
Es una nueva técnica de fabricación.

2 ► **une technique** (= une méthode) : una **técnica**

ℹ *Remarquez que le mot espagnol porte sur le* **e** *un accent écrit qui reflète l'accent tonique.*

technologie

▷ Ils développent de nouvelles technologies.
Están desarrollando nuevas tecnologías.

la **tecnología**

technologique

▷ C'est une révolution technologique.
Es una revolución tecnológica.

tecnológico, tecnológica

tee-shirt

▷ Je n'ai plus de tee-shirts propres.
No me quedan camisetas limpias.

la **camiseta**

teindre

▷ Charlotte a teint son jean dans la machine à laver.
Charlotte tiñó sus vaqueros en la lavadora.

▷ Le prof de maths se teint les cheveux.
El profesor de matemáticas se tiñe el pelo.

teñir

► **se teindre les cheveux : teñirse el pelo**

ℹ *Le pronom réfléchi fonctionne de la façon suivante en espagnol : **me** tiño el pelo, **te** tiñes el pelo, **se** tiñe el pelo, **nos** teñimos el pelo, **os** teñís el pelo, **se** tiñen el pelo.*

teint

▷ Émilie a un joli teint.
Émilie tiene una tez preciosa.

(= couleur de la peau) la **tez**

teinturerie

▷ Tu devrais porter ton manteau à la teinturerie.
Deberías llevar tu abrigo a la tintorería.

la **tintorería**

ℹ *Remarquez que le mot espagnol porte sur le deuxième **i** un accent écrit qui reflète l'accent tonique.*

tel, telle

▷ Avec de telles manières, il est normal qu'il n'ait pas beaucoup d'amis.
Con tales modales, es normal que no tenga muchos amigos.

tal (pluriel **tales**)

télé

*Regardez le mot **télévision***

télécarte

▷ Il faut une télécarte pour appeler d'une cabine.
Hace falta una tarjeta telefónica para llamar desde una cabina.

la **tarjeta telefónica** (pluriel **las tarjetas telefónicas**)

téléchargement

▷ Le téléchargement illégal augmente.
El descargamiento ilegal aumenta.

el **descargamiento**

télécharger

▷ J'ai téléchargé le film.
He descargado la película.

descargar

télécommande

▷ Où est la télécommande de la télé ?
¿Dónde está el mando a distancia de la tele?

el **mando a distancia** (pluriel **los mandos a distancia**)

télécommandé, télécommandée

▷ On a joué avec des bateaux télécommandés sur le lac.
Jugamos con barcos teledirigidos en el lago.

teledirigido, teledirigida

téléfilm

▷ Vous avez regardé le téléfilm hier soir ?
¿Visteis el telefilm anoche?

el **telefilm** (pluriel **los telefilmes**)

téléguidé, téléguidée

▷ Richard a eu une voiture téléguidée pour son anniversaire.
A Richard le regalaron un coche teledirigido para su cumpleaños.

teledirigido, teledirigida

téléphérique

▷ On a pris le téléphérique pour aller jusqu'au château.
Cogimos el teleférico para ir al castillo.

el **teleférico**

ℹ *Remarquez que le mot espagnol porte sur le troisième **e** un accent écrit qui reflète l'accent tonique.*

téléphone

▷ Le téléphone est débranché.
El teléfono está desconectado.

el **teléfono**

ℹ *Remarquez que le mot espagnol porte sur le deuxième **e** un accent écrit qui reflète l'accent tonique.*

▷ Jean est au téléphone.
Jean está hablando por teléfono.

▷ Je te passerai un coup de téléphone ce soir.
Te llamaré por teléfono esta noche.

▷ J'ai reçu un coup de téléphone de Marc.
Recibí una llamada de Marc.

▷ Les téléphones portables sont très pratiques.
Los móviles son muy prácticos.

► **être au téléphone :** **estar hablando por teléfono**

► **passer un coup de téléphone à** quelqu'un : **llamar por teléfono a** alguien

► **recevoir un coup de téléphone :** **recibir una llamada**

► **téléphone portable** *ou* **téléphone mobile :** el **móvil** (pluriel **los móviles**)

*Attention : le mot espagnol prend un **v** là où le français prend un **b**.*

téléphoner

▷ Élisa m'a téléphoné pour m'inviter à sa soirée.
Élisa me llamó para invitarme a su fiesta.

► **téléphoner à** quelqu'un : **llamar a** alguien

télésiège

▷ Il y a la queue aux télésièges.
Hay cola en los telesillas.

el **telesilla**

téléski

▷ J'ai pris le téléski.
Tomé el telesquí.

el **telesquí**

téléspectateur, téléspectatrice

▷ Des millions de téléspectateurs ont regardé le match.
Millones de telespectadores vieron el partido.

el **telespectador** (pluriel **los telespectadores**), la **telespectadora**

télévision

1 ▷ La télévision est en panne.
El televisor está averiado.

1 (= téléviseur) el **televisor** (pluriel **los televisores**)

2 ▷ Je l'ai vu à la télévision.
Lo vi en la tele.

▷ J'aime regarder la télévision.
Me gusta ver la tele.

▷ Elle est passée à la télévision.
Salió en la tele.

▷ Avec la télévision par satellite, on peut regarder des chaînes étrangères.
Con la televisión por satélite, se pueden ver cadenas extranjeras.

2 (= mode de diffusion) la **tele**

► **regarder la télévision : ver la tele**

► **à la télévision : en la tele**

ℹ *Dans ce sens, le mot espagnol **televisión** est rarement utilisé. On lui préfère la forme abrégée **tele**, souvent écrite **TV**.*

► **télévision par satellite : televisión por satélite**

tellement

1 ▷ Il a tellement mangé qu'il a été malade.
Comió tanto que se puso enfermo.

1 (avec un verbe) **tanto**

2 ▷ Il est tellement mignon !
¡Es tan mono!

2 (avec un adjectif ou un adverbe) **tan**

3 ▷ Raoul a tellement de travail qu'il ne sort pas le week-end.
Raoul tiene tanto trabajo que no sale los fines de semana.

▷ Coralie a tellement de chaussures qu'elle ne sait pas où les mettre.
Coralie tiene tantos pares de zapatos que no sabe dónde ponerlos.

3 ► **tellement de** + nom : **tanto** *ou* **tanta** *ou* **tantos** *ou* **tantas** + nom

4 ▷ Tu aimes le veau ? – Non, pas tellement.
¿Te gusta la ternera? – No, no mucho.

4 ► **pas tellement :** no mucho

témoignage

el **testimonio**

▷ D'après le témoignage de M. Lebrun, la femme était blonde.
Según el testimonio del Señor Lebrun, la mujer era rubia.

témoigner

testimoniar

▷ Elle a témoigné contre lui.
Testimonió contra él.

témoin

(= personne qui a assisté à quelque chose) el **testigo**

▷ La police a interrogé les témoins.
La policía interrogó a los testigos.

tempe

la **sien** (pluriel las sienes)

▷ Masse-toi les tempes, ça relaxe.
Hazte un masaje en las sienes, relaja.

température

1 (= chaleur ou froid) la **temperatura**

2 ► **avoir de la température :** tener fiebre

1 ▷ Les températures sont basses pour la saison.
Las temperaturas son bajas para la época.

2 ▷ Thomas est au lit, il a de la température.
Thomas está en la cama, tiene fiebre.

tempête

1 (en mer) la **tempestad** (pluriel las tempestades)

2 (à terre) la **tormenta**

► **tempête de neige :** la tormenta de nieve (pluriel las tormentas de nieve)

► **tempête de sable :** la tormenta de arena (pluriel las tormentas de arena)

1 ▷ Le bateau a chaviré dans la tempête.
El barco zozobró en la tempestad.

2 ▷ La tempête a arraché les poteaux électriques.
La tormenta arrancó los postes eléctricos.

▷ Il y a souvent des tempêtes de neige ici.
Hay muchas tormentas de nieve aquí.

▷ Les chameaux savent se protéger des tempêtes de sable.
Los camellos saben protegerse de las tormentas de arena.

temple

el **templo**

▷ Il y a de magnifiques temples en Grèce.
Hay templos magníficos en Grecia.
▷ Alain va au temple le dimanche.
Alain va al templo los domingos.

temporaire

▷ Cette solution est temporaire.
Esta solución es temporal.

temporal (pluriel **temporales**)

temps

▷ Il a fait un temps superbe.
Hizo un tiempo magnífico.
▷ Samir met beaucoup de temps à se préparer.
A Samir le lleva mucho tiempo prepararse.
▷ Je n'ai pas eu le temps de faire tous les exercices.
No he tenido tiempo de hacer todos los ejercicios.
▷ Laura n'a pas beaucoup de temps libre.
Laura no tiene mucho tiempo libre.
▷ De temps en temps, le prof nous demande de faire un exposé.
De vez en cuando, el profesor nos pide que hagamos una exposición.
▷ Nous sommes arrivés juste à temps.
Llegamos justo a tiempo.
▷ Ne m'interromps pas tout le temps !
¡No me interrumpas todo el rato!

el **tiempo**

ℹ *Pour dire qu'on met du temps à faire quelque chose, on emploie en espagnol le verbe* ***llevar****.*

► **avoir le temps** : tener tiempo

► **temps libre** : tiempo libre

► **de temps en temps** : de vez en cuando

► **à temps** : a tiempo

► **tout le temps** : todo el rato

ℹ *On dit aussi* ***todo el tiempo****.*

tendance

▷ Cette porte a tendance à se bloquer.
Esta puerta tiene tendencia a bloquearse.

► **avoir tendance à** faire quelque chose : **tener tendencia a** hacer algo

tendre

1 ▷ Ce steak est très tendre.
Este bistec está muy tierno.

1 (= pas dur) **tierno, tierna**

2 ▷ C'est une mère très tendre.
Es una madre muy cariñosa.

2 (= affectueux) **cariñoso, cariñosa**

3 ▷ Tu devrais tendre la corde un peu plus.
Deberías tensar la cuerda un poco más.

3 ► **tendre** quelque chose (= l'étirer) : **tensar** algo

4 ▷ Je lui ai tendu la main mais il m'a ignoré.
Le tendí la mano pero me ignoró.
▷ Ils m'ont tendu un piège.
Me tendieron una trampa.

4 ► **tendre** quelque chose **à** quelqu'un : **tender** algo **a** alguien

tendu, tendue

▷ La corde n'est pas assez tendue.
La cuerda no está lo suficientemente tensa.
▷ Je suis toujours un peu tendue avant les interros.
Estoy siempre un poco tensa antes de los exámenes.

tenso, tensa

tenir

1 ▷ Qu'est-ce que tu tiens à la main ?
¿Qué llevas en la mano?

1 (= avoir) **llevar**

2 ▷ Tiens bien la rampe.
Agarra bien la barandilla.

2 (= agripper) **agarrar**

Attention à bien prononcer les deux ***r****.*

3 ▷ Ce nœud ne tiendra pas, il est trop lâche.
Este nudo no aguantará, está demasiado flojo.

3 (= être solide) **aguantar**

4 ▷ Est-ce qu'on tiendra tous dans la voiture ?
¿Cabremos todos en el coche?

4 (= être contenu) **caber**

5 ▷ Les parents de Corentin tiennent un café.
Los padres de Corentin llevan un bar.

5 (= être gérant de) **llevar**

6 ▷ Aurélie tient beaucoup à son chat.
Aurélie quiere mucho a su gato.

6 ► **tenir à** (= aimer) : **querer**

7 ▷ Clotilde tient de son père.
Clotilde se parece a su padre.

7 ► **tenir de** (= ressembler à) : **parecerse a**

8 ▷ Tiens-toi à la rampe, ça glisse.
Agárrate a la barandilla, resbala.

8 ► **se tenir à** (= s'agripper à) : **agarrarse a**

Le pronom réfléchi fonctionne de la façon suivante en espagnol : ***me agarro, te agarras, se agarra, nos agarramos, os agarráis, se agarran****.*

9 ▷ Ils se tenaient par la main.
Se cogían de la mano.

9 ► **se tenir par la main : cogerse de la mano**

Le pronom réfléchi fonctionne de la façon suivante en espagnol : ***nos cogemos de la mano, os cogéis de la mano, se cogen de la mano****.*

tennis

1 ▷ J'aime bien regarder le tennis à la télé.
Me gusta ver tenis en la tele.

1 (= sport) el **tenis**

L'accent tonique porte sur la première syllabe, ***te-****.*

▷ Tu veux jouer au tennis avec moi ?
¿Quieres jugar al tenis conmigo?

► **jouer au tennis : jugar al tenis**

2 ▷ Chloé a de super tennis neuves.
Chloé tiene unas zapatillas de deporte nuevas muy guay.

2 ► **des tennis** (= chaussures) : **zapatillas de deporte**

tennisman, tenniswoman

▷ David veut être tennisman.
David quiere ser tenista.

el **tenista**, la **tenista**

tension

1 ▷ La tension entre les deux pays augmente de jour en jour.
La tensión entre los dos países aumenta cada día más.

1 (= tiraillement, opposition) la **tensión** (pluriel **las tensiones**)
*Il n'y a pas d'accent écrit au pluriel. L'accent tonique porte sur le **o**, comme au singulier.*

2 ▷ Mon grand-père prend des médicaments pour sa tension.
Mi abuelo toma medicinas para la tensión.

▷ Ma mère a de la tension.
Mi madre tiene la tensión alta.

2 (= pression du sang dans les veines) la **presión**
*Remarquez que le mot espagnol porte sur le **o** un accent écrit qui reflète l'accent tonique.*

► **avoir de la tension : tener la tensión alta**

tentant, tentante

▷ C'est très tentant !
¡Es muy tentador!

tentador (pluriel **tentadores**), **tentadora**

tentative

▷ Elle a réussi à la deuxième tentative.
Lo consiguió en su segunda tentativa.
▷ Son frère a fait plusieurs tentatives de suicide.
Su hermano ha hecho varias tentativas de suicidio.

la **tentativa**

► **faire une tentative de suicide : hacer una tentativa de suicidio**

tente

▷ C'est une tente pour trois personnes.
Es una tienda de campaña para tres personas.

la **tienda de campaña** (pluriel **las tiendas de campaña**)

tenter

1 ▷ Sylvain va tenter de battre le record.
Sylvain va a intentar batir el récord.

1 ► **tenter de** faire quelque chose (= essayer) : **intentar** hacer algo

2 ▷ Ce chocolat me tente beaucoup !
¡Me tienta mucho este chocolate!
▷ Cela ne tente pas du tout Miguel d'aller au cinéma.
A Miguel no le tienta para nada ir al cine.
▷ Je suis tenté de faire de la randonnée.
Me tienta hacer senderismo.

2 (= attirer) **tentar**
*Si le complément est une personne, un groupe de personnes ou un animal domestique, n'oubliez pas de le faire précéder de **a**.*

► **être tenté de** faire quelque chose : **tentarle a** alguien hacer algo

tenue

1 ▷ Isabelle porte une tenue différente chaque jour.
Isabelle lleva ropa diferente cada día.

1 (= habits) la **ropa**
***Ropa** est indénombrable : il ne se met pas au pluriel, et ne s'emploie jamais avec l'article **una**.*

2 ▷ Le prof donne une note pour la tenue en classe.
El profesor da una nota para el comportamiento en clase.

2 (= conduite) el **comportamiento**

terme

▷ Je sais qu'il y a un terme pour ça, mais je ne le trouve pas.
Sé que hay un término para esto, pero no lo encuentro.

(= mot) el **término**

ℹ *Remarquez que le mot espagnol porte sur le* ***e*** *un accent écrit qui reflète l'accent tonique.*

terminer

1 ▷ Viens quand tu auras terminé tes devoirs.
Ven cuando hayas acabado los deberes.

1 **acabar**

2 ▷ Le film s'est terminé à minuit.
La película acabó a las doce.

2 ► **se terminer :** acabar

ℹ *On dit aussi* ***terminar****.*

terminus

▷ Je descends au terminus.
Me bajo en el final de línea.

el **final de línea**

terne

▷ J'ai les cheveux ternes.
Tengo el pelo sin brillo.

sin brillo

terrain

1 ▷ La maison est entourée d'un grand terrain.
La casa está rodeada por un gran terreno.

1 (= parcelle de terre) el **terreno**

🔈 *Attention à bien prononcer les deux* ***r*** *de* ***terreno****.*

2 ▷ Il y a un terrain de camping près du village.
Hay un camping cerca del pueblo.

2 ► **terrain de camping :** el **camping**

3 ▷ Le terrain de foot de l'école est inondé.
El campo de fútbol del colegio está inundado.

▷ Nous partageons le terrain de sport avec une autre école.
Compartimos el campo de deportes con otro colegio.

3 (pour jouer au foot ou au rugby) el **campo**

► **terrain de sport :** el **campo de deportes** (pluriel **los campos de deportes**)

4 ▷ Il y a un terrain de basket dans le gymnase.
Hay una cancha de baloncesto en el gimnasio.

4 (pour jouer au basket, au volley, au hand-ball, au tennis) la **cancha**

terrasse

▷ On a fait un barbecue sur la terrasse.
Hicimos una barbacoa en la terraza.

la **terraza**

🔈 *Attention à bien prononcer les deux* ***r*** *et le son* ***z*** *de* ***terraza****.*

terre

1 ▷ Ici, la terre est bonne pour les cultures.
Aquí, la tierra es buena para el cultivo.

▷ La Terre tourne autour du Soleil.
La Tierra gira alrededor del Sol.

1 (= matière dont est fait le sol) **la tierra**

► **la Terre** (= planète) **la Tierra**

Attention à bien prononcer les deux ***r*** *de* ***tierra****.*

2 ▷ Je ne veux pas m'asseoir par terre, c'est mouillé.
No quiero sentarme en el suelo, está mojado.

2 ► **par terre** (pour indiquer la position) : **en el suelo**

3 ▷ Ne jette pas des papiers par terre !
¡No tires papeles al suelo!

3 ► **par terre** (pour indiquer le mouvement) : **al suelo**

terreur

▷ Ils vivent dans la terreur.
Viven en el terror.

el **terror**

Attention à bien prononcer les deux ***r****.*

Attention : contrairement au français, le mot espagnol est masculin.

terrible

1 ▷ Il y a eu une tempête terrible.
Hubo una tormenta terrible.

1 (= horrible, insupportable) **terrible**

2 ▷ Sa dernière chanson n'est pas terrible.
Su última canción no es muy buena.

2 ► **pas terrible** (= pas très bon) : **no muy bueno, no muy buena**

On peut dire aussi ***nada del otro mundo****.*

terrifiant, terrifiante

▷ C'est une expérience terrifiante.
Es una experiencia terrorífica.

terrorífico, terrorífica

Attention à bien prononcer les deux ***r****.*

terrifié, terrifiée

▷ Il était tellement terrifié qu'il ne pouvait pas bouger.
Estaba tan aterrado que no podía moverse.

aterrado, aterrada

Attention à bien prononcer les deux ***r****.*

territoire

▷ Ils défendent leur territoire.
Defienden su territorio.

el **territorio**

Attention à bien prononcer les deux ***r****.*

terroriste

▷ Des terroristes ont fait sauter la mairie.
Unos terroristas han hecho explotar el ayuntamiento.

el **terrorista**, la **terrorista**

Attention à bien prononcer les deux ***r*** *de* ***terrorista****.*

tes

▻ Est-ce que tes chaussures de marche sont neuves ?
¿Son nuevas tus botas de montaña?

tus

test

1 ▻ J'ai passé un test de personnalité.
He hecho un test de personalidad.

1 (= évaluation) el **test** (pluriel los **tests**)

2 ▻ On a passé des tests à l'école.
Hicimos unas pruebas en la escuela.

2 (= exercice scolaire) la **prueba**

testament

▻ Il n'a pas laissé de testament.
No dejó testamento.

el **testamento**

tête

1 ▻ Cécile s'est cogné la tête.
Cécile se ha dado un golpe en la cabeza.
▻ J'ai mal à la tête.
Me duele la cabeza.

1 (= partie du corps) la **cabeza**

2 ▻ Cette fille a une tête sympathique.
Esta chica tiene una cara simpática.

2 (= visage, expression) la **cara**

3 ▻ Arrête de faire la tête !
¡Deja de poner mala cara!

3 ► **faire la tête : poner mala cara**

4 ▻ Cédric est tête en l'air, il oublie toujours quelque chose.
Cédric es muy despistado, siempre olvida algo.

4 ► **être tête en l'air : ser despistado** *ou* **despistada**

5 ▻ L'équipe du collège est en tête.
El equipo del colegio está en la primera posición.

5 ► **être en tête** (dans un classement) : **estar en la primera posición**

6 ▻ On est montés en tête de rame.
Nos subimos en la parte delantera del metro.

6 ► **en tête de** (= à l'avant de) : **en la parte delantera**

têtu, têtue

▻ Tu es vraiment têtu !
¡Qué testarudo *ou* **terco eres!**

testarudo, testaruda *ou* **terco, terca**

texte

▻ Nous étudions un texte de Jean Anouilh.
Estamos estudiando un texto de Jean Anouilh.

el **texto**

texto®

▷ J'ai reçu un texto de Manuel.
He recibido un SMS de Manuel.

▷ Je t'enverrai un texto pour te donner la date.
Te mandaré un SMS para decirte la fecha.

el **SMS**

► **envoyer un texto à** quelqu'un : **mandarle un SMS a** alguien

TGV

▷ Nous sommes allés à Toulouse en TGV.
Fuimos a Tolosa en TGV.

el **TGV**

ℹ *L'équivalent espagnol est* ***el AVE*** *(dont les sigles signifient* ***Alta Velocidad Español****), mot qui veut aussi dire « oiseau ».*

thé

▷ Tu prendras une tasse de thé ?
¿Vas a tomar una taza de té?

▷ Deux thés au lait, s'il vous plaît.
Dos tés con leche, por favor.

▷ Je préfère le thé nature.
Prefiero el té solo.

▷ J'aime le thé à la menthe et le thé au citron.
Me gustan el té de menta y el té de limón.

el **té**

► **thé au lait** : **té con leche**

► **thé nature** : **té solo**

► **thé à** + parfum : **té de**

théâtre

▷ Vendredi, nous allons au théâtre avec l'école.
El viernes, vamos al teatro con el colegio.

el **teatro**

théière

▷ Rachel a rapporté une très jolie théière d'Angleterre.
Rachel trajo una tetera muy bonita de Inglaterra.

la **tetera**

thème

1 ▷ Le thème de ce film est intéressant.
El tema de esta película es interesante.

2 ▷ Je préfère la version au thème.
Prefiero la traducción directa a la traducción inversa.

1 (= sujet) el **tema**

2 (= traduction) la **traducción inversa** (pluriel **las traducciones inversas**)

ℹ *Il n'y a pas d'accent écrit au pluriel. L'accent tonique porte sur le* ***o****, comme au singulier.*

théorie

▷ En théorie, c'est possible.
En teoría, es posible.

la **teoría**

Attention à l'orthographe du mot espagnol.

théorique

▷ Tout cela est purement théorique.
Todo esto es puramente teórico.

teórico, teórica

thermomètre

▷ Le thermomètre est cassé.
El termómetro está roto.

el **termómetro**
*Remarquez que le mot espagnol porte sur le premier **o** un accent écrit qui reflète l'accent tonique.*

thermos®

▷ On prendra du café dans une thermos.
Nos llevaremos café en un termo.

el **termo®**

thon

▷ Ce thon grillé est excellent.
Este atún a la parrilla está excelente.

el **atún**
*Remarquez que le mot espagnol porte sur le **u** un accent écrit qui reflète l'accent tonique.*

thym

▷ Il y a du thym et du persil dans le jardin.
Hay tomillo y perejil en el jardín.

el **tomillo**

tibia

▷ Il s'est cassé le tibia.
Se ha roto la tibia.

la **tibia**
*Attention, en espagnol, le mot **tibia** est féminin.*

tic

▷ Le prof d'histoire a un tic : il se frotte tout le temps le menton.
El profesor de historia tiene un tic: se frota la barbilla todo el rato.

el **tic** (pluriel **los tics**)

TICE

▷ Ils utilisent les TICE dans son école.
Usan las TIC en su escuela.

las **TIC**
***TIC** signifie **Tecnologías de la Información y la Comunicación**.*

ticket

1 ▷ Tu peux acheter un carnet de dix tickets.
Puedes comprar un taco de diez billetes.

1 (= billet) el **billete**

2 ▷ Heureusement que j'ai gardé le ticket de caisse.
Menos mal que he conservado el tique de compra.

2 ► **ticket de caisse :** el **tique de compra** (pluriel **los tiques de compra**)

tiède

▷ Je n'aime pas la soupe tiède.
No me gusta la sopa tibia.

tibio, tibia

tien, tienne

1 ▷ Mon cartable est léger, mais le tien est plus joli.
Mi cartera es ligera, pero la tuya es más bonita.
▷ Elle dit que ce livre est le tien.
Dice que este libro es el tuyo.

1 Le tien, la tienne, les tiens, les tiennes *se traduit par* ***el tuyo, la tuya, los tuyos, las tuyas.***

2 ▷ Allez, à la tienne !
Anda, ¡salud!

2 ► À la tienne ! : ¡Salud!

tiercé

▷ Le père de Simon joue au tiercé tous les samedis.
El padre de Simon apuesta en las carreras de caballos todos los sábados.

► **jouer au tiercé :** apostar en las carreras de caballos

tiers

▷ Je n'ai fait qu'un tiers de ma rédaction.
Sólo he hecho un tercio de la redacción.
▷ Les deux tiers des élèves sont partis.
Los dos tercios de los alumnos se han ido.

(= fraction) el **tercio**

ℹ *On peut dire aussi* ***la tercera parte.***

► **deux tiers de :** dos tercios *ou* dos terceras partes de

tige

▷ Ces fleurs ont une longue tige.
Estas flores tienen un largo tallo.

(= queue) el **tallo**

tigre

▷ On a vu des tigres au cirque.
Vimos unos tigres en el circo.

el **tigre**

tigresse

▷ La tigresse défend ses petits.
El tigre hembra defiende a sus cachorros.

el **tigre hembra**

ℹ *On peut dire aussi* ***la tigresa.***

timbre

▷ Combien coûte un timbre pour la Russie ?
¿Cuánto cuesta un sello para Rusia?

(pour le courrier) el **sello**

timide

▷ Ana rougit beaucoup, elle est très timide.
Ana se pone muy colorada, es muy tímida.

tímido, tímida

ℹ *Remarquez que le mot espagnol porte sur le premier* ***i*** *un accent écrit qui reflète l'accent tonique.*

tir

1 ▷ Il a entendu des tirs dans la rue.
Oyó disparos en la calle.

1 (= coup de feu) el **disparo**

2 ▷ Quel tir !
¡Qué disparo!
▷ Je pratique le tir à l'arc tous les samedis.
Practico el tiro con arco cada sábado.

2 (au football, au hockey) el **disparo**

► **tir à l'arc :** el tiro con arco

tirage au sort

▷ Le tirage au sort pour les quarts de finale aura lieu demain.
El sorteo para los cuartos de final se llevará a cabo mañana.

el **sorteo**

tire-bouchon

▷ Je n'arrive pas à ouvrir la bouteille avec ce tire-bouchon.
No consigo abrir la botella con este sacacorchos.

el **sacacorchos** (pluriel los sacacorchos)

tirelire

▷ Adam a plus de cent euros dans sa tirelire.
Adam tiene más de cien euros en la hucha.

la **hucha**

tirer

1 ▷ Il faut une voiture puissante pour tirer une caravane.
Es necesario tener un coche potente para tirar de una caravana.

1 ► **tirer** quelque chose (= l'amener vers soi, le remorquer) : **tirar de** algo

2 ▷ Tu as pensé à tirer les rideaux ?
¿Te has acordado de correr las cortinas?

2 ► **tirer les rideaux : correr las cortinas**

3 ▷ Maintenant je vais tirer un numéro au hasard.
Ahora voy a sacar un número al azar.

3 ► **tirer un numéro : sacar un número**

4 ▷ Lucas a tiré sur la corde et elle s'est cassée.
Lucas tiró de la cuerda y se rompió.

4 ► **tirer sur** quelque chose (pour l'amener vers soi) : **tirar de** algo

5 ▷ Les policiers ont tiré sur les terroristes.
Los policías dispararon a los terroristas.

5 ► **tirer sur** quelqu'un (avec une arme) : **disparar a** alguien

6 ▷ Natacha a tiré et elle a marqué un but.
Natacha chutó y marcó un gol.

6 ► **tirer** (au foot, au hand-ball, etc.) : **chutar**

tiroir

▷ Ma mère a regardé dans mon tiroir.
Mi madre miró en mi cajón.

el **cajón** (pluriel los cajones)

ℹ *Il n'y a pas d'accent écrit au pluriel. L'accent tonique porte sur le **o**, comme au singulier.*

tisane

▷ Tu veux une tisane avant d'aller au lit ?
¿Quieres una tisana antes de irte a la cama?

la **tisana**

tissu

▷ C'est un tissu très léger.
Es una tela muy ligera.

(= étoffe) la **tela**

ℹ *On peut dire aussi **el tejido**.*

titre

▷ J'ai oublié le titre du film.
Se me ha olvidado el título de la película.

(= nom) el **título**
ℹ *Remarquez que le mot espagnol porte sur le **i** un accent écrit qui reflète l'accent tonique.*

tituber

▷ Il est sorti de la cuisine en titubant.
Salió titubeando de la cocina.

titubear

toboggan

▷ Tu es trop grand pour aller sur ce toboggan.
Eres demasiado grande para bajar por este tobogán.

el **tobogán** (pluriel los **toboganes**)
ℹ *Il n'y a pas d'accent écrit au pluriel. L'accent tonique porte sur le **a**, comme au singulier.*

toi

1 ▷ Tiens, c'est pour toi.
Toma, es para ti.

1 *Quand* toi *est complément d'objet indirect ou suit une préposition, il se traduit par **ti**.*

2 ▷ Et toi ? Qu'est-ce que tu en penses ?
¿Y tú? ¿qué opinas?
▷ Mélisse est plus grande que toi.
Mélisse es más alta que tú.

2 *Quand* toi *est sujet ou intervient dans une comparaison, il se traduit par **tú**.*

3 ▷ Achète-toi quelque chose si tu veux.
Cómprate algo si quieres.
▷ Dépêche-toi !
¡Date prisa!

3 *Avec un verbe réfléchi à l'impératif, l'équivalent de* toi *est **te**. **Te** se rattache à la fin du verbe **(cómprate, date)**.*

toile

1 ▷ Ce pantalon est en toile.
Estos pantalones son de tela.

1 (= étoffe) la **tela**
ℹ *Remarquez que le mot espagnol porte sur le deuxième **o** un accent écrit qui reflète l'accent tonique.*

▷ Caroline porte un pantalon en toile.
Caroline lleva pantalones de tela.

► **en toile :** de tela

2 ▷ Le grenier est plein de toiles d'araignée.
La buhardilla está llena de telarañas.

2 ► **toile d'araignée :** la **telaraña**

toilette

1 ▷ Va aux toilettes avant de partir.
Ve al servicio *ou* **al baño antes de salir de casa.**
▷ Où sont les toilettes, s'il vous plaît ?
¿Dónde están los servicios, por favor?

1 ► **les toilettes** (chez quelqu'un) : el **servicio** *ou* el **baño**
► **les toilettes** (dans un lieu public) : los **servicios**

2 ▷ Où est le rayon produits de toilette ?
¿Dónde está la sección de artículos de tocador?

2 ► **produits de toilette :** los **artículos de tocador**

3 ▷ Je fais ma toilette avant d'aller au lit.
Me lavo antes de irme a la cama.

3 ► **faire sa toilette :** **lavarse**

Le pronom réfléchi fonctionne de la façon suivante en espagnol : ***me** **lavo**, **te** **lavas**, **se** **lava**, **nos** **lavamos**, **os** **laváis**, **se** **lavan**.*

toi-même

▷ Fais-le toi-même, paresseux !
¡Hazlo tú mismo, perezoso!

tú mismo, tú misma

toit

▷ Il manque des tuiles sur le toit.
Faltan tejas en el tejado.

(= le toit d'une maison) el **tejado**

tolérant, tolérante

▷ Arrête de critiquer les gens, sois tolérant !
¡Deja de criticar a la gente, sé tolerante!

tolerante

tolérer

▷ Il ne tolère pas qu'on le contredise.
No tolera que lo contradigan.

tolerar

tomate

▷ Achète des tomates bien mûres.
Compra unos tomates bien maduros.

el **tomate**

*Attention : contrairement au français, le mot espagnol **tomate** est masculin.*

tombe

▷ Nous mettons parfois des fleurs sur la tombe de mon arrière-grand-père.
A veces ponemos flores en la tumba de mi bisabuelo.

la **tumba**

tomber

1 ▷ Attention, tu vas tomber !
¡Cuidado, te vas a caer!
▷ Lucrèce est tombée de cheval.
Lucrèce se cayó del caballo.

1 (= faire une chute) **caerse**

Le pronom réfléchi fonctionne de la façon suivante en espagnol : ***me** **caigo**, **te** **caes**, **se** **cae**, **nos** **caemos**, **os** **caéis**, **se** **caen**.*

2 ▷ J'ai laissé tomber un verre.
Se me cayó un vaso.
▷ Alex a fait tomber son crayon.
A Alex se le cayó el lápiz.

2 *Pour dire qu'on laisse tomber quelque chose ou qu'on fait tomber quelque chose, on emploie le verbe **caerse** avec comme sujet la chose qui tombe et comme complément la personne qui la lâche.*

3 ▷ La nuit tombe, rentrons.
Anochece, volvamos a casa.

3 ► **la nuit tombe :** anochece

4 ▷ Devine sur qui je suis tombée ?
¿Adivina con quién me he topado?

4 ► **tomber sur** quelqu'un (= le rencontrer par hasard) : toparse con alguien

ℹ *Le pronom réfléchi fonctionne de la façon suivante en espagnol : __me__ topo con, __te__ topas con, __se__ topa con, __nos__ topamos con, __os__ topáis con, __se__ topan con.*

tombola

▷ L'école a organisé une tombola.
El colegio ha organizado una tómbola.

la **tómbola**

ℹ *Remarquez que le mot espagnol porte sur le premier **o** un accent écrit qui reflète l'accent tonique.*

tome

▷ C'est un ouvrage en plusieurs tomes.
Es una obra de varios tomos.

el **tomo**

ton

1 ▷ Comment va ton frère ?
¿Cómo está tu hermano?
▷ Geneviève est ton amie ?
¿Geneviève es tu amiga?

1 (adjectif possessif = à toi) **tu**

2 ▷ Ne me parle pas sur ce ton !
¡No me hables en ese tono!

2 (nom = façon de parler) el **tono**

ℹ *Notez la préposition utilisée en espagnol : __sur__ ce ton = __en__ ese tono.*

tondeuse

▷ Mon père n'arrivait pas à faire démarrer la tondeuse.
Mi padre no conseguía arrancar el cortacésped.

(pour le gazon) el **cortacésped** (pluriel los cortacéspedes)

ℹ *Remarquez que le mot espagnol porte sur le premier **e** un accent écrit qui reflète l'accent tonique.*

tondre

1 ▷ Notre voisin tond sa pelouse tous les dimanches.
Nuestro vecino corta el césped todos los domingos.

1 (= couper, en parlant de la pelouse) **cortar**

2 ▷ Thierry s'est fait tondre les cheveux.
Thierry se ha rapado el pelo.

2 (en parlant des cheveux) **rapar**

tongs

las **chancletas**

▷ Je prends des tongs pour la plage.
Me llevo chancletas para la playa.

tonne

1 (= 1 000 kilos) la **tonelada**

1 ▷ Ils ont commandé plusieurs tonnes de terre pour le jardin.
Han encargado varias toneladas de tierra para el jardín.

2 ► **des tonnes de** (= beaucoup de) : un **montón de**

2 ▷ J'ai des tonnes de travail à faire.
Tengo un montón de trabajo que hacer.

tonnerre

el **trueno**

► **un coup de tonnerre :** un **trueno**

▷ Tu as entendu le tonnerre hier soir ?
¿Oíste el trueno anoche?

▷ J'ai entendu plusieurs coups de tonnerre.
He oído varios truenos.

torche

1 (= flamme) la **antorcha**

1 ▷ Ils ont allumé une torche pour pouvoir y voir dans la grotte.
Encendieron una antorcha para poder ver en la cueva.

2 ► **torche électrique :** la **linterna**

2 ▷ Prends la torche électrique, il fait noir dehors.
Toma la linterna, fuera está oscuro.

torchon

(pour la vaisselle) el **paño de cocina** (pluriel **los paños de cocina**)

▷ Ce torchon est mouillé, il m'en faut un autre.
Este paño de cocina está mojado, necesito otro.

tordre

1 (= déformer) **torcer**

1 ▷ Il est si fort qu'il peut tordre une barre de fer avec ses mains.
Es tan fuerte que puede torcer una barra de hierro con las manos.

2 (= essorer) **estrujar**

2 ▷ Je tords les serviettes avant de les étendre.
Estrujo las toallas antes de tenderlas.

3 ► **se tordre la cheville :** **torcerse el tobillo**

ℹ *Le pronom réfléchi fonctionne de la façon suivante en espagnol :* ***me tuerzo, te tuerces, se tuerce, nos torcemos, os torcéis, se tuercen el tobillo.***

3 ▷ Annette s'est tordu la cheville.
Annette se ha torcido el tobillo.

4 ▷ Tout le monde dans la salle se tordait de rire.
Todo el mundo en la sala se partía de risa.

4 ► **se tordre de rire :** partirse de risa

*Le pronom réfléchi fonctionne de la façon suivante en espagnol : **me parto de risa, te partes de risa, se parte de risa, nos partimos de risa, os partís de risa, se parten de risa.***

tordu, tordue

1 ▷ La barre est toute tordue.
La barra está completamente torcida.

2 ▷ Je ne supporte pas les gens tordus !
¡No soporto a la gente retorcida!

1 (une chose) torcido, torcida

2 (une personne) retorcido, retorcida

torrent

▷ On a bu de l'eau dans un torrent.
Bebimos agua en un torrente.

el torrente

Attention à bien prononcer les deux r.

tort

▷ Reconnais que tu as tort.
Reconoce que estás equivocado.

▷ Il a eu tort de faire ça.
Fue un error que hiciera eso.

► **avoir tort :** estar equivocado *ou* equivocada

*Pour dire qu'on a tort de faire quelque chose, on emploie en espagnol l'expression **es un error** (ou **fue un error**, au passé) + **que** + subjonctif.*

torticolis

▷ Tu vas attraper un torticolis si tu ne fais pas attention.
Te vas a dar tortícolis si no andas con cuidado.

▷ Marie a un torticolis, elle ne peut pas tourner la tête.
Marie tiene tortícolis, no puede volver la cabeza.

la tortícolis

► **attraper un torticolis :** dar tortícolis

► **avoir un torticolis :** tener tortícolis

*Attention : contrairement au français, le mot **tortícolis** peut être soit masculin, soit féminin, mais son emploi au féminin est le plus courant.*

tortue

▷ Nicolas a une tortue dans son jardin.
Nicolas tiene una tortuga en su jardín.

la tortuga

tôt

▷ On devra se lever tôt lundi.
Tendremos que levantarnos temprano el lunes.

▷ Tôt ou tard il s'en rendra compte.
Tarde o temprano se dará cuenta.

(= de bonne heure) temprano

► **tôt ou tard :** tarde o temprano

total, totale

1 ▷ La somme totale est de cent deux euros.
La suma total es de ciento dos euros.

1 (adjectif = global, complet) **total** (pluriel **totales**)

2 ▷ On a calculé le total.
Calculamos el total.

2 ► **le total** (= le chiffre global) : el **total** (pluriel **los totales**)

totalement

▷ C'est totalement faux.
Es totalmente falso.

totalmente

touche

▷ Pour effacer, appuie sur cette touche.
Para borrar, pulsa esta tecla.

(d'un ordinateur, d'un piano, d'un téléphone) la **tecla**

toucher VERBE

1 ▷ Ne me touche pas !
¡No me toques!

1 (= être en contact avec, palper) **tocar**

2 ▷ La balle l'a touché au bras.
La bala le dio en el brazo.

2 (= atteindre) **dar en**

3 ▷ Jean-Jacques a touché mille euros pour ce travail.
Jean-Jacques cobró mil euros por este trabajo.

3 (= être payé) **cobrar**

4 ▷ Notre cadeau a beaucoup touché le prof.
Nuestro regalo conmovió mucho al profesor.

4 (= émouvoir) **conmover**

*Le complément est une personne ou un groupe de personnes : n'oubliez pas de le faire précéder de **a**.*

5 ▷ Ne touchez à rien !
¡No toquéis nada!

5 ► **toucher à** quelque chose : **tocar** algo

6 ▷ Nos maisons se touchent.
Nuestras casas se tocan.

6 ► **se toucher** (= être contigus) : **tocarse**

toucher NOM

▷ C'est doux au toucher.
Es suave al tacto.

el **tacto**

toujours

1 ▷ Je vais toujours à l'école à pied.
Siempre voy al colegio andando.

1 (= tout le temps) **siempre**

2 ▷ Il est quatre heures et il est toujours là.
Son las cuatro y todavía está aquí.
▷ Béa n'a toujours pas appelé.
Béa todavía *ou* aún no ha llamado.

2 (= encore) **todavía** *ou* **aún**

*Remarquez que **todavía** et **aún** portent un accent écrit qui reflète l'accent tonique.*

tour NOM FÉMININ

1 ▷ La tour Eiffel est le monument le plus célèbre de Paris.
La torre Eiffel es el monumento más famoso de París.

1 (= bâtiment haut) la **torre**

*Attention à bien prononcer les deux **r**.*

2 ▷ José habite en banlieue, dans une tour.
José vive en las afueras, en un bloque de pisos.

2 (= immeuble d'habitation) el **bloque de pisos** (pluriel los **bloques de pisos**)

tour NOM MASCULIN

1 ▷ Allons faire un tour dans le parc.
Vamos a dar una vuelta por el parque.

1 ► **faire un tour :** dar una vuelta

2 ▷ On pourrait faire le tour du lac.
Podríamos dar la vuelta al lago.

2 ► **faire le tour de** quelque chose **:** dar la vuelta a algo

3 ▷ C'est ton tour de faire la vaisselle.
Te toca a ti fregar los platos.

3 *Pour dire que c'est le tour de quelqu'un de faire quelque chose, on emploie en espagnol le verbe **tocar** avec le complément qui correspond à la personne : **me toca a mí, te toca a ti, le toca a él / ella / usted, nos toca a nosotros / nosotras, os toca a vosotros / vosotras, les toca a ellos / ellas / ustedes**.*

4 ▷ On surveillera Noémie à tour de rôle.
Vigilaremos a Noémie por turno.

4 ► **à tour de rôle :** por turno

5 ▷ Les élèves ont joué un tour au prof d'espagnol.
Los alumnos le gastaron una broma al profesor de español.

5 ► **jouer un tour à** quelqu'un **:** gastarle una broma a alguien

tourisme

▷ Le tourisme rapporte beaucoup d'argent à notre région.
El turismo proporciona mucho dinero a nuestra región.

▷ Nous allons faire du tourisme à Madrid.
Vamos a Madrid a hacer turismo.

el **turismo**

► **faire du tourisme :** hacer turismo

touriste

▷ Il y a beaucoup de touristes ici en juillet.
Hay muchos turistas aquí en julio.

el **turista**, la **turista**

touristique

▷ Cette région est très touristique.
Esta región es muy turística.

turístico, turística

*Remarquez que le mot espagnol porte sur le premier **i** un accent écrit qui reflète l'accent tonique.*

tournant

1 ▷ C'est un tournant dangereux.
Es un recodo peligroso.

2 ▷ Ce fut un tournant dans sa carrière.
Fue un viraje en su carrera profesional.

1 (sur une route) el **recodo**

2 (dans une vie, une carrière) el **viraje**

tournée

1 ▷ Le facteur fait sa tournée.
El cartero está haciendo su ronda.
▷ C'est ma tournée !
¡Pago una ronda!

2 ▷ Le groupe est en tournée jusqu'en juin.
El grupo está de gira hasta junio.

1 (= la tournée du facteur ou la tournée au bar) la **ronda**

2 ► **être en tournée :** estar de gira

tourner

1 ▷ Tu n'as pas assez tourné le volant.
No has girado suficientemente el volante.
▷ Ce manège tourne très lentement.
Este tiovivo gira muy lentamente.

2 ▷ Jérémie a tourné la tête vers nous.
Jérémie volvió la cabeza hacia nosotros.

3 ▷ Ils tournent un film sur la place du village.
Están rodando una película en la plaza del pueblo.

4 ▷ Alex s'est tourné vers nous en riant.
Alex se volvió hacia nosotros riéndose.

1 ► **tourner** quelque chose (= le faire pivoter) : **girar** algo
► **tourner** (= faire des tours) : **girar**

2 ► **tourner la tête :** volver la cabeza

3 ► **tourner un film :** rodar una película

4 ► **se tourner** volverse
i *Le pronom réfléchi fonctionne de la façon suivante en espagnol :* ***me** vuelvo, **te** vuelves, **se** vuelve, **nos** volvemos, **os** volvéis, **se** vuelven.*

tournesol

▷ Regarde, un champ de tournesols.
Mira, un campo de girasoles.

el **girasol** (pluriel los girasoles)

tournevis

▷ Passe-moi un tournevis plus grand.
Pásame un destornillador más grande.

el **destornillador** (pluriel los destornilladores)

tournoi

▷ L'équipe du collège a gagné le tournoi de handball.
El equipo del colegio ganó el torneo de balonmano.

el **torneo**

tous, toutes

1 ▷ Ils sont tous arrivés en même temps.
Llegaron todos al mismo tiempo.
▷ Toutes mes copines sont venues.
Vinieron todas mis amigas.
▷ Il a plu tous les jours.
Llovió todos los días.

1 (= l'ensemble des personnes, des choses) **todos, todas**

2 ▷ Nous allons voir mes grands-parents tous les trois jours.
Vamos a ver a mis abuelos cada tres días.

2 ► **tous les** *ou* **toutes les...** (pour parler de la fréquence) : **cada...**

tousser

▷ Ludovic est enrhumé, il tousse beaucoup.
Ludovic está resfriado, tose mucho.

toser

tout, toute

1 ▷ C'est tout ce que je sais.
Es todo lo que sé.
▷ Lise a bu toute la limonade.
Lise se bebió toda la gaseosa.
▷ Tu as tout mangé ?
¿Te lo has comido todo?
▷ Je lis tout, puis je te le passe.
Lo leo todo, y luego te lo paso.
▷ Il y assez de nourriture pour tout le monde.
Hay bastante comida para todo el mundo.

1 (= toutes les choses) **todo**

ℹ *Quand* tout *est complément d'objet direct, il faut ajouter* **lo** *avant le verbe dans la phrase espagnole.*

► **tout le monde : todo el mundo**

2 ▷ Anne-Marie était toute contente.
Anne-Marie estaba muy contenta.

2 (= très) **muy**

3 ▷ Il y a trente invités en tout.
Hay treinta invitados en total.

3 ► **en tout** (= au total) : **en total**

4 ▷ Je suis tout à fait d'accord.
Estoy del todo de acuerdo.
▷ Je n'ai pas tout à fait fini.
No he terminado del todo.

4 ► **tout à fait** (= entièrement) : **del todo**

5 ▷ Je ne suis pas du tout d'accord avec toi.
No estoy para nada de acuerdo contigo.

5 ► **pas du tout** (= nullement) : **para nada**

tout-terrain

▷ Les parents de Camille ont une voiture tout-terrain.
Los padres de Camille tienen un coche todo terreno.

todo terreno

ℹ *Regardez aussi le mot* VTT.

toux

▷ Tu devrais prendre du sirop contre la toux.
Deberías tomar jarabe para la tos.

la **tos**

toxique

▷ Ces champignons sont toxiques.
Estas setas son tóxicas.

tóxico, tóxica

Remarquez que le mot espagnol porte sur le ***o*** *un accent écrit qui reflète l'accent tonique.*

trac

▷ Capucine avait le trac avant son exposé.
Capucine estaba nerviosa antes de su exposición.

► **avoir le trac : estar nervioso** *ou* **nerviosa**

tracasser

▷ Ce que tu m'as dit hier m'a tracassée.
Me preocupó lo que me dijiste ayer.

▷ Ne te tracasse pas pour ça.
No te preocupes por eso.

preocupar

Le complément est une personne : n'oubliez pas de le faire précéder de ***a****.*

► **se tracasser : preocuparse**

Le pronom réfléchi fonctionne de la façon suivante en espagnol : ***me preocupo, te preocupas, se preocupa, nos preocupamos, os preocupáis, se preocupan.***

trace

1 ▷ Les policiers ont suivi les traces de pneus.
Los policías siguieron las huellas de los neumáticos.

2 ▷ Il y a des traces de peinture sur le sol.
Hay marcas de pintura en el suelo.

1 (= empreinte sur le sol) la **huella**

2 (= marque) la **marca**

tracer

▷ Trace d'abord un carré.
Primero traza un cuadrado.

trazar

tracteur

▷ Le fermier laboure ses champs avec son tracteur.
El granjero ara los campos con su tractor.

el **tractor** (pluriel **los tractores**)

traduction

▷ Cette traduction est très bonne.
Esta traducción es muy buena.

la **traducción** (pluriel **las traducciones**)

Il n'y a pas d'accent écrit au pluriel. L'accent tonique porte sur le ***o****, comme au singulier.*

traduire

▷ Nous devons traduire ce paragraphe pour demain.
Tenemos que traducir este párrafo para mañana.

traducir

trafic

▷ Il y a beaucoup de trafic à cette heure-ci.
Hay mucho tráfico a esta hora.
▷ Ils luttent contre le trafic de drogue.
Luchan contra el tráfico de drogas.

el **tráfico**

ℹ *Remarquez que le mot espagnol porte sur le a un accent écrit qui reflète l'accent tonique.*

tragédie

▷ *Le Roi Lear* est une tragédie en cinq actes.
El Rey Lear **es una tragedia en cinco actos.**
▷ La manifestation a tourné à la tragédie.
La manifestación se convirtió en tragedia.

la **tragedia**

tragique

▷ Il est mort dans un tragique accident.
Murió en un trágico accidente.

trágico, trágica

trahir

▷ Il a trahi ma confiance.
Ha traicionado mi confianza.

(un ami, son pays) **traicionar**

train

1 ▷ Le train pour Limoges part du quai deux.
El tren para Limoges sale del andén número dos.
▷ Les trains à grande vitesse n'empruntent pas les mêmes voies que ceux de banlieue.
Los trenes de alta velocidad no toman las mismas vías que los de cercanías.
▷ Nous irons à Logroño en train.
Iremos a Logroño en tren.
▷ Dépêche-toi, sinon nous allons rater le train !
¡Date prisa, si no vamos a perder el tren !

1 (= véhicule) el **tren** (pluriel los **trenes**)
► **train à grande vitesse :** el **tren de alta velocidad** (pluriel los **trenes de alta velocidad**)
► **train de banlieue :** el **tren de cercanías** (pluriel los **trenes de cercanías**)
► **en train :** **en tren**
► **rater le train :** **perder el tren**

2 ▷ J'étais en train de me préparer quand Luc est arrivé.
Me estaba preparando cuando llegó Luc.
▷ Je suis en train d'écrire une lettre.
Estoy escribiendo una carta.

2 ► **être en train de** + infinitif **:** **estar** + gérondif

traîner

1 ▷ Nathan traîne son cartable derrière lui.
Nathan arrastra la cartera detrás suyo.
▷ Attention, tes lacets traînent par terre.
Cuidado, vas arrastrando los cordones de los zapatos.

1 ► **traîner** quelque chose (= le tirer) : **arrastrar** algo

Pour dire que quelque chose traîne par terre, on emploie en espagnol le verbe ***arrastrar****.*

2 ▷ Ne traînez pas, on est en retard !
¡No os rezaguéis, vamos a llegar tarde!

2 ► **traîner** (= aller lentement) : **rezagarse**

Le pronom réfléchi fonctionne de la façon suivante en espagnol : ***me rezago, te rezagas, se rezaga, nos rezagamos, os rezagáis, se rezagan****.*

3 ▷ Comme ils s'ennuient, ils traînent dans les rues.
Como se aburren, vagabundean por la calle.

3 ► **traîner** (= errer) : **vagabundear**

4 ▷ Tes affaires traînent partout, range-les.
Tus cosas están tiradas por todas partes, ordénalas.

4 ► **traîner** (= ne pas être rangé) : **estar tirado**

5 ▷ Ma petite sœur adore se traîner par terre.
A mi hermanita le encanta arrastrarse por el suelo.

5 ► **se traîner** (= ramper) : **arrastrarse**

Le pronom réfléchi fonctionne de la façon suivante en espagnol : ***me arrastro, te arrastras, se arrastra, nos arrastramos, os arrastráis, se arrastran****.*

traire

▷ L'agriculteur trait ses vaches tous les matins.
El agricultor ordeña sus vacas todas las mañanas.

ordeñar

trait

1 ▷ Ce trait est trop épais.
Este trazo es demasiado grueso.
▷ J'ai du mal à me rappeler quand un mot s'écrit avec un trait d'union ou pas.
Me cuesta recordar cuándo una palabra se escribe con guión o no.

1 (= ligne) el **trazo**

► **trait d'union** : el **guión** (pluriel **los guiones**)

Il n'y a pas d'accent écrit au pluriel. L'accent tonique porte sur le ***o****, comme au singulier.*

2 ▷ Jean-Claude a les traits fins.
Jean-Claude tiene unos rasgos finos.

2 ► **traits** (= visage) : los **rasgos**

3 ▷ Agathe a tout bu d'un trait.
Agathe se lo bebió todo de un trago.

3 ► **boire** quelque chose **d'un trait** : **beberse** algo **de un trago**

traité

▷ Ils ont signé un traité de paix.
Firmaron un tratado de paz.

el **tratado**

traitement

1 ▷ Ce traitement est très efficace.
Este tratamiento es muy eficaz.

2 ▷ Qu'est-ce que tu utilises comme traitement de texte ?
¿Qué tratamiento de textos usas?

1 (= médicaments) el **tratamiento**

2 ► **traitement de texte** (= logiciel) : el **tratamiento de textos**

traiter

1 ▷ Myriam traite vraiment mal ses copines.
Myriam trata muy mal a las amigas.
▷ Le médecin a refusé de la traiter.
El médico se negó a tratarla.

2 ▷ La prof m'a traité de menteur.
La profesora me trató de mentiroso.

1 (= se comporter avec, soigner) **tratar**

Si le complément est une personne, un groupe de personnes ou un animal domestique, n'oubliez pas de le faire précéder de ***a****.*

2 ► **traiter** quelqu'un **de... : tratar a alguien de...**

traître

▷ Les traîtres ont été exécutés.
Los traidores fueron ejecutados.

el **traidor** (pluriel **los traidores**)

trajet

▷ Le trajet m'a semblé plus court au retour.
El trayecto de regreso me pareció más corto.

(= voyage) el **trayecto**

tram

▷ On va prendre le tram, ce sera plus rapide.
Vamos a coger el tranvía, será más rápido.

el **tranvía**

Remarquez que le mot espagnol porte sur le ***i*** *un accent écrit qui reflète l'accent tonique.*
Il n'y a pas d'abréviation espagnole équivalente à ***tram*** *; il faut utiliser le mot* ***tranvía*** *en entier.*

trampoline

▷ Héloïse rebondit sur le trampoline.
Héloïse rebota en la cama elástica.

la **cama elástica** (pluriel **las camas elásticas**)

Le mot ***trampolín*** *existe aussi mais il signifie « tremplin ».*

tramway

▷ Il y a un nouveau système de tramway à Nancy.
Hay un nuevo sistema de tranvía en Nancy.

el **tranvía**

Remarquez que le mot espagnol porte sur le ***i*** *un accent écrit qui reflète l'accent tonique.*

tranche

1 ▻ J'ai mangé deux tranches de pain avec du beurre.
Comí dos rebanadas de pan con mantequilla.

1 (= tartine de pain) la **rebanada**

2 ▻ Coupez-moi six tranches de jambon, s'il vous plaît.
Córteme seis lonchas de jamón, por favor.

2 (= tranche de jambon ou de fromage) la **loncha**

3 ▻ J'ai mis six tranches de saucisson dans le sandwich.
Le eché seis rodajas de salsichón al bocadillo.

3 (= tranche de saucisson) la **rodaja**

4 ▻ Il reste une tranche de gâteau.
Queda una porción de pastel.

4 (= tranche de gâteau) la **porción** (pluriel **las porciones**)

tranquille

1 ▻ C'est un quartier tranquille.
Es un barrio tranquilo.
▻ Laisse ton frère tranquille !
¡Deja a tu hermano tranquilo!

1 (= calme) **tranquilo, tranquila**

► **laisser** quelqu'un **tranquille** : **dejar a** alguien **tranquilo**

2 ▻ Mes parents nous ont dit de rester tranquilles.
Mis padres nos dijeron que nos estuviéramos quietos.

2 ► **rester tranquille** (= rester sage) : **estarse quieto**

tranquillement

▻ Je vais lire tranquillement pendant que tu fais tes devoirs.
Voy a leer tranquilamente mientras haces los deberes.

(= calmement) **tranquilamente**

tranquillité

▻ J'ai besoin de tranquillité pour travailler.
Necesito tranquilidad para trabajar.

la **tranquilidad**

transformer

▻ Le nouvel éclairage a complètement transformé la place.
El nuevo alumbrado ha transformado la plaza por completo.
▻ Le magicien a transformé le foulard en lapin.
El mago transformó el pañuelo en un conejo.

transformar

ℹ *La préposition utilisée en espagnol est la même qu'en français* ***(en)****, mais notez qu'il faut l'article indéfini avant le nom* ***(en un conejo)****.*

▷ Le vampire s'est transformé en chauve-souris.
El vampiro se transformó en un murciélago.

► **se transformer en :** transformarse en

ℹ *Le pronom réfléchi fonctionne de la façon suivante en espagnol : **me transformo, te transformas, se transforma, nos transformamos, os transformáis, se transforman.***

transgénique

▷ Ils ont obtenu des souris transgéniques.
Han obtenido ratones transgénicos.

transgénico, transgénica

ℹ *Remarquez que le mot espagnol porte un accent écrit qui reflète l'accent tonique.*

transmettre

▷ Bérénice m'a transmis la nouvelle.
Bérénice me transmitió la noticia.

▷ Cette maladie se transmet facilement.
Esta enfermedad se transmite fácilmente.

transmitir

► **se transmettre :** transmitirse

ℹ *Le pronom réfléchi fonctionne de la façon suivante en espagnol : **se transmite, se transmiten.***

transparent, transparente

▷ Ce chemisier est trop transparent.
Esta blusa es demasiado transparente.

transparente

transpirer

▷ Il fait chaud, je transpire.
Hace calor, estoy sudando.

sudar

transport

▷ C'est le moyen de transport le plus rapide.
Es el medio de transporte más rápido.

▷ L'État a promis d'améliorer les transports en commun.
El estado ha prometido mejorar los transportes públicos.

el **transporte**

► **transports en commun :** los transportes públicos

transporter

▷ Les marchandises sont transportées en train.
Las mercancías se transportan en tren.

transportar

travail

1 ▷ J'ai trop de travail, je ne peux pas sortir.
Tengo demasiado trabajo, no puedo salir.

▷ Le frère de Luc a un travail intéressant.
El hermano de Luc tiene un trabajo interesante.

1 el **trabajo**

2 ▷ Il y a des travaux entre les deux villages.
Hay obras entre los dos pueblos.

2 ► **travaux** (sur la route ou dans une maison) : las obras

travailler

▷ Tu ne travailles pas assez.
No trabajas lo suficiente.

trabajar

travailleur, travailleuse

▷ C'est un garçon très travailleur.
Es un chico muy trabajador.
▷ Les travailleurs du secteur métallurgique sont en grève.
Los trabajadores del sector metalúrgico están en huelga.

trabajador (pluriel **trabajadores**), **trabajadora**

ℹ *Trabajador, trabajadora peut être soit un adjectif, soit un nom.*

travers

1 ▷ L'eau entre à travers les fentes.
El agua entra por las grietas.
▷ On les entend parler à travers le mur.
Se les oye hablar a través de la pared.

1 ► **à travers** (= par) : **por**

► **à travers** (une épaisseur) : **a través de**

2 ▷ Le poster est de travers.
El póster está torcido.

2 ► **de travers** (= tordu) : **torcido, torcida**

3 ▷ Le chien s'était mis en travers du lit.
El perro se había atravesado en la cama.

3 ► **se mettre en travers de : atravesarse en**

ℹ *Le pronom réfléchi fonctionne de la façon suivante en espagnol : me atravieso, te atraviesas, se atraviesa, nos atravesamos, os atravesáis, se atraviesan.*

▷ Le camion est en travers de la route.
El camión está atravesado en la carretera.

► **être en travers de : estar atravesado** *ou* **atravesada en**

traversée

▷ La traversée dure deux heures.
La travesía dura dos horas.

(= trajet en bateau) la **travesía**

traverser

1 ▷ Regarde avant de traverser la route.
Mira antes de cruzar la carretera.

1 (en parlant d'une route ou d'une rue) **cruzar**

2 ▷ On a dû traverser la forêt.
Tuvimos que atravesar el bosque.

2 (= passer dans) **atravesar**

traversin

▷ Où est la housse de ce traversin ?
¿Dónde está la funda de este cabezal?

el **cabezal** (pluriel los **cabezales**)

trébucher

▷ Adrienne a trébuché sur une branche.
Adrienne tropezó con una rama.

tropezar

ℹ *Notez la préposition utilisée en espagnol : trébucher sur = **tropezar con**.*

trèfle

▷ On cherche des trèfles à quatre feuilles.
Estamos buscando tréboles de cuatro hojas.

(= plante) el **trébol** (pluriel los **tréboles**)

ℹ *Remarquez que le mot espagnol porte sur le **e** un accent écrit qui reflète l'accent tonique.*

treize

▷ Il y a treize filles dans ma classe.
Hay trece chicas en mi clase.

▷ Nous partirons le treize décembre.
Nos marcharemos el trece de diciembre.

trece

ℹ *Notez l'emploi de **de** en espagnol quand on dit la date.*

tremblement

▷ Il y a eu un tremblement de terre terrible au Japon.
Ha habido un terremoto terrible en Japón.

► **tremblement de terre :** el **terremoto**

🔈 *Attention à bien prononcer les deux **r** de **terremoto**.*

trembler

▷ Pourquoi tu trembles ? Tu as peur ?
¿Por qué tiemblas? ¿Tienes miedo?

temblar

trempé, trempée

▷ Nous sommes revenus trempés de la promenade.
Volvimos empapados del paseo.

empapado, empapada

tremper

1 ▷ J'aime bien tremper des madeleines dans le café.
Me gusta mojar magdalenas en el café.

1 (en parlant du pain ou de biscuits) **mojar**

2 ▷ Mets ton pantalon à tremper.
Pon tus pantalones a remojar.

2 (= laisser dans l'eau) **remojar**

tremplin

▷ Jonathan a plongé du tremplin.
Jonathan se zambulló desde el trampolín.

(de piscine ou de gymnastique) el **trampolín** (pluriel los **trampolines**)

ℹ *Il n'y a pas d'accent écrit au pluriel. L'accent tonique porte sur le **i**, comme au singulier.*

trente

▷ Trente élèves ont voté.
Votaron treinta alumnos.

treinta

▷ La fête aura lieu le trente juillet.
La fiesta tendrá lugar el treinta de julio.

Attention à l'orthographe du mot **treinta**.
Notez l'emploi de **de** *en espagnol quand on dit la date.*

très

▷ Cet exercice est très difficile.
Este ejercicio es muy difícil.
▷ J'ai très faim.
Tengo mucha hambre.
▷ Nous avions très soif.
Teníamos mucha sed.
▷ Il fait très chaud.
Hace mucho calor.

Dans la plupart des cas, très *se traduit par* **muy**. *Exception : dans les expressions avec* faim *(=* **hambre***),* soif *(=* **sed***),* chaud *(=* **calor***),* froid *(=* **frío***), etc.,* très *se traduit par* **mucho** *ou* **mucha**.

trésor

▷ Les pirates avaient caché un trésor sur l'île.
Los piratas habían escondido un tesoro en la isla.

el **tesoro**

tresse

▷ Natacha porte des tresses.
Natacha lleva trenzas.

la **trenza**

triangle

▷ Les trois côtés du triangle équilatéral sont égaux.
Los tres lados del triángulo equilátero son iguales.

el **triángulo**
Remarquez que le mot espagnol porte sur le **a** *un accent écrit qui reflète l'accent tonique.*

tribu

▷ Il a vécu dans des tribus d'Amérique du Sud.
Vivió en unas tribus de América del Sur.

la **tribu**

tribunal

▷ Le tribunal a décidé qu'il était innocent.
El tribunal decidió que era inocente.

el **tribunal** (pluriel **los tribunales**)

tribunes

▷ Nous étions dans les tribunes.
Estábamos en las tribunas.

(d'un stade) las **tribunas**

tricher

1 ▷ Si tu triches, j'arrête de jouer !
¡Si haces trampas, dejo de jugar!

1 (= tricher dans un jeu) **hacer trampas**

2 ▷ Elle a réussi son examen parce qu'elle a triché.
Aprobó el examen porque copió.

2 (= tricher à un examen) **copiar**

tricheur, tricheuse

▷ Espèce de tricheur !
¡Pedazo de tramposo!

tramposo, tramposa

tricot

1 ▷ Ce tricot est fait à la main.
Este jersey está hecho a mano.

2 ▷ Ma grand-mère passe ses soirées à faire du tricot.
Mi abuela se pasa las noches haciendo punto.

1 (= pull) el **jersey** (pluriel los **jerseys**)

2 ► **faire du tricot :** hacer punto

tricoter

▷ Ma grand-mère m'a appris à tricoter.
Mi abuela me ha enseñado a hacer punto.

hacer punto

trier

▷ J'ai trié tous mes papiers le week-end dernier.
Clasifiqué todos mis papeles el fin de semana pasado.

(= classer) **clasificar**

trimestre

▷ J'ai eu de bons résultats au premier trimestre.
Tuve buenos resultados en el primer trimestre.

el **trimestre**

trimestriel, trimestrielle

▷ C'est un magazine trimestriel.
Es una revista trimestral.

trimestral (pluriel **trimestrales**)

trinquer

▷ Trinquons à ta réussite !
¡Brindamos por tu éxito!

brindar

triste

▷ Ne sois pas triste, il reviendra.
No estés triste, ya volverá.

triste

tristesse

▷ Il a ressenti une profonde tristesse quand ils sont partis.
Sintió una profunda tristeza cuando se fueron.

la **tristeza**

trois

▷ Je l'ai vu il y a trois jours.
Lo vi hace tres días.
▷ Lise est née le trois avril.
Lise nació el tres de abril.

tres

ℹ *Notez l'emploi de* **de** *en espagnol quand on dit la date.*

troisième

1 ▻ C'est la troisième fois que je te le dis !
¡Es la tercera vez que te lo digo!
▻ Tu es le troisième sur la liste.
Eres el tercero de la lista.
▻ J'habite au troisième étage.
Vivo en el tercer piso.

1 tercero, tercera

ℹ *Remarquez que **tercero** perd le **o** devant un nom.*

2 ▻ L'année prochaine je serai en troisième.
El año que viene estaré en tercero de E.S.O.

2 (= niveau scolaire) **3° de E.S.O. (tercero de Educación Secundaria Obligatoria)**

trombone

1 ▻ Donne-moi un trombone pour attacher les feuilles.
Dame un clip para juntar las hojas.

1 (= agrafe) el **clip** (pluriel **los clips**)

2 ▻ Le trombone est un instrument à vent.
El trombón es un instrumento de viento.

2 (= instrument de musique) el **trombón** (pluriel **los trombones**)

ℹ *Il n'y a pas d'accent écrit au pluriel. L'accent tonique porte sur le **o**, comme au singulier.*

▻ Jean-Marc joue du trombone.
Jean-Marc toca el trombón.

► **jouer du trombone : tocar el trombón**

se tromper

▻ Tu t'es trompé, il n'habite plus ici.
Te has equivocado, ya no vive aquí.

equivocarse

ℹ *Le pronom réfléchi fonctionne de la façon suivante en espagnol : **me equivoco, te equivocas, se equivoca, nos equivocamos, os equivocáis, se equivocan.***

trompette

▻ La trompette est un instrument à vent.
La trompeta es un instrumento de viento.
▻ Louis Armstrong jouait de la trompette.
Louis Armstrong tocaba la trompeta.

la **trompeta**

► **jouer de la trompette : tocar la trompeta**

tronc

▻ Astrid a gravé ses initiales sur le tronc de l'arbre.
Astrid grabó sus iniciales en el tronco del árbol.

(= le tronc d'un arbre) el **tronco**

trône

▻ Le roi Juan Carlos I est monté sur le trône en 1975.
El rey Juan Carlos I subió al trono en 1975.

el **trono**

trop

▷ Ne mange pas trop, tu vas être malade.
No comas demasiado, te vas a enfermar.
▷ C'est trop difficile pour moi.
Es demasiado difícil para mí.
▷ Il y a trop de sucre dans ce café.
Hay demasiado azúcar en este café.
▷ Il y a trop de fautes dans ce texte.
Hay demasiadas faltas en este texto.

demasiado

► **trop de** + nom : **demasiado** *ou* **demasiada** *ou* **demasiados** *ou* **demasiadas** + nom

trottinette

▷ Les trottinettes sont de nouveau à la mode.
Los patinetes están de moda otra vez.

el **patinete**

Attention : contrairement au français, le mot espagnol est masculin.

trottoir

▷ Le trottoir est très étroit ici.
La acera está muy estrecha aquí.

la **acera**

trou

1 ▷ Il y a un trou dans ton pantalon.
Tienes un agujero en los pantalones.

1 (= déchirure) el **agujero**

2 ▷ Ils ont creusé un trou dans le jardin.
Han cavado un hoyo en el jardín.

2 (= creux) el **hoyo**

3 ▷ J'ai un trou dans mon emploi du temps.
Tengo un hueco en el horario.

3 (= moment libre) el **hueco**

troué, trouée

▷ Mon blouson est troué.
Tengo la chaqueta agujereada.

agujereado, agujereada

trouille

▷ J'ai eu la trouille quand j'ai vu le directeur.
Tuve miedo cuando vi al director.

► **avoir la trouille : tener miedo**

Trouille *est familier, mais* **miedo** *ne l'est pas.*

troupe

1 ▷ Ils ont retiré leurs troupes.
Retiraron sus tropas.

1 (de militaires) la **tropa**

2 ▷ Je joue dans une petite troupe de théâtre.
Actúo en una pequeña compañía de teatro.

2 ► **troupe de théâtre : la compañía de teatro**

troupeau

▷ Il y avait un troupeau de vaches dans le champ.
Había un rebaño de vacas en el campo.

el **rebaño**

trousse

1 ▷ Le surligneur est dans ma trousse.
El marcador está en mi estuche.

1 (= étui à stylos) el **estuche**

2 ▷ Je ne trouve pas ma trousse de toilette.
No encuentro mi neceser de aseo.

2 ► **trousse de toilette :** el **neceser de aseo** (pluriel **los neceseres de aseo**)

trouver

1 ▷ Tu as trouvé la solution ?
¿Has encontrado la solución?

1 (= découvrir) **encontrar**

2 ▷ Je trouve ça très bizarre.
Me parece muy raro.
▷ Mes parents trouvent que je ne travaille pas assez.
A mis padres les parece que no trabajo lo suficiente.

2 *Pour exprimer un jugement, on emploie l'expression* ***me / te / se le / nos / os / se les parece*** *en espagnol.*

3 ▷ Où se trouve la gare ?
¿Dónde se encuentra la estación?

3 ► **se trouver** (être situé) : **encontrarse**
ℹ *Le pronom réfléchi fonctionne de la façon suivante en espagnol :* ***me encuentro, te encuentras, se encuentra, nos encontramos, os encontráis, se encuentran.***

truc

1 ▷ Enlève tous ces trucs de là !
¡Quita todos esos chismes de ahí!
▷ C'est quoi, ce truc ?
Y ese chisme, ¿qué es?

1 (= chose) el **chisme**

2 ▷ Yves fait parfois des trucs bizarres.
Yves hace a veces cosas raras.

2 ► **faire des trucs : hacer cosas**
ℹ *Contrairement à l'expression française, l'expression espagnole n'est pas familière.*

truite

▷ Paul-Émile a pêché deux grosses truites.
Paul-Émile ha pescado dos truchas enormes.

la **trucha**

t-shirt

▷ Camille porte un t-shirt rose et bleu.
Camille lleva una camiseta rosa y azul.

la **camiseta**

tu

▷ Est-ce que tu as faim ?
¿Tienes hambre?

Tu *ne se traduit généralement pas en espagnol.*

tuba

1 ▷ Je joue du tuba.
Toco la tuba.

1 (= instrument de musique) la **tuba**
*Attention, le mot **tuba** est féminin en espagnol.*

2 ▷ Mon tuba est cassé.
Se me ha roto el tubo respiratorio.

2 (pour plonger) el **tubo respiratorio**
*On dit aussi **el esnórkel**.*

tube

1 ▷ Le tube de dentifrice est presque vide.
El tubo de pasta de dientes está casi vacío.

1 (= cylindre) el **tubo**

2 ▷ Cette chanson va être un tube.
Esta canción va a ser un éxito.

2 (= chanson à succès) el **éxito**
*Remarquez que le mot espagnol porte sur le **e** un accent écrit qui reflète l'accent tonique.*

tuer

1 ▷ Les terroristes ont essayé de tuer le député.
Los terroristas intentaron matar al diputado.

1 **matar**
*Si le complément est une personne, un groupe de personnes ou un animal domestique, n'oubliez pas de le faire précéder de **a**.*

2 ▷ Notre voisin s'est tué dans un accident de la route.
Nuestro vecino se ha matado en un accidente de coche.
▷ Elle a voulu se tuer.
Quiso matarse.

2 ► **se tuer : matarse**
*Le pronom réfléchi fonctionne de la façon suivante en espagnol : **me mato, te matas, se mata, nos matamos, os matáis, se matan**.*

tueur, tueuse

▷ Ils ont attrapé le tueur.
Cogieron al asesino.
▷ C'est un film sur un tueur en série.
Es una película sobre un asesino en serie.

el **asesino**, la **asesina**

► **tueur en série : el asesino en serie**

tuile

▷ Plusieurs tuiles se sont envolées pendant la tempête.
Varias tejas volaron durante la tormenta.

(sur un toit) la **teja**

tulipe

▷ Il y a d'immenses champs de tulipes en Hollande.
Hay campos de tulipanes inmensos en Holanda.

el **tulipán** (pluriel **los tulipanes**)
*Il n'y a pas d'accent écrit au pluriel. L'accent tonique porte sur le **a**, comme au singulier.*
Contrairement au français, le mot espagnol est masculin.

Tunisie

▷ La Tunisie est voisine de l'Algérie.
Túnez es vecino de Argelia.

▷ On a eu très chaud en Tunisie.
Tuvimos mucho calor en Túnez.

▷ Le père de Saïd veut retourner en Tunisie.
El padre de Saïd quiere volver a Túnez.

Túnez

ℹ *Remarquez que le mot espagnol porte sur le **u** un accent écrit qui reflète l'accent tonique.*
Ne prend généralement pas d'article.

► **en Tunisie** (= dans le pays) : **en Túnez**

► **en Tunisie** (= vers le pays) : **a Túnez**

ℹ *Remarquez que le mot espagnol **Túnez** indique aussi bien le pays, la Tunisie, que la ville de Tunis.*

tunisien, tunisienne

▷ Ce magasin vend des meubles tunisiens.
Esta tienda vende muebles tunecinos.

▷ Ce sont les Tunisiens qui habitent au numéro douze.
Son los tunecinos que viven en el número doce.

tunecino, tunecina

ℹ *S'écrit toujours avec une minuscule en espagnol, qu'il s'agisse de l'adjectif ou du nom.*

tunnel

▷ Le tunnel traverse la montagne.
El túnel atraviesa la montaña.

el **túnel** (pluriel **los túneles**)

ℹ *Remarquez que le mot espagnol porte sur le **u** un accent écrit qui reflète l'accent tonique.*

turbulent, turbulente

▷ Lionel est souvent puni parce qu'il est turbulent en classe.
Castigan a menudo a Lionel porque es revoltoso en clase.

(en parlant d'un élève) **revoltoso, revoltosa**

turc, turque

▷ On a mangé dans un restaurant turc.
Comimos en un restaurante turco.

▷ Il y a deux Turcs dans notre classe.
Hay dos turcos en nuestra clase.

turco, turca

ℹ *S'écrit toujours avec une minuscule en espagnol, qu'il s'agisse de l'adjectif ou du nom.*

Turquie

▷ La Turquie veut entrer dans l'Union européenne.
Turquía quiere ingresar en la Unión europea.

▷ Il y a des plages magnifiques en Turquie.
Hay unas playas magníficas en Turquía.

▷ Nous irons en Turquie en avion.
Iremos a Turquía en avión.

Turquía

ℹ *Remarquez que le mot espagnol porte sur le **i** un accent écrit qui reflète l'accent tonique.*
Ne prend généralement pas d'article.

► **en Turquie** (= dans le pays) : **en Turquía**

► **en Turquie** (= vers le pays) : **a Turquía**

tutoyer

▻ Je ne sais pas si je dois tutoyer Max.
No sé si debo tutear a Max.
▻ En Espagne les gens se tutoient facilement.
En España la gente se tutea con facilidad.

tutear
*Si le complément est une personne, un groupe de personnes ou un animal domestique, n'oubliez pas de le faire précéder de **a**.*

tuyau

1 ▻ À quoi sert ce tuyau ?
¿Para qué sirve ese tubo?

1 (= conduite) el **tubo**

2 ▻ Ma mère arrose le jardin avec un tuyau d'arrosage.
Mi madre riega el jardín con una manguera.

2 ► **tuyau d'arrosage :** la **manguera**

tympan

▻ C'est mauvais pour les tympans.
Es malo para los tímpanos.

(d'oreille) el **tímpano**
*Remarquez que le mot espagnol porte sur le **i** un accent écrit qui reflète l'accent tonique.*

type

▻ La vendeuse nous a montré plusieurs types d'imprimantes.
La dependienta nos enseñó varios tipos de impresoras.
▻ Il y a un type qui t'attend dehors.
Hay un tipo que te está esperando ahí fuera.

el **tipo**

typique

▻ J'aimerais goûter un plat typique.
Me gustaría probar un plato típico.

típico, típica
*Remarquez que le mot espagnol porte sur le premier **i** un accent écrit qui reflète l'accent tonique.*

tyran

▻ C'est un vrai tyran.
Es un verdadero tirano.

el **tirano**

Uu

un, une

▻ Tu en veux un ?
¿Quieres uno?
▻ C'est une bonne idée.
Es una buena idea.
▻ Les élèves sont rentrés l'un après l'autre.
Los alumnos entraron uno tras otro.
▻ Il y a un chat dans le jardin.
Hay un gato en el jardín.

(article indéfini ou adjectif numéral) **uno, una**

ℹ *Remarquez que* ***uno*** *perd le* ***o*** *devant un nom.*

unanime

▻ La presse et les politiques sont unanimes.
La prensa y los políticos son unánimes.

unánime

ℹ *Remarquez que le mot espagnol porte sur le* ***a*** *un accent écrit qui reflète l'accent tonique.*

uni, unie

▻ Je voudrais un tissu uni plutôt qu'un tissu imprimé.
Quisiera una tela lisa mejor que una tela estampada.

(= sans motifs) **liso, lisa**

uniforme

▻ Elles étaient en uniforme.
Llevaban uniforme.

el **uniforme**

union

▻ Ils ont formé une union économique.
Formaron una unión económica.
▻ L'Espagne fait partie de l'Union européenne.
España forma parte de la Unión europea.

la **unión** (pluriel **las uniones**)

► **l'Union européenne : la Unión europea**

ℹ *Il n'y a pas d'accent écrit au pluriel. L'accent tonique porte sur le* ***o****, comme au singulier.*

unique

▷ L'argent est son unique souci.
El dinero es su única preocupación.
▷ Paul est fils unique.
Paul es hijo único.

único, única
*Remarquez que le mot espagnol porte sur le **u** un accent écrit qui reflète l'accent tonique.*

uniquement

▷ J'ai fait ça uniquement pour te faire plaisir.
Lo hice únicamente para complacerte.

únicamente
*Remarquez que le mot espagnol porte sur le **u** un accent écrit qui reflète l'accent tonique.*

unir

1 ▷ Un sentiment de solidarité nous unit.
Un sentimiento de solidaridad nos une.

1 (des pays, des fortunes) **unir**

2 ▷ Les deux pays ont décidé de s'unir contre leur ennemi commun.
Los dos países decidieron unirse contra su enemigo común.

2 ► **s'unir : unirse**

unité

▷ Le mètre est une unité de longueur.
El metro es una unidad de longitud.

la **unidad** (pluriel **las unidades**)

univers

▷ Les astronomes étudient l'univers.
Los astrónomos estudian el universo.

el **universo**

université

▷ La sœur de Farid vient d'entrer à l'université.
La hermana de Farid acaba de ingresar en la universidad.

la **universidad** (pluriel **las universidades**)

urgence

1 ▷ Voici mon numéro de téléphone en cas d'urgence.
He aquí mi número de teléfono en caso de emergencia.

1 (= cas urgent) la **emergencia**

2 ▷ Thierry a été transporté aux urgences.
Llevaron a Thierry a urgencias.

2 ► **les urgences** (de l'hôpital) : **urgencias**

3 ▷ Il faut d'urgence prévenir ses parents !
Hay que avisar urgentemente a sus padres.

3 ► **d'urgence : urgentemente**

urgent, urgente

▻ Tu dois rappeler Samia, c'est urgent.
Tienes que llamar a Samia, es urgente.

urgente

usager, usagère

▻ Les usagers du téléphone vont être contents du nouveau système.
Los usuarios del teléfono van a estar contentos con el nuevo sistema.

el **usuario**, la **usuaria**

usé, usée

▻ Cette veste est tout usée, je vais la jeter.
Esta chaqueta está completamente desgastada, la voy a tirar.

(= abîmé) **desgastado, desgastada**

user

▻ Tu vas user ton jean si tu te traînes par terre.
Te vas a desgastar los vaqueros si te arrastras por el suelo.

(en parlant d'un vêtement) **desgastar**

usine

▻ Le père d'Hubert travaille à l'usine de chaussures.
El padre de Hubert trabaja en la fábrica de calzado.

la **fábrica**

ℹ *Remarquez que le mot espagnol porte sur le premier **a** un accent écrit qui reflète l'accent tonique.*

ustensile

▻ J'ai acheté des ustensiles de cuisine.
He comprado unos utensilios de cocina

el **utensilio**

*Attention : le mot espagnol ne prend pas de **s** devant le **t**.*

utile

▻ Merci, c'est un renseignement très utile.
Gracias, esta información es muy útil.

útil (pluriel **útiles**)

ℹ *Remarquez que le mot espagnol porte sur le **u** un accent écrit qui reflète l'accent tonique.*

utiliser

▻ J'utilise toujours un stylo rouge pour souligner les mots nouveaux.
Siempre utilizo un bolígrafo rojo para subrayar las palabras nuevas.

utilizar

ℹ *On peut dire aussi **usar**.*

Vv

vacances

▷ Les vacances commencent le trente juin.
Las vacaciones empiezan el treinta de junio.

▷ Mes cousins sont en vacances tandis que moi, je suis encore à l'école.
Mis primos están de vacaciones mientras que yo todavía estoy en el colegio.

▷ Vivement les grandes vacances !
¡Que lleguen pronto las vacaciones de verano!

las **vacaciones**

► **en vacances : de vacaciones**

► **les grandes vacances : las vacaciones de verano**

vacant, vacante

▷ Le poste est vacant depuis plusieurs mois.
El puesto está vacante desde hace varios meses.

vacante

vacarme

▷ On a entendu un vacarme épouvantable.
Se oyó un estrépito espantoso.

el **estrépito**

Remarquez que le mot espagnol porte sur le e un accent écrit qui reflète l'accent tonique.

vaccin

▷ Il n'y a pas de vaccin contre cette maladie.
No hay ninguna vacuna contra esta enfermedad.

▷ Le docteur m'a fait un vaccin avant mon voyage en Afrique.
El médico me vacunó antes de mi viaje a África.

la **vacuna**

► **faire un vaccin à** quelqu'un : **vacunar a** alguien

*Attention : contrairement au français, le mot espagnol **vacuna** est féminin.*

vacciner

▷ Le médecin a vacciné tous les élèves.
El médico vacunó a todos los alumnos.

vacunar

*Si le complément est une personne, un groupe de personnes ou un animal domestique, n'oubliez pas de le faire précéder de **a**.*

▷ Je vais me faire vacciner contre le tétanos.
Me voy a vacunar contra el tétanos.

► **se faire vacciner : vacunarse**

Le pronom réfléchi fonctionne de la façon suivante en espagnol : ***me** **vacuno, te vacunas, se vacuna, nos vacunamos, os vacunáis, se vacunan**.*

vache

▷ Nous avons attendu que les vaches traversent la route.
Esperamos a que las vacas cruzaran la carretera.

(= animal) la **vaca**

vachement

▷ La copine d'Alex est vachement sympa.
La novia de Alex es supersimpática.

super-

*Le préfixe **super-** se colle devant l'adjectif qu'on veut renforcer (**supersimpática, superguapo**, etc.).*

vague NOM

▷ Les vagues sont très hautes aujourd'hui.
Las olas están muy altas hoy.

▷ La météo a annoncé une vague de chaleur.
El parte meteorológico anunció una ola de calor.

(dans la mer) una **ola**

► **une vague de chaleur : una ola de calor**

vague ADJECTIF

▷ Ta description est trop vague.
Tu descripción es demasiado vaga.

(= pas précis) **vago, vaga**

vaincre

▷ Ils ont réussi à les vaincre.
Consiguieron vencerlos.

(un adversaire, une armée) **vencer**

vainqueur

▷ Le vainqueur de la course recevra un prix.
El vencedor de la carrera recibirá un premio.

el **vencedor** (pluriel **los vencedores**), la **vencedora**

vaisseau spatial

▷ Au musée des sciences, nous avons vu un vaisseau spatial américain.
En el museo de ciencias, vimos una nave espacial americana.

la **nave espacial** (pluriel **las naves espaciales**)

vaisselle

1 ▷ Nous avons offert de la vaisselle à Nissim pour son mariage.
Le regalamos una vajilla a Nissim para su boda.

1 (= plats, tasses, etc.) la **vajilla**

2 ▷ C'est ton tour de faire la vaisselle.
Te toca a ti fregar los platos.

2 ► **faire la vaisselle : fregar los platos**

valable

▻ Cette carte est valable jusqu'à la fin du mois.
Esta tarjeta es válida hasta final del mes.

(= acceptable) **válido, válida**

ℹ *Remarquez que le mot espagnol porte sur le **a** un accent écrit qui reflète l'accent tonique.*

valet

▻ J'ai joué le valet de trèfle.
Jugué el valet de tréboles.

(aux cartes) el **valet**

🔈 *Le **t** final de **valet** ne se prononce pas.*

valeur

▻ Personne ne connaît la vraie valeur de ce tableau.
Nadie conoce el verdadero valor de este cuadro.
▻ Il y a un coffre-fort pour les objets de valeur.
Hay una caja fuerte para los objetos de valor.

el **valor** (pluriel **los valores**)

*Attention : contrairement au français, le mot espagnol **valor** est masculin.*

valide

▻ Cette carte n'est plus valide.
Esta tarjeta ya no es válida.

(billet, passeport) **válido, válida**

valise

▻ Cette valise est trop lourde pour moi.
Esta maleta pesa demasiado para mí.
▻ Est-ce que tu as fait ta valise pour partir en vacances ?
¿Has hecho la maleta para irte de vacaciones?

la **maleta**

► **faire sa valise : hacer la maleta**

vallée

▻ D'ici, on voit toute la vallée.
Desde aquí, se ve todo el valle.

el **valle**

Attention : contrairement au français, le mot espagnol est masculin.

valoir

▻ Ce tableau vaut plusieurs millions d'euros.
Este cuadro vale varios millones de euros.
▻ Combien vaut ce foulard, s'il vous plaît ?
¿Cuánto vale este pañuelo, por favor?
▻ Il vaut mieux le leur dire tout de suite.
Más vale decírselo en seguida.
▻ Il vaut mieux que tu en parles à tes parents.
Más vale que lo comentes con tus padres.
▻ Est-ce que ça vaut le coup d'aller voir ce film ?
¿Vale la pena ir a ver esa película?
▻ J'ai fini ! – Mieux vaut tard que jamais !
¡He acabado! – ¡Más vale tarde que nunca!

valer

► **il vaut mieux** faire quelque chose : **más vale** hacer algo
► **il vaut mieux que : más vale que**
► **valoir le coup de** faire quelque chose : **valer la pena** hacer algo
► **mieux vaut tard que jamais : más vale tarde que nunca**

valse

▷ Ils ont dansé une valse.
Bailaron un vals.

el **vals**

*Attention, le mot **vals** est masculin et n'a pas de **e** à la fin.*

vampire

▷ C'est une horrible histoire de vampires.
Es una horrible historia de vampiros.

el **vampiro**

vandale

▷ Des vandales ont cassé le banc.
Unos vándalos rompieron el banco.

el **vándalo**, la **vándala**

*Remarquez que le mot espagnol porte sur le **a** un accent écrit qui reflète l'accent tonique.*

vanille

▷ Il y a de la vanille dans ce gâteau.
Hay vainilla en este pastel.

▷ Deux boules de glace à la vanille, s'il vous plaît.
Dos bolas de helado de vainilla, por favor.

la **vainilla**

► **à la vanille :** de vainilla

vaniteux, vaniteuse

▷ Il est tellement vaniteux !
¡Es tan vanidoso!

vanidoso, vanidosa

Attention à l'orthographe du mot espagnol.

se vanter

▷ Arrête de te vanter, ce n'était pas très difficile.
Deja de presumir, no era muy difícil.

presumir

vapeur

▷ Il y a de la vapeur sur le miroir.
Hay vapor en el espejo.

▷ J'aime les légumes cuits à la vapeur.
Me gusta la verdura cocida al vapor.

el **vapor**

► **cuit à la vapeur :** cocido al vapor

*Attention : contrairement au français, le mot espagnol **vapor** est masculin.*

vaporisateur

▷ Je lui ai acheté un parfum en vaporisateur.
Le he comprado un perfume con vaporizador.

(de parfum) el **vaporizador** (pluriel los vaporizadores)

varappe

▷ As-tu déjà fait de la varappe ?
¿Has escalado en roca alguna vez?

la **escalada en roca**

► **faire de la varappe :** escalar en roca

varicelle

▷ Il a la varicelle.
Tiene varicela.

la **varicela**

varié, variée

▻ Les repas de la cantine sont assez variés.
Las comidas del comedor son bastante variadas.

variado, variada

varier

▻ Les températures varient beaucoup entre le nord et le sud de l'Espagne.
Las temperaturas varían mucho entre el norte y el sur de España.

variar

variété

▻ Cette variété de rose est très belle.
Esta variedad de rosa es hermosa.
▻ Il y a un spectacle de variétés à la télé ce soir.
Hay un espectáculo de variedades en la tele esta noche.

la **variedad** (pluriel **las variedades**)

vase NOM MASCULIN

▻ Je vais mettre les fleurs dans un vase.
Voy a poner las flores en un florero.

(= récipient à fleurs) el **florero**
On peut dire aussi ***el jarrón*** (pluriel **los jarrones**).
Remarquez que le mot espagnol porte sur le ***o*** *un accent écrit qui reflète l'accent tonique. Il n'y a pas d'accent écrit au pluriel. L'accent tonique porte sur le* ***o****, comme au singulier.*

vase NOM FÉMININ

▻ Les oiseaux cherchent des vers dans la vase.
Los pájaros buscan gusanos en el cieno.

(= boue) el **cieno**
On peut dire aussi ***el fango****.*
Contrairement au français, le mot espagnol est masculin.

vaut

Regardez le mot ***valoir****.*

vautour

▻ Les vautours attendent que l'animal meure.
Los buitres esperan a que muera el animal.

el **buitre**

veau

1 ▻ Le veau suit sa mère partout.
El ternero sigue su madre por todas partes.

1 (= petit de la vache) el **ternero**

2 ▻ Ils mangent rarement du veau.
Comen rara vez ternera.

2 (= viande) la **ternera**

vécu

Regardez le mot ***vivre****.*

vedette

1 ▷ Toutes les vedettes du cinéma français étaient là.
Estaban presentes todas las estrellas del cine francés.

1 (= star) la **estrella**

2 ▷ La vedette a dépassé le voilier.
La lancha motora adelantó el velero.

2 (= bateau) la **lancha motora**

végétal

▷ Il étudie les végétaux qui poussent sur l'île.
Está estudiando los vegetales que crecen en la isla.

el **vegetal** (pluriel **los vegetales**)

végétarien, végétarienne

▷ Les végétariens peuvent manger des œufs.
Los vegetarianos pueden comer huevos.

vegetariano, vegetariana

végétation

▷ La végétation est très dense ici.
La vegetación es muy tupida aquí.

la **vegetación**

*Remarquez que le mot espagnol porte sur le **o** un accent écrit qui reflète l'accent tonique.*

véhicule

▷ Les véhicules sont interdits sur l'île.
Los vehículos están prohibidos en la isla.

el **vehículo**

*Remarquez que le mot espagnol porte sur le **i** un accent écrit qui reflète l'accent tonique.*

veille

1 ▷ Bénédicte a révisé sa leçon la veille de l'examen.
Bénédicte repasó su lección el día antes del examen.

1 (= jour précédent) el **día antes**

2 ▷ Ils sont arrivés la veille de son mariage.
Llegaron la víspera de su boda.

2 (d'un événement ou d'une fête) la **víspera**

*Remarquez que le mot espagnol porte sur le **i** un accent écrit qui reflète l'accent tonique.*

veiller

▷ Hier, j'ai veillé et aujourd'hui, je suis fatigué.
Ayer me acosté tarde y hoy estoy cansado.

(= se coucher tard) **acostarse tarde**

*Le pronom réfléchi fonctionne de la façon suivante en espagnol : **me acuesto, te acuestas, se acuesta, nos acostamos, os acostáis, se acuestan**.*

veine

1 ▷ L'infirmière ne trouvait pas la veine.
La enfermera no encontraba la vena.

1 (= vaisseau sanguin) la **vena**

2 ▷ Tu vas à Madrid ? Tu as de la veine !
¿Vas a Madrid? ¡Qué suerte tienes!

2 ► **avoir de la veine : tener suerte**

ℹ Avoir de la veine *est familier, mais* ***tener suerte*** *ne l'est pas.*

vélo

▷ Le nouveau vélo de Martial est génial.
La nueva bici de Martial es guay.

la **bici**

ℹ *On peut dire aussi* ***la bicicleta*** *;* ***bici*** *est une forme abrégée de* ***bicicleta****.*

▷ Tu vas à l'école à vélo ?
¿Vas al colegio en bici?

► **à vélo : en bici**

▷ Édouard et son père font du vélo le dimanche.
Édouard y su padre montan en bici los domingos.

► **faire du vélo : montar en bici**

vélomoteur

▷ Il était sur son vélomoteur.
Estaba en su velomotor.

el **velomotor** (pluriel **los velomotores**)

velours

1 ▷ Le velours est un tissu doux.
El terciopelo es un tejido suave.
▷ Ces rideaux sont en velours.
Estas cortinas son de terciopelo.

1 (ras) el **terciopelo**

► **en velours : de terciopelo**

2 ▷ Le velours est un tissu chaud.
La pana es un tejido cálido.
▷ En hiver je porte toujours des pantalons en velours.
En invierno siempre llevo pantalones de pana.

2 (côtelé) la **pana**

► **en velours : de pana**

vendanges

▷ Les vendanges commencent en septembre.
La vendimia empieza en septiembre.
▷ Le frère de Louis fait les vendanges chaque année.
El hermano de Louis hace la vendimia cada año.

la **vendimia**

ℹ *Remarquez que le mot espagnol est au singulier.*

vendeur, vendeuse

▷ La vendeuse m'a aidée à trouver la bonne taille.
La vendedora me ayudó a encontrar la talla adecuada.

(dans un magasin) el **vendedor** (pluriel **los vendedores**), la **vendedora**

vendre

▷ Quentin a vendu ses CD à Camille.
Quentin le vendió sus CD a Camille.

vender

vendredi

▷ Aujourd'hui, c'est vendredi.
Hoy es viernes.
▷ Nous sommes vendredi.
Estamos a viernes.
▷ Nous partirons vendredi.
Nos marcharemos el viernes.
▷ Mes grands-parents sont venus vendredi.
Mis abuelos vinieron el viernes.
▷ Le vendredi, Sandra va à son cours de piano.
Los viernes, Sandra va a clase de piano.

el **viernes**

► faire quelque chose **vendredi** :
hacer algo **el viernes**

► **le vendredi** (= tous les vendredis) :
los viernes

vénéneux, vénéneuse

▷ Roland sait reconnaître tous les champignons vénéneux.
Roland sabe reconocer todas las setas venenosas.

venenoso, venenosa

ℹ *En espagnol, on emploie le même adjectif,* ***venenoso, venenosa****, pour traduire* vénéneux *et* venimeux.

se venger

▷ Thomas a voulu se venger de ce que lui avait fait Malik.
Thomas quiso vengarse de lo que le había hecho Malik.

vengarse

ℹ *Le pronom réfléchi fonctionne de la façon suivante en espagnol :* ***me vengo, te vengas, se venga, nos vengamos, os vengáis, se vengan.***

venimeux, venimeuse

▷ Il y a des serpents venimeux dans cette région.
Hay serpientes venenosas en esta región.

(= toxique) **venenoso, venenosa**

ℹ *En espagnol, on emploie le même adjectif,* ***venenoso, venenosa****, pour traduire* venimeux *et* vénéneux.

venin

▷ Le venin de ce serpent est mortel.
El veneno de esta serpiente es mortal.

el **veneno**

venir

1 ▷ Tu viens avec moi ?
¿Vienes conmigo?
▷ Ils viennent de Valence.
Vienen de Valencia.
▷ Le docteur est venu tout de suite.
El médico vino en seguida.
▷ Viens m'aider, s'il te plaît.
Ven a ayudarme, por favor.

1 **venir**

ℹ *Là où* venir *est suivi d'un infinitif en français, on dit en espagnol* ***venir a*** *+ infinitif.*

2 ▷ La prof vient de rendre les copies.
La profesora acaba de entregar los exámenes.
▷ Je venais de manger.
Acababa de comer.

2 ► **venir de** faire quelque chose : **acabar de** hacer algo

vent

▷ Le vent souffle fort aujourd'hui.
El viento sopla mucho hoy.
▷ Il y a du vent.
Hace viento.
▷ Est-ce qu'il y avait du vent ?
¿Hacía viento?

el **viento**

► **il y a du vent : hace viento**

► **il y avait du vent : hacía viento**

vente

▷ Il y a eu une vente de tableaux célèbres.
Hubo una venta de cuadros famosos.
▷ La maison est en vente.
La casa está en venta.

la **venta**

► **en vente : en venta**

ventre

1 ▷ J'ai mal au ventre.
Me duele la barriga.

1 (= estomac) la **barriga**

2 ▷ Benoît dort toujours sur le ventre.
Benoît duerme siempre boca abajo.

2 ► **sur le ventre : boca abajo**

ver

1 ▷ Il y a un ver dans cette pomme.
Hay un gusano en esta manzana.

1 (dans la nourriture) el **gusano**

2 ▷ La poule cherche des vers de terre dans le sol.
La gallina está buscando lombrices en el suelo.

2 ► **ver de terre :** la **lombriz** (pluriel **las lombrices**)

ℹ *N'oubliez pas que le **z** devient **c** au pluriel.*

verbe

▷ Le verbe est au présent.
El verbo está en presente.

el **verbo**

verglas

▷ La voiture a dérapé sur une plaque de verglas.
El coche patinó en una placa de hielo.

el **hielo**

vérifier

▷ Vérifie que la porte est fermée à clé.
Comprueba que la puerta está cerrada con llave.

comprobar

ℹ *On peut dire aussi **verificar**.*

vérité

▷ Tu ferais mieux de dire la vérité !
¡Sería mejor que dijeras la verdad!

la **verdad** (pluriel **las verdades**)

vernis

1 ▷ Le vernis de la table est abîmé.
El barniz de la mesa está estropeado.

1 (sur du bois, sur un tableau) el **barniz** (pluriel **los barnices**)

ℹ *N'oubliez pas que le **z** devient **c** au pluriel.*

2 ▷ Mélanie porte du vernis bleu vif.
Mélanie lleva esmalte de uñas azul vivo.

2 (sur les ongles) el **esmalte de uñas**

verre

1 ▷ Après l'accident, il y avait des morceaux de verre par terre.
Después del accidente, había pedazos de vidrio en el suelo.

▷ La porte du bureau est en verre.
La puerta del despacho es de vidrio.

1 (= matériau épais) el **vidrio**

► **en verre : de vidrio**

2 ▷ La fenêtre est cassée, il y a du verre par terre.
La ventana se ha roto, hay cristal en el suelo.

▷ Ce vase est en verre.
Este florero es de cristal.

2 (= matériau plus fin) el **cristal**

► **en verre : de cristal**

ℹ *L'espagnol ne différencie pas le verre du cristal.*

3 ▷ Un verre de lait, s'il vous plaît.
Un vaso de leche, por favor.

▷ Venez prendre un verre avec nous.
Venid a tomar una copa con nosotros.

3 (= récipient pour boire) el **vaso**

► **prendre un verre** (= boire) : **tomar una copa**

4 ▷ Elle porte des verres épais.
Lleva cristales espesos.

▷ Je préfère les verres de contact aux lunettes.
Prefiero las lentillas a las gafas.

4 (de lunettes) el **cristal** (pluriel **los cristales**)

► **verres de contact : las lentillas**

verrouiller

▷ Il a verrouillé la porte.
Ha cerrado la puerta con cerrojo.

▷ Ses parents ont verrouillé la télé.
Sus padres han bloqueado el televisor.

(avec une clé) **cerrar con cerrojo**

(des données, une TV) **bloquear**

verrue

▷ Isabelle a des verrues aux mains.
Isabelle tiene verrugas en las manos.

la **verruga**

vers

1 ▷ Allez vers l'église, puis tournez à gauche.
Vaya hacia la iglesia, luego gire a la izquierda.

1 (= en direction de) **hacia**

2 ▷ Ils habitent vers Madrid.
Viven por Madrid.

2 (= aux environs de, dans l'espace) **por**

3 ▷ Nous arriverons vers huit heures.
Llegaremos a eso de las ocho *ou* **sobre las ocho.**

3 (= aux environs de, avec l'heure) **a eso de** *ou* **sobre las**

verser

1 ▷ Marie a versé le vin dans la cruche.
Marie echó el vino en la jarra.

1 (= transvaser) **echar**

2 ▷ Verse-moi de l'eau, s'il te plaît.
Sírveme un poco de agua, por favor.

2 (= servir) **servir**

3 ▷ Il m'a versé l'argent qu'il me devait.
Me pagó el dinero que me debía.

3 (= payer à une personne) **pagar**

4 ▷ Mes grands-parents versent de l'argent sur mon compte tous les mois.
Mis abuelos ingresan dinero en mi cuenta cada mes.

4 (= payer sur un compte) **ingresar**

version

▷ Chacun a raconté sa version de l'histoire.
Cada uno contó su versión de la historia.

(= interprétation) la **versión** (pluriel **las versiones**)

ℹ *Il n'y a pas d'accent écrit au pluriel. L'accent tonique porte sur le* ***o****, comme au singulier.*

vert, verte

1 ▷ L'herbe du jardin est très verte.
La hierba del jardín es muy verde.
▷ Ce melon est encore vert.
Este melón todavía está verde.

1 (= de couleur verte ou pas mûr) **verde**

ℹ ***Verde*** *ne varie pas au féminin.*

2 ▷ Le vert ne me va pas.
El verde no me sienta bien.

2 ► **le vert** (= la couleur verte) : **el verde**

vertical, verticale

▷ Trace un trait vertical au milieu de la page.
Traza una línea vertical en medio de la página.

vertical (pluriel **verticales**)

vertige

▷ Je ne peux pas monter à l'échelle, j'ai le vertige.
No me puedo subir a la escalera, tengo vértigo.
▷ L'altitude me donne le vertige.
La altura me da vértigo.

► **avoir le vertige : tener vértigo**

► **donner le vertige à** quelqu'un : **dar vértigo a** alguien

veste

▷ Tu peux accrocher ta veste derrière la porte.
Puedes colgar la chaqueta detrás de la puerta.

la **chaqueta**

vestiaire

1 ▷ Les vestiaires sont à côté de l'entrée du gymnase.
Los vestuarios están al lado de la entrada del gimnasio.

1 (dans un stade, une piscine) el **vestuario**

2 ▷ Tu peux laisser ton sac au vestiaire.
Puedes dejar tu bolso en el guardarropa.

2 (au théâtre, au musée) el **guardarropa**

*Attention à bien prononcer les deux **r** de **guardarropa**.*

vêtements

▷ Céline adore acheter des vêtements.
A Céline le encanta comprar ropa.

la **ropa**

*ℹ **Ropa** est indénombrable : il ne se met jamais au pluriel.*

vétérinaire

▷ Le vétérinaire a dit que ce n'était pas grave.
El veterinario dijo que no era grave.

▷ Chez le vétérinaire, il y a des photos d'animaux partout.
En el consultorio del veterinario, hay fotos de animales por todas partes.

▷ Ma mère a emmené le chat chez le vétérinaire.
Mi madre llevó el gato al veterinario.

el **veterinario**, la **veterinaria**

► **chez le vétérinaire** (= dans son cabinet) : **en el consultorio del veterinario**

► **chez le vétérinaire** (= vers son cabinet) : **al veterinario**

veuf, veuve

▷ Notre voisin est veuf.
Nuestro vecino es viudo.

viudo, viuda

vexer

1 ▷ La remarque de Daniel a vexé Suzanne.
El comentario de Daniel ofendió a Suzanne.

1 **ofender**

*Si le complément est une personne, un groupe de personnes ou un animal domestique, n'oubliez pas de le faire précéder de **a**.*

2 ▷ Ne te vexe pas, c'était pour rire.
No te ofendas, lo dije en broma.

2 ► **se vexer** : **ofenderse**

*ℹ Le pronom réfléchi fonctionne de la façon suivante en espagnol : **me ofendo, te ofendes, se ofende, nos ofendemos, os ofendéis, se ofenden**.*

viande

▷ Cette viande est très tendre.
Esta carne es muy tierna.

la **carne**

vibrer

▻ Le frigo vibre et fait beaucoup de bruit.
La nevera vibra y hace mucho ruido.

vibrar

victime

▻ Plusieurs des victimes de l'attentat ont été interviewées.
Varias víctimas del atentado han sido entrevistadas.

▻ Le tremblement de terre a fait beaucoup de victimes.
El terremoto causó muchas víctimas.

la **víctima**

ℹ *Remarquez que le mot espagnol porte sur le premier* ***i*** *un accent écrit qui reflète l'accent tonique.*

► **faire des victimes : causar víctimas**

victoire

1 ▻ L'armée a fêté sa victoire en défilant dans les rues.
El ejército celebró su victoria desfilando por las calles.

1 la **victoria**

2 ▻ Bordeaux a facilement remporté la victoire.
Burdeos triunfó fácilmente.

2 ► **remporter la victoire : triunfar**

vide

1 ▻ La carafe est vide, je vais la remplir.
La jarra está vacía, la voy a llenar.

1 (adjectif ; contraire de plein) **vacío, vacía**

ℹ *Remarquez que le mot espagnol porte sur le* ***i*** *un accent écrit qui reflète l'accent tonique.*

2 ▻ Il s'est jeté dans le vide.
Se lanzó al vacío.

2 ► **le vide** (= l'espace, le néant) : **el vacío**

vidéo

▻ Ce film a été entièrement tourné en vidéo.
Esta película fue rodada integralmente en vídeo.

▻ Quand j'étais petit, mes parents louaient des cassettes vidéos.
Cuando era niño, mis padres alquilaban vídeos.

el **vídeo**

ℹ *Remarquez que le mot espagnol porte sur le* ***i*** *un accent écrit qui reflète l'accent tonique.*

► **cassette vidéo :** el **vídeo**

Attention : contrairement au français, le mot espagnol ***vídeo*** *est masculin.*

vider

1 ▻ Aide-moi à vider la poubelle.
Ayúdame a vaciar el cubo de la basura.

1 (= enlever le contenu de) **vaciar**

2 ▻ Je déteste vider le poisson.
Odio limpiar el pescado.

2 (= enlever les tripes de) **limpiar**

3 ▷ La baignoire se vide très lentement.
La bañera se vacía muy lentamente.

3 ► **se vider :** **vaciarse**

ℹ *Le pronom réfléchi fonctionne de la façon suivante en espagnol :* ***se vacía, se vacían.***

vie

▷ Tania a eu une vie difficile.
Tania ha tenido una vida difícil.
▷ Heureusement, le chien était encore en vie.
Afortunadamente, el perro todavía estaba vivo.

la **vida**

► **en vie :** **vivo, viva**

vieil

Regardez le mot ***vieux.***

vieillard

▷ J'ai aidé un vieillard à traverser la rue.
Ayudé a un anciano a cruzar la calle.

el **anciano**

vieille

Regardez le mot ***vieux.***

vieillesse

▷ Mon arrière-grand-mère est morte de vieillesse.
Mi bisabuela se murió de vejez.

la **vejez**

vieillir

1 ▷ Je trouve qu'il a beaucoup vieilli.
Me parece que ha envejecido mucho.

1 (= devenir ou paraître plus vieux) **envejecer**

2 ▷ Cette robe la vieillit.
Este vestido la avejenta.

2 ► **vieillir** quelqu'un (= le faire paraître plus vieux) : **avejentar a** alguien

vieux, vieil, vieille

▷ Lucas est plus vieux que toi.
Lucas es más viejo que tú.
▷ Je porte un vieux jean quand je fais du jardinage.
Llevo un par de vaqueros viejos cuando trabajo en el jardín.

viejo, vieja

vif, vive

1 ▷ Les chambres sont peintes de couleurs vives.
Las habitaciones están pintadas de colores vivos.
▷ Les couleurs de ses vêtements sont très vives.
Los colores de su ropa son muy vivos.

1 (= brillant) **vivo, viva**

ℹ *Notez l'emploi du verbe* ***ser*** *avec* ***vivo*** *et* ***viva*** *dans le sens « vif » ;* ***estar vivo*** *ou* ***estar viva*** *veut dire « être vivant(e) ».*

2 ▷ Hocine est un garçon très vif.
Hocine es un chico muy despierto.

2 (= dynamique) **despierto, despierta**

vigne

▷ La maison est entourée de vignes.
La casa está rodeada de viñas.

(= terrain) la **viña**
On peut dire aussi ***el viñedo****.*

vilain, vilaine

1 ▷ Cet immeuble est vraiment vilain.
Este edificio es muy feo.

1 (= laid) **feo, fea**

2 ▷ C'est vilain de mentir.
Mentir es despreciable.

2 (= mal) **despreciable**

3 ▷ Tu es un vilain garçon !
¡Eres un niño muy malo!

3 (= méchant) **malo, mala**
Notez l'emploi du verbe ***ser*** *avec* ***malo*** *et* ***mala*** *dans le sens « méchant » ;* ***estar malo*** *ou* ***estar mala*** *veut dire « être malade ».*

villa

▷ Nos amis ont deux villas en Provence.
Nuestros amigos tienen dos chalés en Provenza.

(= maison de vacances) el **chalé**
Remarquez que le mot espagnol porte sur le ***e*** *un accent écrit qui reflète l'accent tonique.*

village

▷ François nous a rapporté des saucissons du village de ses parents.
François nos trajo salchichones del pueblo de sus padres.

el **pueblo**

▷ Laure habite dans un tout petit village.
Laure vive en un pueblecito.

► **petit village :** el **pueblecito**
El pueblo *signifie aussi « le peuple ».*

ville

1 ▷ La ville la plus proche est à dix kilomètres.
La ciudad más cercana está a diez kilómetros.

1 la **ciudad** (pluriel **las ciudades**)

2 ▷ Je préférerais habiter en ville qu'en banlieue.
Preferiría vivir en el centro que en las afueras.

2 ► **en ville** (= dans le centre) : **en el centro**

3 ▷ On pourrait aller en ville cet après-midi.
Podríamos ir al centro esta tarde.

3 ► **en ville** (= vers le centre) : **al centro**

vin

▷ Les invités ont apporté une bouteille de vin.
Los invitados trajeron una botella de vino.

el **vino**

vinaigre

▷ Il y a trop de vinaigre dans cette vinaigrette.
Hay demasiado vinagre en esta vinagreta.

el **vinagre**

vinaigrette

▷ Lise ne met pas de vinaigrette sur sa salade.
Lise no le echa vinagreta a la ensalada.

la **vinagreta**

vingt

▷ Il y a vingt élèves dans ma classe.
Hay veinte alumnos en mi clase.
▷ L'anniversaire de Julie est le vingt septembre.
El cumpleaños de Julie es el veinte de septiembre.

veinte

ℹ *Notez l'emploi de* ***de*** *en espagnol quand on dit la date.*

vingtaine

▷ Il y avait une vingtaine de spectateurs.
Había unos veinte espectadores.

► **une vingtaine de... : unos** *ou* **unas veinte...**

ℹ *On peut dire aussi* ***una veintena de...***

violence

▷ Il y a beaucoup de violence à la télé.
Hay mucha violencia en la tele.

la **violencia**

violent, violente

▷ J'ai trouvé ce film trop violent.
Esa película me pareció demasiado violenta.

violento, violenta

violer

▷ Il est accusé d'avoir violé plusieurs femmes.
Le acusan de haber violado a varias mujeres.

violar

Le complément est une personne : n'oubliez pas de le faire précéder de ***a***.

▷ Elle s'est fait violer dans un parc.
La violaron en un parque.

violar

ℹ *Pour dire que quelqu'un s'est fait violer, on emploie le verbe* ***violar*** *à la troisième personne du pluriel.*

violet, violette

1 ▷ La prof de maths porte un pantalon violet.
La profesora de matemáticas lleva unos pantalones violeta.

1 (= couleur) **violeta**

2 ▷ Le violet est ma couleur préférée.
El violeta es mi color favorito.

2 ► **le violet** (= la couleur violette) : **el violeta**

violon

▷ Les musiciens sont arrivés avec leurs violons.
Los músicos llegaron con sus violines.

el **violín** (pluriel **los violines**)

▷ Angèle joue très bien du violon.
Angèle toca muy bien el violín.

► **jouer du violon : tocar el violín**

ℹ *Il n'y a pas d'accent écrit au pluriel. L'accent tonique porte sur le deuxième* ***i****, comme au singulier.*

violoncelle

▻ Le son du violoncelle est magnifique.
El sonido del violonchelo es magnífico.

▻ J'aimerais savoir jouer du violoncelle.
Me gustaría saber tocar el violonchelo.

el **violonchelo**

► **jouer du violoncelle : tocar el violonchelo**

violoniste

▻ Les violonistes ont salué le public.
Los violinistas saludaron al público.

el **violinista,** la **violinista**

*Attention à l'orthographe du mot **violinista**.*

vipère

▻ Les vipères sont des serpents venimeux.
Las víboras son serpientes venenosas.

la **víbora**

*Remarquez que le mot espagnol porte sur le **i** un accent écrit qui reflète l'accent tonique.*

virage

▻ Ce virage est très dangereux.
Esta curva es muy peligrosa.

(sur une route) la **curva**

virgule

▻ Tu as oublié la virgule, là.
Has olvidado la coma ahí.

la **coma**

virus

▻ Maxime a attrapé un virus.
Maxime ha cogido un virus.

el **virus** (pluriel **los virus**)

visa

▻ Il faut un visa pour aller en Chine.
Hace falta un visado para ir a China.

(sur un passeport) el **visado**

visage

▻ Le visage du clown est tout blanc.
La cara del payaso es completamente blanca.

la **cara**

*On peut dire aussi **el rostro**.*

viser

▻ Prends ton temps pour viser.
Tómate todo el tiempo necesario para apuntar.

▻ Benoît a visé la cible mais il l'a ratée.
Benoît apuntó al blanco pero no dio en él.

► **viser** (= ajuster le tir) : **apuntar**

► **viser** quelqu'un *ou* quelque chose : **apuntar a** alguien *ou* **a** algo

visible

▻ C'est visible à l'œil nu.
Es visible a simple vista.

visible

visière

▷ Il porte sa casquette avec la visière en arrière.
Lleva su gorra con la visera hacia atrás.

la **visera**

vision

▷ Ma grand-mère a des problèmes de vision.
Mi abuela tiene problemas de visión.

(= vue) la **visión**

ℹ *Remarquez que le mot espagnol porte sur le* ***o*** *un accent écrit qui reflète l'accent tonique.*

visite

1 ▷ Nous rendons souvent visite à mes grands-parents.
Visitamos a menudo a mis abuelos.

1 ► **rendre visite à** quelqu'un : **visitar a** alguien

2 ▷ Nous avons fait une visite guidée du palais.
Hicimos una visita con guía del palacio.

2 ► **visite guidée :** la **visita con guía**

3 ▷ Nous passons une visite médicale chaque année à l'école.
Nos hacen una revisión médica cada año en el colegio.

3 ► **visite médicale :** la **revisión médica**

ℹ *Notez la traduction du verbe* passer *dans ce cas.*

visiter

▷ J'ai visité le musée Picasso avec Emilio.
Visité el museo Picasso con Emilio.

visitar

visiteur, visiteuse

▷ Combien de visiteurs viennent chaque année ?
¿Cuántos visitantes vienen cada año?

el **visitante,** la **visitante**

vital, vitale

▷ Cette information est d'une importance vitale.
Esta información es de importancia vital.

vital (pluriel **vitales**)

vitamine

▷ Mange des oranges, elles sont pleines de vitamines.
Come naranjas, están llenas de vitaminas.

la **vitamina**

vite

1 ▷ Ne marche pas si vite !
¡No andes tan de prisa!

1 (= rapidement) **de prisa**

2 ▷ Viens voir, vite !
¡Ven a ver, rápido!

2 *Pour dire à quelqu'un de se dépêcher, on emploie* ***¡rápido!***

vitesse

1 ▷ Quelle est la vitesse maximum en ville ?
¿Cuál es la velocidad máxima en las ciudades?
▷ Le vélo de Jean-Marc a dix vitesses.
La bici de Jean-Marc tiene diez velocidades.
▷ Je me suis changé à toute vitesse avant d'aller au cinéma.
Me cambié a toda velocidad antes de ir al cine.

1 la **velocidad** (pluriel **las velocidades**)

ℹ *Au sens de « mécanisme » sur un vélo ou une voiture, on peut dire aussi* ***la marcha****.*

► **à toute vitesse : a toda velocidad**

2 ▷ Isa a fait ses devoirs en vitesse.
Isa hizo los deberes rápidamente.

2 ► **en vitesse : rápidamente**

ℹ *Remarquez que le mot espagnol porte sur le premier* ***a*** *un accent écrit qui reflète l'accent tonique.*

vitrail

▷ Il y a un beau vitrail dans l'église.
Hay una vidriera preciosa en la iglesia.

la **vidriera**

vitre

1 ▷ On a dû changer la vitre cassée.
Tuvimos que cambiar el cristal roto.
▷ J'ai aidé ma mère à faire les vitres.
Ayudé a mi madre a limpiar los cristales.

1 (= verre d'une fenêtre) el **cristal** (pluriel **los cristales**)

► **faire les vitres : limpiar los cristales**

2 ▷ Baisse la vitre, il fait chaud.
Abre la ventanilla, hace calor.

2 (= fenêtre d'une voiture ou d'un train) la **ventanilla**

vitrine

▷ Il y a des œufs en chocolat dans la vitrine de la pâtisserie.
Hay huevos de chocolate en el escaparate de la pastelería.
▷ J'ai fait les vitrines avec Clémentine.
Fui a mirar escaparates con Clémentine.

el **escaparate**

► **faire les vitrines : mirar escaparates**

vivant, vivante

1 ▷ Il est blessé, mais il est encore vivant.
Está herido, pero todavía está vivo.

1 (= en vie) **vivo, viva**

ℹ *Notez l'emploi du verbe* ***estar*** *avec* ***vivo*** *et* ***viva*** *dans le sens « vivant » ;* ***ser vivo*** *ou* ***ser viva*** *veut dire « être vif ».*

2 ▷ Ce quartier est très vivant.
Este barrio es muy animado.

2 (= animé) **animado, animada**

vivement

▷ Vivement les vacances !
¡Ojalá lleguen pronto las vacaciones!
▷ Vivement Noël !
¡Ojalá Navidad llegue pronto!

Pour exprimer son impatience, on emploie en espagnol l'expression ***¡ojalá... llegue pronto!*** *si le nom qui suit est au singulier, et* ***¡ojalá... lleguen pronto!*** *si le nom est au pluriel.*

vivre

▷ Notre chien a vécu longtemps.
Nuestro perro vivió mucho tiempo.
▷ Où est-ce que tu vis ?
¿Dónde vives?
▷ Nathalie a vécu une période difficile.
Nathalie vivió un período difícil.

vivir

vocabulaire

▷ Je dois réviser mon vocabulaire espagnol.
Tengo que repasar el vocabulario español.

el **vocabulario**

vœu

1 ▷ Ferme les yeux et fais un vœu.
Cierra los ojos y pide un deseo.

1 ► **faire un vœu :** **pedir un deseo**

2 ▷ J'ai envoyé mes vœux à tous mes amis.
Felicité a todos mis amigos.

2 ► **présenter** *ou* **envoyer ses vœux à** quelqu'un (pour le Nouvel An ou un anniversaire) : **felicitar** alguien

voici

1 ▷ Voici la clé que tu cherchais.
Aquí está la llave que buscabas.
▷ Voici les garçons, juste à l'heure.
Aquí están los chicos, justo a la hora.

1 *Pour désigner quelque chose ou quelqu'un de proche, on emploie en espagnol* ***aquí está*** *si le nom est singulier, et* ***aquí están*** *s'il est pluriel.*

2 ▷ Voici ta chambre.
Ésta es tu habitación.
▷ Voici mes cousins, Paul et Karine.
Éstos son mis primos, Paul y Karine.

2 *Pour présenter quelque chose ou quelqu'un, on emploie en espagnol* ***éste*** *ou* ***ésta es*** *si le nom est singulier, et* ***éstos*** *ou* ***éstas son*** *s'il est pluriel.*

voie

1 ▷ Reste sur la voie de gauche.
Quédate en el carril de la izquierda.

1 (= couloir d'une route) el **carril** (pluriel **los carriles**)

2 ▷ C'est dangereux de traverser les voies.
Es peligroso cruzar las vías.

2 (= rails) la **vía**
ℹ *Remarquez que le mot espagnol porte sur le* ***i*** *un accent écrit qui reflète l'accent tonique.*

▷ La voie ferrée est juste derrière chez eux.
La vía férrea está justo detrás de su casa.

► **voie ferrée :** la **vía férrea** (pluriel **las vías férreas**)

3 ▷ N'y va pas, c'est une voie sans issue.
No vayas ahí, es un callejón sin salida.

3 ► **voie sans issue :** el **callejón sin salida** (pluriel **los callejones sin salida**)
ℹ *Il n'y a pas d'accent écrit au pluriel. L'accent tonique porte sur le* ***o****, comme au singulier.*

voilà

1 ▻ Voilà ton livre, sur le bureau.
Ahí está tu libro, sobre la mesa.
▻ Voilà Marc et Valérie. – Où ça ?
Ahí están Marc y Valérie. – ¿Dónde?

1 *Pour désigner quelque chose ou quelqu'un d'un peu éloigné, on emploie en espagnol **ahí está** si le nom est singulier, et **ahí están** s'il est pluriel.*

2 ▻ Voilà ta clé, mets-la dans ta poche.
Aquí está tu llave, póntela en el bolsillo.
▻ Voilà mes lunettes, tu veux les essayer ?
Aquí están mis gafas, ¿las quieres probar?

2 *Pour désigner quelque chose ou quelqu'un de proche, on emploie en espagnol **aquí está** si le nom est singulier, et **aquí están** s'il est pluriel.*

3 ▻ Voilà votre chambre, au bout du couloir.
Ésta es su habitación, al fondo del pasillo.
▻ Voilà mes frères, je crois que tu ne les connais pas.
Éstos son mis hermanos, creo que no los conoces.

3 *Pour présenter quelque chose ou quelqu'un, on emploie en espagnol **éste** ou **ésta es** si le nom est singulier, et **éstos** ou **éstas son** s'il est pluriel.*

4 ▻ Et voilà ! C'est fini !
¡Ya está! ¡Está terminado!

4 ► **et voilà !** (pour conclure) : **¡ya está!**

voile

1 ▻ La mariée portait un voile.
La novia llevaba un velo.

1 ► **un voile** (= tissu léger) : **un velo**

2 ▻ L'une des voiles s'est déchirée.
Una de las velas se desgarró.

2 ► **une voile** (de bateau) : **una vela**

3 ▻ Mon père adore la voile.
A mi padre le encanta la vela.

3 ► **la voile** (= le sport) : **la vela**

4 ▻ Ils font de la voile tous les week-ends.
Practican la vela todos los fines de semana.

4 ► **faire de la voile : practicar la vela**

voilier

▻ Les Jeanneret sont allés en Corse sur leur voilier.
Los Jeanneret han ido a Córcega en su velero.

el **velero**

voir

1 ▻ J'ai vu la prof d'anglais dans la rue.
Vi a la profesora de inglés en la calle.
▻ Je vais voir mes grands-parents tous les dimanches.
Voy a ver a mis abuelos todos los domingos.

1 (= apercevoir, fréquenter) **ver**
*Si le complément est une personne, un groupe de personnes ou un animal domestique, n'oubliez pas de le faire précéder de **a**.*

2 ▻ Fais-moi voir ta nouvelle casquette.
Enséñame tu nueva gorra.

2 ► **faire voir** quelque chose **à** quelqu'un **: enseñar algo a alguien**

3 ▷ Ils se voient pendant les vacances.
Se ven durante las vacaciones.

3 ► **se voir** (= se rencontrer) : **verse**

ℹ *Le pronom réfléchi fonctionne de la façon suivante en espagnol : **nos vemos, os veis, se ven.***

voisin, voisine

▷ Nous avons des voisins très sympathiques.
Tenemos unos vecinos muy simpáticos.

el **vecino**, la **vecina**

voiture

1 ▷ La voiture est dans le garage.
El coche está en el garaje.
▷ Nos places sont dans la voiture quarante-deux.
Nuestros asientos están en el coche número cuarenta y dos.
▷ Vous êtes venus en voiture ?
¿Habéis venido en coche?
▷ Éric rêve d'avoir une voiture de sport.
Éric sueña con tener un coche deportivo.

1 (= automobile) el **coche**

*Attention : contrairement au français, le mot espagnol **coche** est masculin.*

► **en voiture** : en coche

► **voiture de sport** : coche deportivo (pluriel coches deportivos)

2 ▷ Nos places sont dans la dernière voiture.
Nuestros asientos están en el último vagón.

2 (de train) el **vagón** (pluriel los vagones)

ℹ *Il n'y a pas d'accent écrit au pluriel. L'accent tonique porte sur le **o**, comme au singulier.*

voix

1 ▷ Samuel a une belle voix grave.
Samuel tiene una hermosa voz grave.

1 (quand on parle) la **voz** (pluriel las voces)

ℹ *N'oubliez pas que le **z** devient **c** au pluriel.*

▷ Pourquoi vous parlez à voix basse ?
¿Por qué habláis en voz baja?

► **à voix basse** : en voz baja

2 ▷ Émilie a eu vingt voix et Jacques dix.
Émilie obtuvo veinte votos y Jacques diez.

2 (dans une élection) el **voto**

vol

1 ▷ Le vol pour Madrid a été annulé.
El vuelo para Madrid ha sido anulado.

1 (d'avion, d'oiseau) el **vuelo**

2 ▷ Il y a souvent des vols dans ce quartier.
A menudo hay robos en este barrio.

2 (= acte criminel) el **robo**

volaille

▻ Le fermier élève de la volaille.
El granjero cría aves de corral.
▻ Elle plumait une volaille dans la cour.
Estaba desplumando un pollo en el patio.

► **la volaille** (= oiseaux qu'on élève) : las **aves de corral**
► **une volaille** (= un poulet) : **un pollo**

volant

▻ C'est un système qui bloque le volant.
Es un sistema que bloquea el volante.
▻ Zut, j'ai envoyé le volant dans le jardin des voisins !
¡Jolín, he lanzado el volante al jardín de los vecinos!

(de voiture, de badminton) el **volante**

volcan

▻ Ce volcan est toujours actif.
Este volcán sigue activo.

el **volcán** (pluriel **los volcanes**)
ℹ *Il n'y a pas d'accent écrit au pluriel. L'accent tonique porte sur le **a**, comme au singulier.*

voler

1 ▻ J'aime regarder les oiseaux voler.
Me gusta mirar los pájaros volar.

1 (= se déplacer dans l'air) **volar**

2 ▻ Apparemment, il a déjà volé deux voitures.
Al parecer ya ha robado dos coches.
▻ Quelqu'un m'a volé mon sac à dos !
¡Alguien me ha robado la mochila!

2 (= dérober) **robar**

volet

▻ Est-ce que tu as fermé les volets ?
¿Has cerrado los postigos?

(= volet d'une fenêtre) el **postigo**

voleur, voleuse

▻ Le voleur s'est échappé par la fenêtre.
El ladrón se escapó por la ventana.

el **ladrón** (pluriel **los ladrones**)
ℹ *Il n'y a pas d'accent écrit au pluriel. L'accent tonique porte sur le **o**, comme au singulier.*

volley

▻ Le volley est mon sport préféré.
El balonvolea es mi deporte favorito.

▻ On a joué au volley tout l'après-midi.
Jugamos al balonvolea toda la tarde.

el **balonvolea**
ℹ *On peut dire aussi **el voleibol** ou **el volei**.*
► **jouer au volley : jugar al balonvolea**

volontaire

▷ L'association emploie beaucoup de volontaires.
La asociación contrata a muchos voluntarios.

el **voluntario,** la **voluntaria**

volonté

▷ Avec un peu de volonté, tu devrais arriver à maigrir.
Con un poco de voluntad, deberías conseguir adelgazar.

la **voluntad** (pluriel **las voluntades**)

volontiers

▷ Est-ce que tu veux rester pour dîner ? – Volontiers.
¿Quieres quedarte a cenar? – Con mucho gusto.

(pour accepter une offre) **con mucho gusto**

volume

▷ Je dois calculer le volume de ce cylindre.
Tengo que calcular el volumen de este cilindro.
▷ C'est un dictionnaire en deux volumes.
Es un diccionario de dos volúmenes.
▷ Monte un peu le volume, je n'entends rien.
Sube un poco el volumen, no oigo nada.

el **volumen** (pluriel **los volúmenes**)

i *Il n'y a pas d'accent écrit au singulier. L'accent tonique porte sur le **u**, comme au pluriel.*

vomir

▷ Je ne me sens pas bien, je crois que je vais vomir.
No me siento bien, creo que voy a vomitar.

vomitar

vos

1 ▷ Allez, les filles, prenez vos affaires et préparez-vous.
Venga, chicas, coged vuestras cosas y preparaos.

1 *Quand on s'adresse à plusieurs personnes qu'on tutoie, on emploie en espagnol l'adjectif **vuestros, vuestras**.*

2 ▷ Monsieur, vos arguments sont ridicules !
¡Señor, sus argumentos son ridículos!

2 *Quand on s'adresse à une ou plusieurs personnes qu'on vouvoie, on emploie **sus**.*

voter

▷ Nous avons voté pour élire les délégués de classe.
Votamos para elegir a los delegados de clase.

votar

votre

1 ▷ Est-ce que votre prof est sympa ?
¿Es simpático vuestro profesor?

1 *Quand on s'adresse à plusieurs personnes qu'on tutoie, on emploie en espagnol l'adjectif **vuestro, vuestra**.*

2 ▷ Madame, votre passeport, s'il vous plaît.
Señora, su pasaporte, por favor.

2 *Quand on s'adresse à une ou plusieurs personnes qu'on vouvoie, on emploie* ***su.***

le vôtre, la vôtre, les vôtres

1 ▷ Notre maison est grande, mais la vôtre est plus jolie.
Nuestra casa es grande, pero la vuestra es más bonita.

1 *Quand on s'adresse à plusieurs personnes qu'on tutoie, on emploie en espagnol le pronom* ***el vuestro, la vuestra, los vuestros, las vuestras.***

2 ▷ Excusez-moi, mon stylo ne marche pas, est-ce que je peux prendre le vôtre ?
Perdone, pero no funciona mi boli, ¿puedo coger el suyo?

2 *Quand on s'adresse à une ou plusieurs personnes qu'on vouvoie, on emploie* ***el suyo, la suya, los suyos, las suyas.***

ℹ ***Vuestro, vuestra, vuestros, vuestras*** *et* ***suyo, suya, suyos, suyas*** *peuvent s'utiliser sans article, mais ils signifient alors « à vous ».*

3 ▷ Allez, à la vôtre !
Anda ¡salud!

3 ► À la vôtre ! : **¡Salud!**

vouloir

1 ▷ Tu veux une pomme ?
¿Quieres una manzana?
▷ Je voudrais un café, s'il vous plaît.
Quisiera un café, por favor.
▷ Quentin veut être pilote d'avion.
Quentin quiere ser piloto de avión.
▷ Mes parents veulent que je fasse du latin.
Mis padres quieren que estudie latín.
▷ Que veut dire ce mot ?
¿Qué quiere decir esta palabra?
▷ Je l'ai fait sans le vouloir.
Lo hice sin querer.

1 (= désirer) **querer**

► **vouloir** faire quelque chose : **querer** hacer algo

► **vouloir que** : **querer que**

► **vouloir dire** : **querer decir**

► **sans le vouloir** : **sin querer**

2 ▷ Je veux bien aller avec toi, mais je dois rentrer tôt.
No me molesta ir contigo, pero tengo que volver temprano.

2 ► **je veux bien** + infinitif (= ça ne me dérange pas) : **no me molesta** + infinitif

3 ▷ J'espère que tu ne m'en veux pas.
Espero que no estés resentido conmigo.
▷ Sabine m'en veut d'avoir cassé son stylo.
Sabine está resentida conmigo por haberle roto el boli.

3 ► **en vouloir à** quelqu'un : **estar resentido** *ou* **resentida con** alguien

ℹ *Notez les prépositions utilisées en espagnol :* en vouloir à quelqu'un d'avoir... = ***estar resentido con alguien por...***

ℹ *N'oubliez pas que* ***con + mí*** *devient* ***conmigo*** *et que* ***con + ti*** *devient* ***contigo.***

vous

1 ▷ Est-ce que vous pourriez m'aider, madame ?
¿Me podría ayudar, señora?
▷ Vous voulez jouer avec nous ?
¿Queréis jugar con nosotros?
▷ Mesdames et messieurs, vous pouvez maintenant me poser des questions.
Señoras y señores, ahora pueden hacerme preguntas.

1 Quand **vous** *est sujet, il ne se traduit généralement pas en espagnol mais le verbe se conjugue soit à la 3e personne du singulier (vouvoiement singulier de politesse :* **usted***), soit à la 2e personne du pluriel (vouvoiement collectif, pluriel de* **tú** *:* **vosotros, vosotras***), soit à la 3e personne du pluriel (vouvoiement pluriel de politesse :* **ustedes***).*

2 ▷ Salut ! Je vous appellerai demain.
¡Hasta luego! Os llamaré mañana.
▷ Je peux vous aider, monsieur ?
¿Lo puedo ayudar, señor?
▷ Madame, je vous raccompagne ?
Señora, ¿la acompaño?
▷ Je crois vous avoir déjà rencontrés.
Creo que ya los conozco.
▷ Nous voudrions vous féliciter, mesdemoiselles.
Quisiéramos felicitarlas, señoritas.

2 Quand **vous** *est complément d'objet direct, il équivaut soit à* **os** *(plusieurs personnes qu'on tutoie), soit à* **lo** *(un homme qu'on vouvoie), soit à* **la** *(une femme qu'on vouvoie), soit à* **los** *(plusieurs hommes ou hommes et femmes qu'on vouvoie), soit à* **las** *(plusieurs femmes qu'on vouvoie).*

i *Bien que l'emploi des pronoms* **lo** *et* **los** *soit préconisé, on emploie parfois* **le** *et* **les** *à la place.*

3 ▷ Je vais vous donner une récompense si vous travaillez bien.
Os voy a dar un premio si trabajáis bien.
▷ Je vais vous montrer la taille au-dessus.
Le voy a enseñar la talla superior.
▷ Messieurs, je voudrais vous poser une question.
Señores, quisiera hacerles una pregunta.

3 Quand **vous** *est complément d'objet indirect, il se traduit soit par* **os** *(plusieurs personnes qu'on tutoie), soit par* **le** *(une personne qu'on vouvoie), soit par* **les** *(plusieurs personnes qu'on vouvoie).*

4 ▷ Paul et Simon, je peux venir avec vous ?
Paul y Simon, ¿puedo ir con vosotros?
▷ C'est pour vous, les filles.
Es para vosotras, chicas.
▷ Les autres candidats sont plus âgés que vous.
Los demás candidatos son mayores que usted.
▷ Je viens avec vous, mesdames, je vais vous montrer le chemin.
Voy con ustedes, señoras, les voy a indicar el camino.

4 Quand **vous** *suit une préposition ou une conjonction, il équivaut soit à* **vosotros** *(plusieurs hommes ou hommes et femmes qu'on tutoie), soit à* **vosotras** *(plusieurs femmes qu'on tutoie), soit à* **usted** *(une personne qu'on vouvoie), soit à* **ustedes** *(plusieurs personnes qu'on vouvoie).*

5 ▷ Servez-vous, les enfants.
Servíos, niños.
▷ Vous vous êtes fait mal, monsieur ?
¿Se ha hecho daño, señor?
▷ Est-ce que vous vous connaissez ?
¿Se conocen?

5 Le pronom réfléchi ou réciproque **vous** *se traduit par* **os** *(plusieurs personnes qu'on tutoie) ou par* **se** *(une ou plusieurs personnes qu'on vouvoie).*

vous-même

usted mismo *ou* **usted misma**

▷ Faites-le vous-même, je n'ai pas le temps.
Hágalo usted mismo, yo no tengo tiempo.

vous-mêmes

Vous-mêmes se traduit par ***vosotros mismos*** *(plusieurs hommes ou hommes et femmes qu'on tutoie) ou* ***vosotras mismas*** *(plusieurs femmes qu'on tutoie) ou* ***ustedes mismos*** *(plusieurs hommes ou hommes et femmes qu'on vouvoie) ou* ***ustedes mismas*** *(plusieurs femmes qu'on vouvoie).*

▷ Est-ce que vous avez peint la maison vous-mêmes ?
¿Habéis pintado la casa vosotros mismos?

▷ Mesdames, vous devrez décider vous-mêmes.
Señoras, tendrán que decidir ustedes mismas.

vouvoyer

tratar *ou* **hablar de usted**

▷ Le prof de maths nous vouvoie.
El profesor de matemáticas nos trata *ou* **habla de usted.**

voyage

el **viaje**

Attention : après ***viaje****, on emploie toujours la préposition* ***a*** *pour parler du lieu où on va en voyage.*

▷ Le voyage en Espagne a duré une semaine.
El viaje a España duró una semana.

► **faire un voyage : ir de viaje**

▷ Camille et Bob ont fait un voyage en Amérique du Sud.
Camille y Bob fueron de viaje a América del Sur.

► **partir en voyage : irse de viaje**

Le pronom réfléchi fonctionne de la façon suivante en espagnol : ***me voy, te vas, se va, nos vamos, os vais, se van.***

▷ Nos voisins partent en voyage ce soir.
Nuestros vecinos se van de viaje esta noche.

► **voyage organisé : viaje organizado** (pluriel **viajes organizados**)

▷ Mes parents n'aiment pas les voyages organisés.
A mis padres no les gustan los viajes organizados.

► **voyage scolaire : viaje de estudios** (pluriel **viajes de estudios**)

▷ Nous avons fait un voyage scolaire en Andalousie.
Hicimos un viaje de estudios a Andalucía.

voyager

viajar

▷ Karim a beaucoup voyagé.
Karim ha viajado mucho.

voyant, voyante

(en parlant d'une couleur) **llamativo, llamativa**

▷ Elle porte souvent des couleurs voyantes.
Lleva con frecuencia colores llamativos.

voyelle

la **vocal** (pluriel **las vocales**)

▷ Le *e* est une voyelle.
La *e* es una vocal.

voyou

▻ Il y a une bande de voyous qui traîne sur la place.
Hay un grupo de gamberros que vagabundea por la plaza.

el **gamberro**

vrai, vraie

1 ▻ C'est une histoire vraie.
Es una historia verdadera.

1 (= exact, réel) **verdadero, verdadera**

2 ▻ Ce n'est pas vrai, tu mens !
¡No es verdad, mientes!

2 *Avec c'est ou ce n'est pas, on emploie le nom* ***verdad*** *plutôt que l'adjectif* ***verdadero****.*

3 ▻ C'est pas vrai, j'ai encore oublié mes clés !
¡No me lo puedo creer, otra vez me he olvidado las llaves!

3 ► **c'est pas vrai !** (quand on est agacé) : **¡no me lo puedo creer!**

4 ▻ Est-ce que ce sont de vraies perles ?
¿Son perlas auténticas?

4 (= authentique) **auténtico, auténtica**

ℹ *Remarquez que le mot espagnol porte sur le* ***e*** *un accent écrit qui reflète l'accent tonique.*

vraiment

1 ▻ Anne est vraiment sympa.
Anne es realmente simpática.

1 (= très) **realmente**

ℹ *On peut dire aussi* ***muy****.*

2 ▻ Est-ce qu'il t'a vraiment demandé de sortir avec lui ?
¿De verdad te ha pedido que salieras con él?

2 (= réellement) **de verdad**

VTT

▻ Aurélien a un VTT tout neuf.
Aurélien tiene una bicicleta todo terreno nueva.
▻ Je fais du VTT avec mon père le dimanche.
Monto en bicicleta todo terreno con mi padre los domingos.

la **bicicleta todo terreno** (pluriel **las bicicletas todo terreno**)
► **faire du VTT : montar en bicicleta todo terreno**

vue

▻ Érika a des problèmes de vue.
Érika tiene problemas de vista.
▻ Ils ont une vue magnifique depuis leur maison.
Tienen una vista magnífica desde su casa.

la **vista**

vulgaire

▻ Ne sois pas si vulgaire !
¡No seas tan vulgar!

(= grossier) **vulgar** (pluriel **vulgares**)

Ww

wagon

▷ Ce sont des wagons de marchandises.
Son vagones de mercancías.

el **vagón** (pluriel **los vagones**)
ℹ *Il n'y a pas d'accent écrit au pluriel. L'accent tonique porte sur le **o**, comme au singulier.*

le Web

▷ J'ai trouvé l'information sur le Web.
Encontré la información en la red.

la **red**
ℹ *On dit aussi **la web**.*

webzine

▷ Je l'ai lu dans un webzine.
Lo leí en una revista electrónica.

la **revista electrónica** *ou* **digital**
ℹ *Le terme **webzine** existe, mais n´est pas très répandu.*

W.-C.

1 ▷ Je ne peux pas te le passer, il est aux W.-C.
No puedo ponerte con él, está en el baño.

1 (privés) el **baño**
ℹ *On peut dire aussi **el lavabo** ou **el váter**.*

2 ▷ Les W.-C. sont au fond du restaurant.
Los servicios están al fondo del restaurante.

2 (dans un lieu public) los **servicios**

week-end

▷ Qu'est-ce que tu as fait le week-end dernier ?
¿Qué hiciste el fin de semana pasado?
▷ Bon week-end !
¡Buen fin de semana!

el **fin de semana** (pluriel **los fines de semana**)

western

▷ Mon père regarde tous les westerns à la télévision.
Mi padre ve todas las películas del oeste en la tele.

la **película del oeste** (pluriel **las películas del oeste**)
ℹ *Signifie littéralement* film de l'Ouest.

whisky

▷ Lambert nous a rapporté du whisky d'Écosse.
Lambert nos trajo whisky de Escocia.

el **whisky**

wifi

▷ Il y a le wifi dans l'avion.
Hay wifi en el avión.
▷ Il faut que je trouve une borne wifi.
Tengo que encontrar un punto wifi.

el **wifi**

► **borne wifi : el punto wifi**

Xx

X

▷ Son nom commence par un X.
Su apellido empieza por una X.

la **X**

xénophobe

▷ Ces gens ont des idées xénophobes.
Esta gente tiene unas ideas xenófobas.
▷ Ce sont des xénophobes.
Son unos xenófobos.

xenófobo, xenófoba

ℹ *Remarquez que le mot espagnol porte sur le premier **o** un accent écrit qui reflète l'accent tonique.*

Yy

y

1 ▷ J'ai beaucoup aimé l'Espagne et j'aimerais y retourner.
Me gustó mucho España y me gustaría volver (allí).
▷ Tu viens à la piscine ? – Non, j'y suis déjà allé ce matin.
¿Vienes a la piscina? – No, ya fui esta mañana.

1 *Quand y signifie « là-bas », on peut soit le traduire par **allí**, soit ne pas le traduire.*

2 ▷ N'y pense pas.
No pienses en ello.
▷ N'y compte pas !
¡No cuentes con ello!

2 Quand y *remplace un nom, sa traduction en espagnol dépend du verbe :* penser à = ***pensar en*** ; y penser = ***pensar en ello***. *De même :* compter sur = ***contar con*** ; y compter = ***contar con ello***.

yaourt

▷ Tu veux un yaourt à la fraise ou à l'abricot ?
¿Quieres un yogur de fresa o de albaricoque?

el **yogur** (pluriel **los yogures**)

yeux

Regardez le mot ***œil***.

yoga

▷ Le yoga est bon pour les gens stressés.
El yoga es bueno para la gente estresada.
▷ Ma mère fait du yoga deux fois par semaine.
Mi madre hace yoga dos veces por semana.

el **yoga**

► **faire du yoga : hacer yoga**

yo-yo®

▷ Rebecca a un super yo-yo fluo.
Rebecca tiene un yoyó fluorescente muy guay.

el **yoyó** (pluriel **los yoyós**)

ℹ *Remarquez que le mot espagnol porte sur le deuxième* ***o*** *un accent écrit qui reflète l'accent tonique.*

Zz

zapper

▷ Arrête de zapper, c'est énervant !
¡Deja de hacer zapping, es exasperante!

hacer zapping

zèbre

▷ Les lions ont attaqué le zèbre.
Los leones atacaron la cebra.

la **cebra**

Attention : contrairement au français, le mot espagnol ***cebra*** *est féminin.*

zéro

▷ Tu as oublié un zéro à la fin.
Has olvidado un cero al final.
▷ Le Real Madrid a gagné deux à zéro.
El Real Madrid ganó dos a cero.

cero

zigzaguer

zigzaguear

▷ Il a zigzagué entre les voitures.
Zigzagueó entre los coches.

zodiaque

► **signe du zodiaque :** el **signo del zodíaco** (pluriel **los signos del zodíaco**)

ℹ *On peut aussi écrire* ***zodiaco****, sans accent sur le* ***i****.*

▷ Tu es de quel signe du zodiaque ?
¿Cuál es tu signo del zodíaco?

zone

(= espace déterminé) la **zona**

► **zone fumeurs / non-fumeurs :** **zona de fumadores / no fumadores**

► **zone industrielle :** la **zona industrial** (pluriel **las zonas industriales**)

▷ L'Espagne est dans la zone euro.
España está en la zona euro.

▷ Avant, il y avait des zones fumeurs et non-fumeurs.
Antes, había zonas de fumadores y de no fumadores.

▷ Ils habitent à côté de la zone industrielle.
Viven al lado de la zona industrial.

zoo

el **zoo**

▷ Nous avons visité le zoo avec l'école.
Visitamos el zoo con el colegio.

zut !

¡Jolín!

▷ Zut, j'ai oublié mon portefeuille !
¡Jolín, he olvidado la cartera!

ANNEXES

GRAMMAIRE

VOCABULAIRE

CULTURE ET CIVILISATION

GRAMMAIRE

L'ALPHABET

L'alphabet espagnol comporte 29 lettres, soit trois de plus qu'en français : *ch, ll* et *ñ*. Les mots commençant par *ch* se trouvent après le *c* et ceux commençant par *ll* sont classés après le *l*. Si vous cherchez un mot commençant par *ñ*, vous le trouverez classé après tous les mots commençant par *n* dans le dictionnaire.

a	(a)	**j**	(jota)	**r**	(éré)
b	(bé)	**k**	(ka)	**s**	(éssé)
c	(cé)	**l**	(élé)	**t**	(té)
ch	(ché)	**ll**	(éyé)	**u**	(ou)
d	(dé)	**m**	(émé)	**v**	(oubé)
e	(é)	**n**	(éné)	**w**	(oubé doblé)
f	(éfé)	**ñ**	(égné)	**x**	(ékiss)
g	(hé)	**o**	(o)	**y**	(i griéga)
h	(atché)	**p**	(pé)	**z**	(céta)
i	(i)	**q**	(kou)		

Remarques

- Contrairement au français, le nom des lettres est féminin en espagnol. On dira donc :

« empezar » se escribe con una z;

« María » lleva acento en la i.

On peut aussi dire *« María » lleva tilde en la i.*

- En espagnol, les seules lettres qui peuvent être doublées sont le **c** (ex. : *acción*), le **r** (ex. : *perro*), le **l** (mais il constitue alors une lettre en soi, comme dans *calle,* qui ne compte que quatre lettres), et le **n** (ex. : *innato*). Toutes ces consonnes se retrouvent dans le prénom CaRoLiNa.

- Les combinaisons de lettres **ph, th** ne sont pas admises en espagnol : *farmacia, teatro.*

LA CONJUGAISON

Les verbes réguliers

La langue espagnole compte 3 groupes de verbes :

	verbe modèle	verbe pronominal
1re conjugaison	cant**ar**	burl**arse**
2e conjugaison	deb**er**	atrev**erse**
3e conjugaison	viv**ir**	evad**irse**

Les verbes irréguliers

Certains verbes espagnols ne se conjuguent pas de manière régulière à certaines personnes. Ce sont les verbes irréguliers dont vous trouverez les tableaux de conjugaison complets à leur place alphabétique dans la partie espagnol-français de ce dictionnaire.

andar

caber

caer

dar

decir (contradecir, etc.)

erguir

errar

estar

haber

hacer (deshacer, satisfacer, etc.)

ir

oír

oler

poder

poner (componer, disponer, imponer, oponer, suponer, etc.)

querer

reír (sonreír, etc.)

saber

salir

ser

tener (contener, detener, mantener, sostener, etc.)

traer (atraer, distraer, etc.)

valer

venir (convenir, prevenir, etc.)

ver

volver (devolver, revolver, etc.)

remarque

- Lorsqu'un verbe est irrégulier, tous les verbes dérivés se forment sur le même modèle.

exemple : *tener > tengo / mantener > mantengo*

LA FORMATION DES TEMPS COMPOSÉS

En espagnol, les temps composés se forment exclusivement avec l'auxiliaire **haber** suivi du participe passé. **Haber** se conjugue au présent pour le passé composé, à l'imparfait pour le plus-que-parfait, et ainsi de suite :

passé composé	plus-que-parfait
he hablado (verbes terminés en -AR)	había cantado
has	habías
ha comido (verbes terminés en –ER)	había perdido
hemos	habíamos
habéis vivido (verbes terminés en –IR)	habíais dormido
han	habían

La construction est la même pour tous les temps composés, de l'indicatif et du subjonctif :

Passé antérieur : *hube / hubiste / hubo / hubimos / hubisteis / hubieron* *hablado*

Futur antérieur : *habré / habrás / habrá / habremos / habréis / habrán* *comido*

Conditionnel passé : *habría / habrías / habría / habríamos / habríais / habrían* *vivido*

Subjonctif passé : *haya / hayas / haya / hayamos / hayáis / hayan* *cantado*

Subjonctif plus-que-parfait :
hubiera / hubieras / hubiera / hubiéramos / hubierais / hubieran *querido*
ou *hubiese / hubieses / hubiese / hubiésemos / hubieseis / hubiesen* *reído*

Note : le subjonctif plus-que-parfait possède deux formes qui s'utilisent indifféremment.

Quelques participes passés irréguliers

hacer (faire) ➛ hecho
poner (mettre) ➛ puesto
resolver (résoudre) ➛ resuelto
romper (casser) ➛ roto
ver (voir) ➛ visto
volver (revenir, retourner) ➛ vuelto

abrir (ouvrir) ➛ abierto
cubrir (couvrir) ➛ cubierto
decir (dire) ➛ dicho
descubrir (découvrir) ➛ descubierto
escribir (écrire) ➛ escrito
morir (mourir) ➛ muerto

… et leurs dérivés : **deshacer** ➛ deshecho, **devolver** ➛ devuelto, **describir** ➛ descrito, etc.

Note : Les verbes terminés en -AR sont tous réguliers.

SER ET ESTAR

Les verbes **ser** et **estar** se traduisent tous les deux par *être*.

L'une des difficultés de la langue espagnole est de choisir entre ces deux verbes. Pour simplifier, on peut dire que le verbe *être* se traduit par **ser** excepté dans les cas suivants, où l'on emploie **estar** :

- pour parler d'une **attitude physique** ou d'un **état** (qui résulte d'une action antérieure ou qui est lié à des circonstances occasionnelles)

Estaba de pie todo el día. J'étais debout toute la journée.

Mi ropa está mojada. Mes vêtements sont mouillés.

Su habitación está bien ordenada. Sa chambre est bien rangée.

Estoy triste desde su partida. Je suis triste depuis son départ.

¿Está bien? Vous allez bien ?

- pour exprimer une **opinion**

Estoy en contra. Je suis contre.

Estaba a favor. Il était pour.

- pour donner (de manière précise) la **date,** le **jour,** le **mois** ou la **saison**

Estamos a 29 de octubre. Nous sommes le 29 octobre.

Estamos en primavera. Nous sommes au printemps.

- pour **situer** quelque chose ou quelqu'un **dans l'espace** et **dans le temps**

Estoy en clase hasta las seis. Je suis en cours jusqu'à six heures.

Está en Madrid desde hace un mes. Il est à Madrid depuis un mois.

Madrid está en España. Madrid est en Espagne.

remarques

- Pour donner la profession de quelqu'un, on utilise indifféremment **ser** ou **estar** (mais dans ce cas, **estar** est toujours suivi de *de*) :

Era profesora. Elle était professeur.

Está de médico en una clínica. Il travaille comme médecin dans une clinique.

- Certains adjectifs ont des sens différents selon qu'ils sont employés avec **ser** ou avec **estar :**

ser atento être attentionné ou *gentil* | *estar atento être attentif*

ser bueno être bon ou *bien* ou *sage* | *estar bueno être en bonne santé*

ser callado être peu bavard | *estar callado être silencieux*

ser cansado être fatigant | *estar cansado être fatigué*

ser delicado être délicat | *estar delicado être souffrant ser distraído* être distrayant | *estar distraído* être distrait

ser grave être grave | *estar grave* être gravement malade

ser listo être vif ou intelligent ou malin | *estar listo* être prêt

ser malo être méchant | *estar malo* être malade

ser molesto être gênant | *estar molesto* être fâché

ser moreno être brun | *estar moreno* être bronzé

ser nervioso être nerveux (par nature) | *estar nervioso* être nerveux (dans une circonstance particulière) ou être énervé

ser orgulloso être orgueilleux | *estar orgulloso* être fier

ser vivo être vif | *estar vivo* être vivant

CHOISIR LA BONNE PRÉPOSITION

Les prépositions sont des mots invariables. Comme en français, elles servent à lier un nom, un adjectif, un adverbe ou un verbe avec son complément.
En espagnol, certaines structures se construisent avec des prépositions différentes du français. Il faut donc être vigilant quant au choix des prépositions.

acercar **a** algo	rapprocher **de** quelque chose
aficionado **a** algo	amateur **de** quelque chose
amenazar **con** hacer algo	menacer **de** faire quelque chose
apresurarse **a** hacer algo	se dépêcher **de** faire quelque chose
aproximar **a** algo	approcher **de** quelque chose
arrimarse **a** algo	s'approcher **de** quelque chose ou s'appuyer **contre** quelque chose
atreverse **a** hacer algo	oser faire quelque chose
basarse **en** algo	se baser **sur** quelque chose
cercano **a** algo	près **de** quelque chose
tener la certeza **de** que…	avoir la certitude que…
tener la certidumbre **de** que…	avoir la certitude que…
conformarse **con** algo	se contenter **de** quelque chose
contento **con** algo	content **de** quelque chose
contento **de** + verbe	content **de** + verbe
convenir **en** hacer algo	convenir **de** faire quelque chose
creer **en** algo	croire **à** quelque chose
debajo **de** algo	sous quelque chose

decidirse **por** hacer algo	se décider **à** faire quelque chose
delante **de** algo	devant quelque chose
descontento **con** algo	mécontent **de** quelque chose
detrás **de** algo	derrière quelque chose
difícil **de** hacer	difficile **à** faire
disfrazarse **de** algo	se déguiser **en** quelque chose
enterarse **de** algo	apprendre quelque chose
escapar **de** algo	échapper **à** quelque chose
estar **a** + date *(estar a 24 de mayo)*	être le + date *(être le 24 mai)*
estar **a** + température *(estar a 10°)*	faire + température *(faire 10°)*
ir **a** hacer algo	aller faire quelque chose
fácil **de** hacer	facile **à** faire
helado **de**…	glace **à la… / au…**
huir **de** algo	fuir quelque chose
ilusionarse **con** algo	se réjouir **de** quelque chose
estar impaciente **por** hacer algo	être impatient **de** faire quelque chose
iniciar a alguien **en** algo	initier quelqu'un **à** quelque chose
largo **de** hacer	long **à** faire
ligar **con** alguien	draguer quelqu'un
por la mañana	le matin
tener miedo **a** algo	avoir peur **de** quelque chose
tener miedo **de** que…	avoir peur que…
necesario **para** algo	nécessaire **à** quelque chose
negarse **a** hacer algo	refuser **de** faire quelque chose
estar negro **con** alguien	être furieux **contre** quelqu'un
por la noche	le soir ou la nuit
obsequiar a alguien **con** algo	offrir quelque chose **à** quelqu'un
oler **a** algo	sentir quelque chose
participar **en** algo	participer **à** quelque chose
pasear(se) **por**…	se promener **dans…**
pensar **en** algo	penser **à** quelque chose
reconocer a alguien **por** algo	reconnaître quelqu'un **à** quelque chose
guardar rencor a alguien **por** algo	en vouloir à quelqu'un **de** quelque chose
saber **a** algo	avoir le goût **de** quelque chose
con sabor **a** algo	**au** goût **de** quelque chose
satisfecho **con** algo	satisfait **de** quelque chose
soñar **con** algo	rêver **de** quelque chose

tardar **en** hacer algo	mettre du temps **à** faire quelque chose ou prendre du temps **pour** faire quelque chose
por la tarde	l'après-midi ou le soir
trabajar **de**…	travailler **comme**…
unir **con** algo	unir **à** quelque chose
útil **para** algo	utile **à** quelque chose
estar **de** vacaciones	être **en** vacances
ir **de** vacaciones	partir **en** vacances
estar vestido **de**…	être habillé **en**…
vigilar **por** alguien	surveiller quelqu'un

remarques

- On emploie la préposition **a** devant un complément d'objet direct qui représente une personne :

Encontré a María en el camino del colegio. J'ai rencontré María sur le chemin de l'école.

- On emploie la préposition **a** après un verbe de mouvement :

Voy a su casa. Je vais chez lui.

- Lorsqu'en français on a un adjectif suivi de « à », en espagnol on a adjectif + **de** :

Es fácil de hacer. C'est facile à faire.

- Lorsqu'en français l'adjectif est suivi de « de », on n'utilise aucune préposition en espagnol :

Es bueno aprender idiomas. Il est bon d'apprendre des langues.

L'ACCENT GRAMMATICAL

En espagnol, l'accent écrit peut avoir une fonction grammaticale. Il permet dans ce cas de distinguer deux mots qui s'écrivent de la même manière mais qui n'ont pas la même catégorie grammaticale, ni le même sens.

adonde où (adverbe de lieu)
Conoce bien la ciudad adonde voy.
Il connaît bien la ville où je vais.

adónde où (mot interrogatif ou exclamatif)
¿Adónde vas?
Où est-ce que tu vas ?

aquel ce (adjectif démonstratif)
Aquel chico es un buen alumno.
Ce garçon est un bon élève.

aquél celui-là (pronom démonstratif)
¿Cuál quieres? – Aquél.
Lequel veux-tu ? – Celui-là.

aun même ou **même si** (adverbe)
Aun corriendo, llegaré tarde.
Même en courant, j'arriverai en retard.

aún encore (adverbe)
Aún no ha llegado.
Il n'est pas encore arrivé.

como comme (adverbe)
El uno como el otro tocan piano.
L'un comme l'autre jouent du piano.

cual quel(le) ou **qui** (pronom relatif)
Es el chico con el cual me encontré ayer.
C'est le garçon sur qui je suis tombé hier.

cuando quand ou **lorsque** (conjonction)
Cuando vengas, visitaremos museos.
Quand tu viendras, nous visiterons des musées.

cuanto tout (ce que)
Quiero leer cuantos libros escribió.
Je veux lire tous les livres qu'il a écrits.

donde où (adverbe de lieu)
Fui a la ciudad donde nací.
Je suis allé dans la ville où je suis né.

el le, l' (article défini)
El nuevo profesor es muy simpático.
Le nouveau professeur est très sympathique.

ese, esa ce, cet, cette (adjectif démonstratif)
Estoy de vacaciones esta semana.
Je suis en vacances cette semaine.

mas mais (conjonction de coordination)
Es feo, mas si de verdad te gusta, cómpratelo.
C'est laid, mais si vraiment ça te plaît, achète-le toi.

mi mon, ma (adjectif possessif)
Mi gato tiene miedo al agua.
Mon chat a peur de l'eau.

que que (pronom relatif) ou **qui**
Es necesario que venga inmediatamente.
Il faut que vous veniez immédiatement.
No conozco al chico que vino ayer.
Je ne connais pas le garçon qui est venu hier.

cómo comment (mot interrogatif ou exclamatif)
¿Cómo se llama?
Comment vous appelez-vous ?

cuál quel ou **lequel** (mot interrogatif ou exclamatif)
¿Cuál es tu apellido?
Quel est ton nom de famille ?

cuándo quand (mot interrogatif ou exclamatif)
¿Cuándo empiezan los exámenes?
Quand commencent les examens ?

cuánto combien (mot interrogatif ou exclamatif)
¿Cuánto cuesta?
Combien ça coûte ?

dónde où (mot interrogatif ou exclamatif)
¿Dónde vive ahora?
Où est-ce qu'il habite maintenant ?

él il (pron. pers. sujet) ou **lui** (pron. pers. comp.)
Nunca he hablado con él.
Je n'ai jamais parlé avec lui.

ése, ésa celui-là, celle-là (pronom démonstratif)
Ése me parece mejor.
Celui-là m'a l'air mieux.

más plus (adverbe)
¿Quieres más?
Tu en veux plus ?

mí moi (pronom personnel)
Lo hizo para mí.
Il l'a fait pour moi.

qué que ou **quel(le)** (mot interrogatif ou exclamatif)
¿Qué dices?
Que dis-tu ?

quien qui (pronom relatif)
Es el hombre quien me indicó el camino.
C'est l'homme qui m'a indiqué le chemin.

si si (conjonction)
Si hace buen tiempo, vamos a la playa.
S'il fait beau, nous allons à la plage.

solo seul (adjectif)
Mis padres me dejaron solo en casa.
Mes parents m'ont laissé seul à la maison.

te te, t' (pronom personnel)
Te llamé por teléfono.
Je t'ai téléphoné.

tu ton, ta (adjectif possessif)
No me gusta tu nuevo abrigo.
Je n'aime pas ton nouveau manteau.

quién qui (mot interrogatif ou exclamatif)
¿Quién te lo dijo?
Qui te l'a dit ?

sí oui ou **si** (adverbe)
¿Vienes? – Sí.
Tu viens ? – Oui.

sólo seulement (adverbe)
Sólo tengo quince años, no puedo conducir.
J'ai seulement quinze ans, je ne peux pas conduire.

té thé (nom)
¿Té o café?
Thé ou café ?

tú tu (pronom personnel)
Tú no sabes leer.
Tu ne sais pas lire.

VOCABULAIRE

LES NOMBRES

nombres cardinaux numerales cardinales		nombres ordinaux numerales ordinales
0	cero	-
1	uno, un, una	primero (primer), primera
2	dos	segundo, segunda
3	tres	tercero (tercer), tercera
4	cuatro	cuarto, cuarta
5	cinco	quinto, quinta
6	seis	sexto, sexta
7	siete	séptimo, séptima
8	ocho	octavo, octava
9	nueve	noveno, novena
10	diez	décimo, décima
11	once	undécimo, undécima (ou decimoprimero, decimoprimera)
12	doce	duodécimo, duodécima (ou decimosegundo, decimosegunda)
13	trece	decimotercero (decimotercer), decimatercera
14	catorce	decimocuarto, decimocuarta
15	quince	decimoquinto, decimoquinta
16	dieciséis	decimosexto, decimosexta
17	diecisiete	decimoséptimo, decimoséptima
18	dieciocho	decimoctavo, decimoctava
19	diecinueve	decimonoveno, decimonovena
20	veinte	vigésimo, vigésima
21	veintiuno	vigesimoprimero (vigesimoprimer), vigesimoprimera
22	veintidós	vigesimosegundo, vigesimosegunda
23	veintitrés	vigesimotercero (vigesimotercer), vigesimotercera
24	veinticuatro	vigesimocuarto, vigesimocuarta
25	veinticinco	vigesimoquinto, vigesimoquinta
26	veintiséis	vigesimosexto, vigesimosexta
27	veintisiete	vigesimoséptimo, vigesimoséptima

28	veintiocho	vigesimoctavo, vigesimoctava
29	veintinueve	vigesimonoveno, vigesimonovena
30	treinta	trigésimo, trigésima
31	treinta y uno, treinta y una	trigésimo primero (trigésimo primer), trigésimo primera
32	treinta y dos	trigésimo segundo, trigésimo segunda
40	cuarenta	cuadragésimo, cuadragésima
41	cuarenta y uno	cuadragésimo primero, cuadragésimo primera
50	cincuenta	quincuagésimo, quincuagésima
60	sesenta	sexagésimo, sexagésima
70	setenta	septuagésimo, septuagésima
80	ochenta	octogésimo, octogésima
90	noventa	nonagésimo, nonagésima
100	cien	centésimo, centésima
101	ciento uno, un, una	uno centésimo, una centésima
200	doscientos, doscientas	ducentésimo, ducentésima
300	trescientos, trescientas	tricentésimo, tricentésima
400	cuatrocientos, cuatrocientas	cuadrigentésimo, cuadrigentésima
500	quinientos, quinientas	quingentésimo, quingentésima
600	seiscientos, seiscientas	sexcentésimo, sexcentésima
700	setecientos, setecientas	septingentésimo, septingentésima
800	ochocientos, ochocientas	octingentésimo, octingentésima
900	novecientos, novecientas	noningentésimo, noningentésima
1 000	mil	milésimo, milésima
2 000	dos mil	dosmilésimo, dosmilésima
3 000	tres mil	tresmilésimo, tresmilésima
10 000	diez mil	diezmilésimo, diezmilésima
100 000	cien mil	cienmilésimo, cienmilésima
1 000 000	millón	millonésimo, millonésima
100 000 000	mil millones	milmillonésimo, milmillonésima

Remarques

- L'apocope est la suppression d'une ou plusieurs lettres à la fin d'un mot. *Uno, primero* et *tercero,* ainsi que les chiffres dérivés, s'apocopent en *un, primer* et *tercer* devant un nom masculin singulier :

Es un libro. C'est un livre.
Vive en el primer piso. Il habite au premier étage.
Llegó al vigesimotercer lugar. Il est arrivé à la 23e position.

- La conjonction **y** ne s'utilise qu'entre les dizaines et les unités à partir de trente, jamais entre les dizaines et les centaines :

treinta y seis (36), cuarenta y ocho (48) mais *trescientos cincuenta (350).*

- À partir de deux cents, il existe en espagnol une forme féminine des nombres :

*Hay doscient**os** libr**os**. Il y a deux cents livres.*
*Hay doscient**as** sill**as**. Il y a deux cents chaises.*
*Había cuatrocient**as** mil quinient**as** cincuenta y una person**as**. Il y avait 400551 personnes.*

- Pour dire les numéros de téléphone, on donne les chiffes du préfixe séparément puis les chiffres du numéro deux par deux :

(980) 54 16 95: nueve, ocho, cero, cincuenta y cuatro, dieciséis, noventa y cinco.

LES FAUX AMIS

La langue espagnole compte un certain nombre de mots « pièges », qui ressemblent beaucoup au français mais qui n'ont pas le même sens. Voici les principaux faux amis :

abandonarse se laisser aller
abrasar brûler
acostar coucher
afortunado heureux ou chanceux
aliñar assaisonner
alumbrar éclairer
anciano vieux
aniversario anniversaire (d'un événement)
anticipar faire une avance
apretar serrer
arena sable
asombrar étonner
atender être attentif
averiarse tomber en panne
bala balle (projectile)
batir battre (un record) ou battre (des ailes)
blusa chemisier
bombón chocolat fourré
bravo féroce
carta lettre
charlatán bavard
cigala langoustine
codo coude
col chou
colocación emplacement ou emploi
constipado enrhumé
constiparse s'enrhumer
contestación réponse
contestar répondre
criar élever
débil faible
debilidad faiblesse
destreza habileté
disgustado déçu
disgustar contrarier
disgusto contrariété
diversión distraction
enfermar tomber malade
enlazar lier, relier

entender comprendre
enviar envoyer
escenario scène
equipaje bagages
exprimir presser
factor facteur (cause)
fiero féroce
fracasar échouer
gafe personne qui porte la poisse
granja ferme
jubilación retraite
largo long
letra parole (d'une chanson)
limonada citronnade
maleta valise
máscara masque
nombre nom, prénom
obsequio cadeau
pimienta poivre
pimiento poivron
placer plaire
polar polaire
poste poteau
quitar ôter ou enlever
refrán proverbe
regresar revenir ou rentrer
rendir vaincre, épuiser
repasar réviser
restar soustraire
ruta itinéraire, parcours
salir sortir, partir, se passer
siglo siècle
sol soleil
subir monter
tabla planche
tapiz tapisserie
timbre sonnette, sonnerie
usar utiliser

LES DIMINUTIFS

L'emploi de diminutifs est très fréquent en espagnol, aussi bien pour les prénoms (voir chapitre sur les noms) que pour les objets.

Les diminutifs peuvent être utilisés pour désigner la taille d'un objet *(una ventanita : une fenêtre de petite taille)*, ou peuvent avoir une valeur affective. Ceci est vrai pour les personnes, mais aussi pour les objets *(un cafecito : un bon petit café)*

Il en existe diverses sortes, mais nous ne traiterons ici que les plus courants, ceux qui se terminent en **-ito** ou **-ita.**

Ils se forment de la manière suivante :

- Pour les mots qui se terminent en **a** ou **o** (ce sont les plus fréquents), on ôte la lettre finale pour ajouter le diminutif :

casa ➛ *casita*
gato ➛ *gatito*
ventana ➛ *ventanita*
pájaro ➛ *pajarito*

Notez qu'il arrive que l'orthographe d'un mot change afin de conserver la prononciation initiale : ainsi, *chico* devient *chiquito.*

- Pour les mots qui ne comportent qu'une syllabe (monosyllabes), on intercale **ec** devant le suffixe, ce qui donne **-ecito, -ecita :**

flor ➛ *florecita*

sol ➛ *solecito*

rey ➛ *reyecito*

- Le même suffixe en **-ecito, -ecita** s'utilise pour les mots de deux syllabes qui renferment une diphtongue (deux voyelles).

cuerpo ➛ *cuerpecito*

piedra ➛ *piedrecita*

- Enfin, on utilise également **-ecito, -ecita** pour la plupart des mots terminés en **e, n** ou **r :**

hombre ➛ *hombrecito*

café ➛ *cafecito*

mujer ➛ *mujercita*

montón ➛ *montoncito*

Notez que, le mot étant plus long, l'accent tonique se décale sur l'avant-dernière syllabe. L'accent écrit disparaît donc.

L'HEURE

Quelle heure est-il ?

LA HORA

¿Qué hora es?

Il est deux heures pile.
Son las dos en punto.

Il est deux heures dix.
Son las dos y diez.

Il est deux heures et quart.
Son las dos y cuarto.

Il est deux heures vingt-cinq.
Son las dos y veinticinco.

Il est deux heures et demie.
Son las dos y media.

Il est trois heures moins vingt.
Son las tres menos veinte.

Il est trois heures moins le quart.
Son las tres menos cuarto.

Il est midi.
Son las doce (del mediodia).

Il est minuit.
Son las doce (de la noche).
Es medianoche.

Il est treize heures deux.
Es la una y dos minutos.

Il est quatorze heures quinze.
Son las dos y cuarto.

LES PRINCIPALES ABRÉVIATIONS SMS

+tard más tarde (plus tard)
ad+ además (en plus)
akbo acabo (je finis)
aki aquí (ici)
bbr beber (boire)
bss besos (bises)
ca cuanto antes (le plus tôt possible)
cmo como (comme, comment)
cnt contesta (réponds)
de da de día (le jour)
de nxe de noche (la nuit)
dfcl difícil
dnd dónde (où)
dps después (après)
drmda dormida (endormie)
drmdo dormido (endormi)
dsk discoteca (discothèque)
ers2? ¿Eres tú? (C'est toi ?)
find fin de semana (WE)
gnl genial
gns ganas (envie)
h lgo hasta luego (au revoir)
ies instituto (lycée)
k acs ¿Qué haces? (que fais-tu ?)
k qrs? ¿Qué quieres? (que veux-tu ?)
Kk mierda (merde)
Kls clase (cours)
ksa casa (maison)
ktepsa? ¿Qué te pasa? (qu'est-ce qui t'arrive ?)
l el (le)
ma mamá (maman)
mdr madre (mère)
mx mucho (beaucoup)
n no ou en (non ou dans)
npn no pasa nada (ce n'est pas grave)
pa papá (papa)
pf por favor (s'il te plaît)
pkñ pequeño (petit)
Prf profesor (professeur)

q ou **k** que ou qué (que ou quoi)

qirsir? ¿Quieres ir? (veux-tu y aller ?)

qt1bd que tengas un buen día (bonne journée)

qtl? ou **ktl?** ¿Qué tal? (ça va ?)

rmna hermana (sœur)

rmno hermano (frère)

s es (est, c'est)

sbs? ¿sabes? (sais-tu ?)

sk es que (c'est que)

spro espero (j'espère ou j'attends)

srt ! ¡Suerte! (bonne chance !)

stld ou **s2ld** si tú lo dices… (si tu le dis…)

t tú, te (tu, te)

tb también (aussi)

tbj trabajo (travail ou je travaille)

tki tengo que irme (je dois partir)

tkm te quiero mucho (je t'aime beaucoup)

toy estoy (je suis)

tpc tampoco (non plus)

trd tarde (tard)

vns? ¿Vienes? (Tu viens ?)

x por (par)

xa para (pour)

xfa por favor (s'il te plaît)

xq ou **xk** por qué ou porque (pourquoi ou parce que)

ymam llámame (appelle-moi)

+ o - más o menos (plus ou moins)

Quelques exemples de phrases :

xq n kiers vrme ? ¿Por qué no quieres verme? (Pourquoi ne veux-tu pas me voir ?)

kdms asdc? ¿Quedamos al salir de clase? (On se voit en sortant de cours ?)

m1m ca y nva. Bss Mándame un mensaje cuanto antes y nos vemos allí. Besos (Envoie-moi un message au plus vite et on se voit là-bas. Bisous)

CULTURE ET CIVILISATION

CAPITALES ET MONNAIES

	PAÍS / PAYS	CAPITAL / CAPITALE	MONEDA / MONNAIE
Europa Europe	España Espagne	Madrid	el euro l'euro
América del Norte Amérique du Nord	México Mexique	México Mexico	el peso (mexicano) le peso (mexicain)
América Central Amérique centrale	Costa Rica Costa Rica	San José	el colón (costarricense) le colón (costaricain)
	El Salvador Salvador	San Salvador	el colón (salvadoreño) le colón (salvadorien)
	Guatemala Guatemala	Guatemala	el quetzal le quetzal
	Honduras Honduras	Tegucigalpa	el lempira le lempira
	Nicaragua Nicaragua	Managua	el córdoba le córdoba
	Panamá Panama	Panamá Panama	el balboa le balboa
Islas del Caribe Îles des Caraïbes	Cuba	La Havana La Havane	el peso (cubano) le peso (cubain)
	Puerto Rico Porto Rico	San Juan	el dólar americano le dollar américain
	República Dominicana République dominicaine	Santo Domingo Saint-Domingue	el peso (dominicano) le peso (dominicain)
América del Sur Amérique du Sud	Argentina Argentine	Buenos Aires	el peso (argentino) le peso (argentin)
	Bolivia Bolivie	La Paz	el boliviano le boliviano
	Chile Chili	Santiago	el peso (chileno) le peso (chilien)
	Colombia Colombie	Bogotá	el peso (colombiano) le peso (colombien)

Ecuador Équateur	Quito	el sucre le sucre
Paraguay	Asunción	el guarani le guarani
Perú Pérou	Lima	el nuevo sol le nouveau sol
Uruguay	Montevideo	el peso (uruguayo) le peso (uruguayen)
Venezuela	Caracas	el bolívar le bolívar

VACANCES SCOLAIRES, FÊTES et CÉLÉBRATIONS EN ESPAGNE

Les collégiens espagnols ont beaucoup moins de vacances scolaires que les collégiens français. L'année scolaire commence début septembre et s'achève fin juin. L'année n'est interrompue que par deux semaines et demie de vacances à Noël ainsi qu'une dizaine de jours à Pâques, pour la Semaine sainte.

Mais il y a aussi un certain nombre de jours fériés *(días festivos)*, fixés par le gouvernement, auxquels il faut rajouter des fêtes régionales ou locales. On compte environ 14 jours fériés par an, contre 11 en France. Les Espagnols, petits et grands, bénéficient d'un autre avantage de taille : si le jour férié tombe un dimanche, il est reporté au lundi. Les écoles et les entreprises restent donc fermées.

Comme en France, la plupart des jours fériés découlent de fêtes religieuses. Mais, en Espagne, elles sont loin d'être célébrées de la même manière.

Nochebuena (réveillon de Noël, 24 décembre)

Noël se fête en famille autour d'un repas. Il n'y a pas vraiment de repas traditionnel mais, à l'heure du dessert, on trouve sur toutes les tables le *turrón* (nougat) et les *polvorones* (biscuits secs à base d'amandes). Après le dîner, beaucoup de gens vont à la messe de minuit *(la misa del gallo)*.

Les cadeaux ne s'offrent pas à Noël mais le 6 janvier, le jour des Rois.

Nochevieja (31 décembre)

Les Espagnols finissent l'année en buvant un verre de *cava* (sorte de champagne) et en mangeant *las uvas de la suerte* (les raisins de la chance). Le plus souvent réunis sur la place principale de la ville *(la plaza mayor)*, ils attendent les douze coups de minuit et, à chaque son de cloche, mangent un grain de raisin. Douze mois de chance et de bonheur attendent ceux qui réussissent la prouesse de les avoir tous avalés au moment où retentit le dernier coup. Pour cela, certains n'hésitent pas à tricher et à ôter préalablement la peau de leurs grains de raisin afin de pouvoir les manger plus rapidement !

Los Reyes Magos

Une semaine après, le 6 janvier, on fête l'arrivée des Rois Mages chargés de cadeaux non plus pour le seul enfant Jésus, mais pour tous les Espagnols, petits et grands. Les Rois Mages sont en quelque sorte l'équivalent du Père Noël. Pour l'occasion, on organise un grand défilé dans les rues *(la cabalgata de los Reyes Magos)*, durant lequel des personnes déguisées en Rois Mages accompagnés de leurs pages distribuent bonbons et friandises aux enfants, qui sont en vacances encore pour quelques jours.

El Carnaval

Le Carnaval se fête dans les rues en février. Il est célébré dans toute la péninsule, mais les fêtes les plus réputées se déroulent à Sitges (au nord de Barcelone), à Cadix (dans le sud de l'Espagne) ou encore sur l'île de Tenerife (aux Canaries), qui rivalisent d'imagination lors des défilés. Le dernier et le plus original a lieu une fois la semaine du Carnaval terminée, le mercredi des Cendres. Il s'agit de l'enterrement de la sardine *(el entierro de la sardina)*, une parodie de cortège funèbre au terme duquel on brûle la reproduction géante d'une sardine au milieu des plaintes et des pleurs de faux veufs ou de fausses veuves. De cette manière, on enterre symboliquement le passé pour faire place au renouveau et au printemps.

La Semana Santa

La Semaine sainte est sans aucun doute l'événement le plus important et le plus impressionnant de l'année. Elle commence le dimanche des Rameaux et s'achève le dimanche de Pâques. Chaque jour des milliers de personnes, croyantes ou non, assistent aux processions religieuses. Dans le silence le plus complet ou au son d'une musique solennelle (souvent de simples coups de tambour), des cortèges regroupant les membres d'une même confrérie, reconnaissables par la couleur de leur tunique et leur longue capuche pointue, traversent lentement la ville en portant des autels et des « chars » *(los pasos)*. Ceux-ci, fabriqués en bois, richement décorés et portés par une quarantaine d'hommes, représentent différentes scènes de la passion du Christ. Certaines processions sont nocturnes, notamment dans la nuit du jeudi saint au vendredi saint, ce qui ne rebute pas les spectateurs, qui, principalement dans les régions du nord, reprennent des forces au petit matin avec un bol de soupe à l'ail avant de rentrer se coucher.

Et quelques fêtes un peu moins solennelles

Certaines fêtes, tout aussi populaires, sont un peu plus profanes.

La *Tomatina* est une sorte de grande bataille, non pas de boules de neige, mais de tomates. Elle a lieu chaque année à Buñol, dans la province de Valence (à l'est du pays) le quatrième mercredi du mois d'août. À la *San Fermín* (début juillet), des taureaux sont lâchés dans les rues tous les matins à 8 h pendant une semaine, ce qui attire environ deux millions de touristes chaque année.

Moins exubérants, les habitants de Valence se contentent, lors des *Fallas* du mois de mars, de défiler dans les rues avec des géants en carton créés par des « artistes falleros » pendant l'année. Les plus beaux sont brûlés au terme de cinq jours de fête.

Enfin, Alicante est connue pour ses feux de la Saint-Jean *(las Hogueras),* et Séville, outre sa *Semana Santa* qui passe pour être la plus belle du pays, pour sa *Feria de Abril,* qui commence environ quinze jours après la Semaine sainte et qui concentre tous les éléments les plus traditionnels et folkloriques de la région. S'il s'agissait à l'origine (1867) d'une foire à bestiaux, l'ambiance a bien changé depuis : les hommes vêtus du costume traditionnel andalou, les femmes arborant de magnifiques robes de flamenco ou de gitane, on chante, on danse des *sevillanas,* on assiste ou on participe aux parades de chevaux, et on se rend en calèche aux arènes pour assister aux corridas qui ont lieu chaque après-midi.

LE SYSTÈME ÉDUCATIF en ESPAGNE

En Espagne, l'enseignement est obligatoire de 6 ans à 16 ans. Le parcours scolaire des enfants espagnols suit le schéma suivant :

- De 0 à 3 ans, les enfants peuvent aller au jardin d'enfants *(jardín de infantes)* puis, de 3 à 6 ans, à la maternelle *(parvulario).* Ces deux étapes sont regroupées sous le nom de *educación infantil.*

- À 6 ans, les enfants entrent en primaire *(escuela primaria),* où ils restent jusqu'à l'âge de 12 ans, soit un an de plus qu'en France. Le *primero de primaria* correspond au CP, le *tercero de primaria* correspond au CM1, le *quinto de primaria* à la 6e.

En primaire, les cours commencent généralement à 9 h et finissent à 14 h. Les 25 heures de cours hebdomadaires sont dispensées par un même enseignant pour les matières générales et par des professeurs de musique, d'EPS et de langue étrangère (l'anglais).

- De 12 ans à 16 ans, les enfants étudient au collège : ils sont en *ESO (educación segundaria obligatoria).* Ils ont cours du lundi au vendredi et suivent les cours suivants : castillan (espagnol), mathématiques, physique, sciences sociales, sciences naturelles, dessin, éducation physique, religion (option), et la langue propre à la Communauté autonome s'il y en a une (voir chapitre sur l'enseignement des langues).

À la fin de ces quatre années, ils passent un examen *(graduado en educación segundaria obligatoria)* qui leur permet d'entrer au lycée *(instituto)* ou dans un établissement d'enseignement technique et professionnel *(formación profesional de grado medio).*

- Les deux années passées au lycée sont appelées *bachillerato.* Le contrôle est continu dans la filière générale et la filière technique, et l'élève qui a eu la moyenne dans toutes les matières reçoit soit le titre de *bachiller* (équivalent de *bachelier*) dans la filière générale, soit celui de *técnico* dans sa spécialité. Les lycéens de la filière générale ont le choix entre trois sections : artistique, sciences et technologie, humanités et sciences sociales).

- À l'issue du *bachillerato,* il faut passer *la selectividad,* un examen qui porte sur toutes les matières de la dernière année du lycée et ouvre les portes de l'université. L'entrée à l'université est libre, mais se fait souvent, dans le cas des filières les plus demandées, sur dossier, selon les moyennes obtenues durant les deux dernières années du lycée et celle obtenue à *la selectividad.*

Système de notation

En Espagne, la note est sur 10 points et non pas sur 20 comme en France. Le classement est le suivant :

- Note inférieure à 5 : recalé *(suspenso)*
- De 5 à 6 : reçu *(aprobado)*
- De 6 à 7 : bien *(bien)*
- De 7 à 8 : très bien *(notable)*
- De 9 à 10 : excellent *(sobresaliente)*

L'enseignement des langues en Espagne

- La politique de l'éducation est sous la responsabilité de différentes institutions : le ministère de l'Éducation d'une part, et les gouvernements des 17 communautés autonomes d'autre part*. Le pays a une langue officielle commune, le castillan (dialecte devenu langue officielle de l'Espagne et que l'on appelle « l'espagnol »), ainsi que plusieurs langues co-officielles : le basque, le galicien, le catalan, l'aranais et le valencien.

- L'anglais est enseigné dès l'école primaire dans toutes les écoles du pays, en plus d'une éventuelle langue régionale officielle. En secondaire, la deuxième langue étrangère est facultative. L'élève peut choisir entre l'allemand, le français, l'italien, et, très rarement, le portugais.

- Dans les communautés autonomes qui ont leur propre langue (la Catalogne, la communauté de Valence, les îles Baléares, le Pays basque, une partie de la Navarre et la Galice) les études primaires et secondaires se font principalement dans la langue régionale et, dans une moindre mesure, en espagnol. Celui-ci a, selon les régions et les écoles, une place plus ou moins importante, allant même parfois jusqu'à être relégué au rang de deuxième langue. Ainsi n'est-il pas rare qu'un petit Basque ou un petit Catalan comprenne mal, voire pas du tout l'espagnol.

*L'Espagne est divisée en 17 communautés autonomes *(comunidades autónomas),* dont chacune peut former une seule province ou en regrouper plusieurs. Chaque Autonomie a un gouvernement propre, qui dispose d'une certaine autonomie administrative et politique par rapport au pouvoir central.

LE SYSTÈME ÉDUCATIF en AMÉRIQUE LATINE

En Amérique latine, la scolarité est gratuite et obligatoire dans tous les pays.

L'âge de scolarisation varie selon les pays, certains rendant la maternelle obligatoire alors que d'autres privilégient l'enseignement secondaire.

L'école est obligatoire jusqu'à 14 ans dans tous les pays, à l'exception de la République Dominicaine (13 ans), du Salvador et du Guatemala (15 ans), de la Colombie, du Nicaragua et du Pérou (16 ans), et enfin de l'Argentine, de la Bolivie, du Chili et de l'Uruguay (17 ans).

Cependant, la gratuité n'est pas toujours totale, les parents devant acheter l'uniforme scolaire (obligatoire), et parfois payer certains livres ou autres frais de scolarité, comme c'est le cas en Colombie.

L'enseignement privé est très répandu parmi les classes sociales aisées d'Amérique latine. Il représente environ 24 % des élèves de maternelle, 14 % de ceux du primaire, et 20 % de ceux du secondaire.

Dans la plupart des pays, souvent par manque d'établissements scolaires, les élèves ont cours soit le matin (de 8 h à 14 h), soit l'après-midi (de 14 h à 20 h), du lundi au vendredi.

Pour les pays situés en hémisphère Nord, l'année scolaire commence en septembre et s'achève courant juillet. Mais pour les pays de l'hémisphère Sud, le rythme est inversé : les vacances d'hiver ont lieu en juillet et durent de une à deux semaines, et les grandes vacances ont lieu en été, c'est-à-dire entre décembre et février. Dans ces pays-là, la rentrée se fait donc fin février ou début mars.

PRÉNOMS, NOMS DE FAMILLE et DIMINUTIFS

- En Espagne, chaque personne possède un prénom et deux noms de famille, qui sont indiqués sur tous les documents officiels : le premier nom de famille correspond au premier nom de famille du père, et le deuxième correspond au premier nom de famille de la mère.

Donc, si le père s'appelle Pedro Martín Martinez et si la mère s'appelle Carmen García Sánchez, leur fille s'appellera María Martín García. Si elle se marie, elle conservera ses noms de jeune fille.

- Les diminutifs et surnoms sont très fréquents en Espagne. Ils sont souvent plus usités que le prénom, entre amis, en famille, ou même dans le milieu professionnel.

Quelques exemples :

Carlos ➛ *Carlitos*

Concepción ➛ *Concha*

Daniel ➛ *Dani*

Dolores ➛ *Lola* ou *Loli*

Francisco ➛ *Paco* ou *Pancho*

Guillermo ➛ *Guille*

Antonio ➛ *Toño*

Rosario ➛ *Charo*

Carmen ➛ *Menchu*

Isabel ➛ *Chabela*

Magdalena ➛ *Magda*

María ➛ *Mari* ou *Maruja*

María Jesus ➛ *Chus*

Pilar ➛ *Pili*

Gabriel(a) ➛ *Gaby*

Enrique ➛ *Quique*

Mercedes ➛ *Merche*

- Certains surnoms ont parfois même un diminutif :

Francisco ➛ *Paco* ➛ *Paquito*

Concepción ➛ *Concha* ➛ *Conchita*

José ➛ *Pepe* ➛ *Pepito*

Manuel ➛ *Manolo* ➛ *Manolito*

- De nombreux prénoms féminins ont une signification surprenante pour un francophone et beaucoup font référence à la religion. On trouve par exemple :

Rosario (« rosaire, chapelet »)

Dolores (« douleurs »)

Concepción (« conception »)

Mercedes (« grâces »)

Soledad (« solitude »)

Adoración (« adoration »)

Consuelo (« consolation »)

Esperanza (« espoir »)

Asunción (« assomption »)

Belén (« Bethléem », « crèche »)

Milagros (« miracles »)

Lourdes (la ville de Lourdes)

Natividad (« nativité »)

Purificación (« purification, Chandeleur »)

Pilar (« pilier »)

- Mais d'autres sont beaucoup plus poétiques :

Nieves (« neiges »)

Begoña (« bégonia »)

Rosa (« rose »)

Rocío (« rosée »)

Blanca (« blanche »)

Alba (« aube »)

espagnol
français

A

a *a plusieurs sens :*

1 **a** *peut signifier* **à** *quand il introduit un complément d'objet indirect.*

▷ Le regalé un libro a mi amiga para su cumpleaños. J'ai offert un livre à mon amie pour son anniversaire.

2 **a** *s'emploie devant un complément d'objet direct représentant une personne ou un animal familier :*

▷ He visto a Juan. J'ai vu Juan.

3 **a** *peut signifier* **par** *quand il introduit une habitude ou une action répétée :*

▷ Tengo clases de violín una vez a la semana. J'ai cours de violon une fois par semaine.

4 **ir a** + infinitif *sert à former le futur proche :* **aller** + infinitif

▷ Voy a dormir. Je vais me coucher.

▷ ¿Hoy vas a trabajar? Tu vas travailler aujourd'hui ?

5 **a** *peut indiquer un déplacement :*

▷ Voy a España. Je vais en Espagne.

abajo *a plusieurs sens :*

1 **abajo** *peut signifier* **en bas**

▷ Se te puede oír desde abajo. On peut t'entendre d'en bas.

► **de arriba abajo** **de haut en bas**

2 **abajo** *peut signifier* **dessous**

▷ Vive en el piso de abajo. Il habite dans l'appartement du dessous.

3 **abajo** *peut servir à exprimer* **un mouvement vers le bas :**

▷ Voy abajo. Je descends.

abalanzarse **se lancer** ou **se jeter** (sur quelqu'un)

Se conjugue sur le modèle de burlarse (voir ce verbe).

abandonar **abandonner** ou **quitter**

► **abandonarse** **se laisser aller**

▷ Como ahora sus padres no están, come cualquier cosa y se abandona. Comme ses parents ne sont pas là, elle mange n'importe quoi et se laisse aller.

> Attention ! abandonarse ne signifie pas « s'abandonner ».

Se conjugue sur le modèle de cantar (voir ce verbe).

abandono **abandon**

> **abandono** peut également être une forme du verbe **abandonar**.

▷ No abandono los estudios. Je n'abandonne pas mes études.

abanico **éventail**

abarcar **comprendre** (au sens de « contenir »)

▷ Este texto abarca ocho párrafos. Ce texte comprend huit paragraphes.

Attention ! Pour conserver le son /k/ de l'infinitif, le c de abarcar se transforme en qu devant un e :

▷ No hay ninguna enciclopedia que abarque todo el saber humano. Il n'y a aucune encyclopédie qui comprenne tout le savoir humain.

Se conjugue sur le modèle de cantar (voir ce verbe).

abastecer **fournir**

Attention ! abastecer appartient au groupe des verbes se terminant en -acer, -ecer, -ocer et -ucir qui sont irréguliers à certaines personnes, à certains modes et à certains temps. Voir tableau p. suivante.

INDICATIF PRÉSENT	SUBJONCTIF PRÉSENT	IMPÉRATIF
abastezco	abastezca	
abasteces	abastezcas	abastece
abastece	abastezca	abastezca
abastecemos	abastezcamos	abastezcamos
abastecéis	abastezcáis	abasteced
abastecen	abastezcan	abastezcan

Pour les autres temps, se conjugue sur le modèle de deber *(voir ce verbe).*

abecedario **alphabet**

abeja **abeille**

abertura **ouverture**

abeto **sapin** (au sens de « arbre »)

abierto, abierta **ouvert(e)**

ablandar *a plusieurs sens :*

1 ablandar *peut signifier* **ramollir**

2 ablandar *peut signifier* **attendrir** (quelqu'un)

Se conjugue sur le modèle de cantar *(voir ce verbe).*

abofetear **gifler**

Se conjugue sur le modèle de cantar *(voir ce verbe).*

abogado, abogada **avocat(e)** (= juriste)

abolladura **bosse** (sur une voiture)

abonar *a plusieurs sens :*

1 abonar *peut signifier* **payer** (une facture ou une dette)

2 abonar *peut signifier* **mettre de l'engrais** *ou* **fertiliser**

3 ► abonarse a **s'abonner à** ou **souscrire à**

Se conjugue sur le modèle de cantar *(voir ce verbe).*

abono *a plusieurs sens :*

1 abono *peut signifier* **paiement**

2 abono *peut signifier* **engrais**

3 abono *peut signifier* **abonnement**

> i abono peut également être une forme du verbe abonar.

▷ Me abono a esta revista. Je m'abonne à cette revue.

aborrecer **détester**

▷ Lo aborrezco. Je le déteste.

Attention ! aborrecer *appartient au groupe des verbes se terminant en* -acer, -ecer, -ocer *et* -ucir *qui sont irréguliers à certaines personnes, à certains modes et à certains temps.*

INDICATIF PRÉSENT	SUBJONCTIF PRÉSENT	IMPÉRATIF
aborrezco	aborrezca	
aborreces	aborrezcas	aborrece
aborrece	aborrezca	aborrezca
aborrecemos	aborrezcamos	aborrezcamos
aborrecéis	aborrezcáis	aborreced
aborrecen	aborrezcan	aborrezcan

Pour les autres temps, se conjugue sur le modèle de deber *(voir ce verbe).*

abortar **avorter**

Se conjugue sur le modèle de cantar *(voir ce verbe).*

abotonar **boutonner**

Se conjugue sur le modèle de cantar *(voir ce verbe).*

abrasador, abrasadora **brûlant(e)**

abrasar **brûler**

> abrasar ne signifie pas « embrasser ». Ne pas confondre abrasar avec abrazar, qui signifie « serrer dans ses bras ».

Se conjugue sur le modèle de cantar *(voir ce verbe).*

abrazar **serrer dans ses bras**

Dans ce mot, on reconnaît le lien avec le nom brazo *qui signifie « bras ».*

> Ne pas confondre abrazar avec abrasar, qui signifie « brûler ».

Comme les verbes terminés en -zar, abrazar *subit des modifications orthographiques : le* z *devient* c *devant un* e *:*

▷ Cuando llegó, lo abracé. Quand il est arrivé, je l'ai serré dans mes bras.

Se conjugue sur le modèle de cantar *(voir ce verbe).*

abrebotellas **ouvre-bouteille**

On remarque que ce mot est constitué du verbe abrir *qui signifie « ouvrir » et du nom* botella *au pluriel qui signifie « bouteille ».*

abrebotellas *est masculin et invariable :* un abrebotellas, dos abrebotellas.

abrelatas **ouvre-boîte**

On remarque que ce mot est constitué du verbe abrir *qui signifie « ouvrir » et du nom* lata *au pluriel qui signifie « boîte de conserve ».*

abrelatas *est masculin et invariable :* un abrelatas, dos abrelatas.

abreviar **abréger**

Se conjugue sur le modèle de cantar *(voir ce verbe).*

abreviatura abréviation

abridor ouvre-boîte *ou* ouvre-bouteille

abrigar tenir chaud

▷ Esta manta abriga mucho. Cette couverture tient très chaud.

► **abrigarse se couvrir** (avec un vêtement)

▷ Hay que abrigarse antes de salir. Il faut se couvrir avant de sortir.

📖 *Attention ! Pour conserver le son /g/ de l'infinitif, le* g *de* abrigar *se transforme en* gu *devant un* e *:*

▷ Mientras esta cazadora me abrigue, no necesito comprar un abrigo. Tant que ce blouson me tient chaud, je n'ai pas besoin d'acheter un manteau.

📖 *Se conjugue sur le modèle de* cantar *(voir ce verbe).*

abrigo *a plusieurs sens :*

1 **abrigo** *peut signifier* **manteau**

2 **abrigo** *peut signifier* **abri** *ou* **refuge**

ℹ abrigo peut également être une forme du verbe abrigar.

▷ Me abrigo con una chaqueta. Je me couvre avec une veste.

abril avril

abrir ouvrir

📖 *Le participe passé du verbe* abrir *est irrégulier :* abierto.

📖 *Se conjugue sur le modèle de* vivir *(voir ce verbe).*

abrochar *a plusieurs sens :*

1 **abrochar** *peut signifier* **boutonner**

2 **abrochar** *peut signifier* **attacher**

▷ En coche, es obligatorio abrocharse el cinturón. En voiture, il est obligatoire d'attacher sa ceinture.

📖 *Se conjugue sur le modèle de* cantar *(voir ce verbe).*

absoluto, absoluta absolu(e)

► **en absoluto pas du tout** ou **absolument pas**

abstracto, abstracta abstrait(e)

abuchear huer ou siffler

📖 *Se conjugue sur le modèle de* cantar *(voir ce verbe).*

abuela grand-mère

abuelo grand-père

► **los abuelos les grands-parents**

abundante abondant(e)

aburrido, aburrida ennuyeux(-euse)

► **estar aburrido s'ennuyer**

► **ser aburrido être ennuyeux**

ℹ Notez bien la différence de sens selon le verbe utilisé.

ℹ aburrido peut également être le participe passé du verbe aburrir.

aburrimiento ennui

aburrir ennuyer

► **aburrirse s'ennuyer**

📖 *Se conjugue sur le modèle de* vivir *(voir ce verbe).*

acá ici

⚐ Acá*, comme* aquí*, désigne un lieu proche de celui qui parle.*

▷ ¡Ven acá! Viens ici !

acabar *a plusieurs sens :*

1 **acabar** *peut signifier* **finir**

▷ He acabado el trabajo. J'ai fini le travail.

2 **acabar** *peut servir à exprimer le fait qu'* **il n'y a plus de quelque chose :**

▷ Se ha acabado la leche. Il n'y a plus de lait.

► **acabar con mettre fin à** ou **en finir avec**

▷ Hay que acabar con la violencia en el colegio. Il faut en finir avec la violence à l'école.

► **acabar de venir de** (= passé proche)

▷ Acabo de leerlo. Je viens de le lire.

► **acabar por hacer** ou **acabar haciendo finir par faire**

▷ Acabó por confesar *ou* Acabó confesando. Il a fini par avouer.

📖 *Se conjugue sur le modèle de* cantar *(voir ce verbe).*

academia *a plusieurs sens :*

1 **academia** *peut signifier* **académie**

2 **academia** *peut signifier* **école privée**

► **la Real Academia de la Lengua Española l'Académie royale de la langue espagnole** (= équivalent espagnol de l'Académie française)

acampada camping

► **ir de acampada faire du camping**

⚐ acampada *est féminin.*

acampar faire du camping

📖 *Se conjugue sur le modèle de* cantar *(voir ce verbe).*

acantilado **falaise**

acantilado *est masculin.*

acariciar **caresser**

Se conjugue sur le modèle de cantar *(voir ce verbe).*

acarrear *a plusieurs sens :*

1 acarrear *peut signifier* **transporter**

2 acarrear *peut signifier* **occasionner** *ou* **provoquer**

▷ La tormenta acarreó enormes pérdidas. La tempête a provoqué d'énormes dégâts.

Se conjugue sur le modèle de cantar *(voir ce verbe).*

acaso **peut-être**

► **por si acaso** **au cas où**

▷ Graba el fichero, por si acaso. Sauvegarde ton fichier au cas où.

acatarrado, acatarrada **enrhumé**

acatarrarse **s'enrhumer**

Dans ce mot, on reconnaît le lien avec le nom catarro *qui signifie « rhume ».*

Se conjugue sur le modèle de burlarse *(voir ce verbe).*

accesorio **accessoire**

accidentado *a des sens différents selon sa catégorie grammaticale :*

> Ce peut être un ADJECTIF :

1 accidentado, accidentada *peut signifier* **mouvementé(e)** *ou* **agité(e)**

▷ El último día de clase fue muy accidentado. Le dernier jour de classe a été très mouvementé.

2 accidentado, accidentada *peut signifier* **accidenté(e)**

> Ce peut être un NOM :

accidentado, accidentada *signifie* **accidenté(e)** (= une personne qui a eu un accident)

accidente **accident**

acción **action**

aceite **huile**

aceite *est masculin.*

aceituna **olive**

acelerador **accélérateur**

Attention ! Il n'y a qu'un seul c à acelerador.

acelerar **accélérer**

Se conjugue sur le modèle de cantar *(voir ce verbe).*

Attention ! Il n'y a qu'un seul c à acelerar.

acento **accent**

Attention ! Il n'y a qu'un seul c à acento.

aceptar **accepter**

Attention ! Il n'y a qu'un seul c à aceptar.

Se conjugue sur le modèle de cantar *(voir ce verbe).*

acera **trottoir**

acera *est féminin.*

acerca de **de** *ou* **sur** *ou* **à propos de** *ou* **au sujet de**

▷ Tuvimos un curso acerca de la Edad Media. Nous avons eu un cours sur le Moyen Âge.

acercar **rapprocher**

▷ Acerca la silla. Rapproche la chaise.

► **acercarse** **approcher** ou **s'approcher**

▷ La tormenta se acerca. L'orage approche.

Attention ! Pour conserver le son /k/ de l'infinitif, le c *de* acercar *se transforme en* qu *devant un* e *:*

▷ Me acerqué demasiado. Je me suis trop approché.

Se conjugue sur le modèle de cantar *(voir ce verbe).*

acero **acier**

acertado, acertada **bon(ne)** *ou* **juste** *ou* **correct(e)**

▷ Todas mis respuestas estaban acertadas. Toutes mes réponses étaient justes.

▷ Era una decisión acertada. C'était une bonne décision.

i acertado peut également être le participe passé du verbe acertar.

acertar *a plusieurs sens :*

1 acertar *peut signifier* **trouver**

▷ Ha acertado el acertijo. Il a trouvé la réponse à la devinette.

2 acertar *peut signifier* **arriver à** *ou* **réussir**

▷ No acierto a comprender. Je n'arrive pas à comprendre.

Attention, ce verbe est irrégulier à certaines personnes, à certains modes et à certains temps.

INDICATIF PRÉSENT	SUBJONCTIF PRÉSENT	IMPÉRATIF
acierto	acierte	
aciertas	aciertes	acierta
acierta	acierte	acierte
acertamos	acertemos	acertemos
acertáis	acertéis	acertad
aciertan	acierten	acierten

Pour les autres temps, se conjugue sur le modèle de cantar *(voir ce verbe).*

acertijo **devinette**

acertijo *est masculin.*

acidez **acidité**

ácido, ácida **acide**

acierto **bonne réponse** ou **bonne idée**

acierto *est masculin.*

> acierto peut également être une forme du verbe acertar.

▷ No acierto a comprender. Je n'arrive pas à comprendre.

aclarar *a plusieurs sens :*

1 aclarar *peut signifier* **éclaircir** (au sens de « rendre plus clair » ou au sens de « tirer au clair »)

► aclararse **y voir clair**

▷ No me aclaro. Je n'arrive pas à y voir clair.

2 aclarar *peut signifier* **rincer**

Se conjugue sur le modèle de cantar *(voir ce verbe).*

acogedor, acogedora **accueillant(e)**

acoger **accueillir**

Attention ! Pour conserver le son /x/ de l'infinitif, le g *de* acoger *se transforme en* j *devant un* a *ou un* o *:*

▷ Todos los veranos, acojo a un amigo mexicano. Tous les étés j'accueille un ami mexicain.

Dans ce mot, on reconnaît le verbe coger*. Ils se conjuguent de la même manière.*

acogida *a plusieurs sens :*

1 acogida *peut signifier* **accueil**

2 acogida *peut signifier* **retraite** ou **refuge**

3 acogida *peut signifier* **approbation**

acomodar **installer** *ou* **placer** (des personnes)

► acomodarse **se placer** ou **s'installer**

Se conjugue sur le modèle de cantar *(voir ce verbe).*

acompañar **accompagner**

Se conjugue sur le modèle de cantar *(voir ce verbe).*

aconsejar **conseiller**

Se conjugue sur le modèle de cantar *(voir ce verbe).*

acontecimiento **événement**

acordar **décider** *ou* **se mettre d'accord**

▷ Ambos gobiernos han acordado firmar la paz. Les deux gouvernements se sont mis d'accord pour signer la paix.

► acordarse de **se souvenir de**

▷ No me acuerdo de él. Je ne me souviens pas de lui.

Attention, ce verbe est irrégulier à certaines personnes, à certains modes et à certains temps.

INDICATIF PRÉSENT	SUBJONCTIF PRÉSENT	IMPÉRATIF
acuerdo	acuerde	
acuerdas	acuerdes	acuerda
acuerda	acuerde	acuerde
acordamos	acordemos	acordemos
acordáis	acordéis	acordad
acuerdan	acuerden	acuerden

Se conjugue sur le modèle de cantar *(voir ce verbe).*

acortar *a plusieurs sens :*

1 acortar *peut signifier* **raccourcir**

2 acortar *peut signifier* **réduire** ou **diminuer**

► acortarse **diminuer** ou **raccourcir**

▷ Los días se acortan. Les jours raccourcissent.

Se conjugue sur le modèle de cantar *(voir ce verbe).*

acostar **coucher**

► acostarse **se coucher**

► acostarse con alguien **coucher avec quelqu'un**

> Attention ! acostar ne signifie pas « accoster ».

Attention, ce verbe est irrégulier à certaines personnes, à certains modes et à certains temps.

INDICATIF PRÉSENT	SUBJONCTIF PRÉSENT	IMPÉRATIF
acuesto	acueste	
acuestas	acuestes	acuesta
acuesta	acueste	acueste
acostamos	acostemos	acostemos
acostáis	acostéis	acostad
acuestan	acuesten	acuesten

Pour les autres temps, se conjugue sur le modèle de cantar *(voir ce verbe).*

acostumbrado, acostumbrada **habitué(e)**

> acostumbrado peut également être le participe passé du verbe acostumbrar.

acostumbrar *a plusieurs catégories grammaticales :*

> Ce peut être un VERBE TRANSITIF :

acostumbrar *signifie* **habituer**

> Ce peut être un VERBE INTRANSITIF :

acostumbrar *signifie* **avoir l'habitude de**

► acostumbrarse a **s'habituer à**

Se conjugue sur le modèle de cantar *(voir ce verbe).*

actitud **attitude**

actividad **activité**

activo, activa **actif, active**

acto *a plusieurs sens :*

1 acto *peut signifier* **acte** (au sens d'« action » ou au sens de « partie d'une pièce de théâtre »)

▷ Somos responsables de nuestros actos. Nous sommes responsables de nos actes.

2 acto *peut signifier* **cérémonie**

3 ► en el acto **sur-le-champ**

actor **acteur**

actriz **actrice**

actual **actuel**

actualidad **actualité**

actualmente **actuellement**

actuar *a plusieurs sens :*

1 actuar *peut signifier* **agir**

2 actuar *peut signifier* **jouer** (un rôle)

Attention ! actuar subit une modification de l'accentuation : le u se transforme en ú aux trois personnes du singulier et à la troisième personne du pluriel au présent, au subjonctif et à l'impératif.

INDICATIF PRÉSENT	SUBJONCTIF PRÉSENT	IMPÉRATIF
actúo	actúe	
actúas	actúes	actúa
actúa	actúe	actúe
actuamos	actuemos	actuemos
actuáis	actuéis	actuad
actúan	actúen	actúen

Pour les autres temps, se conjugue sur le modèle de cantar *(voir ce verbe).*

acuario *a plusieurs sens :*

1 Acuario *peut signifier* **Verseau** (= signe astrologique)

2 acuario *peut signifier* **aquarium**

acuático, acuática **aquatique**

acudir **aller** *ou* **se rendre**

▷ Nunca acudió a la cita. Elle ne s'est jamais rendue au rendez-vous.

Se conjugue sur le modèle de vivir *(voir ce verbe).*

acuerdo **accord**

► de acuerdo **d'accord**

i acuerdo **peut également être une forme du verbe** acordar**.**

▷ No me acuerdo. Je ne me souviens pas.

acunar **bercer**

Dans ce mot, on reconnaît le nom cuna *qui signifie « berceau ».*

Se conjugue sur le modèle de cantar *(voir ce verbe).*

acusación **accusation**

Attention à l'orthographe de acusación qui ne prend qu'un seul c.

acusado, acusada **accusé(e)**

Attention à l'orthographe de acusado, acusada qui ne prend qu'un seul c.

acusar **accuser**

Attention à l'orthographe de acusar qui ne prend qu'un seul c.

Se conjugue sur le modèle de cantar *(voir ce verbe).*

adecuar **adapter**

Attention ! adecuar subit une modification de l'accentuation : le u se transforme en ú aux trois personnes du singulier et à la troisième personne du pluriel au présent, au subjonctif et à l'impératif.

INDICATIF PRÉSENT	SUBJONCTIF PRÉSENT	IMPÉRATIF
adecúo	adecúe	
adecúas	adecúes	adecúa
adecúa	adecúe	adecúe
adecuamos	adecuemos	adecuemos
adecuáis	adecuéis	adecuad
adecúan	adecúen	adecúen

Pour les autres temps, se conjugue sur le modèle de cantar *(voir ce verbe).*

adelantado, adelantada **en avance** *ou* **précoce** (en parlant d'une personne) *ou* **avancé(e)** (en parlant de travaux par exemple)

► por adelantado **à l'avance**

i adelantado **peut également être le participe passé du verbe** adelantar**.**

adelantar *a plusieurs sens :*

1 adelantar *peut signifier* **avancer**

2 adelantar *peut signifier* **doubler** (une voiture)

📖 *Se conjugue sur le modèle de* cantar *(voir ce verbe).*

adelante en avant

► en adelante **désormais** ou **dorénavant**

► más adelante **plus tard** ou **plus loin**

► ¡Adelante! **Entrez !** ou **Allez !** (pour encourager)

adelanto progrès

adelgazar maigrir

Dans ce mot, on reconnaît le lien avec l'adjectif delgado *qui signifie « maigre ».*

📖 *Les verbes terminés en* -zar *subissent des modifications orthographiques : le* z *devient* c *devant un* e *:*

▷ El médico me ha dicho que es necesario que adelgace. Le médecin m'a dit qu'il faut que je maigrisse.

📖 *Se conjugue sur le modèle de* cantar *(voir ce verbe).*

además en plus

adentro à l'intérieur ou dedans

adición addition (opération mathématique)

> Attention ! Il n'y a qu'un seul d à adición.

adicto, adicta dépendant(e) (d'une drogue)

adiestrar *a plusieurs sens :*

1 adiestrar *peut signifier* **dresser** (un animal)

2 adiestrar *peut signifier* **instruire** ou **entraîner**

3 adiestrar *peut signifier* **guider**

► adiestrarse **s'exercer** ou **s'entraîner**

📖 *Se conjugue sur le modèle de* cantar *(voir ce verbe).*

adinerado, adinerada riche

Dans ce mot, on reconnaît le lien avec le nom dinero *qui signifie « argent ».*

adiós au revoir

adivinanza devinette

adivinar deviner

📖 *Se conjugue sur le modèle de* cantar *(voir ce verbe).*

adjetivo adjectif

adjunto *a plusieurs sens selon sa catégorie grammaticale :*

> Ce peut être un ADJECTIF :

adjunto, adjunta *signifie* **ci-joint**

▷ Encontrará adjunto mi currículum vitae. Vous trouverez ci-joint mon curriculum vitae.

> Ce peut être un NOM :

adjunto, adjunta *signifie* **assistant(e)** ou **adjoint(e)**

> ℹ adjunto peut également être une forme du verbe adjuntar.

▷ Adjunto un cheque para los libros. Je joins un chèque pour les livres.

admiración *a plusieurs sens :*

1 admiración *peut signifier* **étonnement**

► signo de admiración **point d'exclamation**

2 admiración *peut signifier* **admiration**

admirar *a plusieurs sens :*

1 admirar *peut signifier* **admirer**

2 admirar *peut signifier* **étonner**

► admirarse **s'étonner**

📖 *Se conjugue sur le modèle de* cantar *(voir ce verbe).*

admitir admettre

📖 *Se conjugue sur le modèle de* vivir *(voir ce verbe).*

adolescente adolescent(e)

adonde (sans accent) *est l'adverbe de lieu* **où**

▷ Regresó adonde lo esperaban sus amigos. Il est retourné là où ses amis l'attendaient.

> Attention à l'accent grammatical : il ne faut pas confondre adonde adverbe de lieu, avec adónde mot interrogatif et exclamatif.

adónde (avec accent) *est le mot interrogatif et exclamatif* **où** *et s'utilise aussi bien dans une interrogation directe qu'indirecte*

▷ ¿Adónde voy? Où est ce que je vais ?

▷ No sé adónde voy. Je ne sais pas où je vais.

> Attention à l'accent grammatical : il ne faut pas confondre adónde mot interrogatif et exclamatif, avec adonde adverbe de lieu.

adoptar adopter

📖 *Se conjugue sur le modèle de* cantar *(voir ce verbe).*

adorar adorer

📖 *Se conjugue sur le modèle de* cantar *(voir ce verbe).*

adormecer endormir

📖 *Attention !* adormecer *appartient au groupe des verbes se terminant en* -acer, -ecer, -ocer *et* -ucir *qui sont irréguliers à certaines personnes, à certains modes et à certains temps. Voir tableau p. suivante.*

INDICATIF PRÉSENT	SUBJONCTIF PRÉSENT	IMPÉRATIF
adormezco	adormezca	
adormeces	adormezcas	adormece
adormece	adormezca	adormezca
adormecemos	adormezcamos	adormezcamos
adormecéis	adormezcáis	adormeced
adormecen	adormezcan	adormezcan

Pour les autres temps, se conjugue sur le modèle de deber *(voir ce verbe).*

adornar **décorer**

Se conjugue sur le modèle de cantar *(voir ce verbe).*

adorno **décoration**

adorno *est masculin.*

adorno peut également être une forme du verbe adornar.

▷ Yo adorno el árbol de Navidad, ¿vale? C'est moi qui décore le sapin de Noël, d'accord ?

adquirir **prendre** *ou* **acquérir**

Attention, ce verbe est irrégulier à certaines personnes, à certains modes et à certains temps.

INDICATIF PRÉSENT	SUBJONCTIF PRÉSENT	IMPÉRATIF
adquiero	adquiera	
adquieres	adquieras	adquiere
adquiere	adquiera	adquiera
adquirimos	adquiramos	adquiramos
adquirís	adquiráis	adquirid
adquieren	adquieran	adquieran

Pour les autres temps, se conjugue sur le modèle de vivir *(voir ce verbe).*

adrede **exprès**

aduana **douane**

aduanero **douanier**

adulto, adulta **adulte**

adverbio **adverbe**

advertencia **avertissement**

advertencia *est féminin.*

advertir *a plusieurs sens :*

1 advertir *peut signifier* **se rendre compte**

2 advertir *peut signifier* **prévenir** *ou* **avertir**

Attention, ce verbe est irrégulier à certaines personnes, à certains modes et à certains temps.

INDICATIF PRÉSENT	SUBJONCTIF PRÉSENT	IMPÉRATIF
advierto	advierta	
adviertes	adviertas	advierte
advierte	advierta	advierta
advertimos	advertamos	advirtamos
advertís	advirtáis	advertid
advierten	adviertan	adviertan

Pour les autres temps, se conjugue sur le modèle de vivir *(voir ce verbe).*

aeropuerto **aéroport**

afecto **affection**

▷ Le tengo mucho afecto. J'ai beaucoup d'affection pour lui.

afecto *est masculin.*

afectuoso, afectuosa **affectueux(-euse)**

afeitarse **se raser**

Se conjugue sur le modèle de burlarse *(voir ce verbe).*

afición *a plusieurs sens :*

1 afición *peut signifier* **passion** *ou* **passe-temps**

2 afición *peut signifier* **aficionados**

▷ La afición grita mucho durante las corridas. Les aficionados crient beaucoup pendant les corridas.

aficionado, aficionada **amateur, amatrice**

▷ Es muy aficionado a la ópera. C'est un grand amateur d'opéra.

Attention à l'emploi de la préposition a dans aficionado a (amateur de).

afilado, afilada **pointu(e)**

afilado peut également être le participe passé du verbe afilar.

afilar **tailler**

Se conjugue sur le modèle de cantar *(voir ce verbe).*

afirmar **affirmer** ou **assurer**

Se conjugue sur le modèle de cantar *(voir ce verbe).*

aflojar *a plusieurs sens :*

1 aflojar *peut signifier* **relâcher**

2 aflojar *peut signifier* **desserrer**

3 aflojar *peut signifier* **réduire**

► aflojar el paso **ralentir le pas**

► aflojarse **se relâcher** ou **se détendre**

📖 *Se conjugue sur le modèle de* cantar *(voir ce verbe).*

afortunadamente heureusement

afortunado, afortunada heureux(-euse) *ou* chanceux(-euse)

afortunado ne signifie pas « fortuné ».

África Afrique

africano, africana africain(e) *ou* Africain(e)

afuera dehors

► las afueras les environs *ou* la banlieue

agacharse se baisser *ou* s'accroupir

📖 *Se conjugue sur le modèle de* burlarse *(voir ce verbe).*

agarrar attraper

► agarrarse se tenir *ou* s'accrocher

► ¡agárrate! tiens-toi bien !

▷ ¡Agárrate! ¡Ganamos! Tiens-toi bien ! On a gagné !

📖 *Se conjugue sur le modèle de* cantar *(voir ce verbe).*

ágil agile

agitado, agitada agité(e)

agobiar *a plusieurs sens :*

1 agobiar *peut signifier* stresser

2 agobiar *peut signifier* étouffer

📖 *Se conjugue sur le modèle de* cantar *(voir ce verbe).*

agosto août

agotado, agotada épuisé(e)

agotar épuiser

📖 *Se conjugue sur le modèle de* cantar *(voir ce verbe).*

agradable agréable

agradecer remercier

► estar agradecido être reconnaissant

📖 *Attention !* agradecer *appartient au groupe des verbes se terminant en* -acer, -ecer, -ocer *et* -ucir *qui sont irréguliers à certaines personnes, à certains modes et à certains temps.*

INDICATIF PRÉSENT	SUBJONCTIF PRÉSENT	IMPÉRATIF
agradezco	agradezca	
agradeces	agradezcas	agradece
agradece	agradezca	agradezca
agradecemos	agradezcamos	agradezcamos
agradecéis	agradezcáis	agradeced
agradecen	agradezcan	agradezcan

📖 *Pour les autres temps, se conjugue sur le modèle de* deber *(voir ce verbe).*

agrandar *a plusieurs sens :*

1 agrandar *peut signifier* agrandir

2 agrandar *peut signifier* amplifier

3 agrandar *peut signifier* augmenter

📖 *Se conjugue sur le modèle de* cantar *(voir ce verbe).*

agravar aggraver

📖 *Se conjugue sur le modèle de* cantar *(voir ce verbe).*

agredir agresser *ou* injurier

📖 *Se conjugue sur le modèle de* vivir *(voir ce verbe).*

agregar ajouter *ou* associer

► agregarse a algo se joindre à quelque chose

📖 *Attention ! Pour conserver le son /g/ de l'infinitif, le* g *de* agregar *se transforme en* gu *devant un* e *:*

▷ Insiste para que se agregue a nuestro grupo. Insiste pour qu'il se joigne à notre groupe.

📖 *Se conjugue sur le modèle de* cantar *(voir ce verbe).*

agricultura agriculture

agrupación groupement (de personnes ou de choses) *ou* association (de personnes)

▷ En el colegio, tenemos una agrupación para los discapacitados. À l'école, nous avons une association pour les handicapés.

agrupar grouper

► agruparse se réunir

📖 *Se conjugue sur le modèle de* cantar *(voir ce verbe).*

agua eau

► agua con gas eau gazeuse

► agua corriente eau courante

► agua del grifo eau du robinet

► agua sin gas eau plate

⚐ agua *est féminin.*

⚐ *Attention ! On emploie* el *ou* un *au lieu de* la *ou* una *devant un nom féminin singulier commençant par* a- *ou* ha- *si cette syllabe porte l'accent tonique :*

▷ Prefiero el agua sin gas. Je préfère l'eau plate.

aguacate avocat (= fruit)

aguantar *a plusieurs sens :*

1 **aguantar** *peut signifier* **soutenir**

▷ Éstas columnas aguantan el edificio. Ces colonnes soutiennent l'immeuble.

2 **aguantar** *peut signifier* **supporter**

▷ No puedo aguantarlo más. Je ne peux plus le supporter.

3 **aguantar** *peut signifier* **tenir** (au sens de « résister »)

▷ Si os sentáis encima, la mesa no va a aguantar. Si vous vous asseyez dessus, la table ne va pas tenir.

4 ► **aguantarse** **se retenir**

▷ No podía aguantarse la risa. Il ne pouvait pas se retenir de rire.

Se conjugue sur le modèle de cantar *(voir ce verbe).*

agudo, aguda **aigu(ë)** *ou* **pointu(e)**

águila **aigle**

águila est féminin.

Attention ! On emploie el *ou* un *au lieu de* la *ou* una *devant un nom féminin singulier commençant par* a- *ou* ha- *si cette syllabe porte l'accent tonique :*

▷ El águila es una rapaz. L'aigle est un rapace.

aguja **aiguille**

agujereado, agujereada **percé(e)** ou **troué(e)**

agujero **trou**

ahí **là**

ahí ne désigne ni un lieu proche de celui qui parle, ni un lieu éloigné : il désigne un lieu intermédiaire.

ahijado, ahijada **filleul(e)**

ahogar **noyer** ou **étouffer**

► **ahogarse** **se noyer** ou **s'étouffer**

Attention ! Pour conserver le son /g/ de l'infinitif, le g *de* ahogar *se transforme en* gu *devant un* e *:*

▷ Los socorristas vigilan que nadie se ahogue. Les maîtres nageurs veillent à ce que personne ne se noie.

Se conjugue sur le modèle de cantar *(voir ce verbe).*

ahora **maintenant**

► **ahora mismo** **tout de suite**

► **por ahora** **pour l'instant**

► **de ahora en adelante** **dorénavant**

► **desde ahora** **à partir de maintenant**

► **¡hasta ahora!** **à tout de suite !**

ahorcar **pendre** (une personne)

Attention ! Pour conserver le son /k/ de l'infinitif, le c *de* ahorcar *se transforme en* qu *devant un* e *:*

▷ ...para que no se ahorque. ...pour qu'il ne se pende pas.

Se conjugue sur le modèle de cantar *(voir ce verbe).*

ahorrar **économiser**

Se conjugue sur le modèle de cantar *(voir ce verbe).*

ahorro **économie**

ahorro est masculin.

ahumado, ahumada **fumé(e)**

aire **air** (que l'on respire) *ou* **vent**

► **al aire libre** **en plein air**

airear *a plusieurs sens :*

1 **airear** *peut signifier* **aérer**

2 **airear** *peut signifier* **dévoiler** (un secret)

Se conjugue sur le modèle de cantar *(voir ce verbe).*

aislar **isoler**

Dans ce mot, on reconnaît le lien avec le nom isla *qui signifie « île ».*

Se conjugue sur le modèle de cantar *(voir ce verbe).*

ajedrez **échecs** (= jeu)

Attention ! ajedrez *s'utilise au singulier.*

▷ Me gusta el ajedrez. J'aime les échecs.

ajeno, ajena *a plusieurs sens :*

1 **ajeno, ajena** *peut signifier* **d'un autre**

▷ Las desgracias ajenas me afectan. Les malheurs des autres me touchent.

2 **ajeno, ajena** *peut signifier* **étranger, étrangère**

▷ Estoy totalmente ajena a este tipo de problema. Je suis complètement étrangère à ce genre de problème.

ajetreo **agitation**

ajetreo est masculin.

ajo **ail**

► **un diente de ajo** **une gousse d'ail**

► **en el ajo** **dans le coup**

en el ajo est une expression familière.

ajustado, ajustada **serré(e)** (en parlant de vêtements)

al *a plusieurs sens :*

al est la contraction de a *et* el.

1 **al** *peut signifier* **à l'** ou **au**

▷ No le gusta ir al instituto. Il n'aime pas aller au lycée.

2 **al** *peut signifier* **chez** (+ un nom de profession au masculin)

▷ Tengo que ir al médico. Je dois aller chez le médecin.

3 **al** + infinitif *sert à exprimer deux actions simultanées :*

▷ Al llegar ya no había nadie. Quand il est arrivé, il n'y avait plus personne.

al + infinitif *se traduit le plus souvent par le gérondif :* en + participe présent

▷ No se habla al comer. On ne parle pas en mangeant.

ala aile

ala *est féminin.*

Attention ! On emploie el *ou* un *au lieu de* la *ou* una *devant un nom féminin singulier commençant par* a- *ou* ha- *si cette syllabe porte l'accent tonique. Notez que l'article redevient féminin au pluriel :* las alas.

▷ Recogí un pájaro con un ala herida. J'ai recueilli un oiseau avec une aile cassée.

alambre fil de fer

alarde

► **hacer alarde de** algo **se vanter de** quelque chose

alargar allonger *ou* prolonger

Attention ! Pour conserver le son /g/ de l'infinitif, le g *de* alargar *se transforme en* gu *devant un* e *:*

▷ Dudo que alarguemos las vacaciones. Je doute que nous prolongions les vacances.

Se conjugue sur le modèle de cantar *(voir ce verbe).*

alarido hurlement

alba aube

alba *est féminin.*

Attention ! On emploie el *ou* un *au lieu de* la *ou* una *devant un nom féminin singulier commençant par* a- *ou* ha- *si cette syllabe porte l'accent tonique. Notez que l'article redevient féminin au pluriel :* las albas.

▷ Nos levantamos al alba. Nous nous sommes levés à l'aube.

albañil maçon

albaricoque abricot

albergue auberge ou refuge

► **albergue juvenil** auberge de jeunesse

albergue *est masculin.*

albornoz peignoir (de bain)

alborotado, alborotada turbulent(e) *ou* mouvementé(e)

alcachofa artichaut

alcachofa *est féminin.*

alcalde, alcaldesa maire

alcaldía mairie

alcantarilla égout

alcantarilla *est féminin.*

alcanzar *a plusieurs sens :*

1 **alcanzar** *peut signifier* **atteindre**

2 **alcanzar** *peut signifier* **suffire**

▷ No me alcanza. Necesito más. Ça ne me suffit pas. Il m'en faut plus.

Les verbes terminés en -zar *subissent des modifications orthographiques : le* z *devient* c *devant un* e *:*

▷ Alcancé mi objetivo. J'ai atteint mon objectif.

Se conjugue sur le modèle de cantar *(voir ce verbe).*

alcohol alcool

alcohólico, alcohólica *a plusieurs sens selon sa catégorie grammaticale :*

> Ce peut être un ADJECTIF :

alcohólico, alcohólica *signifie* **alcoolisé(e)**

> Ce peut être un NOM :

alcohólico *signifie* **alcoolique**

aldea hameau *ou* petit village

aldea *est féminin.*

aldeano, aldeana villageois(e)

alegrar égayer

► **alegrarse (de)** être content (de)

Se conjugue sur le modèle de cantar *(voir ce verbe).*

alegre content(e) ou gai(e)

alegría joie *ou* bonheur

alejar éloigner

► **alejarse** s'éloigner

Dans ce mot, on reconnaît le lien avec l'adverbe lejos *qui signifie « loin ».*

Se conjugue sur le modèle de cantar *(voir ce verbe).*

alemán, alemana allemand(e) *ou* Allemand(e)

alentador, alentadora encourageant(e)

alentar encourager

Attention, ce verbe est irrégulier à certaines personnes, à certains modes et à certains temps. Voir tableau p. suivante.

INDICATIF PRÉSENT	SUBJONCTIF PRÉSENT	IMPÉRATIF
aliento	aliente	
alientas	alientes	alienta
alienta	aliente	aliente
alentamos	alentemos	alentemos
alentáis	alentéis	alentad
alientan	alienten	alienten

Pour les autres temps, se conjugue sur le modèle de cantar *(voir ce verbe).*

alerta alerte

► estar alerta **être vigilant**

aleta *a plusieurs sens :*

1 aleta *peut signifier* **nageoire**

2 aleta *peut signifier* **palme** (d'un plongeur)

3 aleta *peut signifier* **l'aile de la narine**

alfiler épingle

alfiler *est masculin.*

alfombra tapis

alfombra *est féminin.*

alfombrilla paillasson

alfombrilla *est féminin.*

alga algue

Attention ! On emploie el *ou* un *au lieu de* la *et* una *devant un nom féminin commençant par* a- *ou* ha- *si cette syllabe porte l'accent tonique. Notez que l'article redevient féminin au pluriel :* las algas.

▷ He quitado el alga de mis botas. J'ai enlevé l'algue de mes bottes.

algo *a plusieurs sens :*

1 algo *peut signifier* **quelque chose**

▷ Tenemos que hacer algo para salvarlo. Nous devons faire quelque chose pour le sauver.

2 algo *peut signifier* **un peu**

▷ Está algo mejor desde unos días. Il va un peu mieux depuis quelques jours.

► algo de **un peu de**

▷ Para preparar una paella se necesita algo de azafrán. Pour préparer une paella on a besoin d'un peu de safran.

algodón coton

alguien quelqu'un

algún *est la forme apocopée de* alguno

▷ Iré algún día. J'irai un jour.

L'apocope est la suppression d'une ou plusieurs lettres à la fin d'un mot. Alguno *s'apocope en* algún *devant un nom masculin singulier.*

alguno, alguna *a plusieurs sens :*

1 alguno, alguna *peut signifier* **quelque** *ou* **un** *ou* **une**

▷ Sólo necesito algunos días de vacaciones. J'ai seulement besoin de quelques jours de vacances.

2 *Dans une phrase négative,* alguno, alguna *peut signifier* **aucun**

▷ Eso no tiene interés alguno. Ceci est sans aucun intérêt.

► algunos, algunas **certains, certaines**

aliento *a plusieurs sens :*

1 aliento *peut signifier* **haleine** *ou* **souffle**

2 aliento *peut signifier* **courage**

alimentar nourrir *ou* manger

► alimentarse **se nourrir**

Se conjugue sur le modèle de cantar *(voir ce verbe).*

alimento nourriture

> alimento peut également être une forme du verbe alimentar.

▷ No me alimento bastante con legumbres. Je ne mange pas assez de légumes.

alimento *est masculin.*

aliñar assaisonner

> Attention ! aliñar ne signifie pas « aligner ».

Se conjugue sur le modèle de cantar *(voir ce verbe).*

aliviar soulager

Se conjugue sur le modèle de cantar *(voir ce verbe).*

alivio soulagement

allá *a plusieurs sens :*

1 allá *peut signifier* **là-bas**

▷ Siéntate allá. Assieds-toi là-bas.

allá, *comme* allí, *sert à désigner un lieu qui est éloigné de celui qui parle.*

2 allá *peut signifier* **y** *pour indiquer un déplacement.*

▷ Voy allá todos los días. J'y vais tous les jours.

► más allá **plus loin**

► el más allá **l'au-delà**

allí *a plusieurs sens :*

1 allí *peut signifier* **là-bas**

allí, *comme* allá, *sert à désigner un lieu qui est éloigné de celui qui parle.*

2 allí *peut signifier* **y** *pour indiquer un déplacement.*

▷ Va para allí. Il y va.

► allí + estar **voilà**

▷ Allí están tus amigos. Voilà tes copains.

alma âme

alma *est féminin.*

Attention ! On emploie **el** *ou* **un** *au lieu de* **la** *ou* **una** *devant un nom féminin singulier commençant par* **a-** *ou* **ha-** *si cette syllabe porte l'accent tonique :*

► **sentir** algo **en el alma** **regretter** quelque chose **du fond du cœur**

almacén magasin

almendra amande

almíbar sirop

almohada oreiller

almohada *est féminin.*

almohadón coussin

almorzar déjeuner (= manger le midi)

Attention, ce verbe est irrégulier à certaines personnes, à certains modes et à certains temps.

INDICATIF PRÉSENT	SUBJONCTIF PRÉSENT	IMPÉRATIF
almuerzo	almuerce	
almuerzas	almuerces	almuerza
almuerza	almuerce	almuerce
almorzamos	almorcemos	almorcemos
almorzáis	almorcéis	almorzad
almuerzan	almuercen	almuercen

Pour les autres temps, se conjugue sur le modèle de **cantar** *(voir ce verbe).*

almuerzo déjeuner (= repas de midi)

almuerzo peut également être une forme du verbe **almorzar**.

▷ En general, almuerzo temprano. En général, je déjeune tôt.

alojamiento logement

alojar loger

Se conjugue sur le modèle de **cantar** *(voir ce verbe).*

alpargata espadrille

alquilar louer (un appartement par exemple)

Se conjugue sur le modèle de **cantar** *(voir ce verbe).*

alquiler loyer *ou* location

alquiler *est masculin.*

alquitrán goudron

alrededor autour

▷ Hay campos alrededor de mi casa. Il y a des champs autour de ma maison.

► **los alrededores** les alentours

altavoz haut-parleur

alterarse *a plusieurs sens :*

1 **alterarse** *peut signifier* **s'énerver**

2 **alterarse** *peut signifier* **s'abîmer**

Se conjugue sur le modèle de **burlarse** *(voir ce verbe).*

alternar alterner

► **alternar con** alguien **fréquenter** quelqu'un

Se conjugue sur le modèle de **cantar** *(voir ce verbe).*

alterno, alterna alternatif(-ive)

► **días alternos un jour sur deux**

alterno et **alterna** peuvent également être des formes du verbe **alternar**.

▷ Alterno con él desde hace ocho años. Je le fréquente depuis huit ans.

alteza altesse

alto *a plusieurs sens selon sa catégorie grammaticale :*

> Ce peut être un ADJECTIF :

1 **alto, alta** *peut signifier* **haut** *ou* **élevé** (en parlant de la taille de quelque chose)

▷ El Mulhacén es la cima más alta de la Península Ibérica. Le Mulhacén est le sommet le plus haut de la Péninsule ibérique.

2 **alto, alta** *peut signifier* **grand** (en parlant de la taille de quelqu'un)

▷ Es el chico más alto de la clase. C'est le garçon le plus grand de la classe.

3 **alto, alta** *peut signifier* **fort** (en parlant du volume sonore)

▷ ¡No pongas la música tan alta! Ne mets pas la musique si fort !

> Ce peut être un NOM :

1 **alto** *peut signifier* **hauteur**

▷ El rascacielos hará 250 metros de alto. Le gratte-ciel fera 250 mètres de hauteur.

2 **alto** *peut signifier* **halte**

alto *est masculin.*

altura hauteur *ou* altitude

alubia haricot

alubia *est féminin.*

alud avalanche

alud *est masculin.*

aludir a faire allusion à

Se conjugue sur le modèle de **vivir** *(voir ce verbe).*

alumbrar éclairer

Attention ! **alumbrar** ne signifie pas « allumer ».

📖 *Se conjugue sur le modèle de* cantar *(voir ce verbe).*

alumno, alumna élève

alza hausse

alza est féminin.

Attention ! On emploie el *ou* un *au lieu de* la *ou* una *devant un nom féminin singulier commençant par* a- *ou* ha- *si cette syllabe porte l'accent tonique :*

▷ El alza de los precios fue muy rápida. La hausse des prix a été très rapide.

> ℹ alza peut également être une forme du verbe alzar.

▷ Alza la voz. Il parle plus fort.

alzar lever *ou* élever *ou* hausser

▷ ¡Que alcen la mano todos los alumnos que no hayan hecho los ejercicios! Que tous les élèves qui n'ont pas fait leurs exercices lèvent la main !

► **alzarse** se lever *ou* se soulever *ou* se révolter

► **alzar la voz** parler plus fort

📖 *Comme tous les verbes terminés en* -zar, alzar *subit des modifications orthographiques : le* z *devient* c *devant un* e.

▷ No quiero que nadie alce la mano. Je ne veux pas qu'on lève la main.

📖 *Se conjugue sur le modèle de* cantar *(voir ce verbe).*

amable aimable

amanecer *a plusieurs sens selon sa catégorie grammaticale :*

> Ce peut être un NOM :

amanecer *signifie* **lever du jour**

amanecer est masculin.

> Ce peut être un VERBE :

1 **amanecer** *peut signifier* **commencer à faire jour**

2 **amanecer** *peut signifier* **se réveiller**

📖 *Attention !* amanecer *appartient au groupe des verbes se terminant en* -acer, -ecer, -ocer *et* -ucir *qui sont irréguliers à certaines personnes, à certains modes et à certains temps.*

INDICATIF PRÉSENT	SUBJONCTIF PRÉSENT	IMPÉRATIF
amanezco	amanezca	
amaneces	amanezcas	amanece
amanece	amanezca	amanezca
amanecemos	amanezcamos	amanezcamos
amanecéis	amanezcáis	amaneced
amanecen	amanezcan	amanezcan

📖 *Pour les autres temps, se conjugue sur le modèle de* deber *(voir ce verbe).*

amapola coquelicot

amapola est féminin.

amar aimer

📖 *Se conjugue sur le modèle de* cantar *(voir ce verbe).*

amargo, amarga amer, amère

amarillo, amarilla jaune

ámbar *a plusieurs sens selon sa catégorie grammaticale :*

> Ce peut être un ADJECTIF :

ámbar *signifie* **orange** (en parlant des feux de signalisation)

▷ El semáforo está en ámbar. Le feu est orange.

> Ce peut être un NOM :

ámbar *signifie* **ambre**

ambiente atmosphère *ou* ambiance

► **el medio ambiente** l'environnement

ambiente est masculin.

ambos, ambas les deux *ou* tou(te)s les deux

▷ Conozco a María y a Lucía. Ambas son españolas. Je connais María et Lucía. Elles sont toutes les deux espagnoles.

amenaza menace

> ℹ amenaza peut également être une forme du verbe amenazar.

▷ Nos amenaza con decirlo todo al profesor. Il nous menace de tout dire au professeur.

amenazar menacer

📖 *Comme tous les verbes terminés en* -zar, amenazar *subit des modifications orthographiques : le* z *devient* c *devant un* e.

▷ Los amenacé con irme. Je les ai menacés de m'en aller.

> Attention à l'emploi de la préposition con dans amenazar con hacer algo (menacer de faire quelque chose).

📖 *Se conjugue sur le modèle de* cantar *(voir ce verbe).*

ameno, amena agréable

América Amérique

► **América Central** Amérique centrale

► **América Latina** Amérique latine

► **América del Norte** Amérique du Nord

► **América del Sur** Amérique du Sud

americano, americana américain(e) *ou* Américain(e)

amigo, amiga ami(e)

amistad amitié

► **las amistades** les amis

amo, ama *a plusieurs sens :*

1 **amo** *peut signifier* **maître** (d'un animal par exemple)

2 **amo** *peut signifier* **propriétaire**

► **ama de casa** femme au foyer

> **i** amo et ama peuvent également être des formes du verbe amar.

▷ Lo amo con locura. Je l'aime à la folie.

amontonar entasser ou accumuler

► **amontonarse** s'entasser

Se conjugue sur le modèle de cantar *(voir ce verbe).*

amor amour

amoroso, amorosa affectueux(-euse) *ou* amoureux(-euse)

amparar protéger

► **ampararse** s'abriter

Se conjugue sur le modèle de cantar *(voir ce verbe).*

amparo protection

> **i** amparo peut également être une forme du verbe amparar.

▷ Te amparo. Je te protège.

amparo est masculin.

ampliar *a plusieurs sens :*

1 **ampliar** *peut signifier* **agrandir**

2 **ampliar** *peut signifier* **élargir**

3 **ampliar** *peut signifier* **augmenter**

ampliar se conjugue sur le modèle de cantar *(voir ce verbe).*

amplio, amplia ample *ou* grand(e) *ou* vaste

ampolla ampoule *ou* cloque (au pied)

amuleto porte-bonheur

análisis analyse

análisis est masculin et invariable : el análisis, los análisis.

analizar analyser

Comme tous les verbes terminés en -zar, analizar *subit des modifications orthographiques : le* z *devient* c *devant un* e.

▷ Tal vez no analices bien el problema. Peut-être que tu n'analyses pas bien le problème.

Se conjugue sur le modèle de cantar *(voir ce verbe).*

anca *a plusieurs sens :*

1 **anca** *peut signifier* **croupe** (du cheval)

2 **anca** *peut signifier* **cuisse** (de grenouille)

▷ He comido ancas de rana. J'ai mangé des cuisses de grenouille.

Attention ! On emploie el *ou* un *au lieu de* la *ou* una *devant un nom féminin singulier commençant par* a- *ou* ha- *si cette syllabe porte l'accent tonique. Notez que l'article redevient féminin au pluriel :* las ancas.

▷ Un anca de rana se ha caído al suelo. Une cuisse de grenouille est tombée par terre.

ancho *a plusieurs catégories grammaticales :*

> Ce peut être un ADJECTIF :

ancho, ancha *signifie* **large**

> Ce peut être un NOM :

ancho *signifie* **largeur**

ancho est masculin.

anchoa anchois

anchoa est féminin.

anchura largeur

anciano, anciana *a plusieurs catégories grammaticales :*

> Ce peut être un ADJECTIF :

anciano, anciana *signifie* **vieux, vieille**

> Attention ! anciano ne signifie pas « ancien ».

> Ce peut être un NOM :

anciano, anciana *signifie* **personne âgée** *ou* **vieillard**

Andalucía Andalousie

andaluz, andaluza andalous(e) *ou* Andalous(e)

andamio échafaudage

andar *a plusieurs sens :*

1 **andar** *peut signifier* **marcher**

▷ Anda por la calle. Il marche dans la rue.

2 **andar** *peut signifier* **aller**

▷ Andamos al colegio en bicicleta. Nous allons à l'école à vélo.

3 **andar** *peut signifier* **fonctionner** *ou* **marcher**

▷ Mi despertador no anda bien. Mon réveil ne marche pas bien.

► **¡Anda!** Allez ! (pour encourager)

► **andar con cuidado** faire attention

► **andarse con rodeos** tourner autour du pot

► **andar** haciendo algo **être en train de** faire quelque chose

▷ ¡Siempre anda molestando! Il est toujours en train de nous déranger !

ANDAR				
INDICATIF				CONDITIONNEL
PRÉSENT	IMPARFAIT	PASSÉ SIMPLE	FUTUR	PRÉSENT
ando	andaba	anduve	andaré	andaría
andas	andabas	anduviste	andarás	andarías
anda	andaba	anduvo	andará	andaría
andamos	andábamos	anduvimos	andaremos	andaríamos
andáis	andabáis	anduvisteis	andaréis	andaríais
andan	andaban	anduvieron	andarán	andarían

SUBJONCTIF		IMPÉRATIF		
PRÉSENT	IMPARFAIT			
ande	anduviera		INFINITIF	andar
andes	anduvieras	anda		
ande	anduviera	ande	PARTICIPE	andado
andemos	anduviéramos	andemos		
andéis	anduvierais	andad	GÉRONDIF	andando
anden	anduvieran	anden		

► **andar en bici** faire du vélo

andar est un verbe irrégulier à certains temps (voir tableau).

andén quai

Andorra Andorre

ángel ange

► **ángel de la guardia** ange gardien

anginas angine

anginas est féminin pluriel.

▷ Tiene anginas. Il a une angine.

anguila anguille

ángulo angle

angustia angoisse

angustiar angoisser

Se conjugue sur le modèle de cantar (voir ce verbe).

angustioso, angustiosa angoissant(e)

anilla anneau (pour un rideau) *ou* bague (pour un oiseau)

anilla est féminin.

anillo bague

anillo est masculin.

animar *a plusieurs sens :*

1 **animar** *peut signifier* **animer** (au sens de « mettre de l'animation »)

2 **animar** *peut signifier* **encourager**

► **animar a alguien** remonter le moral à quelqu'un

Se conjugue sur le modèle de cantar (voir ce verbe).

ánimo courage

► **estado de ánimo** état d'esprit

animoso, animosa courageux (-euse)

aniversario anniversaire (= commémoration d'un événement)

Attention ! aniversario ne signifie pas « anniversaire de naissance ».

anoche hier soir

anochecer *a des sens différents selon sa catégorie grammaticale :*

> Ce peut être un NOM :

anochecer *signifie* **tombée de la nuit**

anochecer est masculin.

> Ce peut être un VERBE :

anochecer *signifie* **faire nuit**

anochecer est un verbe impersonnel, il ne se conjugue qu'à la troisième personne du singulier : indicatif présent anochece, subjonctif présent anochezca.

anónimo, anónima anonyme

► **un anónimo** une lettre anonyme

anotar noter

Se conjugue sur le modèle de cantar (voir ce verbe).

ansia anxiété *ou* désir

ansia est féminin.

Attention ! On emploie el ou un au lieu de la ou una devant un nom féminin singulier commençant par a- ou ha- si cette syllabe porte l'accent tonique :

▷ El ansia de saber de este niño era desmesurada. Le désir de connaissance de cet enfant était démesuré.

ansiar désirer

*Attention ! **ansiar** subit une modification de l'accentuation : le **i** se transforme en **í** aux trois personnes du singulier et à la troisième personne du pluriel au présent, au subjonctif et à l'impératif.*

INDICATIF PRÉSENT	SUBJONCTIF PRÉSENT	IMPÉRATIF
ansío	ansíe	
ansías	ansíes	ansía
ansía	ansíe	ansíe
ansiamos	ansiemos	ansiemos
ansiáis	ansiéis	ansiad
ansían	ansíen	ansíen

*Se conjugue sur le modèle de **cantar** (voir ce verbe).*

ansiedad anxiété

ansioso, ansiosa impatient(e)

Antártico Antarctique

► **el Antártico** l'Antarctique

ante devant

Attention ! Ne pas confondre **ante** avec **antes** qui signifie « avant ».

anteanoche avant-hier soir

anteayer avant-hier

antena antenne

anteojos jumelles

antepasados ancêtres

anterior précédent

antes avant

Attention ! Ne pas confondre **antes** avec **ante** qui signifie « devant ».

anticipar faire une avance

Attention ! **anticipar** ne signifie pas « anticiper ».

► **anticiparse** devancer *ou* prévenir *ou* être en avance

*Se conjugue sur le modèle de **cantar** (voir ce verbe).*

antifaz masque

*Dans ce mot, on reconnaît la préposition **ante** qui signifie « devant » et le nom **faz** qui signifie « visage ».*

antigüedad antiquité

antiguo, antigua ancien(ne)

antorcha torche *ou* flambeau

anudar nouer

***anudar** se conjugue sur le modèle de **cantar** (voir ce verbe).*

anular annuler

Attention ! Il n'y a qu'un seul **n** à **anular**.

*Se conjugue sur le modèle de **cantar** (voir ce verbe).*

anunciar *a plusieurs sens :*

1 **anunciar algo** *peut signifier* **annoncer** quelque chose

2 **anunciar algo** *peut signifier* **faire la publicité pour** quelque chose

*Se conjugue sur le modèle de **cantar** (voir ce verbe).*

anuncio *a plusieurs sens :*

1 **anuncio** *peut signifier* **annonce**

2 **anuncio** *peut signifier* **publicité**

***anuncio** est masculin.*

i **anuncio** peut également être une forme du verbe **anunciar**.

▷ ¿Le anuncio la buena noticia ahora o más tarde? Je lui annonce la bonne nouvelle maintenant ou plus tard ?

añadir ajouter

*Se conjugue sur le modèle de **vivir** (voir ce verbe).*

añicos petits morceaux

► **hacer algo añicos** casser quelque chose **en petits morceaux**

año an *ou* année

▷ Isabela tiene 15 años. Isabela a 15 ans.

▷ Un año tiene 365 días. Il y a 365 jours dans une année.

► **en el año ...** en ...

▷ Nació en el año 1980. Il est né en 1980.

► **¡Feliz Año Nuevo!** Bonne année !

***año** est masculin.*

apagar éteindre

*Attention ! Pour conserver le son /g/ de l'infinitif, le **g** de **apagar** se transforme en **gu** devant un **e** :*

▷ ¡No apague la luz! N'éteignez pas la lumière !

*Se conjugue sur le modèle de **cantar** (voir ce verbe).*

apagón coupure de courant

***apagón** est masculin.*

aparador *a plusieurs sens :*

1 **aparador** *peut signifier* **vitrine**

2 **aparador** *peut signifier* **buffet** (= meuble)

aparato **appareil**

aparcamiento **place de parking**

aparcar **se garer**

📖 *Attention ! Pour conserver le son /k/ de l'infinitif, le* c *de* aparcar *se transforme en* qu *devant un* e *:*

▷ No aparqué muy lejos. Je ne me suis pas garé très loin.

📖 *Se conjugue sur le modèle de* cantar *(voir ce verbe).*

aparecer *a plusieurs sens :*

1 **aparecer** *peut signifier* **apparaître** (au sens de « se montrer »)

2 **aparecer** *peut signifier* **paraître** (en parlant d'un livre par exemple)

📖 *Attention !* aparecer *appartient au groupe des verbes se terminant en* -acer, -ecer, -ocer *et* -ucir *qui sont irréguliers à certaines personnes, à certains modes et à certains temps.*

INDICATIF PRÉSENT	SUBJONCTIF PRÉSENT	IMPÉRATIF
aparezco	aparezca	
apareces	aparezcas	aparece
aparece	aparezca	aparezca
aparecemos	aparezcamos	aparezcamos
aparecéis	aparezcáis	apareced
aparecen	aparezcan	aparezcan

📖 *Pour les autres temps, se conjugue sur le modèle de* deber *(voir ce verbe).*

aparentar *a plusieurs sens :*

1 **aparentar** *peut signifier* **simuler** ou **faire semblant (de)**

▷ Aparenta cólera. Il fait semblant d'être en colère.

▷ Aparenta estar enfermo. Il fait semblant d'être malade.

2 ► **aparentar su edad : faire son âge**

▷ No aparenta su edad. Il ne fait pas son âge.

📖 *Se conjugue sur le modèle de* cantar *(voir ce verbe).*

aparición **apparition**

apariencia **apparence**

apartamento **appartement**

apartar **écarter** *ou* **mettre de côté**

📖 *Se conjugue sur le modèle de* cantar *(voir ce verbe).*

aparte **à part** *ou* **de côté**

▷ El dependiente me lo puso aparte. Le vendeur me l'a mis de côté.

▷ Parece vivir en un mundo aparte. On a l'impression qu'il vit dans un monde à part.

► **aparte de** *peut signifier* **à part** (dans le sens de « à l'exception de »)

▷ Aparte del mal tiempo, la excursión fue estupenda. Mis à part le mauvais temps, l'excursion était géniale.

► **aparte de** *peut signifier* **en plus de**

▷ Aparte de caro, este apartamento es demasiado pequeño. En plus d'être cher, cet appartement est trop petit.

apasionante **passionnant(e)**

apasionar **passionner**

📖 *Se conjugue sur le modèle de* cantar *(voir ce verbe).*

apego **attachement**

apellido **nom de famille**

apenas *a plusieurs sens :*

1 **apenas** *peut signifier* **à peine**

2 **apenas** *peut signifier* **aussitôt**

apertura **ouverture**

apestar **puer**

📖 *Se conjugue sur le modèle de* cantar *(voir ce verbe).*

apetecer *est un verbe qu'on emploie pour dire que* **quelque chose nous fait envie**

▷ Me apetece un helado. J'ai envie d'une glace.

▷ Les apetece un pedazo de pastel. Ils ont envie d'une part de gâteau.

La plupart des verbes qui expriment un sentiment ou une sensation en espagnol se construisent différemment du français ; l'exemple le plus courant est le verbe gustar. *Le sujet français* (je, tu, il, nous, vous, ils) *devient le complément espagnol* (me, te, se, nos, os, les) *:*

▷ ¿Te apetecen caramelos? Tu as envie de bonbons ? (littéralement : les bonbons font envie à toi ?)

apetito **appétit**

apiadarse **avoir pitié**

📖 *Se conjugue sur le modèle de* burlarse *(voir ce verbe).*

apilar **empiler**

📖 *Se conjugue sur le modèle de* cantar *(voir ce verbe).*

apio **céleri**

aplastar **écraser**

📖 *Se conjugue sur le modèle de* cantar *(voir ce verbe).*

aplaudir applaudir

📖 *Se conjugue sur le modèle de* vivir *(voir ce verbe).*

aplauso applaudissement

aplazar ajourner

📖 *Les verbes terminés en* -zar *subissent des modifications orthographiques : le* z *devient* c *devant un* e. *Se conjugue sur le modèle de* cantar *(voir ce verbe).*

aplicar appliquer

📖 *Attention ! Pour conserver le son /k/ de l'infinitif, le* c *de* aplicar *se transforme en* qu *devant un* e :

▷ Para hacer este trabajo me apliqué. Pour faire ce travail je me suis appliqué.

📖 *Se conjugue sur le modèle de* cantar *(voir ce verbe).*

apodo surnom

aposta exprès

apostarse *a plusieurs sens :*

1 apostarse *peut signifier* **parier**

► **¿Qué te apuestas a que...? On parie combien que... ?**

2 apostarse *peut signifier* **se poster**

▷ Se apostó contra la máquina expendedora de bebidas. Il s'est posté contre le distributeur de boissons.

📖 apostarse, *au sens de « parier », est un verbe irrégulier à certaines personnes, à certains modes et à certains temps.*

INDICATIF PRÉSENT	SUBJONCTIF PRÉSENT	IMPÉRATIF
me apuesto	me apueste	
te apuestas	te apuestes	apuéstate
se apuesta	se apueste	apuéstese
nos apostamos	nos apostemos	apostémonos
os apostáis	os apostéis	apostaos
se apuestan	se apuesten	apuéstense

📖 *Pour les autres temps, se conjugue sur le modèle de* burlarse *(voir ce verbe).*

apóstrofo apostrophe

apóstrofo *est masculin.*

apoyar appuyer

📖 *Se conjugue sur le modèle de* cantar *(voir ce verbe).*

apoyo appui

ℹ apoyo peut également être une forme du verbe apoyar.

▷ Me apoyo contra la pared. Je m'appuie contre le mur.

apreciar apprécier

📖 *Se conjugue sur le modèle de* cantar *(voir ce verbe).*

aprender apprendre

► **aprender de memoria** ou **aprender de carretilla apprendre par cœur**

📖 *Se conjugue sur le modèle de* deber *(voir ce verbe).*

aprendizaje apprentissage

apresar *a plusieurs sens :*

1 apresar *peut signifier* **arrêter** (en parlant de la police)

2 apresar *peut signifier* **saisir** (en parlant de la police)

📖 *Se conjugue sur le modèle de* cantar *(voir ce verbe).*

apresurarse se dépêcher

▷ Al salir de clase se apresura a volver a casa. Quand il sort de classe, il se dépêche de rentrer chez lui.

Attention à l'emploi de la préposition a dans apresurarse a hacer algo (se dépêcher de faire quelque chose).

📖 *Se conjugue sur le modèle de* burlarse *(voir ce verbe).*

apretar *a plusieurs sens :*

1 apretar *peut signifier* **serrer**

► **apretar la mano a alguien serrer la main à quelqu'un**

2 apretar *peut signifier* **presser** *ou* **appuyer sur** (un bouton, par exemple)

Attention : apretar ne signifie pas « apprêter ».

📖 *Attention, ce verbe est irrégulier à certaines personnes, à certains modes et à certains temps.*

INDICATIF PRÉSENT	SUBJONCTIF PRÉSENT	IMPÉRATIF
aprieto	apriete	
aprietas	aprietes	aprieta
aprieta	apriete	apriete
apretamos	apretemos	apretemos
apretáis	apretéis	apretad
aprietan	aprieten	aprieten

📖 *Pour les autres temps, se conjugue sur le modèle de* cantar *(voir ce verbe).*

apretón pincement (douleur)

► **apretón de mano poignée de main**

apretujar serrer très fort

📖 *Se conjugue sur le modèle de* cantar *(voir ce verbe).*

aprieto gêne *ou* embarras

► **estar en un aprieto être dans l'embarras**

► **poner a alguien en un aprieto mettre quelqu'un dans l'embarras ou embarrasser quelqu'un**

> **i** aprieto peut également être une forme du verbe apretar.

▷ Le aprieto la mano. Je lui serre la main.

aprisa vite

aprisionar emprisonner

Dans ce mot, on reconnaît le lien avec le nom prisión *qui signifie « prison ».*

Se conjugue sur le modèle de cantar *(voir ce verbe).*

aprobar *a plusieurs sens selon sa catégorie grammaticale :*

> Ce peut être un VERBE TRANSITIF :

1 **aprobar** *peut signifier* **approuver**

2 **aprobar** *peut signifier* **être reçu** (à un examen)

> Ce peut être un VERBE INTRANSITIF :

aprobar *signifie* **réussir** (un examen)

Attention, ce verbe est irrégulier à certaines personnes, à certains modes et à certains temps.

INDICATIF PRÉSENT	SUBJONCTIF PRÉSENT	IMPÉRATIF
apruebo	apruebe	
apruebas	apruebes	aprueba
aprueba	apruebe	apruebe
aprobamos	aprobemos	aprobemos
aprobáis	aprobéis	aprobad
aprueban	aprueben	aprueben

Pour les autres temps, se conjugue sur le modèle de cantar *(voir ce verbe).*

apropiarse s'approprier

Se conjugue sur le modèle de cantar *(voir ce verbe).*

aprovechar profiter

► **aprovecharse de** **profiter de** (au sens péjoratif)

► **¡que aproveche!** **bon appétit !**

Se conjugue sur le modèle de cantar *(voir ce verbe).*

aproximadamente à peu près

aproximar approcher

▷ ¡No te aproximes al acantilado, es demasiado peligroso! N'approche pas de la falaise, c'est trop dangereux !

> Attention à l'emploi de la préposition a dans aproximar a algo (approcher de quelque chose).

Se conjugue sur le modèle de cantar *(voir ce verbe).*

apuesta pari

> **i** apuesta peut également être une forme du verbe apostar.

▷ Apuesta siempre por el mismo caballo. Il parie toujours sur le même cheval.

apuesta *est féminin.*

apuntar *a plusieurs sens :*

1 **apuntar** *peut signifier* **noter** *ou* **prendre des notes**

2 **apuntar** *peut signifier* **viser**

3 **apuntar** *peut signifier* **montrer**

► **apuntarse** **s'inscrire**

Se conjugue sur le modèle de cantar *(voir ce verbe).*

apunte note

► **tomar apuntes** **prendre des notes**

apunte *est masculin.*

apuñalar poignarder

Dans ce mot, on reconnaît le nom puñal *qui signifie « poignard ».*

Se conjugue sur le modèle de cantar *(voir ce verbe).*

apurarse *a plusieurs sens :*

1 **apurarse** *peut signifier* **se dépêcher**

2 **apurarse** *peut signifier* **s'inquiéter**

▷ No se apure usted. Ne vous inquiétez pas.

Se conjugue sur le modèle de burlarse *(voir ce verbe).*

aquel, aquella, aquellos, aquellas (sans accent) **ce, cette, ces, cettes**

▷ Es aquella bici que quiero. C'est ce vélo-là que je veux.

aquel *(sans accent) est l'adjectif démonstratif qui sert à désigner quelqu'un ou quelque chose qui se trouve loin de la personne qui parle.*

> Attention à l'accent grammatical : il ne faut pas confondre aquel, adjectif démonstratif, avec aquél, pronom démonstratif.

aquél, aquélla, aquéllos, aquéllas (avec accent) **celui-là, celle-là, ceux-là, celles-là**

▷ Entre todos, aquél es mi favorito. Entre tous, c'est celui-là mon préféré.

aquél *(avec accent) est le pronom démonstratif qui sert à désigner quelqu'un ou quelque chose qui se trouve loin de la personne qui parle.*

> Attention à l'accent grammatical : il ne faut pas confondre aquél, pronom démonstratif, avec aquel, adjectif démonstratif.

aquello cela

aquello *est le pronom démonstratif neutre qui sert à désigner quelque chose qui est loin de la personne qui parle ou éloigné dans le passé.*

aquí *a plusieurs sens :*

1 **aquí** *peut signifier* **ici**

▷ Aquí nació Pablo Picasso en 1881. Pablo Picasso est né ici en 1881.

aquí, comme acá, désigne un lieu proche de celui qui parle.

2 **aquí** *peut signifier* **à présent**

► **de aquí en adelante désormais**

► **de aquí a poco d'ici peu**

árabe arabe *ou* Arabe

araña araignée

arañar griffer

Se conjugue sur le modèle de cantar (voir ce verbe).

arañazo *a plusieurs sens :*

1 **arañazo** *peut signifier* **coup de griffe**

2 **arañazo** *peut signifier* **égratignure**

árbol arbre

archivador classeur

archivar classer

Se conjugue sur le modèle de cantar (voir ce verbe).

archivo *a plusieurs sens :*

1 *En informatique,* **archivo** *peut signifier* **fichier**

2 **archivo** *peut signifier* **archives**

arco arc

► **arco iris arc-en-ciel**

arder brûler

Se conjugue sur le modèle de deber (voir ce verbe).

ardilla écureuil

ardilla est féminin.

área surface

área est féminin.

Attention ! On emploie el ou un au lieu de la ou una devant un nom féminin singulier commençant par a- ou ha- si cette syllabe porte l'accent tonique :

▷ Este área está reservada a los fumadores. Cette zone est réservée aux fumeurs.

arena sable

Attention ! arena ne signifie pas « arène ».

arena est féminin.

Argelia Algérie

argelino, argelina algérien(ne) ou Algérien(ne)

Argentina Argentine

argentino, argentina argentin(e) *ou* Argentin(e)

árido, árida aride

Aries Bélier (= signe astrologique)

arma arme

► **arma de fuego arme à feu**

arma est féminin.

Attention ! On emploie el ou un au lieu de la ou una devant un nom féminin singulier commençant par a- ou ha- si cette syllabe porte l'accent tonique. Notez que l'article redevient féminin au pluriel : las armas.

▷ El puñal es un arma blanca. Le poignard est une arme blanche.

armada marine (de guerre)

armadura *a plusieurs sens :*

1 **armadura** *peut signifier* **armure**

2 **armadura** *peut signifier* **charpente**

armar *a plusieurs sens :*

1 **armar** *peut signifier* **armer**

2 **armar** *peut signifier* **monter** *ou* **assembler**

Se conjugue sur le modèle de cantar (voir ce verbe).

armario armoire

▷ armario empotrado placard

armario est masculin.

armonía harmonie

arqueología archéologie

Attention à l'orthographe du mot arqueología.

arquitecto, arquitecta architecte

arquitectura architecture

Attention à l'orthographe du mot arquitectura.

arrancar *a plusieurs sens :*

1 **arrancar** *peut signifier* **arracher**

2 **arrancar** *peut signifier* **démarrer** (une voiture)

Attention ! Pour conserver le son /k/ de l'infinitif, le c de arrancar se transforme en qu devant un e.

▷ Aunque arranque las malas hierbas, volverán a crecer. Même si j'arrache les mauvaises herbes, elles recommenceront à pousser.

📖 *Se conjugue sur le modèle de* **cantar** *(voir ce verbe).*

arranque *a plusieurs sens :*

1 **arranque** *peut signifier* **démarrage** (d'une voiture)

2 **arranque** *peut signifier* **élan**

ℹ **arranque** peut également être une forme du verbe **arrancar**.

▷ Quiere que arranque la planta. Il veut que j'arrache la plante.

arrastrar **traîner**

► **arrastrarse** **ramper**

📖 *Se conjugue sur le modèle de* **cantar** *(voir ce verbe).*

arrebatar **arracher**

📖 *Se conjugue sur le modèle de* **cantar** *(voir ce verbe).*

arrecife **récif**

arreglar *a plusieurs sens :*

1 **arreglar** *peut signifier* **réparer**

2 **arreglar** *peut signifier* **ranger**

3 **arreglar** *peut signifier* **préparer**

► **arreglárselas** **se débrouiller**

arreglárselas est une expression familière.

📖 *Se conjugue sur le modèle de* **cantar** *(voir ce verbe).*

arreglo *a plusieurs sens :*

1 **arreglo** *peut signifier* **réparation**

2 **arreglo** *peut signifier* **rangement**

3 **arreglo** *peut signifier* **accord** (au sens d'« arrangement »)

🏳 **arreglo** *est masculin.*

ℹ **arreglo** peut également être une forme du verbe **arreglar**.

▷ Arreglo el mueble. Je répare le meuble.

arremeter **foncer** *ou* **tomber**

► **arremeter contra** **foncer sur**

📖 *Se conjugue sur le modèle de* **deber** *(voir ce verbe).*

arrepentirse **se repentir** ou **regretter**

▷ Se arrepiente de haber hecho esta tontería. Il regrette d'avoir fait cette bêtise.

📖 *Attention, ce verbe est irrégulier à certaines personnes, à certains modes et à certains temps.*

INDICATIF PRÉSENT	SUBJONCTIF PRÉSENT	IMPÉRATIF
me arrepiento	me arrepienta	
te arrepientes	te arrepientas	arrepiéntete
se arrepiente	se arrepienta	arrepiéntase
nos arrepentimos	nos arrepintamos	arrepintámonos
os arrepentís	os arrepintáis	arrepentíos
se arrepienten	se arrepientan	arrepiéntanse

📖 *Pour les autres temps, se conjugue sur le modèle de* **evadirse** *(voir ce verbe).*

arriba **en haut** *ou* **dessus**

► **de arriba abajo** **de haut en bas**

arriesgar **risquer**

🏳 *Dans ce mot, on reconnaît le lien avec le nom* **riesgo** *qui signifie « risque ».*

📖 *Attention ! Pour conserver le son /g/ de l'infinitif, le* **g** *de* **arriesgar** *se transforme en* **gu** *devant un* **e**.

▷ ¡No arriesgues tanto dinero en esta empresa! Ne risque pas autant d'argent dans cette entreprise.

📖 *Se conjugue sur le modèle de* **cantar** *(voir ce verbe).*

arrimar **approcher**

► **arrimarse** *peut signifier* **s'appuyer**

▷ No te arrimes a la barandilla. Ne t'appuie pas contre la balustrade.

► **arrimarse** *peut signifier* **s'approcher**

▷ No te arrimes al fuego. Ne t'approche pas du feu.

Attention à l'emploi de la préposition **a** dans **arrimarse a algo** (s'approcher de ou s'appuyer contre quelque chose).

📖 *Se conjugue sur le modèle de* **cantar** *(voir ce verbe).*

arrodillarse **s'agenouiller**

🏳 *Dans ce mot, on reconnaît le lien avec le nom* **rodilla** *qui signifie « genou ».*

📖 *Se conjugue sur le modèle de* **burlarse** *(voir ce verbe).*

arrojar **jeter**

📖 *Se conjugue sur le modèle de* **cantar** *(voir ce verbe).*

arroyo **ruisseau**

arroz **riz**

arruga *a plusieurs sens :*

1 **arruga** *peut signifier* **ride**

2 **arruga** *peut signifier* **pli**

🏳 **arruga** *est féminin.*

ℹ **arruga** peut également être une forme du verbe **arrugar**.

▷ Esta falda se arruga fácilmente. Cette jupe se froisse facilement.

arrugar *a plusieurs sens :*

1 arrugar *peut signifier* **rider**

2 arrugar *peut signifier* **froisser**

Attention ! Pour conserver le son /g/ de l'infinitif, le g *de* arrugar *se transforme en* gu *devant un* e *:*

▷ ¡No arrugues este papel, es un documento importante! Ne froisse pas ce papier, c'est un document important.

Se conjugue sur le modèle de cantar *(voir ce verbe).*

arruinar ruiner

Attention à l'orthographe du mot arruinar.

Se conjugue sur le modèle de cantar *(voir ce verbe).*

arte art

arte *peut être masculin ou féminin, mais il s'emploie surtout au masculin. Au pluriel, il est toujours féminin.*

► las Bellas Artes les Beaux Arts

artefacto machine

artefacto *est masculin.*

artesano, artesana artisan(e)

ártico, ártica arctique

► el Ártico l'Arctique

artículo article

artista artiste

Comme la plupart des mots se terminant en -ista*,* artista *peut être masculin ou féminin :* el artista, la artista.

artístico, artística artistique

asado rôti

asaltar *a plusieurs sens :*

1 asaltar *peut signifier* **attaquer** *ou* **agresser**

2 asaltar *peut signifier* **venir à l'esprit**

▷ Me asaltó una idea. Une idée m'est venue à l'esprit.

Se conjugue sur le modèle de cantar *(voir ce verbe).*

asalto attaque *ou* agression

asalto *est masculin.*

i asalto peut également être une forme du verbe asaltar.

▷ Asalto a los otros jugadores para ganar. J'attaque les autres joueurs pour gagner.

asamblea assemblée

asar rôtir *ou* griller

Se conjugue sur le modèle de cantar *(voir ce verbe).*

Attention ! Ne pas confondre asar avec azar qui signifie « hasard ».

ascender *a plusieurs sens :*

1 ascender *peut signifier* **monter**

2 ascender *peut signifier* **promouvoir**

Attention, ce verbe est irrégulier à certaines personnes, à certains modes et à certains temps.

INDICATIF PRÉSENT	SUBJONCTIF PRÉSENT	IMPÉRATIF
asciendo	ascienda	
asciendes	asciendas	asciende
asciende	ascienda	ascienda
ascendemos	ascendamos	ascendamos
ascendéis	ascendáis	ascended
ascienden	asciendan	asciendan

Pour les autres temps, se conjugue sur le modèle de deber *(voir ce verbe).*

ascenso *a plusieurs sens :*

1 ascenso *peut signifier* **ascension**

2 ascenso *peut signifier* **promotion**

ascenso *est masculin.*

ascensor ascenseur

asco dégoût

► dar asco **dégoûter**

► ser un asco **être dégoûtant**

► morirse de asco **s'ennuyer à mourir**

asegurar assurer *ou* garantir

Se conjugue sur le modèle de cantar *(voir ce verbe).*

asentir acquiescer

Se conjugue sur le modèle de sentir *(voir ce verbe).*

aseo hygiène

► aseos **toilettes**

aseo *est masculin.*

asequible abordable *ou* accessible

asesinar assassiner

Se conjugue sur le modèle de cantar *(voir ce verbe).*

asesinato assassinat

asesino, asesina assassin(e)

asesor, asesora conseiller, conseillère

► **asesor pedagógico** conseiller pédagogique

asfixiarse s'asphyxier

📖 *Se conjugue sur le modèle de* burlarse *(voir ce verbe).*

así comme ça *ou* comme celui-là *ou* comme celle-là

▷ Mira el coche. Quiero uno así. Regarde la voiture. J'en veux une comme ça.

► **así así** comme ci, comme ça

► **así que** donc

► **así como** ainsi que

Asia Asie

asiático, asiática asiatique

asiento *a plusieurs sens :*

1 **asiento** *peut signifier* **siège**

► **asiento delantero** siège avant

► **asiento trasero** siège arrière

2 **asiento** *peut signifier* **place** (dans un théâtre ou dans un train par exemple)

asignar *a plusieurs sens :*

1 **asignar** *peut signifier* **confier**

2 **asignar** *peut signifier* **attribuer**

📖 *Se conjugue sur le modèle de* cantar *(voir ce verbe).*

asignatura matière (au sens de « discipline »)

asimismo *ou* **así mismo** aussi *ou* de même *ou* pareillement

asistencia assistance

asistenta femme de ménage

> Attention ! Ne pas confondre asistenta avec asistente qui signifie « assistant(e) ».

asistente assistant(e)

> Attention ! Ne pas confondre asistente avec asistenta qui signifie « femme de ménage ».

asistir *a plusieurs sens :*

1 **asistir** *peut signifier* **assister**

2 **asistir** *peut signifier* **soigner** (pour un médecin)

📖 *Se conjugue sur le modèle de* vivir *(voir ce verbe).*

asno âne

asociación association

asombrar étonner

> Attention ! asombrar ne signifie pas « assombrir ».

📖 *Se conjugue sur le modèle de* cantar *(voir ce verbe).*

asombro *a plusieurs sens :*

1 **asombro** *peut signifier* **étonnement**

2 **asombro** *peut signifier* **admiration**

> ℹ asombro peut également être une forme du verbe asombrar.

▷ Dice que lo asombro cada vez más. Il dit que je l'étonne de plus en plus.

aspa aile (d'un moulin par exemple)

🏳 *aspa est féminin.*

🏳 *Attention ! On emploie* el *ou* un *au lieu de* la *ou* una *devant un nom féminin singulier commençant par* a- *ou* ha- *si cette syllabe porte l'accent tonique. Notez que l'article redevient féminin au pluriel :* las aspas.

▷ El molino perdió un aspa. Le moulin a perdu une aile.

► **en aspa** en forme de X

aspirador *ou* **aspiradora** aspirateur

asqueroso, asquerosa dégoûtant(e)

asta *a plusieurs sens :*

1 **asta** *peut signifier* **corne**

2 **asta** *peut signifier* **hampe** (d'un drapeau)

🏳 *asta est féminin.*

🏳 *Attention ! On emploie* el *ou* un *au lieu de* la *ou* una *devant un nom féminin singulier commençant par* a- *ou* ha- *si cette syllabe porte l'accent tonique. Notez que l'article redevient féminin au pluriel :* las astas.

▷ El toro hirió al torero con el asta derecha. Le taureau a blessé le toréro avec sa corne droite.

astronomía astronomie

Asturias Asturies

astuto, astuta astucieux(-euse) *ou* rusé(e)

asunto *a plusieurs sens :*

1 **asunto** *peut signifier* **sujet** *ou* **thème**

2 **asunto** *peut signifier* **affaire** (au sens de « entreprise »)

► **ir al asunto** en venir aux choses sérieuses

asustado, asustada effrayé(e)

asustar faire peur

► **asustarse** avoir peur

🏳 *Dans ce mot, on reconnaît le lien avec le nom* susto *qui signifie « peur ».*

📖 *Se conjugue sur le modèle de* cantar *(voir ce verbe).*

atacar attaquer

📖 *Attention ! Pour conserver le son /k/ de l'infinitif, le* c *de* atacar *se transforme en* qu *devant un* e.

▷ Ojalá el perro no nos ataque. Pourvu que le chien ne nous attaque pas.

📖 *Se conjugue sur le modèle de* cantar *(voir ce verbe).*

atajo raccourci (chemin)

ataque attaque

► **ataque de corazón** crise cardiaque

► **ataque de risa** fou rire

► **ataque de tos** quinte de toux

ataque est féminin.

> ℹ ataque peut également être une forme du verbe atacar.

▷ Has debido de enfurecerlo para que te ataque. Tu as dû le rendre furieux pour qu'il t'attaque.

atar attacher

📖 *Se conjugue sur le modèle de* cantar *(voir ce verbe).*

atascar *a plusieurs sens :*

1 **atascar** *peut signifier* **boucher**

2 **atascar** *peut signifier* **bloquer** *ou* **coincer**

📖 *Attention ! Pour conserver le son /k/ de l'infinitif, le* c *de* atascar *se transforme en* qu *devant un* e.

▷ No tires desperdicios en el fregadero, para evitar que se atasque. Ne jette pas de restes dans l'évier pour éviter qu'il se bouche.

📖 *Se conjugue sur le modèle de* cantar *(voir ce verbe).*

atasco embouteillage

> ℹ atasco peut également être une forme du verbe atascar.

▷ Dice que atasco el fregadero con los desperdicios. Il dit que je bouche l'évier avec les restes.

ataúd cercueil

atemorizar effrayer

📖 *Les verbes terminés en* -zar *subissent des modifications orthographiques : le* z *devient* c *devant un* e.

▷ No creo que tus amenazas los atemoricen. Je ne crois pas que tes menaces les effrayent.

📖 *Se conjugue sur le modèle de* cantar *(voir ce verbe).*

atención attention

► **llamar la atención de** alguien attirer l'attention de quelqu'un

atender *a plusieurs sens :*

1 **atender** *peut signifier* **s'occuper de** (= prendre soin de, prendre en charge)

2 **atender** *peut signifier* **être attentif**

> ⚠ atender ne signifie pas « attendre ».

📖 *Attention, ce verbe est irrégulier à certaines personnes, à certains modes et à certains temps.*

INDICATIF PRÉSENT	SUBJONCTIF PRÉSENT	IMPÉRATIF
atiendo	atienda	
atiendes	atiendas	atiende
atiende	atienda	atienda
atendemos	atendamos	atendamos
atendéis	atendáis	atended
atienden	atiendan	atiendan

📖 *Pour les autres temps, se conjugue sur le modèle de* deber *(voir ce verbe).*

📖 *Le verbe* atender *a deux participes passés : on peut utiliser* atendido *(dans le sens de « pris en charge ») ou* atento *(dans le sens de « attentif »).*

atentado attentat

atentar commettre un attentat *ou* porter atteinte

📖 *Se conjugue sur le modèle de* cantar *(voir ce verbe).*

atento, atenta *a des sens différents selon qu'il s'emploie avec* ser *ou avec* estar *:*

1 **ser atento, atenta** *signifie* **être attentionné(e)**

2 **estar atento, atenta** *signifie* **être attentif(-ive)**

ateo, atea athée

aterrar terrifier

Dans ce mot, on reconnaît le lien avec le nom terror *qui signifie « terreur ».*

📖 *Se conjugue sur le modèle de* cantar *(voir ce verbe).*

aterrizaje atterrissage

> ⚠ Attention à l'orthographe du mot aterrizaje.

aterrizar atterrir

📖 *Comme tous les verbes terminés en* -zar, aterrizar *subit des modifications orthographiques : le* z *devient* c *devant un* e.

▷ Cuando el avión aterrice, me llamará por teléfono. Quand l'avion atterrira, il me téléphonera.

📖 *Se conjugue sur le modèle de* cantar *(voir ce verbe).*

atiborrar bourrer

► **atiborrarse** s'empiffrer

📖 *Se conjugue sur le modèle de* cantar *(voir ce verbe).*

atleta athlète

atlético, atlética athlétique

atletismo athlétisme

atmósfera atmosphère

atómico, atómica atomique

atornillar visser

Dans ce mot, on reconnaît le lien avec le nom tornillo *qui signifie « vis ».*

📖 *Se conjugue sur le modèle de* cantar *(voir ce verbe).*

atracar *a plusieurs sens :*

1 atracar *peut signifier* **amarrer**

2 atracar *peut signifier* **attaquer** *ou* **dévaliser**

► **atracarse** s'empiffrer

📖 *Se conjugue sur le modèle de* cantar *(voir ce verbe).*

📖 *Attention ! Pour conserver le son /k/ de l'infinitif, le* c *de* atracar *se transforme en* qu *devant un* e.

▷ A mi madre no le gusta que me atraque. Ma mère n'aime pas que je m'empiffre.

atracción attraction

atractivo *a plusieurs sens selon sa catégorie grammaticale :*

> Ce peut être un ADJECTIF :

atractivo, atractiva *signifie* **attrayant(e)** *ou* **séduisant(e)**

> Ce peut être un NOM :

atractivo *signifie* **attrait**

atraer attirer

Dans ce mot, on reconnaît le verbe traer*. Ils se conjuguent de la même manière.*

atragantarse s'étrangler *ou* avaler de travers

📖 *Se conjugue sur le modèle de* burlarse *(voir ce verbe).*

atrancar barricader

► **atrancarse** se boucher ou se coincer ou s'embourber

📖 *Attention ! Pour conserver le son /k/ de l'infinitif, le* c *de* atrancar *se transforme en* qu *devant un* e.

▷ Quiere que atranque la puerta. Il veut que je barricade la porte.

📖 *Se conjugue sur le modèle de* cantar *(voir ce verbe).*

atrás en arrière *ou* derrière

▷ ¡No mires atrás! Ne regarde pas en arrière.

▷ No se puede volver atrás. On ne peut pas revenir en arrière.

▷ Siempre se sienta atrás. Il s'assied toujours derrière.

► **días atrás** il y a quelques jours

► **cuenta atrás** compte à rebours

atrasar retarder

📖 *Se conjugue sur le modèle de* cantar *(voir ce verbe).*

atraso retard

ℹ atraso peut également être une forme du verbe atrasar.

▷ Atraso el reloj. Je retarde ma montre.

atravesar traverser

► **atravesarse** se mettre en travers

Attention : ce verbe est irrégulier à certaines personnes, à certains modes et à certains temps. Notez que, contrairement au français, le verbe espagnol ne comporte pas de r après le e.

INDICATIF PRÉSENT	SUBJONCTIF PRÉSENT
atravieso	atraviese
atraviesas	atravieses
atraviesa	atraviese
atravesamos	atravesemos
atravesáis	atraveséis
atraviesan	atraviesen

atreverse oser

▷ No me atrevo a decírselo. Je n'ose pas le lui dire.

Attention à l'emploi de la préposition a dans atreverse a hacer algo (oser faire quelque chose).

📖 atreverse *est un verbe pronominal régulier qui appartient à la deuxième conjugaison (verbe modèle). Voir tableau.*

atrevido, atrevida audacieux(-euse)

atrevimiento audace

atrevimiento *est masculin.*

atribuir attribuer

📖 *Les verbes terminés en* -uir *subissent des modifications orthographiques : le* i *se transforme en* y *devant* a, o *et* e *:*

▷ Le atribuyeron el premio. Ils lui ont attribué le prix.

📖 *Se conjugue sur le modèle de* vivir *(voir ce verbe).*

atrocidad atrocité

ATREVERSE				
INDICATIF				CONDITIONNEL
PRÉSENT	IMPARFAIT	PASSÉ SIMPLE	FUTUR	PRÉSENT
me atrevo te atreves se atreve nos atrevemos os atrevéis se atreven	me atrevía te atrevías se atrevía nos atrevíamos os atrevíais se atrevían	me atreví te atreviste se atrevió nos atrevimos os atrevisteis se atrevieron	me atreveré te atreverás se atreverá nos atreveremos os atreveréis se atreverán	me atrevería te atreverías se atrevería nos atreveríamos os atreveríais se atreverían
SUBJONCTIF		IMPÉRATIF		
PRÉSENT	IMPARFAIT			
me atreva te atrevas se atreva nos atrevamos os atreváis se atrevan	me atreviera te atrevieras se atreviera nos atreviéramos os atrevierais se atrevieran	atrévete atrévase atrevámonos atreveos atrévense	INFINITIF PARTICIPE GÉRONDIF	atreverse atrevido atreviéndose

atropellar **renverser** (dans un accident) *ou* **bousculer**

📖 *Se conjugue sur le modèle de* cantar *(voir ce verbe).*

atropello **accident** *ou* **bousculade**

atroz **atroce**

atún **thon**

aula **salle** (de cours)

⚐ aula *est féminin.*

⚐ *Attention ! On emploie* el *ou* un *au lieu de* la *ou* una *devant un nom féminin singulier commençant par* a- *ou* ha- *si cette syllabe porte l'accent tonique :*

▻ El aula está vacía. La salle est vide.

aullar **hurler**

📖 *Attention !* aullar *subit une modification de l'accentuation : le* u *se transforme en* ú *aux trois personnes du singulier et à la troisième personne du pluriel au présent, au subjonctif et à l'impératif.*

INDICATIF PRÉSENT	SUBJONCTIF PRÉSENT	IMPÉRATIF
aúllo	aúlle	
aúllas	aúlles	aúlla
aúlla	aúlle	aúlle
aullamos	aullemos	aullemos
aulláis	aulléis	aullad
aúllan	aúllen	aúllen

📖 *Pour les autres temps, se conjugue sur le modèle de* cantar *(voir ce verbe).*

aullido **hurlement**

aumentar **augmenter**

📖 *Se conjugue sur le modèle de* cantar *(voir ce verbe).*

aumento **augmentation**

> **i** aumento **peut également être une forme du verbe** aumentar**.**

▻ Aumento mis ingresos. J'augmente mes revenus.

⚐ aumento *est masculin.*

aun (sans accent) *est l'adverbe* **même** *ou* **même si**

▻ Aun haciendo esfuerzos, no consiguió ganar la carrera. Même en faisant des efforts, il n'a pas réussi à gagner la course.

> Attention à l'accent grammatical : il ne faut pas confondre aun, l'adverbe « même », avec aún, l'adverbe « encore ».

aún (avec accent) *est l'adverbe* **encore**

▻ Aún no he acabado el trabajo. Je n'ai pas encore terminé le travail.

> Attention à l'accent grammatical : il ne faut pas confondre aún, l'adverbe « encore », avec aun, l'adverbe « même ».

aunque *a plusieurs sens :*

1 aunque + indicatif **bien que** *ou* **quoique** + subjonctif

▻ Aunque llueve, saldré. Bien qu'il pleuve, je sortirai.

2 aunque + subjonctif **même si** + indicatif

▻ Aunque llueva, saldré. Même s'il pleut, je sortirai.

> Attention ! Par rapport au français, les modes sont inversés : aunque + indicatif = bien que + subjonctif ; aunque + subjonctif = même si + indicatif .

auricular *a plusieurs sens :*

1 **auricular** *peut signifier* **auriculaire**

2 **auricular** *peut signifier* **écouteur**

ausencia absence

ausentarse s'absenter

Se conjugue sur le modèle de burlarse *(voir ce verbe).*

ausente absent(e)

Australia Australie

australiano, australiana australien(ne) *ou* Australien(ne)

Austria Autriche

austriaco, austriaca *ou* **austríaco, austríaca** autrichien(ne) *ou* Autrichien(ne)

auténtico, auténtica authentique *ou* véritable

autobús autobus

autoescuela auto-école

automóvil automobile

automóvil est masculin.

Attention à l'orthographe de automóvil, qui s'écrit avec un v.

automovilista automobiliste

Les mots terminés par -ista peuvent être masculins ou féminins : el automovilista, la automovilista.

Attention à l'orthographe de automovilista, qui s'écrit avec un v.

autonomía autonomie

autónomo, autónoma autonome *ou* indépendant(e)

autopista autoroute

► **autopista de peaje** autoroute à péage

autor, autora auteur

autoridad autorité

autorización autorisation

Attention à l'orthographe de autorización.

autorizar autoriser

Comme tous les verbes terminés en -zar, autorizar subit des modifications orthographiques : le z devient c devant un e.

▷ Autoricé a mi hermano a jugar con nosotros. J'ai autorisé mon frère à jouer avec nous.

Se conjugue sur le modèle de cantar *(voir ce verbe).*

Attention à l'orthographe de autorizar.

autorretrato autoportrait

Dans ce mot, on reconnaît le nom retrato qui signifie « portrait ».

autoservicio self-service

auxilio secours

► **auxilio en carretera** secours d'urgence

► **¡auxilio!** au secours !

avance avancement *ou* progrès

avanzar *a plusieurs sens :*

1 **avanzar** *peut signifier* **avancer**

2 **avanzar** *peut signifier* **faire des progrès**

Comme tous les verbes terminés en -zar, avanzar subit des modifications orthographiques : le z devient c devant un e.

▷ Es necesario que avance. Il doit faire des progrès.

Se conjugue sur le modèle de cantar *(voir ce verbe).*

Attention à l'orthographe de avanzar.

avaricioso, avariciosa avare

avaro, avara avare

ave oiseau (de grande taille)

► **ave de rapiña** oiseau de proie

► **ave de corral** oiseau de basse-cour *ou* volaille

ave est féminin.

Attention ! On emploie el ou un au lieu de la ou una devant un nom féminin singulier commençant par a- ou ha- si cette syllabe porte l'accent tonique :

▷ La gallina es un ave de corral. La poule est un oiseau de basse-cour.

avejentar vieillir (prématurément ou en apparence)

▷ Este vestido la avejenta. Cette robe la vieillit.

Se conjugue sur le modèle de cantar *(voir ce verbe).*

avellana noisette

avenida avenue

aventajar avantager *ou* dépasser *ou* surpasser

Dans ce mot, on reconnaît le nom **ventaja** *qui signifie « avantage ».*

Se conjugue sur le modèle de **cantar** *(voir ce verbe).*

aventura aventure

avergonzar faire honte

► **avergonzarse** avoir honte

Dans ces mots, on reconnaît le nom **vergüenza** *qui signifie « honte ».*

Les verbes terminés en **-zar** *subissent des modifications orthographiques : le* **z** *devient* **c** *devant un* **e**.

Attention, ce verbe est irrégulier à certaines personnes, à certains modes et à certains temps.

INDICATIF PRÉSENT	SUBJONCTIF PRÉSENT	IMPÉRATIF
me avergüenzo	me avergüence	
te avergüenzas	te avergüences	avergüénzate
se avergüenza	se avergüence	avergüéncese
nos avergonzamos	nos avergoncemos	avergoncémonos
os avergonzáis	os avergoncéis	avergonzaos
se avergüenzan	se avergüencen	avergüéncense

Pour les autres temps, se conjugue sur le modèle de **cantar** *(voir ce verbe).*

avería panne

averiarse tomber en panne

averiarse ne signifie pas « s'avarier ».

Averiarse *ne s'emploie qu'à la troisième personne du singulier et du pluriel. Le* **i** *se transforme en* **í** *(avec un accent) au présent de l'indicatif et du subjonctif :*

INDICATIF PRÉSENT	SUBJONCTIF PRÉSENT
se avería	se averíe
se averían	se averíen

▷ **El coche se averió.** La voiture est tombée en panne.

▷ **Las motos se averiaron.** Les motos sont tombées en panne.

averiguar *a plusieurs sens :*

1 **averiguar** *peut signifier* **vérifier**

2 **averiguar** *peut signifier* **rechercher** *ou* **enquêter**

3 **averiguar** *peut signifier* **découvrir**

On ajoute un tréma sur le **u** *devant un* **e** *pour que les deux voyelles soient prononcées séparément :*

▷ **No averigüé dónde estaba.** Je n'ai pas découvert où il était.

Se conjugue sur le modèle de **cantar** *(voir ce verbe).*

avestruz autruche

avestruz *est masculin.*

avión avion

avisar prévenir *ou* avertir

Se conjugue sur le modèle de **cantar** *(voir ce verbe).*

aviso annonce

aviso *est masculin.*

i **aviso** peut également être une forme du verbe **avisar**.

▷ **Te aviso que no podré venir.** Je te préviens que je ne pourrai pas venir.

avispa guêpe

ay *a plusieurs sens :*

1 **¡ay!** *peut signifier* **aïe !** (douleur)

2 **¡ay!** *peut signifier* **oh !** (surprise)

3 **¡ay!** *peut signifier* **hélas !** (résignation)

ayer *a plusieurs sens selon sa catégorie grammaticale :*

> Ce peut être un ADVERBE :

1 **ayer** *peut signifier* **hier**

► **antes de ayer** ou **anteayer** avant-hier

2 **ayer** *peut signifier* **autrefois**

> Ce peut être un NOM :

► **el ayer** le passé

▷ **Siempre piensa en el ayer.** Il pense toujours au passé.

ayuda aide

i **ayuda** peut également être une forme du verbe **ayudar**.

▷ **Ayuda a su hermana a hacer sus deberes.** Il aide sa sœur à faire ses devoirs.

ayudante assistant(e) *ou* adjoint(e)

ayudar aider

► **ayudar a alguien a hacer algo** aider quelqu'un à faire quelque chose

Se conjugue sur le modèle de **cantar** *(voir ce verbe).*

ayuntamiento mairie *ou* hôtel de ville

azafata hôtesse (de l'air ou d'accueil)

azar *a plusieurs sens :*

1 **azar** *peut signifier* **hasard**

2 **azar** *peut signifier* **malheur**

azotar fouetter

Se conjugue sur le modèle de cantar *(voir ce verbe).*

azotea terrasse

► **estar mal de la azotea** être cinglé

> estar mal de la azotea est une expression familière.

azúcar sucre

azucena lys

> azucena *est féminin.*

azul bleu

► **azul celeste** bleu ciel

► **azul marino** bleu marine

azulejo carreau de faïence

B

baba bave

babear baver

📖 *Se conjugue sur le modèle de* cantar *(voir ce verbe).*

babosa limace

baboso, babosa baveux(-euse)

baca galerie (de voiture)

Attention ! Ne pas confondre baca avec vaca qui signifie « vache ».

bacalao morue

bacalao *est masculin.*

bache nid-de-poule *ou* ornière

bache *est masculin.*

bachillerato *a plusieurs sens :*

1 bachillerato *peut signifier* **baccalauréat**

▷ Para este trabajo exigen el título de bachillerato. Pour ce travail, le baccalauréat est exigé.

2 bachillerato *correspond aux classes de première et de terminale.*

▷ Mi hermana está en segundo de bachillerato. Ma sœur est en terminale.

bahía baie (dans le sens de « crique »)

bailar danser

📖 *Se conjugue sur le modèle de* cantar *(voir ce verbe).*

bailarín, bailarina danseur, danseuse

baile *a plusieurs sens :*

1 baile *peut signifier* **danse**

2 baile *peut signifier* **bal**

► **baile de disfraces bal masqué**

baile *est masculin.*

baja baisse

▷ Esperamos una baja del paro. On espère une baisse du chômage.

► **baja por enfermedad congé maladie**

► **baja por maternidad congé maternité**

► **estar de baja être en congé maladie**

► **darse de baja cesser d'être membre** ou **démissionner** ou **arrêter un abonnement**

► **dar de baja a** alguien **exclure** quelqu'un ou **porter** quelqu'un **disparu**

ℹ baja peut également être une forme du verbe bajar.

▷ ¡Baja del columpio! Descends de la balançoire !

ℹ baja peut également être le féminin de bajo.

▷ Lisa es baja. Lisa est petite.

bajada descente *ou* pente

bajar *a plusieurs sens :*

1 bajar *peut signifier* **descendre**

2 bajar *peut signifier* **baisser**

📖 *Se conjugue sur le modèle de* cantar *(voir ce verbe).*

bajo *a des sens différents selon sa catégorie grammaticale :*

> Ce peut être une PRÉPOSITION :

bajo *signifie* **sous**

▷ La encontré bajo la cama. Je l'ai retrouvée sous le lit.

► **bajo cero en dessous de zéro**

> Ce peut être un ADVERBE :

bajo *signifie* **bas**

▷ Hablas demasiado bajo. Tu parles trop bas.

> Ce peut être un NOM :

bajo *signifie* **basse** (= instrument de musique)

► **bajos rez-de-chaussée**

> Ce peut être un ADJECTIF :

1 **bajo, baja** *peut signifier* **petit(e)** (pour une personne)

2 **bajo, baja** *peut signifier* **bas(se)**

ℹ bajo et baja peuvent également être des formes du verbe bajar.

▷ Bajo al sótano. Je descends au sous-sol.

bala balle (= projectile)

► **como una bala** comme une flèche ou comme l'éclair

Attention ! bala ne signifie pas « balle » (pour jouer).

balance bilan

► **hacer el balance** faire le bilan

balancear balancer

Se conjugue sur le modèle de cantar *(voir ce verbe).*

balanza balance

balcón balcon

balde seau

► **de balde** gratuitement

► **en balde** en vain

baldosa dalle

ballena baleine

balompié football

balón ballon

baloncesto basket-ball

Dans ce mot, on reconnaît le nom balón *qui signifie « ballon » et le nom* cesto *qui signifie « panier ».*

balonmano handball

Dans ce mot, on reconnaît le nom balón *qui signifie « ballon » et le nom* mano *qui signifie « main ».*

balonvolea volley-ball

balonvolea *est masculin.*

banco *a plusieurs sens :*

1 **banco** *peut signifier* **banc**

► **banco de hielo** banquise

2 **banco** *peut signifier* **banque**

banda bande

► **banda de música** fanfare

bandeja plateau (= objet)

bandeja *est féminin.*

bandera drapeau

Attention ! Ne pas confondre bandera avec bandeja qui signifie « plateau ».

bandera *est féminin.*

bandido bandit

banquero banquier

banquete banquet

bañador maillot de bain

bañar baigner

► **bañarse** se baigner ou prendre un bain

Se conjugue sur le modèle de cantar *(voir ce verbe).*

bañera baignoire

baño *a plusieurs sens :*

1 **baño** *peut signifier* **bain**

▷ Suelo tomar un baño antes de acostarme. J'ai l'habitude de prendre un bain avant d'aller me coucher.

2 **baño** *peut signifier* **baignoire**

3 **baño** *peut signifier* **salle de bains**

► **ir al baño** aller aux toilettes

ℹ baño peut également être une forme du verbe bañar.

▷ Me baño en el mar cada mañana cuando estoy de vacaciones. Je me baigne dans la mer tous les matins quand je suis en vacances.

baraja jeu de cartes

ℹ baraja peut également être une forme du verbe barajar.

▷ Baraja los naipes. Il bat les cartes.

barajar battre (au sens de « mélanger les cartes »)

Se conjugue sur le modèle de cantar *(voir ce verbe).*

barandilla rampe

barato, barata bon marché

barba barbe

barbacoa barbecue

barbacoa *est féminin.*

barbaridad *a plusieurs sens :*

1 **barbaridad** *peut signifier* **atrocité**

2 **barbaridad** *peut signifier* **énorme bêtise**

3 **barbaridad** *peut signifier* **énormément**

▷ Come una barbaridad. Il mange énormément.

> Au sens de « énormément », barbaridad est un mot familier.

bárbaro, bárbara barbare

► **¡qué bárbaro!** c'est génial !

barbero barbier

barbilla menton

barbilla *est féminin.*

barbudo barbu

barca barque

barco bateau

► **barco de vela** bateau à voiles

barra *a plusieurs sens :*

1 **barra** *peut signifier* **barre**

► **barra de chocolate** tablette de chocolat

► **barra de labios** rouge à lèvres

2 **barra** *peut signifier* **comptoir**

barrer balayer

Se conjugue sur le modèle de deber *(voir ce verbe).*

barrera barrière

► **barrera del sonido** mur du son

► **barrera generacional** conflit des générations

barriga ventre

barriga *est féminin.*

barrio quartier

barro boue *ou* argile

barrote barreau

barullo pagaille

► **armar barullo** mettre la pagaille

basar baser

► **basarse en algo** se baser sur quelque chose

> Attention à l'emploi de la préposition en dans basarse en algo (se baser sur quelque chose).

Se conjugue sur le modèle de cantar *(voir ce verbe).*

báscula balance *ou* pèse-personne

base base

básico, básica essentiel(le) *ou* de base

bastante *a des sens différents selon sa catégorie grammaticale :*

> Ce peut être un ADVERBE :

1 **bastante** *peut signifier* **assez**

▷ La comida era bastante buena. Le repas était assez bon.

2 **bastante** *peut signifier* **assez longtemps**

▷ Hace bastante que espero. Ça fait assez longtemps que j'attends.

> Ce peut être un ADJECTIF :

1 **bastante** *peut signifier* **assez** (de) *ou* **suffisamment** (de)

> Lorsque bastante est un adjectif, il prend un « s » au pluriel.

▷ ¿Te he dado bastantes caramelos o quieres más? Je t'ai donné assez de bonbons ou tu en veux plus ?

2 **bastante** *peut signifier* **pas mal** (de)

▷ Tiene bastantes problemas con el ordenador. Il a pas mal de problèmes avec l'ordinateur.

bastar suffire

► **¡basta!** ça suffit !

► **basta con...** il suffit de ou que...

▷ Basta con mirar en el mapa. Il suffit de regarder sur la carte.

▷ Basta con que me digas lo que necesitas. Il suffit que tu me dises ce dont tu as besoin.

Se conjugue sur le modèle de cantar *(voir ce verbe).*

basto, basta grossier(-ère)

► **bastos** est une des couleurs du jeu de cartes espagnol.

> basto et basta peuvent également être des formes du verbe bastar.

▷ Basta con que me des diez euros. Il suffit que tu me donnes dix euros.

▷ Me basto a mí mismo. Je me suffis à moi-même.

bastón canne

bastón *est masculin.*

bastoncillo bâtonnet

► **bastoncillo de algodón** coton-tige

basura ordures

► **cubo de la basura** poubelle

basura *est féminin singulier.*

basurero *a plusieurs sens :*

1 **basurero** *peut signifier* **éboueur**

2 **basurero** *peut signifier* **décharge**

bata *a plusieurs sens :*

1 **bata** *peut signifier* **robe de chambre**

2 **bata** *peut signifier* **blouse de travail**

> bata peut également être une forme du verbe batir.

▷ Le pido que bata los huevos. Je lui demande de battre les œufs.

batalla bataille

batería batterie

batir battre (en parlant des ailes d'un oiseau, d'un record ou d'œufs)

> Attention ! batir ne signifie pas « bâtir ».

Se conjugue sur le modèle de vivir *(voir ce verbe).*

baúl malle *ou* coffre

baúl *est masculin.*

bautizar baptiser

Comme tous les verbes terminés en -zar, bautizar *subit des modifications orthographiques : le* z *devient* c *devant un* e.

▷ Bauticé a mi gato Leo. J'ai baptisé mon chat Léo.

Se conjugue sur le modèle de cantar *(voir ce verbe).*

bautizo baptême

> bautizo peut également être une forme du verbe bautizar.

▷ Mañana, bautizo a mi hijo. Demain, je baptise mon fils.

beber boire

► beber a sorbos **boire à petites gorgées**

► beber a morro **boire au goulot**

Se conjugue sur le modèle de deber *(voir ce verbe).*

bebida boisson

> bebida peut également être le féminin de l'adjectif bebido qui signifie « ivre ».

bebido, bebida ivre

becerro veau

béisbol base-ball

belén crèche

belén *est masculin.*

Avec une majuscule, Belén *est un prénom féminin.*

belga belge *ou* Belge

belga *peut être masculin ou féminin.*

Bélgica Belgique

Belice Bélize

belleza beauté

bello, bella beau, belle

beneficiar *a plusieurs sens :*

1 beneficiar *peut signifier* **faire du bien** *ou* **être bon**

▷ El deporte beneficia a la salud. Le sport est bon pour la santé.

2 beneficiar *peut signifier* **profiter**

▷ Hay que descubrir a quién beneficia el crimen. Il faut découvrir à qui profite le crime.

► beneficiarse de algo ou beneficiarse con algo **profiter de** quelque chose

Se conjugue sur le modèle de cantar *(voir ce verbe).*

beneficio bénéfice

benéfico, benéfica bienfaisant(e)

berenjena aubergine

besar embrasser

Se conjugue sur le modèle de cantar *(voir ce verbe).*

beso baiser

> beso peut également être une forme du verbe besar.

▷ Siempre beso a mis padres antes de irme. J'embrasse toujours mes parents avant de m'en aller.

bestia *a plusieurs sens :*

1 bestia *peut signifier* **bête** (= animal)

► bestia de carga **bête de somme**

bestia *dans ce sens est féminin.*

2 bestia *peut signifier* **brute** (au sens de « personne grossière et/ou violente »)

bestia *dans ce sens est aussi bien masculin que féminin.*

bestialidad *a plusieurs sens :*

1 bestialidad *peut signifier* **bestialité**

2 bestialidad *peut signifier* **bêtise** *ou* **acte excessif**

▷ Salir con ese tiempo es una bestialidad. C'est de la folie de sortir par ce temps.

> Dans le sens de « bêtise », bestialidad est un mot familier.

betún cirage

biblioteca bibliothèque

> Attention à l'orthographe du mot biblioteca.

bibliotecario, bibliotecaria bibliothécaire

bici vélo

bici *est l'abréviation de* bicicleta. *C'est un nom féminin.*

> bici est un mot familier.

► **una bici todo terreno** un VTT

bicicleta bicyclette *ou* vélo

bien *a plusieurs sens :*

1 **bien** *peut signifier* **bien**

▷ Trabaja bien en clase. Il travaille bien à l'école.

▷ Lo hago por tu bien. Je le fais pour ton bien.

► **estar bien** être bien ou être en bonne santé

► **sentar bien** faire du bien (en parlant de la nourriture, du sport...)

► **oler bien** sentir bon

2 **bien** *peut être employé dans des expressions :*

► **¡qué bien!** super !

► **¡(está) bien!** d'accord !

► **¡ya está bien!** ça suffit !

▷ ¿Vienes conmigo? – Bien. Tu viens avec moi ? – D'accord.

► **bien... bien** soit... soit

▷ Vamos al colegio bien en coche, bien en bicicleta. Nous allons à l'école soit en voiture, soit à vélo.

► **ahora bien** mais ou cependant

bienestar bien-être

> Attention à l'orthographe du mot bienestar, qui s'écrit en un seul mot.

bienvenido, bienvenida bienvenu(e)

► **dar la bienvenida a alguien** souhaiter la bienvenue à quelqu'un

bigote moustache

bigote *est masculin.*

billete billet *ou* ticket

billetero portefeuille

billón mille milliards

biología biologie

biólogo, bióloga biologiste

bisabuela arrière-grand-mère

Dans ce mot, on reconnaît le nom abuela *qui signifie « grand-mère ».*

bisabuelo arrière-grand-père

► **bisabuelos** arrière-grands-parents

Dans ce mot, on reconnaît le nom abuelo *qui signifie « grand-père ».*

biscote biscotte

biscote *est masculin.*

bisnieta *ou* **biznieta** arrière-petite-fille

Dans ce mot, on reconnaît le nom nieta *qui signifie « petite-fille ».*

bisnieto *ou* **biznieto** arrière-petit-fils

► **bisnietos** arrière-petits-enfants

Dans ce mot, on reconnaît le nom nieto *qui signifie « petit-fils ».*

bistec bifteck

> Attention à l'orthographe du mot espagnol.

bizco, bizca

► **ser bizco** loucher

bizcocho biscuit *ou* gâteau

bizquear loucher

Se conjugue sur le modèle de cantar *(voir ce verbe).*

blanco *a des sens différents selon sa catégorie grammaticale :*

> Ce peut être un ADJECTIF :

blanco, blanca *signifie* **blanc, blanche**

► **en blanco y negro** en noir et blanc

► **quedarse en blanco** avoir un trou de mémoire

► **noche en blanco** nuit blanche

► **votar en blanco** voter blanc

> Ce peut être un NOM :

1 **blanco** *peut signifier* **blanc** (= la couleur)

2 **blanco** *peut signifier* **cible**

► **estar sin blanca** être fauché(e)

> Dans ce sens, blanca est un mot familier.

blando, blanda *a plusieurs sens :*

1 **blando, blanda** *peut signifier* **mou, molle**

2 **blando, blanda** *peut signifier* **faible**

blanquear blanchir

Se conjugue sur le modèle de cantar *(voir ce verbe).*

bloc bloc

► **bloc de notas** bloc-notes

bloque bloc

► **bloque de pisos** immeuble d'habitation

bloquear bloquer

Se conjugue sur le modèle de **cantar** (voir ce verbe).

bloqueo blocage

blusa blouse *ou* chemisier

bobo, boba idiot(e)

► **hacer el bobo** faire le pitre

boca bouche

► **boca abajo** ou **bocabajo** à plat ventre
► **boca arriba** sur le dos
► **se me hace la boca agua** j'en ai l'eau à la bouche

bocacalle rue (qui débouche sur une autre)

▷ Vive en la bocacalle de la avenida de la Constitución que da a la Plaza Real. Il habite dans l'avenue de la Constitution qui donne sur la Plaza Real.

bocacalle *n'est pas toujours traduit en français.*

▷ Sigue todo recto y es la primera bocacalle a la derecha. Vous allez tout droit et c'est la première à droite.

bocadillo sandwich

bocado bouchée

Dans ce mot, on reconnaît le nom **boca** *qui signifie « bouche ».*

bocado *est masculin.*

boceto esquisse *ou* ébauche

boceto *est masculin.*

bocina klaxon

► **tocar la bocina** klaxonner

bocina *est féminin.*

boda mariage *ou* noce

bodega cave *ou* cale

bofetada gifle

bofetón claque

bofetón *est masculin.*

bogavante homard

boina béret

boina *est féminin.*

bola *a plusieurs sens :*

1 **bola** *peut signifier* boule

2 **bola** *peut signifier* bobard

Dans ce sens, **bola** est un mot familier.

boletín bulletin

boli stylo

boli *est l'abréviation de* **bolígrafo.**

boli est un mot familier.

bolígrafo stylo-bille

Bolivia Bolivie

boliviano, boliviana bolivien(ne) *ou* Bolivien(ne)

bollo brioche *ou* pain au lait

bolsa sac

► **bolsa de estudios** bourse d'étude
► **la Bolsa** la Bourse
► **las bolsas de los ojos** les poches sous les yeux

bolsa *est féminin.*

bolsillo poche

bolsillo *est masculin.*

bolso sac à main

bomba *a plusieurs sens :*

1 **bomba** *peut signifier* bombe

2 **bomba** *peut signifier* pompe

3 **bomba** *peut être employé dans des expressions :*

► **ser una bomba** faire sensation
► **noticia bomba** nouvelle sensationnelle
► **pasarlo bomba** s'amuser comme un fou

bombardeo bombardement

bombero, bombera pompier

bombilla ampoule (pour une lampe)

bombón chocolat fourré

Attention ! **bombón** ne signifie pas « bonbon ».

bondad bonté

bonito, bonita joli(e)

boquiabierto, boquiabierta bouche bée

Dans ce mot, on reconnaît le lien avec le nom **boca** *qui signifie « bouche » et l'adjectif* **abierto, abierta** *qui signifie « ouvert(e) ».*

borbotear bouillonner

Se conjugue sur le modèle de **cantar** (voir ce verbe).

bordar broder

> Attention ! Ne pas confondre bordar avec bordear qui signifie « longer ».

Se conjugue sur le modèle de cantar (voir ce verbe).

borde bord

► **estar al borde de** hacer algo **être sur le point de** faire quelque chose

bordear longer

> Attention ! Ne pas confondre bordear avec bordar qui signifie « broder ».

Se conjugue sur le modèle de cantar (voir ce verbe).

bordo

► **a bordo (de)** **à bord (de)**

borracho, borracha *a des sens différents selon sa catégorie grammaticale :*

> Ce peut être un ADJECTIF :

borracho, borracha *signifie* **soûl(e)**

> Ce peut être un NOM :

borracho, borracha *signifie* **ivrogne**

► **bizcocho borracho** **baba au rhum**

borrador *a plusieurs sens :*

1 borrador *peut signifier* **éponge** (pour nettoyer un tableau)

2 borrador *peut signifier* **brouillon**

Dans ce mot, on reconnaît le verbe borrar qui signifie « effacer ».

borrar effacer *ou* barrer

Se conjugue sur le modèle de cantar (voir ce verbe).

borroso, borrosa flou(e)

bosque bois *ou* forêt

bosquejar esquisser *ou* ébaucher

Se conjugue sur le modèle de cantar (voir ce verbe).

bosquejo esquisse *ou* ébauche

bosquejo est masculin.

bostezar bâiller

▷ Bostecé durante el curso y el profesor me vió. J'ai bâillé en cours et le professeur m'a vu.

Comme tous les verbes terminés en -zar, bostezar subit des modifications orthographiques : le z devient c devant un e. Se conjugue sur le modèle de cantar (voir ce verbe).

bostezo bâillement

bota *a plusieurs sens :*

1 bota *peut signifier* **botte**

► **botas de agua** ou **botas de goma** **bottes en caoutchouc**

2 bota *peut désigner des chaussures pour pratiquer un sport :*

► **botas de fútbol** **chaussures de football**

► **botas de esquí** **chaussures de ski**

3 bota *peut signifier* **gourde** (pour le vin)

> bota peut également être une forme du verbe botar.

▷ La pelota bota contra la pared. La balle rebondit sur le mur.

botar rebondir

► **botar de alegría** **sauter de joie**

Se conjugue sur le modèle de cantar (voir ce verbe).

bote *a plusieurs sens :*

1 bote *peut signifier* **pot**

2 bote *peut signifier* **bond** *ou* **rebond**

► **pegar un bote** **faire un bond**

3 bote *peut signifier* **canot**

► **bote salvavidas** **canot de sauvetage**

4 bote *peut être employé dans des expressions :*

► **está en el bote** **c'est dans la poche**

► **tener a** alguien **metido en el bote** **avoir** quelqu'un **dans sa poche**

► **chupar del bote** **être un profiteur**

> bote peut également être une forme du verbe botar.

▷ Recojo la pelota para que no bote. Je ramasse la balle pour qu'elle ne rebondisse pas.

botella bouteille

botellín petite bouteille

botellín est masculin.

botiquín trousse de secours *ou* armoire à pharmacie

botiquín est masculin.

botón bouton

► **pulsar el botón** **appuyer sur le bouton**

boxeo boxe

boxeo est masculin.

boya bouée

bragas culotte

bragas est féminin pluriel.

brasa braise

> Attention ! Ne pas confondre brasa avec braza qui signifie « brasse ».

Brasil Brésil

brasileño, brasileña brésilien(ne) *ou* Brésilien(ne)

bravo, brava *a plusieurs sens :*

1 **bravo** *peut signifier* **courageux(-euse)**

► **¡bravo!** **bravo !**

2 **bravo** *peut signifier* **féroce**

> Attention ! bravo, brava ne signifie pas « brave » dans le sens de « bon ».

braza **brasse** (nage)

> Attention ! Ne pas confondre braza avec brasa qui signifie « braise ».

brazalete **bracelet** *ou* **brassard**

brazo **bras**

► **con los brazos abiertos** **à bras ouverts**

► **de brazos cruzados** ou **con los brazos cruzados** **les bras croisés**

brécol **brocoli**

bretón, bretona **breton(ne)** ou **Breton(ne)**

breve **bref, brève**

brillante **brillant(e)**

▷ Un collar de brillantes. Une rivière de diamants.

brillo **éclat** (= lumière vive)

► **sacar brillo a** algo **faire briller** quelque chose

brincar **bondir** *ou* **sauter**

> Attention ! Ne pas confondre brincar avec brindar qui signifie « porter un toast ».

Attention ! Pour conserver le son /k/ de l'infinitif, le c *de* brincar *se transforme en* qu *devant un* e *:*

▷ Cuando me lo dijo, brinqué de alegría. Quand il me l'a dit, j'ai sauté de joie.

Se conjugue sur le modèle de cantar *(voir ce verbe).*

brinco **bond**

► **pegar un brinco** **faire un bond**

brindar **porter un toast**

> Attention ! Ne pas confondre brindar avec brincar qui signifie « bondir ».

Se conjugue sur le modèle de cantar *(voir ce verbe).*

británico, británica **britannique** *ou* **Britannique**

broche **broche**

broche *est masculin.*

broma **plaisanterie** ou **farce** ou **blague**

► **en broma** **pour rire**

► **gastarle una broma a** alguien **faire une blague à** quelqu'un

► **tomar** algo **a broma** **ne pas prendre** quelque chose **au sérieux**

bromear **plaisanter**

Se conjugue sur le modèle de cantar *(voir ce verbe).*

bromista **blagueur(-euse)** *ou* **farceur(-euse)**

Comme la plupart des mots se terminant en -ista, bromista *peut être masculin ou féminin :* un bromista, una bromista.

bronca **dispute** *ou* **bagarre**

► **echarle una bronca a** alguien **passer un savon à** quelqu'un

bronceador **huile de bronzage**

bronceador *est masculin.*

broncearse **bronzer**

Se conjugue sur le modèle de burlarse *(voir ce verbe).*

brotar *a plusieurs sens :*

1 **brotar** *peut signifier* **pousser** (en parlant d'une plante) *ou* **bourgeonner**

2 **brotar** *peut signifier* **jaillir** *ou* **apparaître**

Se conjugue sur le modèle de cantar *(voir ce verbe).*

brote **pousse** (en parlant d'une plante) *ou* **bourgeon**

brote *est masculin.*

brujo, bruja **sorcier(-ière)**

> Attention ! Brujas, avec une majuscule, désigne la ville de Bruges.

brújula **boussole**

bruma **brume**

Bruselas **Bruxelles**

bruto, bruta **brut(e)** *ou* **grossier(-ière)**

bucear **faire de la plongée** *ou* **nager sous l'eau**

Se conjugue sur le modèle de cantar *(voir ce verbe).*

buceo **plongée**

buceo *est masculin.*

buen *est la forme apocopée de* **bueno**

L'apocope est la suppression d'une ou plusieurs lettres à la fin d'un mot. Bueno *s'apocope en* buen *devant un nom masculin singulier.*

▷ Es un libro bueno *ou* Es un buen libro. C'est un bon livre.

bueno, buena *a des sens différents selon qu'il est employé avec* ser *ou* estar *:*

1 ser bueno, buena *signifie* **être bon(ne)** *ou* **bien** *ou* **sage**

▷ Es una buena persona. C'est quelqu'un de bien.

2 estar bueno, buena *signifie* **être en bonne santé**

► por las buenas **comme ça** ou **sans motif précis**

► ¡buenas! **salut !**

► ¡Buenos días! **Bonjour !** (le matin)

► ¡Buenas tardes! **Bonjour !** (l'après-midi)

► ¡Buenas noches! **Bonsoir** ou **Bonne nuit**

buey bœuf

bufanda **écharpe**

búho **hibou**

buitre **vautour**

bulevar **boulevard**

Bulgaria **Bulgarie**

búlgaro, búlgara **bulgare** *ou* **Bulgare**

bulto *a plusieurs sens :*

1 bulto *peut signifier* **grosseur**

2 bulto *peut signifier* **silhouette**

3 bulto *peut signifier* **paquet** *ou* **colis**

bucear **plonger** (faire de la plongée)

buñuelo **beignet**

buque **bateau**

burbuja **bulle**

► hacer burbujas **pétiller**

burgués, burguesa **bourgeois(e)**

burla **moquerie** *ou* **blague**

burlarse **se moquer**

burlarse *est un verbe pronominal régulier qui appartient à la première conjugaison (verbe modèle). Voir tableau.*

burrada **ânerie**

burrada **est un mot familier.**

Dans ce mot, on reconnaît le nom burro *qui signifie « âne ».*

burro **âne**

► no ver tres en un burro **être myope comme une taupe**

busca **recherche** *ou* **quête**

► en busca de algo **à la recherche de** quelque chose

busca **peut également être une forme du verbe** buscar.

▷ Busca bien. Cherche bien.

buscar **chercher**

BURLARSE				
INDICATIF				CONDITIONNEL
PRÉSENT	IMPARFAIT	PASSÉ SIMPLE	FUTUR	PRÉSENT
me burlo te burlas se burla nos burlamos os burláis se burlan	me burlaba te burlabas se burlaba nos burlábamos os burlabais se burlaban	me burlé te burlaste se burló nos burlamos os burlasteis se burlaron	me burlaré te burlarás se burlará nos burlaremos os burlaréis se burlarán	me burlaría te burlarías se burlaría nos burlaríamos os burlaríais se burlarían
SUBJONCTIF		IMPÉRATIF		
PRÉSENT	IMPARFAIT			
me burle te burles se burle nos burlemos os burléis se burlen	me burlara te burlaras se burlara nos burláramos os burlarais se burlaran	búrlate búrlese burlémonos burlaos búrlanse	INFINITIF PARTICIPE GÉRONDIF	burlarse burlado burlándose

📖 *Attention ! Pour conserver le son /k/ de l'infinitif, le* **c** *de* **buscar** *se transforme en* **qu** *devant un* **e** *:*

▷ Busqué las gafas por todas partes. J'ai cherché mes lunettes partout.

► **buscarle tres pies al gato** chercher midi à quatorze heures

► **buscar una aguja en un pajar** chercher une aiguille dans une botte de foin

📖 *Se conjugue sur le modèle de* **cantar** *(voir ce verbe).*

búsqueda recherche

butaca **fauteuil** (principalement de cinéma, de théâtre)

⚐ **butaca** *est féminin.*

buzón **boîte aux lettres**

⚐ **buzón** *est masculin.*

Cc

caballero *a plusieurs sens :*

1 **caballero** *peut signifier* **monsieur**

▷ ¡Caballeros! Vamos a empezar la reunión. Messieurs ! Nous allons commencer la réunion.

► **de caballero pour homme**

► **damas y caballeros mesdames et messieurs**

2 **caballero** *peut signifier* **gentleman**

3 **caballero** *peut signifier* **chevalier** (noble)

caballo **cheval**

Attention ! Ne pas confondre caballo avec cabello qui signifie « cheveux ».

cabecear **hocher la tête**

► **cabecear el balón faire une tête** (au football)

Dans ce mot, on reconnaît le nom cabeza *qui signifie « tête ».*

Se conjugue sur le modèle de cantar *(voir ce verbe).*

cabellera **chevelure**

cabello **cheveu(x)**

Attention ! Ne pas confondre cabello avec caballo qui signifie « cheval ».

cabello *est masculin singulier quand il signifie « cheveux » au sens de « chevelure ».*

caber **tenir** *ou* **rentrer** *ou* **passer**

▷ No me caben todos los libros en la cartera. Tous les livres ne tiennent pas dans mon cartable.

▷ Caben tres más. On peut encore en rentrer trois.

▷ El sofá no cabrá por la puerta. Le canapé ne passera pas par la porte.

► **no cabe duda cela ne fait pas de doute**

Voir tableau.

cabeza **tête**

► **cabeza de familia chef de famille**

CABER				
INDICATIF				CONDITIONNEL
PRÉSENT	IMPARFAIT	PASSÉ SIMPLE	FUTUR	PRÉSENT
quepo	cabía	cupe	cabré	cabría
cabes	cabías	cupiste	cabrás	cabrías
cabe	cabía	cupo	cabrá	cabría
cabemos	cabíamos	cupimos	cabremos	cabríamos
cabéis	cabíais	cupisteis	cabréis	cabríais
caben	cabían	cupieron	cabrán	cabrían
SUBJONCTIF		IMPÉRATIF		
PRÉSENT	IMPARFAIT			
quepa	cupiera		INFINITIF	caber
quepas	cupieras	cabe		
quepa	cupiera	quepa	PARTICIPE	cabido
quepamos	cupiéramos	quepamos		
quepáis	cupierais	cabed	GÉRONDIF	cabiendo
quepan	cupieran	quepan		

► **romperse la cabeza** se creuser la tête

cabezada coup donné avec la tête

► **echar una cabezada** faire un somme

cabezal oreiller *ou* traversin

cabezota têtu(e)

cabo *a plusieurs sens :*

1 **cabo** *peut signifier* **cap**

► **Cabo de Hornos** le Cap Horn

2 **cabo** *peut signifier* **bout** *ou* **extrémité**

► **al cabo de** au bout de

▷ Al cabo de tres horas de espera me fui. Au bout de trois heures d'attente je suis parti.

► **de cabo a rabo** d'un bout à l'autre

► **al fin y al cabo** finalement ou à la fin

► **llevar** algo **a cabo** mener quelque chose à bien

cabr... (cabré, cabrás, cabría, etc.) → caber

cabra chèvre

caca caca

caca est féminin.

cacerola casserole

> Attention à l'orthographe du mot cacerola.

cacharro *a plusieurs sens :*

1 **cacharro** *peut signifier* **ustensile**

2 **cacharro** *peut signifier* **truc**

cachorro, cachorra *sert à désigner le* petit d'un mammifère

cada chaque

▷ Cada alumno tiene que llevar su libro de matemáticas. Chaque élève doit avoir son livre de mathématiques.

► **cada uno** chacun

► **cada día/semana/mes/año/** etc. tou(te)s les jours/semaines/mois/ans/ etc.

► **cada vez más** de plus en plus

► **cada vez mejor** de mieux en mieux

► **cada vez menos** de moins en moins

► **cada vez peor** de pire en pire

► **... de cada ...** ... sur ... (pour établir des comparaisons en chiffres)

▷ Ocho de cada diez españoles disponen de móvil. Huit Espagnols sur dix ont un téléphone portable.

cadáver cadavre

cadena *a plusieurs sens :*

1 **cadena** *peut signifier* **chaîne**

► **trabajo en cadena** travail à la chaîne

2 **cadena** *peut signifier* **chasse d'eau**

cadera hanche

caducado, caducada périmé(e) (passeport) ou caduc(-que) (loi)

caduco, caduca *a plusieurs sens :*

1 **caduco** *peut signifier* **caduc** *ou* **caduque** (feuillage)

2 **caduco** *peut signifier* **révolu(e)** (époque)

caer *ou* **caerse** tomber

► **caerle bien a** alguien plaire à quelqu'un

► **caerle mal a** alguien déplaire à quelqu'un

> Attention ! caer mal et caer bien ne signifient pas « tomber mal » ou « tomber bien ».

cafetera cafetière

caída chute

► **sufrir una caída** faire une chute

► **a la caída del sol** au coucher du soleil

CAER				
INDICATIF				CONDITIONNEL
PRÉSENT	IMPARFAIT	PASSÉ SIMPLE	FUTUR	PRÉSENT
caigo	caía	caí	caeré	caería
caes	caías	caíste	caerás	caerías
cae	caía	cayó	caerá	caería
caemos	caíamos	caímos	caeremos	caeríamos
caéis	caíais	caísteis	caeréis	caeríais
caen	caían	cayeron	caerán	caerían

SUBJONCTIF		IMPÉRATIF		
PRÉSENT	IMPARFAIT			
caiga	cayera		INFINITIF	caído
caigas	cayeras	cae		
caiga	cayera	caiga	PARTICIPE	cayendo
caigamos	cayéramos	caigamos		
caigáis	cayerais	caed	GÉRONDIF	caer
caigan	cayeran	caigan		

► **a la caída de la tarde** à la tombée de la nuit

caig... (**caigo, caiga, caigamos**, etc.) → **caer**

caja boîte *ou* caisse

► **caja de caudales** ou **caja fuerte** coffre-fort

► **caja de ahorros** caisse d'épargne

cajero, cajera caissier(-ière)

► **cajero automático** distributeur automatique

cajón tiroir

calabacín courgette

calabacín est masculin.

calabaza courge *ou* citrouille

► **dar calabazas a alguien** envoyer promener quelqu'un ou recaler quelqu'un (à un examen)

► **recibir calabazas** essuyer un refus ou être recalé(e)

> i Ces deux expressions sont familières.

calambre crampe

calambre est masculin.

calar *a plusieurs sens :*

1 **calar** *peut signifier* **tremper**

2 **calar** *peut signifier* **transpercer**

► **calarse** caler (en voiture)

Se conjugue sur le modèle de cantar (voir ce verbe).

calcetín chaussette

calcetín est masculin.

calco calque

► **papel de calco** papier-calque

calculadora calculatrice

calcular calculer

Se conjugue sur le modèle de cantar (voir ce verbe).

cálculo calcul

calderilla ferraille *ou* petite monnaie

caldo bouillon

► **poner a caldo a alguien** passer un savon à quelqu'un

calefacción chauffage

calefacción est féminin.

calendario calendrier

calentar chauffer

Dans ce mot, on reconnaît le lien avec l'adjectif caliente qui signifie « chaud(e) ».

Attention, ce verbe est irrégulier à certaines personnes, à certains modes et à certains temps.

INDICATIF PRÉSENT	SUBJONCTIF PRÉSENT	IMPÉRATIF
caliento	caliente	
calientas	calientes	calienta
calienta	caliente	caliente
calentamos	calentemos	calentemos
calentáis	calentéis	calentad
calientan	calienten	calienten

Pour les autres temps, se conjugue sur le modèle de cantar (voir ce verbe).

calentura fièvre

Dans ce mot, on reconnaît le lien avec l'adjectif caliente qui signifie « chaud(e) ».

calidad qualité (d'une chose)

▷ Esta tela es de buena calidad. Ce tissu est de bonne qualité.

> Attention ! Ne pas confondre calidad avec cualidad qui désigne une qualité morale, un caractère.

cálido, cálida *a plusieurs sens :*

1 **cálido, cálida** *peut signifier* **chaud(e)** (climat, couleur)

2 **cálido, cálida** *peut signifier* **chaleureux (-euse)** (accueil, ambiance)

caliente chaud(e)

► **en caliente** à chaud

> i caliente peut également être une forme du verbe calentar.

▷ Antes de comerlo, es preciso que lo caliente. Avant de le manger, il faut que je le fasse chauffer.

calificación *a plusieurs sens :*

1 **calificación** *peut signifier* **qualification**

▷ El atleta mexicano fue eliminado en las calificaciones. L'athlète mexicain a été éliminé lors des qualifications.

2 **calificación** *peut signifier* **note** (de devoir, d'examen)

▷ Necesitas tener buenas calificaciones para ingresar en la universidad. Il te faut de bonnes notes pour entrer à l'université.

calificar *a plusieurs sens :*

1 **calificar** *peut signifier* **qualifier**

▷ ¿Cómo calificaría ese comportamiento? Comment qualifieriez-vous ce comportement ?

2 **calificar** *peut signifier* **noter** (un examen)

▷ El profesor todavía no ha calificado nuestros exámenes. Le prof n'a pas encore noté nos devoirs.

callado, callada *a des sens différents selon qu'il est utilisé avec* **ser** *ou* **estar** *:*

1 **estar callado, callada** *signifie* **être silencieux(-euse)** *ou* **ne rien dire**

2 **ser callado, callada** *signifie* **être peu bavard(e)**

callarse **se taire**

► **¡cállate!** **silence !** ou **tais-toi !**

calle **rue**

► **calle mayor** **grand-rue**

► **calle peatonal** **rue piétonne**

► **doblar la calle** **tourner au coin de la rue**

► **echar** alguien **a la calle** **mettre** quelqu'un **dehors** ou **à la porte**

► **ir calle abajo** **descendre la rue**

► **ir calle arriba** **monter la rue**

callejear **flâner**

Dans ce mot, on reconnaît le lien avec le nom **calle** *qui signifie « rue ».*

Se conjugue sur le modèle de **cantar** *(voir ce verbe).*

callejón **ruelle**

► **callejón sin salida** **impasse**

callejón *est masculin.*

callejuela **ruelle**

calmar **calmer**

Se conjugue sur le modèle de **cantar** *(voir ce verbe).*

calor **chaleur**

► **hacer calor** **faire chaud**

► **tener calor** **avoir chaud**

Suivant le registre de langue, **calor** *peut être masculin (langage courant) ou féminin (langage littéraire).*

caluroso, calurosa **chaud(e)** (journée, climat)

calvo, calva **chauve**

calzado **chaussures**

calzado *est masculin singulier.*

> i **calzado** peut également être le participe passé du verbe **calzar**.

calzar **chausser**

► **¿Qué número calza?** **Quelle est votre pointure ?**

Comme tous les verbes terminés en **-zar**, **calzar** *subit des modifications orthographiques : le* **z** *devient* **c** *devant un* **e**.

▷ Me calcé los zapatos rojos. J'ai mis mes chaussures rouges.

Se conjugue sur le modèle de **cantar** *(voir ce verbe).*

calzoncillos **caleçon** *ou* **slip**

calzoncillos *est masculin pluriel.*

cama **lit**

► **echarse en la cama** **s'allonger sur le lit**

► **guardar cama** **être alité(e)**

► **cama de matrimonio** **lit double**

► **cama individual** **lit simple**

► **cama elástica** **trampoline**

cama *est féminin.*

cámara *a plusieurs sens :*

1 **cámara** *peut signifier* **appareil photo** *ou* **caméra** *ou* **caméscope**

► **a cámara lenta** **au ralenti**

2 **cámara** *peut signifier* **chambre**

► **cámara de aire** **chambre à air**

► **cámara de gas** **chambre à gaz**

camarada **camarade** *ou* **collègue**

camarada *peut être masculin ou féminin.*

camarero, camarera **serveur(-euse)**

camarón **crevette**

camarón *est masculin.*

cambiar **changer** *ou* **échanger**

► **cambiarse** **se changer**

Se conjugue sur le modèle de **cantar** *(voir ce verbe).*

cambio *a plusieurs sens :*

1 **cambio** *peut signifier* **changement** *ou* **échange**

► **a cambio de** **en échange de**

► **en cambio** **par contre**

2 **cambio** *peut signifier* **monnaie**

▷ Quédese con el cambio. Gardez la monnaie.

> i **cambio** peut également être une forme du verbe **cambiar**.

▷ Cambio de ropa. Je change de vêtements.

camello **chameau**

caminar **marcher** *ou* **aller à pied**

Dans ce mot, on reconnaît le lien avec le nom **camino** *qui signifie « chemin ».*

Se conjugue sur le modèle de **cantar** *(voir ce verbe).*

camino chemin

> **i** camino peut également être une forme du verbe caminar.

▷ Camino por el parque para volver de la escuela. Je rentre à pied par le parc pour revenir de l'école.

camionero camionneur

camisa chemise

camiseta tee-shirt

camiseta est féminin.

camisón chemise de nuit

camisón est masculin.

campamento campement *ou* camp *ou* colonie de vacances

campana cloche

campanario clocher

campaña campagne

campeón, campeona champion(ne)

campeonato championnat

campesino, campesina paysan(ne)

Dans ce mot, on reconnaît le lien avec le nom campo qui signifie « campagne ».

campo *a plusieurs sens :*

1 campo *peut signifier* **campagne**

2 campo *peut signifier* **champ**

► campo a través **à travers champs**

3 campo *peut signifier* **domaine** (d'activité)

4 campo *peut signifier* **terrain** (de sport)

canadiense canadien(ne) *ou* Canadien(ne)

canasta *a plusieurs sens :*

1 canasta *peut signifier* **corbeille**

2 canasta *peut signifier* **panier** (au basket-ball)

► hacer canasta **réussir un panier**

cancelar annuler

Se conjugue sur le modèle de cantar (voir ce verbe).

cancha terrain (de sport) *ou* court (de tennis) *ou* fronton (de pelote basque)

canción chanson

cangrejo crabe

canguro *a plusieurs sens :*

1 canguro *peut signifier* **kangourou**

2 canguro *peut signifier* **baby-sitter**

▷ Hago de canguro los fines de semana. Je travaille comme baby-sitter les week-ends.

canica bille

cansado, cansada *a des sens différents selon qu'il est employé avec ser ou estar :*

1 estar cansado, cansada *signifie* **être fatigué(e)**

2 ser cansado, cansada *signifie* **être fatigant(e)**

> Attention ! Ne pas confondre cansado avec casado qui signifie « marié ».

cansancio fatigue

cansancio est masculin.

cansar fatiguer *ou* ennuyer *ou* lasser

Se conjugue sur le modèle de cantar (voir ce verbe).

cantante chanteur(-euse)

cantar chanter

cantar est un verbe régulier qui appartient à la première conjugaison (verbe modèle). Voir tableau p. suivante.

cántaro cruche

► llover a cántaros **pleuvoir très fort**

cántaro est masculin.

cantidad *a des sens différents selon sa catégorie grammaticale :*

> Ce peut être un ADVERBE :

cantidad *signifie* **beaucoup**

▷ Los niños se divirtieron cantidad. Les enfants se sont beaucoup amusés.

> Ce peut être un NOM :

cantidad *signifie* **quantité** *ou* **somme** (d'argent)

cantimplora gourde

canto chant

caña *a plusieurs sens :*

1 caña *peut signifier* **canne**

► caña de pescar **canne à pêche**

► caña de azúcar **canne à sucre**

2 caña *peut signifier* **tige** *ou* **roseau**

3 caña *peut signifier* **demi** (de bière)

cañón *a plusieurs sens :*

1 cañón *peut signifier* **canon**

2 cañón *peut signifier* **canyon**

capa *a plusieurs sens :*

1 capa *peut signifier* **cape**

2 capa *peut signifier* **couche** (= épaisseur)

CANTAR				
INDICATIF				CONDITIONNEL
PRÉSENT	IMPARFAIT	PASSÉ SIMPLE	FUTUR	PRÉSENT
canto cantas canta cantamos cantáis cantan	cantaba cantabas cantaba cantábamos cantabais cantaban	canté cantaste cantó cantamos cantasteis cantaron	cantaré cantarás cantará cantaremos cantaréis cantarán	cantaría cantarías cantaría cantaríamos cantaríais cantarían
SUBJONCTIF		IMPÉRATIF		
PRÉSENT	IMPARFAIT			
cante cantes cante cantemos cantéis canten	cantara cantaras cantara cantáramos cantarais cantaran	canta cante cantemos cantad canten	INFINITIF PARTICIPE GÉRONDIF	cantar cantado cantando

► **capa de ozono** couche d'ozone

capacidad capacité

► **tener capacidades para** algo être doué pour quelque chose

capacitado, capacitada apte

capaz capable

capital *a des sens différents selon qu'il est masculin ou féminin :*

1 **una capital** (féminin) *signifie* une capitale (d'un pays)

2 **un capital** (masculin) *signifie* un capital (financier)

capitán capitaine

capítulo chapitre

capricho caprice

caqui kaki

cara *a plusieurs sens :*

1 **cara** *peut signifier* visage

2 **cara** *peut signifier* face (= côté d'un objet)

► **cara a** algo face à quelque chose

► **cara a cara** face à face

► **de cara a la pared** face au mur ou au coin

► **de cara** en face

► **¿cara o cruz?** pile ou face ?

3 **cara** *peut signifier* aspect

> ℹ cara peut également être le féminin de l'adjectif caro qui signifie « cher ».

caracol escargot

► **escalera de caracol** escalier en colimaçon

carácter *ou* **caracter** caractère

► **tener buen carácter** avoir bon caractère

► **tener mal carácter** avoir mauvais caractère

> Attention à l'orthographe du mot carácter.

caradura personne culottée

> ℹ caradura peut être aussi bien masculin que féminin.

caramelo bonbon *ou* caramel

caravana *a plusieurs sens :*

1 **caravana** *peut signifier* embouteillage

2 **caravana** *peut signifier* caravane

carcajada éclat de rire

► **soltar una carcajada** éclater de rire

► **reírse a carcajadas** rire aux éclats

cárcel prison

cardenal *a plusieurs sens :*

1 **cardenal** *peut signifier* cardinal

2 **cardenal** *peut signifier* bleu (ecchymose)

carecer manquer

▷ Carecemos de dinero para la vuelta. Nous manquons d'argent pour le retour.

Attention ! carecer appartient au groupe des verbes se terminant en -acer, -ecer, -ocer et -ucir qui sont irréguliers à certaines personnes, à certains modes et à certains temps. Voir tableau p. suivante.

INDICATIF PRÉSENT	SUBJONCTIF PRÉSENT
carezco	carezca
careces	carezcas
carece	carezca
carecemos	carezcamos
carecéis	carezcáis
carecen	carezcan

Pour les autres temps, se conjugue sur le modèle de deber *(voir ce verbe).*

carga *a plusieurs sens :*

1 carga *peut signifier* **charge** *ou* **chargement**

2 carga *peut signifier* **cartouche** (pour un stylo) *ou* **recharge**

> carga peut également être une forme du verbe cargar.

▷ Carga el coche mientras verifico que todo está cerrado. Il charge la voiture pendant que je vérifie que tout est fermé.

cargado, cargada **chargé(e)** *ou* **lourd(e)**

cargar **charger**

Attention ! Pour conserver le son /g/ de l'infinitif, le g *de* cargar *se transforme en* gu *devant un* e *:*

▷ Está previsto que carguemos el coche por la mañana. Il est prévu que nous chargions la voiture le matin.

Se conjugue sur le modèle de cantar *(voir ce verbe).*

cargo **poste** *ou* **charge** (= responsabilité)

► a cargo de **à la charge de**

► hacerse cargo de algo **prendre conscience de** quelque chose

► hacerse cargo de alguien **prendre** quelqu'un **en charge**

> cargo peut également être une forme du verbe cargar.

▷ Cargo las maletas en el coche. Je charge les valises dans la voiture.

caridad **charité**

cariño **affection**

► ¡cariño! **mon amour !**

► sentir cariño por alguien *ou* tener cariño a alguien **avoir de l'affection pour** quelqu'un

► tomar cariño a alguien **s'attacher à** quelqu'un

cariñoso, cariñosa **affectueux(-euse)**

carne *a plusieurs sens :*

1 carne *peut signifier* **chair**

► de carne y hueso **en chair et en os**

2 carne *peut signifier* **viande**

> Attention ! Ne pas confondre carne avec carné qui signifie « permis de conduite » ou « carte d'identité ».

carné *ou* **carnet**

► carné de conducir **permis de conduire**

► carné de identidad **carte d'identité**

> Attention ! Ne pas confondre carné avec carne qui signifie « viande ».

carné *est masculin.*

> Le t de carnet ne se prononce pas.

carnero **mouton**

carnicería **boucherie**

carnicero, carnicera **boucher, bouchère**

caro, cara **cher, chère**

carpa *a plusieurs sens :*

1 carpa *peut signifier* **carpe** (poisson)

2 carpa *peut signifier* **tente** *ou* **chapiteau**

carpeta **chemise** ou **dossier**

carpintero **menuisier** ou **charpentier**

carrera *a plusieurs sens :*

1 carrera *peut signifier* **course** (de vitesse)

► a la carrera **à toute vitesse**

2 carrera *peut signifier* **études** *ou* **carrière**

► examen de fin de carrera **examen de fin d'étude**

carretera **route**

carretilla **brouette** ou **chariot**

carril **rail** ou **voie**

► carril bici **piste cyclable**

carril *est masculin.*

carrillo **joue**

carrillo *est masculin.*

carrito **chariot** (pour faire les courses)

► carrito para el equipaje **chariot à bagages**

carro **chariot**

carta *a plusieurs sens :*

1 carta *peut signifier* **lettre** (que l'on envoie)

► echar una carta al correo **mettre une lettre à la poste**

> carta ne signifie pas « carte postale ».

2 carta *peut signifier* **carte** (= menu)

cartearse **s'écrire** ou **correspondre**

📖 *Dans ce mot, on reconnaît le mot* carta *qui signifie « lettre ».*

📖 *Se conjugue sur le modèle de* burlarse *(voir ce verbe).*

cartel **affiche**

► en cartel **à l'affiche**

⚐ cartel *est masculin.*

cartera *a plusieurs sens :*

1 cartera *peut signifier* **cartable**

2 cartera *peut signifier* **portefeuille**

⚐ cartera *est féminin.*

cartero, cartera **facteur(-trice)**

⚐ *Dans ce mot, on reconnaît le lien avec le nom* carta *qui signifie « lettre ».*

cartilla

► cartilla de ahorros **livret de caisse d'épargne**

► cartilla de familia numerosa **carte de famille nombreuse**

cartucho **cartouche** (d'encre ou pour armes)

⚐ cartucho *est masculin.*

casa **maison**

▷ Nunca he sido a tu casa. Je ne suis jamais allé chez toi.

► echar ou tirar la casa por la ventana **jeter l'argent par les fenêtres**

► entrar como Pedro por su casa **entrer comme dans un moulin**

► casa de turismo rural **gîte rural**

> Attention ! Ne pas confondre casa avec caza qui signifie « chasse ».

casado, casada **marié(e)**

> Attention ! Ne pas confondre casado avec cansado qui signifie « fatigué ».

casar **marier**

> Attention ! Ne pas confondre casar avec cazar qui signifie « chasser ».

► casarse **se marier**

📖 *Se conjugue sur le modèle de* cantar *(voir ce verbe).*

cáscara **coquille** (d'œuf ou de fruit sec) *ou* **zeste** (de citron) *ou* **croûte** (de fromage)

casco **casque**

► el casco antiguo **la vieille ville**

casero, casera *a plusieurs sens :*

1 casero, casera *peut signifier* **fait maison**

▷ Son pasteles caseros. Ce sont des gâteaux faits maison.

2 casero, casera *peut signifier* **casanier(-ière)**

⚐ *Dans ce mot, on reconnaît le lien avec le nom* casa *qui signifie « maison ».*

caseta **niche** (pour le chien)

casi **presque**

casilla *a plusieurs sens :*

1 casilla *peut signifier* **maisonnette**

2 casilla *peut signifier* **guichet** (de gare, de théâtre)

3 casilla *peut signifier* **case** (de tableau, aux échecs)

caso **cas**

► hacerle caso a alguien **faire attention à ce que dit** quelqu'un

► estar al caso **être au courant**

► en caso de... **au cas où...**

> Attention ! Ne pas confondre caso avec cazo qui signifie « casserole ».

castaña **châtaigne**

castaño, castaña **marron** *ou* **brun(e)**

castañuelas **castagnettes**

castellano, castellana **castillan(e)** *ou* **Castillan(e)**

▷ Hablo castellano. Je parle espagnol.

castigar **punir**

📖 *Attention ! Pour conserver le son /g/ de l'infinitif, le* g *de* castigar *se transforme en* gu *devant un* e *:*

▷ Lo castigué porque no me avisó de que salía. Je l'ai puni parce qu'il ne m'a pas prévenu qu'il sortait.

📖 *Se conjugue sur le modèle de* cantar *(voir ce verbe).*

castigo **punition**

⚐ castigo *est masculin.*

> ℹ castigo peut également être une forme du verbe castigar.

▷ Nunca castigo a mi hijo. Je ne punis jamais mon fils.

castillo **château**

casualidad **hasard**

⚐ casualidad *est féminin.*

catalán, catalana **catalan(e)** *ou* **Catalan(e)**

catálogo **catalogue**

catarata *a plusieurs sens :*

1 **catarata** *peut signifier* **chute** (d'eau)

► **las cataratas del Niágara** **les chutes du Niagara**

2 **catarata** *peut signifier* **cataracte**

catarro **rhume**

catchup *ou* **catsup** **ketchup**

catear **guetter**

📖 *Se conjugue sur le modèle de* **cantar** *(voir ce verbe).*

catedral **cathédrale**

> Attention à l'orthographe du mot **catedral**.

catedrático, catedrática **professeur** (à l'université)

categoría **catégorie**

católico, católica **catholique**

catorce **quatorze**

caucho **caoutchouc**

causa **cause**

causar **causer** (= provoquer)

📖 *Se conjugue sur le modèle de* **cantar** *(voir ce verbe).*

cautela **précaution** *ou* **prudence**

cauteloso, cautelosa **prudent(e)**

Dans ce mot, on reconnaît le lien avec le nom **cautela** *qui signifie « prudence ».*

cavar **creuser**

📖 *Se conjugue sur le modèle de* **cantar** *(voir ce verbe).*

caza *a des sens différents selon qu'il est masculin ou féminin :*

1 **un caza** (masculin) *signifie* **un avion de chasse**

2 **la caza** (féminin) *signifie* **la chasse** *ou* **le gibier**

> Attention ! Ne pas confondre **caza** avec **casa** qui signifie « maison ».

> **i** **caza** peut également être une forme du verbe **cazar**.

▷ **Mi gato caza los ratones.** Mon chat chasse les souris.

cazador, cazadora **chasseur(-euse)**

cazadora **blouson**

cazadora *est féminin.*

> Attention ! **cazadora** peut aussi être le féminin de **cazador**.

cazar **chasser**

> Attention ! Ne pas confondre **cazar** avec **casar** qui signifie « marier ».

📖 *Comme tous les verbes terminés en* **-zar**, **cazar** *subit des modifications orthographiques : le* **z** *devient* **c** *devant un* **e**.

▷ **Tenemos un gato para que cace los ratones.** Nous avons un chat pour qu'il chasse les souris.

📖 *Se conjugue sur le modèle de* **cantar** *(voir ce verbe).*

cazo **casserole**

cazo *est masculin.*

> Attention ! Ne pas confondre **cazo** avec **caso** qui signifie « cas ».

cebolla **oignon**

cebolla *est féminin.*

cebra **zèbre**

► **paso (de) cebra** **passage pour piétons**

> Attention à l'orthographe du mot **cebra**.

cebra *est féminin.*

ceder **céder**

📖 *Se conjugue sur le modèle de* **deber** *(voir ce verbe).*

cegar **aveugler**

Dans ce mot, on reconnaît le lien avec l'adjectif **ciego, ciega** *qui signifie « aveugle ».*

📖 *Attention ! Pour conserver le son /g/ de l'infinitif, le* **g** *de* **cegar** *se transforme en* **gu** *devant un* **e**. *De plus, ce verbe est irrégulier à certaines personnes, à certains modes et à certains temps.*

INDICATIF PRÉSENT	SUBJONCTIF PRÉSENT	IMPÉRATIF
ciego	ciegue	
ciegas	ciegues	ciega
ciega	ciegue	ciegue
cegamos	ceguemos	ceguemos
cegáis	ceguéis	cegad
ciegan	cieguen	cieguen

📖 *Pour les autres temps, se conjugue sur le modèle de* **cantar** *(voir ce verbe).*

ceja **sourcil**

ceja *est féminin.*

celda **cellule**

celebrar **fêter** *ou* **célébrer**

▷ Celebro mi cumpleaños este fin de semana. Je fête mon anniversaire ce week-end.

celos jalousie

► **tener celos de** alguien **être jaloux(-ouse) de** quelqu'un

► **dar celos a** alguien **rendre** quelqu'un **jaloux(-ouse)**

celos est masculin pluriel.

celoso, celosa jaloux(-ouse)

cementerio cimetière

cena dîner (= repas du soir)

cena est féminin.

ℹ cena peut également être une forme du verbe cenar.

▷ ¿Cuánto cena? Quand est-ce qu'il dîne ?

cenar dîner (= manger le soir)

Se conjugue sur le modèle de cantar (voir ce verbe).

cenicero cendrier

Dans ce mot, on reconnaît le lien avec le nom ceniza qui signifie « cendre ».

ceniza cendre

centenar centaine

centenar est masculin.

centralita standard (téléphonique)

centralita est féminin.

centro centre

► **en el centro** au milieu

ceñido, ceñida ajusté (vêtement)

ceño

► **fruncir el ceño** froncer les sourcils

cepillar brosser

Dans ce mot, on reconnaît le lien avec le nom cepillo qui signifie « brosse ».

Se conjugue sur le modèle de cantar (voir ce verbe).

cepillo brosse

► **cepillo de dientes** brosse à dents

cepillo est masculin.

cera cire

cerca à côté *ou* près

► **cerca de** près de ou à côté de

▷ Había cerca de cien mil personas. Il y avait près de cent mille personnes.

► **de cerca** de près

cercado enclos

cercano, cercana proche *ou* voisin(e)

► **cercano a** algo **près de** quelque chose

cerda truie

cerdo cochon *ou* porc

cereal céréale

cereal est masculin.

cerebro cerveau

cereza cerise

cerilla allumette

cero zéro

► **empezar de cero** commencer à zéro

► **bajo cero** en-dessous de zéro

Attention à l'orthographe du mot cero.

cerrado, cerrada fermé(e)

► **a puerta cerrada** à huis clos

cerradura serrure

Dans ce mot, on reconnaît le lien avec le verbe cerrar qui signifie « fermer ».

cerrar *a plusieurs sens :*

1 cerrar *peut signifier* **fermer**

► **cerrar** algo **con llave** **fermer** quelque chose **à clé**

2 cerrar *peut signifier* **conclure** (un marché par exemple)

3 **cerrarse** s'obstiner

Attention, ce verbe est irrégulier à certaines personnes, à certains modes et à certains temps.

INDICATIF PRÉSENT	SUBJONCTIF PRÉSENT	IMPÉRATIF
cierro	cierre	
cierras	cierres	cierra
cierra	cierre	cierre
cerramos	cerremos	cerremos
cerráis	cerréis	cerrad
cierran	cierren	cierren

Pour les autres temps, se conjugue sur le modèle de cantar (voir ce verbe).

Attention ! Ne pas confondre cerrar avec serrar qui signifie « scier ».

cerrojo verrou

► **echar el cerrojo** verrouiller

certeza certitude

▻ Tengo la certeza de que va a arreglárselas. J'ai la certitude que ça va s'arranger.

> Attention à l'emploi de la préposition de dans tener la certeza de que (avoir la certitude que).

certidumbre certitude

▻ Tengo la certidumbre de que va a venir. J'ai la certitude qu'il va venir.

> Attention à l'emploi de la préposition de dans tener la certidumbre de que (avoir la certitude que).

certidumbre *est féminin.*

certificado certificat

cerveza bière

césped pelouse *ou* gazon

césped *est masculin.*

cesta panier

► cesta de la compra panier à provisions

cesta *est féminin.*

cesto panier *ou* corbeille

chalé *ou* **chalet** pavillon *ou* villa

Le t *de* chalet *ne se prononce pas.*

chaleco gilet

► chaleco antibalas gilet pare-balles

► chaleco salvavidas gilet de sauvetage

champán champagne

champiñon champignon de Paris

champú shampooing

chancleta savate *ou* tong

chándal survêtement

chapa *a plusieurs sens :*

1 chapa *peut signifier* plaque (en métal) *ou* planche (en bois)

2 chapa *peut signifier* capsule (d'une bouteille)

chapado, chapada plaqué (couvert)

► chapado en oro plaqué or

chaparrón averse

chaparrón *est masculin.*

chapucero *a des sens différents selon sa catégorie grammaticale :*

> Ce peut être un ADJECTIF :

chapucero *signifie* bâclé(e)

▻ Le pareció al profesor que era un trabajo chapucero. Le professeur a trouvé que c'était un travail bâclé.

> Ce peut être un NOM :

chapucero *signifie* bricoleur

chapuza travail bâclé *ou* rafistolage

chapuza *est féminin.*

chaqueta veste *ou* gilet

charca mare

charco flaque d'eau

> Attention ! Ne pas confondre charco et charca.

charcutero, charcutera charcutier, charcutière

charla bavardage *ou* discussion

charla *est féminin.*

charlar bavarder *ou* discuter

Se conjugue sur le modèle de cantar *(voir ce verbe).*

charlatán, charlatana bavard(e)

Dans ce mot, on reconnaît le lien avec le verbe charlar *qui signifie « bavarder ».*

> Attention ! charlatán ne signifie pas « charlatan ».

chasco déception

► llevarse un chasco avoir une déception

chasco *est masculin.*

chasquear faire claquer (les doigts)

Se conjugue sur le modèle de cantar *(voir ce verbe)*

chaval, chavala gamin(e)

> chaval est un mot familier.

chica fille

chichón bosse (à la tête)

chichón *est masculin.*

chicle chewing-gum

chico garçon

chiflado, chiflada fou, folle

► estar chiflado por algo raffoler de quelque chose

> i chiflado peut également être le participe passé du verbe chiflar.

chiflar *est un verbe qu'on emploie pour dire que quelque chose plaît beaucoup.*

▷ Me chiflan los helados. J'adore les glaces.

▷ Les chifla tocar guitarra. Ils adorent jouer de la guitare.

Certains verbes qui expriment un sentiment ou une sensation en espagnol se contruisent différemment du français ; l'exemple le plus courant est le verbe gustar. *Le sujet français* (je, tu, il, nous, vous, ils) *devient le complément espagnol* (me, te, le, nos, os, les) *:*

▷ Sé que te chiflan los libros de ciencia ficción. Je sais que tu adores les livres de science-fiction. (littéralement : les livres de science-fiction plaisent beaucoup à toi.)

Chile Chili

chileno, chilena chilien(ne) *ou* Chilien(ne)

chillar crier

Se conjugue sur le modèle de cantar *(voir ce verbe).*

chillido cri *ou* hurlement

chimenea cheminée

chincheta punaise (clou)

chino, china chinois(e) *ou* Chinois(e)

chip puce (électronique)

Attention ! chips est le pluriel de chip.

chip *est masculin.*

chirriar grincer

Attention ! chirriar *subit une modification de l'accentuation : le* i *se transforme en* í *à certaines personnes, à certains modes et à certains temps.*

INDICATIF PRÉSENT	SUBJONCTIF PRÉSENT	IMPÉRATIF
chirrío	chirríe	
chirrías	chirríes	chirría
chirría	chirríe	chirríe
chirriamos	chirriemos	chirriemos
chirriáis	chirriéis	chirriad
chirrían	chirríen	chirríen

Se conjugue sur le modèle de cantar *(voir ce verbe).*

chirrido *a plusieurs sens :*

1 chirrido *peut signifier* grincement

2 chirrido *peut signifier* chant *ou* cri (d'un animal)

¡chis! chut !

chisme *a plusieurs sens :*

1 chisme *peut signifier* commérage

2 chisme *peut signifier* babiole *ou* truc *ou* machin

chisme *est masculin.*

chispa étincelle

► una chispa de algo un tout petit peu de quelque chose

una chispa de algo est une expression familière.

chiste blague *ou* histoire drôle

chiste *est masculin.*

chistoso, chistosa drôle *ou* blagueur (-euse)

chivarse rapporter *ou* moucharder

Se conjugue sur le modèle de burlarse *(voir ce verbe).*

chocar heurter *ou* choquer

► chocar con ou contra algo rentrer dans quelque chose

► ¡chócala! tope-là !

¡chócala! est une expression familière.

Attention ! Pour conserver le son /k/ de l'infinitif, le c *de* chocar *se transforme en* qu *devant un* e *:*

▷ Iba distraído y choqué con un árbol. J'étais distrait et j'ai heurté un arbre.

Se conjugue sur le modèle de cantar *(voir ce verbe).*

chocolate chocolat

chófer, choferesa chauffeur(-euse)

chollo aubaine

chollo est un mot familier.

chollo *est masculin.*

choque choc

choque peut également être une forme du verbe chocar.

▷ Puede que tanta violencia choque a los niños. Il se peut qu'autant de violence choque les enfants.

chorrear couler *ou* dégouliner

► estar chorreando être trempé(e)

Se conjugue sur le modèle de cantar *(voir ce verbe).*

chorro jet *ou* flot

► **a chorros** avec abondance

chuchería friandise

chulear frimer

Se conjugue sur le modèle de **cantar** *(voir ce verbe).*

chuleta *a plusieurs sens :*

1 **chuleta** *peut signifier* **côtelette**

2 **chuleta** *peut signifier* **antisèche**

> Dans ce sens, **chuleta** est un mot familier.

chulo, chula *a plusieurs sens :*

1 **chulo, chula** *peut signifier* **effronté(e)** *ou* **insolent(e)**

2 **chulo, chula** *peut signifier* **chouette** (au sens de « bien »)

> Dans ce sens, **chulo, chula** est un mot familier.

chupar sucer

Se conjugue sur le modèle de **cantar** *(voir ce verbe).*

chupete sucette

Dans ce mot, on reconnaît le lien avec le verbe **chupar** *qui signifie « sucer ».*

chupete *est masculin.*

churro churro *ou* beignet

► **por churro** par hasard

> **por churro** est une expression familière.

chutar shooter

cicatriz cicatrice

cicatriz *est féminin.*

ciclista cycliste

ciclista *est masculin et féminin.*

ciego, ciega aveugle

► **a ciegas** à tâtons

cielo ciel

cien *est la forme apocopée de* **ciento.**

► **cien por cien** cent pour cent

L'apocope est la suppression d'une ou plusieurs lettres à la fin d'un mot. **Ciento** *s'apocope en* **cien** *devant un nom (même s'il se trouve plus loin dans la phrase et même s'il est seulement sous-entendu) et devant « mil ».*

▷ Te lo he dicho cien veces: lávate las manos antes de comer. Je te l'ai dit cent fois : lave-toi les mains avant de manger.

ciencia science

► **saber algo a ciencia cierta** être sûr(e) et certain(e) de quelque chose

cieno vase (boue)

cieno *est masculin.*

ciento cent

► **por ciento** pour cent

▷ En esta tienda, hacen un quince por ciento de descuento. Ils font quinze pour cent de réduction dans ce magasin.

▷ El diez por ciento de la población está en paro. Dix pour cent de la population est au chômage.

> Attention : l'emploi des articles **un** ou **el** est obligatoire dans l'expression du pourcentage.

cierre fermeture

► **cierre de cremallera** fermeture Éclair®

> **cierre** peut également être une forme du verbe **cerrar.**

▷ Le doy la llave para que cierre la puerta. Je lui donne la clé pour qu'elle ferme la porte.

cierre *est masculin.*

cierto *a des sens différents selon sa catégorie grammaticale :*

> Ce peut être un ADVERBE :

cierto *signifie* **certainement**

> Ce peut être un ADJECTIF :

cierto, cierta *signifie* **certain(e)** *ou* **vrai(e)**

ciervo cerf

cifra chiffre

cifra *est féminin.*

cigala langoustine

> Attention ! **cigala** ne signifie pas « cigale ».

cigarillo cigarette

cigarillo *est masculin.*

cigarro cigare

cima sommet *ou* cime

cinco cinq

cincuenta cinquante

cine cinéma

cinta *a plusieurs sens :*

1 **cinta** *peut signifier* **ruban** *ou* **bande**

2 **cinta** *peut signifier* **cassette**

► **cinta de vídeo cassette video**

cintura **taille** (= partie du corps humain)

cinturón **ceinture**

► **cinturón de seguridad ceinture de sécurité**

cinturón *est masculin.*

circo **cirque**

círculo **cercle**

circunstancia **circonstance**

ciruela **prune**

► **ciruela pasa pruneau**

cirugía **chirurgie**

Attention à l'orthographe du mot cirugía.

cirujano, cirujana **chirurgien(ne)**

cisne **cygne**

cita *a plusieurs sens :*

1 **cita** *peut signifier* **rendez-vous**

► **acudir a una cita aller à un rendez-vous**

► **faltar a una cita manquer un rendez-vous**

2 **cita** *peut signifier* **citation**

cita peut également être une forme du verbe citar.

▷ Siempre cita el mismo fragmento. Il cite toujours le même extrait.

citar *a plusieurs sens :*

1 **citar** *peut signifier* **donner un rendez-vous**

2 **citar** *peut signifier* **citer**

Se conjugue sur le modèle de cantar *(voir ce verbe).*

ciudad **ville**

► **ciudad universitaria cité universitaire**

ciudadano, ciudadana **citoyen(ne)**

clara *a plusieurs sens :*

1 **clara** *peut signifier* **blanc d'œuf**

2 **clara** *peut signifier* **panaché** (avec de la bière)

3 **clara** *peut signifier* **éclaircie** (après la pluie)

clara *est féminin.*

clara peut également être le féminin de l'adjectif claro qui signifie « clair ».

claridad **clarté**

Dans ce mot, on reconnaît le lien avec l'adjectif claro *qui signifie « clair ».*

clarinete **clarinette**

clarinete *est masculin.*

claro *a des sens différents selon sa catégorie grammaticale :*

> Ce peut être un ADVERBE :

claro *signifie* **bien sûr**

▷ – ¿Vendrás a la cita? – Claro. – Tu viendras au rendez-vous ? – Bien sûr.

> Ce peut être un NOM :

1 **claro** *peut signifier* **clairière**

2 **claro** *peut signifier* **éclaircie**

claro *est masculin.*

> Ce peut être un ADJECTIF :

claro, clara *signifie* **clair(e)**

► **sacar en claro tirer au clair** ou **éclaircir**

clase *a plusieurs sens :*

1 **clase** *peut signifier* **cours**

► **dar clases donner des cours**

► **tener clase avoir cours**

2 **clase** *peut signifier* **classe (sociale)**

► **clase obrera classe ouvrière**

clasificar **classer** *ou* **trier**

► **clasificarse se qualifier**

Attention ! Pour conserver le son /k/ de l'infinitif, le c *de* clasificar *se transforme en* qu *devant un* e *:*

▷ Clasifiqué todos mis documentos. J'ai classé tous mes documents.

Se conjugue sur le modèle de cantar *(voir ce verbe).*

clavar **clouer** *ou* **enfoncer**

Se conjugue sur le modèle de cantar *(voir ce verbe).*

clave **clé**

► **en clave codé(e)**

clavel **œillet**

clavo **clou**

► **dar en el clavo viser juste** ou **mettre en plein dans le mille**

cobarde **peureux(-euse)** *ou* **lâche**

cobertizo **auvent** *ou* **remise** *ou* **hangar**

► **cobertizo del patio de recreo préau de la cour de récréation**

cobijo **abri** *ou* **protection**

► **dar cobijo a alguien héberger** quelqu'un

cobrar **encaisser** *ou* **toucher** (de l'argent)

Se conjugue sur le modèle de cantar *(voir ce verbe).*

cocear **ruer**

Se conjugue sur le modèle de cantar *(voir ce verbe).*

cocer **cuire**

Comme tous les verbes terminés en -cer *et en* -cir, cocer *subit des modifications orthographiques : pour conserver le son /s/, le* c *se transforme en* z *devant* o *et* a. *De plus, ce verbe est irrégulier à certaines personnes, à certains modes et à certains temps.*

INDICATIF PRÉSENT	SUBJONCTIF PRÉSENT	IMPÉRATIF
cuezo	cueza	
cueces	cuezas	cuece
cuece	cueza	cueza
cocemos	cozamos	cozamos
cocéis	cozáis	coced
cuecen	cuezan	cuezan

Pour les autres temps, se conjugue sur le modèle de deber *(voir ce verbe).*

Attention ! Ne pas confondre cocer avec coser qui signifie « coudre ».

coche **voiture**

► coche-cama **wagon-lit**

► coches de choque **autos tamponneuses**

coche *est masculin.*

cochecito **landau**

Dans ce mot, on reconnaît le nom coche *qui signifie « voiture » et le suffixe diminutif* -ito.

cocina **cuisine**

cocinar **cuisiner**

Se conjugue sur le modèle de cantar *(voir ce verbe).*

cocinero, cocinera **cuisinier(-ière)**

coco **noix de coco**

► comerse el coco **se prendre la tête**

comerse el coco est une expression familière.

coco *est masculin.*

cocodrilo **crocodile**

Attention à l'orthographe du mot cocodrilo.

codazo **coup de coude**

Dans ce mot, on reconnaît le lien avec le nom codo *qui signifie « coude ».*

código **code**

codo **coude**

► codo con codo **coude à coude**

Attention ! codo ne signifie pas « code ».

coger **prendre** *ou* **attraper**

► cogerse a algo **s'accrocher à** quelque chose

Attention ! Pour conserver le son /x/ de l'infinitif, le g *de* coger *se transforme en* j *devant* a *ou* o. *De plus, ce verbe est irrégulier à certaines personnes, à certains modes et à certains temps.*

▷ Me cojo a la barandilla. Je m'accroche à la rambarde.

INDICATIF PRÉSENT	SUBJONCTIF PRÉSENT	IMPÉRATIF
cojo	coja	
coges	cojas	coge
coge	coja	coja
cogemos	cojamos	cojamos
cogéis	cojáis	coged
cogen	cojan	cojan

Pour les autres temps, se conjugue sur le modèle de deber *(voir ce verbe).*

cohete **fusée**

cohete *est masculin.*

coincidir *a plusieurs sens :*

1 coincidir *peut signifier* **se rencontrer**

▷ Coincidimos en la calle. Nous nous sommes rencontrés dans la rue.

2 coincidir *peut signifier* **coïncider**

► coincidir con algo **tomber en même temps que** quelque chose

► coincidir en algo **partager les mêmes idées sur** quelque chose

Se conjugue sur le modèle de vivir *(voir ce verbe).*

cojear **boiter**

Se conjugue sur le modèle de cantar *(voir ce verbe).*

cojín **coussin**

cojo, coja **boiteux(-euse)** *ou* **bancal(e)**

► a la pata coja **à cloche-pied**

i cojo et coja peuvent également être des formes du verbe coger.

col **chou**

► coles de Bruselas **choux de Bruxelles**

Attention ! col ne signifie pas « col ».

col *est féminin.*

cola *a plusieurs sens :*

1 **cola** *peut signifier* **queue**

► **hacer cola** **faire la queue**

2 **cola** *peut signifier* **colle**

colada **lessive** (= lavage)

► **hacer la colada** **faire la lessive**

colador **passoire**

Dans ce mot, on reconnaît le lien avec le verbe **colar** *qui signifie « filtrer ».*
colador *est masculin.*

colar **filtrer**

► **colarse** **se faufiler** ou **resquiller**

Attention, ce verbe est irrégulier à certaines personnes, à certains modes et à certains temps.

INDICATIF PRÉSENT	SUBJONCTIF PRÉSENT	IMPÉRATIF
cuelo	cuele	
cuelas	cueles	cuela
cuela	cuele	cuele
colamos	colemos	colemos
coláis	coléis	colad
cuelan	cuelen	cuelen

Pour les autres temps, se conjugue sur le modèle de **cantar** *(voir ce verbe).*

colchón **matelas**

coleccionar **collectionner**

> Attention à l'orthographe du mot **coleccionar**.

Se conjugue sur le modèle de **cantar** *(voir ce verbe).*

coleccionista **collectionneur(-euse)**

colega **collègue** ou **copain, copine**

colega *est masculin ou féminin.*

colegial, colegiala **écolier(-ière)**

colegio **école**

colegio *est masculin.*

> En espagnol, **colegio** a un sens plus large que le français « collège ». **Escuela** et **colegio** sont presque synonymes.

cólera *a plusieurs sens selon qu'il est masculin ou féminin :*

1 **el cólera** (masculin) *signifie* **le choléra**

2 **la cólera** (féminin) *signifie* **la colère**

► **montar en cólera** **se mettre en colère**

colgador **portemanteau**

Dans ce mot, on reconnaît le lien avec le verbe **colgar** *qui signifie « pendre ».*

colgar **pendre** ou **accrocher** ou **raccrocher** (le téléphone)

▷ **He colgado su dibujo en la pared.** J'ai accroché son dessin au mur.

Attention ! Pour conserver le son /g/ de l'infinitif, le **g** *de* **colgar** *se transforme en* **gu** *devant un* **e**. *De plus, ce verbe est irrégulier à certaines personnes, à certains modes et à certains temps.*

INDICATIF PRÉSENT	SUBJONCTIF PRÉSENT	IMPÉRATIF
cuelgo	cuelgue	
cuelgas	cuelgues	cuelgua
cuelga	cuelgue	cuelgue
colgamos	colguemos	colguemos
colgáis	colguéis	colgad
cuelgan	cuelguen	cuelguen

Pour les autres temps, se conjugue sur le modèle de **cantar** *(voir ce verbe).*

coliflor **chou-fleur**

On remarque que ce mot est constitué du nom **col** *qui signifie « chou » et du nom* **flor** *qui signifie « fleur ».*

coliflor *est féminin.*

colilla **mégot**

colilla *est féminin.*

collar **collier**

colmena **ruche**

colmillo **canine** ou **croc** ou **défense** (d'éléphant)

colocación *a plusieurs sens :*

1 **colocación** *peut signifier* **emplacement**

2 **colocación** *peut signifier* **emploi**

> Attention ! **colocación** ne signifie pas « colocation ».

colocar **mettre** ou **placer**

Attention ! Pour conserver le son /k/ de l'infinitif, le **c** *de* **colocar** *se transforme en* **qu** *devant un* **e** *:*

▷ **Colóquelo ahí.** Mettez-le là.

► **colocarse** **trouver une solution** ou **un travail**

Se conjugue sur le modèle de **cantar** *(voir ce verbe).*

Colombia **Colombie**

colombiano, colombiana **colombien(-ne)** ou **Colombien(-ne)**

color **couleur**

color *est masculin.*

colorado, colorada **rouge**

colorear colorier

📖 *Se conjugue sur le modèle de* cantar *(voir ce verbe).*

columna colonne

columpiar balancer (au sens de « bercer »)

📖 *Se conjugue sur le modèle de* cantar *(voir ce verbe).*

columpio balançoire

columpio est masculin.

coma *a des sens différents selon qu'il est masculin ou féminin :*

1 el coma (masculin) *signifie* **le coma**

2 una coma (féminin) *signifie* **une virgule**

comba corde à sauter

combate combat

ℹ combate peut également être une forme du verbe combatir.

▷ Combate la enfermedad. Il combat la maladie.

combatir combattre

📖 *Se conjugue sur le modèle de* vivir *(voir ce verbe).*

comedor salle à manger

► comedor escolar **cantine**

Dans ce mot, on reconnaît le lien avec le verbe comer *qui signifie « manger ».*
comedor est masculin.

comenzar commencer *ou* entamer

📖 *Comme tous les verbes terminés en* -zar, comenzar *subit des modifications orthographiques : le* z *devient* c *devant un* e. *De plus, ce verbe est irrégulier à certaines personnes, à certains modes et à certains temps.*

INDICATIF PRÉSENT	SUBJONCTIF PRÉSENT	IMPÉRATIF
comienzo	comience	
comienzas	comiences	comienza
comienza	comience	comience
comenzamos	comencemos	comencemos
comenzáis	comencéis	comenzad
comienzan	comiencen	comiencen

📖 *Pour les autres temps, se conjugue sur le modèle de* cantar *(voir ce verbe).*

comer manger

📖 *Se conjugue sur le modèle de* deber *(voir ce verbe).*

comerciante commerçant(e)

Attention ! Il n'y a qu'un seul m à comerciante.

comercio commerce

Attention ! Il n'y a qu'un seul m à comercio.

comestibles aliments

► tienda de comestibles **épicerie**

cometa *a des sens différents selon qu'il est masculin ou féminin :*

1 un cometa (masculin) *signifie* **une comète**

2 una cometa (féminin) *signifie* **un cerf-volant**

cometer commettre

Dans ce mot, on reconnaît le lien avec le verbe meter *qui signifie « mettre ».*

📖 *Se conjugue sur le modèle de* deber *(voir ce verbe).*

cómic bande dessinée

cómic est masculin.

cómico, cómica *a des sens différents selon sa catégorie grammaticale :*

> Ce peut être un ADJECTIF :

cómico, cómica *signifie* **comique**

> Ce peut être un NOM :

cómico, cómica *signifie* **comédien(ne)**

comida nourriture *ou* repas

comienzo début *ou* commencement

ℹ comienzo peut également être une forme du verbe comenzar.

▷ Por la mañana, comienzo por ducharme. Le matin, je commence par me doucher.

comillas guillemets

comillas est féminin et pluriel.

como (sans accent) *a des sens différents selon sa catégorie grammaticale :*

> Ce peut être un ADVERBE :

1 como *peut être l'adverbe de manière ou de comparaison* **comme**

▷ Haz como quieras. Fais comme tu veux.

2 como *peut signifier* **environ**

▷ Hoy en la clase había como diez alumnos. Aujourd'hui en classe il y avait environ dix élèves.

3 como *peut signifier* **en tant que**

▷ Como delegado de clase, suele hablar con los profesores. En tant que chef de classe, il a l'habitude de parler avec les professeurs.

> Ce peut être une CONJONCTION :

1 como *peut signifier* **comme** *pour exprimer la cause*

▷ Como había huelgas, llegó tarde. Comme il y avait des grèves, il est arrivé en retard.

2 como *peut signifier* **si** pour exprimer la menace

▷ Como no te portes bien, no iremos a pasear. Si tu n'es pas sage, nous n'irons pas nous promener.

ℹ como peut également être une forme du verbe comer.

▷ Como demasiado. Je mange trop.

Attention à l'accent grammatical : il ne faut pas confondre como et cómo.

cómo (avec accent) *est le mot interrogatif et exclamatif* **comment**

▷ ¿Cómo te llamas? Comment tu t'appelles ?

► **¡cómo no! bien sûr !**

Attention à l'accent grammatical : il ne faut pas confondre cómo et como.

comodidad **commodité** *ou* **confort**

comodidad *est féminin.*

comodín **joker**

cómodo, cómoda *a plusieurs sens :*

1 **cómodo, cómoda** *peut signifier* **confortable**

► **sentirse cómodo se sentir à l'aise**

► **ser cómodo être confortable**

► **estar cómodo être à l'aise**

Attention ! Notez que selon le verbe utilisé, le sens de cómodo *varie.*

2 **cómodo, cómoda** *peut signifier* **pratique**

compadecer **plaindre**

Attention ! compadecer *appartient au groupe des verbes se terminant en* -acer, -ecer, -ocer *et* -ucir *qui sont irréguliers à certaines personnes, à certains modes et à certains temps.*

INDICATIF PRÉSENT	SUBJONCTIF PRÉSENT	IMPÉRATIF
compadezco	compadezca	
compadeces	compadezcas	compadece
compadece	compadezca	compadezca
compadecemos	compadezcamos	compadezcamos
compadecéis	compadezcáis	compadeced
compadecen	compadezcan	compadezcan

Pour les autres temps, se conjugue sur le modèle de deber *(voir ce verbe).*

compañero, compañera **compagnon, compagne** *ou* **copain, copine**

compañía **compagnie**

► **hacerle compañía a** alguien **tenir compagnie à** quelqu'un

Attention à l'orthographe du mot compañía.

comparación **comparaison**

► **en comparación con** algo **par comparaison à** quelque chose

comparado, comparada **comparé(e)**

► **comparado con comparé à**

comparar **comparer**

Se conjugue sur le modèle de cantar *(voir ce verbe).*

compartir **partager**

Se conjugue sur le modèle de vivir *(voir ce verbe).*

compás *a plusieurs sens :*

1 **compás** *peut signifier* **compas**

2 **compás** *peut signifier* **rythme**

► **llevar el compás battre la mesure**

competencia *a plusieurs sens :*

1 **competencia** *peut signifier* **concurrence** *ou* **compétition**

► **hacer la competencia a** alguien **faire concurrence à** quelqu'un

2 **competencia** *peut signifier* **compétence**

competidor, competidora **concurrent(e)** *ou* **rival(e)**

competir **concourir pour** *ou* **faire concurrence à**

Attention, ce verbe est irrégulier à certaines personnes, à certains modes et à certains temps.

Pour les autres temps, se conjugue sur le modèle de vivir *(voir ce verbe).*

COMPETIR				
INDICATIF PRÉSENT	SUBJONCTIF PRÉSENT	PASSÉ SIMPLE	SUBJONCTIF IMPARFAIT	IMPÉRATIF
compito	compita	competí	compitiera	
compites	compitas	competiste	compitieras	compite
compite	compita	compitió	compitiera	compita
competimos	compitamos	competimos	compitiéramos	compitamos
competís	compitáis	competisteis	compitierais	competid
compiten	compitan	compitieron	compitieran	compitan

complejo, compleja complexe

componer *a plusieurs sens :*

1 **componer** *peut signifier* **composer**

2 **componer** *peut signifier* **réparer**

Dans ce mot, on reconnaît le verbe poner. *Ils se conjuguent de la même manière.*

compra achat

► **hacer la compra** faire les courses

► **ir de compras** faire du shopping

compra *est féminin.*

> i compra peut également être une forme du verbe comprar.

▷ Siempre compra cosas inútiles. Il achète toujours des choses inutiles.

comprar acheter

Se conjugue sur le modèle de cantar *(voir ce verbe).*

comprensión compréhension

comprensivo, comprensiva compréhensif(-ive)

comprimido comprimé

comprobar vérifier *ou* contrôler

Dans ce mot, on reconnaît le verbe probar. *Ils se conjuguent de la même manière.*

comprometerse s'engager

Se conjugue sur le modèle de atreverse *(voir ce verbe).*

compromiso *a plusieurs sens :*

1 **compromiso** *peut signifier* **engagement**

2 **compromiso** *peut signifier* **fiançailles**

3 **compromiso** *peut signifier* **embarras**

► **poner a** alguien **en un compromiso** mettre quelqu'un dans l'embarras

computador *ou* **computadora** ordinateur *ou* calculatrice

comunidad communauté

> Attention ! Il n'y a qu'un seul m à comunidad.

con avec

► **café con leche** café au lait

► **con** + infinitif *peut signifier* **bien que** + subjonctif

▷ Con leerla diez veces, no sabe su lección de memoria. Bien qu'il l'ait lue dix fois, il ne sait pas sa leçon par cœur.

► **con** + infinitif *peut signifier* **en** + participe présent

▷ Con estudiar un poco cada día, aprobará. En travaillant un peu chaque jour, il réussira.

► **con tal de que** + subjonctif **du moment que** + indicatif

▷ Con tal de que tenga buenas notas, puede salir con sus amigos. Du moment qu'il a de bonnes notes, il peut sortir avec ses amis.

> i La préposition con, employée pour exprimer le moyen ou la manière de faire quelque chose, n'est pas toujours traduite en français.

▷ Camina con las manos en los bolsillos. Il marche les mains dans les poches.

concebir concevoir *ou* comprendre

Attention, ce verbe est irrégulier à certaines personnes, à certains modes et à certains temps.

Pour les autres temps, se conjugue sur le modèle de vivir *(voir ce verbe).*

conceder accorder

Se conjugue sur le modèle de deber *(voir ce verbe).*

concepto concept

► **tener buen concepto de** alguien **avoir une bonne opinion de** quelqu'un

► **tener mal concepto de** alguien **avoir une mauvaise opinion de** quelqu'un

concernir concerner

Attention, ce verbe est irrégulier à certaines personnes, à certains modes et à certains temps.

INDICATIF PRÉSENT	SUBJONCTIF PRÉSENT
concierne	concierna
conciernen	conciernan

Pour les autres temps, se conjugue sur le modèle de vivir *(voir ce verbe).*

concha coquille *ou* carapace

CONCEBIR				
INDICATIF PRÉSENT	SUBJONCTIF PRÉSENT	PASSÉ SIMPLE	SUBJONCTIF IMPARFAIT	IMPÉRATIF
concibo	conciba	concebí	concibiera	
concibes	concibas	concebiste	concibieras	concibe
concibe	conciba	concibió	concibiera	conciba
concebimos	concibamos	concebimos	concibiéramos	concibamos
concebís	concibáis	concebisteis	concibierais	concebid
conciben	conciban	concibieron	concibieran	conciban

concierto concert

► **sin orden ni concierto** à tort et à travers

concluir terminer *ou* conclure

Comme la plupart des verbes terminés en -uir*,* -eer *et* -aer*,* concluir *subit des modifications orthographiques : le* i *se transforme en* y *devant* o *et* e*.*

▷ Concluyó la exposición con una cita de Alberti. Il a terminé son exposé par une citation de Alberti.

Se conjugue sur le modèle de vivir *(voir ce verbe).*

conclusión fin *ou* conclusion

concordar s'accorder

▷ El nombre y el adjetivo concuerdan en género y en número. Le nom et l'adjectif s'accordent en genre et en nombre.

Attention, ce verbe est irrégulier à certaines personnes, à certains modes et à certains temps.

INDICATIF PRÉSENT	SUBJONCTIF PRÉSENT	IMPÉRATIF
concuerdo	concuerde	
concuerdas	concuerdes	concuerda
concuerda	concuerde	concuerde
concordamos	concordemos	concordemos
concordáis	concordéis	concordad
concuerdan	concuerden	concuerden

Pour les autres temps, se conjugue sur le modèle de cantar *(voir ce verbe).*

concursante participant(e) (à un concours)

concursante *est masculin et féminin.*

concursar concourir *ou* être candidat (à un jeu)

Se conjugue sur le modèle de cantar *(voir ce verbe).*

concurso concours

conde comte

condena condamnation

condenar condamner

Se conjugue sur le modèle de cantar *(voir ce verbe).*

condesa comtesse

condición condition

► **a condición (de) que...** à condition que...

► **condiciones** *peut aussi signifier* **aptitudes** *ou* **capacités**

conducir conduire *ou* mener

Attention, ce verbe est irrégulier à certaines personnes, à certains modes et à certains temps.

Pour les autres temps, se conjugue sur le modèle de vivir *(voir ce verbe).*

conducta conduite

conductor, conductora conducteur(-trice)

conectar brancher *ou* connecter

Se conjugue sur le modèle de cantar *(voir ce verbe).*

conejo lapin

confesar avouer *ou* confesser

Attention, ce verbe est irrégulier à certaines personnes, à certains modes et à certains temps.

INDICATIF PRÉSENT	SUBJONCTIF PRÉSENT	IMPÉRATIF
confieso	confiese	
confiesas	confieses	confiesa
confiesa	confiese	confiese
confesamos	confesemos	confesemos
confesáis	confeséis	confesad
confiesan	confiesen	confiesen

Pour les autres temps, se conjugue sur le modèle de cantar *(voir ce verbe).*

confesión aveu *ou* confession

confiado, confiada confiant(e) *ou* crédule

confianza confiance

confiar confier *ou* faire confiance

► **confiar en alguien** faire confiance à quelqu'un

▷ Confío en él. Je lui fais confiance.

► **confiar en hacer algo** avoir bon espoir de faire quelque chose

▷ Confío en encontrar trabajo. J'ai bon espoir de trouver un travail.

CONDUCIR				
INDICATIF PRÉSENT	PASSÉ SIMPLE	SUBJONCTIF PRÉSENT	SUBJONCTIF IMPARFAIT	IMPÉRATIF
conduzco	conduje	conduzca	condujera	
conduces	condujiste	conduzcas	condujeras	conduce
conduce	condujo	conduzca	condujera	conduzca
conducimos	condujimos	conduzcamos	condujéramos	conduzcamos
conducís	condujisteis	conduzcáis	condujerais	conducid
conducen	condujeron	conduzcan	condujeran	conduzcan

Attention, ce verbe est irrégulier à certaines personnes, à certains modes et à certains temps.

INDICATIF PRÉSENT	SUBJONCTIF PRÉSENT	IMPÉRATIF
confío	confíe	
confías	confíes	confía
confía	confíe	confíe
confiamos	confiemos	confiemos
confiáis	confiéis	confiad
confían	confíen	confíen

Pour les autres temps, se conjugue sur le modèle de **cantar** *(voir ce verbe).*

confirmar confirmer

Se conjugue sur le modèle de **cantar** *(voir ce verbe).*

confitería confiserie

conflicto conflit

conformarse se contenter

▷ Debemos conformarnos con lo que tenemos. Nous devons nous contenter de ce que nous avons.

> Attention à l'emploi de la préposition con dans conformarse con (se contenter de).

Se conjugue sur le modèle de **burlarse** *(voir ce verbe).*

confundir confondre

► **confundirse** se tromper

Se conjugue sur le modèle de **vivir** *(voir ce verbe).*

congelado, congelada gelé(e) *ou* surgelé(e)

congelador congélateur

congelar congeler

Se conjugue sur le modèle de **cantar** *(voir ce verbe).*

conjugar conjuguer

Attention ! Pour conserver le son /g/ de l'infinitif, le **g** *de* **conjugar** *se transforme en* **gu** *devant un* **e** *:*

▷ Conjuguen el verbo "salir" en futuro. Conjuguez le verbe "salir" au futur.

Se conjugue sur le modèle de **cantar** *(voir ce verbe).*

conjunto ensemble

conjuro formule magique

conjuro *est masculin.*

conmigo avec moi

conmovedor, conmovedora émouvant(e)

conmover émouvoir

Dans ce mot, on reconnaît le verbe **mover**. *Ils se conjuguent de la même manière.*

conocer connaître *ou* reconnaître

Attention ! **conocer** *appartient au groupe des verbes se terminant en* **-acer**, **-ecer**, **-ocer** *et* **-ucir** *qui sont irréguliers à certaines personnes, à certains modes et à certains temps.*

INDICATIF PRÉSENT	SUBJONCTIF PRÉSENT	IMPÉRATIF
conozco	conozca	
conoces	conozcas	conoce
conoce	conozca	conozca
conocemos	conozcamos	conozcamos
conocéis	conozcáis	conoced
conocen	conozcan	conozcan

Pour les autres temps, se conjugue sur le modèle de **deber** *(voir ce verbe).*

conocimiento connaissance

conocimiento *est masculin.*

conque donc *ou* alors

conquista conquête

conquistar conquérir

Se conjugue sur le modèle de **cantar** *(voir ce verbe).*

consecuencia conséquence

► **en consecuencia** en conséquence

► **por consecuencia** par conséquent

conseguir *a plusieurs sens :*

1 **conseguir** *peut signifier* réussir

▷ He conseguido aprender las lecciones de memoria. J'ai réussi à apprendre mes leçons par cœur.

2 **conseguir** *peut signifier* obtenir *ou* trouver

▷ Consiguió un buen trabajo. Il a trouvé un bon travail.

3 **conseguir** *peut signifier* remporter (une médaille par exemple)

Dans ce mot, on reconnaît le verbe **seguir**. *Ils se conjuguent de la même manière.*

consejo conseil

conserje concierge

conservatorio conservatoire

considerar *a plusieurs sens :*

1 **considerar** *peut signifier* considérer

2 **considerar** *peut signifier* envisager

Se conjugue sur le modèle de **cantar** *(voir ce verbe).*

consigo avec lui *ou* avec elle *ou* avec vous

► **consigo mismo** avec soi-même

consiguiente

► **por consiguiente** par conséquent

consonante consonne

constar *a plusieurs sens :*

1 **constar** *peut signifier* **figurer** (= se trouver)

► **constar de** **comprendre** ou **se composer de**

▷ Esta obra de teatro consta de tres actos. Cette pièce comprend trois actes.

2 **constar** *peut signifier* **être certain(e)**

Se conjugue sur le modèle de cantar (voir ce verbe).

constipado, constipada **enrhumé(e)**

> Attention ! constipado, constipada ne signifie pas « constipé ».

constiparse **s'enrhumer**

> Attention ! constiparse ne signifie pas « être constipé ».

Se conjugue sur le modèle de burlarse (voir ce verbe).

construcción **construction** *ou* **bâtiment**

construir **construire**

Les verbes terminés en -uir subissent des modifications orthographiques : le i se transforme en y devant o et e.

▷ Contruyeron un castillo. Ils construisirent un château.

Se conjugue sur le modèle de vivir (voir ce verbe).

consuelo **consolation**

consuelo est masculin.

consulta *a plusieurs sens :*

1 **consulta** *peut signifier* **consultation**

2 **consulta** *peut signifier* **conseil** *ou* **renseignement**

► **hacer una consulta** **demander un conseil** ou **chercher un renseignement**

► **obra de consulta** **ouvrage de référence**

> consulta peut également être une forme du verbe consultar.

▷ Siempre consulta el diccionario. Il consulte toujours le dictionnaire.

consultar **consulter**

Se conjugue sur le modèle de cantar (voir ce verbe).

consumición **consommation** (de boissons)

consumidor, consumidora **consommateur(-trice)**

consumir **consommer**

► **consumirse** **se consumer**

Se conjugue sur le modèle de vivir (voir ce verbe).

consumo **consommation**

consumo est masculin.

contacto **contact**

contado, contada **conté(e)** *ou* **compté(e)**

► **en contadas occasiones** **rarement**

contagiar **transmettre** (une maladie) *ou* **communiquer**

Se conjugue sur le modèle de cantar (voir ce verbe).

contagioso, contagiosa **contagieux, contagieuse**

contaminación **pollution** *ou* **contamination**

contaminar **polluer** *ou* **contaminer**

Se conjugue sur le modèle de cantar (voir ce verbe).

contar *a plusieurs sens :*

1 **contar** *peut signifier* **compter**

► **contar con alguien** **compter sur** quelqu'un

▷ ¡Cuenta conmigo! Compte sur moi !

► **contar con algo** **disposer de** quelque chose

2 **contar** *peut signifier* **raconter**

Attention, ce verbe est irrégulier à certaines personnes, à certains modes et à certains temps.

INDICATIF PRÉSENT	SUBJONCTIF PRÉSENT	IMPÉRATIF
cuento	cuente	
cuentas	cuentes	cuenta
cuenta	cuente	cuente
contamos	contemos	contemos
contáis	contéis	contad
cuentan	cuenten	cuenten

Pour les autres temps, se conjugue sur le modèle de cantar (voir ce verbe).

contemplar *a plusieurs sens :*

1 **contemplar** *peut signifier* **contempler**

2 **contemplar** *peut signifier* **envisager**

▷ Mi hermano contempla la posibilidad de casarse. Mon frère envisage de se marier.

Se conjugue sur le modèle de cantar (voir ce verbe).

contemporáneo, contemporánea **contemporain(e)**

contener **contenir**

Dans ce mot, on reconnaît le verbe tener. Ils se conjuguent de la même manière.

contenido contenu

contentar faire plaisir à

▷ Quiero contentarla para su cumpleaños. Je veux lui faire plaisir pour son anniversaire.

► contentarse con algo **se contenter de** quelque chose

Se conjugue sur le modèle de cantar *(voir ce verbe).*

contento, contenta content(e)

► estar contento con algo **être content de** quelque chose

contestación réponse

> Attention ! contestación ne signifie pas « contestation ».

contestador répondeur (téléphonique)

contestar répondre

> Attention ! contestar ne signifie pas « contester ».

Se conjugue sur le modèle de cantar *(voir ce verbe).*

contigo avec toi

continuación suite

► a continuación **après** ou **ensuite**

continuamente continuellement *ou* de façon continue

continuar continuer

Attention, ce verbe est irrégulier à certaines personnes, à certains modes et à certains temps.

INDICATIF PRÉSENT	SUBJONCTIF PRÉSENT	IMPÉRATIF
continúo	continúe	
continúas	continúes	continúa
continúa	continúe	continúe
continuamos	continuemos	continuemos
continuáis	continuéis	continuad
continúan	continúen	continúen

Pour les autres temps, se conjugue sur le modèle de cantar *(voir ce verbe).*

continuo, continua continu(e)

contorno contour

contra contre

► en contra de algo **contre** quelque chose

contrabajo contrebasse

contrabajo *est masculin.*

contradecir contredire

Dans ce mot, on reconnaît le verbe decir. *Ils se conjuguent de la même manière.*

contrariamente a contrairement à

contrariar contrarier

Se conjugue sur le modèle de cantar *(voir ce verbe).*

contrario, contraria *a des sens différents selon sa catégorie grammaticale :*

> Ce peut être un ADJECTIF :

contrario, contraria *signifie* **contraire**

► al contrario **au contraire**

► llevar la contraria **avoir l'esprit de contradiction**

► ser contrario a algo **être contre** quelque chose ou **être opposé à** quelque chose

> Ce peut être un NOM :

contrario, contraria *signifie* **adversaire**

contraseña mot de passe

contraseña *est féminin.*

contratiempo contretemps

contribuir contribuer

Les verbes terminés en -uir *subissent des modifications orthographiques : le* i *se transforme en* y *devant* o *et* e.

▷ Esto contribuyó a su éxito. Ça a contribué à son succès.

Se conjugue sur le modèle de vivir *(voir ce verbe).*

convencer convaincre

Dans ce mot, on reconnaît le verbe vencer. *Ils se conjuguent de la même manière.*

convenir convenir

► convenir hacer algo **convenir de** faire quelque chose

▷ Conviene estudiar más. Il convient d'étudier davantage.

► convenir en hacer algo **convenir de** faire quelque chose (= se mettre d'accord)

▷ Convinieron en venir mañana. Ils ont convenu de venir demain.

> Attention à l'emploi de la préposition en dans convenir en hacer algo (convenir de faire quelque chose dans le sens de « se mettre d'accord »).

Dans ce mot, on reconnaît le verbe venir. *Ils se conjuguent de la même manière.*

convento couvent

convertir changer *ou* convertir *ou* transformer

Attention, ce verbe est irrégulier à certaines personnes, à certains modes et à certains temps. Voir tableau p. suivante.

Pour les autres temps, se conjugue sur le modèle de vivir *(voir ce verbe).*

CONVERTIR				
INDICATIF PRÉSENT	SUBJONCTIF PRÉSENT	PASSÉ SIMPLE	SUBJONCTIF IMPARFAIT	IMPÉRATIF
convierto	convierta	convertí	convirtiera	
conviertes	conviertas	convertiste	convirtieras	convierte
convierte	convierta	convirtió	convirtiera	convierta
convertimos	convirtamos	convertimos	convirtiéramos	convirtamos
convertís	convirtáis	convertisteis	convirtierais	convertid
convierten	conviertan	convirtieron	convirtieran	conviertan

copa *a plusieurs sens :*

1 **copa** *peut signifier* **coupe** *ou* **verre** (d'alcool)

2 **copa** *peut signifier* **cime** (d'un arbre)

► **copas** est l'une des quatre couleurs du jeu de cartes espagnol

► **sombrero de copa** **chapeau haut-de-forme**

copiar **copier** *ou* **recopier**

► **copiar y pegar** **copier-coller**

📖 *Se conjugue sur le modèle de* **cantar** *(voir ce verbe).*

copo **flocon**

► **copo de nieve** **flocon de neige**

coquetear **flirter**

📖 *Se conjugue sur le modèle de* **cantar** *(voir ce verbe).*

coraje *a plusieurs sens :*

1 **coraje** *peut signifier* **courage**

2 **coraje** *peut signifier* **irritation**

► **dar coraje** **mettre en colère**

coral *a des sens différents selon qu'il est masculin ou féminin :*

1 **un coral** (masculin) *signifie* **un corail**

2 **una coral** (féminin) *signifie* **une chorale**

corazón **cœur**

corbata **cravate**

cordel **ficelle** *ou* **corde**

⚐ **cordel** *est masculin.*

cordero **agneau**

Córdoba **Cordoue**

cordón **lacet** *ou* **cordon**

corona **couronne** *ou* **auréole**

ℹ **corona** peut également être une forme du verbe **coronar**.

▷ **Una veleta corona el campanario.** Une girouette couronne le clocher.

coronar **couronner**

📖 *Se conjugue sur le modèle de* **cantar** *(voir ce verbe).*

corral **basse-cour**

⚐ **corral** *est masculin.*

correa **laisse** (de chien) *ou* **courroie**

corredor *a des sens différents selon sa catégorie grammaticale :*

> Ce peut être un NOM :

corredor *signifie* **couloir**

> Ce peut être un ADJECTIF ou un NOM :

corredor, corredora *signifie* **coureur(-euse)**

corregir **corriger**

📖 **corregir** *subit un changement de voyelle : le* **e** *se transforme en* **i** *aux trois personnes du singulier et à la troisième personne du pluriel du présent de l'indicatif, à toutes les personnes du présent du subjonctif, aux troisièmes personnes du singulier et du pluriel au passé simple et à toutes les personnes du subjonctif imparfait. De plus, comme la plupart des verbes terminés en* **-ger** *ou* **-gir**, **corregir** *subit des modifications orthographiques pour conserver le son /x/ : le* **g** *se transforme en* **j** *devant* **o** *et* **a**.

CORREGIR				
INDICATIF PRÉSENT	SUBJONCTIF PRÉSENT	PASSÉ SIMPLE	SUBJONCTIF IMPARFAIT	IMPÉRATIF
corrijo	corrija	corregí	corrigiera	
corriges	corrijas	corregiste	corrigieras	corrige
corrige	corrija	corrigió	corrigiera	corrija
corregimos	corrijamos	corregimos	corrigiéramos	corrijamos
corregís	corrijáis	corregisteis	corrigierais	corregid
corrigen	corrijan	corrigieron	corrigieran	corrijan

correo courrier

► Correos la Poste

► echar algo al correo poster quelque chose

correr *a plusieurs sens :*

1 correr *peut signifier* courir *ou* aller vite

2 correr *peut signifier* couler (en parlant d'un cours d'eau)

> Attention à l'orthographe du mot correr.

Se conjugue sur le modèle de deber *(voir ce verbe).*

corriente courant(e) *ou* ordinaire

> Attention à l'orthographe du mot corriente.

corrupto, corrupta corrompu(e)

cortado *a des sens différents selon sa catégorie grammaticale :*

> Ce peut être un ADJECTIF :

1 cortado, cortada *peut signifier* timide

2 cortado, cortada *peut signifier* troublé(e)

> Ce peut être un NOM :

cortado *signifie* café noisette

> i cortado peut également être le participe passé du verbe cortar.

cortar couper

Se conjugue sur le modèle de cantar *(voir ce verbe).*

corte *a des sens différents selon qu'il est masculin ou féminin :*

1 un corte (masculin) *signifie* une coupure *ou* une coupe

2 la corte (féminin) *signifie* la cour (royale)

► las Cortes le Parlement

cortés courtois(e) *ou* poli(e)

cortesía courtoisie *ou* politesse

corteza écorce *ou* croûte

cortina rideau

► correr la cortina tirer le rideau

cortina *est féminin.*

corto, corta court(e)

► corto de vista myope

cosa chose

► cosa(s) que + infinitif chose(s) à + infinitif

▷ Tengo cosas que hacer. J'ai des choses à faire.

► como si tal cosa comme si de rien n'était

► cualquier cosa n'importe quoi

► cosa de à peu près

▷ Esperé cosa de una hora. J'ai attendu à peu près une heure.

cosecha récolte

cosechar récolter

Se conjugue sur le modèle de cantar *(voir ce verbe).*

coser coudre

Se conjugue sur le modèle de deber *(voir ce verbe).*

> Attention ! Ne pas confondre coser avec cocer qui signifie « cuire ».

cosquillas

► hacer cosquillas a alguien chatouiller quelqu'un

► tener cosquillas être chatouilleux (-euse)

costa côte (= bord de mer)

► a costa de à force de

► a toda costa coûte que coûte

costar coûter

► costar + infinitif avoir du mal à + infinitif

Attention, ce verbe est irrégulier à certaines personnes, à certains modes et à certains temps.

INDICATIF PRÉSENT	SUBJONCTIF PRÉSENT	IMPÉRATIF
cuesto	cueste	
cuestas	cuestes	cuesta
cuesta	cueste	cueste
costamos	costemos	costemos
costáis	costéis	costad
cuestan	cuesten	cuesten

Pour les autres temps, se conjugue sur le modèle de cantar *(voir ce verbe).*

costarricense costaricien(ne) *ou* Costaricien(ne) (= habitant du Costa Rica)

costarriqueño, costarriqueña costaricain(e) *ou* Costaricain(e) (= habitant du Costa Rica)

coste coût *ou* prix

costilla côte (= partie du corps)

costoso, costosa coûteux(-euse)

costra croûte

costumbre coutume *ou* habitude

► como de costumbre comme d'habitude

► costumbres mœurs

costura couture

cotidiano, cotidiana quotidien(ne)

cráneo crâne

cráter cratère

creación création

crear créer

Attention ! Ne pas confondre crear avec creer qui signifie « croire » ou avec criar qui signifie « élever ».

Se conjugue sur le modèle de cantar *(voir ce verbe).*

crecer **grandir** *ou* **pousser** (en parlant des cheveux ou de plantes) *ou* **augmenter**

Attention ! crecer *appartient au groupe des verbes se terminant en* -acer, -ecer, -ocer *et* -ucir *qui sont irréguliers à certaines personnes, à certains modes et à certains temps.*

INDICATIF PRÉSENT	SUBJONCTIF PRÉSENT	IMPÉRATIF
crezco	crezca	
creces	crezcas	crece
crece	crezca	crezca
crecemos	crezcamos	crezcamos
crecéis	crezcáis	creced
crecen	crezcan	crezcan

Pour les autres temps, se conjugue sur le modèle de deber *(voir ce verbe).*

crecimiento croissance

crecimiento *est masculin.*

crédito crédit

► **dar crédito a algo** **croire à** quelque chose

► **ser digno de crédito** **être digne de confiance**

creencia croyance

creer croire

▷ No cree en los fantasmas. Il ne croit pas aux fantômes.

Attention à l'emploi de la préposition en dans creer en algo (croire à quelque chose).

Attention ! Ne pas confondre creer avec crear qui signifie « créer » ou avec criar qui signifie « élever ».

Comme la plupart des verbes terminés en -uir, -eer *et* -aer, creer *subit des modifications orthographiques : le* i *se transforme en* y *devant* o *et* e.

▷ No se lo creyó. Il n'y a pas cru.

Se conjugue sur le modèle de vivir *(voir ce verbe).*

creído, creída **vantard(e)** *ou* **prétentieux (-euse)**

creyente croyant(e)

cría *a plusieurs sens :*

1 cría *peut signifier* **petit** (d'un animal)

2 cría *peut signifier* **élevage**

cría *est féminin.*

cría peut également être une forme du verbe criar.

▷ Mi abuelo cría cerdos. Mon grand-père élève des cochons.

criadero *a plusieurs sens :*

1 criadero *peut signifier* **pépinière**

2 criadero *peut signifier* **élevage**

criado, criada domestique

criado peut également être le participe passé du verbe criar.

criar **nourrir** *ou* **élever** *ou* **éduquer**

Attention ! criar ne signifie pas « crier ». Ne pas confondre criar avec crear qui signifie « créer » ou avec creer qui signifie « croire ».

Attention, ce verbe est irrégulier à certaines personnes, à certains modes et à certains temps.

INDICATIF PRÉSENT	SUBJONCTIF PRÉSENT	IMPÉRATIF
crío	críe	
crías	críes	cría
cría	críe	críe
criamos	criemos	criemos
criáis	criéis	criad
crían	críen	críen

Pour les autres temps, se conjugue sur le modèle de cantar *(voir ce verbe).*

criatura créature

crimen crime

crin crin

► **los crines** **la crinière**

crisis crise

crisis *est féminin et invariable :* una crisis, las crisis.

cristal *a plusieurs sens :*

1 cristal *peut signifier* **verre** *ou* **cristal** (= matériau)

2 cristal *peut signifier* **vitre**

cristiano, cristiana chrétien(ne)

cruasán croissant (viennoiserie)

cruce carrefour *ou* croisement

crucero *a plusieurs sens :*

1 crucero *peut signifier* croiseur (= bateau)

2 crucero *peut signifier* croisière

crucero *est masculin.*

cruces *est le pluriel de* cruce *et de* cruz.

> cruces peut également être une forme du verbe cruzar.

▷ No cruces. Ne traverse pas.

crucifijo crucifix

crucigrama (grille de) mots croisés

crucigrama *est masculin et singulier.*

crudo, cruda *a plusieurs sens :*

1 crudo, cruda *peut signifier* cru(e)

2 crudo, cruda *peut signifier* écru(e)

3 crudo, cruda *peut signifier* rude *ou* rigoureux(-euse)

crueldad cruauté

crujiente craquant *ou* croustillant *ou* croquant

crujir craquer (au sens de « faire du bruit »)

▷ El suelo crujió. Le plancher a craqué.

Se conjugue sur le modèle de vivir *(voir ce verbe).*

cruz croix

► cara o cruz pile ou face

cruzar traverser *ou* croiser

Comme tous les verbes terminés en -zar, cruzar *subit des modifications orthographiques : le* z *devient* c *devant un* e.

▷ ¡Nunca cruces fuera del paso de peatones! Ne traverse jamais en dehors des clous !

Se conjugue sur le modèle de cantar *(voir ce verbe).*

cuadernillo carnet

cuaderno cahier

cuadra écurie

cuadrado, cuadrada carré(e)

cuadriculado, cuadriculada quadrillé(e)

cuadro *a plusieurs sens :*

1 cuadro *peut signifier* tableau

2 cuadro *peut signifier* équipe *ou* groupe

3 cuadro *peut signifier* cadre (de vélo)

► a cuadros *ou* de cuadros à carreaux

cual (sans accent)

► el cual *ou* la cual *ou* los cuales *ou* las cuales lequel *ou* laquelle *ou* lesquels *ou* lesquelles

El cual, la cual, *etc. se rapportent à des personnes ou à des choses. Ils s'emploient surtout avec les prépositions* ante (devant), bajo (sous), contra (contre), hacia (vers), *etc.*

▷ Es la chica ante la cual cayó el otro día. C'est la fille devant laquelle il est tombé l'autre jour.

▷ Es la chica contra la cual jugué al ajedrez. C'est la fille contre qui j'ai joué aux échecs.

► del cual *ou* de la cual *ou* de los cuales *ou* de las cuales dont

► cada cual chacun

► tal cual tel quel

► por lo cual par conséquent

> Attention à l'accent grammatical : il ne faut pas confondre cual et cuál.

cuál (avec accent) *a plusieurs sens :*

1 *Suivi du verbe* ser, cuál *est le pronom interrogatif* quel(le)

▷ ¿Cuál es tu dirección? Quelle est ton adresse ?

► cuáles quels *ou* quelles

▷ ¿Cuáles son sus defectos? Quels sont ses défauts ?

2 *Employé avec d'autres verbes,* cuál *est le pronom interrogatif* lequel *ou* laquelle *qui exprime un choix.*

▷ ¿Cuál quieres? Lequel tu veux ?

► cuáles lesquels *ou* lesquelles

▷ No sé cuáles escogería. Je ne sais pas lesquels je choisirais.

> Attention à l'accent grammatical : il ne faut pas confondre cuál et cual.

cualesquiera *est le pluriel de* cualquiera.

cualidad qualité (morale) *ou* caractéristique

▷ La generosidad es una cualidad. La générosité est une qualité.

> Attention à ne pas confondre ce mot avec calidad, qui désigne la qualité d'une chose.

cualquier *est la forme apocopée de* cualquiera.

L'apocope est la suppression d'une ou plusieurs lettres à la fin d'un mot. Cualquiera *s'apocope en* cualquier *devant un nom masculin ou féminin singulier.*

▷ Cualquier libro puede resultar interesante. N'importe quel livre peut s'avérer être intéressant.

cualquiera **n'importe quel(le)** *ou* **quelconque** *ou* **n'importe qui** *ou* **quiconque**

▷ Tengo hambre. Vamos a cenar en un restaurante cualquiera. J'ai faim. Allons manger dans n'importe quel restaurant.

► **cualquiera que sea** ou **cualesquiera que sean** **quel(le) que soit** ou **quel(le)s que soient**

▷ Cualquiera que sea su problema, me da igual. Quel que soit son problème, je m'en fiche.

cuando (sans accent) *est la conjonction* **quand** *ou* **lorsque**

▷ Cuando tenga treinta años, yo tendré veinte. Quand il aura trente ans, moi j'en aurai vingt.

> Attention ! cuando + subjonctif présent se traduit par quand + futur :

▷ Cuando sea mayor de edad, podré votar. Quand je serai majeur, je pourrai voter.

> Attention à l'accent grammatical : il ne faut pas confondre cuando, conjonction, et cuándo, mot interrogatif.

cuándo (avec accent) *est l'adverbe interrogatif* **quand**

▷ ¿Cuándo vendrá? Quand est-ce qu'il vient ?

▷ No sé cuándo vendrá. Je ne sais pas quand il viendra.

> Attention à l'accent grammatical : il ne faut pas confondre cuándo, mot interrogatif, et cuando, conjonction.

cuanto, cuanta (sans accent) *a plusieurs sens :*

1 *Suivi d'un nom,* **cuanto, cuanta** *signifie* **tous** *ou* **toute**

▷ Quiero leer cuantas novelas escribió. Je veux lire tous les livres qu'il a écrits.

2 *Suivi d'un verbe,* **cuanto, cuanta** *signifie* **tout ce qui** *ou* **tout ce que**

▷ Cuantos estaban presentes lo recuerdan. Tous ceux qui étaient présents s'en souviennent.

► **cuanto antes** **dès que possible**

► **cuanto menos ... menos** **moins ... moins**

▷ Cuanto menos estudias, menos oportunidades de encontrar un trabajo tienes. Moins tu étudies, moins tu as de chances de trouver un travail.

► **cuanto más ... mejor** **plus ... mieux**

▷ Cuanto más alto hablas, mejor te oímos. Plus tu parles fort, mieux nous t'entendons.

► **en cuanto** + subjonctif **dès que** ou **aussitôt que** + indicatif

▷ En cuanto entre en el cuarto cantamos "cumpleaños feliz". Dès qu'il entre dans la pièce, on chante "joyeux anniversaire".

► **en cuanto a** **en ce qui concerne** ou **pour ce qui est de**

> Attention à l'accent grammatical : il ne faut pas confondre cuanto, qui signifie « tous », et cuánto, mot interrogatif et exclamatif.

cuánto, cuánta (avec accent) *a des sens différents selon sa catégorie grammaticale :*

> Ce peut être un PRONOM INTERROGATIF :

cuánto, cuánta *signifie* **combien**

▷ ¿Cuánto cuesta el café? Combien coûte le café ?

▷ ¿Cuántos años tienes? Quel âge as-tu ?

▷ ¿Cada cuánto vas a la piscina? Tu vas à la piscine tous les combien ?

> Ce peut être un PRONOM EXCLAMATIF :

cuánto, cuánta *signifie* **comme** *ou* **combien** *ou* **que de** *dans des exclamations.*

▷ ¡Cuántos regalos! Que de cadeaux !

> Attention à l'accent grammatical : il ne faut pas confondre cuánto, mot interrogatif et exclamatif, et cuanto, qui signifie « tous ».

cuarenta **quarante**

cuarto *a plusieurs sens selon sa catégorie grammaticale :*

> Ce peut être un ADJECTIF :

cuarto, cuarta *signifie* **quatrième**

▷ Es la cuarta medalla que gana este año. C'est la quatrième médaille qu'il gagne cette année.

Les nombres ordinaux s'accordent et sont généralement employés devant le nom, sauf pour un souverain, un siècle ou un chapitre : Enrique IV (cuarto) Henri IV (quatre). *Ils sont principalement utilisés du premier au onzième. Ensuite, on peut employer des cardinaux :* el veinte aniversario *ou* el duodécimo aniversario = le vingtième anniversaire.

> Ce peut être un NOM :

1 **cuarto** *peut signifier* **quart**

▷ Son las tres y cuarto. Il est trois heures et quart.

2 **cuarto** *peut signifier* **pièce** (d'une maison) *ou* **chambre**

► **cuarto de baño** **salle de bain**

► **cuarto de estar** **salle de séjour**

► **cuarto de dormir** **chambre à coucher**

cuatro **quatre**

cuatrocientos, cuatrocientas **quatre cents**

ℹ En espagnol, les centaines s'accordent en genre et en nombre avec le nom : cuatrocientas mujeres/cuatrocientos hombres.

cubano, cubana cubain(e) *ou* Cubain(e)

cubierta housse *ou* couverture (d'un livre)

ℹ cubierta peut également être le féminin de l'adjectif cubierto.

cubierto *a plusieurs catégories grammaticales :*

> Ce peut être un NOM :

cubierto *signifie* couvert (pour manger)

> Ce peut être un ADJECTIF :

cubierto, cubierta *signifie* couvert(e)

ℹ cubierto peut également être le participe passé du verbe cubrir.

cubito petit cube

► **cubito de hielo** glaçon

Dans ce mot, on reconnaît le nom cubo *qui signifie « cube » et le suffixe diminutif* -ito.

cubo *a plusieurs sens :*

1 cubo *peut signifier* seau

► **cubo de la basura** poubelle

2 cubo *peut signifier* cube

cubrir couvrir

Le participe passé du verbe cubrir *est irrégulier :* cubierto.

Se conjugue sur le modèle de vivir *(voir ce verbe).*

cucaracha cafard (insecte)

cucaracha *est féminin.*

cuchara cuillère

► **cuchara sopera** cuillère à soupe

cucharada cuillerée

Dans ce mot, on reconnaît le nom cuchara *qui signifie « cuillère » et le suffixe* -ada.

cucharilla petite cuillère

Dans ce mot, on reconnaît le nom cuchara *qui signifie « cuillère » et le suffixe diminutif* -illa.

cucharón louche

Dans ce mot, on reconnaît le nom cuchara *qui signifie « cuillère » et le suffixe augmentatif* -ón.

cucharón *est masculin.*

cuchilla lame

cuchillo couteau

Attention ! Ne pas confondre cuchillo et cuchilla.

cuclillas

► **en cuclillas** accroupi(e)

► **ponerse en cuclillas** s'accroupir

cuco coucou (oiseau)

cucurucho cornet (de glace, en papier)

cuello *a plusieurs sens :*

1 cuello *peut signifier* cou

2 cuello *peut signifier* col (en parlant d'un vêtement)

► **cuello alto** ou **cisne** col roulé

► **cuello de pico** col en V

3 cuello *peut signifier* goulot

cuenca *a plusieurs sens :*

1 cuenca *peut signifier* orbite (en parlant de l'œil)

2 *En géographie,* cuenca *peut signifier* vallée *ou* bassin

cuenco bol

Attention ! Ne pas confondre cuenco et cuenca.

cuenta *a plusieurs sens :*

1 cuenta *peut signifier* compte

2 cuenta *peut signifier* addition (dans un restaurant)

► **cuenta atrás** compte à rebours

► **tener** algo **en cuenta** tenir compte de quelque chose

► **darse cuenta de** algo se rendre compte de quelque chose

ℹ cuenta peut également être une forme du verbe contar.

▷ Cuenta con los dedos. Il compte sur ses doigts.

cuento conte *ou* histoire

► **cuento de hadas** conte de fées

Attention ! Ne pas confondre cuento et cuenta.

ℹ cuento peut également être une forme du verbe contar.

▷ Cuento rápido. Je compte vite.

cuerda corde

ℹ cuerda peut également être le féminin de cuerdo.

cuerdo, cuerda raisonnable *ou* prudent

cuerno *a plusieurs sens :*

1 cuerno *peut signifier* **corne**

2 cuerno *peut signifier* **cor** (= instrument de musique)

cuerno *est masculin.*

cuero **cuir**

► en cueros **tout(e) nu(e)**

cuerpo **corps**

cuervo **corbeau**

cuesta **pente** *ou* **côte**

► ir cuesta arriba **monter une côte**

► ir cuesta abajo **descendre une côte**

► a cuestas **sur le dos**

i cuesta peut également être une forme du verbe costar.

▷ No puedo regalártelo, cuesta demasiado caro. Je ne peux pas te l'offrir, il coûte trop cher.

cuestión **question** *ou* **affaire**

Attention à l'orthographe du mot cuestión. Ne pas confondre ce mot avec pregunta (question que l'on pose).

▷ Es una cuestión de dinero. C'est une question d'argent.

cueva **grotte** *ou* **caverne**

cuidado *a des sens différents selon sa catégorie grammaticale :*

> Ce peut être un ADJECTIF :

cuidado, cuidada *signifie* **soigné(e)**

> Ce peut être un NOM :

1 cuidado *peut signifier* **précaution**

2 cuidado *peut signifier* **soins**

▷ Necesita el cuidado de un especialista. Il a besoin des soins d'un spécialiste.

cuidado *est masculin singulier.*

3 cuidado *peut signifier* **attention**

► tener cuidado con algo **faire attention à** quelque chose

► ¡cuidado! **attention !**

cuidadoso, cuidadosa **soigneux(-euse)** *ou* **prudent(e)**

cuidar *a des sens différents selon sa catégorie grammaticale :*

> Ce peut être un VERBE TRANSITIF :

cuidar *signifie* **soigner**

> Ce peut être un VERBE INTRANSITIF :

cuidar *signifie* **prendre soin de**

▷ Cuida su casa: hace la limpieza cada día. Il prend soin de sa maison : il fait le ménage chaque jour.

Se conjugue sur le modèle de cantar *(voir ce verbe).*

culo **derrière** *ou* **cul**

culo est un mot familier.

culpa **faute**

► echar la culpa a alguien **accuser** quelqu'un

► por culpa de **à cause de**

► no tengo la culpa **ce n'est pas de ma faute**

culpable **coupable** *ou* **responsable**

culpar **accuser**

Se conjugue sur le modèle de cantar *(voir ce verbe).*

cultivado, cultivada **cultivé(e)** (en parlant d'une terre)

cultivo **culture** (d'une terre)

cultivo *est masculin.*

culto *a des sens différents selon sa catégorie grammaticale :*

> Ce peut être un ADJECTIF :

culto, culta *signifie* **cultivé(e)** *ou* **intelligent(e)**

> Ce peut être un NOM :

culto *signifie* **culte**

cultura **culture** (d'une personne)

cumbre **sommet**

cumbre *est féminin.*

cumpleaños **anniversaire**

▷ ¡Feliz cumpleaños! Joyeux anniversaire !

Dans ce mot, on reconnaît le lien avec le verbe cumplir *qui signifie « accomplir » et le nom* año *qui signifie « année ».*

cumpleaños *est invariable :* un cumpleaños, dos cumpleaños.

cumplir *a plusieurs sens :*

1 cumplir *peut signifier* **accomplir**

2 cumplir *peut signifier* **tenir** (une promesse)

3 cumplir *peut signifier* **exécuter** (un ordre)

4 cumplir *peut signifier* **avoir** (un anniversaire)

▷ Mañana cumple dieciocho años. Demain il a dix-huit ans.

Se conjugue sur le modèle de vivir *(voir ce verbe).*

cuna **berceau**

► canción de cuna **berceuse**

cuna *est féminin.*

cuneta fossé *ou* caniveau

cuneta est féminin.

cuñada belle-sœur

cuñado beau-frère

cup... (cupe, cupiste, cupiera, etc.) → caber

cúpula coupole

cura *a des sens différents selon qu'il est masculin ou féminin :*

1 **un cura** (masculin) *signifie* **un curé**

2 **una cura** (féminin) *signifie* **une guérison** *ou* **un soin** *ou* **une cure**

> **i** cura peut également être une forme du verbe curar.

▷ Es un especialista que lo cura. C'est un spécialiste qui le soigne.

curar guérir *ou* soigner

Se conjugue sur le modèle de cantar *(voir ce verbe).*

curiosidad curiosité

curioso, curiosa curieux(-euse)

curro boulot

cursar suivre des cours

► **cursar estudios** faire des études

Se conjugue sur le modèle de cantar *(voir ce verbe).*

cursi cucul *ou* maniéré(e)

> cursi est un mot familier.

cursillo stage

Dans ce mot, on reconnaît le nom curso *qui signifie « cours » et le suffixe diminutif* -illo.

curso *a plusieurs sens :*

1 **curso** *peut signifier* **année scolaire**

2 **curso** *peut signifier* **cours**

> **i** curso peut également être une forme du verbe cursar.

▷ Curso estudios de arquitectura. Je fais des études d'architecture.

cursor curseur

curva virage *ou* tournant *ou* courbe

curva est féminin.

cuscurro croûton

cuyo, cuya *est le pronom relatif* **dont**

▷ Es la chica cuya hermana vive en Londres. C'est la fille dont la sœur habite à Londres.

▷ Es una película cuyo guión está sacado de una novela. C'est un film dont le scénario est tiré d'un roman.

cuyo, cuya est placé devant le nom et s'accorde avec lui.

> Attention ! Contrairement au français, cuyo, cuya s'accordent aussi au pluriel.

▷ Es el chico cuyos padres murieron. C'est le garçon dont les parents sont morts.

Dd

dado dé

> ℹ **dado** peut également être le participe passé du verbe **dar**.

▷ **Le he dado mi dirección.** Je lui ai donné mon adresse.

dama dame

► **damas y caballeros** mesdames et messieurs

danés, danesa danois(e) *ou* Danois(e)

dañar nuire à *ou* endommager *ou* abîmer

📖 *Se conjugue sur le modèle de* **cantar** *(voir ce verbe).*

dañino, dañina nuisible *ou* nocif(-ive)

daño *a plusieurs sens :*

1 **daño** *peut signifier* **mal**

▷ **Me haces daño.** Tu me fais mal.

2 **daño** *peut signifier* **dégât** *ou* **dommage**

dar *a plusieurs sens :*

1 **dar** *peut signifier* **donner**

2 **dar** *peut signifier* **passer** (un film)

3 **dar** *peut être employé dans de nombreuses expressions :*

► **dar con algo** *signifie* **trouver** quelque chose

▷ **Finalmente dí con la solución.** Finalement j'ai trouvé la solution.

► **dar algo por** + adjectif *signifie* **considérer** quelque chose + adjectif

▷ **Doy la conversación por terminada.** Je considère que la discussion est terminée.

> ℹ Pour les autres expressions, allez voir sous l'autre mot (**igual, miedo** par exemple). Regardez aussi **darse** ci-dessous.

darse *a plusieurs sens :*

1 **darse** *peut signifier* **se rendre**

2 **darse** *peut signifier* **se cogner**

▷ **Se dio con la mesa.** Il s'est cogné contre la table.

DAR				
INDICATIF				CONDITIONNEL
PRÉSENT	IMPARFAIT	PASSÉ SIMPLE	FUTUR	PRÉSENT
doy	daba	**di**	daré	daría
das	dabas	**diste**	darás	darías
da	daba	**dio**	dará	daría
damos	dábamos	**dimos**	daremos	daríamos
dais	dabais	**disteis**	daréis	daríais
dan	daban	**dieron**	darán	darían

SUBJONCTIF		IMPÉRATIF		
PRÉSENT	IMPARFAIT			
dé	**diera**		INFINITIF	dar
des	**dieras**	da		
dé	**diera**	**dé**	PARTICIPE	dado
demos	**diéramos**	demos		
deis	**dierais**	dad	GÉRONDIF	dando
den	**dieran**	den		

3 **darse** *peut être employé dans des expressions :*

► **¿A mí qué más me da?** **Qu'est-ce que ça peut bien me faire ?**

► **darse a conocer** **se faire connaître**

> ℹ L'expression darse bien/mal algo a alguien s'utilise pour parler d'une compétence dans un sujet : El inglés se me da bien/mal. Je suis bon/mauvais en anglais.

dato **renseignement** *ou* **donnée**

► **datos personales** **coordonnées**

de *a plusieurs sens :*

1 **de** *peut signifier* **de** (pour introduire le complément du nom ou exprimer l'origine)

▷ Es una caja de cerillas. C'est une boîte d'allumettes.

▷ Soy de Barcelona. Je suis de Barcelone.

2 **de** *peut signifier* **en** (pour parler de la matière ou de la couleur de quelque chose)

▷ Es una mesa de madera. C'est une table en bois.

▷ Iba vestido de negro. Il était habillé en noir.

3 **de** *peut signifier* **à** ou **au** (pour parler de la composition de quelque chose)

▷ ¿Te gusta el pastel de chocolate? Tu aimes le gâteau au chocolat ?

4 **de** *peut signifier* **à** (pour désigner les caractéristiques de quelqu'un ou de quelque chose ou pour marquer la possession)

▷ Ahora ya casi no se utilizan las máquinas de escribir. Aujourd'hui on n'utilise presque plus de machines à écrire.

▷ Es de mi padre. C'est à mon père.

5 **de** *peut signifier* **comme** (pour parler de la profession de quelqu'un)

▷ Mi madre trabaja de profesora en este instituto. Ma mère travaille comme professeur dans ce lycée.

6 **de** *peut signifier* **pendant** *ou* **dans** (pour exprimer le temps)

▷ Llegó de noche. Il est arrivé dans la nuit.

7 **de** + infinitif *peut signifier* **si** (pour exprimer la condition)

▷ De ser posible iría de vacaciones contigo. Si c'était possible je partirais en vacances avec toi.

8 adjectif + **de** + infinitif = adjectif + **à** + infinitif.

▷ Me parece difícil de creer. Ça me paraît difficile à croire.

debajo *a des sens différents selon sa catégorie grammaticale :*

> Ce peut être une PRÉPOSITION :

debajo de *signifie* **sous**

▷ Encontré tu libro debajo de la mesa. J'ai trouvé ton livre sous la table.

> Attention à l'emploi de la préposition de dans debajo de algo (sous quelque chose).

> Ce peut être un ADVERBE :

debajo *signifie* **dessous**

deber *a plusieurs catégories grammaticales :*

> Ce peut être un NOM :

deber *signifie* **devoir**

▷ ¿Has hecho los deberes? Tu as fait tes devoirs ?

> Ce peut être un VERBE :

1 **deber** *signifie* **devoir** (pour montrer l'obligation morale ou la dette)

2 ► **deber de** *signifie* **devoir** (pour montrer la possibilité)

▷ Deben de ser las dos. Il doit être deux heures.

► **deberse** **être dû, due à**

DEBER

INDICATIF – PRÉSENT	INDICATIF – IMPARFAIT	INDICATIF – PASSÉ SIMPLE	INDICATIF – FUTUR	CONDITIONNEL – PRÉSENT
debo	debía	debí	deberé	debería
debes	debías	debiste	deberás	deberías
debe	debía	debió	deberá	debería
debemos	debíamos	debimos	deberemos	deberíamos
debéis	debíais	debisteis	deberéis	deberíais
deben	debían	debieron	deberán	deberían

SUBJONCTIF – PRÉSENT	SUBJONCTIF – IMPARFAIT	IMPÉRATIF
deba	debiera	
debas	debieras	debe
deba	debiera	deba
debamos	debiéramos	debamos
debáis	debierais	debed
deban	debieran	deban

INFINITIF	deber
PARTICIPE	debido
GÉRONDIF	debiendo

▷ Su nivel de español se debe a los diferentes viajes que ha hecho a España. Son niveau d'espagnol est dû aux différents voyages qu'il a faits en Espagne.

📖 deber *est un verbe régulier qui appartient à la deuxième conjugaison (verbe modèle). Voir tableau.*

debido, debida **dû, due**

► debido a algo **à cause de** quelque chose

débil **faible**

> Attention ! débil ne signifie pas « débile ».

debilidad **faiblesse**

> Attention ! debilidad ne signifie pas « débilité ».

debilitar **affaiblir**

Dans ce mot, on reconnaît l'adjectif débil *qui signifie « faible ».*

📖 *Se conjugue sur le modèle de* cantar *(voir ce verbe).*

debilucho, debilucha **faible**

decena **dizaine**

decepcionante **décevant(e)**

decepcionar **décevoir**

📖 *Se conjugue sur le modèle de* cantar *(voir ce verbe).*

decidir **décider**

▷ Decidió irse temprano. Il a décidé de s'en aller tôt.

> Attention à l'absence de préposition dans decidir hacer algo (décider de faire quelque chose).

► decidirse **se décider**

▷ Tenemos que decidirnos. Nous devons nous décider.

📖 *Se conjugue sur le modèle de* vivir *(voir ce verbe).*

décimo, décima **dixième**

▷ Es el décimo libro que leo este año. C'est le dixième livre que je lis cette année.

📖 *Les nombres ordinaux s'accordent et sont généralement employés devant le nom, sauf pour un souverain, un siècle ou un chapitre :* el capítulo X (décimo) le chapitre X (dix).

decir **dire**

► es decir **c'est-à-dire**

► ¿diga? ou ¿dígame? **allô ?**

decorado **décor**

> ℹ decorado peut également être le participe passé du verbe decorar.

decorar **décorer**

📖 *Se conjugue sur le modèle de* cantar *(voir ce verbe).*

dedicar *a plusieurs sens :*

1 dedicar *peut signifier* **consacrer**

▷ Cada día dedica varias horas a la pintura. Elle consacre plusieurs heures par jour à la peinture.

► ¿A qué se dedica usted? **Que faites-vous dans la vie ?**

2 dedicar *peut signifier* **dédier** *ou* **dédicacer**

📖 *Attention ! Pour conserver le son /k/ de l'infinitif, le* c *de* dedicar *se transforme en* qu *devant un* e *:*

▷ Dediqué las vacaciones a hacer deporte. J'ai consacré mes vacances à faire du sport.

📖 *Se conjugue sur le modèle de* cantar *(voir ce verbe).*

DECIR				
INDICATIF				CONDITIONNEL
PRÉSENT	IMPARFAIT	PASSÉ SIMPLE	FUTUR	PRÉSENT
digo	decía	dije	diré	diría
dices	decías	dijiste	dirás	dirías
dice	decía	dijo	dirá	diría
decimos	decíamos	dijimos	diremos	diríamos
decís	decíais	dijisteis	diréis	diríais
dicen	decían	dijeron	dirán	dirían
SUBJONCTIF		IMPÉRATIF		
PRÉSENT	IMPARFAIT			
diga	dijera		INFINITIF	decir
digas	dijeras	di		
diga	dijera	diga	PARTICIPE	dicho
digamos	dijéramos	digamos		
digáis	dijerais	decid	GÉRONDIF	diciendo
digan	dijeran	digan		

dedo **doigt**

► **el dedo anular** **l'annulaire**

► **el dedo índice** **l'index**

► **el dedo meñique** **le petit doigt**

deducir **déduire**

Attention ! deducir appartient au groupe des verbes se terminant en -ducir qui sont irréguliers à certaines personnes, à certains modes et à certains temps.

Pour les autres temps, se conjugue sur le modèle de vivir (voir ce verbe).

defecto **défaut**

defender **défendre** (au sens de « protéger »)

> Attention ! defender ne signifie jamais défendre au sens d'« interdire ».

Attention, ce verbe est irrégulier à certaines personnes, à certains modes et à certains temps.

INDICATIF PRÉSENT	SUBJONCTIF PRÉSENT	IMPÉRATIF
defiendo	defienda	
defiendes	defiendas	defiende
defiende	defienda	defienda
defendemos	defendamos	defendamos
defendéis	defendáis	defended
defienden	defiendan	defiendan

Pour les autres temps, se conjugue sur le modèle de deber (voir ce verbe).

defensa **défense** (au sens de « protection »)

> Attention ! defensa ne signifie pas « interdiction ».

deformado, deformada **déformé(e)**

defraudar *a plusieurs sens :*

1 **defraudar** *peut signifier* **décevoir**

2 **defraudar** *peut signifier* **escroquer**

Se conjugue sur le modèle de cantar (voir ce verbe).

dejar *a plusieurs sens :*

1 **dejar** *peut signifier* **laisser**

▷ No la dejes sola. Ne la laisse pas seule.

2 **dejar** *peut signifier* **prêter**

▷ Te dejo la goma pero luego me la devuelves, ¿vale? Je te prête ma gomme, mais après tu me la rends, d'accord ?

► **dejar de** hacer algo **arrêter de** faire quelque chose

Se conjugue sur le modèle de cantar (voir ce verbe).

del **du** *ou* **de l'**

del est la contraction de la préposition de et de l'article el.

delantal **tablier**

delante **devant**

▷ Estoy delante del instituto. Je suis devant le lycée.

> Attention à l'emploi de la préposition de dans delante de algo (devant quelque chose).

delatar **dénoncer**

Se conjugue sur le modèle de cantar (voir ce verbe).

delegado, delegada **délégué(e)**

> Attention ! Ne pas confondre delegado, delegada avec delgado, delgada qui signifie « mince ».

deletrear **épeler** *ou* **déchiffrer**

Se conjugue sur le modèle de cantar (voir ce verbe).

delfín **dauphin**

delgado, delgada **mince** *ou* **fin(e)**

> Attention ! Ne pas confondre delgado, delgada avec delegado, delegada qui signifie « délégué(e) ».

delicado, delicada **délicat(e)**

delicioso, deliciosa **délicieux(-euse)**

delincuencia **délinquance**

delincuente **délinquant(e)**

demás

► **los demás** **les autres**

▷ No habla con los demás niños. Il ne parle pas avec les autres enfants.

► **lo demás** **le reste**

DEDUCIR

INDICATIF PRÉSENT	PASSÉ SIMPLE	SUBJONCTIF PRÉSENT	SUBJONCTIF IMPARFAIT	IMPÉRATIF
deduzco	deduje	deduzca	dedujera	
deduces	dedujiste	deduzcas	dedujeras	deduce
deduce	dedujo	deduzca	dedujera	deduzca
deducimos	dedujimos	deduzcamos	dedujéramos	deduzcamos
deducís	dedujisteis	deduzcáis	dedujerais	deducid
deducen	dedujeron	deduzcan	dedujeran	deduzcan

demasiado trop

▷ Tiene demasiados problemas. Il a trop de problèmes.

Attention à l'absence de préposition dans demasiado algo (trop de quelque chose).

▷ Ha comido demasiado. Il a trop mangé.

▷ Eres demasiado baja para practicar el baloncesto. Tu es trop petite pour faire du basket-ball.

En espagnol, demasiado s'accorde en genre et en nombre avec le nom mais il reste invariable devant un adjectif ou lorsqu'il est employé seul.

demonio démon *ou* diable

demostración démonstration *ou* preuve

demostrar démontrer *ou* prouver

Dans ce mot, on reconnaît le verbe mostrar *qui signifie « montrer ». Ils se conjuguent de la même manière.*

dental dentaire

dentífrico dentifrice

dentista dentiste

Comme la plupart des mots se terminant en -ista, dentista *peut être masculin ou féminin :* el dentista, la dentista.

dentro dans *ou* dedans *ou* à l'intérieur

► dentro de poco d'ici peu

denuncia dénonciation *ou* plainte

denunciar dénoncer *ou* porter plainte

Se conjugue sur le modèle de cantar *(voir ce verbe).*

departamento *a plusieurs sens :*

1 departamento *peut signifier* département (= division administrative)

2 departamento *peut signifier* compartiment (dans un meuble)

3 departamento *peut signifier* rayon (dans un magasin)

dependiente, dependienta vendeur (-euse)

deporte sport

deportista sportif(-ive) (nom)

Comme la plupart des mots se terminant en -ista, deportista *peut être masculin ou féminin :* el deportista, la deportista.

deportivo, deportiva sportif(-ive) (adjectif)

depositar déposer

► depositar la confianza en alguien accorder sa confiance à quelqu'un

Se conjugue sur le modèle de cantar *(voir ce verbe).*

depósito *a plusieurs sens :*

1 depósito *peut signifier* réservoir

2 depósito *peut signifier* dépôt *ou* entrepôt

3 depósito *peut signifier* caution

deprisa vite

derecha droite

► a la derecha à droite

► ser de derechas être de droite (en politique)

derecho droit

► derecho a voto droit de vote

► derechos humanos droits de l'homme

► ir *ou* seguir derecho aller tout droit

► tener derecho de *ou* para avoir le droit de

► estudiar Derecho faire des études de droit

derramar renverser *ou* verser

Se conjugue sur le modèle de cantar *(voir ce verbe).*

derretir fondre

Attention, ce verbe est irrégulier à certaines personnes, à certains modes et à certains temps.

Pour les autres temps, se conjugue sur le modèle de vivir *(voir ce verbe).*

derribar faire tomber *ou* démolir *ou* abattre

Se conjugue sur le modèle de cantar *(voir ce verbe).*

DERRETIR				
INDICATIF PRÉSENT	SUBJONCTIF PRÉSENT	PASSÉ SIMPLE	SUBJONCTIF IMPARFAIT	IMPÉRATIF
derrito	derrita	derretí	derritiera	
derrites	derritas	derretiste	derritieras	derrite
derrite	derrita	derritió	derritiera	derrita
derretimos	derritamos	derretimos	derritiéramos	derritamos
derretís	derritáis	derretisteis	derritierais	derretid
derriten	derritan	derritieron	derritieran	derritan

derrochar gaspiller

📖 *Se conjugue sur le modèle de* cantar *(voir ce verbe).*

derroche gaspillage

ℹ derroche peut également être une forme du verbe derrochar.

▷ ¡No derroche agua! Ne gaspillez pas l'eau !

derrota défaite

▷ Sufrió una grave derrota. Il a subi une lourde défaite.

ℹ derrota peut également être une forme du verbe derrotar.

▷ Siempre derrota a sus adversarios. Il bat toujours ses adversaires.

derrotar battre *ou* vaincre

📖 *Se conjugue sur le modèle de* cantar *(voir ce verbe).*

derrumbar démolir

► **derrumbarse** s'effondrer ou s'écrouler

desacuerdo désaccord

Dans ce mot, on reconnaît le nom acuerdo *qui signifie « accord ».*

desafortunadamente malheureusement

desafortunado, desafortunada malheureux(-euse)

desagradable désagréable

desahuciar *a plusieurs sens :*

1 desahuciar *peut signifier* **ôter tout espoir à**

2 desahuciar *peut signifier* **condamner**

3 desahuciar *peut signifier* **expulser**

desalentador, desalentadora décourageant(e)

desanimar décourager

📖 *Dans ce mot, on reconnaît le verbe* animar *qui signifie « encourager ». Ils se conjuguent de la même manière, sur le modèle de* cantar *(voir ce verbe).*

desaparecer disparaître

📖 *Dans ce mot, on reconnaît le verbe* aparecer *qui signifie « apparaître ». Ils se conjuguent de la même manière, sur le modèle de* deber *(voir ce verbe). Mais attention,* desaparecer *présente les mêmes irrégularités que* aparecer*.*

desaparición disparition

desarrollar développer

► **desarrollarse** se développer ou se dérouler

▷ La acción de la película se desarrolla en Madrid. L'action du film se déroule à Madrid.

desarrollo développement *ou* déroulement

► **país en vías de desarrollo** pays en voie de développement

desatar défaire *ou* détacher

📖 *Dans ce mot, on reconnaît le verbe* atar *qui signifie « attacher ». Ils se conjuguent de la même manière, sur le modèle de* cantar *(voir ce verbe).*

desatascar déboucher (une tuyauterie)

desatrancar *a plusieurs sens :*

1 desatrancar *peut signifier* **déverrouiller** (une porte)

2 desatrancar *peut signifier* **déboucher** (une tuyauterie)

desayunar prendre son petit déjeuner

📖 *Se conjugue sur le modèle de* cantar *(voir ce verbe).*

desayuno petit déjeuner

ℹ desayuno peut également être une forme du verbe desayunar.

▷ Siempre desayuno antes de ir al colegio. Je prends toujours mon petit déjeuner avant d'aller à l'école.

descalzarse se déchausser

📖 *Les verbes terminés en* -zar *subissent des modifications orthographiques : le* z *devient* c *devant un* e*.*

▷ Me descalcé antes de entrar en su habitación. Je me suis déchaussé avant de rentrer dans sa chambre.

📖 *Se conjugue sur le modèle de* burlarse *(voir ce verbe).*

descalzo, descalza pieds nus

▷ En la playa, paseo descalzo. Sur la plage, je me promène pieds nus.

descansar se reposer

📖 *Dans ce mot, on reconnaît le verbe* cansar *qui signifie « fatiguer ». Ils se conjuguent de la même manière, sur le modèle de* cantar *(voir ce verbe).*

descansillo palier

descanso repos *ou* pause

ℹ descanso peut également être une forme du verbe descansar.

▷ Descanso cada dos horas. Je fais une pause toutes les deux heures.

descarado, descarada insolent(e)

descarga *a plusieurs sens :*

1 descarga *peut signifier* **déchargement**

2 descarga *peut signifier* **décharge** (électrique)

i descarga peut également être une forme du verbe descargar.

▷ ¡Descarga el coche, por favor! Décharge la voiture s'il te plaît !

descargar **décharger**

Dans ce mot, on reconnaît le verbe cargar *qui signifie « charger ». Ils se conjuguent de la même manière, sur le modèle de* cantar *(voir ce verbe). Attention ! Pour conserver le son /g/ de l'infinitif, le* g *de* descargar *se transforme en* gu *devant un* e *:*

▷ Quiere que descuelgues el cuadro. Il veut que tu décroches le tableau.

descaro **insolence**

descaro *est masculin.*

descender **descendre**

Attention, ce verbe est irrégulier à certaines personnes, à certains modes et à certains temps.

INDICATIF PRÉSENT	SUBJONCTIF PRÉSENT	IMPÉRATIF
desciendo	descienda	
desciendes	desciendas	desciende
desciende	descienda	descienda
descendemos	descendamos	descendamos
descendéis	descendáis	descended
descienden	desciendan	desciendan

Pour les autres temps, se conjugue sur le modèle de deber *(voir ce verbe).*

descenso **diminution** *ou* **descente** *ou* **baisse**

descenso *est masculin.*

descolgar **décrocher**

Dans ce mot, on reconnaît le verbe colgar *qui signifie « accrocher ». Ils se conjuguent de la même manière, sur le modèle de* cantar *(voir ce verbe).*

descolorido, descolorida *a plusieurs sens :*

1 descolorido, descolorida *peut signifier* **décoloré(e)**

2 descolorido, descolorida *peut signifier* **blême** *ou* **pâle**

desconfiado, desconfiada **méfiant(e)**

Dans ce mot, on reconnaît l'adjectif confiado, confiada *qui signifie « confiant(e) ».*

desconfianza **méfiance**

Dans ce mot, on reconnaît le nom confianza *qui signifie « confiance ».*

desconfiar **se méfier**

Dans ce mot, on reconnaît le verbe confiar *qui signifie « se fier ». Ils se conjuguent de la même manière, sur le modèle de* cantar *(voir ce verbe). Mais attention,* desconfiar *présente les mêmes irrégularités que* confiar.

descongelar **décongeler**

Se conjugue sur le modèle de cantar *(voir ce verbe).*

desconocer **ignorer**

Dans ce mot, on reconnaît le verbe conocer *qui signifie « connaître ». Ils se conjuguent de la même manière, sur le modèle de* deber *(voir ce verbe). Mais attention,* desconocer *présente les mêmes irrégularités que* conocer.

desconocido, desconocida **inconnu(e)**

descontento *a des sens différents selon sa catégorie grammaticale :*

> Ce peut être un ADJECTIF :

descontento, descontenta *signifie* **mécontent(e)**

► descontento con algo **mécontent de** quelque chose

> Ce peut être un NOM :

descontento *signifie* **mécontentement**

Dans ce mot, on reconnaît l'adjectif contento, contenta *qui signifie « content(e) ».*

descortés **impoli(e)** *ou* **grossier(-ière)**

Dans ce mot, on reconnaît l'adjectif cortés *qui signifie « poli(e) ».*

descremado, descremada **écrémé(e)**

describir **décrire**

Se conjugue sur le modèle de vivir *(voir ce verbe), mais son participe passé est irrégulier :* descrito.

descrito *est le participe passé du verbe* **describir.**

descubierto *est le participe passé du verbe* **descubrir.**

descubrimiento **découverte**

descubrimiento *est masculin.*

descubrir **découvrir**

Se conjugue sur le modèle de vivir *(voir ce verbe), mais son participe passé est irrégulier :* descubierto.

descuento **réduction** *ou* **remise**

▷ Me hizo un descuento del diez por ciento. Il m'a fait une remise de dix pour cent.

descuento *est masculin.*

descuidado, descuidada **négligé(e)** *ou* **inattentif(-ive)**

descuidar **négliger**

Dans ce mot, on reconnaît le verbe cuidar *qui signifie « prendre soin de ». Ils se conjuguent de la même manière, sur le modèle de* cantar *(voir ce verbe).*

descuido **négligence** *ou* **inattention**

descuido *est masculin.*

desde de *ou* depuis

▷ Desde París hasta Burdeos hay unos 600 kilómetros. De Paris à Bordeaux, il y a environ 600 kilomètres.

▷ Lo conozco desde parvulario. Je le connais depuis la maternelle.

► **desde ahora à partir de maintenant**

► **desde entonces depuis (ce temps-là)**

► **desde luego bien sûr**

desde sert à se repérer par rapport à une date ou à un moment précis :

▷ Estudio español desde 2001. J'apprends l'espagnol depuis 2001.

desde hace sert à se repérer par rapport à une durée :

▷ Estudio español desde hace tres años. J'apprends l'espagnol depuis trois ans.

desdén mépris *ou* dédain

desdeñar mépriser *ou* dédaigner

Se conjugue sur le modèle de cantar (voir ce verbe).

desdicha malheur

desdicha est féminin.

desdichado, desdichada malheureux, malheureuse

desear désirer *ou* souhaiter

Se conjugue sur le modèle de cantar (voir ce verbe).

desechable jetable

desechar se débarrasser de *ou* rejeter

Dans ce mot, on reconnaît le verbe echar qui signifie « jeter ». Ils se conjuguent de la même manière, sur le modèle de cantar (voir ce verbe).

desechos déchets *ou* ordures

desembalar déballer

Se conjugue sur le modèle de cantar (voir ce verbe).

desembarcar débarquer

Se conjugue sur le modèle de cantar (voir ce verbe).

desembocar se jeter dans (en parlant d'un cours d'eau) *ou* déboucher sur (en parlant d'une route)

Attention ! Pour conserver le son /k/ de l'infinitif, le c de desembocar se transforme en qu devant un e.

▷ Tal vez esta calle no desemboque en la avenida. Peut-être que cette rue ne débouche pas sur l'avenue.

Se conjugue sur le modèle de cantar (voir ce verbe).

desempeñar occuper (une fonction) *ou* jouer (un rôle)

Se conjugue sur le modèle de cantar (voir ce verbe).

desempleo chômage

Dans ce mot, on reconnaît le nom empleo qui signifie « emploi ».

desenchufar débrancher

Dans ce mot, on reconnaît le lien avec le mot enchufe qui signifie « prise de courant ».

Se conjugue sur le modèle de cantar (voir ce verbe).

desengaño déception *ou* désillusion

► **llevarse un desengaño con alguien être déçu(e) par quelqu'un**

desengaño est masculin.

desenlace dénouement

desenrollar dérouler

Se conjugue sur le modèle de cantar (voir ce verbe).

deseo désir *ou* envie

► **pedir un deseo faire un vœu**

> **i** deseo peut également être une forme du verbe desear.

▷ Te deseo un feliz cumpleaños. Je te souhaite un joyeux anniversaire.

desesperación désespoir

desesperación est féminin.

desfilar défiler

Se conjugue sur le modèle de cantar (voir ce verbe).

desgarrar déchirer

► **desgarrar el corazón de alguien fendre le cœur de quelqu'un**

Se conjugue sur le modèle de cantar (voir ce verbe).

desgarrón déchirure

desgarrón est masculin.

desgastado, desgastada usé(e)

desgastar user

Se conjugue sur le modèle de cantar (voir ce verbe).

desgaste usure

desgaste est masculin.

desgracia malheur

► **por desgracia malheureusement**

desgracia est féminin.

desgraciadamente malheureusement

desgraciado, desgraciada malheureux (-euse) *ou* misérable

deshacer défaire *ou* démonter *ou* désunir

► **deshacerse** fondre ou se dissoudre

► **deshacer el camino** revenir sur ses pas

► **deshacerse de algo** se défaire ou se débarrasser de quelque chose

Dans ce mot, on reconnaît le verbe **hacer** *qui signifie « faire ». Ils se conjuguent de la même manière.*

deshelar dégeler

Dans ce mot, on reconnaît le verbe **helar** *qui signifie « geler ». Ils se conjuguent de la même manière, sur le modèle de* **cantar** *(voir ce verbe).*

deshinchar dégonfler *ou* désenfler

Dans ce mot, on reconnaît le verbe **hinchar** *qui signifie « gonfler ». Ils se conjuguent de la même manière, sur le modèle de* **cantar** *(voir ce verbe).*

deshonesto, deshonesta *a plusieurs sens :*

1 **deshonesto, deshonesta** *peut signifier* **malhonnête**

2 **deshonesto, deshonesta** *peut signifier* **indécent(e)**

Dans ce mot, on reconnaît l'adjectif **honesto, honesta** *qui signifie « honnête ».*

deshonra déshonneur *ou* honte

deshonra *est féminin.*

desierto, desierta *a des catégories grammaticales différentes :*

> Ce peut être un NOM :

desierto *signifie* **le désert**

> Ce peut être un ADJECTIF :

desierto, desierta *signifie* **désert(e)**

designar désigner

Se conjugue sur le modèle de **cantar** *(voir ce verbe).*

Attention à bien prononcer le **g** dans **designar**.

desigual inégal(e) *ou* irrégulier(-ière)

Dans ce mot, on reconnaît l'adjectif **igual** *qui signifie « égal(e) ».*

desigualdad inégalité *ou* irrégularité

Dans ce mot, on reconnaît le nom **igualdad** *qui signifie « égalité ».*

desilusión déception *ou* désillusion

desilusionar décevoir

Se conjugue sur le modèle de **cantar** *(voir ce verbe).*

desleal déloyal(e)

Dans ce mot, on reconnaît l'adjectif **leal** *qui signifie « loyal(e) ».*

deslizarse glisser

Les verbes terminés en **-zar** *subissent des modifications orthographiques : le* **z** *devient* **c** *devant un* **e**.

▷ **Me deslicé por el hielo.** J'ai glissé sur le verglas.

Se conjugue sur le modèle de **burlarse** *(voir ce verbe).*

deslumbrar éblouir

Se conjugue sur le modèle de **cantar** *(voir ce verbe).*

desmayarse s'évanouir *ou* perdre connaissance

Se conjugue sur le modèle de **burlarse** *(voir ce verbe).*

desmontar démonter

Se conjugue sur le modèle de **cantar** *(voir ce verbe).*

desmoralizar démoraliser

Se conjugue sur le modèle de **cantar** *(voir ce verbe).*

Attention à l'orthographe de **desmoralizar**.

desnudarse se déshabiller

Se conjugue sur le modèle de **burlarse** *(voir ce verbe).*

desnudo, desnuda nu(e)

desobedecer désobéir

Dans ce mot, on reconnaît le verbe **obedecer** *qui signifie « obéir ». Ils se conjuguent de la même manière.*

desobediente désobéissant(e)

desorden désordre *ou* confusion

desorden *est masculin.*

desordenar déranger *ou* mettre en désordre

Dans ce mot, on reconnaît le verbe **ordenar** *qui signifie « mettre de l'ordre ». Ils se conjuguent de la même manière, sur le modèle de* **cantar** *(voir ce verbe).*

despachar *a plusieurs sens :*

1 **despachar** *peut signifier* **envoyer**

2 **despachar** *peut signifier* **conclure** (une affaire)

3 **despachar** *peut signifier* **servir** (des clients)
4 **despachar** *peut signifier* **expédier** (faire vite un travail)

despacho **bureau** (pièce)

despacio **lentement** *ou* **doucement**

despedida **adieux** *ou* **licenciement**

despedida est féminin.

despedir **licencier**

► **despedirse** **dire au revoir** ou **faire ses adieux**

Dans ce mot, on reconnaît le verbe pedir qui signifie « demander ». Ils se conjuguent de la même manière, sur le modèle de vivir (voir ce verbe).

despegar **décoller**

Dans ce mot, on reconnaît le verbe pegar qui signifie « coller ». Ils se conjuguent de la même manière, sur le modèle de cantar (voir ce verbe).

desperdiciar **gaspiller**

Se conjugue sur le modèle de cantar (voir ce verbe).

desperdicio **gaspillage**

► **desperdicios** **restes** ou **déchets**

> **i** desperdicio peut également être une forme du verbe desperdiciar.

▷ Desperdicio demasiado tiempo haciendo esto. Je gaspille trop mon temps à faire ça.

desperfecto **dégât** *ou* **défaut** *ou* **imperfection**

Dans ce mot, on reconnaît l'adjectif perfecto, perfecta qui signifie « parfait(e) ».

despertador **réveil**

Dans ce mot, on reconnaît le verbe despertar qui signifie « réveiller ».

despertar **réveiller**

► **despertarse** **se réveiller**

Attention, ce verbe est irrégulier à certaines personnes, à certains modes et à certains temps.

INDICATIF PRÉSENT	SUBJONCTIF PRÉSENT	IMPÉRATIF
despierto	despierte	
despiertas	despiertes	despierta
despierta	despierte	despierte
despertamos	despertemos	despertemos
despertáis	despertéis	despertad
despiertan	despierten	despierten

Le verbe despertar a deux participes passés : on peut utiliser despertado ou despierto.

Pour les autres temps, se conjugue sur le modèle de cantar (voir ce verbe).

despido **licenciement**

despierto, despierta **éveillé(e)** *ou* **réveillé(e)**

> **i** despierto et despierta peuvent également être des formes du verbe despertar.

▷ ¿Lo despierto o espero que se despierte? Je le réveille ou j'attends qu'il se réveille ?

despilfarrar **gaspiller**

Se conjugue sur le modèle de cantar (voir ce verbe).

despilfarro **gaspillage**

despistado, despistada **distrait(e)**

despistarse **se perdre** *ou* **s'embrouiller**

Se conjugue sur le modèle de burlarse (voir ce verbe).

despiste **distraction**

despiste est masculin.

desplazar **déplacer**

Les verbes terminés en -zar subissent des modifications orthographiques : le z devient c devant un e.

▷ Desplacé tus libros para que tuvieras más espacio en la habitación. J'ai déplacé tes livres pour que tu aies plus de place dans ta chambre.

Se conjugue sur le modèle de cantar (voir ce verbe).

desplegar **déployer** *ou* **déplier**

Dans ce mot, on reconnaît le verbe plegar qui signifie « plier ». Ils se conjuguent de la même manière, sur le modèle de cantar (voir ce verbe).

desplumar **déplumer**

Se conjugue sur le modèle de cantar (voir ce verbe).

despoblado, despoblada **inhabité(e)** *ou* **désert(e)**

despreciar **mépriser** *ou* **dédaigner**

Se conjugue sur le modèle de cantar (voir ce verbe).

desprecio **mépris**

despreocupado, despreocupada **insouciant(e)** *ou* **négligent(e)**

después *a plusieurs sens :*

1 **después** *peut signifier* **plus tard** *ou* **après**

▷ Te lo diré después. Je te le dirai plus tard.

2 ► **después de** + nom *peut signifier* **après** + nom

▷ Voy al cine después de la cena. Je vais au cinéma après le dîner.

3 ► **después de** + infinitif *peut signifier* **après** + infinitif passé

▷ Después de cenar fui al cine. Après avoir dîné je suis allé au cinéma.

desquitar **rattraper** *ou* **reprendre** *ou* **dédommager**

desquite **revanche**

desquite *est masculin.*

destacar *a des sens différents selon sa catégorie grammaticale :*

> Ce peut être un VERBE TRANSITIF :

destacar algo *signifie* **mettre** quelque chose **en relief** *ou* **souligner** quelque chose

> Ce peut être un VERBE INTRANSITIF :

destacar *signifie* **se démarquer** *ou* **se distinguer**

Attention ! Pour conserver le son /k/ de l'infinitif, le c *de* destacar *se transforme en* qu *devant un* e.

▷ Destaqué por mis resultados. Je me suis distingué par mes résultats.

Se conjugue sur le modèle de cantar *(voir ce verbe).*

desteñir **déteindre**

desteñir *est irrégulier à certaines personnes, à certains modes et à certains temps.*
Se conjugue sur le modèle de reñir *(voir ce verbe).*

destierro **exil**

destino *a plusieurs sens :*

1 destino *peut signifier* **destinée** *ou* **destin**

2 destino *peut signifier* **destination**

destornillador **tournevis**

Dans ce mot, on reconnaît le lien avec le nom tornillo *qui signifie « vis ».*

destreza **habileté**

Attention ! destreza ne signifie pas « détresse ».

destrozar **détruire** *ou* **abîmer** *ou* **mettre en pièces**

Les verbes terminés en -zar *subissent des modifications orthographiques : le* z *devient* c *devant un* e.

▷ Le destrocé el juguete sin querer. J'ai abîmé son jouet sans faire exprès.

Se conjugue sur le modèle de cantar *(voir ce verbe).*

destrozo **dégât**

i destrozo peut également être une forme du verbe destrozar.

▷ Soy torpe: destrozo todo lo que toco. Je suis maladroit : j'abîme tout ce que je touche.

destrucción **destruction**

destruir **détruire**

Les verbes terminés en -uir, -eer *et* -aer *subissent des modifications orthographiques : le* i *se transforme en* y *devant* o *et* e.

▷ Estos dos niños se divierten destruyendo los castillos de arena de los demás. Ces deux enfants s'amusent à détruire les châteaux de sable des autres.

Se conjugue sur le modèle de vivir *(voir ce verbe).*

desván **grenier**

desvanecerse **s'évanouir**

Attention ! desvanecerse *appartient au groupe des verbes se terminant en* -acer, -ecer, -ocer *et* -ucir *qui sont irréguliers à certaines personnes, à certains modes et à certains temps.*

INDICATIF PRÉSENT	SUBJONCTIF PRÉSENT	IMPÉRATIF
me desvanezco	me desvanezca	
te desvaneces	te desvanezcas	desvanécete
se desvanece	se desvanezca	desvanézcase
nos desvanecemos	nos desvanezcamos	desvanezcámonos
os desvanecéis	os desvanezcáis	desvaneceos
se desvanecen	se desvanezcan	desvanézcanse

Pour les autres temps, se conjugue sur le modèle de atreverse *(voir ce verbe).*

desventaja **désavantage** *ou* **inconvénient**

desvestir **déshabiller**

Dans ce mot, on reconnaît le verbe vestir *qui signifie « habiller ». Ils se conjuguent de la même manière, sur le modèle de* vivir *(voir ce verbe). Mais attention* desvestir *présente les mêmes irrégularités que* vestir.

desviar **dévier**

Attention, ce verbe est irrégulier à certaines personnes, à certains modes et à certains temps.

INDICATIF PRÉSENT	SUBJONCTIF PRÉSENT	IMPÉRATIF
desvío	desvíe	
desvías	desvíes	desvía
desvía	desvíe	desvíe
desviamos	desviemos	desviemos
desviáis	desviéis	desviad
desvían	desvíen	desvíen

Pour les autres temps, se conjugue sur le modèle de cantar *(voir ce verbe).*

desvío **déviation**

desvío *est masculin.*

> **i** desvío peut également être une forme du verbe desviar.

▷ Desvío de mi trayectoria. Je dévie de ma trajectoire.

detalle détail

detener arrêter

📖 *Dans ce mot, on reconnaît le verbe* tener. *Ils se conjuguent de la même manière.*

detergente **détergent** *ou* **lessive**

determinación **détermination** *ou* **décision**

determinar **déterminer** *ou* **décider de**

📖 *Se conjugue sur le modèle de* cantar *(voir ce verbe).*

detestar détester

📖 *Se conjugue sur le modèle de* cantar *(voir ce verbe).*

detrás derrière

▷ La piscina está detrás de la casa. La piscine est derrière la maison.

> Attention à l'emploi de la préposition de dans detrás de algo ou alguien (derrière quelque chose ou quelqu'un).

► hacer algo **por detrás de** alguien faire quelque chose **dans le dos de** quelqu'un

deuda dette

devolver *a plusieurs sens :*

1 devolver *peut signifier* **rendre**

2 devolver *peut signifier* **rembourser**

📖 *Dans ce mot, on reconnaît le verbe* volver. *Ils se conjuguent de la même manière sur le modèle de* deber *(voir ce verbe). Mais attention* devolver *présente les mêmes irrégularités que* volver.

día **jour** *ou* **journée**

► **día festivo** **jour férié**

► **día laborable** **jour ouvrable**

► **hacer mal día** **faire mauvais**

► **hacer buen día** **faire beau**

► **ser de día** **faire jour**

► **estar al día** **être à jour** ou **être au courant** ou **être à la page**

► **hoy en día** **de nos jours**

🏳 día *est masculin.*

diabetes diabète

🏳 diabetes *est féminin pluriel.*

diablo diable

diálogo dialogue

diana cible

► **dar en la diana** **mettre en plein dans le mille**

diario *a des sens différents selon sa catégorie grammaticale :*

> Ce peut être un ADJECTIF :

diario, diaria *signifie* **quotidien(ne)**

> Ce peut être un NOM :

diario *signifie* **journal** (= presse)

dibujar dessiner

📖 *Se conjugue sur le modèle de* cantar *(voir ce verbe).*

dibujo dessin

diccionario dictionnaire

> Attention à l'orthographe du mot diccionario.

dicho dicton

> **i** dicho peut également être le participe passé du verbe decir.

▷ He dicho la verdad. J'ai dit la vérité.

dichoso, dichosa heureux(-euse)

diciembre décembre

dictado dictée

🏳 dictado *est masculin.*

dictador dictateur

dictadura dictature

diecinueve dix-neuf

dieciocho dix-huit

dieciséis seize

diecisiete dix-sept

diente dent

► **diente de ajo** **gousse d'ail**

🏳 diente *est masculin.*

diestro, diestra *a des sens différents selon sa catégorie grammaticale :*

> Ce peut être un ADJECTIF :

diestro, diestra *peut signifier* **droitier(-ière)**
diestro, diestra *peut signifier* **adroit(e)**

> Ce peut être un NOM :

diestro *signifie* **torero**

dieta **régime** *ou* **diète**

► **estar a dieta** **être au régime** ou **à la diète**

🏳 dieta *est féminin.*

diez dix

diferencia différence

> Attention ! Il n'y a qu'un seul f à **diferencia**.

diferente différent(e)

> Attention ! Il n'y a qu'un seul f à **diferente**.

difícil difficile

► **difícil de hacer** difficile à faire

> Attention ! Il n'y a qu'un seul f à **difícil**.

dificultad difficulté

> Attention ! Il n'y a qu'un seul f à **dificultad**.

difunto, difunta défunt(e)

digerir digérer

Attention, ce verbe est irrégulier à certaines personnes, à certains modes et à certains temps.

Pour les autres temps, se conjugue sur le modèle de **vivir** *(voir ce verbe).*

dignidad dignité

digno, digna digne

▷ Es alguien digno de confianza. C'est une personne digne de confiance.

diluir diluer

Comme la plupart des verbes terminés en **-uir**, **-eer** *et* **-aer**, **diluir** *subit des modifications orthographiques : le* **i** *devient* **y** *devant* **o** *et* **e**.

▷ Diluyó la pintura. Il a dilué la peinture.

diluvio déluge

diminuto, diminuta tout(e) petit(e) *ou* minuscule

dimisión démission

dimitir démissionner

Se conjugue sur le modèle de **vivir** *(voir ce verbe).*

Dinamarca Danemark

dinero argent

► **dinero suelto** monnaie

dios dieu

► **como Dios manda** comme il faut

► **¡vaya por Dios!** zut !

diosa déesse

diploma diplôme

diploma *est masculin.*

diputado, diputada député(e)

dirección *a plusieurs sens :*

1 **dirección** *peut signifier* direction

► **dirección prohibida** sens interdit

2 **dirección** *peut signifier* adresse (= lieu où l'on peut joindre quelqu'un)

directo, directa direct(e)

director, directora directeur, directrice

► **director de orquesta** chef d'orchestre

dirigir diriger *ou* adresser

Les verbes terminés en **-ger** *ou* **-gir** *subissent des modifications orthographiques pour conserver le son /x/ : le* **g** *se transforme en* **j** *devant* **o** *et* **a**.

▷ No dirijo la palabra a nadie. Je n'adresse la parole à personne.

Se conjugue sur le modèle de **vivir** *(voir ce verbe).*

discapacitado, discapacitada handicapé(e)

disco *a plusieurs sens :*

1 **disco** *peut signifier* disque

2 **disco** *peut signifier* panneau (de signalisation)

disculpa excuse

► **pedir disculpas** s'excuser *ou* présenter ses excuses

> **disculpa** peut également être une forme du verbe **disculpar**.

▷ Se disculpa por no haber podido venir. Il s'excuse de ne pas avoir pu venir.

disculpar pardonner

DIGERIR

INDICATIF PRÉSENT	SUBJONCTIF PRÉSENT	PASSÉ SIMPLE	SUBJONCTIF IMPARFAIT	IMPÉRATIF
digiero	digiera	digerí	digiriera	
digieres	digieras	digeriste	digirieras	digiere
digiere	digiera	digirió	digiriera	digiera
digerimos	digiramos	digerimos	digiriéramos	digiramos
digerís	digiráis	digeristeis	digirierais	digerid
digieren	digieran	digirieron	digirieran	digieran

► **diculparse** s'excuser

📖 *Se conjugue sur le modèle de* **cantar** *(voir ce verbe).*

discurrir *a plusieurs sens :*

1 **discurrir** *peut signifier* **passer** (en parlant du temps)

2 **discurrir** *peut signifier* **couler** (en parlant d'un cours d'eau)

3 **discurrir** *peut signifier* **réfléchir** (au sens de « penser »)

📖 *Se conjugue sur le modèle de* **vivir** *(voir ce verbe).*

discurso **discours**

discusión **dispute** *ou* **débat**

> Attention ! **discusión** ne signifie pas « discussion ».

discutir *a plusieurs sens :*

1 **discutir** *peut signifier* **se disputer** *ou* **débattre** *ou* **parler de façon très animée**

▷ **Discutieron sobre fútbol durante horas.** Ils ont parlé de football pendant des heures.

2 **discutir** *peut signifier* **contester**

📖 *Se conjugue sur le modèle de* **vivir** *(voir ce verbe).*

> Attention ! **discutir** ne signifie pas « discuter ».

disfraz **déguisement**

► **baile de disfraces** **bal costumé**

disfrazarse **se déguiser**

📖 *Comme tous les verbes terminés en* **-zar**, **disfrazarse** *subit des modifications orthographiques : le* **z** *devient* **c** *devant un* **e**.

▷ **Me disfracé de princesa.** Je me suis déguisée en princesse.

> Attention à l'emploi de la préposition **de** dans **disfrazarse de** (se déguiser en).

📖 *Se conjugue sur le modèle de* **burlarse** *(voir ce verbe).*

disfrutar *a plusieurs sens.*

1 **disfrutar** *peut signifier* **profiter**

▷ **Disfruta tus vacaciones.** Profite de tes vacances.

2 **disfrutar** *peut signifier* **s'amuser**

▷ **He disfrutado mucho.** Je me suis bien amusé.

📖 *Se conjugue sur le modèle de* **cantar** *(voir ce verbe).*

disgustado, disgustada *a plusieurs sens :*

1 **disgustado, disgustada** *peut signifier* **fâché(e)** *ou* **contrarié(e)**

2 **disgustado, disgustada** *peut signifier* **déçu(e)**

> Attention ! **disgustado, disgustada** ne signifie pas « dégoûté(e) ».

disgustar **déplaire** *ou* **contrarier**

► **disgustarse** **être contrarié(e)**

▷ **Se disgusta a causa de ti.** Il est contrarié à cause de toi.

📖 *Dans ce mot, on reconnaît le verbe* **gustar** *qui signifie « aimer ». Ils se conjuguent de la même manière, sur le modèle de* **cantar** *(voir ce verbe).*

> Attention ! **disgustar** ne signifie pas « dégoûter ».

disgusto **contrariété** *ou* **ennui** *ou* **chagrin**

► **a disgusto** **à contrecœur**

► **estar a disgusto** **être mal à l'aise**

> Attention ! **disgusto** ne signifie pas « dégoût ».

disimular *a plusieurs sens :*

1 **disimular** *peut signifier* **dissimuler**

2 **disimular** *peut signifier* **faire semblant** *ou* **feindre**

▷ **No se puede saber si disimula o no.** On ne peut pas savoir s'il fait semblant ou pas.

📖 *Se conjugue sur le modèle de* **cantar** *(voir ce verbe).*

disminución **diminution**

> Attention à l'orthographe du mot **disminución**.

disminuido, disminuida **handicapé(e)** *ou* **diminué(e)**

disminuir **diminuer** *ou* **réduire**

> Attention à l'orthographe du mot **disminuir**.

📖 *Les verbes terminés en* **-uir**, **-eer** *et* **-aer** *subissent des modifications orthographiques : le* **i** *se transforme en* **y** *devant* **o** *et* **e**.

▷ **En el campo, el número de habitantes disminuye cada año.** À la campagne, le nombre d'habitants diminue chaque année.

📖 *Se conjugue sur le modèle de* **vivir** *(voir ce verbe).*

disolver **dissoudre**

📖 *Attention, ce verbe est irrégulier à certaines personnes, à certains modes et à certains temps.*

INDICATIF PRÉSENT	SUBJONCTIF PRÉSENT	IMPÉRATIF
disuelvo	disuelva	
disuelves	disuelvas	disuelve
disuelve	disuelva	disuelva
disolvemos	disolvamos	disolvamos
disolvéis	disolváis	disolved
disuelven	disuelvan	disuelvan

📖 *Le participe passé du verbe* disolver *est irrégulier :* disuelto.

📖 *Pour les autres temps, se conjugue sur le modèle de* deber *(voir ce verbe).*

disparar **tirer** (avec une arme)

▷ Le disparó. Il lui a tiré dessus.

📖 *Se conjugue sur le modèle de* cantar *(voir ce verbe).*

disparo **coup de feu**

disponer **disposer**

📖 *Dans ce mot, on reconnaît le verbe* poner *qui signifie « poser ». Ils se conjuguent de la même manière.*

distante **distant(e)** *ou* **éloigné(e)**

distendido, distendida *a plusieurs sens :*

1 distendido, distendida *peut signifier* **distendu(e)**

2 distendido, distendida *peut signifier* **décontracté(e)**

distinguido, distinguida *a plusieurs sens :*

1 distinguido, distinguida *peut signifier* **brillant(e)** (au sens de « doué(e) »)

2 distinguido, distinguida *peut signifier* **distingué(e)** (au sens d'« élégant(e) »)

distinguir *a plusieurs sens :*

1 distinguir *peut signifier* **distinguer**

2 distinguir *peut signifier* **rendre hommage à**

📖 *Les verbes terminés en* -guir *subissent des modifications orthographiques pour conserver le son /g/ : le* gu *se transforme en* g *devant* o *et* a.

▷ Está demasiado lejos: apenas lo distingo. Il est trop loin : je le distingue à peine.

distinto, distinta **différent(e)**

distraer **distraire**

📖 *Dans ce mot, on reconnaît le verbe* traer. *Ils se conjuguent de la même manière.*

distraído, distraída *a des sens différents selon qu'il est utilisé avec* ser *ou* estar *:*

1 ser distraído, distraída *signifie* **être distrayant(e)**

2 estar distraído, distraída *signifie* **être distrait(e)**

distribuir **distribuer**

📖 *Les verbes terminés en* -uir, -eer *et* -aer *subissent des modifications orthographiques : le* i *se transforme en* y *devant* o *et* e.

▷ Gana un poco de dinero distribuyendo el diario. Il gagne un petit peu d'argent en distribuant le journal.

📖 *Se conjugue sur le modèle de* vivir *(voir ce verbe).*

disuelto *est le participe passé du verbe* **disolver.**

diversidad **diversité**

diversión **distraction**

> ⚠ Attention ! diversión ne signifie pas « diversion ».

diverso, diversa *a plusieurs sens :*

1 diverso, diversa *peut signifier* **divers(e)**

2 diverso, diversa *peut signifier* **plusieurs**

▷ He leído diversos libros sobre este tema. J'ai lu plusieurs livres sur ce sujet.

divertido, divertida **amusant(e)**

divertir **amuser**

📖 *Attention, ce verbe est irrégulier à certaines personnes, à certains modes et à certains temps.*

📖 *Pour les autres temps, se conjugue sur le modèle de* vivir *(voir ce verbe).*

dividir **diviser**

▷ Ocho dividido entre dos son cuatro. Huit divisé par deux égale quatre.

📖 *Se conjugue sur le modèle de* vivir *(voir ce verbe).*

divorciarse **divorcer**

📖 *Se conjugue sur le modèle de* burlarse *(voir ce verbe).*

DIVERTIR				
INDICATIF PRÉSENT	SUBJONCTIF PRÉSENT	PASSÉ SIMPLE	SUBJONCTIF IMPARFAIT	IMPÉRATIF
divierto	divierta	divertí	divirtiera	
diviertes	diviertas	divertiste	divirtieras	divierte
divierte	divierta	divirtió	divirtiera	divierta
divertimos	divirtamos	divertimos	divirtiéramos	divirtamos
divertís	divirtáis	divertisteis	divirtierais	divertid
divierten	diviertan	divirtieron	divirtieran	diviertan

divorcio **divorce**

> ℹ divorcio peut également être une forme du verbe divorciarse.

▷ Me divorcio mañana. Je divorce demain.

doblar *a plusieurs sens :*

1 doblar *peut signifier* **plier**

2 doblar *peut signifier* **tourner**

▷ Doble la esquina del ayuntamiento y sigua recto. Tournez au coin de la mairie et allez tout droit.

3 doblar *peut signifier* **doubler** (au sens de « multiplier par deux »)

4 doblar *peut signifier* **sonner** (les cloches)

Se conjugue sur le modèle de cantar *(voir ce verbe).*

doble *a des sens différents selon sa catégorie grammaticale :*

> Ce peut être un ADJECTIF :

doble *signifie* **double**

> Ce peut être un NOM :

1 doble *peut signifier* **double**

2 doble *peut signifier* **doublure** (= acteur)

> ℹ doble peut également être une forme du verbe doblar.

▷ Le doy la hoja para que la doble. Je lui donne la feuille pour qu'il la plie.

doce **douze**

► las doce **midi** ou **minuit**

docena **douzaine**

doctor, doctora **médecin** *ou* **docteur**

documentación *a plusieurs sens :*

1 documentación *peut signifier* **papiers** (= pièces d'identité)

2 documentación *peut signifier* **documentation**

doler *est un verbe qu'on emploie pour dire que quelque chose nous fait mal.*

▷ Me duele el brazo. J'ai mal au bras.

▷ Les duele la cabeza. Ils ont mal à la tête.

Certains verbes qui expriment un sentiment ou une sensation en espagnol se contruisent différemment du français ; l'exemple le plus courant est le verbe gustar. *Le sujet français* (je, tu, il, nous, vous, ils) *devient le complément espagnol* (me, te, le, nos, os, les). *Le verbe* doler *se construit comme* gustar *:*

▷ ¿Te duelen los ojos? Tu as mal aux yeux ? (littéralement : tes yeux te font mal ?)

Attention, ce verbe est irrégulier à certaines personnes, à certains modes et à certains temps.

INDICATIF PRÉSENT	SUBJONCTIF PRÉSENT
duele	duela
duelen	duelan

Pour les autres temps, se conjugue sur le modèle de deber *(voir ce verbe).*

dolor **douleur** *ou* **mal**

dolor *est masculin.*

doloroso, dolorosa **douloureux(-euse)**

domar **dompter**

Se conjugue sur le modèle de cantar *(voir ce verbe).*

dominar **dominer** *ou* **maîtriser**

Se conjugue sur le modèle de cantar *(voir ce verbe).*

domingo **dimanche**

dominio **domaine** *ou* **maîtrise** *ou* **domination**

don *a plusieurs sens :*

1 don *peut signifier* **monsieur**

Don *s'emploie devant le prénom (qui peut être suivi du nom). Il est réservé à des personnes d'un certain rang social (administration, religion, politique, etc.). Il suppose donc l'emploi de* Usted.

2 don *peut signifier* **don**

donde (sans accent) *est l'adverbe de lieu* **où**

▷ Tu bolso está donde lo dejaste. Ton sac est là où tu l'as laissé.

> Attention à l'accent grammatical : il ne faut pas confondre donde, adverbe de lieu, et dónde, mot interrogatif.

dónde (avec accent) *est le mot interrogatif* **où**

▷ ¿Dónde has puesto el bolso? Où as-tu mis ton sac ?

▷ No sé dónde he puesto el bolso. Je ne sais pas où j'ai mis mon sac.

> Attention à l'accent grammatical : il ne faut pas confondre dónde, mot interrogatif, et donde, adverbe de lieu.

dondequiera **n'importe où** *ou* **où que**

▷ Dondequiera que esté, le encontraré. Où qu'il soit, je le trouverai.

doña **madame**

Doña *s'emploie devant le prénom (qui peut être suivi du nom). Il est réservé à des personnes d'un certain rang social (administration, religion, politique, etc.) Lorsque l'on s'adresse à la personne, il suppose donc l'emploi de* Usted.

dorado, dorada **doré(e)**

dormido, dormida **endormi(e)**

dormir *a des sens différents selon sa catégorie grammaticale :*

> Ce peut être un VERBE INTRANSITIF :

dormir *signifie* **dormir**

> Ce peut être un VERBE TRANSITIF :

dormir *signifie* **endormir**

► **dormirse** **s'endormir**

► **dormir la siesta** **faire la sieste**

Attention, ce verbe est irrégulier à certaines personnes, à certains modes et à certains temps.

Pour les autres temps, se conjugue sur le modèle de vivir *(voir ce verbe).*

dormitorio **chambre à coucher**

dormitorio *est masculin.*

dorso **dos** (d'une feuille)

dos **deux**

► **son las dos** **il est deux heures**

doscientos, doscientas **deux cents**

En espagnol, les multiples de cent s'accordent en genre et en nombre avec le nom qu'ils désignent : doscientos niños/doscientas niñas.

dosis **dose**

dosis *est invariable :* una dosis, dos dosis.

dotado, dotada **doué(e)**

doy *est le verbe* **dar** *conjugué à la première personne du singulier au présent de l'indicatif :*

▷ Si lo quieres, te lo doy. Si tu le veux, je te le donne.

drama **drame**

drama *est masculin.*

dramático, dramática **dramatique**

ducha **douche**

ducharse **se doucher** *ou* **prendre une douche**

Se conjugue sur le modèle de burlarse *(voir ce verbe).*

duda **doute**

duda *est féminin.*

i duda peut également être une forme du verbe dudar.

▷ Duda mucho. Il doute beaucoup.

dudar **douter** *ou* **hésiter**

Se conjugue sur le modèle de cantar *(voir ce verbe).*

dudoso, dudosa **douteux(-euse)** *ou* **hésitant(e)**

dueño, dueña **propriétaire**

dulce *a des sens différents selon sa catégorie grammaticale :*

> Ce peut être un ADJECTIF :

1 **dulce** *peut signifier* **sucré(e)**

2 **dulce** *peut signifier* **doux, douce**

> Ce peut être un NOM :

dulce *signifie* **sucrerie**

dulce *est masculin.*

duplicar **doubler** *ou* **multiplier par deux**

Se conjugue sur le modèle de cantar *(voir ce verbe).*

duque **duc**

duquesa **duchesse**

duración **durée**

durante **pendant**

dureza **dureté**

duro *a des sens différents selon sa catégorie grammaticale :*

> Ce peut être un ADVERBE :

duro *signifie* **dur**

▷ Tienes que trabajar duro. Tu dois travailler dur.

> Ce peut être un ADJECTIF :

1 **duro, dura** *peut signifier* **dur(e)**

2 **duro, dura** *peut signifier* **fort(e)**

> Ce peut être un NOM :

duro *correspond à* **l'ancienne pièce de cinq pesetas**

► **no tengo ni un duro** **je n'ai pas un sou**

DORMIR				
INDICATIF PRÉSENT	PASSÉ SIMPLE	SUBJONCTIF PRÉSENT	SUBJONCTIF IMPARFAIT	IMPÉRATIF
duermo	dormí	duerma	durmiera	
duermes	dormiste	duermas	durmieras	duerme
duerme	durmió	duerma	durmiera	duerma
dormimos	dormimos	durmamos	durmiéramos	durmamos
dormís	dormisteis	durmáis	durmierais	dormid
duermen	durmieron	duerman	durmieran	duerman

E

e *est la conjonction* **et**

▷ Francia e Italia han empatado. La France et l'Italie ont fait match nul.

La conjonction y *devient* e *devant un mot commençant par* i *ou* hi.

echar *a plusieurs sens :*

1 **echar** *peut signifier* **lancer** *ou* **jeter**

2 **echar** *peut signifier* **verser**

3 **echar** *peut signifier* **expulser**

► **echar de menos a algo** ou **alguien sert à exprimer le manque ou le regret**

▷ Echo de menos a mis amigos. Mes amis me manquent.

► **echarse a hacer algo se mettre à faire quelque chose**

▷ Se echó a reír. Il se mit à rire.

► **echar abajo renverser** ou **démolir**

► **echar a perder abîmer**

Se conjugue sur le modèle de cantar *(voir ce verbe).*

eclipse éclipse

eclipse *est masculin.*

economía économie

económico, económica économique

Ecuador Équateur

Attention au d de Ecuador.

ecuatoriano, ecuatoriana équatorien(ne) *ou* Équatorien(ne)

edad âge

► **ser mayor de edad être majeur(e)**

► **ser menor de edad être mineur(e)**

► **la Edad Media le Moyen-Âge**

edad *est féminin.*

edificio bâtiment *ou* immeuble

editor, editora éditeur(-trice)

educación éducation

► **ser de buena educación être bien élevé(e)**

► **ser de mala educación être mal élevé(e)**

educado, educada poli(e)

► **bien educado, educada bien élevé(e)**

► **mal educado, educada mal élevé(e)**

educado peut également être le participe passé du verbe educar.

▷ Ha educado sola a su hijo. Elle a élevé son fils seule.

educar *a plusieurs sens :*

1 **educar** *peut signifier* **éduquer** *ou* **élever**

2 **educar** *peut signifier* **dresser**

Attention ! Pour conserver le son /k/ de l'infinitif, le c *de* educar *se transforme en* qu *devant un* e.

▷ Es necesario que eduque a su perro ahora que todavía es un cachorro. Il faut qu'il dresse son chien pendant qu'il est encore chiot.

Se conjugue sur le modèle de cantar *(voir ce verbe).*

EE.UU. USA

EE.UU. *est l'abréviation de* Estados Unidos *qui signifie « États-Unis ».*

efectivo *a des sens différents selon sa catégorie grammaticale :*

> Ce peut être un ADJECTIF :

efectivo, efectiva *signifie* **effectif (-ive)**

► **dinero efectivo argent comptant**

► **hacerse efectivo prendre effet**

> Ce peut être un NOM :

efectivo *signifie* **argent liquide**

▷ Pagar en efectivo. Payer en liquide.

Attention ! Il n'y a qu'un seul f à efectivo, efectiva.

efecto effet
► **en efecto** en effet

Attention ! Il n'y a qu'un seul f à efecto.

eficaz efficace

Attention ! Il n'y a qu'un seul f à eficaz.

egipcio, egipcia égyptien(ne) *ou* Égyptien(ne)

Egipto Égypte

egoísmo égoïsme

eje axe

ejecución exécution

ejecutar exécuter

Se conjugue sur le modèle de cantar *(voir ce verbe).*

ejecutivo *a des sens différents selon sa catégorie grammaticale :*

> Ce peut être un ADJECTIF :

ejecutivo, ejecutiva *signifie* **exécutif(-ive)**

> Ce peut être un NOM :

ejecutivo, ejecutiva *signifie* **cadre supérieur**

ejemplar exemplaire

ejemplo exemple
► **por ejemplo** par exemple

ejercer exercer
► **ejercer de...** exercer le métier de...

Comme tous les verbes terminés en -cer *et en* -cir, ejercer *subit des modifications orthographiques : pour conserver le son /s/, le* c *se transforme en* z *devant* o *et* a.

▷ Mis padres quieren que ejerza de abogado. Mes parents veulent que je sois avocat.

Se conjugue sur le modèle de deber *(voir ce verbe).*

ejercicio exercice
► **hacer ejercicio** faire de l'exercice

Attention ! Ne pas confondre ejercicio avec ejército qui signifie « armée ».

ejército armée

Attention ! Ne pas confondre ejército avec ejercicio qui signifie « exercice ».

ejército *est masculin.*

el (sans accent) *est l'article défini* **le** *ou* **l'**

L'article défini n'est pas toujours traduit en français.

▷ Iré a verte el domingo. J'irai te voir dimanche.

▷ El señor López va a casarse. Monsieur López va se marier.

Attention à l'accent grammatical : il ne faut pas confondre el, article défini, et él, pronom personnel.

él, ella *a des sens différents selon sa catégorie grammaticale :*

> Ce peut être un PRONOM PERSONNEL SUJET :

él, ella *signifie* **il, elle**

▷ Él canta muy bien. Il chante très bien.

En espagnol, les pronoms personnels sont omis car ce sont les terminaisons verbales qui indiquent la personne. On les utilise pour éviter les confusions entre plusieurs personnes ou pour renforcer le sujet.

> Ce peut être un PRONOM PERSONNEL COMPLÉMENT :

él, ella *signifie* **lui, elle**

▷ Fui al cine con ella. Je suis allé au cinéma avec elle.

Attention à l'accent grammatical : il ne faut pas confondre él, pronom personnel, et el, article défini.

elaborar préparer *ou* élaborer

Se conjugue sur le modèle de cantar *(voir ce verbe).*

elección *a plusieurs sens :*

1 **elección** *peut signifier* **élection**

2 **elección** *peut signifier* **choix**

electricidad électricité

elefante éléphant

Attention à l'orthographe du mot elefante.

elegir *a plusieurs sens :*

1 **elegir** *peut signifier* **élire**

2 **elegir** *peut signifier* **choisir**

Comme la plupart des verbes terminés en -ger *ou* -gir, elegir *subit des modifications orthographiques pour conserver le son /x/ : le* g *se transforme en* j *devant* o *et* a. *De plus, ce verbe est irrégulier à certaines personnes, à certains modes et à certains temps. Voir tableau p. suivante.*

Le verbe elegir *a deux participes passés :* elegido *s'utilise pour la formation des temps composés mais* electo *ne s'utilise que comme adjectif pour désigner une personne élue :*

▷ El presidente electo. Le président élu.

ELEGIR				
INDICATIF PRÉSENT	SUBJONCTIF PRÉSENT	PASSÉ SIMPLE	SUBJONCTIF IMPARFAIT	IMPÉRATIF
elijo	elija	elegí	eligiera	
eliges	elijas	elegiste	eligieras	elige
elige	elija	eligió	eligiera	elija
elegimos	elijamos	elegimos	eligiéramos	elijamos
elegís	elijáis	elegisteis	eligierais	elegid
eligen	elijan	eligieron	eligieran	elijan

Pour les autres temps, se conjugue sur le modèle de vivir *(voir ce verbe).*

elevar **élever** (au sens de « soulever »)

Attention ! elevar ne signifie pas « élever » au sens de « éduquer ».

Se conjugue sur le modèle de cantar *(voir ce verbe).*

eliminar **éliminer**

Se conjugue sur le modèle de cantar *(voir ce verbe).*

ella **elle**

ello *est le pronom personnel neutre* **cela** *ou* **ça**

ellos, ellas *a plusieurs sens selon sa catégorie grammaticale :*

> Ce peut être un PRONOM PERSONNEL SUJET :

ellos, ellas *signifie* **ils, elles**

▷ Ellas son gemelas. Elles sont jumelles.

En espagnol, les pronoms personnels sont omis car ce sont les terminaisons verbales qui indiquent la personne. On les utilise pour éviter les confusions entre plusieurs personnes ou pour renforcer le sujet.

> Ce peut être un PRONOM PERSONNEL COMPLÉMENT :

ellos, ellas *signifie* **eux, elles**

▷ Estos regalos son para ellos. Ces cadeaux sont pour eux.

elogiar **louer** (au sens de « faire l'éloge »)

Se conjugue sur le modèle de cantar *(voir ce verbe).*

elogio **éloge**

embajada **ambassade**

Attention à l'orthographe du mot embajada.

embalaje **emballage**

Attention à l'orthographe du mot embalaje.

embalse **barrage** (hydraulique)

embalse *est masculin.*

embarazada **enceinte**

Attention : embarazada ne signifie pas « embarrassée ».

embarazo **grossesse**

embarazo *est masculin.*

embarcar **embarquer**

Attention, pour conserver le son /k/ de l'infinitif, le c *de* embarcar *se transforme en* qu *devant un* e *:*

▷ Llaman a los pasajeros para que embarquen. On appelle les passagers pour qu'ils embarquent.

Se conjugue sur le modèle de cantar *(voir ce verbe).*

embargo

► sin embargo **cependant**

embarque **embarquement**

► puerta de embarque **porte d'embarquement**

i embarque peut également être une forme du verbe embarcar.

▷ La azafata me devuelve mi pasaporte para que embarque. L'hôtesse me rend mon passeport pour que j'embarque.

emborrachar **soûler**

Se conjugue sur le modèle de cantar *(voir ce verbe).*

embrujado, embrujada **ensorcelé(e)**

Dans ce mot, on reconnaît le lien avec le nom brujo, bruja *qui signifie « sorcier(-ère) ».*

embuste **mensonge**

embustero, embustera **menteur(-euse)**

embutido **charcuterie** (saucisses, saucissons, boudins)

emergencia **urgence**

► salida de emergencia **sortie de secours**

emisora **station de radio**

emitir émettre

📖 *Se conjugue sur le modèle de* vivir *(voir ce verbe).*

emoción émotion

emocionado, emocionada ému(e)

ℹ emocionado peut également être le participe passé du verbe emocionar.

▷ Me ha emocionado. Il m'a ému(e).

emocionante émouvant(e)

emocionar émouvoir

📖 *Se conjugue sur le modèle de* cantar *(voir ce verbe).*

empanado, empanada pané(e)

empapado, empapada trempé(e)

ℹ empapado peut également être le participe passé du verbe empapar.

▷ La lluvia ha empapado el césped. La pluie a trempé le gazon.

empapar *a plusieurs sens :*

1 empapar *peut signifier* **tremper**

2 empapar *peut signifier* **éponger** *ou* **absorber**

📖 *Se conjugue sur le modèle de* cantar *(voir ce verbe).*

empapelar **envelopper dans du papier** *ou* **tapisser** (les murs)

📖 *Se conjugue sur le modèle de* cantar *(voir ce verbe).*

emparentado, emparentada **apparenté(e)**

empaste **plombage** (de dent)

empatar **faire match nul** *ou* **être à égalité**

📖 *Se conjugue sur le modèle de* cantar *(voir ce verbe).*

empate **match nul** *ou* **ballotage**

► **un empate a uno** **un partout**

empeñar **mettre en gage**

► **empeñarse** **s'entêter** ou **insister** ou **persister**

▷ ¿Por qué te empeñas en hacer esto así? Pourquoi tu t'entêtes à faire ça comme ça ?

Attention à l'emploi de la préposition en dans empeñarse en hacer algo (s'entêter à faire quelque chose).

📖 *Se conjugue sur le modèle de* cantar *(voir ce verbe).*

empeño **obstination** *ou* **persévérance**

ℹ empeño peut également être une forme du verbe empeñar.

▷ Cuando me empeño en algo, nadie consigue hacerme cambiar de opinión. Quand je m'obstine, personne ne réussit à me faire changer d'avis.

empeño est masculin.

empeorar **aggraver** *ou* **empirer**

📖 *Se conjugue sur le modèle de* cantar *(voir ce verbe).*

emperador **empereur**

emperatriz **impératrice**

empezar **commencer**

Attention, ce verbe est irrégulier à certaines personnes, à certains modes et à certains temps.

INDICATIF PRÉSENT	SUBJONCTIF PRÉSENT	IMPÉRATIF
empiezo	empiece	
empiezas	empieces	empieza
empieza	empiece	empiece
empezamos	empecemos	empecemos
empezáis	empecéis	empezad
empiezan	empiecen	empiecen

📖 *Pour les autres temps, se conjugue sur le modèle de* cantar *(voir ce verbe).*

empinado, empinada **en pente**

empleado, empleada **employé(e)**

emplear **employer** *ou* **utiliser**

📖 *Se conjugue sur le modèle de* cantar *(voir ce verbe).*

empleo **emploi** *ou* **usage**

ℹ empleo peut également être une forme du verbe emplear.

▷ Empleo muchas hojas para tomar notas. J'utilise beaucoup de feuilles pour prendre des notes.

empresa **entreprise**

empujar **pousser**

📖 *Se conjugue sur le modèle de* cantar *(voir ce verbe).*

en *a plusieurs sens :*

1 en *peut signifier* **à** *ou* **au** *pour indiquer un lieu ou une situation*

▷ Estoy en Barcelona durante unos días. Je suis à Barcelone pendant quelques jours.

2 **en** *peut signifier* **dans**

▷ Pon el equipaje en el maletero. Mets les bagages dans le coffre.

3 **en** *peut signifier* **sur**

▷ Tus gafas están en la mesa. Tes lunettes sont sur la table.

4 **en** *peut signifier* **en** *pour parler d'une époque, d'un moyen ou d'une manière.*

▷ La historia empieza en 1956, en invierno. L'histoire commence en 1956, en hiver.

▷ Suelo viajar en tren. J'ai l'habitude de voyager en train.

5 **en** *peut être utilisé dans des expressions :*

► **en broma** **pour rire**

► **en cambio** **par contre**

► **en serio** **sérieusement**

enamorado, enamorada **amoureux(-euse)**

> ℹ enamorado peut également être le participe passé du verbe enamorarse.

▷ Se ha enamorado de ella. Il est tombé amoureux d'elle.

enamorarse **tomber amoureux(-euse)**

📖 *Se conjugue sur le modèle de* burlarse *(voir ce verbe).*

enano, enana **nain(e)**

encadenar **enchaîner** *ou* **attacher**

🏳 *Dans ce mot, on reconnaît le lien avec le mot* cadena *qui signifie « chaîne ».*

📖 *Se conjugue sur le modèle de* cantar *(voir ce verbe).*

encajar *a plusieurs sens :*

1 **encajar** *peut signifier* **emboîter** *ou* **encastrer**

2 **encajar** *peut signifier* **encaisser** (au sens familier de « supporter »)

📖 *Se conjugue sur le modèle de* cantar *(voir ce verbe).*

encaje **dentelle**

🏳 *encaje est masculin.*

encantado, encantada *a plusieurs sens :*

1 **encantado, encantada** *peut signifier* **enchanté(e)**

2 **encantado, encantada** *peut signifier* **hanté(e)**

► **casa encantada** **maison hantée**

3 **encantado, encantada** *peut signifier* **distrait(e)**

> Dans ce sens, encantado, encantada est un mot familier.

> ℹ encantado peut également être le participe passé du verbe encantar.

▷ Este libro me ha encantado. J'ai adoré ce livre.

encantar *a plusieurs sens :*

1 **encantar** *peut être employé pour dire que quelque chose nous plaît beaucoup.*

▷ Me encanta el arte contemporáneo. J'adore l'art contemporain.

▷ Me han dicho que os encanta bailar. On m'a dit que vous aimez beaucoup danser.

🏳 *Certains verbes qui expriment un sentiment ou une sensation en espagnol se construisent différemment du français ; l'exemple le plus courant est le verbe* gustar. *Le sujet français* (je, tu, il, nous, vous, ils) *devient le complément espagnol* (me, te, se, nos, os, les) *:*

▷ Le encantan los cómics. Il adore les bandes dessinées. (*littéralement : les bandes dessinées lui plaisent beaucoup*).

2 **encantar** *peut signifier* **enchanter**

📖 *Se conjugue sur le modèle de* cantar *(voir ce verbe).*

encanto **charme**

encarcelamiento **emprisonnement**

🏳 *Dans ce mot, on reconnaît le lien avec le nom* cárcel *qui signifie « prison ».*

encarcelar **emprisonner**

🏳 *Dans ce mot, on reconnaît le lien avec le nom* cárcel *qui signifie « prison ».*

📖 *Se conjugue sur le modèle de* cantar *(voir ce verbe).*

encargado, encargada **responsable**

> ℹ encargado peut également être le participe passé du verbe encargar.

▷ He encargado el libro. J'ai commandé le livre.

encargar **commander**

► **encargarse de algo** **se charger de** quelque chose

► **encargar a alguien que** + subjonctif **charger** quelqu'un **de** + infinitif

▷ Le encargó que hiciera el trabajo. Il l'a chargé de faire le travail.

📖 *Dans ce mot, on reconnaît le verbe* cargar *qui signifie « charger ». Ils se conjuguent de la même manière, sur le modèle de* cantar *(voir ce verbe).*

> ℹ Notez l'emploi du subjonctif après encargar que.

encargo **commande** *ou* **commission**

► **por encargo** **sur commande**

🏳 *encargo est masculin.*

> ℹ encargo peut également être une forme du verbe encargar.

▷ Yo me encargo de las bebidas. Je me charge des boissons.

encariñar attendrir

► **encariñarse con** s'attacher à

▷ Se encariñó con este niño. Il s'est attaché à cet enfant.

Se conjugue sur le modèle de cantar *(voir ce verbe).*

encendedor briquet

encender allumer

Attention, ce verbe est irrégulier à certaines personnes, à certains modes et à certains temps.

INDICATIF PRÉSENT	SUBJONCTIF PRÉSENT	IMPÉRATIF
enciendo	encienda	
enciendes	enciendas	enciende
enciende	encienda	encienda
encendemos	encendamos	encendamos
encendéis	encendáis	encended
encienden	enciendan	enciendan

Pour les autres temps, se conjugue sur le modèle de deber *(voir ce verbe).*

encerar cirer

Se conjugue sur le modèle de cantar *(voir ce verbe).*

Attention ! Ne pas confondre encerar avec encerrar qui signifie « enfermer ».

encerrar enfermer *ou* renfermer

Dans ce mot, on reconnaît le verbe cerrar *qui signifie « fermer ». Ils se conjuguent de la même manière, sur le modèle de* cantar *(voir ce verbe). Mais attention,* encerrar *présente les mêmes irrégularités que* cerrar.

Attention ! Ne pas confondre encerrar avec encerar qui signifie « cirer ».

enchufar *a plusieurs sens :*

1 **enchufar** *peut signifier* **brancher**

2 **enchufar** *peut signifier* **pistonner** (quelqu'un)

Dans ce sens, enchufar est un mot familier.

Se conjugue sur le modèle de cantar *(voir ce verbe).*

enchufe *a plusieurs sens :*

1 **enchufe** *peut signifier* **prise** (de courant)

2 **enchufe** *peut signifier* **piston** (au sens familier de « recommandation »)

► **tener enchufe** avoir un piston

tener enchufe est une expression familière.

encía gencive

encima *a plusieurs sens :*

1 **encima** *peut signifier* **au-dessus**

▷ Tengo un escondite encima del armario. J'ai une cachette au-dessus de l'armoire.

2 **encima** *peut signifier* **sur**

▷ No dejes los libros encima de la mesa de la cocina. Ne laisse pas tes livres sur la table de la cuisine.

3 **encima** *peut signifier* **en plus**

▷ Es tonto y, encima, se cree más listo que los demás. Il est bête et, en plus, il se croit plus malin que les autres.

4 **encima** *peut signifier* **sur moi/toi/soi/**etc.

▷ No llevo ningún boli encima. Je n'ai pas de stylo sur moi.

encoger rétrécir

Comme la plupart des verbes terminés en -ger *ou* -gir, encoger *subit des modifications orthographiques pour conserver le son /x/ : le* g *se transforme en* j *devant* o *et* a.

▷ No sé cómo hacer para que la ropa no encoja. Je ne sais pas comment faire pour que les vêtements ne rétrécissent pas.

Se conjugue sur le modèle de deber *(voir ce verbe).*

encontrar *a plusieurs sens :*

1 **encontrar** *peut signifier* **trouver**

2 **encontrar** *peut signifier* **rencontrer**

► **encontrarse con alguien** tomber sur quelqu'un

► **encontrarse bien** se sentir bien

► **encontrarse mal** se sentir mal

Attention, ce verbe est irrégulier à certaines personnes, à certains modes et à certains temps.

INDICATIF PRÉSENT	SUBJONCTIF PRÉSENT	IMPÉRATIF
encuentro	encuentre	
encuentras	encuentres	encuentra
encuentra	encuentre	encuentre
encontramos	encontremos	encontremos
encontráis	encontréis	encontrad
encuentran	encuentren	encuentren

Pour les autres temps, se conjugue sur le modèle de cantar *(voir ce verbe).*

encuentro rencontre

encuentro est masculin.

encuentro peut également être une forme du verbe encontrar.

▷ Te encuentro un poco preocupada. ¿Qué te pasa? Je te trouve un peu inquiète. Qu'est-ce qu'il t'arrive ?

encuesta enquête *ou* sondage

enderezar redresser

Comme la plupart des verbes terminés en **-zar**, **enderezar** *subit des modifications orthographiques : le* **z** *se transforme en* **c** *devant* **e**.

▷ Me enderecé cuando lo vi. Je me suis redressé en le voyant.

Se conjugue sur le modèle de **cantar** *(voir ce verbe).*

endivia *ou* **endibia** endive

endulzar *a plusieurs sens :*

1 **endulzar** *peut signifier* **sucrer**

2 **endulzar** *peut signifier* **adoucir**

Dans ce mot, on reconnaît le lien avec l'adjectif **dulce** *qui signifie « sucré(e) » ou « doux, douce ».*

Comme les verbes terminés en **-zar**, **endulzar** *subit des modifications orthographiques : le* **z** *devient* **c** *devant un* **e**.

▷ Endulcé el té con miel. J'ai sucré mon thé avec du miel.

Se conjugue sur le modèle de **cantar** *(voir ce verbe).*

endurecer durcir *ou* endurcir

Attention ! **endurecer** *appartient au groupe des verbes se terminant en* **-acer**, **-ecer**, **-ocer** *et* **-ucir** *qui sont irréguliers à certaines personnes, à certains modes et à certains temps.*

INDICATIF PRÉSENT	SUBJONCTIF PRÉSENT	IMPÉRATIF
endurezco	endurezca	
endureces	endurezcas	endurece
endurece	endurezca	endurezca
endurecemos	endurezcamos	endurezcamos
endurecéis	endurezcáis	endureced
endurecen	endurezcan	endurezcan

Pour les autres temps, se conjugue sur le modèle de **deber** *(voir ce verbe).*

enemigo, enemiga ennemi(e)

energía énergie

enero janvier

enfadado, enfadada fâché(e)

enfadarse se fâcher

Se conjugue sur le modèle de **burlarse** *(voir ce verbe).*

enfermar tomber malade

Attention ! **enfermar** ne signifie pas « enfermer ».

Se conjugue sur le modèle de **cantar** *(voir ce verbe).*

enfermedad maladie

enfermería infirmerie

enfermero, enfermera infirmier(-ière)

enfermo, enferma malade

► **ponerse enfermo, enferma** tomber malade

► **poner a alguien enfermo, enferma** rendre quelqu'un **malade**

poner a alguien enfermo, enferma est une expression familière.

enfermo et **enferma** peuvent également être des formes du verbe **enfermar**.

▷ Enferma a menudo. Il tombe souvent malade.

enfrentar affronter *ou* faire face à

Se conjugue sur le modèle de **cantar** *(voir ce verbe).*

enfrente en face

▷ ¿Sabes quién vive en la casa de enfrente? Tu sais qui habite dans la maison d'en face ?

enfriar refroidir

► **enfriarse** prendre froid

Dans ce mot, on reconnaît le lien avec l'adjectif **frío, fría** *qui signifie « froid(e) ».*

Attention ! **enfriar** *subit une modification de l'accentuation : le* **i** *se transforme en* **í** *à certaines personnes et à certains temps.*

INDICATIF PRÉSENT	SUBJONCTIF PRÉSENT	IMPÉRATIF
enfrío	enfríe	
enfrías	enfríes	enfría
enfría	enfríe	enfríe
enfriamos	enfriemos	enfriemos
enfriáis	enfriéis	enfriad
enfrían	enfríen	enfríen

Pour les autres temps, se conjugue sur le modèle de **cantar** *(voir ce verbe).*

enfurecer rendre furieux(-ieuse) *ou* mettre en colère

Attention ! **enfurecer** *appartient au groupe des verbes se terminant en* **-acer**, **-ecer**, **-ocer** *et* **-ucir** *qui sont irréguliers à certaines personnes, à certains modes et à certains temps.*

INDICATIF PRÉSENT	SUBJONCTIF PRÉSENT	IMPÉRATIF
enfurezco	enfurezca	
enfureces	enfurezcas	enfurece
enfurece	enfurezca	enfurezca
enfurecemos	enfurezcamos	enfurezcamos
enfurecéis	enfurezcáis	enfureced
enfurecen	enfurezcan	enfurezcan

Pour les autres temps, se conjugue sur le modèle de deber (voir ce verbe).

enfurecido, enfurecida furieux(-ieuse)

enfurecido peut également être le participe passé du verbe enfurecer.

engañar *a plusieurs sens :*

1 engañar *peut signifier* **tromper**

2 engañar *peut signifier* **mentir**

Se conjugue sur le modèle de cantar *(voir ce verbe).*

engaño *a plusieurs sens :*

1 engaño *peut signifier* **tromperie**

2 engaño *peut signifier* **mensonge**

3 engaño *peut signifier* **piège**

engaño peut également être une forme du verbe engañar.

▻ ¡Te juro que no te engaño! Je te jure que je ne te mens pas !

engordar grossir

Dans ce mot, on reconnaît le lien avec l'adjectif gordo, gorda *qui signifie « gros(se) ».*

Se conjugue sur le modèle de cantar *(voir ce verbe).*

enhorabuena félicitations

► **dar la enhorabuena a alguien féliciter** quelqu'un

enhorabuena *est féminin singulier.*

enigma énigme

enigma *est masculin.*

enjabonar savonner

Dans ce mot, on reconnaît le lien avec le nom jabón *qui signifie « savon ».*

Se conjugue sur le modèle de cantar *(voir ce verbe).*

enjuagar rincer

Attention, pour conserver le son /g/ de l'infinitif, le g *de* enjuagar *se transforme en* gu *devant un* e *:*

▻ Enjuagué mi falda. J'ai rincé ma jupe.

Se conjugue sur le modèle de cantar *(voir ce verbe).*

enlace *a plusieurs sens :*

1 enlace *peut signifier* **union** *ou* **liaison**

2 enlace *peut signifier* **contact** *ou* **lien**

3 enlace *peut signifier* **correspondance** (dans une gare par exemple)

enlace *est masculin.*

enlatado, enlatada en conserve

Dans ce mot, on reconnaît le lien avec le nom lata *qui signifie « boîte de conserve ».*

enlazar lier *ou* relier

► **enlazar algo con otra cosa faire le lien entre deux choses**

Comme les verbes terminés en -zar, enlazar *subit des modifications orthographiques : le* z *devient* c *devant un* e.

▻ Enlacé lo que dijo con lo que ya sabía. J'ai fait le lien entre ce qu'il a dit et ce que je savais déjà.

Attention ! enlazar ne signifie pas « enlacer ».

Se conjugue sur le modèle de cantar *(voir ce verbe).*

enloquecer rendre fou, folle *ou* devenir fou, folle

Dans ce mot, on reconnaît le lien avec l'adjectif loco, loca *qui signifie « fou, folle ».*

Attention ! enloquecer *appartient au groupe des verbes se terminant en* -acer, -ecer, -ocer *et* -ucir *qui sont irréguliers à certaines personnes, à certains modes et à certains temps.*

INDICATIF PRÉSENT	SUBJONCTIF PRÉSENT	IMPÉRATIF
enloquezco	enloquezca	
enloqueces	enloquezcas	enloquece
enloquece	enloquezca	enloquezca
enloquecemos	enloquezcamos	enloquezcamos
enloquecéis	enloquezcáis	enloqueced
enloquecen	enloquezcan	enloquezcan

Pour les autres temps, se conjugue sur le modèle de deber *(voir ce verbe).*

enmudecer rester muet(te) *ou* devenir muet(te)

Dans ce mot, on reconnaît le lien avec l'adjectif mudo, muda *qui signifie « muet(te) ».*

Attention ! enmmudecer *appartient au groupe des verbes se terminant en* -acer, -ecer, -ocer *et* -ucir *qui sont irréguliers à certaines personnes, à certains modes et à certains temps.*

INDICATIF PRÉSENT	SUBJONCTIF PRÉSENT	IMPÉRATIF
enmudezco	enmudezca	
enmudeces	enmudezcas	enmudece
enmudece	enmudezca	enmudezca
enmudecemos	enmudezcamos	enmudezcamos
enmudecéis	enmudezcáis	enmudeced
enmudecen	enmudezcan	enmudezcan

Pour les autres temps, se conjugue sur le modèle de deber *(voir ce verbe).*

enojado, enojada en colère

▻ ¿Estás enojado conmigo? Tu es en colère contre moi ?

Attention à l'emploi de la préposition **con** dans **estar enojado, enojada con alguien** (être en colère contre quelqu'un).

i **enojado** peut également être le participe passé du verbe **enojar**.

▷ **Se ha enojado.** Il s'est fâché.

enojar mettre en colère

Se conjugue sur le modèle de **cantar** *(voir ce verbe).*

enorgullecerse être fier, fière

Dans ce mot, on reconnaît le lien avec l'adjectif **orgulloso, orgullosa** *qui signifie « orgueilleux (-euse) » ou « fier, fière ».*

Attention ! **enorgullecerse** *appartient au groupe des verbes se terminant en* **-acer, -ecer, -ocer** *et* **-ucir** *qui sont irréguliers à certaines personnes, à certains modes et à certains temps.*

INDICATIF PRÉSENT	SUBJONCTIF PRÉSENT	IMPÉRATIF
me enorgullezco	me enorgullezca	
te enorgulleces	te enorgullezcas	enorgullécete
se enorgullece	se enorgullezca	enorgullézcase
nos enorgullecemos	nos enorgullezcamos	enorgullezcámonos
os enorgullecéis	os enorgullezcáis	enorgulleceos
se enorgullecen	se enorgullezcan	enorgullézcanse

Pour les autres temps, se conjugue sur le modèle de **atreverse** *(voir ce verbe).*

enredado, enredada emmêlé(e) *ou* embrouillé(e)

enredar *a plusieurs sens :*

1 **enredar** *peut signifier* **emmêler** *ou* **mêler**

► **enredar a alguien en algo** mêler quelqu'un à quelque chose

2 **enredar** *peut signifier* **embrouiller**

Se conjugue sur le modèle de **cantar** *(voir ce verbe).*

enredo *a plusieurs sens :*

1 **enredo** *peut signifier* **confusion** *ou* **embrouille**

2 **enredo** *peut signifier* **intrigue**

3 **enredo** *peut signifier* **mensonge**

i **enredo** peut également être une forme du verbe **enredar**.

▷ **En historia, ¡con tantas fechas me enredo!** En histoire, avec autant de dates je m'embrouille !

enriquecer enrichir

Dans ce mot, on reconnaît le lien avec l'adjectif **rico, rica** *qui signifie « riche ».*

Attention ! **enriquecer** *appartient au groupe des verbes se terminant en* **-acer, -ecer, -ocer** *et* **-ucir** *qui sont irréguliers à certaines personnes, à certains modes et à certains temps.*

INDICATIF PRÉSENT	SUBJONCTIF PRÉSENT	IMPÉRATIF
enriquezco	enriquezca	
enriqueces	enriquezcas	enriquece
enriquece	enriquezca	enriquezca
enriquecemos	enriquezcamos	enriquezcamos
enriquecéis	enriquezcáis	enriqueced
enriquecen	enriquezcan	enriquezcan

Pour les autres temps, se conjugue sur le modèle de **deber** *(voir ce verbe).*

enrojecer rougir

Dans ce mot, on reconnaît le lien avec l'adjectif **rojo, roja** *qui signifie « rouge ».*

Attention ! **enrojecer** *appartient au groupe des verbes se terminant en* **-acer, -ecer, -ocer** *et* **-ucir** *qui sont irréguliers à certaines personnes, à certains modes et à certains temps.*

INDICATIF PRÉSENT	SUBJONCTIF PRÉSENT	IMPÉRATIF
enrojezco	enrojezca	
enrojeces	enrojezcas	enrojece
enrojece	enrojezca	enrojezca
enrojecemos	enrojezcamos	enrojezcamos
enrojecéis	enrojezcáis	enrojeced
enrojecen	enrojezcan	enrojezcan

Pour les autres temps, se conjugue sur le modèle de **deber** *(voir ce verbe).*

enrollar enrouler

► **enrollarse (como una persiana)** tenir la jambe à quelqu'un

enrollarse (como una persiana) est une expression familière.

Dans ce mot, on reconnaît le lien avec le nom **rollo** *qui signifie « rouleau ».*

Se conjugue sur le modèle de **cantar** *(voir ce verbe).*

ensalada salade

ensanchar élargir *ou* évaser

Se conjugue sur le modèle de **cantar** *(voir ce verbe).*

ensangrentar ensanglanter

Dans ce mot, on reconnaît le lien avec le mot **sangre** *qui signifie « sang ».*

Attention, ce verbe est irrégulier à certaines personnes, à certains modes et à certains temps. Voir tableau p. suivante.

INDICATIF PRÉSENT	SUBJONCTIF PRÉSENT	IMPÉRATIF
ensangriento	ensangriente	
ensangrientas	ensangrientes	ensangrienta
ensangrienta	ensangriente	ensangriente
ensangrentamos	ensangrentemos	ensangrentemos
ensangrentáis	ensangrentéis	ensangrentad
ensangrientan	ensangrienten	ensangrienten

Se conjugue sur le modèle de cantar *(voir ce verbe).*

ensayar *a plusieurs sens :*

1 **ensayar** *peut signifier* **essayer**

2 **ensayar** *peut signifier* **répéter** (au théâtre)

Se conjugue sur le modèle de cantar *(voir ce verbe).*

ensayo *a plusieurs sens :*

1 **ensayo** *peut signifier* **essai**

2 **ensayo** *peut signifier* **répétition**

> ℹ ensayo peut également être une forme du verbe ensayar.

▷ Ensayo para el espectáculo de fin de curso. Je répète pour le spectacle de fin d'année.

enseguida *ou* **en seguida** **aussitôt** *ou* **tout de suite**

enseñanza **enseignement**

enseñanza est féminin.

enseñar *a plusieurs sens :*

1 **enseñar** *peut signifier* **enseigner** *ou* **apprendre**

2 **enseñar** *peut signifier* **montrer**

► **enseñar a alguien a hacer algo** **montrer à** quelqu'un **comment** faire quelque chose

Se conjugue sur le modèle de cantar *(voir ce verbe).*

ensuciar **salir**

Dans ce mot, on reconnaît le lien avec l'adjectif sucio, sucia *qui signifie « sal(e) ».*

Se conjugue sur le modèle de cantar *(voir ce verbe).*

entablar **commencer** *ou* **entamer** (une conversation)

Se conjugue sur le modèle de cantar *(voir ce verbe).*

entender *a plusieurs sens :*

1 **entender** *peut signifier* **comprendre**

▷ ¡No entiendo nada! Je ne comprends rien !

► **entender de algo** **s'y connaître en** quelque chose

▷ Javier entiende mucho de música. Javier s'y connaît bien en musique.

2 **entender** *peut signifier* **croire** *ou* **juger**

► **a mi entender** **d'après moi**

> Attention, entender ne signifie pas « entendre ».

Attention, ce verbe est irrégulier à certaines personnes, à certains modes et à certains temps.

INDICATIF PRÉSENT	SUBJONCTIF PRÉSENT	IMPÉRATIF
entiendo	entienda	
entiendes	entiendas	entiende
entiende	entienda	entienda
entendemos	entendamos	entendamos
entendéis	entendáis	entended
entienden	entiendan	entiendan

Pour les autres temps, se conjugue sur le modèle de deber *(voir ce verbe).*

entendimiento *a plusieurs sens :*

1 **entendimiento** *peut signifier* **intelligence**

2 **entendimiento** *peut signifier* **entente**

entendimiento est masculin.

enterado, enterada **au courant**

▷ Siempre estáis enterados de todo. Vous êtes toujours au courant de tout.

► **dárselas de enterado, enterada** **faire le malin, la maligne**

► **no darse por enterado, enterada** **faire la sourde oreille**

> dárselas de enterado et no darse por enterado sont des expressions familières. Attention ! Ne pas confondre enterado avec enterrado qui signifie « enterré ».

> ℹ enterado peut également être le participe passé du verbe enterarse.

enterarse *a plusieurs sens :*

1 **enterarse** *peut signifier* **apprendre** *ou* **être au courant**

▷ ¿Te has enterado de la noticia? Tu as appris la nouvelle ?

> Attention à l'emploi de la préposition de dans enterarse <u>de</u> algo (apprendre quelque chose).

2 **enterarse** *peut signifier* **se rendre compte de** *ou* **comprendre**

▷ No se enteró de nada. Il ne s'est rendu compte de rien.

Se conjugue sur le modèle de burlarse *(voir ce verbe).*

entero, entera **entier(-ière)**

► **por entero** **entièrement**

> ℹ entero et entera peuvent également être des formes du verbe enterarse.

▷ Siempre se entera de todo antes que los demás. Il est toujours au courant de tout avant les autres.

Attention ! Ne pas confondre enterar avec enterrar qui signifie « enterrer ».

enterrar **enterrer** *ou* **ensevelir**

Attention, ce verbe est irrégulier à certaines personnes, à certains modes et à certains temps.

INDICATIF PRÉSENT	SUBJONCTIF PRÉSENT	IMPÉRATIF
entierro	entierre	
entierras	entierres	entierra
entierra	entierre	entierre
enterramos	enterremos	enterremos
enterráis	enterréis	enterrad
entierran	entierren	entierren

Pour les autres temps, se conjugue sur le modèle de deber (voir ce verbe).

Attention ! Ne pas confondre enterrar avec enterar qui signifie « apprendre une nouvelle ».

entierro **enterrement**

entierro peut également être une forme du verbe enterrar.

▷ Entierro mi tesoro en el jardín. J'enterre mon trésor dans le jardin.

entonces **alors**

► **desde entonces depuis**

entorno **environnement**

entrada *a plusieurs sens :*

1 entrada *peut signifier* **entrée**

2 entrada *peut signifier* **ticket** *ou* **billet** *ou* **place** (pour un spectacle par exemple)

entrar **entrer** *ou* **rentrer**

► **entrarle a uno frío (commencer à) avoir froid**

► **entrarle a uno sueño (commencer à) s'endormir** ou **s'assoupir**

▷ Después de comer siempre me entra sueño. Après avoir mangé je m'assoupis toujours.

Se conjugue sur le modèle de cantar (voir ce verbe).

entre *a plusieurs sens :*

1 entre *peut signifier* **entre**

▷ En clase me siento entre Mercedes y Elena. En cours, je m'assois entre Mercedes et Elena.

► **entre clase y clase entre deux cours**

2 entre *peut signifier* **parmi** *ou* **au milieu de**

▷ La perdí entre la muchedumbre. Je l'ai perdue au milieu de la foule.

3 entre *peut signifier* **à**

▷ Entre todos pueden formar un equipo de fútbol. À eux tous ils peuvent former une équipe de football.

4 entre *peut signifier* **divisé par**

▷ 4 entre 2 es igual a 2. 4 divisé par 2 est égal à 2.

entreacto **entracte**

entregar **remettre** *ou* **livrer**

► **entregarse a algo se consacrer à quelque chose**

Attention ! Pour conserver le son /g/ de l'infinitif, le g de entregar se transforme en gu devant un e.

▷ Entregué la redacción a tiempo. J'ai remis ma rédaction à temps.

Se conjugue sur le modèle de cantar (voir ce verbe).

entremés *a plusieurs sens :*

1 entremés *peut signifier* **hors-d'œuvre**

2 entremés *peut signifier* **intermède** (au théâtre)

entrenador, entrenadora **entraîneur (-euse)**

entrenamiento **entraînement**

entrenar **entraîner**

Se conjugue sur le modèle de cantar (voir ce verbe).

entretanto **pendant ce temps**

entretener **amuser** *ou* **distraire**

Dans ce mot, on reconnaît le verbe tener. Ils se conjuguent de la même manière.

entretenimiento **distraction**

entretenimiento est masculin.

entrevista **entretien** *ou* **interview** *ou* **entrevue**

entrevistar **interviewer** *ou* **avoir un entretien avec**

Se conjugue sur le modèle de cantar (voir ce verbe).

entristecer **attrister**

Dans ce mot, on reconnaît le lien avec l'adjectif triste qui signifie « triste ».

Attention ! entristecer appartient au groupe des verbes se terminant en -acer, -ecer, -ocer et -ucir qui sont irréguliers à certaines personnes, à certains modes et à certains temps. Voir tableau p. suivante.

INDICATIF PRÉSENT	SUBJONCTIF PRÉSENT	IMPÉRATIF
entristezco	entristezca	
entristeces	entristezcas	entristece
entristece	entristezca	entristezca
entristecemos	entristezcamos	entristezcamos
entristecéis	entristezcáis	entristeced
entristecen	entristezcan	entristezcan

Pour les autres temps, se conjugue sur le modèle de deber *(voir ce verbe).*

entusiasmo enthousiasme

> Attention à l'orthographe du mot **entusiasmo**.

enumerar énumérer

Se conjugue sur le modèle de cantar *(voir ce verbe).*

envase *a plusieurs sens :*

1 **envase** *peut signifier* **emballage**

2 **envase** *peut signifier* **récipient**

envejecer vieillir

Dans ce mot, on reconnaît le lien avec l'adjectif viejo, vieja *qui signifie « vieux, vieille ».*

Attention ! envejecer *appartient au groupe des verbes se terminant en* -acer, -ecer, -ocer *et* -ucir *qui sont irréguliers à certaines personnes, à certains modes et à certains temps.*

INDICATIF PRÉSENT	SUBJONCTIF PRÉSENT	IMPÉRATIF
envejezco	envejezca	
envejeces	envejezcas	envejece
envejece	envejezca	envejezca
envejecemos	envejezcamos	envejezcamos
envejecéis	envejezcáis	envejeced
envejecen	envejezcan	envejezcan

Pour les autres temps, se conjugue sur le modèle de deber *(voir ce verbe).*

envenenar *a plusieurs sens :*

1 **envenenar** *peut signifier* **empoisonner**

2 **envenenar** *peut signifier* **envenimer**

Se conjugue sur le modèle de cantar *(voir ce verbe).*

enviar envoyer

► **enviar a alguien a hacer algo** envoyer quelqu'un faire quelque chose

> Attention ! **enviar** ne signifie pas « envier ».

Attention ! enviar *subit une modification de l'accentuation : le* i *se transforme en* í *à certaines personnes, à certains modes et à certains temps.*

INDICATIF PRÉSENT	SUBJONCTIF PRÉSENT	IMPÉRATIF
envío	envíe	
envías	envíes	envía
envía	envíe	envíe
enviamos	enviemos	enviemos
enviáis	enviéis	enviad
envían	envíen	envíen

Pour les autres temps, se conjugue sur le modèle de cantar *(voir ce verbe).*

envidia envie *ou* jalousie

► **tenerle envidia a alguien** être jaloux de quelqu'un

► **dar envidia** faire envie

envidiar envier

Se conjugue sur le modèle de cantar *(voir ce verbe).*

envío envoi

> **i** **envío** peut également être une forme du verbe **enviar**.

▷ ¿Te lo envío por correo? Je te l'envoie par la poste ?

envoltorio emballage

envolver envelopper

Se conjugue comme le verbe volver *(voir ce verbe). Le participe passé du verbe* envolver *est irrégulier :* envuelto.

época époque

equilibrio équilibre

► **hacer equilibrios** faire des acrobaties

► **mantener el equilibrio** garder son équilibre

equipaje bagages

> Attention ! **equipaje** ne signifie pas « équipage ».

equipaje *est masculin singulier.*

equipo *a plusieurs sens :*

1 **equipo** *peut signifier* **équipe**

2 **equipo** *peut signifier* **équipement**

equipo *est masculin.*

equivaler équivaloir à *ou* valoir

Se conjugue sur le modèle de valer *(voir ce verbe).*

equivocación erreur

equivocado, equivocada erroné(e)

► **estar equivocado** se tromper

equivocarse se tromper

Attention ! Pour conserver le son /k/ de l'infinitif, le c *de* equivocarse *se transforme en* qu *devant un* e.

▷ Quizás se equivoque. Peut-être qu'il se trompe.

📖 *Se conjugue sur le modèle de* burlarse *(voir ce verbe)*.

era ère

> ℹ era peut également être une forme du verbe ser.

▷ Era un gran escultor. C'était un grand sculpteur.

era... (era, eras, éramos, etc.) → ser

erizo hérisson

► **erizo de mar** oursin

error erreur

eructar éructer *ou* roter

📖 *Se conjugue sur le modèle de* cantar *(voir ce verbe)*.

escabullirse se sauver *ou* échapper

📖 *Attention à la conjugaison du verbe* escabullirse. *Le* i *disparaît quand il est situé entre les consonnes* ch, ñ *ou* ll *et une voyelle.*

▷ Se escabulló de la fiesta porque se aburría. Il s'est sauvé de la fête parce qu'il s'ennuyait.

📖 *Se conjugue sur le modèle de* evadirse *(voir ce verbe)*.

escala *a plusieurs sens :*

1 escala *peut signifier* **échelle**

2 escala *peut signifier* **escale**

escalar escalader *ou* grimper

📖 *Se conjugue sur le modèle de* cantar *(voir ce verbe)*.

escaldar ébouillanter

📖 *Se conjugue sur le modèle de* cantar *(voir ce verbe)*.

escalera escalier

► **escalera de caracol** escalier en colimaçon

► **escalera de incendios** escalier de secours

► **escalera de tijeras** escabeau

escalofrío frisson

escalón marche *ou* échelon

⚐ escalón *est masculin.*

escama écaille

escándalo scandale

► **armar un escándalo** faire un scandale

> Attention à l'orthographe du mot escándalo.

escapar échapper

▷ Afortunadamente escaparon de la muerte. Heureusement ils échappèrent à la mort.

> Attention à l'emploi de la préposition de dans escapar <u>de</u> algo (échapper <u>à</u> quelque chose).

► **escaparse** s'échapper ou s'évader

▷ Los prisioneros se escaparon de la cárcel. Les prisonniers se sont évadés de la prison.

📖 *Se conjugue sur le modèle de* cantar *(voir ce verbe)*.

escaparate vitrine

► **ir de escaparates** faire du lèche-vitrines

⚐ escaparate *est masculin.*

escape fuite (de gaz)

⚐ escape *est masculin.*

> ℹ escape peut également être une forme du verbe escapar.

▷ ¡Cerrad las puertas, que el ladrón no escape! Fermez les portes pour que le voleur ne s'échappe pas !

escarcha givre

⚐ escarcha *est féminin.*

escaso, escasa *a plusieurs sens :*

1 escaso, escasa *peut signifier* **peu abondant(e)**

2 escaso, escasa *peut signifier* **faible**

3 escaso, escasa *peut signifier* **à peine**

▷ El examen duró dos horas escasas. L'examen a duré à peine deux heures.

► **andar escaso, escasa de algo** être à court de quelque chose

escayola plâtre (contention)

⚐ escayola *est féminin.*

escena scène

escenario scène (= l'emplacement où les acteurs paraissent devant le public)

► **salir al escenario** monter sur scène

> Attention, escenario ne signifie pas « scénario ».

esclavitud esclavage

⚐ esclavitud *est féminin.*

esclavo, esclava esclave

escoba balai

⚐ escoba *est féminin.*

escoger choisir

📖 *Comme la plupart des verbes terminés en* -ger *ou* -gir, escoger *subit des modifications orthographiques pour conserver le son /x/ : le* g *se transforme en* j *devant* o *et* a.

▷ Escojo éste. Je choisis celui-là.

📖 *Dans ce mot, on reconnaît le verbe* coger. *Ils se conjuguent de la même manière.*

escolar **scolaire**

escolta *a des sens différents selon qu'il est masculin ou féminin :*

1 **un escolta** (masculin) *signifie* **un garde du corps**

2 **una escolta** (féminin) *signifie* **une escorte**

escoltar **escorter**

📖 *Se conjugue sur le modèle de* cantar *(voir ce verbe).*

esconder **cacher**

📖 *Se conjugue sur le modèle de* deber *(voir ce verbe).*

escondidas

► **a escondidas** **en cachette**

escondite **cachette**

► **jugar al escondite** **jouer à cache-cache**

⚐ escondite *est masculin.*

escopeta **fusil**

⚐ escopeta *est féminin.*

escotado, escotada **échancré(e)** *ou* **décolleté(e)**

escribir **écrire**

📖 *Se conjugue sur le modèle de* vivir *(voir ce verbe). Le participe passé du verbe* escribir *est irrégulier :* escrito.

escrito **écrit**

> ℹ escrito peut également être le participe passé du verbe escribir.

▷ He escrito una carta. J'ai écrit une lettre.

escritor, escritora **écrivain**

escritura **écriture**

escuchar **écouter**

📖 *Se conjugue sur le modèle de* cantar *(voir ce verbe).*

escuela **école**

esculpir **sculpter**

📖 *Se conjugue sur le modèle de* vivir *(voir ce verbe).*

> Attention ! Ne pas confondre esculpir avec escupir qui signifie « cracher ».

escultor, escultora **sculpteur, sculptrice**

escultura **sculpture**

escupir **cracher**

📖 *Se conjugue sur le modèle de* vivir *(voir ce verbe).*

> Attention ! Ne pas confondre escupir avec esculpir qui signifie « sculpter ».

escurrir **essorer** *ou* **égoutter**

📖 *Se conjugue sur le modèle de* vivir *(voir ce verbe).*

ese (sans accent) *a des sens différents selon sa catégorie grammaticale :*

> Ce peut être un NOM :

ese *signifie* **S** (= lettre de l'alphabet)

⚐ *En espagnol, toutes les lettres de l'alphabet sont féminines. On dit :* una S (ese).

► **hacer eses** **faire des zigzags**

> Ce peut être un ADJECTIF DÉMONSTRATIF :

ese, esa *signifie* **ce** *ou* **cet** *ou* **cette**

▷ ¿Ese libro es tuyo? Ce livre est à toi ?

> ℹ ese (sans accent) est l'adjectif démonstratif qui sert à désigner quelqu'un ou quelque chose qui se trouve un peu loin de la personne qui parle.

> Attention à l'accent grammatical : il ne faut pas confondre ese, adjectif démonstratif, et ése, pronom démonstratif.

ése, ésa (avec accent) *est le pronom démonstratif* **celui-là** *ou* **celle-là**

▷ Ése es tuyo. Celui-là est à toi.

> ℹ ése (avec accent) est le pronom démonstratif qui sert à désigner quelqu'un ou quelque chose qui se trouve un peu loin de la personne qui parle.

> Attention à l'accent grammatical : il ne faut pas confondre ése, pronom démonstratif, et ese, adjectif démonstratif.

esencia **essence** (substance aromatique)

esforzarse **faire un effort** ou **des efforts**

⚐ *Dans ce mot, on reconnaît le lien avec le nom* fuerza *qui signifie « force ».*

📖 *Comme les verbes terminés en* -zar, esforzarse *subit des modifications orthographiques : le* z *devient* c *devant un* e. *De plus,* esforzarse *est un verbe à diphtongue et il est irrégulier à certaines personnes, à certains modes et à certains temps. Voir tableau p. suivante.*

INDICATIF PRÉSENT	SUBJONCTIF PRÉSENT	IMPÉRATIF
me esfuerzo	me esfuerce	
te esfuerzas	te esfuerces	esfuérzate
se esfuerza	se esfuerce	esfuércese
nos esforzamos	nos esforcemos	esforcémonos
os esforzáis	os esforcéis	esforzaos
se esfuerzan	se esfuercen	esfuércense

Pour les autres temps, se conjugue sur le modèle de burlarse *(voir ce verbe).*

esfuerzo effort

esfuerzo peut également être une forme du verbe esforzarse.

▷ Me esfuerzo. Je fais un effort.

esgrima escrime

esguince foulure *ou* entorse

esguince *est masculin.*

esmalte émail

► **esmalte para uñas** vernis à ongles

eso *est le pronom neutre* cela

▷ Eso le puede pasar a todo el mundo. Cela peut arriver à tout le monde.

esos, esas (sans accent) *est l'adjectif démonstratif* ces

▷ Guardad esas camisas en el armario. Rangez ces chemises dans l'armoire.

esos (sans accent) est l'adjectif démonstratif qui sert à désigner quelque chose ou quelqu'un qui est un peu éloigné de la personne qui parle.

ésos, ésas (avec accent) *est le pronom démonstratif* ceux-là, celles-là

▷ Dame ésas, por favor. Donne-moi celles-là, s'il te plaît.

ésos (avec accent) est le pronom démonstratif qui sert à désigner quelque chose ou quelqu'un qui est un peu éloigné de la personne qui parle.

espabilado, espabilada vif, vive *ou* éveillé(e)

espacial spatial(e)

espacio espace

espacioso, espaciosa spacieux(-euse)

espada épée

► **espadas** est une couleur du jeu de cartes espagnol.

Attention ! Ne pas confondre espada avec espalda qui signifie « dos ».

espalda dos

► **a espaldas de alguien** dans le dos de quelqu'un

► **dar** ou **volver la espalda a alguien** tourner le dos à quelqu'un

espalda *est féminin.*

Attention ! Ne pas confondre espalda avec espada qui signifie « épée ».

espantapájaros épouvantail

On remarque que ce mot est constitué du verbe espantar *qui signifie « effrayer » et du nom* pájaro *au pluriel qui signifie « oiseau ».*

espantapájaros *est invariable :* un espantapájaros, dos espantapájaros.

espantar effrayer

Se conjugue sur le modèle de cantar *(voir ce verbe).*

espantoso, espantosa effrayant(e) *ou* épouvantable

España Espagne

español, española espagnol(e) *ou* Espagnol(e)

esparcido, esparcida répandu(e) *ou* éparpillé(e)

espárrago asperge

espárrago *est masculin.*

especia épice

Attention ! Ne pas confondre especia avec especie qui signifie « espèce » ou « genre ».

especial spécial(e)

especialidad spécialité

especie espèce *ou* genre *ou* sorte

especie *est féminin.*

Attention ! Ne pas confondre especie avec especia qui signifie « épice ».

espectacular spectaculaire

espectáculo spectacle

espectador, espectadora spectateur, spectatrice

espejo glace *ou* miroir

espera attente

espera peut également être une forme du verbe esperar.

▷ Espera desde hace una hora. Il attend depuis une heure.

esperanza espoir

► **esperanza de vida** espérance de vie

esperanza *est féminin.*

esperar *a plusieurs sens :*

1 esperar *peut signifier* **attendre**

2 esperar *peut signifier* **espérer**

▷ Espero que venga mucha gente a mi fiesta de cumpleaños. J'espère que beaucoup de monde viendra à ma fête d'anniversaire.

Attention à l'emploi du subjonctif dans esperar que + subjonctif (espérer que + futur).

Se conjugue sur le modèle de cantar *(voir ce verbe).*

espeso, espesa épais(se)

espía espion(ne)

espía peut également être une forme du verbe espiar.

▷ Siempre espía a sus vecinos. Il espionne toujours ses voisins.

espiar épier *ou* espionner

Attention ! espiar *subit une modification de l'accentuation : le* i *se transforme en* í *à certaines personnes, à certains modes et à certains temps.*

INDICATIF PRÉSENT	SUBJONCTIF PRÉSENT	IMPÉRATIF
espío	espíe	
espías	espíes	espía
espía	espíe	espíe
espiamos	espiemos	espiemos
espiáis	espiéis	espiad
espían	espíen	espíen

Pour les autres temps, se conjugue sur le modèle de cantar *(voir ce verbe).*

espigón *a plusieurs sens :*

1 espigón *peut signifier* **jetée** *ou* **brise-lame**

2 espigón *peut signifier* **pointe**

3 espigón *peut signifier* **épi de maïs**

espina *a plusieurs sens :*

1 espina *peut signifier* **épine**

2 espina *peut signifier* **arête**

espinacas épinards

espiral spirale

espirar *a plusieurs sens :*

1 espirar *peut signifier* **exhaler** (une odeur)

2 espirar *peut signifier* **expirer** (de l'air)

Se conjugue sur le modèle de cantar *(voir ce verbe).*

espíritu esprit

espíritu *est masculin.*

esponja éponge

espontáneo, espontánea spontané(e)

esposa épouse *ou* femme

► **esposas** menottes

esposo époux *ou* mari

espuma mousse *ou* écume

esqueleto squelette

esquema schéma

esquema *est masculin.*

esquí ski

► **esquí acuático** ski nautique

esquiar skier

Attention ! esquiar *subit une modification de l'accentuation : le* i *se transforme en* í *à certaines personnes, à certains modes et à certains temps.*

INDICATIF PRÉSENT	SUBJONCTIF PRÉSENT	IMPÉRATIF
esquío	esquíe	
esquías	esquíes	esquía
esquía	esquíe	esquíe
esquiamos	esquiemos	esquiemos
esquiáis	esquiéis	esquiad
esquían	esquíen	esquíen

Pour les autres temps, se conjugue sur le modèle de cantar *(voir ce verbe).*

esquina coin

esquina *est féminin.*

establecer établir

Attention ! establecer *appartient au groupe des verbes se terminant en* -acer, -ecer, -ocer *et* -ucir *qui sont irréguliers à certaines personnes, à certains modes et à certains temps.*

INDICATIF PRÉSENT	SUBJONCTIF PRÉSENT	IMPÉRATIF
establezco	establezca	
estableces	establezcas	establece
establece	establezca	establezca
establecemos	establezcamos	establezcamos
establecéis	establezcáis	estableced
establecen	establezcan	establezcan

Pour les autres temps, se conjugue sur le modèle de deber *(voir ce verbe).*

establecimiento établissement

establo étable

establo *est masculin.*

estación *a plusieurs sens :*

1 **estación** *peut signifier* **gare**

2 **estación** *peut signifier* **saison**

3 **estación** *peut signifier* **station**

► **estación de servicio** **station-service**

estacionamiento **stationnement** *ou* **parking**

estacionar **se garer**

Se conjugue sur le modèle de cantar *(voir ce verbe).*

estadio **stade**

estado **état**

Estados Unidos **États-Unis**

L'abréviation de Estados Unidos *est* EE.UU.

estadounidense **américain(e)** *ou* **Américain(e)** (des États-Unis)

estafar **escroquer**

Se conjugue sur le modèle de cantar *(voir ce verbe).*

estallar **exploser** *ou* **éclater**

Se conjugue sur le modèle de cantar *(voir ce verbe).*

estallido *a plusieurs sens :*

1 **estallido** *peut signifier* **explosion**

► **estallido de risa** **éclat de rire**

2 **estallido** *peut signifier* **éclatement**

estampado, estampada **imprimé(e)**

estancia **séjour**

estancia *est féminin.*

estanco **bureau de tabac**

estanque **étang** *ou* **bassin**

estante **étagère**

estante *est masculin.*

estar *a plusieurs sens :*

1 **estar** *peut signifier* **être**

▷ Estamos a 23 de junio. Nous sommes le 23 juin.

Attention à l'emploi de la préposition a dans estar a + date (être le + date).

► **estar** + gérondif **être en train de** + infinitif

▷ Te llamo más tarde, estoy comiendo con mis padres. Je t'appelle plus tard, je suis en train de manger avec mes parents.

► **estar a punto de** + infinitif **être sur le point de** + infinitif

▷ Estaba a punto de llamarte. J'étais sur le point de t'appeler.

► **estar al** + infinitif **être sur le point de** + infinitif

▷ Mis padres están al llegar. Mes parents sont sur le point d'arriver.

► **estar por** + infinitif *peut signifier* **être sur le point de** + infinitif

▷ Cuando él llegó, yo estaba por irme. Quand il est arrivé, j'étais sur le point de partir.

► **estar por** + infinitif *peut signifier* **être à** + infinitif ou **rester à** + infinitif

▷ Todo está por hacer. Tout est à faire.

► **estar de vacaciones** **être en vacances**

► **estar de viaje** **être en voyage**

2 **estar** *peut signifier* **se sentir** (en parlant de la santé)

► **estar bien/mal** **se sentir bien/mal**

ESTAR				
INDICATIF				CONDITIONNEL
PRÉSENT	IMPARFAIT	PASSÉ SIMPLE	FUTUR	PRÉSENT
estoy estás está estamos estáis están	estaba estabas estaba estábamos estabais estaban	estuve estuviste estuvo estuvimos estuvisteis estuvieron	estaré estarás estará estaremos estaréis estarán	estaría estarías estaría estaríamos estaríais estarían
SUBJONCTIF		IMPÉRATIF		
PRÉSENT	IMPARFAIT			
esté estés esté estemos estéis estén	estuviera estuvieras estuviera etuviéramos estuvierais estuvieran	está esté estemos estad estén	INFINITIF PARTICIPE GÉRONDIF	estar estado estando

> Attention ! estar bien/mal veut aussi dire « être bien/mal ».

► ¿Cómo estás? Comment vas-tu ?

3 estar *peut signifier* **aller** (en parlant d'un vêtement)

▷ Mi jersey te está muy bien. Mon pull te va très bien.

4 estar *peut signifier* **faire**

▷ Hoy estamos a 32°. Aujourd'hui il fait 32°.

> Attention à l'emploi de la préposition a dans estar a + température (faire + température).

5 estar *peut être employé dans des expressions :*

► **¡aquí está! le/la voilà !**

► **¡está bien! c'est bien !**

► **¡ya está! ça y est !**

► **¡ya está bien! ça suffit !**

► **estarse rester**

▷ Es mejor que te estés tumbada. Il est préférable que tu restes allongée.

Voir tableau.

> Attention ! Il ne faut pas confondre ser et estar pour traduire le verbe « être ». Voir encadré sous l'article ser.

estatua statue

estatuto statut

este (sans accent) *a des sens différents selon sa catégorie grammaticale :*

> Ce peut être un NOM :

este *signifie* **est** (= point cardinal)

> Ce peut être un ADJECTIF DÉMONSTRATIF :

este, esta *signifie* **ce, cet, cette**

▷ Esta semana no puedo ir con vosotros. Cette semaine je ne peux pas venir avec vous.

> i este (sans accent) est l'adjectif démonstratif qui sert à désigner quelqu'un ou quelque chose qui se trouve près de la personne qui parle.

> Attention à l'accent grammatical : il ne faut pas confondre este, adjectif démonstratif, et éste, pronom démonstratif.

éste, ésta (avec accent) *est le pronom démonstratif* **celui-ci** *ou* **celle-ci**

▷ Yo quiero éste. Moi je veux celui-ci.

> i éste (avec accent) est le pronom démonstratif qui sert à désigner quelqu'un ou quelque chose qui se trouve près de la personne qui parle.

> Attention à l'accent grammatical : il ne faut pas confondre éste, pronom démonstratif, et este, adjectif démonstratif.

estilo style *ou* manière

estimar *a plusieurs sens :*

1 estimar *peut signifier* **considérer** *ou* **penser**

2 estimar *peut signifier* **estimer** *ou* **apprécier**

3 estimar *peut signifier* **évaluer**

📖 *Se conjugue sur le modèle de* cantar *(voir ce verbe).*

estirado, estirada **étiré(e)** *ou* **tiré(e)** *ou* **tendu(e)**

estirar *a plusieurs sens :*

1 estirar *peut signifier* **étirer** *ou* **tendre**

2 estirar *peut signifier* **allonger** *ou* **faire durer**

📖 *Se conjugue sur le modèle de* cantar *(voir ce verbe).*

esto *est le pronom démonstratif neutre* **cela** *ou* **ça**

▷ ¿Quién ha escrito esto? Qui a écrit ça ?

estómago estomac

estorbar gêner *ou* déranger

📖 *Se conjugue sur le modèle de* cantar *(voir ce verbe).*

estornudar éternuer

📖 *Se conjugue sur le modèle de* cantar *(voir ce verbe).*

estornudo éternuement

> i estornudo peut également être une forme du verbe estornudar.

▷ Con todo este polvo, estornudo todo el rato. Avec toute cette poussière, j'éternue tout le temps.

estos, estas (sans accent) *est l'adjectif démonstratif* **ces**

▷ Estos ejercicios son demasiado difíciles. Ces exercices sont trop difficiles.

> Attention à l'accent grammatical : il ne faut pas confondre estos, adjectif démonstratif, et éstos, pronom démonstratif.

> i estos (sans accent) est l'adjectif démonstratif qui sert à désigner quelqu'un ou quelque chose qui se trouve près de la personne qui parle.

éstos, éstas (avec accent) *est le pronom démonstratif* **ceux-ci, celles-ci**

▷ ¿Cuáles son? – Son éstos. Ce sont lesquels ? – Ce sont ceux-ci.

> Attention à l'accent grammatical : il ne faut pas confondre éstos, pronom démonstratif, et estos, adjectif démonstratif.

> i éstos (avec accent) est le pronom démonstratif qui sert à désigner quelqu'un ou quelque chose qui se trouve près de la personne qui parle.

estoy *est le verbe* **estar** *à la première personne du singulier au présent de l'indicatif.*

▷ Estoy de acuerdo con ella. Je suis d'accord avec elle.

estrangular **étrangler**

📖 *Se conjugue sur le modèle de* **cantar** *(voir ce verbe).*

estrechar **rétrécir** *ou* **serrer**

📖 *Se conjugue sur le modèle de* **cantar** *(voir ce verbe).*

estrecho *a des sens différents selon sa catégorie grammaticale :*

> Ce peut être un ADJECTIF :

estrecho, estrecha *signifie* **étroit(e)** *ou* **serré(e)**

> Ce peut être un NOM :

estrecho *signifie* **détroit**

estrella *a plusieurs sens :*

1 **estrella** *peut signifier* **étoile**

► **estrella fugaz** **étoile filante**

► **una estrella de mar** **une étoile de mer**

► **ver las estrellas** **voir trente-six chandelles**

2 **estrella** *peut signifier* **vedette** *ou* **star**

ℹ estrella peut également être une forme du verbe estrellar.

▷ El vaso se cae y se estrella. Le verre tombe et se casse.

estrellar **casser en mille morceaux**

► **estrellarse** **s'écraser** (en parlant d'un avion)

📖 *Se conjugue sur le modèle de* **cantar** *(voir ce verbe).*

estrenar *a plusieurs sens :*

1 **estrenar** *peut signifier* **étrenner** *ou* **porter pour la première fois** (un vêtement)

2 **estrenar** *peut signifier* **passer en exclusivité** (un film)

📖 *Se conjugue sur le modèle de* **cantar** *(voir ce verbe).*

estrés **stress**

estresado, estresada **stressé(e)**

estresante **stressant(e)**

estribillo **refrain**

estricto, estricta **strict(e)**

estrofa **strophe**

estropeado, estropeada **abîmé(e)**

estropear **abîmer** *ou* **gâcher** *ou* **casser**

📖 *Se conjugue sur le modèle de* **cantar** *(voir ce verbe).*

estructura **structure**

estrujar *a plusieurs sens :*

1 **estrujar** *peut signifier* **presser** (un fruit)

2 **estrujar** *peut signifier* **serrer**

📖 *Se conjugue sur le modèle de* **cantar** *(voir ce verbe).*

estuche **étui** *ou* **trousse**

estudiante **étudiant(e)**

estudiar **étudier** *ou* **faire des études**

📖 *Se conjugue sur le modèle de* **cantar** *(voir ce verbe).*

estudios **études**

► **cursar estudios** **faire des études**

⚐ **estudios** *est masculin pluriel.*

estufa **radiateur** *ou* **poêle**

estupendo, estupenda **formidable** *ou* **super**

estupidez **stupidité**

estúpido, estúpida **stupide** *ou* **idiot**

estuv... (**estuve, estuviste, estuviera,** etc.) → **estar**

eternidad **éternité**

europeo, europea **européen(ne)** *ou* **Européen(ne)**

Euskadi **Pays basque**

ℹ Euskadi est un mot basque. En espagnol on dit País Vasco.

euskera *ou* **eusquera** **basque** *ou* **Basque**

ℹ euskera est un mot basque. En espagnol on dit vasco, vasca.

evadirse **s'évader**

📖 **evadirse** *est un verbe pronominal régulier qui appartient à la troisième conjugaison (verbe modèle). Voir tableau p. suivante.*

evolucionar **évoluer**

📖 *Se conjugue sur le modèle de* **cantar** *(voir ce verbe).*

ex **ex** *ou* **ancien**

▷ Fui a una cena de ex-alumnos. Je suis allé à un dîner d'anciens élèves.

EVADIRSE				
INDICATIF				CONDITIONNEL
PRÉSENT	IMPARFAIT	PASSÉ SIMPLE	FUTUR	PRÉSENT
me evado te evades se evade nos evadimos os evadís se evaden	me evadía te evadías se evadía nos evadíamos os evadíais se evadían	me evadí te evadiste se evadió nos evadimos os evadisteis se evadieron	me evadiré te evadirás se evadirá nos evadiremos os evadiréis se evadirán	me evadiría te evadirías se evadiría nos evadiríamos os evadiríais se evadirían
SUBJONCTIF		IMPÉRATIF		
PRÉSENT	IMPARFAIT			
me evada te evadas se evada nos evadamos os evadáis se evadan	me evadiera te evadieras se evadiera nos evadiéramos os evadierais se evadieran	evádete evádase evadámonos evadios evádanse	INFINITIF PARTICIPE GÉRONDIF	evadirse evadido evadiéndose

exagerado, exagerada exagéré(e) *ou* excessif(-ive)

exagerar exagérer

📖 *Se conjugue sur le modèle de* cantar *(voir ce verbe).*

examen examen

► **examen de ingreso** examen d'entrée

► **examen de fin de curso** examen de fin d'année

► **examen oral** épreuve orale

► **examen médico** visite médicale

examinar examiner *ou* faire passer un examen

► **examinarse** passer un examen

📖 *Se conjugue sur le modèle de* cantar *(voir ce verbe).*

excelente excellent(e)

> Attention ! Il n'y a qu'un seul l à excelente.

excepto sauf *ou* excepté

▷ Voy al colegio todos los días excepto los domingos. Je vais à l'école tous les jours sauf le dimanche.

excitado, excitada excité(e)

excitar exciter

📖 *Se conjugue sur le modèle de* cantar *(voir ce verbe).*

exclamación exclamation

► **signo de exclamación** point d'exclamation

excluir exclure

📖 *Comme la plupart des verbes terminés en* -uir, -eer *et* -aer, excluir *subit des modifications orthographiques : le* i *se transforme en* y *devant* o *et* e.

▷ Lo excluyeron del grupo. Ils l'ont exclu du groupe.

📖 *Se conjugue sur le modèle de* vivir *(voir ce verbe).*

excursionista randonneur(-euse)

Comme la plupart des mots se terminant en -ista, excursionista *peut être masculin ou féminin :* el excursionista, la excursionista.

excusarse faire ses excuses *ou* présenter ses excuses

📖 *Se conjugue sur le modèle de* burlarse *(voir ce verbe).*

exento, exenta exempt(e)

exhibir montrer *ou* exposer (une œuvre)

► **exhibirse** s'exhiber

📖 *Se conjugue sur le modèle de* vivir *(voir ce verbe).*

exigir exiger

📖 *Comme la plupart des verbes terminés en* -ger *ou* -gir, exigir *subit des modifications orthographiques pour conserver le son /x/ : le* g *se transforme en* j *devant* o *et* a.

▷ Exijo excusas. J'exige des excuses.

📖 *Se conjugue sur le modèle de* vivir *(voir ce verbe).*

exilio exil

existencia existence

► **existencias** stock (de marchandises)

existir exister

📖 *Se conjugue sur le modèle de* vivir *(voir ce verbe).*

éxito succès

► **tener éxito** avoir du succès ou réussir

expediente dossier

experiencia expérience

experimentar *a plusieurs sens :*

1 **experimentar** *peut signifier* **expérimenter** *ou* **tester**

2 **experimentar** *peut signifier* **ressentir**

Se conjugue sur le modèle de cantar *(voir ce verbe).*

experimento **expérience**

experimento est masculin.

experto, experta **expert(e)**

expirar **expirer**

▷ El plazo expiró. Le délai a expiré.

Se conjugue sur le modèle de cantar *(voir ce verbe).*

explotación **exploitation**

explotar *a des sens différents selon sa catégorie grammaticale :*

> Ce peut être un VERBE TRANSITIF :

explotar *signifie* **exploiter**

> Ce peut être un VERBE INTRANSITIF :

explotar *signifie* **exploser**

Se conjugue sur le modèle de cantar *(voir ce verbe).*

exponer **exposer**

Dans ce mot, on reconnaît le verbe poner. *Ils se conjuguent de la même manière.*
Le participe passé du verbe exponer *est irrégulier :* expuesto.

exposición *a plusieurs sens :*

1 **exposición** *peut signifier* **exposition**

2 **exposición** *peut signifier* **exposé**

expresar **exprimer**

Se conjugue sur le modèle de cantar *(voir ce verbe).*

exprimidor **presse-agrumes**

Dans ce mot, on reconnaît le lien avec le verbe exprimir *qui signifie « presser ».*

exprimir **presser**

Attention ! exprimir ne signifie pas « exprimer ».

Se conjugue sur le modèle de vivir *(voir ce verbe).*

expulsar **expulser**

Se conjugue sur le modèle de cantar *(voir ce verbe).*

extender **étaler** *ou* **répandre** *ou* **étendre**

Attention, ce verbe est irrégulier à certaines personnes, à certains modes et à certains temps.

INDICATIF PRÉSENT	SUBJONCTIF PRÉSENT	IMPÉRATIF
extiendo	extienda	
extiendes	extiendas	extiende
extiende	extienda	extienda
extendemos	extendamos	extendamos
extendéis	extendáis	extended
extienden	extiendan	extiendan

Le verbe extender *a deux participes passés :* extendido *s'utilise pour former les temps composés et* extenso *s'utilise comme adjectif :*

▷ Un territorio extenso. Un territoire étendu.

Pour les autres temps, se conjugue sur le modèle de deber *(voir ce verbe).*

extensión **étendue**

► **en toda la extensión de la palabra dans tous les sens du terme**

extenso, extensa *a plusieurs sens :*

1 **extenso, extensa** *peut signifier* **vaste**

2 **extenso, extensa** *peut signifier* **long(ue)**

externo, externa **extérieur(e)** *ou* **externe**

extinguir **éteindre** (un feu) *ou* **provoquer l'extinction de** (un animal)

Comme la plupart des verbes terminés en -guer *ou* -guir, extinguir *subit des modifications orthographiques pour conserver le son /g/ : le* gu *se transforme en* g *devant* o *et* a.

▷ Extingo el fuego. J'éteins le feu.

Le verbe extinguir *a deux participes passés :* extinguido *s'utilise pour former les temps composés et* extinto *s'utilise comme adjectif :*

▷ Un volcán extinto. Un volcan éteint.

Se conjugue sur le modèle de vivir *(voir ce verbe).*

extintor **extincteur**

extra *a des sens différents selon sa catégorie grammaticale :*

> Ce peut être un ADJECTIF :

extra *signifie* **extra**

► **horas extras heures supplémentaires**

> Ce peut être un NOM :

1 **extra** *peut signifier* **à-côté** *ou* **extra**

2 **extra** *peut signifier* **figurant(e)** (dans un film)

extraer **extraire**

Dans ce mot on reconnaît le verbe traer. *Ils se conjuguent de la même manière.*

extranjero, extranjera **étranger(-ère)**

► **en el extranjero à l'étranger**

extrañar *a plusieurs sens :*

1 **extrañar** *peut signifier* **étonner**

2 **extrañar** *peut servir à exprimer un manque.*

▷ Te extraño mucho. Tu me manques beaucoup.

📖 *Se conjugue sur le modèle de* cantar *(voir ce verbe).*

extraño, extraña *a plusieurs sens :*

1 extraño, extraña *peut signifier* **étranger(-ère)** *ou* **inconnu(e)**

2 extraño, extraña *peut signifier* **bizarre**

> ℹ extraño et extraña peuvent également être des formes du verbe extrañar.

▷ Me extraña que no haya venido. Ça m'étonne qu'il ne soit pas venu.

extraordinario, extraordinaria **extraordinaire**

► horas extraordinarias **heures supplémentaires**

extremo *a des sens différents selon sa catégorie grammaticale :*

> Ce peut être un ADJECTIF :

extremo, extrema *signifie* **extrême**

> Ce peut être un NOM :

extremo *signifie* **bout** *ou* **extrémité**

F

fábrica usine

fábula fable

fachada façade

fácil facile

▷ Esta novela es fácil de leer. Ce roman est facile à lire.

▷ Es fácil hacer lo que nos piden. Il est facile de faire ce qu'on nous demande.

> Attention à l'emploi de la préposition de dans fácil de ... (facile à ...) et à l'absence de préposition dans fácil + infinitif (facile de + infinitif).

factor facteur (au sens de « cause »)

> Attention ! factor ne signifie pas « facteur » au sens de « postier ».

facultad faculté

► **tener facultad para** avoir la faculté de

faena travail

► **hacer una faena a alguien** jouer un mauvais tour à quelqu'un

faena est féminin.

> hacer una faena a alguien est une expression familière.

fajo liasse

fajo est masculin.

falda *a plusieurs sens :*

1 falda *peut signifier* **jupe**

2 falda *peut signifier* **flanc** (d'une montagne)

fallar *a plusieurs sens :*

1 fallar *peut signifier* **rater** *ou* **échouer**

2 fallar *peut signifier* **lâcher** (au sens de « cesser de fonctionner »)

► **fallarle la memoria a alguien** avoir mauvaise mémoire

> Dans l'expression fallarle la memoria a alguien, la « mémoire » est le sujet. Le verbe sera donc conjugué de la même manière à toutes les personnes : me/te/le/nos/os/les falla la memoria.

Se conjugue sur le modèle de cantar (voir ce verbe).

fallecer décéder

▷ Ha fallecido en un accidente. Il est décédé dans un accident.

Attention ! fallecer appartient au groupe des verbes se terminant en -acer, -ecer, -ocer et -ucir qui sont irréguliers à certaines personnes, à certains modes et à certains temps.

INDICATIF PRÉSENT	SUBJONCTIF PRÉSENT	IMPÉRATIF
fallezco	fallezca	
falleces	fallezcas	fallece
fallece	fallezca	fallezca
fallecemos	fallezcamos	fallezcamos
fallecéis	fallezcáis	falleced
fallecen	fallezcan	fallezcan

Pour les autres temps, se conjugue sur le modèle de deber (voir ce verbe).

fallecimiento décès

fallo *a plusieurs sens :*

1 fallo *peut signifier* **erreur** *ou* **défaut**

2 fallo *peut signifier* **panne**

3 *En sport,* fallo *peut signifier* **faute**

4 fallo cárdiaco **crise cardiaque**

► **tener fallos de memoria** avoir des trous de mémoire

fallo est masculin.

falsificar falsifier *ou* imiter

Se conjugue sur le modèle de cantar (voir ce verbe).

falso, falsa faux, fausse

falta *a plusieurs sens :*

1 **falta** *peut signifier* **manque** *ou* **absence**

2 **falta** *peut signifier* **faute** *ou* **erreur**

► **hacer falta avoir besoin de** ou **falloir**

▷ Me hace falta un destornillador. J'ai besoin d'un tournevis.

▷ Hace falta pensar en el porvenir. Il faut penser à l'avenir.

► **echar** algo **en falta remarquer l'absence de** quelque chose

► **echar a** alguien **en falta manquer à** (au sens de « regretter quelqu'un »)

▷ Echo en falta a mis amigos. Mes amis me manquent.

faltar *a plusieurs sens :*

1 **faltar** *peut signifier* **manquer**

▷ Falta algo. Il manque quelque chose.

▷ ¡Me faltan dos piezas del rompecabezas! Il me manque deux pièces du puzzle !

2 **faltar** *peut signifier* **rester**

▷ Sólo falta un cuarto de hora antes de que vuelvan los padres. Il reste seulement un quart d'heure avant que nos parents reviennent.

▷ ¿Cuántos ejercicios te faltan para terminar los deberes? Il te reste combien d'exercices pour finir tes devoirs ?

> Attention ! En espagnol, on accorde le verbe faltar avec ce qui manque ou ce qui reste, comme pour le verbe gustar.

Se conjugue sur le modèle de cantar *(voir ce verbe).*

fama célébrité *ou* réputation

► **tener fama de... avoir la réputation de...**

► **tener mucha fama être très célèbre**

familia famille

familiar familial(e) *ou* familier(-ière)

famoso, famosa célèbre

fango boue

fango *est masculin.*

fantasía *a plusieurs sens :*

1 **fantasía** *peut signifier* **imagination**

2 **fantasía** *peut signifier* **fantaisie**

fantasma *a plusieurs sens :*

1 **fantasma** *peut signifier* **fantôme**

2 **fantasma** *peut signifier* **fantasme**

fantasma *est masculin.*

farmacéutico, farmacéutica *a des sens différents selon sa catégorie grammaticale :*

> Ce peut être un ADJECTIF :

farmacéutico, farmacéutica *signifie* **pharmaceutique**

> Ce peut être un NOM :

farmacéutico, farmacéutica *signifie* **pharmacien(ne)**

farmacia pharmacie

> Attention à l'orthographe du mot farmacia.

faro phare

farola réverbère

farola *est féminin.*

fascismo fascisme

fase phase

fastidiar *a plusieurs sens :*

1 **fastidiar** *peut signifier* **ennuyer** *ou* **gêner** *ou* **agacer**

2 **fastidiar** *peut signifier* **gâcher**

► **fastidiarse s'ennuyer** ou **se lasser**

► **te fastidias tans pis pour toi**

Se conjugue sur le modèle de cantar *(voir ce verbe).*

fastidioso, fastidiosa embêtant(e) *ou* gênant(e)

fatal *a des sens différents selon sa catégorie grammaticale :*

> Ce peut être un ADVERBE :

fatal *signifie* **très mal**

▷ Toca guitarra fatal. Il joue très mal de la guitare.

► **sentirse fatal se sentir très mal**

> Ce peut être un ADJECTIF :

fatal *signifie* **très mauvais(e)** *ou* **fatal(e)**

▷ Hace un tiempo fatal. Il fait très mauvais.

fatigar fatiguer *ou* épuiser

Attention ! Pour conserver le son /g/ de l'infinitif, le g *de* fatigar *se transforme en* gu *devant un* e.

▷ No te fatigues subiendo las escaleras. Bajo. Ne te fatigue pas à monter les escaliers. Je descends.

Se conjugue sur le modèle de cantar *(voir ce verbe).*

fatigoso, fatigosa pénible *ou* difficile

favor faveur

► **por favor s'il vous plaît** ou **s'il te plaît**

► **hacer un favor a** alguien **rendre un service à** quelqu'un

favorecer favoriser *ou* avantager

Attention ! favorecer appartient au groupe des verbes se terminant en -acer, -ecer, -ocer et -ucir qui sont irréguliers à certaines personnes, à certains modes et à certains temps.

INDICATIF PRÉSENT	SUBJONCTIF PRÉSENT	IMPÉRATIF
favorezco	favorezca	
favoreces	favorezcas	favorece
favorece	favorezca	favorezca
favorecemos	favorezcamos	favorezcamos
favorecéis	favorezcáis	favoreced
favorecen	favorezcan	favorezcan

Pour les autres temps, se conjugue sur le modèle de deber (voir ce verbe).

fe foi *ou* confiance

fe est féminin.

fealdad laideur

febrero février

fecha date

► **hasta la fecha** jusqu'à présent

felices *est le pluriel de* **feliz.**

felicidad bonheur

► **¡felicidades!** félicitations ! *ou* joyeux anniversaire ! *ou* bonne fête ! *ou* meilleurs vœux !

felicitar

► **felicitar a alguien** présenter ses vœux à quelqu'un *ou* féliciter quelqu'un

feliz heureux(-euse)

► **¡Feliz Año Nuevo!** Bonne année !

► **¡Feliz Navidad!** Joyeux Noël !

felpudo *a des sens différents selon sa catégorie grammaticale :*

> Ce peut être un ADJECTIF :

felpudo, felpuda *signifie* pelucheux, pelucheuse

> Ce peut être un NOM :

felpudo *signifie* paillasson

femenino, femenina féminin(e)

fenómeno phénomène

Attention à l'orthographe du mot fenómeno.

feo, fea laid(e)

feria foire *ou* fête foraine

feroz féroce

► **el lobo feroz** le grand méchant loup

ferretería quincaillerie

ferrocarril chemin de fer

festejar fêter

Se conjugue sur le modèle de cantar (voir ce verbe).

festejos festivités *ou* fête

festejos est masculin pluriel.

fiambre viande cuite *ou* poisson cuit (que l'on mange froid)

▷ **Llevaron distintos tipos de fiambre.** Ils ont emporté plusieurs sortes de plats froids.

fiambre est masculin.

fiar faire crédit

► **fiarse de alguien** avoir confiance en quelqu'un

Attention ! Ce verbe est irrégulier à certaines personnes, à certains modes et à certains temps.

INDICATIF PRÉSENT	SUBJONCTIF PRÉSENT	IMPÉRATIF
fío	fíe	
fías	fíes	fía
fía	fíe	fíe
fiamos	fiemos	fiemos
fiáis	fiéis	fiad
fían	fíen	fíen

Pour les autres temps, se conjugue sur le modèle de cantar (voir ce verbe).

ficción fiction

Attention à l'orthographe du mot ficción.

ficha fiche *ou* jeton

fichero fichier

fidelidad fidélité

fiebre fièvre

Attention à l'orthographe du mot fiebre.

fiel fidèle

fiera bête féroce *ou* fauve

fiero, fiera féroce

Attention ! fiero, fiera ne signifie pas « fier, fière ».

fiesta *a plusieurs sens :*

1 **fiesta** *peut signifier* fête

► **estar de fiesta** *ou* **ir de fiesta** faire la fête

2 **fiesta** *peut signifier* jour férié

figura *a plusieurs sens :*

1 **figura** *peut signifier* **forme** *ou* **silhouette**

2 **figura** *peut signifier* **figure**

figurar *a plusieurs sens :*

1 **figurar** *peut signifier* **figurer**

2 **figurar** *peut signifier* **représenter**

3 **figurar** *peut signifier* **feindre**

▷ Figuró un desmayó. Il a feint un évanouissement.

► **figurarse** **s'imaginer** ou **croire**

Se conjugue sur le modèle de cantar *(voir ce verbe).*

fijar **fixer**

► **fijarse** **faire attention** ou **regarder** ou **observer**

▷ Fíjate en cómo se hace. Regarde comment on fait.

Le verbe fijar *a deux participes passés : on utilise* fijado *pour les temps composés et* fijo *comme adjectif.*

Se conjugue sur le modèle de cantar *(voir ce verbe).*

fijo *a des sens différents selon sa catégorie grammaticale :*

> Ce peut être un ADVERBE :

1 **fijo** *peut signifier* **fixement**

2 **fijo** *peut signifier* **sûr**

> Ce peut être un ADJECTIF :

fijo, fija *signifie* **fixé(e)** *ou* **fixe**

i fijo peut également être le participe passé ou une forme conjuguée du verbe fijar.

▷ Siempre me fijo en lo que digo. Je fais toujours attention à ce que je dis.

fila *a plusieurs sens :*

1 **fila** *peut signifier* **file** *ou* **queue**

2 **fila** *peut signifier* **rang** *ou* **rangée**

► **en fila india** **en file indienne** ou **à la queue leu leu**

filete **filet** (de viande ou de poisson) ou **escalope**

filete *est masculin.*

filosofía **philosophie**

Attention à l'orthographe du mot filosofía.

filósofo, filósofa **philosophe**

Attention à l'orthographe du mot filósofo.

filtro **filtre**

fin *a plusieurs sens :*

1 **fin** *peut signifier* **fin**

2 **fin** *peut signifier* **but**

► **a fin de** **à la fin de**

▷ Llegaré a fin de mes. J'arriverai à la fin du mois.

► **fin de semana** **week-end**

► **por fin** **enfin**

► **a fin de cuentas** **en fin de compte**

fin *est masculin en espagnol.*

final *a des sens différents selon sa catégorie grammaticale :*

> Ce peut être un ADJECTIF :

final *signifie* **final(e)**

> Ce peut être un NOM :

final *signifie* **fin**

► **a final de** ou **a finales de** **à la fin de**

▷ Este escritor nació a finales del siglo XIX. Cet écrivain est né à la fin du XIXe siècle.

final *est masculin.*

finca **propriété** *ou* **ferme**

fingir **faire semblant**

Les verbes terminés en -ger *ou* -gir *subissent des modifications orthographiques pour conserver le son /x/ : le* g *se transforme en* j *devant* o *et* a.

▷ Finjo dormir. Je fais semblant de dormir.

Se conjugue sur le modèle de vivir *(voir ce verbe).*

finlandés, finlandesa **finlandais(e)** *ou* **Finlandais(e)**

Finlandia **Finlande**

fino, fina *a plusieurs sens :*

1 **fino, fina** *peut signifier* **fin(e)**

2 **fino, fina** *peut signifier* **raffiné(e)**

firma **signature** *ou* **firme** (entreprise)

i firma peut également être une forme du verbe firmar.

▷ Firma aquí, por favor. Signe ici, s'il te plaît.

firmar **signer**

Se conjugue sur le modèle de cantar *(voir ce verbe).*

firme **solide** *ou* **ferme**

firmeza **solidité** *ou* **fermeté**

físico, física *a des sens différents selon sa catégorie grammaticale :*

> Ce peut être un ADJECTIF :

físico, física *signifie* **physique**

> Ce peut être un NOM :

físico, física *signifie* **physicien(ne)**

► **el físico** **le physique**
► **la física** **la physique**

> Attention à l'orthographe du mot físico, física.

flaco, flaca **maigre**

flamear *a plusieurs sens :*
1 **flamear** *peut signifier* **flamber** (des crêpes, des bananes, etc.)
2 **flamear** *peut signifier* **flotter** *ou* **onduler** (drapeau)

Se conjugue sur le modèle de cantar (voir ce verbe).

flauta **flûte**

flechazo **coup de foudre**

Dans ce mot, on reconnaît le lien avec le nom flecha qui signifie « flèche ».

flequillo **frange**

flequillo est masculin.

flexible *a plusieurs sens :*
1 **flexible** *peut signifier* **flexible**
2 **flexible** *peut signifier* **souple** (pour une personne, un esprit)

flojo, floja **mou, molle** *ou* **faible** *ou* **léger(-ère)**

flor **fleur**

flor est féminin.

florecer **fleurir**

Attention ! florecer appartient au groupe des verbes se terminant en -acer, -ecer, -ocer et -ucir qui sont irréguliers à certaines personnes, à certains modes et à certains temps.

INDICATIF PRÉSENT	SUBJONCTIF PRÉSENT	IMPERATIF
florezco	florezca	
floreces	florezcas	florece
florece	florezca	florezca
florecemos	florezcamos	florezcamos
florecéis	florezcáis	floreced
florecen	florezcan	florezcan

Pour les autres temps, se conjugue sur le modèle de deber (voir ce verbe).

florero **vase**

Dans ce mot, on reconnaît le lien avec le nom flor qui signifie « fleur ».

florista **fleuriste**

Comme la plupart des mots se terminant en -ista, florista peut être masculin ou féminin : el florista, la florista.

flotador **bouée**

flotador est masculin.
Dans ce mot, on reconnaît le lien avec le verbe flotar qui signifie « flotter ».

flotar **flotter**

Se conjugue sur le modèle de cantar (voir ce verbe).

fluir *a plusieurs sens :*
1 **fluir** *peut signifier* **couler** (en parlant d'un liquide)
2 **fluir** *peut signifier* **venir facilement**

Les verbes terminés en -uir, -eer et -aer subissent des modifications orthographiques : le i se transforme en y devant o et e.

▷ El río Guadalquivir fluye por Andalucía.
Le Guadalquivir coule en Andalousie.

Se conjugue sur le modèle de vivir (voir ce verbe).

foca **phoque**

foca est féminin.

foco *a plusieurs sens :*
1 **foco** *peut signifier* **projecteur**
2 **foco** *peut signifier* **centre** *ou* **foyer**
► **el foco de la rebelión** **le foyer de la rébellion**

folio **feuille de papier**

folio est masculin.

folleto **brochure**

folleto est masculin.

follón **chahut** *ou* **pagaille**
► **armar follón** **faire du chahut**

> follón est un mot familier.

follón est masculin.

fomentar **encourager** *ou* **promouvoir**

Se conjugue sur le modèle de cantar (voir ce verbe).

fomento **développement** *ou* **promotion**

fondo **fond**
► **en el fondo** **au fond**

fontanero, fontanera **plombier**

forastero, forastera **étranger(-ère)** (d'une autre ville ou région)

Dans ce mot, on reconnaît le lien avec le mot fuera qui signifie « dehors » (qui vient de l'extérieur).

forcejear *a plusieurs sens :*
1 **forcejear** *peut signifier* **faire de grands efforts**
2 **forcejear** *peut signifier* **se démener**
3 **forcejear** *peut signifier* **lutter**

forma *a plusieurs sens :*

1 **forma** *peut signifier* **forme**

2 **forma** *peut signifier* **manière** *ou* **façon**

► **de todas formas de toute manière**

formar *a plusieurs sens :*

1 **formar** *peut signifier* **former**

2 **formar** *peut signifier* **composer** *ou* **constituer**

► **formar parte de** algo **faire partie de** quelque chose

Se conjugue sur le modèle de cantar *(voir ce verbe).*

fórmula formule

forofo, forofa supporter *ou* **fan**

> forofo est un mot familier.

forrado, forrada *a plusieurs sens :*

1 **forrado, forrada** *peut signifier* **fourré(e)** *ou* **doublé(e)** (en parlant d'un vêtement)

2 **forrado, forrada** *peut signifier* **friqué(e)**

> Dans ce sens, forrado, forrada est un mot familier.

forrar couvrir (un livre par exemple) *ou* **doubler** (un vêtement)

► **forrarse gagner beaucoup d'argent**

> forrarse est une expression familière.

Se conjugue sur le modèle de cantar *(voir ce verbe).*

fortalecer renforcer

Attention ! fortalecer appartient au groupe des verbes se terminant en -acer, -ecer, -ocer et -ucir qui sont irréguliers à certaines personnes, à certains modes et à certains temps.

INDICATIF PRÉSENT	SUBJONCTIF PRÉSENT	IMPÉRATIF
fortalezco	fortalezca	
fortaleces	fortalezcas	fortalece
fortalece	fortalezca	fortalezca
fortalecemos	fortalezcamos	fortalezcamos
fortalecéis	fortalezcáis	fortaleced
fortalecen	fortalezcan	fortalezcan

Pour les autres temps, se conjugue sur le modèle de deber *(voir ce verbe).*

fortaleza *a plusieurs sens :*

1 **fortaleza** *peut signifier* **force**

2 **fortaleza** *peut signifier* **forteresse**

fortuna *a plusieurs sens :*

1 **fortuna** *peut signifier* **chance**

2 **fortuna** *peut signifier* **fortune**

► **por fortuna heureusement**

► **probar fortuna tenter sa chance**

forzar forcer

Dans ce mot, on reconnaît le lien avec le nom fuerza *qui signifie « force ».*

Comme les verbes terminés en -zar, forzar subit des modifications orthographiques : le z devient c devant un e. De plus, forzar est un verbe à diphtongue et il est irrégulier à certaines personnes, à certains modes et à certains temps.

INDICATIF PRÉSENT	SUBJONCTIF PRÉSENT	IMPÉRATIF
fuerzo	fuerce	
fuerzas	fuerces	fuerza
fuerza	fuerce	fuerce
forzamos	forcemos	forcemos
forzáis	forcéis	forzad
fuerzan	fuercen	fuercen

Pour les autres temps, se conjugue sur le modèle de cantar *(voir ce verbe).*

fósforo allumette

fósforo est masculin.

foso fossé *ou* **fosse**

foto photo

► **sacar una foto prendre une photo**

fotografiar photographier

Attention ! fotografiar subit une modification de l'accentuation : le i se transforme en í à certaines personnes, à certains modes et à certains temps.

INDICATIF PRÉSENT	SUBJONCTIF PRÉSENT	IMPÉRATIF
fotografío	fotografíe	
fotografías	fotografíes	fotografía
fotografía	fotografíe	fotografíe
fotografiamos	fotografiemos	fotografiemos
fotografiáis	fotografiéis	fotografiad
fotografían	fotografíen	fotografíen

Pour les autres temps, se conjugue sur le modèle de cantar *(voir ce verbe).*

fotógrafo, fotógrafa photographe

fracasar échouer

> Attention ! fracasar ne signifie pas « fracasser ».

Se conjugue sur le modèle de cantar *(voir ce verbe).*

fracaso échec *ou* **catastrophe**

fragancia parfum

fragancia est féminin.

frágil fragile

> Attention à l'orthographe du mot frágil.

fragmento fragment

fraile moine

frambuesa framboise

francamente franchement

francés, francesa français(e) *ou* Français(e)

Francia France

franco, franca franc, franche

franja bande

frasco flacon

frase phrase

frecuencia fréquence

► **con frecuencia** fréquemment

fregadero évier

fregar laver (la vaisselle ou le sol)

Attention ! Pour conserver le son /g/ de l'infinitif, le g *de* fregar *se transforme en* gu *devant un* e*. De plus,* fregar *est un verbe à diphtongue. Le* e *devient* ie *à certaines personnes, à certains modes et à certains temps.*

INDICATIF PRÉSENT	SUBJONCTIF PRÉSENT	IMPÉRATIF
friego	friegue	
friegas	friegues	friega
friega	friegue	friegue
fregamos	freguemos	freguemos
fregáis	freguéis	fregad
friegan	frieguen	frieguen

Pour les autres temps, se conjugue sur le modèle de cantar *(voir ce verbe).*

fregona balai-serpillière

freír frire *ou* faire frire

freír *subit un changement de voyelle : le* e *se transforme en* i *à certaines personnes, à certains modes et à certains temps.*

Le verbe freír *a deux participes passés :* freído *est utilisé pour les temps composés, et* frito *comme adjectif.*

▷ He freído las patatas. J'ai fait frire les pommes de terre.

▷ Las patatas están fritas. Les pommes de terre sont frites.

frenar freiner

Se conjugue sur le modèle de cantar *(voir ce verbe).*

freno frein

fresa fraise

fresco, fresca *a plusieurs sens :*

1 **fresco, fresca** *peut signifier* frais, fraîche *ou* léger(-ère) *ou* impassible

► **al fresco** au frais

2 **fresco, fresca** *peut signifier* culotté(e)

> Dans ce sens, fresco, fresca est un mot familier.

frescura *a plusieurs sens :*

1 **frescura** *peut signifier* fraîcheur

2 **frescura** *peut signifier* culot

> Dans ce sens, frescura est un mot familier.

frigorífico réfrigérateur

frío, fría froid(e)

► **coger frío** prendre froid

► **hace un frío que pela** il fait un froid de canard

friolero, friolera frileux, frileuse

Dans ce mot, on reconnaît le lien avec le mot frío *qui signifie « froid ».*

frontera frontière

fronterizo, fronteriza frontalier(-ière)

frotar frotter *ou* frictionner

fruncir froncer *ou* plisser

► **fruncir el ceño** froncer les sourcils

FREÍR

INDICATIF PRÉSENT	SUBJONCTIF PRÉSENT	PASSÉ SIMPLE	SUBJONCTIF IMPARFAIT	IMPÉRATIF
frío	fría	freí	friera	
fríes	frías	freíste	frieras	fríe
fríe	fría	frió	friera	fría
freímos	friamos	freímos	friéramos	friamos
freís	friáis	freísteis	frierais	freíd
fríen	frían	frieron	frieran	frían

Comme tous les verbes terminés en -cer *et en* -cir, fruncir *subit des modifications orthographiques : pour conserver le son /s/, le* c *se transforme en* z *devant* o *et* a.

▷ Frunzo el ceño para mostrar mi descontento. Je fronce les sourcils pour montrer mon mécontentement.

Se conjugue sur le modèle de vivir *(voir ce verbe).*

frustrado, frustrada frustré(e)

► **quedar frustrado, frustrada** être déçu(e)

frustrar *a plusieurs sens :*

1 **frustrar** *peut signifier* **décevoir** *ou* **frustrer**

2 **frustrar** *peut signifier* **échouer à** *ou* **rater**

fruta fruit

► **fruta del tiempo** fruit de saison

► **fruta escarchada** fruit confit

fruta *est féminin.*

frutal fruitier(-ière)

fruto fruit

► **fruto seco** fruit sec

► **el fruto de su trabajo** le fruit de son travail

fue *est la forme conjuguée des verbes* ir *et* ser *à la troisième personne du singulier au passé simple :*

▷ Fue de vacaciones al sur de Francia. Il est allé en vacances dans le sud de la France.

▷ Velázquez fue un gran pintor del siglo XVII. Velázquez fut un grand peintre du XVIIe siècle.

fuego feu

► **pegar fuego** mettre le feu

fuente *a plusieurs sens :*

1 **fuente** *peut signifier* **fontaine**

2 **fuente** *peut signifier* **source**

fuer... (fuera, fueras, fuéramos, etc.) → **ser** *et* **ir**

fuera dehors

► **fuera de** hors de

► **fuera de lugar** hors de propos ou déplacé

► **fuera de servicio** hors-service

fuerte fort(e) *ou* solide

fuerza force

► **a la fuerza** forcément

► **cobrar fuerzas** prendre des forces

i fuerza peut également être une forme du verbe forzar.

▷ La profesora fuerza la voz para hablar. La prof force la voix pour parler.

fui... (fui, fuiste, fuimos, etc.) → **ser** *et* **ir**

Fulano, Fulana Un tel, Une telle *ou* Machin(e)

▷ He visto a Fulano. J'ai vu Machin.

Fulano, Fulana est une expression familière.

fular foulard

fumador, fumadora fumeur(-euse)

fumar fumer

► **fumar en pipa** fumer la pipe

► **fumarse** sécher (un cours)

▷ Se fumó la clase de matemática. Il a séché le cours de maths.

i Dans ce dernier sens, fumar est familier.

Se conjugue sur le modèle de cantar *(voir ce verbe).*

funcionar fonctionner *ou* marcher

Se conjugue sur le modèle de cantar *(voir ce verbe).*

funda housse *ou* étui

► **funda para gafas** étui à lunettes

► **funda de almohada** taie d'oreiller

fundamental fondamental(e)

Attention à l'orthographe du mot fundamental.

fundar fonder

Se conjugue sur le modèle de cantar *(voir ce verbe).*

Attention ! Ne pas confondre fundar avec fundir, qui signifie « fondre ».

fundir fondre

Attention ! Ne pas confondre fundir avec fundar, qui signifie « fonder ».

Se conjugue sur le modèle de vivir *(voir ce verbe).*

furia colère *ou* furie

furioso, furiosa furieux(-euse)

furor fureur

furor *est masculin.*

fusilar fusiller

Se conjugue sur le modèle de **cantar** *(voir ce verbe).*

fútbol football

futbolín baby-foot

futbolista footballeur(-euse)

Comme la plupart des mots se terminant en **-ista**, **futbolista** *peut être masculin ou féminin :* **el futbolista, la futbolista.**

futuro *a plusieurs sens :*

1 **futuro** *peut signifier* **futur**

2 **futuro** *peut signifier* **avenir**

G

gacho, gacha courbé(e) *ou* penché(e)

► **a gachas** à quatre pattes

gafas lunettes

► **gafas de sol** lunettes de soleil

gafe personne qui porte la poisse

► **ser gafe** porter la poisse

> Attention ! gafe ne signifie pas « gaffe »; gafe et ser gafe sont des expressions familières.

gajo quartier (d'orange)

galardón récompense *ou* prix

galardón *est masculin.*

galardonar récompenser

Se conjugue sur le modèle de cantar *(voir ce verbe).*

gallego, gallega galicien(ne) *ou* Galicien(ne)

galleta biscuit

gallina poule

► **gallina ciega** colin-maillard

gallinero poulailler

gallo coq

gamba crevette

gamberro, gamberra voyou(te)

gana envie

► **tener ganas de** hacer algo avoir envie de faire quelque chose

> gana peut également être une forme du verbe ganar.

▷ Gana mucho dinero trabajando como intérprete. Il gagne beaucoup d'argent en travaillant comme interprète.

ganadería élevage *ou* troupeau

ganadería *est féminin.*

ganadero, ganadera éleveur(-euse)

ganado bétail

> ganado peut également être le participe passé du verbe ganar.

ganancia gain *ou* profit

► **ganancias** revenus

ganar gagner

► **ganarse la vida** gagner sa vie

Se conjugue sur le modèle de cantar *(voir ce verbe).*

gancho crochet

gandul, gandula fainéant(e)

ganga occasion *ou* bonne affaire

gansa oie

garaje garage

> Attention à l'orthographe du mot garaje.

garantizar garantir *ou* promettre

Comme tous les verbes terminés en -zar, garantizar *subit des modifications orthographiques : le* z *devient* c *devant un* e.

▷ Le garanticé que vendría. Je lui ai promis de venir.

Se conjugue sur le modèle de cantar *(voir ce verbe).*

garbanzo pois chiche

garganta gorge

garra griffe *ou* serre

garrafa carafe

gas gaz

► **agua con gas** eau gazeuse

► **agua sin gas** eau plate

► **a todo gas** à toute vitesse

gaseoso, gaseosa gazeux(-euse)

► **gaseosa** limonade

gasóleo gas-oil

gasolina essence

gasolinera station-service

gastar *a plusieurs sens :*

1 **gastar** *peut signifier* dépenser

2 **gastar** *peut signifier* user

► **gastar una broma** faire une blague

Se conjugue sur le modèle de cantar *(voir ce verbe).*

gasto dépense

► **gastos** frais

gasto est masculin.

> i gasto peut également être une forme du verbe gastar.

▷ Gasto todo lo que gano. Je dépense tout ce que je gagne.

gato, gata chat, chatte

► **andar a gatas** marcher à quatre pattes

gaviota mouette

gemelo, gemela jumeau, jumelle

► **gemelos** jumelles (= instrument d'optique)

Géminis Gémeaux (= signe astrologique)

género genre

generosidad générosité

generoso, generosa généreux(-euse)

genio *a plusieurs sens :*

1 **genio** *peut signifier* caractère *ou* tempérament

► **tener mal genio** avoir mauvais caractère

2 **genio** *peut signifier* génie

gente gens

▷ Antes la gente se casaba muy joven. Avant les gens se mariaient très jeunes.

► **hay mucha gente** il y a beaucoup de monde

gente est féminin singulier.

gentío foule

gentío est masculin.

geográfico, geográfica géographique

gerundio gérondif

gesto *a plusieurs sens :*

1 **gesto** *peut signifier* geste

2 **gesto** *peut signifier* grimace

gigante, giganta géant(e)

gimnasia gymnastique

gimnasio gymnase

girar tourner

Se conjugue sur le modèle de cantar *(voir ce verbe).*

girasol tournesol

Dans ce mot, on reconnaît le verbe girar *qui signifie « tourner » et le nom* sol *qui signifie « soleil ».*

giro tour

gitano, gitana gitan(e) *ou* Gitan(e)

glaciar glacier (en géologie)

globo *a plusieurs sens :*

1 **globo** *peut signifier* ballon gonflable

2 **globo** *peut signifier* globe

► **globo terráqueo** globe terrestre

gloria gloire

glotón, glotona goinfre

glotonería goinfrerie

gobernar gouverner

> Attention à l'orthographe du mot gobernar.

Attention, ce verbe est irrégulier à certaines personnes, à certains modes et à certains temps.

INDICATIF PRÉSENT	SUBJONCTIF PRÉSENT	IMPÉRATIF
gobierno	gobierne	
gobiernas	gobiernes	gobierna
gobierna	gobierne	gobierne
gobernamos	gobernemos	gobernemos
gobernáis	gobernéis	gobernad
gobiernan	gobiernen	gobiernen

Pour les autres temps, se conjugue sur le modèle de cantar *(voir ce verbe).*

gobierno gouvernement

> Attention à l'orthographe du mot **gobierno**.

gofre gaufre

gofre *est masculin.*

gol but (au football)

golear marquer (un but)

Se conjugue sur le modèle de cantar *(voir ce verbe).*

golfo *a plusieurs sens :*

1 golfo *peut signifier* **golfe**

2 golfo *peut signifier* **voyou**

golondrina hirondelle

golosina friandise

goloso, golosa gourmand(e)

golpe coup

► **de golpe** tout à coup

► **de un golpe** en un clin d'œil ou d'un seul coup

► **dar golpes** frapper

golpear frapper

Se conjugue sur le modèle de cantar *(voir ce verbe).*

goma *a plusieurs sens :*

1 goma *peut signifier* **élastique**

2 goma *peut signifier* **gomme**

3 goma *peut signifier* **caoutchouc**

gordo *a des sens différents selon sa catégorie grammaticale :*

> Ce peut être un ADJECTIF :

gordo, gorda *signifie* **gros(se)**

> Ce peut être un NOM :

gordo *signifie* **gros lot**

gorila gorille

gorila *est masculin.*

> Attention à l'orthographe du mot **gorila**.

gorra casquette

gorrión moineau

gorro bonnet

gota goutte

gotear goutter

gotear *est un verbe impersonnel, c'est-à-dire qu'il ne s'emploie qu'à la troisième personne du singulier.*

Se conjugue sur le modèle de cantar *(voir ce verbe).*

gozar jouir

Comme tous les verbes terminés en -zar, gozar *subit des modifications orthographiques : le* z *devient* c *devant un* e.

▷ Es una suerte que tu abuelo goce todavía de una excelente salud. C'est une chance que ton grand-père jouisse encore d'une excellente santé.

Se conjugue sur le modèle de cantar *(voir ce verbe).*

gozo joie

gozo *est masculin.*

> **i** gozo peut également être une forme du verbe gozar.

▷ Gozo con vuestras visitas. Je me réjouis de vos visites.

grabación enregistrement

grabación *est féminin.*

grabado gravure

grabado *est masculin.*

> **i** grabado peut également être le participe passé du verbe grabar.

▷ He grabado el programa. J'ai enregistré l'émission.

grabar *a plusieurs sens :*

1 grabar *peut signifier* **enregistrer**

2 grabar *peut signifier* **graver**

Se conjugue sur le modèle de cantar *(voir ce verbe).*

gracia *a plusieurs sens :*

1 gracia *peut signifier* **charme**

2 gracia *peut signifier* **plaisanterie**

► **tener gracia** être amusant(e)

► **¡qué gracia!** comme c'est drôle !

3 gracia *peut signifier* **grâce**

► **gracias a** grâce à

gracias merci

► **¡muchas gracias!** merci beaucoup !

► **dar las gracias a alguien** remercier quelqu'un

gracioso, graciosa amusant(e) *ou* drôle

► **hacerse el gracioso** faire le pitre

grada gradin

grada *est féminin.*

grado *a plusieurs sens :*

1 grado *peut signifier* **degré**

2 grado *peut signifier* **grade**

graduable **réglable**

graduado, graduada *a plusieurs sens :*

1 **graduado, graduada** *peut signifier* **gradué(e)**

2 **graduado, graduada** *peut signifier* **diplômé(e)**

> i graduado peut également être le participe passé du verbe graduar.

▷ Me he graduado este año. J'ai eu mon diplôme cette année.

graduar *a plusieurs sens :*

1 **graduar** *peut signifier* **régler** *ou* **mesurer**

2 **graduar** *peut signifier* **conférer un grade à**

► **graduarse de** **recevoir le titre** ou **le diplôme de**

Attention ! graduar subit une modification de l'accentuation : le u se transforme en ú à certaines personnes, certains temps et certains modes.

INDICATIF PRÉSENT	SUBJONCTIF PRÉSENT	IMPÉRATIF
gradúo	gradúe	
gradúas	gradúes	gradúa
gradúa	gradúe	gradúe
graduamos	graduemos	graduemos
graduáis	graduéis	graduad
gradúan	gradúen	gradúen

Pour les autres temps, se conjugue sur le modèle de cantar (voir ce verbe).

gramática **grammaire**

> Attention à l'orthographe du mot gramática.

gramo **gramme**

> Attention à l'orthographe du mot gramo.

gran *est la forme apocopée de l'adjectif* **grande.**

L'apocope est la suppression d'une ou plusieurs lettres à la fin d'un mot. Grande s'apocope en gran devant un nom masculin ou féminin.

▷ Tiene una gran casa. Il a une grande maison.

grande **grand(e)**

> Attention ! grande ne signifie pas « grand » au sens de « haut ».

granero **grange** *ou* **grenier**

granizar **grêler**

Comme tous les verbes terminés en -zar, granizar subit des modifications orthographiques : le z devient c devant un e.

▷ ¡Ojalá no granice! Pourvu qu'il ne grêle pas !

granizar est un verbe impersonnel, c'est-à-dire qu'il ne s'emploie qu'à la troisième personne du singulier.

Se conjugue sur le modèle de cantar (voir ce verbe).

granizo **grêle** *ou* **grêlon**

granja **ferme**

> Attention ! granja ne signifie pas « grange ».

granjero, granjera **fermier(-ière)**

grano *a plusieurs sens :*

1 **grano** *peut signifier* **grain**

2 **grano** *peut signifier* **bouton** (sur la peau)

► **ir al grano** **aller droit au but**

grapa **agrafe**

grapadora **agrafeuse**

Dans ce mot, on reconnaît le lien avec le nom grapa qui signifie « agrafe ».

grapar **agrafer**

Dans ce mot, on reconnaît le lien avec le nom grapa qui signifie « agrafe ».

Se conjugue sur le modèle de cantar (voir ce verbe).

grasa **graisse**

> i grasa peut également être le féminin de l'adjectif graso qui signifie « gras ».

graso, grasa **gras(se)**

gratis **gratuit(e)**

grato, grata **agréable**

gratuito, gratuita **gratuit(e)**

grave *a des sens différents selon qu'il est employé avec ser ou estar :*

1 **ser grave** *signifie* **être grave**

2 **estar grave** *signifie* **être gravement malade**

gravedad **gravité**

gravilla **gravillon**

griego, griega **grec(que)** ou **Grec(que)**

grifo **robinet**

grillo **grillon**

gripe **grippe**

> Attention à l'orthographe du mot gripe.

gritar crier

Se conjugue sur le modèle de **cantar** *(voir ce verbe).*

grito cri

i **grito** peut également être une forme du verbe **gritar**.

▷ ¡Si te acercas, grito! Si tu t'approches de moi, je crie !

grosella groseille

► **grosella negra** cassis

grosero, grosera grossier(-ère)

grúa grue *ou* dépanneuse

grueso, gruesa épais(se) *ou* gros(se)

gruñido grognement

gruñir grogner

Attention à la conjugaison du verbe **gruñir**. *Le* **i** *disparaît quand il est situé entre les consonnes* **ch, ñ** *ou* **ll** *et une voyelle.*

▷ El perro gruñó cuando me vio. Le chien a grogné quand il m'a vu.

Se conjugue sur le modèle de **vivir** *(voir ce verbe).*

grupo groupe

gruta grotte

guante gant

guapo, guapa beau, bel, belle (pour une personne)

guarda gardien(ne) *ou* surveillant(e)

► **guarda nocturno** veilleur de nuit

► **guarda jurado** vigile

i **guarda** peut également être une forme du verbe **guardar**.

▷ Guarda los libros en el pupitre. Garde tes livres dans ton pupitre.

guardaespaldas garde du corps

Dans ce mot composé, on reconnaît le verbe **guardar** *qui signifie « garder » et le nom* **espaldas** *qui signifie « dos ».*

guardaespaldas *est invariable :* **un guardaespaldas, una guardaespaldas, dos guardaespaldas.**

guardameta gardien(ne) de but

Dans ce mot, on reconnaît le verbe **guardar** *qui signifie « garder » et le nom* **meta** *qui signifie « but ».*

guardar *a plusieurs sens :*

1 **guardar** *peut signifier* **ranger**

2 **guardar** *peut signifier* **économiser**

3 **guardar** *peut signifier* **garder**

Se conjugue sur le modèle de **cantar** *(voir ce verbe).*

guardarropa vestiaire

Dans ce mot, on reconnaît le verbe **guardar** *qui signifie « garder » et le nom* **ropa** *qui signifie « vêtements ».*

guardería garderie

guardia *a des sens différents selon qu'il est masculin ou féminin :*

1 **un guardia** (masculin) *signifie* **un policier**

2 **una guardia** (féminin) *signifie* **une femme policier** *ou* **une garde**

guatemalteco, guatemalteca guatémaltèque *ou* Guatémaltèque

guay super

▷ ¡Qué guay, este fin de semana vamos a un parque de atracciones! Super ! Ce week-end nous allons dans un parc d'attractions.

guerra guerre

guerrero, guerrera guerrier(-ière)

guía *a des sens différents selon qu'il est masculin ou féminin :*

1 **un guía** (masculin) *signifie* **un guide** (= personne)

2 **una guía** (féminin) *signifie* **un guide** (= livre)

► **guía telefónica** annuaire téléphonique

i **guía** peut également être une forme du verbe **guiar**.

▷ Nos guía por la montaña. Il nous guide dans la montagne.

guiar guider

Attention ! **guiar** *subit une modification de l'accentuation : le* **i** *se transforme en* **í** *à certaines personnes, certains temps et certains modes.*

INDICATIF PRÉSENT	SUBJONCTIF PRÉSENT	IMPÉRATIF
guío	guíe	
guías	guíes	guía
guía	guíe	guíe
guiamos	guiemos	guiemos
guiáis	guiéis	guiad
guían	guíen	guíen

Pour les autres temps, se conjugue sur le modèle de **cantar** *(voir ce verbe).*

guijarro caillou *ou* galet

guindilla piment rouge

guindilla *est féminin.*

guiñar cligner de l'œil

► **guiñar el ojo** faire un clin d'œil

Se conjugue sur le modèle de cantar *(voir ce verbe).*

guiño clin d'œil

> **i** guiño peut également être une forme du verbe guiñar.

▷ Me guiñó el ojo cuando me vio. Il m'a fait un clin d'œil quand il m'a vu.

guión *a plusieurs sens :*

1 **guión** *peut signifier* **scénario**

2 **guión** *peut signifier* **trait d'union**

3 **guión** *peut signifier* **plan** *ou* **schéma**

guirnalda guirlande

guisado ragoût

> **i** guisado peut également être le participe passé du verbe guisar.

▷ Prueba lo que ha guisado. Goûte ce qu'il a cuisiné.

guisante petit pois

guisar cuisiner *ou* faire cuire *ou* préparer

Se conjugue sur le modèle de cantar *(voir ce verbe).*

guiso ragoût

► **guisos** cuisine

> **i** guiso peut également être une forme du verbe guisar.

▷ Todo el mundo me dice que guiso muy bien el pescado. Tout le monde me dit que je prépare très bien le poisson.

guitarra guitare

> Attention à l'orthographe du mot guitarra.

gula gourmandise

gusano ver

gustar *est un verbe qu'on emploie pour dire que quelque chose nous plaît.*

▷ Me gusta mucho el deporte. J'aime beaucoup le sport.

▷ ¿Os gustaría ir al cine? Ça vous plairait d'aller au cinéma ?

Certains verbes qui expriment un sentiment ou une sensation en espagnol se construisent différemment du français ; l'exemple le plus courant est le verbe gustar. *Le sujet français* (je, tu, il, nous, vous, ils) *devient le complément espagnol* (me, te, se, nos, os, les).

▷ Le gustan los viajes. Il aime les voyages. (littéralement : les voyages plaisent à lui) .

gusto goût

► **con (mucho) gusto** avec plaisir

► **a gusto** à l'aise

► **por gusto** par plaisir

Hh

ha *est le verbe* **haber** *à la troisième personne du singulier au présent de l'indicatif.*

▷ Ella ha salido esta mañana. Elle est sortie ce matin.

haber *a plusieurs sens :*

1 **haber** *peut signifier* **avoir**

2 **haber** *peut être l'auxiliaire* **avoir** *ou* **être** *pour les verbes composés :*

▷ ¿Has visto lo que ha ocurrido en el patio? Tu as vu ce qui s'est passé dans la cour ?

▷ Se ha levantado para hablar delante del grupo. Il s'est levé pour parler devant le groupe.

3 *Avec une tournure impersonnelle,* **haber** *peut signifier* **y avoir :**

▷ ¡Cuidado! Hay mucha corriente en este río. Attention ! Il y a beaucoup de courant dans cette rivière.

▷ ¿Cuántas personas había en la manifestación? Combien de personnes y avait-il à la manifestation ?

On utilise **haber** *à la troisième personne du singulier (* hay, había, habrá...*) quand ce verbe est employé comme impersonnel.*

► **hay/había/habrá/**etc. **que il faut/fallait/faudra/**etc. **que**

▷ Hay que estar callado en la biblioteca. Il faut être silencieux à la bibliothèque.

► **¿qué hay? ça va ?**

► **¿qué hay de nuevo? quoi de neuf ?**

► **no hay de qué il n'y a pas de quoi**

4 ► **haber de devoir** (probabilité)

▷ Ha de ser ella. Ça doit être elle.

hábil **habile**

Attention à l'orthographe du mot espagnol.

habilidad **habileté**

► **habilidades aptitudes**

habitación **chambre** *ou* **pièce**

HABER				
INDICATIF				CONDITIONNEL
PRÉSENT	IMPARFAIT	PASSÉ SIMPLE	FUTUR	PRÉSENT
he	había	hube	habré	habría
has	habías	hubiste	habrás	habrías
ha	había	hubo	habrá	habría
hemos	habíamos	hubimos	habremos	habríamos
habéis	habíais	hubisteis	habréis	habríais
han	habían	hubieron	habrán	habrían
SUBJONCTIF		IMPÉRATIF		
PRÉSENT	IMPARFAIT			
haya	hubiera		INFINITIF	haber
hayas	hubieras	he		
haya	hubiera	haya	PARTICIPE	habido
hayamos	hubiéramos	hayamos		
hayáis	hubierais	habed	GÉRONDIF	habiendo
hayan	hubieran	hayan		

> Attention, habitación ne signifie pas « habitation ».

habitante **habitant(e)**

habitar **habiter**

Se conjugue sur le modèle de cantar *(voir ce verbe).*

hábito *a plusieurs sens :*

1 **hábito** *peut signifier* **habitude**

2 **hábito** *peut signifier* **habit**

habituar **habituer**

Attention ! habituar *subit une modification de l'accentuation : le* u *se transforme en* ú *à certaines personnes, certains temps et certains modes.*

INDICATIF PRÉSENT	SUBJONCTIF PRÉSENT	IMPÉRATIF
habitúo	habitúe	
habitúas	habitúes	habitúa
habitúa	habitúe	habitúe
habituamos	habituemos	habituemos
habituáis	habituéis	habituad
habitúan	habitúen	habitúen

Pour les autres temps, se conjugue sur le modèle de cantar *(voir ce verbe).*

habla *a plusieurs sens :*

1 **habla** *peut signifier* **parole**

► **perder el habla** **perdre l'usage de la parole**

2 **habla** *peut signifier* **langage**

► **de habla francesa/española/**etc. **de langue française/espagnole/**etc.

habla *est féminin.*

Attention ! On emploie el *ou* un *au lieu de* la *ou* una *devant un nom féminin singulier commençant par* a- *ou* ha- *si cette syllabe porte l'accent tonique. Au pluriel, l'article redevient féminin :* las hablas*.*

▷ El habla de esta región es muy bonita. Le langage de cette région est très beau.

> **i** habla peut également être une forme du verbe hablar.

▷ Habla demasiado. Il parle trop.

hablador, habladora **bavard(e)**

hablante **locuteur(-trice)**

hablar **parler**

► **hablar bien de** alguien **dire du bien de** quelqu'un

► **hablar mal de** alguien **dire du mal de** quelqu'un

► **¡ni hablar!** **pas question !**

Se conjugue sur le modèle de cantar *(voir ce verbe).*

habr... **(habré, habrás, habría,** etc.**)** → **haber**

hacer **faire**

► **hace...** **il y a...** (pour parler du temps qui s'est écoulé)

▷ Mis padres se casaron hace treinta años. Mes parents se sont mariés il y a trente ans.

► **desde hace...** **depuis...** (pour parler du temps qui s'est écoulé)

▷ Practico el boxeo desde hace tres años. Je fais de la boxe depuis trois ans.

► **hacer de** **travailler en tant que** ou **jouer le rôle de**

▷ Hace de guía en Salamanca. Il travaille comme guide à Salamanque.

► **hacerse** *peut signifier* **devenir**

▷ Se ha hecho socio del club de fútbol. Il est devenu membre du club de foot.

► **hacerse** *peut signifier* **s'habituer**

▷ No consigo hacerme a la nueva casa. Je n'arrive pas à m'habituer à la nouvelle maison.

HACER				
INDICATIF				CONDITIONNEL
PRÉSENT	IMPARFAIT	PASSÉ SIMPLE	FUTUR	PRÉSENT
hago haces hace hacemos hacéis hacen	hacía hacías hacía hacíamos hacíais hacían	hice hiciste hizo hicimos hicisteis hicieron	haré harás hará haremos haréis harán	haría harías haría haríamos haríais harían
SUBJONCTIF		IMPÉRATIF		
PRÉSENT	IMPARFAIT			
haga hagas haga hagamos hagáis hagan	hiciera hicieras hiciera hiciéramos hicierais hicieran	 haz haga hagamos haced hagan	INFINITIF PARTICIPE GÉRONDIF	hacer hecho haciendo

► **hacerse viejo vieillir**

► **hacerse con** algo **s'approprier** quelque chose

hacia vers

▷ En general, comemos hacia las dos. En général, on mange vers deux heures.

> Attention à l'accent grammatical : il ne faut pas confondre hacia, qui signifie « vers » et hacía, forme du verbe hacer à l'imparfait de l'indicatif.

hacienda *a plusieurs sens :*

1 **hacienda** *peut signifier* **propriété rurale**

2 **hacienda** *peut signifier* **fortune**

► **Ministerio de Hacienda ministère des Finances**

hada fée

hada est féminin.

Attention ! On emploie el ou un au lieu de la ou una devant un nom féminin singulier commençant par a- ou ha- si cette syllabe porte l'accent tonique. Au pluriel, l'article redevient féminin : las hadas.

▷ El hada es un personaje típico de los cuentos. La fée est un personnage typique des contes.

▷ Es un hada bonita. C'est une jolie fée.

hag... (hago, hagas, hagamos, etc.) → hacer

halagar flatter

Se conjugue sur le modèle de cantar (voir ce verbe).

halago flatterie

halago est masculin.

halcón faucon

hallar trouver *ou* découvrir

► **hallarse se trouver** ou **être situé(e)**

Se conjugue sur le modèle de cantar (voir ce verbe).

hallazgo trouvaille *ou* découverte

hallazgo est masculin.

Dans ce mot, on reconnaît le lien avec le verbe hallar qui signifie « découvrir ».

hambre faim

► **hambre canina faim de loup**

hambre est féminin.

Attention ! On emploie el ou un au lieu de la ou una devant un nom féminin singulier commençant par a- ou ha- si cette syllabe porte l'accent tonique. Le reste de la phrase se met au féminin :

▷ Tengo un hambre bárbara. J'ai une faim terrible.

▷ Tiene mucha hambre. Il a très faim.

▷ Hay que combatir el hambre en el mundo. Il faut combattre la faim dans le monde.

hambriento, hambrienta affamé(e)

hamburguesa hamburger

hamburguesa est féminin.

han *est le verbe* haber *à la troisième personne du pluriel au présent de l'indicatif.*

▷ Se han sentado. Ils se sont assis.

har... (haré, harás, haría, etc.) → hacer

harapo haillon

harina farine

hartarse *a plusieurs sens :*

1 **hartarse** *peut signifier* **se fatiguer**

2 **hartarse** *peut signifier* **se lasser**

3 **hartarse** *peut signifier* **se gaver**

Se conjugue sur le modèle de burlarse (voir ce verbe).

harto, harta repu(e)

► **estar harto de** algo **en avoir marre de** quelque chose

has *est le verbe* haber *à la deuxième personne du singulier au présent de l'indicatif.*

▷ ¿Has entendido? Tu as compris ?

hasta *a des sens différents selon sa catégorie grammaticale :*

> Ce peut être un ADVERBE :

hasta *signifie* **même**

▷ Lo que haces, hasta un niño podría hacerlo. Ce que tu fais, même un enfant pourrait le faire.

> Dans ce sens, hasta a pour équivalent aun et incluso.

> Ce peut être une PRÉPOSITION :

1 **hasta** *peut signifier* **jusqu'à**

▷ No me quedé hasta el final. Je ne suis pas resté jusqu'à la fin.

► **hasta que jusqu'à ce que**

▷ Te esperaré hasta que anochezca. Je t'attendrai jusqu'à ce qu'il fasse nuit.

2 **hasta** *peut signifier* **avant**

▷ No puedo salir del trabajo hasta las cinco. Je ne peux pas quitter mon travail avant cinq heures.

► **¡hasta luego! à tout à l'heure !**

► **¡hasta mañana! à demain !**

► **¡hasta el lunes/martes/**etc. **! à lundi/mardi/**etc. **!**

► **hasta ahora jusqu'à présent**

► **¡hasta ahora!** à tout de suite !

► **hasta entonces** jusqu'alors

hay il y a

▷ No hay problema. Il n'y a pas de problème.

► **¿qué hay?** ça va ?

► **¿qué hay de nuevo?** quoi de neuf ?

► **no hay de qué** il n'y a pas de quoi

haya... (haya, hayas, hayamos, etc.) → haber

haz *est le verbe* **hacer** *à la deuxième personne du singulier à l'impératif.*

▷ ¡Haz lo que te pido! Fais ce que je te demande !

hazaña exploit

hazaña est féminin.

he *est le verbe* **haber** *à la première personne du singulier au présent de l'indicatif ou à la deuxième personne du singulier à l'impératif.*

▷ Ya he visto esta película. J'ai déjà vu ce film.

hechizo sortilège *ou* charme

hecho fait

> **i** hecho peut également être le participe passé du verbe hacer.

▷ He hecho lo que podía. J'ai fait ce que j'ai pu.

helado glace (à manger)

▷ ¡Me comería un helado de fresa! Je mangerais bien une glace à la fraise !

> Attention à l'emploi de la préposition de dans helado de (glace au ou à la).

helado est masculin.

> **i** helado peut également être le participe passé du verbe helar.

▷ Ha helado. Il a gelé.

helar geler

Attention, ce verbe est irrégulier à certaines personnes, à certains modes et à certains temps.

INDICATIF PRÉSENT	SUBJONCTIF PRÉSENT
hielo	hiele
hielas	hieles
hiela	hiele
helamos	helemos
heláis	heléis
hielan	hielen

Pour les autres temps, se conjugue sur le modèle de cantar *(voir ce verbe).*

hembra femelle

hemisferio hémisphère

hemos *est le verbe* **haber** *à la première personne du pluriel au présent de l'indicatif.*

▷ Hemos de ser buenos. Nous devons être sages.

heno foin

heredar hériter

▷ Heredó una fortuna. Il a hérité d'une fortune.

> Attention à l'absence de préposition dans heredar algo (hériter de quelque chose).

Se conjugue sur le modèle de cantar *(voir ce verbe).*

herencia *a plusieurs sens :*

1 **herencia** *peut signifier* **héritage**

2 **herencia** *peut signifier* **hérédité**

herida blessure

herir blesser

Attention, herir *est irrégulier à certaines personnes, certains temps et certains modes.*

Se conjugue sur le modèle de vivir *(voir ce verbe).*

hermana sœur

hermanastra demi-sœur

hermanastro demi-frère

hermano frère

► **hermanos** frères *ou* frère(s) et sœur(s)

▷ Javier y Santiago son hermanos. Javier et Santiago sont frères.

▷ Antonio y Ana son hermanos. Antonio et Ana sont frère et sœur.

HERIR				
INDICATIF PRÉSENT	SUBJONCTIF PRÉSENT	PASSÉ SIMPLE	SUBJONCTIF IMPARFAIT	IMPÉRATIF
hiero	hiera	herí	hiriera	
hieres	hieras	heriste	hirieras	hiere
hiere	hiera	hirió	hiriera	hiera
herimos	hiramos	herimos	hiriéramos	hiramos
herís	hiráis	heristeis	hirierais	herid
hieren	hieran	hirieron	hirieran	hieran

▷ ¿Tienes hermanos? Tu as des frères et sœurs ?

hermoso, hermosa beau, bel, belle

hermosura beauté

héroe héros

heroico, heroica héroïque

heroína héroïne

herramienta outil

herramienta est féminin.

hervir bouillir *ou* faire bouillir

Attention, hervir est irrégulier à certaines personnes, à certains temps et à certains modes.

Pour les autres temps, se conjugue sur le modèle de vivir (voir ce verbe).

hic... (hice, hiciste, hiciera, etc.) → hacer

hielo glace (eau gelée) *ou* glaçon

► **con hielo** avec des glaçons

► **sin hielo** sans glaçons

hielo est masculin.

hierba herbe

► **mala hierba** mauvaise herbe

hierbabuena menthe

hierro fer

► **de hierro** en fer

hígado foie

higiene hygiène

Attention à l'orthographe du mot higiene.

higo figue

higo est masculin.

hija fille (par rapport à un parent)

hijastra belle-fille (= fille d'un premier mariage)

hijastro beau-fils (= fils d'un premier mariage)

hijo fils (par rapport à un parent)

► **hijos** fils ou enfants (par rapport à un parent)

hilera file *ou* rangée

► **en hilera** en file

hilo fil

himno hymne

Attention à l'orthographe du mot himno.

hincapié

► **hacer hincapié en algo** mettre l'accent sur quelque chose

hincha supporter(-trice) *ou* fan

hincha peut également être une forme du verbe hinchar.

▷ Hincha todos los globos. Gonfle tous les ballons.

hinchar gonfler *ou* enfler

Se conjugue sur le modèle de cantar (voir ce verbe).

hindú indien(ne) *ou* Indien(ne) (= habitants de l'Inde) *ou* hindou(e)

hipermercado hypermarché

Dans ce mot, on reconnaît le préfixe hiper- et le nom mercado qui signifie « marché ».

hipo hoquet

► **tener hipo** avoir le hoquet

hipótesis hypothèse

hipótesis est féminin et invariable : una hipótesis, dos hipótesis.

Hispanoamérica *correspond à l'ensemble des pays d'Amérique de langue espagnole.*

hispanoamericano, hispanoamericana hispano-américain(e) *ou* Hispano-Américain(e)

HERVIR				
INDICATIF PRÉSENT	SUBJONCTIF PRÉSENT	PASSÉ SIMPLE	SUBJONCTIF IMPARFAIT	IMPÉRATIF
hiervo	hierva	herví	hirviera	
hierves	hiervas	herviste	hirvieras	hierve
hierve	hierva	hirvió	hirviera	hierva
hervimos	hirvamos	hervimos	hirviéramos	hirvamos
hervís	hirváis	hervisteis	hirvierais	hervid
hierven	hiervan	hirvieron	hirvieran	hiervan

hispanohablante hispanophone

Dans ce mot, on reconnaît le nom hablante *qui signifie « locuteur ».*

historia historie

histórico, histórica historique

historieta bande dessinée

hito

► **mirar de hito en hito** regarder fixement ou dévisager

hizo *est le verbe* **hacer** *à la troisième personne du singulier au passé simple.*

▷ No hizo la cama. Il n'a pas fait son lit.

hocico museau

► **meter el hocico en todo** fourrer son nez partout

> meter el hocico en todo est une expression familière.

hogar foyer

► **sin hogar** sans abri

hogareño, hogareña casanier(-ère)

Dans ce mot, on reconnaît le lien avec le nom hogar *qui signifie « foyer ».*

hoja *a plusieurs sens :*

1 hoja *peut signifier* feuille

2 hoja *peut signifier* pétale

3 hoja *peut signifier* lame

hojear feuilleter

> Attention ! Ne pas confondre hojear avec ojear, qui signifie « jeter un coup d'œil ».

Dans ce mot, on reconnaît le mot hoja *qui signifie « feuille ».*

Se conjugue sur le modèle de cantar *(voir ce verbe).*

hola salut

holandés, holandesa hollandais(e) *ou* Hollandais(e)

holgazán, holgazana paresseux(-euse) *ou* fainéant(e)

hombre homme

► **¡hombre!** tiens ! ou quoi !

> Cette exclamation est très employée dans le langage courant. Elle peut aussi être adressée à une femme.

> Attention ! Ne pas confondre hombre avec hombro, qui signifie « épaule ».

hombro épaule

hombro *est masculin.*

> Attention ! Ne pas confondre hombro avec hombre, qui signifie « homme ».

homenaje hommage

hondo, honda profond(e)

hondureño, hondureña hondurien(ne) *ou* Hondurien(ne)

honesto, honesta honnête

hongo champignon

honor honneur

honra honneur *ou* prestige

honra *est féminin.*

honrado, honrada honnête

> honrado peut également être le participe passé du verbe honrar.

▷ Nos ha honrado con su presencia. Il nous a honorés de sa présence.

honrar honorer

Se conjugue sur le modèle de cantar *(voir ce verbe).*

hora heure

► **media hora** demi-heure
► **cuarto de hora** quart d'heure
► **a la hora en punto** à l'heure pile
► **hora punta** heure de pointe
► **por hora** à l'heure
► **pedir hora** demander un rendez-vous
► **tener hora** avoir rendez-vous
► **ya es hora de** il est (grand) temps de
► **ya es hora de que** il est (grand) temps que

horario *a plusieurs sens :*

1 horario *peut signifier* horaire

► **horario comercial** heures d'ouverture
► **horario de atención al público** heures d'ouverture au public

2 horario *peut signifier* emploi du temps

horchata orgeat

horchata *est féminin.*

horizonte horizon

► **en el horizonte** à l'horizon

hormiga fourmi

hormigón béton

horno four

horquilla *a plusieurs sens :*

1 **horquilla** *peut signifier* **fourche**

2 **horquilla** *peut signifier* **épingle à cheveux**

horror **horreur**

► **tener horror a algo avoir horreur de** quelque chose

horroroso, horrorosa **horrible**

hortaliza **légume**

hortaliza est féminin.

Dans ce mot, on reconnaît le lien avec les mots huerto et huerta qui signifient respectivement « jardin potager » et « verger ».

hortera **plouc** *ou* **ringard(e)**

hospital **hôpital**

hostal **pension**

hostal est masculin.

hoy **aujourd'hui**

► **hoy (en) día de nos jours**

hoyo **trou**

hub... (**hube, hubiste, hubiera,** etc.) → **haber**

hucha **tirelire**

hueco *a des sens différents selon sa catégorie grammaticale :*

> Ce peut être un ADJECTIF :

hueco, hueca *signifie* **creux(-euse)**

> Ce peut être un NOM :

1 **hueco** *peut signifier* **trou**

2 **hueco** *peut signifier* **place**

► **hueco de la escalera cage d'escalier**

huelga **grève**

► **declararse en huelga faire la grève**

huelguista **gréviste**

Comme la plupart des mots se terminant en -ista, huelguista peut être masculin ou féminin : un huelguista, una huelguista.

huella **empreinte** *ou* **trace**

huérfano, huérfana **orphelin(e)**

huerta **verger**

huerto **jardin potager**

hueso *a plusieurs sens :*

1 **hueso** *peut signifier* **os**

2 **hueso** *peut signifier* **noyau**

huésped, huéspeda *a plusieurs sens :*

1 **huésped, huéspeda** *peut signifier* **hôte** (= la personne invitée)

2 **huésped, huéspeda** *peut signifier* **client(e)**

huevo **œuf**

► **huevo frito œuf au plat**

► **huevos revueltos œufs brouillés**

► **huevo pasado por agua œuf à la coque**

► **huevo escalfado œuf poché**

huida **fuite**

huir **fuir** *ou* **s'enfuir**

Comme la plupart des verbes terminés en -uir, -eer et -aer, huir subit des modifications orthographiques : le i se transforme en y devant o et e.

▷ Huyo del peligro. Je fuis le danger.

Attention à l'emploi de la préposition de dans huir de algo (fuir quelque chose).

Se conjugue sur le modèle de vivir (voir ce verbe).

humanidad **humanité**

► **humanidades sciences humaines**

humano, humana **humain(e)**

► **un ser humano un être humain**

humear **fumer**

Dans ce mot, on reconnaît le mot humo qui signifie « fumée ».

Se conjugue sur le modèle de cantar (voir ce verbe).

humedad **humidité**

húmedo, húmeda **humide**

humilde **humble** *ou* **modeste**

humo **fumée**

humo est masculin.

humor *a plusieurs sens :*

1 **humor** *peut signifier* **humeur**

2 **humor** *peut signifier* **humour**

humor est masculin.

hundimiento **effondrement** *ou* **naufrage**

hundir *a plusieurs sens :*

1 **hundir** *peut signifier* **couler**

2 **hundir** *peut signifier* **enfoncer**
► **hundirse** **s'effondrer**

📖 *Se conjugue sur le modèle de* vivir *(voir ce verbe).*

húngaro, húngara **hongrois(e)** *ou* **Hongrois(e)**

Hungría **Hongrie**

huracán **ouragan**

hurgar **remuer** *ou* **fouiller**

husmear **flairer** *ou* **fouiner**

📖 *Se conjugue sur le modèle de* cantar *(voir ce verbe).*

I

iba... (iba, ibas, ibamos, etc.) → ir

Iberoamérica Amérique latine

iberoamericano, iberoamericana latino-américain(e) *ou* Latino-Américain(e)

icono icône

icono *est masculin.*

ida aller

► ida y vuelta aller et retour

► idas y venidas allées et venues

idea idée *ou* opinion

► no tener ni idea n'avoir aucune idée

identidad identité

idioma langue

idioma *est masculin.*

ídolo idole

ídolo *est masculin.*

iglesia église

ignorancia ignorance

ignorar ignorer

Se conjugue sur le modèle de cantar *(voir ce verbe).*

igual *a des sens différents selon sa catégorie grammaticale :*

> Ce peut être un ADVERBE :

igual *signifie* de la même façon

▷ Siempre se visten igual. Ils s'habillent toujours de la même façon.

> Ce peut être un ADJECTIF :

1 igual *peut signifier* pareil(le) *ou* identique

2 igual *peut signifier* égal(e)

► dar igual être égal

▷ Me da igual. Ça m'est égal.

► ir igual être à égalité (en sport)

> Ce peut être un NOM :

igual *signifie* égal

igualar égaliser

Se conjugue sur le modèle de cantar *(voir ce verbe).*

igualdad égalité

ilegal illégal

Attention ! Il n'y a qu'un seul l à ilegal.

ilegible illisible

iluminar éclairer *ou* illuminer

Se conjugue sur le modèle de cantar *(voir ce verbe).*

ilusión *a plusieurs sens :*

1 ilusión *peut signifier* plaisir

► hacer ilusión a alguien remplir quelqu'un de joie

2 ilusión *peut signifier* espoir *ou* illusion

▷ No te hagas demasiadas ilusiones. Ne te fais pas trop d'illusions.

Attention ! Il n'y a qu'un seul l à ilusión.

ilusionarse *a plusieurs sens :*

1 ilusionarse *peut signifier* se réjouir

▷ Se ilusiona con ir de vacaciones. Il se réjouit de partir en vacances.

Attention à l'emploi de la préposition con dans ilusionarse con algo (se réjouir de quelque chose).

2 ilusionarse *peut signifier* se faire des illusions

Attention ! Il n'y a qu'un seul l à ilusionarse.

📖 *Se conjugue sur le modèle de* burlarse *(voir ce verbe).*

imagen image

🏳 imagen *est féminin.*

imaginar imaginer

📖 *Se conjugue sur le modèle de* cantar *(voir ce verbe).*

imán aimant

imitador, imitadora imitateur(-trice)

imitar imiter

📖 *Se conjugue sur le modèle de* cantar *(voir ce verbe).*

impaciencia impatience

impacientarse s'impatienter

📖 *Se conjugue sur le modèle de* burlarse *(voir ce verbe).*

impaciente impatient(e)

▷ Estoy impaciente por celebrar mi cumpleaños. Je suis impatient de fêter mon anniversaire.

> Attention à l'emploi de la préposition por dans estar impaciente por hacer algo (être impatient de faire quelque chose).

impacto impact

impar impair(e)

impedido, impedida impotent *ou* infirme

> ℹ impedido peut également être le participe passé du verbe impedir.

▷ La niebla nos ha impedido despegar. Le brouillard nous a empêchés de décoller.

impedir empêcher

📖 *Dans ce mot, on reconnaît le verbe* pedir. *Ils se conjuguent de la même manière.*

imperdible épingle à nourrice

🏳 imperdible *est masculin.*

imperfecto, imperfecta imparfait(e)

imperio empire

implicar impliquer

📖 *Attention ! Pour conserver le son /k/ de l'infinitif, le* c *de* implicar *se transforme en* qu *devant un* e *:*

▷ No quiero que me implique en sus problemas. Je ne veux pas qu'il m'implique dans ses histoires.

📖 *Se conjugue sur le modèle de* cantar *(voir ce verbe).*

imponer *a plusieurs sens :*

1 **imponer** *peut signifier* **imposer**

2 **imponer** *peut signifier* **décerner** (un prix par exemple)

📖 *Dans ce mot, on reconnaît le verbe* poner. *Ils se conjuguent de la même manière.*

importación importation

importador, importadora importateur (-trice)

importancia importance

importante important(e)

importar *a plusieurs sens :*

1 **importar** *peut signifier* **importer** (au sens commercial)

2 **importar** *peut signifier* **intéresser** *ou* **concerner**

3 **importar** *peut signifier* **avoir de l'importance**

► **¿te importa ...? Cela te dérange... ?**

▷ ¿Le importa que abra la ventana? Cela vous dérange que j'ouvre la fenêtre ?

▷ ¿Os importa venir un poco antes? Cela vous dérange de venir un peu avant ?

► **me importa un bledo je m'en fiche pas mal**

► **no importa ce n'est pas grave**

📖 *Se conjugue sur le modèle de* cantar *(voir ce verbe).*

impostor, impostora imposteur

impotente impuissant(e)

imprenta imprimerie

► **letra de imprenta caractère d'imprimerie**

imprescindible indispensable

impresionar impressionner

> Attention ! Il n'y a qu'un seul s et un seul n à impresionar.

📖 *Se conjugue sur le modèle de* cantar *(voir ce verbe).*

impreso, impresa imprimé(e)

impresora imprimante

imprevisto, imprevista imprévu(e)

imprimir imprimer

📖 *Se conjugue sur le modèle de* vivir *(voir ce verbe).*

📖 *Le verbe* imprimir *a deux participes passés : on utilise* imprimido *pour les temps composés et* impreso *comme adjectif.*

improvisar improviser

Se conjugue sur le modèle de **cantar** *(voir ce verbe).*

impuesto impôt

► **impuesto sobre la renta** impôt sur le revenu

ℹ **impuesto** peut également être le participe passé du verbe **imponer**.

▷ Nos ha impuesto su voluntad. Il nous a imposé sa volonté.

impulsar pousser *ou* inciter

Se conjugue sur le modèle de **cantar** *(voir ce verbe).*

impulso élan

impureza impureté

inaceptable inacceptable

Attention ! Il n'y a qu'un seul c à inaceptable.

inaguantable insupportable

Dans ce mot, on reconnaît le lien avec le verbe **aguantar** *qui signifie « supporter ».*

inaudito, inaudita inouï(e)

incansable infatigable

Dans ce mot, on reconnaît le lien avec le verbe **cansar** *qui signifie « fatiguer ».*

incapacidad incapacité

incapaz incapable

incendio incendie

incertidumbre incertitude

incertidumbre *est féminin.*

incierto, incierta incertain(e)

inclemencias intempéries

inclinar incliner *ou* pencher

Se conjugue sur le modèle de **cantar** *(voir ce verbe).*

incluido, incluida inclus(e)

incluir comprendre *ou* inclure

Comme la plupart des verbes terminés en **-uir**, **-eer** *et* **-aer**, **incluir** *subit des modifications orthographiques : le* **i** *se transforme en* **y** *devant* **o** *et* **e**.

▷ Este texto incluye anotaciones interesantes. Ce texte comprend des notes intéressantes.

Se conjugue sur le modèle de **vivir** *(voir ce verbe).*

Le verbe **incluir** *a deux participes passés : on utilise* **incluido** *pour les temps composés.* **Incluido** *et* **incluso** *s'utilisent comme adjectifs.*

incluso même

▷ Esta tienda está abierta todos los días, incluso los domingos. Ce magasin est ouvert tous les jours, même le dimanche.

▷ Incluso haciendo una lista, siempre me olvido de comprar algo. Même en faisant une liste, j'oublie toujours d'acheter quelque chose.

ℹ **incluso** peut également être le participe passé du verbe **incluir**, utilisé comme adjectif.

incógnito, incógnita inconnu(e)

incoloro, incolora incolore

incompetencia incompétence

incompetente incompétent(e)

incomprensible incompréhensible

incontable innombrable *ou* irracontable

Dans ce mot, on reconnaît le lien avec le verbe **contar** *qui signifie à la fois « compter » et « conter ».*

inconveniente inconvénient

incorporar incorporer *ou* intégrer

► **incorporarse** se redresser

► **incorporarse a un grupo** se joindre à un groupe

Se conjugue sur le modèle de **cantar** *(voir ce verbe).*

incorrecto, incorrecta incorrect(e)

incrédulo, incrédula incrédule

increíble incroyable

incrementar augmenter

Se conjugue sur le modèle de **cantar** *(voir ce verbe).*

incubar couver

Se conjugue sur le modèle de **cantar** *(voir ce verbe).*

indefenso, indefensa sans défense

indefinido, indefinida indéfini(e) *ou* indéterminé(e)

independencia indépendance

independizarse s'émanciper *ou* devenir indépendant(e)

Comme tous les verbes terminés en **-zar**, **independizarse** *subit des modifications orthographiques : le* **z** *devient* **c** *devant un* **e**.

▷ Es importante a nivel económico y cultural que este país se independice. Il est important au niveau économique et culturel que ce pays devienne indépendant.

Se conjugue sur le modèle de **burlarse** (voir ce verbe).

indicar indiquer

Attention ! Pour conserver le son /k/ de l'infinitif, le **c** de **indicar** se transforme en **qu** devant un **e** :

▷ Si estás perdido, pide que te indiquen el camino. Si tu es perdu, demande qu'on t'indique le chemin.

Se conjugue sur le modèle de **cantar** (voir ce verbe).

indice *a plusieurs sens :*

1 **indice** *peut signifier* **index** *ou* **table des matières**

2 **indice** *peut signifier* **indice**

indígena indigène

indigestarse ne pas bien digérer

Se conjugue sur le modèle de **burlarse** (voir ce verbe).

indio, india indien(ne) ou Indien(ne)

individuo individu

indudable indubitable

indumentaria tenue (vestimentaire)

industria industrie

ineficaz inefficace

inesperado, inesperada inattendu(e) *ou* inespéré(e)

Dans ce mot, on reconnaît le lien avec le verbe **esperar** *qui signifie à la fois « attendre » et « espérer ».*

infancia enfance

infarto infarctus

infectar infecter

Se conjugue sur le modèle de **cantar** (voir ce verbe).

infelices *est le pluriel de* **infeliz.**

infeliz malheureux(-euse)

Dans ce mot, on reconnaît l'adjectif **feliz** *qui signifie « heureux(-euse) ».*

inferior inférieur(e)

infiel infidèle

Dans ce mot, on reconnaît l'adjectif **fiel** *qui signifie « fidèle ».*

infierno enfer

infinitivo infinitif

infinito, infinita infini(e)

inflar gonfler *ou* grossir

Se conjugue sur le modèle de **cantar** (voir ce verbe).

influencia influence

influenciar influencer

Se conjugue sur le modèle de **cantar** (voir ce verbe).

información information *ou* renseignement

informal décontracté(e)

informar informer *ou* renseigner

Se conjugue sur le modèle de **cantar** (voir ce verbe).

informativo actualités

informativo *est masculin singulier.*

informe rapport

> **i** **informe** peut également être une forme du verbe **informar.**

▷ ¿Es posible que alguien me informe de lo que ocurre? Est-il possible que quelqu'un m'informe de ce qui se passe ?

infringir enfreindre

Comme la plupart des verbes terminés en **-ger** *ou* **-gir**, **infringir** *subit des modifications orthographiques pour conserver le son /x/ : le* **g** *se transforme en* **j** *devant* **o** *et* **a**.

▷ Nunca infrinjo las normas de seguridad vial. Je n'enfreins jamais les règles de sécurité routière.

Se conjugue sur le modèle de **vivir** (voir ce verbe).

ingeniar inventer

Dans ce mot, on reconnaît le lien avec le mot **genio** *qui signifie « génie ».*

Se conjugue sur le modèle de **cantar** (voir ce verbe).

ingeniero, ingeniera ingénieur

ingenio *a plusieurs sens :*

1 **ingenio** *peut signifier* **génie**

2 **ingenio** *peut signifier* **engin**

ingenioso, ingeniosa *a plusieurs sens :*

1 ingenioso, ingeniosa *peut signifier* **ingénieux(-euse)**

2 ingenioso, ingeniosa *peut signifier* **spirituel(le)**

ingenuidad naïveté

ingenuo, ingenua naïf, naïve

Inglaterra Angleterre

inglés, inglesa anglais(e) *ou* Anglais(e)

ingrediente ingrédient

ingresar *a plusieurs sens :*

1 ingresar *peut signifier* **entrer** (au sens d'« intégrer »)

2 ingresar *peut signifier* **verser** (de l'argent)

Se conjugue sur le modèle de cantar *(voir ce verbe).*

ingreso *a plusieurs sens :*

1 ingreso *peut signifier* **admission**

2 ingreso *peut signifier* **versement**

► ingresos **revenus**

inhumano, inhumana inhumain(e)

iniciar *a plusieurs sens :*

1 iniciar *peut signifier* **commencer**

2 iniciar *peut signifier* **initier**

▷ Es mi madre quien me inició en la pintura. C'est ma mère qui m'a initié à la peinture.

> Attention à l'emploi de la préposition en dans iniciar alguien en algo (initier quelqu'un à quelque chose).

Se conjugue sur le modèle de cantar *(voir ce verbe).*

inicio commencement *ou* début

> inicio peut également être une forme du verbe iniciar.

▷ Inicio la exposición con una cita. Je commence l'exposé par une citation.

injusticia injustice

injusto, injusta injuste

inmediato, inmediata immédiat(e)

► de inmediato **immédiatement**

inmenso, inmensa immense

inmigración immigration

inmigrante immigré(e)

inmoral immoral(e)

inmortal immortel(le)

inmóvil immobile

> Attention à l'orthographe du mot inmóvil.

inmueble immeuble

inocencia innocence

inocuo, inocua inoffensif(-ive)

inolvidable inoubliable

Dans ce mot, on reconnaît le lien avec le verbe olvidar *qui signifie « oublier ».*

inquieto, inquieta agité(e) *ou* inquiet (-ète)

inquietud inquiétude

inquilino, inquilina locataire

inscribir inscrire

Se conjugue sur le modèle de vivir *(voir ce verbe).*

inscrito *est le participe passé du verbe* **inscribir.**

insecto insecte

inseguridad *a plusieurs sens :*

1 inseguridad *peut signifier* **manque d'assurance**

2 inseguridad *peut signifier* **insécurité**

inseguro, insegura incertain(e) *ou* peu sûr(e)

► sentirse inseguro **ne pas se sentir en sécurité**

insertar insérer

Se conjugue sur le modèle de cantar *(voir ce verbe).*

Le verbe insertar *a deux participes passés : on utilise* insertado *pour les temps composés et* inserto *comme adjectif.*

insignia *a plusieurs sens :*

1 insignia *peut signifier* **insigne**

2 insignia *peut signifier* **enseigne**

3 insignia *peut signifier* **bannière**

insoportable insupportable

> Attention ! Il n'y a qu'un seul p à insoportable.

instante instant

instar insister

📖 *Se conjugue sur le modèle de* cantar *(voir ce verbe).*

instinto instinct

instituto *a plusieurs sens :*

1 **instituto** *peut signifier* **lycée**

2 **instituto** *peut signifier* **institut**

instrumento instrument

► **instrumento de cuerda** instrument à cordes

► **instrumento de viento** instrument à vent

► **tocar un instrumento** jouer d'un instrument

insuficiente *a des sens différents selon sa catégorie grammaticale :*

> Ce peut être un ADJECTIF :

insuficiente *signifie* **insuffisant(e)**

> Ce peut être un NOM :

insuficiente *signifie* **note inférieure à la moyenne**

► **tener un insuficiente** ne pas avoir la moyenne

insuperable imbattable *ou* insurmontable

intacto, intacta intact(e)

íntegro, íntegra *a plusieurs sens :*

1 **íntegro, íntegra** *peut signifier* **intégral(e)**

2 **íntegro, íntegra** *peut signifier* **intègre**

inteligencia intelligence

> Attention à l'orthographe du mot inteligencia.

intensidad intensité

intenso, intensa intensif(-ive)

intentar essayer

▷ Intenté ayudarlo pero rechazó mi ayuda. J'ai essayé de l'aider mais il a refusé mon aide.

> Remarquez l'absence de préposition en espagnol dans intentar hacer algo (essayer de faire quelque chose).

📖 *Se conjugue sur le modèle de* cantar *(voir ce verbe).*

intento tentative *ou* essai

> ℹ intento peut également être une forme du verbe intentar.

▷ Siempre intento hacer cuanto puedo. J'essaye toujours de faire de mon mieux.

intercambiar échanger

📖 *Dans ce mot, on reconnaît le verbe* cambiar. *Ils se conjuguent de la même manière, sur le modèle de* cantar *(voir ce verbe).*

intercambio échange

> ℹ intercambio peut également être une forme du verbe intercambiar.

▷ Intercambio este libro por éste. J'échange ce livre contre celui-ci.

interés intérêt

interesar intéresser

► **interesarse por algo** s'intéresser à quelque chose

📖 *Se conjugue sur le modèle de* cantar *(voir ce verbe).*

interior intérieur(e)

intermediario, intermediaria intermédiaire

interrogar interroger

📖 *Attention ! Pour conserver le son /g/ de l'infinitif, le* g *de* interrogar *se transforme en* gu *devant un* e *:*

▷ Es necesario para la investigación que el inspector interrogue a los testigos. Il est indispensable pour l'enquête que l'inspecteur interroge les témoins.

📖 *Se conjugue sur le modèle de* cantar *(voir ce verbe).*

interrogatorio interrogatoire

interrumpir interrompre

📖 *Se conjugue sur le modèle de* vivir *(voir ce verbe).*

interruptor interrupteur

intimidad familiarité *ou* intimité

íntimo, íntima intime *ou* personnel(le)

intriga *a plusieurs sens :*

1 **intriga** *peut signifier* **suspens**

2 **intriga** *peut signifier* **intrigue**

introducir mettre *ou* introduire

📖 *Attention !* introducir *appartient au groupe des verbes se terminant en* -acer, -ecer, -ocer *et* -ucir *qui sont irréguliers à certaines personnes, à certains modes et à certains temps. Voir tableau p. suivante.*

INDICATIF PRÉSENT	SUBJONCTIF PRÉSENT	IMPÉRATIF
introduzco	introduzca	
introduces	introduzcas	introduce
introduce	introduzca	introduzca
introducimos	introduzcamos	introduzcamos
introducís	introduzcáis	introducid
introducen	introduzcan	introduzcan

Se conjugue sur le modèle de producir *(voir ce verbe).*

intruso, intrusa intrus(e)

inundar inonder

Se conjugue sur le modèle de cantar *(voir ce verbe).*

inútil inutile

invadir envahir

Se conjugue sur le modèle de vivir *(voir ce verbe).*

invención invention

inventar inventer

Se conjugue sur le modèle de cantar *(voir ce verbe).*

invento invention

invento *est masculin.*

inventor, inventora inventeur(-trice)

inverosímil invraisemblable

inverso, inversa inverse

► **a la inversa** à l'inverse

invertir *a plusieurs sens :*

1 **invertir** *peut signifier* **investir**

2 **invertir** *peut signifier* **inverser**

Attention, ce verbe est irrégulier à certaines personnes, certains temps et certains modes.

Le verbe invertir *a deux participes passés : on utilise* invertido *pour les temps composés et* inverso *comme adjectif.*

Pour les autres temps, se conjugue sur le modèle de vivir *(voir ce verbe).*

investigación recherche *ou* enquête

investigador, investigadora *a plusieurs sens :*

1 **investigador, investigadora** *peut signifier* **chercheur(-euse)**

2 **investigador, investigadora** *peut signifier* **détective**

investigar faire des recherches sur *ou* enquêter sur

Attention ! Pour conserver le son /g/ de l'infinitif, le g *de* investigar *se transforme en* gu *devant un* e *:*

▷ El Estado da dinero a los laboratorios para que los científicos investiguen el cáncer. L'État donne de l'argent aux laboratoires pour que les scientifiques fassent des recherches sur le cancer.

> Remarquez l'absence de préposition en espagnol dans investigar algo (faire des recherches sur quelque chose).

Se conjugue sur le modèle de cantar *(voir ce verbe).*

invierno hiver

invitado, invitada invité(e)

invitar inviter

Se conjugue sur le modèle de cantar *(voir ce verbe).*

inyección piqûre

► **poner una inyección** faire une piqûre

inyectar injecter

Se conjugue sur le modèle de cantar *(voir ce verbe).*

ir *a plusieurs sens :*

1 **ir** *peut signifier* **aller**

2 **ir** *peut signifier* **marcher** *ou* **fonctionner**

3 **ir** *peut être employé dans des expressions :*

► **ir con** porter (un vêtement)

▷ Tuve que ir con vestido a su boda. J'ai dû porter une robe à son mariage.

► **ir a lo suyo** n'en faire qu'à sa tête

▷ Tú vas a lo tuyo. Toi, tu n'en fais qu'à ta tête.

► **ir bien** convenir

▷ ¿Te va bien venir el viernes? Cela te convient de venir vendredi ?

► **ir mal** ne pas convenir

► **ir en broma** plaisanter

INVERTIR				
INDICATIF PRÉSENT	SUBJONCTIF PRÉSENT	PASSÉ SIMPLE	SUBJONCTIF IMPARFAIT	IMPÉRATIF
invierto	invierta	invertí	invirtiera	
inviertes	inviertas	invertiste	invirtieras	invierte
invierte	invierta	invirtió	invirtiera	invierta
invertimos	invirtamos	invertimos	invirtiéramos	invirtamos
invertís	invirtáis	invertisteis	invirtierais	invertid
invierten	inviertan	invirtieron	invirtieran	inviertan

IR				
INDICATIF				CONDITIONNEL
PRÉSENT	IMPARFAIT	PASSÉ SIMPLE	FUTUR	PRÉSENT
voy	iba	fui	iré	iría
vas	ibas	fuiste	irás	irías
va	iba	fue	irá	iría
vamos	íbamos	fuimos	iremos	iríamos
vais	ibais	fuisteis	iréis	iríais
van	iban	fueron	irán	irían

SUBJONCTIF		IMPÉRATIF		
PRÉSENT	IMPARFAIT			
vaya	fuera		INFINITIF	ir
vayas	fueras	ve		
vaya	fuera	vaya	PARTICIPE	ido
vayamos	fuéramos	vayamos		
vayáis	fuerais	id	GÉRONDIF	yendo
vayan	fueran	vayan		

- ► **ir en serio être sérieux**
- ► **ir sobre ruedas aller comme sur des roulettes**
- ► **ir a** + infinitif **aller** + infinitif (pour exprimer le futur proche)

▷ ¿Qué vamos a hacer ahora? Qu'est-ce qu'on va faire maintenant ?

- ► **irse s'en aller** *ou* **partir**

ira colère

irlandés, irlandesa irlandais(e) *ou* **Irlandais(e)**

irreal irréel(le)

irregular irrégulier(-ère)

irrompible incassable

Dans ce mot, on reconnaît le lien avec le verbe romper *qui signifie « casser ».*

irrumpir faire irruption

Se conjugue sur le modèle de vivir *(voir ce verbe).*

isla île

islámico, islámica islamique

italiano, italiana italien(ne) *ou* **Italien(ne)**

itinerario itinéraire

izquierdo, izquierda gauche

- ► **a la izquierda à gauche**
- ► **ser de izquierdas être de gauche** (en politique)

J-K

jabalí sanglier

jabalina javelot

jabalina est féminin.

jabón savon

► **pastilla de jabón** savonnette

jacinto jacinthe

jacinto est masculin.

jactancioso, jactanciosa vantard(e)

Dans ce mot, on reconnaît le lien avec le verbe jactarse qui signifie « se vanter ».

jactarse se vanter

Se conjugue sur le modèle de burlarse (voir ce verbe).

jalea gelée (= confiture)

jaleo *a plusieurs sens :*

1 jaleo *peut signifier* **foire** (dans le sens de fête)

2 jaleo *peut signifier* **tapage**

► **armar jaleo** faire la fête ou du tapage ou du boucan

jamás jamais

▷ Jamás vendrá. Il ne viendra jamais.

▷ No lo hubiera hecho jamás. Il ne l'aurait jamais fait.

► **nunca jamás** jamais de la vie

► **por siempre jamás** à tout jamais

jamón jambon

► **jamón de York** jambon blanc

► **jamón serrano** jambon cru de montagne

jaque échec (= jeu)

► **jaque mate** échec et mat

jarabe sirop (= médicament)

jardinería jardinage

jardinero, jardinera jardinier(-ière)

jarra *a plusieurs sens :*

1 jarra *peut signifier* **cruche** *ou* **pot**

2 jarra *peut signifier* **chope** (de bière)

jarro pichet

jarrón vase

jaula cage

jefe, jefa chef

jengibre gingembre

jeringuilla seringue

jersey pull

Jesús Jésus

► **¡Jesús!** À tes (ou vos) souhaits !

jinete cavalier

jirafa girafe

Attention à l'orthographe du mot jirafa.

jolgorio fête

jolgorio est masculin.

jornada journée

joroba bosse (sur le dos)

▷ El camello tiene dos jorobas. Le chameau a deux bosses.

jorobado, jorobada bossu(e)

Dans ce mot, on reconnaît le lien avec le nom joroba qui signifie « bosse ».

jota *a plusieurs sens :*

1 **jota** *peut désigner la lettre* j

En espagnol, toutes les lettres de l'alphabet sont féminines. On dit : una J (jota).

2 **jota** *peut désigner une danse populaire espagnole*

► **ni jota rien du tout**

▷ No sé ni jota. Je n'en sais rien du tout.

> ℹ Cette expression est familière en espagnol.

joven jeune

joya bijou

joya est féminin.

joyería bijouterie

Dans ce mot, on reconnaît le lien avec le nom joya qui signifie « bijou ».

jubilación retraite

> Attention ! jubilación ne signifie pas « jubilation ».

jubilado, jubilada retraité(e)

Dans ce mot, on reconnaît le lien avec le nom jubilación qui signifie « retraite ».

judía haricot

> ℹ judía peut également être le féminin de l'adjectif judío qui signifie « juif ».

judía est féminin.

judío, judía juif, juive

juego jeu

> ℹ juego peut également être une forme du verbe jugar.

▷ No juego mucho a la lotería. Je ne joue pas beaucoup à la loterie.

jueves jeudi

jueves est masculin et invariable : un jueves, dos jueves.

juez, jueza juge

jugada *a plusieurs sens :*

1 **jugada** *peut signifier* **coup** (dans un jeu)

2 **jugada** *peut signifier* **mauvais tour**

Dans ce mot, on reconnaît le lien avec le verbe jugar qui signifie « jouer ».

jugador, jugadora joueur(-euse)

Dans ce mot, on reconnaît le lien avec le verbe jugar qui signifie « jouer ».

jugar jouer

► **jugarse parier**

▷ Me juego lo que quieras a que es mi equipo preferido el que va a ganar el campeonato. Je parie ce que tu voudras que c'est mon équipe préférée qui va gagner le championnat.

► **jugarse la vida risquer sa vie**

► **¿Quién juega? À qui le tour ?**

Pour conserver le son /g/ de l'infinitif, le g *de* jugar *se transforme en* gu *devant un* e. *De plus,* jugar *est un verbe irrégulier à certaines personnes, à certains temps et à certains modes.*

INDICATIF PRÉSENT	SUBJONCTIF PRÉSENT	IMPÉRATIF
juego	juegue	
juegas	juegues	juega
juega	juegue	juegue
jugamos	juguemos	juguemos
jugáis	juguéis	jugad
juegan	jueguen	jueguen

Pour les autres temps, se conjugue sur le modèle de cantar *(voir ce verbe).*

jugarreta mauvais tour

> jugarreta est un mot familier.

jugo jus

jugoso, jugosa juteux(-euse)

juguete jouet

juicio *a plusieurs sens :*

1 **juicio** *peut signifier* **procès** *ou* **jugement**

► **poner algo en tela de juicio remettre quelque chose en question**

► **llevar alguien a juicio poursuivre quelqu'un en justice**

2 **juicio** *peut signifier* **avis**

3 **juicio** *peut signifier* **esprit**

► **perder el juicio perdre la raison**

► **muela del juicio dent de sagesse**

► **sacar de juicio mettre hors de soi**

julio juillet

jungla jungle

junio juin

juntar unir *ou* rassembler *ou* joindre *ou* mettre côte à côte

► **juntarse con alguien se réunir avec** quelqu'un ou **rejoindre** quelqu'un

📖 *Le verbe* juntar *a deux participes passés : on utilise* juntado *pour les temps composés et* junto *comme adjectif.*

📖 *Se conjugue sur le modèle de* cantar *(voir ce verbe).*

junto , junta **ensemble**

► **junto a algo à côté de** quelque chose

> ℹ junto et junta peuvent également être des formes du verbe juntar.

▷ Me junto con él a las diez. Je le rejoins à dix heures.

juramento *a plusieurs sens :*

1 juramento *peut signifier* **serment**

2 juramento *peut signifier* **juron**

jurar **jurer** (au sens de « prêter serment »)

📖 *Se conjugue sur le modèle de* cantar *(voir ce verbe).*

justicia **justice**

justificar **justifier**

📖 *Attention ! Pour conserver le son /k/ de l'infinitif, le* c *de* justificar *se transforme en* qu *devant un* e *:*

▷ No hay nada que justifique su actitud. Il n'y a rien qui justifie son attitude.

📖 *Se conjugue sur le modèle de* cantar *(voir ce verbe).*

justo *a des sens différents selon sa catégorie grammaticale :*

> Ce peut être un ADVERBE :

justo *signifie* **juste** *ou* **justement**

▷ Gracias, es justo lo que quería. Merci, c'est justement ce que je voulais.

> Ce peut être un ADJECTIF :

justo, justa *signifie* **juste** *ou* **exact(e)**

juventud **jeunesse**

juzgado **tribunal**

> ℹ juzgado peut également être le participe passé du verbe juzgar.

▷ Lo he juzgado mal. Je l'ai mal jugé.

juzgar **juger**

📖 *Attention ! Pour conserver le son /g/ de l'infinitif, le* g *de* juzgar *se transforme en* gu *devant un* e *:*

▷ ¡No juzguemos demasiado rápido! Ne jugeons pas trop vite !

📖 *Se conjugue sur le modèle de* cantar *(voir ce verbe).*

Kk

kilogramo **kilogramme**

kilométrico, kilométrica *a plusieurs sens :*

1 kilométrico, kilométrica *peut signifier* **kilométrique**

2 kilométrico, kilométrica *peut signifier* **interminable**

> Dans ce sens, kilométrico est un mot familier.

kilómetro **kilomètre**

► **kilómetro cuadrado kilomètre carré**

L

la *a des sens différents selon sa catégorie grammaticale :*

> Ce peut être un ARTICLE DÉFINI :

la signifie **la** *ou* **l'**

▷ La nueva alumna es chilena. La nouvelle élève est chilienne.

Attention ! L'article la peut se traduire en français par le pronom possessif (ma, ta, sa ou votre), notamment quand on fait référence aux vêtements.

▷ Ponte la falda roja. Mets ta jupe rouge.

▷ No olvide las llaves. N'oubliez pas vos clés.

> Ce peut être un PRONOM :

1 la *peut signifier* **la** *ou* **l'**

▷ Mírala bien. Regarde-la bien.

▷ La caja, ¿la abres o no? La boîte, tu l'ouvres ou pas ?

2 la *peut signifier* **celle**

▷ Prefiero la de la derecha. Je préfère celle de droite.

► **la que celle qui** ou **celle que**

▷ Mi amiga es la que viene por allí. Ma copine est celle qui arrive là-bas.

▷ La nueva es la que estoy utilizando. La neuve est celle que j'utilise.

laberinto labyrinthe

Attention à l'orthographe du mot laberinto.

labio lèvre

labio est masculin.

labor travail

labor est féminin.

laboratorio laboratoire

labrar cultiver *ou* travailler

Se conjugue sur le modèle de cantar (voir ce verbe).

lacio, lacia raide

lácteo, láctea laitier(-ière)

► **la Vía Láctea la Voie lactée**

ladera versant *ou* coteau

ladera est féminin.

lado côté

► **al lado de algo à côté de** quelque chose

► **por todos lados de tous les côtés**

ladrar aboyer

Se conjugue sur le modèle de cantar (voir ce verbe).

ladrido aboiement

Dans ce mot, on reconnaît le lien avec le verbe ladrar qui signifie « aboyer ».

ladrillo brique

ladrillo est masculin.

ladrón, ladrona voleur(-euse)

lagarto lézard

lago lac

lágrima larme

► **llorar a lágrima viva pleurer à chaudes larmes**

► **deshacerse en lágrimas fondre en larmes**

lamentable lamentable *ou* regrettable

lamentar regretter

▷ Lamenta que no hayan venido. Il regrette qu'ils ne soient pas venus.

► **lamentarse se plaindre**

Se conjugue sur le modèle de **cantar** *(voir ce verbe).*

lamer lécher

Se conjugue sur le modèle de **deber** *(voir ce verbe).*

lámpara lampe

► **lámpara de pie** lampadaire

lamparilla petite lampe

► **lamparilla de noche** lampe de chevet

lana laine

► **de lana** en laine

lancha barque *ou* canot

lancha *est féminin.*

langosta *a plusieurs sens :*

1 **langosta** *peut signifier* **langouste**

2 **langosta** *peut signifier* **sauterelle**

langostino grosse crevette

langostino *est masculin.*

> **langostino** ne signifie pas « langoustine ».

lanza lance

> **lanza** peut également être une forme du verbe **lanzar**.

▷ El niño lanza piedras al agua. L'enfant jette des pierres dans l'eau.

lanzamiento lancement *ou* jet

lanzar lancer

► **lanzarse** se lancer *ou* s'élancer *ou* se jeter

Comme tous les verbes terminés en **-zar**, **lanzar** *subit des modifications orthographiques : le* **z** *devient* **c** *devant un* **e**.

▷ Lancé la jabalina muy lejos. J'ai lancé le javelot très loin.

Se conjugue sur le modèle de **cantar** *(voir ce verbe).*

lapices *est le pluriel de* **lápiz.**

lápiz crayon

largar lâcher

► **largarse** filer (= partir)

> **largarse** est une expression familière.

Attention ! Pour conserver le son /g/ de l'infinitif, le **g** *de* **largar** *se transforme en* **gu** *devant un* **e**.

▷ Me largué sin decir nada a nadie. J'ai filé sans rien dire à personne.

Se conjugue sur le modèle de **cantar** *(voir ce verbe).*

largo *a des sens différents selon sa catégorie grammaticale :*

> Ce peut être un ADJECTIF :

largo, larga *signifie* **long(ue)**

> Ce peut être un NOM :

largo *signifie* **longueur**

► **a lo largo de** au cours de *ou* pendant

► **pasar de largo** passer sans s'arrêter

> Attention ! **largo, larga** ne signifie pas « large ».

las *a des sens différents selon sa catégorie grammaticale :*

> Ce peut être un ARTICLE DÉFINI :

las *signifie* **les**

▷ ¿Qué haces durante las vacaciones? Qu'est-ce que tu fais pendant les vacances ?

> Attention ! L'article **las** peut se traduire en français par le pronom possessif (mes, tes, ses ou vos), notamment quand on fait référence aux vêtements.

▷ Ponte las gafas de sol. Mets tes lunettes de soleil.

▷ ¿Podrían devolverme los deberes rápido? Pourriez-vous me rendre vos devoirs rapidement ?

> Ce peut être un PRONOM :

1 **las** *peut signifier* **les**

▷ Míralas bien. Regarde-les bien.

2 **las** *peut signifier* **celles**

▷ ¿Quiere las del fondo? Vous voulez celles du fond ?

► **las que** celles qui *ou* celles que

▷ Quiero las que están en el escaparate. Je veux celles qui sont en vitrine.

lasaña lasagne

lástima peine *ou* pitié

► **dar lástima** faire de la peine

► **hacer lástima** faire de la peine

► **tener lástima** avoir pitié

► **¡qué lástima!** quel dommage !

► **es (una) lástima (que)** c'est dommage (que)

▷ Es (una) lástima que no puedas venir. C'est dommage que tu ne puisses pas venir.

lata *a plusieurs sens :*

1 **lata** *peut signifier* **boîte de conserve**

2 **lata** *peut signifier* **canette**

► **dar la lata a alguien** casser les pieds à quelqu'un

► **ser una lata** être rasoir

> **dar la lata** et **ser una lata** sont des expressions familières.

latido battement

Dans ce mot, on reconnaît le lien avec le verbe latir *qui signifie « battre ».*

latinoamericano, latinoamericana latino-américain(e) *ou* Latino-Américain(e)

latir battre

Se conjugue sur le modèle de vivir *(voir ce verbe).*

laurel laurier

lavabo lavabo *ou* toilettes
► **ir al lavabo** aller aux toilettes

lavadora machine à laver

Dans ce mot, on reconnaît le lien avec le verbe lavar *qui signifie « laver ».*

lavaplatos *a plusieurs sens :*

1 **lavaplatos** *peut signifier* **lave-vaisselle**

2 **lavaplatos** *peut signifier* **plongeur** (personne qui fait la vaisselle)

On remarque que ce mot est constitué du verbe lavar *qui signifie « laver » et du nom* plato *au pluriel qui signifie « assiette ».*

lavaplatos *est masculin et invariable :* un lavaplatos, dos lavaplatos.

lavar laver
► **lavarse la cabeza** se laver les cheveux

lavar *se conjugue sur le modèle de* cantar.

lavavajillas lave-vaisselle

On remarque que ce mot est constitué du verbe lavar *qui signifie « laver » et du nom* vajilla *qui signifie « vaisselle ».*

lavavajillas *est masculin et invariable :* un lavavajillas, dos lavavajillas.

lazo nœud *ou* lien

le *a des sens différents selon sa catégorie grammaticale :*

> Ce peut être un PRONOM PERSONNEL COMPLÉMENT D'OBJET DIRECT :

le *signifie* **le** *ou* **l'** *ou* **vous** (forme de politesse au singulier)

▷ No le conozco. Je ne le connais pas.

▷ Ayer le llamé, pero usted no me oyó. Hier je vous ai appelé, mais vous ne m'avez pas entendu.

> Ce peut être un PRONOM PERSONNEL COMPLÉMENT D'OBJET INDIRECT :

le *signifie* **lui** *ou* **vous** (forme de politesse au singulier)

▷ Le regalé un libro. Je lui ai offert un livre.

▷ ¿A usted alguien le ha avisado? Quelqu'un vous a prévenu ?

leal loyal(e)

lealtad loyauté

lección leçon *ou* cours

leche lait

leche *est féminin.*

lechuga laitue

lechuza chouette (= oiseau)

lector, lectora lecteur(-trice)

lectura lecture

leer lire

Comme la plupart des verbes terminés en -uir, -eer *et* -aer, leer *subit des modifications orthographiques : le* i *se transforme en* y *devant* o *et* e.

▷ Todos leyeron un pasaje de su novela favorita. Ils ont tous lu un extrait de leur roman favori.

Se conjugue sur le modèle de deber *(voir ce verbe).*

legible lisible

legumbre légume

legumbre *est féminin.*

lejano, lejana lointain(e) *ou* éloigné(e)

lejía eau de Javel

lejos loin
► **a lo lejos** au loin

lelo, lela sot(te)
► **quedar lelo, lela** rester bouche bée

lema slogan *ou* devise

lema *est masculin.*

lengua langue
► **lengua materna** ou **lengua nativa** langue maternelle
► **sacar la lengua** tirer la langue
► **tener** algo **en la punta de la lengua** avoir quelque chose **sur le bout de la langue**

lenguaje langage

Attention à l'orthographe du mot lenguaje.

lente verre
► **lentes** lunettes

► **lentes de contacto** lentilles

lentejas lentilles (que l'on mange)

lentejuelas paillettes (sur un vêtement)

lentilla lentille (= verre de contact)

lento, lenta lent(e)

leña bois (de chauffage)

leña est féminin.

leñador, leñadora bûcheron(ne)

Dans ce mot, on reconnaît le lien avec le nom leño qui signifie « bûche » ou leña qui signifie « bois ».

leño bûche

leño est masculin.

Leo Lion (= signe astrologique)

león, leona lion(ne)

les *a des sens différents selon sa catégorie grammaticale :*

> Ce peut être un PRONOM PERSONNEL COMPLÉMENT D'OBJET DIRECT :

les *signifie* **les** *ou* **vous** (forme de politesse au pluriel)

▷ Les oí llegar de madrugada. Je les ai entendus arriver au petit matin.

▷ Les hemos esperado toda la mañana. Nous vous avons attendus toute la matinée.

> Ce peut être un PRONOM PERSONNEL COMPLÉMENT D'OBJET INDIRECT :

les *signifie* **leur** *ou* **vous** (forme de politesse au pluriel)

▷ Les diste tus juguetes. Tu leur as donné tes jouets.

▷ ¿Señoras, ya les han presentado al director? Mesdames, vous a-t-on déjà présenté le directeur ?

letra *a plusieurs sens :*

1 **letra** *peut signifier* **lettre** (de l'alphabet)

► **letra inicial** initiale

2 **letra** *peut signifier* **écriture**

3 **letra** *peut signifier* **caractère** (d'imprimerie)

4 **letra** *peut signifier* **parole** (d'une chanson)

Attention ! letra ne signifie pas « lettre » au sens de « correspondance ».

letrero enseigne

letrero est masculin.

levantar lever *ou* relever *ou* soulever

► **levantar el vuelo** prendre son envol

► **levantarse** se lever

Se conjugue sur le modèle de cantar (voir ce verbe).

leve léger(-ère)

ley loi *ou* règlement

ley est féminin.

leyenda légende

leyes *est le pluriel de ley.*

liar *a plusieurs sens :*

1 **liar** *peut signifier* **attacher**

2 **liar** *peut signifier* **compliquer** *ou* **embrouiller**

► **liar a alguien en algo** embarquer quelqu'un dans quelque chose

liar a alguien en algo est une expression familière.

Attention ! Le i se transforme en í à certaines personnes, à certains temps et à certains modes.

INDICATIF PRÉSENT	SUBJONCTIF PRÉSENT	IMPÉRATIF
lío	líe	
lías	líes	lía
lía	líe	líe
liamos	liemos	liemos
liáis	liéis	liad
lían	líen	líen

Pour les autres temps, se conjugue sur le modèle de cantar (voir ce verbe).

liberar libérer

Se conjugue sur le modèle de cantar (voir ce verbe).

libertad liberté

Libra Balance (= signe astrologique)

librar sauver *ou* livrer

► **librarse de algo** échapper à quelque chose

► **librarse de alguien** se débarrasser de quelqu'un

► **librarse de una buena** l'échapper belle

► **librarse por los pelos** s'en sortir de justesse

Se conjugue sur le modèle de cantar (voir ce verbe).

librería librairie *ou* bibliothèque

libreta carnet

libreta est féminin.

libro livre

► **libro de apuntes** carnet de notes

► **libro de familia** livret de famille

i libro peut également être une forme du verbe librar.

▷ Nunca me libro. Je n'y échappe jamais.

licencia permis *ou* licence *ou* autorisation

licenciatura licence (diplôme)

liebre lièvre

liebre *est féminin.*

> Attention à l'orthographe du mot liebre.

lienzo toile *ou* tableau

liga *a plusieurs sens :*

1 liga *peut signifier* **championnat**

2 liga *peut signifier* **jarretelle**

> liga peut également être une forme du verbe ligar.

▷ Liga con una chica. Il drague une fille.

ligado, ligada lié(e) *ou* uni(e)

ligar *a plusieurs sens :*

1 ligar *peut signifier* **attacher** *ou* **unir**

2 ligar *peut signifier* **draguer** (une personne)

▷ Fueron a la discoteca a ligar con los chicos. Elles sont allées draguer les garçons en boîte.

> Attention à l'emploi de la préposition con dans ligar con alguien (draguer quelqu'un).

Attention ! Pour conserver le son /g/ de l'infinitif, le g *de* ligar *se transforme en* gu *devant un* e *:*

▷ Ligué bien el saco. J'ai bien attaché le sac.

Se conjugue sur le modèle de cantar *(voir ce verbe).*

ligero, ligera léger(-ère)

limitar *a plusieurs sens :*

1 limitar *peut signifier* **délimiter** *ou* **limiter**

2 limitar *peut signifier* **être à la frontière**

Se conjugue sur le modèle de cantar *(voir ce verbe).*

límite limite

► **límite de velocidad limitation de vitesse**

límite *est masculin.*

limón citron

limonada citronnade

> Attention ! limonada ne signifie pas « limonade ».

limosna aumône

► **pedir limosna faire la manche**

limpiaparabrisas essuie-glace

limpiaparabrisas *est masculin et invariable :* un parabrisas, varios parabrisas.
On reconnaît le lien avec le verbe limpiar *qui signifie « nettoyer » et le nom* parabrisa *qui signifie « pare-brise ».*

limpiar nettoyer

► **limpiar el polvo épousseter**

Se conjugue sur le modèle de cantar *(voir ce verbe).*

limpieza *a plusieurs sens :*

1 limpieza *peut signifier* **propreté**

2 limpieza *peut signifier* **nettoyage**

limpio, limpia propre

► **poner en limpio mettre au propre**

► **sacar** algo **en limpio tirer** quelque chose **au clair**

> limpio et limpia peuvent également être des formes du verbe limpiar.

▷ Limpia su cuarto a fondo una vez al mes. Il nettoie sa chambre à fond une fois par mois.

lindo, linda joli(e)

línea ligne

linterna lanterne *ou* lampe de poche

lío *a plusieurs sens :*

1 lío *peut signifier* **pagaille** *ou* **désordre**

2 lío *peut signifier* **histoire** *ou* **embrouille**

► **andar metido en líos avoir des histoires**

► **hacerse un lío s'embrouiller**

> lío peut également être une forme du verbe liar.

▷ Me lío con tantos códigos secretos y contraseñas. Je m'embrouille avec tous ces codes secrets et mots de passe.

lirio iris

liso, lisa *a plusieurs sens :*

1 liso, lisa *peut signifier* **plat(e)**

2 liso, lisa *peut signifier* **lisse**

3 liso, lisa *peut signifier* **uni(e)**

lista *a plusieurs sens :*

1 lista *peut signifier* **liste**

► **pasar lista faire l'appel**

2 lista *peut signifier* **rayure** *ou* **bande**

► **tela a listas tissu rayé**

listo, lista *a des sens différents selon qu'il est employé avec* ser *ou* estar *:*

1 ser listo, lista *signifie* **être intelligent(e)** *ou* **malin(e)** *ou* **vif, vive**

► **pasarse de listo faire le malin**

2 **estar listo, lista** *signifie* **être prêt(e)**

► **¿listo? prêt ?**

litera **couchette** *ou* **lit superposé**

literario, literaria **littéraire**

literatura **littérature**

litro **litre**

llama *a plusieurs sens :*

1 **llama** *peut signifier* **flamme**

2 **llama** *peut signifier* **lama**

> ℹ llama peut également être une forme du verbe llamar.

▷ ¿Cómo se llama usted? Comment vous appelez-vous ?

llamada **appel**

► **hacer una llamada passer un coup de fil**

llamada est féminin.

Dans ce mot, on reconnaît le lien avec le verbe llamar qui signifie « appeler ».

llamar *a plusieurs sens :*

1 **llamar** *peut signifier* **appeler**

2 **llamar** *peut signifier* **frapper** *ou* **sonner** (à la porte)

► **llamar la atención attirer l'attention**

► **llamar por teléfono téléphoner**

Se conjugue sur le modèle de cantar (voir ce verbe).

llamativo, llamativa **criard(e)** *ou* **voyant(e)**

llano, llana *a plusieurs sens :*

1 **llano, llana** *peut signifier* **plat(e)**

2 **llano, llana** *peut signifier* **simple**

► **palabra llana** mot dont l'accent tonique tombe sur l'avant-dernière syllabe.

llanto **pleurs** *ou* **larmes**

llanto est masculin singulier.

llanura **plaine**

llave **clé**

► **cerrar con llave fermer à clé**

llavero **porte-clés**

Dans ce mot, on reconnaît le lien avec le nom llave qui signifie « clé ».

llegada **arrivée**

Dans ce mot, on reconnaît le lien avec le verbe llegar qui signifie « arriver ».

llegar *a plusieurs sens :*

1 **llegar** *peut signifier* **arriver**

2 **llegar** *peut signifier* **parvenir** *ou* **réussir**

3 **llegar** *peut signifier* **suffire**

Attention ! Pour conserver le son /g/ de l'infinitif, le g de llegar se transforme en gu devant un e :

▷ Es necesario que llegues pronto. Il faut que tu arrives tôt.

Se conjugue sur le modèle de cantar (voir ce verbe).

llenar **remplir**

Se conjugue sur le modèle de cantar (voir ce verbe).

lleno, llena **plein(e)** *ou* **rempli(e)**

> ℹ lleno et llena peuvent également être des formes du verbe llenar.

▷ ¿Te lleno el vaso? Je remplis ton verre ?

llevar *a plusieurs sens :*

1 **llevar** *peut signifier* **emporter** *ou* **emmener** *ou* **transporter**

▷ Puedes llevar estos libros a casa. Tu peux emporter ces livres à la maison.

▷ Lleva a los niños al colegio. Il emmène les enfants à l'école.

2 **llevar** *peut signifier* **porter** (un vêtement)

▷ Lleva una camisa blanca. Il porte une chemise blanche.

3 **llevar** *peut signifier* **mener** (quelque part)

▷ Este camino lleva al pueblo. Ce chemin mène au village.

4 **llevar** *s'utilise aussi dans certaines expressions de temps qui se traduisent par une tournure impersonnelle en français :* **cela fait... que**

▷ Llevo quince días repasando para el examen. Cela fait quinze jours que je révise pour mon examen.

▷ Llevamos dos meses sin ir al cine. Cela fait deux mois que nous ne sommes pas allés au cinéma.

> Attention ! llevar s'accorde avec le sujet de l'action.

5 **llevar** *peut signifier* **combler** *ou* **satisfaire**

6 ► **llevar algo a cabo venir à bout de** quelque chose

► **llevarse bien con alguien bien s'entendre avec** quelqu'un

► **llevarse mal con alguien s'entendre mal avec** quelqu'un

llorar **pleurer**

Se conjugue sur le modèle de cantar (voir ce verbe).

llorón, llorona pleurnicheur(-euse)

Dans ce mot, on reconnaît le lien avec le verbe llorar *qui signifie « pleurer ».*

llover pleuvoir

► **llover a cántaros** ou **a mares** **pleuvoir des cordes**

llover *est un verbe impersonnel, c'est-à-dire qu'il ne s'emploie qu'à la troisième personne du singulier.*

Attention, ce verbe est irrégulier à certains temps.

INDICATIF PRÉSENT	SUBJONCTIF PRÉSENT
llueve	llueva

Pour les autres temps, se conjugue sur le modèle de deber *(voir ce verbe).*

llovizna bruine

llovizna peut également être une forme du verbe lloviznar.

▷ Llovizna. Il bruine.

lloviznar bruiner

lloviznar *est un verbe impersonnel, c'est-à-dire qu'il ne s'emploie qu'à la troisième personne du singulier.*

lluvia pluie

lluvioso, lluviosa pluvieux(-euse)

lo *a des sens différents selon sa catégorie grammaticale :*

> Ce peut être un ARTICLE DÉFINI :

1 lo *peut signifier* **le** *ou* **l'** *ou* **la**

▷ Hemos hecho lo necesario. Nous avons fait le nécessaire.

▷ Lo importante es participar. L'important c'est de participer.

▷ Lo difícil de este idioma es la conjugación. La difficulté de cette langue est sa conjugaison.

2 lo *peut précéder un adjectif.*

▷ Lo increíble es que tu no hayas visto nada. Ce qui est incroyable c'est que tu n'aies rien vu.

lo*, en tant qu'article neutre, ne précède pas un nom mais un participe passé ou un adjectif qui, soit prend la valeur d'un nom, soit se traduit par « ce qui est... ».*

> Ce peut être un PRONOM PERSONNEL COMPLÉMENT D'OBJET DIRECT :

1 lo *peut signifier* **le** *ou* **l'** *ou* **vous** (forme de politesse au singulier)

▷ ¿Lo conoces? Tu le connais ?

▷ ¿Lo has oído volver esta noche? Tu l'as entendu rentrer cette nuit ?

▷ ¿Dónde estaba ayer, Señor Herrera? No lo vi en todo el día. Où étiez-vous hier, Monsieur Herrera ? Je ne vous ai pas vu de la journée.

▷ Ya lo sabía. Je le savais déjà.

2 lo *peut signifier* **ce**

▷ Lo que más me molesta es tener que esperar. Ce qui me dérange le plus est de devoir attendre.

▷ Toma lo que quieras. Prends ce que tu veux.

lobo, loba loup, louve

localidad *a plusieurs sens :*

1 localidad *peut signifier* **localité** *ou* **lieu**

2 localidad *peut signifier* **place** (de spectacle)

localizar situer *ou* trouver

Comme tous les verbes terminés en -zar, localizar *subit des modifications orthographiques : le* z *devient* c *devant un* e.

▷ Para el examen, el profesor nos pide que localicemos las capitales en el mapa. Pour l'examen, le professeur nous demande de situer les capitales sur la carte.

Se conjugue sur le modèle de cantar *(voir ce verbe).*

loción lotion

loco, loca fou, folle

locura folie

► **con locura** **follement**

lodo boue

lodo *est masculin.*

lograr *a plusieurs sens :*

1 lograr *peut signifier* **réussir** *ou* **arriver**

2 lograr *peut signifier* **obtenir** *ou* **remporter**

Se conjugue sur le modèle de cantar *(voir ce verbe).*

logro réussite

logro *est masculin.*

logro peut également être une forme du verbe lograr.

▷ No logro comprender este artículo. Je n'arrive pas à comprendre cet article.

lombrices *est le pluriel de* **lombriz.**

lombriz ver de terre

lombriz *est féminin.*

loncha tranche

longitud *a plusieurs sens :*

1 longitud *peut signifier* **longueur**

2 longitud *peut signifier* **longitude**

loro perroquet

los *a des sens différents selon sa catégorie grammaticale :*

> Ce peut être un ARTICLE DÉFINI :

los *signifie* **les**

▷ A él le gustan mucho los caballos. Il aime beaucoup les chevaux.

> Ce peut être un PRONOM COMPLÉMENT D'OBJET DIRECT :

1 **los** *peut signifier* **les** *ou* **vous** (forme de politesse au pluriel)

▷ Escógelos rápido. Choisis-les rapidement.

▷ No los veo. Je ne les *ou* vous vois pas.

2 **los** *peut signifier* **ceux**

▷ ¿Cuánto cuestan los que están en el escaparate? Combien coûtent ceux qui sont dans la vitrine ?

▷ Los que me gustan son demasiado caros. Ceux que j'aime sont trop chers.

lotería **loterie**

luces *est le pluriel de* **luz.**

lucha **lutte**

> ℹ lucha peut également être une forme du verbe luchar.

▷ Lucha para sus derechos. Il lutte pour ses droits.

luchar **lutter**

📖 *Se conjugue sur le modèle de* cantar *(voir ce verbe).*

lucir **briller**

📖 *Attention ! lucir appartient au groupe des verbes se terminant en* -acer, -ecer, -ocer *et* -ucir *qui sont irréguliers à certaines personnes, à certains modes et à certains temps.*

INDICATIF PRÉSENT	SUBJONCTIF PRÉSENT	IMPÉRATIF
luzco	luzca	
luces	luzcas	luce
luce	luzca	luzca
lucimos	luzcamos	luzcamos
lucís	luzcáis	lucid
lucen	luzcan	luzcan

📖 *Pour les autres temps, se conjugue sur le modèle de* vivir *(voir ce verbe).*

luego *a plusieurs sens :*

1 **luego** *peut signifier* **après** *ou* **ensuite** *ou* **puis**

2 **luego** *peut signifier* **donc**

► **desde luego** **bien sûr**

► **¡hasta luego!** **à tout à l'heure !** *ou* **au revoir !**

lugar **endroit** *ou* **lieu**

► **en lugar de** **au lieu de**

► **en cualquier lugar** **n'importe où**

► **tener lugar** **avoir lieu**

lujo **luxe**

lujoso, lujosa **luxueux(-euse)**

luminoso, luminosa **lumineux(-euse)**

luna **lune**

► **luna creciente** **premier quartier de lune**

► **luna llena** **pleine lune**

► **luna menguante** **dernier quartier de lune**

► **luna nueva** **nouvelle lune**

► **estar en la luna** **être dans la lune**

lunar *a des sens différents selon sa catégorie grammaticale :*

> Ce peut être un ADJECTIF :

lunar *signifie* **lunaire**

> Ce peut être un NOM :

1 **lunar** *peut signifier* **grain de beauté**

2 **lunar** *peut signifier* **pois**

► **tela de lunares** **tissu à pois**

lunes **lundi**

⚐ *lunes est masculin et invariable :* un lunes, los lunes.

lupa **loupe**

luto **deuil**

► **de luto** **en deuil**

luz *a plusieurs sens :*

1 **luz** *peut signifier* **lumière**

► **dar a luz** **accoucher**

► **a media luz** **dans la pénombre**

► **traje de luces** **habit de lumière**

2 **luz** *peut signifier* **phare** (d'une voiture)

Mm

maceta pot de fleurs

maceta *est féminin.*

machista macho

machista *est masculin et féminin.*

macho mâle *ou* viril

madera bois (= matériau)

► de madera en bois

madrastra belle-mère (d'un second mariage)

madre mère

madrina marraine

madrugada aube *ou* petit matin

i madrugada correspond à la période comprise entre minuit et l'aube.

madrugar se lever tôt

Attention ! Pour conserver le son /g/ de l'infinitif, le g *de* madrugar *se transforme en* gu *devant un* e *:*

▷ Es imposible que madrugue, es demasiado holgazán. C'est impossible qu'il se lève tôt, il est bien trop fainéant.

Se conjugue sur le modèle de cantar *(voir ce verbe).*

madurar mûrir

Se conjugue sur le modèle de cantar *(voir ce verbe).*

madurez maturité

maduro, madura mûr(e)

maestro, maestra maître(sse)

► obra maestra chef d'œuvre

magdalena madeleine

mago, maga magicien(ne) *ou* sorcier(-ière)

► los Reyes magos les Rois mages

magullar meurtrir

Se conjugue sur le modèle de cantar *(voir ce verbe).*

maíz maïs

Attention à l'orthographe du mot maíz.

mal *a des sens différents selon sa catégorie grammaticale :*

> Ce peut être un ADVERBE :

mal *signifie* mal

▷ ¡Qué mal escribes! Qu'est-ce que tu écris mal !

> Ce peut être un ADJECTIF :

mal *signifie* mauvais(e)

▷ He tenido un mal día. J'ai eu une mauvaise journée.

i mal est la forme apocopée de malo. L'apocope est la suppression d'une ou plusieurs lettres à la fin d'un mot. Malo s'apocope en mal devant un nom masculin singulier.

> Ce peut être un NOM :

mal *signifie* mal

▷ Según el médico, todos sus males provienen de una mala alimentación. Selon le médecin, tous ces maux viennent d'une mauvaise alimentation.

malabarista jongleur(-euse)

malcriado, malcriada mal élevé(e)

Dans ce mot, on reconnaît le lien avec l'adverbe mal *et le verbe* criar *qui signifie « élever ».*

maldad méchanceté

maldito, maldita maudit(e)

maleducado, maleducada mal élevé(e)

Dans ce mot, on reconnaît le lien avec l'adverbe mal *et le verbe* educar *qui signifie « élever ».*

malentendido malentendu

maleta valise

> Attention ! maleta ne signifie pas « mallette ».

maletero coffre (d'une voiture)

maletín malette

maletín *est masculin.*

malgastar gaspiller

Dans ce verbe, on reconnaît le lien avec mal *et le verbe* gastar *qui signifie « dépenser ».*

Se conjugue sur le modèle de cantar *(voir ce verbe).*

malo, mala *a des sens différents selon qu'il est utilisé avec* ser *ou* estar *:*

1 **ser malo, mala** *signifie* **être méchant(e)**

2 **estar malo, mala** *signifie* **être malade**

► **ponerse malo, mala** tomber malade

► **estar de malas** être de mauvaise humeur

► **lo malo es que...** l'ennui c'est que...

malva mauve

malvado, malvada méchant(e)

mamá maman

mamar téter

Se conjugue sur le modèle de cantar *(voir ce verbe).*

mamífero mammifère

> Attention ! Il n'y a qu'un seul m à mamífero. Les seules consonnes qui peuvent redoubler en espagnol sont le c, le r, le l et le -n.

manada troupeau *ou* bande

manantial source

manantial *est masculin.*

mancha tache

> mancha peut également être une forme du verbe manchar.

▷ La tinta mancha mucho. L'encre tache beaucoup.

manchar tacher

Se conjugue sur le modèle de cantar *(voir ce verbe).*

mandar *a plusieurs sens :*

1 **mandar** *peut signifier* **commander** *ou* **ordonner**

2 **mandar** *peut signifier* **envoyer**

Se conjugue sur le modèle de cantar *(voir ce verbe).*

mandíbula mâchoire

mando commandement *ou* commande

► **mando a distancia** télécommande

> mando peut également être une forme du verbe mandar.

▷ Te mando el regalo por correo. Je t'envoie le cadeau par la poste.

mandón, mandona autoritaire

Dans ce mot, on reconnaît le lien avec le nom mando *qui signifie « commandement ».*

manecilla aiguille (d'une montre) *ou* manette

manejar manier *ou* manœuvrer

Se conjugue sur le modèle de cantar *(voir ce verbe).*

manera manière *ou* façon

► **de ninguna manera** en aucune façon

► **de cualquier manera** n'importe comment

► **de todas maneras** de toute façon

► **de otra manera** autrement

manga manche (d'un vêtement)

mango *a plusieurs sens :*

1 **mango** *peut signifier* **manche** (d'un outil)

2 **mango** *peut signifier* **mangue**

mango *est masculin.*

manguera tuyau d'arrosage

manguera *est féminin.*

manía manie

► **tenerle manía a** alguien **avoir pris** quelqu'un **en grippe**

manillar guidon

maniquí mannequin

> Attention à l'orthographe du mot maniquí.

mano main

► **hecho a mano** fait à la main

► **echar una mano a** alguien **donner un coup de main à** quelqu'un

► **dar la mano** donner la main ou serrer la main
► **estrechar la mano** serrer la main
► **cogidos de la mano** main dans la main
► **estar mano sobre mano** se tourner les pouces
► **traer** algo **entre manos** manigancer quelque chose

⚐ mano *est féminin.*

manojo *a plusieurs sens :*

1 manojo *peut signifier* **bouquet**

2 manojo *peut signifier* **trousseau** (de clés)

manopla gant *ou* moufle

mansión demeure (= maison)

manso, mansa docile *ou* calme

manta couverture

mantel nappe

⚐ mantel *est masculin.*

mantener *a plusieurs sens :*

1 mantener *peut signifier* **maintenir**
► **mantener la calma** garder son calme
► **mantener a** alguien **informado** tenir quelqu'un au courant

2 mantener *peut signifier* **subvenir aux besoins de**

3 mantener *peut signifier* **entretenir**

📖 *Dans ce mot, on reconnaît le verbe* tener. *Il se conjugue de la même manière.*

mantequería crémerie

mantequilla beurre

⚐ mantequilla *est féminin.*

manzana *a plusieurs sens :*

1 manzana *peut signifier* **pomme**

2 manzana *peut signifier* **pâté de maisons**

manzano pommier

mañana *a des sens différents selon sa catégorie grammaticale :*

> Ce peut être un ADVERBE :

mañana *signifie* **demain**
► **¡hasta mañana!** à demain !
► **pasado mañana** après-demain

> Ce peut être un NOM FÉMININ :

la mañana *signifie* **le matin**
► **por la mañana** le matin
► **mañana por la mañana** demain matin

> Ce peut être un NOM MASCULIN :

el mañana *signifie* **le lendemain**

mapa carte (géographique) *ou* plan

⚐ mapa *est masculin.*

máquina machine
► **a toda máquina** à toute allure
► **máquina de coser** machine à coudre
► **máquina tragaperras** machine à sous

maquinilla petite machine
► **maquinilla de afeitar** rasoir

mar mer

⚐ mar *est masculin. En poésie, il peut être féminin.*
► **la mar de** très
▷ Tu amiga es la mar de simpática. Ton amie est très sympa.

maravilla merveille

maravilloso, maravillosa merveilleux (-euse)

marcador marqueur

marcar *a plusieurs sens :*

1 marcar *peut signifier* **marquer**
► **marcar el compás** battre la mesure

2 marcar *peut signifier* **indiquer**

📖 *Attention ! Pour conserver le son /k/ de l'infinitif, le* c *de* marcar *se transforme en* qu *devant un* e :

▷ Marqué dos goles durante el partido. J'ai marqué deux buts pendant le match.

📖 *Se conjugue sur le modèle de* cantar *(voir ce verbe).*

marcha *a plusieurs sens :*

1 marcha *peut signifier* **marche**

2 marcha *peut signifier* **ambiance**

3 marcha *peut signifier* **vitesse** (dans une voiture)
► **a toda marcha** à toute vitesse
► **irse de marcha** faire la fête

ℹ marcha peut également être une forme du verbe marchar.

▷ Debe de aburrirse: se marcha. Elle doit s'ennuyer : elle s'en va.

marchar marcher
► **marcharse** s'en aller

📖 *Se conjugue sur le modèle de* cantar *(voir ce verbe).*

marciano, marciana martien(ne)

marco cadre *ou* encadrement

ℹ marco peut également être une forme du verbe marcar.

▷ Marco siempre mis cosas con mis iniciales. Je marque toujours mes affaires avec mes initiales.

marea marée

ℹ marea peut également être une forme du verbe marearse.

▷ Me marea. Ça me donne mal au cœur.

marearse avoir mal au cœur *ou* avoir le mal de mer

Se conjugue sur le modèle de burlarse *(voir ce verbe).*

mareo mal de mer *ou* mal au cœur

ℹ mareo peut également être une forme du verbe marearse.

▷ Siempre me mareo cuando ando en barco. J'ai toujours le mal de mer quand je fais du bateau.

marfil ivoire

margarita marguerite

margen *a des sens différents selon qu'il est masculin ou féminin :*

1 el margen (masculin) *signifie* **le bord**

► mantenerse al margen **rester à l'écart**

2 la margen (féminin) *signifie* **la marge**

marido mari

marinero, marinera marin(e)

mariposa papillon

mariposa *est féminin.*

mariquita coccinelle

marisco fruit de mer

mármol marbre

► de mármol **en marbre**

marroquí marocain(e) *ou* Marocain(e)

Marruecos Maroc

Marte Mars (la planète)

martes mardi

martes *est masculin et invariable :* un martes, varios martes.

martillo marteau

marzo mars

mas (sans accent) mais

más (avec accent) plus

▷ Tienen más deberes que nosotros. Ils ont plus de devoirs que nous.

Remarquez l'absence de préposition en espagnol dans más algo (plus de quelque chose).

▷ Habrá dos personas más de lo previsto. Il y aura deux personnes en plus que ce qui était prévu.

Remarquez l'absence de préposition en espagnol dans algo más (quelque chose en plus).

► el/la más... **le/la plus...**

▷ Es el más inteligente. C'est le plus intelligent.

▷ Quiero la más reciente. Je veux la plus récente.

► el/la... más... **le/la... le/la plus...**

▷ Acabo de terminar el libro más interesante que he leído en mi vida. Je viens de finir le livre le plus intéressant que j'aie jamais lu.

▷ Es la chica más alta de la clase. C'est la fille la plus grande de la classe.

Remarquez qu'on ne répète pas l'article défini en espagnol dans la construction du superlatif.

Attention à l'accent grammatical : il ne faut pas confondre más, adverbe, et mas, conjonction de coordination.

masa *a plusieurs sens :*

1 masa *peut signifier* **masse**

2 masa *peut signifier* **pâte** (à pain)

masacre massacre

masacre *est féminin.*

Attention à l'orthographe du mot masacre.

mascar mâcher

Attention ! Pour conserver le son /k/ de l'infinitif, le c *de* mascar *se transforme en* qu *devant un* e *:*

▷ ¡No masques el chicle así! Ne mâche pas ton chewing-gum comme ça !

Se conjugue sur le modèle de cantar *(voir ce verbe).*

máscara masque

máscara *est féminin.*

Attention ! máscara ne signifie pas « mascara ».

masculino, masculina masculin(e)

matanza massacre

matanza *est féminin.*

matar tuer

📖 *Se conjugue sur le modèle de* cantar *(voir ce verbe).*

materia **matière**

> Attention ! materia ne signifie pas « matière » au sens de « sujet ».

matices *est le pluriel de* matiz.

matiz **nuance**

matiz *est masculin.*

matorral **buisson**

matrícula *a plusieurs sens :*

1 **matrícula** *peut signifier* **plaque d'immatriculation**

2 **matrícula** *peut signifier* **inscription**

► **matrícula de honor** **félicitations du jury**

> Attention à ne pas confondre matrícula avec une forme du verbe matricularse, qui ne prend pas d'accent.

▷ Se matricula en Derecho. Il s'inscrit en droit.

matricularse **s'inscrire**

📖 *Se conjugue sur le modèle de* burlarse *(voir ce verbe).*

matrimonio *a plusieurs sens :*

1 **matrimonio** *peut signifier* **mariage**

2 **matrimonio** *peut signifier* **couple**

► **cama de matrimonio** **lit à deux places**

► **contraer matrimonio con** alguien **se marier avec** quelqu'un

maullar **miauler**

📖 *Se conjugue sur le modèle de* cantar *(voir ce verbe).*

máximo *a des sens différents selon sa catégorie grammaticale :*

> Ce peut être un ADJECTIF :

máximo, máxima *signifie* **maximal(e)** *ou* **le plus grand** *ou* **la plus grande**

> Ce peut être un NOM :

máximo *signifie* **maximum**

► **como máximo** **tout au plus**

► **lo máximo** **le plus**

mayo **mai**

mayor *a des sens différents selon sa catégorie grammaticale :*

> Ce peut être un ADJECTIF :

1 **mayor** *peut signifier* **aîné(e)**

2 **mayor** *peut signifier* **grand(e)**

► **mayor de edad** **majeur(e)**

► **plaza mayor** **grand-place**

3 **mayor** *peut signifier* **âgé(e)**

4 **el mayor** **le plus grand**
la mayor **la plus grande**

> Ce peut être un NOM :

mayor *signifie* **adulte**

► **mayores** **grandes personnes**

mayoría **majorité** *ou* **la plupart**

▷ En la mayoría de los casos. Dans la majorité des cas.

mayúscula **majuscule**

> Attention à l'orthographe et à la prononciation du mot mayúscula.

me *est le pronom personnel* **me** *ou* **m'** *ou* **moi** (à l'impératif)

▷ ¿Me prestas tu libro, por favor? Tu me prêtes ton livre s'il te plaît ?

▷ ¿Me oyes bien? Tu m'entends bien ?

▷ ¡Dámelo! Donne-le moi.

mecha **mèche**

mechero **briquet**

medalla **médaille**

media *a plusieurs sens :*

1 **media** *peut signifier* **bas** *ou* **chaussette**

2 **media** *peut signifier* **moyenne**

3 **media** *peut signifier* **demie**

▷ Son las tres y media. Il est trois heures et demie.

► **a medias** *peut signifier* **moitié-moitié**

► **a medias** *peut signifier* **à moitié**

▷ Cuando volví, el trabajo estaba hecho a medias. Quand je suis rentré, le travail était à moitié fait.

mediados

► **a mediados de...** **à la mi-...**

▷ A mediados de agosto me iré de vacaciones. À la mi-août, je partirai en vacances.

mediano, mediana **moyen(ne)**

medianoche **minuit**

medianoche *est féminin.*

mediante **au moyen de** *ou* **grâce à**

▷ Lograron hacerlo mediante un nuevo sistema muy eficaz. Ils ont réussi à le faire grâce à un nouveau système très efficace.

médico, médica **médecin**

medida mesure *ou* dimension

► **a medida que** au fur et à mesure que

medio *a des sens différents selon sa catégorie grammaticale :*

> Ce peut être un ADVERBE :

medio *signifie* **à moitié**

▷ Tu mochila está medio vacía. Ton sac à dos est à moitié vide.

> Ce peut être un ADJECTIF :

1 **medio, media** *peut signifier* **demi-** *ou* **mi-**

▷ Todos los días bebo como mínimo medio litro de agua. Tous les jours je bois au moins un demi-litre d'eau.

> Remarquez l'absence d'article en espagnol devant medio (un demi-).

▷ Quedamos a medio camino. Nous nous sommes donné rendez-vous à mi-chemin.

2 **medio, media** *peut signifier* **à moitié**

▷ Llegó a clase medio dormido. Il est arrivé en cours à moitié endormi.

3 **medio, media** *peut signifier* **moyen(ne)**

▷ Representa al ciudadano medio. Il représente le citoyen moyen.

> Ce peut être un NOM :

1 **medio** *peut signifier* **milieu**

► **el medio ambiente** l'environnement

2 **medio** *peut signifier* **moyen**

► **por medio de** au moyen de

medioambiental environnemental(e)

mediodía midi

> En Espagne, mediodía correspond à la période comprise entre 11 h 30 et 15 heures.

medir mesurer

Attention, le e *se transforme en* i *à certaines personnes, à certains temps et à certains modes.*

Pour les autres temps, se conjugue sur le modèle de vivir *(voir ce verbe).*

mediterráneo *a des sens différents selon sa catégorie grammaticale :*

> Ce peut être un ADJECTIF :

mediterráneo, mediterránea *signifie* **méditerranéen(ne)** *ou* **Méditerranéen(ne)**

> Ce peut être un NOM PROPRE :

Mediterráneo *signifie* **Méditerranée**

Mediterráneo *est masculin.*

mejicano, mejicana *ou* **mexicano, mexicana** mexicain(e) *ou* Mexicain(e)

> Attention, la forme mejicano n'est acceptée qu'en Espagne. Au Mexique, on écrit mexicano.

Méjico *ou* **México** Mexique

> Attention, la forme Méjico n'est acceptée qu'en Espagne. Au Mexique, on écrit México.

mejilla joue

mejillón moule (= fruit de mer)

mejillón *est masculin.*

mejor *a plusieurs sens :*

1 **mejor** *peut signifier* **meilleur(e)**

mejor *est le comparatif de* bueno, buena.

2 **mejor** *peut signifier* **mieux**

mejor *est le comparatif de* bien.

3 *Précédé de l'article indéfini,* **mejor** *peut signifier* **le meilleur**

mejor *est le superlatif de* bien.

4 **mejor** *peut être employé dans des expressions :*

► **a lo mejor** peut-être

► **mejor dicho** plutôt

► **es mejor que...** il vaut mieux que...

▷ Es mejor que no vengas. Il vaut mieux que tu ne viennes pas.

► **¡Mejor!** Tant mieux !

mejorar améliorer

Se conjugue sur le modèle de cantar *(voir ce verbe).*

melena chevelure *ou* crinière

mellizo, melliza faux-jumeau, fausse-jumelle

melocotón pêche

melocotón *est masculin.*

MEDIR				
INDICATIF PRÉSENT	SUBJONCTIF PRÉSENT	PASSÉ SIMPLE	SUBJONCTIF IMPARFAIT	IMPÉRATIF
mido	mida	medí	midiera	
mides	midas	mediste	midieras	mide
mide	mida	midió	midiera	mida
medimos	midamos	medimos	midiéramos	midamos
medís	midáis	medisteis	midierais	medid
miden	midan	midieron	midieran	midan

memo, mema niais(e)

memoria mémoire

► **de memoria** par cœur

mendigar mendier *ou* faire la manche

Attention ! Pour conserver le son /g/ de l'infinitif, le g de mendigar se transforme en gu devant un e.

▷ El policía les pide que no mendiguen en el metro. Le policier leur demande de ne pas faire la manche dans le métro.

Se conjugue sur le modèle de cantar (voir ce verbe).

mendigo, mendiga mendiant(e)

ℹ mendigo et mendiga peuvent également être des formes du verbe mendigar.

▷ No mendigo. Je ne mendie pas.

▷ No mendiga. Il ne mendie pas.

menear remuer

Se conjugue sur le modèle de cantar (voir ce verbe).

menor *a des sens différents selon sa catégorie grammaticale :*

> Ce peut être un ADJECTIF :

1 **menor** *peut signifier* **plus petit(e)**

► **menor de edad** mineur(e)

2 **menor** *peut signifier* **cadet(te)**

3 **menor** *peut signifier* **moindre**

> Ce peut être un NOM :

menor *signifie* **mineur(e)**

menor est le comparatif de pequeño, pequeña.

menos *a plusieurs sens :*

1 **menos** *peut signifier* **moins**

▷ Son las siete menos veinte. Il est sept heures moins vingt.

▷ En agosto hay menos coches. Au mois d'août il y a moins de voitures.

Remarquez l'absence de préposition en espagnol dans menos algo (moins de quelque chose).

▷ Tenemos diez euros menos que ayer. Nous avons dix euros de moins qu'hier.

Remarquez l'absence de préposition en espagnol dans algo menos (quelque chose en moins).

► **el/la menos...** le/la moins...

▷ Es el menos inteligente de los alumnos. C'est le moins intelligent des élèves.

▷ Dame la menos estropeada. Donne-moi la moins abîmée.

► **el/la... menos...** le/la... le/la moins...

▷ Es el regalo menos caro que he encontrado. C'est le cadeau le moins cher que j'aie trouvé.

▷ Es la chica menos guapa de la clase. C'est la fille la moins belle de la classe.

Remarquez qu'on ne répète pas l'article défini en espagnol dans la construction du superlatif.

► **al menos** au moins

► **menos mal** heureusement

2 **menos** *peut signifier* **sauf**

▷ Todo el mundo está allí menos él. Tout le monde est là-bas sauf lui.

mensaje message

menta menthe

mentalidad mentalité

mente esprit

mente est féminin.

mentira mensonge

► **de mentira** faux, fausse

mentira est féminin.

mentiroso, mentirosa menteur(-euse)

menudo, menuda petit(e)

► **a menudo** souvent

meñique petit doigt *ou* auriculaire

mercado marché

merecer mériter

► **merece la pena** ça vaut le coup

Attention ! merecer appartient au groupe des verbes se terminant en -acer, -ecer, -ocer et -ucir qui sont irréguliers à certaines personnes, à certains modes et à certains temps.

INDICATIF PRÉSENT	SUBJONCTIF PRÉSENT	IMPÉRATIF
merezco	merezca	
mereces	merezcas	merece
merece	merezca	merezca
merecemos	merezcamos	merezcamos
merecéis	merezcáis	mereced
merecen	merezcan	merezcan

Pour les autres temps, se conjugue sur le modèle de deber (voir ce verbe).

merendar prendre son goûter

Attention, ce verbe est irrégulier à certaines personnes, à certains modes et à certains temps.

INDICATIF PRÉSENT	SUBJONCTIF PRÉSENT	IMPÉRATIF
meriendo	meriende	
meriendas	meriendes	merienda
merienda	meriende	meriende
merendamos	merendemos	merendemos
merendáis	merendéis	merendad
meriendan	merienden	merienden

Pour les autres temps, se conjugue sur le modèle de **cantar** *(voir ce verbe).*

merienda goûter

ℹ merienda peut également être une forme du verbe merendar.

▷ Merienda siempre a las cinco. Il prend toujours son goûter à cinq heures.

merienda est féminin.

mermelada confiture

mero, mera simple

▷ El mero hecho de echar los papeles en la basura es un acto ecológico. Le simple fait de jeter ses papiers à la poubelle est un acte écologique.

merodear marauder

Se conjugue sur le modèle de cantar *(voir ce verbe).*

mes mois

mesa table

► **poner la mesa** mettre la table

► **quitar la mesa** débarrasser la table

► **¡A la mesa!** À table !

► **mesa electoral** bureau de vote

meseta plateau (géographique)

mesilla petite table

► **mesilla de noche** table de chevet

meta *a plusieurs sens :*

1 **meta** *peut signifier* **but** *ou* **objectif**

2 **meta** *peut signifier* **ligne d'arrivée**

meter *a plusieurs sens :*

1 **meter** *peut signifier* **mettre** (dans un contenant)

2 **meter** *peut signifier* **faire** *ou* **provoquer**

3 **meter** *peut signifier* **impliquer**

► **meterse en algo rentrer dans** quelque chose ou **se lancer dans** quelque chose

► **meterse en todo se mêler de tout**

► **meterse con alguien embêter** quelqu'un

Se conjugue sur le modèle de deber *(voir ce verbe).*

metro *a plusieurs sens :*

1 **metro** *peut signifier* **mètre**

► **metro cuadrado** mètre carré

► **metro cúbico** mètre cube

2 **metro** *peut signifier* **métro**

mexicano, mexicana mexicain(e) *ou* Mexicain(e)

México Mexique (le pays) *ou* Mexico (la ville)

mezcla mélange

mezcla est féminin.

ℹ mezcla peut également être une forme du verbe mezclar.

▷ Mezcla bien los ingredientes. Mélange bien les ingrédients.

mezclar mélanger

► **mezclarse en algo se mêler de** quelque chose

Se conjugue sur le modèle de cantar *(voir ce verbe).*

mezquita mosquée

mi (sans accent) *est l'adjectif possessif* **mon, ma**

▷ Es mi hermana pequeña. C'est ma petite sœur.

Attention à l'accent grammatical : il ne faut pas confondre mi, adjectif possessif, et mí, pronom personnel.

mí (avec accent) *est le pronom personnel* **moi**

▷ ¿Es para mí? C'est pour moi ?

miedo peur

miedo est masculin.

▷ ¿Tienes miedo a la muerte? Tu as peur de la mort ?

Attention à l'emploi de la préposition a dans tener miedo a (avoir peur de).

▷ Tengo miedo de que no vuelva. J'ai peur qu'il ne revienne pas.

Attention à l'emploi de la préposition de dans tener miedo de que (avoir peur que).

► **dar miedo** faire peur

▷ ¡No me das miedo! Tu ne me fais pas peur !

miedoso, miedosa peureux(-euse)

miel miel

miel est féminin.

miembro membre

mientras *a plusieurs sens :*

1 *Suivi de l'indicatif,* **mientras** *signifie* **pendant que**

▷ Mientras repasa, escucha música. Pendant qu'il révise, il écoute de la musique.

2 *Suivi du subjonctif,* **mientras** *signifie* **tant que**

▷ Mientras repase por la mañana, puede salir con sus amigos por la tarde. Tant qu'il révise le matin, il peut sortir avec ses amis le soir.

3 **mientras** *peut être employé dans des expressions :*

► **mientras tanto pendant ce temps**

► **mientras que tandis que** ou **alors que** (pour marquer l'opposition)

▷ Me paso el día trabajando, mientras que tú no haces nada. Je passe toute ma journée à travailler, tandis que toi tu ne fais rien.

miércoles **mercredi**

miércoles est masculin et invariable : un miércoles, varios miércoles.

miga **mie** (de pain) *ou* **miette**

mil **mille**

▷ Vive en un pueblecito de unos tres mil habitantes. Il habite dans un petit village d'environ trois mille habitants.

► **miles de** algo **des milliers de** quelque chose

► **mil millones un milliard**

milagro **miracle**

► **de milagro par miracle**

militar **militaire**

millar **millier**

► **a millares par milliers**

millón **million**

mimado, mimada **gâté(e)**

mimar **gâter**

Se conjugue sur le modèle de cantar (voir ce verbe).

mimo *a plusieurs sens :*

1 **mimo** *peut signifier* **câlin**

2 **mimo** *peut signifier* **mime**

minifalda **minijupe**

mínimo *a des sens différents selon sa catégorie grammaticale :*

> Ce peut être un ADJECTIF :

mínimo, mínima *signifie* **minimal(e)** *ou* **minime**

> Ce peut être un NOM :

mínimo *signifie* **minimum**

► **como mínimo au moins**

► **lo mínimo le moins**

▷ Es lo mínimo que puedes hacer. C'est le moins que tu puisses faire.

ministro, ministra **ministre**

minusvalía **handicap**

minusvalía est féminin.

minusválido, minusválida **handicapé(e)**

minuto **minute**

minuto est masculin.

mío, mía, míos, mías *a plusieurs sens :*

1 **mío, mía, míos, mías** *est un adjectif possessif qui se traduit par* **à moi**

▷ Ellos son amigos míos. Ce sont des amis à moi.

▷ Esa casa es mía. Cette maison est à moi.

2 ► **el mío, la mía, los míos, las mías le mien, la mienne, les miens, les miennes**

▷ ¿De quién es esta raqueta? – Es la mía. À qui est cette raquette ? – C'est la mienne.

3 ► **a pesar mío malgré moi**

mirada **regard** *ou* **coup d'œil**

► **echar una mirada a** algo **jeter un coup d'œil à** quelque chose

► **levantar la mirada lever les yeux**

► **bajar la mirada baisser les yeux**

mirada est féminin.

mirar **regarder**

Se conjugue sur le modèle de cantar (voir ce verbe).

mis *est l'adjectif possessif* **mes**

▷ Nunca he visto a mis vecinos. Je n'ai jamais vu mes voisins.

misa **messe**

► **ir a misa aller à la messe**

> Remarquez l'omission de l'article défini en espagnol dans l'expression ir a misa (aller à la messe).

► **misa del gallo messe de minuit**

miseria **misère**

mismo, misma **même**

▷ Compramos los mismos zapatos. Nous avons acheté les mêmes chaussures.

► **hoy mismo aujourd'hui même**

► **ahora mismo tout de suite**

► **ayer mismo pas plus tard qu'hier**

► **lo mismo la même chose**

▷ Tomaré lo mismo que tú. Je prendrai la même chose que toi.

► **darle lo mismo a** alguien **être égal à** quelqu'un

▷ Me da lo mismo. Ça m'est égal.

misterio **mystère**

mitad moitié *ou* milieu
► **mitad y mitad** moitié-moitié
► **a mitad de** algo **au milieu de** quelque chose
► **a mitad del camino** à mi-chemin
► **a mitad de precio** à moitié prix
► **partir por la mitad** couper en deux

mochila sac à dos
mochila est féminin.

mochuelo hibou

moda mode
► **de moda** à la mode
► **pasado, pasada de moda** démodé(e)

modales manières
► **modales distinguidos** manières distinguées
modales est masculin et pluriel.

modelo modèle

modificar modifier
Attention ! Pour conserver le son /k/ de l'infinitif, le c *de* modificar *se transforme en* qu *devant un* e *:*
▷ Modifiqué mi programa de trabajo para verte. J'ai modifié mon emploi du temps pour te voir.
Se conjugue sur le modèle de cantar *(voir ce verbe).*

modo façon *ou* manière *ou* mode
► **buenos modos** bonnes manières
► **malos modos** mauvaises manières
► **de todos modos** de toute façon
► **de cualquier modo** de toute façon *ou* n'importe comment
► **de ningún modo** en aucune façon
► **en cierto modo** d'une certaine manière

mojado, mojada mouillé(e)

mojar mouiller
Se conjugue sur le modèle de cantar *(voir ce verbe).*

molde moule (à gâteau)

molestar déranger *ou* ennuyer
▷ El humo me molesta. La fumée me dérange.
► **molestarse en** hacer algo **prendre la peine de** faire quelque chose
► **molestarse por** algo **se déranger** ou **se vexer pour** quelque chose
► **no te molestes** ne te dérange pas
Se conjugue sur le modèle de cantar *(voir ce verbe).*

molestia gêne *ou* ennui
► **tomarse la molestia de** hacer algo **prendre la peine de** faire quelque chose

molesto, molesta *a des sens différents selon qu'il est employé avec* ser *ou* estar *:*
1 **ser molesto, molesta** *signifie* être gênant(e) *ou* désagréable
2 **estar molesto, molesta** *signifie* être fâché(e)

> **i** molesto et molesta peuvent également être des formes du verbe molestar.

▷ No molesto a nadie. Je ne dérange personne.
▷ No me molesta. Ça ne me dérange pas.

molinillo moulin (objet)
► **molinillo de café** moulin à café

molino moulin

momento instant *ou* moment
► **al momento** à l'instant
► **de momento** pour l'instant
► **de un momento a otro** d'un instant à l'autre

monda taille (des arbres)

moneda monnaie *ou* pièce de monnaie

monedero porte-monnaie

monja nonne

monje moine

mono *a des sens différents selon sa catégorie grammaticale :*
> Ce peut être un ADJECTIF :
mono, mona *signifie* mignon(ne) *ou* joli(e)
> Ce peut être un NOM :
1 **mono** *peut signifier* bleu de travail *ou* salopette
2 **mono** *peut signifier* singe

monstruo monstre

montaña montagne

montar *a plusieurs sens :*
1 **montar** *peut signifier* monter
► **montar en cólera** se mettre en colère
2 **montar** *peut signifier* organiser
Se conjugue sur le modèle de cantar *(voir ce verbe).*

montón tas
► **montones de** algo **des masses de** quelque chose
► **del montón** quelconque ou ordinaire

▹ Es una chica del montón. C'est une fille quelconque *ou* ordinaire.

del montón est une expression familière.

monumento monument

moño chignon

► **estar hasta el moño en avoir ras le bol**

estar hasta el moño est une expression familière.

mora mûre (= fruit)

mora peut également être le féminin de l'adjectif moro qui signifie « maure ».

morado *a des sens différents selon sa catégorie grammaticale :*

> Ce peut être un ADJECTIF :

morado, morada *signifie* **violet(te)**

> Ce peut être un NOM :

morado *signifie* **bleu** (= hématome)

morder mordre

► **morderse las uñas se ronger les ongles**

Attention, ce verbe est irrégulier à certaines personnes, à certains modes et à certains temps.

INDICATIF PRÉSENT	SUBJONCTIF PRÉSENT	IMPÉRATIF
muerdo	muerda	
muerdes	muerdas	muerde
muerde	muerda	muerda
mordemos	mordamos	mordamos
mordéis	mordáis	morded
muerden	muerdan	muerdan

Pour les autres temps, se conjugue sur le modèle de deber *(voir ce verbe).*

moreno, morena *a des sens différents selon qu'il est employé avec* ser *ou* estar *:*

1 ser moreno, morena *signifie* **être brun(e)**

2 estar moreno, morena *signifie* **être bronzé(e)**

► **poner se moreno ou morena bronzer**

morir mourir

Attention, ce verbe est irrégulier à certaines personnes, à certains modes et à certains temps.

Pour les autres temps, se conjugue sur le modèle de vivir *(voir ce verbe).*

moro, mora maure *ou* Maure *ou* mauresque

Attention à ne pas confondre moro avec morro qui signifie « museau ».

morro *a plusieurs sens :*

1 morro *peut signifier* **museau**

► **estar de morros ou poner morros bouder**

2 morro *peut signifier* **colline**

3 morro *peut signifier* **crosse** (d'un pistolet)

Attention à ne pas confondre morro avec moro qui signifie « maure ».

mosca mouche

mosquito moustique

mostaza moutarde

mostrador comptoir

mostrar montrer

Attention, ce verbe est irrégulier à certaines personnes, à certains modes et à certains temps.

INDICATIF PRÉSENT	SUBJONCTIF PRÉSENT	IMPÉRATIF
muestro	muestre	
muestras	muestres	muestra
muestra	muestre	muestre
mostramos	mostremos	mostremos
mostráis	mostréis	mostrad
muestran	muestren	muestren

Pour les autres temps, se conjugue sur le modèle de cantar *(voir ce verbe).*

motor moteur

mover bouger *ou* remuer

Attention, ce verbe est irrégulier à certaines personnes, à certains modes et à certains temps.

INDICATIF PRÉSENT	SUBJONCTIF PRÉSENT	IMPÉRATIF
muevo	mueva	
mueves	muevas	mueve
mueve	mueva	mueva
movemos	movamos	movamos
movéis	mováis	moved
mueven	muevan	muevan

MORIR

INDICATIF PRÉSENT	SUBJONCTIF PRÉSENT	PASSÉ SIMPLE	SUBJONCTIF IMPARFAIT	IMPÉRATIF
muero	muera	morí	muriera	
mueres	mueras	moriste	murieras	muere
muere	muera	murió	muriera	muera
morimos	muramos	morimos	muriéramos	muramos
morís	muráis	moristeis	murierais	morid
mueren	mueran	murieron	murieran	mueran

Pour les autres temps, se conjugue sur le modèle de deber (voir ce verbe).

móvil *a plusieurs sens :*

1 **móvil** *peut signifier* **portable** (téléphone)

2 **móvil** *peut signifier* **mobile** (d'un meurtre)

> Attention à l'orthographe du mot móvil.

movimiento mouvement

muchacha fille

muchacho garçon

muchedumbre foule

mucho *a des sens différents selon sa catégorie grammaticale :*

> Ce peut être un ADVERBE :

1 **mucho** *peut signifier* **beaucoup**

▷ Me parece que come mucho. J'ai l'impression qu'il mange beaucoup.

2 **mucho** *peut signifier* **longtemps**

▷ Hace mucho que lo conozco. Ça fait longtemps que je le connais.

> Ce peut être un ADJECTIF :

mucho, mucha *signifie* **nombreux(-euse)** *ou* **beaucoup de**

▷ Eran muchos. Ils étaient nombreux.

▷ Había mucha gente en el concierto. Il y avait beaucoup de monde au concert.

> mucho s'accorde en genre et en nombre avec le nom qui le suit : mucha gente, muchas niñas, muchos libros. Dans certaines expressions, il se traduit par très : tengo mucha hambre/sed = j'ai très faim/soif.

mudar changer

► **mudarse (de casa)** déménager

► **mudarse (de ropa)** se changer

Se conjugue sur le modèle de cantar (voir ce verbe).

mudo, muda muet(te)

> **i** mudo et muda peuvent également être des formes du verbe mudar.

▷ Me mudo de ropa y voy. Je me change et j'y vais.

▷ Se muda la semana próxima. Il déménage la semaine prochaine.

mueble meuble

mueca grimace

muela molaire

► **muela del juico** dent de sagesse

muelle *a plusieurs sens :*

1 **muelle** *peut signifier* **ressort**

2 **muelle** *peut signifier* **quai**

muerte mort

▷ Tuvo una muerte apacible. Il a eu une mort paisible.

► **de mala muerte** minable

> de mala muerte est une expression familière.

muerte est féminin.

muerto, muerta mort(e)

muestra échantillon

muestra est féminin.

> **i** muestra peut également être une forme du verbe mostrar.

▷ Muestra a la abuela lo que has hecho. Montre à ta grand-mère ce que tu as fait.

mujer femme

muleta béquille

multa amende *ou* contravention

multiplicar multiplier

▷ Tres multiplicado por dos son seis. Trois fois deux égale six.

Attention ! Pour conserver le son /k/ de l'infinitif, le c de multiplicar se transforme en qu devant un e :

▷ Multipliqué el número de artículos por el precio. J'ai multiplié le nombre d'articles par le prix.

Se conjugue sur le modèle de cantar (voir ce verbe).

multitud foule *ou* multitude

mundial mondial(e)

mundo monde

► **no es nada del otro mundo** ça n'a rien d'exceptionnel

muñeca *a plusieurs sens :*

1 **muñeca** *peut signifier* **poignet**

2 **muñeca** *peut signifier* **poupée**

muñeco baigneur (dans le sens de poupée) *ou* pantin

► **muñeco de nieve** bonhomme de neige

muralla muraille

murciélago chauve-souris

murciélago *est masculin.*

murmullo murmure

murmurar murmurer

► **murmurar de** alguien **dire du mal de** quelqu'un

Se conjugue sur le modèle de cantar *(voir ce verbe).*

muro mur

músculo muscle

musculoso, musculosa musclé(e)

museo musée

música musique

> **i** música **peut également être le féminin du mot** músico **qui signifie « musicien ».**

músico, música musicien(ne)

muslo cuisse

muslo *est masculin.*

muy très

Nn

nabo navet

nacer naître

▷ Mis abuelos nacieron en Venezuela. Mes grands-parents sont nés au Venezuela.

Attention ! nacer appartient au groupe des verbes se terminant en -acer, -ecer, -ocer et -ucir qui sont irréguliers à certaines personnes, à certains modes et à certains temps.

INDICATIF PRÉSENT	SUBJONCTIF PRÉSENT	IMPÉRATIF
nazco	nazca	
naces	nazcas	nace
nace	nazca	nazca
nacemos	nazcamos	nazcamos
nacéis	nazcáis	naced
nacen	nazcan	nazcan

Le verbe nacer a deux participes passés : on utilise nacido pour les temps composés et nato comme adjectif.

▷ Es un músico nato. C'est un musicien-né.

Pour les autres temps, se conjugue sur le modèle de deber (voir ce verbe).

nacimiento naissance

nacimiento est masculin.

nacionalidad nationalité

nada *a plusieurs sens :*

1 nada *peut signifier* **rien**

▷ No digas nada, es un secreto. Ne dis rien, c'est un secret.

► **nada que** + infinitif **rien à** + infinitif

▷ ¿No tienes nada que hacer? Tu n'as rien à faire ?

► **nada** + adjectif **rien de** + adjectif

▷ En el cine no hay nada interesante. Il n'y a rien d'intéressant au cinéma.

► **de nada de rien**

▷ Gracias. – ¡De nada! Merci. – De rien !

► **no hace nada il y a un instant**

► **como si nada comme si de rien n'était**

► **por nada del mundo pour rien au monde**

2 nada *peut signifier* **pas du tout**

▷ No habla nada de inglés. Il ne parle pas du tout anglais.

> En espagnol, on ne répète pas la négation avec no lorsque nada est placé avant le verbe.

▷ Nada le interesa *ou* No le interesa nada. Rien ne l'intéresse.

3 nada *peut être un nom féminin et signifier* **néant**

▷ Estoy leyendo un libro titulado *La nada cotidiana*. Je suis en train de lire un livre intitulé *Le Néant quotidien*.

> nada peut également être une forme du verbe nadar.

▷ Nada muy bien. Il nage très bien.

nadador, nadadora nageur(-euse)

nadar nager

Se conjugue sur le modèle de cantar (voir ce verbe).

nadie personne

▷ No había nadie en la calle. Il n'y avait personne dans la rue.

> En espagnol, on ne répète pas la négation avec no lorsque nadie est placé avant le verbe.

▷ Nadie conocía la respuesta *ou* No conocía la respuesta nadie. Personne ne connaissait la réponse.

naipe carte (à jouer)

naipe est masculin.

nalgas fesses

naranja orange

narices *a plusieurs sens :*

1 **narices** *peut être le pluriel de* **nariz.**

2 **narices** *peut signifier* **narines.**

nariz nez

► **narices** narines

► **meter las narices en todo** fourrer son nez partout

nariz est féminin.

> Cette expression est familière.

narrador, narradora narrateur(-trice)

narrar raconter

Se conjugue sur le modèle de cantar (voir ce verbe).

nata crème

nativo, nativa natif(-ive) *ou* natal(e)

naturaleza nature

náusea nausée

navaja couteau *ou* canif

navaja est féminin.

nave *a plusieurs sens :*

1 **nave** *peut signifier* **navire**

► **nave espacial** vaisseau spatial

2 **nave** *peut signifier* **hangar** *ou* **entrepôt**

3 **nave** *peut signifier* **nef**

nave est féminin.

navegar naviguer

► **navegar por internet** surfer sur Internet

Navidad Noël

► **¡Feliz Navidad!** Joyeux Noël !

navideño, navideña de Noël

▷ La última vez que volvió a casa, fue para las vacaciones navideñas. La dernière fois qu'il est rentré à la maison, c'était pour les vacances de Noël.

neblina brume

necesariamente *a plusieurs sens :*

1 **necesariamente** *peut signifier* **nécessairement**

2 **necesariamente** *peut signifier* **absolument**

▷ Tiene que ir necesariamente. Il faut absolument qu'il y aille.

necesario, necesaria nécessaire

► **es necesario...** il est nécessaire de... ou il faut...

▷ Es necesario darse prisa para tomar el próximo tren. Il faut se dépêcher pour avoir le prochain train.

▷ Es necesario que se vista bien para la fiesta. Il faut qu'il s'habille bien pour la soirée.

> Remarquez l'emploi du subjonctif après es necesario que (il faut que).

▷ Comer fruta es necesario para la salud. Manger des fruits est nécessaire à la santé.

> Attention à l'emploi de la préposition para dans necesario para (nécessaire à).

► **no es necesario** ce n'est pas nécessaire ou ce n'est pas la peine

▷ No es necesario poner la redacción en limpio. Ce n'est pas la peine de mettre la rédaction au propre.

> Remarquez l'absence de préposition en espagnol dans no es necesario hacer algo (ce n'est pas la peine de faire quelque chose).

neceser

► **neceser de aseo** trousse de toilette

neceser est masculin.

necesidad nécessité *ou* besoin

necesitar avoir besoin de

▷ Necesito ayuda para hacer este ejercicio. J'ai besoin d'aide pour faire cet exercice.

> Remarquez l'absence de préposition en espagnol dans necesitar algo (avoir besoin de quelque chose).

▷ Necesito que me ayudes. J'ai besoin que tu m'aides.

> Remarquez l'emploi du subjonctif après necesitar que (avoir besoin que).

Se conjugue sur le modèle de cantar (voir ce verbe).

negar *a plusieurs sens :*

1 **negar** *peut signifier* **nier**

2 **negar** *peut signifier* **refuser**

▷ Me negaron el permiso para salir. Ils m'ont refusé la permission de sortir.

► **negarse a hacer algo** **refuser de** faire quelque chose

▷ Se niega a venir. Il refuse de venir.

> Attention à l'emploi de la préposition a dans negarse a hacer algo (refuser de faire quelque chose).

► **negar el saludo a alguien** **ignorer** quelqu'un

Attention ! Pour conserver le son /g/ de l'infinitif, le g de negar se transforme en gu devant un e.

▷ Aunque lo niegues, sé que fuiste tú quien lo hizo. Même si tu le nies, je sais que c'est toi qui l'as fait.

Attention, ce verbe est irrégulier à certaines personnes, à certains modes et à certains temps.

INDICATIF PRÉSENT	SUBJONCTIF PRÉSENT	IMPÉRATIF
niego	niegue	
niegas	niegues	niega
niega	niegue	niegue
negamos	neguemos	neguemos
negáis	neguéis	negad
niegan	nieguen	nieguen

Pour les autres temps, se conjugue sur le modèle de cantar *(voir ce verbe).*

negocio *a plusieurs sens :*

1 negocio *peut signifier* **commerce** *ou* **affaire**

2 negocio *peut signifier* **boutique**

negrilla *ou* **negrita** **caractère gras**

negrilla *et* negrita *sont féminins.*

negro, negra **noir(e)**

► **estar negro con** alguien **être furieux contre** quelqu'un

Attention à l'emploi de la préposition con dans estar negro con alguien (être furieux contre quelqu'un).

► **poner negro, negra** **agacer**

estar negro et poner negro sont des expressions familières.

nene, nena **bébé** *ou* **petit enfant**

nervio **nerf**

nervioso, nerviosa *a des sens différents selon qu'il est employé avec* ser *ou* estar *:*

1 ser nervioso, nerviosa *signifie* **être nerveux(-euse)** (par nature)

2 estar nervioso, nerviosa *signifie* **être nerveux(-euse)** (dans une circonstance particulière)

► **poner nervioso, nerviosa a** alguien **énerver** quelqu'un

► **ponerse nervioso, nerviosa** **s'énerver**

neumático **pneu**

neutral **neutre**

nevada **chute de neige**

Dans ce mot, on reconnaît le lien avec le verbe nevar *qui signifie « neiger ».*

nevar **neiger**

nevar *est un verbe impersonnel, c'est-à-dire qu'il ne s'emploie qu'à la troisième personne du singulier.*

Attention, ce verbe est irrégulier à certains modes et à certains temps.

INDICATIF PRÉSENT	SUBJONCTIF PRÉSENT
nieva	nieve

Pour les autres temps, se conjugue sur le modèle de cantar *(voir ce verbe).*

nevera **réfrigérateur**

nevera *est féminin.*

nicaragüense **nicaraguayen(-ne)** *ou* **Nicaraguayen(-ne)**

nido **nid**

niebla **brouillard**

niebla *est féminin.*

nieta **petite-fille**

nieto **petit-fils**

► **nietos** **petits-enfants**

nieve **neige**

► **copo de nieve** **flocon de neige**

nieve peut également être une forme du verbe nevar.

▷ ¡Ojalá nieve! Pourvu qu'il neige !

ningún *est la forme apocopée de* **ninguno.**

▷ Ningún chico querría llevar eso. Aucun garçon ne voudrait porter ça.

► **a** ou **en ningún lugar, a** ou **en ningún sitio** **nulle part**

L'apocope est la suppression d'une ou plusieurs lettres à la fin d'un mot. Ninguno *s'apocope en* ningún *devant un nom masculin singulier.*

En espagnol, on ne répète pas la négation avec no lorsque ningún est placé avant le verbe.

▷ Ningún gato entró en el jardín *ou* No entró ningún gato en el jardín. Aucun chat n'est entré dans le jardin.

ninguno, ninguna *a plusieurs sens :*

1 ninguno, ninguna *peut signifier* **aucun(e)**

▷ Sin duda alguna. Sans aucun doute.

► **en ninguna parte** **nulle part**

▷ No lo veo en ninguna parte. Je ne le vois nulle part.

► **a ninguna parte** **nulle part** (après un verbe de mouvement)

▷ No voy a ninguna parte. Je ne vais nulle part.

2 ninguno, ninguna *peut signifier* **pas du tout** *ou* **en rien**

▷ No es ninguna especialista. Elle n'est pas du tout spécialiste.

> ℹ En espagnol, on ne répète pas la négation avec **no** lorsque **ninguno, ninguna** est placé avant le verbe.

▷ Ninguno de estos libros me conviene *ou* No me conviene ninguno de estos libros. Aucun de ces livres ne me convient.

▷ Ninguna asignatura le interesa *ou* No le interesa ninguna asignatura. Aucune matière ne l'intéresse.

niña *a plusieurs sens :*

1 **niña** *peut signifier* **petite fille**

► **de niña quand j'étais/tu étais/elle était/**etc. **petite** ou **enfant**

▷ De niña me gustaba dibujar. Quand j'étais petite *ou* enfant, j'aimais faire des dessins.

2 **niña** *peut signifier* **prunelle** *ou* **pupille** (de l'œil)

niñera **nourrice**

niñez **enfance**

niño **petit garçon** *ou* **enfant**

► **de niño quand j'étais/tu étais/il était/**etc. **petit** ou **enfant**

▷ De niño vivía en el campo. Quand j'étais petit *ou* enfant, j'habitais à la campagne.

► **desde niño depuis mon** (ou **ton/son/**etc.) **enfance**

nítido, nítida **net, nette** *ou* **clair(e)**

nivel **niveau**

no *a plusieurs sens :*

1 **no** *peut signifier* **non** *ou* **pas**

► **ahora no pas maintenant**

▷ ¿Me puedes ayudar? – Lo siento, ahora no. Est-ce que tu peux m'aider ? – Désolé, pas maintenant.

► **no mucho pas beaucoup** ou **pas trop**

▷ ¿Te gusta la música clásica? – No mucho. Est-ce que tu aimes la musique classique ? – Pas trop.

► **¡cómo no! bien sûr !**

2 **no** *peut servir à marquer la négation dans une phrase.*

▷ No estoy seguro. Je ne suis pas sûr.

nobleza **noblesse**

noche **nuit** *ou* **soir** *ou* **soirée**

▷ Nos iremos por la noche. Nous partirons le soir.

▷ Pasaré a tu casa por la noche. Je passerai chez toi dans la soirée.

> Attention à l'emploi de la préposition **por** dans **por la noche** (le soir).

► **buenas noches bonsoir** ou **bonne nuit**

► **de la noche a la mañana du jour au lendemain**

► **de noche la nuit** ou **de nuit** ou **en soirée**

▷ De noche no me gusta conducir. Je n'aime pas conduire de nuit.

► **ser de noche** ou **hacer de noche faire nuit**

nochebuena **nuit de Noël**

nochevieja **nuit de la Saint-Sylvestre**

nocivo, nociva **nocif(-ive)**

nodriza **nourrice** *ou* **nounou**

nombrar **nommer**

📖 *Se conjugue sur le modèle de* cantar *(voir ce verbe).*

nombre *a plusieurs sens :*

1 **nombre** *peut signifier* **nom** (au sens de « substantif » ou au sens de « nom de famille + prénom »)

▷ Los nombres propios se escriben con mayúscula. Les noms propres s'écrivent avec une majuscule.

▷ Mi nombre debe de estar en la lista. Mon nom doit être sur la liste.

2 **nombre** *peut signifier* **prénom**

► **de nombre de renom**

► **nombre de pila prénom** ou **nom de baptême**

> Attention ! **nombre** ne signifie ni « nom de famille », ni « nombre » au sens de « chiffre ».

> ℹ **nombre** peut également être une forme du verbe **nombrar**.

▷ No quiere que lo nombre. Il ne veut pas que je le nomme.

non **impair(e)**

► **pares o nones pair ou impair**

noria **grande roue**

norte **nord**

Norteamérica **Amérique du Nord**

norteamericano, norteamericana **américain(e)** *ou* **Américain(e)**

Noruega **Norvège**

noruego, noruega **norvégien(ne)** *ou* **Norvégien(ne)**

nos *est le pronom personnel réfléchi et complément* **nous**

▷ Nos aburrimos. Nous nous ennuyons.

▷ Nos ofrecieron caramelos. Ils nous ont offert des bonbons.

▷ ¿Nos haces una foto, por favor? Tu nous prends en photo, s'il te plaît ?

nosotros, nosotras *est le pronom personnel sujet* **nous**

▷ Nosotros esquiamos todos los inviernos en los Pirineos, ¿y vosotros? Nous faisons du ski tous les hivers dans les Pyrénées, et vous ?

▷ ¡Nosotras no hemos hecho nada! Nous n'avons rien fait ! *ou* Ce n'est pas nous !

En espagnol, les pronoms personnels sont souvent omis car ce sont les terminaisons verbales qui indiquent la personne. On les utilise pour éviter les confusions entre plusieurs personnes ou pour renforcer le sujet : nosotros, no somos españoles, somos franceses = nous, nous ne sommes pas espagnols, nous sommes français.

nota *a plusieurs sens :*

1 nota *peut signifier* **note** *ou* **mot** (= annotation)

► **sacar una buena nota avoir une bonne note**

2 nota *peut signifier* **addition**

► **dar la nota se faire remarquer**

dar la nota est une expression familière.

nota peut également être une forme du verbe notar.

▷ Nunca nota nada. Il ne remarque jamais rien.

notable **mention assez bien** *ou* **mention bien** (pour un examen)

▷ Saqué un notable. J'ai eu mention assez bien.

notar **remarquer** *ou* **trouver** *ou* **noter**

► **notarse se voir**

▷ ¡Se nota que la profe no está! On voit que la prof n'est pas là !

Se conjugue sur le modèle de cantar *(voir ce verbe).*

noticia **nouvelle** *ou* **information**

► **las noticias les informations** (à la radio par exemple)

novecientos, novecientas **neuf cents**

En espagnol, les multiples de cent s'accordent en genre et en nombre avec le nom qu'ils désignent : novecientos niños/novecientas niñas.

novedad **nouveauté**

novela **roman**

► **novela corta nouvelle**

novela *est féminin.*

novelista **romancier(-ière)**

Comme la plupart des mots se terminant en **-ista**, novelista *peut être masculin ou féminin :* **el novelista, la novelista.**

noveno, novena **neuvième**

Les nombres ordinaux s'accordent et sont généralement employés devant le nom, sauf pour un souverain, un siècle ou un chapitre : Luis IX (noveno) Louis IX (neuf).

noventa **quatre-vingt-dix**

noviazgo **fiançailles**

noviazgo *est masculin singulier.*

noviembre **novembre**

novillo **jeune taureau**

► **hacer novillos faire l'école buissonnière**

novio, novia **fiancé(e)** *ou* **petit(e) ami(e)**

nube **nuage**

nube *est féminin.*

nublado, nublada **nuageux(-euse)**

nublarse **s'assombrir** *ou* **se couvrir** (de nuages)

Se conjugue sur le modèle de burlarse *(voir ce verbe).*

nuca **nuque**

nuclear **nucléaire**

núcleo **noyau**

nudo **nœud**

nueces *est le pluriel de* **nuez.**

nuera **belle-fille**

nuestro, nuestra, nuestros, nuestras *a plusieurs sens :*

1 nuestro, nuestra, nuestros, nuestras *est un adjectif possessif qui se traduit par* **à nous**

▷ Ellos son amigos nuestros. Ce sont des amis à nous.

▷ Esa casa es nuestra. Cette maison est à nous.

2 ► **el nuestro, la nuestra, los nuestros, las nuestras le nôtre, la nôtre, les nôtres**

▷ ¿De quiénes son estas raquetas? – Son las nuestras. À qui sont ces raquettes ? – Ce sont les nôtres.

3 ► **a pesar nuestro malgré nous**

nueve **neuf** (chiffre)

nuevo, nueva **nouveau, nouvel, nouvelle** *ou* **neuf, neuve**

► **de nuevo** **à nouveau**

► **el Año Nuevo** **le Nouvel An**

nuez **noix**

numerar **numéroter**

📖 *Se conjugue sur le modèle de* cantar *(voir ce verbe).*

número *a plusieurs sens :*

1 **número** *peut signifier* **nombre**

► **número romano** **chiffre romain**

2 **número** *peut signifier* **pointure**

▷ ¿Qué número calzas? Tu chausses du combien ? *ou* Quelle est ta pointure ?

3 **número** *peut signifier* **numéro**

numeroso, numerosa **nombreux(-euse)**

nunca **jamais**

> **i** En espagnol, on ne répète pas la négation avec no lorsque nunca est placé avant le verbe.

▷ Nunca me vienes a ver *ou* No me vienes a ver nunca. Tu ne viens jamais me voir.

nutrir **nourrir**

📖 *Se conjugue sur le modèle de* vivir *(voir ce verbe).*

Oo

o *est la conjonction* **ou**

► **o sea** **c'est-à-dire**

obedecer **obéir**

▷ Mi hermanito no quiere obedecerme. Mon petit frère ne veut pas m'obéir.

▷ ¡Obedece las órdenes sin preguntar nada! Obéis aux ordres sans poser de question !

> Attention à l'absence de préposition dans obedecer algo (obéir à quelque chose).

Attention ! obedecer appartient au groupe des verbes se terminant en -acer, -ecer, -ocer et -ucir qui sont irréguliers à certaines personnes, à certains modes et à certains temps.

INDICATIF PRÉSENT	SUBJONCTIF PRÉSENT	IMPÉRATIF
obedezco	obedezca	
obedeces	obedezcas	obedece
obedece	obedezca	obedezca
obedecemos	obedezcamos	obedezcamos
obedecéis	obedezcáis	obedeced
obedecen	obedezcan	obedezcan

Pour les autres temps, se conjugue sur le modèle de deber (voir ce verbe).

obediencia **obéissance**

obediente **obéissant(e)**

obispo **évêque**

objetivo **objectif**

obligación **obligation**

► **tener (la) obligación de** hacer algo **être obligé(e) de** faire quelque chose ou **devoir** faire quelque chose

obligar **obliger**

Se conjugue sur le modèle de cantar (voir ce verbe).
Attention ! Pour conserver le son /g/ de l'infinitif, le g de obligar se transforme en gu devant un e :

▷ No quieren que los obliguen a hacerlo. Ils ne veulent pas qu'on les oblige à le faire.

obligatorio, obligatoria **obligatoire**

obra *a plusieurs sens :*

1 **obra** *peut signifier* **œuvre** *ou* **ouvrage**

► **obra de teatro** **pièce de théâtre**

► **obra maestra** **chef d'œuvre**

► **buena obra** **bonne action**

2 **obra** *peut signifier* **chantier** *ou* **travail**

► **en obras** **en travaux**

► **ponerse manos a la obra** **se mettre à l'ouvrage**

obra est féminin.

obrar **agir**

Se conjugue sur le modèle de cantar (voir ce verbe).

obrero, obrera **ouvrier(-ière)**

obsequiar **offrir** *ou* **faire cadeau de**

▷ Nos obsequiaron con un bolígrafo. Ils nous ont offert un stylo.

> Attention à l'emploi de la préposition con dans obsequiar con algo (offrir quelque chose).

Se conjugue sur le modèle de cantar (voir ce verbe).

obsequio **cadeau**

> i obsequio peut également être une forme du verbe obsequiar.

▷ Le obsequio con flores. Je lui offre des fleurs.

> Attention ! obsequio ne signifie pas « obsèques ».

observación observation *ou* remarque

observador, observadora observateur (-trice)

observar observer *ou* remarquer

Se conjugue sur le modèle de cantar *(voir ce verbe).*

obsesionar obséder

Se conjugue sur le modèle de cantar *(voir ce verbe).*

obstaculizar entraver *ou* faire obstacle à

Comme la plupart des verbes terminés en -zar, obstaculizar *subit des modifications orthographiques : le* z *devient* c *devant un* e.

▷ No dejéis nada delante de la puerta que obstaculice el paso. Ne laissez rien devant la porte qui entraverait le passage.

Se conjugue sur le modèle de cantar *(voir ce verbe).*

obstáculo obstacle

obstante

► **no obstante** cependant

obstruir obstruer *ou* entraver

Comme la plupart des verbes terminés en -uir, -eer *et* -aer, obstruir *subit des modifications orthographiques : le* i *devient* y *devant un* o *et un* e.

▷ Los manifestantes obstruyeron la calle. Les manifestants ont obstrué la rue.

Se conjugue comme le verbe vivir *(voir ce verbe).*

obtener obtenir

Se conjugue comme le verbe tener *(voir ce verbe).*

obvio, obvia évident(e) *ou* clair(e)

oca oie

ocasión occasion

► **en cierta ocasión** une fois

► **en ocasiones** parfois

► **en varias ocasiones** à plusieurs reprises

Attention à l'orthographe du mot ocasión.

ochenta quatre-vingts

ocho huit

ochocientos, ochocientas huit cents

En espagnol, les centaines s'accordent en genre et en nombre avec le nom : ochocientas niñas/ochocientos niños.

ocio *a plusieurs sens :*

1 ocio *peut signifier* **temps libre**

2 ocio *peut signifier* **loisir**

octavo, octava huitième

Les nombres ordinaux s'accordent et sont généralement employés devant le nom, sauf pour un souverain, un siècle ou un chapitre : el capítulo VIII (el octavo capítulo) le chapitre VIII (le chapitre huit).

octubre octobre

oculista oculiste

Ce mot, comme la plupart des mots espagnols terminés par -ista, oculista *peut être masculin ou féminin :* el oculista, la oculista.

ocultar cacher

Se conjugue sur le modèle de cantar *(voir ce verbe).*

oculto, oculta caché(e)

i oculto et oculta peuvent également être des formes du verbe ocultar.

▷ Oculto mis objetos preciosos en un escondite. Je cache mes objets précieux dans une cachette.

ocupación occupation *ou* tâche *ou* profession

► **sin ocupación** sans emploi

Attention à l'orthographe du mot ocupación.

ocurrencia idée (souvent farfelue)

ocurrir (se) passer *ou* arriver

▷ En el guión, la historia ocurre en los años setenta. Dans le scénario, l'histoire se passe dans les années soixante-dix.

▷ ¿Qué ha ocurrido? Que s'est-il passé ?

▷ ¿Por qué lloras? ¿Qué te ocurre? Pourquoi tu pleures ? Qu'est ce qu'il t'arrive ?

► **ocurrirse** venir à l'esprit

▷ Se me ha ocurrido que podemos prepararle una fiesta sorpresa. J'ai eu l'idée de lui préparer une fête surprise.

▷ ¿Es lo único que se te ocurre? C'est la seule chose qui te vienne à l'esprit ?

Se conjugue sur le modèle de vivir *(voir ce verbe).*

odiar détester

Se conjugue sur le modèle de cantar *(voir ce verbe).*

odio haine

► **tenerle odio a** alguien **haïr** quelqu'un

odio *est masculin.*

i odio peut également être une forme du verbe odiar.

▷ ¡Odio a la gente hipócrita! Je déteste les gens hypocrites !

odioso, odiosa odieux, odieuse

oeste ouest

► **película del oeste** western

ofender offenser

► **ofenderse** se vexer

Se conjugue sur le modèle de deber *(voir ce verbe).*

oferta offre *ou* proposition

oficina bureau

► **oficina de objetos perdidos** bureau des objets trouvés

► **oficina de turismo** office du tourisme

oficina *est féminin.*

oficinista employé(e) de bureau

Comme la plupart des mots se terminant en -ista, oficinista *peut être masculin ou féminin :* el oficinista, la oficinista.

oficio métier *ou* travail

► **desempeñar un oficio** occuper un poste

ofrecer offrir (proposer)

▷ Me ofreció un café. Il m'a offert un café.

Attention ! ofrecer ne signifie pas « offrir (un cadeau) » qui se dit regalar.

Attention ! ofrecer *appartient au groupe des verbes se terminant en* -acer, -ecer, -ocer *et* -ucir *qui sont irréguliers à certaines personnes, à certains modes et à certains temps.*

INDICATIF PRÉSENT	SUBJONCTIF PRÉSENT	IMPÉRATIF
ofrezco	ofrezca	
ofreces	ofrezcas	ofrece
ofrece	ofrezca	ofrezca
ofrecemos	ofrezcamos	ofrezcamos
ofrecéis	ofrezcáis	ofreced
ofrecen	ofrezcan	ofrezcan

Pour les autres temps, se conjugue sur le modèle de deber *(voir ce verbe).*

ofrecimiento proposition *ou* offre

ofrecimiento *est masculin.*

oído *a plusieurs sens :*

1 oído *peut signifier* ouïe

► **ser todo oídos** être tout ouïe

2 oído *peut signifier* oreille

▷ Me duelen los oídos. J'ai mal aux oreilles.

► **ser duro de oído** être dur d'oreille

► **no dar crédito a sus oídos** ne pas en croire ses oreilles

► **hacer oídos sordos** faire la sourde oreille

oído *est masculin.*

oído peut également être le participe passé du verbe oír.

oír entendre *ou* écouter

► **¡oye!** écoute ! (pour attirer l'attention)

► **¡oiga!** écoutez ! (pour attirer l'attention) ou allô ! (au téléphone)

Voir tableau.

ojalá *a plusieurs sens :*

1 *Suivi du subjonctif présent,* ojalá *peut signifier* pourvu que...

▷ ¡Ojalá no llueva este fin de semana! Pourvu qu'il ne pleuve pas ce week-end !

2 *Suivi du subjonctif imparfait,* ojalá *peut signifier* si seulement...

OÍR				
INDICATIF				CONDITIONNEL
PRÉSENT	IMPARFAIT	PASSÉ SIMPLE	FUTUR	PRÉSENT
oigo	oía	oí	oiré	oiría
oyes	oías	oíste	oirás	oirías
oye	oía	oyó	oirá	oiría
oímos	oíamos	oímos	oiremos	oiríamos
oís	oíais	oísteis	oiréis	oiríais
oyen	oían	oyeron	oirán	oirían

SUBJONCTIF		IMPÉRATIF		
PRÉSENT	IMPARFAIT			
oiga	oyera		INFINITIF	oír
oigas	oyeras	oye		
oiga	oyera	oiga	PARTICIPE	oído
oigamos	oyéramos	oigamos		
oigáis	oyerais	oíd	GÉRONDIF	oyendo
oigan	oyeran	oigan		

▷ ¡Ojalá pudiera venir con nosotros! Si seulement il pouvait venir avec nous !

ojear jeter un coup d'œil

Dans ce mot, on reconnaît le lien avec le mot ojo qui signifie « œil ».

Attention ! Ne pas confondre ojear avec hojear qui signifie « feuilleter ».

Se conjugue sur le modèle de cantar (voir ce verbe).

ojera cerne

► **tener ojeras** avoir les yeux cernés

ojo *a plusieurs sens :*

1 ojo *peut signifier* œil

► **a ojo** à vue d'œil

► **¡ojo!** attention !

► **en un abrir y cerrar de ojos** en un clin d'œil

► **no pegar (el) ojo** ne pas fermer l'œil

► **con los ojos cerrados** les yeux fermés

2 ojo *peut signifier* trou (d'une serrure)

3 ojo *peut signifier* chas (d'une aiguille)

ola vague

Attention à ne pas confondre ola avec hola, qui signifie « salut ».

óleo huile (= peinture)

oler sentir

▷ ¿Quién ha fumado? Huele a tabaco. Qui a fumé ? Ça sent le tabac.

Attention à l'emploi de la préposition a dans oler a algo (sentir quelque chose).

▷ Huele bien. Ça sent bon.

▷ Huele mal. Ça sent mauvais.

► **olerse** pressentir ou flairer

▷ Me huelo que voy a tener que trabajar este fin de semana. Je sens que je vais devoir travailler ce week-end.

INDICATIF PRÉSENT	SUBJONCTIF PRÉSENT	IMPÉRATIF
huelo	huela	
hueles	huelas	huele
huele	huela	huela
olemos	olamos	olamos
oléis	oláis	oled
huelen	huelan	huelan

Pour les autres temps, se conjugue sur le modèle de deber (voir ce verbe).

olfatear flairer

Se conjugue sur le modèle de cantar (voir ce verbe).

olfato odorat

oliva olive

► **aceite de oliva** huile d'olive

Attention ! Le mot oliva ne désigne que le fruit de l'olivier à l'état naturel. Pour parler des olives que l'on mange, on dit aceituna.

olla marmite

► **olla a presión** autocuiseur

olor odeur

► **mal olor** mauvaise odeur

► **olor a...** odeur de...

oloroso, olorosa odorant(e)

Dans ce mot, on reconnaît le nom olor qui signifie « odeur ».

olvidar oublier

▷ Ha olvidado la llave. Il a oublié la clé.

▷ No olvide arroparse bien. N'oubliez pas de bien vous couvrir.

Lorsque olvidar signifie « laisser quelque chose par mégarde quelque part », on peut le trouver avec un pronom : me olvidé la llave en casa = j'ai oublié la clé à la maison.

► **olvidarse de algo** oublier quelque chose

▷ Me olvidé de que tenía cita. J'ai oublié que j'avais rendez-vous.

Dans le langage courant, la préposition de est souvent omise : me olvidé que tenía cita.

La construction olvidársele algo a alguien est très fréquente. Mais attention, ici le sujet est ce qui a été oublié, et la personne qui a oublié est exprimée sous la forme d'un complément : a mis hermanos se les olvidaron las llaves = mes frères ont oublié les clés ; se les olvidaron las llaves = ils ont oublié les clés.

Se conjugue sur le modèle de cantar (voir ce verbe).

olvido oubli

olvido peut également être une forme du verbe olvidar.

▷ Si olvido su cumpleaños se va a enfadar. Si j'oublie son anniversaire, il va se fâcher.

ombligo nombril

once onze

opción option

► **no tener otra opción** ne pas avoir le choix

Attention à l'orthographe du mot **opción**.

opinar *a plusieurs sens :*

1 **opinar** *peut signifier* **penser**

► **opinar bien/mal de algo** **penser du bien/du mal de** quelque chose

▷ Y usted ¿qué opina? Et vous, qu'en pensez-vous ?

2 **opinar** *peut signifier* **donner son avis**

▷ Siempre opina sobre todo. Il donne toujours son avis sur tout.

Se conjugue sur le modèle de **cantar** *(voir ce verbe).*

opinión **opinion** *ou* **avis**

► **en mi opinión** **à mon avis**

oponer **opposer**

Dans ce mot, on reconnaît le verbe **poner** *qui signifie « poser ». Ils se conjuguent de la même manière.*
Le participe passé du verbe **oponer** *est irrégulier :* **opuesto**.

oportunidad **occasion** *ou* **opportunité** *ou* **chance**

oposición **opposition**

► **oposiciones** **concours**

oprimir *a plusieurs sens :*

1 **oprimir** *peut signifier* **serrer** (en parlant d'un vêtement par exemple)

2 **oprimir** *peut signifier* **presser** (un bouton par exemple)

3 **oprimir** *peut signifier* **oppresser** *ou* **opprimer**

Se conjugue sur le modèle de **vivir** *(voir ce verbe).*

optativo, optativa **optionnel(le)** *ou* **facultatif(-ive)**

optimista **optimiste**

Comme la plupart des mots espagnols terminés par **-ista**, **optimista** *peut être masculin ou féminin :* **el optimista, la optimista**.

opuesto, opuesta **opposé(e)**

opuesto peut également être le participe passé du verbe **oponer**.

oración *a plusieurs sens :*

1 **oración** *peut signifier* **prière**

2 **oración** *peut signifier* **phrase**

orador, oradora **orateur(-trice)**

orar **prier** (dire des prières)

Se conjugue sur le modèle de **cantar** *(voir ce verbe).*

orden *a des sens différents selon qu'il est masculin ou féminin :*

1 **un orden** (masculin) *signifie* **un ordre** (de classement)

2 **una orden** (féminin) *signifie* **un ordre** (auquel on obéit)

ordenado, ordenada *a plusieurs sens :*

1 **ordenado** *peut signifier* **rangé**

▷ Mi habitación está ordenada. Ma chambre est rangée.

2 **ordenado** *peut signifier* **ordonné**

▷ Es una persona muy ordenada. C'est une personne très ordonnée.

ordenado peut également le participe passé du verbe **ordenar**.

▷ Te he ordenado que vengas. Je t'ai ordonné de venir.

ordenador **ordinateur**

► **ordenador portátil** **ordinateur portable**

ordenar *a plusieurs sens :*

1 **ordenar** *peut signifier* **ranger** *ou* **classer** *ou* **mettre de l'ordre**

2 **ordenar** *peut signifier* **ordonner**

▷ Le ordenó que viniera. Il lui a ordonné de venir.

Remarquez l'emploi du subjonctif après **ordenar que** (ordonner de).

Se conjugue sur le modèle de **cantar** *(voir ce verbe).*

oreja **oreille**

organizado, organizada **organisé(e)**

organizar **organiser**

Se conjugue sur le modèle de **cantar** *(voir ce verbe).*
Comme tous les verbes terminés en **-zar**, **organizar** *subit des modifications orthographiques : le* **z** *devient* **c** *devant un* **e** *:*

▷ Organicé una fiesta. J'ai organisé une fête.

órgano *a plusieurs sens :*

1 **órgano** *peut signifier* **organe**

2 **órgano** *peut signifier* **orgue**

orgullo **orgueil**

orgulloso, orgullosa *a des sens différents selon qu'il est employé avec* ser *ou* estar *:*

1 **ser orgulloso, orgullosa** *signifie* **être orgueilleux(-euse)**

2 **estar orgulloso, orgullosa de** *signifie* **être fier, fière de**

Dans ce mot, on reconnaît le nom orgullo *qui signifie « orgueil ».*

origen **origine**

origen *est masculin.*

originar **causer** *ou* **provoquer**

Se conjugue sur le modèle de cantar *(voir ce verbe).*

orilla **bord** (de mer) *ou* **rive** (d'un cours d'eau) *ou* **lisière** (d'une forêt)

► **a orillas del mar au bord de la mer**

orilla *est féminin.*

oro **or**

► **de oro en or**

► **oros est une des couleurs du jeu de cartes espagnol**

orquesta **orchestre**

► **orquesta de cámara orchestre de chambre**

Attention à l'orthographe du mot orquesta.

os *est le pronom personnel* **vous**

▷ No os veo. Je ne vous vois pas.

osar **oser**

Se conjugue sur le modèle de cantar *(voir ce verbe).*

oscurecer **commencer à faire sombre**

i oscurecer peut également s'écrire obscurecer.

oscurecer *est un verbe impersonnel, c'est-à-dire qu'il ne s'emploie qu'à la troisième personne du singulier.*

INDICATIF PRÉSENT	SUBJONCTIF PRÉSENT
oscurece	oscurezca

oscuridad **obscurité**

i oscuridad peut également s'écrire obscuridad.

oscuro, oscura **obscur(e)** *ou* **sombre** *ou* **foncé(e)**

► **a oscuras dans l'obscurité** ou **dans le noir**

i oscuro, oscura peut également s'écrire obscuro, obscura.

oso, osa **ours(e)**

► **oso pardo ours brun**

► **hacer el oso faire le clown**

hacer el oso est une expression familière.

i oso et osa peuvent également être des formes du verbe osar.

▷ No osa presentarse delante de mí. Il n'ose pas se présenter devant moi.

ostra **huître**

► **aburrirse como una ostra s'ennuyer comme un rat mort**

aburrirse como una ostra est une expression familière.

otoño **automne**

otorgar **accorder** *ou* **décerner**

Attention ! Pour conserver le son /g/ de l'infinitif, le g *de* otorgar *se transforme en* gu *devant un* e *:*

▷ No creo que le otorguen el primer premio. Je ne crois pas qu'on lui décerne le premier prix.

Se conjugue sur le modèle de cantar *(voir ce verbe).*

otro, otra **(un(e)) autre**

▷ Quiero leer otro libro. Je veux lire un autre livre.

► **el otro, la otra l'autre**

▷ Haz el otro ejercicio. Fais l'autre exercice.

otro, otra n'est jamais précédé d'un article indéfini.

ovalado, ovalada **ovale**

oveja **brebis**

► **ser la oveja negra être la brebis galeuse**

ovillo **pelote**

ovillo *est masculin.*

oxidar **rouiller**

Se conjugue sur le modèle de cantar *(voir ce verbe).*

oyente **auditeur(-trice)**

ozono **ozone**

► **capa de ozono couche d'ozone**

P p

pachucho, pachucha *a plusieurs sens :*

1 **pachucho, pachucha** *peut signifier* **flétri(e)**

2 **pachucho, pachucha** *peut signifier* **patraque**

> Dans ce sens, pachucho, pachucha est un mot familier.

paciencia patience

► **perder la paciencia** perdre patience

► **tener paciencia** être patient(e)

paciente patient(e)

padecer souffrir

Attention ! padecer appartient au groupe des verbes se terminant en -acer, -ecer, -ocer et -ucir qui sont irréguliers à certaines personnes, à certains modes et à certains temps.

INDICATIF PRÉSENT	SUBJONCTIF PRÉSENT	IMPÉRATIF
padezco	padezca	
padeces	padezcas	padece
padece	padezca	padezca
padecemos	padezcamos	padezcamos
padecéis	padezcáis	padeced
padecen	padezcan	padezcan

Pour les autres temps, se conjugue sur le modèle de deber (voir ce verbe).

padrastro beau-père (d'un second mariage)

padre père

► **padres** parents

padrino *a plusieurs sens :*

1 **padrino** *peut signifier* **parrain**

► **padrinos** parrains (= parrain et marraine)

2 **padrino** *peut signifier* **témoin** (de mariage)

paga *a plusieurs sens :*

1 **paga** *peut signifier* **paye** *ou* **salaire**

2 **paga** *peut signifier* **argent de poche**

> ℹ paga peut également être une forme du verbe pagar.

▷ ¿Quién paga esta vez? Qui paye cette fois-ci ?

pagar payer

Attention ! Pour conserver le son /g/ de l'infinitif, le g de pagar se transforme en gu devant un e :

▷ Es necesario que paguemos nuestras deudas. Il faut que nous payions nos dettes.

Se conjugue sur le modèle de cantar (voir ce verbe).

página page

pago paiement

> ℹ pago peut également être une forme du verbe pagar.

▷ Te lo pago mañana, ¿vale? Je te le paye demain, d'accord ?

país pays

► **los Países Bajos** les Pays-Bas

► **el País Vasco** le Pays basque

paisaje paysage

> Attention à l'orthographe du mot paisaje.

paja paille

pajarita cocotte (en papier)

► **corbata de pajarita** nœud papillon

pájaro oiseau

► **tener la cabeza llena de pájaros** avoir la tête ailleurs

pala *a plusieurs sens :*

1 **pala** *peut signifier* **pelle**

2 **pala** *peut signifier* **raquette** (de ping-pong par exemple)

palabra **mot** *ou* **parole**

palabrota **gros mot**

palabrota *est féminin.*

palacio **palais** (= château)

► **el palacio de Versalles** **le château de Versailles**

paladar **palais** (= partie de la bouche)

paladar *est masculin.*

palanca *a plusieurs sens :*

1 **palanca** *peut signifier* **levier**

2 **palanca** *peut signifier* **plongeoir**

3 **palanca** *peut signifier* **piston** (= influence)

palanca *est féminin.*

palidecer **pâlir**

Attention ! palidecer *appartient au groupe des verbes se terminant en* -acer, -ecer, -ocer *et* -ucir *qui sont irréguliers à certaines personnes, à certains modes et à certains temps.*

INDICATIF PRÉSENT	SUBJONCTIF PRÉSENT	IMPÉRATIF
palidezco	palidezca	
palideces	palidezcas	palidece
palidece	palidezca	palidezca
palidecemos	palidezcamos	palidezcamos
palidecéis	palidezcáis	palideced
palidecen	palidezcan	palidezcan

Pour les autres temps, se conjugue sur le modèle de deber *(voir ce verbe).*

pálido, pálida **pâle**

► **ponerse pálido, pálida** **devenir pâle**

palillo **bâtonnet** *ou* **cure-dents**

paliza **râclée** *ou* **volée** (de coups)

palma *a plusieurs sens :*

1 **palma** *peut signifier* **paume**

► **dar palmas** **applaudir**

2 **palma** *peut signifier* **palmier**

3 **palma** *peut signifier* **palme**

palmera **palmier**

palmera *est féminin.*

palo *a plusieurs sens :*

1 **palo** *peut signifier* **bâton** *ou* **piquet**

2 **palo** *peut signifier* **mât**

3 **palo** *peut signifier* **manche**

4 **palo** *peut signifier* **coup**

5 ► **ser un palo** **être rasoir**

ser un palo est une expression familière.

paloma **pigeon** *ou* **colombe**

► **paloma mensajera** **pigeon voyageur**

palomitas **pop-corn**

palomitas *est féminin pluriel.*

pan **pain**

► **pan de molde** **pain de mie**

► **pan integral** **pain complet**

► **ser pan comido** **être un jeu d'enfant**

► **llamar al pan pan y al vino vino** **appeler un chat un chat**

panadería **boulangerie**

Dans ce mot, on reconnaît le mot pan *qui signifie « pain ».*

panadero, panadera **boulanger(-ère)**

Dans ce mot, on reconnaît le mot pan *qui signifie « pain ».*

panameño, panameña **panaméen(ne)** *ou* **Panaméen(ne)**

panda *a des sens différents selon qu'il est masculin ou féminin :*

1 **un panda** (masculin) *signifie* **un panda**

2 **una panda** (féminin) *signifie* **une bande** (d'amis)

una panda est un mot familier.

pánico **panique**

pánico *est masculin.*

pantalla *a plusieurs sens :*

1 **pantalla** *peut signifier* **écran**

2 **pantalla** *peut signifier* **abat-jour**

pantalla *est féminin.*

pantalón *ou* **pantalones** **pantalon**

► **pantalón corto** **short**

► **pantalón vaquero** ou **tejano** **jean**

En espagnol, ce mot est surtout utilisé au pluriel.

pantera **panthère**

pantorilla **mollet**

pantorilla *est féminin.*

pañal **couche** (pour bébé)

pañal *est masculin.*

paño **drap** *ou* **torchon**

pañuelo *a plusieurs sens :*

1 **pañuelo** *peut signifier* **mouchoir**

► **pañuelo de papel** **mouchoir en papier**

2 **pañuelo** *peut signifier* **foulard**

papa (sans accent) *a des sens différents selon qu'il est masculin ou féminin :*

1 **un papa** (masculin) *signifie* **un pape** (= chef religieux)

2 **una papa** (féminin) *signifie* **une pomme de terre**

► **no saber ni papa de** algo **ne pas avoir la moindre idée de** quelque chose

> Cette expression est familière.

> Attention ! Ne pas confondre papa avec papá qui signifie « père ».

papá (avec accent) **papa**

► **Papá Noel** **Père Noël**

> Attention ! Ne pas confondre papá avec papa qui signifie « pape ».

papagayo **perroquet**

papel *a plusieurs sens :*

1 **papel** *peut signifier* **papier**

► **papel de aluminio** **papier aluminium**

► **papel de envolver** **papier d'emballage**

2 **papel** *peut signifier* **rôle**

► **interpretar un papel** **jouer un rôle**

papelera **corbeille** *ou* **poubelle**

Dans ce mot, on reconnaît le mot papel *qui signifie « papier ».*

par **pair(e)**

► **pares o nones** **pairs ou impairs**

► **a pares** **par paires**

para *a plusieurs sens :*

1 **para** *peut signifier* **pour**

▷ Es para tí. C'est pour toi.

► **¿Para qué?** **Pour quoi faire ?**

2 **para** *peut signifier* **vers**

▷ Voy para la estación. Je vais vers la gare.

3 **para** *peut signifier* **à**

▷ ¿Para qué sirve eso? À quoi ça sert ?

► **para mí** **à mon avis**

▷ Para mí, es Sebastián el más fuerte. À mon avis, c'est Sebastián le plus fort.

> **i** para peut également être une forme du verbe parar.

▷ ¡Para de molestarme! Arrête de me déranger !

parabrisas **pare-brise**

parabrisas *est masculin et invariable :* un parabrisas, dos parabrisas.

paracaídas **parachute**

On remarque que ce mot est constitué du préfixe para- *et du nom* caída *au pluriel qui signifie « chute ».*

paracaídas *est masculin et invariable :* un paracaídas, dos paracaídas.

parada **arrêt** *ou* **parade** (au football)

parada *est féminin.*

> **i** parada peut également être le féminin du mot parado.

parado, parada *a des sens différents selon sa catégorie grammaticale :*

> Ce peut être un ADJECTIF :

1 **parado, parada** *peut signifier* **arrêté(e)** *ou* **immobile**

2 **parado, parada** *peut signifier* **au chômage**

3 **parado, parada** *peut signifier* **stupéfait(e)**

4 **parado, parada** *peut signifier* **lent(e)**

> Dans les deux derniers sens, parado, parada est un mot familier.

► **salir bien parado, parada** **s'en tirer bien**

► **salir mal parado, parada** **s'en tirer mal**

> Ce peut être un NOM :

parado, parada *signifie* **chômeur(-euse)**

paraguas **parapluie**

On remarque que ce mot est constitué du préfixe para- *et du nom* agua *au pluriel qui signifie « eau ».*

paraguas *est masculin et invariable :* un paraguas, dos paraguas.

paraguayo, paraguaya **paraguayen(ne)** *ou* **Paraguayen(ne)**

paraíso **paradis**

paraje **endroit** *ou* **site**

parar **arrêter**

► **sin parar** **sans arrêt**

► **pararse** **s'arrêter**

▷ pararse en seco s'arrêter net

Se conjugue sur le modèle de cantar *(voir ce verbe).*

pararrayos **paratonnerre**

On remarque que ce mot est constitué du préfixe para- *et du nom* rayo *au pluriel qui signifie « foudre ».*

pararrayos *est masculin et invariable :* un pararrayos, dos pararrayos.

parecer *a des sens différents selon sa catégorie grammaticale :*

> Ce peut être un VERBE :

1 **parecer** *peut signifier* **sembler**

▷ Me parece que tiene razón. Il me semble qu'il a raison.

2 **parecer** *peut correspondre à* **trouver**

▷ ¿Qué te pareció el espectáculo? Comment tu as trouvé le spectacle ?

3 **parecer** *peut correspondre à* **vouloir** *ou* **convenir**

▷ Me parece bien. Ça me convient.

▷ Hazlo como te parezca. Fais-le comme tu voudras.

4 **parecer** *peut signifier* **avoir l'air**

▷ Pareces cansada. Tu as l'air fatiguée.

► **al parecer à ce qu'il paraît** ou **apparemment**

► **parecerse a alguien ressembler à quelqu'un**

Attention ! parecer appartient au groupe des verbes se terminant en -acer, -ecer, -ocer et -ucir qui sont irréguliers à certaines personnes, à certains modes et à certains temps.

INDICATIF PRÉSENT	SUBJONCTIF PRÉSENT	IMPÉRATIF
parezco	parezca	
pareces	parezcas	parece
parece	parezca	parezca
parecemos	parezcamos	parezcamos
parecéis	parezcáis	pareced
parecen	parezcan	parezcan

Pour les autres temps, se conjugue sur le modèle de deber (voir ce verbe).

> Ce peut être un NOM :

parecer *signifie* **avis** *ou* **opinion**

► **a mi parecer à mon avis**

parecido *a des sens différents selon sa catégorie grammaticale :*

> Ce peut être un ADJECTIF :

parecido, parecida *signifie* **semblable**

> Ce peut être un NOM :

parecido *signifie* **ressemblance**

parecido est masculin.

i parecido peut également être le participe passé du verbe parecer.

pared mur

► **subirse por las paredes monter sur ses grands chevaux**

subirse por las paredes est une expression familière.

pared est féminin.

pareja couple *ou* paire

► **por parejas deux par deux**

parentesco parenté

parentesco est masculin.

paréntesis parenthèse

► **entre paréntesis entre parenthèses**

paréntesis est masculin et invariable : un paréntesis, dos paréntesis.

pariente parent (= membre de la famille)

Attention ! parientes ne signifie pas « parents » au sens de « père et mère ».

parisino, parisina parisien(ne) *ou* **Parisien(ne)**

parlamento parlement

paro *a plusieurs sens :*

1 **paro** *peut signifier* **arrêt**

2 **paro** *peut signifier* **chômage**

► **estar en (el) paro être au chômage**

i paro peut également être une forme du verbe parar.

▷ Si paro ahora, luego me costará mucho volver a retomar el trabajo. Si j'arrête maintenant, après j'aurai beaucoup de mal à reprendre le travail.

parpadear *a plusieurs sens :*

1 **parpadear** *peut signifier* **ciller (des yeux)**

2 **parpadear** *peut signifier* **vaciller** ou **clignoter** (en parlant d'une lumière)

Se conjugue sur le modèle de cantar (voir ce verbe).

párpado paupière

párpado est masculin.

parque parc

Attention ! Ne pas confondre parque avec parqué qui signifie « parquet ».

parqué *ou* **parquet parquet**

i Le t de parquet ne se prononce pas.

Attention ! Ne pas confondre parqué avec parque qui signifie « parc ».

parquímetro parcmètre

párrafo paragraphe

parrilla grill

► **a la parrilla grillé(e)**

▷ Me encantan las sardinas a la parrilla. J'adore les sardines grillées.

parte *a des sens différents selon qu'il est masculin ou féminin :*

1 **un parte** (masculin) *signifie* **un bulletin** *ou* **un rapport** *ou* **un communiqué**

2 **una parte** (féminin) *peut signifier* **une partie** *ou* **une part**

3 **una parte** (féminin) *peut signifier* **un endroit**

► **en alguna parte** **quelque part**

► **en cualquier parte** **n'importe où**

► **en ninguna parte** **nulle part**

► **por todas partes** **partout**

► **la mayor parte de...** **la plupart de...**

► **de una parte** **d'un côté**

► **por otra parte** **d'autre part** ou **par ailleurs**

► **por partes** **séparément** ou **point par point**

► **¿de parte de quién?** **de la part de qui ?** (au téléphone)

participar **participer**

▷ Mi hermana participó en un concurso televisivo. Ma sœur a participé à un jeu télévisé.

Attention à l'emploi de la préposition en dans participar en algo (participer à quelque chose).

Se conjugue sur le modèle de cantar (voir ce verbe).

particular *a plusieurs sens :*

1 **particular** *peut signifier* **particulier(-ère)**

2 **particular** *peut signifier* **privé(e)** *ou* **personnel(le)**

partida *a plusieurs sens :*

1 **partida** *peut signifier* **départ**

2 **partida** *peut signifier* **partie** (de cartes par exemple)

Attention ! Ne pas confondre partida avec partido, qui signifie « parti politique » ou « match »

partidario, partidaria **partisan(e)**

partido *a plusieurs sens :*

1 **partido** *peut signifier* **parti** (politique par exemple)

2 **partido** *peut signifier* **match**

Attention ! Ne pas confondre partido avec partida, qui signifie « départ ».

i partido peut également être le participe passé du verbe partir.

partir *a des sens différents selon sa catégorie grammaticale :*

> Ce peut être un VERBE TRANSITIF :

1 **partir** *peut signifier* **couper**

2 **partir** *peut signifier* **partager**

3 **partir** *peut signifier* **casser**

> Ce peut être un VERBE INTRANSITIF :

partir *signifie* **partir**

► **partirse de risa** **se tordre de rire**

Se conjugue sur le modèle de vivir *(voir ce verbe).*

parvulario **école maternelle**

parvulario *est masculin.*

pasa **raisin sec**

pasa *est féminin.*

i pasa peut également être une forme du verbe pasar.

▷ Pasa por aquí. Passe par ici.

pasado *a des sens différents selon sa catégorie grammaticale :*

> Ce peut être un ADJECTIF :

1 **pasado, pasada** *peut signifier* **dernier(-ière)**

▷ Fui al médico la semana pasada. Je suis allé chez le médecin la semaine dernière.

2 **pasado, pasada** *peut signifier* **passé(e)**

3 **pasado, pasada** *peut signifier* **gâté(e)** (en parlant d'un fruit ou d'un légume)

> Ce peut être un NOM :

pasado *signifie* **passé**

i pasado peut également être le participe passé du verbe pasar.

pasador *a plusieurs sens :*

1 **pasador** *peut signifier* **barrette** (pour s'attacher les cheveux)

2 **pasador** *peut signifier* **verrou**

pasaje **passage** *ou* **billet** (de transport)

Attention à l'orthographe du mot pasaje.

pasajero, pasajera **passager(-ère)**

pasamanos **rampe**

Dans ce mot, on reconnaît le nom mano *qui signifie « main ».*

pasamanos *est masculin et invariable :* un pasamanos, dos pasamanos.

pasamontañas **passe-montagne**

pasamontañas *est masculin et invariable :* un pasamontañas, dos pasamontañas.

pasaporte **passeport**

pasar *a plusieurs sens :*

1 **pasar** *peut signifier* **passer**

2 **pasar** *peut signifier* **traverser** *ou* **franchir**

▷ Pasaron la barrera. Ils ont franchi la barrière.

3 **pasar** *peut signifier* **se produire** *ou* **se passer**

▷ ¿Qué te pasa? Qu'est-ce qu'il t'arrive ?

4 **pasar** *peut signifier* **entrer**

▷ Puede pasar a mi despacho. Vous pouvez entrer dans mon bureau.

5 **pasar** *peut signifier* **se ficher**

▷ Paso de lo que me dices. Je me fiche de ce que tu me dis.

> Dans ce sens, pasar est un mot familier.

► **pasar lista** **faire l'appel**

► **pasarlo bien** **s'amuser**

► **pasarlo mal** **s'ennuyer** ou **avoir des difficultés**

► **pasarse** **se gâter** (pourrir)

► **pasársele** algo a alguien **oublier** quelque chose

▷ ¡Se me pasó por completo que tenía que volver temprano! J'ai complètement oublié que je devais rentrer tôt !

► **pasarse (de la raya)** **dépasser les bornes**

Se conjugue sur le modèle de cantar *(voir ce verbe).*

pasatiempo **passe-temps**

pascua **Pâque(s)**

► **Pascuas** **Noël**

> Attention à la traduction du mot Pascuas qui signifie « Noël ».

pase *a plusieurs sens :*

1 *En sport,* **pase** *peut signifier* **passe**

2 **pase** *peut signifier* **laissez-passer**

3 **pase** *peut signifier* **défilé** (de mode)

4 **pase** *peut signifier* **séance** *ou* **projection**

> pase peut également être une forme du verbe pasar.

▷ Dile que pase a verme cuando quiera. Dis-lui de passer me voir quand il voudra.

pasear **promener** *ou* **se promener**

▷ Me encanta pasear por el jardín botánico. J'adore me promener dans le jardin botanique.

> Attention à l'emploi de la préposition por dans pasear <u>por</u> (se promener <u>dans</u>).

Se conjugue sur le modèle de cantar *(voir ce verbe).*

paseo **promenade**

► **dar un paseo** **faire une promenade**

► **mandar a alguien a paseo** **envoyer promener** quelqu'un

> mandar a alguien a paseo est une expression familière.

paseo est masculin.

> paseo peut également être une forme du verbe pasear.

▷ Cada tarde paseo al perro. Chaque soir je promène mon chien.

pasillo **couloir**

pasmado, pasmada **bouche bée** *ou* **ébahi(e)**

paso *a plusieurs sens :*

1 **paso** *peut signifier* **pas**

► **dar un paso en falso** **trébucher** ou **faire un faux pas**

2 **paso** *peut signifier* **passage**

► **paso de cebra** **passage pour piétons**

► **de paso** **au passage** ou **par la même occasion**

3 **paso** *peut signifier* **allure**

4 ► **salir del paso** **se sortir d'affaire**

> paso peut également être une forme du verbe pasar.

▷ ¿Por dónde paso para ir a tu casa? Je passe par où pour aller chez toi ?

pasta *a plusieurs sens :*

1 **pasta** *peut signifier* **pâte(s)**

2 **pasta** *peut signifier* **petit biscuit sec**

3 **pasta** *peut signifier* **fric**

> Dans ce sens, pasta est un mot familier.

4 ► **pasta de dientes** **dentifrice**

pastel *a des sens différents selon sa catégorie grammaticale :*

> Ce peut être un ADJECTIF :

pastel *signifie* **pastel**

> Ce peut être un NOM :

pastel *signifie* **gâteau**

pastelería **pâtisserie**

Dans ce mot, on reconnaît le lien avec le nom pastel *qui signifie « gâteau ».*

pastelero, pastelera **pâtissier(-ière)**

Dans ce mot, on reconnaît le lien avec le nom pastel *qui signifie « gâteau ».*

pastelillo **petit gâteau**

pastilla cachet *ou* comprimé

► **a toda pastilla** à toute vitesse

► **pastilla de chocolate** morceau ou carré de chocolat

► **pastilla de jabón** savonnette

pastilla *est féminin.*

pastor, pastora berger(-ère)

pata *a plusieurs sens :*

1 pata *peut signifier* patte (d'un animal) *ou* pied (d'un meuble)

► **a cuatro patas** à quatre pattes

► **a la pata coja** à cloche-pied

► **meter la pata** faire une gaffe ou mettre les pieds dans le plat

► **tener mala pata** ne pas avoir de chance

meter la pata et tener mala pata sont des expressions familières.

2 pata *peut signifier* cane

patada coup de pied

Dans ce mot, on reconnaît le nom pata *qui signifie « patte » ou « pied ».*

patata pomme de terre

► **patatas fritas** frites ou chips

patinaje patinage

Attention à l'orthographe du mot patinaje.

patinete patinette *ou* trottinette

patinete *est masculin.*

patio cour

► **patio de recreo** cour de récréation

patio *est masculin.*

pato canard

patrocinador, patrocinadora sponsor

patrocinar sponsoriser

Se conjugue sur le modèle de cantar *(voir ce verbe).*

pava dinde

pavo dindon

► **pavo real** paon

► **estar en la edad del pavo** être dans l'âge ingrat

payaso, payasa clown

paz paix

► **dejar a alguien en paz** laisser quelqu'un tranquille

► **hacer las paces** faire la paix

peaje péage

Attention à l'orthographe du mot peaje.

peatón, peatona piéton(ne)

peatonal piéton(ne) *ou* piétonnier(-ière)

peca tache de rousseur

pecado péché

pecera aquarium *ou* bocal

peces *est le pluriel de* pez.

pecho poitrine *ou* sein

pechuga blanc (de volaille)

peculiar particulier(-ière) *ou* caractéristique

pedal pédale

pedal *est masculin.*

pedalear pédaler

Se conjugue sur le modèle de cantar *(voir ce verbe).*

pedazo morceau

► **hacer algo pedazos** réduire quelque chose en mille morceaux

► **pedazo de** espèce de

▷ ¡Pedazo de idiota! Espèce d'idiot !

pedido commande

pedido *est masculin.*

i pedido peut également être le participe passé du verbe pedir.

▷ Le he pedido un favor. Je lui ai demandé un service.

pedir demander *ou* commander

► **pedir que** + subjonctif *peut signifier* **demander de** + infinitif *lorsque le sujet du verbe de la subordonnée est le complément de* pedir

▷ Mi madre me pidió que le ayudara a poner la mesa. Ma mère m'a demandé de l'aider à dresser la table.

► **pedir que** + subjonctif *peut signifier* **demander que** + subjonctif *lorsque le sujet du verbe de la subordonnée n'est pas le complément de* pedir

▷ Mi madre me pidió que mi cuarto estuviera limpio cuando ella llegara. Ma mère m'a demandé que ma chambre soit propre quand elle arriverait.

► **pedir** + infinitif **demander à** + infinitif

▷ Mi hermano ha pedido poder montar en mi bici nueva. Mon frère a demandé à pouvoir monter sur mon nouveau vélo. *Voir tableau p. suivante.*

PEDIR				
INDICATIF PRÉSENT	SUBJONCTIF PRÉSENT	PASSÉ SIMPLE	SUBJONCTIF IMPARFAIT	IMPÉRATIF
pido pides pide pedimos pedís piden	pida pidas pida pidamos pidáis pidan	pedí pediste pidió pedimos pedisteis pidieron	pidiera pidieras pidiera pidiéramos pidierais pidieran	 pide pida pidamos pedid pidan

Attention ! **pedir** ne signifie pas « demander » au sens de « poser une question ».

Attention, ce verbe est irrégulier à certaines personnes, certains temps et certains modes.

Pour les autres temps, se conjugue sur le modèle de **vivir** *(voir ce verbe).*

pedo pet

► **tirar un pedo** péter

pega *a plusieurs sens :*

1 **pega** *peut signifier* **inconvénient** *ou* **difficulté** *ou* **problème**

Dans ce sens, **pega** est un mot familier.

2 **pega** *peut signifier* **colle** (au sens de « question difficile »)

► **poner una pega a alguien** **poser une colle à quelqu'un**

Dans ce sens, **pega** est un mot familier.

3 ► **de pega** **en toc**

pega peut également être une forme du verbe **pegar**.

▷ Pega las fotos en el álbum. Colle les photos dans l'album.

pegajoso, pegajosa collant(e)

pegamento colle

pegamento *est masculin.*

pegar *a des sens différents selon sa catégorie grammaticale :*

> Ce peut être un VERBE TRANSITIF :

1 **pegar** *peut signifier* **coller**

2 **pegar** *peut signifier* **frapper**

> Ce peut être un VERBE INTRANSITIF :

pegar *signifie* **aller** (d'un point de vue esthétique)

▷ Tu bolso no pega con el vestido. Ton sac ne va pas avec ta robe.

► **pegarse** **se battre**

► **pegar un grito** **pousser un cri**

► **pegar un salto** **faire un saut**

► **pegarle un susto a alguien** **faire peur à quelqu'un**

► **pegar un tiro** **tirer un coup de feu**

Attention ! Pour conserver le son /g/ de l'infinitif, le **g** *de* **pegar** *se transforme en* **gu** *devant un* **e** *:*

▷ ¡No pegues la mesa a la pared! Ne colle pas la table contre le mur !

Se conjugue sur le modèle de **cantar** *(voir ce verbe).*

peinado coiffure

peinado *est masculin.*

peinado peut également être le participe passé du verbe **peinar**.

▷ No te has peinado hoy. Tu ne t'es pas coiffé aujourd'hui.

peinar coiffer *ou* peigner

Se conjugue sur le modèle de **cantar** *(voir ce verbe).*

peine peigne

pelar *a plusieurs sens :*

1 **pelar** *peut signifier* **peler** *ou* **éplucher** *ou* **écosser**

2 **pelar** *peut signifier* **plumer**

3 **pelar** *peut signifier* **couper les cheveux à ras**

► **pelarse** **se faire couper les cheveux à ras**

pelarse est un mot familier.

Se conjugue sur le modèle de **cantar** *(voir ce verbe).*

pelea bagarre

pelea peut également être une forme du verbe **pelear**.

▷ Pelea no sólo con los más pequeños sino también con los mayores. Il se bat non seulement avec les plus petits mais aussi avec les plus grands.

pelear combattre *ou* se battre *ou* se bagarrer

Se conjugue sur le modèle de **cantar** *(voir ce verbe).*

película *a plusieurs sens :*

1 **película** *peut signifier* **film**

► **película del oeste** **western**

► **película de dibujos animados** **dessin animé**

► **película de miedo** ou **de terror** ou **de horror** film d'épouvante
► **de película** génial

> de película est une expression familière.

2 **película** *peut signifier* **pellicule**

película est féminin.

peligro danger

peligroso, peligrosa dangereux(-euse)

pelirrojo, pelirroja roux, rousse

Dans ce mot, on reconnaît le lien avec le nom pelo *qui signifie « cheveux » et l'adjectif* rojo *qui signifie « rouge ».*

pellizcar pincer

Attention ! Pour conserver le son /k/ de l'infinitif, le c *de* pellizcar *se transforme en* qu *devant un* e *:*

▷ ¡No pellizques a tu hermana! Ne pince pas ta sœur !

Se conjugue sur le modèle de cantar *(voir ce verbe).*

pelo poil (en parlant d'un animal) *ou* cheveux (en parlant d'une personne)

► **venir al pelo** tomber à pic
► **por los pelos** de justesse
► **tomar el pelo a alguien** se payer la tête de quelqu'un

> Ces trois expressions sont familières.

pelo est masculin.

pelota balle *ou* ballon

peluca perruque

peluquería salon de coiffure

pena peine

► **ser una pena** être dommage
► **dar pena a alguien** ou **causar pena a alguien** faire de la peine à quelqu'un
► **merecer la pena** ou **valer la pena** valoir la peine

pendiente *a des sens différents selon sa catégorie grammaticale :*

> Ce peut être un ADJECTIF :

1 **pendiente** *peut signifier* **en suspens** *ou* **en attente**

2 **pendiente** *peut signifier* **attentif(-ive)**

> Ce peut être un NOM MASCULIN :

un pendiente *signifie* **une boucle d'oreille**

> Ce peut être un NOM FÉMININ :

una pendiente *signifie* **une pente**

penoso, penosa pénible

pensamiento pensée

► **pasarle a uno por el pensamiento** traverser l'esprit de quelqu'un

pensamiento est masculin.

pensar penser *ou* réfléchir

▷ Está pensando en todo lo que tiene que hacer. Il est en train de penser à tout ce qu'il a à faire.

> Attention à l'emploi de la préposition en dans pensar en algo (penser à quelque chose).

► **¡ni pensarlo!** (il n'en est) pas question !

Attention, ce verbe est irrégulier à certaines personnes, à certains modes et à certains temps.

INDICATIF PRÉSENT	SUBJONCTIF PRÉSENT	IMPÉRATIF
pienso	piense	
piensas	pienses	piensa
piensa	piense	piense
pensamos	pensemos	pensemos
pensáis	penséis	pensad
piensan	piensen	piensen

Pour les autres temps, se conjugue sur le modèle de cantar *(voir ce verbe).*

peña *a plusieurs sens :*

1 **peña** *peut signifier* **rocher**

2 **peña** *peut signifier* **cercle** (d'amis)

peña est féminin.

peñasco rocher

peón *a plusieurs sens :*

1 **peón** *peut signifier* **pion** (aux échecs par exemple)

2 **peón** *peut signifier* **ouvrier agricole**

peonza toupie

peor *a plusieurs sens :*

1 **peor** *peut signifier* **pire** *ou* **plus mauvais**

peor est le comparatif de malo, mala.

2 **peor** *peut signifier* **moins bien** *ou* **plus mal**

peor est le comparatif de mal.

3 *Précédé de l'article indéfini,* **peor** *peut signifier* **le pire**

Dans ce cas, peor est le superlatif de malo, mala.

4 **peor** *peut être employé dans des expressions :*

► **peor para mí/ti/él/etc.** tant pis pour moi/toi/lui/etc.
► **cada vez peor** de pire en pire

pepino concombre

► **me importa un pepino** je m'en fiche complètement

me importa un pepino est une expression familière.

pepita *a plusieurs sens :*

1 **pepita** *peut signifier* **pépin** (de fruit)

2 **pepita** *peut signifier* **pépite** (d'or)

pequeño, pequeña petit(e)

► **de pequeño, pequeña** quand j'étais/tu étais/il était/etc. petit(e)

▷ De pequeña siempre me peleaba con mi hermano. Quand j'étais petite je me bagarrais toujours avec mon frère.

pera poire

percha cintre

percha est féminin.

perchero portemanteau

percibir percevoir

Se conjugue sur le modèle de vivir (voir ce verbe).

perder *a plusieurs sens :*

1 **perder** *peut signifier* **perdre**

2 **perder** *peut signifier* **rater** (le train par exemple)

Attention, ce verbe est irrégulier à certaines personnes, à certains modes et à certains temps.

INDICATIF PRÉSENT	SUBJONCTIF PRÉSENT	IMPÉRATIF
pierdo	pierda	
pierdes	pierdas	pierde
pierde	pierda	pierda
perdemos	perdamos	perdamos
perdéis	perdáis	perded
pierden	pierdan	pierdan

Pour les autres temps, se conjugue sur le modèle de deber (voir ce verbe).

pérdida perte

perdón pardon

perdonar pardonner

► **perdone** pardon *ou* excusez-moi

Se conjugue sur le modèle de cantar (voir ce verbe).

perecer périr

Attention ! perecer appartient au groupe des verbes se terminant en -acer, -ecer, -ocer et -ucir qui sont irréguliers à certaines personnes, à certains modes et à certains temps.

INDICATIF PRÉSENT	SUBJONCTIF PRÉSENT	IMPÉRATIF
perezco	perezca	
pereces	perezcas	perece
perece	perezca	perezca
perecemos	perezcamos	perezcamos
perecéis	perezcáis	pereced
perecen	perezcan	perezcan

Pour les autres temps, se conjugue sur le modèle de deber (voir ce verbe).

perejil persil

pereza paresse

► **me da pereza** j'ai la flemme

perezoso, perezosa paresseux(-euse)

perfecto, perfecta parfait(e)

perfil profil *ou* silhouette

perfume parfum

perfumería parfumerie

periódico journal

periodismo journalisme

periodista journaliste

Comme la plupart des mots se terminant en -ista, periodista peut être masculin ou féminin : el periodista, la periodista.

período *ou* **periodo** période

período est masculin.

perjudicar nuire à *ou* faire du tort à

▷ El tabaco perjudica la salud. Le tabac nuit à la santé.

Attention ! Pour conserver le son /k/ de l'infinitif, le c de perjudicar se transforme en qu devant un e :

▷ No quiero hacer nada que te perjudique. Je ne veux rien faire qui te fasse du tort.

Se conjugue sur le modèle de cantar (voir ce verbe).

perjudicial nuisible

permanecer rester

Attention ! permanecer appartient au groupe des verbes se terminant en -acer, -ecer, -ocer et -ucir qui sont irréguliers à certaines personnes, à certains modes et à certains temps.

INDICATIF PRÉSENT	SUBJONCTIF PRÉSENT	IMPÉRATIF
permanezco	permanezca	
permaneces	permanezcas	permanece
permanece	permanezca	permanezca
permanecemos	permanezcamos	permanezcamos
permanecéis	permanezcáis	permaneced
permanecen	permanezcan	permanezcan

Pour les autres temps, se conjugue sur le modèle de deber (voir ce verbe).

permiso **permission** *ou* **permis** *ou* **licence**

permitir **permettre** *ou* **donner la permission**

► **permitir que** + subjonctif *peut signifier* **permettre** ou **donner la permission de** + infinitif *lorsque le sujet du verbe de la subordonnée est le complément de permitir.*

▷ Mis padres me permiten que duerma en tu casa. Mes parents m'ont donné la permission de dormir chez toi.

► **permitir que** + subjonctif *peut signifier* **permettre que** + subjonctif *lorsque le sujet du verbe de la subordonnée n'est pas le complément de permitir.*

▷ No permito que nadie me hable así. Je ne permets pas qu'on me parle de cette façon.

Se conjugue sur le modèle de vivir (voir ce verbe).

pero **mais**

► **no hay pero que valga** **il n'y a pas de mais qui tienne**

► **sin pero** **sans défaut** ou **sans inconvénient**

► **poner peros** **soulever des objections**

perplejo, perpleja **perplexe**

perra **chienne**

perro **chien**

► **llevarse como el perro y el gato** **s'entendre comme chien et chat**

perseguir **poursuivre** *ou* **persécuter**

Dans ce mot, on reconnaît le verbe seguir qui signifie « suivre ». Ils se conjuguent de la même manière.

persiana **persienne** *ou* **store**

persona **personne**

► **ser buena persona** **être quelqu'un de bien**

personaje **personnage**

Attention à l'orthographe du mot personaje.

pertenecer **appartenir**

Attention ! pertenecer appartient au groupe des verbes se terminant en -acer, -ecer, -ocer et -ucir qui sont irréguliers à certaines personnes, à certains modes et à certains temps.

INDICATIF PRÉSENT	SUBJONCTIF PRÉSENT	IMPÉRATIF
pertenezco	pertenezca	
perteneces	pertenezcas	pertenece
pertenece	pertenezca	pertenezca
pertenecemos	pertenezcamos	pertenezcamos
pertenecéis	pertenezcáis	perteneced
pertenecen	pertenezcan	pertenezcan

Pour les autres temps, se conjugue sur le modèle de deber (voir ce verbe).

pértiga **perche** (gaule)

► **salto con pértiga** **saut à la perche**

Perú **Pérou**

peruano, peruana **péruvien(ne)** *ou* **Péruvien(ne)**

pesadez **lourdeur** *ou* **lenteur**

► **tener pesadez en los párpados** **avoir les paupières lourdes**

► **¡qué pesadez!** **la barbe !**

¡ qué pesadez ! est une expression familière.

pesadez est féminin.

pesadilla **cauchemar**

pesadilla est féminin.

pesado, pesada **lourd(e)** *ou* **lent(e)** *ou* **pénible**

pésame **condoléances**

► **dar el pésame** **présenter ses condoléances**

pesar *a des sens différents selon sa catégorie grammaticale :*

> Ce peut être un NOM :

1 **pesar** *peut signifier* **chagrin**

2 **pesar** *peut signifier* **remords**

► **a pesar de** **malgré**

► **a pesar de que** **bien que**

> Ce peut être un VERBE :

1 **pesar** *peut signifier* **peser**

2 **pesar** *peut signifier* **regretter**

Se conjugue sur le modèle de cantar (voir ce verbe).

pesca **pêche**

► **ir de pesca** **aller à la pêche**

pesca peut également être une forme du verbe pescar.

▷ Mi abuelo pesca anguilas en el río. Mon grand-père pêche des anguilles dans la rivière.

pescadería poissonnerie

pescado poisson

> Il ne faut pas confondre pescado qui signifie « poisson que l'on mange » et pez qui signifie « poisson vivant ».

pescador, pescadora pêcheur(-euse)

pescar *a plusieurs sens :*

1 pescar *peut signifier* **pêcher**

2 pescar *peut signifier* **attraper**

3 pescar *peut signifier* **piger** *ou* **comprendre**

> Dans les deux derniers sens, pescar est un mot familier.

Attention ! Pour conserver le son /k/ de l'infinitif, le c *de* pescar *se transforme en* qu *devant un* e *:*

▷ Pesqué una trucha enorme. J'ai pêché une énorme truite.

Se conjugue sur le modèle de cantar *(voir ce verbe).*

pésimo, pésima très mauvais(e)

pésimo, pésima *est le superlatif de* malo, mala.

peso poids

pestaña cil

pestaña *est féminin.*

peste *a plusieurs sens :*

1 peste *peut signifier* **peste**

2 peste *peut signifier* **puanteur**

pétalo pétale

petardo pétard

petición requête *ou* demande *ou* pétition

petirrojo rouge-gorge

petisú petit chou (pâtisserie)

peto salopette

peto *est masculin.*

petróleo pétrole

pez poisson

► como pez en el agua **comme un poisson dans l'eau**

► estar pez (en algo) **être nul** (en quelque chose) ou **nager complètement** (en quelque chose)

▷ ¡Estoy pez en geografía! Je nage complètement en géo !

> Il ne faut pas confondre pez qui signifie « poisson vivant » et pescado qui signifie « poisson que l'on mange ».

pianista pianiste

Comme la plupart des mots espagnols terminés par -ista, pianista *peut être masculin ou féminin :* un pianista, una pianista.

picadura piqûre

picar *a plusieurs sens :*

1 picar *peut signifier* **piquer**

2 picar *peut signifier* **mordre** (pour un serpent)

3 picar *peut signifier* **démanger**

4 picar *peut signifier* **picorer** *ou* **grignoter**

5 picar *peut signifier* **composter** (un billet)

6 ► picarse *peut signifier* **être carié(e)**

► picarse *peut signifier* **se vexer**

► picarse con alguien **se fâcher avec quelqu'un**

Attention ! Pour conserver le son /k/ de l'infinitif, le c *de* picar *se transforme en* qu *devant un* e *:*

▷ Pique el billete antes de subir al tren. Compostez votre billet avant de monter dans le train.

Se conjugue sur le modèle de cantar *(voir ce verbe).*

picardía *a plusieurs sens :*

1 picardía *peut signifier* **ruse** *ou* **astuce**

2 picardía *peut signifier* **sottise**

pícaro, pícara malin, maligne

picatoste croûton (pour la soupe)

picnic pique-nique

> Attention à l'orthographe du mot picnic.

pico *a plusieurs sens :*

1 pico *peut signifier* **bec**

2 pico *peut signifier* **pic**

3 ► ... y pico ... **et quelques**

▷ Son las cuatro y pico. Il est quatre heures et quelques.

> **i** pico peut également être une forme du verbe picar.

▷ Es verdad que si pico ahora, luego no tendré hambre a la hora de la cena. C'est vrai que si je grignote maintenant, je n'aurai pas faim à l'heure du dîner.

picor démangeaison *ou* picotement

pie *a plusieurs sens :*

1 pie *peut signifier* **pied**

► a pie **à pied**

► de pie **debout**

► **no tener ni pies ni cabeza** n'avoir ni queue ni tête

2 **pie** *peut signifier* **bas** (d'une page par exemple)

3 **pie** *peut signifier* **légende** (d'une carte par exemple)

piedad pitié

piedra pierre

► **quedarse de piedra** rester de marbre

piel peau *ou* fourrure

piel est féminin.

pierna *a plusieurs sens :*

1 **pierna** *peut signifier* **jambe**

2 **pierna** *peut signifier* **patte**

3 **pierna** *peut signifier* **gigot**

pieza *a plusieurs sens :*

1 **pieza** *peut signifier* **pièce**

2 **pieza** *peut signifier* **morceau** (de musique)

► **quedarse de una pieza** rester sans voix

> Attention ! pieza ne signifie pas « pièce » au sens de « partie d'une maison ».

pijo, pija BCBG

pila *a plusieurs sens :*

1 **pila** *peut signifier* **pile** (tas, batterie)

2 **pila** *peut signifier* **évier**

píldora pilule

pillar *a plusieurs sens :*

1 **pillar** *peut signifier* **attraper** *ou* **coincer**

► **pillarse** se coincer ou se pincer (les doigts par exemple)

2 **pillar** *peut signifier* **piller**

Se conjugue sur le modèle de cantar *(voir ce verbe).*

piloto pilote

pimienta poivre

> Attention ! pimienta ne signifie pas « piment ».

> Attention ! Ne pas confondre pimienta avec pimiento qui signifie « poivron ».

pimiento poivron *ou* piment

► **me importa un pimiento** je m'en moque

> Attention ! Ne pas confondre pimiento avec pimienta qui signifie « poivre ».

pincel pinceau

pinchar *a plusieurs sens :*

1 **pinchar** *peut signifier* **piquer**

2 **pinchar** *peut signifier* **crever** (un pneu)

3 **pinchar** *peut signifier* **taquiner**

Se conjugue sur le modèle de cantar *(voir ce verbe).*

pinchazo piqûre *ou* crevaison

pinchazo est masculin.

pincho brochette

pincho est masculin.

pingüino pingouin

pinta air (= aspect)

▷ Tienes pinta de payaso con este traje. Tu as l'air d'un clown avec ce costume.

► **tener buena pinta** avoir bonne mine (pour une personne) ou avoir l'air bon (pour un repas par exemple)

▷ ¡Qué buena pinta tiene este pastel! Ce gâteau a l'air délicieux !

> **i** pinta peut également être une forme du verbe pintar.

▷ Pinta este dibujo con tus nuevos lápices de colores. Colorie ce dessin avec tes nouveaux crayons de couleur.

pintada *a plusieurs sens :*

1 **pintada** *peut signifier* **pintade**

2 **pintada** *peut signifier* **graffiti**

pintalabios rouge à lèvres

Dans ce mot, on reconnaît le lien avec le verbe pintar *qui signifie « peindre » et le nom* labio *qui signifie « lèvre ».*

pintar peindre

► **pintarse** se maquiller

► **pintarse las uñas** se vernir les ongles

► **pintarse los labios** se mettre du rouge à lèvres

Se conjugue sur le modèle de cantar *(voir ce verbe).*

pintor, pintora peintre

► **pintor de brocha gorda** peintre en bâtiment

pintura peinture

pinza pince

piña *a plusieurs sens :*

1 **piña** *peut signifier* **ananas**

2 **piña** *peut signifier* **pomme de pin**

piojo pou

pipa *a plusieurs sens :*

1 **pipa** *peut signifier* **pipe**

2 **pipa** *peut signifier* **graine de tournesol**

► **pasarlo pipa s'amuser énormément**

> pasarlo pipa est une expression familière.

pirámide **pyramide**

> Attention à l'orthographe du mot pirámide.

piropo **galanterie** *ou* **compliment**

► **echarle piropos a alguien faire des compliments à quelqu'un**

pirulí **sucette** *ou* **sucre d'orge**

pirulí est masculin.

pisar **piétiner** *ou* **marcher sur** *ou* **écraser**

Se conjugue sur le modèle de cantar (voir ce verbe).

Piscis **Poissons** (= signe astrologique)

piso *a plusieurs sens :*

1 **piso** *peut signifier* **appartement**

2 **piso** *peut signifier* **étage**

3 **piso** *peut signifier* **sol**

► **en el piso par terre**

> piso peut également être une forme du verbe pisar.

▷ ¡Por poco te piso! J'ai failli te marcher dessus !

pista **piste**

pistola **pistolet**

pistola est féminin.

pitar **siffler** (avec un sifflet)

► **salir pitando filer** ou **partir à toute vitesse**

> salir pitando est une expression familière.

Se conjugue sur le modèle de cantar (voir ce verbe).

pitido **sifflement** *ou* **coup de sifflet**

pito **sifflet**

► **me importa un pito je m'en fiche complètement**

> me importa un pito est une expression familière.

> pito peut également être une forme du verbe pitar.

▷ Pito el final del partido. Je siffle la fin du match.

pizarra *a plusieurs sens :*

1 **pizarra** *peut signifier* **tableau noir**

► **salir a la pizarra aller au tableau**

2 **pizarra** *peut signifier* **ardoise** (= matière)

pizca **pincée**

► **ni pizca pas du tout**

placer *a des sens différents selon sa catégorie grammaticale :*

> Ce peut être un NOM :

placer *signifie* **plaisir**

> Ce peut être un VERBE :

placer *signifie* **plaire**

> Attention ! placer ne signifie pas « placer ».

Attention ! placer appartient au groupe des verbes se terminant en -acer, -ecer, -ocer et -ucir qui sont irréguliers à certaines personnes, à certains modes et à certains temps.

INDICATIF PRÉSENT	SUBJONCTIF PRÉSENT	IMPÉRATIF
plazco	plazca	
places	plazcas	place
place	plazca	plazca
placemos	plazcamos	plazcamos
placéis	plazcáis	placed
placen	plazcan	plazcan

Pour les autres temps, se conjugue sur le modèle de deber (voir ce verbe).

plaga **fléau**

plaga est féminin.

plan **plan** *ou* **projet**

plancha *a plusieurs sens :*

1 **plancha** *peut signifier* **fer à repasser**

2 **plancha** *peut signifier* **planche** (de surf ou à voile)

3 **plancha** *peut signifier* **gril**

► **a la plancha grillé(e)**

> plancha peut également être une forme du verbe planchar.

▷ Sólo plancha las camisas. Il ne repasse que les chemises.

planchar **repasser**

Se conjugue sur le modèle de cantar (voir ce verbe).

planear *a des sens différents selon sa catégorie grammaticale :*

> Ce peut être un VERBE TRANSITIF :

planear *signifie* **envisager** *ou* **planifier**

> Ce peut être un VERBE INTRANSITIF :

planear *signifie* **planer**

📖 *Se conjugue sur le modèle de* **cantar** *(voir ce verbe).*

planeta planète

🏳 **planeta** *est masculin.*

plano *a des sens différents selon sa catégorie grammaticale :*

> Ce peut être un ADJECTIF :

plano, plana *signifie* **plat(e)**

> Ce peut être un NOM :

plano *signifie* **plan** (au cinéma)

planta *a plusieurs sens :*

1 **planta** *peut signifier* **plante**

2 **planta** *peut signifier* **étage**

► **planta baja** **rez-de-chaussée**

► **tener buena planta** **avoir de l'allure**

plantar *a plusieurs sens :*

1 **plantar** *peut signifier* **planter**

2 **plantar** *peut signifier* **poser un lapin à** *ou* **laisser en plan**

Dans ce sens, **plantar** est un mot familier.

📖 *Se conjugue sur le modèle de* **cantar** *(voir ce verbe).*

plantear *a plusieurs sens :*

1 **plantear** *peut signifier* **projeter**

2 **plantear** *peut signifier* **poser** (une question)

► **plantearse** **se poser (la question de)** ou **envisager de**

▷ Se plantearon incluso ir a vivir al extranjero. Ils ont même envisagé de partir vivre à l'étranger.

📖 *Se conjugue sur le modèle de* **cantar** *(voir ce verbe).*

plantón

► **dar plantón a** **poser un lapin à**

dar plantón a est une expression familière.

plata **argent** (métal)

► **de plata** **en argent**

🏳 **plata** *est féminin.*

plátano **banane**

🏳 **plátano** *est masculin.*

plateado **argenté(e)**

🏳 *Dans ce mot, on reconnaît le lien avec le nom* **plata** *qui signifie « argent ».*

platillo **soucoupe**

► **platillos** **cymbales**

🏳 **platillo** *est masculin.*

plato *a plusieurs sens :*

1 **plato** *peut signifier* **assiette**

► **plato de postre** **assiette à dessert**

► **plato hondo** **assiette creuse**

► **plato llano** **assiette plate**

► **plato sopero** **assiette à soupe**

► **pagar los platos rotos** **payer les pots cassés**

2 **plato** *peut signifier* **plat** (cuisiné)

► **primer plato** **entrée**

► **segundo plato** **plat principal**

🏳 **plato** *est masculin.*

playa **plage**

plaza **place**

► **plaza de toros** **arène**

► **plaza mayor** **grand-place**

plegar **plier**

📖 *Attention ! Pour conserver le son /g/ de l'infinitif, le* **g** *de* **plegar** *se transforme en* **gu** *devant un* **e**. *De plus, ce verbe est irrégulier à certaines personnes, à certains modes et à certains temps.*

INDICATIF PRÉSENT	SUBJONCTIF PRÉSENT	IMPÉRATIF
pliego	pliegue	
pliegas	pliegues	pliega
pliega	pliegue	pliegue
plegamos	pleguemos	pleguemos
plegáis	pleguéis	plegad
pliegan	plieguen	plieguen

📖 *Pour les autres temps, se conjugue sur le modèle de* **cantar** *(voir ce verbe).*

pleito **procès**

► **entablar un pleito** **entamer un procès**

► **poner un pleito a alguien** **poursuivre** quelqu'un (en justice)

pliegue **pli**

ℹ **pliegue** peut également être une forme du verbe **plegar**.

▷ ¡No pliegue estas hojas, son documentos importantes! Ne pliez pas ces feuilles, ce sont des documents importants !

plomo **plomb**

pluma *a plusieurs sens :*

1 **pluma** *peut signifier* **plume**

► **de plumas** **en plumes**

2 **pluma** *peut signifier* **stylo plume**

plumaje **plumage**

Attention à l'orthographe du mot **plumaje**.

plural pluriel(le)

población localité *ou* population

Dans ce mot, on reconnaît le lien avec le mot pueblo *qui signifie « village » et « peuple ».*

poblado *a des sens différents selon sa catégorie grammaticale :*

> Ce peut être un NOM :

poblado *signifie* **localité**

> Ce peut être un ADJECTIF :

poblado, poblada *signifie* **peuplé(e)**

ℹ poblado peut également être le participe passé du verbe poblar.

poblado *est masculin.*

poblar peupler

Dans ce mot, on reconnaît le lien avec le mot pueblo *qui signifie « village » et « peuple ».*

Attention, ce verbe est irrégulier à certaines personnes, à certains modes et à certains temps.

INDICATIF PRÉSENT	SUBJONCTIF PRÉSENT	IMPÉRATIF
pueblo	pueble	
pueblas	puebles	puebla
puebla	pueble	pueble
poblamos	poblemos	poblemos
pobláis	probléis	poblad
pueblan	pueblen	pueblen

Se conjugue sur le modèle de cantar *(voir ce verbe).*

pobre pauvre

pobreza pauvreté

poco *a des sens différents selon sa catégorie grammaticale :*

> Ce peut être un ADVERBE :

poco *signifie* **peu** *ou* **pas très**

▷ Su padre es poco amable. Son père n'est pas très aimable.

► cuesta poco **ça ne coûte pas cher**

► dentro de poco **dans peu de temps**

► desde hace poco **depuis peu**

► hace poco **il n'y a pas longtemps**

► poco a poco **petit à petit**

► por poco **un peu plus et** (indique que quelque chose a failli arriver)

▷ Por poco me caigo. Un peu plus et je tombais *ou* J'ai failli tomber.

Attention : s'il s'agit de quelque chose qui a failli arriver à l'instant où l'on parle, l'espagnol utilise le présent après por poco.

> Ce peut être un ADJECTIF :

poco, poca *signifie* **peu de**

▷ Tengo poco tiempo para hablar con él. J'ai peu de temps pour lui parler.

ℹ poco s'accorde en genre et en nombre avec le nom auquel il se rapporte :

▷ Tiene pocas ideas. Il a peu d'idées.

> Ce peut être un NOM :

► un poco de algo **un peu de** quelque chose

poder *a plusieurs catégories grammaticales :*

> Ce peut être un NOM :

poder *signifie* **pouvoir**

> Ce peut être un VERBE :

1 **poder** *peut signifier* **pouvoir**

▷ No puedo hacerlo. Je ne peux pas le faire.

2 *À la forme impersonnelle,* poder *peut servir à exprimer la possibilité.*

▷ Puede que llegue más tarde. Il se peut qu'il arrive plus tard.

Voir tableau p. suivante.

poderoso, poderosa puissant(e)

Dans ce mot, on reconnaît le lien avec le verbe poder *qui signifie « pouvoir ».*

podr... (podré, podrás, podría, etc.) *voir* **poder.**

podrido, podrida pourri(e)

poema poème

poema *est masculin.*

poeta poète

poeta *est masculin.*

poetisa poétesse

polaco, polaca polonais(e) *ou* Polonais(e)

polar polaire

Attention ! polar ne signifie pas « polar ».

poli *a des sens différents selon qu'il est masculin ou féminin :*

1 **un poli** (masculin) *signifie* **un flic**

2 **la poli** (féminin) *signifie* **la police** *ou* **les flics**

poli *est l'abréviation de* policía.

poli est un mot familier.

policía *a des sens différents selon qu'il est masculin ou féminin :*

1 **un policía** (masculin) *signifie* **un policier**

2 **la policía** (féminin) *signifie* **la police**

policíaco, policíaca policier(-ère)

► novela policíaca **roman policier**

política politique

PODER				
INDICATIF				CONDITIONNEL
PRÉSENT	IMPARFAIT	PASSÉ SIMPLE	FUTUR	PRÉSENT
puedo puedes puede podemos podéis pueden	podía podías podía podíamos podíais podían	pude pudiste pudo pudimos pudisteis pudieron	podré podrás podrá podremos podréis podrán	podría podrías podría podríamos podríais podrían
SUBJONCTIF		IMPÉRATIF		
PRÉSENT	IMPARFAIT			
pueda puedas pueda podamos podáis puedan	pudiera pudieras pudiera pudiéramos pudierais pudieran	puede pueda podamos poded puedan	INFINITIF PARTICIPE GÉRONDIF	poder podido pudiendo

político, política *a des sens différents selon sa catégorie grammaticale :*

> Ce peut être un ADJECTIF :

político, política *signifie* **politique**

> Ce peut être un NOM :

político, política *signifie* **homme** *ou* **femme politique**

pollito poussin

pollito peut aussi signifier « bambin ».

pollo poulet

polo *a plusieurs sens :*

1 **polo** *peut signifier* **pôle**

2 **polo** *peut signifier* **esquimau** (= glace)

3 **polo** *peut signifier* **polo**

polvo *a plusieurs sens :*

1 **polvo** *peut signifier* **poussière**

2 **polvo** *peut signifier* **poudre**

► **estar hecho, hecha polvo** **être crevé(e)** ou **lessivé(e)**

estar hecho, hecha polvo est une expression familière.

polvo *est masculin.*

pólvora **poudre** (= explosif)

pomelo **pamplemousse**

pompa *a plusieurs sens :*

1 **pompa** *peut signifier* **pompe**

2 **pompa** *peut signifier* **bulle** (de savon)

pompón **pompon**

pon *est le verbe* **poner** *à la troisième personne du singulier à l'impératif.*

▷ ¡Pon la televisión! Allume la télévision !

pondr... (pondré, pondrás, pondría, etc.) → **poner**

poner *a plusieurs sens :*

1 **poner** *peut signifier* **mettre** *ou* **poser**

2 **poner** *peut signifier* **allumer** *ou* **mettre en marche**

3 **poner** *peut signifier* **passer** (un film par exemple)

4 **poner** *peut signifier* **appeler** (= donner un nom à)

5 ► **ponerse** *peut signifier* **se placer** ou **se mettre**

► **ponerse** *peut signifier* **mettre** (un vêtement)

► **ponerse** + adjectif *signifie* **devenir** + adjectif

▷ Se puso nervioso. Il est devenu nerveux.

► **ponerse a hacer algo** **se mettre à** faire quelque chose

Voir tableau p. suivante.

pong... (pongo, pongas, pongamos, etc.) → **poner**

poni **poney**

por *a plusieurs sens :*

1 **por** *peut signifier* **par** *pour exprimer le moyen ou le lieu ou pour introduire le complément d'agent :*

▷ Pasó por Madrid. Il est passé par Madrid.

▷ Este puente fue construido por los romanos. Ce pont a été construit par les Romains.

2 **por** *peut signifier* **fois** (pour multiplier)

▷ Veinte por cinco son ciento. Cinq fois vingt font cent.

3 **por** *peut signifier* **à cause de**

▷ Nos quedamos en casa por la lluvia. Nous sommes restés à la maison à cause de la pluie.

4 **por** *peut signifier* **vers** *ou* **dans**

PONER				
INDICATIF				CONDITIONNEL
PRÉSENT	IMPARFAIT	PASSÉ SIMPLE	FUTUR	PRÉSENT
pongo	ponía	puse	pondré	pondría
pones	ponías	pusiste	pondrás	pondrías
pone	ponía	puso	pondrá	pondría
ponemos	poníamos	pusimos	pondremos	pondríamos
ponéis	poníais	pusisteis	pondréis	pondríais
ponen	ponían	pusieron	pondrán	pondrían
SUBJONCTIF		IMPÉRATIF		
PRÉSENT	IMPARFAIT			
ponga	pusiera		INFINITIF	poner
pongas	pusieras	pon		
ponga	pusiera	ponga	PARTICIPE	puesto
pongamos	pusiéramos	pongamos		
pongáis	pusierais	poned	GÉRONDIF	poniendo
pongan	pusieran	pongan		

▷ Paseo por la calle. Je me promène dans la rue.

5 **por** *n'est pas toujours traduit en français :*

▷ Vino por la mañana. Il est venu le matin.

6 **por** *peut être employé dans des expressions :*

► **por teléfono au téléphone**

► **quedar por** + infinitif **rester à** + infinitif

▷ La pintura queda por hacer. Il reste la peinture à faire.

► **por si acaso pour le cas où**

porcentaje **pourcentage**

Attention à l'orthographe du mot porcentaje.

porción **part** *ou* **partie**

porque **parce que**

Attention ! Ne pas confondre porque avec por qué qui signifie « pourquoi ».

por qué **pourquoi**

▷ ¿Por qué dices eso? Pourquoi dis-tu ça ?

Attention ! Ne pas confondre por qué avec porque qui signifie « parce que ».

portada *a plusieurs sens :*

1 **portada** *peut signifier* **couverture** (d'un magazine)

2 **portada** *peut signifier* **une** (= première page d'un journal)

3 **portada** *peut signifier* **façade**

portaequipajes **porte-bagages**

Comme dans le mot français, on remarque le lien avec portar qui signifie « porter », et avec le nom equipajes qui signifie « bagages ».

portal **porche** (entrée d'immeuble)

portarse **se comporter** *ou* **se conduire**

► **portarse bien bien se conduire** *ou* **être sage**

► **portarse mal mal se conduire**

Se conjugue sur le modèle de **burlarse** *(voir ce verbe).*

portátil **portatif(-ive)**

► **ordenador portátil (ordinateur) portable**

portazo

► **dar un portazo claquer la porte**

portero, portera *a plusieurs sens :*

1 **portero, portera** *peut signifier* **gardien(ne) d'immeuble**

► **portero automático interphone**

2 **portero, portera** *peut signifier* **gardien(ne) de but**

portezuela **portière**

portorriqueño, portorriqueña **portoricain(e)** *ou* **Portoricain(e)**

portugués, portuguesa **portugais(e)** *ou* **Portugais(e)**

porvenir **avenir**

posar *a plusieurs sens :*

1 **posar** *peut signifier* **se poser** (en parlant d'un oiseau)

2 **posar** *peut signifier* **poser** (pour une photo)

3 **posar** *peut signifier* **loger**

4 ► **posarse retomber** (particules)

poseer **posséder** *ou* **détenir**

Comme la plupart des verbes terminés en **-uir, -eer** *et* **-aer, poseer** *subit des modifications orthographiques : le* **i** *se transforme en* **y** *devant* **o** *et* **e**.

▷ Los españoles poseyeron casi la totalidad de América del Sur. Les Espagnols ont possédé presque toute l'Amérique du Sud.

Se conjugue sur le modèle de deber *(voir ce verbe).*

posguerra après-guerre

posibilidad possibilité

► **posibilidades** chances

Attention ! Il n'y a qu'un seul s à posibilidad. Les seules consonnes qui peuvent redoubler en espagnol sont le c, le r, le l et le n.

postal *a des sens différents selon sa catégorie grammaticale :*

> Ce peut être un ADJECTIF :

postal *signifie* **postal(e)**

> Ce peut être un NOM :

postal *signifie* **carte postale**

postal *est masculin.*

poste poteau

Attention ! poste ne signifie pas « poste ».

postigo volet

postre dessert

postura position *ou* posture

potencia puissance

potente puissant(e)

potro poulain

pozo puits

práctica pratique *ou* expérience

► **prácticas** travaux pratiques ou stage

practicar faire *ou* pratiquer (un sport par exemple)

▷ ¿Practicas el tenis? Tu fais du tennis ?

Attention ! Pour conserver le son /k/ de l'infinitif, le c *de* practicar *se transforme en* qu *devant un* e *:*

▷ Toda la semana pasada practiqué la coreografía para el espectáculo. Toute la semaine dernière j'ai fait la chorégraphie pour le spectacle.

Se conjugue sur le modèle de cantar *(voir ce verbe).*

prado pré

precio prix

► **a cualquier precio** à tout prix

precioso, preciosa *a plusieurs sens :*

1 **precioso, preciosa** *peut signifier* **précieux (-euse)** *ou* **de grande valeur**

2 **precioso, preciosa** *peut signifier* **très joli(e)**

precisar *a plusieurs sens :*

1 **precisar** *peut signifier* **préciser**

2 **precisar** *peut signifier* **indiquer**

3 **precisar** *peut signifier* **avoir besoin de**

▷ Precisamos un profesor. Nous avons besoin d'un professeur.

ℹ Notez l'absence d'article après le verbe precisar.

Se conjugue sur le modèle de cantar *(voir ce verbe).*

preciso, precisa précis(e)

► **en ese preciso momento** à ce moment précis

► **es preciso que...** il faut que...

▷ Es preciso que termine los ejercicios. Il faut que je termine les exercices.

preferentemente de préférence

preferible préférable

preferido, preferida préféré(e)

ℹ preferido peut également être le participe passé du verbe preferir.

▷ Ha preferido no venir. Il a préféré ne pas venir.

preferir préférer

Attention, ce verbe est irrégulier à certaines personnes, à certains modes et à certains temps.

Pour les autres temps, se conjugue sur le modèle de vivir *(voir ce verbe).*

prefijo préfixe

pregunta question

► **hacer una pregunta** poser une question

PREFERIR

INDICATIF PRÉSENT	SUBJONCTIF PRÉSENT	PASSÉ SIMPLE	SUBJONCTIF IMPARFAIT	IMPÉRATIF
prefiero	prefiera	preferí	prefiriera	
prefieres	prefieras	preferiste	prefirieras	prefiere
prefiere	prefiera	prefirió	prefiriera	prefiera
preferimos	prefiramos	preferimos	prefiriéramos	prefiramos
preferís	prefiráis	preferisteis	prefirierais	preferid
prefieren	prefieran	prefirieron	prefirieran	prefieran

ℹ **pregunta** peut également être une forme du verbe **preguntar**.

▷ Pregunta más bien a tus padres. Demande plutôt à tes parents.

preguntar demander (poser une question)

► **preguntar por** alguien **demander** quelqu'un

📖 *Se conjugue sur le modèle de* cantar *(voir ce verbe).*

prejuicio **préjugé**

premiar **récompenser** *ou* **décerner un prix à**

📖 *Se conjugue sur le modèle de* cantar *(voir ce verbe).*

premio prix *ou* **récompense**

► **premio gordo** **gros lot**

prenda **vêtement**

⚐ prenda *est féminin.*

prender *a plusieurs sens :*

1 **prender** *peut signifier* **brûler** *ou* **mettre le feu à**

2 **prender** *peut signifier* **arrêter** (en parlant de la police)

3 **prender** *peut signifier* **attacher**

📖 *Le verbe* prender *a deux participes passés : on utilise* prendido *(au sens de « attaché ») ou* preso *(au sens de « arrêté »).*

📖 *Se conjugue sur le modèle de* deber *(voir ce verbe).*

prensa **presse**

► **rueda de prensa** **conférence de presse**

prensar **presser**

📖 *Se conjugue sur le modèle de* cantar *(voir ce verbe).*

preocupado, preocupada **préoccupé(e)** *ou* **inquiet(-ète)**

ℹ **preocupado** peut également être le participe passé du verbe **preocupar**.

▷ Nos hemos preocupado. Nous nous sommes inquiétés.

Attention à l'orthographe de **preocupado**.

preocupar **préoccuper**

► **preocuparse de** algo **s'occuper de** quelque chose

► **preocuparse por** alguien **s'inquiéter pour** ou **se soucier de** quelqu'un

► **¡No te preocupes!** **Ne t'en fais pas !**

📖 *Se conjugue sur le modèle de* cantar *(voir ce verbe).*

Attention à l'orthographe de **preocupar**.

preparado *a des sens différents selon sa catégorie grammaticale :*

> Ce peut être un ADJECTIF :

1 **preparado, preparada** *peut signifier* **prêt(e)**

► **¡preparados...listos...ya!** **à vos marques... prêts... partez !**

2 **preparado, preparada** *peut signifier* **formé(e)** *ou* **préparé(e)**

> Ce peut être un NOM :

preparado *signifie* **préparation**

⚐ preparado *est masculin.*

ℹ **preparado** peut également être le participe passé du verbe **preparar**.

▷ He preparado la cena. J'ai préparé le dîner.

preparar **préparer**

► **prepararse para** hacer algo **se préparer à** faire quelque chose

📖 *Se conjugue sur le modèle de* cantar *(voir ce verbe).*

presa *a plusieurs sens :*

1 **presa** *peut signifier* **proie**

2 **presa** *peut signifier* **barrage**

3 **presa** *peut signifier* **prisonnière**

prescindir **faire abstraction de** *ou* **se passer de**

📖 *Se conjugue sur le modèle de* vivir *(voir ce verbe).*

presencia **présence**

presenciar **assister à** *ou* **être témoin de**

📖 *Se conjugue sur le modèle de* cantar *(voir ce verbe).*

preso **prisonnier**

ℹ **preso** peut également être le participe passé du verbe **prender**.

prestado, prestada **prêté(e)**

► **dejar** algo **prestado** **prêter** quelque chose

► **pedir** algo **prestado** **emprunter** quelque chose

préstamo **un prêt**

prestar **prêter**

► **prestar ayuda** **prêter main-forte**

► **prestar a malentendidos** **prêter à confusion**

► **prestar atención** **prêter attention**

📖 *Se conjugue sur le modèle de* cantar *(voir ce verbe).*

prestigio **prestige**

presumir se vanter

▷ Siempre presume de ser el mejor alumno de la clase. Il se vante toujours d'être le meilleur élève de la classe.

Se conjugue sur le modèle de vivir (voir ce verbe).

presuntuoso, presuntuosa prétentieux (-euse)

presupuesto budget

prevenir *a plusieurs sens :*

1 prevenir *peut signifier* **prévenir** *ou* **prévoir**

2 prevenir *peut signifier* **éviter** *ou* **empêcher**

Dans ce mot, on reconnaît le verbe venir. Ils se conjuguent de la même manière.

prever prévoir

► prever hacer algo **prévoir de** faire quelque chose

Notez l'absence de de dans l'expression espagnole.

Se conjugue sur le modèle de ver (voir ce verbe).

previo, previa préalable

prima *a plusieurs sens :*

1 prima *peut signifier* **prime**

2 prima *peut signifier* **cousine**

primario, primaria primaire

primavera printemps

primavera est féminin.

primaveral printanier(-ière)

primer *est la forme apocopée de* primero

L'apocope est la suppression d'une ou plusieurs lettres à la fin d'un mot. primero s'apocope en primer devant un nom masculin singulier.

primero *a des sens différents selon sa catégorie grammaticale :*

> Ce peut être un ADJECTIF :

primero, primera *signifie* **premier(-ère)**

► a la primera **du premier coup**

► a primeros de semana/mes/etc. **en début de semaine/mois/**etc.

> Ce peut être un ADVERBE :

primero *signifie* **d'abord**

primo cousin

► primos **cousins et cousines**

princesa princesse

príncipe prince

► príncipe azul **prince charmant**

Attention à l'orthographe du mot príncipe.

principiante débutant(e)

principio *a plusieurs sens :*

1 principio *peut signifier* **début** *ou* **commencement**

► a principios de **au début de**

► al principio **au début**

2 principio *peut signifier* **principe**

prioridad priorité

prisa hâte

► correr prisa **être urgent(e)**

► darse prisa **se dépêcher**

► tener prisa **être pressé(e)**

prisión prison

prisionero, prisionera prisonnier(-ière)

privado, privada privé(e)

privilegio privilège

probador cabine d'essayage

Dans ce mot, on reconnaît le lien avec le verbe probar qui signifie « essayer ».

probar *a plusieurs sens :*

1 probar *peut signifier* **essayer** (un vêtement)

2 probar *peut signifier* **goûter**

3 probar *peut signifier* **prouver**

Attention, ce verbe est irrégulier à certaines personnes, à certains modes et à certains temps.

INDICATIF PRÉSENT	SUBJONCTIF PRÉSENT	IMPÉRATIF
pruebo	pruebe	
pruebas	pruebes	prueba
prueba	pruebe	pruebe
probamos	probemos	probemos
probáis	probéis	probad
prueban	prueben	prueben

Pour les autres temps, se conjugue sur le modèle de cantar (voir ce verbe).

problema problème

► ningún problema **pas de** ou **aucun problème**

▷ ¿Cuál es el problema? Quel est le problème ?

problema est masculin.

procedencia provenance

proceder *a plusieurs sens :*

1 **proceder** *peut signifier* **venir** *ou* **provenir**

2 **proceder** *peut signifier* **procéder** *ou* **agir**

Se conjugue sur le modèle de deber *(voir ce verbe).*

procedimiento **procédé** *ou* **méthode**

proceso *a plusieurs sens :*

1 **proceso** *peut signifier* **processus**

2 **proceso** *peut signifier* **procès**

procurar *a plusieurs sens :*

1 **procurar** *peut signifier* **essayer de**

▷ Procura acabar temprano. Essaie de finir tôt.

> Notez l'absence de préposition en espagnol.

2 **procurar** *peut signifier* **procurer** *ou* **fournir**

► **procurarse** **se procurer**

Se conjugue sur le modèle de cantar *(voir ce verbe).*

producir **produire**

Attention ! producir *appartient au groupe des verbes se terminant en* -ducir *qui sont irréguliers à certaines personnes, à certains modes et à certains temps.*

Pour les autres temps, se conjugue sur le modèle de vivir *(voir ce verbe).*

producto **produit**

profe **prof**

profe *est l'abréviation de* profesor, profesora.

profesión **profession**

> Attention ! Il n'y a qu'un seul s à profesión.

profesor, profesora **professeur**

profundidad **profondeur**

► **las profundidades marinas** **les fonds marins**

profundo, profunda **profond(e)**

programa **programme** *ou* **logiciel**

> Attention ! Il n'y a qu'un seul m à programa.

programa *est masculin.*

> programa peut également être une forme du verbe programar.

▷ Programa su lector MP3. Il programme son lecteur MP3.

programar **programmer**

> Attention à l'orthographe du mot espagnol.

Se conjugue sur le modèle de cantar *(voir ce verbe).*

progresar **progresser** *ou* **faire des progrès**

Se conjugue sur le modèle de cantar *(voir ce verbe).*

progreso **progrès**

> progreso peut également être une forme du verbe progresar.

▷ No progreso mucho. Je ne fais pas beaucoup de progrès.

prohibición **interdiction**

Dans ce mot, on reconnaît le lien avec le verbe prohibir *qui signifie « interdire ».*

prohibido, prohibida **interdit(e)**

► **prohibido fumar** **défense de fumer**

► **prohibida la entrada** **entrée interdite**

► **dirección prohibida** **sens interdit**

prohibir **interdire**

► **prohibir que** + subjonctif *peut signifier* **interdire de** + infinitif *lorsque le sujet du verbe de la subordonnée est le complément de* prohibir.

▷ Te prohíbo que entres en mi cuarto. Je t'interdis d'entrer dans ma chambre.

► **prohibir que** + subjonctif *peut signifier* **interdire que** + subjonctif *lorsque le sujet du verbe de la subordonnée n'est pas le complément de* prohibir.

▷ Mi madre me ha prohibido que el perro duerma en mi cuarto. Ma mère m'a interdit de faire dormir le chien dans ma chambre.

PRODUCIR				
INDICATIF PRÉSENT	PASSÉ SIMPLE	SUBJONCTIF PRÉSENT	SUBJONCTIF IMPARFAIT	IMPÉRATIF
produzco	produje	produzca	produjera	
produces	produjiste	produzcas	produjeras	produce
produce	produjo	produzca	produjera	produzca
producimos	produjimos	produzcamos	produjéramos	produzcamos
producís	produjisteis	produzcáis	produjerais	producid
producen	produjeron	produzcan	produjeran	produzcan

Attention ! Ce verbe est irrégulier à certaines personnes, certains temps et certains modes.

INDICATIF PRÉSENT	SUBJONCTIF PRÉSENT	IMPÉRATIF
prohíbo	prohíba	
prohíbes	prohíbas	prohíbe
prohíbe	prohíba	prohíba
prohibimos	prohibamos	prohibamos
prohibís	prohibáis	prohibid
prohíben	prohíban	prohíban

Pour les autres temps, se conjugue sur le modèle de vivir *(voir ce verbe).*

promesa **promesse**

prometer **promettre**

Se conjugue sur le modèle de deber *(voir ce verbe).*

pronóstico *a plusieurs sens :*

1 pronóstico *peut signifier* **pronostic**

2 pronóstico *peut signifier* **diagnostic**

3 pronóstico *peut signifier* **prévisions météorologiques**

pronóstico *est masculin singulier.*

pronto *a plusieurs sens :*

1 pronto *peut signifier* **vite**

▷ Vuelve pronto. Reviens vite.

2 pronto *peut signifier* **tôt**

▷ Tengo que levantarme pronto para ir a trabajar. Je dois me lever tôt pour aller travailler.

3 pronto *peut signifier* **bientôt**

▷ ¿Nos vemos pronto? On se voit bientôt ?

► **de pronto soudain**

► **tan pronto como... dès que...**

▷ Nos vemos tan pronto como tenga el dinero necesario para el viaje. On se retrouve dès que j'ai l'argent nécessaire pour le voyage.

▷ Os llamo tan pronto como llegue al aeropuerto. Je vous téléphone dès que j'arrive à l'aéroport.

▷ Vine tan pronto como supe la noticia. Je suis venu dès que j'ai appris la nouvelle.

propiedad **propriété**

Attention à l'orthographe du mot propiedad qui ne prend pas de r après le second p.

propina **pourboire**

propina *est féminin.*

propio, propia **propre** (pour exprimer la possession)

▷ Ya tiene su propia opinión sobre el mundo. Il a déjà sa propre opinion sur le monde.

▷ ¿Tienes habitación propia? Tu as une chambre à toi tout seul ?

▷ Prefiero trabajar con mis propias herramientas. Je préfère travailler avec mes propres outils.

Attention à l'orthographe du mot proprio qui ne prend pas de r après le second p.

proponer **proposer**

► **proponer a alguien que** + subjonctif **proposer à** quelqu'un **de** + infinitif

▷ Te propongo que vayamos al cine. Je te propose d'aller au cinéma.

Attention à l'utilisation du subjonctif après proponer que ainsi qu'à l'utilisation de que.

Se conjugue sur le modèle de poner *(voir ce verbe). Attention, ce verbe est irrégulier à certaines personnes, à certains modes et à certains temps.*

proporcionar *a plusieurs sens :*

1 proporcionar *peut signifier* **proportionner**

2 proporcionar *peut signifier* **fournir**

► **proporcionar un documento fournir un document**

propuesto, propuesta *a des sens différents selon sa catégorie grammaticale :*

> Ce peut être un ADJECTIF :

propuesto, propuesta *signifie* **proposé(e)**

> Ce peut être un NOM :

propuesta *signifie* **proposition**

propuesto peut également être le participe passé du verbe proponer.

prórroga *a plusieurs sens :*

1 prórroga *peut signifier* **prolongation** (d'un match)

2 prórroga *peut signifier* **délai** (supplémentaire)

prórroga *est féminin.*

prospecto **prospectus**

protagonista **héros, héroïne** *ou* **protagoniste**

Comme la plupart des mots se terminant en -ista, protagonista *peut être masculin ou féminin :* el protagonista, la protagonista

proteger **protéger**

Attention ! Pour conserver le son /x/ de l'infinitif, le g *de* proteger *se transforme en* j *devant un* a *ou un* o *:*

▷ Llamo a la policía para que nos proteja. J'appelle la police pour qu'elle nous protège.

Se conjugue sur le modèle de deber *(voir ce verbe).*

provecho **profit**

► **¡buen provecho! bon appétit**

proveedor, proveedora **fournisseur(-euse)**

proveer fournir

📖 *Comme la plupart des verbes terminés en* -uir, -eer *et* -aer, proveer *subit des modifications orthographiques : le* i *se transforme en* y *devant* o *et* e.

▻ Proveyeron el zumo de naranja. Ils ont fourni le jus d'orange.

📖 *Se conjugue sur le modèle de* deber *(voir ce verbe).*

provisional provisoire

provocar provoquer

📖 *Attention ! Pour conserver le son /k/ de l'infinitif, le* c *de* provocar *se transforme en* qu *devant un* e *:*

▻ ¡No provoques pelea! Ne provoque pas de bagarre !

📖 *Se conjugue sur le modèle de* cantar *(voir ce verbe).*

próximo, próxima *a plusieurs sens :*

1 **próximo, próxima** *peut signifier* **proche**

2 **próximo, próxima** *peut signifier* **prochain(e)**

proyección projection

> Attention à l'orthographe du mot proyección.

proyectar projeter

> Attention à l'orthographe du mot proyectar.

📖 *Se conjugue sur le modèle de* cantar *(voir ce verbe).*

proyecto projet

> Attention à l'orthographe du mot proyecto.

> ℹ proyecto peut également être une forme du verbe proyectar.

▻ Proyecto irme a vivir a Perú. Je projette de partir vivre au Pérou.

proyector projecteur

prueba *a plusieurs sens :*

1 **prueba** *peut signifier* **essai** *ou* **essayage**

2 **prueba** *peut signifier* **analyse**

3 **prueba** *peut signifier* **épreuve**

4 **prueba** *peut signifier* **preuve**

> ℹ prueba peut également être une forme du verbe probar.

▻ ¡Pruébalo! Prouve-le !

▻ Prueba este pastel que acabo de hacer. Goûte le gâteau que je viens de faire.

psicología psychologie

psicólogo, psicóloga psychologue

psiquiatra psychiatre

publicar publier

📖 *Attention ! Pour conserver le son /k/ de l'infinitif, le* c *de* publicar *se transforme en* qu *devant un* e *:*

▻ Publiqué mi primer artículo en el periódico local. J'ai publié mon premier article dans le journal local.

📖 *Se conjugue sur le modèle de* cantar *(voir ce verbe).*

público, pública public, publique

► **hacer público** rendre public

pudrir pourrir

📖 *Se conjugue sur le modèle de* vivir *(voir ce verbe). Attention, le participe passé de* pudrir *est irrégulier :* podrido.

pueblo *a plusieurs sens :*

1 **pueblo** *peut signifier* **village**

2 **pueblo** *peut signifier* **peuple**

puente pont

puerca truie

puerco cochon *ou* porc

► **puerco espín** porc-épic

puerro poireau

puerta porte *ou* portière

puerto port

Puerto Rico Porto Rico

puertorriqueño, puertorriqueña portoricain(e) *ou* Portoricain(e)

pues *a plusieurs sens :*

1 **pues** *peut signifier* **alors** *ou* **donc** *pour exprimer la conséquence.*

▻ Si no tienes nada que hacer, ¡pues ven con nosotros al cine! Si tu n'as rien à faire, alors viens avec nous au cinéma !

► **¡pues claro!** bien sûr !

2 **pues** *peut signifier* **parce que** *ou* **car**

▻ Tengo sueño, pues me acosté muy tarde anoche. J'ai sommeil parce que je me suis couché très tard hier.

3 **pues** *peut signifier* **eh bien !**

▻ ¡Pues mejor! Eh bien tant mieux !

puesta
- ► **puesta al día** mise à jour
- ► **puesta a punto** mise au point
- ► **puesta del sol** coucher du soleil
- ► **puesta en escena** mise en scène
- ► **puesta en marcha** mise en marche

puesto place *ou* poste
- ► **puesto de socorro** poste de secours
- ► **puesto de policía** poste de police
- ► **puesto que** puisque

> i puesto peut également être le participe passé du verbe poner.

▷ He puesto el libro en la mesa. J'ai mis le livre sur la table.

pulga puce
- ► **tener malas pulgas** avoir mauvais caractère

pulgada pouce (= mesure)

pulgada est féminin.

pulgar pouce (= doigt)

pulgar est masculin.

pulmón poumon

pulpo poulpe *ou* pieuvre

pulsar appuyer

▷ Pulsa el botón de la derecha. Appuie sur le bouton de droite.

> Remarquez l'absence de préposition en espagnol dans pulsar algo (appuyer sur quelque chose).

Se conjugue sur le modèle de cantar *(voir ce verbe).*

pulsera bracelet

pulsera est féminin.

pulso pouls
- ► **echar un pulso** faire un bras de fer

punta pointe *ou* bout
- ► **tecnología punta** technologie de pointe
- ► **de punta a punta** d'un bout à l'autre
- ► **hora punta** heure de pointe

puntapié coup de pied

punteado *a plusieurs sens :*

1 **punteado** *peut signifier* **pointillé**

2 **punteado** *peut signifier* **pincement** (de cordes de guitare)

puntiagudo, puntiaguda pointu(e)

puntillas
- ► **andar de puntillas** marcher sur la pointe des pieds

punto point *ou* endroit
- ► **a punto** prêt(e) ou à point
- ► **en punto** pile (en parlant de l'heure)
- ► **estar a punto de** hacer algo être sur le point de faire quelque chose
- ► **punto de vista** point de vue
- ► **punto y coma** point virgule
- ► **puntos suspensivos** points de suspension
- ► **punto débil** point faible

puntuación ponctuation

> Attention à l'orthographe du mot puntuación.

puntual ponctuel(le)
- ► **llegar puntual** arriver à l'heure

puñado poignée (quantité)
- ► **un puñado de arena** une poignée de sable

puñado est masculin.

puñal poignard

puñetazo coup de poing

puño *a plusieurs sens :*

1 **puño** *peut signifier* **poing**

2 **puño** *peut signifier* **manche** (d'un objet)

3 **puño** *peut signifier* **poignet** (d'un vêtement)

puré purée

puré est masculin.

puro *a des sens différents selon sa catégorie grammaticale :*

> Ce peut être un ADJECTIF :

puro, pura *signifie* **pur(e)**

> Ce peut être un NOM :

puro *signifie* **cigare**

pus... (puse, pusiste, pusiera, etc.) → poner

Qq

que (sans accent) *a des sens différents selon sa catégorie grammaticale :*

> Ce peut être une CONJONCTION :

1 **que** *peut signifier* **que**

▷ Mi casa es más grande que ésta. Ma maison est plus grande que celle-ci.

▷ Dijo que vendría. Il a dit qu'il viendrait.

2 *Avec des verbes exprimant des ordres ou des demandes (comme* pedir*),* que *correspond à* **de**

▷ Te pido que vengas rápido. Je te demande de venir rapidement.

▷ Me suplicó que le dejara la bici. Il m'a supplié de lui prêter mon vélo.

3 **que** *n'est pas toujours traduit en français :*

▷ ¡Que te lo pases bien! Amuse-toi bien !

> Ce peut être un PRONOM RELATIF :

que *signifie* **que** *ou* **qui**

▷ Perdí el libro que me regalaste. J'ai perdu le livre que tu m'as offert.

▷ La chica que baila con él es mi hermana. La fille qui danse avec lui est ma sœur.

Que devient un complément circonstanciel quand il est employé avec des prépositions comme con *(avec),* de *(de),* en *(dans), etc. :*

▷ No conseguí encontrar la tienda en la que dormía. Je n'ai pas réussi à retrouver la tente dans laquelle il dormait.

> **Attention à l'accent grammatical : il ne faut pas confondre que, sans accent, et qué, avec accent.**

qué (avec accent) *a plusieurs sens :*

1 **qué** *peut signifier* **quel(le)**

▷ ¡Qué día! Quelle journée !

▷ ¡Qué día tan bonito! Quelle belle journée !

▷ ¿Qué edad tienes? Quel âge as-tu ?

2 **qué** *peut signifier* **quoi**

▷ ¿Qué? No te entiendo. Quoi ? Je ne te comprends pas.

► ¿por qué? **pourquoi ?**

3 **qué** *peut signifier* **que**

▷ ¿Qué dices? Qu'est ce que tu dis ?

> **Attention à l'accent grammatical : il ne faut pas confondre qué, avec accent, et que, sans accent.**

quebrar *a des sens différents selon sa catégorie grammaticale :*

> Ce peut être un VERBE TRANSITIF :

quebrar *signifie* **casser**

> Ce peut être un VERBE INTRANSITIF :

quebrar *signifie* **faire faillite**

Attention, ce verbe est irrégulier à certaines personnes, à certains modes et à certains temps.

INDICATIF PRÉSENT	SUBJONCTIF PRÉSENT	IMPÉRATIF
quiebro	quiebre	
quiebras	quiebres	quiebra
quiebra	quiebre	quiebre
quebramos	quebremos	quebremos
quebráis	quebréis	quebrad
quiebran	quiebren	quiebren

Pour les autres temps, se conjugue sur le modèle de cantar *(voir ce verbe).*

quedar *a des sens différents selon sa catégorie grammaticale :*

> Ce peut être un VERBE INTRANSITIF :

1 **quedar** *peut signifier* **rester** (= être encore présent ou disponible)

▷ No queda nada para comer. Il ne reste rien à manger.

▷ Me quedan sólo cinco euros. Il me reste seulement cinq euros.

Attention ! Dans cette construction, le complément français (ce qui reste) devient le sujet espagnol.

▷ ¿Te quedan caramelos? Il te reste des bonbons ? (littéralement : des bonbons restent à toi ?)

2 **quedar** *peut signifier* **devenir**

▷ Quedó cojo tras el accidente. Il est devenu boiteux après l'accident.

3 **quedar** *peut signifier* **aller** (en parlant d'un vêtement par exemple)

▷ Mi vestido te queda bien. Ma robe te va bien.

► **quedar de acuerdo tomber d'accord**

► **quedar en convenir de** ou **convenir que**

▷ Quedamos en que pasarías a buscarme. Nous avons convenu que tu viendrais me chercher.

4 **quedar (con alguien)** *peut signifier* **(se) donner rendez-vous (à quelqu'un)**

▷ Quedé con Marta. J'ai donné rendez-vous à Marta.

▷ Quedamos delante del cine. Nous nous sommes donné rendez-vous devant le cinéma.

▷ Quedamos a las ocho en mi casa para ir juntas al cine. Nous nous sommes donné rendez-vous chez moi à huit heures pour aller ensemble au cinéma.

5 **quedar** *peut signifier* **être** (= se situer)

▷ Eso queda muy lejos. C'est très loin.

6 ► **quedar como... passer pour...**

▷ Quedé como un ladrón. Je suis passé pour un voleur.

> Ce peut être un VERBE PRONOMINAL :

1 **quedarse** *peut signifier* **rester** (= ne pas sortir)

▷ Se quedó en casa mirando la televisión. Il est resté chez lui à regarder la télévision.

2 **quedarse** *peut signifier* **demeurer** *ou* **rester** (= ne pas changer)

▷ Se quedó silenciosa. Elle est demeurée silencieuse.

▷ Se quedaron solteros. Ils sont restés célibataires.

3 **quedarse** *peut signifier* **devenir**

▷ Se quedó sordo a causa de un accidente. Il est devenu sourd suite à un accident.

4 **quedarse** *peut signifier* **garder**

▷ Quédese con la vuelta. Gardez la monnaie.

5 **quedarse** *peut signifier* **se retrouver** (sans quelque chose)

▷ Se quedaran sin gasolina. Ils se sont retrouvés sans essence.

Se conjugue sur le modèle de cantar *(voir ce verbe).*

queja **plainte**

Dans ce mot, on reconnaît le lien avec le verbe quejarse *qui signifie « se plaindre ».*

quejarse **se plaindre**

▷ Se queja de que le duele la cabeza. Il se plaint d'avoir mal à la tête.

Se conjugue sur le modèle de burlarse *(voir ce verbe).*

quejido **gémissement** *ou* **plainte**

quemadura **brûlure** *ou* **coup de soleil**

Dans ce mot, on reconnaît le lien avec le verbe quemar *qui signifie « brûler ».*

quemar **brûler**

► **quemarse** *peut signifier* **se brûler**

► **quemarse** *peut signifier* **attraper des coups de soleil**

Se conjugue sur le modèle de cantar *(voir ce verbe).*

quep... **(quepo, quepa, quepamos,** etc.**)** → **caber**

querer *a plusieurs sens :*

1 **querer** *peut signifier* **vouloir**

▷ Quiero que le hables. Je veux que tu lui parles.

▷ Querría un café, por favor *ou* Quisiera un café, por favor. Je voudrais un café s'il vous plaît.

Attention ! Dans le sens de « je voudrais » (pour demander un service ou demander la permission), on emploie le verbe querer au conditionnel ou à l'imparfait du subjonctif.

► **sin querer sans le vouloir**

► **como quien no quiere la cosa mine de rien**

2 **querer** *peut signifier* **aimer**

▷ ¡Te quiero! Je t'aime !

▷ Quiero mucho a mis hermanos. J'aime beaucoup mes frères.

Voir tableau p. suivante.

querido, querida **cher, chère** *ou* **chéri(e)**

querido peut également être le participe passé du verbe querer.

▷ No he querido ir. Je n'ai pas voulu y aller.

queso **fromage**

► **queso rallado fromage râpé**

quiebra **faillite**

Dans ce mot, on reconnaît le lien avec le verbe quebrar *qui signifie « faire faillite ».*

quien (sans accent) *est le pronom relatif* **qui**

QUERER

INDICATIF				CONDITIONNEL
PRÉSENT	IMPARFAIT	PASSÉ SIMPLE	FUTUR	PRÉSENT
quiero	quería	quise	querré	querría
quieres	querías	quisiste	querrás	querrías
quiere	quería	quiso	querrá	querría
queremos	queríamos	quisimos	querremos	querríamos
queréis	queríais	quisisteis	querréis	querríais
quieren	querían	quisieron	querrán	querrían

SUBJONCTIF		IMPÉRATIF		
PRÉSENT	IMPARFAIT			
quiera	quisiera		INFINITIF	querer
quieras	quisieras	quiere		
quiera	quisiera	quiera	PARTICIPE	querido
queramos	quisiéramos	queramos		
queráis	quisierais	quered	GÉRONDIF	queriendo
quieran	quisieran	quieran		

▷ La persona en quien pienso es una mentirosa. La personne à qui je pense est une menteuse.

quién (avec accent) *est le pronom interrogatif* **qui**

▷ ¿Quién ha dicho eso? Qui a dit ça ?

> Attention à l'accent grammatical : il ne faut pas confondre quién, pronom interrogatif, et quien, pronom relatif.

quiénes *est le pluriel de* quién

▷ ¿Quiénes son estas personas? Qui sont ces personnes ?

> Attention à l'accent grammatical : il ne faut pas confondre quién, pronom interrogatif, et quien, pronom relatif.

quienesquiera *est le pluriel de* quienquiera.

quienquiera **qui que ce soit** *ou* **quiconque**

quier... (quiero, quieres, quieran, etc.) → querer

quieto, quieta **tranquille** *ou* **immobile**

► ¡estate quieto! **Arrête de bouger !**

química **chimie**

> i química peut également être le féminin de l'adjectif químico qui signifie « chimique » ou « chimiste ».

químico, química *a des sens différents selon sa catégorie grammaticale :*

> Ce peut être un ADJECTIF :

químico, química *signifie* **chimique**

> Ce peut être un NOM :

químico, química *signifie* **chimiste**

quince **quinze**

quincena **quinzaine**

quinientos, quinientas **cinq cents**

En espagnol, les multiples de cent s'accordent en genre et en nombre avec le nom qu'ils désignent : quinientos niños/quinientas niñas.

quinto, quinta **cinquième**

Les nombres ordinaux s'accordent et sont généralement employés devant le nom, sauf pour un souverain, un siècle ou un chapitre : Carlos V (quinto) Charles V (cinq).

quiosco **kiosque**

> Attention à l'orthographe du mot quiosco.

quirófano **salle d'opération**

quirófano *est masculin.*

quis... (quise, quisiste, quisiera, etc.) → querer

quisquilloso, quisquillosa *a plusieurs sens :*

1 quisquilloso, quisquillosa *peut signifier* **susceptible**

2 quisquilloso, quisquillosa *peut signifier* **pointilleux(-euse)**

quitaesmalte **dissolvant** (pour les ongles)

Dans ce mot, on reconnaît le lien avec le verbe quitar *qui signifie « ôter » et avec le mot* esmalte *qui signifie « vernis à ongles ».*

quitar *a plusieurs sens :*

1 quitar *peut signifier* **enlever** *ou* **ôter**

2 **quitar** *peut signifier* **prendre** *ou* **voler**

► **quitarse** algo **de encima** **se débarrasser de** quelque chose

> **Attention !** quitar ne signifie pas « quitter ».

📖 *Se conjugue sur le modèle de* cantar *(voir ce verbe).*

quizás *ou* **quizá** **peut-être**

> quizas est généralement suivi du subjonctif.

▷ Quizás vengan. Peut-être viendront-ils.

▷ Quizás estén en camino. Peut-être sont-ils en chemin.

R r

rábano radis

► **me importa un rábano** je m'en fiche

> **me importa un rábano** est une expression familière.

rabia rage *ou* colère

► **tener rabia a** alguien avoir une dent contre quelqu'un

rabiar enrager

► **hacer rabiar a** alguien faire enrager quelqu'un

► **a rabiar** à la folie

Dans ce mot, on reconnaît le lien avec le nom rabia *qui signifie « rage ».*

Se conjugue sur le modèle de cantar *(voir ce verbe).*

rabioso, rabiosa enragé(e) *ou* furieux (-euse)

Dans ce mot, on reconnaît le lien avec le verbe rabiar *qui signifie « enrager ».*

rabo queue (d'un animal)

rabo *est masculin.*

racha *a plusieurs sens :*

1 racha *peut signifier* **rafale**

2 racha *peut signifier* **série**

► **tener una buena racha** avoir de la veine

► **tener una mala racha** être dans une mauvaise passe

racimo grappe *ou* régime

► **un racimo de uvas** une grappe de raisin

► **un racimo de plátanos** un régime de bananes

ración portion (de tapas ou de pizza par exemple)

racismo racisme

racista raciste

Comme la plupart des mots espagnols terminés par -ista, racista *peut être masculin et féminin :* un racista, una racista.

radiador radiateur

radio *a des sens différents selon qu'il est masculin ou féminin :*

1 un radio (masculin) *signifie* **un rayon**

2 una radio (féminin) *signifie* **une radio**

ráfaga rafale

raíz racine

► **a raíz de** à la suite de ou après

► **echar raíces** prendre racine

► **raíz cuadrada** racine carrée

raja *a plusieurs sens :*

1 raja *peut signifier* **fente** *ou* **fissure**

2 raja *peut signifier* **tranche** (de pastèque ou de melon par exemple)

rajar *a plusieurs sens :*

1 rajar *peut signifier* **fendre**

2 rajar *peut signifier* **couper en tranches**

► **rajarse** se dégonfler (= lâcheté)

> **rajarse** est une expression familière.

Se conjugue sur le modèle de cantar *(voir ce verbe).*

rallar râper

Se conjugue sur le modèle de cantar (voir ce verbe).

rama branche (d'un arbre)

► irse por las ramas tourner autour du pot

► no irse por las ramas ou no andarse por las ramas ne pas y aller par quatre chemins

Attention ! Ne pas confondre rama avec ramo, qui signifie « bouquet ».

rambla promenade ou avenue

ramo a plusieurs sens :

1 ramo peut signifier bouquet

2 ramo peut signifier branche (d'un secteur d'activité)

Attention ! Ne pas confondre ramo avec rama, qui signifie « branche » (d'un arbre).

rampa rampe

► rampa de lanzamiento rampe de lancement

rana grenouille

ranura fente (d'un téléphone public, distributeur de boissons, distributeur d'argent, etc.)

rapado, rapada rasé(e)

► las cabezas rapadas les skinheads

rapar raser ou tondre (les cheveux)

Se conjugue sur le modèle de cantar (voir ce verbe).

raptar enlever (une personne)

Se conjugue sur le modèle de cantar (voir ce verbe).

rapto enlèvement

raro, rara a plusieurs sens :

1 raro, rara peut signifier bizarre ou étrange ou drôle

► ¡qué raro! comme c'est bizarre ! ou c'est vraiment curieux !

► sentirse raro, rara se sentir tout drôle

2 raro, rara peut signifier rare

rascacielos gratte-ciel

On remarque que ce mot est constitué du verbe rascar qui signifie « gratter » et du nom cielo au pluriel qui signifie « ciel ».

rascacielos est invariable : un rascacielos, dos rascacielos.

rascar gratter ou râcler

Attention ! Pour conserver le son /k/ de l'infinitif, le c de rascar se transforme en qu devant un e :

▷ Mi madre me riñó porque me rasqué la cabeza durante la comida. Ma mère m'a grondé parce que je me suis gratté la tête pendant le repas.

Se conjugue sur le modèle de cantar (voir ce verbe).

rasgar déchirer

Attention ! Pour conserver le son /g/ de l'infinitif, le g de rasgar se transforme en gu devant un e :

▷ Ten cuidado, no rasgues tu camisa. Fais attention, ne déchire pas ta chemise.

Se conjugue sur le modèle de cantar (voir ce verbe).

rasgo trait

► a grandes rasgos dans les grandes lignes

rasgo peut également être une forme du verbe rasgar.

▷ ¿Rasgo el papel? Je déchire le papier ?

rasguño égratignure

rasguño est masculin.

raso a des sens différents selon sa catégorie grammaticale :

> Ce peut être un ADJECTIF :

1 raso, rasa peut signifier ras(e)

2 raso, rasa peut signifier plat(e)

► cielo raso ciel dégagé

► al raso à la belle étoile

> Ce peut être un NOM :

raso signifie satin

rastras

► a rastras à la traîne

rastrillo rateau

rastro a plusieurs sens :

1 rastro peut signifier trace

2 rastro peut signifier marché aux puces

rata rat

rata est féminin.

rato moment

► a ratos par moments

► al poco rato peu de temps après

► para rato pour un bout de temps

► pasar el rato passer le temps

► todo el rato tout le temps

ratón souris

ratón est masculin.

raya *a plusieurs sens :*

1 **raya** *peut signifier* **trait** *ou* **tiret**

2 **raya** *peut signifier* **raie** *ou* **rayure**

3 **raya** *peut signifier* **pli**

► **pasarse de la raya dépasser les bornes**

ℹ raya peut également être une forme du verbe rayar.

▷ Raya la mesa con sus juguetes. Il raye la table avec ses jouets.

rayado, rayada **rayé(e)**

rayar **rayer**

📖 *Se conjugue sur le modèle de cantar (voir ce verbe).*

rayo *a plusieurs sens :*

1 **rayo** *peut signifier* **éclair** *ou* **foudre**

2 **rayo** *peut signifier* **rayon**

raza **race**

razón **raison**

► **darle la razón a alguien donner raison à** quelqu'un

razonable **raisonnable**

razonamiento **raisonnement**

razonar **raisonner**

📖 *Se conjugue sur le modèle de cantar (voir ce verbe).*

reaccionar **réagir**

📖 *Se conjugue sur le modèle de cantar (voir ce verbe).*

real *a plusieurs sens :*

1 **real** *peut signifier* **réel(le)**

2 **real** *peut signifier* **royal(e)**

realidad **réalité**

realizar **réaliser** *ou* **faire**

📖 *Comme tous les verbes terminés en -zar, realizar subit des modifications orthographiques : le z devient c devant un e.*

▷ Realicé un viaje maravilloso. J'ai fait un voyage magnifique.

📖 *Se conjugue sur le modèle de cantar (voir ce verbe).*

reanudar **renouer**

► **reanudarse reprendre** (en parlant d'une conversation)

📖 *Se conjugue sur le modèle de cantar (voir ce verbe).*

rebaja **remise**

► **rebajas soldes**

ℹ rebaja peut également être une forme du verbe rebajar.

▷ Nunca rebaja a nadie. Il ne rabaisse jamais personne.

rebajar *a plusieurs sens :*

1 **rebajar** *peut signifier* **baisser un prix** *ou* **faire un rabais**

2 **rebajar** *peut signifier* **rabaisser** (quelqu'un)

📖 *Se conjugue sur le modèle de cantar (voir ce verbe).*

rebanada **tranche** (de pain)

rebaño **troupeau**

rebelarse **se révolter** *ou* **se rebeller**

📖 *Se conjugue sur le modèle de burlarse (voir ce verbe).*

rebelde **rebelle**

rebeldía **révolte** *ou* **rébellion**

rebotar **rebondir**

📖 *Se conjugue sur le modèle de cantar (voir ce verbe).*

recado **commission** *ou* **message**

► **dar un recado a alguien faire la commission à** quelqu'un

► **dejar un recado a alguien laisser un message à** quelqu'un

recalcar **souligner** *ou* **répéter** *ou* **rabâcher**

📖 *Attention ! Pour conserver le son /k/ de l'infinitif, le c de recalcar se transforme en qu devant un e :*

▷ Recalquemos la importancia del evento. Soulignons l'importance de l'événement.

📖 *Se conjugue sur le modèle de cantar (voir ce verbe).*

recalentar **réchauffer**

📖 *Dans ce mot, on reconnaît le verbe calentar. Ils se conjuguent de la même manière, sur le modèle de cantar (voir ce verbe).*

recambio **rechange**

► **rueda de recambio roue de secours**

receloso, recelosa **méfiant(e)** *ou* **craintif (-ive)**

receta *a plusieurs sens :*

1 **receta** *peut signifier* **recette** (de cuisine)

2 **receta** *peut signifier* **ordonnance**

ℹ receta peut également être une forme du verbe recetar.

▷ El médico me receta siempre los mismos medicamentos. Le docteur me prescrit toujours les mêmes médicaments.

recetar prescrire

📖 *Se conjugue sur le modèle de* cantar *(voir ce verbe).*

rechazar repousser *ou* rejeter *ou* refuser *ou* nier

📖 *Comme la plupart des verbes terminés en* -zar, rechazar *subit des modifications orthographiques : le* z *devient* c *devant un* e.

▷ Rechacé su ayuda. J'ai refusé son aide.

📖 *Se conjugue sur le modèle de* cantar *(voir ce verbe).*

rechazo refus *ou* rejet

ℹ rechazo peut également être une forme du verbe rechazar.

▷ Nunca rechazo una invitación. Je ne refuse jamais une invitation.

rechinar *a plusieurs sens :*

1 rechinar *peut signifier* **grincer** *ou* **crisser**

2 rechinar *peut signifier* **rechigner**

📖 *Se conjugue sur le modèle de* cantar *(voir ce verbe).*

recibimiento réception *ou* accueil

► tener un buen/mal recibimiento avoir un bon/mauvais accueil

recibir recevoir *ou* accueillir

📖 *Se conjugue sur le modèle de* vivir *(voir ce verbe).*

recibo reçu

ℹ recibo peut également être une forme du verbe recibir.

▷ Cada verano recibo postales de mis amigos. Chaque été je reçois des cartes postales de mes amis.

recién *est la forme apocopée de* **recientemente.**

🏳 *L'apocope est la suppression d'une ou plusieurs lettres à la fin d'un mot.* Recientemente *s'apocope en* recién *devant un participe passé.*

🏳 *Suivi d'un participe passé,* recién *sert à désigner quelque chose qui vient juste de subir un changement :*

▷ La fachada de mi edificio está recién pintada. La façade de mon immeuble vient juste d'être peinte.

► pan recién hecho pain frais

► recién casados jeunes mariés

► recién nacido nouveau-né

► recién llegado nouveau venu

reciente récent(e)

recientemente récemment

reclamar *a plusieurs sens :*

1 reclamar *peut signifier* **réclamer**

2 reclamar *peut signifier* **protester**

📖 *Se conjugue sur le modèle de* cantar *(voir ce verbe).*

recobrar retrouver *ou* reprendre

📖 *Se conjugue sur le modèle de* cantar *(voir ce verbe).*

recoger *a plusieurs sens :*

1 recoger *peut signifier* **passer prendre**

2 recoger *peut signifier* **ramasser** *ou* **cueillir**

3 recoger *peut signifier* **recueillir**

📖 *Comme la plupart des verbes terminés en* -ger *ou* gir, recoger *subit des modifications orthographiques pour conserver le son /x/ : le* g *se transforme en* j *devant* o *et* a.

▷ ¿A qué hora te recojo en la estación? À quelle heure je passe te prendre à la gare ?

📖 *Se conjugue sur le modèle de* deber *(voir ce verbe).*

recomendar recommander *ou* conseiller

► recomendar a alguien que + subjonctif **recommander à** quelqu'un **de** + infinitif

▷ Te recomiendo que vengas conmigo. Je te conseille de venir avec moi.

📖 *Attention, ce verbe est irrégulier à certaines personnes, à certains modes et à certains temps.*

INDICATIF PRÉSENT	SUBJONCTIF PRÉSENT	IMPÉRATIF
recomiendo	recomiende	
recomiendas	recomiendes	recomienda
recomienda	recomiende	recomiende
recomendamos	recomendemos	recomendemos
recomendáis	recomendéis	recomendad
recomiendan	recomienden	recomienden

📖 *Pour les autres temps, se conjugue sur le modèle de* cantar *(voir ce verbe).*

reconciliarse se réconcilier

📖 *Se conjugue sur le modèle de* burlarse *(voir ce verbe).*

reconocer *a plusieurs sens :*

1 reconocer *peut signifier* **reconnaître**

▷ Reconocería a mi perro entre mil por esa pequeña mancha en la oreja. Je reconnaîtrais mon chien entre mille à sa petite tache sur l'oreille.

Attention à l'emploi de la préposition por dans reconocer alguien <u>por</u> algo (reconnaître quelqu'un <u>à</u> quelque chose).

2 reconocer *peut signifier* **examiner** *ou* **ausculter**

📖 *Attention !* reconocer *appartient au groupe des verbes se terminant en* -acer, -ecer, -ocer *et* -ucir *qui sont irréguliers à certaines personnes, à certains modes et à certains temps.*

INDICATIF PRÉSENT	SUBJONCTIF PRÉSENT	IMPÉRATIF
reconozco	reconozca	
reconoces	reconozcas	reconoce
reconoce	reconozca	reconozca
reconocemos	reconozcamos	reconozcamos
reconocéis	reconozcáis	reconoced
reconocen	reconozcan	reconozcan

Pour les autres temps, se conjugue sur le modèle de deber (voir ce verbe).

reconocimiento reconnaissance

► **reconocimiento médico** examen médical

reconquista reconquête

► **la Reconquista** la Reconquête

Ce mot désigne la reconquête menée par les Espagnols contre les musulmans au Moyen Âge. Cette période va de 718 (bataille de Covadonga) à 1492 (prise de Grenade par les Rois Catholiques).

recordar *a plusieurs sens :*

1 **recordar** *peut signifier* **se rappeler** *ou* **se souvenir de**

▷ Recuerdo la fiesta. Je me rappelle la fête *ou* je me souviens de la fête.

Remarquez l'absence de préposition en espagnol dans recordar algo (se souvenir de quelque chose) ainsi que l'absence de pronom réfléchi devant le verbe.

2 ► **recordar a alguien** **rappeler** quelqu'un (au sens de « faire penser à »)

▷ ¿Sabes que me recuerdas a alguien? Tu sais que tu me rappelles quelqu'un ?

Attention, ce verbe est irrégulier à certaines personnes, à certains modes et à certains temps.

INDICATIF PRÉSENT	SUBJONCTIF PRÉSENT	IMPÉRATIF
recuerdo	recuerde	
recuerdas	recuerdes	recuerda
recuerda	recuerde	recuerde
recordamos	recordemos	recordemos
recordáis	recordéis	recordad
recuerdan	recuerden	recuerden

Pour les autres temps, se conjugue sur le modèle de cantar (voir ce verbe).

recorrer parcourir

Se conjugue sur le modèle de deber (voir ce verbe).

recorrido parcours

i recorrido peut également être le participe passé du verbe recorrer.

▷ Ha recorrido cien metros. Il a parcouru cent mètres.

recortar découper

Se conjugue sur le modèle de cantar (voir ce verbe).

recorte découpage *ou* coupure

recreo récréation

recreo est masculin.

recta droite *ou* ligne

► **recta final** dernière ligne droite

i recta peut également être le féminin de l'adjectif recto qui signifie « droit ».

rectángulo rectangle

rectificar rectifier

Se conjugue sur le modèle de cantar (voir ce verbe).

recto *a des sens différents selon sa catégorie grammaticale :*

> Ce peut être un ADVERBE :

recto *signifie* **tout droit**

> Ce peut être un ADJECTIF :

recto, recta signifie **droit(e)**

► **en el sentido recto de la palabra** au sens strict du terme

recubierto, recubierta recouvert(e)

recubrir recouvrir

Se conjugue sur le modèle de vivir (voir ce verbe).

recuerdo souvenir

i recuerdo peut également être une forme du verbe recordar.

▷ Si mal no recuerdo, vive aquí. Si je me souviens bien, il habite ici.

► **dar (muchos) recuerdos a alguien** **passer le bonjour à** quelqu'un

recuperación récupération *ou* rattrapage

► **examen de recuperación** examen de rattrapage

recuperar récupérer *ou* reprendre *ou* rattraper

► **recuperarse** se remettre

Se conjugue sur le modèle de cantar (voir ce verbe).

recurso *a plusieurs sens :*

1 **recurso** *peut signifier* **recours**

2 **recurso** *peut signifier* **ressource**

► **recursos naturales** ressources naturelles

► **recursos humanos** ressources humaines

red *a plusieurs sens :*

1 **red** *peut signifier* **filet**

2 **red** *peut signifier* **réseau**

► **la Red le Web**

red est féminin.

redactar rédiger

Se conjugue sur le modèle de cantar (voir ce verbe).

redondo *a des sens différents selon sa catégorie grammaticale :*

> Ce peut être un ADJECTIF :

redondo, redonda *signifie* **rond(e)**

► **a la redonda à la ronde**

> Ce peut être un NOM :

redondo *signifie* **rôti**

reducir réduire

Attention ! reducir appartient au groupe des verbes se terminant en -ducir qui sont irréguliers à certaines personnes, à certains modes et à certains temps.

Pour les autres temps, se conjugue sur le modèle de vivir (voir ce verbe).

reemplazar *ou* **remplazar** remplacer

Attention à l'orthographe du mot reemplazar.

Comme la plupart des verbes terminés en -zar, reemplazar subit des modifications orthographiques : le z devient c devant un e.

▷ Espero que reemplacen pronto a la profesora enferma. J'espère que la prof qui est malade sera bientôt remplacée.

Se conjugue sur le modèle de cantar (voir ce verbe).

reflejar refléter

Se conjugue sur le modèle de cantar (voir ce verbe).

reflejo *a plusieurs sens :*

1 **reflejo** *peut signifier* **reflet**

2 **reflejo** *peut signifier* **réflexe**

reflexionar réfléchir

Se conjugue sur le modèle de cantar (voir ce verbe).

refrán proverbe

Attention ! refrán ne signifie pas « refrain ».

refrescar (se) rafraîchir

Attention ! Pour conserver le son /k/ de l'infinitif, le c de refrescar se transforme en qu devant un e :

▷ Espero que el tiempo refresque pronto, porque hace demasiado calor. J'espère que le temps va bientôt se rafraîchir, parce qu'il fait trop chaud.

Se conjugue sur le modèle de cantar (voir ce verbe).

refresco rafraîchissement *ou* boisson rafraîchissante

refresco peut également être une forme du verbe refrescar.

▷ Si quieres, te refresco la memoria. Si tu veux, je te rafraîchis la mémoire.

refugiado, refugiada réfugié(e)

refugio refuge *ou* abri

refunfuñar grogner *ou* grommeler *ou* ronchonner

Se conjugue sur le modèle de cantar (voir ce verbe).

regadera arrosoir

► **estar como una regadera être cinglé(e)**

estar como una regadera est une expression familière.

Dans ce mot, on reconnaît le lien avec le verbe regar qui signifie « arroser ».

regadera est féminin.

regalar offrir *ou* faire cadeau de

Se conjugue sur le modèle de cantar (voir ce verbe).

regaliz réglisse

regaliz est masculin.

regalo cadeau

Dans ce mot, on reconnaît le lien avec le verbe regalar qui signifie « offrir ».

regalo peut également être une forme du verbe regalar.

▷ Si te gusta tanto mi bufanda, te la regalo. Si tu aimes tellement mon écharpe, je t'en fais cadeau.

REDUCIR				
INDICATIF PRÉSENT	PASSÉ SIMPLE	SUBJONCTIF PRÉSENT	SUBJONCTIF IMPARFAIT	IMPÉRATIF
reduzco	reduje	reduzca	redujera	
reduces	redujiste	reduzcas	redujeras	reduce
reduce	redujo	reduzca	redujera	reduzca
reducimos	redujimos	reduzcamos	redujéramos	reduzcamos
reducís	redujisteis	reduzcáis	redujerais	reducid
reducen	redujeron	reduzcan	redujeran	reduzcan

regañar *a des sens différents selon sa catégorie grammaticale :*

> Ce peut être un VERBE TRANSITIF :

regañar *signifie* **gronder** (= réprimander)

> Ce peut être un VERBE INTRANSITIF :

regañar *signifie* **se disputer** *ou* **se fâcher**

Se conjugue sur le modèle de cantar *(voir ce verbe).*

regar arroser

Attention, ce verbe est irrégulier à certaines personnes, à certains temps et à certains modes.

INDICATIF PRÉSENT	SUBJONCTIF PRÉSENT	IMPÉRATIF
riego	riegue	
riegas	riegues	riega
riega	riegue	riegue
regamos	reguemos	reguemos
regáis	reguéis	regad
riegan	rieguen	rieguen

Pour les autres temps, se conjugue sur le modèle de cantar *(voir ce verbe).*

régimen régime

registrar *a plusieurs sens :*

1 **registrar** *peut signifier* **fouiller**

2 **registrar** *peut signifier* **enregistrer**

► **registrarse s'inscrire**

Se conjugue sur le modèle de cantar *(voir ce verbe).*

reglamento règlement

regordete, regordeta grassouillet(te) *ou* rondelet(te)

regordete est familier.

regresar rentrer *ou* revenir

► **regresar a casa rentrer chez soi**

Attention ! regresar ne signifie pas « régresser ».

Se conjugue sur le modèle de cantar *(voir ce verbe).*

regreso retour

i regreso peut également être une forme du verbe regresar.

▷ Regreso de vacaciones el viernes. Je reviens de vacances vendredi.

regular *a des sens différents selon sa catégorie grammaticale :*

> Ce peut être un ADJECTIF :

regular *signifie* **moyen(ne)** *ou* **régulier(-ière)**

> Ce peut être un ADVERBE :

regular *signifie* **comme ci comme ça**

> Ce peut être un VERBE :

regular *signifie* **réguler** *ou* **régler** *ou* **contrôler**

Se conjugue sur le modèle de cantar *(voir ce verbe).*

rehén otage

reina reine

reinado règne

Attention ! Ne pas confondre reinado avec reino, qui signifie le plus souvent « royaume ».

Dans ce mot, on reconnaît le lien avec le mot rey *qui signifie « roi ».*

reinar régner

Dans ce mot, on reconnaît le lien avec le mot rey *qui signifie « roi ».*

Se conjugue sur le modèle de cantar *(voir ce verbe).*

reino *a plusieurs sens :*

1 **reino** *peut signifier* **royaume**

► **el Reino Unido le Royaume-Uni**

2 **reino** *peut signifier* **règne** (en parlant de la classification des espèces animales)

► **el reino animal le règne animal**

Attention ! Ne pas confondre reino avec reinado, qui signifie « règne » (d'un roi).

Dans ce mot, on reconnaît le lien avec le mot rey *qui signifie « roi ».*

i reino peut également être une forme du verbe reinar.

reír rire

► **reírse de alguien se moquer de quelqu'un**

La forme réfléchie reírse est très fréquente.

▷ Nos reímos mucho. Nous rions beaucoup.

Voir tableau p. suivante.

reivindicación revendication

Attention à l'orthographe du mot reivindicación.

reja grille

rejilla grillage

Dans ce mot, on reconnaît le nom reja *qui signifie « grille » et le suffixe diminutif* -illa.

rejilla est féminin.

relación relation *ou* rapport

► **con relación a algo par rapport à quelque chose**

REIR				
INDICATIF				CONDITIONNEL
PRÉSENT	IMPARFAIT	PASSÉ SIMPLE	FUTUR	PRÉSENT
río	reía	reí	reiré	reiría
ríes	reías	reíste	reirás	reirías
ríe	reía	rió	reirá	reiría
reímos	reíamos	reímos	reiremos	reiríamos
reís	reíais	reísteis	reiréis	reiríais
ríen	reían	rieron	reirán	reirían
SUBJONCTIF		IMPÉRATIF		
PRÉSENT	IMPARFAIT			
ría	riera		INFINITIF	reír
rías	rieras	ríe		
ría	riera	ría	PARTICIPE	reído
riamos	riéramos	riamos		
riáis	rierais	reíd	GÉRONDIF	riendo
rían	rieran	rían		

► **en relación con** algo **en rapport avec** quelque chose

relacionar *a plusieurs sens :*

1 **relacionar** *peut signifier* **rattacher** *ou* **relier**

2 **relacionar** *peut signifier* **mettre en rapport**

📖 *Se conjugue sur le modèle de* cantar *(voir ce verbe).*

relajado, relajada **détendu(e)** *ou* **décontracté(e)**

relajar **détendre** *ou* **décontracter**

📖 *Se conjugue sur le modèle de* cantar *(voir ce verbe).*

relámpago **éclair**

relatar **raconter**

📖 *Se conjugue sur le modèle de* cantar *(voir ce verbe).*

relato **récit**

ℹ relato peut également être une forme du verbe relatar.

▷ Ya sé que relato siempre la misma historia. Je sais bien que je raconte toujours la même histoire.

releer **relire**

📖 *Se conjugue sur le modèle de* leer *(voir ce verbe).*

📖 *Comme la plupart des verbes terminés en* -uir, -eer *et* -aer, releer *subit des modifications orthographiques : le* i *se transforme en* y *devant* o *et* e.

▷ Releyeron el poema. Ils ont relu le poème.

relieve **relief**

► **poner** algo **de relieve** **mettre** quelque chose **en relief**

rellano **palier**

rellenar **remplir**

📖 *Se conjugue sur le modèle de* cantar *(voir ce verbe).*

relleno *a des sens différents selon sa catégorie grammaticale :*

> Ce peut être un ADJECTIF :

relleno, rellena *signifie* **plein(e)** *ou* **rempli(e)**

> Ce peut être un NOM :

relleno *signifie* **farce** (en cuisine) *ou* **rembourrage**

reloj **horloge** *ou* **montre**

► **ser puntual como un reloj** **être réglé(e) comme une horloge**

► **reloj de arena** **sablier**

► **reloj de sol** **cadran solaire**

remangar **relever** *ou* **retrousser**

📖 *Se conjugue sur le modèle de* cantar *(voir ce verbe).*

remar **ramer**

📖 *Se conjugue sur le modèle de* cantar *(voir ce verbe).*

remediar *a plusieurs sens :*

1 **remediar** *peut signifier* **résoudre** *ou* **réparer**

2 **remediar** *peut signifier* **éviter** *ou* **remédier à**

📖 *Se conjugue sur le modèle de* cantar *(voir ce verbe).*

remedio **remède**

► **no hay más remedio que** + infinitif **il ne reste plus qu'à** + infinitif ou **il n'y a pas d'autre solution que** + infinitif

▷ No hay más remedio que llamar al doctor. Il ne reste plus qu'à appeler le docteur.

ℹ remedio peut également être une forme du verbe remediar.

▻ No remedio el problema. Je ne résous pas le problème.

remitir *a plusieurs sens :*

1 **remitir** *peut signifier* **envoyer**

2 **remitir** *peut signifier* **renvoyer à** (= se référer à)

Se conjugue sur le modèle de vivir *(voir ce verbe).*

remo **rame**

remo est masculin.

> **remo peut également être une forme du verbe remar.**

▻ No remo muy bien. Je ne rame pas très bien.

remolacha **betterave**

remolcar **remorquer**

Se conjugue sur le modèle de cantar *(voir ce verbe).*

remontar **remonter** (un fleuve)

► **remontarse** **remonter** (dans le temps)

▻ Esta costumbre se remonta al Renacimiento. Cette coutume remonte à la Renaissance.

Se conjugue sur le modèle de cantar *(voir ce verbe).*

remordimiento **remords**

remordimiento est masculin singulier.

remoto, remota **lointain(e)** *ou* **éloigné(e)**

▻ Vivía en un país remoto. Il vivait dans un pays lointain.

▻ No tengo la más remota idea del lugar dónde se esconde. Je n'ai pas la moindre idée de l'endroit où il se cache.

remover **déplacer** *ou* **remuer**

Attention, ce verbe est irrégulier à certaines personnes, à certains modes et à certains temps.
Se conjugue sur le modèle de mover *(voir ce verbe).*

renacimiento **renaissance**

renacimiento est masculin.

rencor **rancœur**

► **guardarle rencor a** alguien **por** algo **en vouloir à** quelqu'un **de** quelque chose

▻ Me guarda rencor por el comentario que le hice. Il m'en veut de la réflexion que je lui ai faite.

rendir *a plusieurs sens :*

1 **rendir** *peut signifier* **vaincre**

2 **rendir** *peut signifier* **épuiser**

► **estar rendido, rendida** **être épuisé(e)**

► **rendirse** **se rendre**

> **Attention ! rendir ne signifie pas « rendre » (dans le sens de « restituer »).**

Ce verbe se conjugue sur le modèle de pedir *(voir ce verbe). Attention, il est irrégulier à certaines personnes, à certains temps et à certains modes.*

renovar **rénover**

Se conjugue sur le modèle de cantar *(voir ce verbe).*

renunciar **renoncer**

Se conjugue sur le modèle de cantar *(voir ce verbe).*

reñir *a des sens différents selon sa catégorie grammaticale :*

> Ce peut être un VERBE TRANSITIF :

reñir *signifie* **gronder**

> Ce peut être un VERBE INTRANSITIF :

reñir *signifie* **se disputer** *ou* **se brouiller**

Attention, ce verbe est irrégulier à certaines personnes, à certains temps et à certains modes.

Pour les autres temps, se conjugue sur le modèle de vivir *(voir ce verbe).*

reojo

► **de reojo** **du coin de l'œil** ou **à la dérobée**

repartidor, repartidora **livreur(-euse)** *ou* **distributeur(-trice)**

Dans ce mot, on reconnaît le lien avec le verbe repartir *qui signifie « livrer ».*

repartir *a plusieurs sens :*

1 **repartir** *peut signifier* **répartir** *ou* **partager**

2 **repartir** *peut signifier* **livrer** *ou* **distribuer**

Se conjugue sur le modèle de vivir *(voir ce verbe).*

reparto *a plusieurs sens :*

1 **reparto** *peut signifier* **partage** *ou* **distribution**

2 **reparto** *peut signifier* **livraison**

Dans ce mot, on reconnaît le lien avec le verbe repartir *qui signifie « livrer ».*

reparto est masculin.

REÑIR				
INDICATIF PRÉSENT	SUBJONCTIF PRÉSENT	PASSÉ SIMPLE	SUBJONCTIF IMPARFAIT	IMPÉRATIF
riño	riña	reñí	riñera	
riñes	riñas	reñiste	riñeras	riñe
riñe	riña	riñó	riñera	riña
reñimos	riñamos	reñimos	riñéramos	riñamos
reñís	riñáis	reñisteis	riñerais	reñid
riñen	riñan	riñeron	riñeran	riñan

> **i** reparto peut également être une forme du verbe repartir.

▷ ¿Reparto los caramelos? Je distribue les bonbons ?

repasar **réviser**

> Attention ! repasar ne signifie pas « repasser ».

Se conjugue sur le modèle de cantar *(voir ce verbe).*

repaso **révision**

► **curso de repaso cours de rattrapage**
► **dar un repaso réviser rapidement**

repaso *est masculin.*

> **i** repaso peut également être une forme du verbe repasar.

▷ Escucho música mientras repaso. J'écoute de la musique pendant que je révise.

repelente *a des sens différents selon sa catégorie grammaticale :*

> Ce peut être un NOM :

repelente para mosquito *signifie* **(produit) antimoustique**

> Ce peut être un ADJECTIF :

1 **repelente** *peut signifier* **odieux(-euse)**
2 **repelente** *peut signifier* **écœurant(e)** *ou* **repoussant(e)**

repente

► **de repente tout à coup** ou **soudain**

repetir *a plusieurs sens :*

1 **repetir** *peut signifier* **dire** *ou* **faire à nouveau**
2 **repetir** *peut signifier* **redoubler** (une classe)

Attention, ce verbe est irrégulier à certaines personnes, à certains temps et à certains modes.

Pour les autres temps, se conjugue sur le modèle de vivir *(voir ce verbe).*

repleto, repleta **plein(e)** *ou* **rempli(e)**

► **estar repleto** *peut signifier* **être repu(e)** (en parlant d'une personne)
► **estar repleto** *peut signifier* **être noir de monde** (en parlant d'une rue par exemple)

reportaje **reportage**

> Attention à l'orthographe du mot reportaje.

reprochar **reprocher**

► **reprocharle algo a alguien reprocher** quelque chose **à** quelqu'un

▷ Le reprocha su actitud. Il lui reproche son attitude.

► **reprocharle a alguien que** + subjonctif **reprocher à** quelqu'un **de** + infinitif

▷ Le reprochó que no viniera. Il lui a reproché de n'être pas venu.

Se conjugue sur le modèle de cantar *(voir ce verbe).*

reproducir **reproduire**

Attention ! reproducir *appartient au groupe des verbes se terminant en* -ducir *qui sont irréguliers à certaines personnes, à certains modes et à certains temps.*

Pour les autres temps, se conjugue sur le modèle de vivir *(voir ce verbe).*

reptar **ramper**

Se conjugue sur le modèle de cantar *(voir ce verbe).*

REPETIR				
INDICATIF PRÉSENT	SUBJONCTIF PRÉSENT	PASSÉ SIMPLE	SUBJONCTIF IMPARFAIT	IMPÉRATIF
repito	repita	repetí	repitiera	
repites	repitas	repetiste	repitieras	repite
repite	repita	repitió	repitiera	repita
repetimos	repitamos	repetimos	repitiéramos	repitamos
repetís	repitáis	repetisteis	repitierais	repetid
repiten	repitan	repitieron	repitieran	repitan

REPRODUCIR				
INDICATIF PRÉSENT	PASSÉ SIMPLE	SUBJONCTIF PRÉSENT	SUBJONCTIF IMPARFAIT	IMPÉRATIF
reproduzco	reproduje	reproduzca	reprodujera	
reproduces	reprodujiste	reproduzcas	reprodujeras	reproduce
reproduce	reprodujo	reproduzca	reprodujera	reproduzca
reproducimos	reprodujimos	reproduzcamos	reprodujéramos	reproduzcamos
reproducís	reprodujisteis	reproduzcáis	reprodujerais	reproducid
reproducen	reprodujeron	reproduzcan	reprodujeran	reproduzcan

república **république**

republicano, republicana **républicain(e)**

repugnancia **répugnance** *ou* **répulsion** *ou* **dégoût**

repugnante **répugnant(e)**

repugnar **répugner** *ou* **dégoûter**

Se conjugue sur le modèle de cantar *(voir ce verbe).*

resaltar *a plusieurs sens :*

1 **resaltar** *peut signifier* **ressortir**

▷ Las cortinas azules resaltarían más que las rojas en tu habitación. Les rideaux bleus ressortiraient plus que les rouges dans ta chambre.

2 **resaltar** *peut signifier* **se distinguer**

▷ Esta chica resalta por su amabilidad. Cette fille se distingue par sa gentillesse.

3 **resaltar** *peut signifier* **faire ressortir**

▷ Tu vestido amarillo te resalta el bronceado. Ta robe jaune fait ressortir ton bronzage.

► **hacer resaltar** **mettre en valeur** ou **faire ressortir**

Se conjugue sur le modèle de cantar *(voir ce verbe).*

resbaladizo, resbaladiza **glissant(e)**

resbalar **glisser**

► **resbalarse** **se moquer** (au sens de « être indifférent »)

▷ Lo que dicen sobre mí me resbala. Je me moque de ce qu'on dit sur moi.

> resbalarse est une expression familière.

Se conjugue sur le modèle de cantar *(voir ce verbe).*

resbalón **glissade**

► **dar un resbalón** **glisser**

resbalón *est masculin.*

rescatar **délivrer** *ou* **sauver**

Se conjugue sur le modèle de cantar *(voir ce verbe).*

rescate *a plusieurs sens :*

1 **rescate** *peut signifier* **sauvetage**

2 **rescate** *peut signifier* **rançon**

> **i** rescate peut également être une forme du verbe rescatar.

▷ Han enviado un helicóptero para que rescate a los esquiadores. On a envoyé un hélicoptère pour sauver les skieurs.

resecar **dessécher**

► **resecarse** **se dessécher**

Se conjugue sur le modèle de cantar *(voir ce verbe). Attention ! Pour conserver le son /k/ de l'infinitif, le* c *de* resecar *se transforme en* qu *devant un* e *:*

▷ Ponte crema para que tu pelo no se reseque. Mets de la crème pour que tes cheveux ne se dessèchent pas.

reserva *a plusieurs sens :*

1 **reserva** *peut signifier* **réservation**

2 **reserva** *peut signifier* **réserve**

resfriado *a des sens différents selon sa catégorie grammaticale :*

> Ce peut être un ADJECTIF :

resfriado, resfriada *signifie* **enrhumé(e)**

> Ce peut être un NOM :

resfriado *signifie* **rhume**

► **coger un resfriado** **attraper un rhume**

Dans ce mot, on reconnaît le lien avec le mot frio *qui signifie « froid ».*

> **i** resfriado peut également être le participe passé du verbe resfriarse.

resfriarse **s'enrhumer**

Dans ce mot, on reconnaît le lien avec le mot frio *qui signifie « froid ».*

Attention, ce verbe est irrégulier à certaines personnes, à certains temps et à certains modes.

INDICATIF PRÉSENT	SUBJONCTIF PRÉSENT	IMPÉRATIF
me resfrío	me resfríe	
te resfrías	te resfríes	resfríate
se resfría	se resfríe	resfríese
nos resfriamos	nos resfriemos	resfriémonos
os resfriáis	os resfriéis	resfriaos
se resfrían	se resfríen	resfríense

Pour les autres temps, se conjugue sur le modèle de burlarse *(voir ce verbe).*

resguardar **défendre** *ou* **protéger**

► **resguardarse** **se défendre** ou **prendre des précautions contre**

Se conjugue sur le modèle de cantar *(voir ce verbe).*

resistir **résister**

► **resistirse a** + infinitif **se refuser à** + infinitif.

Se conjugue sur le modèle de vivir *(voir ce verbe).*

resolver **résoudre**

► **resolver hacer algo** **décider de** faire quelque chose

Attention, ce verbe est irrégulier à certaines personnes, à certains modes et à certains temps.

INDICATIF PRÉSENT	SUBJONCTIF PRÉSENT	IMPÉRATIF
resuelvo	resuelva	
resuelves	resuelvas	resuelve
resuelve	resuelva	resuelva
resolvemos	resolvamos	resolvamos
resolvéis	resolváis	resolved
resuelven	resuelvan	resuelvan

Le participe passé du verbe **resolver** est irrégulier : **resuelto**.
Pour les autres temps, se conjugue sur le modèle de **deber** *(voir ce verbe).*

respecto

► **(con) respecto a** **par rapport à** ou **en ce qui concerne**

Attention ! Ne pas confondre **respecto** avec **respeto**, qui signifie « respect ».

respetar respecter

Attention à l'orthographe du mot **respetar**.

Se conjugue sur le modèle de **cantar** *(voir ce verbe).*

respeto respect

Attention à l'orthographe du mot **respeto**.

Attention ! Ne pas confondre **respeto** et **respecto**.

ℹ **respeto** peut également être une forme du verbe **respetar**.

▷ Yo te respeto, así que respétame tú también a mí. Moi je te respecte, alors respecte-moi toi aussi.

respuesta réponse

resta soustraction

ℹ **resta** peut également être une forme du verbe **restar**.

▷ Resta el dinero que hemos gastado de lo que hemos cobrado. Soustrais l'argent que nous avons dépensé de ce que nous avons touché.

restablecer rétablir

Attention ! **restablecer** *appartient au groupe des verbes se terminant en* **-acer**, **-ecer**, **-ocer** *et* **-ucir** *qui sont irréguliers à certaines personnes, à certains modes et à certains temps.*

INDICATIF PRÉSENT	SUBJONCTIF PRÉSENT	IMPÉRATIF
restablezco	restablezca	
restableces	restablezcas	restablece
restablece	restablezca	restablezca
restablecemos	restablezcamos	restablezcamos
restablecéis	restablezcáis	restableced
restablecen	restablezcan	restablezcan

Pour les autres temps, se conjugue sur le modèle de **deber** *(voir ce verbe).*

restar **soustraire** ou **faire une soustraction** ou **ôter**

Attention ! **restar** ne signifie pas « rester ».

Se conjugue sur le modèle de **cantar** *(voir ce verbe).*

resto reste

► **los restos** **les ruines** ou **la dépouille**

ℹ **resto** peut également être une forme du verbe **restar**.

▷ Resto dos a diez. Je soustrais deux à dix.

resuelto *est le participe passé du verbe* **resolver**.

resultado résultat

ℹ **resultado** peut également être le participe passé du verbe **resultar**.

▷ El examen ha resultado difícil. L'examen a été difficile.

resultar être

▷ El examen resultó bastante fácil. L'examen était assez facile.

Se conjugue sur le modèle de **cantar** *(voir ce verbe).*

resumen résumé

resumir résumer

Se conjugue sur le modèle de **vivir** *(voir ce verbe).*

retener retenir

► **retenerse** **se retenir**

Se conjugue sur le modèle de **tener** *(voir ce verbe).*

retirar retirer

► **retirarse** *peut signifier* **prendre sa retraite**

► **retirarse** *peut signifier* **se retirer** ou **se replier**

Se conjugue sur le modèle de **cantar** *(voir ce verbe).*

retorcido, retorcida tordu(e)

► **retorcido de risa** **tordu de rire**

retrasar retarder

► **retrasarse** **prendre du retard**

Se conjugue sur le modèle de **cantar** *(voir ce verbe).*

retraso retard

i retraso peut également être une forme du verbe retrasar.

▷ Si me retraso, el profesor no me dejará entrar en el aula. Si je prends du retard, le prof ne me laissera pas rentrer dans la salle de cours.

retratar faire le portrait de

Dans ce mot, on reconnaît le lien avec le nom retrato *qui signifie « portrait ».*

Se conjugue sur le modèle de cantar *(voir ce verbe).*

retrato portrait

► **ser el retrato vivo de** alguien **être le portrait craché de** quelqu'un

i retrato peut également être une forme du verbe retratar.

▷ Retrato a mi mejor amigo. Je fais le portrait de mon meilleur ami.

retroceder reculer

Se conjugue sur le modèle de deber *(voir ce verbe).*

reuma *ou* **reúma** rhumatisme

revelar *a plusieurs sens :*

1 **revelar** *peut signifier* **révéler**

2 **revelar** *peut signifier* **développer** (une photo)

Se conjugue sur le modèle de cantar *(voir ce verbe).*

revender revendre

Se conjugue sur le modèle de deber *(voir ce verbe).*

reventado, reventada crevé(e) ou mort(e) de fatigue

▷ Pedro está reventado. Pedro est crevé.

reventar crever *ou* éclater

▷ El neumático reventó. Le pneu a éclaté.

Attention, ce verbe est irrégulier à certaines personnes, à certains modes et à certains temps.

INDICATIF PRÉSENT	SUBJONCTIF PRÉSENT	IMPÉRATIF
reviento	reviente	
revientas	revientes	revienta
revienta	reviente	reviente
reventamos	reventemos	reventemos
reventáis	reventéis	reventad
revientan	revienten	revienten

Se conjugue sur le modèle de cantar *(voir ce verbe).*

revés *a plusieurs sens :*

1 **revés** *peut signifier* **envers**

2 **revés** *peut signifier* **gifle** (du revers de la main)

3 **revés** *peut signifier* **revers**

4 ► **al revés** à l'inverse

revisión révision

► **revisión medica** visite médicale

revisor, revisora contrôleur(-euse) de billets

revista revue *ou* magazine

revoltoso, revoltosa turbulent(e) *ou* remuant(e)

revolución révolution

revolucionario, revolucionaria révolutionnaire

revolver *a plusieurs sens :*

1 **revolver** *peut signifier* **remuer** *ou* **mettre sens dessus dessous**

2 **revolver** *peut signifier* **fouiller**

► **revolverse** *peut signifier* **remuer** ou **s'agiter**

► **revolverse** *peut signifier* **se retourner**

Dans ce mot, on reconnaît le verbe volver. *Ils se conjuguent de la même manière, sur le modèle de* deber *(voir ce verbe). Mais attention,* revolver *présente les mêmes irrégularités que* volver*; son participe passé est* revuelto.

revólver revolver

revuelta révolte

i revuelta peut également être le féminin de l'adjectif revuelto qui signifie « désordonné ».

revuelto, revuelta désordonné(e)

► **huevos revueltos** œufs brouillés

i revuelto peut également être le participe passé du verbe revolver.

rey roi

rezagar *a plusieurs sens :*

1 **rezagar** *peut signifier* **retarder**

2 **rezagar** *peut signifier* **laisser en arrière**

► **rezagarse** traîner (être à la traîne)

Attention ! Pour conserver le son /g/ de l'infinitif, le g *de* rezagar *se transforme en* gu *devant un* e *:*

▷ Dile que no se rezague. Dis-lui de ne pas traîner.

Se conjugue sur le modèle de cantar *(voir ce verbe).*

rezar prier (dans le sens religieux)

Comme la plupart des verbes terminés en -zar, rezar subit des modifications orthographiques : le z devient c devant un e.

▷ Recé para que no sucediera nada malo. J'ai prié pour qu'il n'arrive rien de mauvais.

Se conjugue sur le modèle de cantar (voir ce verbe).

ría estuaire

ría est féminin.

riachuelo ruisseau

riada crue

ribera rive *ou* rivage

rico, rica *a des sens différents selon qu'il est employé avec ser ou estar :*

1 ser rico, rica *signifie* **être riche**

2 estar rico, rica *signifie* **être bon(ne)** (en parlant de nourriture)

riego arrosage *ou* irrigation

riesgo risque

rigor rigueur *ou* sévérité

rincón coin

rinoceronte rhinocéros

riña bagarre

i riña peut également être une forme du verbe reñir.

▷ Pórtate bien si no quieres que tu madre te riña. Sois sage si tu ne veux pas que ta mère te gronde.

riñón rein

► costar un riñón **coûter les yeux de la tête**

riñonera banane (petit sac)

río fleuve *ou* rivière

río est masculin.

i río peut également être une forme du verbe reír.

▷ Si me haces cosquillas, ¡claro que me río! Si tu me chatouilles, bien sûr que je ris !

riqueza richesse

risa rire

► dar risa **faire rire**

► tener un ataque de risa **avoir le fou rire**

► partirse de risa **se tordre de rire**

risa est féminin.

risueño, risueña souriant(e)

ritmo rythme

Attention à l'orthographe du mot ritmo.

rizado, rizada frisé(e)

rizar friser

Comme la plupart des verbes terminés en -zar, rizar subit des modifications orthographiques : le z devient c devant un e.

▷ Ha ido a la peluquería para que le ricen el pelo. Elle est allée chez le coiffeur se faire friser les cheveux.

Se conjugue sur le modèle de cantar (voir ce verbe).

rizo boucle

rizo est masculin.

robar voler (au sens de « dérober »)

Se conjugue sur le modèle de cantar (voir ce verbe).

roble chêne

robo vol (au sens de « larcin »)

i robo peut également être une forme du verbe robar.

▷ Nunca robo. Je ne vole jamais.

roca roche *ou* rocher

rocío rosée

i Rocío est également un prénom féminin.

rocío est masculin.

rodaja rondelle *ou* tranche (de citron, de saucisson) *ou* darne (de poisson)

rodar *a plusieurs sens :*

1 rodar *peut signifier* **rouler**

2 rodar *peut signifier* **tourner** (un film)

Attention, ce verbe est irrégulier à certaines personnes, à certains modes et à certains temps.

INDICATIF PRÉSENT	SUBJONCTIF PRÉSENT	IMPÉRATIF
ruedo	ruede	
ruedas	ruedes	rueda
rueda	ruede	ruede
rodamos	rodemos	rodemos
rodáis	rodéis	rodad
ruedan	rueden	rueden

Pour les autres temps, se conjugue sur le modèle de cantar (voir ce verbe).

rodear entourer

📖 *Se conjugue sur le modèle de* cantar *(voir ce verbe).*

rodeo détour

► **dar un rodeo** faire un détour

► **andar(se) con rodeos** tourner autour du pot

► **no andar(se) con rodeos** ne pas y aller par quatre chemins

ℹ rodeo peut également être une forme du verbe rodear.

rodilla genou

► **de rodillas** à genoux

rodilla *est féminin.*

rodillo rouleau

roer ronger

📖 *Se conjugue sur le modèle de* deber *(voir ce verbe).* roer *subit des modifications orthographiques : le* i *se transforme en* y *devant* o *et* e.

▷ Los ratones royeron el cable. Les souris ont rongé le câble.

rogar prier (= demander)

► **se ruega no fumar** prière de ne pas fumer

► **rogar que** + subjonctif *signifie* **demander de** + infinitif

▷ Te ruego que no se lo digas a nadie. Je te demande de ne le dire à personne.

📖 *Attention, ce verbe est irrégulier à certaines personnes, à certains temps et à certains modes. De plus, pour conserver le son /g/ de l'infinitif, le* g *de* rogar *se transforme en* gu *devant un* e.

INDICATIF PRÉSENT	SUBJONCTIF PRÉSENT	IMPÉRATIF
ruego	ruegue	
ruegas	ruegues	ruega
ruega	ruegue	ruegue
rogamos	roguemos	roguemos
rogáis	roguéis	rogad
ruegan	rueguen	rueguen

📖 *Pour les autres temps, se conjugue sur le modèle de* cantar *(voir ce verbe).*

rojo, roja rouge

rollo rouleau

► **ser un rollo** être barbant

► **un mal rollo** une galère ou un mauvais plan

► **soltar un rollo** en faire toute une histoire

► **¡Vaya rollo!** Quelle barbe !

Toutes ces expressions sont familières.

rombo losange

rompecabezas casse-tête

On remarque que ce mot est constitué du verbe romper *qui signifie « casser » et du nom* cabeza *qui signifie « tête ».*

rompecabezas *est invariable :* un rompecabezas, dos rompecabezas.

romper casser *ou* abîmer *ou* déchirer

► **romper a hacer algo** se mettre à faire quelque chose

📖 *Le participe passé du verbe* romper *est irrégulier :* roto.
Se conjugue sur le modèle de deber *(voir ce verbe).*

ron rhum

roncar ronfler

📖 *Attention ! Pour conserver le son /k/ de l'infinitif, le* c *de* roncar *se transforme en* qu *devant un* e *:*

▷ Mi hermano me dice que ronqué toda la noche. Mon frère me dit que j'ai ronflé toute la nuit.

📖 *Se conjugue sur le modèle de* cantar *(voir ce verbe).*

ronco, ronca rauque *ou* enroué(e)

ronda ronde *ou* tournée

ronronear ronronner

📖 *Se conjugue sur le modèle de* cantar *(voir ce verbe).*

ropa vêtements

► **ropa blanca** linge de maison

► **ropa de abrigo** vêtements d'hiver

► **ropa interior** sous-vêtements

ropa *est féminin singulier.*

roscón couronne (de pain)

► **roscón de Reyes** galette des Rois

rostro visage

► **tener (mucho) rostro** avoir du culot

tener (mucho) rostro est une expression familière.

roto *a des sens différents selon sa catégorie grammaticale :*

> Ce peut être un ADJECTIF :

roto, rota *signifie* **cassé(e)** *ou* **abîmé(e)** *ou* **en panne** *ou* **déchiré(e)**

> Ce peut être un NOM :

roto *signifie* **accroc**

ℹ roto peut également être le participe passé du verbe romper.

▷ He roto el vaso. J'ai cassé le verre.

rotonda rond-point

rotonda *est féminin.*

rotulador marqueur *ou* crayon feutre

rozar frôler *ou* effleurer

Comme la plupart des verbes terminés en -zar, rozar *subit des modifications orthographiques : le* z *devient* c *devant un* e.

▷ ¡Apenas le rocé la mano y gritó! Je lui ai à peine effleuré la main et elle a crié !

Se conjugue sur le modèle de cantar *(voir ce verbe).*

rubio, rubia blond(e)

rueda roue

rugoso, rugosa rugueux(-euse)

ruido bruit

ruidoso, ruidosa bruyant(e)

ruiseñor rossignol

rumor rumeur *ou* bruit

► **el rumor corre que...** le bruit court que...

rumor *est masculin.*

ruso, rusa russe *ou* Russe

ruta itinéraire *ou* parcours

Attention ! ruta ne signifie pas « route ».

Ss

sábado samedi

sabana savane

> Attention ! Ne pas confondre sabana avec sábana, qui signifie « drap ».

sábana drap

sábana *est féminin.*

> Attention ! Ne pas confondre sábana avec sabana, qui signifie « savane ».

saber *a des sens différents selon sa catégorie grammaticale :*

> Ce peut être un NOM :

saber *signifie* **savoir**

> Ce peut être un VERBE TRANSITIF :

saber *signifie* **savoir** *ou* **connaître**

▷ Ya lo sé. Je le sais.

▷ Ella sabe ruso. Elle connaît le russe.

► **saber de** algo **s'y connaître en** quelque chose

▷ No sé nada de fútbol. Je n'y connais rien en football.

► **saber de** alguien **avoir des nouvelles de** quelqu'un

▷ Desde hace semanas no sé nada de ella. Je n'ai aucune nouvelle d'elle depuis des semaines.

► **saber de memoria connaître par cœur**

> Ce peut être un VERBE INTRANSITIF :

saber a *signifie* **avoir le goût de**

▷ Este chicle sabe a menta. Ce chewing-gum a le goût de menthe.

> Attention à l'emploi de la préposition a dans saber a (avoir le goût de).

► **saber bien avoir bon goût**

► **saber mal avoir mauvais goût**

► **saber** algo **mal a** alguien **gêner** quelqu'un

▷ Me sabe mal que nadie te haya avisado. Cela me gêne que personne ne t'ait prévenu.

SABER				
INDICATIF				CONDITIONNEL
PRÉSENT	IMPARFAIT	PASSÉ SIMPLE	FUTUR	PRÉSENT
sé	sabía	supe	sabré	sabría
sabes	sabías	supiste	sabrás	sabrías
sabe	sabía	supo	sabrá	sabría
sabemos	sabíamos	supimos	sabremos	sabríamos
sabéis	sabíais	supisteis	sabréis	sabríais
saben	sabían	supieron	sabrán	sabrían
SUBJONCTIF		IMPÉRATIF		
PRÉSENT	IMPARFAIT			
sepa	supiera		INFINITIF	saber
sepas	supieras	sabe		
sepa	supiera	sepa	PARTICIPE	sabido
sepamos	supiéramos	sepamos		
sepáis	supierais	sabed	GÉRONDIF	sabiendo
sepan	supieran	sepan		

sabiduría sagesse *ou* savoir *ou* connaissance

sabio, sabia sage *ou* savant(e)

sabor goût *ou* saveur

▷ Es una bebida con sabor a plátano. C'est une boisson au goût de banane.

> Attention à l'emploi des prépositions con et a dans con sabor a (au goût de).

► **sin sabor** sans aucun goût

sabor est masculin.

saborear savourer

Se conjugue sur le modèle de cantar (voir ce verbe).

sabr... (sabré, sabrás, sabría, etc.) → saber

sabroso, sabrosa délicieux(-euse)

sacacorchos tire-bouchon

Ce mot est constitué du verbe sacar qui signifie « tirer » et du nom corcho qui signifie « bouchon de liège ».

sacacorchos est masculin et invariable : un sacacorchos, dos sacacorchos.

sacapuntas taille-crayon

Ce mot est constitué du verbe sacar qui signifie « sortir » et du nom punta qui signifie « pointe ».

sacapuntas est masculin et invariable : un sacapuntas, dos sacapuntas.

sacar *a plusieurs sens :*

1 sacar *peut signifier* **sortir**

▷ Saca todo lo que tengas en los bolsillos. Sors tout ce que tu as dans les poches.

2 sacar *peut signifier* **obtenir**

▷ Ha sacado buenas notas. Elle a obtenu de bonnes notes.

3 sacar *peut signifier* **tirer** (= extraire)

▷ El texto que estudiamos está sacado de Don Quijote. Le texte que nous étudions est tiré de Don Quichotte.

4 sacar *peut signifier* **prendre** (une photo)

▷ Sacamos muchas fotos durante las vacaciones. Nous avons pris beaucoup de photos pendant nos vacances.

5 sacar *peut signifier* **retirer** (de l'argent)

▷ Necesito sacar dinero. J'ai besoin de retirer de l'argent.

Attention ! Pour conserver le son /k/ de l'infinitif, le c de sacar se transforme en qu devant un e :

▷ ¡No saques la lengua! Ne tire pas la langue !

Se conjugue sur le modèle de cantar (voir ce verbe).

sacerdote prêtre

saco sac

► **saco de dormir** sac de couchage

> ℹ saco peut également être une forme du verbe sacar.

▷ ¿Saco los cubiertos del cajón? Je sors les couverts du tiroir ?

sacrificar sacrifier

Attention ! Pour conserver le son /k/ de l'infinitif, le c de sacrificar se transforme en qu devant un e :

▷ ¡No te sacrifiques por eso! No vale la pena. Ne te sacrifie pas pour ça ! Ça n'en vaut pas la peine.

Se conjugue sur le modèle de cantar (voir ce verbe).

sacrificio sacrifice

sacudir secouer

Se conjugue sur le modèle de vivir (voir ce verbe).

Sagitario Sagittaire

sagrado, sagrada sacré(e)

sal sel

► **sal gorda** gros sel

sal est féminin.

> ℹ sal peut également être une forme du verbe salir.

▷ ¡Sal de este cuarto! Sors de cette pièce !

sala salon *ou* salle

► **sala de espera** salle d'attente

salado, salada *a plusieurs sens :*

1 salado *peut signifier* **salé**

2 salado *peut signifier* **drôle** *ou* **amusant**

▷ Es un chico muy salado. C'est un garçon très drôle.

salar saler

Dans ce mot, on reconnaît le mot sal qui signifie « sel ».

Se conjugue sur le modèle de cantar (voir ce verbe).

salario salaire

salchicha saucisse

salchichón saucisson

saldr... (saldré, saldrás, saldría, etc.) → salir

salg... (salgo, salgas, salgamos, etc.) → salir

salida *a plusieurs sens :*

1 salida *peut signifier* **sortie**

▷ Te espero a la salida de la tienda. Je t'attends à la sortie du magasin.

► **línea de salida** ligne de touche

► **salida de emergencia** ou **salida de incendios** sortie de secours

2 **salida** *peut signifier* **départ**

▷ Había demasiada gente a la salida del tren. Il y avait trop de gens au départ du train.

► **dar la salida** donner le départ

► **salida nula** faux départ

3 *En sport,* **salida** *peut signifier* **ligne de départ**

4 **salida** *peut signifier* **issue**

▷ En la situación actual, no tenemos ninguna salida. Dans la situation actuelle, nous n'avons pas d'issue.

► **calle sin salida** voie sans issue

► **la salida del sol** le lever du soleil

salir *a plusieurs sens :*

1 **salir** *peut signifier* **sortir**

▷ Nunca salimos solos por la noche. Le soir nous ne sortons jamais seuls.

2 **salir** *peut signifier* **partir**

▷ ¡Date prisa, el tren sale dentro de cinco minutos! Dépêche-toi, le train part dans cinq minutes !

► **salir de viaje** partir en voyage

3 **salir** *peut signifier* **apparaître**

▷ Con el sol me salen pecas. Mes taches de rousseur apparaissent avec le soleil.

4 **salir** *peut signifier* **être élu(e)**

▷ Salió con el cincuenta y tres por ciento de los votos. Il a été élu avec cinquante-trois pour cent des voix.

► **salir a alguien** ressembler à quelqu'un ou tenir de quelqu'un

▷ No ha salido a sus padres. Il ne ressemble pas à ses parents.

5 **salir** *peut signifier* **se passer**

► **salir bien** réussir ou bien se passer

▷ La fiesta salió bien. La fête s'est bien passée.

► **salir mal** échouer ou rater

6 **salir** *peut signifier* **coûter**

▷ La comida nos saldrá muy cara. Le repas nous coûtera très cher.

► **no salen las cuentas** ça ne tombe pas juste

► **salirse de lo corriente** sortir de l'ordinaire

► **salirse del tema** s'écarter du sujet

► **salirse con la suya** n'en faire qu'à sa tête

Attention ! **salir** ne signifie pas « salir ».

salmón saumon

► **salmón ahumado** saumon fumé

salón *a plusieurs sens :*

1 **salón** *peut signifier* **salon**

2 **salón** *peut signifier* **classe** (salle d'école)

salpicar éclabousser

Attention ! Pour conserver le son /k/ de l'infinitif, le **c** *de* **salpicar** *se transforme en* **qu** *devant un* **e** *:*

▷ Al freír la carne, ten cuidado que el aceite no te salpique. Quand tu feras revenir la viande, fais attention à ce que l'huile ne t'éclabousse pas.

Se conjugue sur le modèle de **cantar** *(voir ce verbe).*

salsa *a plusieurs sens :*

1 **salsa** *peut signifier* **sauce**

► **salsa mahonesa** mayonnaise

2 **salsa** *peut signifier* **salsa**

saltamontes sauterelle

Dans ce mot, on reconnaît le lien avec le verbe **saltar**, *qui signifie « sauter », et* **montes** *qui signifie « montagnes ».*

SALIR

INDICATIF – PRÉSENT	INDICATIF – IMPARFAIT	INDICATIF – PASSÉ SIMPLE	INDICATIF – FUTUR	CONDITIONNEL – PRÉSENT
salgo	salía	salí	**saldré**	**saldría**
sales	salías	saliste	**saldrás**	**saldrías**
sale	salía	salió	**saldrá**	**saldría**
salimos	salíamos	salimos	**saldremos**	**saldríamos**
salís	salíais	salisteis	**saldréis**	**saldríais**
salen	salían	salieron	**saldrán**	**saldrían**

SUBJONCTIF – PRÉSENT	SUBJONCTIF – IMPARFAIT	IMPÉRATIF		
salga	saliera			
salgas	salieras	**sal**	INFINITIF	salir
salga	saliera	**salga**		
salgamos	saliéramos	**salgamos**	PARTICIPE	salido
salgáis	salierais	salid		
salgan	salieran	**salgan**	GÉRONDIF	saliendo

saltamontes *est masculin et invariable :* un saltamontes, dos saltamontes.

saltar sauter *ou* bondir

- saltar a la comba sauter à la corde
- saltar a la vista sauter aux yeux
- saltarse un semáforo griller un feu

Se conjugue sur le modèle de cantar *(voir ce verbe).*

salteado, salteada sauté(e) (en cuisine)

- patatas salteadas pommes de terre sautées

salto bond *ou* saut *ou* chute (d'eau)

- a saltos en sautant
- salto de altura saut en hauteur
- salto de longitud saut en longueur
- salto mortal saut périlleux

> i salto peut également être une forme du verbe saltar.

▷ Salto muy alto. Je saute très haut.

salud santé

- ¡salud! à la tienne/vôtre (pour trinquer)
- estar bien de salud ou gozar de buena salud être en bonne santé
- estar mal de salud être en mauvaise santé

salud *est féminin.*

saludar saluer *ou* dire bonjour à

Se conjugue sur le modèle de cantar *(voir ce verbe).*

saludo salut *ou* salutation

saludo *est masculin.*

> i saludo peut également être une forme du verbe saludar.

▷ Saludo a mis compañeros. Je salue mes camarades.

salvación salut (= sauvegarde)

salvadoreño, salvadoreña salvadorien(ne) *ou* Salvadorien(ne)

salvaje sauvage

> Attention à l'orthographe du mot salvaje.

salvamanteles dessous de plat ou de bouteille

Dans ce mot, on reconnaît le verbe salvar *qui signifie « sauver » et le nom* manteles *qui signifie « nappes ».*

salvamanteles *est masculin et invariable :* un salvamanteles, dos salvamanteles.

salvamento sauvetage

- bote de salvamento canot de sauvetage

salvapantallas économiseur d'écran

Dans ce mot, on reconnaît le verbe salvar *qui signifie « sauver » et le nom* pantallas *qui signifie « écrans ».*

salvapantallas *est masculin et invariable :* un salvapantallas, dos salvapantallas.

salvar *a plusieurs sens :*

1 salvar *peut signifier* sauver

- ¡sálvese quien pueda! sauve qui peut !

2 salvar *peut signifier* franchir

▷ Salvó el río sin dificultad. Il a franchi la rivière sans difficulté.

Le verbe salvar *a deux participes passés. On utilise* salvado *pour la construction des temps composés, et* salvo *comme adjectif.*

Se conjugue sur le modèle de cantar *(voir ce verbe).*

salvavidas bouée *ou* canot de sauvetage

- chaleco salvavidas gilet de sauvetage

Ce mot composé est constitué du verbe salvar *qui signifie « sauver » et du nom* vidas *qui signifie « vies ».*

salvo *a plusieurs catégories grammaticales :*

> Ce peut être un ADVERBE :

salvo *signifie* sauf *ou* à l'exception de

▷ He leído todo salvo el prefacio. J'ai tout lu sauf la préface.

> Ce peut être un ADJECTIF :

salvo, salva *signifie* sauf, sauve

- a salvo en lieu sûr
- sano y salvo sain et sauf

> i salvo et salva peuvent également être des formes du verbe salvar.

▷ El bombero salva vidas todos los días. Le pompier sauve des vies tous les jours.

san *est la forme apocopée de* santo

L'apocope est la suppression d'une ou plusieurs lettres à la fin d'un mot. Santo *s'apocope en* san *devant un nom de saint masculin, sauf* Domingo, Tomás, Tomé *et* Toribio : san Miguel, santo Tomás.

sandalia sandale

sandía pastèque

sándwich sandwich (au pain de mie)

sangrar saigner

Se conjugue sur le modèle de cantar *(voir ce verbe).*

sangre sang

- a sangre fría de sang froid

► **de sangre fría** **à sang froid** (en parlant d'un animal)

sangre *est féminin.*

sangriento, sangrienta **sanglant(e)**

sanidad **hygiène** *ou* **santé**

sano, sana **sain(e)** *ou* **intact(e)**

► **estar sano** **être en bonne santé**

► **sano y salvo** **sain et sauf**

santo *a des sens différents selon sa catégorie grammaticale :*

> Ce peut être un ADJECTIF :

santo, santa *signifie* **saint(e)**

► **el día** ou **la fiesta de Todos los Santos** **la Toussaint**

> Ce peut être un NOM :

santo *signifie* **fête**

▷ La semana que viene es su santo. La semaine prochaine c'est sa fête.

▷ El quince de agosto es el santo de María. Le quinze août, c'est la Sainte-Marie.

► **santo y seña** **mot de passe**

sapo **crapaud**

saque *a plusieurs sens :*

1 **saque** *peut signifier* **service** (au tennis)

2 **saque** *peut signifier* **remise en jeu**

► **saque de esquina** **corner**

► **saque inicial** **coup d'envoi**

saque *est masculin.*

i **saque** peut également être une forme du verbe **sacar**.

▷ Cuando saque la foto haremos muecas. Quand il prendra la photo nous ferons des grimaces.

sarampión **rougeole**

sartén **poêle**

sastre **tailleur**

satisfacer **satisfaire**

Le participe passé du verbe **satisfacer** *est irrégulier :* **satisfecho**.

satisfactorio, satisfactoria **satisfaisant(e)**

satisfecho, satisfecha **satisfait(e)**

► **darse por satisfecho con** algo **se contenter de** quelque chose

► **estar satisfecho con** algo **être satisfait de** quelque chose

i **satisfecho** peut également être le participe passé du verbe **satisfacer**.

se (sans accent) *a plusieurs sens :*

1 **se** *peut signifier* **se** *ou* **s'** (pronom personnel réfléchi des troisièmes personnes du singulier et du pluriel) *ou* **vous** (vouvoiement)

▷ Se mira en el espejo. Il se regarde dans le miroir.

▷ ¿No se siente bien? Vous ne vous sentez pas bien ?

2 **se** *peut signifier* **lui** *ou* **leur** *ou* **vous** (vouvoiement) *lorsqu'il y a deux pronoms personnels compléments qui se suivent.*

▷ Se lo digo (a él). Je le lui dis.

▷ Se lo digo (a ellos). Je le leur dis.

▷ Se lo digo (a usted). Je vous le dis.

▷ Se lo digo (a ustedes). Je vous le dis.

SATISFACER				
INDICATIF				CONDITIONNEL
PRÉSENT	IMPARFAIT	PASSÉ SIMPLE	FUTUR	PRÉSENT
satisfago satisfaces satisface satisfacemos satisfacéis satisfacen	satisfacía satisfacías satisfacía satisfacíamos satisfacíais satisfacían	**satisfice** **satisficiste** **satisfizo** **satisficimos** **satisficisteis** **satisficieron**	**satisfaré** **satisfarás** **satisfará** **satisfaremos** **satisfaréis** **satisfarán**	**satisfaría** **satisfarías** **satisfaría** **satisfaríamos** **satisfaríais** **satisfarían**
SUBJONCTIF		IMPÉRATIF		
PRÉSENT	IMPARFAIT	PRÉSENT	INFINITIF	satisfacer
satisfaga **satisfagas** **satisfaga** **satisfagamos** **satisfagáis** **satisfagan**	**satisficiera** **satisficieras** **satisfaga** **satisficiéramos** **satisficierais** **satisficieran**	**satisfaz** **satisficiera** **satisfagamos** satisfaced **satisfagan**	PARTICIPE GÉRONDIF	**satisfecho** satisfaciendo

Dans ce cas, le pronom personnel complément indirect est placé devant le pronom personnel complément direct.

3 **se** *peut servir à construire des tournures impersonnelles.*

▷ Se come bastante bien en este restaurante. On mange assez bien dans ce restaurant.

▷ ¿Cómo se dice «por favor» en francés? Comment dit-on «por favor» en français ?

4 **se** *peut servir à construire des tournures passives.*

▷ Se publicaron todas las novelas de Gabriel García Marquez en esta colección. Tous les romans de Gabriel García Marquez ont été publiés dans cette collection.

▷ El piso se alquila sólo a estudiantes. L'appartement n'est loué qu'à des étudiants.

▷ Estos relojes sólo se venden en tiendas de lujo. Ces montres ne sont vendues que dans des boutiques de luxe.

sé (avec accent) *peut être le verbe* **ser** *conjugué à la deuxième personne du singulier à l'impératif ou le verbe* **saber** *conjugué à la première personne du singulier au présent de l'indicatif.*

▷ ¡Sé atento con tu hermana pequeña! Fais attention à ta petite sœur !

▷ No sé cómo se llama. Je ne sais pas comment il s'appelle.

sea... (sea, seas, seamos, etc.**)** → **ser**

secador **séchoir** *ou* **sèche-cheveux**

Dans ce mot, on reconnaît le lien avec le verbe secar *qui signifie « sécher ».*

secar **sécher** *ou* **essuyer** *ou* **dessécher**

Attention ! Pour conserver le son /k/ de l'infinitif, le c *de* secar *se transforme en* qu *devant un* e *:*

▷ Me sequé el pelo después de la piscina. Je me suis séché les cheveux après la piscine.

Se conjugue sur le modèle de cantar *(voir ce verbe).*

sección *a plusieurs sens :*

1 **sección** *peut signifier* **section** *ou* **partie**

2 **sección** *peut signifier* **rayon** (dans un magasin)

► **sección de ropa de caballero/señora** **rayon hommes/femmes**

► **sección de bricolaje** **rayon bricolage**

seco, seca **sec, sèche**

► **a secas** **tout court**

▷ Prefiero que me llamen María, a secas. Je préfère qu'on m'appelle María tout court.

secretaría **secrétariat**

secretaría *est féminin.*

secretario, secretaria **secrétaire**

Attention ! Ne pas confondre secretaria (sans accent) et secretaría (avec accent).

secreto **secret**

► **de** ou **en secreto** **secrètement**

secuestrar *a plusieurs sens :*

1 **secuestrar** *peut signifier* **séquestrer**

2 **secuestrar** *peut signifier* **détourner** (un avion)

Se conjugue sur le modèle de cantar *(voir ce verbe).*

secuestro *a plusieurs sens :*

1 **secuestro** *peut signifier* **séquestration**

2 **secuestro** *peut signifier* **détournement** (d'un avion)

i secuestro peut également être une forme du verbe secuestrar.

sed **soif**

► **tener sed** **avoir soif**

i sed peut également être une forme du verbe ser.

▷ ¡Sed buenos con él! Soyez gentils avec lui !

seda **soie**

► **de seda** **en soie**

seguida

► **en seguida** **tout de suite** ou **aussitôt (après)**

seguidamente **de suite** *ou* **aussitôt (après)**

seguido, seguida *a plusieurs sens :*

1 **seguido, seguida** *peut signifier* **suivi(e)** *ou* **rapproché(e)**

▷ Mi mejor amigo y yo tenemos los cumpleaños muy seguidos. L'anniversaire de mon meilleur ami et le mien sont très rapprochés.

2 **seguido, seguida** *peut signifier* **de suite** *ou* **l'un après l'autre**

▷ Ganamos cuatro partidos seguidos. Nous avons gagné quatre matchs de suite.

i seguido peut également être le participe passé du verbe seguir.

▷ He seguido a mi amigo. J'ai suivi mon ami.

seguir **suivre** *ou* **poursuivre** *ou* **venir après**

► **seguir** + gérondif **continuer à/de** + infinitif

▷ Sigue estudiando español. Il continue à apprendre l'espagnol.

▷ La policía sigue buscando a los culpables. La police continue de chercher les coupables.

Attention, ce verbe est irrégulier à certaines personnes, à certains modes et à certains temps. De plus, comme tous les verbes terminés en -guir, seguir *subit des modifications orthographiques pour conserver le son /g/ : le* gu *se transforme en* g *devant* o *et* a.

Pour les autres temps, se conjugue sur le modèle de vivir *(voir ce verbe).*

SEGUIR				
INDICATIF PRÉSENT	SUBJONCTIF PRÉSENT	PASSÉ SIMPLE	SUBJONCTIF IMPARFAIT	IMPÉRATIF
sigo	siga	seguí	siguiera	
sigues	sigas	seguiste	siguieras	sigue
sigue	siga	siguió	siguiera	siga
seguimos	sigamos	seguimos	siguiéramos	sigamos
seguís	sigáis	seguisteis	siguierais	seguid
siguen	sigan	siguieron	siguieran	sigan

según *a plusieurs sens :*

1 **según** *peut signifier* **selon** *ou* **d'après**

▷ Según el profesor, la educación ciudadana es muy importante. D'après le professeur, l'éducation civique est très importante.

2 **según** *peut signifier* **comme**

▷ Construimos nuestra casa según lo previsto. Nous avons construit notre maison comme nous l'avions prévu.

3 **según** *peut signifier* **à mesure que**

▷ Nos perdíamos cada vez más según íbamos entrando en el bosque. Nous nous perdions de plus en plus à mesure que nous avancions dans la forêt.

4 **según** *peut signifier* **ça dépend**

▷ – ¿Vienes con nosotros? – Según. – Tu viens avec nous ? – Ça dépend.

segundo *a des sens différents selon sa catégorie grammaticale :*

> Ce peut être un ADJECTIF :

segundo, segunda *signifie* **second(e)** *ou* **deuxième**

Les nombres ordinaux s'accordent et sont généralement employés devant le nom, sauf pour un souverain, un siècle ou un chapitre : Juan Pablo II (segundo) Jean Paul II (deux).

> Ce peut être un NOM :

1 **segundo** *peut signifier* **seconde** (= partie d'une minute)

2 **segundo** *peut signifier* **deuxième (étage)**

▷ Los vecinos del segundo acaban de llegar al edificio. Les voisins du deuxième (étage) viennent d'arriver dans l'immeuble.

seguramente **certainement**

seguridad **sécurité** *ou* **assurance**

seguro *a des sens différents selon sa catégorie grammaticale :*

> Ce peut être un ADJECTIF :

seguro, segura *signifie* **sûr(e)** *ou* **certain(e)**

> Ce peut être un NOM :

1 **seguro** *peut signifier* **assurance** (contre le vol par exemple)

2 **seguro** *peut signifier* **sécurité**

seis **six**

seiscientos, seiscientas **six cents**

En espagnol, les centaines s'accordent en genre et en nombre avec le nom : seiscientas niñas/seiscientos niños.

selectividad

► **pasar el examen de selectividad** **passer le baccalauréat**

sello **timbre**

selva **forêt** *ou* **jungle**

Attention ! Ne pas confondre selva qui signifie « forêt équatoriale et tropicale » et bosque qui signifie « forêt, bois ».

semáforo **feu** (de signalisation)

semana **semaine**

► **el fin de semana** **le week-end**

► **Semana Santa** **semaine sainte**

semanal **hebdomadaire**

semanario, semanaria **hebdomadaire**

sembrar **semer**

Attention, ce verbe est irrégulier à certaines personnes, à certains modes et à certains temps.

INDICATIF PRÉSENT	SUBJONCTIF PRÉSENT	IMPÉRATIF
siembro	siembre	
siembras	siembres	siembra
siembra	siembre	siembre
sembramos	sembremos	sembremos
sembráis	sembréis	sembrad
siembran	siembren	siembren

Se conjugue sur le modèle de cantar *(voir ce verbe).*

semejante **semblable** *ou* **tel(le)**

▷ Nunca había visto un animal semejante. Je n'avais jamais vu un tel animal.

▷ Son muy semejantes. Ils se ressemblent beaucoup.

semejanza **ressemblance**

semilla **graine**

Sena **la Seine**

Sena *est masculin.*

sencillamente simplement

sencillez simplicité

sencillo, sencilla simple

senda sentier

senda *est féminin.*

senderismo randonnée

senderismo *est masculin.*

seno sein

sentado, sentada assis(e)

sentar asseoir

► sentar bien **réussir** ou **aller bien** ou **faire du bien** (à la santé) ou **plaire**

▷ El azul te sienta muy bien. Le bleu te va très bien.

▷ Comer fruta le sienta bien. Manger des fruits lui fait du bien.

► sentar mal **ne pas réussir** ou **aller mal** ou **faire du mal** (à la santé) ou **ne pas plaire**

▷ El pescado no me sentó bien. Le poisson ne m'a pas réussi.

▷ No le sentó bien lo que le dijiste. Ce que tu lui as dit ne lui a pas plu.

► sentarse **s'asseoir**

▷ ¡Siéntese! Asseyez-vous !

Attention, ce verbe est irrégulier à certaines personnes, à certains modes et à certains temps.

INDICATIF PRÉSENT	SUBJONCTIF PRÉSENT	IMPÉRATIF
siento	siente	
sientas	sientes	sienta
sienta	siente	siente
sentamos	sentemos	sentemos
sentáis	sentéis	sentad
sientan	sienten	sienten

Pour les autres temps, se conjugue sur le modèle de cantar *(voir ce verbe).*

sentido sens

► perder el sentido **perdre connaissance**

► sentido del humor **sens de l'humour**

► no tener (ningún) sentido **n'avoir aucun sens** ou **ne rimer à rien**

i sentido peut également être le participe passé du verbe sentir.

▷ He sentido un olor raro. J'ai senti une drôle d'odeur.

sentir *a plusieurs sens :*

1 sentir + indicatif *signifie* **éprouver** *ou* **ressentir** *ou* **sentir**

▷ Siento que la temperatura ha bajado. Je sens que la température a baissé.

▷ No puedo saber lo que sientes si no me lo dices. Je ne peux pas savoir ce que tu ressens si tu ne me le dis pas.

2 sentir + subjonctif *signifie* **regretter**

▷ Sentimos que no pudieras venir a la fiesta. Nous regrettons que tu n'aies pas pu venir à la fête.

► lo siento **pardon** ou **je suis désolé(e)**

3 sentir *peut signifier* **avoir**

▷ Siento frío. J'ai froid.

Attention, ce verbe est irrégulier à certaines personnes, à certains modes et à certains temps.

Pour les autres temps, se conjugue sur le modèle de vivir *(voir ce verbe).*

seña signe (= geste) *ou* **signalement**

► señas **adresse**

▷ Dame tus señas para que pueda enviarte una postal. Donne-moi ton adresse pour que je puisse t'envoyer une carte postale.

seña *est féminin.*

señal *a plusieurs sens :*

1 señal *peut signifier* **signe** (= indice)

▷ Empieza a dar señales de debilidad. Il commence à donner des signes de faiblesse.

► buena/mala señal **bon/mauvais signe**

2 señal *peut signifier* **signal**

► señal de auxilio ou de socorro **signal de détresse**

► señal de alarma ou de peligro **signal d'alarme**

3 señal *peut signifier* **marque** *ou* **trace**

► señal de nacimiento **tache de naissance**

señal *est féminin.*

SENTIR				
INDICATIF PRÉSENT	SUBJONCTIF PRÉSENT	PASSÉ SIMPLE	SUBJONCTIF IMPARFAIT	IMPÉRATIF
siento	sienta	sentí	sintiera	
sientes	sientas	sentiste	sintieras	siente
siente	sienta	sintió	sintiera	sienta
sentimos	sintamos	sentimos	sintiéramos	sintamos
sentís	sintáis	sentisteis	sintierais	sentid
sienten	sientan	sintieron	sintieran	sientan

señalar *a plusieurs sens :*

1 **señalar** *peut signifier* **indiquer**

► **señalar con el dedo** **montrer du doigt**

2 **señalar** *peut signifier* **marquer**

Se conjugue sur le modèle de **cantar** *(voir ce verbe).*

señor, señora **monsieur, madame**

On utilise l'article défini devant **señor, señora** et **señorita** sauf si l'on s'adresse directement à la personne.

▷ ¿Ha llegado ya el señor Sánchez? Monsieur Sánchez est-il déjà arrivé ?

▷ Buenos días, señora García. Bonjour, madame García.

señorita **mademoiselle**

On utilise l'article défini devant **señor, señora** et **señorita** sauf si l'on s'adresse directement à la personne.

▷ ¿Puedo invitarla a bailar, señorita? Je peux vous inviter à danser, mademoiselle ?

▷ La señorita López es nuestra profesora de dibujo. Mademoiselle López est notre professeur de dessin.

sep... **(sepa, sepas, sepamos,** etc.**)** → **saber**

separar *a plusieurs sens :*

1 **separar** *peut signifier* **séparer**

2 **separar** *peut signifier* **écarter**

3 **separar** *peut signifier* **détacher**

Se conjugue sur le modèle de **cantar** *(voir ce verbe).*

septiembre **septembre**

septiembre peut également s'écrire **setiembre**.

séptimo, séptima **septième**

Les nombres ordinaux s'accordent et sont généralement employés devant le nom, sauf pour un souverain, un siècle ou un chapitre : Carlos VII (séptimo) Charles VII (sept).

sepultar **enterrer** *ou* **ensevelir**

Le verbe **sepultar** *a deux participes passés :* **sepultado** *s'utilise pour former les verbes composés et* **sepulto** *s'utilise comme adjectif.*

Se conjugue sur le modèle de **cantar** *(voir ce verbe).*

sepultura **tombe**

sequedad **sécheresse**

sequía **sécheresse**

ser *a plusieurs catégories grammaticales :*

> Ce peut être un NOM :

ser *signifie* **être**

► **un ser humano** **un être humain**

► **un ser vivo** **un être vivant**

> Ce peut être un VERBE :

1 **ser** *peut signifier* **être**

2 **ser** *peut signifier* **faire** (dans un calcul)

▷ Dos y seis son ocho. Deux et six font huit.

SER

INDICATIF				CONDITIONNEL
PRÉSENT	IMPARFAIT	PASSÉ SIMPLE	FUTUR	PRÉSENT
soy	era	fui	seré	sería
eres	eras	fuiste	serás	serías
es	era	fue	será	sería
somos	éramos	fuimos	seremos	seríamos
sois	erais	fuisteis	seréis	seríais
son	eran	fueron	serán	serían

SUBJONCTIF		IMPÉRATIF
PRÉSENT	IMPARFAIT	
sea	fuera	
seas	fueras	sé
sea	fuera	sea
seamos	fuéramos	seamos
seáis	fuerais	sed
sean	fueran	sean

INFINITIF	ser
PARTICIPE	sido
GÉRONDIF	siendo

Attention, il ne faut pas confondre ser et estar pour traduire le verbe être. Ser est employé :

- *pour définir une profession ou une caractéristique :*

▷ Era médico. Il était médecin.

▷ Tu hermana es muy guapa. Ta sœur est très belle.

- *suivi de* de + nom commun *pour indiquer la matière d'un objet :*

▷ Esta cacerola es de aluminio. Cette casserole est en aluminium.

- *suivi de* de + nom propre *pour indiquer l'origine ou l'appartenance :*

▷ Mi abuelo es de Granada. Mon grand-père est de Grenade.

▷ Es de Carmen. C'est à Carmen.

- *pour exprimer le temps ou la quantité :*

▷ Es el uno de septiembre. C'est le premier septembre.

▷ Son las cinco y media. Il est cinq heures et demie.

- *pour former la forme passive :*

▷ Este puente fue construido por los romanos. Ce pont a été construit par les Romains.

- *pour situer un événement :*

▷ La fiesta es en casa de Juan. La fête a lieu chez Juan.

sereno, serena calme *ou* serein(e)

serie série

► **fuera de serie** hors série

seriedad sérieux

► **falta de seriedad** manque de sérieux

serio, seria sérieux(-euse)

► **en serio** sérieusement

serpiente serpent

► **serpiente de cascabel** serpent à sonnette

serpiente *est féminin.*

serrar scier

Attention ! Ne pas confondre serrar avec cerrar, qui signifie « fermer ».

Attention, ce verbe est irrégulier à certaines personnes, à certains modes et à certains temps.

INDICATIF PRÉSENT	SUBJONCTIF PRÉSENT	IMPÉRATIF
sierro	sierre	
sierras	sierres	sierra
sierra	sierre	sierre
serramos	serremos	serremos
serráis	serréis	serrad
sierran	sierren	sierren

Pour les autres temps, se conjugue sur le modèle de cantar *(voir ce verbe).*

servicio service

► **prestar un servicio** rendre un service

► **los servicios** les toilettes

servilleta serviette (de table)

servir *a plusieurs sens :*

1 servir *peut signifier* **servir**

2 servir *peut signifier* **fonctionner**

3 ► **servirse** se servir

Attention, ce verbe est irrégulier à certaines personnes, à certains modes et à certains temps.

Pour les autres temps, se conjugue sur le modèle de deber *(voir ce verbe).*

sesenta soixante

sesión séance

seso cervelle

► **devanarse** ou **estrujarse los sesos** se creuser la cervelle

► **perder el seso** perdre la tête

seso *est masculin.*

seta champignon

seta *est féminin.*

setecientos, setecientas sept cents

En espagnol, les centaines s'accordent en genre et en nombre avec le nom : setecientas niñas/setecientos niños.

setenta soixante-dix

setiembre septembre

setiembre peut également s'écrire septiembre.

SERVIR				
INDICATIF PRÉSENT	SUBJONCTIF PRÉSENT	PASSÉ SIMPLE	SUBJONCTIF IMPARFAIT	IMPÉRATIF
sirvo	sirva	serví	sirviera	
sirves	sirvas	serviste	sirvieras	sirve
sirve	sirva	sirvió	sirviera	sirva
servimos	sirvamos	servimos	sirviéramos	sirvamos
servís	sirváis	servisteis	sirvierais	servid
sirven	sirvan	sirvieron	sirvieran	sirvan

seto haie

seto est masculin.

severo, severa sévère

sexto, sexta sixième

Les nombres ordinaux s'accordent et sont généralement employés devant le nom, sauf pour un souverain, un siècle ou un chapitre : Juan VI (sexto) Jean VI (six).

si (sans accent) *est la conjonction* **si**

▷ Si me dices la verdad, te prometo que no me enfadaré. Si tu me dis la vérité, je te promets que je ne me fâcherai pas.

sí (avec accent) *a des sens différents selon sa catégorie grammaticale :*

> Ce peut être un ADVERBE :

sí *signifie* **oui** *ou* **si**

▷ ¿Quieres más? – Sí. Tu en veux encore ? – Oui.

▷ ¿Nunca has ido de vacaciones a orillas del mar? – Sí, una vez a la Costa Brava. Tu n'es jamais allé en vacances au bord de la mer ? – Si, une fois sur la Costa Brava.

> Ce peut être un PRONOM :

sí *signifie* **soi-même** *ou* **soi**

▷ Hay que hacerlo para sí. Il faut le faire pour soi-même.

▷ Lo que le dije la puso fuera de sí. Ce que je lui ai dit l'a mise hors d'elle.

sidra cidre

sidra est féminin.

Attention à l'orthographe de sidra.

siempre toujours

► **es lo de siempre** c'est toujours la même chose

► **siempre que...** chaque fois que... ou du moment que...

sierra *a plusieurs sens :*

1 **sierra** *peut signifier* **montagne** *ou* **chaîne de montagnes**

2 **sierra** *peut signifier* **scie**

i sierra peut également être une forme du verbe serrar.

▷ Sierra las ramas del roble porque empezaba a ser peligroso. Il scie les branches du chêne parce que ça devenait dangereux.

siesta sieste

► **dormir la siesta** ou **echarse la siesta** faire la sieste

siete sept

siglo siècle

► **el Siglo de las Luces** le Siècle des lumières

► **el Siglo de Oro** le Siècle d'or

► **el siglo XXI (veintiuno)** le XXIe siècle

Attention ! On emploie les nombres cardinaux pour les siècles en espagnol.

Attention ! siglo ne signifie pas « sigle ».

significado sens *ou* signification

i significado peut également être le participe passé du verbe significar.

significar représenter *ou* signifier

Attention ! Pour conserver le son /k/ de l'infinitif, le c *de* significar *se transforme en* qu *devant un* e *:*

▷ Quizás esta señal de tráfico signifique que tiene prioridad. Peut-être que ce panneau de signalisation signifie qu'il a la priorité.

▷ En los otros idiomas no existe ninguna palabra que signifique lo mismo. Dans les autres langues il n'existe aucun mot qui signifie la même chose.

Se conjugue sur le modèle de cantar *(voir ce verbe).*

signo signe

► **signo de admiración** point d'exclamation

► **signo de interrogación** point d'interrogation

siguiente suivant(e)

sílaba syllabe

Attention à l'orthographe du mot sílaba.

silbar siffler

Se conjugue sur le modèle de cantar *(voir ce verbe).*

silbato sifflet

silbido coup de sifflet *ou* sifflement

silencio silence

► **guardar silencio** garder le silence

silla chaise

► **silla de montar** selle (de cheval)

► **silla de ruedas** chaise roulante

sillín selle (de vélo)

sillín est masculin.

sillón fauteuil

> Attention ! Ne pas confondre sillón avec silla, qui signifie « chaise ».

silueta *a plusieurs sens :*

1 silueta *peut signifier* **silhouette**

2 silueta *peut signifier* **profil**

sin *est la préposition* **sans**

sinfonía **symphonie**

> Attention à l'orthographe du mot sinfonía.

singular **singulier(-ière)**

siniestro, siniestra *a plusieurs sens :*

1 siniestro, siniestra *peut signifier* **sinistre**

2 siniestro, siniestra *peut signifier* **gauche** (opposé à droit)

► a diestro y a siniestro **à tort et à travers**

sino **mais** *ou* **sinon**

▷ No son las seis sino las siete. Il n'est pas six heures mais sept heures.

► no sólo... sino que (además)... **non seulement... mais en plus...**

▷ No sólo es listo sino guapo. Non seulement il est intelligent mais en plus il est beau.

sinvergüenza **effronté(e)**

Ce mot composé est constitué de la préposition sin qui signifie « sans » et du nom vergüenza qui signifie « honte ».

siquiera **au moins**

▷ Quédate siquiera diez minutos. Reste au moins dix minutes.

► ni siquiera **même pas**

▷ Ni siquiera me habló. Il ne m'a même pas parlé.

sistema **système**

sistema est masculin.

> Attention à l'orthographe de sistema.

sitio *a plusieurs sens :*

1 sitio *peut signifier* **endroit** *ou* **site**

► en cualquier sitio **n'importe où**

► sitio web **site web**

2 sitio *peut signifier* **place** *ou* **siège**

▷ ¿Hay sitio para mí? Il y a de la place pour moi ?

situado, situada **situé(e)**

situar **placer** *ou* **situer**

Attention ! situar subit une modification de l'accentuation : le u se transforme en ú aux trois personnes du singulier et à la troisième personne du pluriel au présent, au subjonctif et à l'impératif.

INDICATIF PRÉSENT	SUBJONCTIF PRÉSENT	IMPÉRATIF
sitúo	sitúe	
sitúas	sitúes	sitúa
sitúa	sitúe	sitúe
situamos	situemos	situemos
situáis	situéis	situad
sitúan	sitúen	sitúen

Pour les autres temps, se conjugue sur le modèle de cantar (voir ce verbe).

soberano, soberana **souverain(e)**

sobra **excès**

► las sobras **les restes**

► de sobra **plus qu'il n'en faut** ou **en trop**

▷ Tengo comida de sobra. J'ai plus de nourriture qu'il n'en faut.

▷ Hay sitio de sobra. Il y a de la place en trop.

sobra est féminin.

sobrar *a plusieurs sens :*

1 sobrar *peut signifier* **y avoir plus qu'il n'en faut** *ou* **y avoir en trop**

▷ Sobra dinero. Il y a de l'argent en trop.

2 sobrar *peut signifier* **rester**

▷ Sobra mucha comida de la fiesta de ayer. Il reste beaucoup de nourriture de la fête d'hier.

3 sobrar *peut signifier* **être de trop**

▷ Aquí sobras. Tu es de trop ici.

Se conjugue sur le modèle de cantar (voir ce verbe).

sobre *a des sens différents selon sa catégorie grammaticale :*

> Ce peut être un NOM :

sobre *signifie* **enveloppe**

sobre est masculin.

> Ce peut être une PRÉPOSITION :

1 sobre *peut signifier* **sur**

▷ El periódico está sobre la mesa. Le journal est sur la table.

2 sobre *peut signifier* **derrière**

▷ Siempre es necesario que alguien esté sobre él. Il faut toujours que quelqu'un soit derrière lui.

3 sobre *peut signifier* **au-dessus de**

▷ Vuela sobre nuestras cabezas. Il vole au-dessus de nos têtes.

4 sobre *peut signifier* **de** *ou* **au sujet de**

▷ Vamos a una conferencia sobre las energías renovables. Nous allons à une conférence sur les énergies renouvelables.

5 sobre *peut signifier* **vers**

▷ Su tren llega sobre las tres. Son train arrive vers trois heures.

► **sobre todo surtout**

> **i** sobre **peut également être une forme du verbe sobrar.**

▷ Compra el más barato para que sobre dinero. Achète le moins cher, pour qu'il reste de l'argent.

sobrenatural surnaturel(le)

sobrentender *ou* **sobreentender sous-entendre**

📖 *Dans ce mot, on reconnaît le verbe* entender *qui signifie « entendre ». Ils se conjuguent de la même manière.*

sobrepasar dépasser *ou* **surpasser**

📖 *Dans ce mot, on reconnaît le verbe* pasar *qui signifie « passer ». Ils se conjuguent de la même manière.*

sobresaliente mention très bien (pour un examen)

▷ Saqué un sobresaliente. J'ai eu mention très bien.

sobresaltado, sobresaltada en sursaut

▷ Se despertó sobresoltada. Elle s'est réveillée en sursaut.

sobresaltar effrayer *ou* **faire sursauter**

► **sobresaltarse sursauter**

📖 *Dans ce mot, on reconnaît le verbe* saltar *qui signifie « sauter ». Ils se conjuguent de la même manière.*

sobrevivir survivre

📖 *Dans ce mot, on reconnaît le verbe* vivir *qui signifie « vivre ». Ils se conjuguent de la même manière.*

sobrino, sobrina neveu, nièce

sociedad société

socio, socia *a plusieurs sens :*

1 socio, socia *peut signifier* **membre** (d'une association)

► **hacerse socio, socia s'inscrire** ou **devenir membre de**

2 socio, socia *peut signifier* **associé(e)**

socorrista secouriste

⚐ *Comme la plupart des mots se terminant en* -ista, socorrista *peut être masculin ou féminin :* el socorrista, la socorrista.

socorro secours

► **¡socorro! au secours !**

► **pedir socorro appeler au secours**

sofá sofa *ou* **canapé**

► **sofá cama canapé-lit**

soga corde

sol soleil

► **de sol a sol du matin au soir**

► **al salir el sol au lever du soleil**

► **al ponerse el sol au coucher du soleil**

► **la puesta del sol le coucher du soleil**

> Attention ! sol ne signifie pas « sol ».

solar *a des sens différents selon sa catégorie grammaticale :*

> Ce peut être un ADJECTIF :

solar *peut signifier* **solaire**

> Ce peut être un NOM :

solar *peut signifier* **terrain vague**

soldado soldat

soleado, soleada ensoleillé(e)

📖 *Dans ce mot, on reconnaît le mot* sol *qui signifie « soleil ».*

soledad solitude

solemne solennel(le)

> Attention à l'orthographe du mot solemne.

soler avoir l'habitude de

▷ Suelo dormir la siesta por la tarde. J'ai l'habitude de faire la sieste l'après-midi.

📖 *Attention, ce verbe est irrégulier à certaines personnes, à certains modes et à certains temps.*

INDICATIF PRÉSENT	SUBJONCTIF PRÉSENT
suelo	suela
sueles	suelas
suele	suela
solemos	solamos
soléis	soláis
suelen	suelan

📖 *Pour les autres temps, se conjugue sur le modèle de* deber *(voir ce verbe).*

solfeo solfège

solidaridad solidarité

solidez solidité

sólido, sólida solide

solitario, solitaria solitaire

sollozar sangloter

📖 *Se conjugue sur le modèle de* cantar *(voir ce verbe).*

Comme les verbes terminés en -zar, sollozar *subit des modifications orthographiques : le* z *devient* c *devant* e *:*

▻ Sollocé toda la noche cuando mi abuelo murió. J'ai sangloté toute la nuit quand mon grand-père est mort.

sollozo **sanglot**

solo (sans accent) *a des sens différents selon sa catégorie grammaticale :*

> Ce peut être un NOM :

solo *signifie* **solo** (en musique)

> Ce peut être un ADJECTIF :

solo, sola *signifie* **seul(e)**

► café solo **café noir**

► a solas **tout(es) seul(es)**

> Attention à l'accent grammatical : il ne faut pas confondre solo, sans accent, avec sólo, adverbe.

sólo (avec accent) **seulement** *ou* **juste**

▻ Hice los deberes en sólo diez minutos. J'ai fait mes devoirs en seulement dix minutes.

▻ Sólo esperé cinco minutos. J'ai juste attendu cinq minutes.

▻ Sólo tiene diez años. Il n'a que dix ans.

► con sólo + infinitif **rien qu'en** + gérondif

▻ Con sólo pensar que tiene que hablar en público, se pone nerviosa. Rien que d'imaginer qu'elle doit parler en public, elle devient nerveuse.

> Attention à l'accent grammatical : il ne faut pas confondre sólo, adverbe, avec solo, nom et adjectif.

soltar *a plusieurs sens :*

1 soltar *peut signifier* **lâcher**

2 soltar *peut signifier* **défaire** *ou* **détacher**

► soltar una carcajada **éclater de rire**

3 ► soltarse *peut signifier* **se détacher** ou **se desserrer**

4 ► soltarse *peut signifier* **se dégourdir**

▻ ¡Por fin empieza a soltarse! Il commence enfin à se dégourdir !

5 ► soltarse *peut signifier* **se débrouiller**

▻ Ya empieza a soltarse en español. Il commence à se débrouiller en espagnol.

📖 *Attention, ce verbe est irrégulier à certaines personnes, à certains modes et à certains temps.*

INDICATIF PRÉSENT	SUBJONCTIF PRÉSENT	IMPÉRATIF
suelto	suelte	
sueltas	sueltes	suelta
suelta	suelte	suelte
soltamos	soltemos	soltemos
soltáis	soltéis	soltad
sueltan	suelten	suelten

📖 *Le verbe* soltar *a deux participes passés : on utilise* soltado *pour former les temps composés et* suelto *comme adjectif.*

📖 *Pour les autres temps, se conjugue sur le modèle de* cantar *(voir ce verbe).*

soltero, soltera **célibataire**

solución **solution**

solucionar **résoudre**

📖 *Se conjugue sur le modèle de* cantar *(voir ce verbe).*

sombra **ombre**

► sombra de ojos **ombre à paupières**

► sin la sombra de una duda **sans l'ombre d'un doute**

► tener mala sombra **être antipathique**

> tener mala sombra est une expression familière.

sombrero **chapeau**

► sombrero de copa **chapeau haut-de-forme**

► sombrero hongo **chapeau melon**

sombrilla **ombrelle** *ou* **parasol**

📖 *Dans ce mot, on reconnaît le mot* sombra *qui signifie « ombre ».*

son **air** (= mélodie)

> Attention ! son ne signifie pas « son ».

> ℹ son peut également être une forme du verbe ser

▻ Los caracoles son moluscos. Les escargots sont des mollusques.

sonar *a plusieurs sens :*

1 sonar *peut signifier* **sonner**

2 sonar *peut signifier* **faire du bruit**

▻ La alarma del coche suena muy fuerte. L'alarme de la voiture fait beaucoup de bruit.

3 sonar *peut signifier* **dire quelque chose**

▻ Su nombre me suena. Son nom me dit quelque chose.

4 sonar *peut signifier* **moucher**

► sonarse **se moucher**

Attention, ce verbe est irrégulier à certaines personnes, à certains modes et à certains temps.

INDICATIF PRÉSENT	SUBJONCTIF PRÉSENT	IMPÉRATIF
sueno	suene	
suenas	suenes	suena
suena	suene	suene
sonamos	sonemos	sonemos
sonáis	sonéis	sonad
suenan	suenen	suenen

Pour les autres temps, se conjugue sur le modèle de cantar (voir ce verbe).

sonido son (= bruit)

sonreír sourire

Dans ce mot, on reconnaît le verbe reír qui signifie « rire ». Ils se conjuguent de la même manière.

sonriente souriant(e)

sonrisa sourire

sonrisa est féminin.

soñar rêver

▷ Cada noche, sueña con ella. Il rêve d'elle toutes les nuits.

Attention à l'emploi de la préposition con dans soñar con alguien/algo (rêver de quelqu'un/quelque chose).

Attention, ce verbe est irrégulier à certaines personnes, à certains modes et à certains temps.

INDICATIF PRÉSENT	SUBJONCTIF PRÉSENT	IMPÉRATIF
sueño	sueñe	
sueñas	sueñes	sueña
sueña	sueñe	sueñe
soñamos	soñemos	soñemos
soñáis	soñéis	soñad
suenan	sueñen	sueñen

Pour les autres temps, se conjugue sur le modèle de cantar (voir ce verbe).

sopa soupe

soplar souffler

Se conjugue sur le modèle de cantar (voir ce verbe).

soplo souffle

soplo peut également être une forme du verbe soplar.

▷ Cuando me avises, ¡soplo muy fuerte! Quand tu me le dis, je souffle très fort !

soportar supporter

Attention à l'orthographe de soportar.

Se conjugue sur le modèle de cantar (voir ce verbe).

sorber boire ou siroter

Se conjugue sur le modèle de deber (voir ce verbe).

sorbo gorgée

► beber a sorbos boire à petites gorgées

sorbo est masculin.

sordo, sorda sourd(e)

► quedarse sordo devenir sourd

► hacerse el sordo faire la sourde oreille

sordomudo, sordomuda sourd(e)-muet(te)

Ce mot est constitué de l'adjectif sordo, sorda qui signifie « sourd(e) » et de l'adjectif mudo, muda qui signifie « muet(te) ».

sorprendente surprenant(e)

Attention à l'orthographe de sorprendente.

sorprender étonner ou surprendre

Se conjugue sur le modèle de deber (voir ce verbe).

sorprendido, sorprendida surpris(e)

sorpresa surprise

► dar una sorpresa a alguien faire une surprise à quelqu'un

sortear tirer au sort

Se conjugue sur le modèle de cantar (voir ce verbe).

sorteo tirage au sort

sortija bague

soso, sosa fade ou insipide

sospecha soupçon

sospecha est féminin.

sospechar suspecter ou soupçonner

Se conjugue sur le modèle de cantar (voir ce verbe).

sospechoso, sospechosa suspect(e)

sostén *a plusieurs sens :*

1 sostén *peut signifier* soutien ou appui

2 sostén *peut signifier* soutien-gorge

sostener *a plusieurs sens :*

1 sostener *peut signifier* soutenir

2 sostener *peut signifier* faire vivre ou subvenir aux besoins de

► sostenerse survivre

Dans ce mot, on reconnaît le verbe tener. *Ils se conjuguent de la même manière.*

sota **valet** (dans un jeu de cartes)

sota *est féminin.*

sótano **sous-sol**

soy *est le verbe* ser *conjugué à la première personne du singulier au présent de l'indicatif.*

▷ Soy estudiante. Je suis étudiant.

Sr. *est l'abréviation de* **señor.**

Sra. *est l'abréviation de* **señora.**

Srta. *est l'abréviation de* **señorita.**

su *est l'adjectif possessif* **son, sa** *ou* **leur** (plusieurs propriétaires) *ou* **votre** (vouvoiement, singulier ou pluriel)

▷ Es su casa. C'est sa maison.

▷ Pablo es su segundo hijo. Pablo est leur deuxième enfant.

▷ ¿Cómo está su familia? Comment va votre famille ?

suave **doux, douce**

suavemente **doucement**

suavidad **douceur**

subacuático, subacuática **sous-marin(e)**

subasta **vente aux enchères**

subida **montée** *ou* **hausse**

subir *a des sens différents selon sa catégorie grammaticale :*

> Ce peut être un VERBE INTRANSITIF :

subir *signifie* **monter**

> Ce peut être un VERBE TRANSITIF :

1 subir *peut signifier* **soulever** (un meuble)

2 subir *peut signifier* **lever** (la tête)

3 subir *peut signifier* **augmenter** (le volume sonore ou le prix)

Attention ! subir ne signifie pas « subir ».

Se conjugue sur le modèle de vivir *(voir ce verbe).*

súbito, súbita **soudain(e)**

subjuntivo **subjonctif**

sublevarse **se soulever** *ou* **se révolter**

Se conjugue sur le modèle de burlarse *(voir ce verbe).*

submarino **sous-marin**

subrayar **souligner**

Se conjugue sur le modèle de cantar *(voir ce verbe).*

subsidio **subvention** *ou* **allocation** *ou* **indemnité**

subsidio *est masculin.*

subterráneo, subterránea **sous-terrain(e)**

subtítulo **sous-titre**

suburbio **banlieue** (mal famée)

suceder *a plusieurs sens :*

1 suceder *peut signifier* **arriver** *ou* **se passer** (= avoir lieu)

▷ ¡Menudo desorden en esta habitación! ¿Qué ha sucedido? Quel bazar dans cette chambre ! Qu'est ce qui s'est passé ?

Dans ce sens, suceder *est un verbe impersonnel, c'est-à-dire qu'il ne s'emploie qu'à la troisième personne du singulier.*

2 suceder *peut signifier* **succéder**

Attention à l'orthographe du mot suceder.

Se conjugue sur le modèle de deber *(voir ce verbe).*

suceso **événement**

► **sección de sucesos** **faits divers**

suciedad **saleté**

Dans ce mot, on reconnaît le lien avec l'adjectif sucio *qui signifie « sale ».*

sucio, sucia **sale**

► **escribir en sucio** **écrire au brouillon**

► **jugar sucio** **ne pas être fair-play**

sudaca **sud-américain(e)** *ou* **Sud-Américain(e)**

sudaca est un terme familier et péjoratif.

Sudamérica **Amérique du Sud**

sudamericano, sudamericana **sud-américain(e)** *ou* **Sud-Américain(e)**

sudar **suer** *ou* **transpirer**

Se conjugue sur le modèle de cantar *(voir ce verbe).*

sudor **sueur** *ou* **transpiration**

sudor *est masculin.*

Suecia **Suède**

sueco, sueca **suédois(e)** *ou* **Suédois(e)**

► **hacerse el sueco** **faire la sourde oreille**

suegro, suegra beau-père, belle-mère

► **suegros** beaux-parents

suela semelle

sueldo salaire

> Attention ! Ne pas confondre sueldo avec suelo qui signifie « sol » et suelto qui signifie « monnaie ».

suelo terre *ou* sol *ou* terrain

► **caerse al suelo** tomber par terre

> i suelo peut également être une forme du verbe soler.

▷ Suelo levantarme a las ocho de la mañana. J'ai l'habitude de me lever à huit heures du matin.

suelto *a des sens différents selon sa catégorie grammaticale :*

> Ce peut être un ADJECTIF :

1 **suelto, suelta** *peut signifier* **en liberté**

2 **suelto, suelta** *peut signifier* **dépareillé(e)**

3 **suelto, suelta** *peut signifier* **séparé(e)**

> Ce peut être un NOM :

suelto *signifie* **monnaie**

► **llevar suelto avoir de la monnaie**

suelto *est masculin.*

> Attention ! Ne pas confondre suelto avec sueldo qui signifie « salaire » et suelo qui signifie « sol ».

> i suelto peut également être une forme du verbe soltar.

▷ Le suelto la mano a mi hermano pequeño cuando llegamos a la escuela. Je lâche la main de mon petit frère quand nous arrivons à l'école.

sueño *a plusieurs sens :*

1 **sueño** *peut signifier* **sommeil**

► **echarse un sueño faire un somme**

2 **sueño** *peut signifier* **rêve**

> i sueño peut également être une forme du verbe soñar.

▷ Siempre sueño con lo mismo. Je rêve toujours de la même chose.

suerte coup de chance *ou* hasard

► **buena suerte** chance

► **¡(Buena) suerte!** Bonne chance !

► **mala suerte** malchance

► **echar a suertes** tirer au sort

► **por suerte** heureusement

suerte *est féminin.*

suficiente passable (pour un examen)

▷ Saqué un suficiente. J'ai eu mention passable.

sufrimiento souffrance

sufrimiento *est masculin.*

sufrir *a plusieurs sens :*

1 **sufrir** *peut signifier* **souffrir (de)**

2 **sufrir** *peut signifier* **supporter**

3 **sufrir** *peut signifier* **subir**

Se conjugue sur le modèle de vivir (voir ce verbe).

sugerencia suggestion

sugerir suggérer

> Attention à l'orthographe du mot sugerir.

suicidarse se suicider

Se conjugue sur le modèle de burlarse (voir ce verbe).

suicidio suicide

Suiza Suisse (le pays)

suizo, suiza suisse *ou* Suisse

sujetador soutien-gorge

sujetar *a plusieurs sens :*

1 **sujetar** *peut signifier* **fixer** *ou* **attacher**

2 **sujetar** *peut signifier* **tenir** *ou* **retenir**

Le verbe sujetar a deux participes passés : on utilise sujetado pour former les temps composés et sujeto comme adjectif.

Se conjugue sur le modèle de cantar (voir ce verbe).

sujeto *a des sens différents selon sa catégorie grammaticale :*

> Ce peut être un ADJECTIF :

1 **sujeto, sujeta** *peut signifier* **fixé(e)**

2 **sujeto, sujeta** *peut signifier* **soumis(e)**

> Ce peut être un NOM :

sujeto *signifie* **sujet (grammatical)**

> i sujeto peut également être une forme du verbe sujetar.

▷ Ve a la carnicería, mientras sujeto al perro. Va chez le boucher pendant que je tiens le chien.

suma somme *ou* addition

sumar **additionner**

Se conjugue sur le modèle de cantar *(voir ce verbe).*

sup... (supe, supiste, supieras, etc.) → saber

superar *a plusieurs sens :*

1 superar *peut signifier* **battre** (un record)

2 superar *peut signifier* **réussir** *ou* **surmonter** (une épreuve)

3 superar *peut signifier* **dépasser**

► superarse **se surpasser**

Se conjugue sur le modèle de cantar *(voir ce verbe).*

superficie **surface** *ou* **aire** *ou* **superficie**

superior **supérieur(e)**

supermercado **supermarché**

superviviente **survivant(e)**

suplicar **supplier**

Attention ! Pour conserver le son /k/ de l'infinitif, le c *de* suplicar *se transforme en* qu *devant un* e *:*

▷ Le supliqué pero no cedió. Je l'ai supplié mais il n'a pas cédé.

Se conjugue sur le modèle de cantar *(voir ce verbe).*

suponer *a plusieurs sens :*

1 suponer *peut signifier* **supposer**

2 suponer *peut signifier* **impliquer**

Le participe passé du verbe suponer *est irrégulier :* supuesto. *Dans ce mot, on reconnaît le verbe* poner. *Ils se conjuguent de la même manière.*

suprimir **supprimer**

Le verbe suprimir *a deux participes passés : on utilise* suprimido *pour former les temps composés et* supreso *comme adjectif.*

Se conjugue sur le modèle de vivir *(voir ce verbe).*

supuestamente **soi-disant**

supuesto, supuesta *a des sens différents selon sa catégorie grammaticale :*

> Ce peut être un NOM :

supuesto *signifie* **hypothèse** *ou* **supposition**

► por supuesto **bien sûr**

► dar algo por supuesto **être évident**

> Ce peut être un ADJECTIF :

1 supuesto, supuesta *peut signifier* **présumé(e)**

2 supuesto, supuesta *peut signifier* **soi-disant**

ℹ supuesto peut également être le participe passé du verbe suponer.

▷ He supuesto que no estarías en casa. J'ai supposé que tu ne serais pas chez toi.

sur **sud**

surco *a plusieurs sens :*

1 surco *peut signifier* **sillon**

2 surco *peut signifier* **ride**

surtidor **fournisseur**

sus *est le pronom possessif* **ses** *ou* **leurs** (plusieurs propriétaires) *ou* **vos** (vouvoiement singulier et pluriel)

▷ Son sus amigos. Ce sont ses amis.

▷ Sus padres no están en casa este fin de semana. Leurs parents ne sont pas à la maison ce week-end.

▷ Aquí están sus documentos. Voici vos documents.

suscribir **souscrire** ou **signer**

► suscribirse (a) **s'abonner (à)**

suspender *a plusieurs sens :*

1 suspender *peut signifier* **échouer** (à un examen)

2 suspender *peut signifier* **suspendre**

Le verbe suspender *a deux participes passés : on utilise* suspendido *pour former les temps composés et* suspenso *comme adjectif.*

Se conjugue sur le modèle de deber *(voir ce verbe).*

suspendido, suspendida *a plusieurs sens :*

1 suspendido, suspendida *peut signifier* **recalé(e)**

2 suspendido, suspendida *peut signifier* **ajourné(e)** (un événement)

3 suspendido, suspendida *peut signifier* **suspendu(e)**

ℹ suspendido peut également être le participe passé du verbe suspender.

▷ He suspendido el examen. J'ai échoué à l'examen.

suspirar **soupirer**

Se conjugue sur le modèle de cantar *(voir ce verbe).*

suspiro **soupir**

susto **peur**

► dar un susto a alguien **faire peur à** quelqu'un

susto *est masculin.*

susurrar **chuchoter** *ou* **murmurer**

📖 *Se conjugue sur le modèle de* cantar *(voir ce verbe).*

susurro **chuchotement** *ou* **murmure**

sutil **subtile**

> Attention à l'orthographe du mot sutil.

suyo, suya, suyos, suyas *a plusieurs sens :*

1 suyo, suya, suyos, suyas *est un adjectif possessif qui se traduit par :* **à lui, à elle, à vous** (vouvoiement singulier de politesse), **à eux, à elles, à vous** (vouvoiement pluriel de politesse)

▷ Esa casa es suya. Cette maison est à lui *ou* à elle *ou* à vous *ou* à eux *ou* à elles.

▷ Estos libros son suyos. Ces livres sont à lui *ou* à elle *ou* à vous *ou* à eux *ou* à elles.

2 ► el suyo, la suya, los suyos, las suyas **le sien, le vôtre, le leur, la sienne, la vôtre, la leur, les siens, les vôtres, les leurs, les siennes, les vôtres, les leurs**

▷ ¿De quién es este cuaderno? – Es el suyo. À qui est ce cahier ? – C'est le sien *ou* le leur *ou* le vôtre.

3 ► a pesar suyo **malgré soi** ou **lui** ou **elle** ou **vous** ou **eux** ou **elles**

T

tabaco tabac

tabla planche

- ► **tabla de contenidos** table des matières
- ► **tabla de multiplicar** table de multiplication
- ► **tabla de planchar** table à repasser
- ► **hacer tablas** faire match nul

> Attention ! tabla ne signifie pas « table » au sens de « meuble ».

tablero *a plusieurs sens :*

1 tablero *peut signifier* **échiquier** *ou* **damier**

2 tablero *peut signifier* **tableau d'affichage**

tablón *a plusieurs sens :*

1 tablón *peut signifier* **grosse planche**

2 tablón *peut signifier* **tableau**

- ► **tablón de anuncios** tableau d'affichage

3 tablón *peut signifier* **plongeoir**

taburete tabouret

tacaño, tacaña radin(e)

tachadura rature

tachar *a plusieurs sens :*

1 tachar *peut signifier* **rayer** *ou* **barrer**

- ► **tachar lo que no convenga** rayer les mentions inutiles

2 tachar *peut signifier* **accuser**

Se conjugue sur le modèle de cantar *(voir ce verbe).*

tachuela punaise (pour fixer au mur)

taco *a plusieurs sens :*

1 taco *peut signifier* **gros mot**

2 taco *peut signifier* **liasse** *ou* **carnet** *ou* **paquet** (de feuilles)

tacón talon (de chaussure)

- ► **zapatos de tacón alto** chaussures à talons hauts

tacto *a plusieurs sens :*

1 tacto *peut signifier* **toucher** (= un des cinq sens)

2 tacto *peut signifier* **tact**

tajada tranche

tajo *a plusieurs sens :*

1 tajo *peut signifier* **coupure** (entaille)

2 tajo *peut signifier* **ravin**

tal tel(le)

▷ Lo escondí de tal manera que nadie podrá encontrarlo. Je l'ai caché de telle manière que personne ne pourra le trouver.

- ► **con tal que** à condition que
- ► **¿qué tal?** comment vas-tu ? ou comment allez-vous ?
- ► **tal cual** tel(le) quel(le)
- ► **tal como** tel(le) que

▷ Me gustas tal como eres. Tu me plais tel que tu es.

- ► **tal vez** peut-être
- ► **tal y tal** et cætera
- ► **un tal, una tal...** un(e) certain(e)...

talar tailler ou couper ou abattre (un arbre)

Se conjugue sur le modèle de cantar *(voir ce verbe).*

talento talent *ou* don

tales *est le pluriel de* tal.

talla *a plusieurs sens :*

1 **talla** *peut signifier* **taille**

► **dar la talla être à la hauteur**

2 **talla** *peut signifier* **sculpture**

tallar *a plusieurs sens :*

1 **tallar** *peut signifier* **tailler** *ou* **sculpter**

2 **tallar** *peut signifier* **mesurer**

Se conjugue sur le modèle de **cantar** *(voir ce verbe).*

taller **atelier**

tallo **tige** (d'une plante)

talón *a plusieurs sens :*

1 **talón** *peut signifier* **talon** (du pied)

► **talón de Aquiles talon d'Achille**

2 **talón** *peut signifier* **chèque**

talonario

► **talonario de cheques chéquier**

tamaño **taille** *ou* **grandeur** *ou* **volume**

► **(de/a) tamaño natural grandeur nature**

tamaño *est masculin.*

también *est l'adverbe* **aussi**

tambor **tambour**

tampoco *est l'adverbe* **non plus**

▷ Mis padres no prodrán venir, y yo tampoco. Mes parents ne pourront pas venir, et moi non plus.

▷ Yo tampoco sé la respuesta. Moi non plus je ne connais pas la réponse.

tan *a plusieurs sens :*

1 **tan** *peut signifier* **si**

▷ ¡No conduzcas tan rápido! Ne conduis pas si vite !

2 **tan** *peut signifier* **tellement**

▷ El pueblo es tan pequeño que todo el mundo se conoce. Le village est tellement petit que tout le monde se connaît.

► **tan... como... aussi... que...**

▷ Su piso es tan grande como mi habitación. Son appartement est aussi grand que ma chambre.

► **tan... que... si... que...**

▷ La historia que me contó era tan complicada que no comprendí nada. L'histoire qu'il m'a racontée était si compliquée que je n'ai rien compris.

► **tan sólo... seulement...** *ou* **ne... que...**

▷ La profesora nos dejó tan sólo media hora para hacer el examen. La prof nous a seulement laissé une demi-heure pour faire l'examen. *ou* La prof ne nous a laissé qu'une demi-heure pour faire l'examen.

tan *est la forme apocopée de* **tanto**. *L'apocope est la suppression d'une ou plusieurs lettres à la fin d'un mot.* **Tanto** *s'apocope en* **tan** *devant un adjectif, un adverbe ou un nom masculin singulier.*

tanque *a plusieurs sens :*

1 **tanque** *peut signifier* **réservoir** *ou* **citerne**

2 **tanque** *peut signifier* **tank**

tanto *a des sens différents selon sa catégorie grammaticale :*

> Ce peut être un ADJECTIF :

tanto, tanta *signifie* **tellement de** *ou* **tant de**

▷ Tienen tantos libros que su biblioteca no es suficientemente grande. Ils ont tellement de livres que leur bibliothèque n'est pas assez grande.

► **tanto... como... autant de... que...**

▷ No tiene tantas amigas como nosotros. Il n'a pas autant d'amies que nous.

En tant qu'adjectif, **tanto, tanta** *s'accorde avec le nom.*

> Ce peut être un ADVERBE :

tanto *signifie* **autant** *ou* **tant**

▷ No creía que el cine costara tanto. Je ne pensais pas que le cinéma pouvait coûter autant.

► **tanto mejor tant mieux**

► **tanto peor tant pis**

► **tanto como autant que**

▷ Estudio tanto como tú, y sin embargo ¡yo no apruebo! J'étudie autant que toi et, pourtant, je ne réussis pas mes examens !

► **tanto... como... aussi bien... que...** *ou* **tout comme...**

▷ Tanto Manuel como Juan. Aussi bien Manuel que Juan.

▷ Tanto los habitantes del Brasil como los del Cabo Verde hablan portugués. Les habitants du Brésil, tout comme ceux du Cap Vert, parlent portugais.

► **entre tanto entre-temps**

► **por (lo) tanto par conséquent** *ou* **donc**

► **estar al tanto de** algo **être au courant de** quelque chose

► **no es para tanto ce n'est pas si grave**

> Ce peut être un NOM :

tanto *signifie* **point** *ou* **but** (dans un match)

▷ Nuestro equipo ganó por cuatro tantos a uno. Notre équipe a gagné par quatre buts à un.

► **tanto** peut exprimer l'approximation et se traduire par **quelque**

▷ No sé, pero a mi parecer tiene cuarenta y tantos años. Je ne sais pas, mais à mon avis il a quarante ans et quelques.

i **veinte y tantos** (vingt et quelques), **treinta y tantos** (trente et quelques), etc. peuvent également s'écrire **veintitantos, treintitantos**, etc.

► **a las tantas très tard**

▷ Llegamos a las tantas de la noche. Nous sommes arrivés très tard dans la nuit.

tapa *a plusieurs sens :*

1 **tapa** *peut signifier* **couvercle**

2 **tapa** *peut signifier* **couverture** (d'un livre)

► **tapa** ou **tapas** **amuse-gueules**

⚐ **tapa** *est féminin.*

ℹ **tapa** peut également être une forme du verbe **tapar**.

▷ Tapa bien el tarro de mermelada cuando hayas acabado de desayunar. Ferme bien le pot de confiture quand tu auras fini de prendre ton petit-déjeuner.

tapadera **couvercle**

⚐ **tapadera** *est féminin.*

tapado, tapada **fermé(e)** ou **bouché(e)**

tapar **fermer** *ou* **boucher** *ou* **couvrir**

📖 *Se conjugue sur le modèle de* **cantar** *(voir ce verbe).*

tapia **mur** (de clôture)

► **estar sordo como una tapia** **être sourd comme un pot**

⚐ **tapia** *est féminin.*

tapices *est le pluriel de* **tapiz**.

tapiz **tapisserie**

Attention ! **tapiz** ne signifie pas « tapis ».

tapón **bouchon**

taquilla *a plusieurs sens :*

1 **taquilla** *peut signifier* **casier**

2 **taquilla** *peut signifier* **guichet**

► **ser un éxito de taquilla** **faire un carton** (en parlant d'un film)

⚐ **taquilla** *est féminin.*

tararear **fredonner**

📖 *Se conjugue sur le modèle de* **cantar** *(voir ce verbe).*

tardanza *a plusieurs sens :*

1 **tardanza** *peut signifier* **retard**

2 **tardanza** *peut signifier* **lenteur**

⚐ **tardanza** *est féminin.*

tardar *a plusieurs sens :*

1 **tardar** *peut signifier* **mettre longtemps** *ou* **tarder**

▷ ¿Porqué tardáis tanto en contestar? Pourquoi mettez-vous si longtemps à répondre ?

2 **tardar** *peut signifier* **mettre** (du temps)

▷ La postal tardó dos semanas en llegar aquí. La carte postale a mis deux semaines pour arriver ici.

3 **tardar** *peut signifier* **mettre** (du temps) *ou* **en avoir pour**

▷ ¿Cuánto tiempo se tarda en ir a tu casa? Combien de temps met-on pour venir chez toi ?

Attention à l'emploi de la préposition **en** dans **tardar <u>en</u> hacer algo** (mettre ou prendre du temps <u>à/pour</u> faire quelque chose).

► **a más tardar** **au plus tard**

📖 *Se conjugue sur le modèle de* **cantar** *(voir ce verbe).*

tarde *a des sens différents selon sa catégorie grammaticale :*

> Ce peut être un NOM :

tarde *signifie* **après-midi** *ou* **soir**

▷ ¿Vienes por la tarde? Tu viens cet après-midi ?

Attention à l'emploi de la préposition **por** dans **<u>por</u> la tarde** (l'après-midi).

► **¡buenas tardes!** **bonsoir !** ou **bonjour !** (dans l'après-midi)

⚐ **tarde** *comprend la période de temps qui va de midi jusqu'à la tombée du jour.*

> Ce peut être un ADVERBE :

tarde *signifie* **tard**

► **llegar tarde** **arriver en retard**

► **de tarde en tarde** **de temps en temps**

► **tarde o temprano** **tôt ou tard**

tarea **travail** *ou* **devoir** (de classe)

► **tareas domésticas** **tâches ménagères**

tarifa **tarif**

⚐ **tarifa** *est féminin.*

tarima **estrade**

tarjeta **carte**

► **tarjeta bancaria** ou **tarjeta de crédito** **carte de crédit**

► **tarjeta de Navidad** **carte de vœux**

► **tarjeta postal** **carte postale**

tarro **pot**

tartamudear **bégayer**

📖 *Se conjugue sur le modèle de* **cantar** *(voir ce verbe).*

tartamudo, tartamuda **bègue**

tatuaje **tatouage**

Attention à l'orthographe du mot **tatuaje**.

Tauro Taureau (= signe astrologique)

taxista chauffeur de taxi

Comme la plupart des mots se terminant en -ista, taxista *peut être masculin ou féminin :* el taxista, la taxista.

taza tasse

► **taza de café** tasse à café *ou* tasse de café

tazón bol

te (sans accent) *est le pronom personnel* te *ou* t' *ou* toi (à l'impératif)

▷ ¿Te conté lo que ocurrió? Je t'ai raconté ce qui s'est passé ?

▷ ¿A qué hora te levantas? À quelle heure te lèves-tu ?

▷ ¡Mírate en el espejo! Regarde-toi dans la glace !

> Attention à l'accent grammatical : il ne faut pas confondre te, pronom personnel, et té qui signifie « thé ».

té (avec accent) thé

> Attention à l'accent grammatical : il ne faut pas confondre té qui signifie « thé » et te, pronom personnel.

teatro théâtre

tebeo bande dessinée *ou* BD

tebeo *est masculin.*

techo plafond *ou* toit

► **un sin techo** un SDF

tecla touche (sur un clavier)

► **tecla rápida** raccourci clavier

teclado clavier

técnica technique

> técnica peut également être le féminin du nom técnico qui signifie « technicien ».

> Attention à l'orthographe du mot técnica.

técnico, técnica *a des sens différents selon sa catégorie grammaticale :*

> Ce peut être un NOM :

técnico, técnica *signifie* technicien(ne)

> Ce peut être un ADJECTIF :

técnico, técnica *signifie* technique

> Attention à l'orthographe du mot técnico, técnica.

tecnología technologie

> Attention à l'orthographe du mot tecnología.

teja tuile

tejado toit

tejido tissu

tela toile *ou* tissu

► **tela metálica** grillage

telaraña toile d'araignée

On remarque que ce mot est constitué du nom tela *qui signifie « toile » et du nom* araña *qui signifie « araignée ».*

telediario journal télévisé

On remarque que ce mot est constitué de l'abréviation du nom televisión *et du nom* diario *qui signifie « journal ».*

teledirigido, teledirigida téléguidé(e)

telefonear téléphoner

Se conjugue sur le modèle de cantar *(voir ce verbe).*

telefónico, telefónica téléphonique

► **llamada telefónica** coup de fil

telefonillo interphone

teléfono téléphone

► **guía de teléfonos** répertoire téléphonique

► **llamar por teléfono** téléphoner

► **teléfono inalámbrico** téléphone sans fil

► **teléfono móvil** téléphone portable

telenovela feuilleton télévisé

On remarque que ce mot est constitué de l'abréviation du nom televisión *et du nom* novela *qui signifie « roman ».*

telespectador, telespectadora téléspectateur(-trice)

On remarque que ce mot est constitué de l'abréviation du nom televisión *et du nom* espectador, espectadora *qui signifie « spectateur(-trice) ».*

telón rideau (au théâtre)

tema sujet *ou* thème

temblar trembler

> Attention à l'orthographe du mot temblar.

Se conjugue sur le modèle de cantar *(voir ce verbe).*

temer craindre *ou* avoir peur de

📖 *Se conjugue sur le modèle de* deber *(voir ce verbe).*

temible redoutable *ou* dangereux(-euse)

temor crainte *ou* peur

🏳 temor *est masculin.*

tempestad tempête *ou* orage

templado, templada *a plusieurs sens :*

1 **templado, templada** *peut signifier* **tempéré(e)** (en parlant d'un climat)

2 **templado, templada** *peut signifier* **modéré(e)** (en parlant de quelqu'un)

3 **templado, templada** *peut signifier* **tiède**

templo temple

temporada *a plusieurs sens :*

1 **temporada** *peut signifier* **saison**

► **de fuera de temporada** hors saison

2 **temporada** *peut signifier* **séjour**

► **pasar una temporada en...** faire un séjour à...

3 **temporada** *peut signifier* **période** *ou* **époque**

► **por temporadas** par périodes

temporal *a des sens différents selon sa catégorie grammaticale :*

> Ce peut être un NOM :

temporal *signifie* **tempête** *ou* **orage** *ou* **mauvais temps**

> Ce peut être un ADJECTIF :

temporal *signifie* **temporel(le)** *ou* **temporaire**

temprano *a plusieurs sens :*

1 **temprano** *peut signifier* **tôt**

2 **temprano** *peut signifier* **en avance**

ten *est le verbe* **tener** *conjugué à la deuxième personne du singulier de l'impératif.*

▷ ¡Ten, te devuelvo tu boli! Tiens ! Je te rends ton stylo.

tender étendre *ou* tendre

► **tenderse** s'étendre ou s'allonger

► **tender a** hacer algo **avoir tendance à** faire quelque chose

📖 *Attention, ce verbe est irrégulier à certaines personnes, à certains modes et à certains temps.*

INDICATIF PRÉSENT	SUBJONCTIF PRÉSENT	IMPÉRATIF
tiendo	tienda	
tiendes	tiendas	tiende
tiende	tienda	tienda
tendemos	tendamos	tendamos
tendéis	tendáis	tended
tienden	tiendan	tiendan

📖 *Pour les autres temps, se conjugue sur le modèle de* deber *(voir ce verbe).*

tendero, tendera commerçant(e)

🏳 *Dans ce mot on reconnaît le lien avec le mot* tienda *qui signifie « magasin ».*

tendr... (tendré, tendrás, tendría, etc.) → **tener**

tenedor fourchette

► **restaurante de tres tenedores** restaurant trois étoiles

tener *a plusieurs sens :*

1 **tener** *peut signifier* **avoir**

▷ ¿Tienes dinero? Tu as de l'argent ?

▷ Tengo quince años. J'ai quinze ans.

► **tener** + participe passé **avoir** + participe passé

▷ Tengo una mesa reservada. J'ai une table réservée.

► **tener en mucho a** alguien **avoir beaucoup d'estime pour** quelqu'un

TENER				
INDICATIF				CONDITIONNEL
PRÉSENT	IMPARFAIT	PASSÉ SIMPLE	FUTUR	PRÉSENT
tengo	tenía	tuve	tendré	tendría
tienes	tenías	tuviste	tendrás	tendrías
tiene	tenía	tuvo	tendrá	tendría
tenemos	teníamos	tuvimos	tendremos	tendríamos
tenéis	teníais	tuvisteis	tendréis	tendríais
tienen	tenían	tuvieron	tendrán	tendrían

SUBJONCTIF PRÉSENT	SUBJONCTIF IMPARFAIT	IMPÉRATIF
tenga	tuviera	
tengas	tuvieras	ten
tenga	tuviera	tenga
tengamos	tuviéramos	tengamos
tengáis	tuvierais	tened
tengan	tuvieran	tengan

INFINITIF	tener
PARTICIPE	tenido
GÉRONDIF	teniendo

► **tener en poco a** alguien **avoir peu d'estime pour** quelqu'un

2 **tener** *peut signifier* **tenir**

▷ Tenme la cartera mientras me abrocho los zapatos. Tiens mon cartable pendant que j'attache mes lacets.

► **tener que** hacer algo **devoir** ou **falloir** faire quelque chose

▷ Si quieres aprobar esta asignatura, ¡tienes que ponerte a estudiar! Si tu veux réussir cette matière, tu dois te mettre à travailler !

► **aquí tiene(s)... voici...**

► **tener a** alguien **por... prendre** quelqu'un **pour...**

▷ Te tiene por un tonto. Il te prend pour un imbécile.

teng... (**tengo, tengas, tengamos,** etc.) → **tener**

tenis **tennis**

► **tenis de mesa tennis de table**

Attention à l'orthographe du mot tenis.

tenista **joueur(-euse) de tennis**

Comme la plupart des mots se terminant en **-ista**, **tenista** *peut être masculin ou féminin :* **el tenista, la tenista.**

tensar **tendre**

Se conjugue sur le modèle de **cantar** *(voir ce verbe).*

tenso, tensa **tendu(e)**

tentador, tentadora **tentant(e)**

tentar **tenter**

Attention, ce verbe est irrégulier à certaines personnes, à certains temps et à certains modes.

INDICATIF PRÉSENT	SUBJONCTIF PRÉSENT	IMPÉRATIF
tiento	tiente	
tientas	tientes	tienta
tienta	tiente	tiente
tentamos	tentemos	tentemos
tentáis	tentéis	tentad
tientan	tienten	tienten

Pour les autres temps, se conjugue sur le modèle de **cantar** *(voir ce verbe).*

teñido, teñida **teint(e)**

teñir **teindre**

Attention, ce verbe est irrégulier à certaines personnes, à certains temps et à certains modes. De plus, **teñir** *appartient au groupe des verbes terminés en* **-ñer**, **-ñir** *et* **-ullir** *qui subissent des modifications orthographiques : le* **i** *disparaît au subjonctif imparfait, au gérondif et aux troisièmes personnes du singulier et du pluriel du passé simple.*

Le verbe **teñir** *a deux participes passés : on utilise* **teñido** *pour la formation des temps composés ou comme adjectif et* **tinto** *seulement comme adjectif.*

Pour les autres temps, se conjugue sur le modèle de **vivir** *(voir ce verbe).*

teoría **théorie**

► **en teoría en théorie** ou **en principe**

Attention à l'orthographe du mot teoría.

tercer *est la forme apocopée de* **tercero.**

L'apocope est la suppression d'une ou plusieurs lettres à la fin d'un mot. **Tercero** *s'apocope en* **tercer** *devant un nom masculin singulier.*

▷ Es el tercer libro que leo este mes. C'est le troisième livre que je lis ce mois-ci.

tercero, tercera **troisième**

▷ Llegó tercero. Il est arrivé troisième.

terciopelo **velours** (ras)

terco, terca **têtu(e)**

terminación **fin** *ou* **terminaison**

Attention à l'orthographe du mot terminación.

terminar **finir** *ou* **terminer**

► **terminar** + gérondif **finir par** + infinitif

▷ Terminamos enfadándonos. Nous avons fini par nous fâcher.

Se conjugue sur le modèle de **cantar** *(voir ce verbe).*

término *a plusieurs sens :*

1 **término** *peut signifier* **terme**

2 **término** *peut signifier* **terminus**

TEÑIR					
INDICATIF PRÉSENT	SUBJONCTIF PRÉSENT	PASSÉ SIMPLE	SUBJONCTIF IMPARFAIT	GÉRONDIF	IMPÉRATIF
tiño	tiña	teñí	tiñera	tiñendo	
tiñes	tiñas	teñiste	tiñeras		tiñe
tiñe	tiña	tiñó	tiñera		tiña
teñimos	tiñamos	teñimos	tiñéramos		tiñamos
teñís	tiñáis	teñísteis	tiñerais		teñid
tiñen	tiñan	tiñeron	tiñeran		tiñan

3 **término** *peut signifier* **limite**

4 ► **en último término en dernier recours**

termómetro thermomètre

> Attention à l'orthographe du mot termómetro.

ternera veau (= viande)

► **asado de ternera rôti de veau**

► **filete de ternera escalope de veau**

ternero veau (= animal)

ternura tendresse

terrateniente propriétaire terrien

terraza terrasse

terremoto tremblement de terre

terreno *a des sens différents selon sa catégorie grammaticale :*

> Ce peut être un NOM :

terreno *signifie* **terrain**

► **sobre el terreno sur le terrain** (sur place)

► **perder terreno perdre du terrain**

> Ce peut être un ADJECTIF :

terreno, terrena *signifie* **terrestre**

territorio territoire

terrón morceau (de sucre)

terror terreur

► **película de terror film d'horreur**

terrorífico, terrorífica terrifiant(e)

terrorista terroriste

Comme la plupart des mots se terminant en **-ista**, **terrorista** *peut être masculin ou féminin :* **el terrorista, la terrorista**

tesoro trésor

testarudo, testaruda têtu(e)

testigo témoin

testimonio témoignage

teta mamelle *ou* sein *ou* mamelon

tetera théière

tez teint (du visage)

tez *est féminin.*

ti *est le pronom personnel* **toi**

▷ Es para ti. C'est pour toi.

tía *a plusieurs sens :*

1 **tía** *peut signifier* **tante**

2 **tía** *peut signifier* **nana** ou **meuf**

> Dans ce sens, tía est un mot familier.

tibio, tibia tiède

tiburón requin

tiempo *a plusieurs sens :*

1 **tiempo** *peut signifier* **temps ou époque**

► **al mismo tiempo en même temps**

► **al poco tiempo peu après**

► **con tiempo en avance**

► **del tiempo de saison**

► **hace tiempo il y a longtemps**

► **hace buen tiempo il fait beau**

► **hace mal tiempo il fait mauvais**

2 *En sport,* **tiempo** *peut signifier* **mi-temps**

tienda magasin

► **ir de tiendas faire du shopping**

► **tienda de comestibles épicerie**

► **tienda de campaña tente**

tienda *est féminin.*

> **i** tienda peut également être une forme du verbe tender.

▷ ¡No se tienda aquí, la hierba está mojada! Ne vous allongez pas là, l'herbe est mouillée !

tierno, tierna tendre

tierra terre

tieso, tiesa raide

tijera ciseaux

► **tijeras paire de ciseaux**

timar escroquer

Se conjugue sur le modèle de **cantar** *(voir ce verbe).*

timbre sonnette (d'une porte) *ou* sonnerie (de téléphone)

► **tocar el timbre sonner** ou **appuyer sur la sonnette**

timbre *est masculin.*

> Attention ! timbre ne signifie pas « timbre ».

timidez timidité

timido, timida timide

timo escroquerie

timo est masculin.

tinieblas ténèbres

tinta encre

► **saber** algo **de buena tinta** **savoir** quelque chose **de source sûre**

► **sudar tinta** **suer sang et eau**

tinto, tinta **teint(e)**

► **vino tinto** **vin rouge**

tintorería **teinturerie**

tío *a plusieurs sens :*

1 **tío** *peut signifier* **oncle**

2 **tío** *peut signifier* **mec**

Dans ce sens, tío est un mot familier.

tiovivo **manège** (de chevaux de bois)

típico, típica **typique**

Attention à l'orthographe du mot típico.

tipo *a plusieurs sens :*

1 **tipo** *peut signifier* **type** *ou* **genre**

▷ ¿Qué tipo de tejido escogiste para tu vestido? Quel genre de tissu as-tu choisi pour ta robe ?

2 **tipo** *peut signifier* **type** *ou* **mec**

► **un buen tipo** **un brave type**

► **un tipo raro** **un drôle de type**

▷ Nos siguió un tipo sospechoso. Un type suspect nous a suivis.

Dans ce sens, tipo est un mot familier.

3 **tipo** *peut signifier* **silhouette** (d'une personne)

▷ Esta chica tiene buen tipo. Cette fille a une jolie silhouette.

► **jugarse el tipo** **risquer sa vie**

► **tipo de letra** **police de caractères**

tique **ticket**

► **tique de compra** **ticket de caisse**

tira **bande** (de papier, tissu, etc.)

► **tira cómica** **bande dessinée**

tira peut également être une forme du verbe tirar.

▷ ¡Tira inmediatamente esto a la basura! Jette ça immédiatement à la poubelle !

tirado, tirada *a plusieurs sens :*

1 **tirado, tirada** *peut signifier* **courant(e)** *ou* **qui se trouve partout**

2 **tirado, tirada** *peut signifier* **facile**

3 **tirado, tirada** *peut signifier* **donné(e)** *ou* **bon marché**

Dans tous ces sens, tirado, tirada est un mot familier.

tirado peut également être le participe passé du verbe tirar.

▷ Lo he tirado a la basura. Je l'ai jeté à la poubelle.

tirantes **bretelles**

tirantes est masculin pluriel.

tirar *a des sens différents selon sa catégorie grammaticale :*

> Ce peut être un VERBE TRANSITIF :

1 **tirar** *peut signifier* **jeter**

▷ Tira el chicle. Jette ton chewing-gum.

► **tirar el dinero** **gaspiller de l'argent**

2 **tirar** *peut signifier* **lancer**

3 **tirar** *peut signifier* **renverser** *ou* **faire tomber**

4 **tirar** *peut signifier* **tirer**

▷ Tira la cadena. Tire la chasse d'eau.

> Ce peut être un VERBE INTRANSITIF :

tirar *signifie* **attirer** *ou* **plaire**

► **ir tirando** **comme ci, comme ça**

▷ – ¿Qué tal? – Voy tirando. – Ça va ? – Comme ci, comme ça.

Se conjugue sur le modèle de **cantar** *(voir ce verbe).*

tirita **pansement (adhésif)**

tiritar **grelotter**

Se conjugue sur le modèle de **cantar** *(voir ce verbe).*

tiro **coup de feu** *ou* **tir**

► **pegar un tiro a** algo **tirer sur** quelque chose

tiro peut également être une forme du verbe tirar.

▷ ¿Estos papeles los tiro o quieres guardarlos? Je jette ces papiers ou tu veux les garder ?

títere **marionnette** *ou* **pantin**

titular *a des sens différents selon sa catégorie grammaticale :*

> Ce peut être un NOM :

titular *signifie* **gros titre** (dans les journaux)

> Ce peut être un VERBE :

titular *signifie* **donner un titre à**

► **titularse** *peut signifier* **s'intituler** ou **être le titre de**

▷ ¿Cómo se titula el poema? Quel est le titre du poème ?

► **titularse** *peut signifier* **obtenir un diplôme**

▷ Se tituló en medicina. Il a obtenu son diplôme de médecine.

Se conjugue sur le modèle de cantar (voir ce verbe).

> Ce peut être un ADJECTIF :

titular *signifie* **titulaire** *ou* **en titre**

título *a plusieurs sens :*

1 **título** *peut signifier* **titre**

2 **título** *peut signifier* **diplôme**

tiza craie

toalla serviette (de toilette)

► **arrojar** ou **tirar la toalla** **baisser les bras** ou **jeter l'éponge**

tobillo cheville

tobillo est masculin.

tocar *a plusieurs sens :*

1 **tocar** *peut signifier* **toucher**

2 **tocar** *peut signifier* **jouer** (d'un instrument de musique)

▷ Aprendí a tocar la guitarra. J'ai appris à jouer de la guitare.

Remarquez l'absence de préposition en espagnol dans tocar un instrumento (jouer d'un instrument).

3 **tocar** *peut signifier* **sonner**

▷ Es mediodía, tocan las campanas. Il est midi, les cloches sonnent.

► **tocar el timbre** **sonner** (à la porte)

► **tocar la bocina** **klaxonner**

4 **tocar** *peut signifier* **être le tour de**

▷ Me toca lavar los platos. C'est mon tour de faire la vaisselle.

5 **tocar** *peut signifier* **gagner**

▷ Le tocó la lotería. Il a gagné à la loterie.

Attention ! Pour conserver le son /k/ de l'infinitif, le c de tocar se transforme en qu devant un e :

▷ Toqué el piano ante un público de treinta personas. J'ai joué du piano devant un public de trente personnes.

Se conjugue sur le modèle de cantar (voir ce verbe).

todavía encore *ou* toujours

▷ Todavía está comiendo. Il est encore en train de manger.

▷ ¿Todavía está delante de la televisión? Il est toujours devant la télévision ?

► **todavía no** **pas encore**

▷ Todavía no ha terminado los ejercicios. Il n'a pas encore terminé ses exercices.

todo, toda tout(e)

▷ Se lo bebió todo. Il a tout bu.

▷ Todos los estudiantes se manifestaron para impedir el cierre de la universidad. Tous les étudiants ont manifesté pour empêcher la fermeture de leur université.

toma prise

i toma peut également être une forme du verbe tomar.

▷ Si te duele la garganta, toma un poco de jarabe. Si tu as mal à la gorge, prends un peu de sirop.

tomar prendre

► **tomar(se) algo en serio** **prendre** quelque chose **au sérieux**

► **tomar(se) algo a broma** **ne pas prendre** quelque chose **au sérieux**

Se conjugue sur le modèle de cantar (voir ce verbe).

tomate tomate

tomate est masculin.

tomillo thym

tonelada tonne

tono ton

tontería bêtise

tonto, tonta bête *ou* idiot(e)

► **hacerse el tonto** **faire l'innocent**

toparse rencontrer (par hasard) ou tomber sur

▷ Me topé con Maud. J'ai rencontré Maud *ou* Je suis tombé sur Maud.

i Notez l'utilisation de la préposition con dans l'expression espagnole.

topo taupe

topo est masculin.

toque touche

► **toque de balón** **frappe** ou **touche**

i toque peut également être une forme du verbe tocar.

▷ ¡No quiero que el niño toque las paredes con las manos sucias! Je ne veux pas que cet enfant touche les murs avec ses mains sales !

torcer *a plusieurs sens :*

1 **torcer** *peut signifier* **tordre**

2 **torcer** *peut signifier* **tourner** *ou* **dévier**

▷ Al llegar a la plaza, tuerza a la izquierda. Quand vous arriverez à la place, tournez à gauche.

► **torcerse** tomber à l'eau (= échouer)

📖 *Attention, ce verbe est irrégulier à certaines personnes, à certains modes et à certains temps. De plus, comme la plupart des verbes terminés en* -cer *et en* cir*,* torcer *subit des modifications orthographiques pour conserver le son /s/ : le* c *se transforme en* z *devant* o *et* a*.*

INDICATIF PRÉSENT	SUBJONCTIF PRÉSENT	IMPÉRATIF
tuerzo	tuerza	
tuerces	tuerzas	tuerce
tuerce	tuerza	tuerza
torcemos	torzamos	torzamos
torcéis	torzáis	torced
tuercen	tuerzan	tuerzan

📖 *Pour les autres temps, se conjugue sur le modèle de* deber *(voir ce verbe).*

torcido, torcida tordu(e)

torero toréro

tormenta tempête *ou* orage

tormento tourment *ou* torture

tormento *est masculin.*

> Attention ! Ne pas confondre tormento avec tormenta qui signifie « tempête ».

torneo tournoi

tornillo vis

torno tour

► **en torno a** autour de

toro taureau

► **los toros** *peut également signifier* **la corrida**

toronja pamplemousse

toronja *est féminin.*

torpe maladroit(e)

torpeza maladresse

torre tour (bâtiment)

tortilla omelette

► **tortilla a la francesa** omelette nature

> tortilla est également une galette de maïs au Mexique.

tortuga tortue

tos toux

► **ataque de tos** quinte de toux

toser tousser

📖 *Se conjugue sur le modèle de* deber *(voir ce verbe).*

tostada toast (au sens de « tranche de pain grillé »)

tostador grille-pain

tostar faire griller

► **tostarse al sol** se faire bronzer

📖 *Attention, ce verbe est irrégulier à certaines personnes, à certains modes et à certains temps.*

INDICATIF PRÉSENT	SUBJONCTIF PRÉSENT	IMPÉRATIF
tuesto	tueste	
tuestas	tuestes	tuesta
tuesta	tueste	tueste
tostamos	tostemos	tostemos
tostáis	tostéis	tostad
tuestan	tuesten	tuesten

📖 *Pour les autres temps, se conjugue sur le modèle de* cantar *(voir ce verbe).*

tostón rasoir

► **ser un tostón** être rasoir

► **¡qué tostón!** quel truc rasoir !

► **dar el tostón** être assommant *ou* barbant

> Le mot tostón ainsi que toutes ces expressions sont familiers.

total *a des sens différents selon sa catégorie grammaticale :*

> Ce peut être un ADJECTIF :

total *signifie* **total(e)**

> Ce peut être un NOM :

total *signifie* **total**

> Ce peut être un ADVERBE :

1 **total** *peut signifier* **bref** (en résumé)

▷ Total, nada salió como estaba previsto. Bref, rien ne s'est passé comme prévu.

2 **total** *peut signifier* **de toute façon**

▷ Haz lo que quieras, total, no eres mi hija. Fais ce que tu veux, de toute façon, tu n'es pas ma fille.

► **en total** au total *ou* en tout

trabajador, trabajadora travailleur (-euse)

trabajar travailler

▷ Trabajé de vendedor en esta tienda. J'ai travaillé comme vendeur dans ce magasin.

> Attention à l'emploi de la préposition de dans trabajar de... (travailler comme...).

► **¡a trabajar!** **au travail !**

📖 *Se conjugue sur le modèle de* **cantar** *(voir ce verbe).*

trabajo travail

ℹ **trabajo** peut également être une forme du verbe **trabajar**.

▷ Trabajo un poco los fines de semana para pagarme los estudios. Je travaille un peu les week-ends pour payer mes études.

trabalenguas *désigne un mot, une expression ou une phrase difficile à articuler, par exemple :* **Tres tristes tigres comían trigo en un trigal.**

Dans ce mot, on reconnaît le verbe **trabarse** *qui signifie « s'empêtrer » et le nom* **lengua** *qui signifie « langue ».*

trabalenguas *est masculin et invariable :* **un trabalenguas, dos trabalenguas.**

trabar *a plusieurs sens :*

1 **trabar** *peut signifier* **lier** *ou* **joindre**

► **trabar amistad se lier d'amitié**

2 **trabar** *peut signifier* **entraver**

► **trabarse s'empêtrer**

► **se me ha trabado la lengua ma langue a fourché**

tradicional traditionnel(le)

traducción traduction

► **traducción directa** version

► **traducción inversa** thème

Attention à l'orthographe du mot **traducción**.

traer *a plusieurs sens :*

1 **traer** *peut signifier* **apporter** *ou* **rapporter** *ou* **amener** *ou* **ramener**

2 **traer** *peut signifier* **porter** (un vêtement)

tráfico trafic *ou* circulation

tragar *a plusieurs sens :*

1 **tragar** *ou* **tragarse** *peut signifier* **avaler**

▷ Se tragó el bocadillo. Il a avalé le sandwich.

▷ Eloísa es tan ingenua que se traga todo lo que le cuentan. Eloísa est si naïve qu'elle avale tout ce qu'on lui raconte.

2 **tragar** *peut signifier* **supporter**

▷ Nadie lo traga. Personne ne peut le supporter.

Dans ce sens, **tragar** est un mot familier.

📖 *Attention ! Pour conserver le son /g/ de l'infinitif, le* **g** *de* **tragar** *se transforme en* **gu** *devant un* **e** *:*

▷ ¡Te digo que comas, no que tragues! Je te dis de manger, pas d'avaler !

📖 *Se conjugue sur le modèle de* **cantar** *(voir ce verbe).*

trago gorgée

► **tomar** ou **echar un trago boire un coup**

► **de un trago d'un trait**

► **mal trago** ou **trago amargo coup dur**

trago *est masculin.*

ℹ **trago** peut également être une forme du verbe **tragar**.

▷ Cuando tengo mucha hambre, trago cualquier cosa. Quand j'ai très faim, j'avale n'importe quoi.

traición trahison

TRAER				
INDICATIF				CONDITIONNEL
PRÉSENT	IMPARFAIT	PASSÉ SIMPLE	FUTUR	PRÉSENT
traigo	traía	**traje**	traeré	traería
traes	traías	**trajiste**	traerás	traerías
trae	traía	**trajo**	traerá	traería
traemos	traíamos	**trajimos**	traeremos	traeríamos
traéis	traíais	**trajisteis**	traeréis	traeríais
traen	traían	**trajeron**	traerán	traerían
SUBJONCTIF		IMPÉRATIF		
PRÉSENT	IMPARFAIT			
traiga	**trajera**		INFINITIF	traer
traigas	**trajeras**	trae		
traiga	**trajera**	**traiga**	PARTICIPE	**traído**
traigamos	**trajéramos**	**traigamos**		
traigáis	**trajerais**	traed	GÉRONDIF	**trayendo**
traigan	**trajeran**	**traigan**		

traicionar trahir

Se conjugue sur le modèle de cantar *(voir ce verbe).*

traidor, traidora traître, traîtresse

traje costume

► **traje de baño** maillot de bain
► **traje de etiqueta** tenue de soirée
► **traje de novia** robe de mariée
► **traje típico** costume folklorique

i traje peut également être une forme du verbe traer.

▷ Traje recuerdos de mi viaje por África. J'ai rapporté des souvenirs de mon voyage en Afrique.

trámite démarche *ou* formalité

trampa piège

► **hacer trampa(s)** tricher

trampa *est féminin.*

trampolín tremplin

tramposo, tramposa tricheur(-euse)

tranquilidad tranquillité

tranquilizar tranquilliser *ou* calmer *ou* apaiser *ou* rassurer

Comme la plupart des verbes terminés en -zar, tranquilizar *subit des modifications orthographiques : le* z *devient* c *devant un* e *:*

▷ Cuando te tranquilices, volveremos a hablar de este tema. Nous en reparlerons quand tu te seras calmé.

Se conjugue sur le modèle de cantar *(voir ce verbe).*

tranquilo, tranquila calme

transbordo *ou* **trasbordo** changement (de train)

► **hacer transbordo** changer ou faire un changement

transcurrir *ou* **trascurrir** s'écouler ou passer (en parlant du temps)

Se conjuguent sur le modèle de vivir *(voir ce verbe).*

transcurso *ou* **trascurso** cours (du temps)

transeúnte passant(e)

transformar transformer

Se conjugue sur le modèle de cantar *(voir ce verbe).*

transmitir transmettre

Se conjugue sur le modèle de vivir *(voir ce verbe).*

transparencia *ou* **trasparencia** transparence

transporte *ou* **trasporte** transport

tranvía tramway

trapo chiffon *ou* torchon

► **a todo trapo** à toute vitesse

tras *a plusieurs sens :*

1 **tras** *peut signifier* **derrière**

▷ Fueron entrando uno tras otro. Ils sont entrés l'un derrière l'autre.

2 **tras** *peut signifier* **après**

▷ Tras la victoria todos estaban cansados pero contentos. Après la victoire ils étaient tous fatigués mais contents.

▷ Tras haber hecho los deberes, se puso a mirar la tele. Après avoir fait ses devoirs, elle s'est mise à regarder la télé.

► **día tras día** jour après jour

trasero *a des sens différents selon sa catégorie grammaticale :*

> Ce peut être un ADJECTIF :

trasero, trasera *signifie* **arrière** *ou* **de derrière**

▷ Pasa por la puerta trasera. Passe par la porte de derrière.

► **en la parte trasera** à l'arrière

> Ce peut être un NOM :

trasero *signifie* **derrière** *ou* **fesses**

trasladar déplacer *ou* transférer

Se conjugue sur le modèle de cantar *(voir ce verbe).*

traslado déménagement

trasnochar passer une nuit blanche

Se conjugue sur le modèle de cantar *(voir ce verbe).*

traspasar *a plusieurs sens :*

1 **traspasar** *peut signifier* **traverser** *ou* **transpercer**

2 **traspasar** *peut signifier* **transférer** (un joueur)

Se conjugue sur le modèle de cantar *(voir ce verbe).*

trastero débarras

Dans ce mot on reconnaît le mot trasto *qui signifie « objet inutile ».*

trasto objet inutile *ou* machin *ou* truc

► **trastos** affaires

trastornar bouleverser *ou* chambouler *ou* déranger

📖 *Se conjugue sur le modèle de* cantar *(voir ce verbe).*

tratado traité

tratar *a plusieurs sens :*

1 **tratar** *peut signifier* **traiter**

2 **tratar** *peut signifier* **fréquenter** (quelqu'un)

3 ► **tratar de** hacer algo **essayer de** faire quelque chose

4 ► **tratarse de s'agir de**

▷ Se trata de algo muy importante. Il s'agit de quelque chose de très important.

5 ► **tratar a** alguien **de tú tutoyer** quelqu'un

► **tratar a** alguien **de usted vouvoyer** quelqu'un

📖 *Se conjugue sur le modèle de* cantar *(voir ce verbe).*

trato *a plusieurs sens :*

1 **trato** *peut signifier* **traitement** *ou* **manières** *ou* **comportement**

2 **trato** *peut signifier* **marché** (= arrangement)

► **¡trato hecho! marché conclu !**

3 ► **tener trato con** alguien **fréquenter** quelqu'un

trato peut également être une forme du verbe tratar.

▷ Lo trato como si fuera mi propio hijo. Je le traite comme s'il était mon propre fils.

trauma traumatisme

través

► **a través de à travers (de)**

► **de través en travers**

travesía traversée *ou* passage

travieso, traviesa turbulent(e) *ou* espiègle

trayecto trajet

trazar tracer

📖 *Comme la plupart des verbes terminés en* -zar, trazar *subit des modifications orthographiques : le* z *devient* c *devant un* e.

▷ Tracé una línea. J'ai tracé une ligne.

📖 *Se conjugue sur le modèle de* cantar *(voir ce verbe).*

trazo trait

ℹ trazo peut également être une forme du verbe trazar.

▷ Trazo un círculo. Je trace un cercle.

trébol trèfle

trece treize

treinta trente

tremendo, tremenda terrible *ou* énorme

tren train

► **tren de alta velocidad train à grande vitesse**

trenza tresse *ou* natte

trepar grimper

📖 *Se conjugue sur le modèle de* cantar *(voir ce verbe).*

tres trois

trescientos, trescientas trois cents

🌵 En espagnol, les centaines s'accordent en genre et en nombre avec le nom : trescientas niñas/trescientos niños.

triángulo triangle

trigo blé

trillizos, trillizas triplé(e)s

trineo traîneau

tripa boyau *ou* ventre

► **dolor de tripa(s) mal au ventre**

► **tripas tripes**

tripulación équipage

tristeza tristesse

triunfar triompher

🌵 Attention à l'orthographe du mot triunfar.

📖 *Se conjugue sur le modèle de* cantar *(voir ce verbe).*

trocear couper en morceaux

🏳 *Dans ce mot on reconnaît le lien avec le mot* trozo *qui signifie « morceau ».*

📖 *Se conjugue sur le modèle de* cantar *(voir ce verbe).*

trofeo trophée

tronar tonner

📖 tronar *est un verbe impersonnel et ne s'emploie qu'à la troisième personne du singulier. De plus, ce verbe est irrégulier à certains modes et à certains temps.*

INDICATIF PRÉSENT	SUBJONCTIF PRÉSENT
truena	truene

Pour les autres temps, se conjugue sur le modèle de **cantar** *(voir ce verbe).*

tronco tronc

► **dormir como un tronco** dormir comme une souche

tropezar trébucher

► **tropezar con alguien** tomber sur quelqu'un (= rencontrer par hasard)

Attention, ce verbe est irrégulier à certaines personnes, à certains modes et à certains temps. De plus, comme la plupart des verbes terminés en **-zar**, **tropezar** *subit des modifications orthographiques : le* z *devient* c *devant un* e.

INDICATIF PRÉSENT	SUBJONCTIF PRÉSENT	IMPÉRATIF
tropiezo	tropiece	
tropiezas	tropieces	tropieza
tropieza	tropiece	tropiece
tropezamos	tropecemos	tropecemos
tropezáis	tropecéis	tropezad
tropiezan	tropiecen	tropiecen

Pour les autres temps, se conjugue sur le modèle de **cantar** *(voir ce verbe).*

trozo morceau

trucha truite

truco truc *ou* trucage

Attention ! **truco** ne signifie pas « truc » au sens de « machin ».

trueno tonnerre

tu (sans accent) *est l'adjectif possessif* **ton, ta**

▷ **Tu perfume huele a vainilla.** Ton parfum sent la vanille.

▷ **¿Cómo se llama tu hermana?** Comment s'appelle ta sœur ?

tú (avec accent) *est le pronom personnel* **tu**

▷ **¿Tú no sabes nadar?** Tu ne sais pas nager ?

En espagnol, les pronoms personnels sont souvent omis car ce sont les terminaisons verbales qui indiquent la personne. On les utilise pour éviter les confusions entre plusieurs personnes ou pour renforcer le sujet.

tubo tuyau *ou* tube

► **tubo de ensayo** tube à essai *ou* éprouvette

► **tubo de escape** pot d'échappement

tulipán tulipe

tulipán *est masculin.*

tumba tombe

► **ser una tumba** être muet(te) comme une tombe

tumba peut également être une forme du verbe **tumbar**.

▷ **Se tumba un ratito.** Il s'allonge un petit moment.

tumbado, tumbada allongé(e)

tumbar *a plusieurs sens :*

1 **tumbar** *peut signifier* **renverser**

2 **tumbar** *peut signifier* **allonger**

► **tumbarse** s'étendre *ou* s'allonger

Se conjugue sur le modèle de **cantar** *(voir ce verbe).*

tumbona chaise longue

On reconnaît le lien avec le verbe **tumbarse** qui signifie « s'allonger ».

tunecino, tunecina tunisien(ne) *ou* Tunisien(ne)

túnel tunnel

Attention à l'orthographe du mot **túnel**.

Túnez Tunisie *ou* Tunis

turbio, turbia trouble

turco, turca turc (-que) *ou* Turc (-que)

turismo tourisme

turista touriste

Comme la plupart des mots se terminant en **-ista**, **turista** *peut être masculin ou féminin :* **el turista, la turista**.

turístico, turística touristique

turnar tourner *ou* se succéder à tour de rôle

► **turnarse** se relayer

Se conjugue sur le modèle de **cantar** *(voir ce verbe).*

turno tour *ou* service

► **por turno(s)** à tour de rôle

► **farmacia de turno** pharmacie de garde

turquesa turquoise

turrón *sorte de nougat qui se mange à Noël.*

tus *est l'adjectif possessif* **tes**

tuteamiento *ou* **tuteo** tutoiement

tutear tutoyer

Dans ce mot on reconnaît le mot tú *qui signifie « tu ».*

Se conjugue sur le modèle de cantar *(voir ce verbe).*

tuv... (tuve, tuviste, tuviera, etc.) → tener

tuyo, tuya, tuyos, tuyas *a plusieurs sens :*

1 **tuyo, tuya, tuyos, tuyas** *est un adjectif possessif qui se traduit par* **à toi**

▷ Ellos son amigos tuyos. Ce sont des amis à toi.

▷ Esa falda es tuya. Cette jupe est à toi.

2 ► **el tuyo, la tuya, los tuyos, las tuyas le tien, la tienne, les tiens, les tiennes**

▷ ¿De quién es esta raqueta? – Es la tuya. À qui est cette raquette ? – C'est la tienne.

3 ► **a pesar tuyo malgré toi**

Uu

u *est la conjonction* **ou**

▷ Toma uno u otro. Prend l'un ou l'autre.

▷ No sé si mis vecinos son de Guatemala u Honduras. Je ne sais pas si mes voisins viennent du Guatemala ou du Honduras.

La conjonction **o** *devient* **u** *devant un mot commençant par un* **o-** *ou* **ho-**.

Ud. *est l'abréviation de* **usted.**

> **i** **Ud.** peut également s'écrire **Vd.**

Uds. *est l'abréviation de* **ustedes.**

> **i** **Uds.** peut également s'écrire **Vds.**

último, última **dernier(-ière)**

► **a la última** **très à la mode**

► **por último** **enfin** ou **finalement**

► **a últimos del mes** **à la fin du mois**

ultramarino, ultramarina **d'outre-mer**

► **(tienda de) ultramarinos** **épicerie**

umbral **seuil**

un *est la forme apocopée de* **uno.**

L'apocope est la suppression d'une ou plusieurs lettres à la fin d'un mot. **Uno** *s'apocope en* **un** *devant un nom masculin singulier.*

▷ Mi padre era un buen alumno. Mon père était un bon élève.

▷ ¿Quieres un caramelo? Tu veux un bonbon ?

un *s'emploie aussi à la place de* **una** *devant les noms féminins commençant par* **a-** *ou* **ha-** *accentué.*

▷ Están construyendo un aula nueva. On est en train de construire une nouvelle salle de cours.

undécimo, undécima **onzième**

único, única **unique** *ou* **seul(e)**

► **lo único** **la seule chose**

unidad **unité**

unido, unida **uni(e)**

> **i** **unido** peut également être le participe passé du verbe **unir.**

unificar **unifier** *ou* **unir**

Attention ! Pour conserver le son /k/ de l'infinitif, le **c** *de* **unificar** *se transforme en* **qu** *devant un* **e** *:*

▷ Propone que unifiquemos nuestros esfuerzos. Il propose que nous unissions nos efforts.

Se conjugue sur le modèle de **cantar** *(voir ce verbe).*

unir **unir**

▷ Une las definiciones con las palabras a las que éstas corresponden. Unis les définitions aux mots auxquels elles correspondent.

> Attention à l'emploi de la préposition **con** dans **unir con algo** (unir à quelque chose).

Se conjugue sur le modèle de **vivir** *(voir ce verbe).*

universidad **université**

universitario, universitaria *a des sens différents selon sa catégorie grammaticale :*

> Ce peut être un NOM :

1 **universitario, universitaria** *signifie* **étudiant(e)** (à l'université)

2 **universitario, universitaria** *signifie* **universitaire** (= professeur d'université)

> Ce peut être un ADJECTIF :

universitario, universitaria *signifie* **universitaire**

universo **univers**

uno, una *a plusieurs sens :*

1 **uno, una** *peut signifier* **un, une**

▷ Quiero uno sólo. Je n'en veux qu'un.

▷ Es una buena idea. C'est une bonne idée.

► **es todo uno ça ne fait qu'un**

► **(de) uno a uno un à un**

2 **uno, una** *peut signifier* **quelqu'un**

▷ Encontré a uno que te conoce. J'ai rencontré quelqu'un qui te connaît.

▷ Unos no quisieron venir. Quelques-uns n'ont pas voulu venir.

► **los unos... los otros... les uns... les autres...**

► **uno y otro l'un et l'autre**

3 **uno, una** *peut signifier* **on**

▷ Aquí, uno no tiene derecho ni a quejarse. Ici, on n'a même pas le droit de se plaindre.

4 **unos, unas** *suivi d'un chiffre peut signifier* **environ** *ou* **quelque**

▷ Sevilla está a unos quinientos kilómetros de Madrid. Séville est à environ cinq cents kilomètres de Madrid.

5 ► **cada uno chacun**

6 ► **es la una il est une heure**

uno et una peuvent également être des formes du verbe unir.

▷ Haz una línea que una todos los puntos. Trace une ligne qui unit tous les points.

untar **étaler** *ou* **tartiner**

Se conjugue sur le modèle de cantar *(voir ce verbe).*

uña **ongle**

uña *est féminin.*

urbanidad **politesse** *ou* **courtoisie**

urbano, urbana **urbain(e)**

urgencia **urgence**

► **urgencias service des urgences**

► **con urgencia en urgence**

urgente **urgent(e)**

uruguayo, uruguaya **uruguayen(ne)** *ou* **Uruguayen(ne)**

usado, usada *a plusieurs sens :*

1 **usado, usada** *peut signifier* **usé(e)** *ou* **usagé(e)**

2 **usado, usada** *peut signifier* **employé(e)** *ou* **utilisé(e)**

i usado peut également être le participe passé du verbe usar.

▷ He usado tu toalla. J'ai utilisé ta serviette.

usar **utiliser**

► **usarse s'employer**

Attention ! usar ne signifie pas « user ».

Se conjugue sur le modèle de cantar *(voir ce verbe).*

uso **usage** *ou* **utilisation** *ou* **emploi**

uso *est masculin.*

i uso peut également être une forme du verbe usar.

▷ Nunca uso calculadora. Je n'utilise jamais de calculatrice.

usted *est le pronom personnel* **vous** *utilisé pour vouvoyer une seule personne.*

► **hablar ou tratar ou llamar a alguien de usted vouvoyer** quelqu'un

En espagnol, pour vouvoyer une personne, on utilise la troisième personne du singulier.

▷ Prefiero tratarle de usted. Je préfère vous vouvoyer.

On utilise généralement l'abréviation Ud. *ou* Vd. *à l'écrit.*

ustedes *est le pronom personnel* **vous** *utilisé pour vouvoyer plusieurs personnes.*

En espagnol, pour vouvoyer plusieurs personnes, on utilise la troisième personne du pluriel.

▷ ¿Pueden indicarme ustedes el camino para la Sagrada Familia, por favor? Vous pouvez m'indiquer le chemin pour aller à la Sagrada Familia, s'il vous plaît ?

On utilise généralement l'abréviation Uds. *ou* Vds. *à l'écrit.*

usual **habituel(le)** *ou* **courant(e)**

usuario, usuaria **usager(-ère)** *ou* **utilisateur(-trice)**

utensilio **instrument** *ou* **ustensile**

Attention à l'orthographe du mot utensilio.

útil *a des sens différents selon sa catégorie grammaticale :*

> Ce peut être un NOM :

útil *signifie* **outil**

> Ce peut être un ADJECTIF :

útil *signifie* **utile**

uva **raisin**

► **uva pasa raisin sec**

► **estar de mala uva être de mauvais poil**

► **tener mala uva avoir un sale caractère**

estar de mala uva et tener mala uva sont des expressions familières.

uva *est féminin.*

Vv

va... → **ir**

vaca **vache** *ou* **bœuf** (= viande)

vacaciones **vacances**

► **estar de vacaciones** **être en vacances**

► **ir de vacaciones** **partir en vacances**

▷ Este año no voy de vacaciones. Cette année je ne pars pas en vacances.

Attention à l'emploi de la préposition de dans ir de vacaciones (partir en vacances).

vaciar **vider**

Attention, ce verbe est irrégulier à certaines personnes, à certains temps et à certains modes.

INDICATIF PRÉSENT	SUBJONCTIF PRÉSENT	IMPÉRATIF
vacío	vacíe	
vacías	vacíes	vacía
vacía	vacíe	vacíe
vaciamos	vaciemos	vaciemos
vaciáis	vaciéis	vaciad
vacían	vacíen	vacíen

Pour les autres temps, se conjugue sur le modèle de cantar *(voir ce verbe).*

vacilación **hésitation**

Dans ce mot, on reconnaît le lien avec le verbe vacilar *qui signifie « hésiter ».*

vacilar **hésiter**

Se conjugue sur le modèle de cantar *(voir ce verbe).*

vacío, vacía **vide**

vacío et vacía peuvent également être des formes du verbe vaciar.

▷ Vacía la papelera, por favor. Vide la corbeille à papier, s'il te plaît.

vacuna **vaccin**

vacuna peut également être le féminin de l'adjectif vacuno qui signifie « bovin » ou une forme du verbe vacunar.

▷ El médico la vacuna contra el tétanos. Le médecin la vaccine contre le tétanos.

vacunar **vacciner**

► **vacunarse** **se faire vacciner**

Se conjugue sur le modèle de cantar *(voir ce verbe).*

vacuno, vacuna **bovin(e)**

vagabundear **vagabonder** ou **rôder**

Se conjugue sur le modèle de cantar *(voir ce verbe).*

vagabundo, vagabunda **vagabond(e)**

vagar **errer** *ou* **flâner**

Attention ! Pour conserver le son /g/ de l'infinitif, le g *de* vagar *se transforme en* gu *devant un* e *:*

▷ Vagué por la ciudad toda la tarde. J'ai flâné dans la ville toute la soirée.

Se conjugue sur le modèle de cantar *(voir ce verbe).*

vago, vaga *a des sens différents selon sa catégorie grammaticale :*

> Ce peut être un ADJECTIF :

1 **vago, vaga** *peut signifier* **vague** (au sens de « confus ») *ou* **flou(e)**

2 **vago, vaga** *peut signifier* **paresseux(-euse)** *ou* **fainéant(e)**

> Ce peut être un NOM :

vago, vaga *signifie* **fainéant(e)** *ou* **flemmard(e)**

► **hacer el vago** **paresser** ou **flemmarder**

vagón **wagon**

vaho buée *ou* vapeur

vaho est masculin.

vainilla vanille

▷ Yo tomaré un helado de vainilla. Je prendrai une glace à la vanille.

> Attention à l'emploi de la préposition de, ainsi qu'à l'orthographe du mot vainilla.

vais → ir

vaivén va-et-vient

vajilla vaisselle

vale bon (= un billet)

> vale peut également être une forme du verbe valer.

▷ ¿Cuánto vale la camisa que hay en el escaparate? Combien coûte la chemise en vitrine ?

► **¡vale!** d'accord *ou* O.K.

valer *a des sens différents selon sa catégorie grammaticale :*

> Ce peut être un VERBE TRANSITIF :

valer *signifie* **valoir** *ou* **coûter**

▷ No vale nada. Ça ne vaut rien.

▷ Esto vale demasiado dinero. Ça coûte trop cher.

▷ ¿Cuánto vale esto? Combien ça coûte ?

▷ ¿Cuánto vale un ordenador? Quel est le prix d'un ordinateur ?

► **valer la pena** valoir la peine

► **más vale...** il vaut mieux *ou* il est préférable de...

> Ce peut être un VERBE INTRANSITIF :

1 valer *peut signifier* **servir**

▷ Llorar no te valdrá para nada. Pleurer ne te servira à rien.

2 valer *peut signifier* **être valable**

▷ Tus documentos ya no valen. Tes papiers ne sont plus valables.

3 valer *peut signifier* **aller** (en parlant de vêtements)

▷ Este traje ya no te vale. Ce costume ne te va plus.

válido, válida valable *ou* valide

valiente courageux(-euse)

Dans ce mot, on reconnaît le lien avec le mot valor qui peut signifier « courage ».

valioso, valiosa précieux(-euse) *ou* de valeur

Dans ce mot, on reconnaît le lien avec le mot valor qui peut signifier « valeur ».

valor *a plusieurs sens :*

1 valor *peut signifier* **valeur**

2 valor *peut signifier* **courage**

3 valor *peut signifier* **audace**

valor est masculin.

valorar évaluer *ou* estimer

Dans ce mot, on reconnaît le lien avec le mot valor qui peut signifier « valeur ».

Se conjugue sur le modèle de cantar (voir ce verbe).

valla clôture *ou* palissade *ou* barrière

► **valla publicitaria** panneau publicitaire

► **100 metros vallas** 100 mètres haies

valle vallée

valle est masculin.

vamos → ir

VALER

INDICATIF				CONDITIONNEL
PRÉSENT	IMPARFAIT	PASSÉ SIMPLE	FUTUR	PRÉSENT
valgo	valía	valí	valdré	valdría
vales	valías	valiste	valdrás	valdrías
vale	valía	valió	valdrá	valdría
valemos	valíamos	valimos	valdremos	valdríamos
valéis	valíais	valisteis	valdréis	valdríais
valen	valían	valieron	valdrán	valdrían

SUBJONCTIF		IMPÉRATIF
PRÉSENT	IMPARFAIT	
valga	valiera	
valgas	valieras	vale
valga	valiera	valga
valgamos	valiéramos	valgamos
valgáis	valierais	valed
valgan	valieran	valgan

INFINITIF	valer
PARTICIPE	valido
GÉRONDIF	valiendo

van → **ir**

vanguardia avant-garde

vapor vapeur

► **de vapor** à vapeur

vapor est masculin.

vaquero cow-boy

► **vaqueros** jeans

variedad diversité *ou* variété

varios, varias *a des sens différents selon sa catégorie grammaticale :*

> Ce peut être un ADJECTIF :

varios, varias *peut signifier* **différent(e)s** *ou* **divers(es)**

▷ Tengo jerseys de varios colores. J'ai des pulls de différentes couleurs.

> Ce peut être un PRONOM INDÉFINI :

varios, varias *signifie* **plusieurs**

▷ Conozco a varias personas que piensan lo mismo que tú. Je connais plusieurs personnes qui pensent la même chose que toi.

varón homme *ou* garçon

Dans les formulaires, sur le passeport et la plupart des documents administratifs, on emploie **varón** *(ou l'abréviation* **V***) pour indiquer « de sexe masculin » et* **mujer** *(ou l'abréviation* **M***) pour indiquer « de sexe féminin ».*

vas → **ir**

vasco, vasca basque *ou* Basque

vaso verre (pour boire)

vaya... (**vaya, vayas, vayamos,** etc.) → **ir**

Vd. *est l'abréviation de* **usted.**

ℹ **Vd.** peut également s'écrire **Ud.**

Vds. *est l'abréviation de* **ustedes.**

ℹ **Vds.** peut également s'écrire **Uds.**

ve → **ir, ver**

vea... (**vea, veas, veamos,** etc.) → **ver**

veces *est le pluriel de* **vez.**

vecino, vecina voisin(e)

vegetariano, vegetariana végétarien(ne)

veí... (**veía, veíamos, veían,** etc.) → **ver**

veinte vingt

veintena vingtaine

veis → **ver**

vejez vieillesse

vela *a plusieurs sens :*

1 **vela** *peut signifier* **bougie**

2 **vela** *peut signifier* **voile** (d'un bateau)

► **barco de vela** bateau à voile

► **pasar la noche en vela** passer une nuit blanche

velero voilier

veleta girouette

velo voile (= vêtement)

velocidad vitesse

► **de alta velocidad** à grande vitesse

veloz rapide

vemos → **ver**

ven → **venir, ver**

vena veine

vencedor, vencedora vainqueur *ou* gagnant(e)

vencer *a plusieurs sens :*

1 **vencer** *peut signifier* **vaincre** *ou* **battre**

▷ Los soldados vencieron al ejército enemigo. Les soldats ont vaincu l'armée ennemie.

2 **vencer** *peut signifier* **remporter** *ou* **gagner**

▷ El equipo francés venció en el salto de longitud. L'équipe française a remporté le saut en longueur.

3 **vencer** *peut signifier* **surmonter**

▷ Consiguió vencer su miedo a la oscuridad. Il a réussi à surmonter sa peur du noir.

Comme la plupart des verbes terminés en **-cer** *et en* **-cir**, **vencer** *subit des modifications orthographiques pour conserver le son /s/ : le* **c** *se transforme en* **z** *devant* **o** *et* **a** *:*

▷ Vas a ver cómo venzo al campeón del pueblo. Tu vas voir comme je bats le champion du village.

Se conjugue sur le modèle de **deber** *(voir ce verbe).*

venda *a plusieurs sens :*

1 **venda** *peut signifier* **bande**

2 **venda** *peut signifier* **bandage**

3 **venda** *peut signifier* **bandeau**

venda *est féminin.*

ℹ **venda** peut également être une forme du verbe **vendar** ou du verbe **vender.**

▷ El médico me venda el brazo. Le médecin me bande le bras.

▷ Quiero que me venda su casa. Je veux qu'il me vende sa maison.

vendar bander (un bras, une articulation)

📖 *Se conjugue sur le modèle de* cantar *(voir ce verbe).*

Attention ! Ne pas confondre vendar avec vender qui signifie « vendre ».

vendedor, vendedora vendeur(-euse)

vender vendre

► se vende(n) à vendre

▷ Se vende coche. Voiture à vendre.

▷ Se venden libros. Livres à vendre.

📖 *Se conjugue sur le modèle de* deber *(voir ce verbe).*

Attention ! Ne pas confondre vender avec vendar qui signifie « bander ».

vendimia vendange(s)

vendr... (vendré, vendrá, vendremos, etc.) → venir

veneno poison

venenoso, venenosa vénéneux(-euse) *ou* venimeux(-euse)

⚐ *Dans ce mot, on reconnaît le lien avec le mot* veneno *qui signifie « poison ».*

venezolano, venezolana vénézuélien(ne) *ou* Vénézuélien(ne)

veng... (vengo, venga, vengan, etc.) → venir

venganza vengeance

vengar venger

► vengarse se venger

📖 *Attention ! Pour conserver le son /g/ de l'infinitif, le* g *de* vengar *se transforme en* gu *devant un* e :

▷ Me vengué de los que se habían burlado de mí. Je me suis vengé de ceux qui s'étaient moqués de moi.

📖 *Se conjugue sur le modèle de* cantar *(voir ce verbe).*

vení... (venías, veníamos, venían) → venir

venir *a plusieurs sens :*

1 venir *peut signifier* venir

▷ ¿Vienes con nosotros? Tu viens avec nous ?

► el año/mes que viene l'an/le mois prochain

► el día que viene demain

2 venir *peut signifier* convenir

► venir bien convenir

► venir mal ne pas convenir

▷ El martes no me viene bien para nuestra cita. Mardi ne me convient pas pour notre rendez-vous.

3 venir *peut signifier* être *ou* aller (en parlant de vêtements)

▷ Esta camisa te viene demasiado pequeña. Cette chemise est trop petite pour toi.

▷ Te viene bien. Ça te va bien.

► no venir al caso n'avoir rien à voir

► ¡venga! allez ! (pour encourager quelqu'un)

venís → venir

venta vente

► a la venta en vente

ventaja avantage

⚐ ventaja *est féminin.*

ventana fenêtre

► ventana de la nariz narine

ventanal baie vitrée

⚐ ventanal *est masculin.*

VENIR				
INDICATIF				CONDITIONNEL
PRÉSENT	IMPARFAIT	PASSÉ SIMPLE	FUTUR	PRÉSENT
vengo	venía	vine	vendré	vendría
vienes	venías	viniste	vendrás	vendrías
viene	venía	vino	vendrá	vendría
venimos	veníamos	vinimos	vendremos	vendríamos
venís	veníais	vinisteis	vendréis	vendríais
vienen	venían	vinieron	vendrán	vendrían
SUBJONCTIF		IMPÉRATIF		
PRÉSENT	IMPARFAIT			
venga	viniera		INFINITIF	venir
vengas	vinieras	ven		
venga	viniera	venga	PARTICIPE	venido
vengamos	viniéramos	vengamos		
vengáis	vinierais	venid	GÉRONDIF	viniendo
vengan	vinieran	vengan		

ventanilla *a plusieurs sens :*

1 **ventanilla** *peut signifier* **fenêtre** (d'un train ou d'une voiture) *ou* **hublot** (d'un avion ou d'un bateau)

2 **ventanilla** *peut signifier* **guichet** (dans une gare ou une banque)

ventanilla *est féminin.*

veo → **ver**

ver voir *ou* regarder

► **a ver** voyons ou voyons voir

► **por lo que veo** ou **por lo visto** à ce que je vois

► **¡nos vemos!** à tout à l'heure !

► **no tener nada que ver con** algo n'avoir rien à voir avec quelque chose

► **ya veremos...** on verra bien...

► **¡no veas ...!** je ne te dis pas... !

▷ ¡No veas cómo se puso cuando se lo dije! Je ne te dis pas dans quel état il s'est mis quand je le lui ai dit !

► **verse** se voir ou se rencontrer ou se retrouver

▷ ¿Nos vemos en la cafetería? On se retrouve à la cafétéria ?

veranear passer les vacances d'été

Dans ce mot, on reconnaît le lien avec verano *qui signifie « été ».*

Se conjugue sur le modèle de cantar *(voir ce verbe).*

veraniego, veraniega estival(e) *ou* d'été

Dans ce mot, on reconnaît le lien avec verano *qui signifie « été ».*

verano été

veras

► **de veras** vraiment

verbo verbe

verdad vérité

► **de verdad** vrai(e) ou sérieusement ou vraiment ou véritable

▷ Es un amigo de verdad. C'est un véritable ami.

▷ De verdad que no sé qué ha podido pasar. Vraiment, je ne sais pas ce qui a pu se passer.

► **¿verdad?** n'est-ce pas ?

► **¿de verdad?** vraiment ?

▷ ¿De verdad quieres irte ya? Tu veux vraiment partir déjà ?

► **ser verdad** être vrai(e)

verdadero, verdadera véritable *ou* vrai(e) *ou* véridique

verde vert(e)

verdugo bourreau

verdura légumes

verdura *est féminin et s'emploie généralement au singulier :* **comprar verdura** (acheter des légumes).

vergonzoso, vergonzosa honteux (-euse)

vergüenza honte

► **dar vergüenza** faire honte

▷ Me da vergüenza hablar en público. J'ai honte de parler en public.

verja grille (palissade)

verter *a plusieurs sens :*

1 **verter** *peut signifier* **verser**

2 **verter** *peut signifier* **renverser**

Attention, ce verbe est irrégulier à certaines personnes, à certains modes et à certains temps. Voir tableau p. suivante.

VER

INDICATIF – PRÉSENT	INDICATIF – IMPARFAIT	INDICATIF – PASSÉ SIMPLE	INDICATIF – FUTUR	CONDITIONNEL – PRÉSENT
veo	veía	**vi**	veré	vería
ves	veías	**viste**	verás	verías
ve	veía	**vio**	verá	vería
vemos	veíamos	**vimos**	veremos	veríamos
veis	veíais	**visteis**	veréis	veríais
ven	veían	**vieron**	verán	verían

SUBJONCTIF – PRÉSENT	SUBJONCTIF – IMPARFAIT	IMPÉRATIF		
vea	**viera**		INFINITIF	ver
veas	**vieras**	**ve**		
vea	**viera**	vea	PARTICIPE	**visto**
veamos	**viéramos**	veamos		
veáis	**vierais**	**ved**	GÉRONDIF	**viendo**
vean	**vieran**	vean		

INDICATIF PRÉSENT	SUBJONCTIF PRÉSENT	IMPÉRATIF
vierto	vierta	
viertes	viertas	vierte
vierte	vierta	vierta
vertemos	vertamos	vertamos
vertéis	vertáis	verted
vierten	viertan	viertan

📖 *Pour les autres temps, se conjugue sur le modèle de* deber *(voir ce verbe).*

ves → ver

vestido, vestida *a des sens différents selon sa catégorie grammaticale :*

> Ce peut être un NOM :

1 **vestido** *peut signifier* **vêtement**

2 **vestido** *peut signifier* **robe**

> Ce peut être un ADJECTIF :

vestido, vestida *signifie* **habillé(e)**

ℹ vestido peut également être le participe passé du verbe vestir.

vestir habiller

▷ Para carnaval se vistió de princesa. Pour le carnaval elle s'est habillée en princesse.

Attention à l'emploi de la préposition de dans estar vestido de (être habillé en).

📖 *Attention, ce verbe est irrégulier à certaines personnes, à certains temps et à certains modes.*

► **vestirse** s'habiller

📖 *Pour les autres temps, se conjugue sur le modèle de* vivir *(voir ce verbe).*

vestuario vestiaire

vez fois

▷ Cada vez que habla delante de la clase, tartamudea. Chaque fois qu'il parle devant la classe, il bégaye.

► **a la vez** en même temps
► **a veces** parfois
► **cada vez más** de plus en plus
► **cada vez menos** de moins en moins
► **de vez en cuando** de temps en temps
► **en vez de** au lieu de
► **érase una vez** il était une fois
► **pocas veces** pas souvent
► **tal vez** peut-être

vi → ver

vía voie

► **en vías de** en voie de
► **Vía Láctea** Voie Lactée
► **vía férrea** voie ferrée

viajar voyager

📖 *Se conjugue sur le modèle de* cantar *(voir ce verbe).*

viaje voyage

► **ir de viaje** partir en voyage
► **viaje de negocios** voyage d'affaires
► **viaje de novios** voyage de noces

ℹ viaje peut également être une forme du verbe viajar.

▷ Mis padres no quieren que viaje solo. Mes parents ne veulent pas que je voyage tout seul.

viajero, viajera voyageur(-euse)

víbora vipère

vibrar vibrer

📖 *Se conjugue sur le modèle de* cantar *(voir ce verbe).*

victoria victoire

► **cantar victoria** crier victoire

vid vigne (plante)

⚐ *vid est féminin.*

vida vie

► **de toda la vida** de toujours
► **estar con vida** être en vie

videojuego jeu vidéo

vidriera *a plusieurs sens :*

1 **vidriera** *peut signifier* **vitrage**

2 **vidriera** *peut signifier* **porte vitrée**

3 **vidriera** *peut signifier* **vitrail**

vidrio verre (épais)

viejo, vieja *a des sens différents selon sa catégorie grammaticale :*

> Ce peut être un ADJECTIF :

viejo, vieja *signifie* **vieux, vieil, vieille** *ou* **ancien(ne)**

VESTIR				
INDICATIF PRÉSENT	SUBJONCTIF PRÉSENT	PASSÉ SIMPLE	SUBJONCTIF IMPARFAIT	IMPÉRATIF
visto	vista	vestí	vistiera	
vistes	vistas	vestiste	vistieras	viste
viste	vista	vistió	vistiera	vista
vestimos	vistamos	vestimos	vistiéramos	vistamos
vestís	vistáis	vestisteis	vistierais	vestid
visten	vistan	vistieron	vistieran	vistan

> Ce peut être un NOM :

viejo, vieja *signifie* **vieillard(e)** *ou* **vieil homme, vieille femme**

► **viejos personnes âgées**

viendo → **ver**

vienen → **venir**

viento vent

► **hace viento il y a du vent**

vientre ventre

Attention à l'orthographe du mot vientre.

vier... **(viera, viéramos, vierais,** etc.) → **ver**

viernes vendredi

viernes est masculin et invariable : un viernes, dos viernes.

vieron → **ver**

vigilante surveillant(e)

Dans ce mot, on reconnaît le lien avec le verbe vigilar qui signifie « surveiller ».

vigilar surveiller *ou* **veiller**

▷ Vigilo por los niños. Je veille sur les enfants.

Attention à l'emploi de la préposition por dans vigilar <u>por</u> alguien (veiller <u>sur</u> quelqu'un).

Se conjugue sur le modèle de cantar (voir ce verbe).

vigor vigueur

vigor est masculin.

villancico chant de Noël

vinagre vinaigre

vínculo lien

vini... **(viniera, vinimos, viniste,** etc.) → **venir**

vino vin

► **vino de crianza grand cru**

► **vino tinto vin rouge**

vino peut également être une forme du verbe venir.

▷ Ayer no vino a la escuela. Hier il n'est pas venu à l'école.

viña vigne (terrain)

vio → **ver**

violeta *a des sens différents selon sa catégorie grammaticale :*

> Ce peut être un ADJECTIF :

violeta *signifie* **violet(te)**

> Ce peut être un NOM :

violeta *signifie* **violette** (= fleur)

violín violon

► **tocar el violín jouer du violon**

violón contrebasse

► **tocar el violón jouer de la contrebasse**

violón est masculin.

Attention ! Ne pas confondre violón et violín.

violoncelo violoncelle

► **tocar el violoncelo jouer du violoncelle**

virgen vierge

Virgo Vierge (= signe astrologique)

virtud vertu

visado visa

visitar visiter *ou* **rendre visite à**

▷ Fui a visitar a mi abuelo al hospital. Je suis allé à l'hôpital rendre visite à mon grand-père.

Se conjugue sur le modèle de cantar (voir ce verbe).

vislumbrar apercevoir *ou* **distinguer** *ou* **entrevoir**

Se conjugue sur le modèle de cantar (voir ce verbe).

víspera veille

vista vue

► **a simple vista** ou **a primera vista à première vue**

► **¡hasta la vista! à bientôt !**

► **saltar a la vista sauter aux yeux**

vistazo coup d'œil

► **dar un vistazo** ou **echar un vistazo jeter un coup d'œil**

Dans ce mot, on reconnaît le nom vista qui signifie « vue » et le suffixe -azo.

viste, visteis → **ver**

visto *est le participe passé du verbe* **ver.**

viudo, viuda veuf, veuve

vivienda logement *ou* **habitation**

Dans ce mot, on reconnaît le lien avec le verbe vivir qui signifie « vivre ».

VIVIR				
INDICATIF				CONDITIONNEL
PRÉSENT	IMPARFAIT	PASSÉ SIMPLE	FUTUR	PRÉSENT
vivo	vivía	viví	viviré	viviría
vives	vivías	viviste	vivirás	vivirías
vive	vivía	vivió	vivirá	viviría
vivimos	vivíamos	vivimos	viviremos	viviríamos
vivís	vivíais	vivisteis	viviréis	viviríais
viven	vivían	vivieron	vivirán	vivirían
SUBJONCTIF		IMPÉRATIF		
PRÉSENT	IMPARFAIT			
viva	viviera		INFINITIF	vivir
vivas	vivieras	vive		
viva	viviera	viva	PARTICIPE	vivido
vivamos	viviéramos	vivamos		
viváis	vivierais	vivid	GÉRONDIF	viviendo
vivan	vivieran	vivan		

vivir vivre *ou* habiter

vivo, viva *a plusieurs sens :*

1 **vivo, viva** *peut signifier* **vivant(e)**

► **un ser vivo** un être vivant

2 **vivo, viva** *peut signifier* **vif, vive**

ℹ vivo et viva peuvent également être des formes du verbe vivir.

▷ Vivo en un barrio muy agradable. J'habite un quartier très agréable.

vocabulario vocabulaire

vocal *a des sens différents selon sa catégorie grammaticale :*

> Ce peut être un ADJECTIF :

vocal *signifie* **vocal(e)**

> Ce peut être un NOM :

vocal *signifie* **voyelle**

voces *est le pluriel de* **voz.**

volar voler *ou* s'envoler

► **hacer algo volando** faire quelque chose **en vitesse** ou **rapidement** ou **tout de suite**

📖 *Attention, ce verbe est irrégulier à certaines personnes, à certains modes et à certains temps.*

INDICATIF PRÉSENT	SUBJONCTIF PRÉSENT	IMPÉRATIF
vuelo	vuele	
vuelas	vueles	vuela
vuela	vuele	vuele
volamos	volemos	volemos
voláis	voléis	volad
vuelan	vuelen	vuelen

📖 *Pour les autres temps, se conjugue sur le modèle de* cantar *(voir ce verbe).*

volcán volcan

volcar renverser

📖 *Attention ! Pour conserver le son /k/ de l'infinitif, le* c *de* volcar *se transforme en* qu *devant un* e. *De plus, ce verbe est irrégulier à certaines personnes, à certains modes et à certains temps.*

INDICATIF PRÉSENT	SUBJONCTIF PRÉSENT	IMPÉRATIF
vuelco	vuelque	
vuelcas	vuelques	vuelca
vuelca	vuelque	vuelque
volcamos	volquemos	volquemos
volcáis	volquéis	volcad
vuelcan	vuelquen	vuelquen

📖 *Pour les autres temps, se conjugue sur le modèle de* cantar *(voir ce verbe).*

voleibol volley-ball

volumen volume

► **a todo volumen** à fond

voluntad volonté

volver *a plusieurs sens :*

1 **volver** *peut signifier* **tourner**

2 **volver** *peut signifier* **rentrer** *ou* **retourner**

3 ► **volver a** + infinitif *se traduit souvent en français par le préfixe* **re-** *devant le verbe*

▷ Vi a Jaime en el metro y lo volví a ver el mismo día en el cine. J'ai vu Jaime dans le métro et je l'ai revu le même jour au cinéma.

▷ ¿Puede volver a llamar más tarde? Vous pouvez rappeler plus tard ?

► **volverse** *peut signifier* **se retourner**

► **volverse** *peut signifier* **devenir**

▷ Se ha vuelto loco. Il est devenu fou.

📖 *Attention, ce verbe est irrégulier à certaines personnes, à certains modes et à certains temps.*

INDICATIF PRÉSENT	SUBJONCTIF PRÉSENT	IMPÉRATIF
vuelvo	vuelva	
vuelves	vuelvas	vuelve
vuelve	vuelva	vuelva
volvemos	volvamos	volvamos
volvéis	volváis	volved
vuelven	vuelvan	vuelvan

Pour les autres temps, se conjugue sur le modèle de deber (voir ce verbe).
Le participe passé du verbe volver est irrégulier : vuelto.

vomitar vomir

Se conjugue sur le modèle de cantar (voir ce verbe).

vosotros, vosotras *est le pronom personnel* **vous**

▷ Nosotros buscamos por la izquierda y vosotros vais a ver por la derecha. Nous cherchons à gauche et vous allez voir à droite.

► **entre vosotros** parmi vous

En espagnol, à la deuxième personne du pluriel, on précise si l'on s'adresse exclusivement à des femmes (vosotras) ou non (vosotros).

votación vote

votación est féminin.

votar voter

Se conjugue sur le modèle de cantar (voir ce verbe).

voto *a plusieurs sens :*

1 **voto** *peut signifier* **voix** (en parlant d'une élection)

► **dar su voto** voter
► **voto a favor** vote pour
► **voto en contra** vote contre

2 **voto** *peut signifier* **vœu**

> voto peut également être une forme du verbe votar.

▷ Yo no voto porque todavía soy menor de edad. Je ne vote pas parce que je suis encore mineur.

voy *est le verbe* **ir** *conjugué à la première personne du singulier au présent de l'indicatif :*

▷ Voy al colegio en bicicleta. Je vais à l'école à vélo.

voz voix

► **dar voces** pousser des cris
► **a media voz** à mi-voix
► **en voz alta** à voix haute
► **en voz baja** à voix basse

vuelo vol

> vuelo peut également être une forme du verbe volar.

▷ A menudo sueño que vuelo. Je rêve souvent que je vole.

vuelta *a plusieurs sens :*

1 **vuelta** *peut signifier* **retour**

► **darse la vuelta** se retourner
► **ida y vuelta** aller-retour

2 **vuelta** *peut signifier* **tour**

► **dar una vuelta** faire un tour

▷ Di una vuelta por el barrio. J'ai fait un tour dans le quartier.

► **dar vueltas** tourner

3 **vuelta** *peut signifier* **virage**

4 **vuelta** *peut signifier* **verso**

5 **vuelta** *peut signifier* **monnaie**

▷ Quédese con la vuelta. Gardez la monnaie.

vuelto *est le participe passé du verbe* **volver.**

vuestro, vuestra, vuestros, vuestras *a plusieurs sens :*

1 **vuestro, vuestra, vuestros, vuestras** *est un adjectif possessif qui se traduit par* **à vous**

▷ Ellos son amigos vuestros. Ce sont des amis à vous.

▷ Esa casa es vuestra. Cette maison est à vous.

2 ► **el vuestro, la vuestra, los vuestros, las vuestras** le vôtre, la vôtre, les vôtres

▷ ¿De quiénes son estas raquetas? – Son las vuestras. À qui sont ces raquettes ? – Ce sont les vôtres.

3 ► **a pesar vuestro** malgré vous

W-X-Y-Z

walkie-talkie talkie-walkie

Xx

xenofobia xénophobie

xenófobo, xenófoba xénophobe

xilófono xylophone

Yy

y *est la conjonction de coordination* **et**

▷ Mi padre y mi madre son médicos. Mon père et ma mère sont médecins.

> ℹ Lorsque le mot suivant commence par i ou hi, le y se transforme en e (estúpido e inexperimentado, padre e hijo)

ya *a plusieurs sens :*

1 **ya** *peut signifier* **déjà**

▷ ¿Ya te vas? Tu pars déjà ?

▷ Ya ha terminado los deberes. Il a déjà terminé ses devoirs.

2 **ya** *peut signifier* **tout de suite**

▷ Ha llamado para decir que ya llega. Il a appelé pour dire qu'il arrivait tout de suite.

3 **ya** *peut signifier* **bien**

▷ Ya sé que es un poco tarde para ir. Je sais bien qu'il est un peu tard pour y aller.

4 **ya** *peut servir à exprimer une action à venir.*

▷ Ya irás mañana. Tu iras demain.

► **¡ya está!** **ça y est !**

► **ya era hora (de que...)** **il était grand temps (que...)**

► **ya que** **puisque**

► **ya no...** **ne... plus**

▷ Ahora ya no vivo allí. Je n'habite plus là maintenant.

► **ya nadie...** **plus personne...**

▷ Ya nadie le da importancia a eso. Plus personne n'accorde d'importance à ça.

yaya mamie

yayo papi

yegua jument

yema *a plusieurs sens :*

1 **yema** *peut signifier* **jaune (d'œuf)**

2 **yema** *peut signifier* **bourgeon**

yema est féminin.

yerba herbe

> ℹ yerba peut également s'écrire hierba.

yerno gendre

yeso plâtre

yo *a plusieurs sens :*

1 **yo** *peut signifier* **je**

▷ ¡Yo no he hecho nada! Je n'ai rien fait !

En espagnol, les pronoms personnels sont souvent omis car ce sont les terminaisons verbales qui indiquent la personne. On les utilise pour éviter les confusions entre plusieurs personnes ou pour renforcer le sujet.

2 **yo** *peut signifier* **moi**

▷ Es más joven que yo. Il est plus jeune que moi.

▷ ¡Soy yo! C'est moi !

yogur yaourt

yudo judo

Zz

zambullida plongeon

► **darse una zambullida** faire un plongeon

zambullida *est féminin.*

zambullirse plonger

zambullirse *appartient au groupe des verbes terminés en* **-ñer**, **-ñir** *et* **-ullir** *qui subissent des modifications orthographiques : le* **i** *disparaît au subjonctif imparfait, au gérondif et aux troisièmes personnes du singulier et du pluriel du passé simple.*

Pour les autres temps, se conjugue sur le modèle de **evadirse** *(voir ce verbe).*

zampar(se) avaler *ou* engloutir

> **zampar** est un mot familier.

Se conjugue sur le modèle de **cantar** *(voir ce verbe).*

zanahoria carotte

zancadilla croche-pied

► **poner la zancadilla a** alguien faire un croche-pied à quelqu'un

zapatería cordonnerie *ou* magasin de chaussures

zapatero, zapatera cordonnier(-ière) *ou* marchand(e) de chaussures

zapatilla chausson *ou* pantoufle

► **zapatillas de deporte** chaussures de sport

zapato chaussure

► **zapato de tacón** chaussure à talon

zapato *est masculin.*

zarandear bousculer

Se conjugue sur le modèle de **cantar** *(voir ce verbe).*

zarpa griffe

zarpazo coup de griffe

Dans ce mot, on reconnaît le nom **zarpa** *qui signifie « griffe » et le suffixe* **-azo**.

zarza ronce

zarzamora mûre

zorro *a des sens différents selon sa catégorie grammaticale :*

> Ce peut être un ADJECTIF :

zorro, zorra *signifie* **rusé(e)**

> Ce peut être un NOM :

zorro *signifie* **renard**

zumbar bourdonner

▷ **Me zumban los oídos.** J'ai les oreilles qui bourdonnent.

Se conjugue sur le modèle de **cantar** *(voir ce verbe).*

zumbido bourdonnement

zumo jus (de fruits)

zurdo, zurda gaucher(-ère)

zurra raclée

> **zurra** est un mot familier.

zurrar flanquer une raclée à

> **zurrar** est un mot familier.

Se conjugue sur le modèle de **cantar** *(voir ce verbe).*

ZAMBULLIRSE			
PASSÉ SIMPLE	SUBJONCTIF IMPARFAIT	GÉRONDIF	IMPÉRATIF
me zambullí te zambulliste se zambulló nos zambullimos os zambullisteis se zambulleron	me zambullera te zambulleras se zambullera nos zambulléramos os zambullerais se zambulleran	zambulléndose	 zambúllete zambúllase zambullámonos zambullios zambúllanse

MIXTE
Papier issu de sources responsables
FSC® C022030

Achevé d'imprimer en Italie par Grafica Veneta S.p.A. en avril 2018
N° d'éditeur : 10244836 - Dépôt légal : Avril 2016